晚清言情艳情小说

海上繁华梦

孙家振 ◎ 撰

「上」

百花洲文艺出版社

图书在版编目（CIP）数据

海上繁华梦／（清）孙家振撰．－2版．－南昌：百花洲文艺出版社，2011.3
（晚清言情艳情小说）
ISBN 978-7-5500-0091-9

Ⅰ．①海… Ⅱ．①孙… Ⅲ．①章回小说－中国－清代 Ⅳ．①I242.4

中国版本图书馆CIP数据核字（2011）第023296号

海上繁华梦（上、下）

（清）孙家振 撰

丛书策划 姚雪雪
责任编辑 周榕芳 毛军英
美术编辑 方 方
制 作 邓佳玮
出版发行 百花洲文艺出版社
社 址 南昌市阳明路310号
邮 编 330008
经 销 全国新华书店
印 刷 深圳市森广源实业发展有限公司
开 本 720mm×1000mm 1/16 印张 52.75
版 次 1988年10月第1版
2011年4月第2版第2次印刷
字 数 920千字
书 号 ISBN 978-7-5500-0091-9
定 价 76.00元（全二册）

赣版权登字 —05-2011-29
邮购联系 0791-6894736
网 址 http://www.bhzwy.com
图书若有印装错误，影响阅读，可向承印厂联系调换。

自　序

　　客有问于警梦痴仙者曰："《海上繁华梦》何为而作也？"曰："为其欲警醒世人痴梦也。"客又曰："警醒痴梦奈何？"痴仙曰："海上繁华，甲于天下。则人之游海上者，其人无一非梦中人，其境即无一非梦中境。是故灯红酒绿，一梦幻也；车水马龙，一梦游也；张园愚园，戏馆书馆，一引人入梦之地也；长三书寓，幺二野鸡，一留人寻梦之乡也。推之拇战欢（叹）呼，酒肉狼藉，是为醉梦；一掷百万，囊资立罄，是为豪梦；送客留髡，荡心醉魄，是为绮梦；密语甜言，心心相印，是为呓梦，桃叶迎归，倾家不惜，是为痴梦；杨花轻薄，捉住还飞，是为空梦。况乎烟花之地，是非百出，诈伪丛生，则又梦之扰者也；醋海风酸，爱河波苦，则又梦之恶者也；千金易尽，欲壑难填，则又梦之恨者也；果结杨梅，祸贻妻子，则又梦之毒者也；既甘暴弃，渐入下流，则又梦之险而可畏者也。海上既无一非梦中境，则人是境者何一非梦中人！仆自花丛选梦以来，十数年于兹矣，见夫人迷途而不知返者，岁不知其凡几，未尝不心焉伤之。因作是书，如释氏之现身说法，冀当世阅者或有所悟，勿负作者一片婆心。是则《繁华梦》之成，殆亦有功于世道人心，而不仅摹写花天酒地，快一时之意、博过眼之欢者欤？"客闻是言，肃然而起，曰："何物痴仙，唤醒妖梦。行将拭目而视新书之出，呕君锦心，饱我馋眼也。"痴仙一笑，颔之。客去，乃为诠次其语，即以为《繁华梦》序。

　　　　　　　　　　　　　海上警梦痴仙漱石氏自序于沪北退醒庐

·1·

《海上繁华梦》新书初集序

　　尝读说部，至《花月痕》、《海上花列传》、《青楼梦》、《风月梦》、《绘芳录》诸书，窃谓其描写花月闲情，俱能惟妙惟肖，然尤以《花月痕》为脍炙人口。《海上花》则本地风光，自成一家。惜乎书中纯操苏白，江浙间人能读之，外此每格格不入。且其运笔深入之处，未能显出。以是美犹有憾。今读警梦痴仙所著《繁华梦》一书，而不禁有观止之叹焉。痴仙生于沪，长于沪，以沪人道沪事，自尤耳熟能详。况情场历劫，垂二十年，个中况味，一一备尝，以是摹写情景，无不刻画入微，随处淋漓尽致。而其宗旨，则一以唤醒迷人同超孽海为主。以是此书之出，尤为有功于世道人心。而世之沉酣如杜少牧、飘逸如谢幼安、豪迈如李子靖、糊涂如屠少霞、孟浪如游冶之、风狂如郑志和、鄙俗如经营之、儇薄如夏时行、庸陋如康伯度、英爽如平戟三、痛快如风鸣岐、古执如方端人、大方如荣锦衣、卓荦如熊聘飞、豪奢如邓子通、卖弄如潘少安、抱屈如温生甫、着魔如钱守愚、刻薄如贾逢辰、刁钻如计万全、智巧如白湘吟、作伪如乌里阿苏、格达、强横如刘梦潘，虽属寓言八九，其实当世皆有其人，何尝不皆有其事，读之即可见世事一斑。至于颜如玉之笼络、巫楚云之聪明、桂天香之沉静、阿素之诒（陷）客、阿珍之惑人，与夫花媚香之媚、花艳香之艳、杜素娟之淫荡、卫莺俦之圆融、花彩蟾之可怜，则花花叶叶，纸上跃然。只（纸）以书仅初集，皆未收结，令人急欲纵观其后。是则痴仙笔墨狡（狭）猭，犹之珍羞在前，一时不令入口；逮至略一忍饥，而其味尤美于未忍饥时。则读是书者，尚其知作者用心，勿徒赏书中之花天酒地，一片神行；亦思盛极之难乎为继。黄金易尽，青眼难逢，悔说多情，空讥薄倖也夫。爰序其大略如此。

光绪二十八年壬寅孟秋古皖拜颎生稿于海上语新楼

《海上繁华梦》初集题词

情天觉梦人

三十回书结构新，一回细读一惊人。写来海上花间事，证到情天梦里身。鹿鹿鱼鱼怜我辈，红红紫紫为谁春？桃源咫尺迷津近，欲语渔郎莫问津。

载酒看花易着魔，爱河深处有风波。只看半部才人稿，已醒三更春梦婆。花尽蚨钱青眼少，缚来蚕茧绮愁多。情根从此应教铲，休向樽前唤奈何。

我亦繁华梦里人，十年买笑沪江滨。舞低杨柳楼头月，醉倒芙蓉帐底春。不合个中磨岁月，可怜无底耗金银。奇书读到惊心处，敢为情痴误此身？

草草欢场百感并，现身说法太分明。照奸禹鼎飞空铸，烛怪温犀澈水清。惨绿愁红花下恨，荆天棘地世间情。书成多少人倾倒，争识江南漱石生。（是书实为海上漱石生所著而托名于警梦痴仙者，故云。）

曾经沧海客

金粉妆成字字香，清才今又见孙郎。徐陵天与珊瑚笔，李贺春归锦绣囊。幸接风流怜我晚，久羁尘迹为君伤。世间多少荣枯梦，都付先生翰墨场。

《海上繁华梦》题词

歙县周忠鋆病骘

浮生原是梦，斯世奈繁华。海上谁投辖，人间此驻车。醉醒偏爱酒，病废尽看花。九死情难灭，三生愿最赊。趾离招我去，心坎替侬爬。艳色能消渴（朱艳卿），奇香许辟邪（周素香、汪素香）。四声怀沉芷（苏韵兰），一饭感胡麻（胡红卿）。大地飘晴雪（小洪雪香），中天丽彩霞（范彩霞旧名张小红）。弹秋梧有韵（陆韵秋、陆韵梧），扫月竹空拿（李月仙、孙竹卿）。寂寂经兰若（王兰卿），凄凄谱楚些（林文仙，张小宝）。销金纫作佩（金丽卿、金佩卿），炫玉净无瑕（玉亭亭）。旧事差堪忆，新欢蔑以加。痴魂凝枕簟，素手涩筝琶。不分求题叶，惟应学种瓜。孙郎才八斗，余子误三叉。楮墨传喉舌，文章代齿牙。迷城攻窟兔，疑窦破杯蛇。鲛客都垂泪，鲰生讵嗜痂！万言曾倚马，只字肯涂鸦？野史编香国，稗官称作家。骚坛齐搁笔，佛殿好笼纱。欲证频伽果，休萌智慧芽。词惭率尔草，诗贵正而葩。叹息瞽腾客，遮奢恋狭斜。

《海上繁华梦》题词

古渝狎鸥子

十载扬州杜牧之，欢场历尽梦醒时。几多鬼蜮人情态，说与旁人知不知？
欲海茫茫滚浊流，沦身灭顶几时休。莫教说敞生公舌，顽石无言不点头。
酒筵歌罢博盆张，罗绮成帷粉黛香。兴会漓淋何日已，有人枕畔煮黄粱。
傀儡登场线索牵，衣冠优孟剧堪怜。梦中说梦人多少，摹绘神情到笔巅。
绝妙词华自不刊，风云倏忽幻无端。不辞呕出心头血，铸作人间醒睡丸。
青楼原不异红楼，假语村言一例收。不管啾啾鬼夜哭，两般梦影各千秋。
栋折榱崩万口喧，主人酣睡正昏昏。须知解佩江皋赋，别有伤心不可言。
生恨繁华福未修，一身冷落伴浮鸥。有怀欲觅趾离子，海上痴仙笑我不？

目　录

初　集

①"骂俏"原作"俏骂"，今从正文回目改。
②"屠少霞"原作"大少爷"，今从正文回目改。
③"筹节费"原作"愁度节"，今从正文回目改。
④"田舍翁"原作"钱守愚"，"痴公子"原作"杜少牧"，今均从正文回目改。
⑤"名妓"原作"名花"，今从正文回目改。
⑥"敏士"原作"铭士"，今从正文回目改。

初　集

第一回

谢幼安花间感梦　杜少牧海上游春

　　沧海桑田几变更，繁华海上播新声。

　　烟花十里消魂地，灯火千家不夜城。

　　车水马龙游子兴，金樽檀板美人情。

　　闲来编作新书看，绮梦迷离细品评。

　　从来俗语说得好："酒不醉人人自醉，色不迷人人自迷。"可知"酒"、"色"二字，虽是误人，实是人自己误的。然而繁华之地，偶一不慎，最易失足。即以上海一隅而论，自道光二十六年泰西开埠通商以来，洋场十里中，朝朝弦管，暮暮笙歌。赏不尽的是酒绿灯红，说不了的是金迷纸醉。在司空见惯的，尚能心猿紧缚，意马牢拴，视之如过眼烟云，漠然不动；而客里游人以及青年子弟，处此花花世界，难免不意乱心迷，小之则荡产倾家，大之则伤身害命。何况人烟既盛，良莠不齐，诈伪丛生，是非百出。所以烟花之地，实又荆棘之场，陷溺实多，误人非浅。警梦痴仙生长沪滨，浪游已倦，每一感及，怒焉伤之。因广平日所见所闻，集为一书，以寓劝惩，以资谈助。是故此书之作，谓为痴仙之游戏笔墨也可，谓为痴仙之一片警世苦心也亦无不可。正是：

　　春花秋月何时了，千古繁华梦一场。

　　闲话休提，书归正传。却说苏州有个饱学秀才，姓谢，名景石，字幼安。原籍安徽休宁人氏，因避红巾之乱，徙居姑苏。父名谢荫恩，也是个博学儒生。母金氏，乃慈乡金念萱之女。当幼安临蓐的时候，其母梦满堂丝竹而生，因以景石二字命名，幼安为号，取谢安石东山丝竹之意。及至长成，出落得一表人才，堂堂非俗。而且资质甚是聪颖，读书一目数行。因此才名藉甚，远近皆知。十六岁上案元入泮。十八岁娶了西村齐氏女眉姑为妻，一双两好，夫唱妇随，甚是相得。

孰料不多几年，父母忽相继逝世。幼安哀毁逾恒，忽忽不乐。幸家道颇可温饱，遂绝意进取，做一个林下散人。每日里与二三知己玩水游山，名胜之区，足迹几遍。著有《小东山馆纪游吟稿》，自号小东山主。诗笔清新，艺林传诵。膝下二子，长名麒儿，年七岁，已就傅读书；次麟儿，年才五岁。幼安在家，闲暇无事，不是以诗酒自娱，便是与齐氏及两个小儿讲讲家常，谈谈各处山川的风景为乐。

一日，值元宵佳节。齐氏命下人整备酒筵，在花香月满楼与丈夫庆赏元宵。夫妻父子，共是四人，团圆一桌，说说笑笑，颇极天伦之乐。两个小孩子也甚乖觉，你也一杯、我也一盏的敬与父亲。饮至月过花西，幼安酒落欢肠，不觉多用了几杯，玉山颓倒。齐氏命佣妇把残肴收拾，又唤乳娘将两个小孩儿领去安睡，自己与小丫头阿翠掌着灯台，扶了丈夫，一步步同进房来，伏伺着宽了鞋袜，外衣，上床安置。

那幼安是酒醉的人，一经卧倒，早入黑甜。朦胧之间，似有一人手拉手儿飞也似的出门而去，回头一看，不是别人，乃自幼同窗、谊结金兰的好友，此人姓杜，名继勋，号少牧，文才出众，人品轩昂，平日之间，最是莫逆。幼安梦中因开言道："我认是谁，原来牧弟。往那里去？"少牧道："不必多言，去便自知。"幼安心下好生纳闷，因是至友，不便拒绝，顺着脚儿，一口气不知跑了多少路程。后到一处，人烟稠密，灯火辉煌，往来之人，衣服丽都，舆马显赫。正在看时，忽然少牧将手一撒，不知所往。幼安大惊，定睛细视，觉得是从斜里一条小路上去的。放心不下，飞步狂追。却恨那条路曲曲折折、暗暗昏昏的又狭又险。走了一程，觉着吃力，站住了脚，欲待路人问个信儿。谁知这条道上进来的人甚多，出去的人偏是甚少。要想再走进去，又怕迷了路儿，心下十分焦闷。忽闻鼻观间一阵异香，沁人心窍。抬头一看，见道旁有株桂树，那香乃从树上飘来。默念时值新正，丹桂那得有花？幸树身不甚高大，折取一枝，凝神细看，但见这花果然开得香馥馥的，幽趣宜人，甚是可爱。不忍轻弃，纳入怀中。举步欲行，猛听得人语喧哗，有一大群人自内而出，男的女的，老的少的，村的俏的，不知其数。也有大呼小叫的，也有无精打采的，也有忿忿不平的，也有连连叹息的，也有半颠不颠的，也有撒娇撒泼的，也有形容憔悴似带重病的，也有衣衫褴褛似甚落魄的。末后一人，却是少牧，被那班人围住，着他进又不得，退又不能，万分窘急。幼安吃这一惊却也不小。欲待迎上去救他，不知为了何事，且又孤掌难鸣，不敢造次。只得高声大叫，只望他自己出来。那知少牧竟如不见不闻，毫不理睬。幼安愈加着急。正当无可如何之际，猛见他睁着眼睛，把这班人瞧了一回，点点头儿，咬牙切齿的一伸手，在怀中拔出一把剑来，三尺多长，寒光闪闪，甚是怕人，向众人举手一挥，回转头来，又向自己当心直刺。心坎间忽然放出灵光一道，照得幽径通明。那一班人发一声喊，一哄散去。把个幼安一惊而醒，只吓得冷汗涔涔，重衾湿透。却是一场奇梦。细听谯楼，正敲四鼓。桌上残灯，半明半灭。齐氏鼻息方浓。怀中花香袭人，犹似氤氲未散。细想方才梦中之事，不知主何朕兆，真令人难解难猜。然究竟是个酒后之人，翻来覆去胡思乱想了一回，依旧朦胧睡熟。

　　及至醒时，将是辰牌时分。齐氏已起，在窗前对镜理妆。幼安咳嗽一声，舒了舒腰，抽身坐起。齐氏问道："昨宵酒醉，今日身体可好？为甚起得甚早？可要再睡片时？"幼安道："昨夜不过薄醉，今已平复，不用睡了。"口说着话，随即下床，穿上鞋袜，套上外衣。早见阿翠推门进来，叫了一声"少爷、少奶奶"，端上脸水，伏侍幼安先洗了脸，然后泡上一碗玫瑰花的上细雨前茶来。此乃隔夜齐氏叮嘱，因恐酒醉的人起来不免口渴之故。幼安接着，呷了几口，放在桌上。一手拔了一个纸煤，唤："拿枝水烟袋来！"阿翠答应，双手奉上一根汉口王恒丰赛银二马车烟袋，又随手划了一枝自来火柴，递与幼安。吸过几筒，放在一旁，问齐氏道："两个小儿起来没有？"齐氏道："谅因（应）昨夜睡晚了些，今日尚未起身。"幼安点头道是。其时齐氏妆已梳好，阿翠过来理了妆具，重新取上牙梳竹篦，与幼安梳辫。

　　幼安又饮了口茶，将夜来梦境与齐氏从头至尾细细的说了一番。齐氏道："古语有云：'日有所思，夜有所梦'。大约无甚吉凶。况丹桂飘香，乃是登科之兆，或主将来题名金榜，也未可知。"幼安笑道："功名二字，我已置诸度外，即使将来果应是梦，何足为荣！况目今时世，不重科甲出身，只须略有钱财，捐纳一官半职，便可身膺民社，手握铜符，反把那些科甲中人瞧看不起，不是说他迂腐，便是说他寒酸。所以弄得时事日非，世风愈下。反不如静守田园、享些清闲福味的好。你向来也是个极有识见的女子，如何反想到这一条道儿？只恐此梦将来断不是这般应法。"齐氏道："我也不过是依梦详梦罢了。未来的事，那里能猜得准他？何必挂怀，反多疑虑。"幼安道："我倒不妨；但是杜家二叔，只怕这梦不应则已，应时凶多吉少。"

　　齐氏尚未回言，忽听楼下僮儿谢义高声问道："少爷起身不曾？桃花坞杜家二少爷清早到此，现在书房候着。"幼安回道："我晓得了。请他少坐，即便下来。"谢义答应，自去回覆。

　　幼安整了整衣，移步下楼，来到书房。其时少牧坐在书案之上，看那上海寄来的新闻纸儿。见幼安出来，连忙立起，叫声"安哥！惊动你了。"幼安笑道："自己弟兄，何须客话？我因昨宵家宴多饮了几杯酒，故此起得晚了。牧弟，你来得好早。"少牧道："我昨日与少甫家兄在虎邱闲逛了一回，即便回去，睡得甚早！今日家兄又到沧浪亭探友去了，我独自一人在家寂寞，故此出来早些。"幼安道："原来如此。少甫近来兴致可好？我有五六天不见他了。"少牧道："他自从去年起了个消寒诗社，诗兴甚好。昨日想做几条诗谜，与各社友庆赏元宵，后因我强着他一同出去，故而未曾做得。"幼安道："少甫这人果然风雅。"少牧道："家兄果甚风雅，只是僻性些儿。前几天，我偶然想起上海地方风景甚好，只恨从未到过，要与他同去一游。他偏执意不肯，反说上海繁华，我辈少年不去为妙，又讲了许多拦阻的话。安哥，你道这意见僻是不僻？"幼安道："少甫的话却也不错。上海地面太觉繁华，少年的人血气未定，本来少去为是。"少牧笑道："什么？安哥，你也来了！我想人生世上，游历两字是不可少的。上海虽说世界繁华，依我看来，只要拿定念头，也未见得年少的人必不可去。何况我们不过略住几天，见识见识风景，便回来的，有甚紧要？就是李子靖大哥，他不是常住在洋场上么？年纪也只三十多岁，何尝闹甚事来？安哥如肯做个伴儿，我一定要去走走。不知意下若何？"幼安道："说起子靖，前日他有贺年信来，甚是挂念我等，深恨不能时常聚首。我已写有回信去了。不知你可曾有信寄他？"少牧道："我本来也想写封信儿，只因有到上海去的意思，将来聚晤不远，故此未曾寄得。"幼安道："照你说来，你当真要往上海游玩去么？实对你说，我昨夜得了一梦，甚是不祥。劝你还是静住在家，不要出门的好。"遂将昨夜梦中之事，一五一十的又细细述了一番。那少牧本来是个疏放的人，焉把这种梦儿放在心上？只因幼安说得十分郑重，故回言道："古人有云：'梦寐之事，不可不信，却也不可尽信'。安哥不肯陪我罢了！我一个人难道不能去得？只是寂寞些儿。"幼安听到他这两句话，晓得少牧是有些孩子性的，他说得到便做得到，不陪着去虽是无妨，惟恐日后倘然真的有甚事情，既是至交，何能放心得下？想到此处，不由不反自己转口道："话虽如此，我也并不是拘三泥四的人。你既一定要去，我又闲着在家，上海也不甚多远，何妨陪你走一遭儿。但是少则十天八天，多至半月一月，定要一同回来，方可使得。"少牧听幼安忽然答应去了，好不欢喜，连说："这个自然。我到上海本来并无正事，决不多耽搁日子就是。"幼安道："既然如此，你想何日动身？"少牧道："今日是十六，我须回去收拾收拾，后天十八可好？"幼安道："这却随便。不知坐甚船只？"少牧道："若要快些，戴生昌的小火轮船最好。"幼安道："我们此去，原是游玩，并非急事，我想不如唤只无锡快船，可以沿途看看景致，岂不甚妙？"少牧道："安哥既然喜欢，我回去雇一只大号的是了。"二人说说谈谈，时已将午。谢义端上中膳，幼安就留少牧吃过了饭，方才回去，不必细表。

且说幼安送少牧出门，回至楼上，走到房中，麒儿、麟儿双双的过来，叫了一声"爹爹"，幼安问道："你母亲可在里面？"麒儿道："往绣娘房里看做鞋子去了。"幼安道："你去说爹爹唤他。"麒儿答应，才待要去，麟儿争着他要去唤，两个小孩忽然相闹起来。幼安喝住，道："不要胡闹！你二人同去就是。"麟儿听得，始欢喜喜的与麒儿一同去了。不多一刻，齐氏回房，麒儿、麟儿也一齐跟着进来。幼安遂将方才少牧约到上海游玩、择定十八动身的话说了一番，并言："去去即回。家中倘有要事，不妨写信到申。麒儿待先生开学，便当送去读书，不可使他躲懒。麟儿须要寒暖当心。"细细的嘱咐了一回。齐氏因丈夫向来出游惯的，上海又近，所以绝不阻挡，只说："昨天夜梦不祥，今日杜家二叔恰又前来约伴，须要谨慎些儿，早去早回，没甚事情最好。"幼安点头称是。二人说罢，一个牵着麒儿，一个牵着麟儿，同下楼来。幼安向帐房中取了廿块洋钱，交与谢义，叫他买些土仪，预备到上海时送送亲友；又顺便购些火腿酱菜等物，以为路菜。过了一宵，齐氏唤阿翠收拾了一副铺陈，一只衣箱，带些棉皮衣服，取下楼去，交与谢义。

两天易过。到了十八，幼安一早起身。梳洗已毕，吃了早膳，下楼来到书房，令谢义将一切应用零星杂物收拾了两只网篮。诸事才完，听得有人叩门，乃是少牧与船家到了，说船泊阊门外太子码头。幼安问少牧："行李可曾下船？"少牧道："均已定妥，但等起程。"幼安遂唤谢义挑了行李铺陈，同着船家先去。自己回至房中，别了齐氏。因他怀孕在身，已有六个多月了，故此叮嘱了好些留心在意的话。又吩咐阿翠及乳娘等一众下人诸事小心。然后下楼，同着少牧出了大门。

早由谢义唤有两乘轿子候着。轿役伏伺二人登轿，抬上肩头，如飞的向码头而去。船家一见，急忙铺好跳板，搭上扶手，请二人下船。其时谢义早经到了，铺陈各物，俱已落舱，见主人登舟，上前交代明白。幼安对少牧道："不曾问你，可带个下人同去？"少牧道："苏地到申路途不远，况且少甫在家，不时有事差遣，所以并未带得。"幼安道："谢义可要随去？"少牧道："也可不必了罢。谢义并未到过上海，闻听人说，租界地面禁令极多，譬如沿途不准便溺，当街不准晒衣，午后不准倾倒垃圾，夜深不准酗酒高歌，比不得我们苏州地面，可以事事随便。倘然不知底细，犯出些儿事来，反于主人不便。你道是也不是？"幼安点头道："这却不错，亏你想得甚是周到。"因唤谢义言道："轿夫的轿钱叫他家中去取。你也可以回家去了，我们此回不带下人。待等回来之日，有信来苏，你到码头迎接就是。"谢义诺诺连声，辞了主人，又回身辞了少牧，上岸同着轿夫自去。这里船家问明并无别客，随即拔了跳板，解了缆绳，立刻开船了。

一路上，波平浪静，日暖风和。谢、杜二人有时说些闲话，有时看些野景，甚是有兴。到了饭时，船家端上菜来，乃是两尾鲫鱼，一碗肥肉，一碟子火腿，一碟子羊糕。少牧在网篮内取出两只小酒杯儿，一瓶天津带来的白玫瑰酒，先斟了一杯，递与幼安，又自己斟了一杯。幼安略略喝了几口，因是高粱，不敢多喝，唤船家取上饭来。少牧喝了两杯，也用饭。船家候二人吃毕，撤过残肴，打上脸水洗脸，又泡了一壶茶来。幼安取水烟袋吸了几筒水烟，少牧吸了半枝吕宋烟。此时正是顺风，船家扯起篷来，但听得水声潺潺，那船就如弩箭离弦一般的速。行有八十余里，天渐黑了，船也停了。幼安取出一只洋蜡烛台，点上一枝洋烛，照得满船澈亮。船家端整夜膳，与日间大略相同，不过两只碟子换了一碟松花皮蛋，一碟爆鱼。二人吃罢，在灯下又略谈了一回话儿，各自安睡。

破晓醒来，但听得耳畔呼呼风响，船家早已开行。及至申牌时分，离上海只有一九路了。幼安问少牧道："我们上岸，还是借客栈的好？还是到集贤里住在子靖大哥那里？"少牧道："我想借客栈罢，省得搅扰人家不安。"幼安道："我本来想住在子靖大哥家的，既然你的意思喜欢借栈，我也不到李家去了。"少牧道："这便甚好。但不知借在北市还是南市？"幼安一想，少牧是个爱热闹的，就是借在南市，一定也要天天往北，倒不如北市便些，因道："还是北市住罢。"少牧因唤船家问道："你们的船往常到上海时停在什么地方？"船家道："南市不拘何处码头；若是北市，或者观音阁码头，或者洋泾浜，上岸便些。"少牧对幼安道："我们一准停在洋泾浜如何？"幼安道好。船家答应，自去料理。幼安本是惯于出门的人，一面答话，一面收拾行李一切，又替少牧也收拾好了，唤船家进去打好铺盖，只等上岸。

不多一时，船已进了浦江。但见帆樯林立，舟楫云屯，果然热闹异常，不比别处。又行有半刻多钟，这船正欲进洋泾浜，猛听得船上人发一声喊，船身忽然往前一磕，约有半箭多遥，霎时幌幌荡荡，颠簸起来，几乎侧将转去。船中诸物，叮当震响。幼安、少牧，相顾失色。正是：

放眼乍来风月地，惊心已入是非门。

毕竟不知这船为何倾侧，且看下回分解。

第二回

长发栈行踪小住　集贤里故友相逢

话说幼安、少牧船到浦江，正要摇进洋泾浜时，忽然船身往前一磕，船中诸物震动。究竟为了何故？原来这无锡快船说大不大，说小却也不小。其时天色将暮，潮水落枯，不得不由浦心而行。正欲转湾进浜，不提防有一只小火轮船由南而北飞也似的斜刺里驶来。还算船家眼明手快，急急避开，已只远得二三尺地面。轮激水涌，势不可当，船身遂颠簸起来。直至过去远了，方才平复。船家吓得浑身是汗，说声："好险！"定一定神，等那水势涌过，把竹篙点上两篙，方才平平稳稳的撑进浜去。幼安惊魂稍定，对少牧道："我们才到上海，如何就有这平地风波？好不可怕！"少牧道："这是船家偶不小心之故，以致吃这一惊。"

幼安抬头向舱门一望，道："如今船已进了浜了，想来就要停歇。你我皆是初次到此，不知客栈在于何处，还须先自上岸一问。"船家闻言，在后舱内接口答道："这里洋泾桥浜，就是长发客栈，不但上岸便当，并且房屋高爽，应酬周到，饭食精洁，故此来往客商欢喜住的甚多，不知二位爷可要同去看看？"幼安道："既是如此，把船泊在那边便了。"船家答应，吩咐伙伴拣个隙地泊好了船。恰好岸旁有条马鞍水桥，又大又平，果然上岸很便，不必再布跳板。幼安遂与少牧登岸，由船家领着同到栈中。

只见好所高大房廊。门阑上悬着"长发栈"三个字横匾，两旁墙上，又有"仕宦行台"四个大字的长招牌儿，规模阔绰，气象轩昂。三个人一直进去，寻见帐房，说明来意，便有茶房领着去拣选房间。幼安看了楼上第一进第二间官房，设着现成的两个榻儿，便命船家将行李挑上岸来，一件件检点清楚，交与茶房代为安放。少牧取锁匙开箱，取了四块洋钱船钱，五角小洋钱酒钱给与船家。那船家也不争论，谢了一声，下船自去。吾且不表。

这里幼安唤茶房将床帐被褥铺设好了，茶房送上一个房门钥匙，交代："若然出去，须要下锁，将匙交与帐房。因栈中来往人多，防有失窃一切。"幼安接过，藏在身旁。此时天已黑了，楼上楼下点起自来火灯，照耀得满室通明，如同白昼。少顷，茶房摆上夜膳，共是四盆一汤，也甚精致。二人食毕，洗过了脸，喝了杯茶，因昨夜睡在船上，不甚舒伏，起岸时又劳顿了些，觉得精神疲倦，即便闭上房门，各自安睡。

及至醒时，隐隐听得大自鸣钟已敲九点。幼安先自起身，唤茶房打水擦脸。少牧也起来了，一同吃了早点。令唤一个剃发匠来，梳了发辫。幼安道："今日天气甚晴，你我先到李大哥那边走走可好？"少牧道："李大哥的信上，他说住在英大马路集贤里内，不知有多少路？"幼安道："可叫茶房唤两部东洋车子，他们自然认识。"少牧道："说得不错。"遂将带来的土仪，各自拣了四包，央茶房挑了，说明住址，唤定车辆。幼安锁上房门，把钥匙交给帐房，与少牧登车而去，茶房挑着礼物在后跟随。此时天气尚早，洋场上还未上市，一路做买做卖的人也不十分拥挤。幼安暗暗想道：昨日我们上岸，天已黑了，街上却甚热闹；今日天未过午，怎么反是这般样儿？看来上海地方真是全靠夜市。

正想之间，车已到了。二人下车，给过了钱，茶房领着一步步同进弄去。因不知是第几号门牌，所以逢人便问。那晓得洋场上的居民，虽是近邻，却也不通闻问的多，一连问了几家，皆说不知。后见一家门上贴着"帝德乾坤大，皇恩雨露深"的朱红门联，认得是李子靖写的，谅必住在这里无疑。少牧便举手叩门，里边答应一声，走出一个人来。两下一看，多不认识。幼安知是错了，只得向那人言道："借问一声，这里府上可是姓李？"那人操着湖南口音回道："我们家爷姓平，不是姓李。"少牧道："请问有位姓李名子靖的，可晓得住在那里？"那人道："可是杭州人，官名一个卫字么？"幼安道："正是。"那人道："你们还要往里走几步哩。留心看他门上，贴有'武林李寓'四字的便是。"幼安道："如此，倒惊动了。"那人回声"好说"，关上了门，回身进去。

二人依着那人之言，一路往里而行。少牧对幼安道："方才那一家姓平的，不知可是李大哥信上不时提起的平戢三么？说他是个武科出身，却又文才出众，与李大哥甚是莫逆。"幼安道："这话却论不定。我看他那付门联，明是大哥亲笔写的，必定彼此有些交情。况且方才答话的人，又是湖南口音，看来竟有九分不错。且到那里一问便知。"二人口说着话，只管前行。茶房道："爷们慢走！只恐这里是了。"幼安一看，果见门上有"武林李寓"四个大字的珊瑚笺贴条，因与少牧站住了脚。

正要叩门，听得"呀"的一声，里边有人出来，正是跟子靖的小厮李贵。一见二人，急忙打了个千，尊声"谢大少爷、杜二少爷，几时到的？请里面去。"二人尚未回言，子靖听见有人说话，迎出外来。彼此是久别渴想的人，见面之下，好生欢喜。子靖忙让幼安在前，少牧居后，三人同至客堂坐下。李贵献上茶来。子靖先问二人："可是才到？如何不见行李、铺陈？"幼安答："是昨晚到的。因想徘徊几天，惊扰府上不安，故此住在三洋泾桥长发栈中。"子靖道："自己弟兄，说甚'惊扰'二字？就是多住几天，我这里也是极便。停刻我差李贵把行李搬来，岂不甚好？"二人同声的道："大哥有意，请俟缓日，这回可不必了。"子靖尚欲有言，幼安将别话岔了开去。少牧又说了些少甫在苏未来、托词致候的话，子靖也问了一番两家眷口安好。李贵过来，向主人耳边低低的禀了数句话儿。子靖起身，告一个便，来到外厢，把送来的礼物收了，给了四角小洋钱力钱，吩咐茶房先自回栈去讫。复至客堂，向二人道："承蒙厚赐，我都收了。随来的茶房已经着他先去。你二人就在这里便饭，畅叙一天，可不好么？"二人知道子靖脾气，他是个很直爽的，因道："搅扰不消说得，但是不必多备肴馔，反使我等不安。"子靖道："这才是个知己！本来有甚客气？"

少牧问道："我等方才来时，误叩了一家姓平的门，不知此人可是大哥时常提起的平戟三兄？"子靖道："一些不错。此人很可交得，只是你二人没有会过面儿。好得近在咫尺，我立刻着李贵去请来叙叙何妨？"幼安道："如此甚好。"子靖遂唤李贵言道："你快到平公馆去，说有两位苏州来的客人在我家中，要会会他，如大人在公馆中得暇，请他便来。"李贵答称："晓得"。子靖又附耳道："你出去，先到聚丰园唤席菜来，再到言茂源叫他送十斤京庄。快去快回，不要耽搁。"李贵诺诺连声而去。

不多一刻，听得门上钟铃声响，进来一人，年约三十余岁，品貌甚是轩昂。身穿天蓝缎子灰鼠长袍，天青缎子灰鼠马褂，头上戴一顶建绒镶边缎子顶的瓜皮帽儿，足登三套云元缎京鞋。子靖见是戟三来了，急同幼安、少牧降阶出迎，偕至客堂，作了个揖。幼安等彼此问过名姓，因是初次见面，不免说些仰慕的话。

少顷，酒席已到，子靖命摆在东书房中。安排已定，相率入席。四个人略略谦逊一番，幼安坐了首位，少牧居二，载三第三，子靖末座相陪。席间，幼安与少牧讲些苏州事情，载三与子靖说些上海风景，甚是投机。酒过数巡，子靖道："我们闷酒无味，可要行个令儿顽顽？"载三道："甚是使得。请谢幼翁先起如何？"幼安想了一想，道："今日人数太少，别的酒令未必能行，不知'飞花'可好？"少牧道："'飞花'太觉便当，不如'席面生风'，略似耐人寻味。"子靖道："依我想来，就是'席面生风'，那些'鸡'、'鱼'一切容易的字，也须除去，只说每人面前摆着的果品。未知列位如何？"幼安道："大哥吩咐，遵命就是。"子靖遂斟了一杯令酒，双手递与幼安，幼安也不推辞，一饮而尽。看看自己身旁，摆着一盆橄榄，遂随口念一句古诗道："细读（续）公诗如橄榄。"挨着字儿一数，应是载三与子靖饮酒，二人各自干了一杯。次及少牧，他身边乃是一碟瓜子，因道："绿含瓜子瘦堪怜"，应幼安与子靖同饮，二人也俱干了一杯。少牧道："如今是平载翁了！"载三见身旁是碟花生糖儿，摇摇头道："这花生二字，只怕古人诗上很少。"子靖道："真是少见。"载三沉吟了一回，道："有了！我想着一句：'云喷石花生剑壁'，不知此花生二字可能借用？"幼安点头道："借得很好。"少牧依着字儿一点，该子靖与载三自己饮酒。载三道："什么说？自己行令，自己喝酒！我只想了诗句，没将字数算算，不是我的心太觉粗了？"子靖笑道："俗语说得好：'自搬砖儿自打脚。'本来有的。快请一同干这一杯，我要来收令了。"载三无语，一吸而干。子靖身边摆的是一碟福橘，遂念了一句"山中奴隶橘千头"，照字点去，应少牧一人饮酒。少牧道："人家一句诗儿是两杯酒，大哥只有一杯，却偏偏作成了我，倒也凑巧得很。"子靖道："只算我心敬的罢。如今是应你的令了。"

　　少牧干过了酒，道："我也是'席上生风'，但不许用着酒馔，只许用每人身边席上的动用器皿，又要用身体上一个字，又要做一个手势儿，把这句诗描摹出来。说不出的罚酒，说出的就此过令，省得牵累别人。未知可好？"载三道："这倒有趣。少翁请先做个样儿我们瞧瞧，然后可以依令而行。"少牧点头称是，遂满满的斟了一大杯令酒，立起身来，将酒杯高高擎起，笑嘻嘻的念出一句诗来，道："我说的是'万事不如杯在手'。"念完，将酒一喝而尽。子靖看着，忽大笑道："牧弟几年不见，仍是一块天真。你们看方才好个样儿！"幼安微笑答道："他本来是孩子气惯的，今日故友相逢，又喝了几杯酒，自然要露出本相来了。"少牧也笑着道："我不与李大哥和你斗口，你们请照这样儿，把令行下去罢。倘行不下，罚酒不饶！"子靖道："是了，待我来接他下去。"口中说着，心里暗想？有了器皿上的字儿，没有了身体上的；有了身体上的字儿，却又没了器皿上的。一时性急，不觉面红耳热起来。除下瓜皮帽子，搔了搔头，灵机一动，把帽子吹了一吹，又将头发捋了一捋。众人见此光景，忍不住彼此大笑。子靖道："且莫要笑，听我过令。我说的是'羞将短发还吹帽'，不知可算得么？"少牧道："大哥果然灵变，怎从这帽子上头竟想出这句诗来？只可惜帽子不是那席上的器皿，罚酒是不能免了。"子靖扑嗤一笑，道："这是我糊涂了。若帽子算了器皿，衣裳鞋袜却算什么东西？本来怎能免罚？如今我喝一杯，安弟接下去罢。"说完，自己斟了一杯热酒，一吸而干，不留涓滴。幼安道："大哥为人到底豪爽，就是喝一杯酒，也是直捷痛快的。"少牧道："闲话休题。安哥你说的是什么诗？演的是什么手势？快请讲罢。"幼安道："诗虽有了一句，只是免强些儿。"遂把手向酒壶一指，道："我说的是'指点银瓶唤酒尝'，不知这'指'字、'瓶'字，令官可容借用？"少牧道："这两个字到还借得，但不应露出个酒字来，也要罚了！"幼安略略呆了一呆，道："果然你说过不许用酒馔上字面的，我也太粗心了！自然与李大哥一样，愿甘受罚。"随手取一只酒杯给子靖斟一杯酒，一饮而尽。回头对戟三道："如今是戟翁了。小心些儿，不要又被罚了酒去。"戟三含笑点头，在桌上拿起一把酒壶，将壶盖揭开，看了一看，又把手向心上点了一点。子靖误会是吃不得酒了，因道："你莫怕喝不下酒，只要有自然的诗句，怕强罚了你不成？"戟三道："本来我并非怯酒，只因要回少翁的令，故才演这手式。"少牧闻言，微笑问道："不知戟翁说的可是'一片冰心在玉壶'这一句么？"戟三点头称是。子靖道："你二人一个会想，一个会猜，我却几乎缠不清楚。如今牧弟的令已经完了，戟翁也须设个法儿顽顽。"

　　戟三道："依小弟愚见，每人敬三杯如何？"子靖道："敬三杯想是要开拳了。你是在武科中三考出身的人，拳法精通，我等岂是对手？"戟三道："休得取笑！我这酒令也用诗句，并不猜拳。譬如我说了一句古诗，若有别句诗可以驳得转来，是我输了，我喝三杯；驳不转来，轮是那一位，那一位喝三杯酒。这可公道不公道？"幼安道："这令却也新鲜得紧，我等遵命就是。"戟三忙取酒壶，满斟了三大杯酒，对幼安道："敢与幼翁先来。"遂随口念那王摩诘《渭城送别》诗的结句道："劝君更尽一杯酒。"幼安想了一想，见桌上现放着三杯酒儿，灵机一触，顺口答道："戟翁，弟真要驳了，如何是'一杯一杯复一杯'呢？"子靖、少牧击节道好，戟三更连称钦佩不置，举起杯来，一连干了三杯。重又斟好，对少牧道："少翁来罢。弟说的是'花底清歌春载酒'，不知作何驳法？"少牧沉吟半晌，想不出来，因道："是我输了，待我受罚。"举杯先干了一杯。才饮第二杯时，忽跌足道："迟了迟了！载翁说的是花底寻春，有花有酒，我何不说如何是'无花无酒过清明'呢！"载三抚掌道："这一句诗驳得却与幼翁方才的工力悉敌，真是天然相反的妙句。那是我侥幸赢的，待我也陪一杯儿。"少牧要说不必，载三已将剩下的一满杯酒一口气喝个干净。重又筛了三杯，对子靖道："子翁，我说的是'花气袭人浓胜酒'，你请驳罢。"

子靖皱眉道："我认输了。牧弟在家的时候，是与少甫二人不时（常）结结诗社，在这七言五言里很纯熟的，却一时间还想不出来，何况是我！也不去枉费心思了，待我干了这罚酒就是。"说完，果接连着干了三杯。又斟了好几杯热酒，道："载翁的令今又完了，轮应我主人自己尽尽兴儿，但是我的脾气，凡是知己无一个不晓得，是爱爽利的。像方才这样喝酒，只怕喝到天黑也不得个半醉。不如我来摆二十杯里通响向拳罢，才能够多饮几杯。未知众位如何？"三人同声道好。子靖因先喝了十杯，让三个人五吓对吓的打，完了又喝十杯。三个人仍你搳一拳，我搳一拳，如走马阵一般的周而复始。不多一刻，那二十杯俱已通了，共是子靖输了三拳。

其时天色将暮，子靖还要添酒，幼安起身辞道："天已晚了。我等既到上海，尚要徘徊几天，聚首的日子正多，今日要回寓了。"载三道："弟与二兄虽是初交，却彼此像见过一般，应是有些夙契。今日果然时候晚了，吃过了饭，想来一定便要回栈。明日弟想作个东道，请二兄一叙，不知可肯赏光？"子靖道："什么时候？在公馆里还是在酒馆里？"载三道："寓中房屋窄小；酒馆里去，我又不请别的客人。不如到一品香吃些番菜，地方甚为清净，肴馔又精洁些。准定饭后四点钟时，我到长发栈亲自相请可好？"幼安、少牧闻言，同称不敢。子靖道："载兄为人，素来极重朋友。既是有意相邀，安弟等可不必过谦就是。我明日午后也要到栈里来走一回儿，只请在栈中稍候片时是了。"二人不好再辞，只得唯唯遵命。子靖遂吩咐李贵端上饭来。各人用毕，搬去残肴，烹上一道香茗，又谈了好些话儿。幼安、少牧见载三语言蕴藉，学养深沉，绝不似个武夫模样，心中愈发钦敬异常。载三也因谢、杜二人一个襟怀冲淡，举止端详，一个吐属风流，天真烂漫，暗暗的十分景仰。从此这三个人成了莫逆之交。将来少牧迷恋烟花，屡屡受人侮算，仗着载三解纷排难之处颇多。此是后话，我且慢题。

再说是日酒后，子靖见各人话得投机，心下十分畅快。又要差李贵到长发栈去挑取行李铺程，坚留二人住宿在家，争奈二人执意不允。直谈到上灯以后，始各起身告别。戟三也要回公馆去了。子靖见天气已晚，不便再留，送出大门，一揖而别。戟三行至自己公馆门首，尚要留二人入内稍坐。二人只因究是初会，未便造次，同声答道："本欲登堂，无如天太晚了，急欲回寓。且俟缓日专诚拜访。"戟三明知二人虽然一见如故，却不是脱略的人，早上与人遇见，到晚即谬托知己，肯贸贸然轻易入门的，故亦并不强留。惟自己也不进门，送着二人出了集贤里的弄口，又代唤了两辆东洋车儿，讲定车钱，请二人登车。直至望不见了，方才进去。

此时正是九点余钟，那条大英大马路上，比二人早上来的时节不同，但见电灯赛月，地火冲霄，往来的人车水马龙，比着日间更甚热闹。二人沿途观看一回。

那东洋车走得甚快，不消片刻，早已到了。给过车钱，幼安向帐房领了房门钥匙，与少牧上楼。但见从楼梯口起，满地皆是行李箱笼，堆得几乎路都不好走了。有两个茶房在那里帮着一件一件的搬到东首这间官房里去。二人暗想：不知到了什么客人，行李来得这样的多。正是：

　　　　结得苔岑原凤契，相逢萍水有前缘。

毕竟不知长发栈果然来了何人，与幼安、少牧可相识否，且看下回分解。

第三回

款嘉宾一品香开筵　奏新声七盏灯演剧

话说谢、杜二人自李子靖公馆回栈,上得楼头,见房门口箱笼物件堆积甚多,不知是到了什么客人。正在狐疑,早有茶房过来,把房门口的杂物一一搬去,让二人开锁进房,问:"二位客人用过夜饭没有?"幼安道:"夜饭已吃不下了。你去泡一壶热茶来罢。"茶房答应自去。不多一时,将茶送到,放在桌上。少牧问他:"第一号房内今天到了那个客人?共有几位?"茶房(幼安)道:"听说姓荣,是广东人,从京里头出来的,共是一主一仆。大约是个官场中人,故而行李甚多。"幼安道:"原来如此。你恐那边房内有事,且自去罢。我们也要睡了。"茶房应声"晓得",回身带上房门,仍往第一号房中收拾了。少牧因多喝了几杯酒,有些醉意,倒身榻上,竟自和衣睡熟。幼安恐他冒了风寒,与他盖好了被,下了帐子。自己因觉腹中饱到十分,不敢便睡。喝一杯茶,又略略的坐了片时,方才就枕。

一宵易过。早上起来,二人谈及昨日席上这平载三,果然能武能文,非比等闲之辈,此次到了上海,结识得这一个朋友,也不枉出游一番。正在议论之间,只见门帘一揭,走进一个人来,头带瓜皮小帽,身穿蓝绉纱皮袄、元色绉纱棉马甲,足踏皮底抓地虎快靴,一手拿着一个皮护书,一手取着两张名片。走进房门,将片向二人一扬,站在一旁说声"大人来拜!"幼安接片看时,乃是"荣归"两个大字,料系昨夜隔壁房中新到的这一个人。但是素昧平生,何以忽来投拜?要想回说"挡驾",但见那人已经进房,头戴京骚拉虎帽儿,身穿酱色宁绸灰鼠皮袍、天青缎子干尖马褂,足登二蓝宁绸挖嵌京式棉鞋,不长不短身材,四十左右年纪,脸上戴一副玳瑁镶边的墨晶眼镜。进得房来,将眼镜除下,对着二人深深一揖。二人急忙还礼,让至上首坐定。早有茶房瞥见，献上茶来。幼安、少牧动问姓氏，方知昨夜到的果是此人。姓荣，名归，别号锦衣，广东潮州府人。乃是探花出身，由京请假还乡修墓，道经上海，小作勾留。生平最爱交游，此次客途无伴，昨夜进栈后，见谢、杜二人回来，且甚翩翩儒雅，故来拜会，想结个客中游侣。当下问二人道："二公原籍苏州，离此不远，谅来亲友必多？"幼安道："虽有几人，因路途不熟，大半没有去过。"锦衣道："出门人道路生疏，最是不便。即如兄弟，也有好几位知己住在上海，奈皆不晓得是什么地方，无从探访。今幸与二翁同住一栈，将来少不得要诸事请教。只是惊搅不安。"幼安道："弟等也是第一次到沪，还要锦翁指拨。"锦衣道："原来二翁与弟一般俱是初次。但不知有无贵干？可要耽阁几时？"幼安道："并无正事。大约十天八天便要去的。"锦衣道："二翁可知这栈里头有多住几时的客人么？弟想与他结个伴儿。因要略住两三个月，然后动身，彼此有些招呼，岂不甚妙？"少牧道："小弟进栈之时曾问茶房，据说第五号房内有两个扬州客人，一个姓郑，一个姓游，已住有十数天了，闻说尚要耽阁几时。但不知是何等样人，尚未会过。"锦衣道："作客在外，朋友本是愈多愈好。那两位姓郑与姓游的，既在五号房中，又极邻近，未知二翁可肯同弟前去拜他一拜？"幼安沉吟未答，少牧道："四海之内皆兄弟也，拜拜何妨？况将来若是相交得的，也可多一个萍水之交；若是意气不投，交不得的，尽可不通闻问。锦翁果去，弟愿奉陪。"锦衣大喜，又问谢幼翁可去，幼安也道："同去亦可。"

于是三个人款步走至五号房中。但听得房内一阵笑声道："这一着你可错了！"又听一人跌足恨道："果然！果然！"锦衣轻轻揭开门帘，同幼安等往内一望，原来是两个人在那里下棋。年纪俱在二十上下。一个身材长些，穿一件竹根青摹本缎灰鼠褂，银灰外国缎马甲；一个身材略短，穿的是月白缎子洋灰鼠褂，天蓝缎一字襟草上霜马甲；皆生得面如冠玉，唇若涂朱。抬头见有人进房，急忙放下棋子，趋步相迎。彼此作了个揖，分宾主坐下。家丁过来献过了茶。锦衣细问二人名姓、行踪，方知这身长的姓游，单名一个春字，别号冶之；略短些的姓郑，名学元，别号志和；皆是扬州人氏。志和曾游泮水；冶之虽也应过童试，一衿未青。二人乃中表至亲，年纪虽轻，一般的严椿早谢，只有寡母在堂。祖上俱以盐商起家，颇甚小康。因冶之读书不成，意欲弃儒就贾。今到上海，携有重资，想与一个姓经的人合股做些大宗贸易。其母放心不下，故央志和同来。幼安在旁听得甚清，早知这两个人多是纨袴子弟，又见冶之的举止不甚大方，志和虽说已入黉宫，却也言语轻浮，绝不象个读书种子，心中十分不愿接谈，暗暗与少牧使个眼色，起身告辞。锦衣也因长随来说房中要开饭了，一同作别。二人送至房门口始回。

且不说锦衣那边，仍说幼安、少牧，回至自己房中，恰好茶房也端上饭来，二人各自用过。幼安细与少牧讲起方才所见的这三个人：锦衣虽是官场，却还无甚习气；冶之与志和两个举止轻佻，此种人只宜少近。少牧点头称是。

忽听房外脚步声响，二人往外一瞧，乃是子靖与戟三来了，急忙移步出迎。幼安道："大哥与戟翁来得好早，这时候还不到两点钟呢！"子靖道："戟翁用了中饭，即到舍间。因恐你们在栈中等着寂寞，故此来得早些。"戟三道："幼翁与杜少翁谅也用过饭了，可一同到街上走走，或唤一部马车顽顽。"少牧道："今日不是礼拜，马车不必坐了。我听得人说，棋盘街口有所同芳居广东茶馆，甚是清洁，不妨同去坐坐。"戟三连称"使得"。四个人遂一同下楼，出了长发栈。因到棋盘街只有一转湾路，甚是近便，不唤车子，信步而行。

来至同芳居，上楼一看，竟无空座。退至对门怡珍居内，拣个座儿坐了。值堂人泡上两碗乌龙茶来，这茶果然色、香、味三者俱佳。四人闲谈一回。戟三唤堂倌做了两客广东蛋糕，两客水晶馒头，点了点饥。时已四点钟了。正月里天时尚短，不知不觉将次上灯。戟三会过茶资，同幼安等下楼，往一品香而去。

说那一品香番菜馆，乃四马路上最有名的，上上下下，共有三十余号客房。四人坐了楼上第三十二号房间，侍者送上菜单点菜。幼安点的是鲍鱼鸡丝汤、炸板鱼、冬菇鸭、法猪排，少牧点的是虾仁汤、禾花雀、火腿蛋、芥辣鸡饭，子靖点的是元蛤汤、腌鳜鱼、铁排鸡、香蕉夹饼，戟三自己点的是洋葱汁牛肉汤、腓利牛排、红煨山鸡、虾仁粉饺，另外更点了一道点心，是西米布丁。侍者又问用什么酒，子靖道："喝酒的人不多，别的酒太觉利害，开一瓶香槟、一瓶皮酒够了。"侍者答应，自去料理，依着各人所点菜单，挨次做上菜来。

少牧问子靖道："这四马路番菜馆共有几家？"子靖道："现在共是海天春、吉祥春、四海春、江南村、万年春、锦谷春、金谷春、一家春，连这一品香九家。尚有杏花楼并宝善街指南春、胡家宅中和园、荟香村，也有大餐，那是广东酒馆带做的。其余外国人吃的真番菜馆，英界是大马路宝德，西人名廿七号，泥城桥西堍金隆，五马路益田，法界是密采里。虽也有中国人去，却不甚多。"少牧道："那宝德等的价目可与一品香等一般？"子靖道："这却大不相同。中国番菜馆是每菜价洋一角，也有一角五分的、二三角的；外国番菜馆是每客洋一元，共有九肴，吃与不吃，各随各便。"幼安道："闻得虹口尚有一家礼查，不知也是大菜馆不是？"戟三道："那是一所西国客馆，如华人客栈一般，平时兼卖洋酒，并不是番菜馆儿。"幼安道："原来如此。"

四个人你言我语，兴致甚浓。戟三、子靖又要幼安行令，幼安道："今日这个地方，不比昨日在大哥公馆里头，甚是幽静，只可响几下拳，热闹些罢。"戟三道是。幼安遂每人揸了五拳，各有输赢。

次及少牧，忽然不知何处去了。等了半刻钟时，不见进来。幼安心下甚是不解，子靖也诧异起来。移步出外，分头寻找。幼安听得三十号房内有妓女度曲之声，唱得甚是清脆，隐隐约约似乎少牧的声音也在里边。因住了脚往里一瞧，奈门口遮着一道五尺多长、六七尺阔的东洋屏风，一些儿看不清楚，只得在外站着，侧耳细听。直至那妓女曲子唱完，合席的人喝一声采，果然有少牧在内，始高声在外唤："少牧弟可在里面？我们等得久了，揸拳去罢！"少牧听是幼安口声，连忙抢步出来，道："正是我在此地。安哥到那里去？"幼安道："人家寻你揸拳，你如何跑在这里？那是些何等样人？与你怎的认识？"少牧道："我因一时内急，出外小便，回来时走过此间，乃栈里的荣锦衣与游冶之、郑志和三人在此，被他们一眼看见，强着进去。本来就要来了。"幼安道："原来是这几个人。"少牧道："安哥且略站一站，待我去回过他们，就到自己席上边来。"幼安道是。

少牧回身入内，恰好锦衣与志和两个听少牧与人说话，迎将出来，一见幼安，也要强他里头去坐。幼安固却不从，只得一同进内。冶之起身相迎，定要送菜单过来点菜。幼安说现在三十二号里头已偏过了，冶之始不再相强。幼安见在席三人，叫有六个出局，内中三个年纪俱约十八九岁，不特打扮得十分娇艳，那品貌也似花枝一般的出色非凡。与着冶之等你言我语，亲昵异常，那里更有心情再合旁人答话！因略略坐了片时，与少牧暗地里使个眼风，同起告辞。冶之道："二位既然有席，这里坐着也不吃些酒菜，我也不强留了。停刻可到丹桂茶园看戏。我等席散之后，再来相请。"幼安、少牧连声"不敢"，出房而去。

回至三十二号，子靖已寻得不耐烦了，道："安弟，你们倒好，一个跑了开去，一个去寻，却两个多不来了，累我找了好一回儿，到底是在那里？"幼安把适才的事说了一遍，子靖道："怪道连你都不见了，原来有此缘故。"戟三道："我们的菜每人已只有一样，可要再添些儿？"子靖道："菜已吃不下了。牧弟来搳几下拳消消酒罢！"少牧道声"遵命"，从戟三起，每人搳了三杯抢三。少牧一连赢了三拳。子靖不服，又与他搳了五拳。菜也毕了，酒也完了。侍者送上咖啡茶来，各人吃过。戟三取签字纸签过了字。

正待要散，忽冶之等三人进来，强着众人同去看戏。戟三、子靖与他们尚是初面，那里肯去？推说有事，先自走了。谢、杜二人固辞不允，被冶之等你推我挽，一同下楼，出了一品香门口。冶之与志和有马车候着（看），登车先去。锦衣本是轿子来的，因见幼安与少牧两个俱是步行，分付轿夫将轿先抬至丹桂戏园，另外给了一角洋钱，令唤三部东洋车来，与幼安等一同登车而去。

到得园门，冶之马车甚快，先已来了。五个人挽手进内。早有案目动问："五位是看正桌还是包厢？"冶之道："包厢可有全间的么？"案目道："全间的俱定去了，只有末包里头尚可坐得三四位人。"志和道："既然没有全间，不如就是正厅上罢，五个人恰好一桌。"案目道："正厅前三排桌子也已坐满的了。爷们今日不曾早来定个座儿，只好对不住些。第四排上可好？"志和皱眉道："前边当真没有，就是第四排将就些些，只要是一张全桌子儿。"案目答应，领至里头，向座客千央万恳，央得一张桌儿，让五人坐下。泡上茶来，另外装了四只玻璃盆子，盆中无非瓜子、蜜橘、橄榄等物。

案目随手送上戏单，各人接来一看，见是小九龄的《定军山》，飞来凤、满天飞的《双跑马》，三盏灯、四盏灯《少华山》，汪笑侬、何家声《状元谱》，周凤林、邱凤翔《跪池三怕》，七盏灯《珍珠衫》，赛活猴《全本血溅鸳鸯楼》。其时已是八点半钟，台上三盏灯、四盏灯正演《少华山》，那种悲欢离合情形，难为他年纪虽小，偏是描摹尽致。接下《状元谱》，演陈员外的汪笑侬，出身本是个直隶举人，佯狂玩世，隶入梨园，与前在宝善街留春园、后在六马路天福戏园的老生汪桂芬（即汪大头）同出京伶陈长庚门下。虽喉音略低，而吐属名隽，举止大方，自与别的伶人不同。况演坟丁的小丑何家声、演陈大观的巾生小金红、演安人的老旦羊长喜，皆是第一等做工。台下边的看客，无一个不齐声喝采。

只有冶之与志和两个，因老生戏不甚爱看，举手对随来的马夫招招，取过一个千里镜来，向楼下〔上〕四面瞧看。忽包厢里有人打着手式往下招呼，二人看见，与幼安等告了个便，飞步上楼。幼安举目看这包厢里坐着的人，是个瘦矮身材，一张似笑不笑面孔，托腮短颈，两颧高耸，眼露油光。身旁叫着一个小清倌人，年纪只好十一、二岁，品貌不见甚好。那小清倌人后面，站着一个跟局娘姨，年约二十左右，瓜子脸儿又白又嫩，身穿二蓝宁绸羔皮紧身，外罩（单）元色绉纱洋灰鼠马甲，下身系的什么裙裤，因在台子背后，看不清楚。与那人乜（也）斜着一双桃花眼睛，有说有笑，甚是亲热。少顷，见冶之等上楼，那人抬身而起，说了几句闲话，被冶之手牵手儿，同下楼来。

那人入座，向众人一一问过名姓。众人回问他时，他道姓贾，名谦，别号逢辰，乃常州府无锡县人。幼安与他说话，又细细把他估量一番，看不定是何等样人，不甚去理会他。冶之却与他颇甚投机，问厢房里头叫的出局与跟局的叫甚名字。逢辰只是笑而不言。志和在旁焦燥起来，因发话道："人家问你两个名字，偏你卖甚关子，不肯告人。以后我们叫了出局，你休言三语四的问个不了！"逢辰道："老和，你不要发急，这两个人难道你们当真不认得他？"冶之道："若是认得，也不问了。"逢辰道："这真正是贵人多忘了！可还记得荟芳里有个阿素？"冶之擦擦眼，子细一看，道："是了，是了，那阿素是正月半前在花艳香家的。如何隔得不满十天，就想不起！但这清倌人到底是谁？"逢辰道："你不听见艳香说么？阿素出去之后，自己买了一个讨人，取名花小兰，在尚仁里内。"志和道："这是方才媚香在一品〔香〕说起的。他还叮嘱冶之，不要跟着阿素到那边去走动。"逢辰道："既在一品香叫局，艳香为甚不同来看戏？"冶之道："本来要想叫他来的，只为没有包得包厢，故此并没同来。"逢辰道："怪不道你们不坐包厢，原来没有预定。坐在正桌上叫局，很不舒服。况且近来甚少，不如不叫为妙。"这一席话讲个不了，台上的戏，《状元谱》已经演完，是周凤林、邱凤翔的《跪池三怕》了。

幼安本来最喜昆曲，那周凤林、邱凤翔又是昆班中上等有名角色，先时到过苏州，看见过的。这夜凤林演的柳氏，凤翔演的陈季常，又是极拿手的戏文，处处能体会入微，神情逼肖，与京班各戏不同。幼安暗暗赞美不止。逢辰因坐已多时，楼上阿素与花小兰连连招手唤他上去，故此起身告辞。临行，又约冶之与志和两人散戏之后在阿素那里会面。二人点点头儿，应声"晓得"，逢辰自去。冶之目不转睛的看着阿素，直至逢辰进去，觉得不便，始懒懒的回转脸来。

恰好戏台上是《珍珠衫》了，七盏灯扮王三巧，年纪又轻，品貌又好，衣服又艳，婷婷袅袅，好如凤摆荷花一般。因是第一夜登台，才出戏房，楼上楼下看戏的人，齐齐的喝一声采。锦衣一见也道："果然好副容貌! 但不知做工如何。"后来, 见与小生一千元扮的陈大郎眉来眼去, 那种撩云拨雨之态, 真令人魂灵儿飞上九天。冶之击节赞道："这样看来, 从前梆子班中的想九霄、十三旦、水上飘, 目今的五月仙, 不及他了。"锦衣道："梆子班中花旦, 出名的本来最多。我在京里头的时候, 除佘玉琴供差内府以外, 尚有灵芝草、紫才子、福才子等好几个人。看来一个人有一种擅长的绝技。譬如《新安驿》等花旦带武的戏, 自然十三旦、灵芝草为最;《佘塘关》、《演火棍》等武旦带花的戏, 自然是佘玉琴;《春秋配》、《少华山》等花旦带唱的戏, 自然是想九霄; 那《关王庙》、《卖燕脂》等风情绮旎、班子里人说全看跷工的戏, 京中自然算福才子。如今若使七盏灯进京, 只怕也算得他了。"冶之道："照锦翁这样说来, 不知那五月仙的戏, 可曾见过? 与想九霄如何?"锦衣道："五月仙不曾到过京中, 从未见过。但看那新闻纸每日告白上面登的戏目,《南天门》、《烈女传》、《红梅阁》、《火焰驹》等, 惨戏居多, 大约是青衫子兼唱花旦, 如水上飘一般。刻下闻在天仙茶园, 缓几天也须去见识见识。"少牧道："我听得喜欢看戏的人说起, 烟台有一唱得极好梆子调的天娥旦, 京里可曾到过?"锦衣道："这人京里虽也没有来过, 却在烟台见过数次, 果然唱的好梆子调。他有一出《烧骨记》新戏, 乃是自己排的, 别人多演唱不来。将来此人倘到上海, 必定名盛一时。"冶之道："锦翁说的是天娥旦么? 日前有人讲起, 天福茶园已专人前往烟台聘他去了, 但不知几时到申。那天福里角色齐全, 汪桂芬的老生, 李春来、夏月润的武生, 小奎官的武二花, 马飞珠的小丑, 皆是数一数二的名角。若是天娥旦果然来了, 这生意一定还要格外起色。我打听他是几时上台, 定要包一间厢, 请众位同去瞧瞧。"嘴里头是这样的随口乱说, 两只眼珠却一转一转的瞟着阿素。

那阿素看见这个光景, 他本跟过艳香, 与冶之是认识的, 已参有七八分看上他的意思。后见七盏灯演到王三巧酒醉后那段关节, 他装做待看不看的样儿, 将一方白丝巾掩在唇边, 笑微微向冶之一连丢了几个眼风。冶之一见, 笑逐颜开, 几乎把魂多被他勾去。只恨坐在楼上, 且有逢辰碍眼, 不好上楼去与他说句话儿。谁知逢辰倒还像个不知不觉, 反被志和把破绽看将出来, 暗想, 怪道媚香要叮嘱他。因轻轻的在他腿上捏了一把。冶之会意, 扭转头来, 向志和笑了一笑, 也不答话, 仍是目不转睛的只向上瞧。座中幼安是精细人, 这种行为一一多已看在眼里, 把个冶之从此更是看不上他。

闲话少提。且说那七盏灯的《珍珠衫》演完，戏台上锣声大振，赛活猴的《鸳鸯楼》出场。他扮的乃是武松，手中这把真刀，足有三尺来长，一寸二三分阔，舞动时寒光闪烁，咄咄逼人。本来武伶中真实本领算赛活猴是头等角色，与虚摆架式不同，因此看戏的人齐声喝采不迭。即在这个时候，忽闻边厢里头发一声喊，万头攒动。幼安等疑是火警，个个惊慌。正是：

　　　鱼龙曼衍方娱目，鹬蚌纷争忽起嫌。

毕竟不知边厢里头是否失火，为甚喧闹起来，且看下回分解。

第四回

升平楼惊逢冶妓① 天乐窝引起情魔

话说冶之等在丹桂看戏，正当赛活猴扮着武松，使动真刀，要杀张都监时，猛听得边厢里人声鼎沸，楼上楼下看戏的人无不心下着惊，疑是火警，都想奔逃。幸亏有几个看清的天津人把手乱摇，大喊："没有什么事！请大家坐下瞧戏！"一面唤管门巡捕进来，拉了一个身穿短衣的人，往外如飞而去。众人始定了心，重新坐下。锦衣不解，问冶之："这是为甚缘故？"冶之也不知道，把手向马夫一招，先将携来的千里镜交给了他，然后问他："边厢里为甚事情吵闹？"马夫道："听说是一个看戏的乡下人失了东西，查是被隔座的一个青插手偷摸去的，故此滋闹。现在已被巡捕拉到捕房里惩办去了。"志和道："什么叫青插手？可是此人名字？"马夫笑道："青插手并非名字，乃是江湖上切口。剪绺的叫青插手，犹如偷鸡贼叫采毛桃，大早里窃物的叫踏早青，窃人家晒晾衣服的叫戳天表。"冶之道："偏是偷东摸西的人有这许多混号，人家听了诧异。"

志和又问马夫道："这时候有几点钟了？戏馆可就要散么？"马夫道："已是十一点二刻了。台上《鸳鸯楼》演完就要散场。少爷可要先走一步？我去点起灯来。"冶之道："早走一步也好，免得挤个不了。"遂分付马夫先去料理车辆，一面与包厢里贾逢辰及阿素打个手式。二人会意，点点头儿，立起身来，也都走了。锦衣见冶之等俱要回去，唤轿班点好了灯，却仍不肯坐轿，原要与幼安、少牧同行。二人那里肯从？锦衣始告别登舆，先自回栈。冶之、志和候马夫关照车子来了，别过幼安、少牧，登车向尚仁里阿素那里找逢辰而去，直至二点多钟方回。按下不表。

①"冶妓"原作"浪妓"，今从目录改。"冶"通"野"。

　　且说少牧见众人已去，因腹中觉得有些饥了，不等戏完，同〔幼〕安出了戏园，到宝善街春申楼吃了一盆肉丝炒面、十卷虾仁春卷，雇车回栈。是夜天气甚寒，微微的降了一阵春雪。幼安本是不惯夜深的人，又多吃了些面食，路上更冒了些风，身子有些不甚自然起来，睡在床上，遍体焦热。因恐少牧知道着惊，故而并不与他提起，只管盖着被儿蒙头酣睡。到了次日起身，觉得口干舌燥，寒热未净，因复和衣而卧。少牧见了，上前动问，并要唤茶房来请个医生，开方调治。幼安因自己知道不过是偶尔感冒，力阻不必。到了午牌时候，茶房端上中膳，幼安吃了小半碗饭，胸口饱胀，吃不下了。

　　少牧好生纳闷，要想私自倩人延个名医，争奈人地生疏，上海的郎中，又都不知请了那一个好。可巧李子靖与平戟三两人到来，见幼安有些不爽，子靖因戟三无书不览，医理一道本甚高明，就央他开方调治。戟三也不推辞，诊过了脉，看过舌苔，说是寒食阻滞，并无大病，遂写了一张药方，无非桑叶、紫苏、防风、桔梗、焦面、查炭等散寒消食之品。少牧大喜，将方交给茶房，到三马路画锦里冯存仁药店撮了一帖药来，照方检过，令茶房煎好，送与幼安服下。戟三叮嘱："服药之后，须要盖被取汗，睡一觉儿，明日一定就好。"自己与子靖告辞回家。少牧央他明日到来转方，戟三诺诺而去。

　　隔房荣锦衣因闻幼安有病，进房瞧探，冶之与志和两个也一同过来，说了许多保重的话。冶之问少牧道："今日幼翁既有贵恙，谅是决不出去的了。昨夜贾逢翁嘱我转邀荣锦翁与阁下三人准六点钟在四马路聚丰园小酌，我已斗胆代允下了。少翁可肯同去，领领他的情儿？"少牧道："本来当得奉陪，无奈安哥有病，未便出门。烦冶翁转谢逢翁，只说心领是了。"冶之笑道："幼翁的尊恙不过是感冒风寒，少翁出去之后，让他在房静养静养，必定好了。逢辰今晚这酒，原是三位的专席，幼翁既然不去，你如何也推却起来？难道不怕人家扫兴？"志和也道："少翁如放心不下，早些回来便是。"少牧仍是执意不允。锦衣道："话虽如此，少翁不去，逢翁那里未免却情；若是去了，幼翁一人在寓也甚不便。我的长随荣升，他本来闲着，可要唤过来作个伴儿？一则幼翁要茶要水可以使唤，二则少翁在外也可放心。不知意下如何？"少牧尚未回言，幼安听三个人你言我语，料着少牧拗不过去，因在床上答道："牧弟倘要出外，谅我无甚大病，尽可放怀。但望早些回来，免我记挂就是。"少牧尚要推辞，众人那里肯依！冶之更催着就去。少牧道："逢翁约的是六点钟，此刻不过四点左右，就使要去，何必这样性急？"冶之道："其中也有一个缘故：逢辰在聚丰园原说是六点钟，却先约五点钟在四海升平楼茶馆会齐同去。此时已四点半了。锦翁是有轿子的，他可独去。我与志和现有马车，你何不一同前往？这部车坐身很宽，三个人还可坐得。"少牧沉吟半响，道："既然如此，待我换件衣服，二位先请分付马夫、轿夫端整车轿可好？"冶之道声"请便"，即唤茶房喊马夫上楼，叫他将车配好；又唤锦衣的轿班提好了轿。那少牧开箱换了一件淡雪妃花缎灰鼠袍子，竹灰花缎洋灰鼠马褂。穿着已毕，走至幼安床边。幼安勉强起来，附耳说了几句话儿，少牧唯唯答应，随同众人下楼。幼安说声"恕送"，仍旧倒身睡下。锦衣果唤荣升过来作伴，暂且按下慢言。

再说少牧与冶之、志和出了栈房，上了马车。锦衣也上轿而去。不消半刻多钟，马车先到。三人在升平楼门首下车，等着锦衣来时，挽手上楼。因工部局里的章程，所有车子、轿子概不准在当街停歇，故嘱马夫、轿夫先自回去，晚间到聚丰园来接。这里四个人上得茶楼，要想拣个座儿，那知逢辰早已到了，靠在窗口一张大理石桌上，泡茶候着。一见众人，趋步上前，笑脸相迎，忙唤堂倌过来，动问各人用什么茶。锦衣分付泡碗雨前，冶之、志和俱是洋莲，少牧是红寿眉，堂倌依言自去整备。不多一刻，送到桌上。逢辰问："幼安如何不来？不肯赏个脸儿！"少牧道："他因偶冒风寒，今日未曾起床，所以不能奉陪，嘱我转言道谢。"逢辰道："原来幼翁有恙，我还没有知道，这是错怪他了。停刻你回寓之时，尚烦致意请安，说我明日须要亲到贵寓。"少牧连称"不敢。"逢辰回头问冶之道："姓谢的既然不来，你可与我再邀些别的客人？"冶之道："你若客少，稍停到聚丰园时可写请客票，到兆富里去请经营之，包你一请便来。"逢辰道："这便很好。"

众人正在说话，忽见有两个妇人，一个年约二十以外，一张削骨脸儿，微微的有几点细麻，身上穿一件八分新蓝宁绸羔皮女袄，下系洋雪青绉纱绵裤，元色绉纱绣花裤带拖下有一尺来长，一双高底脚儿半帮花淡湖色绉纱鞋子，却走一步扭一扭的，装做真正小脚一般；一个年约四十以外，头颈里摞了一块白绒线的围颈，身上是广蓝洋布棉袄，元色绉纱棉马甲，青布裤子，元色布裙，是个佣妇模样。走了过去，又跑了回来，顷刻之间有三四次。少牧明知是个雉妓，上海叫做野鸡，虽然苏州也有，举止却是不同，故此细细的瞧了几眼。那雉妓误认是看上了他，暗使佣妇过来，笑嘻嘻的说道："大少爷你瞧什么？可到我们姑娘家里坐坐？"少牧在稠人广众之中,不提防有妇人与他兜搭,况且到了上海,从未见过这样的人,是破题儿第一遭,有些不好意思起来,只当不曾听得,回转脸儿向窗外瞧。谁知这雏妓又认少牧是个嫩脚色儿,不能对着众人当场出彩,因搭讪着脸扭扭捏捏的走至窗口阑干那边,将身一靠,恰与少牧打个照面,微微笑了一笑,顺着手儿走过来,要想拉他。冶之等看此光景,一个个多掩口而笑,弄得少牧无可奈何,不由不讨起厌来。

也是事有凑巧,其时茶楼上面来了一个古古怪怪、拘拘执执的人。此人姓方,名叫学正,别号端人,乃直隶宛平县人氏。年纪五十余岁,曾入黉宫,未登乡荐。为人开口圣贤,闭口道学,乃少牧的父辈至交。近年处馆上海大南门内,训蒙度活。这日因到升平楼寻一个书局里的朋友,要买一部《经策统纂》,预备秋间下场求取科名。上得楼来,东张西望,奇巧遇着少牧。正要走近去接谈,见这雏妓在那里勾引着他,心中大怒。且不与少牧讲话,双眼一横,厉声喝道:"谁与你纠缠不清!好个不要脸的妇人!"那雏妓是不防着的,倒把他吓了一跳。正待还口,旁边那个佣妇斜着一双老虫眼睛,把端人瞧了一下,开口说道:"人家的事,干你什么?要你这样费心!"端人一听此言,勃然大怒,虽已上了年纪,那无名火不知顿时冒有几多的高。少牧听得有人说话,仔细一看,见是端人,因系父执,连忙立起身来,口称"端叔请坐",端人竟如没有听见,只是瞪着眼睛,要合两个妇人寻事。究是锦衣有些涵养,想这种人不犯着与他一般见识,向冶之、志和、逢辰等递个眼色,一齐过来相劝。那时靠楼梯一张桌上,另有一个廿余岁的大脚妇人,与着一个男子同坐吃茶。这男子似乎认得雏妓,走过来向肩上轻轻一拍,涎着脸儿说了几句解劝的话,竟被他劝下楼去。

端人方与少牧坐下,问他:"几时到的?现寓那里?"少牧一一回答过了。问端人近在那里设帐,来此何事?端人也细细告诉一遍。逢辰要少牧转请端人同到聚丰园去,端人本已应允,谁知尚仁里花小兰家的阿素因这日院中烧开帐路头没人吃酒,并且小兰是上天乐窝书场的,书场上这夜又是打唱日期,必须寻个客人点几出戏,故到升平楼来。见了逢辰等众人,因隔夜先曾说过,笑迷迷走到身边,一屁股坐在旁侧那张骨牌杌上,嬲着要逢辰摆酒,冶之点戏。原来冶之昨夜丹桂看戏之后,同逢辰到小兰家中,阿素见了,甚是亲热,说小兰是小先生,不妨大家照应照应。冶之本已有了阿素的意,立刻叫小兰唱了一个堂唱,开消了两块洋钱,算是攀过相好的了,说明以后叫局、吃酒、碰和一切,与贾逢辰无须回避,故此今日要强拉他前去点戏。端人看此光景,又有些瞧不上眼,托言尚有别事,起身告辞。少牧久知他性情古怪，不敢强留。逢辰见少牧不留，又见此人有些不能亲近，也不十分相强，拱拱手儿由他自去。

阿素与众人嬲了半天，先是冶之允了八点钟到天乐窝点戏，后来逢辰也拗他不过，说定点了戏便来吃酒，好在未邀别客，就把聚丰园一局改着到尚仁里去。阿素始欢欢喜喜的先自走了。众人又略略坐了一回，已是上灯时候。冶之因到天乐窝去尚还太早，邀志和等往华众会打几盘弹子，消磨这一会儿。志和也甚高兴。逢辰惠了茶钞，一同下楼。少牧因匆忙之际，不曾与楼梯口方才解劝的这人招呼一声，这人暗恨瞧他不起，冷笑一声，与着大脚妇人说了好一回话，直到八点多钟始去。

看书的须要记着，这一部《繁华梦》伏线甚多。那适才与少牧勾搭的雉妓，乃江北人，名唤王月仙。初时生意不甚大佳，后来姘了一个安庆流氓，住在荟香里内，改作住家野鸡，专做仙人跳的事儿。后书杜少甫泛舟寻弟，与乡人钱守愚一同到申，钱守愚误入圈套，大受诈累。又欲图诈邓子通未成。后话甚多。那与大脚妇人同桌吃茶、上来解劝的人，祖籍南京，姓计，名唤善谋，别号万全。为人诡计多端，专一拆梢滋事，是一个极不安分的人。却每日里鲜衣华服，在四马路茶寮烟馆走来踱去，惹事寻非。那个大脚妇人是他姘妇，也是雉妓出身，名王月卿，与月仙乃是姊妹，所以认识。他来相劝的时节，原望在少牧身上有些油水寻寻；即使不然，那茶钞自必与他惠去。谁知睬也不睬，因此怀恨于心，日后屡屡生事。这虽多是后文，我先略略交代一番，也晓得这部书机神一片，并不是胡乱诌的。

如今应先说本回书中天乐窝引起情魔这节话儿。那冶之与志和等到华众会打了三盘大弹，逢辰又合冶之打了一盘小弹。锦衣、少牧是不会的，并不动手。志和在身边摸出一只金表一看，不知不觉八点半钟，催着冶之快到天乐窝去，点过了戏，好去吃酒。冶之答应。

五个人出了华众会，向东到天乐窝而来。门口有人高喊一声"上来五位"！楼上接应，便有堂倌过来，领到第二排台子上坐下，泡了五碗茶来。其时书台上已经唱过开篇，王者香在那里唱《钓金龟》。接下是客人点的王宝钗《落花园》、《祭塔》，翁梅倩《目莲救母》、《乌龙院》，王秀兰《清官册》、《一捧雪》，洪漱芳《八阳》、《赏荷》，金宝仙《取城都》、《天水关》，周湘云梆子调的《大香山》、《春秋配》各戏，或是十出，或是八出，最少的乃是两出。冶之唤堂倌取过粉牌，写了十出京戏，叫催尚仁里花小兰来。逢辰道："十出不太多么？"冶之道："我们终算有些名气的人，若点三出、两出，脸子上过不过去，说甚太多？"逢辰始不再言。

少顷，听得楼下高喊一声："先生上来！"冶之只认是小兰到了，引颈望时，却不认得。但见那人年约十八九岁，不长不短身材，雪白一张瓜子脸儿，生得十分娇媚。上身穿一件外国五彩缎洋灰鼠袄，周身水钻边镶滚，行动时雪亮的耀人眼目。下身是淡湖色绉纱百摺裥裤子，水钻边的裤脚，并不系裙，一双洋雪青缎子平金绣弓鞋，看来只有三寸左右。与那跟来的一个小大姐手牵手儿，走上台去。冶之目不转睛的几乎看出了神，志和、锦衣也各暗暗赞美。少牧自到书场之后，见了这许多花枝般的人儿，不比升平楼遇见的是个雏妓，看不上眼，全不在心，此时只恨那些妓女一个个叫不出他名字，分不出李艳张娇。见逢辰甚是熟悉，故向他细细动问。忽然看见又来了一个绝色的人，也是凤世里有些风流冤孽，情魔一动，这心就拿他不住起来，急问逢辰："此人是谁？"逢辰答道："这是上海有名的巫楚云，住在西荟芳里。品貌甚好，曲子又高，应酬更不必说，乃是头等。他家共是姊妹三人，楚云最小，长名峡云，次名岫云，多是色艺双全，却算楚云更是出众。少翁你看如何？"少牧道："果然甚好。"冶之遂怂恿道："少翁既然赏识，何不点几出戏？将来有甚应酬，就好叫他的局，岂不甚妙？"志和道："停回到花小兰家吃酒，少翁就要叫局，何不试他一试？"逢辰听了二人之言，也便竭力撺掇着他。少牧被众人你言我语，没了主意，又因心上爱着这人，遂唤堂倌过来，照着冶之一样写了十出戏文。那小大姐拿了银水烟袋便来装烟。

但听得楼下又喊了一声："先生来！"方是小兰到了。阿素同着他上了书台，也取烟袋下台装烟。台上楚云因有堂唱来催，先唱了一支《牧羊卷》，果然响遏行云，听的人无不喝采。又令后场换道笛子，唱了一支《佳期》。与大姐丢个眼风，大姐会意，收了烟袋，说声："各位大少爷，停刻请一同过来。"等候楚云下落书台，依旧手牵手下楼而去。少牧一眼看着，直至走得看不见了，方才回过脸来。觉得心上边如失了一件贵重东西一般，忐忐忑忑个不了。

小兰候梅倩等唱过点戏，他年纪虽小，倒是个大喉咙儿，唱了一支《黑风帕》、一支《打龙袍》，虽不十分入彀，也还亏着他不甚脱板。阿素见小兰戏已唱过，因家中台面端整久了，催逢辰等一同到家里头去。冶之本来也要去了，与少牧把点戏洋钱并书茶小帐一齐付讫，一窝蜂同着阿素下楼。阿素先去伏侍小兰上了轿子，回身与众人要行。忽然少牧想起幼安有病，独自一人在栈，不便过于夜深，要回去了。逢辰那里肯依？说从来没有请客吃酒、空着肚子放他回去的事。虽约的是聚丰园，如今改了花酒，不过不恭敬些，断断不能不去。冶之、志和也均苦苦相留。少牧一则却不过情，二则心上有了楚云，方才书台上面隔着较远，未免不甚清楚，若在席上叫他来时，好细细的看一个饱，因此也就允了。逢辰等方与阿素往西而行。

　　进了大和丰土栈弄堂，转湾往东，不多几步，已到院门。小兰本是楼下房间，相帮的喊（着）："客人进来！"只见小兰早已回转，笑迷迷的迎将出来。众人进内坐定，娘姨绞过手巾，泡上茶来。逢辰央志和写请客票请客，志和问："请的是谁？"逢辰道："一张是你方才说的兆富里去请经营之，一张可到百花里花笑红家请康伯度。"冶之道："不是洋行里头的康老大么？"逢辰道："正是此人。"志和遂依言写好，交与阿素，分付相帮速去。阿素在湘妃榻上开了一盏烟灯，装了一筒洋烟，递与逢辰吸过；又装一筒，递与志和。正要吸时，忽听相帮喊声："阿素姐！客人进来！"连忙与逢辰一同立起身来。正是：

　　　　既然有酒欢今夕，未可无人到此间。

不知来者是谁，这席酒吃到几时方散，且看下回分解。

第五回

攀相好弄假成真　　遇拆梢将无作有

话说贾逢辰在尚仁里花小兰家与冶之等吃酒，央冶之写请客票，到兆富里请经营之、百花里请康伯度。那经营之，就是冶之要想与他合股做卖买的。此人祖籍山西，为人不但生意一道精明干练，别的事也盘算极尖，凡人遇到他的手中，他总要占些便宜才了。生平以刻薄起家，开有一所汇划钱庄，一所小汇票号，其余洋货、绸缎等铺有股分的甚多。却平时不肯妄费分文。人要趱他的钱财，除是花柳场中，或肯略略破耗，其余休想。那康伯度乃宁波人，说得好一口"也斯渥来"的外国话，写得好一手"爱皮西提"的外国字，在西人大拉斯开的大商洋行做买办。青楼中花几个钱，外面看来极是撒漫，内里头却也有限。这日逢辰请他，刚巧在同芳里席散，同花笑红回至百花里内。见了这请客票，因十点钟以后尚有人约他到同庆里去碰和，故此立刻起身就行。上回书中结尾时，花小兰家相帮的喊声"阿素姐！客人进来"，正是此人。逢辰一见，忙与冶之等起身相迎。冶之、志和与他是在台面上认得过的，锦衣、少牧却是初会，彼此问过名字。少牧看伯度时，见他年约二十余岁，一张雪白的不笑似笑脸儿，一双桃花眼睛。身上穿一件枣红缎子琴襟洋灰鼠出风马褂，蜜色花缎灰鼠袍子，内衬淡雪妃绉纱小袖紧身，法兰绒小袖里衫，下身淡月白花缎套裤，白丝绒袜，元色缎子挖花京鞋，头上戴一顶漳绒方顶小帽，湖色帽结。口里头衔着一枝香烟，这烟咬嘴是真蜜蜡的，将右手三个指头承着。指上边带着两只金钢钻戒指，一只石榴红嵌宝戒指。打扮得异常华丽。坐尚未定，便催逢辰可要入席，逢辰说等经营之一到便坐。

只听相帮的回说，经大少爷不在兆富里内；因问冶之再到那里去请。冶之道：

"这人除了此处，并无别的地方。既是不在那边，谅必没有出来也未可知。我们肚里头有些饿了，不如大家坐罢。"伯度道："这便很好。"逢辰遂唤阿素，把台面摆好，起了六客手巾。锦衣年纪又长，人也最客气些，坐了首位，少牧居二，余人挨次坐下。逢辰央冶之写局票叫局，冶之自己叫了一个本堂，又写了一张东荟芳里花艳香，志和是东荟芳里花媚香，伯度是百花里花筱红，锦衣是冶之荐了一个西荟芳底花家妈家的小清倌人花影娇，少牧自然是心上人巫楚云了。冶之一一写好，交与阿素交代出去。小兰走至每人身边，满满的斟了杯酒，又敬了一遍瓜子，取琵琶过来，唱了一支《御果园》，一支《铡美案》京调。

移时，叫局相帮来说：叫局一概就来，惟西荟芳的巫楚云要转局过来。少牧听了暗想：偏要看他，偏是慢到！好生纳闷。酒过数巡，艳香等陆续到了。也有唱曲子的，也有讲说话的，也有替撑拳、代吃酒的，甚是有兴。只有楚云未来。逢辰唤阿素差相帮去催，一连两次，尚还没到。忽然外间送进一张请客票儿，逢辰接来一看，见上写着：

> 到尚仁里花小兰房飞请贾逢辰大少爷即速宠临久安里杜素娟房酒叙，客齐立候入席，勿延勿却为盼。此颂
>
> 治安
>
> 弟营之约

旁边又有一行小字道：

> 郑志翁、游冶翁遍请不见，如晤，祈与偕来。千乞千乞！

逢辰看毕，回声"席散便来"，将票递与冶之、志和看过。说："原来营之又做了杜素娟，在那里吃酒，怪不得兆富里请不见他。我们散了席，一同前去可好？"游、郑二人俱说使得。因又连唤阿素差人去再催楚云。

直到台面将散，楚云方到，笑迷迷向少牧说道："今天因转局甚多，来得迟了，真对不住！"便在身旁坐下。少牧低低的回声"好说"，只此一句之后，便不作声。反是楚云把些说话去钩搭他。那消片刻工夫，少牧被他引起谈风。两个人虽是新知，宛如旧识一般，咬着耳朵说了好些的话，旁人却多没有听见，不知讲些什么。

只因经营之在久安里等着翻台，不便十分耽搁，故而楚云坐不多时，冶之催着阿素快拿干稀饭吃。及至楚云一去，便即草草散席。逢辰、冶之、志和三个同到久安里去，伯度自往同庆里碰和，锦衣、少牧谢过逢辰，一同回栈。一台花酒，曾几何时；

菜钱、局钱，却须多少！旁观有些可惜，当局却那里计他！少牧更是第一回儿，非常得意。回到栈内，问过幼安病体，喜洋洋闭门睡觉。却一心想着楚云，竟有些心猿意马，拴缚不住，在床上翻来覆去，直至两点多钟，方才合眼。

到了明日，幼安虽然寒退热凉，身子却尚未复原，依旧不能起床。午后，子靖同着戟三到栈转了一张药方，谈了一点多钟的话，方才回去。时交五点，游冶之走过房来，约少牧到东荟芳里花艳香家吃酒，是他主人。少牧本甚记挂楚云，正想出外走走，满口应允。只是幼安面前不便明言，但说冶之在泰和馆请客，邀他同往。幼安仍嘱"早去早回"。少牧换过衣服，依旧与冶之、志和三个人一部马车同去。到三马路荟芳里口下车。冶之在前，志和、少牧手挽手儿，一同进院。相帮喊声"客人！"大姐阿小妹迎出房来，三人进得房中，阿小妹绞过手巾，泡上三盏香茶。艳香敬过瓜子，动问少牧姓氏，少牧回称姓杜，艳香道："我怎忘了！不是昨夜在尚仁里台面上叫楚云妹妹的二少爷么？"冶之道："一些不错。"艳香道："楚云那边可曾去过？"少牧尚未回言，但见门帘一揭，又走进了个花枝般的人来。子细一看，乃是媚香。后面跟着一个娘姨，手中拿了一杯便茶，递与志和，说声"郑大少爷用茶。"志和接来，放在桌上。媚香也敬了一通瓜子，坐在志和身旁。少牧细看姊妹二人，媚香年纪略略大些，生得比艳香更是娇媚，不过与楚云比较起来，两个人尚多比他不上。

坐了片时，冶之分付取请客票来，写了三张票儿，交与娘姨转给相帮，去请康伯度、经营之、贾逢辰三人。不移时，伯度、营之已到；只有逢辰，相帮的回说不在花小兰家。冶之问志和道："逢辰不在那边，却在何处？"志和道："逢辰不听见有别的相好，小兰处找他不到，再向那里去找？"冶之沉吟半晌，道："既然请他不着，且自由他。不过这个人很是有趣，今夜不到，台面上要冷静许多。但那荣锦翁是当面约的，如何还不见来？"少牧道："锦翁早上说过，今夜七点钟有人在一家春番菜馆请他，此时或在那里也未可知。"志和道："他在一家春么？可晓得在第几号内，待我写请客票去请他。"冶之道："只要在彼未散，不写号数也可去请。"说着，提起笔来，写了"电请一家春"五个字，听得相帮高喊一声："阿小妹！客人进来！"恰好锦衣到了。冶之大喜，说："正要相请，来得甚巧！"锦衣道："只因一家春有个应酬，来得迟了，有劳久候。"冶之道声"好说，"随手将请客票团去。问明众人，替写局票，多是昨夜叫过的人。经营之是久安里隔夜吃酒的杜素娟，郑志和又添了一个公阳里金翠香。

冶之分付阿小妹叫相帮进房摆好台面，起过手巾，各人入席。依旧锦衣首坐。席间，荣、杜二人与经营之多是初会，彼此动问姓名。锦衣看营之一张大圆脸儿，身躯肥胖，出言吐语，甚是粗俗；身穿一件银灰色杭宁绸洋灰鼠襕，红字襟枣红花缎洋灰鼠坎肩，出风，毛有半寸多长；头上戴一顶元缎困秋帽儿，帽上边钉着一块豆瓣大的玭霞，足穿蓝宁绸挖花棉鞋，竹根青花缎棉裤；手上边带着三只金钢钻戒指，右手臂弯上黄腾腾一只四五两重的金镯，左手大指上更带着一只汉玉班指，正是一面孔有钱的人，暗自好笑。艳香见众人入席，敬过了酒，唱了一只《卖花球》小曲。有人来叫堂唱，换过衣服，说声：“众位慢些用酒，我们去去就来。”叫小大姐取了银水烟袋，携着琵琶，交给相帮放入轿中，登舆而去。

　　这里叫来的局，一个个多已到了。昨夜是楚云最慢，今夜却是第一个先来。到得席间，众人说是少牧得了头标，齐齐的喝一声采。少牧此时心花怒开，再听得楚云用些言语打动，自然入了港儿。临去时，要少牧翻台。少牧因已夜深，尚未应允，冶之等大家帮着楚云多要少牧请客。志和更向阿小妹要纸笔过来，令他当场点菜。少牧却不过情，只得随意写了一张菜单，交与跟局娘姨，楚云始笑微微起身先去。临行时又说了一声：“各位大少爷，请早些过来！”志和等点头答应。

　　冶之见局多去了，给过下脚，开过轿饭帐，干稀饭也不吃，各人就此散席。康伯度与经营之，本来少牧要邀他们一同去的，只因二人另有应酬，故而谢过冶之，先自别去。志和在炕榻上吃了两筒洋烟，起身催少牧等快去。共是少牧、锦衣、志和、冶之四人，出了花家，来到巫楚云院中。楚云迎接入房，亲与少牧宽去马褂，肩并肩、手牵手的坐在窗口一张红木交椅上边，咬着耳朵不知又在那里说些甚的。冶之一眼瞧见，掩着脚步走至楚云背后，举手轻轻的向他肩上一拍，道：“你二人这样更好！”倒把楚云吓了一跳，急忙立起身来，少牧也站了起来。冶之含笑道：“莫慌，莫慌，看子细些。”楚云瞟了一眼，道：“闲话少说。可要端整台面？还是去请几位客来？”志和道：“四个人冷清清的，请几个客也好。”冶之道：“想去请谁？”少牧道：“此地到集贤里近么？我想去请两个人。”志和道：“很好，很好。”旁边娘姨听了，忙取笔砚过来。少牧写了一张请李子靖，一张请平戟三，交与娘姨。忽又想起，子靖在花柳场中虽有应酬，闻他不甚喜欢；况且请了他来，明日幼安得知，必定说是初到上海就在外面荒唐，甚不稳便。因又收了回来。冶之等莫明其故，因问请的是什么人，为何忽又不去。志和取请客票过来，一看这两个人多不认识，并不作声。楚云忽道：“杜二少爷要请那姓平的，不是湖南口音，听说是个武探花么？”少牧道：“一些不错。”

楚云道："既然是他，就在对面岫云房里碰和，一共四人，也有一个姓李的在内。"少牧闻言，踌躇半晌，欲待不请，同在一院，防他看见；欲去请他，又恐幼安责备。子细一想，逢场作戏，少年人本是有的；就是幼安，也不是足迹不到风月场中的人。偶然吃一台酒，即使他晓得了，有甚打紧？因又把请客票换过，分付房中娘姨拿到岫云那边去请。戢三与子靖看过，见是少牧请酒，回说尚有一圈麻雀，碰好就来。少牧大喜，分付先把台面摆好，等二人一到，就好入席。锦衣又说："我们共只四人，平、李二人来了也只六个，何不请他们碰和的那两位一齐过来，八个人岂不热闹？"少牧道："好便甚好。不知这两位是谁，来与不来。"冶之道："少翁既与姓李的、姓平的知己，何妨再写一张请客票去，说是此间客少，务乞同来。"少牧点头称是。因又写了一张客票，仍唤娘姨拿去。少顷回称："立刻便来，只有两副牌了。"少牧好不兴头。

不多时，听外房的粗做娘姨喉声："二少爷！朋友进来！"第一个是戢三。第二个年约三十来岁，身穿泥金色缎子灰鼠裤，天青缎洋灰鼠马褂，相貌甚是魁梧。第三个年约二十余岁，身长玉立，气慨轩昂，穿的是二蓝宁绸小羔皮裤，酱色宁绸灰鼠缺襟马褂。多不认得。第四个乃是子靖。少牧让入房中，动问姓名，方知穿泥金色缎子衣服的姓凤，别号鸣岐，与子靖同乡，也是杭州人氏，一榜出身。穿二蓝宁绸衣服的姓熊，名聘飞，与戢三同乡同年，乃是做岫云的客人。少牧与二人叙过了话，锦衣、冶之、志和也来彼此通问，又与子靖、戢三见过。

少牧分付起手巾入席。冶之写票叫局，自己是艳香、小兰两个，志和仍是媚香，锦衣是美人里金寓，戢三是鼎丰里李飞云，子靖是公阳里梁小玉，鸣岐是百花里花小红，熊聘飞是本堂岫云。冶之写好了，检点一回，交与娘姨，付给相帮如飞去叫。楚云见众人入席，筛过了酒，敬过瓜子，即便坐在少牧身旁，唱了一只《劈破玉》小曲，又唱了一只《八月中秋丹桂开》的开篇。喉咙清脆，声韵悠扬，合座赞美。不多时，叫的局渐渐来了，席面上花团锦簇，唱曲的唱曲，讲话的讲话，喝酒的喝酒。

正在十分有兴，忽娘姨传进话来，说："外房有一个人，带着几个不三不四的客人，说是要寻二少爷讲话。我们问他为甚事情，他说是要当面讲的。现在外房坐着。"

少牧心下大疑，暗想：上海亲友甚少，有什么人说话？并且怎晓得在这个地方？且待会他一会便知。遂起身向众人告一个便，步出房来，果见坐着四五个人，多不认得。为首一个身穿黑绉纱十行棉裤，白绉纱束腰带拖出有七八寸长，黑摹本缎羔皮先锋马褂,面貌似甚相熟,却一时想不出他是谁。他见少牧出来,略把身子一抬,说:"杜少翁,久违了!一向好么?"少牧呆了一呆,含糊地答应道:"一向托福尚好。敢问老兄贵姓?不知曾在何处会过?有甚事儿见教?"那人含笑道:"少翁,你忘了么?我就是计万全。去年还住在苏州太子码头,与少翁朝夕见面,年底方才搬到上海。如何不多几时却就认不得了?"少牧闻言,把他子细一看,依旧认不得。他又想,苏州地面并没有这姓计的人,因回他道:"原来你是苏州来的。今天寻我甚事?"万全道:"并无别事,只因有一个朋友在第一楼开灯,请少翁过去讲一句话。少翁散了台面,可请赶紧就去。"少牧沉吟道:"贵友是谁?"万全道:"少顷会见,自然晓得。现在你席上有客,不便久谈,我先去了。"少牧尚要问他,万全已经立起身来,领着同来的人下楼而去。走到楼梯下面,尚说:"千万不可失约!我们在那里等你!"少牧因不知就里,不敢答应。

　　看看万全去了,回至里房,把上项事说与子靖等,众人得知,连称这人来得蹊跷,不知第一楼更是个何等样人。平戟三道:"少翁与姓计的在外房说话,我在门帘里偶然一望,看见那姓计的面相很是不善,身上穿的衣服又甚流气,带来的这几个人更是不伦不类。少翁既然与他面不相识,停刻第一楼不去也罢。"子靖也道:"上海地方的人,诈变百出,防不胜防。这姓计的既说有人约着讲话,为甚不肯说出名字?其中必有缘故!竟是不去的妙。"少牧点了点头道:"平戟翁与李大哥所言不错。我们再喝酒罢,休去理他。"于是众人重又开怀畅饮。

　　楚云替少牧揎拳,打了一个通关。冶之吃得有些酒意,要志和叫第二排局。志和不甚高兴,分付值台面的娘姨取笔砚来,自己叫了一个百花里白素秋。冶之叫了一个东尚仁黄菊香,一个同安里孙锦云。又问平戟三等可肯助助兴儿,大家也再叫几个?戟三因又叫了个东公阳里的小清倌人花小宝宝。子靖见戟三叫了宝宝,他是做过小媛媛的,住在一个院子里头,就叫了花小媛媛。锦衣叫了一个久安里花素香。凤鸣岐不肯再叫。熊聘飞因被岫云阻住不许,又见鸣岐不叫,也就算了。冶之尚勉强要少牧也叫一个,怎禁得楚云不依,附着少牧耳朵说道:"你不要听他们的话再叫局了。今日是你自己的台面,我又没有堂唱出去,你揎拳倘然输了,我尽可代你喝酒,何苦再叫别人?"少牧听他这几句话说得很是有理,况且也没做过第二个人,自然不去叫了。

　　其时,冶之叫的艳香没有去,初因他看上阿素,做了小兰,已是十分不快,如今又叫二排，瞅着冶之一眼，分付大姐装过水烟，一句话也不发，起身要走。冶之知他动了醋心，甚是过意不去，再四央他坐下，陪了好些安慰的话。艳香只是不言。临行，问冶之："几点钟了？"冶之在身旁取出金表一看，刚正十点。艳香夹手将表抢过，说："停一回你来拿罢！"扶着小大姐的肩头佯笑而去。冶之不敢作声。合席的人齐齐喝一声采，多说艳香与冶之看来真是要好，才要这样吃醋。

稍停，二排局陆续到了。众人正在说情打趣、弄盏传杯，楼下边的相帮忽又传上话来，说："方才来过这姓计的现在门外候着，说第一楼要打烊了，约着与二少爷讲话的人有句要紧话儿必须当面一讲，快请一同过去，讲过了再来用酒。"少牧听了，究竟不知是什么人，为了何事，摸不着他头路，好生不快。正是：

　　　　空中楼阁从何起，平地风波不易防。

毕竟不知这姓计的第二次来，少牧跟着去否，且看下回分解。

第六回

熊聘飞智伏拆梢党　凤鸣岐巧解是非围

话说杜少牧在巫楚云家饮酒，冶之等叫了二排局，十分有兴。忽楼下相帮传上话来，说那姓计的在下边等着，因天已不早，第一楼要打烊了，约着的那一个人有句要话面谈，等得心中焦燥，故此要少牧一同前去，讲过了话再来喝酒。少牧听罢，欲待不去，不知等在第一楼的究竟是个何等样人；欲待同去，又与那姓计的面不相识，恐他有甚诡计在内，心下好不踌躇。冶之见此光景，对他说道："少翁休得狐疑。我想那姓计的与你倘然没甚交涉，断乎不来寻你。或者第一楼等着的果然是你至交，央他请你过去，有甚要话，也未可知。我们酒也够了，散了席，你去一次罢。"志和也是这般的说。戟三、子靖要阻挡时，因游、郑二人所言甚近理，不便再说。少牧遂吩咐相帮："快上干、稀饭来，叫那姓计的先去，说我随后就到。"相帮诺诺连声，下楼自去。

这里干饭的干饭，稀饭的稀饭，各人用过，局也去了，台面也就散了。冶之因被艳香把金表取去，拉着志和同到花家，要把此表取回。聘飞、鸣岐被岫云邀到自己房中去了。锦衣因方才一家春请他吃番菜的客人约十点钟后在西同芳花月红家碰和，谢过少牧，起身告辞。房中只剩戟三、子靖未去。少牧要二人陪他到第一楼，二人深恐约着的人有甚密话不便，因嘱少牧先往，他们到岫云那边略坐一刻，邀着鸣岐、聘飞同来。少牧不便相强，送二人到了岫云房中，回转身独自下楼。楚云送至楼梯口方回，又说了些停刻再来的话。

少牧出得院门，只见那计万全尚在门口守着未去；抢行一步说："杜少翁，做兄弟的等得久了。"少牧道："怎的你还没有先去？"万全道："先去了恐你再有兜搭，第一楼打了烊时，来不及讲甚话了，故而在此候着。"少牧道："正要问你，那第一楼约着的人到底姓甚名谁？有甚事儿这般要紧？"万全道："约着的人姓刘，另号梦潘，乃天津人。为了何事，连我却也没有子细。"少牧想了一想，暗道："这又奇了！我在苏州的时候，虽然结识得几个外路朋友，却从没有个天津姓刘的人。到了上海，更不必说不知这人。如何指名要与我讲话？倒要提防一二。"一头思想，一头与万全信步而行。

到了第一楼门口，万全说声"引道"，领着他走上楼去，绕至烟堂里边靠东壁的一张烟榻之上，说声："刘大哥，姓杜的我邀他来了，你们有话快讲。"少牧向那烟榻上睡着吸烟的这人一看，见他三十多岁年纪，一张紫色脸儿，满脸多是横肉。身上穿一件半旧不新紫花布十行棉裰，内衬元色绉纱密门钮扣小袖紧身，外罩黑摹本缎心子元色线镶滚羔皮先锋裷儿，头戴一顶天青缎子方顶大结子瓜皮帽子，足穿蓝洋布广袜，天津布十行元色缎挖如意滚脚棉套裤，元色缎千针帮薄底踢杀虎班尖头鞋，分明是一个流氓样儿，莫说认不得他，连面也没有见过一次，心中吃了一惊。立定了脚，尚未开言，那人早放下烟枪，立起身来道："姓杜的，你来了么？我等得你不耐烦了。你一向可好？"少牧听他开出口来就是些不尴不尬的话，明知入了姓计的圈套，不由不火往上冲。只因此间人地生疏，没奈何，耐着性儿，回身与计万全说道："这是个什么人？我与他没有见过，怎的找我说话？你莫弄错了人？"万全此时也反了脸，"扑嗤"的冷笑一声道："杜少翁，你当真认不得他么？你真认不得他，怎的肯跟了我来？"少牧道："我不但认不得他，并且也认不得你。"万全道："你认不得我，我却什么又认得你？"

少牧尚要发话，那刘梦潘把手向万全一扬道："你说什么？我与姓杜的讲话，谁要你多开口儿？姓杜的，你不要理他。我叫他请你过来，要问你一句话儿。你且坐下来讲。"少牧道："我与你面不相识，有甚话说要讲？"刘梦潘把眼一睁道："姓杜的，你如今真认不得我了么？可还记得去年十月里在青阳地窑子里喝酒向我借钱的时候？怎么隔不到两三个月就认不得人了？这真是岂有此理！"少牧听得"借钱"两字，这话愈不是了，只气得手足冰冷，脸上红一阵、白一阵的，高声答道："那个借你的钱？此话从何而起？你莫是在那里做梦！"刘梦潘不听犹可，听了此言，伸手把少牧的衣袖一扯，道："你说什么？你没有借过我的钱么？我去年二百块钱不知是那个囚囊借的，你好说得干净！"少牧被他一扯，发起急来（少），慌把身子一偏，道："姓刘的！你休要含血喷人！我与你面多不识，有甚银钱往来？听你的话，敢是想拆梢么？"梦潘道："谁是拆梢？你不赖人的钱也就够了！我实对你说了罢，今夜叫你到这里来，就为我这几天没有钱用，要问你讨这笔钱。你好好的还我便罢，如若不然，你也在外边打听打听，我可不是与人家顽的！你莫要吃了亏懊悔不及！"少牧冷笑道："人家并没有问你借钱，如何还你？真是放屁！那一个有甚工夫与你斗口？你也休得错了念头！"说毕，把衣袖一洒，起身要行。争奈梦潘力大无穷，一把手扭住道："你要走么？今夜你来得去不得了！你到底几时还钱！须与我说个明白！"这时候，围着圈儿观看的人，不知其数，只气得少牧走又不好，不走又是不好。

忽旁边来了一人，三十多岁年纪，身上穿一件竹灰色斗纹布棉袄，烟渍满身，上罩天青小呢羔皮马褂，已是有皮无毛的了，脸上带着一副玳瑁边近视眼镜，骨瘦如柴，挤入人丛，向少牧劝道："你们不要这样，你且同我到那边去，有话好说。"少牧把那人子细一看，料着也不是个好人。但想古人说得好："明知不是伴，事急且相随。"与其在这里与姓刘的殴气，莫要他当真动起蛮了，吃了他眼前的亏，何妨趁着有人相劝，暂且避他一避。好得李子靖等约着也要到第一楼来，略略耽搁些儿时刻，且待他们到了再处。主意一定，跟着那人向西首靠楼梯一张烟铺上来。刘梦潘高声向那人说道："你要来管我们的事么？这人我交代你了，若是被他走去，我便要寻你讲话！"那人道："不妨，不妨。"口中说话，那身子睡下铺去烧烟。盘问少牧因何与姓刘的争闹。少牧把上项事说了一遍，并问那人姓甚名谁。那人自称姓刁，别号深渊，是个无锡秀才。在烟铺上听罢少牧的话，回说："此事容易明白。老兄只要问他，借钱有甚凭据？是谁作中？共有若干数目？他如没有纸笔，没有中人，这就是他在那里拆梢你了，这里租界地面，可以报得巡捕房拿办的；但他倘然又有笔据，又有中人，老兄却待怎样？"少牧道："我并没借他的钱，那有什么笔据？你如不信，尽好问他，看他如何回你。"深渊点头道："此话甚是有理。待我吸过了这一口烟，与你问去。"遂飕飕飕的呼过一筒，把烟签子递与少牧，给少牧烧。少牧回称不会，将签子接来放在烟盘里面。看这人慢腾腾的走过那边，与梦潘讲了好一刻话，走过来道："杜老兄，这又奇了。据你说是一定没有借钱，据姓刘的说，不但你去年在青阳地借他二百块钱，并且还有中人、笔据。这却如何是好？"少牧跳起来道："怎么说？他讲我借二百块钱有中有据？"深渊道："一些不错。"少牧道："是那一个的中人？这笔据现在那里？"深渊道："我已曾问过他来。他说中人姓何，笔据现在家里，只要你还了他钱，自然取来还你。"少牧听了，更是又气又恼，坐在烟榻上如针毡一般。

正当焦急万分，忽听得一阵楼梯声响，上来了三、四个人，正是子靖、戟三、聘飞、鸣岐一同从巫楚云家出来，寻到此处。少牧一见，恍如云开现日一般，高喊："李大哥、平戟翁，你们来了，来得正好！我有件不平的事与你们说！"站起身来，向众人把刘梦潘如何硬说借钱，如何姓刁的出劝，梦潘如何说有中有证硬想拆梢的话，述了一遍。尚还没有讲完，那边梦潘听得有人来了，也在烟榻上坐了起来，斜着眼睛把子靖等一瞧，多不认得，又留心听他们的说话，一个个多是外路口音，他怎放在心上？在烟盘中左手取了一支八寸长的象牙兰花烟袋，装上一筒烟儿，右手取了两个胡桃大的铁弹，挺胸突肚走将过来，满心想与来人寻事，给他一个下马威儿，使他们不敢管这闲帐。因走近众人身傍，故意的把肩膀使着劲儿，向戟三等一挤，说声："你们站开些儿！好待我与姓杜的说话。他欠的钱究竟甚样？"这一挤不打紧，恼了戟三、聘飞。两个暗想，此人有多大本领，敢在人前舞弄？戟三尚还性子耐些，聘飞怒从心起，要想当场发作。只因第一楼来得人多，租界上的章程，相打相骂是犯禁的，故此没奈何让他挤了进来，也不开言，且看他与少牧怎样。梦潘进得人丛，见戟三等一个个不敢作声，认做多是些无用之辈，大着胆儿高声嚷道："姓杜的，天不早了，欠债还钱，你待装傻甚的！"

此时聘飞再耐不住，抢前一步说道："姓刘的，你且慢说。这姓杜的是我的朋友，他既然真欠你钱，自然应该还你，待我与你去讲，终须有个下落。"说着举步要走，回头忽又立住，向他手中一望，笑微微的说道："我因走得匆忙，没有带得香烟，你这烟管很好，想是在天津买的，可肯借给我吸筒烟儿？"梦潘尚未回言，聘飞已伸手过来，起三个指头，向这小小的象牙烟管用力一捏。说也奇怪，但听得"刮"的一声，这烟管比毛竹的好像还脆，顿时起了三五条碎路，眼见得是无用的了。原来聘飞的拳脚功夫甚好，不但深得内堂宗派，戟三及不得他；并且还有一样绝技：他能把五十文铜钱叠将起来，用两指捏紧，只要略使一使劲儿，两头的两个钱可以碎做齑粉，中间的却分毫不动。同年中那一个不佩服着他！此时既把烟管捏损，轻轻的向地下一掷，道："怎么说？很好的一支烟管，这样没用！姓刘的，你不要生气，多是我这三个指头不好，捏得太重了些，我赔你罢。不知你是几多钱买的？"刘梦潘初时见聘飞是个书生模样的人，不提防他有甚本领，忽见他把烟管捏碎，心上吃了一惊，暗想此人好大手劲。可惜这支烟管，用了十三、四年，吃得这象牙红红儿的，不料送在他的手中，心上如何不恼？却怕自己敌不过他。北边人最是傲气，不肯当场出丑，倒了威风；梦潘虽然是个流氓，那羞恶之心，究竟北人不比南人，动不动向人丢脸，因此不敢十分发作；鼻管中只哼了一声，那两只老虫眼睛把聘飞子细瞧了一瞧，开口说道："好么，好么，你把我这烟管碎掉，说甚赔钱，分明是在我面上卖弄你的工夫。我且问你，究竟你有多大的本领，敢来与姓杜的出头？我刘梦潘也不是服输的人，难道就怕你不成？"聘飞闻言，依旧含笑答道："有甚本领？姓杜的欠了你钱，自应还你，我怎好与他出头硬赖？这烟管是我失手碎的，终是我的不是。罢了，好在不过是象牙的，并不是翡翠、汉玉，价值连城，我姓熊的便赔你不起。"

梦潘见他语言和蔼，挑他不动火儿，心上更是没有法想，无奈，把嘴眼向计万全与刁深渊一斜，叫他二人来劝。二人会意，走将过来，多向聘飞招呼说："碎了姓刘的一支烟管，值得甚事？姓刘的也不是计较的人，你要赔几个钱也罢，就是不赔，他也决不勉强着你。"聘飞道："你们说什么话！姓杜的欠了他钱，他一定要讨；我姓熊的碎了他的烟管，怎的不赔？何况姓杜的那一笔钱，他虽说得有中有据，究竟借与不借，没人瞧见；我姓熊的碎了他的烟管，那是大众见的，你们说不要我赔，只怕没有这种好人！若然他真可不赔，那姓杜的钱自然也可不讨的了。不知他心里头到底怎样？"万全听聘飞舌锋犀利，弄得没了话儿。刁深渊涎脸答道："那是你太多事了。你碎了姓刘的烟管，不要你赔，你的面子已有了十二分光彩。他向姓杜的讨钱，与你什么相干，何必牵他在内？"聘飞冷笑道："姓刘的与姓杜讨钱，与我姓熊的何干；这话果然不错。但那姓杜的真欠姓刘的钱，却干你们甚事？"深渊道："那也本来不干我们的事，无非大家为好，故而在此相劝。"聘飞道："正要你说你们相劝因是为好，我的意思也是为好，终想要叫姓杜的拿出几个钱来，与你们用，你们可要？"深渊见他开口你们，闭口你们，这话一句紧似一句，明明道着他三个人乃是一党，也觉得无言可答，与万全打个暗号，同说："既然你这样说，大家不劝也罢，莫要疑我们帮着姓刘的人、难为着姓杜的。"聘飞道："你们不帮着姓刘的，怎的有人替他把姓杜的在西荟芳邀到这里头来？敢是骗着三岁孩儿？"万全听了此话，更觉十分没趣，一溜烟跑了出去。深渊看万全去了，单丝不能成线，也就走了开来。

梦潘见手下的两个人多被聘飞把话说退，自己没了下场，右手拿着两个铁弹，盘得格格的响，也一句话多讲不出来。聘飞看了，又是好气，又是好笑。算定他决不防备，夹手把他铁弹取来。道："姓刘的，怎的你不开口，弄着这小孩子顽耍的话儿？

我替你埋在地下，缓几天来拿罢，省得你手指很酸的。"说毕，把弹向后楼外天井中间一掷，梦潘要想伸手抢时，奈已不及，只听得"拍"的一声，一个弹已飞下地去。尚有一个未曾掷下，见他举起手，像要劈面飞来。梦潘此刻真着了急，大嚷："姓熊的，你莫这样，我晓得你了！"鸣岐等见聘飞也像举弹要打，深怕闹出事来反而不好，多来劝他。聘飞因乘机向梦潘发话道："姓刘的，今夜我看众人分上，暂且饶你，不然，这一弹子管教尽你受用！"梦潘羞得无地可容，空着一双手儿，垂头丧气的站在一旁。这时候不但不想同少牧诈钱，只想寻个脱身之策，且待日后再作计较，因此也乘着众人相劝，说声："列位明见，我姓刘的并不与姓熊的为难，姓熊的何苦与我这般作对？"又说："我这烟管碎了也罢，这铁弹却是自幼儿盘起的，我须拾他上来。"说毕，趁势要行。少牧喝住他道："你要到那里去？你方才不是说我来得去不得么？你问我讨的钱，我还没有还你，怎的你要想走？这钱难道不要讨了？"聘飞道："是吓，这钱就算你不要了，你这脸子是不能不要的。年纪轻轻的人，那件事儿不好混些饭吃？却偏要干这没本钱拆梢生意，真是令人羞死笑死！"几句话只说得刘梦潘面赤耳红，皆因怕着聘飞，不敢发出火来。

　　鸣岐见此光景，晓得梦潘已是无极奈何。想着"冤家宜解不宜结"的古话，正好就此收场。多事不如省事，莫使他老羞变怒，翻了脸儿，当场虽然不怕，日后却要防他报复。这种"朝吃露水夜吃月亮"的人，那一件做不出来！倘然受甚暗亏，这却是说不定的。因与载三使个眼色，把聘飞用话兜搭住了，始向梦潘问道："你到底是桩甚样的事？说与我听，我好与你解围。"梦潘只不做声。鸣岐又道："男子汉大丈夫作事，有什么说不出的？何况我看这一件事也不是你一个人的主意，何苦做好汉替人受过？究竟你与姓杜的甚样认识，甚样咬定他在苏州青阳地妓院里借你的钱，向他硬要讨还，其中必定有个主使的人。只要你说明白了，姓熊的我保得他决不难为，自然放你过去；若是吞吞吐吐，那可不要吃了现亏！莫说姓熊的不甚好惹，就是那姓杜的也是苏州有名的乡宦，总不然受你欺骗，不敢告到当官。倘然案发起来，虽不至于杀头落腿，那递解却是稳的。这时候，几百竹片、一角公文，把你递回天津原籍，教你没脸见人！你想还是说明的好，还是不说明硬着的好？"梦潘听到此处，把头点了一点，回说："你这人说话很是。但我姓刘的向来不肯落脸与人，受人笑话，这却怎好？"鸣岐道："谁要你落什么脸？你只把主使的人说了，静悄悄（悄悄），你走你的路儿就是，说甚'落脸'两字！"

梦潘踌躇半晌，对万全与深渊开灯的两张铺儿一望，见二人多已不在，始附着鸣岐的耳朵告诉他道："不瞒你老人家说，我与姓杜的是向来没有见过面的。此事多由计万全在升平楼茶馆而起。那日姓杜的在楼上吃茶，不知为了何事与一个野鸡妓女争闹起来，多亏万全劝开，姓杜的理也没有理他。万全说他眼底无人，着了恼儿，暗暗打听的是何等样人。后来遇见一个姓刁的朋友，说起此事，姓刁的是二年前曾在苏州教过书的，晓得姓杜的家计行为，说他为人柔懦无用，上海也不听见有甚至亲好友，才敢定下这条计策，叫我一口认定债主，向他讨钱，多少弄他几个受用受用，包管不至落空。我不合听了二人的话，就闹出这话柄来。那是句句实言，你去对姓杜、姓熊的说罢。"鸣岐听毕，果把始末根由告诉少牧等众人。少牧方才晓得这计万全就是升平楼劝解野鸡妓女相骂之人，怪不道很是面善，只因当初没有理他，以致平白地兴出事来，可见这种烂小人面上一些儿也大意不得，真是处世的难处。

聘飞听罢鸣岐的话，向他附耳问道："北边人爽直的多。既然他说是计万全起意，有根有蒂，谅来并非撒谎。若据鸣哥意思，那姓刘的当得甚样发付于他？"鸣岐也附耳答道："我们做好做歹，放他逃走是了，与他纠缠甚的！"聘飞又道："那计万全呢？"鸣岐道："计万全且看杜少翁意下如何。如果定要办他，明日好告到当官，请官惩治。姓刘的只要保他无事，就叫他上堂做个见证，岂不甚好？"聘飞点头称是。暗地通知少牧，问他心上甚样，便好发放他们。少牧沉吟了好一回儿，说出几句话来。有分教：

　　　　眼前已见风波息，日后还防陷阱多。

欲知少牧说出甚样话来，如何放走刘梦潘，且看下回分解。

第七回

开豪宴浪子挥金　题妙曲可人如玉

　　话说杜少牧被计万全、刘梦潘、刁深渊三个人设计拆梢，在第一楼将他轧住，幸亏熊聘飞等到来，把万全、深渊二人惊散。刘梦潘是个一莽之夫，不甚狡猾，被鸣岐三言两语说出实情，方知诡计多端多是万全为首，因与少牧商量如何发放。少牧沉吟良久，始向鸣岐等答道："此事据我看来，姓计的既与姓刁的走了，不去究他。这姓刘的也望聘翁、鸣翁设法放他过去，免得多出事来。好在他们枉费心思，我还没有入他圈套。"子靖摇头道："牧弟，你太便宜他们了。上海的事，逢凶便住，逢软便欺。今日不把他们告到当官，给些苦吃，往后必定不能心死，又生别的支节出来。你须三思而行才好。"少牧道："大哥说得甚是，我岂不知？但要出首办他，却有三个难事，故此踌躇不决。"子靖道："是那三个？"少牧道："第一件，我与安哥此来，没有带得下人，倘然果要告他，必须亲自对质，未免失了自己身分。第二件，此种官司，南面的人未必能十分重办，无非枷责了案，不多几日，依旧出头，结下冤家，反多不妙。第三件，上海报馆甚多，既到公堂，必登报纸，这件事自然通国皆知。内中像大哥等晓得细情的人，知他们设阱陷人，多是空中楼阁；若是不明白底细，必说上海拆梢虽多，究竟蚂蚁不钻无缝砖街，反疑我有甚话柄落在他们手中，故敢借端滋诈。莫说旁人议论，只恐我家少甫大哥在苏州知道，难保不生出气来，也疑我在外有甚不端，真是有口难分、无言可表的事。大哥你道是也不是？"子靖听罢，默然不语。平戟三道："少翁既如此说，不如竟把姓刘的放他去罢。古人说得好：'得放手时须放手，可饶人处且饶人。'只要那姓刘的使他十分知惧到十二分，日后并无别事也未可知。"少牧点头称是。

鸣岐遂至外厢，把手向梦潘一招，将他招至楼梯口头，只说："姓杜的现已暗地差人到巡捕房报捕去了，这事我竟劝不下来。我念你也是受人之愚，通个消息于你，快些走罢。"梦潘闻言，勉强答道："姓杜的要当官告我，我不是怕官的人。老实说，一年十二个月，那一个月不去打场官司！不过这一件事乃是计万全闹下来的，他已走了，我犯不着再去替他出力。你既又是这样的讲，我还在这里做甚！"鸣岐道："我却还有句话问你：从今以后，你还要找姓杜的不找？"梦潘道："我已说明的了，姓杜的他与我平日无仇，这是我受了姓计与姓刁的唆弄，明儿自然要找他二人说话，再与姓杜的什么相干？"鸣岐道："丈夫一言！可还算得你是个汉子。"回头向聘飞打个手式，把他手中的一个弹子取来，递与梦潘说："下边尚有一个，你自到天井取去。"梦潘接过，又羞又恼，哭丧着那张紫脸，移步下楼，如飞而去。少牧佯做追赶不及。一场祸事，当下冰消。

堂倌结算烟帐，一共开了三只烟灯，分文未给。少牧此等烟资本欲不付，子靖说："这事与烟馆无干，譬如被他们诈了几角钱去。"令少牧如数付讫，四个人下楼各散。子靖等分身回家，少牧叫了部东洋车回栈。第一楼也打烊了。刘梦潘因今日在此出了这丑，从此不再到第一楼一步，只寻计万全与刁深渊说话。万全另图摆布少牧等众人之策。这是后话慢题。

再说少牧回到栈中，动问幼安身体可好，幼安回说："已有八九分痊愈了，明日便可起床。"少牧心中甚喜，又讲了几句闲话，解衣上床安睡，那第一楼的事情却一句也并没提起。到了明日，少牧想起昨夜在楚云房中饮酒，多被计万全打断兴头，散了席面，匆匆就走，深恨没有与他谈句心儿。吃过午饭之后，问幼安："今日可到街上走走？"幼安回说："病体虽痊，心性疏懒，尚要在栈静养几天，没兴出门。"少牧正中下怀，遂依旧瞒过了他，也不去另约别个，私自一人往楚云院中而去。俗语说的"单嫖双赌"，嫖字最忌单走，可以无所不为。楚云又见少牧是个初出来容易伏伺的客人，年纪又轻，人才又好，又是有钱，自然要放出手段做他。先弄个他意乱心迷，不由自主，方好使他花钱。故从那一日起，少牧打了一个茶围，被楚云灌了无数迷汤，这一条心遂时时刻刻的挂在楚云身上，就一连吃了两个双台，无一日不到那边坐坐。楚云更留心摸到他的性度，要长便长，要短便短，少牧愈觉得他好到万分。那消四五天工夫，就有些难分难解起来。每晚必要坐到一点多钟，方才勉强回栈。

一夜，风雨交作，楚云留住了道："今夜如此风雨，夜又深了，何须回去？不如就在此间借个干铺，免得身体受亏。"少牧满心欢喜，惟恐幼安见疑，明日责备于他，不敢应允。怎禁得楚云千般献媚，万种取怜，少牧欲走不能，遂在院中住下。直到明朝午刻，方才起身，给了两张十块洋钱汇丰钞票的住夜下脚，娘姨们谢过收了。楚云要少牧打一头金饰，做一身外国缎子棉袄、裤子，两身蓝缎子心子黑缎子镶滚的马夫号衣，两顶蓝纬白藤胎号帽，预备下个月看跑马时穿戴，少牧一一允许。楚云欢天喜地的亲自替他梳了一条辫子，叫带房间相帮到聚丰园去叫了两只汤炒，留少牧吃了午饭，方才放他出门。

少牧得意非凡，兴匆匆回至栈内。见了幼安，只说昨夜大雨，与平载三、熊聘飞、经营之叉了一夜麻雀。这三个人与幼安多还没有见过面儿，料是对不穿的。①幼安听了，把头点了几点，也不再问，少牧只道果然瞒住了他。岂知他最是个心细的人，自从在栈中卧病好几天，并未出门，见少牧每朝向外，深夜才归，已料到他一定有甚兜搭的地方。昨晚又一夜不回，其中必有缘故。暗暗向栈中的茶房盘问，茶房因每夜少牧吃酒皆有轿饭钱给他，叮嘱他在幼安面前不许多嘴，故而推说不知，幼安无可奈何。这日少牧尚还没有回栈的时节，他到李子靖那里去了一次，动问子靖近日可与少牧晤面，知他在那里走动，为甚白天出去，必须半夜才回。少年人血气未定的多，防他迷恋烟花，做朋友的不可不提醒于他。子靖是个心直口爽的人，遂把与平载三等在巫岫云家碰和，遇见少牧在楚云房中饮酒，邀着他们过去，同席的是那几个，后来计万全设计拆梢，大闹第一楼，幸亏熊聘飞与凤鸣岐解围的话，从头至尾述了一遍。又说："以后事情，我因没有与他会晤，不知道了。"幼安就晓得昨夜不回，必定住在楚云那里，关照子靖日后再与少牧见面，必须设法规劝。子靖连说："这个自然。"幼安遂告辞回栈。又是好一刻儿，少牧方始回来。见他花言巧语的有意瞒人，本欲当场说破。因想初入迷途的人，不是三言两语可以悔悟得来，更虑因此伤了友谊，日后反难下口，因此当下一句话也没有说得。只冷眼看着他撒完了谎，得意洋洋的在房中略略坐了片时，开箱换了一身衣服，取了许多银洋，推说平载三约着上灯时在雅叙园天津馆子小酌，去去便回，又刻不待缓的出门而去。

幼安见他这般心热，好不替他暗地担扰。左思右想了一回，开箱取出一个冷金扇面，一面画了几笔墨笔山水，一面写了几行草书，折叠好了，放在少牧床边那张桌

---

① 此处有误，第二回中谢幼安与平载三已经见过面。

上。等到晚上回来，说是："天气将次暖了，今日闷坐无聊，书画得一柄春扇，明儿不妨将就用用。"少牧接来一看，见一边写的是"酒阑花谢黄金尽，花不留人酒不赊"的一首古诗；一边画的是幅黄麓台派山水，峰峦层叠，涧水迷茫，山上有一少年骑着一匹马儿，一手执着马鞭，一手却勒住着马缰在那里看山下的水。上面题着七言绝句一首，道：

　　　万山深处碧峰巅，山下迷茫水拍天。

　　　一失足成千古恨，临崖不若猛收鞭。

又有一行款字道："旅窗无事，写临崖勒马图以应少牧如弟清鉴。幼安谢景石，时同客海上。"少牧看了，心上一呆，明知自己所作的事幼安已有风闻，只因不便当面说破，故而借着书画隐寓劝戒。看了一番，收拾好了，说声："有费安哥清心，我收下了。"幼安道："为兄的不尽欲言，多在扇上。你是个绝顶聪明的人，不可聪明反误，我就放得心了。"少牧道："安哥金玉之言，我敢不听？实不相瞒，那几天就是那经营之与隔房郑志和、游冶之等强着我有些酬应。以后我少走是了。"幼安道："说起郑志和那一班人，我看多是些纨袴子弟，你可不比他们。虽说朋友愈多愈好，究竟也要留点儿神。"少牧连称晓得。二人又谈了些别的说话，天已两点多钟，各自安睡。

就从那日以后，少牧果把邪心勉强收起，一连三四天没有到楚云那边，只与幼安到城里头去拜候过方端人，一同到也是园、萃秀堂那些清静之地游了几回，又与李子靖、平戟三到曹家渡、水云乡去了一次。子靖也向少牧劝了好些的话，少牧那一条野心更又收住许多。

不防楚云因连日不见姓杜的到院中走动，错认他又做了别的相好，几次要差人到栈里去请，因他说过在先，栈里头有一个同住的换帖弟兄，此事瞒着，诸多不便，急得没了法儿。

一日，在台面上遇见志和、冶之，问起少牧这几天到那里去了，怎的绝迹不来？二人回称："他被那姓谢的天天同着到城里头去，不知为了何事。我们几次约他，他终没有出来。"楚云道："这话可真？"志和道："谁来骗你？"楚云道："知道他可别有什么相好的人？"冶之道："这却没有听见。"楚云道："明儿可能想个法儿请他到我那边来？我有句话要与他说。"志和想了一想，道："明日是我请客。把他请到席上，你自己再请他前去可好？"楚云道："你请客在什么地方？他既然被姓谢的盘住身子，只怕他要来不能。"志和道："堂子里或者不来，明日我请的却在愚园。不但要把姓杜的请来，就是那姓谢的，我也请他同去。"楚云皱眉道："那姓谢的请他做甚！"志和道："你还没有瞧见这姓谢的，虽然性子古方些儿，却也不是不能亲近的人。明儿我不但请他，并且也要他叫局，使他一样入了道儿，就管不得姓杜的了，免得我们这几天也冷清清的少了伴儿。"冶之闻言，点头称是。楚云更千多万谢的再三嘱托而去。少顷，众人席散。志和、冶之打了两个茶围，回至栈中，夜已深了。幼安、少牧早已安睡，且不去惊动于他。

到得明日，二人起身，走过房来。志和把今日在愚园请客，请二人同去的话讲（请）了一遍。幼安道："承蒙相约，怎敢败兴！争奈昨日先与一个姓李的敝友约着同到双清别墅游玩，不能分身，这却如何是好？"少牧也是这样的说。志和道："姓李的不是集贤里李子翁么？我也有帖请他，去的人还没有回来。子翁若约二位在栈中等着，停回他来的时候，正好一同前往。倘是约二位到他公馆动身，却要拜烦你二人代请的了。"幼安尚待推却，冶之道："双清别墅是老闸的徐家花园，好得出路甚近，缓日再去也罢。今日郑志翁的席上请客不多，休使主人扫兴。"少牧道："志翁请的是那几位？"志和道："是二位与李子翁、平戟翁、荣锦翁、凤鸣翁、熊聘翁，连冶之与我自己，共是一桌九人，你们三位不去，还像个局面么？"

少牧道："愚园在什么地方？这里去有多少远近？那边的景致可还好么？"志和道："愚园在静安寺西面，这里去虽有十里之遥，马车只消半点多钟。那园基乃是申园、西园与品泉楼三处的旧址。本来甚是冷落，自从洋人筑了马路，有人在珍珠泉左近开了一所品泉楼茶馆，更有人造了一所洋房，取名申园，卖些茶点洋酒，渐渐有人前往游玩。后来日盛一日，有人又把品泉楼的房屋翻造起来，并将地址放大，种些花木，建了一个西园，抢夺申园生意。不料那边究竟是个僻静所在，除是夏天，喜欢凉爽的人多到那里去纳凉，若是春冬两季与那阴雨天时，有什么人前去？渐渐开销不住。前年遂归并了一个主人，大兴土木，造了无数亭台，取名愚园，气象一新。园中回廊曲折，复室幽深，又有荷池假山、四面厅、新厅、戏台，真是步步引人入胜。那戏台上，每逢夏日，演的是髦儿戏，很有几个有名女伶。如今天气尚寒，游人还少，没有开锣。这新厅乃在园外，从月洞门出去，收拾得甚是精致。四面厅，坐在厅中，四面的景致多可瞧见，更造得十分合趣。我们今日就在那里摆酒，好也不好？"

少牧被志和这一席话说得游兴勃然，幼安听说愚园是个花园，也想见识见识，因此多就允了，并说："既蒙志翁盛情，李子靖大哥我们约他三点钟在公馆等着，停刻到愚园去，大马路乃是必由之路，可把马车接他，叫他也到愚园，徐园改期再去。"志和方欢喜道："如此甚好。我们相聚正长，日后幼翁与少翁倘然请客，邀我作陪，我也别的地方不去，一定应酬二位。"幼安道："牧弟是请过客了，我还没有做过东道，缓日自当相请，志翁与冶翁决定要来。"冶之道："这个自然。"四人谈谈说说，直到茶房开饭方散。

饭后，志和、冶之本来包着公一马房的马车，到了两点多钟，马夫放车过来，坐了先去。幼安、少牧差茶房到善钟马房，叫了一部橡皮轮快车，讲明连酒钱两块五角洋钱。坐着先到大马路集贤里去邀了子靖，子靖又去邀了戟三。因四个人一部马车不很受用，并且戟三、子靖不时拜客，坐惯轿车，故又向龙飞马房叫了一部轿子马车，大家一同前往。路上不必絮说。

到得园中，志和、冶之先在，同众人到各处去游玩一番，又到园外珍珠泉去看了一回泉水，顺道往静安寺略略随喜一过。二月里的天气，看看时交酉刻，将次夜了，志和催着回去。聘飞、鸣岐都已来了，只有锦衣，因京中出来了一个同寅，在栈里头与他叙话，故差荣升拿了名帖赶到园中辞谢。志和见锦衣不来，其余的客都已到齐，端整入席。背后忽来了一个人，举手向他肩上一拍，道："志翁，你今日请客，如何没有请我？"志和回头看时，乃是逢辰。含笑答道："老逢，你几时来的？好几天不见你了，不知你在什么地方，叫我怎样请你？如今来得正好，我们本来很惦记你。"逢辰道："不瞒志翁与诸位说，这几天有些贱恙，有十数日不出门了。今日方才好些，到长发栈拜望诸位，晓得志翁在此请客，故而特地前来凑兴。"冶之道："原来你身子不好，怪不道连影也不见。"志和道："老逢，你的府上究竟住在那里？我们没有知道。你有了病，望也不曾望你一次。"逢辰道："我住的地方远咧，我又不在家里的时候甚多，所以不敢告诉你们，免得诸位来时怠慢。"冶之道："你说什么，我们很知己的朋友，怎的连住处多不肯告诉，难道怕我们来骚扰不成？"逢辰道："冶翁，你又差了。我贾逢辰巴不得列位长来叙叙，只是家里头很不像个样儿，恐防列位见了背后笑话，故此不敢有屈，休得错怪了人！"

志和道："闲话少说，我们就坐席罢。"冶之问园丁道："酒可烫了没有？"园丁道："已烫好了，请众位爷们入席。"志和遂让李子靖坐了首位，聘飞二位，戟三第三，鸣岐第四，幼安、少牧，虽然也是初交，究竟住在一个栈中，亲近些儿，屈他二人作陪，逢辰、冶之，更不必说，共有九个人，团团一桌。园丁见众人坐定，端上菜来，第一道是白汁排翅。众人举杯谢过志和,大家饮酒用菜。

其时,一轮新月高挂树梢,照得四面厅上如同白昼一般。园丁又上第二道芙蓉底燕菜汤。志和道:"这么样的月色,又是这么样狠好花园,我们今夜必须叫几个局顽顽,方合李青莲《春夜宴桃李园序》上两句道:'开琼筵以坐花,飞羽觞而醉月。'不知众位意下何如?"冶之道:"本来静悄悄的闷酒,吃着很是无味。和哥倘叫媚香,我叫艳香奉陪。"逢辰道:"我本来好几天不叫局了,今夜(彼)自然应该叫他一个。"志和问子靖等可肯助兴,子靖等本待不允,争奈冶之已唤园丁取笔砚局票过来,强着要他们先写,实是拗不过去,子靖遂开手写了一张公阳里梁小玉,聘飞写了张东荟芳巫岫云,戟三仍是鼎丰里李飞云,鸣岐是百花里颜小红,少牧自然就是楚云。只有幼安并没攀过相好,回说没有。志和那里肯听,说了半天,始知道当真没人,只得替他代荐一个,想了许久,说:"萃秀里有个桂天香,人才甚是出众。只是过于雅静,凡是闹些的客,他俱看不上眼,因此走动的人甚少。幼兄如此温雅,或者与他气味相投。待我来做个媒人。不知你二人缘分如何,且不知他生客代局,来也不来。"当下即写了一张桂天香的局票。此外,逢辰是花小兰,冶之也是小兰,又是艳香,志和是媚香一个,冶之不依,又叫了个尚仁里的文雅仙。冶之看众人将局票写好,交与园丁,分付速去。这里台面上的汤炒,传话厨子略略慢些,等着局来。

静安寺到四马路转回究是路远,园丁去有一点多钟,尚还没有回来。媚香、艳香却一马车先已到了,接着飞云、小玉、小红等也多陆续坐着马车而来。叫局的方才回转,说桂天香转局过来,余多一概就到。少停,楚云、岫云也多来了。志和、冶之只道楚云见了少牧必有许多话说,岂知却一句没有,甚是诧异。后来媚香等各自唱了一支曲子。轮到楚云唱曲,忽听笛声响亮,却是带了一个乌师来的。志和道:"什么说!楚云你会昆曲?我还没有听你唱过。"楚云点了点头,开口先唱一支《新水令》道:

> 画眉人去黯魂消。细思量,离愁多少。莺花空有恨,风雨太无聊。凤泊鸾
> 飘,害下这病不了的相思情谁疗?

那声音,正如新莺出谷一般,清脆异常,众人齐声赞好。又听他唱第二支《江儿水》道:

> 望断花前骑,吹残月下箫。你恩情那忍轻相掉,你身躯是否当初好?你精
> 神莫要消磨了。别有伤心,说不尽梦魂颠倒。

唱到此处,志和击节道:"果然好曲!怎的谱曲上好像没有见过,不知是那里来的?"楚云笑而不答,又唱第三支道:

情切切，无端眉懒画，闷恹恹，有恨笔难描。心香一瓣空烧，只未许春愁扫。那里有解郁的沉醪，将绮闷浇？

冶之道："这曲子真是愈唱愈好听了！不知以下还有多少？"志和道："这第三支的曲牌是《侥侥令》，谅还有一支尾声。"楚云把头一点，又唱道：

缘悭命薄空嗟悼。问郎君，几时儿重到？听唱这海样深的相思一叠稿。

唱毕，乌师收拾笛子自去。志和正要动问楚云这支曲子究竟是在那一部曲谱上的，觉得鼻观中有一阵异香远远吹来，众人多说："好香！"道言未了，但见分花拂柳，进来了一个香馥馥人儿。正是：

乍向筵前聆妙曲，又从花下见仙娥。

要知来者是谁，且看下回分解。

第八回

看跑马大开眼界　戏拉缰险丧身躯

话说楚云唱罢曲儿，志和正要问这曲子的来历，觉得一阵异香，又来了一朵名花。年约二十左右，身穿一件蛋青缎子银鼠皮紧身，内衬淡雪妃湖绉小袄；下系元色绉裙，天蓝缎裤子，足上湖色花鞋，打扮得甚是幽净。不长不短身材，一张鹅蛋脸儿，脂粉不施，真是天然本色。一手携着一个十四、五岁的小大姐，那行路却大大方方的，绝无一些扭捏之态。走上厅来，小大姐问："那一位是谢大少爷？"志和一见，道："我认是谁，原来却是天香。怎的到得甚迟？"又把手向幼安一指道："这位就是。你在那边坐罢。"天香把头一点，同小大姐走至幼安面前，低低的叫了一声："大少"，就在背后坐下。小大姐点火装烟，自不必说。

幼安本来是个目中有妓，心中无妓的人，自从天香到了席面，微微的看了几眼，并不作声。天香虽然是个妓女，也不喜惹蝶勾蜂，故亦无甚话儿兜搭。小大姐装好水烟，递过琵琶，天香和准了弦，唱了一支《落花园》、一支《游龙戏凤》。幼安始说一声"辛苦！"众人多赞他唱得甚好。天香略略谦逊几句，以下又没有话了。幼安看他人品沉静，尚无青楼中打情骂俏那些恶习，心中暗暗契重。众人却因他不甚风骚，并不十分在意。就是志和，虽是与他相熟，却也没甚交谈。

席中，楚云最是伶牙俐齿，与众人指天说地，讲个不了。志和问他方才唱的那支曲子出在什么曲谱上边。他说并无古本，乃是自己胡乱诌的，所以其中不通不接的句子很多。冶之等多说，看不出你小小女子，有此才调，这曲谱得甚有意思，但须起个曲名才好。志和道："曲文果还不错，只是若照前人谱上，脱节的地方太多，故而我要问他来历。"楚云道："我本说是胡乱诌的，晓得什么节拍？你可指点指点，待我将来改过。"志和道："你唱的第一支不是《新水令》么?《新水令》下边接的应是《步步娇》与《折桂令》,然后方是《江儿水》。那《江儿水》下边还有《雁儿落》一支,才是《侥侥令》。《侥侥令》的下面尚有《收江南》、《园林好》、《沽美酒》三支,合着尾声的《清江引》,方成一套。如今你只有《新水令》、《江儿水》、《侥侥令》、《清江引》四支,其中脱去甚多,若要改正,很是费力,我看不如将错就错,竟把这支曲叫做《减调相思曲》罢。"冶之抚掌道："这曲名起得很好,楚云你可不必再改。"楚云点头称是。

旁边逢辰问志和道："什么曲子里头有这许多讲究?"志和道："若像你平日间随口唱唱,有甚交代不过?子细讲究起来,不但曲牌、接拍本有一定,并且还有南曲、北曲两种分别,字眼宫商一些不能相混,这才难咧!"逢辰吐舌道："如此说来,我以后再不敢唱曲子了,省得在人前丢丑!"志和笑道："你唱的曲子又不是你自己撰的,尽你一天唱到晚上。丢什么丑?无非不甚好听罢了!"逢辰涎脸答道:"志翁休得取笑!我这喉咙怎能及得楚云,所以生角唱不上去,唱了小丑。"幼安听志和论曲,知他是个惯家,暗想此人举止虽浮,原来胸次却还不俗。后听逢辰自己说会唱小丑,正合着他的身分,不觉看他一眼,"扑嗤"的笑了一声。逢辰觉着,虽然猜不出笑他甚的,也就不再往下讲了。

其时,席上酒已半酣,花小兰、李飞云、梁小玉等都已各散,只剩楚云、岫云姊妹两个与桂天香还没有去。天香已倩小大姐装烟。楚云推称看花,走至庭心,把手向少牧招招,叫他出去,咬着耳朵说了无数的话,方始回席。天香先已走出去了。岫云递个眼色,催着要行。跟楚云的大姐把水烟管递与少牧自吸,他到外边去关照马夫配好车子,回至厅中,说声:"各位大少爷,散席之后一同请来。"一手挽着楚云,一手携着岫云,大家微微一笑而去。

志和见叫来的局多已散讫,要与众人搳拳赌酒,众人多说酒够了,只有逢辰与他搳了十大杯抢三,逢辰输了七拳,吃得前仰后合,脚步歪斜。冶之看他已醉,深怕尚要嬲着闹酒,分付园丁拿干稀饭来,各人用过散席。剩下来的残肴,自有园丁收拾。应付的园金、酒资,明日园中有人到栈算取。一言表过,不必絮提。

只说众人散席以后,除了贾逢辰坐东洋车子来的,其余皆有马车,各马夫多在园门伺候。志和见逢辰已醉得不像样儿,若使仍坐东洋车回去,很不放心,因与冶之说知,三个人一部马车,同到媚香家去打个茶围,略坐片时,等逢辰醒一醒酒,然后回去。其余各人谢过志和，回家的回家，回栈的回栈，共是四辆马车同时起行。临上车的时候，志和低问少牧："今夜楚云那边可去？"少牧道："实不瞒志翁说，今晚安哥在此不便，明日去罢。"志和点了点头道："明日三、四点钟，我与冶之在媚香那边候你同去，可好？"少牧道："如此最妙。"二人方才分手，各自登车。

少牧与幼安的车并不兜甚圈子，一直回到栈中。给过车钱，上楼进房。茶房泡上一壶茶来。少牧问幼安："今日劳动了这一天，身体可还舒服？"幼安道："今日身子尚好。此刻夜已深了，我们早些睡罢。"少牧答应，拴上房门，宽衣安睡。只因心想着楚云题曲的好处，与在花园内说的无数话儿，翻来覆去，这一夜竟合眼不来。幼安睡在床上，暗想少牧与志和等那一班人聚在一处，久后恐怕没有结局，一心要想早日回苏，不可多耽日子，弄出事来，故此一时也不能安枕，直到两点多钟，方才睡熟。

及至早上醒来，见少牧已经起身，坐在床前那张椅上，拿着一支水烟袋儿吸烟。幼安道："牧弟，今日起来好早！"少牧推说道："谅因昨夜多吃了酒，不知如何睡不起来。"幼安道："多吃了酒应该贪睡，什么你反不能睡觉？真是奇事！"口说着话，披衣起床。茶房送上脸水，洗过了脸。用过早点，对少牧道："牧弟，我有句话，不知你意下如何？"少牧道："安哥有甚话说？"幼安道："我们在苏州动身的时节，原说不多几日就回的，如今已有一个月了。我想上海也没有什么名胜地方，这几天顽的够了，再住几时，还待要到那里去顽？故而明后天想动身回苏，你可也是这样意思？"少牧闻言，沉吟半响，始回答道："本来我也要想回去了，只因出月初，寓沪西商就要跑马，那是上海春秋二季最是热闹的事，外路人多有到这时候到上海来看热闹的。我们既在上海，不可不看了跑马回去，因此还想耽搁几天。"幼安道："跑马有甚好看！且知他出月几时才跑？"少牧道："曾见《笑林报》与《游戏报》、《繁荣报》上说是三月初四、初五、初六。初四只隔得十数天了，我们看过跑马，一准回去可好？"幼安道："今天是二月十九，如此说来尚有半个多月。不是我过于多虑，上海的花消很大，那十数天里，你须格外留点儿神，我也陪你再住几时。但是跑过了马，那可不能再耽搁了，不要你闹孩子气儿，一时间又不肯回去。"少牧笑道："安哥说那里话来，我们看过跑马，初十左右动身就是。"

正说着话，隔房的荣锦衣过来，说起昨日到了一个同寅，约他要一同上京，因此愚园没有去得，未知园中景致如何。幼安道："园中的景致还好。不知锦翁上京，定于何日荣行？"锦衣道："大约看过跑马就要走了。"少牧道："原来锦翁看了跑马，也要动身，我们也等跑马一过就要回苏去了。方才正在这里说起。"三人闲谈片刻，茶房进房开饭，锦衣分付把自己的饭菜开在一个房中。大家用过，说说讲讲，甚是投机。

到了两点多钟，锦衣要到大马路亨达利洋行买些钟表，并千里镜、八音琴等，邀着幼安、少牧同去。幼安回称："昨日身子劳乏了些，今日不敢出门。"少牧本约志和、冶之三点钟在媚香房中等着，一同到楚云家去，巴不得趁早脱身，乘着这个机会，就与锦衣出了长发栈，一部马车到亨达利去。锦衣买了一座搁钟，一只金表，与些零碎洋货。少牧买了一只外国金镶的金钢钻戒指，足足二百两银子，套在指上。锦衣将金表藏在身旁，余下的东西交与马夫收拾好了，便想回去。少牧把郑、游二人在花媚香家等他的话与锦衣说知，要他一同前往。锦衣本来无甚别事，遂答应同到荟芳里去。

果然二人先已来了。略坐片刻，每人吃了一碗四如春水饺子点了点饥。少牧恨不得一步就到楚云那边，心里头好像有无数的话去与他说，竟有些坐立不安。志和、冶之会意，遂与锦衣、少牧起身，出了花家，同到楚云院中。楚云一见，眉花眼笑的与四个人说了好些温存话儿。其时天已黑了，分付小大姐到杏花楼去，叫了一块洋钱一桌消夜，留吃夜饭。四人见他款待殷勤，过意不去，吃过夜膳，替他碰了场和，方才回去。临出门时，楚云见少牧指上带的那只钻戒晶光夺目，甚是爱他，要少牧照样再买一只。少牧见楚云欢喜，竟把他除将下来，套在楚云指上，送与他了。楚云笑迷迷的谢了一声，暗想：这种客人不巴结他，再去巴结那个？从此更留了一倍心儿，要放出十二分的手段来，做到他一个留连忘返。少牧那里得知，就是幼安也防不到少牧已经落在楚云手中，只想看过跑马，一同到上海的人，自然一同回去。

光阴如箭，这半个多月的日子很是易过。那天已是三月初了。志和、冶之本来包着马车，锦衣也向龙飞马房从初四起包了三天轿车。少牧想要到善钟去包，幼安说是太费，不许。后来只替楚云去包了三天橡皮轮快车，连酒钱共是三十六块洋钱，瞒着幼安，并不使他知道。自己到了初四饭后，与幼安在四马路马车行中叫了一部木轮的皮篷马车，这车价甚是便宜，连酒钱只花了两块洋钱，一样如飞的到跑马场来。

但见场上边人山人海，那马车停得弯弯曲曲的，不知有几百部儿，也有许多东洋包车在内。车中的人，男的、女的、老的、小的、村的、俏的，不知其数。还有些少年子弟，坐着脚踏车在场边兜圈子儿，瞧看妇女吊膀子的。又有些乡村男女，与着一班小孩子们，多在场边搭着的木板上头，高高坐着，真正看跑马的。至于那些大人家出来的宅眷，不是坐在马车上瞧，也有到泥城桥堍善钟马房洋台上面出资观看的人。这座洋台，每逢春秋两季跑马，必招看客登楼观看。第一日、第二日每日收洋二角，第三日收洋三角。去的人却也不少。

少牧与幼安两人停了马车，就在车上略看一番。只听得耳朵边上一阵喧哗，场上的人万头攒动。远远瞧见跑马厅上跑出八匹马来。起初原是一线齐的，不到半圈，渐渐分出先后。跑至十分至七，只有一匹黑马与一匹黄马在前。及至一圈跑到，乃是黄马第一。骑马的人，身穿红衣黑裤，头上戴的帽子，只因离得尚远，看不清楚。

幼安瞧罢，微微一笑，对少牧道："牧弟，你见了没有？谅来一次这样，下次也是差不多的。我们既经见识过了，何须再去看他，还是到张家花园走走去罢。"少牧道："安哥要到张园很好，倘要再看跑马，明日本来还要出来。"幼安道："今日天气很热，明天防要下雨，不来也罢。"少牧道："这是一年只有两次的事，我们又是难得到此，何妨再来瞧瞧。"幼安道："既然你心上喜欢，且待明日再说。"遂分付马夫动身到张园去。

进得园门，下车向各处闲走了一回。那些看跑马的马车，一部部都也来了。少牧要在安垲地大洋房内泡茶，幼安嫌他太觉热闹，一定要到老洋房去。因至老洋房坐下，园丁泡上茶来。这老洋房的面前，乃是一方空地，约有三四亩田开阔，四边种些树木，前面是个荷池，左旁是通安垲地的一条马路，右旁是条花径，花径里边曲曲折折的有两三条小桥、三四座茅亭，那景致倒还幽净。老洋房的隔壁，是全玻璃窗的两间花房，那花房中种着无数外国花草，姹紫嫣红，甚是好看。幼安、少牧吃过了茶，复又散步一回。因见天要夜了，登车回栈。一路之上，马夫因还接有后趟生意，只在四马路兜了一个圈子，匆匆的就送到栈门。幼安也不计较，给过车资，由他自去。

少牧心上因当日没见楚云面儿，觉得不甚开怀。等着茶房开过夜饭，晓得锦衣一时决不回来，推说他约在天仙茶园看戏，偷空跑至楚云院中，问楚云："今日可曾出来？怎的没见？"楚云回说："是三点钟出外，四点半钟在安垲地靠窗泡茶，五点半钟方回来的。志和、冶之、锦衣、逢辰与媚香等众姊妹们俱在那边，都说如何不看见你。谅你又与那姓谢的进城去了。"少牧道："我今日何尝进城！因在老洋房里泡茶，故此你们一个不见。这都是姓谢的性气古怪，他嫌安垲地人多，才到老洋房的。"楚云道："姓谢的你不过与他朋友罢了，他要往东你就跟着往东，却撇得我一个人冷清清的。我想你也说不上来。明日你在栈中不出来也罢了；倘若出来，到了张园，莫要再到老洋房去，那边是我们不过去的。"少牧道："明日出来，我一定到安垲地等你，你也千万莫要不来。我想看看替你做的那身衣服可还称身。"楚云道："我包着三天马车，怎的不去？除是大雨，不得出门。"

二人正在说话，听得玻璃窗上一阵雨点声响，天公当真下起雨来。少牧道："你才说下雨，什么果然就应了你口？天不早了，我要去了，且等明日张园见罢。"楚云拉住他道："你不听见自鸣钟才敲十一点么？你着甚慌，就要回去？敢是怕那姓谢的有甚说话？"少牧道："朋友相交，何言'怕'字。你听雨声甚大，故我急欲回栈。"楚云道："下雨有甚要紧！你不是没有在这里住过的人，不回去也不妨事的。"回头叫老娘姨端整稀饭，与二少爷吃。老娘姨传话出去。不多时，相帮端上一小铜锅稀饭，一碟火腿，一碟熏鱼，一碟椒盐花生肉，一碟皮蛋。老娘姨服侍少牧吃过，楚云也吃了一碗。那雨越发下得大了，少牧这夜竟又没有回去。

明日，整整的又下了一天大雨，出不得门。不但楚云这天没坐马车，少牧也在房中坐了一日，与楚云并娘姨们叉了八圈小麻雀儿。到得晚上，楚云要到丹桂看戏，撺着少牧同去。少牧回他天雨。楚云把自己穿的那件玫瑰紫呢一口钟与少牧披了，虽是短些，尚可将就。唤娘姨到弄口喊了一部东洋车，陪着他一同前往。看到十一点钟，雨还没有住点，依旧双双回院，少牧又在院中住了一宵，初时还想着幼安在栈寂寞，且恐回栈时见面为难，把甚话儿推托。争奈楚云有心要离间二人，说话之间半讥半刺的嘲着少牧，说："人家怕父母拘束，妻妾吵闹，不敢在外过夜，那是有的。姓谢的是个朋友，你竟受他管束，令人羞也不羞！"少牧被他说动了火，竟把幼安抛撇在九霄云外，故第二夜住在院里，反比隔夜安心了好些。

只是春宵苦短，及至一梦醒来，早又天已过午，但见一轮红日照耀满窗，天气略觉冷了些些，却已晴了。少牧心上很是得意，与楚云说知饭后一同出去。楚云应允，不过不肯同坐在一部车上，说是青天白日，旁人瞧见不雅。叫相帮另去叫了一乘橡皮轮亨斯美车。午饭已过，楚云梳好了头。马夫来说马车放在三马路弄口。娘姨服侍楚云更衣，上身穿的是荷花色外国缎棉袄，下身是雨过天青色外国缎棉裤，正是少牧替他做的。穿好之后，向着衣镜中照了一照，对少牧笑微微点点头儿，说声"我们去罢！"少牧看他打扮好了，越显得十分娇媚，心里头已甚欢喜；又见他临行的时节那副笑脸，真把人魂灵儿也勾得过去，不由不愈加着起迷来，说声："我们就走！"喜洋洋的出了院门，登车而去。楚云在前，少牧在后，先向四马路兜子一个圈子，方到跑马场边，将车歇下。

这日是跑马的末一天了，昨日又是下雨，人人都没出来，今日故更热闹，比第一天看的人又多了十分之二。少牧停车的前面，就是锦衣的马车。少牧见了，正想下车去与他说话，后面忽人大呼："杜少翁，你也来了！"回头看时，乃是志和、冶之。还有一人，年纪甚轻，身穿淡湖色外国缎棉袍，白地蓝花漳缎马褂，头上戴一顶瓜皮小帽，那帽上钉着一块玭霞，价值连城，眼上戴着一副金丝眼镜，嘴里头衔着一支吕宋烟，这烟咬嘴是金星玛瑙的，足上天蓝缎套裤，元色漳绒旗圆式鞋子，品貌风流，衣披潇洒，也与少牧点头，少牧却不认得他。三人将车停住，一齐跳下车来，走至少牧那边。志和问他是几个人一同来的，少牧把手向楚云的马车一指，回说是与楚云同来。又附着志和的耳朵问："这穿漳缎马褂的是什么人？"志和道："此人姓屠，别号少霞，本地人氏。家财万贯，可算得富甲一城。"那屠少霞见了少牧，虽然与他胡乱点首，也因从没见过面儿，细问冶之此人是谁，冶之与他说明。二人始又重新见过，各说了几句仰慕的话。

志和对少牧道："我们今天来得不巧，听说第五次马已跑过了，第六次尚有好一刻耽搁。呆呆的停在这里做甚？不如到张家花园去弯一次儿，回来再看可好？"屠少霞道："我本约林黛玉等都在张园，此刻不知到了没有，正想去看看他们。"冶之向少牧一瞧，道："你不是一个人独自一车来么？我们因屠少翁的马车被他贵相好花笑春坐去，故此三个人坐了一车，觉得很不舒服。若是你也要到张园里去，我想与你一车，可好？"少牧大喜道："我一个人正是寂寞，你肯坐在我的车上，那是很好的事，有何不可！"冶之含笑跨上车去，果与少牧并肩坐下。志和、少霞说他不合拆了姘头，轻轻的在肩上打了两下，回身各自登车，分付马夫快行。少牧在车上向楚云做个手式，叫他一同前去。楚云会意，也叫马夫将车开放，都向张家花园而去。

这日从园门外马路为始，接至安垲地大门，那马车停得水泄不通。挨挤了有半刻多钟，方才挨了进去。各人下车入内，果见林黛玉、金小宝等凡是有名的妓女，都在那里泡茶，身上穿的衣服俱是簇崭新的，很甚夺目。花笑春与黛玉坐在一张桌上，少霞看见，走过与他搭话。楚云也走到这一边来，要想拣张桌子，谁知一张也没有空的。只听得东壁厢有个大姐高呼："先生可要到这里坐？"却是跟花小兰的阿素，那小兰也在旁边桌上吃茶。楚云点了点头，回身要走，被靠窗口坐着的媚香、艳香姊妹两个看见，各人把手招招说："这边也还有个座儿。"楚云没了主意，因见少牧与志和、冶之多在媚香、艳香隔肩那张桌上，遂决定到窗口边来。一面差娘姨去回覆阿素，说客人叫他坐在那边，不过来了，免得阿素多心见怪。阿素见冶之等多在那厢，手中拿了一支水烟袋儿，从人丛中挤得过来，点了个火，递与冶之。冶之接过，吸了两筒，与他说了几句闲话，将烟袋交还，阿素接着自吸。又同楚云、媚香讲话，独有艳香却不甚去理会于他。少顷，荣锦衣、康伯度、经营之、贾逢辰等也都先后到园，众人好不兴头，坐了一点多钟，始各渐渐散去。

　　少牧与志和等依旧同行，冶之仍与少牧一车，路上边说说谈谈，甚是有趣。行至斜桥，已过不多路就是跑马场了，冶之见坐着的乃是亨斯美车，忽然要想拉起缰来。马夫因今日路上人多，欲待不许，怎禁得冶之性起，一定要拉，马夫无奈，把缰绳双手递过。冶之接着，照法拉动，如飞而去。及到泥城桥下塅，少牧要停，冶之说："停在过桥沿浜的安康里口，那边有些住家野鸡，很是好看。"遂一直车过了桥。正要转湾，不防迎面来了一部船车，转湾角上又来一部轿车，冶之慌了手脚，缰绳扣得过紧了些，勒伤马口。那马负痛往前一奔，与船车上的那一匹马撞个正着，四蹄发起蹶来。轿车正在转湾，一时收不住缰，也巧巧的撞在一处。但听得蓿喇一声，竟把冶之马车上的车杠撞断，那车子翻下地去，马已跑了去了。冶之、少牧一咕噜滚到尘埃。正是：

　　　　莫言可作逢场戏，着意须防行路难。

毕竟不知冶之与少牧性命如何，溜缰的那一匹马可闹出别的祸来，且看下回分解。

第九回

龙华寺广结香火缘 高昌庙盛赛清明会

话说冶之与杜少牧同坐着一部马车，从张家花园回来，冶之自己拉缰到得泥城桥，想要在浜口暂停，不料下桥转弯的时候，迎面来了一部船车，弯角上又冲下一部轿车，冶之慌了手脚，手中的缰绳紧了些儿，勒伤马口，那马往前直奔，三部车撞在一处，把冶之马车上车杠撞断，车子翻下地去，冶之、少牧滚倒街心。那一匹马已溜了缰，如飞而去。马夫也跌下车来，急忙忍着疼痛向前赶去。后边楚云、志和等许多马车见前面少牧的车撞翻，大家勒住了缰停在一边。志和慌忙下车，动问二人跌得什么样了。早有巡捕过来，把那闯祸的船车、轿车一齐扣住，观看二人伤势若何。只见冶之跌伤左臂，少牧磕损了右膝，幸喜多是实地，尚还没甚紧要，并且头面均未受伤，不至血污狼藉。志和把他二人扶起，见满身多是灰沙，替他略略拍去。那溜缰马已被马夫设法牵了回来。巡捕问明，虽没闹祸，但马夫不应任从客人胡乱拉缰，漫不经心，几乎弄出性命交关的事来，因此要与船车、轿车一同带到巡捕房去。冶之解说不依，只得与马夫说明，倘然捕房要罚，不论多少洋钱，叫马夫到栈房去取；撞坏的车杠修理，也是冶之出钱。马夫始哭丧着脸，收拾车辆，手牵着马，跟了巡捕自去。船车、轿车中坐着的人，也多跳下车来，听凭马夫驾着空车，同赴捕房。少不得多要罚几块钱，儆戒他们下次。一言表过不提。

再说冶之、少牧二人没了马车，冶之自然回至志和车上，依旧三个人一车。少牧只得与楚云同车，楚云因天已将晚，并见少牧受伤，说不出不许他坐，勉强叫娘姨扶他上车。问了几句痛痒相关的体己话儿，说："你方才跌下去的时候，吓得我魂不附体，如今可还没事。明儿我要到虹庙烧香，保佑你无灾无病才好。"说毕，更把双手向少牧的膝上抚摩，少牧很是感激着他。只因跌了一交，身子究竟不甚舒服，无心再看跑马，分付马夫就此回去。后边冶之也是一般，并不耽搁，各自散归。冶之等到艳香那边坐了一回，艳香暖了一壶热酒与冶之吃，嘱他吃酒之后就在床中安睡，不必回栈。志和、少霞各归各人的相好地方住宿。

少牧与楚云回至院中，膝盖疼痛，寸步难行。楚云亲自与他泡了一杯糖汤，伏伺吃下，名为白糖饮，取糖能和血，不至瘀血积滞。又命相帮到带钩桥大街姜衍泽堂药店北号，买了一张加料宝珍膏，此膏善治跌打损伤，效验如神，上海只有衍泽堂一家出售。老店在南市小南门外，带钩桥大街乃是分店。相帮买了膏药，另外又买了两角洋钱麝香，三个钱老姜，回院交与楚云。楚云替少牧解开裤脚，看膝盖上跌有碗大一块伤痕，颜色青中带紫，轻轻替他先用老姜在伤痕上擦过，后将膏药揭开，把麝香渗向中间，贴在伤处，再把裤脚扎好。消停，觉得舒畅了些。楚云要留他仍旧住在院中，少牧不允，分付相帮打了一乘轿子，送他回栈。

扶上楼梯时，已十二点钟。幼安早经睡熟，听得房外有脚步声响，在床上动问是谁。相帮回说："杜二少爷回来。"幼安披衣起身，开了房门，见少牧一跷一拐的扶在相帮身上，步进房来。幼安大惊，急问为何这等狼狈？少牧进房坐下，在身旁摸出两块洋钱轿钱给与相帮去讫，始向幼安把坐马车跌伤之事说了一遍。幼安摇了摇头，并不去抱怨他，只问："前昨两夜住在那里？现在身体如何？"少牧支吾回说："前夜在平戟三公馆里头，昨夜在熊聘飞那里，叉了两夜麻雀。现在身体尚好。"幼安明知他随口撒谎，也不提破于他，只说："夜已深了，身子既受了伤，早些睡罢。"少牧巴不得他有此一句，乘机脱了衣服，上床安睡。

到了明日起身，膝盖上尚隐隐作痛，不能行动，在栈房中静坐了一天。幼安请平戟三来，替他开了一张药方，叫茶房撮了一服药来，煎好吃下。一连数日，那伤急切不能全愈。幼安屡想回苏，无奈看着少牧这般光景，万难动身，只得安心再住几天。直到五日以后，方能稍走几步。七日后，始渐平复。

正是流光如驶，已是三月半了。那日早上，茶房递进一个帖来，乃是荣锦衣今日约往龙华寺游玩，在船上设宴请客。幼安问少牧："可能出去？"少牧回说："勉强可以走得。"幼安因龙华是上海的著名丛林，闻得景致十分幽雅，又是锦衣的主人，故也允着同去。二人用过早膳，锦衣又差荣升催请，说船在老闸桥戴生昌码头。二人点头答应，各自换过一套衣服，幼安在前，少牧在后，出了房门。荣升扶了少牧下落扶梯，唤两部东洋车拉到戴生昌码头。幼安给过车钱，少牧由荣升扶下车来，又扶着他一步步慢慢上船，锦衣出舱迎接。船中已有平戟三、李子靖、熊聘飞与一个北边口音的人在内。问起是江苏候补道、满洲人毓春，别号秀夫，与锦衣同寅，就是前天从北京来的。后来志和、冶之也都到了，冶之跌伤了手，也还没有大愈。

锦衣见客已到齐，动问众人可要带局，志和说自然要带，遂唤船家取笔砚来，自己先把媚香的局票写好，问冶之是否叫花艳香还是小兰，冶之说："你既叫了媚香，我怎能再叫别个？"志和点头，又把艳香的局票也写好了，再替锦衣、子靖、聘飞一一写过。幼安仍旧是桂天香，少牧是巫楚云，毓秀夫初到上海，尚无相好，志和替他荐了一个百花里的小清倌人，叫花小香。书写的当，交与荣升上岸去叫，一面分付船家端整酒席入座。只因那些局隔夜没有关照，都要梳起头来，耽搁了好一刻儿，方才一个个先后到齐。

锦衣令荣升传话船家，将坐船的缆绳带好在小火轮上，生火开行。起初是缓缓的，到了浦心，火机开足，便如弩箭离弦一般，如飞而去，耳旁边只听得呼呼风响。不多时，已是南黄浦了。众人在船饮酒，与各妓女说说笑笑，甚是热闹。幼安生性爱静，叫来的桂天香又是一个极不喜欢打情骂俏、轻嘴薄舌的人，凭着众人顽笑，他却在旁并不作声。后来，众人吃得酒兴愈浓，闹得愈不像个样儿，幼安有些忍耐不住，走至头舱门口，观看水景。天香也走了出来，站在幼安身旁闲看。但见浦面上往来的船只甚多，也有装货的，也有载人的，忙个不了，无非是为"名利"两字。幼安暗想着：当初高庙南巡，动问随幸词臣，江上的船共有几只？词臣回称只有两只，一只为名，一只为利，说的真个有些意思。世人怎能勘得破名利关头，可以免却许多奔波劳碌，不觉点头嗟叹一回。

少顷，见巍巍塔影矗立波心，幼安只道是龙华到了，说声："好快！"桂天香道："此处离龙华差不多尚有五里之遥，皆因宝塔甚高，故此远远已经望见，沪上有'龙华十八湾，湾湾近龙华'的俗谚，真是不错！"幼安道："原来如此！你到过龙华已几次？可知旱路是甚样走的！"天香道："我连这一次是第五次了。旱路上也曾走过。先时是从徐家汇那一条马路往西向南走的，都是小路，只好坐轿或是羊角小车，不便得紧。近来从高昌庙制造局起，新开了一条马路，直接龙华。听说因为龙华有一所子药厂，在彼开了马路，可通车辆往来，却便宜了龙华寺的僧人。到了香汛，来往的人络绎不绝，十分中有八分是坐马车去的，一分是东洋车，一分是船，那轿子、小车竟是绝无仅有的了。"幼安道:"旱路去的风景比着水路如何?"天香道:"旱路上,若是清明节在二月天气,近龙华一带人家多是种桃为生,到了这个时候,一路上桃翻红浪,柳醮绿波,流水小桥,闲云野舍,那种天然的画景,真是观之不尽,玩之有余;若是三月清明,桃花已经开过,那就无甚景致,不过夕阳塔影,幽径钟声,可以扑去尘俗,避些叫嚣嘈杂罢了,还不得水面上去,波光一片,极目澄清,令人心旷神怡,觉得别有风趣的好。"这一片话,吐属幽雅,幼安听了暗想:此人举止行为,看他甚是清高绝俗,因何落在烟花队中?我如(知)不遇见他也罢;既经与他相识,缓日须把些言语打动,叫他早出火坑,勿在风尘久溷,遂动了一片超拔之心,暗地里要用好言劝他。此是后话慢题。

再说二人在舱门口小语多时,远见一条桥影,好如卧虹一般,横亘波心。天香说:"这桥是百步桥。如今真个到了。"耳旁边听小轮船上"呜"的放了一声气筒,又是一阵钟铃声响。因桥边水势甚浅,不便再进,遂在浦心下碇。船夫向小轮上解了缆绳,"骨支骨支"摇上几橹,船头上又撑上几篙,移近岸滩停泊。布好跳板,搭好扶手,方请众人登岸。众人移步上去。不多几步,已是龙华寺的山门。抬头看,塔上贴着"今春传戒"四个大字,写得笔法甚好。山门两旁摆着许多摊子,也有卖竹器的,也有卖耍货的,也有卖香烟食物的,也有卖杂技西洋景的,甚是热闹。众人进了山门,便是四天王殿,两壁厢塑着魔家四将,那法身约有一丈多高,十分威武。殿旁摆列无数摊子,卖的都是香烛纸马,看见众人进来,一个个上前兜卖。

楚云等每人至至诚诚请了几付香烛,分赴各殿烧香。锦衣同着幼安等诸人,到处随喜。只有少牧,因行路不便,就在天王殿暂坐。锦衣等款步进内,便是大雄宝殿。正中供的是释迦牟尼佛,两边十八罗汉,金光灿烂,法相庄严。大雄宝殿后边是三圣殿,供的三世如来。左廊是送子观音殿,烧香的妇女们最是拥挤。志和、冶之走到此处,立定了脚,不肯就行。幼安与锦衣暗暗打个手式,由他们在此观看,二人走到西偏新造的罗汉堂中,看过五百罗汉,重新回至正殿。

其时各妓女香已烧完,却都一个不见。锦衣先曾来过一次,知道他们必在方丈或在女斋堂小坐,故与幼安同到方丈中去。看门阑上悬着一块退光黑漆堆金字的横匾,上写着"方丈"二字,幼安大赞好字。锦衣道:"幼翁,你晓得这写匾人的来历么?我也因他书法甚好,上次来时问过寺内僧人。据他们说,这两个字乃是当初一个烧香的僧人所写,并不用笔,乃是把火钳画成。此僧名唤觉悟,不是个等闲之辈。

你可信也不信？"幼安闻言，微笑道："此种谰语，信他则甚！但这'方丈'二字，很不易写，竟能写到这个地步，就算他出自仙笔，有何不可！"锦衣点头称是。二人走进方丈，见正中一座法台，台上列着拂尘禅杖，台下摆有许多交椅，任人闲坐。四壁挂着许多字画，内中有几幅"朝阳补衲"、"夜月谈经"等图，乃是竹禅和尚画的。后面反轩中间，又有一幅"醉菩提"，也是竹禅手笔。正在观看，有知客僧过来招接，并问："可要在此设斋？"锦衣回他："不必。"那僧人分付香火献茶，又端上四盆果品，请二人用茶。二人坐下，喝了杯茶，向知客僧问问寺中胜迹，却也没甚好顽的地方。遂开消了两角洋钱茶金，别过知客，信步出外。

　　走至纠察所中，但见中间供着一枝戒板，板上写着许多禅门规矩，旁边放那一枝戒杖，规模倒也甚是严肃。出了纠察所，旁边就是斋堂，乃众僧人吃斋之处，一排一排的放着无数板凳。二人略看一番，回身抄出大殿，又到钟鼓楼看了一回。信步走至塔前，见塔上边游人如蚁。那在第一层上的人，望去宛如四五岁小孩一般。锦衣道："我们可要上去顽顽？"幼安回称："使得。"遂抠起衣服，锦衣在前，幼安随后，一层一层的走将上去。到第七层上面，见壁间有一首诗，墨迹未干，二人定睛一看，低低诵道：

> 浮屠七级势摩空，有客登临顾盼雄。
>
> 多少楼台烟雨里，大千世界有无中。
>
> 暮云远锁茶山翠，落日斜沉歌浦红。
>
> 昂首层巅发长啸，几疑身在上清宫。

下写："天涯吏隐戟三平升游此偶题。"幼安、锦衣看罢，知道戟三已经来过，先自下塔去了。锦衣极口称赞这一首诗笔力雄浑，幼安也赞不绝声。后来倚在壁间，沉思片刻，说："可惜没带笔墨，不然也好和他几句。"锦衣在身旁一摸，道："我有枝铅笔在此，可使得么？"幼安大喜，双手接过，就在戟三题诗的右面壁上，振笔书道：

> 龙华古刹景清娱，楼阁参差人画图。
>
> 满地云阴天欲暮，淡烟漠漠锁浮屠。
>
> 帽影鞭丝去复还，香烟入气满禅关。
>
> 闹中取静偏多趣，清磬一声心自闲。

写完，又注一行小字道："读天涯吏隐题壁句，见猎心喜，得即景二绝，不敢言诗，聊志鸿爪云尔。小东山主幼安谢景石并志。"锦衣看他写毕，收了铅笔，从头至尾细读两遍，说他吐属幽雅，与戟三又是一副笔墨，真是异曲同工，一般都是好诗。幼安闻言，谦逊不迭。

正在谈论，有个小沙弥喘吁吁的跑上塔来，向二人一看，问："二位可是谢爷、荣爷？"二人回称："正是。"小沙弥道："郑大少爷在斋堂设斋，请二位爷用斋。"二人答应，随着小沙弥移步下塔。曲曲折折，绕至斋堂，见志和等已经入座，少牧也进来了。都说："你们那里去了这好半天？教人等得心焦。"二人把游塔的话说了一番，又赞戟三诗笔雄健，令人钦佩。戟三连称不敢。锦衣四顾一望，楚云等众妓女依旧一个不见，问到那里去了，志和道："在女斋堂吃过了斋，现到大殿上铺佛未回。"锦衣问："如何叫做铺佛？"冶之道："那是和尚们哄骗愚夫愚妇的名目，仿佛道场中夜课一般聚集合寺僧人摆鼓撞钟，一同念佛。那也罢了，最好笑的是念到转佛的时候，那施主也须跟在和尚里头跑来跑去，说什么可以忏除罪孽。你们想愚也不愚！"众人都点头含笑不已。

移时，斋已用毕，殿上铺佛也已完了。船家见天色将晚，催请回船。锦衣等遂出了寺门，令众妓女下船，然后各人陆续登舟。船家解缆拔跳，摇到小轮船上，带好了缆，放过气筒，生火开行。回到上海，已是酉牌时分。众妓女也有马车来接的，也有轿子候在码头上的，也有并没马车、轿子，坐了东洋车回去的，不必细表。锦衣等上岸之后，正想分手各回，冶之要请同到花艳香家吃酒。少牧回称："脚上受伤未痊，不便再行劳动。"冶之说："现有马车，可以让与你合谢幼翁坐着同去。"少牧未便再辞，只得允了。幼安也不好过却，竟与少牧登车同往。其余的人一个不少。

到得荟芳里，并不再请外客，写好各人局票，分付起手巾入座。席间，锦衣谈起："明日是清明了，不知此间可有赛会？"志和道："城隍庙闻得有会，一年三次，乃是清明、七月半、十月朝，会中人叫做上元、中元、下元，共有五尊神像，乃清江司、长人司、高昌司、财帛司、城隍神。会中有的多是些寻常仪仗，没有什么好瞧。"其时媚香的本堂局还没有去，接口说道："城里头出的城隍会，又叫做三巡会，果然没甚好瞧。十七尚有城外的高昌会，乃是大南门外迎春庙出的，更是没有瞧头。十八日听说是高昌庙要出会了，会里头有龙船、台阁、看马、阴皂隶、大锣班、解饷官、花十景牌、逍遥伞，并臂香、拜香、三百六十行等，很是热闹，你们可要瞧去？"志和闻言，欢喜道："可晓得是什么时候出的？经过的是些什么地方？"媚香道："听说是早晨出的，走的地方多在南市陆家浜马路、大南门马路、斜桥、小马桥一带。"锦衣道："斜桥不是张家花园那边么？如何说是南市？"媚香笑道："张家花园地方有条斜桥，西门外一直下去也有一条斜桥，乃是到徐家汇去的大路。你们倘然真要看会，正好坐了马车前去。"志和道："你到了那一天也去么？倘然你也要去看，我一定与你同往。"冶之也问艳香可去，艳香、媚香同说："去去也好。"四个人遂订定了约，隔晚住在院中，一早一同出门。锦衣等也有欢喜看热闹的，约着众人届期同去。幼安决意不往。少牧回说："且看脚上伤势如何，倘能走动，一定奉陪。"众人说说笑笑，尽欢而散。

流光如电，转眼已是十八到了。志和、冶之隔夜果然住在艳香、媚香房中，天明起来，催二人梳洗过了，换好衣服，吃些早点。那马车是预定着的，已经放在弄口，四人登车而去。到得斜桥，尚只十一点钟，会还未来，这些看会的人已挨挤得水泄不通。杜少牧与荣锦衣同坐一部马车，先自来了。志和看见，叫应二人，并问少牧："那晚回去身子可好？"少牧道："那夜多吃了几杯酒，回栈安睡，觉得筋骨酸软。谁知明日起身，那膝盖上的伤痕反竟好了许多，想是多吃了酒，血脉活动的缘故。"志和道："照此说来，我辈多吃花酒，原来也有用处。"少牧点头含笑。

四人言谈有顷，只听得众人齐说一声："会来！"先见一面三角大旗远远而至，接着便是冲风弯号，四匹白马，两面大锣，与清道旗、飞虎旗、肃静回避牌，及敕封高昌司、加封永宁侯、奉旨出巡、赈济孤魂等各牌，又是一道邀锣。以后是马、吹手、马执事、宣令厅风雷火电马、十二旗牌马、对子马、皇命马等，约共六十多匹，走得尘埃滚滚，一线齐的按辔徐行。马后随着七乘轿子，乃是敕厅、印厅、令旗、令箭、巡捕、中军、掌案各官会。轿子过完，耳旁边一阵笑声大作，见来了七个一丈二三尺高的长人，乃是些踏高跷的。第一个装着吕纯阳，肩背宝剑。第二个装的是白牡丹，手中拿了一方白洋绸手帕，扭扭捏捏的引人发笑，乃是《三戏白牡丹》故事。第三个是武生打扮，第四个是武旦打扮，第五个是开口跳打扮，乃一出《三岔口》京戏。尚有两人，一人装着《大香山》中的大头鬼，面目狰狞。一人装着小头鬼，形容奇怪。看的人齐声拍手。高跷过处，锣鼓声喧，龙灯来了。舞龙灯的那一班人，都一色的穿着雪青绉纱小袖紧身，蓝摹本缎小脚夹裤，双条短梁挖花京鞋，年纪均在三十上下，高喝一声"闲人站开！"一条十八接蟹壳青绉纱扎成的青龙，身上挂着几百面白铜小镜，装做龙鳞，映着日光，照得人眼睛多睁不开来，一路翻腾飞舞而至。正是：

> 说甚赈孤迎土偶，分明好事耗金钱。

不知龙灯过后，尚有何等会来，且看下回分解。

第十回

一席绮筵香温玉软　千金孤注蝶舞蚨飞

　　话说那日的高昌会，果然热闹万分。不要说会中花色甚多，就是那一条龙灯，已觉得异常出色。龙灯过处，便是两座台阁，一座扮的是《凤仪亭》，一座扮的《昭君出塞》。台阁之后，又是一座秋千架儿，四个十一、二岁的小孩，双手搭在架上，一路翻筋斗而过。秋千架的后面，乃是半副銮驾，二十顶逍遥伞，四顶万民宝盖，都是五色缎子做的。末后，又有两顶大伞，四面方旗。那伞上、旗上的字，一是银的，一是玉的，价值甚昂。伞后两座亭子，一座乃是香亭，一座是万民衣亭，亭中供着一件万民朝衣，绣得花团锦簇。万民衣亭过去，耳听得锣声大震，见两个人赤着双臂，臂上托着两面大锣，约有四尺围圆，一路敲动，那便是大锣班了。锣后跟着无数臂香，一个个用铜钩子把香炉钩住，托在臂上，也有四五斤重的，也有十数斤重的，走得多是汗流浃背。臂香会的后面，接着是拜香会了。每人手中捧着一张小小香几，几上供着香烛，沿途朝拜而行，约有四五十名，走得街上香烟缭绕。后随鼓乐一班，一路吹弹而过。声韵悠扬，颇堪人耳。鼓乐过处，来了十块鲜花扎就的花十景牌，花香触鼻。八对阴皂隶，目不转睛的，扮得甚是好看。四对大肚皮刽子手，各人坦开肚腹，手执雪亮钢刀，很是威武。刽子手的后边，一人敲着一面大鼓，一人牵着一匹看马，又是一部小车，一员解饷官儿。那推车的头戴草帽，脚穿草鞋，身上蓝洋布大袖道袍，元色绉纱大脚裤。车上装着冥镪，插一面朝天解饷的黄绫旗。解饷官身穿天青缎子外套，蜜色宁绸箭衣，蓝绉纱衬衫，头戴晶顶花翎大帽，足穿一双薄底快靴，手中拿着一根马鞭子儿，押着饷车，跟着看马，款步而行。马后随着一队护饷健儿，都是元色绉纱密门钮扣小袖紧身，元色绉纱小脚夹裤，千针帮踢杀虎跳鞋，手中拿着面杏黄绸三角小旗，旗上边写着"护饷"两字，挤挤挨挨的围着解饷官走去。这都是同治年间西门内茅山殿出茅山会时有的，后来有个好官，姓叶，官名廷眷，别号顾之，做了上海县知县，把此会严行禁止，殿屋发封，如今改入高昌会中。

志和等众人看了，暗暗好笑。艳香在马车上说道："今日这会果然好看！但我听得人说，尚有三百六十行会首，为甚没有看见？"冶之把手向前一指，道："那不是三百六十行来了么？"艳香等在车中站起看时，果有无数不三不四的人，远远而来。及至走近，见扮着许多医卜星相、渔樵耕读，与那卖杂货、卖盐婆、摇船婆、采桑女等，老着面皮，倒也很像，引得看的人笑声大作。直至三百六十行过完，方是六房书吏、二班、三班、判厅、朝房、六执事、提炉、符节、冲天棍、舍工、奶茶军健、遮头伞等各种仪仗，一顶八人抬的绿呢神轿，轿后两匹跟马，这会方才过毕，足足走了一点多钟。

那些看会的人，见会已过完，大家一哄而散。斜桥的那条马路本来不甚开阔，一时遂拥挤不开。冶之恐马车在人丛中万一又要闹出祸来，分付停在一旁慢走，少牧也是一般。直到街上的人散个尽绝，方命马夫起行。忽然后面赶上两部马车，大呼："杜少翁、郑志翁，你们往那里头去？"少牧等回头看时，一部车上是贾逢辰与一个年纪三十上下、身穿湖色缎子十行棉袍、蓝漳缎马褂、头戴一副金丝眼镜、没有见过的人；一部上是屠少霞与花笑春，带着一个十三、四岁的大姐。志和瞧见，在车上起身答道："我们想回去了，你们甚样？"逢辰道："这时候有一点钟了，肚子里饥饿得很，想与白湘翁、屠少翁到一品香吃大菜去，你们可肯一同前往？"志和尚未回言，冶之道："我们肚中也饥饿了，同去何妨！"逢辰又问杜少牧，荣锦衣道："少翁、锦翁可去？"少牧、锦衣本要回栈吃饭，怎禁得冶之、志和帮着逢辰，不许他们各散，二人也就允了。一共是四部马车，从西门马路取道法兰西大马路，过带钩桥，向四马路而行。艳香、媚香的马车跟在后边。

到得一品香，下车入内，各人开了菜单。逢辰请艳香等一同吃饭，又写局票叫花小兰、巫楚云、花影娇等同来。那戴金丝眼镜的人叫了一个公阳里清倌人小花巧玲。众人动问此人名字、籍贯，回称姓白，别号湘吟，又号湘岑，湖北黄州人氏，在江苏候补，乃是一个通判官阶。语言漂亮，对答如流。志和等见他是个官场中人，甚是敬重。吃过番菜，艳香等各自散去。湘吟要邀众人同到张园游玩，众人见与他虽是初交，很要朋友，况且各人闲着无事，这日又是礼拜，张园必定热闹，故此都愿前去。

　　湘吟大喜，让众人出了一品香，登车同到张家花园。少牧等在安垲地泡茶。冶之与湘吟到弹子房打了三盘弹子，乃是湘吟输的，逢辰便要罚他今夜请酒，湘吟满口应允，说准定在花巧玲家，就请众人同去。冶之、志和、少霞三人都允下了。锦衣因另有聚丰园应酬，决意不去。少牧也要告辞，逢辰等那里肯放，湘吟更不许他走。在安垲地坐了一回，天要黑了，马夫进园说："没有带得灯烛，不知可就要回去？"众人同说："我们都要走了。"大家上车而回。到石路公阳里口下车，少牧别了锦衣，同着众人进弄，锦衣独自一人到四马路聚丰园去，按下不表。

　　只说少牧与湘吟等一同来到花巧玲家，入房坐下。跟巧玲的娘姨名叫阿秀，本来也是个有名妓女，嫁了人，不安于室，又出来的，如今已是二十四、五岁了，自知年长色衰，因此买了一个小清倌人，招接几户熟客，生意倒也不甚落寞。湘吟与他姘识已有半年多了，十分要好。这夜见众人进房，除逢辰常常来往，晓得他的名姓，余多没有见过，一个个动问明白。令巧玲敬了一遍瓜子，自己每人倒上一碗茶来，装了二盆水果，绞过一道手巾，又替逢辰开了一只烟灯，应酬得很是周到。湘吟叫取笔砚点菜、摆酒。阿秀眉花眼笑的问："点好了菜，几时来用？"湘吟道："今夜就吃。"阿秀道："今日有个外路客人到此，早间已经吃过酒了。小先生的场面，每日有一台酒已是很好；今夜有了两台，真是睡里梦里没有想到。不过吃酒是本家的好处，我们房间里人一点儿占不得光，你明儿最好再替小先生碰几场和，照应照应才好。"逢辰道："白大少爷当真照应的是小先生么？我看不要瞧小先生的分上，还是瞧在你的分上，替你今夜就碰场和，可好？"阿秀把眼睛向逢辰一斜，微笑答道："贾大少爷可是当真？就算湘吟是照应我的，今夜替我碰一场和。"湘吟向阿秀一望，道："'湘吟'二字，你怎的乱叫起来？"阿秀笑道："叫你湘吟，打什么紧？我还要叫你阿湘哩！阿湘，你今夜吃了酒，一定替我碰和！"湘吟还没有回他，逢辰连称算数，催阿秀将菜单交给相帮叫菜，端整把台面摆好，一共是少霞、少牧、冶之、志和、逢辰，连湘吟乃是六客，并不添请外人。等到菜席一来，就此起手巾入席。

　　各人写票叫局，仍是日里头在一品香叫的那几个人。冶之因逢辰叫的是花小兰，阿素嬲着他要转局，少不得转了一个。少牧叫的楚云，在席面上说起好几天没有和酒，要少牧翻台过去，装装场面。少牧不允，楚云一定要他答应。逢辰听见，说道："今夜这里散了台面，尚要碰和，来不及了，况且二少爷的心上又是不愿，不如明日也替你碰场和罢。"楚云道："吃酒碰和是一样的。贾大少爷，明日你可保得他么？"

逢辰道:"什么保不得他? 今儿这里白大少爷的和也是我说下来的, 明天二少爷怎能教我丢脸!"楚云道:"既然如此, 我就拜托着你。"逢辰道:"一准在我身上。"少牧见逢辰说得斩钉截铁, 不便再说, 也就允了。

移时, 楚云等先后回去, 众人吃过干稀饭散席。少牧要想回栈, 逢辰拖住他道: "你明晚不是要替楚云碰和么? 今夜湘吟的和我想你须应酬了他, 明儿我们原班, 免得去再请别人, 岂不甚好?"少牧踌躇未决, 旁边阿秀二少爷长、二少爷短的央个不了, 少牧不便却却, 只得坐下。娘姨等收过台面, 把碰和桌子搭开, 分好筹码, 点好洋烛。阿秀替逢辰接连烧了七八筒烟, 又亲自向少牧、志和、冶之、少霞每人装了几筒水烟, 说说笑笑了一回。等到逢辰烟瘾已过, 扳位入局, 碰的乃是五十块洋钱一底的二四麻雀。志和、冶之两人合碰, 少霞与逢辰合碰。前四圈是少牧输的, 湘吟最赢, 逢辰、志和无甚进出。后四圈少牧和了一副二百八十块的万子一色。及至碰完结帐, 反赢了八十六块洋钱。湘吟输了四十, 逢辰只输得九块洋钱, 冶之、志和合输了四十九块。各人交出钞票, 湘吟说声对不住众位, 自己也在身旁摸了几张钞票出来, 提出十二块洋钱头钱给与阿秀, 余下的多送与少牧。少牧不好意思收下, 回说何妨明日再算。湘吟笑道:"赌钱不能隔夜, 少兄何必客气。"逢辰也是这样的说, 少牧方才收了。

阿秀分付端上稀饭, 请各人点饥。逢辰烟瘾又到, 睡在炕榻上吸烟, 问阿秀: "现在几点钟了?"阿秀回称:"尚早, 大约不过一点多钟。"湘吟在衣袋内取出一只金表一看, 播摇头道:"三点半了!"逢辰道:"什么已是这等夜深! 我又住得很远, 回去不是要天亮了么?"阿秀道:"既是这样, 你今夜就与阿湘住在这里, 不要去罢。"逢辰道:"不去可是与你们打更?"湘吟道:"休得取笑! 我看如此夜深, 不要说老逢不必回家, 就是杜少翁等也不要去了, 我们大家又几圈小麻雀儿, 等到天明出门, 免得身体受寒, 那可不是顽的。"逢辰道:"小麻雀有甚趣味! 我想推几方小牌九, 不知这里可有现成的骨牌?"阿秀道:"现成的没有, 你们真要, 可在挖花牌中拣付出来。"湘吟道:"推牌九谁做庄呢?"逢辰道:"就是我来也好。"湘吟道:"你推多少输赢?"逢辰道:"二、三十块钱罢了, 我们原是小顽。"湘吟道:"你输完了, 我来做庄, 如何?"逢辰道:"说什么话! 我赢进了, 让你做庄。"二人你言我语。阿秀开衣橱取出一付挖花牌来, 拣了三十二张, 子细对过不错, 放在桌上。逢辰的烟也吃好了, 起身走至桌边, 拿出三十块钱来, 当台一放, 拽过一张椅儿坐下, 问阿秀:"可要起手巾作一场和？"阿秀道："你们既是小顽，作什么和。停回儿谁是赢家，多少给几块钱，也就够了。下次倘然有甚大局面儿，挑挑我们，怕不有一百、八十块钱？今年正月里我们在尚仁里的时候，阿湘合了许多的人，推了五次牌九，差不多有八百块钱头钱。不过阿湘输了二千多块，我至今还替他心疼。"逢辰道："怎么阿湘今年输过这好多的钱？"湘吟摇头道："今年交了输运，只要捏着骨牌，就是输钱，这几时所以不赌。"逢辰道："今夜你试试手气，看有甚样。"湘吟道："如今这手冷了好几时了，谅来不至再输。待我把你的庄打坍过了，我来做个庄与你看。"逢辰道："说嘴有甚用处，且看你的财运。快些坐下来扳门。"湘吟含笑点头，一屁股在逢辰的对面天门上坐下，招呼少牧等一同出手。少牧因听得人说上海的翻戏甚多，逢辰虽然叙过几次，幼安背后总说他不是好人，白湘吟又是第一次见面，须要留点儿神，故此佯称不会，不肯扳门。少霞平时最喜欢的乃是嫖赌，况与逢辰交情甚密，绝不疑心，遂一把手拉了少牧在上门坐下。冶之、志和在扬州时多是泼赌的人，输赢三百五百块钱毫不在心，何况二三十块钱的小庄。因一同坐了下门。

逢辰见众人坐定，把牌洗过，向阿秀要了两颗骰子，推出第一条牌来。各人因是毛关，不肯重打，每人打了一块洋钱。少牧更没有动手。庄家把骰子掷动，乃是个九自头，拿了一个别十，自然通配。第二条冶之、志和在下门上打了十块洋钱，少霞一人打了十块，湘吟是十块，分作二、三、四三道。庄家骰子掷的五点，又是自头，拿了一付风吹八，上门是长八，下门是和板八，天门是爨铨九，仍是一个通配。三十块钱已不够了，逢辰发起火来，又在身畔摸出七十块钱钞票，配过众人，推第三条。少牧见他牌九甚瘟，打了十块钱的上角。这回骰子是六上庄，上门是个七点，天门又是九点，庄家是副长五，只吃了下门人丁一冶之、志和的十块钱，有了上角少牧十块、少霞十块，天门上湘吟十块。逢辰将钱配毕，摇了摇头，不敢再推拖水，将牌重洗一洗，推第二方。众人看着眼子，有时轻打，有时重打，只有四方牌九，那一百块钱已经输得精光。立起身，让湘吟来推。不料又是一个倒庄，输了二百五十块钱。天已亮了，就此歇手。算一算，少霞赢了一百十块，冶之、志和合赢一百十六块，少牧打得最小，赢了六十一块。逢辰起先推庄输了一百，后来打庄打回了五十三块、净输四十七块。众人结好了帐，赢家合出三十块钱给与阿秀作头，阿秀谢过收下，分付相帮到聚丰园叫六碗火鸡面来与众人吃，一面把牌骰收拾。

众人吃好了面，起身多要回去，只有湘吟是就在这里睡了。少牧怕与志和等同回，幼安倘已起来，不免犯疑，又有许多责备的话，不如竟到楚云那里睡他一觉再说，因此竟向东荟芳去。临行时与众人订定，今夜准八点钟原班在楚云房中碰和，不可失约，众人诺诺连声而别。

少牧到得楚云那边，楚云未曾起身。娘姨等开了房门，伏侍他进房睡下。这一觉，直到午后两点多钟方醒。楚云等他起来吃饭，少牧随意点了几样饭菜，与楚云同桌吃过。楚云梳头，自己亲手与少牧打了一条辫子，问他此刻到那里去？少牧道："昨夜打了一夜的牌，今日身子很乏，不想出去。"楚云道："正要问你昨夜碰和，输赢甚样？"少牧道："起初麻雀赢了八十多块洋钱，后来贾、白二人推小牌九，赢了他们六十一块。"楚云道："原来是你赢的。你从前许我再兑一只金钢钻戒指，与前兑的配做一对，如今好去与我兑了。"少牧道："一共只赢得一百四十几块洋钱，要兑好的，尚还不够。"楚云道："不够贴些也罢，算你没有赢钱，本来也要兑与我的。"少牧拗不过他，微笑应允。楚云催着快去，少牧果然立刻就走。少时，兑了一只戒指回来，共是二百二十块钱，贴了七十三块。楚云将戒带在手上，瞧一瞧，晶光夺目，与前兑的二百两那只甚是配得上去，心下十分欢喜。因见天已晚下来了，留他在房夜膳，候志和等到来碰和。

等到八点半钟，还没一个人来。少牧心中焦燥，正要写请客票到各处去请，相帮报说："客人进来！"逢辰与少霞到了，说湘吟因有人请他在美仁里吃酒，散了台面立刻就来。少牧问："志和、冶之可曾会过？"逢辰说："会过的了，他们在艳香那边。只要湘吟一来，写条去请。"少牧又问二人："可用夜饭？"逢辰回说："在杏花楼吃过的了。"楚云见有客来，敬过瓜子，分付房间里的阿娥姐倒茶装烟。少牧晓得逢辰烟瘾甚大，开了一只烟灯，叫娥姐与他烧了七八筒烟。听得天井里有个客人问："巫楚云的房间在那一边？"逢辰听是湘吟声音，放下烟枪，跑至窗口，招呼进房。各人见面之下，湘吟连说"来迟"，逢辰道："郑志翁与游冶翁也还没有到哩！如今你既来了，我们去请他罢。"湘吟道："原来志翁、冶翁也还都没有来，快快差人去请，只怕少翁等得不耐烦了。"逢辰道："他等在这里不耐烦么？我想他这个所在，就等一辈子也是愿意！"少牧道："你又要取笑了！待我写张请客票去请冶之、志和。"逢辰道："你写请客票么？我替你代劳了罢。"遂提起笔来，七差八搭的写了一张便票，交给娘姨付与相帮去请，果然一请就来。

房中娘姨们排开桌子，起过手巾，大家入局。仍旧是五十块底麻雀，碰了八圈，又是少牧赢了六十多块，志和、冶之没有进出，湘吟输了六十多块，逢辰巧巧输了十二块头钱。算好筹码，付清现洋，阿娥姐收过了牌，端上稀饭请众人点饥。闲话中间，逢辰说起湘吟真是赌不得钱，逢赌必输。湘吟不服，吃好稀饭又要推起小牌九来。湘吟做庄，输了一百多块。逢辰接了一庄，也输八十块钱。湘吟又赔庄，输了五十多块。乃是少牧等四人合赢了二百多块。提了二十块头钱。湘吟尚要再做一庄，因已三点多了，说昨夜赌了一夜，没有睡得，身体吃耐不起。要做输赢，缓日再来。湘吟遂约定明夜十二点钟以后，准在花巧玲家再做一场输赢，必须大家都到，众人彼此应允，始各散去。少牧那晚依旧住在楚云房中。

明日起身，吃过中饭，回栈一次。幼安不在栈内，动问茶房，知他到集贤里看子靖去了。遂拿钥匙开了箱子，取了三百块钱钞票，四十块钱现洋，出房将门锁好，锁匙交与茶房。兴匆匆唤一部东洋车，又到楚云院中，与他同到一品香吃了晚饭。因天乐窝那夜打唱，楚云要少牧去听书点戏，少牧答应，点了十出，在书场上坐了一回。楚云唱过曲子，回院去了。少牧等到书场已散，看表上已在十一点半，始向花巧玲家而去。

湘吟已与逢辰先到。不多时，少霞、志和、冶之也都来了。逢辰睡在湘妃榻上吸烟，众人散坐闲谈。等到一点钟敲过，院中的客人静了，湘吟才叫阿秀把骨牌骰子取出，招呼众人入局。逢辰要推头庄，湘吟不许，抢住骨牌坐下先推。起初又是输的，后来庄风燥了，赢了六百多洋钱，方才结帐。叫逢辰接下去推，逢辰道："钱不够了，做什么庄！"湘吟道："可有人与你合推，岂不甚好？少霞道："我来与他合推。"湘吟问："共推多少？"少霞道："三百块罢。"逢辰道："我只有五十块了。"少霞道："你就是五十块，余下多是我的。"逢辰连称使得。推了十数方牌，不知不觉这三百块被湘吟赢去，旁人多是输的。因这夜湘吟不但自己打得很重，并且把志和、冶之、少牧等打的角宕与一切本门，他总吃在一门上去，做个双输双赢，故把庄家、闲家的钱都输在他一人手里。志和、冶之气他不过，也合着推了一庄，输了二百多块，又是湘吟赢进。逢辰因没有钱，并不曾打。

少牧带来的钱都输完了，逢辰问他："可要向湘吟挪移？"少牧说："与湘吟乃是新交，恐多不便。"逢辰道："白湘翁为人豪爽，借几块钱算些什么！何况你杜少翁是个极体面人，那有不相信的道理？你心上真个要钱，尽管问他去取。"少牧道："既然这样，我也想推一个庄，少是断断不够，须得借我三百块，明日奉还。"湘吟闻言，接口道："三百块钱放在少翁那边，难道我不放心么？说甚明天后天，你快拿去就是。"口说着话，手中拿了一叠钞票，一五一十的数与少牧。逢辰道："如何？我说白湘翁是最爽快的。少翁，你收了他就是。"少牧果然照数收了，点一点，足足三百，就坐下去做庄。逢辰也向湘吟借了五十块钱，跟着湘吟，看准眼子，一记一记的打去。有时不跟湘吟，跟着志和、冶之、少霞乱打几下，湘吟必定吃在自己门上。不消片刻钟时，少牧的庄又打坍了。

推到结末一条，庄家一个通配，算一算，钱已不敷。湘吟问："可还再要移些？"少牧踌躇道："再移，不太多了么？"逢辰道："不移，你不够配了，再移一百也好。"湘吟道："杜少翁输得很了，须要使他翻翻本儿，一百块钱济得甚事？还是再拿三百去罢。"少牧听了，暗想湘吟这人果然很好，点点头儿，回说："如此最妙。明天我一并还你。"湘吟道："休要放在心上，我望你燥了一庄，停回就加利还我。"少牧道："谢你金口。"果然又向湘吟借了三百块钱，把当台应配的钱都配完了。因见湘吟方才推庄的地方庄风甚好，与他掉了一个坐位，重新开手。正是：

　　　　甘把千金作孤注，再将一局博翻梢。

要知杜少牧这一局胜负如何，再看下回分解。

第十一回

谢幼安识破机关　杜少牧脱离陷阱

话说杜少牧向白湘吟又借了三百块钱，换了一个坐地，再推第二个庄，一心只想翻本。果然，庄风好些，翻了一百多块洋钱。湘吟却不甚很打。旁边贾逢辰道："湘吟你想是要结赢钱么？我们这赌是书房局，难以为情。你瞧我今夜也输得多了，却还记记应酬少翁，你怎的这几记看他庄风好了些儿，不下野注？"湘吟道："阿逢，你不要这么的说。不下重注，正是我照应少翁。只要门上摆得一重，只怕他就吃不断根。"逢辰道："这是句什么话！我却不信。"湘吟道："你不信么？这一下我打个颜色你看！"拿了一百块钱钞票，向上门一放，道："你瞧赔是不赔！"逢辰道："你打上门，我偏打下门。"遂在下门摆了二十块钱。少霞在天门上摆了念块，志和、冶之合摆五十块钱横宕。湘吟看众人摆好，伸手一注注多吃在上门上。看少牧欲待不许，逢辰道："你怯什么，他又并不是个神仙，拿得住上门一定要赢。倘然你独把上门吃了，使他代你庄家赔赔我们的钱，岂不很好？你快把骰子掷出去罢。"少牧被他数言，心上也想：难道竟是独赔上门？那有这般巧事！果然就把骰子掷出，掷了个八落底。下门拿的四点，天门是八点，上门是六点。庄家的牌还没有翻转，逢辰大喊七点。少牧先翻了一张梅花，又翻第二张，上面乃是二头。逢辰道："不是二五必是二六。"湘吟道："只怕是二三罢。"逢辰将眼向湘吟一斜，湘吟不言。少牧举起牌来，一看果真是张二三，"咦"了一声，摇摇头儿，把上门的钱一注一注照数配出。逢辰连呼："奇怪！"志和把牌一看，暗想上门好个活门！第二记遂与冶之在上门上打了三十块钱，湘吟却又吃到下门上去。这一回，下门拿了个九点，庄家八点，上门只有三点，又是湘吟赢的。就从这两条起，庄风又倒下去了。那消半刻钟时，少牧的三百块钱，又输得分文不剩。算一算，借了湘吟六百，自己在栈中带来的三百钞票、四十现洋，连身旁五十多块钞票、十几块洋钱，足足输了一千有零。少霞输了四百，冶之、志和合输了五百多块，逢辰输得最少，连借湘吟的五十块在内，不过二百块光景。都是湘吟一人独赢，除去头钱，连开消男女相帮在内共约二百块左右，尽赢一千八百多块。

天已明了，大家散局。阿素备有自己煮的香粳米粥，叫娘姨们搬来，随手摆上八个碟子，乃是鸡松、鱼松、牌南、熏蛋、玫瑰乳腐、春不老、卤香瓜、酱十景，甚是精致。众人坐下，一同吃些。少牧输得多了，口虽不言，心下不免十分懊恼。被逢辰看了出来，因道："胜败乃是兵家常事，少翁何必挂心。我们朋友聚首的日子长哩，缓日可到楚云那边再推一场，一则你好指望翻本，二则也好挑挑楚云。"湘吟接口说道："阿逢说得不错。少翁如果拢局，只要定个日子，关照一声，我与逢辰一定到场。"逢辰又问少霞、冶之、志和三人甚样，三人都道："本来输得有些不服，正想再叙一场。"逢辰遂要少牧约个日期，当台订定。少牧道："后天可好？"湘吟道："只要少翁定夺，我到那日，无论有甚要事也要来的。"逢辰听罢，把大指一伸道："阿湘果然是个朋友。"又问少霞等："这日可能得暇？"少霞等都说："没甚事儿，准定十二点钟必到。"少牧点点头儿，说："如此最好。"吃完稀饭，彼此各散。冶之、志和回到艳香、媚香院中住宿。少霞有包车候着，坐了回家。逢辰尚要吸烟，与湘吟就在烟榻上谈一回心，小睡片话，再行回去。

少牧心中纳闷，唤了一部东洋车，回到栈中，时只七点多钟。幼安尚未起身，不去惊动于他，倒头便睡。直到茶房开饭，方才叫他起来。只吃了半碗饭，脸上很是无精打采。幼安看在眼里，疑在心头。吃过午饭，子细问他连夜不归，为了何事，却又这般气恼？少牧初尚不说，幼安讲了几句气话，说："我们二人的交情，枉说自己弟兄一般，为什么事事瞒我？"少牧始约略述了一番。幼安问他："到底输了多少？"少牧说："有千金左右。"幼安跌足道："牧弟，你也不是一个小孩。我与你出来的时候，怎样与你说的？到了上海，你要诸事留心。如何闹出这种事来！你行囊中共带多少银两？就算有处挪移，你的胆也太觉大了！家中尚有少甫大哥，将来他晓得了，怎样交代？"少牧叹口气道："这原是我的不是。但是事已如此，说也无益的了。最好明天翻一场本，就此永远不赌。安哥，你休埋怨。"幼安道："你怎么说？明天尚要赌么？再输了你待甚样？"少牧道："实不瞒安哥说，此回我在苏州动身，带有三千银子。

原想到了上海，随便做些店业。如今陆续用去七百有余，昨夜输了一千，明儿尚想再做一千输赢。倘然侥倖翻本，以后自当戒赌；若使再把这一千输了，后天一定动身回去。你道好是不好？"幼安摇头道："大凡赌钱的人，输了总想翻本，赢了总想不来。岂知输了钱翻得本的能有几人？赢了钱结得住的只有几个？我想你明日不要赌罢，还是收拾收拾早些回去的好，莫再闹出事来。"少牧道："安哥你不晓得，昨夜不是我一人输的。明儿大家都想翻本，叫我怎得不去？何况我在台面上借了人六百块钱，须要还他才是。"幼安闻言，诧异道："怎的，你借了人六百块钱？这是那一个借给你的？"少牧把自己只带三百数十块钱钞票，数十块现洋，后来输完，向白湘吟借钱做庄的话述了一番。幼安道："白湘吟是何等样人？几时认得起的？是那一个的朋友？"少牧道："是前天看高昌司会认识起的，贾逢辰与他很是要好。"幼安听了，半晌不答。少牧道："安哥想些什么？"幼安道："我想这白湘吟与你一面之交，怎的借钱与你，这样要好？"少牧道："安哥没有见过此人。他是一个候补通判，为人极是豪爽，与我一见如故，算得一个极要朋友的人，真是难得。"幼安道："是那里人？在那省候补？可有差使在身？"少牧道："是湖北人，就在江苏候补，现时没有差使。"幼安道："可知他的公馆所在？"少牧道："听说在虹口什么地方，须问逢辰便知。"幼安皱眉道："我且问你，逢辰昨夜他可赢钱？"少牧道："也是输的。"幼安道："你们共叙过几次了？先时的输赢如何？你不要着了倒脱靴的道儿。"少牧道："一共是两场麻雀，三场牌九。前几场都是湘吟最输。我也晓得上海地方局赌骗钱的人甚多，第一场牌九所以不甚很打。后来看他并没花样，才敢出手。安哥，你休错疑了人。"幼安道："并不是我多疑。只因白湘吟是贾逢辰的朋友，我看逢辰这人生得獐头鼠目，决不是个好人。我曾几次嘱咐于你，不要与他同淘。如今偏是他的朋友赢钱，却又是先输后赢，输得尚小，赢得很大，叫我怎的不疑？"少牧道："逢辰虽然不是好人，这回他自己也输了好多的钱，你去疑他则甚。"幼安道："牧弟你不知道，我曾听得李子靖大哥说起，上海最可恶的乃是那班赌棍，他要做弄人时，起初一定看不出他破绽。就是他动手的时候，倘然不是惯家，也还瞧不出来。其中的弊窦多端，不要说是别的，就是牌九里头，有乱筋牌、对筋牌、药骰、褪龙稍、拍笋头种种名目，种种手法。而且动手的人可以场场只管输钱，暗里头多被同党赢去。结好了帐，大家分拆。这事极不容易看穿，你须格外留点儿心，切莫与这班人往来才好。"少牧尚不信道："安哥，你来说呆话了。白湘吟、贾逢辰两个算他多是坏人，难道冶之、志和、少霞这

（道）三个也是他一党不成？"幼安道："不是这么样讲。冶之、志和他们都是纨袴子弟，晓得甚的！少霞虽然我没有见过面儿，听你说来也是一个花天酒地的人，只怕逢辰等也在做弄着他。此时你莫不信，须与你同见子靖大哥，把情节与他说明。他在上海久居，定然识得他们那些鬼蜮伎俩。不知你意下如何？"

少牧听罢，因一心认做姓白的是个好人，姓贾的也无歹意，都是自己手色不好，本待不去与子靖说知，怕他也如幼安一般当面责备，争奈幼安越想越疑，定要他同去一问。少牧无可如何，只得随着幼安，垂头丧气出了长发栈，同到子靖家中，把自从遇见白湘吟起，如何叉麻雀，如何推小牌九，如何愈推愈大，湘吟如何爆庄，自己与冶之、志和、少霞如何倒庄，逢辰、湘吟如何打品，子子细细述了一番。子靖跳起来道："照此说来，不是你受了翻戏的害，还是怎的？"少牧呆了一呆，道："大哥，怎么叫做翻戏？"子靖道："翻戏是赌棍的别名，上海那一班人极多，一样也有师傅。内中却分上、中、下三等，下等的充作工匠模样，中等的充生意人，上等的充作官场。他们一年四季靠赌为生。遇见了人，满口胡言，天花乱坠。下等的必说是某局某厂的工头，刻需添请工匠，专骗手艺百工的财物。中等的不是说开设茶栈、钱庄各种大项生意，必定说是要到何处开办矿务或是公司，招人入股，乘机诱赌。那上等的起居阔绰，满口官腔，一出门，不坐马车，便坐轿子，招摇过市，令人初看了他，俨然是个达官贵人。甚至也有带着家眷，租起极大公馆的人，一时最难识破。你遇着的正是上等赌棍，所以你绝不疑他。"少牧摇摇头道："大哥讲的虽是不错，但他们倘然真正活手，起先几场为甚都是输的？后来赢了，却又肯借给人家？"子靖笑道："牧弟，你又来了。起初的时候若然不输几场，你怎能信得过他，肯把大注钱财与他共赌？后来他赢了钱，若然不借给你，怎能够输到一千有余？这是做翻戏人一定手段，你如何见不到他？"少牧道："如此说来，那姓白的难道真是一个牌九司务、杀不可恕的人么？"子靖道："不是司务是谁！但他一个人不能做弄你们几人，这人既然是逢辰认得的朋友，逢辰必定与他一党，暗里头输赢总拆。"少牧道："逢辰他也很输，这话只怕未必。"子靖道："逢辰本来不像是个好人，你怎样着了道儿，还口口声声的开脱着他？真是太糊涂了！管教你日后自然明白。"少牧听得子靖的话一句紧似一句，晓得此人心直口爽，再讲下去恐他发起火来，不敢再言。

幼安道："大哥既然识得准是个黄局，可有法儿把牧弟输去的钱替他取了回来，再想一个善法办办他们，也与世间除害？"子靖道："这又何难！只消寻个内家，等到他们再赌的时候，当场把他的牌骰拿住，怕他不自愿还钱，听你甚样办法？但那内家却向那里去寻？"幼安道："大哥，可能替牧弟出口气儿？"子靖道："这事我办他不来。自古道：'兵来将挡'，我于赌博一道，也不过听得人说有这许多弊病，自己不甚精明，那能拿得住人家把柄？倘然拿错了他，这人一定不服，那时枉费许多口舌，说不定还要闹出硬吃翻的事来，这便如何是好？"幼安道："大哥，如此说来，难道罢了不成？"子靖沉思半晌，道："人却有一个在此，不知他可肯出场？"幼安忙问："是谁？"子靖道："就是鸣岐。此人前年初到上海的时候，也曾受过翻戏的暗算。后来多亏有个姓张的朋友，叫张得明，当场看破，把他输去的钱一齐取回。至今鸣岐封了双手，不再赌钱。若要拿他们的破绽，不是鸣岐去挽姓张的出来，断乎不可。"幼安道："姓张的是何等样人？鸣哥与他交情如何？"子靖道："这却不甚子细，须问鸣岐方晓。"幼安道："大哥可肯陪我们到鸣哥那边去问问么？"子靖道："那是极便的事，我们同去何妨？"

幼安大喜，遂与子靖、少牧一同找到鸣岐住处，说明来意，要他代请张得明明夜到楚云家去。鸣岐道："得明这人，赌里头果然很是精明，并且两眼识人，可惜已于去年冬里病故的了，如今再无这样的人。杜少翁真是不巧。"少牧听了，因他终还未信幼安、子靖二人之言，默不作声。幼安旁观者清，暗想此事须得捉破了他，好使少牧死心塌地；否则，赌是最没有限制的，一入迷途，整千整万的输得下去，却是一件心腹大患！好不代他着急。子靖也是这样的想，因与鸣岐使个眼风，约他同到书房里边，把少牧现还执迷不悟的话讲了一遍。又说目下输钱的事尚小，日后防他不堪设想，必须找一个人当场识破他们，才能免得后累。鸣岐踌躇了好一回儿，始说："既然这样，做朋友的岂可看他下水？人虽没有找处，我却是个过来人。况且张得明在日，他因我误入人家圈套，也曾把黄牌九中的弊病，细细指示，略能看得出七八分儿。这么样罢，明儿我去与他瞧瞧，或者捉得破他也未可知。但是巫楚云那边，叮嘱少牧断断莫去，还是仍在花巧玲家的好。"子靖道："这却为何？"鸣岐道："内中有个道理，捉破了自然明白。"子靖道："只要你肯同去，我叫少牧一定仍在巧玲那边聚局。"鸣岐道："这便了了。"二人商议既定，忙至外厢，向幼安、少牧说知。幼安甚是感激，少牧听说要把地方换过，仍在巧玲院中，回说："这是隔夜约定着的，只怕有些不便。"鸣岐道："楚云在东荟芳，他房间不是靠街的么？你今日每处写封信去，可说'楚云处房间窄小，逼近沿街，诸多可虑。明夜准十二点后，仍在公阳里花处候叙，庶无意外之虞。'租界上的赌禁本来甚是严密，他们见了你的信札，知道楚云那边不便动手，自然仍到公阳里去。彼时我与李子翁、谢幼翁也来入局，看事做事，你在旁边见机而作，包你当场自有分晓。"少牧尚自半信半疑，幼安替他满口答应。坐了片时，起身告别，订定明夜准十二点钟到花处相会。子靖也要去了，三人在路上又谈了好些的话。子靖回家，幼安、少牧雇车回栈。

幼安催着写好了信，叫茶房分头送讫。这夜少牧并没出去，因隔夜一夜不眠，精神疲倦，不到十点钟就上床睡了。幼安却替他担了一肚子心事，怕的是明夜鸣岐拿他破绽，倘然不服，不要闹到见官见府，那是大失体面的事。临时必须斟酌而行，不可造次。想了又想，直到一点多钟，方才睡熟。

明早起来，见少牧尚还未醒，暗想他自到上海，将及两月，为甚性情改变，贪睡到这般地步？这多是受嫖赌之害。今夜果把赌局捉穿，还须细把"嫖"字劝他，终要早早回去才是。想罢一番，因见天已午初，叫他起身，一同吃过午饭。少牧就要出外，幼安问他："到那里去？"少牧说："去看少霞。"幼安道："逢辰这几日不是与少霞长在一处么？今日莫去看他，只防你有甚言语漏泄。"少牧笑道："我又不是一个小孩，漏泄什么！"幼安总不放心，因想与屠少霞没见过面，不知究竟是个何等样人，何不与他同去见见，遂道："牧弟你真个要去，我与你一同前往可好？"少牧道："同去有何不可？"二人换过衣服，少牧开箱取了七百两银子，一张即期汇票，又零碎拿了一百几十块洋钱，三百块钞票。幼安也带了二百块左右的钞票现洋。出了栈房，同到百花底花笑春家寻屠少霞。

少霞果然住在院中，方才起来，吃过了饭，睡在榻上吸烟。幼安见他神思迷糊，语言浮荡，真是一个酒色之徒，勉强与他叙谈几句。不多时，贾逢辰来了，一屁股睡下榻去，替少霞烧烟，带着自己过瘾。直吃到四点多钟，方才吸足，放了烟枪。房中娘姨来说，马车在宝善街南面停着。马夫来问："今日可到张园？"少霞问："天气好么？"逢辰道："天气还好。今天不是礼拜，园里头去的人一定不多，我们也不要去罢。"少霞道："不到张园，到那里去？"逢辰道："我想同杜少翁与你到小兰那边碰和，不晓得你二位可肯？"少霞道："还有一个是什么人？"逢辰道："还有一个就是湘吟，现在巧玲那边，一请就来。停刻碰完了和，翻了过去，岂不甚好？"少霞道："不错，不错。今夜不是杜少翁的局头，仍旧改在巧玲那里么？巧玲这间后房，关了门，正是铁桶一般，凭你什么声响，外头听不出来，真比楚云靠街房间妥当好些。"幼安道："原为楚云那里不便，所以关照改的。"少霞点头道："这事谨慎些儿的好。我们虽然不怕甚人，却也不要闹事最妙。"逢辰道："方才遇见湘吟，曾说巧玲房中多已预备下了。我们碰好了和，翻过去就是。"少霞道："既然如此，杜少翁可能立刻同去？"少牧因碍着幼安，尚未回言，谁知幼安正想先看看湘吟的麻雀如何，满口应许二人合碰，怂恿少牧快去，少牧遂也允了。

四个人出了花笑春家，来到小兰院中。阿素敬过烟茶，逢辰写了一张请客票去请湘吟，果然一请就到。摆开台子入局。起四圈，湘吟和了四副大牌。天已夜了，点上灯火，扳过坐位，碰后四圈。湘吟又和了一副，倒勒一副一百多，和的清一色，一共赢了二底半筹码。少霞输了一底，少牧、幼安合输底半，逢辰又输了十二元头钱。幼安叫少牧把七百两头汇票交与湘吟收下，说是还他昨夜借款连今日麻雀输的，共是六百七十五块，余下的停回再算。湘吟推着不收，逢辰道："老湘，有甚客气！且收下了，停刻他赢了好还。"湘吟方始收下。阿素收过了牌，叫相帮端上夜饭菜来，就请五人吃过夜膳。阿素替少霞、逢辰烧烟，差不多吸了一点多钟，其时已是十一点了。

花巧玲家因冶之、志和已到，阿秀亲自来请湘吟等过去。湘吟候逢辰、少霞吸好了烟，与幼安、少牧、阿素一共是六个人，同到巧玲那边。鸣岐、子靖也已到了，因与湘吟多没见过面儿，大家动问名姓。湘吟知道是少牧的朋友，也是喜欢此道的人，并不疑心。又想幼安虽听逢辰说过不喜嫖，方才却肯与少牧合叉麻雀，看来乃是欢喜赌的，也就并不放在心上。

瞧一瞧，人已到齐，时候也已不很早了，遂分付阿秀取出牌骰，点上洋烛，起过手巾，让少牧先推头庄。少牧暗问鸣岐甚样，鸣岐点点头儿，少牧遂坐下去推。只有四方牌九，输了三百块钱，又是湘吟赢的，众人多说湘吟这几天真是转了赌运。鸣岐暗叫幼安走至少牧身旁，向他衣衿上轻轻一扯，少牧会意，遂结了庄，让与湘吟去做。湘吟也不推辞，坐下去，一连拿了两副通配的牌，幸亏台面上打得甚少，只输了一百多块洋钱。少霞等认做是个烂庄，要想把昨夜输去的钱翻他转来，第三条上因上一条出了环头，各人多要重打一下。少霞是上门五十块，上角五十块，志和也是上角五十块，冶之是天门五十块，逢辰这记却没有打。鸣岐向幼安、子靖使个眼风，二人合摆了一百块钱下角，少牧坐的下门摆了一百块钱孤注，鸣岐也打了五十块。点一点，台面上共有四百五十块钱。湘吟不慌不忙，拍的一声，掷出两颗骰子，是二上庄。正要将骰收回，依次拿牌，不防凤鸣岐左手将骰子一拿，喊声"且慢！"右手取起六七块洋钱向骰子上用力一敲,顿时碎成齑粉,原来是灌铅的。湘吟大惊失色。子靖见鸣岐得手破了圈套,夹手把结末的那一副牌抢在手中一看,乃一张梅花,一张二三,只有五点,不甚很大,心上发怔,慌把上门的翻开一看,是无名二,天门是天地四,下门是和九三,庄家若然掷了自头,又是一个通配,掷了七戳,应配横里两门,就是掷了落底,应配天门,那上下角没有来往,只有上庄是个通吃,暗暗说声"好险!"就把这副牌揣在怀中。鸣岐已向幼安使个眼色,伸手把湘吟的右手一捏,在指缝中又搜了两颗骰子出来。少牧见果然有弊,呆做一堆。少霞、冶之、志和一齐立了起来,大喊"岂有此理!"逢辰也随声发喊道:"湘吟,你干得好事!怪不得我们这几场个个输钱!"正是:

莫向当场施骗局,须防背地有能人。

不知白湘吟被鸣岐等捉住破绽,怎样了结,且看下回分解。

第十二回

指迷津凤鸣岐谏友　接家书谢幼安还乡

　　话说凤鸣岐、李子靖、谢幼安三人当场把白湘吟的牌骰拿住，众人见了大喊起来。湘吟虽有神出鬼没的手段，无奈到了这个时候，真赃实据多被他们拿住，也觉有法难施，只急得面如死灰，一句话也说不出来，两只眼睛骨溜溜的望着逢辰解救。好个老奸巨滑的贾逢辰，他见事已决裂，断断转圆不来，走上几步，劈胸脯将湘吟扭住，大声喊道："湘吟，我只道你是个有骨气的朋友，才与杜少翁、郑志翁等合你赌钱，你不该应做出这样事来！输钱尚是小事，却教我怎样对得住人？你是一个候补官儿，没得别说，我与你当官去讲！"气匆匆抢步要行。幼安见了，暗想这件事若果见官，虽然占得上风，究竟不该聚赌，少牧等也有不便；又看逢辰如此行径，不是要借着与湘吟为难，趁势脱身，便是意存挟制，明晓得在场的人不愿见官，因急目视鸣岐，要他上前阻挡。鸣岐会意，起手把二人一拉，道："你们现在要那里去？"逢辰道："他既做得好事，我与他到官衙中去。"鸣岐道："你当真吗？白湘吟既然是你的朋友，干下此事，可知你也不能脱身。就是见官，怎得你二人独去，也须问问我们。"逢辰听语出有因，始把湘吟一松，道："我要与他见官，因我对不起众人，故要分分清白，并没别的念头。你们若是不愿，听凭甚样摆布着他。好在我贾逢辰也是输钱的人，杜少翁等都知道的。"子靖道："你要对得起人，你不该带这样的人与朋友赌了。我也知你输钱，我却不晓得撺掇白湘吟放上杠钱的是那一个！"逢辰闻言，发急道："这是天在上头！杜少翁输了钱，他想翻本，自己向湘吟借的。当初我不合多了一句嘴儿，怎样就怪起我来？少翁，你自己要心上明白。"幼安冷笑道："你倒辩得干净！如今已往的事，我们也不要讲了，只问输去的钱应该甚样还人？"逢辰道："他既是黄牌九，自然应该照数呕吧。我逢辰除了借过他五十块钱，也还有二百多块洋钱可以收回，怎么不向他要？"鸣岐大笑道："我也不要你说甚别话，只要你有此一句，你的朋友你去问他呕吧。呕回了钱便罢，若有半个不字，叫你们不能再在上海做人！"

子靖道："还有一件：这结统自然是湘吟带来，不必说了，那骨牌是那一个的？好副头等乱筋！"逢辰道："牌是巧玲家的，只问阿秀便知。"阿秀道："甚样叫乱筋牌？我们不懂。"鸣岐笑道："你懂也罢，不懂也罢，待我停刻交代到茶会上去，看你再说不懂！"阿秀哭丧着脸道："白大少爷与朋友赌钱不是一次了，难道他到别地方去也只管带着这一副牌？"鸣岐道："别地方带去不带去我们不知，好得这几场多在你家，并没有别的所在，你还胡赖甚的？你不要假痴假呆的坐在这里，快去与姓白的商量回话，我们没甚工夫等候！"阿秀始不敢作声，慢腾腾的跑了出去。幼安等才知道鸣岐不许少牧到巫楚云家的缘故：防湘吟混了牌骰进去，反说是楚云房内东西，推卸得一无痕迹。暗服鸣岐见识不差。

少霞、冶之、志和三人见鸣岐等喝令阿秀出外，争问这一桩事鸣翁等看来甚样办法。鸣岐道："我们的意思，大家都是有体面人，也犯不着与赌棍为难，只要他把赢进的钱呕了出来，也就完了。不知志翁等有何高见？"志和道："兄弟的愚意，呕出了钱，尚须把姓白的办他一办，使他下次不敢。"鸣岐道："这班人的行为，办了他就肯改么？他们干这昧良的事，也算是件行业，莫说办他一次，就是三次、五次，也是改不回来。不过拿穿了他，必得到别码头去暂混几时，冷冷场儿，再到上海设局骗人。若说送官办他，打他几百板子，押他一年半年，只要这案子结了，出一次码头回来，改过一个名字，依旧是这般造孽。何况他们的羽党甚多，不动官事便罢，动了官事，很肯花钱。自古道'钱可通神'，曾有几个赌棍地方官重办过的？那原告却要匍匐公庭，与他对质，志翁，你想犯得着么？"冶之道："话虽如此，倘然不肯还钱，难道罢了不成？"鸣岐道："他不想在上海吃饭了么？这种事，他们也巴不得不要闹穿最妙，怎怕他不肯还钱？"

众人正在议论，阿秀回进来说："贾大少爷请众位出去说话。"鸣岐道："我们摆在台上打庄的钱且各人收了起来，与他外边去讲话不迟。"众人点头称是，各把钱来收起，大家步出后房，寻逢辰说话。那白湘吟见众人出来，双膝跪在地下，口称："众位可看逢辰面上，饶我第一遭儿。我不该有眼无珠，做弄众位。如今我知罪了，赢进的钱情愿如数奉还。只要求你们全我一个体面，真是感恩不尽！"说罢，叩了无数的头。逢辰尚装腔做势的道："事到如今，我还替你卖甚面子？你莫错了念头，快把原钱还了人家，再听他们怎样处置。我面光也被你削尽削绝的了，"湘吟耳听着话，立起身来，伸手向身边摸出一卷钞票，另外一张汇票。先把汇票交还少牧收了，再把钞票点一点数，共有六百块足洋，双手交与鸣岐，央鸣岐当众分还。鸣岐瞧一瞧，道："你前夜共赢多少？"湘吟道："前夜除去头钱，共赢一千二百块现洋，六百块借洋，就是汇票上的。"鸣岐道："照此说来，二六一千二百块钱已经有了，还有五百块呢？"湘吟道："五十块在台面上，被逢辰借去，二百块出了头钱，二百五十块用散了的，只好缓日再归。"逢辰道："五十块果然借的。我输的二百块钱甚样？"湘吟道："你输的钱，只好凤爷分付。"鸣岐将眼对逢辰一翻，道："你干得好事，也要钱么？"逢辰尚强辩道："黄牌九是湘吟做的，与我何干？论理我输的钱，怎么不要？不过湘吟是我的朋友，如今做出此事，这么样罢，我的钱就不算在内，凭你鸣翁甚样分派了罢。"鸣岐道："照我分派，你的钱自然不算。但那副乱筋牌既然是院子里的，前夜抽的头钱也应呕些出来，做戒做戒下次。只是为数不多，屠少翁等谅来也不在心上。现今少牧拿出来的汇票收还的了，尚有六百块钱，屠少翁输得多些，拿了二百五十，冶翁、志翁合拿了三百五十，不知这样可好？"众人闻言，多说分得很是公允，各向鸣岐说声费心，并没客气，都收下了。

　　鸣岐见诸事已妥，喊阿秀取笔砚来，要湘吟写张伏辩，逢辰做个见证。湘吟无奈，写好呈上。鸣岐与众人一同观看，见上写着：

　　　　立伏辩：白湘吟，不合用乱筋叶子、灌铅结统骗赌赢钱，今被当场捉破，

　　　除将赢钱缴还外，尚亏洋五百元，已经花用，求缓料理外，感蒙不究一切，以

　　后不敢设骗害人。立此伏办是实。　　立伏辩：白湘吟　见证：贾逢辰

鸣岐看毕，令在"不敢设骗"的那一句下，加了"如再撞见，听凭重办"八字，叫二人签好了押，收在怀中，对湘吟说声："便宜了你，还不快去！"湘吟哑口无言，抱头鼠窜而去。

　　逢辰也觉老大没趣，涎着脸儿对众人说："这事多是我瞎了眼睛，误把那囤霸当做朋友，幸亏鸣翁识破，以后诸位还望休得错怪。天已不早，我也要回去了。你们还是在这里坐一回儿，还是同走？"子靖道："你要回去，只管就走，与我们什么相干！"逢辰道："李子翁休得生气。我姓贾的若然起甚歹心，有意叫白湘吟算计诸

位，将来我家中天火烧光！"鸣岐冷笑道："上海火烧不比别处，你保了险，只管烧尽烧绝，你还有得发财！"逢辰道："那是鸣翁取笑我了，我逢辰也不是这等样人。"屠少霞道："话休烦絮，这里并不是我们做的相好，坐在此间做甚？我们大家走罢。"众人始一齐起身向外，巧玲、阿秀送也不送，逢辰向房中的粗做老娘姨丢个眼风，始勉强说一声："各位大少爷慢去，明儿来坐。"少霞道："谁耐烦再要到这里来？不是这乱筋牌还输得不很够么。"那老娘姨受了没趣，啯咚着嘴，并不再言。

众人出了花家，少霞坐包车回去。逢辰要同冶之、志和、少牧三个到花小兰那边谈心，冶之、志和是风过便无浪的，答应下了。少牧因鸣岐不许，叫了两部东洋车，与幼安一同回栈。鸣岐、子靖因要细细规劝少牧一番，也叫了两部车子，送至栈中。

进房坐下，鸣岐把伏辩交与少牧收起，说放在身旁，以后好步步留心，莫再入人圈套。"少牧问："伏辩上'叶子'、'结统'这四个字，可是骨牌、骰子的别名？"鸣岐道："正是。赌棍的切口，骰子叫做'结统'，骨牌叫做'叶子'。"少牧道："原来如此。我还要请问鸣哥，方才逢辰说的'圈霸'两字，与还有什么一句'呕吧'的话，甚样讲解？"鸣岐道："'圈霸'，是赌棍的混名，解说起来，乃圈绊着你行凶霸道的意思。'呕吧'是要把赢进的钱拿他出来，譬如嘴巴里的东西，一定要他呕将出来。"少牧道："鸣哥这样精明，可知道牌九里头除了灌铅骰子、乱筋竹牌，还有什么别的花样儿么？"鸣岐道："我正要告诉你。世界上'吃'、'着'、'嫖'、'赌'这四个字，那一个人少年时节不犯些些？不过'吃'、'着'两字究竟花消尚小，'嫖'是无底洞了，却还不像'赌'字的为害最大。譬如一人有了数十万的家业，吃、着是一世吃、着不尽的了，就是嫖娼宿妓，差不多也要十载八载工夫，方能渐渐消磨，只有这个'赌'字，一掷千金，莫说数十万家私，就有数百万、数千万的资财，也可立时荡尽。何况赌字里头的弊端最多，摇摊、抓摊、牌九、麻雀，处处有弊，防不胜防。那白湘吟做的黄局灌铅骰子、乱筋竹牌不必说了；还有骰子并不灌铅，竹牌并不乱筋，全靠手法的赌徒，一时断断捉不破他。你如撞在这班人的手里，今夜怎么得了！"少牧道："乱筋牌、灌铅骰子之外，不是尚有对筋牌、头花牌？这两种有甚手法么？"鸣岐道："乱筋牌是三十二根竹头做的，所以张张多有记认。对筋牌是十七根竹头做的，每对一样，故叫对筋。只有幺二二四，一张三点，一张六点，不得不分做两样，故要用十七根竹头做成。头花是乌木牌，乌木的背上不比得毛竹有筋可以记认，因此只能在牌的上下两头做些暗识，那都是用眼光苦炼出来，与乱筋牌一个样的。听得这班人说，初炼的时候，先数屋榴上的瓦檐，次数屋楞内的瓦片。炼到看得清了，把三十二张骨牌平铺台上，逐一辨别，却也不是一朝一夕的工夫。初时乃在白天，后来须在晚上，初时尚用灯烛，后来须用油盏，天天的把这牌做打五关顽。直到不用灯火，只要点着一根灯草，在牌背上或牌头上一照，张张多能认得出来，方可出得手去。其实这种牌不遇内家自然稳稳赢钱，若有个略知经络的人，捉破他尚是容易。并且，不用灌铅骰子，只能让人推庄，在旁看几记活门，落手重打，若然自己推庄，必须换用铅骰。这些多是眼法，仗着软牌软骰；还比不上硬牌硬骰全靠手法的人，真是神出鬼没。"少牧咋舌道："什么牌九里头有这许多弊端？却不知究竟甚样的叫做手法。"

　　鸣岐道："手法共有'掐'、'揪'、'抢'三个字的正诀，'拍'、'捞'两个字的偏诀。'掐'字工夫最是利害。譬如你在那里推庄，这牌乃是你自己的，他坐下来扳门，每扳一副，暗暗在每张牌上掐个记识。只要你推到四五方牌，那三十二张牌张张经过他手，他已张张做了记认，一目了然，你却如何晓得？这是手法里的头等伎俩。'揪'字是砌牌的时候，内中揪着两副同点的牌，或是劈开对子，俗呼叫做'夹棍'，又叫'双夹'，庄家拿了稳吃，闲家拿了稳输。'抢'字俗呼为'褪龙稍'，是砌牌时预先留心这条牌内第几副的点子最大，无奈掷出骰子，偏偏拿不到他，夹手急把骰子一收，不等旁人取牌，趁这收骰子的时候，把那大点的牌自己抢了进来，将手指略略在牌上一带，把台上剩着的牌排得层次井井，一点看他不出已被抢了牌去。这皆是手法中的真正功夫。'拍'字是'拍笋头'，手中预先藏下一牌，及至拍开观看的时候，譬如一张长三，一张长二，本来是副别十，把长二抽去，拍（怕）上一张天牌或是地牌，便是八点。那藏牌的法子却有两个过门，藏在虎口下的叫大过门，藏在中指无名指下的叫小过门，一般多看不出来。抽出的那一张牌依旧藏在手内，并没一些痕迹。'捞'字是'捞浮尸'，譬如拿了一副别十，急向面前放着已经推过的牌内拣只曾出过一张的好牌，随手捞换一张。不过这个法子必定在第三条上，第一条还没有牌捞，第二条出来的牌不多，若是第四条拖水，却又牌已出全，无从下手。所以这'捞'字是手法中的下乘，且与'拍'字多是偏锋，撞着细心的人，不大稳便。然而撞破他也是希遇难逢，皆因他眼快手松胜人数倍的缘故。你想牌九与人赌得还赌不得？"少牧点头暗诧。子靖、幼安听得津津有味，同声向他说道："听了鸣哥这番抉弊的话，'赌'字真个拆得七穿八洞，万万休想赢人！以后总须痛戒，不可再犯才是。"少牧道："鸣哥金玉之言，怎敢不牢记在心！"

　　鸣岐道："还有一说。不但牌九有弊，就是叉叉麻雀也要子细防人。"幼安道：不错，不错，我正要与鸣哥说。今天我们先在花小兰家碰和，湘吟和了好几副大牌，赢了两底半筹码，我瞧大半是逢辰放他成的。"少牧道："安哥，你既然看得出来，为何当场不喝破他？"幼安道："你又来了！我二人当真与他碰甚和么？我的意思不过先要看看二人赌品如何，并要他们料着我也是一个爱赌的人，夜间方能拢局；若使当场喝破，岂不误了事么？"少牧始恍然道："原来有此缘故，怪不道你忽然要与我合着碰和。但我想那麻雀牌共有一百三十六张，不比牌九只有三十二张，可以张张多有暗认，这弊端却在那里？"鸣岐道："你要问麻雀牌的弊端，也有两个人合着做的，却也有一个人独自做的。两个人的名叫'抬轿'，打牌的时候，张张多有暗号，彼此互相关切。譬如要碰中风，只须向鼻上一摸；要发风，捋捋头发；要白板，㧚㧚面孔；要东风，把门前摆着的牌微微罅开一张，南风两张，西风三张，北风四张。及至等了张子，台上总有吃进的牌。若在筒子里头吃的，放在外面；若是索子，与手中剩着的牌并放在一处；若是万子，吃得牌放得略略进些，仿佛医家的寸关尺三脉。至于几索、几万、几筒，把手中剩着的牌做作配搭，略略搬动，搬一张便是一筒，或者一索、一万，两张是两，三张是三，以此类推，直至九数。若是手中只剩四张牌了，等的却在五六七八九里头，把四张牌先往下一合，再行拿起，搬过几张。若等的乃是麻雀头儿，手中没有牌了，只好把台上吃进的牌略略移得端整些儿，移几张便是几筒、几索、几万。倘是没有吃人家牌，摸起来等张的，要关照那筒、索、万时，只好先把手中全副的牌当台一合，慢慢再拿他起来。若是筒子牌，要移动索子，把牌移出些儿。万子，移进些儿。抬轿的人见了，自然心中明白，旁人却那里得知！并且砌牌的时候，还有把中发白各砌一对，庄家骰子掷了三点、七点、十一点，虽是对掉，却仍在他二人手中。只要那家的牌好些，那一人就拆对打与他碰。若是庄家掷了二、四、六、八、十、十二，或五作六、九作八的骰子，那牌被旁人拿了，却每人一对，谁肯拆开，到底碰不出来。你想可恶也不可恶！至于一人做的，名叫'飞手'，也如黄牌九一般，全靠手法。有'抠心'、'挖角'、'脱梁换柱'等种种名目。'抠心'是向旁人打出的牌内抠进一张。'挖角'是挖取角上的牌。'脱梁换柱'是把手里头的无用张子弃去，拣有用的换他进来。还有砌牌的时候预先砌下几张要张临时应用的法儿。诸如此类。那种偷天换日的本领，谁能防得许多？所以不但牌九莫赌，就是麻雀叉得底码过于太大，也是不叉的好。"幼安道："怎么那一班赌棍竟是这样的手段？若照鸣翁说来，今天小兰家的麻雀，是贾逢辰与白湘吟抬轿无疑？"鸣岐道："他二人黄牌九尚且做了，何况抬轿？以后我劝少翁凡遇逢辰那等的人，总莫与他亲近。"子靖也是这样的说。

四人正在谈得高兴，茶房送进一封信来，说是旁晚时全盛信局送到栈里，由帐房先生代接下的。少牧取来一看，乃是苏州寄来幼安的家信，急忙交与幼安拆看。信中写的，乃是齐氏分娩在即，如在上海无事，务望早日还乡的话。幼安看罢，对少牧道："家中屡有信来催我回去。我们自从正月到此，差不多已三个月了。府上少甫大哥不是前日也有信来催你回家？不知你何日动身？一同出来的人，大家一同回去，免得家中挂念。"少牧道："安哥，你真要回去了么？本来我在上海顽得也是够了，前时要想动身，不料跌损了膝盖，因此又耽搁下来。如今这么这样罢，明儿我想买些东西，再住一天，后天叫船一准回家，可好？"幼安大喜道："牧弟真肯回去，明日再缓一天，有何不可？不过到了后日，必须下船才是。"少牧道："那个自然。"鸣岐、子靖闻说二人多要回乡，皆因少牧住在上海，颇觉放心不下，不如回去的好，故也不敢相留，只说："回到苏州，缓几日不妨再来。那时莫住客栈，就住在我们家内，可以朝夕聚首。"二人多称缓日如再到申，定当到府搅扰。鸣岐、子靖又商量明夜在法兰西大马路鸿运楼钱行。那边的酒菜好些，订定晚间八点钟入席而去。其时夜已过半，幼安、少牧送了二人出栈，回至房中，各自安睡。到了明日饭后，少牧果然出去买了好些洋货东西回来，乃是家用的地毯、保险灯，与那送人用的洋酒、洋糖之类。幼安差茶房去定好了一只无锡快船。

及至晚间，鸣岐、子靖在鸿运楼写请客票到栈中来请用酒，二人未便推辞，坐车同往。席间，乃是鸣岐、子靖的主人，载三、锦衣的陪客，只有六人。这晚并不叫局，甚是安静。到得将次散席，少牧忽听得巫楚云的声音，在隔壁一间房里头唱曲，想起楚云那边局账尚还没有开消，明日既要动身，今夜必须送去。岂知已被跟楚云的大姐在外看见，拿了一枝银水烟袋过来装烟，嬲着要他转局。少牧吸了筒烟，附在耳上向他说道："今夜没人叫局，可以不必转了。明日我要动身，回头散了席，就到你那边来罢。"大姐闻言，低低道："怎么？二少爷你明天要动身了么？我家先生还没知道，只怕他还有几句说话要告诉你。今天本要叫我到栈里来的，因恐不便，故此未来。现在又并不转局，散了席你千定要来一次儿。"少牧点了点头，打发大姐自去。幼安等见他真个不令转局，道他尚还有些把握，却听不出与大姐说些甚的，席上不便问他。

后来席面散了，各人都分道而回。少牧向幼安说，尚要到四马路买些零碎，叫他先自回栈。幼安认做当真，叮嘱他早些回来安睡，明天好早些上船，果然先自回去。少牧哄得幼安走了，叫了部洋车，如飞的便向四马路去。那里是买甚东西，无非再要与巫楚云见个面儿，一想开消他的局钱，二要问问他有甚说话，要叫大姐来请。谁知这一去，有分教：

　　两脚难离风月障，一身又入是非丛。

欲知后事如何，再看下回分解。

第十三回

荡子临歧话别难　美人布局迷魂易

话说杜少牧对幼安说要到四马路买些零碎东西，明日好一早下船，却一部东洋车如飞的到西荟芳巫楚云家而去。岂知楚云在天乐窝书场上未回，偏偏又有人来叫局，房间里的阿娥姐〔催〕相帮赶快去转去。少牧暗想来得很不凑巧，不如把局钱开消楚了，早些回去，何必在此呆等。因向阿娥姐说知，明日要动身回苏，说不定何日再来，叫他到帐房里去抄张局帐，一共有多少堂唱。那阿娥姐年纪三十多了，应酬客人甚是周到，并且又是一个老口，楚云没有回来，那里肯抄了局帐放他出去？回说："二少爷既然明日要回府去，我家先生立刻就回，且请宽坐片时，听得他还有什么说话要与你说。倘然你先自去了，先生回来必要抱怨我们。"说毕，又把别的言语去兜搭他。少牧不便竟走，只得安心坐等。

约有一点多钟光景，楚云方始回来。少牧一见，恍如天上跌下了一件至宝，从心坎里欢喜出来。那楚云也满面春风的道："二少爷，你来了么？这几天在什么地方？"少牧尚未回言，旁边阿娥姐道："先生，你莫问他这两天在那个所在，他明天要动身了，今天才来，总算他还有点意儿。"楚云闻言，急忙问道："明天动身到那里去？"阿娥姐道："想是二少爷怕府上边的二少奶奶多冷静了，故此要回去陪他！"少牧道："休得取笑！我当真明日要回去了。"楚云道："你家中有甚事么？"少牧道："事是没有，出门得日子多了，自然须要回去。"楚云道："你是几时来的？"少牧道："正月十六动身来的。"楚云道："此刻是几时了？"少牧道："是四月初了。"楚云冷笑道："出门了两个多月，怎能说得'日久'二字！难道做买做卖的人，在外头一年半载不要耽搁？也不见得家里头的老婆冷静死了！怎的你偏是这般要紧？"少牧笑答道：

"二少奶奶是不要紧的。"楚云瞧了一眼道："二少奶奶不要紧，是那个要紧？只怕他一个人在家里头等得有些不耐烦了，写信来催你回去，因此你好象接了军批令箭一般，星夜就要动身，那可不是顽的！你明天早些下船，但愿顺风顺水，马上赶到苏州的好！但不知你一个人回去，还是有甚别人作伴？"少牧道："你不晓得我与谢大少爷一同出来的么？自然两个人一同回去。"楚云道："可就是叫桂天香那一个姓谢的？他早早说要回去了，怎的这时候还没有走？"少牧道："他本来早回去了，只因等着我一块儿走，故此也没有动身。"楚云道："这是句什么话！难道你一辈子住在上海，他也一辈子不回苏州？世上边就是老子管着儿子，俗语说得好：'儿大不由爹'，也没有这样利害。偏你听信着他，叫你往东你就不敢往西，叫你回去你就不敢再在这里。怪不道好几天你没有来，原来又是被那姓谢的缠绊住了。我却错认做这个人已经回去，你又做了别的相好，不把我放在心上，绝迹不来，我白白的与你相好一场。真是世界上的男子看来负心的多，令人又气又恼！"少牧道："这几天我没有来，其中有个缘故，却不干姓谢之事，你休错怪了人。"楚云道："不是姓谢的把你缠住，不许你来，还有何人？你休哄我！"少牧道："谁来哄你？只因这两天与贾逢辰等赌钱，没有工夫。"遂把白湘吟怎样做局，众人怎样输钱，谢幼安怎样疑心，凤鸣岐怎样捉破的话，细细述了一遍。楚云听罢，伸手把少牧拧了一把道："你这个人，什么会输这许多的钱？我要你兑一只钻戒，你推三阻四的总是不肯，却情愿送与那一班人。虽然拿了几百块钱回来，先前输的已是追不转了。我替你疼惜这钱！"少牧道："钻戒不是前天兑给你了？怎的你还说我不肯？"楚云道："那是拿赢钱兑的，可知道是我的财运，见不得你的心迹。若使那日没有赢钱，只怕至今还没有兑，你还卖什么情？如今闲话休提，你明天一准要行，此刻已是十二点钟多了，你该早些回栈，那姓谢的一定等候着你。他是个生死至交，比不得我一个妓女，心上有兴，走来坐坐，当了面也像个很有意思的人；谁知一转了背，就把人抛到东洋大海去了。想起来总是前世不修，今生从没见过一个有情有义的人，说他做甚！"讲罢叹口气儿，就在那张红木烟炕上面朝内睡了下去，绝不做声。弄得少牧走又不好，不走又是不好。回头叫阿娥姐扶他起来，有话好说，楚云不睬。少牧走至炕边，自己来扶，楚云把两只手掩着面孔，也不理他。少牧无奈，叫阿娥姐把炕上的烟盘傢伙收拾起了，软绵绵的也在炕上睡了下来，低低说道："你心上到底要我甚样？尽管与我说知，只要我做得到，总可依你。况且我明日动身以后，说不定隔了一月半月就要来的。你休这样着恼，快起来，与你再说句话。"楚云只当得没有听见，仍不开口。少牧又道："好妹妹，你是一个极好的人，为甚今儿晚上忽然使起性来？可知我欢喜着你？明儿我要回去，也是出于万不得已。一则家中屡次有信来催，二则姓谢的见我住在上海嫖赌吃着，总不是件事儿，故此他要逼着我一同回家，也是做朋友的好意。三则我在上海并没一些正事，倘要长久耽搁，却教我怎样回覆家中？你也与我子细想想，不要只怪我明天定要动身，把你一点儿不放在心上。"楚云依旧一句话也没有回他。

少牧此时没了法儿，暗想青楼中那有这种执之一见的女子，客人要动身回去，也是常有的事，为甚一听见就着起恼来？凭你甚样对他言讲，他总是一言不发！但不知要把我留在上海怎样？何不探探他的口风？倘然有甚别的深意，我就再在此耽搁几天；若是没甚意思，开消了他的局帐，立刻起身就走，岂不甚好？想罢一番，把身子睡近些儿，咬着楚云的耳根道："好妹妹，你千定不要发恼。你对我说，倘然我明日不动身了，你待甚样？"楚云始开口道："谁叫你不要动身？有家有室的人，自然应该回去。我恼的是自己蹉跎得不好，本来我有许多说话要与你说，这两天你偏偏不来。今天来了，却明天又就要动身，叫我甚样来得及说！"少牧道："你有什么说话，此刻好讲，我可以听得你的，听就你是。"楚云才把脸儿回了转来，又叹口气道："你晓得我今日本来要差人到栈里来请你么？"少牧道："请我是晓得的，为甚事情，我却没有知道。"楚云道："事情我没有说起，你怎得知？不过你明天既要动身，说已迟了，不如不说也罢。"少牧道："好妹妹，你又来了。自古道'说话不说不明'，你且说了出来，动身不动身我们好慢慢再讲。"楚云道："目今不是四月初旬，离端午不过一个月不到了么？"少牧道："是。"

楚云道："我到端午，自从吃这碗烟花饭起，足足是六节了。这六节的日子，真是比着过六年还难！可怜我也是个好人家的儿女，怎配做这无耻勾当？前年秋季里，有个客人是广东人，到湖南去做官的，前程却也不小，听他说署过两次道台，他一心要娶我回去，无奈那时节我的母亲尚在，不便带着他出门，故此没有允许。后来我母亲于秋后死了。冬季里又有一个茶商客人，年纪五十多岁，原籍徽州人氏，他想娶我到徽州去，据说正室是故世的了，进门去乃是一个继室。家中有两个儿子，已多娶了媳妇。我看这人虽然很有些些家私，争奈是年纪大了，并且说话里头有些靠不甚住，因此上又没有允他。但心上边却时时刻刻的不愿吃这饭儿，只望的是早能够嫁人一日，便是早能够出头一日，无奈没有对眼的人。那一天与你在天乐窝书场上边初次见面，说也奇怪，我心上就有了你这个人。后来，你来叫局、吃酒，真是喜欢得了不得，所以不多几天，就与你有了交情。我巫楚云虽然身在娼门，人们瞧起来是闲花野草，容易攀折得的，谁知道有交情的客人却也不多，有了交情抛不了的便是没有，偏是为了你这个人，不知怎的，心坎里发热出来。可怜我还是个讨人身体，只好暗暗的藏在肚里，却不能够放在面上，怕的是被抚蓄娘与娘姨、大姐们知道了，说我有了恩客，这是堂子里最犯忌的。因此只望你时来走走，要暗里头说几句知心话儿。谁知道你又马上就要走了！想我巫楚云生得好条苦命，令人怎得不恼！"说着，呜呜咽咽，好像要哭出泪来。少牧连忙温慰他道："你休如此伤感，你有什么心事，只管说与我听。到底你要把我留在上海有甚意儿？"楚云道："我要把你留在上海，我实对你说明了罢，我想与你商量，可能够住到端午，等我把外边的局帐收清楚了，你与我妥妥当当想个法儿。倘然你家里的少奶奶为人慈善，你自己能够作得主意，可与我抚蓄娘说知，竟把我娶了回去，或者住在上海，或者同到苏州，我总听你意思；若是你自己明白，估量着一时不能娶我，或者力量里有些不及，可替我借几百块钱来，先把我的身体赎了，免得受人节制，下节我自立门户，再做他一两节生意，你慢慢的回去设法，总要成功了这一桩事儿才罢，否则死也不甘！我心里头要与你说的，就是这几句话，不晓得你的心里甚样？你也细细的盘算盘算。"

　　少牧听罢，他本来是个钟情的人，又在风月场中并没阅历过的，听了这些言语，觉得巫楚云句句是真，心中又是怜他，又是感他。沉思半响，竟把那回去的念头顿时撇在一边，也不想家中妻子盼望，兄长挂心，客栈里有良朋焦急；却心心念念的痴想要把楚云拔出火坑，弄出许多几乎收拾不了的事来。当下回答他道："你的意思我知道了。但不知你究竟是何方人氏，父母在日作何生理？如何流入娼寮？共欠人多少债项？说明了，我好替你做主。"楚云道："说也惭愧。我本苏州人氏？父亲姓钱，名唤用之，母亲金氏，并无兄弟。家住北濠，向为县中书史，我父在生，寻下的钱，吃着嫖赌，甚是撒漫，因此一无积蓄。到得亡故之后，母亲又不合吸上洋烟，坐吃山空，欠了人家无数的债。苏州住不得了，才到上海干这事儿。初时在东尚仁里，原是自己身体，名字叫花含香，生意尚好。不幸做到三节，母亲又得了烟漏重病，卧床不起，足足两月有余，眼见得是死多活少，这两个月的医药开消多是向人借贷来的，母亲一死，日后如何得了？故此始把我抵在这里，改了现在的名字，做了讨人。一共是四百块钱，抵据上写明四年为期。我母亲自从将我抵出，那病体日重一日，就亡故了。现在举目无亲,说起来你想惨也不惨!"少牧闻言,踌躇道:"你押在这里既是四年为期,如今尚还未满,倘然我要娶你,自然你抚蓄娘不能拦阻从良;若然一时间我娶你不来,须要回到苏州,与家中人商议定妥,那就耽搁工夫,必须先要赎你出来,不知你娘可有别的话么?"楚云道:"没有满期,怎得不费些口舌?但他们要的是钱,只须加上一两倍儿,那有做不到的事情?"少牧点头道:"如此说来,这件事就好办了。我明天就一准不去,且等姓谢的先是动身,我托他带封家信回家,信上边把你的事情略略叙他几句,看家中的覆信如何,再行定夺。你道如何?"楚云听了此言,忙接口道:"这话你可当真?"少牧道:"丈夫一言,谁来骗你!"

楚云在炕上边站起身来,道:"既是这样,你也起来,我还有话与你商量。"少牧果真也站了起来。楚云先问阿娥姐:"现在有几点钟了?"阿娥姐道:"一点多了。"楚云道:"一点多怎的还没有打烊?可把洋灯息了,房门也关了罢。"又回头问少牧道:"你今天可不去了么?"少牧尚还没有答他,楚云夹手把他脱下来挂在衣架上的那一件蓝漳缎马褂叫阿娥姐折叠好了,放在橱内。少牧知道回去不来,乐得安心住下。楚云又唤阿娥姐把自己炖的莲心桂元取来,盛做两碗,与少牧一同吃过,洗了个脸。阿娥姐伏伺楚云把头上边插戴的钗环各物多卸下了,与小大姐等出房自去安睡。楚云宽去外衣,只穿一件大红绉纱薄棉小袖紧身,西湖色绉纱裤子,灯下看了,更显得千娇百媚,与白日不同。少牧愈觉得六神无主,说的话更是句句依从。

好个巫楚云,不愧是个名妓!他要少牧着迷,方好使他花钱,故才放出这手段来。宽好衣服,尚故意的不去上床睡觉,在妆台上取出一个白铜香匣,印了一匣寿字香末,取个火来点着,焚得氤氤氲氲的满屋多香。又在抽斗内取出三十二张牙牌、两本《牙牌神数》,在灯下起了一数。第一次十六开上上,第二次四开下下,第三次二十一开又是上上。叫少牧替他翻开书来查看,见上刊着:

　　　成算在胸中,安危道不穷。

　　　淮阴天下士,背水出奇功。

又有四行解语道:

　　　所事本非难,忽然平地起波澜;所事原非易,平平淡淡终有济。

又有六名断语道:

　　　智者千虑,必有一失;愚者千虑,必有一得。道在中孚,占在丽泽。

少牧看罢,交与楚云,问他起的可是为了终身?楚云道:"怎的不是!你与我详解详解，这数不知起得可好？"少牧道："这数虽然没有什么好处，那语句却也不坏。"楚云接过书来自己子细一看，道："这数起得好灵！你看：'成算在胸中'这一句，起句便已道着我的心事。'安危道不穷'，明明是叫我不要多疑。结末这'淮阴天下士，背水出奇功'两句，据我解来，分明暗暗指点着你，叫你背水立阵，不要回的去的意思。你想可能当得一个'灵'字？不过，解语里头尚有'忽然平地起波澜'、'平平淡淡终有济'二句，莫是这段姻缘似易实难，似难实易，其间尚有许多周折？这却怎处？"说罢，又把断语看了又看，道："在这里了！'智者千虑，必有一失'，是指着你，只怕写信回家，家中人一定不允，乃是失着。'愚者千虑，必有一得'，是指着我，或者叫我代你想个法儿。'道在中孚'这四个字，明明叫着我二人不可失信。'占在丽泽'，是应在朋友身上成功，必须寻个好友，圆全这桩事儿。不知解得有些对么？"

少牧道："照此详解，果然有理。但那朋友是谁？不见得竟应在姓谢的身上？"楚云摇头道："姓谢的这个人休要提他！难道你除了此人，在上海竟没别个么？"少牧道："朋友尚多，知己的人，除了姓谢的，还有李子靖、凤鸣岐、平戟三三个，无奈他们的性格也与姓谢的差不甚多，若要托这事儿，一定成不得功。"楚云皱眉道："如此说来，难道竟罢了不成？"少牧道："这事真个你替我想个主意：第一件，是我明日不回苏州，若无家信带去，却教我对姓谢的甚样说法？第二件，就是想出了一个人来，还是与他商量办事，还是与他商议钱财？我家中既不把此事提起，带出来的盘川已只有一千多银子了，焉能干得事来？"楚云道："一千多若是赎身，已经差不多了；若要娶我，果然不够。这便如何？"低着头想了一回，忽然想起一个人来，问少牧道："有个经营之，我记得与你同台面吃过酒的，你与他可知己么？"少牧道："经营之却还要好。问他怎的？"

楚云道："那便我有个极妙的主意在此。他是做久安里杜素娟的，方才我遇见跟素娟的娘姨阿翠，说起他今夜在那里碰和，碰过和大约不回去了。你明天早些起来，到久安里寻他，把我们今夜商量的话一一说知，央他一同回栈，向姓谢的撒一句谎，只说前几天你与他要合股在上海开一书局，如今房子已借定在抛球场地方，昨日接到外国来信，托人办的那副机器，再过一礼拜，可以送到上海，端整把房子收拾，便可择吉开张。这个生意是将来包赚钱的。目下开办的时候，说你不可回家，必须在上海照顾诸事。可使姓谢的先自回苏，托他带封信去，说是资本尚恐不敷，再寄三四千两银子到申应用。那姓谢的听见你与经营之在上海合股贸易，那是一件正经事情，怎能够一定要同你回去？就是你家里的人，晓得你在外开张店业，并不是浪荡逍遥，说不定竟寄几千银子出来。那时，不但我的事情可了，并且手里头有了银子，尽可住在上海，当真与经营之做些生意，安安稳稳地过他几年，究竟比住在家里散心，真是一举两得的事，你想有甚不好？"少牧听罢，点头赞道："计倒果是一条好计，但不知经营之可肯撒这个谎？"楚云道："营之是个极势利的，旁人央他或者不肯，你去只要说（把）家中倘然真个寄银来申，事成之后尚有盈余，一定合股做些买卖。他晓得你当真有钱，看来包你一无推托。牌课上'占在丽泽'这句，定是应在此人身上。你明天赶紧找他是了，不必多疑。"只说得少牧满心欢喜，恨不得立刻天明，一脚就到久安里去。楚云见少牧主意已定，瞧瞧自鸣钟，不知不觉已三点半了，把牙牌与牌课书收拾停当，笑微微与少牧登床睡觉。

　　耽着心事的人，到得八点钟，双双的多已不唤自醒。大家披衣起身，楚云唤阿娥姐进房倒脸水，洗过了脸点心也没有吃，催着少牧前去。少牧不敢迟延，急忙走到杜素娟家。因营之每天九点钟必要到票号里去一次的，故而也已起身。素娟在那里与他打辫。一见少牧进房，营之说："少翁，来得好早，谅来有甚贵干。幸喜我还没有出门，不然就遇不见了。"少牧回说："果然还巧。"回头叫娘姨端过一张椅儿，附近营之身畔坐下，低低的把昨夜与楚云商议各话，子细述了一番，要央他一同到栈里头去。营之初时不允，后来少牧讲了许多好话，并说家中寄银来时一准提出二千两银子放在他汇票号内，预备将来生意资本，始得允许。叫少牧回到楚云那边，略等半个钟头，候他到票号里去过回来，再一同到长发栈去。少牧大喜先回。

　　营之坐了包车，如飞的跑到号中，问一问并无要事，就到荟芳里下车入内，其时只有九点一刻。楚云见他来了，要言不烦的向他当面央恳了几句话儿。营之对少牧道："天已不甚很早，恐姓谢的等着动身性急，我们就此去罢。"少牧道："就去最妙。"两个人遂一同出院，一个仍坐包车，一个唤了部东洋车，到长发栈寻幼安说话。做下圈套，要幼安先自动身回苏，并想托他带信寄银。正是：

　　　　眼中有刺须教拔，手里无钱诬取来。

不知谢幼安见了二人，可听信他们言语与否，且看下回分解。

第十四回

吟碧庐端阳开夜宴　醉红楼消夏订香盟

话说杜少牧与经营之商量定妥，同至长发栈，用花言巧语要骗幼安回苏，并要他寄信带银。幼安因少牧一夜不归，心中十分焦急，船家又一早来催，说是潮水已来，赶将行李衣箱挑下船去。少牧的铺陈也由茶房打好，只要等他一到，就好下船，岂知从潮来起等到潮平，双眼望穿，杳无踪影。正要差茶房到各处堂子里去寻他，见他同了一个四十来岁年纪、趾高气扬的人走进房来。幼安不认得他，不知到此何事，勉强起身招呼，并问少牧："怎的此刻才来？"少牧怀着鬼胎，不敢多讲，只指着经营之道："这位是经营翁，昨夜遇见了他，商议一件合股买卖的事，故而没有回来。并且今日我又不能动身的了，特地同来与你商量。"幼安心上一怔，接口问道："合股做甚生意？"经营之道："不瞒谢幼翁说，少翁一个月前曾与做兄弟的说起，要〔合〕股开一所书局。这项生意本来利息尚好，兄弟也曾久有此意，自从少翁说及，无一日不放在心上。后来有个朋友到伦敦去，托他打听机器价目共要若干，预备下本。前日这人寄了一封信来，谁知他格外要好，说目下机器价甚便宜，以后必定要涨，已经代定了大小两部，不日要到上海。兄弟接了这信，虽然感他盛情，却弄了个骑虎之势。机器到了，倘然不做书局，要他则甚？因在抛球场找了一处房屋，共是五上五下，足够用了。连日寻少翁商议开办，因他着了赌棍的圈套，每天在迷龙阵中，寻不到他。直至昨日，方才在四马路上遇见。兄弟想创业的难处，不比守成容易，那一件事不要亲自费点儿心？我自己又有票号，又有钱庄，又有绸缎洋货等铺，真是没有工夫，若然少翁又回去了，这书局里的事情，却教那个照管？因此特来与幼翁商议，我想留他再待几时，且把这书局开了，招一个诚实可靠的伙友，托他料理诸事，那时方可来去自如。或是一年到上海一次，看看帐目，或是长来住住，多可随便。幼翁你道是也不是。"

幼安一面听他说话，一面肚里盘算念头。他想经营之真是一个生意场中的人，虽然没有见过面儿，少牧先时也曾说起。不过合股做事，当时何以并未透些口风？况且伦敦买机器的那一番话，即是托他打听价目，那有贸贸然便替人家买下的道理？莫非少牧昨夜遇见了花柳场中的那一班人，忽又心热起来，不想回去，故与这姓经的把说话来唐突于我？这却叫我怎样回他？心下好不懊恼。营之见幼安半晌没话，深怕他识破机关，急与少牧递个眼色。少牧会意，对幼安道："安哥不必踌躇。我不回去，与你一同住在上海最好；若然你一定不能再耽搁了，我立刻写封家信，托你带与少甫大哥。不但做生意是件正经事情，并且我带出来的资斧尚还不够下股，须要他再寄三四千银子到来。我料大哥晓得是个正用，必定不为难的。"幼安听罢，仍未回言。只见船家又匆匆的上岸来道："潮已退了，客人们快请下船。再迟恐洋泾浜里落枯了水，开不出去。"营之乘机说道："既然如此，少翁决定缓日回去，快快写封家信，好托幼翁带与令兄；或者连幼翁已经下去的行李一齐搬了起来，大家再住数天，这信交信局寄去。休得迟疑不决！"

幼安摇了摇头，子细一想，此事多因少牧迷恋烟花而起，今日若要逼着回去，一定不肯动身。若要说破他们的来意，又是一个正经题目，不便发话。若说自己再在上海陪他几天，却也无益。何不假装朦懂，回到苏州，且与少甫说知，再到上海劝他。倘然今日做书局的那一席话多是虚的，硬拉也拉了他回去；倘是当真做甚生意，这种花花世界断不是少年人住的地方，也要劝他收拾回家。好得来去尚便，不过多费些些川资，只要劝得朋友回心，有何不可？"主意一定，始开口道："既是你们为了正事，我也不便强着动身。不过我因离乡已久，家内乏人，今日只好先自回去，不能奉陪的了。牧弟有甚家信，快些写来给我，好待我赶紧下船。"

少牧听了这几句话，好如半天里得了恩诏一般，急唤茶房把收拾起的纸墨笔砚取了出来，写了一封切实家书，封好了交与幼安。又叫茶房把已经下船的东西检点检点，凡箱笼上帖着"小东山主"字样的，多是幼安的行李，一概放在船上；"浣花旧主"的，多重新起了起来。部署已定，幼安下船，少牧、营之送至船上。幼安附着少牧耳朵，叮嘱了好多的话；无非是叫他步步留心，不可恍惚。少牧口里头连连答应，其实心里头那有一句记他？船家进舱，禀称就要开船，幼安转送二人上岸。

　　二人站在岸旁，看船过了洋泾桥，少牧方始放心，向营之说声："好险! 幸亏没有露出破绽。看来不到四五天必有银子寄来，我的大事可望成功。"营之道："但愿如此，也不枉我替你谋干一番。但我看那姓谢的人很是精细，起初好半天没有说话，不知他心上边转甚念头。必须等银子寄到，方可放心得下。"少牧道："幼安这人虽然精细，怎禁得你所说的话有根有蒂，我看他不见得有甚疑心。只等我家中回信来时，自有分晓。我们此刻到那里去? "营之道："且回栈去锁了房门，再到楚云那边，给他一个回信，须知他眼巴巴地望着。"少牧道："言之有理。"当下回至长发栈内，叫茶房把搬上来的行李依旧放在一处，又把铺陈拆开，重新摊在床上，说明这一间房从今天起无论住与不住，包定下了，每天作两客算，不必再借别人，免得多所不便。茶房唯唯，自向帐房关照。

　　少牧见诸事收拾已妥，与营之移步出房，将门锁上，把钥匙交与帐房，仍旧营之坐了包车，自己叫了部东洋车，飞也似的回到楚云院中，把上项事一一说知。楚云听了，眉花眼笑的说："你看这一条计使得可好? 却也亏了经大少爷能说能行，才把那姓谢的哄他走了。"回头问少牧道："你该怎样的谢他才是? "少牧道："今天晚上请他吃个双台可好? "楚云道："有甚不好? 但不晓得经大少爷今儿晚上可闲? 他每天的应酬比你多呢。"营之笑道："果然今夜有个姓潘的请我吃酒，一个姓邓的请我碰和，这里来不及了，明天也好。"楚云道："如何? 我说你没有空闲。这么样罢，你二人此刻还没有吃饭，不如请几个朋友来吃台早酒，岂不很好? "少牧道："此刻吃酒，好是好的，却叫我到那里去请甚客人? "营之道："少翁当真要请我么? 我替你请几个客叙叙何如? "楚云道："经大少爷有客，那是再好没有的了。"叫少牧快些点几样菜，交代下去。又叫阿娥姐快拿请客票来，等营之写好了，分付相帮去请。营之写了一张到久安里颜如玉房请潘少安，又是一张到新清和坊金粟香房请邓子通与温生甫，又是一张到百花里花小红房请康伯度与他的洋东大拉斯。少牧道："康伯翁白天里恐没有工夫来么? "营之道："今天乃是礼拜，说不定竟是来的。"楚云数一数，一共请了五个客人，双台酒尚嫌太少，又叫少牧写条去请了游冶之、郑志和两人。不多时，请客的回来说，请客一概多来，少牧很觉有兴。

　　等了一刻多钟，众人陆续到了，摆好台面入席，少牧与潘少安、邓子通、温生甫、大拉斯多是初见，一个个动问姓名、籍贯。潘少安是常州人，面如冠玉，年纪只有二十岁左右。邓子通是厦门人，四十多岁年纪，看他举止，很是阔绰。温生甫是常熟人，与子通最是要好，年约三十多岁。子通与他是顽惯的，不叫他生甫，叫他温生。故此堂子里人也多随口叫他温生，他笑笑嘻嘻的满口答应。大拉斯〔年〕纪约三十左右，虽是个外国人，讲得好一口中国话，一样叫局擏拳。少牧得了这一班新结交的朋友，这兴致比前自然又豪了许多，并且幼安又动了身，更觉毫无避忌。这席酒直吃至上灯方散。到了晚上，潘少安在久安里请营之吃酒，转请少牧。后来邓子通的碰和，也被营之拉着同去，碰至二点多钟方完。并不回栈，仍在楚云房中住宿。

从此一连数日，今天你请，明天我请。流光如驶，看看端节将临，苏州的银子没有寄来，只接了幼安的一封空信。那信上写着，少甫已于日前因杭州要开租界，彼处有所地基划在界内马路之中，故到杭州料理去了，急切不能回来，家下乏人，劝少牧不必与人合股贸易，赶紧回苏。少牧看了，大失所望，好不没趣。歇了两日，少甫从杭州也有信来。开头说，动身赴杭的时候，先有一封家信寄到栈中，何以并无回信？曾否收到？"后面写的是"刻接苏州幼安来信，所谈我弟与经营之合开书局一节，目下生意艰难，我弟素不精于会计之术，加之兄在杭州，家中无人管理各事，不如作为罢论，赶速回乡，免致合家盼望"等语（论）。少牧想，第一封信怎的没有见过？早知道他已到杭州，也不叫幼安动身去了。后来想着幼安动身的明日，长发栈里茶房曾送一封家信到荟芳里来，那时我正在碰和，因想幼安昨日才得动身，这信必是家里头又要催我回去的那些厌话，决无别事，所以藏在身边忘记下了，至今没看过，真是糊涂得很，急忙伸手向衣袋内一摸，挖出一封信来，这信封已袋烂的了。拆开一看，才知道幼安在上海动身之时，少甫正在苏州动身。此时少牧气得呆了，急忙拿了这信去找营之商议。营之看了道："令兄既赴杭州，急切也无法可想，须得回苏之后，方可再作计较。"少牧闷闷不乐，与营之带着这几封信去见楚云，给与他看。楚云望了个空，起初甚是不快，后想杭州回到苏州不甚很远，只要少甫早日回去，好恳营之再替少牧设法，尚有后望可图，故而尚不十分着紧，只说："既然事已如此，且俟缓几天再行计较。"少牧看他不很发恼，略略安心。

这日已是五月初三，后天就是端午节了。少牧叫把局帐抄来，略略一瞧，共是连双台十一台酒，十二场和，连台面局足足七十个局，一大半是四月下半个月里头的。少牧在身旁摸出一把钞票来，照数付讫。另外给了十六块手巾洋钱，那是楚云先关照的。阿娥姐交代出去，带房间的相帮进来谢了一声，照例绞上一道手巾。阿娥姐又问："二少爷的节盘可要明天送到栈里头来？"少牧道："我每天不在栈里，可以不必来了。"说罢，又拿出了四块洋钱盘洋赏给他们，阿娥姐带笑接了，叫相帮拿上四色礼物，乃是枇杷、粽子、咸蛋、火腿，要少牧略受些些，说是先生的敬意。少牧望着楚云，只是含笑，那里肯收？楚云伸手取了三四只枇杷，道："二少爷的家眷不在上海，就算了罢，你们拿去。"口讲着话，把枇杷剥好一只，送至少牧口中，说是领些儿情，营之在旁喝一声采。少牧吃下肚去，觉得异样鲜甜，满心欢喜。

阿娥姐道："二少爷今天不回栈去，可与经大少爷吃司菜罢，省得我们再去寻别的客人。"少牧不明白甚样叫做司菜，动问营之，才知是厨房送与妓女讨赏钱的，共是四大碗菜，三节多有，妓女必定找个体己客人代吃，破费六块洋钱赏钱。少牧想六块钱算得什么，向阿娥姐满口答应说："既然如此，我们肚中饥了，何不此时就吃？"阿娥姐果然关照出去。不多时，搬进四样菜来，乃一碗红烧鱼翅，一只全鸭，一碗火腿，一只白蹄，另外一壶京庄。阿娥姐筛好了酒，二人坐下同吃，楚云在旁侧相陪。

饮酒中间，阿娥姐说起，端阳日房中须得多几台酒，替先生争些场面。少牧允了一个双台，准定七点钟吃。阿娥姐送上菜单点菜，少牧随意点了几样，当面约着营之这日一定要到。营之道："端午日的花酒真是应酬不及。我七点钟自己在久安里请客，正要请你作陪，怎能分身得来？我的台面散了，邓子通、潘少安、温生甫、大拉斯、康伯度那一个没一台酒？并且人人多要请你。我看你七点钟断来不及，不如改在十二点钟就罢。我们翻台过来，岂不甚好？"少牧道："不错，我昨日遇见志和、冶之，他们也说端阳日多要请我吃酒，因怕晚上边挤不开来，约定两点钟入席。照此说来，从白天两点起，接到晚间十二点钟，共有七八处台面，这里七点钟真是来不及了，一准改在十二点后也好。"楚云道："能够早些最妙，当真应酬不转，莫说是十二点，一两点钟来吃，也一样的。"营之道："各人的酒多是预定时刻，大约挨到这里，总须这个时候。"楚云点点头儿。二人又用了杯酒，叫拿饭来吃过，阿娥姐收拾残肴。营之有事先去。

楚云有人来叫堂唱，听说姓潘，少牧问他："可是少安也做你了？"楚云道："并不是他，乃是个广东客人。"少牧不在心上，坐到楚云堂唱回来。这几天因是节边，院中没甚客人，不到一点钟时已打烊了，少牧与楚云双双安睡。楚云在枕上边再三把苏州银子不来，必须先替赎身的话说了又说，要他帮助几百块钱。少牧因苏州银信望了个空，自己又剩得不多，除去节下开消，只有七百两那张汇票，与百几十块钞票，四五十块现洋，不便多应承他，只允了二百块钱。怎奈楚云撒娇撒痴，缠个不了，因又加了二百，共是四百洋钱，约定初五晚上吃酒时带来。楚云始暗暗欢喜，并不再言。一宵易过，明日少牧仍没回栈。

到得端午日，吃中饭时起身，楚云催他回去取洋，始勉强跑到栈中，开箱拿了汇票，到后马路票号里尽数换了钞票，带在身边。看看已是二点多了，因冶之、志和约着先到花小兰家吃酒，防他们等着不便，急忙唤了部东洋车，一直到小兰院中。果然二人先已来了，等到客齐入席，差不多有三点半钟。

就从这时候起，第一台是冶之的主人，第二台五点钟是志和的，在花媚香房。第三台又是冶之，翻到隔房艳香那边，天已黑了。第四台是荣锦衣的，在花影娇家。第五台是经营之，在久安里杜素娟房。第六台是潘少安，请在同弄颜如玉那边。第七台是邓子通的双台，在新清和坊金粟香院中。第八台是温生甫，在金粟香楼下一个小清倌人叫花小桃房中的酒。这席台面上来了一个生甫新认识的朋友，姓夏，单名一个兴字，别号时行，做百花里花莲香的，第九台就翻到花莲香房间里去，又是一个双台。第十台是大拉斯请的倌人，叫杨小蛮，又叫小田，住在西合兴弄内。直到第十一台，方才轮到少牧，已是三点多钟。少牧心中暗暗焦燥，却又当着众人，不便说“我的地方先去。”这十个台面上叫来的局，旁人多掉换几个，少牧因只做楚云一人，始终是他。叫到第八、九个台面，看楚云脸上已不甚高兴。第十个台面上，楚云咬着少牧的耳朵说：“天要亮了，你的酒明日吃罢。”少牧呆了一呆，回覆他道：“朋友多已约定下了，怎能够改在明日？我们马上就翻过来，可好？”楚云不答，坐了一坐，起身就去。

少牧等散了台面，邀着众人翻台过去。只见房中对床的正面壁上，新挂了“吟碧庐”三字一块横匾，乃是银杏板的，黑边绿字，写得好八分书，下款落的“河阳小主”。少牧一看，暗疑道：“河阳小主”，此人一定潘姓，莫非这匾是潘少安替他上的？那两个字真是他的笔迹。为甚前天晚上有个姓潘的叫局，他曾问过楚云，他偏推说是广东客人？看来内中有意瞒我，倒要留神瞧他一瞧。口内不言，暗中就留下心儿。果然席面上见二人眉来眼去，甚是亲热，不由不发起酸来。无奈这姓潘的是经营之的好友，营之也在席间，未便发作。遂草草的吃些酒菜，推说醉了，不耐久坐，就要回栈安睡，催着散席。众人本也吃不下了，又见楚云不甚苦劝，分付快端干稀饭来，略略用过，一因主人自己急思回去，二因再无别的翻台，道谢过了，大家各散。

少牧也要穿衣往外，楚云问他："到那里去？"少牧说是回栈。楚云道："天快明了，回去做甚？"少牧道："回去自然睡觉。"说说过了这一句，也不再言，向外就走。楚云一把拉住问道："你换的汇票换了没有？"少牧假意失惊道："汇票今天没有换得，且等明日说罢。"楚云不依道："怎么你答应了我的事，这样有口无心？"少牧道："我倒不是有口无心，只怕你心不应口。"楚云听语出有因，愈加不放他走，道："怎的我心不应口？你须说与我听。"少牧道："你的心果然应口，前天晚上姓潘的来叫局，他究竟是那一个？"楚云道："姓潘的，不曾与你说过，是个广东人么？"少牧冷笑道："只怕他是常州人罢！你来瞒我做甚？"楚云发急道："你疑心潘少安做我么？我可发个誓与你听：若果是潘少安，叫我往后没有好日子过！你莫冤枉人家！"少牧听他发誓，心上软了些儿，回转身在交椅上坐了下来，道："潘少安既然没有做你，为怎这一块匾明明是他写的？"楚云"扑嗤"一笑，道："你这个书呆子，他写了一块匾就算做了我么？那是我一个姓何的客人央少安写的，姓何的与少安是个要好朋友，往后你可自己去问。譬如你也是个会写字的，有人托你替他的相好写一块匾，我问你写是不写？难道写了他相好房里的匾，这相好就算你的？世上那有这样执一之见的人！"少牧被他这几句话说得没有口开。房中阿娥姐等也一个个多说"二少爷莫要疑心，我们先生真是没有这事"。

少牧顿时这口酸气不知不觉平了许多。不过方才说过了回栈睡觉，并且终疑今夜这两台酒，前天点菜时候楚云就催着要早，后来在台面上更有明日再吃的话，莫是散了席，还有酒在后头？故此决定要去去转来，试试他有酒无酒，有客无客，所说的话是假是真，好决计替他赎身办事。主意已定，对楚云道："既然你不做少安，那是我错疑你了。换的汇票实在不在身旁，且待我回栈取来。"楚云道："当真回栈去取，还是去去就来，还是要明日再来？"少牧道："就来怎讲？明日来怎说？"楚云道："就来我不睡了，在此等你。若要明日才来，我今天出了一夜的局，人也乏了，要睡觉了。"少牧想了一想，道："不见得马上就来，你睡觉罢。"楚云尚要与他说话，少牧已出了房门。因天尚未明，外边伸手不见五指，喊阿娥姐拿盏洋灯照着出去。

跑到弄口，本来觉得天气甚热，一阵晓风却吹得满身发起冷来，心中好不懊恼，一步懒一步的从三马路往东而行。走到第一楼后面那条横街，转了个弯，抄至四马路口，那风却愈觉大了。身上穿着一件湖色春纱夹衫，二蓝实地纱夹马褂，薄毵毵的竟有些受耐不住，就想缩回转去。又想楚云面上这几天花的钱也不少了，况且还托着我帮他赎身，将来嫁我，那有变心的事？此刻若马上回去，显见得我疑心着他，有意抄他过失，何不先到久安里颜如玉那一边去，只说寻潘少安，又有朋友请他吃酒。他如住在那里已经睡了，楚云处不必再去，竟然回栈去罢；若是不在，何妨问问如玉，再去未迟，不强如在街上边拚着身子受这些苦？想罢，因又转身往东，信步向久安里而行。

　　到得弄中，正在记不起是第几家门口，恰好有个相帮，手中拿着正堂公务灯笼，在各家门口照看妓女的牌子叫局。少牧借这个便，跟了他一路照去。到第四家墙上，看见醉红楼颜寓的朱笺贴条，暗喜："这里是了！"敲门进去。回看那叫局的人，乃是往隔壁杜素娟家去的，少停，听得院里头高喊："素娟先生堂唱！姓经的叫到西荟芳。"这时候，因万籁无声，故此甚是明白。少牧心上一怔，暗思姓经的不知可是营之？西荟芳可是楚云？且待上楼见了如玉再说。"

　　谁知上得楼去，如玉房门紧闭，已是睡了。少牧轻轻敲了两下，跟如玉的大姐阿宝从梦中惊醒，跋了一双拖鞋，七跌八铳的出来开门。如玉也已醒了，在床上动问是谁。少牧看床面前只有一双女舄，明明没有客人，回说："是我，替一个朋友来请少安吃酒，怎的他不在这里？"如玉闻言，坐起身来，叫阿宝挂起一边的帐门，请少牧在床门前一张藤椅上坐下，向他脸上一瞧，似笑不笑的道："二少爷，你怎么此刻到这里来？少安方才与你一同吃了楚云那边的酒，没有回来，谅是俗语说的'连底冻'了，你却怎的出来？"少牧听罢，脸上一红，道："怎么少安'连底冻'在楚云那边，你不恼么？"如玉微笑道："我还没有什么，只要你二少爷晓得了不恼。"少牧听了，更是火往上冲，忙问如玉："难道少安当真做了楚云不成？乃是几时起的？快与我说！"如玉叹口气道："我告诉你罢，少安本来做我，很要好的。自从你请他吃酒，在台面上见了楚云，两个人就勾搭上了。酒也没有吃过一台，和也没有碰过一场，容容易易的就下了水，说起来，楚云真是不该这么样贱。如今他们火一般热，今天白天里瞒着你碰了场和，听说晚上尚要补吃台酒。谅来你散了席，必定躲在左近什么地方，等你走了出来，他又进去。此刻只怕台面坐了，怎的还想到这里来？"少牧听了这几句话，只气得口也开不出来，立起身来，恨不得一步赶到西荟芳去。

　　如玉一见，慌在床上伸出手来拉住他道："我告诉你，你慌什么！你若然去闹出事来，岂不怕我招怨？你们朋友是好朋友，我们姊妹也要好的。就是你要去发作，也不在这一刻儿。"少牧始又立住了脚，回转身来，恰与如玉打个照面，见他上身只穿一件淡粉红捷法布小衫,下身盖了一条湖色绉纱夹被,露出三寸不到的一双小脚,那一种娇媚之态,比着楚云,更令人情不自禁,遂顿时转了一个念头,想何不喊个双台下去,做了如玉,一来剪还少安的边,好报此仇;二来如玉的房间又大又多,正好做个消夏地方;三来看看如玉人品如何,倘比楚云更好,一样娶一个人,何妨就娶了他,好把楚云气他一气,岂不甚好? 故此移步床前,与如玉说出一番话来。正是:

　　　　娇花已被他人采,嫩蕊何妨别处攀。

要知少牧在醉红楼自从这一夜起闹出许事来,且看下回分解。

第十五回

牢笼有术莲子依心　来去不由藕丝郎意

话说杜少牧听颜如玉说出巫楚云果然已做了潘少安，不由不心怀醋意。后见如玉风姿娇艳，态度温存，动了一个移花接木之心，暗想少安做得楚云，难道我做不得如玉？并且要把从前爱楚云的心思，一齐移在如玉身上，将来娶他回去。因此移步回至床前，捺住了气，强作欢容，对如玉道："你莫发急，我此刻不去就是。但我有一句话要与你说，不知你依是不依？"如玉道："有什么话，你且说来，依得的自然依你，依不得的再说。"少牧道："你与少安是很相好的，论理我这句话不该出口。但恨少安太不讲理，瞒着我与楚云往来，绝不念朋友交情，我想此刻就在这里吃个双台，从今日起，常在你那边走走，略出我心头之气，不知你可答应得来？"如玉踌躇道："我们做妓女的，虽说朝张暮李，没甚要紧，但姓潘的将来知道此事，只怕有些不便，断使不得，"少牧道："姓潘的他做楚云不怕我与他吃醋，我反怕他不成！"如玉道："不是说你，须知道我要为难。"少牧道："你又没有嫁他，他也没有包你。妓女挂了牌子，那个客人一做了他，便不许另做别人？为难什么？若说你明晓得我与他是个朋友，不该再做，那是他自己先剪了人家的边，人家才还报他，打什么紧？"如玉道："话虽如此，你此刻要在这里吃酒，莫非一时之火罢了。到得后来，自然仍要回到楚云那一边去，那时我们好好的姊妹，为你这一台酒，岂不伤了和气！"少牧发恨道："楚云那里我断断不去的了，他既与姓潘的这样要好，我还去讨什么嫌？不过我做了你，那姓潘的以后却也不准他往来。好在前节的局帐，谅来多已还清，今天只吃了一台酒，叫了几个堂唱，这么样罢，那些钱多是我姓杜的认罢。"

如玉听罢，把手一松，向里床拿了一件湖色绉纱小夹袄儿穿在身上，又取了一条元色绉纱夹裤，到被窝里去穿好了，将被一揭，扒下床来，把妆台上点的洋灯拈旺了些，在洋镜旁边，拿出一面小手镜，一只小牙梳来，掠掠鬓脚，一面对少牧说道："你此刻气头上的说话怎能作得你准？我起来了，陪你在这里坐一刻儿，等天明了回栈去罢。以后还是好好去做楚云，莫要到这里来。"少牧初时见他起身，只道允了，后来听得还是这样的说，认做当真不许他在此吃酒，觉得如玉的身分比着楚云高出数倍，一心一意的愈要做他，说是"天快明了，我这双台随你甚样，今夜一定要摆。莫说讲的多是气话作不来准，若是吃过了酒，再到楚云那边，我来发个盟誓你听……"如玉听到这句，慌把镜梳一放，将手向少牧嘴上一掩，道："毒时毒月，你说甚的！我就许你吃酒，可好？"少牧始欢喜道："许我吃酒，我就不往下说。"如玉道："男子汉动不动发什么誓！只要你真个做我，休得有口无心，像那姓潘的，东也去钻，西也去钻，那就是了。"少牧道："姓潘的共做多少相好？要好的人，除了你与不要脸的楚云，还有那个？"如玉道："他的相好做一个要好一个，也记不清共有几个。"少牧点头道："这都是他生得好一副白嫩脸儿。"如玉道："这又是句什么说话！我偏不喜欢他那副滑头滑脸的样儿，才与我心中有些不合，新近去做楚云。往后你莫再说。"

少牧道："闲话休提。既然你应许我吃酒，快快喊将下去，不瞧瞧天已亮了？"如玉道："吃酒可要请些客来？"少牧笑道："这时候回的回了，睡的睡了，那里头去请甚客人？"如玉道："你一个人独吃双台不成？"少牧道："自然是一个人坐坐罢了，当真要吃甚东西？"如玉道："本来这时候厨房里也没有好菜的了，且喊下去，看他们拿甚菜来。"遂回头叫小大姐去唤跟局的张家妹起来，说杜二少爷在此吃酒，叫他到楼下去关照一个双台，小大姐答应自去。不多时，张家妹回来覆道："厨房里说，菜没有了，只好将就些儿，对不起二少爷，下次补情。"少牧连道："不妨，不妨。"只见相帮上楼，排开桌子，端上菜来。那碟子却还整齐，不过热炒不甚新鲜，大约是夜间台面上剩下来的。少牧要如玉陪着同吃，如玉依言坐下，又叫张家妹与小大姐也两横坐了，共是四人一桌，上了一只鱼翅，一碗白木耳汤。少牧要去叫楚云的局，使他到来看看，被如玉阻住不许。上到第五道菜，少牧分付不要上了，给过下脚，即将台面收去。

其时，天已大明，少牧起身要行。如玉说此刻出去，身子最易受寒，不许他走。张家妹道："二少爷昨晚吃了一夜的酒，身体谅来疲倦，何妨就在床上略睡片时，养息养息再回栈去。"口说着话，把床上被褥重新铺过，催他快睡。少牧遂乘机住下，与如玉在枕上边又讲了好些知心的话。

这一觉直到旁晚方醒。起来梳洗过了，给了三十块钱住夜下脚。张家妹等满心欢喜，晓得这户客人甚好，自然巴结万分。如玉当日且不抄他小货，要先把这人收伏住了，慢慢的与他开口，免他依旧去做楚云。这是名妓手段，比不得没用妓女，一接客人便要砍他斧头，砍得客人害怕，以后就绝迹不来。但是此种妓女他不来算计着你则已，若来算计，不是数十块钱的事，下手必定甚辣，也比别人不同。少牧却见他不来要长要短，自己过意不去，反问他可要买甚东西，如玉一口回绝。给他一百块钱钞票零用，也不肯收，只说现时没甚用处。少牧愈见得与楚云相形见绌。

这日起来之后，本来要想回栈，谁知如玉要到天仙看戏，留他吃了夜饭，一同前去。先差相帮到戏馆里定了一间包厢。少牧问：“天仙今夜唱的是什么戏？”张家妹道：“是三麻子、小连生、赵小廉的《铁公鸡》头本。”少牧道：“这戏好么？”如玉道：“丹桂的《查潘斗胜》、天仙的《铁公鸡》多是拿手戏儿，那一家盖招得来？”少牧道：“《铁公鸡》是甚戏文？”张家妹道：“是长毛戏。三麻子扮向大人向荣，小连生扮张国梁，赵小廉扮张玉良，董三雄、诸寿卿、周来全、赵洪小各人扮长毛，真是再像没有，再好没有。”少牧点点头儿。

三个人言谈有顷，相帮端进饭来，见乃是四盆一碗的堂菜，另外一碗全鸭，一碗火腿。这是院子里的规矩，隔夜那一个先生房中有了台面，明日厨房里开饭，本家必定关照添两碗菜送进房去。名为加菜，乃抬敬先生的意思。如玉瞧了一瞧，对张家妹道：“这菜怎能吃得？就是加菜，也是隔夜席面上余下来的，五月里的天气，不吃为妙，你们撤到后房去吃罢。可取聚丰园的折子，叫他们送一碗清汤虾仁，一碗醋溜黄鱼，一碗咸菜笋汤，带两碟排南白斩鸡来。”张家妹答应，自去料理。不多一刻，菜已送来。

少牧正要与如玉同吃，夹忙里有人来叫堂唱。张家妹问楼下相帮，是那个客人叫的，什么地方。相帮回说姓潘，到一家春。如玉听得，回称转局过来。少牧问：“可是少安？”如玉道：“姓潘的客人我们共有三个，不知是少安不是。且待我叫张家妹先去瞧瞧，若然不是，只说要转局过来。恐他性急，先差人招呼一声；倘使果真是他，就说我到老旗昌去了，怕来不及再到这里，暗暗的谢绝了他，岂不很好？”少牧道：“你从今往后，当真不做少安了么？”如玉道：“我虽是个女子，说出不去做他，一定不做！你且瞧着。”少牧闻言大喜。如玉果唤张家妹到一家春去，看叫局的到底是谁，自己与少牧坐下吃饭。移时，张家妹回来说，姓潘的不是少安，乃福建人潘三少爷。如玉道："潘三是过路客人，做了我还不到十天，已吃了三台酒，碰了两场和，也算是一户好客，这局倒要快些去的。"张家妹道："一些不错。"如玉遂赶紧吃完了饭，换好衣服，向少牧说："你且略坐一坐，我们去去就来。若是嫌得寂寞，可与小大姐先到天仙瞧戏，我也就到天仙里来。"少牧尚未回言，听得楼下又喊："如玉先生堂唱！"少牧因他有了转局，必定耽搁工夫，不耐烦在房里独自（是）等着，因说："决定与小大姐先到天仙。你出完了这两个局，不必回来，竟到天仙里去，我在那边等你。"如玉说："如此也好。"遂让少牧与小大姐先走一步。外边相帮的打好轿子，如玉坐了，张家妹跟着，往一家春去。

原来一家春叫局的人并非什么潘二、潘三，正是少安。这是如玉要瞒少牧，特地差张家妹先去探看，一来好使少牧绝不疑心，二来少安那边先有张家妹去了，这局去得迟些便可不妨。及至到得席间，却又一字不提起少牧隔夜的事，竟轻轻又把少安瞒过，真是一个有本领的妓女！后来第二个转局乃是假的，因防少安散了台面要到院里头来，少牧在房中窥见不便，故此使这一个调虎离山之计，好把少牧调到戏馆里去。果然少牧中了这计，与大小姐先到天仙。

如玉心中暗暗欢喜，在一家春坐到台面散了，逼着少安一同回到院中，讲了半点多钟的话，说他不应昨夜住在楚云那边，要罚他吃个双台，少安那里肯依！正在扭结不解的时候，真有转局来了，少安始得乘机出外。楚云已差大姐在弄堂口候着，看见少安出来，迎上前去，手拉手儿同往楚云院中而去。

如玉见少安走了，今天且自由他。匆匆的又出了一个堂唱，方才赶到天仙，已是十点半钟，《铁公鸡》唱过一半。少牧问："今夜想是堂唱多了，来得怎迟？"如玉道："堂唱也不很多，不过四五个罢了，况且也没有久坐的地方。这是你等人心焦，所以分外觉得慢了。"少牧道："一个人坐着瞧戏，真个心焦得很。"如玉道："小大姐呢？"少牧笑道："小大姐自然坐在这里，那可替不得你。"如玉道："一样是一个人，陪着你也就算了，怎说替不得我？少牧道："他如可以替你，我也不做你了。"如玉道："小大姐不能替我，我却可以替得一人。"少牧道："你替得谁？"如玉道："我可替得楚云，所以你不做楚云，却来做我。只怕的是眼前我替着他，将来又要他来替我，那可比不得小大姐，是个傻丫头，不中你的意儿。"少牧道："楚云这无情无义的人，你再提他做甚？你既断得下姓潘的，难道我反断不得他？"如玉道："话虽如此，但看你日后如何，此时我也不来与你说嘴，且看戏罢。"

其时，戏台上正做到张家祥做亲，小连生穿着蟒袍补服，乖不乖，呆不呆的装出长毛初投诚、绝不晓得官场规矩那种样儿，引得看的人一齐发笑，如玉更是笑不可仰。后来瞧到巧刺铁公鸡一段，官兵与长毛开仗，多用真刀真枪。最险的是那些彩头，也有刀劈人背内的，也有枪刺在肚上的，也有朴刀砍入面门的，胆子小些的人看了有些害怕，如玉闭着眼睛不敢再瞧，暗暗拉了少牧的手，要他一同回去。少牧也不要看了，招呼小大姐袋好烟袋，立起身来，双双下楼。出了戏园。如玉坐轿，少牧仍与小大姐步行回去。这夜自然仍住院中，不必细表。

到了明日，是初七了。巫楚云因少牧答应着替他赎身，并且西荟芳的房屋早已回绝的了，新房间看在久安里内，赎了身好调进去住。不料自从端午那夜吃酒之后，绝迹不来，心中好不焦燥。他也明晓得是潘少安的事情有些发觉，却万想不到做了如玉。只认做一时之火，不久必要回心，故此过了一天，始差人到栈里去请。直到栈里头回说没有回来，方觉有些诧异。又差人四处访寻，并打听郑志和、游冶之一班至友，多说初五以后并没见面，不知新做了什么相好，更觉摸不着他头路。那本家节前晓得有人替楚云赎身，已经议定准他加倍回赎，就有许多要做这没廉耻生意的男女相帮，那一个情愿捐些带挡，揽做娘姨，那一个去攒梳头，那一个去揽粗做，那一个去揽带房间，楚云一一说定下了。那个带房间的看定久安里房屋，就在如玉隔壁楼上，房间共是一间正房，一间客堂楼，一间亭子。早与本家说妥，约期初七八内调头，过了端午，自然这班人多要向楚云说话。楚云此刻弄得没了主意，想与少安商量，争奈他不比少牧，并没有钱，说也枉然。

到了初七这日，愈逼愈紧，只得一早起来，坐了部东洋车，先到长发栈跑了一次，果然少牧不在。没奈何，老着面皮，到几户老客人家中说明此事，求他们帮点儿忙。众人因却不过情，勉强答应，也有二三十的，也有四五十的，凑了三百几十块钱，再难设法。幸亏久安里的本家很是有钱，凭着带房间的恳情，取了四百块带挡，又由带房间的与跟局的另外借了三百块钱，三分起利，叫楚云出了借票，始将身价交清。又略略办些衣服、插戴，敷衍过去。这夜就拣定了初九日一准调头。初八那天，先由娘姨相帮把新屋里收拾收拾，又叫了一名裱糊匠，把房间的四壁糊好。初九一早，相帮到傢生店里租了一房间红木傢生，一客堂楼宁波台椅，那亭子里，只租了一张榻床，一只榉木八仙桌，四张单靠，两张茶几，两张骨牌杌，将就将就。这些器皿自从饭前搬起，直搬到将近上灯，尚还未毕。

　　如玉房中的小大姐在门外瞧见，报与如玉得知，说巫楚云已赎了身，调在弄中，今夜就要进宅。如玉一听，心上品的一跳，暗想这个人如何住到一弄中来？莫说少牧仍恐被他做去，就是少安，也怎能再到这里走动？这便如何是好？想了一番，叫小大姐打听，今夜进宅，那个吃酒？可有少安？稍停，小大姐回说夜间一共是三台酒，有潘大少爷一台在内。如玉眉头一皱，计上心来，忙与少牧把楚云调头的话一一说知，并调侃他道："枉说与你是知己相好！连信也没有带一个与你，也不要你去吃台酒儿，想来真是令人好气！"少牧道："当真他已赎了身么？这是我第一个人替他起说的事，他还要问我借钱。如今有了姓潘的人，就把我撇在一边，真是可恨！"如玉笑道："人家不喜欢你，你去恨他则甚？我倒有一个出气的法儿在此，不知你依是不依？"少牧道："是甚法儿出得这气？"如玉道："如今要用你初五天明时叫局的那一法了。楚云今夜进宅，潘少安必定在那里吃酒。你可在我这边吃个双台，把郑志和、游冶之那几个知己些的朋友多请他来，当着众人，把楚云叫到台面，一来问问他赎身的事，奚落他一场；二来也好使姓潘的知道他剪了你相好的边，自己相好的边也被人剪了去了，着着实实的使他气上一气。你道好是不好？"少牧点头道："此举正合我意。你与我喊下酒去，我就写起请客票来。"如玉道："此刻就去请客，不太早么？"少牧道："与我交往的人，有一大半与少安也是朋友，迟了恐被他先自请去，反为不妙。"如玉说他想得周到，遂命张家妹取过笔砚，请少牧就写，一面喊下菜去。少牧提起笔来，一连写了九张，请的乃是郑志和、游冶之、荣锦衣、康伯度、大拉斯、经营之，与新结交的邓子通、温生甫、夏时行等一班人。又想起贾逢辰久不见面，那黄牌九乃是白湘吟所做的事，逢辰也是受人之愚，与他何干？分明谢幼安、凤鸣岐等错疑了他。如今弄得他不好意思见我的面，少了一个识趣朋友，每日里觉得很是寂寞。何不发张请客票到花小兰那里去，请他前来，解释前嫌？因又添写一张，一齐交与张家妹，转给相帮，叫他们赶紧就去。张家妹接了，交代下去。

　　不到半点多钟，邓、温、夏三人先来。接着贾逢辰也到了，先说了些表白的话，又连连的自己抱歉，说是不应该有眼无珠，结识白湘吟这衣冠禽兽，几乎冤累好人。少牧道："以前的事既经说明，已过去了，我也决不疑你与姓白的通同一气，从今以后，此话休题。我们要好在前，还是依旧长来长往，不必再把此事挂在心上。"逢辰道："少翁是明白人，自然不怪。做兄弟的但恨世上的人那能够一个个像你这样明白，说起来真令人又恨又恼！"

　　二人正在谈心，志和、冶之、锦衣来了。冶之说："杜少翁三日不见，原来新公馆打在这里，怪道我们难寻。"少牧道："休得取笑。这里果然是新做的。"志和道："这里不是前节潘少安做的么？怎么你剪起朋友的边来？"少牧道："说也话长。今夜的酒正为此事，要与诸位谈谈。"遂把少安先做楚云，楚云如何变心，如何赎身，自己如何改做如玉，如玉如何相待，今夜如何要叫楚云的局，如何要羞辱他一场的话，从头至尾述了一番。众人听了，多埋怨着楚云负心，少安无理，俱要替少牧出场呕这口气。谁料经营之吃得醉醺醺闯进房来，他偏一心的帮着楚云，说少牧先时既有娶他的话，不应该言而无信，后来许他帮助赎身，却又分文没有给他，弄得人几乎下不得场，真是男儿薄幸。少牧与他辨白几句，奈他已经吃得大醉，说话颠三倒四的，不比平时，只得且自由他。回头与冶之等又闲谈了一回。瞧一瞧请的客人，只有康伯度与大拉斯两个未来。写催客票去，连催两次，相帮回说没有请到。不便再等，分付摆台面入席。

　　各人纷纷叫局，少牧果然去叫楚云。局票去的时候，楚云房中正是潘少安在那里摆酒，四面请不到一个客人，异常焦燥。听见姓杜的忽来叫局，问一问，在同弄颜如玉家。楚云心上一呆。少安晓得如玉并无姓杜客人，必是少牧新做了他，究竟有过相好的人，不免气往上冲，却全不怪自己做了楚云闹出来的事儿，当时把脸一沉，对楚云道："少牧叫你的局，你还去是不去？"楚云踌躇道："少牧虽是把我赎身的事答应下了，并没帮忙，究竟上一节的局钱没有少过，不去只怕有些不便。"少安带怒道："你本来是做少牧的人，既然爱做少牧，为甚又来做我？我实对你说罢，你当真出了这一个局，今夜点下的菜，还是少牧来吃。我与他势不两立！你莫张三是个好的，李四却又是好的，我潘少安有些不依！"楚云闻言，进退两难。本待决计不去，一来少牧是个花钱的好客；二来今夜第一天调到这里，倘少牧使些性子，停刻散了台面，借着酒意，同朋友们到来寻事，也是说不定的；三来捎带挡的娘姨相帮也有晓得姓杜的客人在荟芳里的时候，因为与姓潘的过不过去，才不做的，如今既来叫局，正是个很好机会，怎好不去？有这三层意思，甚是为难。若然说明了一定要去，又怕少安当场发标，那又是个心爱的人，怎能够使他生气？因而一时间竟委决不来。

　　幸亏新进来的跟局大姐名唤阿巧，年纪虽只二十岁不到，却是自小吃起这碗堂子饭的，他见这个形景，晓得楚云方寸乱了，暗暗与他递个眼风，连说："既然潘大少爷叫先生莫去，不去也罢。"楚云听语出有因，方才点点头儿，说："不去了。"少安始转怒为喜，暗想少牧在如玉处请客，谅来冶之等一定多在那边，怪不道一个多请他不到。不如另请别的朋友前来，赶快入席，待我也去叫如玉到来，问问他为甚做了少牧，岂不甚好？"因又重新写条请客，并唤阿巧把台面端正起来。及至来了三个朋友，匆匆坐席，写好局票，去叫如玉。那叫局的还没有回来，楼下相帮的又喊："楚云先生堂唱！姓李的叫到公阳里。"少安听不是少牧，不好拦阻，只得让他自去。楚云说了几句"对不住，去去就来"的套话，与阿巧一同下楼。谁知那里是到公阳里去，乃是阿巧掉的枪花，嘱相帮在楼下喊的，其实仍是少牧所叫。因此并不坐轿，与阿巧手搀手儿，步行前往。

少牧已是等得不耐烦了，看他一到，就想发作几句。好个楚云，受了少安的话，没有发泄出来，一见少牧，他拿定了一个先下手为强的主见，到了席上，笑脸多无，不等少牧开句口儿，先数说他不合哄弄人家，说要讨娶回去，又说要代替赎身，谁知句句空言，毫无结果，抱怨他一个不了。经营之更带着酒意，帮助着他，弄得少牧反一句话多说不出来。旁人见少牧不言，谁肯多事？营之更要少牧翻台过去，吃台和气酒儿。楚云得了这风，假意拉着少牧，一定要去。少牧没了主意，要想答应下来，又怕恼了如玉，心中大是为难。如玉却又出局去了，不知是那个叫的，好久没有回来。楚云在台上嬲了好一刻儿，少牧初时尚是怒气填膺，后来竟把那不平之气渐渐消尽，想起当时恩好，反怪自己没有帮他赎身，实有些对不住他，何忍再与他一般见识。况且大凡做妓女的，挂了牌子，张三好去叫局，李四本来也好去叫，这多是潘少安的不好，与楚云何干？就算楚云那天不合瞒我，他也怕的是我晓得此事，一定着恼，故此得瞒且瞒，这叫做出于无奈。凡事须要存些恕道，我何苦怪人怪到极处！遂把一腔怒气扭了回来。

旁边恼了张家妹与小大姐，欲向楚云发作几句，争奈如玉出局未回，正是少安叫的，怀着鬼胎，防他冲口说穿，反多不便，只得耐着性儿，一言不发，且待如玉归时再处。恰好门帘一动，如玉转了。张家妹急忙丢个眼风，同他到后房中去，把席面上的情形告诉于他。楚云甚是乖觉，看见二人鬼鬼祟祟，必无好意，急忙咬着少牧的耳朵，说了几句不知什么话儿，叫阿巧拿了豆蔻盒子，袋好烟袋，起身就走。及至张家妹与如玉说明就里，要寻楚云说话，已是去得远了。只气得颜如玉柳眉倒竖，杏眼圆睁，要与少牧寻事，说他楚云到来，不应该软弱到这个地步，明明又要前去做他。正是：

　　只为一时闹闲气，遂教两面做难人。

欲知如玉与少牧甚样说话，少牧将来果然再做楚云与否，且看下回分解。

第十六回

大姐晒合骂大姐　先生牧阁拜先生

话说颜如玉堂唱回来，正是潘少安叫的，在台面上受了少安无数说话，怪他不应去做少牧。幸亏如玉能言舌辨，说："这是少牧有心作对，才来做我。我原说朋友做的相好，剪不得边。他偏说，既然这样，为甚你做了他的楚云？因此一定要在房中摆酒。我还再四推却，他却拿出现洋钱来。我们院子里的规矩你知道，现钱吃酒，怎得不依？方才勉强允许。但愿他闹过了这一遭儿，以后不来便罢；倘要再来，我曾说过，下不为例，决不使你失色就是。"少安听了这一席话，起初原是一团烈火，后来也就息了。——这叫做柔能克刚，与巫楚云的纯用反话去吃住少牧，又是一般手法，全在做妓女的因人而施。如玉既把少安稳住，始数说他不应做了楚云，得新忘故，真是女子痴心，男儿薄幸，脸上边露出不悦之色。少安听在耳里，看在眼里，反觉得过意不去，停了一回，说定吃完了酒，今夜一准过来，如玉始欢欢喜喜的起身别去。

回至自己院中，才进房门，见张家妹与他丢个眼风，心中明白。退至后房，等他进来，把楚云在台面上发标的话略述一番。如玉大怒，暗想楚云好生利害！我今夜设的主意，原是要叫他前来与少牧厮闹一场，使他二人以后好死心塌地，怎的楚云如此了得！少牧如此无用！如今弄巧成拙，反令二人吃了和气酒儿，这便怎好？柳眉一皱，道声："也罢！今夜且与他个一不做，二不休，索性待我出去冲动二人，必得使他们破面才是！"想罢一番，急与张家妹步出后房，走至席间，满意要与楚云寻事。谁知楚云早已回去，落了个空。如玉愈觉火往上冲，坐在少牧背后，细细报怨他："既是见了楚云这样懦弱，吃什么酒！叫什么局！"少牧见如玉又动了气，不得不安慰于他，低低的凑着耳朵说了无数好话，且把这事多推在经营之一人身上，说：他不应该吃醉了酒，帮着楚云。若是翻起脸来，朋友面上深怕有些过不甚去，因此且自由他。如玉闻言，低着头儿，默默无言，少牧又再三申说。席上，郑志和等都知道是为了方才的事。

营之却又烂醉如泥，偏要强着少牧揸拳。少牧无奈，与他揸了五拳，营之输了四大杯酒，一杯杯的一口气吃干。不料受耐不住，顿时呕吐起来，溅了一地。娘姨、大姐忙来收拾，见长衫上已呕了一大块的秽迹，与他脱下用水渧洗。众人见营之醉了，催上干稀饭散席。营之竟醉得不能行动，倒在烟炕上昏昏睡去。众人因夜分已深，不去等他，大家谢过少牧各散。只有营之鼾声大作，莫说叫他不醒，推也推不醒他，少牧心上好不没趣。如玉又依然不发一言，任凭少牧舌底生莲，说楚云处决计断绝往来，赌神发誓，他只当做没有听见。少牧真觉没了法儿，也呆呆的睡在炕上着恼。

猛听得楼下相帮喊声"客上人来！"张家妹跑了出去，如玉也一步懒一步的移步出房。少牧不知来者是谁，要想到后房张望，却被小大姐阻着不许。足足坐了一点多钟，那个客人方去，如玉进来。营之也已醒了，张家妹绞了一块手巾，与他擦了擦脸，又倒了一杯热茶，问他："此刻心中可自然些？"营之道："今夜怎的吃得这般大醉？如今好了，要回去了。"少牧道："回去不太晚了么？何妨就在这里权住一夜，且等天明一同出去。"营之笑道："你们是新相好，我在这里讨什么嫌？明日会罢。"向张家妹要长衫来穿，张家妹道："长衫渧了，还没有干，这便怎好？"营之道："不妨，不妨。杜二少爷的身体长短与我不相上下，且借二少爷的长衫穿了回去，明天一早叫车夫拿来掉换，可好？"少牧道："营翁果然要去，这又何妨？"命张家妹在衣橱里把自己宽下的一件雪妃罗纺长衫与他穿好，叫车夫点好了灯，照着出院而去。

少牧分付张家妹等多去睡觉，房中只有如玉与着自己，又细细把台面上营之回护楚云的话述了一番，并说为日方长，且看后来，必有与他万不过去的时候。如玉始渐渐的回嗔作喜，微有笑容。少牧问："方才来的客人是那一个？"如玉说："他姓赵，是书场上新做的一户生客。"少牧不再问了。岂料又是作对的潘少安到来，少牧那里得知？少安却晓得少牧尚在房中，本想与他寻事，都亏如玉说："他吃醉了酒，与经营之睡在炕上，故此一时不能回去。"少安亲至房门外板缝中张看，果见二人睡着，认作如玉老实。又想酒醉的人睡起来有甚时候，故而坐了片时他就走了，才能够安心把少牧留下，没点事情。可见青楼中的女子，凡是应酬狎客，全在见景生情，只要有法想，瞒得过人，任凭父子兄弟他都可以弄到你个乱伦蔑理，说甚朋友！想起来真是可怕!

闲话休提。仍说少牧这夜又住在如玉院中,楚云那边并没有去。楚云虽有少安作伴,究不是个花钱客人,况且少牧年纪也轻,品貌也还去得,心上怎能撇得下他?必要像如玉一般的一箭双雕,方才如愿。那晚胡思乱想了一夜,心中闷闷不乐。到了早上起来,洗了个脸,头也未梳,足也未裹,呆呆的坐在床面前一张藤交椅上盘算念头,顺手拿着一支水烟袋儿吃烟。忽听得耳朵边一阵阿巧的声音,好像在那里骂人,不知为了何事。后来愈骂愈甚,只闹得沸反盈天。急即放下烟袋,跋了一双拖鞋跑出房来,听一听,在晒台上面,故也跑往晒台上去。但见阿巧伸起两个指头,指着贴隔壁的一只晒台,大骂:"不要脸的东西,你替客人晒晾衣服,又不瞎着眼珠,这竹竿儿这么戳到我一边来,把我好好晒着的白洋纱衫裤儿挑下地去?"那边晒台上站着的也是一个大姐,正是颜如玉房中的人,年纪十五六岁,穿一件鱼白夏布小衫,广东拷白夏布裤子,赤着一双七八寸原生脚儿,也擎起了一只右手,把指头对着阿巧点点戳戳的,还骂道:"你这泼货好不讲理!人家失眼把竹竿误碰一下,脏了你洗的衣服也是有的,又不是来偷了你的东西,怎么就破口骂人?真是岂有此理!"阿巧听罢,又答骂道:"你想偷东西么?只怕轮你不到,只好去偷个人罢!"那大姐冷笑一声,随口说道:"偷人也要有些本领!莫像人家,把好好做着的客人还要放他出来,那才丢脸得很!真与我现什么世!"

楚云听到此句,触了自己的心,那无名火往上直冲,三脚两步跑至栏干边来,开口问道:"你说的是什么句话?人家好好做的客人,都是你们一班骚货勾了去的,好不要脸!反来说这话儿。我问你是靠着那个的势?叫他上来见我!"那大姐见楚云替阿巧出头,把眼睛一斜,舌尖向外一拖,摇摇头道:"我认是谁,原来是新调头来的隔壁先生。你不去陪着标致客人睡觉,可是到晒台上来要张张姓杜的脸儿?可惜他还没有起道,让我与你带一个信,叫他今晚来罢。你莫要这样的极,我也不靠着谁的势儿,靠的或者就是姓杜的罢了。"这几句话,只气得楚云脸上红了又白,白了又红,把一双小足在晒台上蹬得登登的响,大骂:"好个利嘴丫头!你敢来这样冲撞人家!我也犯不着与你多说,且待停刻见了你家先生,有话再讲。你家先生不见得就死掉了!"那大姐道:"我家先生并不害臊,又不害甚相思病儿,怎的会死?那像人家,想着客人,这客人偏偏不来,大侵早睡不稳觉,起来替人斗口,也不晓得自己害臊!自己害着的病,那才要留点儿心,不要像《三国志》上的三气周瑜一般,活活的气死方好。"楚云听那大姐一句紧似一句,这说话句句藏着机锋,觉得自己说不过他,没奈何,叹一口气,暗想:这都是少牧被如玉做去,拉不回来,才受这腌臜气儿!真是愈思愈恼,愈加说不出甚话来。

阿巧见小大姐骂得楚云开不出口,不由不心中大怒,举起一根晒衣裳的长竹竿儿,用尽平生之力,隔晒台向小大姐打去。小大姐眼快躲过,大喊:"隔壁巫楚云家阿巧打人"!顿时屋里头闹出一晒台的娘姨、大姐,上来七张八嘴,帮着小大姐多来痛骂阿巧。此时,阿巧与楚云两个怎能敌得许多的人?楚云见势头不好,慌喝阿巧把竹竿放下,不许动手。那边也听得隐隐是如玉声音,把小大姐叫了下去,其余的娘姨、大姐,遂俱一哄而散。楚云受了这一场气,竟弄得个无处发泄,反怪阿巧不应该大早晨与人寻事,叫他把戳落在地板上的洋纱衫裤收拾下去,重新洗过,主先婢后,下落晒台。

回至房中,听潘少安尚还醋睡未醒。阿巧自去洗衣,楚云仍在藤椅上坐了一回。如今更要想个法儿,定须把少牧弄回,日后方能向这泼婢出此一口恶气。想起初做少牧的时节,被谢幼安拘束住了,几乎绝迹不来。后来多亏在愚园叫局,席面上唱了一支相思的曲儿,才能够把他感动。看来少牧在花下往来,第一重的是个"才"字,第二乃是"情"字,第三、第四方是"色"字、"技"字。如玉的风姿娇态,酬应圆融,那"色"、"技"两字不必说了。"情"字是做妓女人差不多的,那一个不会用些假情假意?只有这个"才"字,如玉连字多不甚认识,莫说他下笔成文。仔细想来,可以胜得他的就是这一件事,何不费些心思,切切实实的写封信去,或能使他回心转意也未可知,并可令如玉相形见绌。想罢一番,定下主意,立起身来,走至书桌旁边坐下,取出文房四宝,浓磨麝墨,轻吮犀毫,先起了一道草稿,子细改正过了,方取薛涛笺誊上道:

> 妾以蒲柳之姿,猥蒙郎君不我遐弃,花前邂逅,谬许定情。方谓三生有
> 幸,得见君子,故曾腆颜以终身相托。盖以堕溷飘茵,本非素愿,得温柔敦厚
> 如郎君其人者,获抱衾裯,何修得此!初不谓落花有意,流水无情,好事多
> 磨,良缘莫遂,几令妾寸心欲裂,百念多灰也。嗣知郎君之戛然中止,亦迫于
> 万不得已。妾又自恨负债太重,无可为计,乃有赎身之举,俾作后图。自谓以
> 此身属郎,更无二念,且所谋亦周且至矣。乃郎君蛾眉代赎,又付空言。致
> 妾多方借贷,百计张罗,始获调头,已疲心力。孰料自是以后,望穿秋水,不见

人来。妾果何负于郎，至遭见恶若此？潘少安亦郎君之友也，渠以妾为风尘中
人，自然人尽可夫，安知我二人有白头之约！妾亦以不足为外人道，未及只
字，至渠视为路柳墙花。如谓妾因尚在青楼，存他人不能以不贞见责之心，
故与潘郎缠绵备至，则妾与潘郎屡申大义，仅有周旋之雅，并无肌肤之亲，区
区此心，鬼神可质！奈何郎君不察，职之故，弃妾如遗！妾敢怨郎薄倖，惟
有以眼泪洗面，自嗟命薄而已！今敢倩管城子传语郎前，倘能鉴妾寸忱，宠
临一叙，妾尚有肺腑之言，为郎缕述，此后惟命！否则寸心所结，纵他日憔悴
以死，亦当与郎梦诉衷肠也！书不尽言，言不尽意，惟郎君怜而察之。敬此，
叩请牧郎青电。　　　　辱爱妾巫楚云和泪叩

写毕，从头至尾看了一遍，用信封封固，写好信面，趁少安尚未起身，交与阿巧差相
帮立刻送到如玉那边而去。因信面上写的是"内函送久安里巫楚云房交杜二少爷少
牧收展"，下边仅写"知缄"两字，分付相帮只说这封信是旁人寄到院中转送过来
的，免得如玉疑心。——那是楚云虑得周到。

　　谁知相帮的送信过去，如玉正在梳头，少牧还没有起身，如玉接来一看，认做有
什么人来请少牧吃酒，也不等少牧起来，竟与他拆开观看。约略认得几个易识的字，
明知不是请客，却也瞧不出讲些什么。后见结末写着"楚云"两字，又满纸的"郎"
字甚多，就估量着是楚云寄与少牧的情书。本想吃住了他，不给他看，后想好个楚
云，他明欺我不能识字，要把这笔墨工夫去笼络少牧！我虽小时没有读书，不能够提
起笔来写写就是一篇，何不假拜做少牧为师，叫他每日教我识字？大凡读书的人，
终有些头巾气儿，最喜欢的乃是有人拜师。一来将机就计，可以缚住他的心思，盘住
他的身子；二来又好自己长些学分，岂不一举两得？因即梳好了头，笑迷迷的走至床
前，把少牧唤醒，说楚云有封信在这里，快起来看。少牧披了衣服，睡眼朦胧的接过
来，就在枕上一瞧，把头点了几点，微微叹了一口气，将信放在枕边，一言不发。

　　如玉也不做声。候他起身梳洗过了，小大姐端上一碗莲子羹来，请用早点，如玉
把信取出，坐在少牧身旁，要他逐字的讲解。少牧果然细细的解与他听，说到"并
无肌肤之亲，区区此心，鬼神可质"这几句，如玉"扑嗤"笑道："神道是不管这种事
的！况明明是句鬼话，还是去告诉鬼罢！"少牧道："潘少安不知究竟是几时做起的
人？若使昨夜吃的是第一台酒，楚云那般身分，两个人还没有相好也未可知。"如玉
笑道："他们还没有相好么？你难道不晓得少安与我先前原是很要好的，自从做了楚

云,他才绝迹不来?若然没有相好,怎能够我这里水一般冷,他那里火一般热?如今莫去管他,且自往下说去。"少牧又把信中后半的话一字字解将出来。直到讲完,方将原信折好,随手放在桌边。

如玉重又拆开,看了再看,覆去翻来,不肯释手。少牧道:"你要看熟他么?"如玉道:"看得熟他,这倒好了!只恨我不能识字,看看他,要想多认得几个。"少牧道:"怎么样说,像你这人不识字么?"小大姐在旁插嘴道:"二少爷休要听他,我们先生是识字的。"如玉瞅了他一眼道:"你怎晓得?"小大姐道:"你不曾叉麻雀牌么?麻雀牌上一张一张有字的,多不认得,怎好去叉?"如玉含笑道:"傻丫头,麻雀牌上乃是东南西北中发与一、二、三、四等几个数目里头易识的字,认得了怎能就算识字?"小大姐不服道:"请客票上、局票上的字,七曲八曲,比牌上难得多了,为甚你也认得?"如玉道:"局票上的姓名,若是些常见的字,果然尚能识得;若然冷僻些的,那就难了。请客票上的字,无非是请客人到那一弄那一家去吃酒碰和,看得烂熟的了,自然都认得出来。倘使写得雅些,也有一个字多看不出的。你要说我是识字的人,那识字的世上多了!"少牧道:"依你说来,究竟还能识得几个。不知你幼时节可曾读书没有?"如玉道:"我是五岁上父母双亡的人,几时拜个师读过书来?眼前识的这几个字,都是自己留心强记来的。"少牧道:"这就难为你了。大凡识字的人,前生必定有些凤根,我看你的资质本来很聪明的,你要识字,只要有人教你,怕不一年半载就瞧得出那封信上的这些字儿。"如玉道:"不是我在此夸口,没人教我便罢,倘然有人肯尽心教我,纵然我的年纪已是十九岁了,记性却还甚好,将来虽不能像楚云般的下笔成文,便票头儿一定也能写得出来。只是那一个人肯来收我做女门生,我就拜他为师。"少牧与他取笑道:"拜师是要赞见钱的,你端整下多少赞见,我就收你做个门生。"张家妹道:"赞见不多,一只元宝可好?"少牧大笑。如玉将眼对张家妹一横,道:"说甚赞见,他如当真肯教我识字,我就当真拜他为师,从此把早上学曲子的工夫改做识字。曲子学得多了,将来一从了良,是无用的;识了字,日后何等受用!"

少牧尚未回言,如玉立起身来,向他恭恭敬敬果真叫了一声:"先生!"又问:"可要递个门生帖儿,再与你叩一个头?"此得少牧与满房的人多笑起来。少牧道:"休得如此!教几个字有甚难处?就从今日开始,每天拣你不识的字教你几个何妨?世上那有相好拜客人做先生的事?岂不被人笑死!"如玉听了,撒娇撒痴的还一定要拜，少牧笑得前仰后合，执定不依，如玉始就算了，回头叫张家妹喊一台菜，到厨房里去说是先生请杜二少爷先生吃的，这菜不要写在帐上。少牧道："这又是一句什么话儿！吃一台酒算得甚事，怎说你请我吃，不要登帐？"如玉道："这是我门生孝敬老夫子的。不过这一台酒你吃了有些不甚容易。"少牧道："有甚难处？"如玉道："先生教导学生，听得人说最忌的是'作辍'两字。今天读过的书，隔了几天不读，就要忘记下来。你吃了我这台拜师的酒，以后便要天天在房中教我识字，却不可教了一天，不来了三天两天，那可误人子弟，这过处就不小呢！"少牧听罢，大笑道："只要我住在上海，天天教你却也不难。若是将来回了苏州，你便甚样？"如玉道："且到你回苏州的时候，我自然尚有话说。楚云知书识字，要想嫁人，难道我不想嫁人不成？不过他是说在嘴上，有口无心的人；我却好容易不肯说到这一句话。"

　　少牧听语出有因，暗想怎么又是一个楚云来了？我杜少牧做的相好，如何一做了就有嫁我的意思？但是楚云的话当初信以为真，如今看来乃是半真半假，不知如玉的心肠真假如何？若然果有此心，我看此人的内才虽然不比楚云，品貌却与楚云不相上下，性度也还算得爽直，何不竟把他娶回姑苏，也不枉了我在花丛中物色一场？心中暗想，口内不言。如玉见他默无一语，料着他转到这个念头，索性给他些些甜头，因把许多话去笼络着他。少牧不由不又认起真来，把当初要娶楚云的意儿移到如玉身上边去。正是：

　　　　落花故意随流水，流水多情恋落花。

欲知少牧与颜如玉将来甚样结局，楚云处少牧还再去与否，且看下回分解。

第十七回

茜纱窗下昨夜谁人　油碧车中深宵底事

　　话说少牧被颜如玉要拜他为师，教他识字，这是读书人喜欢的事，并且要请少牧吃拜师酒，又说了许多隐隐约约要嫁少牧的长脚话儿。自古道，"事不关心，关心则乱"。少牧看了他这种举动，听了他这种说话，觉得如玉的行为比不得巫楚云是个有口无心、有才无品的女子，心上又起了一片怜惜之心，要把他拔出火炕，娶回家去。只恨手头一时不便，缓缓的想与营之、志和、冶之等几个人商量。按下慢提。

　　再言如玉当下果真叫张家妹喊了一台酒来，要少牧写请客票请客。少牧那里肯依，说了半天，这酒依旧是少牧出钱，方才允了。只因天气尚早，请客不便，竟与如玉并张家妹、小大姐等合房的人坐了一桌，不请外人。席间说说笑笑，那趣味自与别的花酒不同，直到吃到红日将斜始散。

　　如玉尚怕少牧到楚云那一边去，这日散席之后，便差小大姐到昼锦里理文轩书坊里买了一本《百家姓》、一本《千字文》、一本《女儿经》、两本《日用杂字》，并一部《珍珠塔》、一部《还金镯》、一部《天雨花》等许多闲书。开手要少牧先教几句《千字文》，读完了再读《百家姓》、《女儿经》，那《日用杂字》等到闲空的时候随意问他几个。《珍珠塔》等闲书，乃是晚上边出完堂唱，没有事了，叫少牧点着字句唱与他听，一半乃是消闲，一半也可多认得几个字儿。少牧不知不觉竟把这身体绊得生根似的，每日里休想出去。从此一连数日，除非有人请他吃酒碰和，如玉差小大姐跟着同行，此外连栈房里的衣服多差相帮去取了出来，放在房中，由他更换。防的是一出去了，或被楚云这边有人邀去。

　　好一个杜少牧，入了这迷魂阵儿，终日终夜的伴着如玉，别的心思渐渐一些没有。更好的是如玉共有三个房间，少牧每日占了一个，尚有两个应酬别的客人。也有来吃酒的，也有来碰和的，也有来打茶围、吃便饭、吃稀饭的。姓张的方才出去，姓李的却又进来。虽然忙碌异常，却看不出有一个房间里每日有个客人住着。如玉又是有心的人，少牧又并不是个恩客，旁人怎能够看得出他破绽？故此住了十日有余，外面却仍没甚风声。

只有巫楚云，自从写了一封信去，满想着少牧当夜必来，谁知道踪影全无。估量着必被如玉迷住，暗暗差人打听，果然住在院内，与如玉寸步不离，心中好不懊恼。又晓得少牧每天在那里教如玉识字，这明明是如玉要缠住他的身子，不是十天、二十天的事情。深怕日子隔得久了，那边一日亲热一日，这边自然一日冷淡一日，那时再要使他回心，更是不容易了。因又想出一条二虎争餐的念来，屡次挑唆少安出头。少安起初因在如玉身上并没花过大钱，如今有了楚云，何必得陇望蜀；况且楚云初调头的那夜，曾把如玉叫到台面上来，听他说起当着少牧是个户头使的，多是些假情假意，骗他的钱，更何苦与彼认真。后被楚云讲得不耐烦了，说他当时虽然不很用钱，究竟也是一个客人，比不得是个姘头，戴着一顶绿头巾儿硬不出来，只好凡事让客人一着，心中始渐渐着恼起来。

有一夜，十二点钟过后，因夏时行请他在西荟芳吃酒，吃得有些醉了，及至散席，已是两点多钟，楚云本来在台面上等着，要与他一同回去，他却酒在口头，事在心头，忽然提起颜如玉来，一定要去看看他近来与杜少牧怎样要好。楚云听了，正中下怀，并不阻挡，由他自去。又估着这个时候少牧必在房中，说不定已经睡了，酒后的人，深怕闹出事来，好得近在隔壁，只要听得声响，便差阿巧过去劝他回来，乘机说笑他一场，岂不甚好？主意已定，自己坐了轿子先回。阿巧叫他跟随少安，送到如玉家门口，不可进去，且自回来，有话叮嘱。阿巧回称"晓得"，随着少安，脚步歪斜，果到如玉院中而去。

推一推门，已经下了闩了。少安举起手来，铮铮的敲了两下，相帮听得答应来开。阿巧看见，避了过去。少安进得院门，移步上楼，醉眼朦胧，向如玉房中乱闯。第一间并没有人，只有一个小大姐睡在榻上打盹，听得脚步声响，从梦中惊醒，问是那个。少安高声答道："是我！"小大姐见是客人，慌忙立起身来，擦一擦眼，子细向少安一看，说："我道是谁，原来是潘大少爷。怎的此刻请来？"少安道："此刻来不得么？"小大姐道："潘大少爷说那里话！只要请得到你，莫说这时候我们本还没睡，就是再晚些些，也是不妨。"少安冷笑道："你们既还没有睡觉，怎的你在这里打盹？"说罢，坐也不坐，大踏步又闯向第二间房中而去，也没客人，只见烟榻上横躺着一个粗做的老妈子，年纪已有五十多了，睡得好像死人一般，少安进去，一些不知。外边那小大姐早已七跌八跷的跟了进来，说："潘大少爷，可要在这里坐？"一面过去叫唤这老妈子起来。谁知凭你甚样的喊，只管喊他不醒。小大姐发起火来，用手来拧，始得把他略略拧醒，却糊糊涂涂的喊了几声"阿唷"，翻了个身，缩做一堆，又睡去了。小大姐又是好笑，又是好气。

少安也不去理他，趁着二人扭结固结，索性闯到第三间房中。只见一样的房门大开，门帘挂起，也不像有客人在内。心上呆了一呆，暗想："难道少牧今夜偏偏不在这里？急往床上一看，又见空空的一张大床，并没一个人影，莫说旁人，连如玉也没些踪迹，才晓得必定是出局未回。定一定心，在靠床的一张藤交椅上坐下。小大姐倒了一杯茶来，果然说："先生堂唱去了。对不住，潘大少爷，请你略坐一坐。"少安问："是那里去的？出的是个酒局，还是牌局？"小大姐道："到公阳里去的。此刻没有回来，谅来是牌局了。"少安道："可是杜二少爷叫的？"小大姐愣了一愣，道："不晓得是那个客人，须等先生回来问他。"少安冷笑一声，不再问了。稍停，见粗做的老妈子咕咚着嘴进来说道："煤炉已经息了，没有开水，连手巾也没处去绞，怎样对得往潘大少爷？"少安道："手巾本来不必，有茶再去倒一杯来。"小大姐道："茶是好用洋风炉来炖的，待我去取火油进来。"少安道："今儿天气很热，我又吃了些酒，倘有凉茶也好。"小大姐笑嘻嘻的道："凉茶？潘大少爷你吃得么？"少安闻言，也微微的笑了一笑，道："我吃凉茶是不妨的，不比你家杜二少爷。"小大姐道："说起杜二少爷，好几天没有来了，不知他在那里。"少安道："你怎么说？杜二少爷天天住在这里，还说没有来么？"小大姐道："当真有好几天没来，不是诓你。若说天天住在这里，今天怎的不来？那有这样巧事！"

少安还要问他说话，耳听得楼下有人叩门，又是一阵脚步声响，如玉回来。小大姐就跑出房去，等他上楼，说姓潘的现在房中，吃得醉熏熏的，看他满面孔有些不很自然，须防他有心寻事。如玉走上楼梯，站住了脚，道："不妨事的。好得张家妹还陪着二少爷在公阳里，须等吃完稀饭才来。停回他们上楼，你候在楼梯门口，只说有个过路客人，明天一早动身，行李已经下船，要在房中借夜干铺，把二少爷留在西面第一间内，莫使他二人见面。我自有法去发放那姓潘的，决不使他乱撒（撒）酒风，闹出事来。"小大姐点头答应。

如玉款步进房，一见少安，装出怒容，连呼："半夜三更还要去出这断命堂唱，闹得人睡觉的工夫一些没有，真是晦（悔）气！"回头对少安道："你是几时来的？亏你倒还有点良心。我认是风筝断了线了，怎么又半天里落将下来？"少安初听得如玉回院，便侧着耳朵留心细听他共有几人同来，无奈一进门，只闻一阵草鞋脚声跑得踢踢蹋蹋的乱响，乃二三个抬轿龟奴，其余有无别人，一时听不出来。直到如玉上楼，始听见小脚声音，只有一个。今见他又说出这几句话，暗想今夜果然没有客人，那叫局的也断断不是少牧，所以说得这般嘴硬。究竟是个酒醉之人，万想不到还有个张家妹未回，被如玉埋下一条伏线。

到得如玉进房之后，张家妹就跟着少牧回来。小大姐在楼梯门口照着如玉的话，向少牧说知。少牧认做当真有甚过路客人一早动身，今夜暂在房中借住片刻，倒还没有甚醋意。皆因如玉不时说起，凡是体恤相好的客人，遇见生客与过路客，必须原情一二，一则免了相好的左右为难，二则好使那个客人多花些钱，相好受些实惠的缘故。张家妹见少牧并不发酸，陪着到第一间房内坐下。小大姐要去通知如玉，少牧反说："不必劳他，这里一样也有床帐被褥。我碰了八圈的和，人也疲了，略坐坐儿便要睡觉，何必一定要他前来，且待天明再说不迟。"张家妹道："二少爷虽如此的说，我们堂子里那有这个规矩？"少牧笑道："我这几天夜夜在此，好算得一户最熟的熟客了，说甚'规矩'二字？决定莫去与他说知，我立刻就要睡了。"说罢，将身上的那件湖色熟罗长衫、铁线纱马甲脱下，交与张家妹折好，藏在箱中。自己又脱去鞋袜、套裤，揭起床上那条竹灰色绉纱夹被，把身子向被内一钻，竟自睡了。张家妹见少牧一些脾气没有，临睡的时候却又有些孩子气儿，与他说笑一回，放着胆子也去安睡。小大姐见睡的睡了，去的去了，轻轻把房门掩上，也一溜烟跑了出来，因怕如玉说他贪睡，不敢躲懒，忙到第三间房内，将少牧已在房中安睡的话暗暗告知。如玉听了，心中大喜，发付小大姐自到小房间中去睡，粗做老妈子也不必伺候。自己与少安两个就在靠窗口那张湘妃榻上闲睡一回，讲些心腹话儿，不但把少安要来寻事的一片心思不知消归何处，连一句话也没有发得，反把少安留他住下。

那边楚云怎算得到有此一举？尚在隔壁提着精神，醒着耳朵，满望他们吵闹起来，好叫阿巧去请少安回来，争个脸儿，出出晒台上受的那口闷气。岂知直候到天色将明，毫无声息。葫芦里不知他二人卖甚仙丹，心中好不懊恼。阿巧也是满腹狐疑，跑来跑去了一夜，主婢二人双双多没有睡。暂且不表。

再说少牧住在第一间房中，初时原是格外体恤，不许关照如玉过来，宽衣便睡。后来睡在床上，听张家妹与小大姐一个个多已去了，只剩得独自一人，冷清清的，覆去翻来，不能成寐，渐渐恼恨这过路客人起来。瞧一瞧时辰表，已三点半了。心火一提，愈睡愈难见梦，因索性坐起身来。好得天气甚热，不必披衣，在床底下寻出一双阿巧穿的淡竹布蝴蝶头拖鞋，拖在脚上，向房中闲走一回。望到第三间房内灯火半明，侧耳细听，人声隐隐，料着如玉与这客人还没有睡，想去瞧瞧他究是一个何等样人，因轻轻的开了房门，走到第二间房，举手一推，那双扉是虚掩着的，"呀"的一声，开了半扇。里房听如玉声音问："是那个开门？"少牧并不作声。又听得那客人说道："谅来是张家妹或者阿巧拿甚东西。"如玉道："是他二人，为何不听见答话？"那客人又道："半夜三更，除了他们两个，还有什么人到此？你疑怎的？且把阿巧在晒台上怎样痛骂的话说与我听。"少牧闻言，讶道："怎的这客人声音耳中很熟？说的又是阿巧在晒台上与如玉相骂那一节事，不像是个过路客人？莫非竟是少安在此？何不挨身进去，瞧他一个明白？不是此人便罢，若然果是此人，如玉真与楚云一样的说不过去，我须喝破于他！"思想已定，就从推开的半扇门隙中间侧着身子，偷步进去。好得穿的乃是拖鞋，并无声息。

到得第二间房门，要想寻条门缝向内张看，可恨门内挂着一幅外国五彩花绸的门帘，遮得一些影也瞧不出来。少牧呆了片时，见沿天井有八扇玻璃短窗，倘然立在椅子上边，隔窗向房内望去，只要窗帘没有遮好，倒可以一目了然。遂轻轻扒到椅子上去，探头一看，果然因天气炎热，不但窗帘没下，并且靠西面的那一扇窗关多没关。少牧大喜，就从这扇窗中留心看去，见炕榻上左边横卧着的乃是如玉，右边的虽是面朝着内，不甚清楚，那背后形与穿的衣服，恰恰竟是少安无疑。不由不无名火冒，面孔上红了又白，白了又红，暗把如玉一指，骂声"干得好事！"本要当场发作，使他二人共吃一惊，忽然转了一个念头，怕少安翻了面皮，下不来场，两硬必有一伤，自己人地生疏，不要吃了姓潘的亏，故又捺住了气，下落交椅，呆呆的就在椅上坐下，约有一刻多钟，那边说些什么不去听他，只管盘算自己念头。算来算去，必须等到天明，再与如玉说破，看他有何分辩，慢慢的跟究于他，或者竟能把姓潘的从此吃断也未可知，此为上策。决不可过于激烈，闹出事来不是顽的。想罢一番，叹了口气，依旧挨着脚步退了出去。回至房中，闷昏昏的向床上一滚，虽然睡他不着，且把眼睛闭闭养点儿神。

五月里的天气，那消片刻钟时，早已东方将白。少安的酒也醒了，想起进来的时节，乃是楚云差阿巧陪着同来，楚云必定没有睡觉，恐他着恼，过意不去，起身要走。如玉那里肯放？留他到床上去睡了一回，叫小大姐起来炖些开水，洗了个脸，吃了一杯热茶，方才送他出房。少牧听有人走动，晓得是少安去了，暗想：如何走得这般的早？好不奇怪！难道他已经知道我住在这里，不敢与我作对，大早晨竟自溜了？又想：不是少安那一辈人。心上猜不出是甚缘故。后来，想到如玉的枪花很大，必是他又把些花言巧语将姓潘的哄出门去，好来敷衍着我，也是有的，却怎知我已看破机关，这回凭你怎样的说得天花乱坠，除非发个重誓，与姓潘的日后永断葛藤，方能万事全休；不然，那一个再来信你！

正在胡思乱想，耳听得一声门响，如玉已走进房来，静悄悄绝不做声，直至走到床前，轻轻的把帐门一揭，伸进一只粉嫩的手来，向少牧手上一搭，始低低的说："不要在这里睡了，里房去罢。"少牧看了他这种举动，几乎把方才的那些怒气消到不知那里去了，因只与少安实是势不两立，勉强装做睡熟模样，不去理他。如玉又轻轻的叫了几声，少牧依旧不应，只认做真个好睡，何必一定唤他醒来？就在床沿上一坐，宽去外衫，也想睡将下去。少牧猛然间把被窝一掀，将身坐起，倒把如玉吓了一跳，说："你与我顽要怎的？幸亏我胆子还大，不然，竟要被你把魂多吓掉！你要起来做甚？"少牧冷笑一声，道："谁与你顽？你自己已做什么亏心事儿，也犯不到这样吃吓！"如玉听语有蹊跷，又见他面带怒色，急把身子缩住，没有睡下，暗想莫非夜间之事落在他的眼内？倒要问个明白。因笑微微的随口答道："我做了亏心的事，这几天那能瞒得过你？难道你还装糊涂么？"少牧道："不要瞒我的事，自然不必瞒我；要瞒的，怎得不瞒？"

如玉听他一句紧似一句，估量着姓潘的已有八分露眼，不能再把别的说话搪塞他了，没奈何，涎着脸儿，将身一侧，倒在少牧怀中，说："杜老二，我有什么事情要瞒着你，你心中这样不快？"少牧道："你不瞒我？昨夜房里头的客人到底是谁？快与我说！"如玉叹口气道："昨夜房里头的，我劝你不问也罢，知道了，你定要生气。"少牧道："晓得我要生气，你就不该留住他了。"如玉将脸一沉，道："那一个不长进的要留住他？这是他喝醉了酒，闯到房中来寻事的。千不该，万不该，我不该吃这饭儿。挂了牌子，任凭是什么人，进来了不能推他出去。我因怕你生气，才与张家妹商量，在你面前只说是个过路客人，有心瞒过你的。如今你既然明白，不要只怪着我的不是，须要想想我们做妓女的难处。若是我要留他，为甚这时候天还没亮，就把他送出去了，我来陪你睡觉？你也太觉错怪人了！"说罢，眼圈一红，好像要流下泪来。少牧听了他这一番话，也觉得句句有理，竟有些不忍驳他，只得双手把他的身子一扶，道："大侵早的时候，身上脱了外衫要受凉的。有话还是睡下来说，你就是与姓潘的要好，要来哄我，我却还很疼着你。"如玉见少牧口齿略松，乘机叫他替把那弓鞋褪下，睡上床去，千"老二"、万"老二"的讲了无数好话，无非说一片心思多在少牧一人身上，姓潘的不过是怕他生事，假意敷衍罢了，好在他不多几天一定就要回去，任凭他好花自谢，犯不着与这种人生气，不要恼出病来，身体吃亏不起。少牧听他越说越情，这口酸气遂一丝丝消了下来。到得后来，如玉当真发了个誓，说："若是与少安真心要好，待少牧有些假意，日后必生杨梅毒疮，溃烂而亡。"少牧愈觉过意不去，反安慰了他好些的话。双双睡去，一腔怒气，顷刻冰消。那如玉笼络少牧的工夫，真个比了楚云更是利害。这且不在话下。

　　再说少安在如玉院中出来，走至隔壁楚云门口，刚要举手敲门，偶然回头向弄口一望，只见有个绝色的倌人，坐了一部橡皮轮轿子马车，到得弄口，停了下来。远远望去，虽然不甚清楚，仿佛是经营之做的杜素娟。不带娘姨，车上还有一人，不是营之。走近看时，见他身上穿的是元色铁线纱长衫，内衬黑拷绸短衫，下身黑拷绸裤子，元色缎挖花京鞋，元色外国丝袜。打扮得一身墨赤黑的，甚是异样，头上边留着一圈刘海发儿，刷得一线齐的搭在额上，手里头拿了一柄全象牙油单扇子，在大指上盘来盘去，送着素娟进弄，明明是在戏园里唱戏的戏子。少安故意咳嗽一声，吓得素娟品的一跳，定睛一看，忽见是他，慌忙说道："潘大少，你这样的早！"少安见他神色匆忙，笑微微的答道："我倒不早，还是你比我早些，坐了一夜的马车，干些甚的？你不太劳碌么？"素娟道："夜间天气甚热，坐在家里头很不舒服，还是出来逛逛的好。"少安道："原来如此。你的兴致却也很好，逛逛就是一夜！"口说着话，指着那穿黑的，要问他此人是谁。岂知这人见素娟与人说话，早已一溜烟跑掉的了。少安愈加逼着要问，并说："他为甚走了，不送你到院子里去？"素娟听罢，不由不脸上一红，对着少安说出一席话来，央恳于他。正是：

　　　　隐情已恨春光泄，私愿还须夜雨瞒。

要知杜素娟说出此人是谁，怎样央恳少安，且看下回分解。

第十八回

怒残花跳槽客去　争闲气摆酒人来

话说潘少安在颜如玉院中出来，走至隔壁巫楚云家门口，正要敲门进内，忽见经营之做的杜素娟与一个戏子模样的人一同坐了夜马车回来。少安立住了脚，等素娟走近身旁，问他同来的那一个人究竟是谁。素娟明知不能隐瞒，脸上一红，那心上边好像有几十只小鹿在那里头乱撞，口中却说又不好，不说又是不好。沉吟半晌，只得老着面皮，走近一步，附着少安的耳朵说道："阿潘，这件事我谢谢你不要说罢！这个人你又不是不认得他，我与他实是第一遭儿，你切莫张扬出去。不但营之晓得不便，目今上海的报馆很多，他们信息最灵，只要有些风声，必定就去上报。若然在报纸上说了出来，那时名气有关，我还有甚脸儿见人？你向来是个不管闲事、很能体恤人家的人，这件事你不要问罢。"

少安听他这般发急，暗笑做妓女的何以要姘戏子？全不想被人撞破，难以为情。却又故意的吓着他道："我是不过问问罢了，营之面前自然不提，何况报馆里头。但你方才下车的时候，弄口头可还见一个人，身穿雪青官纱长衫，头上戴着一副外国眼镜，口里头咬着一枝香烟，那正是报馆里的访事。只怕你不与我说，那访事已晓得明明白白，明天定要上报。我却替你担着这忧。"素娟听罢，顿时失色道："这话可真？"少安道："谁来哄你？不过是那一家报馆里的访事，我却记不起他。"素娟道："这人你可认识？"少安道："我是不认得的，朋友里头却有认识的人。"素娟道："这就还好。明儿我可花几个钱，就求你的朋友替我去说一个情，叫他把这事儿不要上报。"少安摇摇头道："我听得报馆里人说起，各处的新闻事情报不报在于访事，上不上却在于主笔。大凡做主笔的，有身家人居多，谁要你们妓女的钱？就是做访事的，他们也不敢胡乱拿钱，怕的是主笔晓得，有些不大稳便。"素娟愣了一愣，道："如此说来，这件事定然瞒不下了？偏我第一次干这事儿，就落在人家眼内，却教我甚样才好？"少安见他急到个不可收拾，始转口道："法儿我替你已施下一个，但不知灵与不灵。"素娟大喜，道："是甚法儿？"少安道："你方才进弄的时节，我见你干下这事，立刻捏诀念咒，召来当方土地，差了个遮眼神，把访事的人的两只眼睛遮了，或者没有瞧见着你也未可知。"素娟听到此句，才知道是与他戏耍，又是好气，又是自己好笑自己，定一定神，带笑骂道："我把你这作怪东西……你撒了半天的谎，我还当你句句是真，被你吓了一跳，真是岂有此理！"少安闻言，笑微微伸手向他胸口一摸，道："当真你这个心还在那里拍拍的跳呢！"素娟把手一拦，道："规矩些罢！当街路像甚样儿！"少安道："不错，不错。此间是久安里，比不得在愚园外面的草地上了。"素娟啐了一声，道："闲话少说。天已亮了，你可是要里面去？快敲门罢！楚云姊姊只怕已经等了一夜。我也想要回去睡了。"

少安被他这一句话提起自己心事，暗想：此时回院，楚云必要问起昨儿一夜住在那里，却把甚话答他？倘然晓得这一夜竟在如玉那边，一定要闹出酸来。虽然他有甚为难，只要发些标劲，自然没事；究竟不费唇舌的好。况且如玉就在隔壁，听见了很不像话。何不将机就计，叫素娟陪至院中，只说夜间与营之等同在一处，坐了一夜马车，岂不甚好？主意已定，急向素娟说知，要他陪着进去。素娟问明就里，说："这是极便的事。不过我替你周旋过了，我的事在营之及旁人面前也不许走漏风声。"少安道："这个自然，何消过虑。"素娟好似心上边掇去了一块大石，很轻松的，兴匆匆替少安叩门，果然陪着他一同进内。

只见楚云与阿巧两个多还没睡，看见少安进来，楚云正要发话，又见后面跟着素娟，心中不解，忙问二人从那里来，素娟把与营之一同坐夜马车顽了一夜的话说知。楚云问少安："在什么地方遇见营之？既然一同去的，营之如何没有进来？你们共是几部马车？"少安道："营之是在如玉那边出来才撞见的。我到如玉那里，如玉堂唱去了，房里头静悄悄没甚客人。坐了一刻，很是乏味，就此走了。刚要回来，在门口巧巧遇见营之与素娟、阿金三个，他们就叫着坐马车去。共是二部轿车，我与营之一车，素娟与阿金一车。营之此刻因天已大亮，票号里头有事，不敢贪睡，坐着原来的车到行去了。阿金是素娟叫他先自回去叩门，才只剩下我们两个。"楚云道："原来如此！为甚不来给我个信，也好同去顽顽？"少安道："撞见他们的时候，马车已放在弄堂口了。四个人坐了两部，恰恰正好。若要关照你一同前往，少不得要添一部车。营之的性格很急，你晓得的，怎能等得及你？你当真喜欢坐夜马车，此刻才是五月中旬，往后大热的日子多哩，我就与你夜夜坐一部儿兜兜圈子，解解闷热，岂不很好？"楚云听他说得有理，又有素娟同来，不甚疑心他有别的事情，问过了这几句话，往下也不问了。

素娟见他二人没事，起身要行，楚云差阿巧送他回去，素娟说："近在隔壁，尽可不必。"楚云亲自送至房门口方回。素娟独自一人到得自己院中，院里头男女相帮晓得这桩事的人，多因他是自己身体，没人管束，又不欠什么债，那一个好去说？他房里的粗做娘姨见他回来，端整一盆脸水，伏伺他洗过了脸。本想上床安睡，只因身上潮热，忽要漩起浴来。娘姨说："早上边恐防受凉。"劝他不要了罢。素娟那里肯听，反说他们贪懒，不肯去烧取浴汤。娘姨拗他不过，只得到厨房中去烧了一大桶热水，提进房来，倾在浴盆里头，洒了些花露水在内，又把浴凳、浴巾、粗肥皂、香肥皂多预备好了，方才出去，带上房门。素娟宽去衣服，洗了个浴。觉得背上尚有些汗垢，又叫娘姨进去擦了一回背脊，始觉浑身通泰。娘姨把干浴布替他浑身抹干，送上一条白洋纱裤子，一件淡湖色汗衫，一双蝴蝶头小拖鞋穿了，走至窗口边一张皮交椅上坐下，把玻璃窗一齐开直。一霎时，那清风习习，只吹得遍体生凉，觉着有些疲倦起来，催娘姨把浴盆等物收过，走至床边，脱了拖鞋，倒身便睡。

谁知道竟冒了风寒，睡不到一点多钟，这身子就发起冷来，急把一条淡雪妃绉纱夹被裹在身上，尚没些儿暖气。虽防他冷过之后一定发热，只因明晓得是自己不好，不欲声张，心想睡他一觉或者无事也未可知。岂知再睡也睡不着，到得午饭时候，身上果然转热，心里头好如火烧一般，十分难过。其时房间里的娘姨大姐多起来了，没奈何与他们说知，商量去请个医生。房间里人多怨粗做娘姨不合大侵早替素娟烧水洗浴，素娟说："这是我的主意，不干他事。如今不要说了，快请医生服药要紧。"众人七张八嘴，也有说是六马路有个张先生，手到病除，不过医金贵些的。也有说张先生新近吃坏了某院子里一个先生，不要请他，还是二马路王先生好的。也有说王先生也医坏过某院子里一个大姐，还是三马路李先生高明些的。也有说李先生他外科很好，若是内科，四马路赵先生来得稳足些的。议论纷纷，没了主意。

恰好经营之因这日票号里新到了一个山西客人，要想当晚在素娟房中摆酒请客，特地前来。娘姨们慌把素娟得病、商议请医的话说知，只隐起了坐马车那节事儿。营之听罢，走近床前，揭起蚊帐，将素娟瞧了一瞧，见他脸上边热得红红儿的，与他讲话，觉着他一些气力也是没有，真个来势非轻。明晓得这种病最好是请大英大马路浙江里内的张骧云，只是替他去请，一来舍不得钱，二来要请此人，必须一早挂号，此刻日已过午，来不及了。心上边盘算一回，点点头儿，放下蚊帐，走到炕榻上边坐下，说："偶然发个寒热，虽是沉重，谅来不妨，你们不要慌张。我有一个至友，住在五马路上，此人姓翁，医道精明。待我写个字条，可差相帮去请。等他来开纸药方，吃几帖药就没事了。那医金待我后日总送，你们只要出肩轿钱是了。"娘姨们听了，千多万谢，急忙取过笔砚，请营之写好字条，交与相帮赶速去请。营之因见素娟病了，晚间请客的事并不提起，改在新做的兆富里金玉香家，唤车夫进房，附耳叫他先去关照一声，菜要办得清洁。自己又坐了片时，等那车夫回来始去。

临行时，娘姨们约定，晚上再来看看服药后怎样情形，营之满口答应。故于夜间金玉香家散席之后，就到素娟那边问："翁先生说他是甚病源？"娘姨说："先生道他寒食相斗，没甚要紧。怎奈吃下药去，第一次一齐呕掉，第二次略略受了些儿，却也呕去不少。这便如何才了？"营之讨药方来看，见上写着"寒食积滞，法宜疏达"八个字脉案，用的药乃是防风、荆芥、车前子、元明粉、使君子、鲜佛手等七不搭八的十几味儿，因自己不晓得药性，看了仍如未看一般。正在踌躇，素娟忽称要大解了。娘姨们扶他下床，顿时上吐下泻起来。眼见得那病势比日里头更是危险。内中一个老娘姨说："翁先生的那一帖药，只怕有些不对，为甚吃了下去，反是这般的吐泻起来？经大少爷还是替他再请一个医生来看看罢。"营之也觉有些不妥，想起方才玉香台面上边有平载三在座，前时听得少牧说起医理甚精，谢幼安初到上海，在长发栈患病，多亏他一手看好，此刻散了台面，或者还在他相好鼎丰里李飞云家没有回去，何不请他前来瞧瞧？不但不要请封，连轿钱也是没有，岂不大妙？"主意已定，立刻写张请客票去请他到来。

诊过了脉，看过舌苔，问营之："昨夜你可住在这里？"营之认他取笑，回说："没有。"载三正色道："当真住是不住？这是伤寒重病，不是顽的！"素娟在床上听得道着他的虚心病儿，性命要紧，顾不得营之在傍，低低的回说："营之果然不在这里，客人却是有一个的。"营之听了，未免有些酸意，问："这客人是谁？"素娟没有回他。载三道："有病的人，营翁你盘他怎的？何况做妓女的，本来人尽可夫，你待认真做甚？我因必须晓得病情，方好下药，故此不能不问他一声。"营之听载三如此说话，始不再问。戟三向娘姨们讨取姓翁的药方看过，笑了一笑，要过纸笔，开了一张表邪发汗药方，叮嘱伏侍病人的人须要格外小心，大忌的是冷茶、水果，不可乱吃，更不可再听他贪凉冒风，必须过了七日，方能保得无事。众人诺诺连声。营之分付阿金将药方交给相帮，快到大马路采芝堂去撮药，一面端整把风炉生好了火，等到药来，立刻煎与他吃。戟三起身告辞，营之见素娟病重，不便住下，也就去了。

到得明日早上，差车夫问昨天吃过了药，可已好些。车夫回来报说："服药之后，得了一身大汗，吐泻已止。今天好得多了。"营之佩服戟三医理，当下再差车夫到戟三公馆里请他覆诊。戟三答应旁晚时必定前去。营之等到五点多钟，先往院中候他。少停，戟三来了，诊过了脉，依照原方略略改动。叮嘱服伺的人仍要小心，不可懈怠。房间里娘姨大姐，一个个多说："我们先生的病，幸亏平大少爷昨儿这一帖药。若听了翁先生的说话，几乎送了性命。"营之道："翁先生原来这样不济！却怎的在上海多年，生意倒也甚是去得？"戟三道："上海地方与他处不同。大凡行医的人，不论指下如何，只要场面阔绰，每日里坐着飞轿往来街头，动不动门诊四角、六角，出诊一元、二元，挂号四元、六元，轿钱起码四角，稍远些的一元、二元，挂号念八、五十六文。偶然运气甚好，看好了一两个有些名望的人，顿时哄动起来，他就声价自高，定要门诊一元，挂号一角，出诊二元、四元，挂号八元、十元不等。其实他医好的人，多是这人命不该绝，何尝有甚真实本领！最好笑的是，这种医生到得没人请教的时候，那挂号簿上却偏偏姓张姓李的每天写得很是像样，又天天的坐着飞轿在街上抬来抬去，装做匆忙样儿。竟有不知好歹的人，听信着他，说不定走上门去自己送死。他的招牌底下，不知有多少冤魂！说起来真是可叹，那不喜欢装做时髦、真有十分本领的医生，反被这班庸医一齐抹住，尽有郁郁不得志的。营翁，你想难是不难？"营之点头称是。

戟三又讲了一番闲话，因这晚夏时行在百花里花莲香家摆酒，吃的是双双台，客人很少，必定要邀他前去。戟三看姓夏的这一个人，念天不到，莲香处听说已吃了八台酒，况且举止太浮，真是个浪荡子弟，本待不去，奈他又挽志和代请，两个人的情面不便过却，勉强答应，约定八点钟一准入席，时候差不多了，起身要行。营之问他何往，戟三说知。营之道："夏时行也托邓子通转请着我，方才已有催客票来催过的了。既然如此，我们一同去罢。"戟三道："同去甚好。"

二人出了杜家，来到莲香那边，客人已到齐了，乃是郑志和、游冶之、邓子通、潘少安、温生甫、大拉斯、屠少霞那一班人，却没有杜少牧、荣锦衣在内。戟三私问志和："今天可有他们两人？"志和说："少牧因近来与潘少安有些嫌隙，恐他见面不便，故而并没请他。锦衣已于前日与毓秀夫动身进京去了，听说要过了八月再来。"戟三问："少牧与少安有甚嫌隙？"志和把二人吃醋的事，约略说知。戟三心中老大的不以少牧为然，怪他这种地方岂可这样认真，倘然今晚遇见，正好细细的规劝一番，叫他早日回苏，却偏偏没有在座，甚是纳闷。并且锦衣也动了身，其余在座的人，不是纨袴少年，便是些很讨厌的龌龊人儿，没一个可以得谈句心，因此自从入席之后，并不作声。夏时行等叫局揸拳，甚是有兴。戟三等到自己的局来过，托称有事先去。

时行耍嬲众人叫二排局，并要营之去叫素娟。营之回说："素娟有病，不能出局。"时行尚还不信，营之把戟三看症，并与他一同到此的话述了一遍，才许他另叫别人。旁边少安听了营之那一席话，问营之道："你可晓得素娟此病从何而起？"营之道："听说是受了些凉起的。"少安道："好好的人，怎得受凉？"营之笑道："受凉也是常有的事。何况做妓女的，夜里头只要局多了些，就半夜三更的还在外边，那能保得不受些凉？"少安微笑一声，道："只怕他的受凉不是从出局起罢。"营之道："你怎见得？"少安走近一步，附耳把前夜无意中在弄口撞见他与一个戏子同坐夜马车回来的话，一一诉知。营之听罢，从顶门里起一股酸气，直往上冲。不过他本来是个阴刻的人，又在花丛中顽得久了，一时不发出来，暗骂素娟干得好事！照他这种行为，那里再好走动！明日何不假称问问他可要再请戟三覆诊，且去奚落他一场，以后决计跳槽，竟做兆富里金玉香去，慢慢的再拿他过处，出他的丑，岂不甚好？主意已定，当时只顾吃酒，并没句话。席散之后，是晚住在玉香院中。

明早起身，先到票号里去了一次，没甚要事。吃过了饭，就到素娟那边，问他昨夜怎样，今天可要再请平大少爷到来转方？素娟因寒热已退，勉强在床上坐得起来，亲自回说："昨夜比前夜更是好些，今日须要转方。"营之道："前夜比再前一夜怎样？"素娟呆了一呆道："再前一夜好好儿的，我还没有起病，你糊涂了？"营之道："再前一夜只因好好儿的，故才生出来病。我倒没有糊涂，只怕你太辛苦了。"素娟听他说话不对，脸上一红，道："辛苦怎的？"营之哼了一声，道："辛苦你串得好戏！"素娟知道是那宵事发，却万想不到是少安告诉他的，尚想抵赖，回说："串什么戏？此话从那里说起？倒要讲个明白！"营之道："不讲也罢。既要喜欢做戏，我可不是串戏的人！可把我的局帐抄来，算给你钱。平大少爷转方，你们自己再去请罢！"素娟听到这几句话，晓得内中必有搬说是非的人，已被他知道得七明八白。此人性度很不好弄，又是自己不好，再不可与他强辩，不要当场吃亏，只急得哑口无言。旁边阿金等还想替素娟遮瞒，说："经大少爷是老客人了，不要听那一个断命的非言非语，冤枉我家先生。我们是向来很规矩的，那有此事！"营之闻言，只是冷笑，接连催着要抄局帐，众人不肯抄给与他。营之坐了一回，说："你们不肯抄帐？抄不抄由着你们，来不来却由我自己。本来，我有了钱也犯不着给与人家去贴戏子，我且睁开着眼看你们什么样罢！"说毕，立起身来，把足向地上一蹬，往外就走，阿金等拉也拉不住他。素娟在床上一句口多开不出来。

房间里人见营之已去，未免抱怨素娟不该应干这事儿，以后须要改过才好。素娟听了他们那些说话，不怪自己，反怪别人不过，因气极了，不免掉下泪来。那前天央经营之去请平戟三的老娘姨，见他究是有病之人，不便过于生气，向众人丢个眼风，众人始不言语。老娘姨又问："今天的医生怎样？"素娟激气说："听天由命，不要看了！"

众人正在毫无主意，听得外边相帮的喊一声"客人进来"！原来是潘少安。众人多说："潘大少爷，难得请来。"少安道："闻说你家先生有病，特地前来看他。"素娟听得明白，正要寻他问问经营之这一件事那个与他说起，勉强在床中扒起身来，说："阿潘，你可到床口边来坐，我正有话问你。"少安已料到营之来过，他因想到大凡姘戏子、姘马夫的妓女，若是客人去做了他，只要品貌生得好看，这种人必定皆肯倒贴，故此看上素娟，要去做他。只因碍着营之不便，莫要又像做楚云一般，与少牧不得开交，故把姘戏子的事情昨晚有心说与营之知道，要他死心塌地的这里不来，方好自己下手。今听素娟唤他到床口去坐，正中下怀，急忙走至床边，先问他身体可好，次问营之可曾来过，请了医生没有。素娟把方才的事一一说知，盘问少安何人走漏风声。少安赌神发咒的说："此事营之面前从未提起，怎的被他知道？真是奇怪！"又说："营之这人也太火了！就算晓得你姘了戏子是桩坏事，现时你在病中，也不该与你生气，且连医生都不肯去请，世上那里有这样狠心之人！还好的是平戟三我也与他认得，待我写个条子替你请来。小心服药，休要气坏身子才是。"素娟听了他一番言语，认做这场是非当真不是少安搬的，其间或者另有别人，反把少安当做体己人儿，感激万分。

当时，少安果然写条去把戟三请来，转过了方，戟三说："病已十去其五，只要留心调养，可以保得无事。"又问："营之如何不见？"少安回说："来是来过的了，不知道他为甚事儿，今日与素娟生气，争了几句，出门而去，故由小弟写条相请阁下到此。"戟三闻言，微笑道："原来如此。"又向素娟说："你的病体未痊，诸宜保养，切不可多怒伤肝，变出症来。"素娟点头称是。戟三起身先去。

少安也要走了，素娟留他再坐一刻。好在他的身体甚闲，每日除了碰和、吃酒之外，并无别的正事，故又重新坐下，直至旁晚还没有去，并替素娟留心汤药，甚是殷勤。房间里人说："潘大少爷这样应酬我家先生，看来比了攀过相好的人还要好几分。倘然当真做了相好，不知还要甚样待情！"少安乘机含笑说道："我的心上正想要做你家先生，不知你家先生可怕营之吃醋？"素娟向少安瞧了一眼，满心欢喜道："这种不顾人家死活，动不动就要翻脸的人，你再提他怎的？他已一面孔的走了，看起来未必再来。你真个有心照应着我，今天可就肯替我吃一台酒，与我争争气儿？不要被人家七张八嘴的说姘了戏子，走了客人，也晓得姓张的去了，就有姓李的来。"少安道："吃酒这又何妨？只是身旁没有带得下脚，这便怎样？"素娟道："下脚乃是小事，我可替你垫给，缓日带来不妨。"少安看已入了港儿，乐得吃他一台，还算是替素娟争口闲气，当下果然分付下去，就写请客票去请夏时行、邓子通、屠少霞等众人到来，闹得个不亦乐乎始散。这晚若照素娟的意思，就要留少安住下。少安因他病还未痊，况只得第一台酒，面子上边不好看相，依旧往楚云院中住宿。要等他病体好了，再吃台酒或是碰一场和，遮遮房间里人眼目，然后方可畅所欲为。

谁知不到三天，此事传入营之耳中，暗中恼恨少安，算计着要与他讲一句理。想到少牧也因楚云的事与他十分不睦，一日，写了一张字条，差车夫送到颜如玉院中，约少牧明日一早到城里也是园去赏荷，取的是城里头没人进去，可以静悄悄商量个报仇雪恨之策，处置少安。正是：

> 尝来梅子怜同味，看到荷花约共谈。

毕竟不知两个人会面之后甚样商议，少安受亏与否，且看下回分解。

第十九回

挹朝爽也是园赏荷　纳晚凉安垲地品茗

话说经营之闻潘少安做了素娟，大怒，说他不应该向朋友面前掉这枪花，反疑素娟姘戏子的那一件事或是少安造他谣言，有心离间，必须设个法儿出这一口闷气，想起杜少牧也因巫楚云的事情与他结下不解之仇，故此写了一张字条，差人到颜如玉院中，约他到城里头也是园去赏荷，要与他计议这事。少牧还不晓得内中缘故，只认做营之在洋场上顽得厌了，忽然要到城里头去，这几日天气很热，早上边正好纳些早凉，看看荷花，当下面覆来人，准其一早进城。来人诺诺而去。

到了明日，少牧侵早起身。睡惯了晏朝的人，偶然起个早起，觉得心地上有股清气往来，与平日不同，方信西人考究养身之法，果然是早起第一。张家妹听得少牧起来，急忙进来伏伺他洗过了脸，吃些早膳。如玉尚还酣睡未醒，少牧分付不必唤他，穿好衣服，匆匆便去。走至弄口，唤了一部东洋车子，拉到小东门下车进城。虽然三月里头曾与谢幼安到也是园去过一次，只因街道不熟，已忘记了，一路上逢人问信，路又狭窄，地又潮滑，走出一身汗来，把件簇新的湖色香云纱长衫出得透湿。暗想：城里头与洋场上比较起来，真是天上地下。

好容易走了十数条街，方才得到。抬头见两扇朱门，门上边悬着"蕊珠宫"一块横匾，记得这里是了。移步进去，左边乃是蕊珠书院，右边一条盘弄。走完这弄，乃是一间旱船式的精舍，一条小石桥儿。过桥有座小小假山，桥对面三间平屋，乃蓬山不远。右面便是厅事。厅外一道石栏，一个大荷花池，开着无数荷花，清香扑鼻。石栏左侧一条小小回廊，临水装着一排吴王靠阑干，正好凭阑小坐。由回廊再走进内，尚有许多亭榭，因做了诂经精舍书院，游人不能进去。少牧走得乏了，在吴王靠上一坐，把衣服宽了下来凉快凉快。要想唤值园的人泡碗茶来解解烦渴，谁知一个人也没有。记起三月里来的时节，园中吃茶之人甚多，怎的目今荷花盛开，反是这样冷清清的？难道是天色尚早？

正在思想，外面走进一个人来，回身一看，正是营之，急忙起身招呼，问他："几时到的？可曾泡茶？"营之道："来了好一刻了。我因找不见你，在后面雷祖殿上闲玩。若说泡茶，园中现在已不卖了。"少牧道："为甚不卖？"营之道："说也话长。这里也是园原算是城中一个名胜之所，听得老辈中人说起，从前上海没有租界的时候，那些秦楼楚馆，多开在城里头县桥左近，怎么三多堂、五福堂的，很是热闹。每到荷花开放，就有许多狎客带着他们到这里来顽，仿佛目下张家花园一般。自从红巾扰乱之后，有了洋场，这些堂子慢慢的多搬到洋场上去，城里头遂没有了顽的地方，这也是园也就没人到了。直到同治年间，荷池中忽然开了一朵并头莲儿，一时哄动多人，都来观看，又渐渐的有起人来。管园的是个道士，看见来的人多，想出一个生意之法，叫香工泡几碗茶，与游客解渴。这茶钱原是随意给的，一角、两角小洋钱的也有，三十、五十文铜钱的也有，那道士、香工却也不无小补。今年春季里尚还卖茶，近来因太嘈杂了，地方上与书院里的绅董得知，说好好的一个清净地方，弄得几如茶肆一般，不像个样儿，因此禁止他不许再卖。现在若要吃茶，任凭你多给他钱，他也不卖的了。少翁你还没有知道？"

少牧道："原来有此缘故，怪不得园中比前冷落好多。但此园既由道士照管，后进又供有雷祖神像，不知可有烧香的人？"营之道："怎么没有？每年六月二十四日雷祖诞期，这里头与丹凤楼两处烧香的男女最多。"少牧道："丹凤楼在什么地方？"营之道："在小东门内，黑桥一直。这庙有一半儿造在城头上边，古时名顺济庙，那个地方名万军台。最高一层是魁星阁，登在阁上，可以瞧得见隔城河租界上的车辆、行人与黄浦里帆樯来往，很有些儿远景。"少牧道："跨城造庙，这倒也是少见的事。未知与这丹凤楼一样造法的，上海可还有甚别的所在？"营之道："新北门城上还有座振武台，供的是玄天上帝，不过房屋小些。西门城上还有所关帝庙，此处俗名大境。庙中除供奉关帝之外，尚有一个月老祠，供着月下老人。求婚姻的人很多，为的是月老祠除了此处，旁的地方没有，故而香火最盛。"少牧听得有月老祠，暗暗记下，因为心上要娶如玉，正在委决不下，想缓几天去求枝签儿，且看签语上吉凶如何，再行定夺。这是着迷的人往往有此一举。

当下二人谈够多时，营之渐渐说到少安身上，把那夜在花莲香家台面上边，说素娟姘了戏子，是他亲眼得见，不合听信了他，认做真有其事，与素娟斩尽割绝，谁料他是个反间之计，把我离间开了，近竟私自做了素娟，并天天代请戟三看病的话，一一诉知，并问少牧："你想，这一口气教人怎能够咽得下去！"少牧听罢，火往上冲，道："这种人还容得他么？不瞒你说，从前他剪我的边，做了楚云，被我瞧了出来，我到如玉那边吃酒，把楚云叫到台面上来，满心要说他几句，不料你吃得醉了，反去帮着楚云，说少安断断没有这事。后来你又吐了，脏了衣服。明天，小大姐替你浆洗，到晒台上去晒晾，与楚云家的阿巧又相骂起来，闹得个不像样儿。这事你可记得？"营之道："怎么我不记得？那天我穿了你的衣服去的。明天我叫车夫来还，顺便叫把隔夜吐的那件脏衣服取回。车夫回来说起小大姐与隔壁阿巧相骂，当时我还深怪你不合跳槽，弄得他们姊妹不和，那里晓得少安当真不是个人！后来我知道了，也替你生了一肚子气。如今闹来闹去，竟又闹到我的身上来了！我可比不得你，与他交情甚深，他更不该做这事儿！因此今天请你到这里来，大家必须想个法儿，处治处治他才好！"少牧道："你想怎样去处治他？"营之道："我想邀几个人，今天在金玉香家吃酒，把少安请来，我们吃个大醉，着着实实的仗着酒意骂他一场，出一口气，你道好也不好？"少牧摇头道："好是好的，只怕他已与你有了心病，未必肯来。"营之道："这便怎样？"少牧道："据我想来，此事倒要用着逢辰，叫他在花小兰家请酒，少安自然一定肯去。"营之道："逢辰的做人，从来在应酬上面很讲究的，怎肯为了我的事情，替我招这个怨？况且又要他贴这一台菜钱？"少牧道："逢辰我与他近来很有交情，只说这一桩事乃是我的意思，谅来他没有不答应的。不过要他赔贴菜钱，理上说不过去，他又是个手头很紧的人，这么样罢，这台酒我索性与他说明，面子上是他请客，暗里头我给还他罢。"营之听罢大喜。

二人正在计议，忽外面又走进两个人来。前头一个，身穿白夏布长衫，足登缎面靴鞋，眼上戴着一副黄铜边近光眼镜，手里拿的是一把白竹柄团扇，走路一步一踱的。后面这人，是个小孩，年纪只有十二三岁，也穿着一件夏布长衫，手中拿了一把纸伞，遮着太阳，跟着那人伛腰曲背的摇摆而来。营之暗笑：世上边有这一对寿头寿脑的人！少牧看后面小孩子没有见过，前面的是方端人，这人乃父辈至交，性情古执，礼貌上一些忽略不得，急忙立起身来，将双手一垂，趋步上前，恭恭敬敬的叫了一声："端叔！"端人把眼一挤，又将眼镜略抬一抬，向少牧一看，道："我认是谁，原来贤侄。"回头对那小孩子道："快把伞儿收了过来，见过杜家哥哥。"少牧问："此位可是令郎世弟？"端人道："正是小儿又端。"少牧道："今年已几岁了？可曾开笔没有？"端人道："十四岁了。笔是去年开的，做个破承题儿尚还勉强。"少牧讶道："目今八股一道将要废了，破承题做他则甚？"端人道："文章代圣贤立言，凭他八股废掉，初开笔的时候，总要打这里做进去的，才能够有真实工夫。"少牧口中说是，心里头暗是好笑。因见大家站着，说声："端叔与世弟请坐。"端人点点头儿，向吴王靠上一坐，又端仍站立一旁，动也不动。少牧估量着他父子的规矩很严，并不再说，自己且也坐了下来。端人道："我记得与你在升平楼一别好几时了，你回过苏州没有，还是一直住在上海？"少牧道："苏州没有回去。"端人道："住在上海做甚？"少牧恐他说出扫兴话来，营之在旁不好听相，只得撒句谎道："现在上海从了一个名师，早夜苦读，因此未曾回苏。"端人道："难为你有心向学，这是一件极好的事。但上海目今喜欢讲西学的人很多，你休要走错了路！不知从的是那位老师？"少牧随口答道："从的先生姓经，别号古生，乃是个经学专家，西学却一些不懂。"端人道："这便还好。"

二人言谈有顷，少牧因与这种人久坐，正觉乏趣，暗向营之丢个眼风，立起身来，向吴王靠上取了长衫，辞别端人，披衣要走，不提防身上边穿着一件外国汗衫，一伸手，被端人瞧见，即发话道："你里头穿的是件什么衣服？好好的一个中国人，为甚要着这样不成器的东西？"少牧闻他埋怨，脸上一红，道："这衣是朋友送与我的，本来不喜欢穿，回去就要脱掉。"端人道："这才不错。你既然就要往北，我也与小儿要到馆去了，大家走罢。"少牧听说他也要去了，只得让他先行，自己与营之随在后面，缓步出园。端人见少牧与营之同走，方才晓得是他的朋友，立住了脚，动问营之姓氏里居，营之勉强回答了几句。捱出园门，沿浜又走了十多步路，见端人也是往北去的，少牧问他："馆在何处？"端人说："在龙门书院东面。"营之想，跟着他走真是乏味，暗暗在少牧的衣襟上一扯，说："今儿天气很热，我们走路吃力，还是出大东门到迎春庙那边坐部东洋车子，打从斜桥马路走罢，落得风凉些儿。"端人道："你们要出大东门，城脚上有的是羊角小车、两个合坐一部，只要二十文钱就可车到西门，何必打斜桥兜转，又是路远，又是费钱？"营之不答，少牧说声："多承指示，缓日见罢。"将手一拱，让端人父子先动了步，回身与营之往南而去，过了薛家桥西王家弄，出大南门，那里坐甚小车，走到迎春庙门前，唤了两部东洋车子，如飞向斜桥马路而去。

路上边行人稀少，甚是清静。虽然坐在车中，很可讲话，不比得在热闹地方，听不出来。营之问少牧："方才这父子两个乃是何等样人，见了他这般恭敬？"少牧道："此人直隶宛平人氏，乃是个不通世俗的老秀才，见了他真令人又是好恼，又是好笑。又因是个父执，不能不尊敬他些。况且这人性气不好，动不动就要当面抢白。但看我穿了一件汗衫，干他甚事？他竟唠叨起来！这种人我平日怕见得很，因此到了上海，从没与他叙过一次。不知今日怎的偏偏遇见了他，倒把我们商量的事儿打断，真是讨嫌得紧！"营之道："这人真个讨嫌，也亏你有这耐性耐他，换了第二个人，只怕耐不住了。"少牧笑道："耐不住与他怎样？俗语说得好，'撞着这般人，不得不如此。'我也叫做无可奈何。"营之点头称是。二人谈谈说说，车子已过了斜桥，直达西门，再过去是方浜桥了。南门的东洋车没有租界照会，只得给过车钱，另叫了两部有照会的，到尚仁里花小兰家去寻逢辰。

其时天交午正，赤日行空，逢辰隔夜并不住在那边，这时候还没有出来。阿素见是营之、少牧，留住二人坐下，叫小大姐倒了两盆脸水，替两人抹个浴。取出两只玻璃杯来，开了两瓶扬清公司买来的香蕉荷兰水，请两人吃，自己又亲手把拉风拉动，觉顷刻间心地清凉，与初进门汗流浃背的时节大是不同。少牧暗忖：阿素应酬客人果然名不虚传，连客人的朋友多是这样看待。怪不得逢辰做了这里不想再做别处。营之也说："阿素吃这堂子饭儿，真是有些经络。不比别人，时髦了些就把客人不在眼里。偶然走去打个茶围，手巾是冰冷的，茶叶是稀淡的，坐定了也不去装盆水果，饥饿时也不来问声点心。若是客人的朋友到来，更是热面换冷面的令人讨气。其实妓院中的生意，一大半是靠着房间里人应酬来的，他们怎的都想不到！"阿素闻言，笑眯眯说："我也晓得什么！我们先生又小，还要经大少、杜二少包荒些儿。"营之道："闲话少说。逢辰昨儿不在这里，谅来必在公馆里头，你家相帮的可认得住处？我们要与他说一句话，最好差一个人马上去请他前来。"阿素道："阿逢的公馆别人不知，我却去过几次，待我自己去请可好？"营之道："足见你们是老相好了，但不知离此有多少远近？这样大热的天气，怎好劳你自去？"阿素道："出路虽然不近，好得有的是东洋车，去去何妨？"因回头叮嘱小兰好好陪着经大少爷、杜二少爷坐一刻儿，自己去去就来，遂在衣架上取了一件青生丝衫披在身上，脚下边脱去蝴蝶头湖色绉纱拖鞋，换了一双元色缎鞋子，一步一笑的出门而去。

不消两刻钟时，与贾逢辰同了进来。逢辰浑身是汗，见了二人，一头宽衣抹汗，一头坐下，说："二位怎的如此热天一早到此？不怕身体受暑？若照这样的日中时候，走在路上，恍如火炕一般，我贾逢辰有人找我，若不是你二人，任凭抬了轿子来接，也断断不肯出来。但不知有甚要事与我商量？当面请教。"少牧把潘少安到处剪边，太觉可恶，要他出名请客，等他到来，大家吃到有些醉意，骂他一场，出出闷气的话说了一遍，又说："这一台酒明是你请，酒钱我付，你须替我出个力儿。"逢辰略略盘算，满口应承道："杜少翁的事情只要我办得到，怎的不办？何况少翁与经营翁多受了姓潘的亏，做朋友的应该代抱不平。不过既然是我请客，这酒钱怎么要你花费？这却万万不可！"少牧道："这是我烦你的事，那有当真要你请酒的道理？有甚客气！"营之也是这样的说。逢辰始道："既然如此，我老实了。"叫娘姨们取笔砚来，请二人点好了菜，交代厨房里今晚八点钟吃，部署已定，睡到炕榻上去吸烟。吸到五六筒左右，阿素已把便饭端整好了，搬进房来，请三人吃过了饭。营之、少牧起身要去。逢辰与阿素多说此时街上边暑气很大，留着再坐片时。直至四点钟，太阳略略退了，方才出去，约定准八点钟到齐而散。

逢辰等二人去后，自己也出了花家，私自跑到楚云那边，送信少安，叫他停回请酒决不可来，并嘱以后诸事小心，少安十分感激。逢辰遂做个两面光鲜，落得有人替他出钱吃台白酒，少牧与营之那里得知？直到晚间，诸客请齐，独有少安不来。逢辰接连发了好几张请客票儿，凡是他不时常到的地方都去请过，都说不在那边。等有两点多钟，再等不得，只得入席。营之、少牧尚认做当真寻不到他，两团醋意，依旧发泄不来。吃到散席，不见少安的影儿，没有法想，只好再图后举。营之散了台面，因觉身上潮热，与逢辰同到宝善街新锦园去洗澡。少牧因这事早被如玉知道，很不放心，差张家妹候着，一来防他重做楚云，二来恐少安不知，闯到台面，闹出事来，张家妹甚是来得，也好劝劝少牧，叫他早早回来，与少安解一个围。故此散席之后，被张家妹同着回至如玉院中。

这一晚天气炎热，寒暑表升至九十九度。如玉出完堂唱，在房里头一张皮交椅上自己拿着一把麦柴扇子乱扇，一个小大姐两手不停的拉风，尚觉心中烦热。看见少牧回来，也是汗流浃背的，连呼："好热！"并且尚是怒匆匆的。如玉不晓得少安那边已有逢辰通过信了，因此寻不到他，暗想：今天好险！满心要与少安见个面儿，与他说明就里，以后好留意提防。又想："今夜天气这样的热，少安到处不见，或者在张家花园乘凉也未可知，少牧既已回来，虽是怒气不息，却已吃得醉薰薰的，谅来再不到别处去，何不等他睡下，瞒着他叫部马车，到张园去找寻少安，给个消息，有何不可？主意已定，对少牧道："你可是有些醉了？快些睡罢！我还要坐一刻儿乘乘凉呢。"少牧怎知他肚里头的意思？回说："果然有些醉了。无奈今夜天气很热，床上教人怎能睡得下去？"如玉道："我让你一个人睡张大床，风凉些儿，可好？"少牧笑道："我一个人睡了大床，你便怎的？"如玉道："这么样罢，我到月台上去坐一回儿，你可先在这皮椅上睡他一觉再处。"说罢，立（并）起身来，把手中的麦柴扇将椅扇凉，说："你来睡罢，我一准到月台上凉爽凉爽再来。"少牧绝不疑心，看他出了房门，当真就在皮椅上睡了下去，不多一刻，深入黑甜。

如玉身子虽在月台上边，那条心已向张家花园去了，那里能坐得住？在栏干边打了几个盘旋，回至房中，看少牧已经睡熟，心中暗喜。忙叫张家妹去唤马车，张家妹欲待阻止，争奈如玉的生意近来一日好似一日，脾气却一日大似一日，他出了口，凭你什么人阻不住他，只得勉强去叫相帮到一大马车行喊了一部皮叶子橡皮轮新车。如玉尚要张家妹一同前去，张家妹说，恐防少牧醒来，房内无人不便，叫小大姐陪着同去，并嘱他早去早回。如玉答应，换了一件白官纱衫，一条白官纱裤，头上边卸去钗环，只戴一支翡翠押发，一个茉莉花球，袅袅婷婷的扶在小大姐肩上，出门上车而去。

其时天已两点多钟，若在六月里头，张家花园初一为始，不到十二点，已经禁止游人不许入园的了。恰好这时候还在五月下旬，因此通宵达旦的毫无顾忌。马车到得园中，如玉在安垲地洋房门口下车，见洋房里自来火点得如白昼一般，那些吃茶的人却因天热，多在草地上边，虽是有些星光，并没有月亮，看不出人面貌。主婢二人走了一回，不觉已至海天深处，又从海天深处走至弹子房门前，觉得两腿酸了，走了回来。

刚至一条板桥那边，劈面来了一个穿黑的人，手中拿着一盏诸葛灯，向二人一照，走近一步伸手把如玉的两眼一遮。如玉大惊，小大姐也吓了一跳，正要破口骂他，那人双手一松，格支笑道："你们二人在此做甚？"如玉听得这人声音甚熟，子细一看，原来是夏时行，穿着一件黑生云纱长衫，一手执灯，一手拿着一把潮州扇子，柄上缀着一个茉莉花扇球，花香触鼻。小大姐也已看见他，定一定神，带笑说道："夏大少爷，你怎么这个样儿？人吓人是吓不得的！"夏时行道："你们莫吓，我与你二人叫个喜罢。"说毕，伛身下去，放下了灯，拔了几茎细草，口中操着苏白，说："如玉、小大姐居来罢。"把草向二人头上乱簪，二人倒退几步，大家笑个不住。如玉道："不要顽了。我且问你，手中拿的这一盏灯那里来的？要他何用？"夏时行道："这灯是我出了好几块洋钱买的。近几天月黑无光，坐夜马车到了这里，倘然没有灯亮，怎能够瞧得见人？若说此灯妙处，真个是一言难尽。"小大姐道："有甚妙处？"夏时行道："此灯拿在手中，我可以瞧得见人，人家却瞧不见我，故而每夜必有许多吊膀子的被我看见，那种形容不出的样儿，真是好瞧得很。你想妙是不妙？"如玉闻言，啐了一声，道："偏有这许多事情落在你的眼里，你方才从那一边来？可曾看见有几个吊膀子的？"夏时行道："我从老洋房起兜了一个圈子，今天别的吊膀子没有瞧见，只看见潘少安。"如玉抢口问道："少安怎样？"夏时行道："在那里吊一个先生的膀子。"如玉道："此话可真？"时行道："谁来哄你？"如玉道："他吊的先生是谁？你可认得？"时行道："说起此人，认得他的甚多，住在久安里内，叫颜如玉。"如玉始知与他说笑，把眼微微一横，道："人家当你是句真话，才来问你，谁知你满口胡言，却也亏你说得出来！"时行笑而不答。如玉道："如今你莫乱说，我再问你一句正话，你今天当真可曾看见少安？"时行道："少安怎么不见？现在前面草地上吃茶，我还与他坐了好一刻儿。"如玉大喜道："既然他在这里，我正要与他说话，可同你一块儿去找他？"时行道声"使得"，拾起地上的灯，与如玉并小大姐慢慢回至安垲地去。

时行把灯一照，果见少安在外面草地上坐着。如玉走近身旁，刚要与他讲话，不提防旁边还有个人。原来少安自从那天在楚云面前诓说与经营之、杜素娟坐夜马车，楚云怪没有合他同去，少安许他以后天热的日子夜夜一同坐车去顽，这几日果然天天两个人一部马车，到了一点多钟出来，必要坐到三四点钟方才回去。如玉本来一团高兴，要告诉少安说话，今见楚云同来，好像当头浇了一勺冷水一般，连忙缩住了脚，不再过去。夏时行也晓得他二人近来不睦，见如玉立着的地方恰好有张空桌，就唤园丁泡茶来，拉如玉坐下，问他有甚说话，叫小大姐去唤少安过来，如玉点点头儿。那边少安初时看见灯亮，知是时行。后见他同着两个妇女走了几步不走过来，隐隐望去，好似如玉主婢，又恐未必是他，要想跑来看个子细，楚云的眼睛很快，已经认定必是如玉，一把拉住，不许他走。这边如玉泡好了茶，叫小大姐去唤少安。楚云当面发话说："如玉并不是个野鸡，怎么叫大姐前来拉人？"顿时斗起口来，哄动了无数的人多来观看。正是：

　　　　为底冤家成不解，只缘恩客互难抛。

不知这一闹怎样散场，且看下回分解。

第二十回

广肇山庄建醮　宁波忌会碰和

话说颜如玉与小大姐、夏时行一同到安垲地寻潘少安，要告诉他少牧合经营之算计的话，不提防少安与楚云同来，如玉因此没有过去，就在草地上泡了碗茶，叫小大姐去请少安过来，岂知楚云一见，破口就骂，说如玉并不是野鸡妓女，为甚叫小大姐来拉客，真不要脸。那小大姐自从在晒台上与阿巧相骂之后，见不得楚云与阿巧两个，见了便要不得开交，如今听得楚云出口伤人，怎肯让他？也还骂道："你说的是什么句话！我家先生本来不是野鸡。你也自己想想，现在吃的是什么饭？潘大少又没有讨你回去，偏要放出这管汉子的样来，亏你羞也不羞！"楚云道："正要你说潘大少爷没有娶我，却也没有娶了你家先生，大家一样是个客人，他好好的在这里坐着，要你过来做甚？"小大姐闻言，大怒道："我偏来了，你待甚样？"楚云道："我不要你来，快与我滚了开去！"旁边阿巧也插口道："你这臊货，当真快些走罢！不要在此没趣！"说罢，举起双手，像要推他光景。草地上那些闲看的人，巴不得他们打起架来，真是一桩绝妙新闻，齐齐的发一声喊。

那边如玉听见，虽然他的性度比着楚云耐些，这时候却也耐不得了，不由不柳眉微竖，杏眼斜睁，指着楚云主婢说道："那个敢来欺侮人家！须知我颜如玉也不是个好惹的人！"一言未毕，立起身要迎将上去，被夏时行急忙劝住。潘少安见势头不好，也在那里相劝楚云，叫他休要这样。楚云只当做没有听见，阿巧更是恶很很的指着小大姐与颜如玉打起苏白，千"烂污"，万"烂污"骂个不住。少安弄得没了法儿，只顾目视楚云，把他的衣襟乱扯。楚云仍旧不睬，反去帮着阿巧高一声低一声的愈骂得不像样儿。少安无奈，只得叫小大姐走散开去，便可没事。如玉又怪少安不合听了楚云，要把小大姐赶他回来。

少安正在为难，恰好来了两个救星，一个是贾逢辰，一个是花小兰家的阿素。原来逢辰与经营之在新锦园洗澡之后，营之回家去了，他又回到尚仁里去吸烟。阿素因天气很热，不能安睡，唤了一部马车，与他同到张园乘凉。刚才进得园门，就听见一片喧嚷之声，耳根很熟，因此茶也不泡，一直寻到这里。看见楚云合阿巧怒匆匆的与人争闹，那边乃是如玉，估量着为了三礼拜六点钟的事情，逢辰与阿素递个眼风，阿素会意，忙去劝住楚云，逢辰走上步一手拉着小大姐，来劝如玉，又叫夏时行陪着少安到别处走走再来。阿素在楚云面前抱怨如玉不好，逢辰在如玉面前抱怨楚云与少安不好，竟被二人不多几句把两边的火渐渐俱平了下去。后来楚云被阿素同着到大菜间里吃冰忌廉去了，方始散场。夏时行与少安闲走一回，遇见屠少霞，合他到愚园里去。少安趁这个空溜到如玉那边，咬耳朵陪了他几句小心。逢辰在旁边假意替如玉要打要骂，如玉发作不出，只得就此干休，反把少牧与经营之暗中算计他的话儿，依旧一五一十的细细说知。少安回称："此事多亏逢辰今天先通个信，不然只怕要弄到个不知甚样。虽然不怕二人，究竟不如省事的好。以后自当防着他们。"如玉才晓得少安不到台面，原来先有消息。逢辰看他两人唧唧哝哝的讲个不住，料着可以没事的了，走了开去。恰好楚云差阿巧来寻，说与阿素同在大菜间里等他，逢辰遂到大菜间去，也吃了杯冰忌廉，又略略坐了一回，见园里头吃茶的人多散了，身边摸出时辰表来，一看已是三点半钟，再耽搁半点钟天要亮了，催着阿素回去。

阿素说："楚云与少安一车来的，你去寻少安快来，我们一同走罢，省得见了如玉又要生气。"逢辰点头称是，跑到草地上边一看，泡的茶已经收了，人却不知去向。动问园丁几时去的，园丁回说走了好一刻了。逢辰好不诧异，暗想二人怎的会走？必定还在园中干些什么。信步向海天深处、弹子房一带寻去，没有影儿。直寻到老洋房左面的六角亭中，方才遇见。逢辰说："你们二人在此做甚，累我这样的寻？"少安笑而不答，如玉也没有说话。逢辰摇摇头道："你们小心些罢，天不早了，晓风是很凉的。"如玉道："休要胡说。你来找寻我们，可是要回去了？"逢辰道："不去难道住在这里？自古道，'凉亭虽好，终不是久居之地'，还是回去等少安再来的好。"如玉闻言，轻轻把逢辰的背心打了一下，说："不许你多开口儿！"与少安步出茅亭。逢辰问："还有一个小大姐呢？"如玉道："小大姐我叫他看马车去了，不要被他放了空车，想来现在车上打盹。你要问他则甚？"逢辰笑道："看你不出，你倒会调虎离山，很好很好!"如玉举手在逢辰背上又是一下,道:"才对你说不许开口,怎么又要多嘴!"逢辰笑个不住。三个人一同出了老洋房门口,少安替如玉喊马夫配车,那车早已配好了的,小大姐果然在车上打盹。如玉唤醒了他,含笑上车,与逢辰点点头儿,马夫加上一鞭,如飞而去。少安、逢辰就近从安垲地抄至大菜间,楚云已等得不耐烦了,虽有阿素陪着把些话来兜搭,究竟耽搁得时候多了,防他与如玉要好。今见同着逢辰到来,把脸一沉,一句口也不开,移身向外就走。少安涎着脸儿,跟他出了大菜间,逢辰、阿素也出来了。大家分付马夫配好了车,上车回去。少不得少安要在楚云面前着着实实的温慰他一番,我且不表。

再说颜如玉回至院中,天已渐明。少牧睡在床上,已经一觉醒来。起初原是酒后神疲,后来只因天热,覆去翻来不能成寐。看看如玉又不见到来,一咕噜坐起床沿,唤了几声。张家妹听得,进房说:"先生因今儿天热,在月台上坐了一回,没得一些儿风,与小大姐坐马车乘凉去了,就回来的。二少爷可要喝茶?待我洋风炉上炖去。"少牧听如玉坐马车去了,怪他临走时没有说明,向张家妹发话。张家妹道:"说是对你说的,因你正在好睡,一连唤了你三五声没有答应,是我叫他不要扰你,才与小大姐同去,你莫错怪了人。"少牧道:"此话可真?"张家妹道:"我家先生随便什么事情,那一件肯瞒着过你?何况这坐马车的小事。不但当真唤你,他本来还想与你同去,怎奈你睡个不醒,不是个三岁小孩,可以抱了走的,叫他真是没有法儿。"少牧听他说得咬钉嚼铁,好像是句句实言,又把小孩来比着他,不由不微微一笑道:"'人睡宛如小死',古人讲的说话真个一些不错。我向来很是醒睡的人,怎么今天也唤不醒来?谅是多吃了几杯酒的缘故。如今酒已醒了,人倒睡不着了,坐在床上,好像火炕一般的,如玉既然没有回来,我们可到月台上去透透风罢。"张家妹道:"今儿天气真热,我一直在月台上边,听你叫唤才下来的,却背脊上汗还没干,你要到月台上去,真是再好没有。"说毕,伸手在床底下拿出一双蓝绉纱一墨绣大兰花的拖鞋,放在床前,少牧拖了,陪着他一同出房到月台上去。虽然夜已深了,那些同院的姊妹们一个个多还未睡,有的在那里叫娘姨大姐拿着梳篦通头,有的在那里吃水烟闲讲。看见少牧上来,因他平日做人和气,那个二少爷长,这个二少爷短,多来与他讲话,觉得很是有趣。及至各人要睡,先后下去,如玉已经回来。

张家妹是留着心听的,只要门儿一响,他就赶先溜将下去,把少牧怪他没有说明与自己搪塞的话说了一遍。如玉知道,且不回房,一径到月台上去。见了少牧,先说他方才怎的好睡，后把自己与小大姐在马车上如何风凉，走过黄浦滩时吹得身上凉飕飕，好不受用，讲得少牧听出了神，明天定要与如玉一同再去。如玉满口答应，并要他唤一大里的马夫到来，索性包他一两个月，夜夜坐个畅快。少牧闻言，更甚高兴。谈谈说说，直至天明，回房始睡。

到了明夜，果然叫了一大里的马夫，包了两个月马车，天天与如玉一同坐着去顽。初时是一点钟去，在安垲地泡茶。后来如玉怕他撞见少安，不当稳便，推说张园太闹，每夜到愚园去坐。及至六月初一，新衙门出了告示，照例禁止夜游。巡捕房于夜间十二点钟以后张园、愚园两处各派了一个巡捕守门，遇见游园的人只准出去，不准进来。二人只得在园外边草地上边，停着马车，闲坐一回。好得每夜里来的人多，少牧必定遇见几个朋友，彼此谈谈。内中一定来的是夏时行、屠少霞、游冶之、郑志和、邓子通、康伯度等数人。要算时行、冶之最是坐不住立不住的，车子一停，便跳了下来，东也钻钻，西也望望，每有许多吊膀子与吃醋打架的新闻，瞧见说与少牧并如玉得知，当做笑谈。贾逢辰、经营之也不时常到，荣锦衣已与毓秀夫动身上京去了。李子靖、平戟三、凤鸣岐等是夜间难得出来顽的，却也有时见面。只有潘少安，听见说是夜夜出来，偏偏没有撞着过他，不知他在那里停车。

原来少安自从贾逢辰与颜如玉叫他随处留心之后，每夜虽然与楚云出来，那马车只到愚园外面兜个圈子，马上就走。有时跑到黄浦滩大桥那边，略停回儿，有时在黄家库马路上耽搁片时，有时更跑到新马路去。倘然有巡捕看见不许他停，他就分付马夫回去。何况楚云因怕被人瞧见每夜与少安一车，说他做了恩客，故此包的是一部百叶窗轿子马车，旁人看不清他。少牧坐了一个多月马车，夜间那里曾见过面儿？营之更不必说。大家依旧没有出这酸气。

光阴荏苒，不知不觉已是七月中旬，玉露飘凉，金风送爽。上海的风俗，每年到了这个时候，做盂兰盆会的地方甚多，俗名叫做打醮，也有是道士的，也有是和尚的，铙钹喧阗，香烟缭绕。不但各帮各业多有公所，没一处不干这捣鬼的事，连妓院里也挨家挨户建醮三天。全不想这种龌龊所在，道士怎召得天神天将？和尚怎礼得大慈大悲？却偏是很虔诚的，上自本家先生，下至姨娘大姐，每到打醮的日子，一个个吃素除荤，多想消灾免难。最不通的是这几日却又要客人去碰和、吃酒，厨房里杀鸡杀鸭，也不知伤了多少生灵，说起来真是好笑。

颜如玉院中本家，选了七月十一、十二、十三的醮期，共是三天。少牧替如玉吃了一个双台，又碰了场和。到了十四那天，几个火居道士足足闹了一夜，少牧瞧了一夜的热闹。因见他们把令牌乱碰，号召万神，笑个不住。如玉怪他不敬神明，最是罪过，不许他笑。少牧问他是甚神明，如玉说："玉皇大帝、太上老君、太乙天尊、大梵斗母、九天雷祖、三界符官，那一尊不是神道？我也说不尽的许多，你怎好对他嘻笑？"少牧更大笑道："那些神道当真有么？就算是真个多有，只怕这班鸦片烟鬼的道士也断断召请不来。这种污秽不洁的地方，那神道也一定不肯下降。你怎么这样的呆？"如玉道："照你说来，我们堂子里的打醮，难道竟没用不成？"少牧道："本来有甚用处？不如不打的好。倘然真个要打，倒不如把《采风报》上从前悟昙子做的那'花天焰口'放一回儿，倒还有趣得很。"如玉道："怎么叫做'花天焰口'？"少牧道："'花天焰口'乃仿'瑜珈焰口科'书做的，内中一样也有发香、请圣、召鬼、施食种种名目。不过请的圣，那主坛的是个管仲，其余是谢太傅、白香山、杜牧之、郑元和等许多古时风流潇洒的人，召的鬼多是些淫鬼、色鬼，与《笑林报》上刻的'香粉地狱灯科'乃是一个人手笔。真是你们堂子里应做的法事，怎么多不去做，却要做这文不对题的道场？"如玉听罢，也微笑道："原来就是这'花天焰口'。我自从你教我识字，到今已能识得几个。那'花天焰口'的旧《采风报》与'香粉地狱灯科'的《笑林报》，前几天多曾看过。虽不能字字认得，却也略略看得出他几句。这多是弄弄笔墨罢了，怎能够当做他真有这事，打了一坛的醮，可以免悔消灾？若像你这样说来，那班和尚道士到我们堂子里来，先要学起花天经忏来了，学着的许多正经经忏反是没用。那一个来听你？"少牧道："正经经忏要在正经地方拜的，即使没有益处，终算是个善愿。"如玉道："正经地方多哩！他们那些和尚道士本来不靠着我们堂子，譬如明天起的广肇山庄，年年打三日三夜大醮，难道你自己不信，叫人家也多不信他么？"少牧道："广肇山庄在甚地方？这大醮有甚热闹？可许人进去瞧瞧？"如玉道："广肇山庄在北泥城桥西首，平时没人进去。到了打醮的三日，不论男男女女，多可前往。莫说别人，姊妹们也去的甚多。里边收拾得很是好看。"少牧道："如此说来，我们明天可去？"如玉道："今年不去。"少牧道："这却为何？"如玉道："你不相信念经拜忏的人，去他则甚？"少牧道："我又不去看他念经拜忏，只去瞧瞧热闹，这又何妨？况且我也并不是吃教的人，这种所在不喜欢去。"如玉道："当真你要前去顽么？今天一夜没睡，明天须要养息养息，夜马车不要坐罢，还是后天十五再去，三天里这一天乃是正日，去的人本来最多。"少牧道："十五也好。"二人谈谈说说，直到东方大亮,道士散场,方才睡觉。

十四一天,果然晚上边不坐马车。十五夜间,少牧候到十二点钟敲过,如玉的堂唱少了,带着张家妹,三个人一部马车,同往广肇山庄而去。看看路上边来往的马车,好似蜂屯蚁聚一般,只因那一条马路不甚宽敞,中间又夹着许多脚踏车、东洋车、小车,愈觉得拥挤不开。那坐脚踏车的,又一大半浮头浪子居多,看见那一部马车上坐着女子,只要有些姿色,不论是公馆里的,堂子里的,总要跟定在车前车后,仔细瞧瞧,顺便卖弄他吊膀子的手段。说起来大家多是走路,谁走得,谁走不得?竟是没奈何他。却难为了做马夫的,走到这种地方,真要步步留神,偶然一个大意,最容易闹出祸来。少牧是看跑马的时候受过惊的,分付自己马夫缓辔而行,走了好一刻钟,方才得到。

张家妹先搀扶如玉下车,少牧也跳了下来,一同进了大门。但见正中间一条甬道,挂着无数敦梓堂兰盆胜会灯笼,又有无数五色纸张剪就的冥衣与整串长锭,临风飘荡,甚是好看。甬道两旁,站着好几个巡丁,一手执着灯亮,一手拿着根藤条,指点进来的人分男左女右两路,不许混杂,少牧只得与如玉分了开来。如玉约定在女客厅中相等,少牧点头记下,遂独自一个跟着那些进来的人信步走去。甬道走完,便是前厅。看厅上边灯烛辉煌,照耀得如同白昼。正中设着三座法台,每台七个和尚,共是三个主僧,十八个班首,在那里对台施食。梵音一片,夹着那钟鼓之声,也甚好听。法台后面摆着两张极大供桌,陈设的多是些贵重供品与古玩之类,两壁厢挂的多是名人字画,真个是美不胜收。少牧看了片时,移步向内,乃是个大天井儿,天井中堆着一座佛山,金光耀目,雕刻得甚是玲珑。天井走完,便是后厅,厅上边设着经堂,铺供得十分精致。

正在驻足观看,忽听得左壁厢一阵锣鼓之声,原来是男客厅外面有班清音在那里唱《北饯》的大面昆曲。少牧想:男客厅既在这里,那女客厅必在右边,何妨到右面看看。因又举步走去,恰好撞见了游冶之与郑志和两人。冶之问少牧:"昨夜可来?"少牧回说:"昨夜没有出外。"志和道:"昨夜既没有来,今天可曾到后面瞧过什么?"少牧道:"后面也没有去过。"冶之道:"后面有许多绢扎的广东灯彩与一个北瓜棚儿,真是好看,我们可去瞧瞧。"说毕,一手拉着少牧便走。

曲曲折折的绕至后边,果然见一个大翻轩中,陈设着许多广东灯彩,扎的乃是观音大士大香山得道全本。那大士的面相开的甚是美丽,并且内有机关,手眼多能活动。还有那妙庄王与白雀寺和尚并十殿阎君、牛头马面、狱卒判官，一个个多如活的一般。结末乃是一座落伽山景致，大士端坐在紫竹林中、白莲台上，两旁站着善才龙女，合掌朝恭。冶之戏指少牧，说他像个善才，可惜龙女不在这里。少牧说："冶之前刘海发留得圆圆儿的，倘然把中间的长头发挽个善才髻儿，那才真个与善才一般。可惜也没有龙女作伴。"志和道："你们多是孩子，本来多像个善才。却不知谁像观音？"冶之道："你的面貌很象女子，倘然拍些儿粉，点些胭脂，头上套一只鱼婆兜，把两鬓的短发遮掉，身上换一件渔衣，赤着一双白足，怕不像个鱼篮观音？"三人说说笑笑。猛然间，一阵的钹声怪响震得人两耳欲聋。却原来灯彩旁边，有一班广东唱班唱起曲来，那大钹比大锣还大，击得聒耳乱鸣。三人觉得厌烦，走了出去。

抄到最后进的那架北瓜棚中间，看见棚上挂着百余盏玻璃小灯，掩映着碧绿的瓜叶，新红与半黄半青的无数北瓜，真个是光怪陆离，异样好看。棚下更有几块海浮石儿，叠做一座小小假山，山上喷出一股回龙水来，水中顶着一颗胡桃大的洋球，随着水花高高下下。棚背后把瓜扎着两条青龙，一左一右，在那里张牙舞爪，要想抢这珠儿。看的人多连声赞好。

少牧等看了一回，就从瓜棚下绕道向外，乃是一片空地，供着许多纸扎的焦面鬼王与大头鬼、地方鬼、小头鬼等种种鬼卒，并城隍、土地、判官、功曹许多纸象，正中间高扎起召鬼纸幡，幡底下点着几盏纸灯，远望去，宛似晨星数点。此处除了这几盏灯火以外，别的灯火甚稀，只有城隍土地等面前，设有几副香案，觉得冷气森森的，与别处不同。这时候又月色模糊，好像要下雨光景，更是十分阴惨。冶之催少牧、志和快走，说："此地象是阴山背后，令人毛骨悚然，我们外边去罢。"少牧指着月色道："只怕天公有雨来了，我想到女客厅那边招呼如玉一同回去。你二人可是一车来的，还是与媚香、艳香同来？"冶之道："我与东尚仁黄菊香一车，志和是百花里白素秋一车来的，现在谅来也都在女客厅上。媚香、艳香因昨夜来过，今夜未来。"少牧道："既然如此，我们大家到女客厅去。"

三个人遂转弯抹角，抄到女客厅间壁。隔着天井望去，见如玉正与菊香、素秋坐在一处，旁边还有邓子通做的新清和坊金粟香、温生甫做的花小桃、屠少霞做的百花里花媚春、经营之做的兆富里金玉香、夏时行做的百花里花莲香，都在一块。冶之将手向他们招招，众人都笑迷迷点点头儿。菊香把手指向外一指，冶之也把头点点，菊香会意，与素秋一同起身向外。少牧立在冶之后面，举手向如玉一招，如玉瞧见，也与张家妹走了出来。众人跑到甬道上边，始一对对的合在一处。少牧向如玉说："深怕天公下雨，我们快些走罢。"如玉遂别过菊香、素秋，与少牧出了大门，登车而去。菊香、素秋也不耽搁，同着冶之、志和，先后上车，叫马夫跟着少牧的马车同行。

此时，夜分已深，路上边比方才来的时候车子少了。众马夫加上数鞭，那三匹马多跑得四蹄乱响。不料，才过得北泥城桥，那天公忽然发起阵头风来，呼噜噜、豁喇喇的，好不怕人！只吹得如玉等俱缩着身子叫凉，少牧等几件纱长衫儿几乎刮破。风过处，电光乱闪，好如万道金蛇，连眼睛都睁不开来。少牧在车上边对如玉道："留心，要打雷了。"如玉慌做一堆，将身倒在少牧怀中，口说："我最怕的乃是响雷。"道言未了，耳听得轰的一声，好似山崩地塌一般，果然打了一个迅雷。如玉两手牵住了少牧乱颤，少牧笑他的这般胆小。其时，眼前又一道电光，接连又是一个急雷。顿时下起雨来，那雷声更鸣个不住。少牧等这夜坐的都是皮篷马车，忙喊马夫把皮篷张了起来。无奈只遮得头上边儿，那身上因雨点大了，休想遮得，一霎时，多水淋淋的，衣裤上湿得个不像样儿。

少牧心想：这样大雨，怎能再走？最好须要寻个所在，躲他一躲。后边志和、冶之问马夫这里是怎么地方，也想暂避片时。马夫回说："将快到三马路了。"冶之道："三马路不是有个宁波总会的么？我们且到总会那边停停再走。"马夫答应，拚命把马鞭子在马背上连鞭数下，飞也似的跑至总会门前。瞧一瞧，门房内灯火尚明。冶之第一个冒雨下车，将门叩得如擂鼓般的乱响。里边管门的开门出来，冶之说明避雨原由，与他借了一顶洋伞，替志和与菊香、素秋撑着，接下车来。却不见少牧的车，只道他们已回去了，动问马夫，方知马力不好，落在后边。冶之、志和等在门首，待他来了，大叫停车。少牧见有了避处，心中大喜，也不问是怎么所在，忙与如玉并张家妹下车。进内才晓得是宁波总会，曾与康伯度、经营之等来过数次。冶之听楼上边骨牌声响，问管门的尚有那几个人在此碰和，管门的说："是康老板、夏老板、屠老板、密斯得大拉斯四人。"少牧一听都是熟人，怂恿冶之、志和上去。冶之答应，领着头一哄上楼。

康伯度正做了一副清一色索子，等嵌五索，和到共是二百五十六和。见众人进来，将牌一推，起身相迎。因看他们一个个都如落汤鸡一般，估量着必定在广肇山庄遇雨而回，却眼觑着如玉、菊香、素秋三个，只是好笑，夏时行、屠少霞也格支格支的笑个不住。如玉等不知为了何事，大家走到壁上挂的一面着衣镜内一照，原来夏天的衣服最是受不得水，三个人被雨一淋，三条白洋纱裤子都搭紧在腿上边，露出肉色，三件纱衫贴着身子，胸前却高了起来。如玉更因倒在少牧怀中，把画着的两条眉毛擦得眼圈上都是乌赤黑的，那形状好不难看！不由不脸上一红，缩到壁角里一张藤椅上坐下。菊香、素秋也觉不好意思，跑了开去。少牧等也浑身是水，一齐脱了下来，只穿着一条单裤。分付马夫各自去拿衣服来换。大拉斯见众人都是这个样儿，忍不住也甚好笑，口里头并操着强官话道："怪不得康伯度这副清一色牌和了出来，才等着嵌五索，五索顿时来了三张。"伯度等听了这话，更是笑个不住。如玉因大拉斯取笑，立起身走将过来，伸手要拧。大拉斯缩做一团，只顾讨饶。正是：

　　恼人最是风和雨，迷性无如赌与嫖。

不知如玉饶得大拉斯否，后来与少牧及冶之等怎样回去，且看下回分解。

第二十一回

对对和艳婢伴嗅　双双合痴郎豪举

话说颜如玉等在三马路宁波总会内避雨，只因浑身是水，一个个取笑他们，大拉斯更借着伯度等嵌五索调笑如玉等三人，说是来了三张五索。如玉听见，伸手来拧。大拉斯最怕的是肉痒，缩做一堆讨饶，如玉不依。旁边康伯度道："我劝你将就些罢，你这水手鬼，原来外国人也多怕的。"如玉道："怎么我是个水手鬼？"伯度道："你那双手这样湿淋淋的，难道还不是个水手不成？"如玉闻言，也觉自己好笑自己。大拉斯已抽这个空溜开去了，如玉尚要找他，夏时行道："人家好好的一场和，多被你们这班水鬼赶散！我输了一底码子。不要这么样了，还有两圈半庄，让我们静静的碰罢。"如玉晓得夏时行的碰和是赢得输不得的，输了钱就要发极，见他这么样说，莫要再闹下去，犯了他的脾气，受些没趣，因笑答道："既然如此，我还瞧在你的分上饶过了他。你碰你们的和，我们要回去换衣服了，省得水手、水鬼的被人家说个不了。"少霞道："我们果然还要碰和，你们要想回去，这样很大的雨，路上边怎能去得？"如玉道："不去，难道叫我们住在这里？"伯度道："我想你们倒不如也碰场和罢！等到雨点住了，再走不迟。"如玉道："碰和我是极欢喜的，只是身上边这两件衣服，实是再穿不得。"菊香、素秋也是这样的说。

众人正在你言我语，马夫在楼下叫茶房来说："雨点小了，可要回去？"随手带上两套衣服，瞧一瞧是郑志和、游冶之的，少牧的还没有来。菊香、素秋见二人衣服取到，天光也快亮了，催他们穿好要行。少牧不许，道："你们一齐走了，我便甚样？还是大家略待待儿。"怎奈菊香性子甚急，几次三番催着冶之，素秋也再坐不住。志和道："既是这样，你们两人先回去罢。"菊香道："你们还要在此做甚？"志和道：

"一来等杜二少爷衣服，二来雨虽小了，没有住点，当真想碰一场和，且等雨住再走。只可惜有了三个人，尚缺一个。"如玉道："缺一个，我来也好。不过只能够碰一两圈庄，再多我这身子要脏死了，随你甚样，总要回去。"屠少霞在旁边听见，道："很好很好，你们碰罢。缺一个人，如玉先碰两圈，输赢算是我的。还有六圈，待我去唤萃秀里新做的叶媚春来。"冶之道："积德些罢！这样三、四点钟时候，人家与客人睡得好好儿的，叫甚堂差？造什么孽！"少霞笑道："媚春你没有见过，他是个十三岁的孩子，怎能够留得客人？"少牧道："十三岁孩子，怎的叫他来替你碰和？"志和把眼稍向少牧一斜，道："他当真做这孩子么？内中必定还有个人。"少霞笑而不言。冶之道："竟是这么样罢，你快把局票写将起来。"一面分付茶房取麻雀牌分好筹码，一面打发菊香、素秋当真先去。

志和等分拨已定，少牧的衣服来了，张家妹伏伺换过，然后扳位入局。碰了两圈半庄，叶媚春还没有来。恰好少霞那边已碰完了，自己走过来接了下去。少牧深恐如玉穿着这半湿半干的衣裤身体受病，又细听听雨也住了，催张家妹陪着回去。如玉还要在旁略坐，少牧再三不许，始与张家妹别过众人，下楼自去。少霞接着又碰了一圈半庄，媚春依旧未来，连叫茶房去催。直至碰到第五圈庄，方才来到。众人看他，果然尚还是个孩子，一张瓜子脸儿生得甚是白嫩，身体不到三尺来长，梳着一条松三股大辫，身子上穿一件白官纱长衫，下身黑拷绸镶滚的湖色官纱套裤，微露白洋纱衬裤，那双脚像没有缠过，穿的是外国丝袜、三套云纸底京鞋，手中拿着一柄玉带扇儿，活似京城里的像姑，不过没有穿得靴子。众人齐声赞好。又看跟来的那个大姐，年纪十八九岁，身穿一件白生丝衫，内衬外国花边淡粉红汗衫，微微的袒开香颈，露出双撅头的金练条儿，手上戴一副金镶玳瑁镯头，指上边套着两只嵌宝戒指、一只珠戒，头上是一头老山翡翠的押发簪、茉莉簪儿，下身穿的是蟹壳青生丝裤子，一双五寸不到的天然足，只因方才下雨，穿了一双外国皮鞋，衬着雪白的袜套头儿，甚是干净。细看他的面貌，更出落得风姿袅娜，体态苗条，尤妙的是一双桃花眼儿，笑一笑，水汪汪的真个把人家魂灵儿都钩了过去。搀着媚春进来，向少霞点了点头，取出水烟袋来装烟。

少霞立起身来，道："水烟不要装了，你来替我碰两圈罢。"那大姐把水烟袋递与少霞，坐了下来。看桌上边几个碰和的人多不认识，扯少霞到身边来，附着耳朵问过姓名。冶之等也问大姐叫甚名字，看他带笑说道："我就叫做大姐，并没名儿。"

众人逼着一定要问，媚春低说："他叫阿珍。"早被阿珍听见，把眼一斜，又向着众人一笑，众人多瞧着他说："好双眼风！"阿珍又微笑一笑，低着头儿，双手将牌略略掳过，把自己身边应砌的多砌好了，见众人还一个多没有砌动，因问："你们可是在这里碰和？为甚大家手多不动，等着怎的？"众人始知看出了神，彼此好笑，大拉斯立在旁边拍拍手儿，说一声："佛哩孤得！"康伯度与夏时行也瞧着冶之等只顾大笑。屠少霞伸手在冶之、志和两人的肩上拍了一下，道："你们只管好笑什么！还不动手快碰，天要亮了。"冶之尚还笑眯眯的看着阿珍，好像没有听见。阿珍立起身来，回头对媚春道："我不来了，小先生，你来碰罢。"冶之始一把揪住他道："你慌甚的？我替你来就是。"阿珍佯怒道："你替我来什么？"冶之道："没有什么，碰和罢了，你休缠到横里头去！"志和接着道："真个你莫着忙，我们多立刻就与你来。"阿珍啐了一口，催众人快一些儿。冶之还要与他胡缠，说他喜快喜慢，被少霞在旁岔断，又伸手拿了冶之的手将牌掳动，说："阿游，你当真快一些罢！人家等得你不耐烦了。"

冶之始把牌砌好，看一看，志和、少牧也多好了。志和乃是庄家，掷过骰子，拿好了牌，打了一张南风。阿珍坐的正是二家，就是一杠。众人多咋舌道："真好手色！"后来这牌竟是阿珍和的，共是七十二和。接下去就是阿珍做庄，一连和了五副，得了风头。又因台面上那些碰和的人此刻有一大半心思不在牌上，随便什么张子拿在手中乱打，故此阿珍的牌愈和愈旺，后来竟和出一副索子三台的倒勒牌来，乃是中风一碰，白板一剋，九索暗杠，五索一碰，等的是三索麻雀，因摸着了一只一索，把三索打去，没有人要，一个圈子一摸，又是一只一索。和了下来算一算时，对对和一共四百九十六和，作三百和倒勒。阿珍只喜得眉花眼笑。这一副牌乃是冶之的庄家，被他敲了一下。冶之摇摇头道："怎么有这好大的牌！"志和道："不但牌脚好大，你看他和的乃是只一索麻雀，我这里已有了一对一索，他偏偏还会自摸，你想这一只可算会摸得很！"阿珍道："一索麻雀乃是摸起了把三索掉的，刚巧一个圈子又摸了一只一索，成了个对对和，真是难得！"少霞道："若然你摸不到这一索，怎么碰得出对对和来？这多是你会摸一索的好处。"众人闻言，一齐大笑，多说看不出阿珍会摸的是一索，会碰的是对对和。少霞道："你们还不晓得么？他本来最会碰自摸一索的对对和！"

阿珍被众人一嘲，心上已有些不甚自然，又听少霞这样的说，不由不脸上红红儿的，向少霞连啐数口，把牌一推，假意发怒道："人家替你正正经经的碰和，好容易和了一副倒勒，五十块洋钱底码么二解，闲家十五，庄家三十，赢了六十块钱，好话不说一声，倒说人家会摸的是一索，会碰的是对对和。只怕你太说不去，你还是自己碰罢！"说罢，假做要立起身来。少霞连忙陪笑，说道："我与你顽，你要认真怎的？快快再与我碰。"阿珍尚不依道："你喜顽，我不喜顽！当真你自己来。"众人见阿珍动怒，因他装得面孔板板儿的，瞧不出是真是假，大家要看少霞怎样下场。少霞却晓得他的性度，当着人不许十分嘲笑，今夜的话太过了些，须要敷衍他几句才得过去，因笑微微附在他的耳上道："阿珍弟，你莫着恼，我偶然与你说几句笑，也是有的，你休作我的准。稍停碰好了和，与你回去再说。"阿珍道："与我再说什么？"少霞道："凭你要责要罚，我多依你，可好？"阿珍道："我是一个大姐，敢来责你大少爷么？罚你我也不要。"少霞道："这是我自己失言，这么样罢，我自己罚自己罢。"阿珍道："你自己怎样罚法？"少霞带笑道："罚我一个月不到你小房子去。"阿珍更佯怒道："你说什么！"少霞道："你听清楚了：罚我一个月不到别堂子去，单在你那边走动，那也好了！"

媚春凑耳朵听见了这一句话，搀口说道："本来屠大少爷你也要有些意思，我们阿珍姐待你不错，就像今夜这么样的时候叫局，他已回小房子睡觉了，听见是你来叫，到六马路去唤他起身，冒风冒雨跟着我来，换了第二个人，他那里肯！你怎么不照应照应我们一家？"阿珍听媚春说他已回小房子睡觉，把眼一横道："你晓得些什么！我方才送个客人到祥和里去，因他初到上海不认得路，央我陪他同往，何尝回去睡觉？故此相帮的到小房子去没有找得着我，耽阁了好一回儿。屠大少爷几乎等不及了，差这里相帮的再三来催，你怎晓得？若说以后不往别家堂子里去，屠大少爷做的相好，何尝是你一个？你休想这种好处！"少霞道："你道我撒谎么？我往后一定不到别地方去，倘然去了，叫我脚上生一个疮。"那"疮"字还没有出口，阿珍听着，把手急向少霞口上一掩，道："你怎样的愈说愈不是了！"

二人讲了好半刻话，冶之、志和、少牧三个砌好了牌，呆呆等着，冶之开口催道："方才你们催我，此刻我要催你们了！你们有什么话，碰完了和难道不好再说！"志和道："炒耳朵吃得饱了，还是吃一索罢！"少牧口虽不言，心中也有些焦燥起来。旁边看的大拉斯、康伯度、夏时行，见二人讲个不了，多踱到少霞的背后来听。少霞见众人这样，只得又照先前拉冶之砌牌的法儿，双手拉了阿珍的手把牌砌动，阿珍趁势坐在怀中,由少霞的手叫他甚样他便甚样。众人见了这个光景,又一齐喝起采来,阿珍始把少霞推开,自已独碰。及至八圈碰毕,少霞一共赢了一底半筹码,除去三块洋钱坐头,足足七十二块洋钱。

结好了帐,大家站起身来,茶房早已端整稀饭,乃是排南、熏鱼、鸡松、皮蛋、虾瓜、海瓜子、虾酱、黄泥螺八个碟子,比着堂子里的粥菜不同,就是白湘吟推黄牌九的时节,少牧等在阿素那里吃过一次稀饭,虽然考究,却没有这许多的宁波粥菜咸鲜上口。众人坐下吃粥,媚春与阿珍要去,少霞不许,叫二人再坐片时同走。恰好如玉差张家妹来看少牧,阿珍遂与张家妹坐在一只湘妃榻上说了一回闲话,候众人吃毕,一同出门。

其时天已黎明,少牧自与张家妹到如玉那边,冶之、志和并不到菊香、素秋家去,被夏时行邀至花莲香家打了个天明茶围,要试试莲香夜间有客无客。谁知奇巧不巧,莲香那夜刚正有个生客住在房中,夏时行吃起醋来,喊一个双台下去,顿时逼着莲香要把房间让与他坐。还好这客人是钱庄的小伙计儿,瞒着东家挡手出来顽的,并不是个吃斗的人,大侵早听得有人摆酒,明是与他作对,他却不敢声张,忍着气儿穿好衣服,无精打采的出门而去,不过莲香却千对不住万对不住的说了无数好话。夏时行这一台酒,直闹到日高三丈方散,台面上吃酒的人却只有自己与冶之、志和三个,先时曾写请客票到众会里去请康伯度、大拉斯,到颜如玉家请杜少牧,到叶媚春家请屠少霞,谁知康伯度与大拉斯多已回去;杜少牧碰了一夜的和,身子困乏,早与如玉睡了,也没有来。

屠少霞与阿珍在众会出来,媚春坐着轿子,阿珍乃是步行。少霞要叫两部东洋车,皆因天气尚早,路上车子甚稀,并没有叫处。幸喜地上边已略略干了,阿珍陪着少霞,手挽手儿缓步而行,走有半刻多钟,方才回到院中。媚春的轿子甚快,早已先自到了。

少霞与阿珍进房,媚春接得夏时行的请客票儿,取来交与少霞,问他去也不去,少霞尚未回言,阿珍接来一看,道:"天已亮了,还要吃什么酒?这明明是姓夏的与人吃醋,才来请你,你何苦去帮着人家作对?我想你不去也罢。"少霞点头道:"果然夏时行吃的并不是酒,一定是醋。他在莲香那边吃的酒不少了,动不动就是双台,若照这个样儿,到节上边结算,不知共有几十台酒。"阿珍道:"你可知他还有别的相好没有?"少霞道:"他何止做莲香一个?还有同安里金寓新清和花韵香,美仁里钱宝宝许多的人，不过不是常去罢了。"阿珍道："虽然不是常去，难道一台酒也没有？"少霞道："酒是自然有的，就是钱宝宝家差不多也十数台了。还有我不晓得的，只怕尚多着哩。"阿珍道："如此说来，他吃的酒真不少了，可算得是个有场面的。但不知你在花笑春那边一共已吃了多少台酒？"少霞屈着指头略算一算，道："也有四十多台了。"阿珍道："这里头呢？"少霞道："这里乃是初做，只吃过一个双台。"阿珍伸手向少霞脸上刮了几刮，道："亏你说只吃过一个双台！我家小先生做了个很有名气的大少爷，只有这一点儿的场面，却半夜三更的叫夜堂差，要人家替你碰和，你还当着众人取笑，真是岂有此理！况且这一场和赢了七十多块洋钱，也不说缓天到小先生这边来碰一场和，或是吃两台酒完完情儿。我想有些意思的人，心上也过不去！"少霞闻言，含笑道："你家是小先生，怎的与花笑春、花莲香、钱宝宝比并起来？做得一个礼拜还没有到，已经吃了一个双台，这是你的分上，你还不平甚的？"阿珍听罢，把脸一沉道："小先生难道不是个人么？做了他不要碰和、吃酒？偶然有个场面算是我的分上，只怕今夜叫的这一个局，也是为着我哩！"少霞道："不为你，却为那个？"阿珍冷笑道："你为的只恐是花笑春，怕他通宵辛苦，才把我们来垫个空。将来碰和、吃酒，那里轮到我们！这是跟小先生的苦处，说他甚的！我等到中秋节后，将局帐收清楚了，一定把媚春包与别人，不吃这碗饭儿。若然再吃这饭，也要去跟个有名的大先生，省得被人家小先生长、小先生短的，又是吃亏，又是呕气！"

少霞见说了媚春是小先生，阿珍仿佛真有些儿动气，又想叫了个天明局，赢了七十多块洋钱，不吃台酒当真说不过去，连忙招陪他道："我与你说说顽话罢了，你又要生什么气？小先生一样是个相好，吃台酒算得甚的？你与我喊一台菜下去，今天晚上来吃是了。"阿珍冷笑一声，道："说了半天的话，谁希罕你这一台酒。难道就吃不得一个双台？一来是你的场面，二来也与小先生争争脸儿。"少霞微笑道："莫说双台，只要你依得我一句话，就是双双台也没有什么大不了事。"阿珍道："是怎么话？好依的我自然依你。"少霞道："这一句话，只要你肯，那有不好依的道理。"

阿珍听语出有因，走上一步，附着少霞的耳朵道："到底是句怎么话儿？你且说来。"少霞低声道："我且问你，方才媚春在台面上说，我来叫局的时候，你已回六马路小房子睡觉，你的小房子究竟在六马路怎么地方，家中还有何人？"阿珍道："你要问他则甚？"少霞道："你是个聪明人，装甚糊涂？说与我听，我自然有个意思在内。"阿珍道："我没有小房子，你听媚春胡说。"少霞涎着脸儿又道："你莫瞒我，真个住在六马路那里？"阿珍道："莫说当真没有，就是有也不与你说。"少霞道："怎的不与我说？"阿珍道："我虽吃了这一碗饭，也是好人家儿女，须知比不得澜污女子，借了一间房子，随便什么人出出进进，闹得不像样儿。"少霞道："原来为此。我说媚春既有这一句话，你小房子怎得没有？但你与我说明白了，也不见得我走了进来，须要你答应我来才能来呢。"

阿珍尚不肯说，少霞回头去问媚春，阿珍以目示意，媚春也笑而不言。少霞发起急来，仍向阿珍问道："你说了罢，我是个急性人，心上边实是难过得很。"阿珍始低声答道："我当真对你说了，你可要向人七差八搭的乱讲？"少霞道："只要我自己晓得，谁肯对人去说，说了叫我嘴上生一个疔！"阿珍忙用手掩住他的口，道："你又来了！我对你说：就在六马路新仁寿里。家里头并没别人，只有一个兄弟，今年十七岁了。还有一个胞姊，乃是寡居，故与我一同住着。"少霞道："你父母多没有了么？姊姊今年几岁？可也吃这堂子饭儿，不知在那一家？"阿珍道："父母死得久了。姊姊今年才二十岁，现在丝厂里头拣丝。"少霞道："他可有什么人往来？"阿珍道："你说怎的！人家好好一个青年寡妇，怎说他有人来往？"少霞道："如此说来，你家中倒是很清静的。你在生意上边，还是天天回去，还是有时住在这里？"阿珍道："回去的日子多些。"少霞道："那边一个月要多少开消？"阿珍道："连房租在内，差不多要三十多块洋钱。"少霞道："你姊姊贴你多少？"阿珍道："自己姊妹，说甚贴字？他拣湖丝得下来的工钱，自家顾自家也就好了。"少霞道："既然姊姊不贴你钱，兄弟又小，你这三十多块洋钱一月，那里来的？"阿珍脸上一红，道："你来管我甚的？"

少霞说到此处，将他一把手拉至后房一张炕榻上边，并肩坐下，又低说道："不是我只顾问长问短，我实是有了你的意儿。倘然你借的这小房子可使我走动走动，那可不必说了；若是有甚客人包着，不便我去，或是家里人多，我想替你另找一所房屋，搬一个场，往来开消一切，自然多是我的。不知你意下如何？"阿珍闻言，半晌不答。少霞道："你有怎话，只管直说，不要吞吞吐吐的闷人。"阿珍道："我不瞒你，客人是有一个的，此人每月只给我二十块钱，并不是甚包客。你倘然当真要来，我不瞒你，也没有什么不便。不过你是个傲气的人，有了你就不能够再有别人，莫说小房子里，但看笑春那边，也不知被你吃断了多少客人。这却如何是好？"少霞道："这有何难？你那客人是谁，可舍得把他割掉？你一个月要多少费用，只在我一人身上，岂不甚好!"阿珍踌躇道:"割掉他是一定的事,只是这一个人与他半年多了,叫我怎样开口?"少霞道:"你真个有心着我,只要对他说廿块钱一月不够开消,要他每月再贴二十,或者更要他打些贵重首饰,办一房外国器具,他吃不住你许多费用,自然要回绝你了。那时你就说他不应该这般器小,与他闹上几场,怕不两下拆开,有甚难处?"

阿珍听罢,口虽不言,心里头却还委决不下,怎禁得少霞嬲个不了,只得带笑答道:"依便可以依你,我倘然有甚说话,以后你却怎样?"少霞道:"自然也句句听你。"阿珍道:"既然句句听我,方才说的双双台呢?"少霞道:"今晚就吃,可要?"阿珍点点头道:"可要点什么菜?"少霞道:"点他怎的,随便罢了。"阿珍道:"既是这样,待我交代下去。这里的菜是自办的,好等厨房里预先端整,此刻将近七点钟了,不要再晏些儿,小菜场上要长没长、要短没短。"说罢,与少霞携手出房。

少霞碰了一夜的和,又讲了一早晨说话,在烟炕上横了下去,精神疲到万分,且又烟瘾发作起来。阿珍觉得,即忙开了盏灯,也睡下去,面对面儿替他烧烟,少霞满怀得意。正是:

　　　　莫道好花才入眼,须知冶叶亦移情。

欲知少霞这夜双双台吃过之后,与阿珍怎样,且看下回分解。

第二十二回

撒娇痴致真楼照相　订盟约福安居谈心

话说屠少霞心爱阿珍，要到他六马路仁寿里小房子内来往，并要他把现妣的客人拆去，答应晚间先吃个双双台，面子上替媚春做个场面，暗里头却是与阿珍吃的定情酒儿。当下少霞住在媚春房中，阿珍伏伺他吃好了烟，直到九点钟方睡。阿珍也不回仁寿里去，就在烟炕上与媚春两个暂寐片时。好个屠少霞，这一睡直到上灯时候方醒，阿珍叫房里的大小姐送洗脸水、牙刷、刮舌，与他洗脸漱口，自己在媚春的洋镜内取出梳篦，替他亲手打了一条辫子，又开了一盏烟灯，装了五六筒烟，始问少霞可要吃饭。少霞此时精神抖擞，说："天色已晚，不必吃了，快拿请客票来请客。"一连写了十数张的条子，去请志和、冶之、少牧、逢辰、大拉斯、康伯度、夏时行、经营之、邓子通、温生甫众人，只除潘少安，因晓得经、杜二人与他作对，没有在内。写完了，尚嫌客少，又去请与大拉斯不时作伴的一个假外国人叫白拉斯，一个客栈里从北京新到上海的旗下人叫格达，一个蒙古人叫乌里阿苏。那格达说是个候补道台，乌里阿苏说是蒙古的武职大员，多是贾逢辰认得的朋友，在台面上最是会闹。格达脾气很大，乌里阿苏更动不动就要寻事骂人，却见了大拉斯甚是喜欢，白拉斯因不知他的来历，也当做大拉斯一般看待，瞧着他就眉花眼笑。

席间众人叫局，白拉斯叫了个西同芳里的赛银花，格达是迎春坊的卫莺俦。乌里阿苏没有相好，要少霞荐一个与他。少霞见他性气不好，不敢乱荐，后来由贾逢辰代了一个日新里的小清倌人花彩蟾。其余众人，或叫一个，或叫两个，多是天天常叫的颜如玉、花媚香、花艳香、花莲香那一班人，不必细说。只因摆了两个双台，房间嫌太小了，叫来的局几乎没有坐处，大家挤做一堆。冶之与夏时行多说少霞会顽，竟有这么样的热闹，少霞也觉高兴非凡。这席酒自从九点半钟坐起，吃到十一点半钟方散。格达要翻台，到卫莺倩那一边去，拉着少霞同行。少霞因一心一意的为着阿珍，今夜尚要与他说话，推说昨天一夜没睡，身子困乏，要回去了，没有同往。冶之、志和、少牧、莒之四个，多因另有别的应酬，也没有去。夏时行、邓子通、温生甫、贾逢辰、大拉斯、白拉斯、康伯度等，却被他硬拉着一同出门。乌里阿苏他二人本来是个至友，自然跟着他跑。

少霞见众人已去，等阿珍指点小大姐、老妈子把台面收拾好了，只因烟瘾又发，唤他快快装烟。阿珍答应，一连装了三筒。少霞吸毕，从左首炕上掉至右手，又是三筒。阿珍问："你这烟是几时吃起来的？烟瘾已是这样大。"少霞道："是今年春天里起的，初上瘾的时候每次不过三两口儿，后来天天在堂子里碰和、吃酒，熬夜多了，觉得吃力，今天多添一口，明天又添一口，不上两三个月就是五六钱了，如今竟要吃到一两左右，说起他真是受累。"阿珍道："你向来吸的是什么烟？"少霞道："是人参收膏的广州烟。"阿珍道："这便还好，不然年轻的人要把脸色都吸变了。"少霞道："脸色虽然没有全变，却已黄瘦许多。"阿珍道："那还未必。"少霞道："你不信么？我有个去年七月里拍的小照在此，可要瞧瞧？才晓得已不对了。"说罢，在贴身一件官纱马甲里，摸出一只比洋钱小些外国金的小照壳来递与阿珍。

阿珍打开一看，见内藏着两个小照，多只半身。一个正是少霞，春风满面的，那品貌比了现在真觉好看；一个好像先生模样，却不认得，因问："此人是谁？"少霞道："这是今年三月里从苏州来的花影香，你不认识么？住在荟芳里花影娇一家，真个是色艺双全，可惜已经死了。"阿珍听罢，道："既然死了，这小照要他何用？你是个好端端的活人，怎与死人放在一处？"动手要撕他下来，少霞阻住道："这小照是撕不得的，撕掉了没有第二个这样小的照片来镶在里边。"阿珍把小照壳向自己身边一袋，道："不要镶了，两个照片待我一齐揭了下来，这照壳子送与我罢。"少霞道："你要他何用？"阿珍道："自然也镶小照。"少霞道："既是你有这种小的照片，何不送我一张？我就把花影香的揭了下来，好镶你的在内。"阿珍道："我那里有甚照片好送与你。"少霞道："没有照片，要这小照壳子怎的？"阿珍道："现时没有，缓几天不会去拍两张么？"少霞在烟炕上坐起来，道："明天我与你就拍，可好？"阿珍道："拍几寸的？"少霞道："拍张小照壳子里一寸的，再拍张六寸的，最好我与你两个人再合拍一张八寸的。"阿珍道："一寸也好，六寸也好，两个人合拍的那张八寸照片,我今年十九岁了,从来没与客人一同拍过小照,你休要转这念头。"少霞笑道:"你不肯么?今天早上说的说话倘然成了,往后你的身子说不定也是我的,怎么拍张小照反要推三阻四起来?"阿珍佯作不知,道:"早上说的甚话?"少霞道:"你装傻么?叫你把六马路从前的客人撇掉,我一个人来包你开销,借小房子。"阿珍道:"说起此话,我本来还要问你:可当真么?"少霞道:"说了一日一夜,谁与你顽?"阿珍道:"你既然真有这个意儿,我也实对你说:要我把从前的客人撇掉,只要照着你说的意思做去,却也不难。但是我们做大姐的,客人看上了眼,要甚样就是甚样,须知道却没有那种容易。"少霞道:"依你怎讲?有话只管直说,不要初一一句,到了十五再是一句!"阿珍道:"依我的意思,第一件,先要给我二三百块洋钱,待我把房间收拾收拾,添些红木器具,有人来瞧,也是我二人场面;第二件,我手上尚少一只金钢钻戒指;第三件,我颈上现带的这根金练条儿,虽是双摆,又细又轻,很不中意,心想换一条粗些的。你如答应了我这三件事,别的就好说了。"少霞说:"三件事我多依得,拍小照你便怎样?"阿珍一笑道:"你当真依了我三件,难道我依不得你一件?明儿你当真去拍,同拍一张也好。"

二人正在说得投机,百花里花笑春那边因少霞接连两夜未去,打听冶之、志和,晓得今夜在媚春房中吃酒,差了两个娘姨,假做看别的客人,闯进房来。阿珍眼快瞧见,慌把门帘一落,抢步出房,问他们来瞧那个。两个娘姨指东话西,一个说瞧姓张的三少可来叫局,一个说问姓李的四少可曾动身。阿珍早知来意,敷衍了几句话,只说:"房间里有个客人吃醉了酒睡着,此人性气不好,你们不要进去。若是闹醒了他,恐他要发酒疯(风)。"两个娘姨坐了一回,没奈何只得回去。

阿珍回房,说与少霞得知,又说:"笑春好不懂规矩,怎么看客人看到这里边生意上来?不知那两个骚货看见了你,却要把你甚样?不是我多一句嘴,以后这种没有理性的地方,你要少去。"少霞道:"因我两天没有去了,所以来寻。往后与你当真借了房子,那边就不去也罢。"阿珍点点头儿,问少霞可还再要吸烟,少霞说不消了。阿珍收拾烟具,因见天已不早,少霞决不去了,伏伺他宽衣睡觉,自己仍与媚春睡在炕上。

到了明日起身,少霞因要去拍照,故此也是饭前起来。吃过了饭,问包车夫来了没有,包车夫进房回说早已来了。少霞叫他不必把车子拉来,可到公和马房阿宝那里去叫一部橡皮轮轿子马车来,就要出去。车夫答应自去,阿珍问:"马车坐一个人,还是两个，到那一家去拍照？"少霞道："你我两个同坐，到大马路宝记去拍。"阿珍道："白天里两个人一车，有人瞧见，像甚样儿？"少霞道："轿车有遮风的，你把遮风遮了，怕甚有人瞧你？"阿珍尚待不允，说要与媚春同坐，叫少霞自己仍坐包车。少霞附耳答道："媚春他何必同去，我与你拍过了照，顺便到杨庆和去换金练条，亨达利兑金钢钻戒指。若是媚春去了，岂非有许多不便？"阿珍方始首肯。

少停，车夫来说马车来了。二人出门上车，真个把四面的遮风遮下，路上走过的人一些影也瞧不出来。两个人坐在车中，有说有笑，将要转湾到大马路去，阿珍说："宝记的照片果然拍得甚好，我听得人说致真楼有好几套古装衣服，拍下来很是好看，前天见有个姊妹们拍了一张天女散花图，真是异样出色。今天我想拍一张白水滩中的十一郎，或是八蜡庙中的王天霸，我们可要到致真楼去，不知你意下如何？"少霞笑道："你喜欢扮十一郎、王天霸么？这多是戏班里头等武脚色起的，看你不出倒是个头等武功。"阿珍佯怒道："人家好好与你讲话，你偏指东话西，到底你心上到那一家去？"少霞道："致真楼去也好。"遂分付马夫到致真楼。

上得楼去，因照相间里先有个公馆里来的一男一女在那里拍照，必须略等一等，由帐房里应酬客人的伙计领至隔壁一间客位内坐下，问二人要拍几寸片子，还是时装、还是古装。阿珍道："时装也要，古装也要。你们拿张仿单，再取几本裱好的样照来我们拣罢。"那个伙计连连答应，遂到帐桌上去取了一张仿单，又随手拿了三本样照，把样照交与阿珍，仿单交与少霞。少霞接来一看，见上写着：

> 四寸起码三张洋一元，多印每张洋三角，西装半身四张起码，每半打洋一元八角，一打洋三元，取回相底洋五角；六寸半头一张洋一元，多印每张洋四角，半身加洋五角，每半打洋二元半，一打洋五元，取回相底洋一元；八寸半头一张洋二元，多印每张洋五角，半身加一元，每半打洋四元，一打七元，取回相底二元；十二寸头一张洋三元半，多印每张洋一元，半身加洋二元，每半打洋七元半，一打洋十四元，取回相底洋三元。着色人多面议，补服古装加半。

次看那着色仿单是：

> 四寸每张洋一角五分，多一人加五分，古装大衣加一角；六寸每张洋二角五分，多一人加五分，古装大衣加一角；八寸洋四角，多一人加一角，古装大衣加二角；尺二寸每张洋六角，多一人加二角，古装大衣加三角。

又看那放大价目是：

> 十八寸每张洋七元，二十四寸每张洋十元，三十寸每张洋十五元，四十
> 寸每张洋二十元，五十寸每张洋三十元，六十寸每张洋三十五元，七十寸每
> 张洋四十元，八十寸每张洋五十元。配架着色另议。

少霞看毕，折小了揣在怀中，去看阿珍手中的样照，见林黛玉、陆兰芬、金小宝、张书玉等凡是有名的妓女，没一个不在其内，也有是时装的，也有是古装，也有是西装、广装的，也有是扮戏的。那扮戏的要算谢湘娥扮的王天霸、范彩霞扮的十一郎这两张，最是儿女英雄，异常出色。二人看了一回，阿珍说："拍两张时装的八寸半片，两张扮十一郎、两张扮王天霸、两张西装半身的六寸半片，另外再拍两个最小的头子镶在小照壳子里边。"又与少霞合拍了两张八寸半片。少霞因见样照上有一个人坐了东洋车拍的，那神气很是好瞧，遂也照样拍了两张六寸半的。计议已定，先前拍照的那一男一女早已拍好去了。两人遂走到拍照间中，阿珍如法装扮起来，一张一张的拍毕，次与少霞一同拍了一张坐花醉月图，少霞又拍了张坐东洋车的。算一算，连着色配架，一共是二十块零九角洋钱。先付了十块洋钱钞票，约定一礼拜来取，双双下楼而去。

少霞本来尚要阿珍拍一张在手帕上边，再拍一张放大三十寸或是四五十寸的。阿珍说："手帕、磁器、团扇、摺扇、牙片上的，多曾在张家花园光绘楼与西尚仁里二惟楼内拍过，还有一方手帕在家，回去取来你看，倘是中意，送你也好。放大的在耀华照过一张四十寸片，丽华、丽芳各照过一张三十寸片，全身半身多有，现在多在家中，将来尽好悬挂，不必拍了。"少霞道："你的小照好多，昨天怎说没有？"阿珍道："小照果然不少，可惜这几张大的不能送人，小的除了手帕上边真没有了，不是骗你。那手帕上这一张照，我本来也不愿意送给人家，除了你别人休想。"少霞道："手帕上拍的，可能下水洗擦？"阿珍道："听说下水不致退色，洗却没有洗过。"

两人在车中谈论，马车已到亨达利停车。阿珍与少霞进去，拣了一只金钢钻戒指，足足二百七十两价银，比了少牧春间兑与巫楚云的更是晶光夺目。阿珍满心欢喜，看少霞付过银票。又上车到杨庆和去，兑了一条金练，共重一两八钱有零，四十二换兑价照算，应洋一百多元。本说把颈里头现在带着的细练换的，后来阿珍说带在颈上羞答答的，怎好除将下来。少霞闻言，意欲付些定洋，明天来取，阿珍却又不允。少霞明知道他不肯换了，笑一笑，照数把银子付清，取了练条坐车回院。

　　不知不觉，天已夜了，阿珍留少霞吃了夜饭。等到十二点钟过后，喊少霞的包车夫进房，与他说明仁寿里的门径，自己叫了部东洋车领着，一同到小房子去。这一夜，少霞方才如了他的心愿，只虑的是阿珍那一个包客尚还没有撤掉，未免有些吊胆提心。到了明日，少霞就开口催他。阿珍见少霞用钱撒漫，那包客早晚终是一个"断"字。何况断去了他，少霞那边尚有办外国器具的三百洋钱好拿，还是亲口答应着的，只要客人那一日起不来，他便拿出钱来。故此当日吃过午饭，邀这客人到海天览胜楼去吃茶。

　　这客人姓史，别号五桂，苏州人氏，从前是做过洋行里跑楼的，有几个钱多花消在堂子里头，最喜欢的是借小房子，弄到后来一无结果，如今已差不多两手空空的了。阿珍约他到了览胜楼上，照着少霞叫他说的说话，一五一十说知。史五桂明知他变了心思，半晌答不出话来，怎禁得阿珍舌剑唇枪，逼着他一定要逐件应允。史五桂自己估量自己，那里有这力量，又要每月加钱，又要马上拿钱出去添办首饰器具，呆了片时，叹一口气，只得开口回绝。阿珍听了，翻起脸来说："人家舍着身子姘了个人，为些什么？像你这样那又不肯，这又不肯，亏你讲得出来！你有脸面不时到我那边来，我却要长没长，要短没短，惶恐与你相交一场，想起来没甚脸面！"一句紧似一句的，说得史五桂脸上红了又白，白了又红，直到他吐了口风说："姘头比不得花烛，你心上有了别人，不要向我作难，以后尽可你过你的好日，我走我的路儿。"阿珍又吃住了这一句话，问他此话可真，五桂因在激气时候，缩不回来，硬着头皮回说："好人家的说话，自然讲一是一，谁像你有口无心！"阿珍道："怎的我有口无心？"五桂道："你还记得与我初要好的时候？你是怎样说的？"阿珍道："也没有别的说话，不过说我再做了一两节的生意，嫁你罢了。如今你也自己想想，倘然真嫁了你，这门户怎么能够开消？难道叫我跟你受罪？老实说，父母作主的婚姻，自然无可如何；自己作主的，少不得要睁着眼睛嫁个好些儿的。"五桂听了这话，更气得说不出来，暗想若与他再讲下去，真是受不得了。没奈何，冷笑数声，立起身给过茶钱，下楼便去。阿珍一见，跟了下来，逼着问道："到底你以后来是不来？必须与我一个了断！"五桂道："若大的上海地面，难道没有旁的所在好走，一定要你那边来？"说完，头也不回，怒匆匆向人丛里一跑，不知去向。

　　阿珍见他斩钉截铁的走了，心中暗暗欢喜。回至仁寿里，去与少霞把情节说知，要向他拿三百块洋钱，去买外国床、外国衣橱、外国睡椅各样器具。少霞回说身旁没有，晚上取来。阿珍问他到那里去取，少霞说后马路钱庄上边。阿珍道："既然是后马路，我此刻要到福安居去看个客人，停刻你取了钱，可到福安居来，我还有几句话要与你说。"少霞道："福安居吃茶的人很多，你有什么话说，晚上再说可好？"阿珍道："我叫你到福安居去，你不听么？"少霞道："听你怎样？"阿珍道："听我你只管来，自然有个道理在内。"少霞因爱极阿珍，不顾众人瞩目的地方，满口答应取了钱一定就来，阿珍才欢欢喜喜的携手出门。少霞坐了包车，阿珍叫东洋车，分道而去。

　　那消一刻钟时，少霞果然到后马路兴仁里内钱庄上去取了三百块洋钱钞票，来到福安。见阿珍已同着一个二十多岁年纪的客人，在靠窗口一张茶桌上讲话。少霞不便招呼，暗暗打个照会，拣了北面壁角里一张茶桌，泡了碗茶耐心等着。直到这客人去了，阿珍方才过来。少霞问："这客人是谁？看他做甚？"阿珍道："此人姓白，是媚春在天乐窝书场上做的客人。吃了三台酒，叫了十几个局，好几天没有见面。如今八月半将要到了，晓得他每日里在此吃茶，故特地来看看他。"少霞道："原来如此，我却认做你与他有甚牵丝。"阿珍将脸一沉道："有了牵丝，我不约你到这里来了。我要对你说的，正是为这一节。我看你的醋心很重，比不得别的客人，你却要心上明白。我为你已把姓史的拆了，须知道我并不是个朝三暮四的人，以后你千万不要多疑，说我心上边还有别人。不过现在吃的是堂子饭儿，那些来往的客人们，不能不与他周旋周旋，你却不能管我。且待做过了节，我们再作区处，你道是也不是？"少霞道："你的话我明白了，但是做过了节，你能够不做这生意么？"阿珍道："不做生意怎讲？"少霞道："不做生意，那班客人就没有了。"

　　阿珍笑道："说来说去，你的话总是酸溜溜的！好得我这碗饭吃得本有些不耐烦了，才与姓史的借小房子，如今又换了你，且等过节再说。不过我还有两句极要紧的说话要叮嘱你，这话不便在生意上说，也不便在家里头说，故约着你到这里来。"少霞道："是什么话？"阿珍道："第一，从今以后不许你在外边过夜，就是媚春那边，也不许乱借干铺；第二，我家里的那个姊姊，倘我不在家中，你不许与他多言多语，晓得了我一定不依。"少霞闻言，诧异道："媚春是小先生，借借干铺有甚要紧？你的姊姊是自家人，怎么不许我与他说话？"阿珍道："媚春果然是小先生，他还有个阿姨，年纪二十多岁，名字叫做翠凤，住在生意上边，现在往苏州去了，故而你还没有见过，不日却就要回来。此人与我不甚合机，因叫你不要在那边过夜。姊姊因他性气不好，动不动要与我吵嘴，故劝你不要与他说话。"少霞点头道："既然有这许多讲究，我多听你的话：媚春那边决定不住，你姊姊决不与他兜搭，这又何难？"阿珍道："这两句话你能应得心么？"少霞道："怎么应不得心？"阿珍尚要往下讲去，楼梯上忽来了一男一女，男的向阿珍搭讪，女的来寻少霞，二人彼此脸上一红。正是：

　　　　得意乍看谐好事，惊心应恐泄香盟。

不知来的那一男一女是谁，二人为甚脸红，且看下回分解。

第二十三回

巫岫云蜜语甜言　花媚香打情骂俏

话说阿珍与屠少霞在福安居谈心，正说得津津有味，楼下忽然上来了一男一女。男的原来是潘少安，他自从少霞做了媚春，在席面上遇见阿珍，暗诧好瓣冶叶，即便看上了眼，打听他小房子住在什么地方。阿珍也见他品貌既好，年纪又轻，虽然不是自己做的客人，乐得与他兜搭兜搭，说不定竟会上钩。这种人就是他不肯花钱，也是愿意，因此背地里告诉过他。少安记在心上，几次要想到仁寿里去，争奈白天里阿珍不在家中，到了晚上不是被如玉留住，便是楚云、素娟差娘姨大姐四处找寻，只要被他们寻见，休想脱身，故还没有去过。这日无意中上得茶楼，巧巧遇见，奈有少霞在旁，他略略招呼过了，与阿珍丢个眼风，要叫他到外面洋台上去。阿珍恐被少霞瞧见，不由不脸上一红。那女的却是百花里跟花笑春的阿香，近几日因少霞绝迹不去，晓得做了媚春，明明为着阿珍。自从那一晚曾与粗做娘姨闯过一次房间，被阿珍推说有个吃醉客人在内，酒性不好，拦住他们没有进去，此后也没见过影儿，心中很是不快。那日因另有几户客人也好几日没有去了，内中有两个每天在福安吃茶的人，笑春因中秋将近，分付他们特地来寻，巧巧在路上撞见少安，故而一同上楼。

看见少霞同阿珍坐在壁角里一张桌子边讲话，阿香大喜，三脚两步跑至桌边，喊声："屠大少爷！怎的你在这里？我家先生有一句话要来问你，这几天我寻得苦了！你且附耳上来。"口说着话，因与阿珍一向尚还要好，将头对他略点一点，然后身子一弯，把口附在少霞的耳上，数说他不该去做媚春，将笑春撇在九霄云外，这几天一次不来。少霞见阿香如此举动，深怕阿珍在旁着恼。谁知阿珍趁着阿香在那里与少霞讲话，乐得做个大方样儿，跑了开去，与少安叙谈。此时少霞不但不疑心阿珍被少安一个眼风喂去，反暗赞他真能体贴人情，遂一心一意的与阿香讲了好一回话，无非是做了媚春，并不忘掉笑春，缓天自然要来的意思。阿香听罢，说："今天难得寻见，且与我一同前去。"少霞不肯，孵了半天，阿香也一定不依，弄得少霞无可脱身。

说也凑巧，恰好郑志和、游冶之在楼下经过，瞧见阿珍伏在洋台边栏杆上，与一个客人丢眉弄眼的讲话，这客人身子偏着，望上去好似少安，却又看不清楚。志和已走过了，冶之定要看个明白，把他追将回来，大家跑上楼去。先被少霞看见，好如得了救星一般，喊声："郑志翁、游冶翁！你们从那里来？可要这里泡茶？"志和、冶之见是少霞，且不到洋台上去，走至桌边招呼过了，问少霞："怎么今天吃起茶来？真是难得！"旁边阿香道："二位大少爷，你晓他是一个人在此，还是有甚别人？"冶之道："莫非是阿珍同来？"阿香道："你怎的知道？"志和道："我们因见阿珍在洋台上与人讲话，才上来的。"少霞道："你们休要去听阿香的话，我今天因有些小事在这里约一个人讲话，独自来的。阿珍他来寻个客人，那客人没有寻到，看见了我，故在这里略坐，何曾与他同来？"阿香道："同来也好，不同来也没甚打紧。闲话少说，快与郑大少爷、游大少爷到先生那边去坐坐。"少霞道："我并没有说不去，不过此刻真是约着个人，没有工夫。"阿香道："你到底真约那一个人？说与我听，我才信你不是假的；不然随你怎样，今天定要同去。"少霞被他问到极处，只得随口答道："约的人你也认得，是贾逢辰贾大少爷，如今你可不要孵了。"阿香道："贾大少爷即刻我见他同了一个朋友在万华楼，真是一片谎话，谁来信你！"少霞假意问道："你真看见他在万华楼么？怎么我约他在这里等的，他反跑到那一边去！你可还寻得到他？最好就央你带个信去，叫他快快就来，我在此等得久了。"阿香道："谁耐烦替你寄信，他此刻不来，谅是不来的了。有甚说话，明天讲罢，我们快些下去，天要夜了。"少霞仍是执意不肯。志和看他这种情景，猜到他三分心事，因帮着撒句谎道："阿香，你休得如此，屠大少爷当真约贾大少爷在此讲一句话，这是我们昨天在台面上亲听见他说的。"阿香道："昨天你们有台面么？在那一家？怎么我们的局也不叫？"冶之随口答道："就在贾大少爷做的花小兰家，屠大少爷叫了媚春，我们当时要他叫你家的先生，奈他不肯，这是他的没良心处。"阿香将嘴一抿，道："本来大少爷有了良心，那就好了！"四个人你言我语，孵有半句多钟。

少安与阿珍在洋台上讲了无数说话，阿珍站得有些脚酸，心上边懊恼起来，说：

"世上那有这种不识趣的呆人，人家不肯同着他去，他偏要勉强人家，这还像甚样儿！"少安道："听你之言，莫非是要阿香走么？"阿珍道："他再不走，我这两只脚要站麻木了。"少安微笑道："真要他走，这又何难？你且瞧着，待我去打发于他。"说罢，移步进内，向阿香含讥带讽的道："阿香，我要问你句话，你如今可还住在花笑春家？"阿香道："怎的不住？问他则甚？"少安道："我疑心你不在那边，到野鸡堂子里去了，不然怎么在茶馆里头拉人！"阿香始知他有心调侃，脸上发赤，道："潘大少，你不要这样骂人，这叫做出于无奈。"少安见他有些发极，伸手扯住了他的右手道："你莫发极，跟我到那一边去，我与你说。"阿香本在无可下场，就趁这个机会，当真跟了少安走到西首洋台边去。少安附耳说道："你苦苦逼着少霞做甚？他今天明明是同阿珍约在此地讲甚心腹说话，如何拉得他动？我看你还是去罢！这个人交代与我，三天内包你一准陪来，岂不甚好？"阿香道："三天果然陪得到他，譬如今日没有见面，有甚不可？我只要回去时先生不抱怨着我，说我无用，连个客人多请他不来，那就好了。难道我真个要拉着他走？脚是生在他身上的，硬拉本也无用。"少安道："这句话你明白了，既然他的脚生在他的身上，你的脚自然也生在你的身上，不是我要催你，还是快些走罢！不要被报馆里人看见，明天登在报上，说花笑春家的阿香在福安居楼上拉客。那时你家先生晓得倒了他的名气，只怕真要怨你。"阿香听少安讲得不差，回说："既是这样，我竟听你的话要回去了。屠大少爷这人，却要拜托着你，缓天陪着他来，不可失信。"少安道："这事包管在我身上，你且去罢。"阿香无精打采的别过少安，回身进内，尚想与少霞说几句话，岂知先已走了，只有冶之、志和还在，动向二人，说与阿珍一同去的。阿香冷笑一笑，向二人点点头儿，说声"停回请你们到先生那一边来"，下楼自去。

冶之、志和见阿香走了，少霞、阿珍料定他们决不再来，志和走到洋台边去招呼少安，要想同行。忽见跟西荟芳巫岫云的大姐阿翠金跑上楼来，瞧见冶之，一把拖住，说，"走得好巧！我有桩事与你相商。"志和道，"有甚事情？你且说来。"阿翠金道："不瞒你说，我家先生今天乃是二十岁的生日，叫了一班宣卷的人在院子里宣卷，另外又是一班清音，很是热闹。若照这样场面，必须多几台酒，脸上方才有些光辉。却偏有不巧的事情，熊聘飞熊大少爷他隔夜点了一个双台，今天忽然有些身子不快，来改期了。菜已备了下去，弄得个没人来吃，故此特到福安居来寻户客人，与他商量。我想你也曾叫过我家先生七八个局，酒却没有请过，不知今天可肯给个脸儿？"原来志和新近做了岫云，乃是楚云在台面上做的媒人，不过走得还没有很热，当下听阿翠金叫他吃酒，他是个好胜情性，怎肯回绝人家，答称："一个双台，吃也不妨，但不知你们的房间几时空闲？"阿翠金踌躇道："正房间今天是掉不转了，客堂房间可以随到随坐。"志和道："今天一共是几台酒？"阿翠金屈指一算道："一共是十七台。"志和道："十七台去了熊大少爷两台，也有十五台了，一样吃酒，何不明天也好？"阿翠金笑道："明天吃虽是一样，不过今天见得场面些儿。好大少爷，你替我家先生争争脸罢！况且说不定走一个巧，让得出正房间来。"志和听他说得恳切，与冶之商量怎样，冶之道："你既然答应了他，今天、明天总是一样，何不就去。"阿翠金道："多谢你替我家先生帮忙。"志和笑道："游大少相帮是不做的，怎肯帮你先生的忙！"阿翠金也笑道："郑大少爷，你要捉别字了，我们总是这样说的。"冶之道："休得取笑，天已不早，我的腹中有些饥了，到底几时去吃？说定了免得游移不决的，叫人难过！"志和道："你说马上就去，我还有甚游移？既是你肚中饿了，我们竟然就走可好？"冶之道："潘少安现在外面，可要邀他同去？"志和道："邀了他，不能再邀营之、少牧，岂不扫兴？"冶之道："只因二人与少安不睦，我们有好几时不与少安同台面了。他最是个鉴貌辨色的人，今天看见阿翠金上来，明天打听出岫云生日，晓得我们吃酒，当着面不去请他，岂不见怪？我想与营之、少牧聚首的日子很多，今天不要请他二人，就请了少安去罢。"志和道："如此也好。"遂差阿翠金到洋台上去请少安进来，说明请他前去吃酒，少安满口应允。

　　志和分付阿翠金先走，自己因方才听得阿香说起贾逢辰在万华楼吃茶，要想请他，故与冶之、少安一同出了福安，向东而行。走得不多几步，恰好逢辰从万华楼出来，要到西尚仁去，在路上遇见。志和大喜，把岫云生日、今晚吃酒的话告知，叫他西尚仁不要去了，四个人一同到西荟芳里。

　　进得院门，只见有一大群客人从房里头散席出来，内有邓子通、温生甫二人，志和慌忙叫住，邀他们重新进去。恰好正房间刚刚空着，阿翠金请众人进房坐下，说志和来得好巧，应了福安居的那一句话，正是难得。志和问："客堂房间可有台面？"阿翠金道："怎么没有？连楼下边还借了两个房间。"志和点点头儿，写起请客票来，一张去请少霞，一张请大拉斯、康伯度，一张请夏时行，再写一张请白拉斯，一张请旗人格达，一张请蒙古人乌里阿苏，交代相帮速去。

　　少顷，大拉斯与康伯度先到，已吃得醉醺醺的，乃在惠秀里翻台过来。乌里阿苏、格达两个是坐了马车来的，跟进来三个长随，一个拿着一口青布袋儿，袋内是两支烟枪；两个拿着两支水烟袋。二人进房坐下，长随过来装烟的装烟，开灯的开灯，真是官气直冲。格达更嫌长道短的，丑态百出。志和虽是喜欢朋友的人，见了这种人，却也有些头疼，暗悔今朝不应请他。二人与志和讲不到几句说话，睡下炕去，吃了好几口烟，还没过瘾，带来的烟已没有了。格达大骂长随不会办事，出来的时候烟匣里怎的不子细瞧瞧。长随回了一句："出来的时候瞧过，只因今天在外边耽搁多了，才不够的。"乌里阿苏怪他挺撞，拿起烟枪要打，幸亏阿翠金眼快，一手抢住，说："格大人，乌大人，莫要生气，我们这里有烟。"格达把眼珠一瞪，道："这里的烟，我们怎吃？"回头又对那长随道："还不与我滚回栈去，快快拿来！"那长随涨红了脸，放下烟枪、烟扦出房而去。志和等见了，一个个心上边不以为然，只有贾逢辰见这装烟的长随去了，走至炕边说："二位要烟，我带得广恒信的菊字老膏在此，可要试他一试？"二人说："我等多不会装。"逢辰道："待我来装。大凡吸烟的人，最怕是瘾还没过，没有了烟，从心里头暴躁出来。不瞒二位说，兄弟也是个亲历其境的人，莫怪二位着恼。"二人见逢辰说话殷勤，又亲自动手烧烟，说了一声"对不住你"，各人吃了一筒，多说这烟果然还好。逢辰尚要装第二筒，志和过来催众人坐席，格达在炕榻上坐了起来，乌里阿苏也不吸了，大家入席坐下。

志和写好局票，交与阿翠金发出去叫局。逢辰问："可还有别甚的客人？"志和道："还有少霞与夏时行，不知为甚不来。"道言未了，外边走进一个人来，向众人一一招呼。众人定睛看时，原来是夏时行。这日天气很凉，大家多穿罗纺春纱，也有已穿铁线纱马褂马甲的，他却尚穿着一件半旧不新的芙蓉纱接衫，内衬青生丝短衫，下身白生丝裤。志和深怪外面相帮的，有客人进来怎么喊也不喊一声。谁知那些相帮的人，见他身上衣衫穿得不甚像样，只认做又是乌、格两人带来的长随，故而没有喊得。可见世上的人，正是只重衣衫。贾逢辰见了时行这般衣服，估量他中秋将到，必定有些不妙，只与他点了点头，冷冷的不很亲热。志和见他来了，分付值台面的娘姨添了一副杯筷，又补了一张花莲香的局票。

只听得相帮的喊声："翠金姐，客人进来！"乃是少霞到了，众人招呼坐下。志和问少霞叫谁的局，少霞说是媚春。志和写好，交代与莲香一同去叫。冶之因见少霞手指中间夹着一张字条，问是什么东西，少霞道是张福利公司的外国像生发票。冶之取来一看，见买的乃是四波玲跑托姆沙发一张，又沙发一张，叠来新退勃而一只，狄玲退勃而一只，华头鲁勃一只，开痕西铁欠挨两只，六根矞拉司一面，华庶司退痕特一只，辨新勃一只，次爱六把，梯怕哀两对，及特来酸等一切器具，共计价洋发爱夫亨特来特圈的雪克斯大拉斯爱痕特福的反夫生斯。冶之看了，除结末一句约略认得出是五百二十六元四角五分洋钱，其余那些名目一点不懂，因问台面上那一个瞧得出来，到底买的是些什么东西。康伯度接来一看，道："四泼玲跑托姆沙发是张弹弓交子铁床，沙发是张睡榻，叠来新退勃而乃是妆台，狄玲退勃而是大餐台，华头鲁勃是衣橱，开痕西铁欠挨乃藤坐椅，六根矞拉司是着衣镜，华庶司退痕特是面汤台，辨新脱勃是浴盆，欠爱乃是交椅，梯怕哀是茶几，特来酸是大菜台上的碗碟东西。少翁办这许多外国傢生，可是送与笑春，还是媚春？"冶之道："一个不是，这东西必定是替阿珍办的。"伯度道："何以见得？"冶之道："他们二人近来火一般热，怎么不替他办些家伙？"回头问少霞是与不是，少霞笑而不言。少安瞧了少霞一眼，道："阿珍这人果然不错，少翁花几个钱也还值得。"旁边格达与乌里阿苏听见，问少安那一个叫阿珍。少安道还没有来，二人问可是大姐，少安道是。二人道："一个大姐，有甚可取？"少安道："那个大姐不比别人，差不多的先生，怎能够及得他来？"二人闻言，半疑半信。

稍停，叫的局一个个渐渐来了。叶媚春是第三个到，格达看了阿珍，暗思生得果然娇艳，乌里阿苏也看上了眼，两个人多目不转睛的钉住着他。阿珍把两人瞧了一下，低问少霞是谁，少霞附耳与他说知。阿珍微微一笑，直把二人的魂多勾去，觉得自己叫来的卫莺俦与花彩蟾多不如他，忽又惹动了他的气恼，在台面上发起性来。一个说莺俦唱得不好，一个说彩蟾来得慢了，拿什么腔。莺俦逆来顺受，任凭格达甚样的说，只顾笑眯眯的、有气呕在肚里；花彩蟾年轻性躁，听得说他来迟，见台面上尚有花小桃、金粟香、花小兰、花媚香许多人尚没有来，不免略辩几句。乌里阿苏道是冲撞了他，大发雷霆，把彩蟾一个巴掌，绝嫩的粉腮上边起了五条指印，彩蟾不提防他下此辣手，不由不号啕痛哭。顿时席面上沸反起来，志和等急忙相劝。怎奈此人性格愈劝愈是不好，更有格达在旁帮助着他混闹，那里能一时间息下火去。弄得主人家没了主意，跟彩蟾的小大姐小宝只有十二三岁，看见了吓得躲在一旁，一句话也说不出来。

阿翠金见势头不好，恐他闹出事来，急到外房报知岫云，叫他来劝，他最能言舌辩些儿。好个岫云，不慌不忙走进房中，先把彩蟾劝至烟炕边去坐下，叫阿翠金取方白丝巾来替他拭泪，自己又走到乌里阿苏身边，假意问道："乌大人，为甚事情这般动怒？"乌里阿苏把彩蟾不应出言挺撞的话述了一遍，岫云听罢，道："原来真是彩蟾不好，怪不得大人动怒。但念他年纪尚轻，大人抬抬贵手，饶他这么一遭。况且这件事我也有点儿不到内。"乌里阿苏道："于你甚事？"岫云道："不是这样说的。今天郑大少在此请客，论理我应该在台面上招呼各样事儿，只因多了几台的酒，分不开身，才闹出这种气来，岂不是我的过处？如今这么样罢，大大瞧在我的分上，我替彩蟾妹子陪一个礼，过去了罢。"乌里阿苏初尚不依，后被岫云咬着耳朵说了无数恳情话儿，又千大人、万大人的央格达帮着劝他。果然俗语讲得好："千穿万穿，马屁不穿"。乌里阿苏与格达两个这么大的脾气，竟被他蜜语甜言弄到个发恶不出。又瞧大拉斯坐在一旁口多不开，好像也怪着二人太煞风景。乌里阿苏始对岫云说道："既是你苦苦相劝，又是格大人的面上，我就给你个脸。叫彩蟾再来坐一刻儿，待我问他，下次可还再敢放肆？"岫云连连称是，又说："待我去叫他过来。"抬身走至炕边，要叫彩蟾过去。

岂知彩蟾也甚执性，决计不肯。岫云又附在他的耳上道："我们做妓女的，乃是前世的事，吃了这百差饭儿，那有一点是处？千瞧万瞧，只瞧在银钱上边。如今节要到了，怎能够得罪人家？倘然拿了这个差处，竟把节帐漂了，不是我有心说你，我闻听你还是个讨人身体，岂不大是受累？你须听我的话，耐着性儿再过去略坐一坐。他如再要难为着你，那时自有众人不依。且待过了中秋，等他把局账算了，这种客人不要做他。况且照着他这样的性气，将来总有一天打房间、闯大祸的日子。不过你犯不着与他作对，须要再思再想。"彩蟾听了这一席话，当真说得句句有理，叹一口气，回说："拼着我再被他打了几下，听你的话，过去就是。"岫云大喜，起右手牵了彩蟾的左手，一同走到席上，带笑对乌里阿苏说："我替你送个相好来了，你们要要好好的，莫再吵嘴。"众人见他排解有方，齐齐的喝一声采。乌里阿苏此时再也翻不起甚脸来，任凭岫云陪着彩蟾在旁坐下，也不问他怎么话儿。约略坐有二三分钟，岫云与彩蟾递个眼色，叫小宝过来装过水烟，说声："大人与各位，停刻请一同过来。"起身出去。

卫莺倩坐在格达身旁，本来捏着把汗，看见彩蟾已去，也叫娘姨装烟，巴不得早走一刻好一刻儿。谁料贾逢辰因乌里阿苏叫花彩蟾是他做的媒人，乌里阿苏发脾气的时候逢辰不敢劝他，今见被岫云劝开，彩蟾已去，想拍格达与阿苏的马屁，说："到底格大人的眼睛很好，叫来的相好何等巴结。乌大人今天不曾与彩蟾十二分为难，谅来还是兄弟的分上，当面谢过。但我保举不力，该当何罪？"乌里阿苏道："应罚你吃个双台。"逢辰道："该罚该罚，不过格大人做了这样好的先生，也该补补他们的情。"格达道："他如坐到散了台面，我们何妨翻过去吃一台酒。"逢辰道："很好很好。"回头对莺俦说："你且莫走，格大人还要照应你哩。"莺俦听了，暗想这种人要他照应甚的，面子上却说不过去，只得眉花眼笑的说："我们此刻没有转局，本来不去。格大人有心照应，那是再好没有的了。就是有甚转局，我也不敢就去。"格达听得这几句话，面孔上方才有了些些笑容。众人多暗赞莺俦的应酬工夫真是第一。

志和因闹了半天，见叫来的局只剩莺俦一个，其余多已走了，自己叫的花媚香还没有来，接连叫相帮去催。直至席面上正菜上完，媚香方到。志和正要发话，媚香晓得来得迟了，先开口向志和说道："你今天好呀，怎么叫我个二排局儿？"志和被他兜头一朦，忙分辩道："谁说二排？"媚香道："鸭子多已上了，旁人叫来的局多已散去，怎说还不是二排？你骗那个？我且问你，头排叫的是谁？"志和道："那一个叫甚头排？"媚香不依，道："你不说么？我叫你个不打自招。"说完，起三个指头用力在志和臂膊上边摘了一下，摘得志和又酸又痛，连呼"阿唷"，叫他快快放手。媚香道："要我放手不难，你把头排局叫了那个与我说明，自然饶你，不然休想。"志和发极道："畜生叫过头排，你放手罢。"媚香始笑了一笑将手一松道："你既认做畜生，我就放你。"志和撩衣在灯下一看，已被他摘得紫一块、红一块的，抱怨不该这样的顽，冶之等却偏笑个不住。志和瞅了一回，放下衣服，低问媚香为甚来得甚慢，又把乌里阿苏因花彩蟾到得迟了，在台面上大闹的话说了一遍。媚香不听犹可，听了之时，认做志和有意借着彩蟾说他，索性要给他一个金钟罩儿，使他发不出甚恶来。因把双眉假意一竖，举手一连在志和的头上打了十七八下，振得手腕上带的金钏铮铮作响，口中更佯骂道："阿和，你这个人！我难得有一次迟了些些，你就指东画西的来说我！乌大人打了彩蟾，与我没甚相干，要你来告诉我听！"只打得志和躲避不迭，骂得志和回答不来，两手捧着个头，口中只说："不要这样，我还有句话讲。"众人看了这种光景，又忍不住大笑起来。正是：

　　莫言狎客多生气，也有倌人善放刁。

要知媚香打骂志和怎样散场，志和有甚话说，且看下回分解。

第二十四回

逞豪情点戏一百出　杀水乞摆酒十六台

　　话说花媚香因志和在巫岫云席面上吃酒叫局，到得迟了，恐怕志和发作，预先使个性儿，把他罩住。听志和讲起乌里阿苏打骂花彩蟾的事情，说他不应该指桑骂槐，假意发怒，举手把志和头上乱摘乱打，志和躲避不迭，口中大嚷"休得如此，我有话讲"，媚香始停了手，已是喘嘘嘘的，闹出一身汗来。台面上的客人看了这种光景，没一个不笑得眼睛没缝。志和见媚香住手，摸了摸头，向媚香看了几眼，要想发几句话，媚香先抢口道："你瞧我则甚？敢是恨我坐在这里，我马上就去也好。"说毕，又扑嗤的向志和一笑，将身一侧，把口凑到志和耳边道："我老实对你讲一句话，你今天在这里吃酒叫我的局，我不与岫云吃醋也就够了，怎么反怪我到得迟慢，生起气来？如今闲话休题，散了台面，快些到我那边去。倘是今夜住在这里，那可我一定不依！"志和本来也是个能说能行的人，不知怎样，今天见了媚香，被他笼络住了，听了他这几句说话，暗想媚香平日待自己不错，为甚今夜不到他一边去吃酒，却在这里请客，怪不得他着恼，心上大大的过意不去，因也将口凑在媚香耳上答道："今天这酒因是岫云生日，被阿翠金到福安居硬拖来的，并不是我的本心。你既这样的说，一散台面，我立刻就来是了。你莫动手动脚的再要打人。"媚香笑道："我不打你，那一个打？倘然你早些怕打，早早成了人了，为甚还要我来动手？"志和道："休得取笑。"回头对阿翠金说："这台酒吃得时候久了，外面与后房间的客人怕他们等着心焦，快上干稀饭罢。"阿翠金道："那是不要紧的，可还再用几杯。"冶之道："酒已够了，当真我们散罢，干稀饭也吃不下去。"少霞等也是这样的说，大家立起身来。志和见媚香还坐着不动，因说："你也可以去了，还要坐着做甚？"媚香道：

"来得慢，应该去得慢些。如今你们真个台面散了，难道我坐在这里生根不成？自然也要回去。"说罢站起身来，又附在志和耳上说了好几句话。志和点头答应，媚香始回转身，说了句"各位停刻一同过来"，姗姗而去。众人多说媚香这人做客人的工夫很好。旁边岫云看了，已明知他暗怀醋意，却面子上一点不露，只当他没有这事，随着众人附和几句。

其时台面上只有卫莺俦，因格达说要翻台还没有去。乌里阿苏见了，问格达究竟怎样，格达道："说去自然竟去，就请众位一同前往，不过我想吃一口烟再走。"卫莺俦道："烟到我们那边吃罢，很便当的。"格达想了一想，道："如此也好。"分付长随进房把烟具取了，先到迎春坊去。屠少霞等因格达的脾气不好，很怕与他同淘，争奈被逢辰一个个替他请着同去，众人却不过情，只得答应下了。依旧是岫云台面上的几个客人，只少了夏时行一人，因格达有些看不上眼，并不要一定请他，逢辰也不去勉强。夏时行恼在肚里，想起五六月间的时候，那一个人见了不要拉着他吃酒、碰和，只隔得几日工夫，怎的就受人奚落，暗暗叹一口气，谢过志和，别了众人先走。众人也出了巫家，取道向迎春坊而去。莺俦坐了轿子在前，叫小大姐阿云跟着客人在后。

到得院中，格达已烟瘾大发，睡下炕去，长随过来装烟，乌里阿苏也是一样，一口气吃了二钱有余，方才精神抖擞，分付莺俦交代相帮喊两台菜来，须要白壳盆子，排翅全鸭，那酒是要言茂源的。莺俦诺诺连声。少顷，酒菜已来，众人入席，大拉斯坐了首位，康伯度第二，其余相将坐下。阿云取过局票，请众人叫局，大家多是原班，少霞要想换花笑春，被邓子通与潘少安不许，只得仍旧也叫了媚春。少安并在局票上边注了"阿珍跟局"四个小字。

酒至半酣，叫的局多已到了。子通对阿珍把"少霞要叫笑春，是我与潘大少爷不依，方才仍叫你家先生"的话说了一遍。阿珍称谢，并向少霞哼了一哼，却一句话也不说。少霞只当得并没听见，捏着媚春的手在那里细数他指上边有几个螺纹。子通趁这个便，就与阿珍把话兜搭（塔），格达与乌里阿苏也叫阿珍到身边问话，弄得阿珍跑来跑去忙个不了。子通尚与他说，有一句要紧话儿，叫他附耳上来。阿珍不肯，在少霞的背后一立，说："我腿酸了，有话停刻说罢。"子通道："你干了甚事，此刻腿酸？"阿珍闻言佯怒，在台面上取了一把瓜子，向子通撒去，子通把手一挡，散得满台皆是。阿珍又取了一只花红要掷子通，少霞抢住他，道："你干什么？"阿珍道："谁叫他出口欺人，我一定不依。"少安把他手中的花红取过，道："看我与你们两家讲个和罢。"说毕，把这花红吃下肚去。阿珍见了一笑，少安向阿珍注（之）目示意，阿珍取第二只花红来抛少安，又被少安吃了。阿珍笑个不住。

子通看他如此讨人欢喜，心上边更是爱到万分，只碍着少霞在座，不便转局。格达与乌里阿苏也与子通一样心思。可巧台面上有一盆凉拌鸡丝，格达嫌芝麻酱放得少了，向莺俦与房间里人发话，值台面相帮听见，说："少了好添些上去。"格达又与相帮大闹起来，说他出言不逊，混帐、忘八的骂个不住。莺俦大惊，忙与房间里人用好言劝慰，一面把相帮喝了出去。格达尚怒气不息，莺俦只得央恳乌里阿苏与台面上一众客人多来相劝，方才没事。

子通就乘这个机会，见少霞在那里一心的与格达讲话，他走到阿珍身边，叫阿珍低下头来私问："媚春可上书场？"阿珍道："你要问他做甚？"子通道："我想点他的戏。"阿珍道："点戏自然要去，若没点戏，那有上书场的工夫。但不知你想点他几出？"子通道："至少十出，多些念出。"阿珍一头听子通说话，一头把他细细估量，因他口气阔大，举止奢豪，又见那一双馋眼看得人火一般热，这心里头不问可知。不过这人年纪已是四十多了，品貌又不甚好看，他既然是癞虾蟆想吃天鹅肉，乐得敲他一敲，先试试他花钱的力量如何，倘是果然有些手面，何不串他一串；若是个银样腊枪头儿，开口吓住了他，岂不甚好。主意已定，附耳答道："十出、念出的戏，那是熟客点的，你是个何等样人？又是第一次点戏，亏你说出口来！"子通道："念出戏也不算少了，人家先生在书场上做户生客，两出也是有的。"阿珍道："那是天天上书场的先生方是这样的，不听见陆兰芬、林黛玉、金小宝上响遏行云楼么？每人多是一百多出点戏。苏州到的王宝钗，就是东合兴的蘅香仙馆，单名一个瑶字，唱得好青衫子，《落花园》、《祭长江》、《彩楼配》、《玉堂春》那些戏文，真是没有盖招第一。天上天乐窝书场有个客人要提倡他，包了五张桌子，点了他五十出戏。另外尚有几户客人，也有点二十出、包两张桌子的，也有点十出、包一张桌子的，总共点了足足一百出戏、包了十张桌子。这事晓得的人甚多，媚春虽然比不上兰芬、黛玉、小宝、宝钗，却也不容易到书场上去。你当真有心做他，必须多点几出戏儿，多包几张桌子，装装他的场面。说定那一家书场，便上那一家去也好。"

子通道："书场上也有包桌的么？这是几时起的？上次我到上海，还没有听见这话。"阿珍道："那是近时起的。一张桌子给他一块洋钱，却要说明在前，他们好去预备。"子通道："预备怎的？"阿珍道："包桌不比散坐，须拣第一、第二排正中座儿，每桌上铺了台毯，摆四只玻璃盆子，装些水果点心，还有台上自鸣钟、花篮、瓶花等各种摆供，装潢得真是花团锦簇，比戏馆里年夜边案目拉局还要好看些儿。"子通道："原来有这许多花样，怪不得书场里的生意甚好。你既是这么样说，索性给你合媚春一个脸子，点他一百出戏，包他十张桌子，何如？"阿珍说了这许多的话，起初只望他多点三十、念出，故把王宝钏点五十出戏好客人作个引子，谁知子通一改口就是一百出戏、十张桌子，这种客人洋场上曾有几个？况且书场里花的钱既是这种撒漫，别的地方自然更不必说了，看来做下去比着少霞还要阔气几倍，不由不心花怒开，连忙笑迷迷丢个眼风，问子通道："此话可真？"子通道："谁来哄你？"阿珍又道："不晓得你是明天、后天，在那一家？"子通道："自然明天，若说那家书场，你去定罢。"阿珍道："小广寒去可好？那边招呼的人很还周到。"子通道："既是你说他好，就是小广寒罢。"

二人正讲得津津有味，格达的脾气已经发过，劝的人多不开口了。少霞偶然回头对背后一望，只有媚春坐着，不见阿珍，四下一瞧，看见他在那里与子通讲话，不免有些醋意，顿时脸色发变。阿珍是随处留心的人，急忙把子通一推，低说一声："明天我到你栈房里来再讲。"飞也似的跑过少霞那边，附在少霞的耳上说："邓子通一相情愿，要做媚春，到书场上去点戏，你想媚春可是轻容易上书场的？我要他点一百出戏、包十张桌子，你想好也不好？"少霞道："他答应了你没有？"阿珍道："他怎的答应？"少霞道："你这句话有些不妥。"阿珍道："有甚不妥？"少霞道："你不晓得，他是个厦门有名的首富，家里头不知有几百万资财。莫说点一百出戏、包十张桌子，就是再多几倍，他也未必放在心上。倘然明天应允了你，那便怎样？"阿珍假意踌躇道："他很有钱么？我只道一个土头土脑的人，一百出戏必定把他吓到个死心塌地，如今既是这样，且待明天再说。"少霞默然不语。阿珍见他上了心事，怕的是说穿了不许他做姓邓的客人，慌忙想些别的话儿把这事岔了开去。恰好台面上叫来的局一个个多已散了，阿珍也装过水烟要走。少霞问他可到生意上去，阿珍怕少霞疑心，因说："天不早了，不去也好。我与你一同到仁寿里罢。"少霞始满心欢喜的，等阿珍把媚春送了出去，站起身来谢过格达，别了众人，匆匆就走。格达尚要留他坐一刻儿，少霞那里再肯，只得送他出门。众人见少霞去了，也多各散。

子通与温生甫两个，同到新清和金粟香家打了一个茶围，又到同弄内生甫做的花小桃家坐了一回。小桃要生甫碰和，生甫说："前天方才碰过，怎么今天又要碰起和来？"小桃房间里的人说："这几天中秋近了，生意清得个不像样儿，你不替小先生碰和，那个来碰？"生甫道："碰和是可以的，但我自从到了上海，已在你们院子里吃过十二台酒，碰过念多场和了。做的是一个小先生，对对和却没有碰过，你们说起来终是后补。不晓得这小先生到底真正是一个小的，还是个尖先生、吕先生，不要把我当做瘟生看待。温生甫虽是姓温，那瘟生是断不做的。"房间里人听罢，一齐笑起来道："温大少爷真是笑话来了。因你百家姓上别的姓儿都不去姓，偏偏姓这'温'字，名字又巧巧接上一个'生'字，才有人与你取笑，把底下边台甫的'甫'字割掉，单单叫你'温生'，却那一个人真把你当做瘟生看待？况且我们小先生年纪尚小，今年虽说是十五岁了，其实十四岁还没有足数，怎能够做大生意儿？你断断不要疑心。像你这般的照应我家先生，往后真个大了，那怕没有好处到你？"旁边又有一个老娘姨道："话是这么样说，我看小桃先生年纪虽小，身体却发得甚早。温大少爷当真喜欢着他，何不就与他拣个日子梳栊，也是一桩最妙的事。不知温大少爷心里甚样？"生甫听了这话，涎脸问道："梳栊要些什么东西？"老娘姨道："小桃他有个娘，我们作不得主。平时却曾听见他说，只要一副金镯、二三百块洋钱，下脚喜封在外。"生甫摇头道："不太费么？"老娘姨道："人家是个黄花闺女，说甚太费？"

　　生甫尚要盘问，子通听得有些不耐烦了，把他轻轻一扯，扯至烟炕上坐下，附耳问道："你瞧小桃还是小先生么？别的不要说他，只看他眼睛上边天天有两个黑圈，好像戴了墨晶眼镜一般，小先生那里来的？怎么你还没下过水，今天尚在那里说这种话？"温生甫道："照你说来，小桃早已大了不成？我却不信。"子通道："为甚不信？"生甫道："我这几天常在这里走动，不见他有甚住夜客人。"子通忍不住笑道："他有住夜客人，肯来告诉你么？你虽天天在此走动，不见得夜夜住在这里，怎晓得他内里的事情？"生甫听了，依旧摇摇头，说："未必未必，我每夜不来则已，来了必要到他们打烊才走。倘有住夜客人，怎么瞧不出来？"子通道："你走了还瞧得见么？"生甫道："走了虽是瞧不见他，方才讲话的这老娘姨与我很好，当夜有什么事，明天他一定告诉我听。连小桃坐夜马车被一个戏子吊他膀子，幸亏没有成功的事，我面前多肯说将出来，却从没提起有怎夜客人，看来当真还小。子翁，你莫错疑了他。"

　　子通见提他不醒，只得微微一笑，说："既然如此，你做你的瘟生，我也不来管你这帐。"生甫微笑道："梳栊本来也说说罢了，你莫认我真个有这意儿。不过今天他们我要碰和，你可能算数一个？"子通道："天已一点钟了，眼前又只有你我二人，若要请起客来，不怕天要亮么？"生甫道："不是这么样说，你倘然答应了我，别的人不去请他，我就叫小桃与房间里人同碰，输赢多是我的。"子通闻言笑道："你免了罢，我马上就要去了。你要照应相好，却把朋友熬个全夜，我问你于心何忍？"生甫愕了一愕，道："如此说来，这一场和碰不成了。"子通道："今天不碰，明天、后天岂不一样？"生甫道："样是一个样的，他们这几天因生意清淡，才要我做个场面，我怎能一口回绝？这么样罢：我们碰一圈庄，不算输赢，给他十二块钱，算一场和，可好？"子通听罢，冷笑答道："既然你情愿把他十二块钱，这一圈庄碰他则甚？索性给他一场和钱，账上写一场和，岂不甚好？"生甫点点头儿，当真笑嘻嘻在身边摸出十块洋钱、一张中国通商银行钞票并两块现洋钱来，交与老娘姨，说是一场和钱，皆因天已不早，和不碰了。老娘姨接了洋钱，谢了一声，满心欢喜。房间里人也一个个巴不得这样最好，免了全夜辛苦，当场把外面堂里的下脚洋钱拆了出去。带房间的照例进来绞了一次手巾，又去备稀饭菜，端整稀饭。谁知子通定不肯吃，生甫留他不住，只得由他先去，自己吃过稀饭才回。

子通出了花家，走到大新街口，遇见潘少安不知从那里出来，路上与他说起，明天到小广寒替叶媚春点戏，可到媚春那边略坐一回，问他明天甚时候到书场上去，免得早去了等着心焦。少安听说，满心欢喜。二人遂从四马路一直往东到萃秀里，进了弄堂，见门口路灯已收，打了烊了。少安替子通叩门，相帮开了进去。因是第一次来，问明媚春是楼上房间，走至房中，看见媚春虽然没睡，阿珍却不在房内。动问房里的人，说是小房子里去了。二人心中明白，略略坐了一坐，起身就走。少安到如玉那边，看一看少牧这晚不来，就在房中住下。

子通仍回到新清和金粟香那里住宿，只因他一心的想着阿珍，到了明日起来，吃过中饭，就往萃秀里去。阿珍已经到了，看见子通独自一个进来，少不得要放些手段，一进房亲自替他把夹纱马褂脱下挂在衣架上边，随手装了五六筒水烟，又开了一盏烟灯，一头与子通搭话，一头睡下去替他装烟。谁知子通的烟却还没有上瘾，吸了两口就不吸了。阿珍把烟盘略略推过，就坐在他的身旁与他喁喁私语，说："方才到过栈房，怎么没有见你？"子通道："本来我住在栈房里的日子很少。"阿珍道："每夜可住在新清和坊？"子通点头称是。二人讲得投机，阿珍假下脸去，不知干些什么，子通得意非常。直至天色将晚，又有客人到来，阿珍方跑了出去，却留子通在房夜膳，一面叫相帮到小广寒关照预备一切。夜膳已过，阿珍替媚春把梳好的头再加梳刷一番，带好了花。催书场的一连催了两次，时候已九点半了。子通正要动身，想与阿珍先去，忽然潘少安到来，说已到小广寒去过，见包着的十张桌子收拾得甚是整齐，人却还一个没有，旁边的那些听客已坐得满满的了。"子通道："说起听客，昨天我台面上没有约着他们。你我两个人坐十张包台，不像样儿，这便怎样？"阿珍道："怪不得潘大少说包台上还没人坐，原来你昨天没有约定。如今这么样罢，到了书场，写几张请客票，叫他们去请罢。"子通道："书场上也有请客的人，与戏馆差不多么？"阿珍道："没有包台，是没得人替你跑的。包了他十张台，要他们去请客，他们怎敢不去？"子通点点头儿，少安催他快去，并要阿珍送到小广寒一同上楼。阿珍答应跟着二人先走，叮嘱媚春随后就来。

子通等到得书楼下边，看门的人见与阿珍同来，晓得是包台客人到了，提起喉咙喊一声"上来两位"！早有堂倌至楼梯口招呼。二人拣第一排正中的一张桌上坐下。其时公阳里金小桃正在那里唱《牧羊卷》，也是客人点的。接下尚有迎春坊小林宝珠的点戏。阿珍见子通坐定，喊堂倌取笔砚来写请客票，一共请了十数个人，无非仍是冶之、志和、伯度、营之等一班狎友，不过屠少霞因怕他吃醋，并没去请。堂倌接来瞧过一遍，见多在四马路左右，很还近便，交代下去叫请客的快去快来，随手收过笔砚，弯着腰问子通点些甚戏。子通笑道："一百出戏，随你们写，随他们唱是了。若然要当真要点，只怕唱三天三夜还不得完。"堂倌含笑答道："这是老爷明挑他们与我们的，我去随意写一百出是了。"说完自去关照帐房。

少顷，书台上挂出十块大粉牌来，每一块写十出戏文，大曲、小曲、梆子调、天津调、扬州调、东乡调的曲名多有。子通顺眼看去还没有完，经营之、大拉斯、白拉斯、康伯度、贾逢辰等来了。内中还有两个从未识面的人，动问姓名，一个姓施别号砺人，一个姓蓝别号肖岑，多是逢辰的朋友，在百花里台面上遇见，说子通点戏，恰好营之叫兆富里金玉香的堂唱，带了一张请客票来，故此散了台面，邀请他们同来。子通让众人坐下，听楼下边高高的喊一声"先生来"！楼上堂倌齐声答应，很觉有些声势。原来正是媚春，因阿珍先到书场，故此跟了一个小大姐。媚春上了书台，将头微微向子通等一点，小大姐送烟袋下来，装过水烟。书台上媚春唱了一支《卖花球》小曲，一支《天水关》中"老相父"的京调。冶之、志和二人来了。结末是乌里阿苏、格达与温生甫三人。子通想：乌格二人没有邀他，怎的会来？动问生甫，乃知是他去约的。还好并没发甚脾气。

最可笑的是，温生甫上楼梯时候被花小桃家娘姨看见，跟了上来，要他点戏。生甫答应了他四出，那娘姨定要二十出。囔了半天，拗不过他，点了十出。写好水牌，催书场的去催小桃。谁知小桃到老旗昌出局去了，等至书场将散，还没有来。生甫要想发话，被娘姨千对不住、万对不住，一派软刁劲儿，却又不便动怒。没奈何，丢掉了十块洋钱，莫说曲子没有听见，连人也不曾见个影儿。娘姨尚要他等，又说小先生既然不来，这洋钱可以不必。生甫道："我们再等一刻，书场上没有人了。若说点戏的钱不拿出来，场面上怎能说得过去。"娘姨听他这么的说，顺口又接连几个"对不住你"，并说："待我自己去催，小先生马上就来。"匆匆下楼竟去。

子通见生甫举动太瘟，望着他只顾好笑，生甫并不觉得，尚嘱子通等暂且莫散。那里晓得等到十一点钟，媚春已唱过四支曲子，因有堂唱来催，先是去了。书场上再是一刻多钟也就要散个尽绝，不但小桃依旧未到，连这娘姨也没有来，竟然放了生甫的生。格达与乌里阿苏二人大怒，要同生甫到小桃家去问他为甚不来，生甫不肯，只说往后我不去叫他是了，何必与他寻事。二人见生甫如此，拱拱手儿向子通谢了一谢，别过众人先去。子通在身旁摸出一百块钱钞票，交与堂倌，说是戏钱，另外，十块洋钱钞票、两块现洋是包台与手巾小帐。堂倌接了，连声道谢，分付把台上摆供的花球水果点心等物收了下来，多送到媚春家去。分给媚春的书钱、茶钱与相帮的轿钱，明日算好再送。一言表过不提。

再说子通因被生甫留住在小广寒楼上，直至大家散了，小桃不来，生甫才死心塌地的与一干人先后下楼。其时阿珍尚还跟着众人，留到院子里去吃了一餐稀饭方散。子通的意思，这夜要阿珍到小房子去。阿珍一则怕少霞吃醋，二则姓邓的虽然点了一百出戏，这是面子上的事情，暗里头还没弄他钱，怎肯轻容易使他到手，故又掉了一个枪花，只说："身体不净，这事须要缓几天儿，瞒过少霞等众人，另外借所房子，那时候我就夜夜前来。"子通也是一个惯家，晓得他上半截的说话无非是有意推托，下半截却很有意思，看来俗话说得好，叫做"急事慢行，不可性躁"，落得满口答应，放他自去，自己仍往金粟香处住宿。粟香早有人告知点戏的事，免不得要与子通费些唇舌，好在子通有的是钱，不过敲了些些竹杠，也就完了事了。大凡做妓女的人，本来当真吃什么醋，其实多是为了银钱，只有客人与客人吃的那才是个真醋。

　　当子通往小广寒点戏的时候，曾写请客票请夏时行听书。夏时行因这几日手头甚窘，身上边穿的衣服断断配众人不上，并且节要到了，书场上是众目昭彰之地，不得不避避风儿，因没有去，却在石路上遇见少霞，把子通点戏的话一五一十细细告知，问子通可曾请他听书。少霞听罢，一口酸气从丹田内起，直拥至泥丸宫中，几乎顿时酸死，口中虽说子通也曾请他，没有工夫前往，两只脚却别了时行，如飞的回仁寿里去，恨不得见了阿珍，着着实实的痛说他一番：不应该弃旧怜新，又去做了子通。

　　谁知阿珍还没有回来，他的姊姊阿金独自在家，小兄弟与用着的小大姐出外顽耍去了。少霞初进仁寿里的门口，早早看上阿金，虽是年纪比阿珍长些，那风情却与阿珍不相上下，况且一个是朵闲花，一个很像个人家人的样儿，觉得别有风韵。满想一箭双雕，只恨阿珍有言在先，并且也没有个空。今夜奇巧不巧，撞到这个机会，心中大喜，竟与阿金三言两语勾搭上了。阿金不要衣饰，只要他二百块钱，防的是制了衣饰穿戴出来，须被阿珍瞧破，姊妹间不像样儿，不如洋钱是个混赃，没把柄的。当下少霞一口应许，恰好身旁带有一百块钱庄票，先付了他，余约明日再找。阿金满心欢喜，就留他在房内住下，直至小兄弟同小大姐顽耍够了回来叩门，方令少霞回到自己房中去等阿珍。这件事真个干得秘密，旁人一概不知。

　　少霞这一夜又得了阿金的甜头，细思将来夜拥双姬，真是天生艳福，只恨的是子通剪边，此人来得钱多，不比别个，倒要防他一二。又想这人年纪已不轻了，谅来阿珍不喜欢他，我也拚着多花几百洋钱，怕阿珍不一心一意的只向着我？主意已定，等到十二点半钟，阿珍回来。先把子通点戏可还闹热的话，冷言冷语前去激他。好个阿珍，回说这事隔夜在台面上先曾说起过的，吃了这一碗饭，那个客人好回绝他。一些错也不肯担认。少霞听他口齿甚硬，没点虚心，明明是看重了子通的钱，若不与他斗上一斗，往后定要瞧人不起，故此定要杀杀他的水气，好好儿花几个钱，使他不敢小觑着我，却一时想不出什么法儿，欲待明日与贾逢辰商量，此人必定有些意思。忽又想起，子通今日点戏，乃是上海少有的事，我如今也要干一件从来没有的创举，与他顽顽，却除了点戏之外，没有花得到一、二百块洋钱上下的事儿。若说明日吃他个双双台，先花几十块钱再说。他已花了一百多钱，我花几十块钱，怎能抵得够他？顿时回肠九转，把个屠少霞弄得这又不是、那又不是起来。后来想书场上的点戏，本来最多不过三十、念出，子通却一点就是一百；堂子里的摆酒，本来最多是双双台，我何不吃一个四双双台。四四十六台酒，每台连下脚十二块钱，共是一百九十二块，每席多用排翅燕菜，加他二块，一共二百二十四块。他点戏乃是一百块戏洋，十块钱包桌，二三块钱小帐，差不多一百十几块钱，我恰恰加了一倍，岂不能将面子占回？主意已定，想要出口交代阿珍，忽又缩住，为的是酒钱虽然总给，下脚、加菜必得现洋，算一算，九十六块。这几天带出来的五百两银子汇票、三百块钱钞票，因与阿珍置买东西以及一切零用，并今夜给与阿金的一百块钱在内，不上一礼拜多已完了，身边只有五十块钱不到，这便怎样才好？回头又想，明天尚许阿金一百块钱，须要给他。何不回家一次，索性拿个一不做二不休的念头，取二千块洋钱出来，倘有什么尴尬事情，竟把阿珍娶了回去，怕姓邓的再来与我作对！少霞想到此处，不觉心中大喜，对阿珍笑了一笑，说出吃四双双台的话来。正是：

　　　　荡人财产无过色，夸我家资岂算钱。

不知屠少霞吃这十六台酒，斗得过邓子通与否，阿珍怎样待他，再看下回分解。

第二十五回

白湘吟去而复来　屠少霞溜之大吉

话说屠少霞因邓子通在小广寒书场点了媚春一百出戏，与他斗气，要在媚春处吃十六台酒，他花一百十几块钱，我花二百二十几块，巧巧加上一倍，使阿珍晓得姓屠的手面不肯让人。当时定下主意，开口与阿珍说知，叫他明日一早分付院中预备。阿珍听了，带笑答道："你发痴么？从来摆酒的人，那一个吃过四双双台，莫非与我作耍？"少霞笑道："点戏的先前有过一百出么？姓邓的点得一百出戏，难道我姓屠的吃不得十六台酒？那个来与你耍子！"阿珍才晓得他不是顽话，却暗想二人照此赌气，往后不知怎样，好的是子通乃厦门首富，少霞闻在本城也是个有名财主，至少约有数十万家资，一时间怎花得完？乐得串他一串，因此满心欢喜，说："既是当真吃酒，明早待我交代厨房，叫他们这菜办得清爽些儿。"少霞点头称是。二人又说了一回闲话，听自鸣钟已敲两点，双双安睡。

到得明日起来，已是十一点钟。阿珍略略梳洗梳洗，就到生意上去。少霞要回家取银，与阿珍说知，心想吃了饭去。阿珍因这天正是礼拜，阿金停工在家，防他二人有甚勾当，决计不许，说："你要吃饭，可到媚春那一边去，这里我出去了，你很不便。"少霞无奈，只得与阿珍一同出门。阿金出来关门，少霞暗暗伸个指头向他一竖，又向自己心上点点，把嘴巴撅了一撅，关照他：一百块钱记在心上，拿来给你。阿金会意，微微的笑了一笑，点点头儿。少霞瞧了他那副眉眼，几乎把魂灵儿落在他的身上，恨不得多看几眼，却怕被阿珍识破，勉强硬着头皮向外就走。

少霞让阿珍坐了包车，自己叫了部野鸡车，同到萃秀里。吃过了饭，阿珍把今夜吃四双双台的话向合院说知，一个个多说少霞阔气。厨房里得了这个信息，因是席数多了，一样样须要添办起来，忙个不了。少霞中饭以后吃了几筒水烟，分付车夫端整车子回家。媚春牵住衣服，问他回去则甚？阿珍说回去自然有事，让他早去早来，媚春始放了手。少霞移步向外，临出门的时节，对阿珍说准八点钟就到。阿珍送他出去，看他上了车子方回。

少霞住在城中，车子不能进去，只好到小东门下车。进了城，尚有好几条街须要步行，街道又窄，又是挑潮，好容易走得心火直冒，方才到家。一直跑至帐房里，要寻管帐的何先生，向他索取钥匙开铁洋箱取银。谁知何先生说钥匙这几天不在帐房，被老太太拿了去了，倘然要几十块零碎洋钱，不必开箱，账台抽斗里头还有。少霞呆了一呆，道："为甚钥匙被老太太拿去？"何先生道："皆因少翁这几时夜夜没有回来，目下中秋到了，各处多要算账，老太太等不得你，前日亲自到账房里来看账。初时我说老太太你年纪尊了，莫烦这事。怎奈他老人家疑心着你，不知你近来用了多少银子，一定要看，并要查点铁箱里存的现银。我那时没有法想，只得把钥匙给他，由他点算。只道是女流之辈可以朦得去的，那知他老人家字墨里很是精明，算盘珠也不会拨错一颗。六十多岁的人，足足算了一天半夜的账，竟被他账账查清，说你近来五月里起一共用了三千七百多两银子、二千五百多块洋钱，不知干些什么。埋怨我不应这样糊涂，放你尽管取钱，从没关照他一声。那时我因乞罪不起，不合回他说，钱是你少翁的钱，我不过管账罢了，那有什么权柄，止住了不许你用？岂知他听了这一句话，随手竟把钥匙向身边一袋，说既然这样，以后再要取钱，叫你向他去取，并且有话问你，遂恨恨的回房而去。今天已三天了，听得老娘姨出来说起，就从那一夜起肝气大发，没起过床。今日你既回来，快去看看他的病势如何，倘然真要银子，也好问他去要。"少霞道："怎么样讲，我端午后头用过这许多钱么？你莫闹错了帐。"何先生发极道："帐目怎得闹错？现在帐箱里头，取与你看。"说毕，开了帐箱，取出一本霞记支取银钱总数的帐簿出来，见上边一五一十写的明明白白，当真一些不错。少霞半晌不语，何先生怕他看完了帐有甚说话为难，催他快到上房里去。

少霞想：老太太既把钥匙收去，又是病了，见了他也是无益。况且老太太有些身体不好，妻子一定在房伏伺，见面时必要问长问短，唠叨一个不住，我有甚工夫耽搁，倒不如先把何先生现有的零碎洋钱取了，只要够得上十六台的下脚，再在台面上找个朋友，借他一百块钱，只说这几天没有回家，等到一回去马上就还，料无不肯的事，那时阿金这一笔钱也就有了。且把今日过了，明后天早些回来，问老太太一共有几个儿子，要这钱来何用，为甚不许我花。倘然给我便罢，若有半个不字，或是妻子在旁多言多语，索性闹他一场，说明要把阿珍讨回家来，以后便可杜门不出，不然休想收心，倒也是个绝妙机会。想罢，开口答道："既是老太太病了，自然就该进去看他。但我方才回来的时节，在泥城桥买了几盏水月电灯，这钱还没有付他，你那里现有几十块钱，不知够是不够？若然够了，老太太病在那里，向他取甚钥匙？"何先生闻言，暗想几十块钱乃是小事，况又是买东西的，将来老太太问起交得出帐，何苦不肯给他，做甚难人？因道："我这里隔夜存有五十块钱，此刻又在十六铺马路收了十六块钱房租，一共有六十六块，你要拿去就是。这帐我却不出霞记，出在家用零物上可好？免得日后老太太瞧见，说我不听他的分付，私下又付了你钱。"少霞子细一算，道："你那里有六十六块，我身旁还有五十多块，够付的了。这帐出霞记也好，家用也好，但凭你罢。"何先生道："一准出在家用上边。"遂即开了抽斗，取出钱来，点过数目，交与少霞，乃是三十块钱钞票、三十六块现洋。

少霞接过，藏在身旁，假称看老太太去，回身就走，一口气跑出大门。心中又喜又恼；喜的是下脚已经足够；恼的是老太太这般年纪，为甚忽然管起帐来。这必定是妻子怂恿出来的事，往后要甚钱花，比不得从前容易，除是与他硬挺，一定把阿珍讨回，没有第二个念头。一头思想，那两只脚早已飞也似的走出了城，寻见包车，跳将上去，叫他赶快到萃秀里。一来一去，不到两个钟头，阿珍等见了，多说他来得好快。

少霞因心上究竟尚少一百块阿金的钱，必须布置定妥，晚间方好见他。此事应与逢辰商议，一则知些儿，钱财上有过来往；二则看他自己虽没甚钱，那朋友却有钱的多，必定有处设法。故而到得院中，立刻写了张请客票，叫相帮的到花小兰家请他速速就来，有事面商。谁知逢辰不在那边，少霞好不焦躁，等了半点多钟，又写第二张字条去催，仍没有见。想起他前曾说过日间必在福安吃茶，又差小大姐到福安去请，果然寻了他来。

少霞叫小大姐烧烟，两个人睡在炕上，逢辰吸烟，少霞凑近身子附着他的耳朵说："今天请你过来，有件事要与你商量，你必须要帮我的忙。"逢辰问有甚事情，少霞道："不瞒你说，我有十多天不回家了，今天要在这里吃酒，不够了下脚洋钱，差车夫到家里去拿。谁知老太太昨日病了，账房里只给了五十块钱，仍是不够，故要请你设个法儿。"逢辰笑道："屠少翁说什么话，吃酒有了五十块钱，怎的下脚还是不够？"少霞道："你不知道，我因邓子通做了媚春，在小广寒点了一百出戏，今天与他呕气，吃的酒是四双双台，五十块下脚怎够？"逢辰咋舌道："怎么，你吃十六台酒？"少霞含笑称是，逢辰道："十六台酒连下脚共须六十四块，五十果然不够。这么样罢，我本来借你三百块钱没有还你，停回我去取注钱来，先还五十块罢。"少霞摇头道："我请你来，向你讨债不成？你借的钱不便还我，缓几日有甚要紧。今天我却要费你的心，替我借一百块钱，少则两天，多至三天五天，只要我一回家去，就有钱还，你可肯帮这个忙？"逢辰踌躇半晌道："自己弟兄，说什么帮忙二字。但我今天一百块钱借不出来，倘你真个要用，须要向人转借，却又是中秋到了，开口上去，防着他们不允，这便如何是好？"少霞道："中秋还有数天，我这钱是不到节就要还的，有甚不允？"逢辰道："你我自然相信得过，旁人却就不可说了。"少霞闻言，脸上发红道："照你说来，这件事你办不到么？"逢辰见他发火，连忙按住他道："你莫着忙，我在这里替你盘算，停刻包你有钱就是。"少霞方始回嗔作喜，问逢辰："怎样设法，可要我自己出名？"逢辰道："你又来了，百把块钱值得甚事，要你出名？"少霞大喜，与逢辰说说谈谈，留他吃了点心，催着速去。逢辰答应，去了一刻钟时，果然拿了一百块钱钞票到来，暗暗递与少霞。当下少霞收了，也不问是那里借的，逢辰也并没说起。

阿珍看天已八点钟了，厨房里菜已备好，问少霞可要请客坐席，少霞叫拿请客票来，请了郑志和、游冶之、大拉斯、白拉斯、康伯度、经营之、杜少牧、凤鸣岐、平载三、熊聘飞、夏时行、乌里阿苏、格达，连自己与贾逢辰，一共十六个人。邓子通自然不去请他，温生甫与潘少安也没有请，因生甫与子通交厚，少安犯着营之、少牧二人心病，请了来有许多不便之故。逢辰并在经、杜二人的请客票上加了"并无少安在座，务请速来"十个字儿，少霞说他很想得到。逢辰尚嫌客少，说：十六台酒怎么只有十五个人，连一人一台也还不到，又替少霞请了施砺人、蓝肖岑来，说："这两个人虽然也与子通往来，却是我的至好，断没要紧。"少霞道："你的朋友自然与我的一样，请他来打什么紧？你可还想得出别的人来？"逢辰道："你要吃酒的人很多，不过请他们来，房间里怕要坐不下了，这便怎好？"阿珍道："十六台酒，凭你怎样房间，怎坐得下？我却有个主意在此：少停客人到了，先摆个双双台，吃过再摆，分作四次，可好？"逢辰道："本来只能这样。"少霞道："分四次摆，不太烦么？我们客人不多，还是先摆八台，后摆八台的好。"阿珍道："八台怎样摆法？"少霞道："把四张桌子接长,每桌摆两席菜肴,谅还摆得下去。"阿珍道:"围碟盆只怕有些勉强。"逢辰道:"盆子好少摆些的,屠大少的意思这样,竟是照他就是。"阿珍点头答应,真个先摆八台,每台十二盆,围碟只摆八盆,已觉满台是菜。

不移时,志和、冶之、少牧、伯度、大拉斯等先到,逢辰正要催令入席,凤鸣岐与熊聘飞二人接了少霞的请客票,本想不来,因见条上写有"少牧、戟三在座,并四双双台,客到不多,务请光降"字样,这四双双台从来没有见过,倒要瞧瞧热闹,故俱不先不后的一同到来。少霞大喜,见眼前已有十人,可以先坐四台,一面再写条子去请戟三、白拉斯、格达、乌里阿苏、夏时行并施砺人、蓝肖岑等,停回再坐四席。相帮起过手巾,各人相将入座。逢辰因少霞今夜的酒摆得场面很阔,要众人多叫几个局儿,也有四五个的,也有两三个的,挤得房间里几乎水泄不通。

酒至半酣,白拉斯与夏时行来了,少霞叫阿珍另外借个房间,亲自陪着过去,说明尚有八台,暂请略坐片时;乌里阿苏与格达两个也多到了,逢辰听隔房来得客多,跑过来替少霞作陪。又听得外面有人动问"叶媚春的房间是那一间",乃施砺人、蓝肖岑声音,连忙出去,招呼进房,与少霞见过面儿,嘱少霞仍到席面上去应酬,待他们散了席就好再坐。少霞答应,回至席间。约有一刻多钟,众人纷纷散去。

少霞叫阿珍将台面重新摆好,请逢辰等过来,共是白拉斯、乌里阿苏、格达、夏时行、施砺人、蓝肖岑、贾逢辰与少霞自己,只有八人,戟三没有请到。少霞觉得客少,要逢辰设法再请几人,施砺人道:"我有两个朋友,一个姓花,一个姓柏,可要请他前来?"少霞道:"有客最好。"逢辰闻言,瞧了一眼道:"可是花小龙、柏幼湘么?"砺人道:"正是二人。"逢辰默然不答。少霞催砺人快写请客票去,砺人写不来字,央夏时行代笔,说姓花的名唤子龙,姓柏的名唤幼湘,多在公阳里小花巧玲房中。夏时行如言写好,交与阿珍,从窗口一只小篮子内吊将下去,分付相帮赶紧去请。

逢辰轻轻在少霞的衣上一扯,走出房去,少霞会意,跟着出来。逢辰低低说道:"施砺人他去请姓花、姓柏的这两个人,你道是谁?怎么答应着他?"少霞道:"我不知道。"逢辰道:"说起来你莫着恼,姓花的是宁波人,闻得他靠赌为生;姓柏的不是别个,就是春间做黄牌九的白湘吟,自从做弄你我,众人捉破之后,他出了一次码头,听说是宁波去的,不知如何与姓花的交了朋友。那姓花的不但摇摊、麻雀多有出神入化本事,并且牌九里头有种绝技,乃用黄蜡嵌在指甲中间,临推时略略在牌上边捏个记号,凭你什么新牌,只要推过三四方儿,他一张张多能认得出来,或是做副双夹，或在第三副上做副通吃。他的骰子并不灌铅，乃是用高三四的掷出来，三七居多，自己拿的必是第三副牌，故能逢赌必赢，又拿不出他一些破绽。湘吟交了此人，听说竟拜他为师，近来甚是得法。上月间回到上海，每天又在小花巧玲那边。砺人谅来不知其细，故替你请他们来。我虽明知其事，却又当着众人不便说破于他，这却如何是好？"少霞闻言皱眉道："原来姓柏的就是湘吟这赌棍改名，砺人请了他来，真是有些不便。你可想个主意，阻挡他不来才好。"逢辰道："请客票已经去了，叫我怎样阻法？"少霞沉吟半晌道："既是这样，今天我瞧你的分上，施砺人我也原谅他，不知不罪。停刻二人不来最好，倘是来了，我只做不认得他，冷冷的。散了台面，那就没有事了。你却也要暗中关照湘吟，叫他自己明白。"逢辰涎着脸儿答道："这个自然，今天我请施砺人来，砺人才去请这两个赌棍，算来多是我的不好，你却千万莫要生气。"少霞道："你与我说过是了，那个生什么气？两个人又不是你去请的，你也不必放在心上，我们坐席去罢。"逢辰点头称是。

二人回进房中，叫阿珍交代相帮，先起八客手巾入席。逢辰仍要众人多叫些局，助助少霞的兴。这八台酒不比得前八台了，施砺人与蓝肖岑两个，本来最喜奉承，听得逢辰说话，好像得了军令一般，每人叫了四个。白拉斯虽然是外国人，也是个没交代的，叫了六个。乌里阿苏、格达看见众人这样，每人也叫了四个。夏时行因中秋已到，端正一漂了事，落得把从前叫过的局一齐叫来，共是八个。逢辰与少霞自己也每人叫了三个。点一点，共有三十六张局票，尚还没有发出去叫，下面相帮的喊声："阿珍姐，屠大少爷朋友上来！"阿珍连忙迎将出去，招呼进房。

少霞起身一看，前面一个四十多岁年纪，身穿二蓝铁线纱夹衫，枣红珠地铁线纱夹马褂，开口时满口的宁波声音，想必花子龙无疑；后面一个，正是湘吟。那施砺人见二人进来，慌与少霞说道："这位是花子翁，这位是柏幼翁。"少霞趁湘吟立在后面，还没看〔清〕楚，勉强向二人拱一拱手，分付值台面的娘姨添两付杯筷来，伺候坐下。湘吟见主人乃是少霞，究不免心上有些惶恐。逢辰抢过一步，附着他的耳根，把少霞今天断然没事并叮嘱他只当从前没有见面的话安慰过，他方得放心坐下。砺人问二人叫那几个局，二人每人叫了两个。众人要他们添，又一人添了一个。写好局票，一齐发将下去。那台酒自从十点钟入席，直吃到一点多钟方散。

消息传入邓子通耳中，晓得少霞与他呕气。明日约了潘少安、温生甫一班人去碰和，碰一圈起一次手巾，算是一场。一共碰了二十圈庄，算做二十场和，那头钱每场十二，多是子通一人拿出来的，旁人只碰输赢，当真很阔。碰过了和，子通这晚一定不肯放阿珍回小房子去，重新摆一个双双台，吃到天明，闹了一夜。

可怜屠少霞在仁寿里守了一夜，好不寂寞。初时尚有阿金陪伴，到得一点钟敲过，阿金恐防阿珍回来，回转自己房中去了。没奈何，跟他过去，要想就住在阿金那边。一则他身上只花了二百块钱，那一百块尚是向逢辰借来，隔夜才给他的，倘然今天开口又要什么小货，还是答应他好，不答应好？答应他，一时拿不出钱；不答应，防他瞧不起人。二则阿珍这人不好惹的，若是晓得与阿金有这事情，必定要翻过脸来，不但弄得他们姊妹失和，不要拿了这个错处为难起来，定被子通好笑。因此心上不敢，只与阿金说说趣话解解闷怀，尚留心莫被小兄弟听见，起甚是非。坐到两点多钟，阿珍尚没回来。阿金要想睡了，催少霞也去安睡。少霞估量着此刻阿珍不回，必是子通在院子里有甚花样，把他留住，无精打采的蹀到自己房中。千不怪、万不怪，却怪起家里的老太太来，为甚一点世情多看不破，要把银钱管住，弄得人半死半活？不然，今夜查明了子通有甚场面，明天我再与他斗上一斗，方出我心头之气，如今却怎样才好？和衣倒卧在那一张外国床上，覆去翻来再睡不着。想到天明，忽然要去与贾逢辰商量，央他向人再借几百块钱，用他几天，不知逢辰可有这个力量？正在子细盘算，听后门上门环轻叩，阿珍来了。少霞叫醒小大姐开门，等他进房，把邓子通碰和之事问个明白。阿珍怕少霞发甚脾气，装点出子通如何转他念头，他如何不肯、如何跑了回来的话，说了一遍。又说："堂子里的这一碗饭吃得真也怕了，最好你再花几个钱，我跟了你，那时方是我出头之日。"这一席话说得少霞意乱如麻，决计等到饭后去与逢辰商量，此人必有个善全之策。故此反向阿珍用言安慰了好一回儿，上床同睡。

一觉醒来，日已过午，少霞早膳也都不吃，梳洗过了，吃过中饭立刻出外去找逢辰。先到花小兰家，阿素说还没有来过，此刻谅在福安吃茶。跑到福安一问，说与四个人到四海升平楼去的。寻到升平楼，方才遇见。同着的那四个人，乃是砺人、肖岑、花子龙、柏幼湘，见了少霞，多来道谢昨夜叨扰，幼湘也随着众人说几句口头语儿。少霞含糊答应过了，另外拣张桌子泡了碗茶，叫逢辰过去，先把阿珍现要嫁他的话说知。逢辰极口怂恿，说阿珍怎样有情，怎样娶得。少霞又把昨日回去老太太病了，晓得他老人家近来把帐房里的银钱钥匙取去，才与你借一百块钱，如今要娶阿珍，只怕一时间甚是吃力，因此又要想个法儿的话，一五一十老实告知。

　　逢辰听了，心上边品的一跳，暗想：怪不道昨天少霞借钱，原来有这缘故，如今听他口音，明明又是此意。若然老太太是好说话的，这种人借给他一千块钱，怕不将来还了二千？大大有些巴望。但这老太太听起来是一个了得的人，莫说一千借他不得，就是昨天的一百块，三天、五天里头也防他还不出来，这便如何是好？眉头一皱，计上心来，说："屠少翁，你的意思我明白了。莫非是要娶阿珍，手头一时没有现钱，要我帮你的忙？怎奈我不是敷余的人，你晓得的。倘然要向别人转借三百、二百，够不了你的用处。为数大了，不瞒你说，我是个家无一担的人，那个信我？有却有个绝妙的法儿在此，只是怕你不肯，我不敢说。"少霞闻言，接紧问道："有甚法儿？为甚说我不肯？你快讲来！"

　　逢辰道："这几天台面上常常会见的乌里阿苏、格达两个，不是很有钱么？"少霞道："看他二人起居，当真有几个钱。但我与他们交情甚浅，怎能开口说个'借'字。"逢辰笑道："谁说要你开口去借。"少霞道："不借钱，提他怎的？"逢辰附耳说道："你不晓得，他们二人最喜欢的乃是赌钱，我们现有花子龙、柏幼湘两个在此，只要你肯出个面儿，邀他们来入局，怕不做他个一万八千？那倒是稳稳儿的。只恐怕你办不到他。"少霞沉吟半晌，道："又是黄牌九么？那是断断做他不得。倘然被人捉破，花、柏两个是拍拍身体好走路的，我是生养上海，又人人晓得有些家私的人，如何干得此事？后来怎在上海做人？"逢辰摇头道："黄牌九是使不得的，要做他还是摇摊，只要青龙头上几记，怕不顿时赢了个不亦乐乎？况且那是十拿九稳的事。你倘然有这心思，我叫子龙、幼湘两个过来细细问他。"少霞踌躇不决，逢辰将手向花、柏二人招招，二人会意，跑了过来。

　　逢辰不等少霞开口，把商量要做乌里阿苏、格达两个的摊局告诉他们，问二人可有这个本领。二人回说："当真人起局来，输赢是拿得定的。但是出面的人甚难，此人须要有些名望，向来又甚规矩，才能哄动得人。"逢辰道："出名屠少翁，如何？"花子龙道："若是少翁，那是再好没有的了。平日又是有钱，又是名气很好，那个不相信他？"逢辰道："少翁若然当真高兴，赢了钱怎样摊派？"柏幼湘道："从前我不合在少翁面前掉过元虚，幸亏他并没记恨，这回应该补报些儿。少翁当真出面，我与老龙两个出手，赢了钱少翁五成，老龙三成，你与我各得一成，这样分派可好？"逢辰道："我这一成是不要的，还是你取二成，或是少翁六成。"少霞被三个人你也一句，我也一句，不由不利令智昏，竟然被他们唆弄上了，因问："只赌一场，拿得住可赢多少？"子龙道："场面大些，一场好赢一万左右，至少也有四五千儿。"少霞道："你看二人的场面可还大么？"子龙道："二人场面却是大的，我们却也要备些本钱，方能引得动他。"少霞道："要备多少？"幼湘道："至少五六千两银子。"少霞道："你们可够？"子龙道："我有二千。"幼湘道："我尽力拼凑起来，约有一千。"逢辰道："我也有一千可移。"子龙道："尚有二千，自然是少翁的了。"少霞两眼看着逢辰，逢辰把头一点，道："少霞两千，自然算数。"一头回话，一头把少霞拉至东首靠窗，说道："你现银不够，我晓得的。手上的那两只钻戒、一只翡翠班指，怕不足值二千银子。停回我来替你设法。"少霞财迷心窍，觉得逢辰的话句句有理，心中大喜，满口应承。当下逢辰就令子龙、幼湘回去取钱，又叫少霞把东西取将下来，替他设法抵押，顺道自己带了几张银票出来，约少霞在花小兰家等候。少霞果真惠了茶钱，就到小兰那边坐等。

不到一点多钟，三个人都已来了，身边带来的银票居多，点一点，凑成足足六千。逢辰马上令阿素喊下一台菜去，又令取笔砚过来，叫少霞写请客票，去请乌、格二人，算是少霞的主人。为的是少霞这人只可朦他一时，隔了夜，怕他顾惜声名，有甚变动。也是少霞命宫里注定的破败，听了逢辰们的鬼串，一心想要手到钱来，端整好娶阿珍回去。写过了请客票，就睡在炕榻上边，与子龙、幼湘问些动手的过门诀儿。子龙取出四颗骰子，当场摇与少霞看过，并把手法传授与他：怎样摇定是青龙，那样摇必是白虎。少霞取来试验试验，果然一点不错，只喜得眉花眼笑，料想着万无一失，很是放心。子龙见少霞十分得意，遂说："稍停入起局来，做宝是我的责成，幼湘、逢辰立角，少霞开盆。"少霞要幼湘开盆，自己立角。逢辰说："开盆容易，只要当心莫把骰子碰动，立角却要格外精熟的人，不然恐防错误，不是顽的，必须幼湘才好。"少霞遂认定开盆，用心要鏖战一场。

谁知这一闹，竟闹出不堪的事来，洋场上站不住脚，弄得好好的一个大少爷，溜之乎也，不敢出头。直到第二集书中，母死之后，方才扫去未完，重新出现，却落了个终身话柄，败尽声名。并且这一下因做弄人家而起，虽然没有得手，那心术已是坏了，后来下场得甚是萧条，说起来令人触目惊心，好不可畏。正是：

> 为人莫把贪心起，处世万宜守分高。

要知少霞怎样闹出事来，洋场上立不住脚，且看下回分解。

第二十六回

阿素遍寻屠少霞　志和初乞颜如玉

话说屠少霞不合听了贾逢辰之言，与花子龙、柏幼湘算计乌里阿苏、格达的钱，写请客票去请他到花小兰家吃酒。吃完了酒，端整摇摊，好像一万八千银子可以稳取荆州。那里晓得这是逢辰与幼湘等定下圈套，要少霞等众人去钻，出出那春里头捉破黄牌九的这口毒气，并好弄一注大财。乌里阿苏、格达两个何尝是什么大员，也是幼湘一党，有意串他们出来，与众人联络，却又装出许多脾气，使众人望而生畏，不疑心到这一条路。起初先要做少牧一人，谁知他近来钱已干了，又做了颜如玉，天天的窝在那边，人也不甚出来，比不得初到上海的时候。因此死了这一条心。其余众人，有钱的要算邓子通第一，此人不很赌钱，无从下手。郑志和、游冶之在上海日子多了，春间又在牌九里吃了些亏，看他步步留心，在叶媚春席上遇见幼湘之时，指指点点了一番，并问他为甚要变易姓名，说了多少冷话。逢辰怕他当众叫破，拉着二人出席，陪了无数小心，方才没事。这种人怎能再去转他念头？只有少霞花钱撒漫，人又不甚精明，要报当时受辱之仇，还在此人身上，不过没有机会去打动于他。正是事有凑巧，少霞忽向逢辰借起钱来。逢辰想，此时不再下手，更待何时？当下借了一百块钱，就在席上邀蓝肖岑、施砺人来，去请幼湘与花子龙吃酒，要看少霞见面之时怎样动静。后见他不甚着恼，本想用些心思，就把这一百块钱说是向幼湘借的，春间牌九里本还短少，将来不要还了，好去亲热于他。不料隔了一夜，少霞忽然要讨阿珍，又寻逢辰商量。逢辰正中下怀，始放胆把倒脱靴的本领施展出来，假意叫少霞纠乌、格二人摇摊，却叫少霞开盆，又先说下开的时候须要当点儿心，莫把骰子碰动，种下句根。

可怜屠少霞一时间利欲薰心，怎想得到许多利害，自从写了请客票去，还怕乌、格二人不来。及至二人到了，吃过了酒，逢辰假意说要碰和。花子龙说碰和不好，还是推几方小牌九顽顽。柏幼湘说与其牌九，不如摇一场摊，输赢来得爽快。几个人你言我语，后来大家多说摇摊最好。格达情愿先摇一庄，因身边本钱不足，差长随回栈房去拿。乌里阿苏说："我现银子今天虽也带得不多，却有三四百块钞票、一张一千两的汇票在此。倘然赢了，不必再说；输了，还有京里头朋友汇来的一张五千两银子支票，不知可能抵得钱么？"贾逢辰道："乌大人说什么话！你老人家栈房里怕少了现银？谅来钥匙带在身旁，怕回去拿。停回赢了最好，输了尽管放心，我们这几个人那一个不好移动？就是我们输了，也说不定要向你老人家移动些儿。"乌里阿苏道："那个自然，你们也放心是了。"格达道："闲话少说，我差底下人去取银，谅必立刻就来。不知你们可再去邀几个人助助兴儿？还是就是眼前的五六个人？"花子龙道："我去邀肖岑、砺人两个同来可好？他们虽是输赢小些，却最喜欢的也是此道。"格达道："既是喜欢，何不快快邀来。"子龙遂写下一张条子，交代阿素分付相帮，快到蓝肖岑的相好兆富里钱宝玲那里去请。

不消半刻钟时，二人来了。那格达差到栈房里去取银子的长随，尚没有来。格达又发起性来，混帐、忘八骂个不住。逢辰见他发怒，说："格大人倘果高兴，我这里先有一千两钞票在此，不妨先请顽耍起来。等贵价到了，还我可好？"格达点点头道："那也使得。但是你把银子借给了我，自己还有钱打么？"逢辰道："我们几个人好通融做的，怎么不打？"格达道："既是这样，待我当真先做个庄，试试财气如何？"

逢辰遂叫阿素把台子排好，拿出四粒又圆又活的骰子来，连摇缸一齐摆在台上。格达拣个方位坐了，讲定摇二十摊，照例浪过三摊，又把摇缸摇了三摇，放在桌上。众人因要探探宝路，也有打单甩的，也有打出进穿、白龙穿的，也有打一记杠子的。格达看众人打齐，开了一个十五点的出宝。刚巧少霞与柏幼湘在出宝上合打了二百两银子单甩，该配六百。子龙是一百两出进穿，该配二百。逢辰打杠子，没有输赢。青龙上乃是施砺人、蓝肖岑，每人只有五两银子。白虎上是乌里阿苏廿两。一共吃了三十两银子，却配了足是八百。格达将银配过，摇摇头说："出门不利。"又把摇缸摇动，要看第二记输赢。

差去取银子的二爷已回来了，一共取了三千两银子到来，一半乃是钞票，还有一半都是庄票。格达点过数目，把两张五百两银子庄票还过逢辰，余下的放在身边。看他不慌不忙，第二次又开了个出宝。这回屠、柏二人没有覆他一记，只有肖岑一人打了十两银子，其余都是庄家吃的。以后输输赢赢，一共开了十一二摊，被子龙领着众人摸出宝路，把庄家打坍。及至结帐，三千两票子只剩得三百两不到了。格达把摇缸一推，立起身来，让别人去摇。乌里阿苏做了一庄，是三十摊，又输了二千两左右，也停了手。

逢辰要子龙做庄，子龙与少霞打个暗号，说："一个人输赢太大，还是那一位来与我合做一庄。"少霞（牧）会意，说："我来与你合庄如何？"子龙道："与你合庄最好，就请你替我代摇，我正尽心尽意的在旁收注配注。"少霞假意推辞道："我只能搭个分儿，要我摇是弄不来的，还是你自己动手，我来替你收配。"格达道："少霞，这个顽意不很弄么？若是当真不很弄惯的人，果然还是替子翁代摇，那收注配注，差不多些的人最易错误，我看让子翁去弄的好。"逢辰、砺人、肖岑等也都是一样的说。逢辰与幼湘两个更愿拚个股分在内，帮着子龙做个看清。

子龙咬着少霞耳朵说："是时候了，你尽管大胆动手，只要开盆时格外留心，不碰骰子，包定着你一战成功。"少霞大喜，方才答应，凑齐资本，坐将下去，言明只摇十摊，摇完再放。也照例浪了三摊，令众人看过宝路。第四摊起自然算数，开的乃是青龙，没有人打，赢了三百多两银子。第五摊又开青龙，又没人打，只有肖岑打了二十两银子龙白穿，配了他四十两，又赢进七百多两。第六摊开得进宝，众人却又打在青龙上去，进宝上只有砺人打了一记十两的扛子，配了他十两，尚余八百多两。自从这第六摊起，看看台面渐渐打得大了，格达连着方才做庄那三千两票子早已输光，拿手上边一只汉玉镯子、一只猫儿眼珠子镶的珠戒指儿向子龙抵了五百银子，乌里阿苏身边的汇票也抵押在逢辰那边去了。

摇到第七记上，因这一日的摊路连几连的甚多，众人一齐打了一记覆宝，多在进门上边，算一算足有二千银子左右。子龙叮嘱少霞："这一下小心些儿。"少霞动手开盆，子龙又叮嘱一声，少霞的手顿了一顿，骰盆里好像微微的一响，子龙皱皱眉儿。及至开开一看，看见四颗骰子：两颗是五，一颗是幺，一颗是二，一共十三点儿，正是进宝。少霞大惊失色，子龙附耳抱怨他太不小心，说开盆时不合把手往下一沉，那摇缸口碰动骰子，自然开出祸来。少霞也自己埋怨自己，怎的不中用到这个样儿。幼湘与逢辰两个微微叹一口气，催子龙把配注配了，算一算，连赢钱呕个干净，还输一千多两，只得免免强强的说："没甚要紧，再看第八摊如何。"

这第八摊众人打的还是进门，却比上一摊更是大了。乌里阿苏把汇票向逢辰赎转，就在这票子上打了二千，另外又是五百多两现银。格达把上一记在进门上赢来的一千五百两，连本钱五百共是二千，扑上一扑。肖岑也因有了赢钱，打了三百多两，与砺人差不多儿。少霞见众人打得太多，问逢辰："倘然配不够了，怎样？"逢辰道："你尽管开，不够配了有我。"子龙道："这回莫再碰了骰子，不是顽的。"少霞点头答应，十分用着十二分心，把摇缸揭动，柏幼湘高喝一个"开"字，少霞听摇盆内好像没有响动，料着是一定赢了，谁知道数一数十七点儿，当真又是一个进宝。这一回惊得呆了半晌，话都说不出来。逢辰、子龙、幼湘三个也多假意慌张，你看着我，我看着你，道："这是那里说起！"乌里阿苏将手向打着的汇票与现银子一指，道："一共是二千五百五十五两，该配七千六百六十五两。"格达道："我要配六千两。"肖岑道："我打三百念两，该配九百六十两。"砺人道："我三百二十五两，该配九百七十五两。"子龙并着一算，共要配出银一万五千六百两，庄上的本钱尚有四千九百多两，不够了一万有余，多向逢辰要银。

逢辰问少霞等，除了现银，身旁可还有甚东西抵押。子龙道："一万多两银子作四股开，每人该出三千三百两左右。我有一只打簧金表，三百两银子买的，尚有一张半个月期支票，刚巧三千银子，抵得够了。待我交与你们。"柏幼湘道："我没有别的物件，只有三千五百两一张银行支票，抵三千三百两如何？"乌里阿苏道："支票只要靠得住的，到期一样多是银子，有甚不可？"逢辰道："我有一张朋友托我做中出卖的田单在此，那田在虹口地方，足值三千多两银子一亩，单上共是二亩九分零，只好头痛救头，暂抵在乌大人处，明后天我来赎罢。"乌里阿苏道："抵一抵是可以的，最好那一位来做一个中。"逢辰道："就是少霞可好？"少霞摇摇头道："并不是我不肯，我今日自己尴尬到个极处，这便怎好？"逢辰道："你到底还缺多少？"少霞道："我身上只有五十多块零碎洋钱，一只四百五十两银子买来的金练打簧金表，一块三百两银子买的汉玉扇轧头，一只海珊瑚金镶镯子，一个三百五十两银子新买的玻璃翠烟壶，总共只有一半，其余真没有了。说起来实是惭愧。"逢辰道："这么样罢，阿素他还有几个钱，借你可好？"少霞道："他有多少？"逢辰忙叫阿素来问，阿素起初说中秋到了，那有余钱？后来逢辰向他熟商，连头钱借了五百两银子，说明三日即还，取出来交与少霞。尚少一千多两，真是没有法了。逢辰又去替他与乌里阿苏商量，叫少霞立了一张一千二百

两银子两个月期的借票，自己做了一个保人，方把配注配清。那田单因乌里阿苏的银子
除被少霞借了一千二百两空头，又抵了金表烟壶等物，不够数了，抵与格达，仍请少霞
作了个中。众人看尚有两摊摇不下了，就此各散。

子龙、幼湘一把拉了少霞到后房去，多要与他拚命。少霞说："第七摊果然是我
不好，碰了骰子，第八摊并没碰动，怎的输到这样？"子龙道："这乃是第七摊上的祸
根，被他们摸准了路。千不该、万不该，总是你失手碰骰子的不该。你初摇时我好好
在桌底下用吸铁石吸了一个白虎，多被你碰做进宝。如今枉费劳心却也罢了，但我们
多是靠此过活的人，偷鸡不着折了把米，弄得个资本精光，你怎样对得住人？"少霞
被他们这一席话只说得哑口无言，正恨没个地洞钻了下去的时节，还好逢辰进来，
说："事已如此，埋怨也是无益。我们今天且自散罢，缓天等少霞到家里去多拿些本
钱出来，再图翻本。翻了本，贴补你们。"二人还当着没有听见，咕哩咕噜的讲个不
住，直到逢辰揽着少霞的手移步踱至外房，二人始也跟了出来。逢辰暗嘱少霞快去，
何必在此受气。少霞一步懒一步的跑出房门，子龙尚问到那里去，少霞没有答他。逢
辰与阿素使个眼风，阿素会意，口里头说"我去问他"，两只脚如飞的追了出来，在少
霞的衣襟上轻轻一扯，说："屠大少爷要去了么？你莫生气，方才的五百两银子放在
你处，本当放心，但我端整做节上开消，千万你三天里定要送来，不可耽误！"少霞
勉强应道："那个自然，你进去罢，我要走了。"阿素方说声"慢去，明天请来"，回身
进内，叫逢辰写条，再请乌、格、蓝、施四人到来分银。大约连银连物，乌、格等每人
一股，有三百两左右；花、柏二人每人得二股半，五百多两；余下是阿素的，也有二百
两零些。借票并阿素借出的五百现银不在其内，等到缓日银子到手，大家再算。

那班人这一夜说说笑笑，好不开怀。少霞却独自一人，垂头丧气的出了花家，心
想到仁寿里去，奈一些没有兴会，在马路口呆呆的立了好一刻儿。想到欠了这许多银
子，若不向家中去取些出来，怎样了法，以后怎在洋场地面做人？遂决计叫了部野鸡
东洋车，星夜进城，要向老太太商量。那里晓得被老太太一顿训斥，问他有甚用处，
一个钱也不肯给他。少霞不敢再说，左思右想了一回，无可奈何，只得暂在家中，避
他一避，并与帐房里何先生把此事约略说知，倘然有人寻他，只说没有回来，不知溜
到那里去了。且等过了十天、廿天，叫何先生劝老太太回心，有了钱再行出去。我且按
下慢提，须待第二集书中少霞的老太太病故之后交代。

如今再说阿素，自从串个扇面，借给少霞五百两银子，三天易过，少霞绝迹不

来。花子龙、柏幼湘要想分这钱儿，与贾逢辰商量，可好叫阿素寻他索讨。逢辰道："若然不好去讨，当日也不串这出戏了。我早料他这回输了许多的钱，家里头防拿不出来，才叫阿素出名借他，为的正是索讨地步。他既三日不来，我们也三日没有见面，不知他住在阿珍那边，还是拿不动钱，躲在家里。我们不便找他，阿素是到处可以去得的人，又随便什么说话多好讲的。只要寻见了他，说再隔一礼拜中秋到了，这五百两银子说明预备节上开销，倘有差池，如何过节。他如情情愿〔愿〕的拿了出来便罢，倘有半个不字，等到中秋那日，不妨领着许多不三不四的人向他去讨，看他怎样发付。你们想，这样办法可好？"子龙、幼湘同说："逢辰主见极是。"遂与阿素说知，叫他四处去寻。

阿素先到仁寿里阿珍小房子里去了一次，阿珍说少霞三天没有来了，房间里却像有个客人在内，疑心莫要躲了起来，捉一个空闯将进去，却见是邓子通，并没少霞踪迹，只得退了出来。又到百花里花笑春家，也说三四天没有到了。笑春因为有三十三台酒、一百五十几个局多没开销，差阿香也在各处寻他。阿素看是情真，便不再说。但想这两处找他不见，不是躲在家里，却在何处？何不进城去探他一探。遂出了百花里，叫部东洋车，拉到西门下车，进城问了许多的信，方才寻到。

见好一所五进进深的高大房屋，八扇广漆墙门，甚是气概。门房里有个看门的老头儿坐在凳上打盹，阿素叫声"老伯伯"，道："你家大少爷可在里头？烦你进去说声，有一个阿素看他。"那老头儿是受过少霞并何先生分付的，睡梦里听得有妇女声音寻他主人，打个花欠、伸个懒腰，站将起来把眼睛一擦，细细的对阿素一瞧，回说："你来找大少爷么？他好几天不回来了。我们老太太生病，差小二爷出去寻了几次，总没寻到。多是那班骚货害人，老太太气得发极。你是那里来的，寻他做甚？"阿素听说话不对，呆了一呆，道："我是你少爷的要好朋友差来说句话的，晓得你家少爷有三天不出门了，故此路远迢迢的进来，你莫诓我。"老头儿道："那少爷的朋友是谁？怎见得我来诳你？"阿素道："你少爷的朋友是贾逢辰，与他天天总在一处，只因这几天住在府上不见面儿，才差我特地进城。你说好几天并没回家，岂不是诳我么？"老头儿道："这朋友叫贾逢辰么？老太太曾经说过，正要寻他说话。你可回去请他自己前来，我们少爷当真不在里头，你且去罢。"阿素见走不进门，心下蹰躇，要想就此回去，难道白白的跑了一次？要想硬闯进去，城里头的宅堂比不得洋场上面，莫要吃了些眼前亏，诉也没有诉处。故而将身倚在门首一根柱上，立了好一刻儿，到底不敢进去，还是回去与逢辰商量好了应该怎样再来的好，没奈何，说声：
"你家少爷当真不在，烦你等他回来转言一声，说阿素来过。他心上自然晓得。我要
去了。"老头儿将手一摆，道："我听见了，你尽管去。"

　　阿素垂头丧气的走出大门，约有半条多街，忽见拉少霞包车的车夫江北阿三手
中拿着一大缸洋烟劈面走来。阿素喜出望外，连忙叫住了他，问道："你家少爷这几
天究竟可在家里？"阿三是天天拿惯轿饭帐、节节拿惯草鞋钱的，巴不得主人家每
日出外，这几日不出去了，一个钱也没有进帐。听见阿素问他，一五一十的细细说道：
"少爷住在家里有三夜了，尽日尽夜吃鸦片烟，并没出来，却与帐房里何先生商量
好了，交代看门的，有人来寻，总说不在家中。谅来你也去过的了，断断没见面儿。"
阿素点点头，道："一些不错，你可能替我想个法儿，请他出来？"阿三道："请他出
来，谈何容易？我也因这几天没有轿饭钱拿，想过几个念头，要想哄他出门。争奈那
一日摇摊的钱输得很了，回来问老太太要钱，老太太一个不给。少爷是要面子的，没
有了钱，出门不来，因此躲着，也不是有意要胡赖人家。如今必得寻一个知己些的
朋友到家里来会他，顺便向老太太劝劝。只要劝得转那老人家给钱，不怕他不出大
门。你想这一个人谁请得来？"阿素道："如此说来，我明天叫贾逢辰贾大少爷进城
可好？"阿三摇头道："贾大少爷我们少爷是要好的，老太太却深怪着他，说多是被
他引诱坏的，背后头常常说要与他过不过去，还是不来的好。"阿素道："贾大少爷
你们老太太与他不对，你知道老太太可有个说得上话的人？"阿三道："人是有的，
一个是凤鸣岐，一个是平戟三，一个是熊聘飞，一个是李子靖。这四个老太太多曾
见过面儿，说他们很是规矩。还有一个短中取长的人，是杜少牧杜二少爷，老太太
也说他虽然与少爷一样的在外嫖赌吃着，却比少爷有些骨子。你能够在五个里头请
得到他一个，或者有些指望。"阿素细细一想，道："五个人我多认识，姓杜的最是熟
些，并且最好说话，那四个不甚好讲。我一准请杜二少爷进来，你瞧好也不好？"阿
三道："二少爷真个请得到他，谅来老太太或肯听几句话。不过比了请姓凤的那四个
来，差一点儿，不能够十分拿稳他九分。"阿素道："你不晓得，那四个人与我们贾大
少爷不甚投机，所以我也说不甚来。一准我去请二少爷，你在家里头候着，须要使他
与老太太见面讲话。将来到了北边，还了我摇摊里借的这一注钱，你的意思自然晓
得。"阿三带笑答道："那就是了，且待二少爷到了我家再说。我挑烟出来久了，恐防
少爷性急，要回去了。你也往北寻二少爷去罢。"阿素说声"晓得"，又说："这件事

你我须要放在心上。"二人始各自东西。阿三回家，不必细表。阿素出了西门，叫东洋车到久安里颜如玉家，寻少牧而去。

谁知少牧那天正与郑志和两个在房中合如玉吵嘴。如玉因近来中秋到了，佯称开消不够，要问少牧借钱。少牧有钱在手，本是个慷慨的人，无奈自从谢幼安回苏之后，推说与经营之合开书局，不知发了几十封信到家里去要钱，家中只有空信到申。起初说少甫出门，催他回去；后来竟说少甫将要来申，面劝回苏，家中颇尚小康，在申不必与人合股贸易，所言汇银一节，可作罢论。倘要零用，动身时所带资斧谅已足够，此间不再寄来。一则长途不便，一则钱在手头，挥霍无底，切宜自警等语。少牧见了，无可奈何，好不纳闷。看看带出来用剩的钱渐渐要没了，心中正在昼夜焦躁，怎禁得如玉再要赤紧与他借钱，说节上房间里要用多少，房饭钱要付多少，马车行开消多少，戏馆里头多少，成衣帐多少，银楼里多少，洋货店多少，卖花的多少，本家处菜钱多少，娘姨相帮捐的洋钱上利钱多少。讲了又讲，满口要少牧至少借五百块钱，方可过去。少牧硬着头皮回说："客人不是一个，为甚向我一人借钱？"如玉听了，不答应道："本来我很有几户客人，这一节因与你要好些，他们多不来了，那是你晓得的。莫说别个，但看那潘少安就是一个榜样。"每每说到此处，少牧无言可答，只得含糊的应许着他，说节边家中若有银信到来，好掉与你掉几百块洋钱。如玉方才欢喜，临了儿灌他几句迷汤，说是："这节过了，下节最好想个法儿，赶紧把我娶了回去，免再担着心事吃这碗饭，你也不要在外边顽了。那其间一双两好，地久天长，岂不甚好？"说得少牧心花怒开，不由不忘其所以。

如玉那模样的做作，已有三四次了。这日少牧在房，如玉又与他说起过节的话，问他究竟接到家信没有。可巧志和来寻少牧到东荟芳花媚香家碰和，少牧要走，被如玉一把拖住，对志和说："人家有句要紧话儿问他，待他说了再去不迟。"志和问："有甚要话，可能与我说知？"如玉想："少牧这人最是面重，何不竟把他答应借洋的话今日当着志和说知，日后使他缩不回来；倘要缩回，更好就央志和去说，一定难以为情。这几百块洋钱必可稳稳到手，真是一个绝好机会。因拉志和一同坐下，把话说明。满望着他帮些儿忙，那里晓得志和听了，说出一席话来，只气得如玉面红耳赤，手足如冰。有分教：

平时莫作亏心事，此日难遮满面羞。

要知志和怎样说话，如玉动气，且看下回分解。

第二十七回

筹节费杜少牧觅友　借嫖资贾逢辰作中

话说颜如玉要与少牧借钱，把话向志和说知，指望着帮几句忙。谁知志和心中一向恼着如玉暗地里仍与少安往来，只瞒少牧一人，听见今日要向少牧借钱，因发话道："你这一节短开消么？做你的客人不是二少爷一个，可曾向别的客人想个法儿？"如玉道："郑大少爷你又来了，自从二少爷做我之后，虽然还有几户散客，不过是叫叫清局罢了。莫说向他们开不得口，就使开口，也是无益。"志和闻言，冷笑一声道："杜二少爷之外，别的客人难道多是清局？只怕未必。"如玉听口风不对，脸上一红，硬着嘴儿辩道："不是我颜如玉咬钉嚼铁，这节除了二少之外，当真没有第二个要好客人，那是人人多晓得的。"志和道："从来俗话说得好，叫做：'若要人不知，除非己莫为。'你做的事，二少或者不甚明白，旁人却怎的瞧不出来？"如玉听志和一句紧似一句，恐防说出不好听来，急忙转口想阻住他。那里晓得志和早已说下去道："你做了杜二少爷，别人果然不做。不过内中还有个人，你待他很是不薄，何不去与他商量？"如玉不听这话犹可，听了时心上边不由不品的一跳，脸上边红里头泛出白来，只得半真半假约勉强答道："郑大少你莫要胡说，我这一节除了二少，当真还有那个？说甚顽话。"志和道："谁与你顽？那潘少安是什么人？"

少牧起初听二人讲话，只认志和有意与如玉作耍，笑微微的毫不在心，如今听见"潘少安"三字，顿时脸色改变，动起火来，忙问："少安怎样？"志和道："你问如玉。"少牧真个逼着如玉，要他实说。如玉听被志和触破机关，枉费了平日间遮遮掩掩的多少心思，这一气直气得手足如冰，非同小可。又想事已如此，辩也无益，这回再要骗过少牧，除非使条苦肉计儿，否则休想再瞒。因把两手将眼睛一掩，倒在少牧怀中，假意的啼哭起来，说志和不应造这谣言，有心挑衅，叫少牧休去听他。房间里的姨娘、大姐见了，共来相劝，多说："有话好讲，何必悲伤？"如玉见有人来劝，愈不肯住，偷眼看妆台上放着一把剪刀，抢在手中，对着少牧与志和道："你们多来冤我，叫我有口难分，我做人也做得再郁没有的了，不如把头发剪去，到庵堂里做个尼姑，修修下半世罢！"说毕，把右手一擎，将剪刀镰开，装做要剪下去的光景。少牧见了大惊，抢步过来揪住他的手，这剪子早被旁边一位老娘姨夹手抢去，锁入妆台内抽斗之中。志和看如玉这般做作，太觉闹得不像样了，坐在旁边没趣，立起身往外要走。如玉只管假哭，不去睬他。少牧一条心只在如玉身上，暗中反怪志和不应多口，搅出是非，看来如玉断没再与少安私下往来之事，故此只顾着如玉，一边志和要走，眼睛里竟没瞧到，也不留他。志和气得独自一人跑将出去。

　　巧巧的门帘一揭，外边闯进一个人来，大家撞个满怀。志和要想发话，却看进来的不是别人，乃是阿素。暗想这人来此何事？因又缩住了脚，走了回来。阿素进房，看如玉哭得头发散了，发上的花卸了一地，脸上边搽着的粉弄得红一块、白一块的，两条画的眉毛因揩和了，连眼泡上也多有了黑痕，口上点的胭脂，那绯红的颜色几乎下巴多染红了，真觉狼形到不堪极处，不知为了何事，慌忙启口动问。如玉见是阿素，他也没有什么不好意思，一五一十把志和、少牧冤屈他暗与少安两下要好的话，细细说知。阿素最是个鉴貌辨色的人，晓得这是如玉用苦肉计联络少牧，却乐得做个人情，说："郑大少爷、杜二少爷真是冤枉人了，如玉先生自从做了杜二少爷之后，我曾不时说起，晓得他当真并没留过第二个客人，怪不得心上要郁。二少爷不要多疑，你们很要好的相好，怎的这样起来？如玉先生我劝你也不要哭了，二少爷与郑大少是一时戏言，要来试试你的心迹。如今心迹明了，他们也断不再疑着你，大家好好儿罢。"如玉听了，并不回言，阿素跑到面架上边取了一条毛巾，叫小大姐到灶屋里去打一盆脸水来，亲手绞了一块手巾，替如玉把脸抹过。又叫梳头的端镜子来替他梳洗，如玉方才止了假泪，并不做声。阿素既把如玉劝住，又去劝少牧、志和，叫二人看顾些儿。少牧说："只要他真个断了姓潘的人，我心上最喜欢他，冤他甚的？"阿素带笑说道："既你二人这么样说，这口气彼此多可平下来了。想不到我今天跑到这里，做了一个和事老人。"

　　如玉见阿素把二人劝得口风松了，到底自己做下虚心情事，不妨趁此收篷。因一头梳头，一头唤阿素问道："阿素姐，你是没有工夫出来的人，今日到此何事？"阿素听如玉问他，一把拉了少牧的手至如玉身边，叫他一旁坐下，说："你们在此吵嘴，幸被我劝散了。如今待我把自己的事说与你两个人听，最好须要求二少爷替我出一出场。"少牧道："你有甚事？快快说来，好出场的自然替你去干。"阿素遂把屠少霞如何摇摊，如何大负，如何借银，如何几日没有出来，如何到城里去寻，如何门上回复，如何在半途遇见少霞的车夫阿三，如何阿三叫他请少牧去见老太太劝他回心的话，从头至尾，好似背书一般背了一遍。又对少牧说："这件事除是二少爷帮我的忙，别的人我请不动他，那借去的银子岂不是石沉大海，知道几时还得出来？将来一到节上，叫我如何得了！"少牧听罢，沉思半晌。阿素认做不肯，央求如玉劝他进城。如玉因即刻斗过了口，推说不愿意合他讲话，阿素再三相恳，始说："人家难得央你件事，你走一次就是了，拿什么腔？"岂知少牧的心上，他盘算着自己过节与如玉问他借钱，尚缺一千洋钱数目，正在无处设法。听得阿素央他去看少霞，触动心思，暗想何不替少霞在老太太面前多说几句好话，叫他多拿些银子出来，好向少霞移动。真是一举两得，免向别处筹画，羞人答答的开口为难。惟一时间这条主意还委决不来，幸亏如玉逼了一逼，方才把头一点，开口答道："我去是了。"阿素听少牧答应，当下满心欢喜，就问："今天可来得及？并不是我故意催急，怎奈节要到了，早些把这银子收了回来，也好使我放下了心。"少牧道："本来今天就去也好，无奈天不早了，城里的路我实有些怕走。"阿素在身边摸出一只夹金表来一看，道："此刻四点半点，坐车子到西门下车，算他要一刻钟，好的是进了西门路不很远，再是半刻，一定到了。你进去与少霞合老太太说话，至多说到一点钟已够，大约六点钟左右便可出城，谅还不甚黑暗。你与我走一次罢！"少牧始答应就去，并问："成与不成，停刻在那里覆你？"阿素道："你进了城，我要回尚仁里去，还是在尚仁里见罢，阿逢想来也在那边。"少牧回身向如玉要长衫马褂，如玉叫大姐开了衣橱，取出来服伺他穿好了，问外边相帮："二少爷的包车夫来了没有？"相帮的说："车夫已来，拉着车在弄口等候。"少牧遂动身要走。

志和见少牧要进城去了，不能再邀他去碰和，只得另外再请别人，说声："今天我睡梦里，不知道却闹了一场是非，如今你们都要走了，我也要别处去了。"如玉听他在那里闯声，到底是少牧的好友，虽然不应多嘴闹这口舌，却怪人只好怪在肚里，不便得罪于他，因道："郑大少爷，你何妨略坐坐儿，碰和时候还早，我还有句话要问你。"志和本已怪着如玉，今见他依旧柔声下气的有意答话，何苦闹甚脾气，因也随口答道："你有甚话，莫非怪我方才多口？"如玉道："我敢怪你？只要你不把我怪在心上是了。往后托你仍叫二少爷到这里来，须知我没有待亏着他。"志和道："二少爷一定来的，莫说往后，就是今夜，谅他也不到别地方去。"回头又问少牧："可是猜到你的心里？"少牧笑了一笑，如玉也笑了一笑，志和、阿素也都笑将起来，大家就此一笑而散。志和自去请客碰和。

阿素回尚仁里妓院，等贾逢辰来，与他把央少牧进城的话说知，守候回音。约有两点钟时，少牧已从城里出来，就到阿素院中。阿素见他面上怒匆匆的，忙问："见了老太太，可能说得进话？"少牧道："不要说起！我到少霞家中，起先被门上的人挡住，说老太太分付，少爷这几天不许出门，随便什么客人不会。后来多亏阿三出来，撒了句谎，说是老太太请我进城，要劝劝少霞收心，方得进去。见了少霞，说明来意，少霞就差阿三向老太太房中通报，说我请见。好个老太太，说正要与他儿子的朋友谈谈，当时就请在堂楼会面。我还没有开口说甚，他先把少霞如何滥嫖、如何滥赌、如何不要结交好友，专与一班不相干的人聚在一处，絮絮叨叨讲个不了。我说那是少霞年轻受人之愚，以后我们做朋友的自当随处叫他谨慎。后来始讲到向你借钱，并亏空各处局帐，说：'我想像老太太那般府上'也不是亏少人家款项的人，况且堂子里的钱财，说不定他们要上门索讨，那时像甚样子？还是劝老太太看破些儿，这一次再拿几千两银子出来，把欠的钱开消一个干净，往后少霞再到外边，我愿做个保人，保他再没这种事情。'谁知老太太不听犹可，听了此言，顿时大怒，说：'少霞在外浪荡闲游，花去银钱已经数万。祖宗创业不易，不知吃了多少辛苦，方得有此薄薄家私，怎禁得他今日一千、明天八百，照此用去，那消再是三年两载，眼见得要寸草全无，那时我自己的几根老骨头儿尚不知甚样收场结果。现在趁我这两只眼睛尚没有闭，必要好好的管教几时。一不许他轻易出门，二不许那狎友淫朋再上门来引诱，三不许再吸乌烟。若说银钱二字，决不能给他分文。因他身旁一有钱财，就要狂到个不可收拾。至于外面的人登门索取，虽然虑得极是。但是嫖债赌债，比不得别的资财。他们真个闹上门来，我自然有法回他，回不了的再说。并不是我不听人劝，只恐怕还了这注，那注又来；清了一边，那边又欠。彼时叫我女流怎能了这不肖许多未完之事？此事实难从命，万望休得见怪，说完了这几句话，又说一声'失陪'，并叫少霞：'你莫跟了朋友出去，我要里面去了'。竟把我阴干在堂楼之上。我落了这一场没趣，没奈何与少霞下楼，在书房内谈了一回，彼此一筹莫展。看看天色晚了，我才出城来的。你们二人替我想想，这一次可是走得乏味？那老太太真是岂有此理！"阿素听了，把头连摇几摇，说："世上那有这种的人！帮着儿子赖钱，真是很不要脸！我却对不住你跑这一回，也是万想不到的事。"

逢辰初时并不作声，后来问少牧道："你去与少霞说情，叫老太太先拿一二千银子出来也就够了，为怎要他几千？难怪他听了心疼，出言冲撞。"少牧涨红了脸，并不做声。逢辰心下大疑，逼着问他为甚意思。少牧始老实说："我与你是自己弟兄，说出来不怕你笑。我这几天也因中秋到了，开消的钱算起来，堂子里、大菜馆、戏馆、马车行，及绸缎庄剪的衣料、洋货店取的香水洋巾，并栈房里房饭开消，一共须要一千多块洋钱方能将就过去。那些扇子店、裁缝店等零碎些的，尚还不在其内。自从幼安动身之后，发信回家取银，怎奈家中只有空信到申，不是劝我早早回苏，便说少甫为了地皮的事在杭州耽搁住了，至今尚未回来，银钱是他经营，旁人不能私动，推得很是干净。我也曾连次发信到杭，叫少甫寄银出来。少甫又说人在杭城，银在苏地，不能划寄。看看节期一天近一天了，再想家里寄出钱来，谅来万万不及。我在上海为日未多，又没有甚知己的人移动移动，好不叫我五内如焚！自从起手巾的那一日起，我已足足担了十多天心事。今日阿素央我到城里去，我就动了个一举两便的念头：想老太太倘能劝得他拿出钱来，不但阿素的款子不空，我也可与少霞暂借一千四五百块洋钱，且把这中秋过了，或是我回到苏州寄出还他，或是另想别的法儿，故与老太太讲话的时节，有叫他拿几千出来的话。早知他一回回绝，真是俗话说的：'鞋子不做，落甚样儿？'说来令人好不懊恼！"

逢辰听罢，叹口气道："原来如此，怪不得你心下着恼。但我不合与少霞作了个中，如今阿素问我要钱，叫我怎样才好？"少牧道："阿素是个吃亏不起的人，你须与他想个弥补法儿。不过我这几天方寸也有些乱了，不能替你们安排这事，你们休怪我不肯出力。"逢辰又叹口气道："谁怪你不肯出力？当真你看个冷破，今天也不进城了！那是我们晓得你做人本甚热心，阿素才来求你。我却又是一个热心的人，阿素的事弄得这样，已恨不得立刻借注钱来替少霞还了，全了个朋友交情，又免了阿素担惊受恐。只是那里有这个有钱之人！不料你这中秋节上又是十分过不过去。我不晓得也罢，既然晓得，我们是痛痒相关的朋友，比不得泛泛之交，那有眼看着你忧忧急急的道理！必得也与你设个法儿，方不负相交一场。但恨我也是个手无寸铁之人，这便怎么！"少牧听逢辰说出这一番体己话来，心下甚是感激于他，暗想这种人才算得是个朋友，只可惜的是有心无力，也是枉然。

阿素一眼觑着逢辰，一眼对着少牧瞧道："阿逢，亏你说这甜津律的好看话儿！你既不能替二少爷分点儿愁、解点儿急，又不能与我把这未完的事完掉，还要假惺惺的讲他做甚？我劝你就算了罢。"逢辰搔搔头儿，又把眉头一皱道："你说甚话！你道我有口无心，讲的话是假好么？我在这里想一个人，把你们两件事多要靠在这人身上，一齐了结。"阿素道："是什么人？怎样的一个了法？"逢辰道："自然是问他借钱，做个头痛救头之计。只要这人信得过我，又信得过你与二少爷的，我就何妨替你做个中人，借他一月、两月，拚得出些利息。那时你的钱就可抵得用度，二少爷也可以端整过节，没有事了。岂不大妙！"阿素把嘴一抿道："你说得这样便当，真个多是空话！一时间那里有这借钱的人等候着你？"少牧也说："此人要三面都可信得，真是甚难。"逢辰半晌不答，忽大笑道："有了有了！这件事何不去问乌里阿苏、格达两个，他们本来很是有钱，新近摇摊里头又是二人赢的，又与二少爷合你我两个近来多甚相熟，说不定竟能取信得过。只要我们同心将来还他的钱，何妨做我不着，立刻就去请他前来，与他商量。你们二人看来可好？"少牧道："乌、格二人虽是有钱，怎奈性气不好，只怕不是通融的人。"阿素道："既有这两个有钱的人，管他肯是不肯，且待阿逢请他到来，碰碰机会却也何妨？况且阿逢这一张嘴，能把死的人说得活将起来。他当真替我二人出力，竟有几分指望也未可知。"

逢辰闻言道："人家正正经经的话，你又要来说笑了。你几曾见我把死去的人说活转来？倘是真有这事，世界上连死人多没有了，只要我来说几句话，一个个多还了阳，难道将来多叫他们褪壳不成？"阿素不待把话说完，抢上一步，起手在逢辰头上轻轻的打了一下，道："我说你会得讲话，那是赞你的能干，怎么反钝起人来？你再要往下说去，我不依了。"逢辰道："不依你要怎样？"阿素道："我就要……"少牧笑道："你要长要短，晚上边罢！如今还是去请乌、格二人商量正事要紧。倘然有了眉目，你我都可放得下心。那其间你要甚样，老逢自然依你甚样。"阿素啐了一声道："二少爷我与你很客气的，怎么也与我说起笑来？"逢辰道："说说大家笑笑，也是个解闷法儿。二少爷一肚子的心事，与你也不相上下，只管叫他郁着，本来不是道理。目今闲话少提，快差相帮的到迎春坊卫莺俦家去请二人来罢。"少牧道："可要取笔砚来写张字条？"逢辰道："并不是吃酒碰和，字条写他则甚？"少牧道："不写字条，只怕相帮的去有些缠不清楚，还是叫我的车夫走一回罢。"阿素道："二少爷的车夫不是小崇明么? 他也不很灵清, 看来此事必须我自己前去, 方能拉也拉他们到尚仁里来。况且二少爷为了我的事情, 路远迢迢的城里头也走了进去。这回去请二人到来, 一半为的是二少爷, 一半也还为我自己, 怎能够贪着懒惰不亲自去走一遭儿, 岂不误事! ”逢辰点头道: “你去最妙, 事不宜迟, 倘是时候晚了, 二人不在卫莺俦家, 那时无处寻他。”阿素道: “自然说去就去, 你们在这里略等一等, 我不须一刻多钟, 一定回来。”逢辰道: “你去就是, 我们在这里睡着等你。”阿素道: “你说怎么? ”逢辰道: “我说我与二少爷在炕榻上睡着吸烟等你。”阿素道: “你嘴里头讲的说话清楚些儿, 今天幸亏我有心事在身, 不与你说, 不然叫你受些没趣! ”逢辰把舌尖一拖道: “利害利害! 我不说了, 你快去罢。”阿素笑了一笑, 立起身来, 在衣架上拿了一件元色铁线纱夹袄穿在身上, 把脚上边六寸帮的鞋跟兜一兜紧, 说一声“我马上就来”, 出房自去。

逢辰因烟瘾到了, 果然与少牧在烟炕上睡将下去吸烟。逢辰一连吸了六筒, 少牧也吸了两筒, 逢辰问他这几天可天天想吸, 少牧道: “夜里头不很熬夜, 不吸不妨。白天里有时略吸数口, 有时一口不吸。”逢辰道: “如此说来, 你这烟还并没上瘾, 好在你身体结实, 又没有一定时刻的缘故, 不像我一吸便上, 一上这瘾子便大, 真是受累不堪。”二人谈谈说说, 逢辰正把烟瘾过足, 听外面相帮喊声“客人进来”, 阿素同着乌里阿苏、格达进房。少牧一见, 慌与逢辰起身相迎。阿素笑道: “乌大人与格大人被我一齐硬请来了, 跑得真好吃力! ”乌里阿苏道: “我们本有马车, 因巡捕不许他停在弄口, 不知赶到那里去了。不然, 三个人正好坐着同来”。阿素道: “大新街本来不许停的, 谅来停在三马路桂仙戏馆后门左近, 停刻我叫相帮的去关照一声, 叫他们到这里来。”格达道: “我有底下人关照去了, 你可不必再去。但我走得匆忙, 吃的烟还没有很够, 这便怎样? ”阿素道: “那倒不妨。我们有挑好的广诚信真正广膏在此, 待我拿出来替你烧一筒可好? ”逢辰道: “你不晓得格大人与乌大人多是吃广恒信菊字烟的, 身畔谅必带来, 别的烟一概不吸, 待我与他烧几口罢。”阿素点头称是。

逢辰走至湘妃榻边, 把那盏风罩广灯剔一剔好, 看格达果然在贴身取出一个湖色丝线结成的小网络来, 把那线结解开, 内盛着一只沙地起花五钱头白银烟盒, 满装着一匣好烟。逢辰双手接过, 揭开匣盖, 挑些在钢签上边, 一头装烟, 一头把请二人到此的来意说知。乌里阿苏听罢答道: “杜少翁短一千几百块钱开销, 我们是要好朋友,那有不答应的道理。不过俗语说的:'人熟理不熟',须得老逢做个中人,明天一准如数送来。若说阿素的五百两银子,那是屠少霞欠的赌款,少霞自己没有出来,我们只恐不便借他。"格达也是一样说话。逢辰道:"二位的意思我明白了。杜少翁乃是正用,又有交情,故此只要我肯做中,这银子不妨借给。屠少霞乃是赌款,又当别论。但我今天请二位过来,杜少翁的事情在后,他的朋友很多,还可另行想法。阿素这几天却弄不下了,必得二位济一济急,算是借与阿素过节,不干少霞的事,也是我来做个中人如何?"乌里阿苏道:"借与少霞,因是赌债不便,借与阿素,是妓债了,更使不得。"逢辰尚要往下说去,格达在榻上把手摇摇,又把头来点点,呼过了一口烟道:"阿素的银子。"说完又呼第二口烟,呼毕又道:"我看不应许他,"说完又低下头去呼烟。乌里阿苏笑道:"你把这一筒烟吸完了再说罢!像你这样讲话,初一说了一句,十五再说一句,成个什么样儿?"格达自己也好笑起来,连忙飕飕飕把枪上装好的烟一口吸个干净,将枪一放,立起身来道:"阿素的银子,我看不应许他,老逢与阿素面上说不过去;应许了他,若算借给少霞乃是赌债,借给阿素自己又是妓债,多是我们做官人很犯忌的。我却有个两全其美的主意在此:不如把这五百两银子一并借在杜少翁的名下,等少翁再去借与阿素,将来阿素还了少翁,少翁还与我们,有何不可?"逢辰拍手道:"果然格大人想得很是,竟是这样最妙。不但少翁与阿素承情,就是我也感激得很。"阿素听贾、格二人如此讲话,忙接口道:"如此多谢你们济我这急,只要姓屠的一到外边,取到了钱,立刻还与杜二少爷,至多一月、半月的事。倘是姓屠的避在城中,我就寻到天边也一定要把他寻了出来。"乌里阿苏道:"这样办法好虽然甚好,你要问二少爷他可肯担这个肩,方可定局。"阿素道:"二少与我们阿逢老朋友了,想来断无不肯之理。"说罢,回转头笑微微的动问少牧,可能成全这桩事儿?弄得少牧允又不好、不允又是不好,心中甚觉为难。正是:

　　　　巧计不防移祸至,甘心为甚受愚来。

要知少牧答应阿素向乌、格二人并借这银子与否,且看下回分解。

第二十八回

现开消挖肉医疮　假缠绵推心置腹

话说阿素向乌里阿苏、格达二人借钱，那是逢辰定下的圈套。一来此回翻摊里头没有做得少牧，未报春间捉破牌九之仇；二则借给少霞的五百两银子，少霞现被家中管住，万一三十、二十天绝迹不到租界上来，这银向他怎样讨法，阿素岂不白串了一个扇面？故此想出这移祸江东之计，将来好嘱阿素叫二人出场，问逢辰向少牧要钱。少牧若说少霞没有还将下来，拼着翻个脸儿，说当初借钱的时候原看姓杜的分上，并不借与少霞，如今应该要问中人向姓杜的讨取，那时不怕少了分文。这计果然甚是恶毒，然而少牧人虽忠厚，究竟也不是个三岁小孩，怎么想不到这点利害？因此听了格达之言，一时委决不来。怎禁得阿素再三央恳，逢辰又竭力担保，说少霞很有身家，岂是欠了银子不还的人，目今也叫出于无奈，做朋友的正应暗中帮些儿忙。譬如阿素是个妓院里低三下四的人，尚且见他为难，当日借银与他，何况我们至好，又是一举两便的事。说来说去，竟然被他说动了心，一口答应问二人共借二千银子，照典起息，一月归清。少霞要还阿素的五百两，就在这二千之内。逢辰、阿素听了，暗暗欢喜。

乌里阿苏、格达见少牧应承下了，与逢辰使个眼风，说："老逢，不是我二人信不过，你与杜少翁银子二千，一个月期二分起息，都可遵命。但这数目说大不大，说小却也不小，必得少翁立纸契儿，你签个字，免得口说无凭。"逢辰道："那个自然。我们还是等明天写，还是今天就写？"乌里阿苏道："今天写了也好。你们要用银子，我有马夫在此，待我写个字条，可叫他回栈房去取。"格达道："你有多少现银借得出来？"乌里阿苏道："一千二百两是现便的，尚少八百，你来凑个数罢，免得我到票号里去。"格达道："八百两我身傍现有，准定这么样罢。"说毕，就在身边摸出一个皮帐夹来，检出十张汇丰银行钞票，六张是一百两的、四张是五十两的，合成八百之数，双手交与逢辰。逢辰道："格大人这么的爽，我们借契还没有写呢。"格达道："你们写罢。我这八百两银子，因今天有人邀我到尚仁里去摇摊带出来的。如今借与你们，摇摊我不去了。"逢辰道："原来如此，岂不败了你的兴致！"格达道："说什么话！赌钱也不是稳赢的，倒不如借给人家，这钱将来终久还我。"逢辰道："话虽如此，也要你老人家愿意。"乌里阿苏道："客话你莫说了，这八百两且请少翁收下，我的一千二百，马上写字条差人去拿。"回头叫阿素取笔砚来，写了一张似通非通的条子，喊马夫进房，叫他回栈房去亲手交与隔壁房间里李师爷，快把银子送来。马夫诺诺而去。

少牧见格达的银子当场交了出来，乌里阿苏也差人前去取了，免不得要立张契儿，叫阿素拿几个钱，分付相帮买了一个花古柬，磨得墨浓，吮得笔饱，随手写道：

> 立借约杜少牧，为因正用，央中借到乌处九八银一千二百两正，格处九八银八百两正。言明照典起息，一月为期，本利归清，决无错误。忝在至友，并无信物作抵，惟凭中人当面担保。恐后无凭，立此借约存照。

年　月　日立借约杜少牧

中贾逢辰

自书不代

写好签过花字，双手交与逢辰。逢辰接来看过，随手交与乌、格。二人也瞧过了，多说写得不错，叫逢辰也签了个字，并令少牧添注数字道：

> 附批　其银当日一并收足，不另立收票。将来还银之日，仍由原中转交，收还此契。倘有失期延约等事，应由原中理楚。此批。

少牧照样添写好了，仍旧交与逢辰，转交乌、格二人。二人令逢辰在批字底下又写了"见批贾逢辰"五个细字，加上一个花押。乌里阿苏方把此纸收起，藏在身边。恰好马夫领着李师爷来了，乌里阿苏叫把银子取将出来，共是九百两钞票、三百两现洋，点一点数交与逢辰。逢辰问阿素向帐房里借个算盘，算一算数目对了，当即交与少牧。乌里阿苏分付李师爷先自回去。

少牧取三百两银子现洋、二百两银子钞票，交给逢辰借与阿素。阿素接来放在桌上，笑迷迷问道："可要写张借契。"逢辰道："三五百两银子，二少爷不放心你么？比不得格大人、乌大人要二少爷立张契据，因是为数大了。若是几百两的进出，也断没有这桩事儿。"乌、格二人点头称是，弄得少牧不好意思说一定要写，只得也随口答道："契据要他何用？只要等屠大少爷一还了你，马上还我那就是了，你只管把银子收下。"阿素始千多万谢的，把钞票、现洋一封一封收藏在衣橱内一只小官箱里头。

　　乌里阿苏等又坐了片时，尚仁里钱金花家一连来了三张条子，请格达前去要钱，格达果然不去。后来是花子龙请逢辰往兆富里吃酒，那请客票上写着："座中客少，倘晤乌、格二君，或有贵友同来，最妙。"因要少牧一同前往。少牧这天心上究竟有些不甚开怀，决计不肯，要回长发栈去，说身边带着这许多银票不便，遂唤阿素分付车夫点灯，别过众人上车回栈。逢辰等心上大喜，看见少牧一去，阿素就把这五百两银子取将出来，要想照股均分。乌里阿苏不许，道："这钱虽然少牧认了帐去，防他还起来有甚纠葛，须待还下来时再分。"逢辰、格达也是一般的说，叫阿素暂把此银藏起。我且慢表。

　　再说少牧回至栈中，车夫开了房门，因好久不进去了，见台上、椅上的灰尘积有五六分厚薄，床上的一条湖色绉纱棉被，那绉纱的颜色泛得有些白了，雪白的白洋布被单、褥单上边起了许多黑点，分明因五月底天公做了个小暑黄梅，把被褥霉过，没有晒晾，弄到这个样儿。又看靠洋台的四扇玻璃窗上，蜘蛛网络好似窗心一般，真觉萧索万分。少牧把眉头连皱几皱，暗想这多是陷溺烟花所误，弄得个家中不去，栈里不来。但栈里头只有两个多月没到，已是这般光景，家里头出来了半年多了，不知房中糟踏到个怎么样儿。虽有妻子与仆妇们在那里收拾，只怕妻子因丈夫久出，心中必定气恼，仆妇们见主人没有心绪，一定懒得收拾，也弄得要不像在家的日子了。仔细想将起来，在外多耽搁一天，不但是多花一天的钱，到底总不是个结局。不如过了这中秋节，且与如玉商量，他若当真嫁我，索性亲自回去一次，设法一二千银子娶他回家；若是没甚意思，还不如斩断情丝，早离欲海为是。这真是滥嫖的人天良发现之处。

　　那车夫见主人进得房中，皱着眉头，满心不快，晓得是房里头太脏的缘故，连忙出房去取了一个鸡毛帚、一方抹桌布、一桶自来水，先把鸡毛帚将干灰并蛛网拂去，又用抹布将桌椅揩抹过了，略觉眼前清净些儿。只有那床上的被褥，想法不来，只好拿出去交与茶房，明天叫洗衣服的拆去洗净。

少牧见车夫略略收拾好了，懒洋洋坐下凳去，在身边取出一大叠的帐来，多是各店家发来的发票，送在栈房里头、由栈房里帐房先生交与车夫带给他、藏在身畔从没有看过的。数一数，共十三张店票，还有一张栈房里的房饭单子，五十三张一品香等番菜馆里的签字单，另外车夫去抄来的几篇局帐。少牧一张一张看个明白，见最大是嘉纶绸缎庄取的绸缎，因有如玉穿的衣料在内，共有一百九十八两几钱银子；还有震泰昌如玉去取的外国衣边绣货等物，计洋一百七十六元有零，却也不小；其余是全亨洋货店洋伞丝袜汗衫丝巾，计洋四十余元；中西药房香水、花露水、香肥皂、口香糖等，也是四十余元；大吉庐扇子店玉带扇一柄，是替如玉买的，六十元；锦润堂鹏毛扇一柄，全牙三十方茄排骨折扇一柄，是自己用的、全玳瑁四十方油单〔扇〕一柄，是如玉的、全牙四十方油单扇三柄，是送与房间里人的，共洋四十八元有零；补云山房笺对店六角锦裱冷金琴对三副、卍字锦表高天地头生纸屏条二堂、全绫裱邱梓琴画仕女立轴一幅、全绫裱金免痴画兰花立轴一副，连润笔在内，共洋三十元有零；扬清荷兰水公司荷兰水洋二十元零；公一马车行马车洋八十多元；聚丰园菜洋四十元零；老泰和、新泰和菜洋各二十元零；栈房里的王成衣工洋二十元零；杨庆和银楼如玉镶了两只嵌宝金戒指、一副落苏珠金圈，兑了一头风凉押发簪并骑心簪等，多记在少牧帐上，一百二十余元。并将拢来一算，竟有英洋八百余元之多。加上房饭钱，除起初付过外，尚少洋四十余元。如玉处的局帐连酒共须洋三百八十余元。又潘少安名下赔帐三十多元，那是与少安吃醋时亲口允许下的。其余别的地方尚有一二台酒、一二十个局的，也有二三台酒、二三十个局的，又是二百元光景，算巫楚云只有调头的那天吃了台酒、连着未曾调头之前叫过十一个局最是小些。却一并结算起来，堂子里又须七百元上下。那五十三张大菜馆里的签字单，有大有小，最大是一品香五十多元，最小是金谷香不到二十元，共约二百元左右。通共算时，必须一千七八百块洋钱方够开消。另外还有各戏馆的戏钱，与堂子里手巾洋钱、节盘的脚钱、车夫的工钱，又是一百数十元，不在其内。

少牧不觉呆了半天，把借来的一千五百两银子作着洋钱数目一算，洋价七钱四分有零，刚巧不多不少。不过如玉除了开消之外，尚要借钱，却不够了。立起身来，叹了口气，暗想这事只好对不住如玉，且等过了中秋回家，与兄长及家人们商量，倘然一准娶他回去，不必借了；娶不成他，上海决不再来，这钱也可无须借得。到底祖先创业不易，子孙那能把洋钱当做萝葡片儿，看得轻飘飘的随手用去。主意已定，把各帐逐注结开，依旧藏在身旁，端整明天一家家差车夫把钱送去，免得各店家上门催讨、各妓院先生娘姨大姐相帮暗里着慌。

结算既毕，瞧瞧时辰表已三点二刻半了，自从白天里四点钟时遇见阿素、进城与屠少霞说话，后来出城与贾逢辰商议、请乌、格二人到阿素院中借银，以至回栈算帐，足足忙了半周时工夫。虽然在阿素那边吸过几筒洋烟，如今又觉得身体困乏，四肢无力，花欠连连，想是辛苦了些，又要吸几口了。唤车夫要向帐房里去借副烟具。车夫回说天色将明，帐房里多已睡了。少牧无奈，只得叫车夫把被褥取来，要想铺好将就睡他一夜。那里晓得被褥上有一股霉蒸气儿，莫说不能安睡，鼻子里闻也闻他不得。少牧摇摇头道："这便怎处？"车夫道："栈房里好久不住，这被褥断断盖不得了。况且烟具又没有弄处，真是不便。今夜不如还到久安里去，且等明天再处。"少牧道："没有烟具，幸我还没真正上瘾，不吸也还不妨。但这被褥怎能睡得？"车夫道："二少爷你不要三心两意，今晚一准到久安里去睡罢。待我点起灯来。"少牧沉吟半晌道："久安里因今天才吵了嘴，故想不去。除了那边，却又并没别的地方，这便怎处？"车夫道："如玉先生与二少爷很要好的，偶然吵几句嘴，记他则甚？待我点灯。"说罢退出房门，把两盏车灯多点好了，拔一盏在手中，重新进房，照了少牧出来，回身把房门关好加上了锁。主仆二人步出外边，把管门的人唤醒，开了栈门。车夫将车子拉到马路上，去伏伺少牧上车，如飞的奔往久安里颜如玉家而去。

如玉本来早该睡了，只因这几天潘少安也因中秋节到，上了心事，好几日没到久安里去。那天如玉与少牧口角之后，想起少安为甚有四五天没来，差小大姐到处去寻，在天仙戏馆里头寻见，拉着同来。如玉问他因甚事情这几日面多不见？少安巴不得他问此一句，遂把节上边不够开消的话说知，要问如玉借几百块洋钱，否则借些首饰也好。如玉在少安身上不是不肯倒贴，怎奈向少牧借的洋钱尚还没有到手，不便应承于他。若说首饰钗环，那是天天插戴的东西，房间里人个个眼见，怎能借给人家？将来闹成话柄，断断不便，故没答应，只说过节尚有几天，且待缓天再说。少安认做他心上不愿，发起标来，动身要走，如玉那里肯放。二人拉拉扯扯，约有两点钟时光，如玉说天不早了，不许他去。少安说心绪不宁，一定要去。闹到三点多钟，究竟如玉闹不过他，眼看少安穿穿衣服，板起脸儿往外去了，弄得如玉冷冷清清的独自一人，好不寂寞，坐在床前那张皮交椅上，盘算弄几百块钱来应承少安，不然这事有些不妙。

正在胡思乱想，忽闻院子外有人叩门，那口音像是少牧的车夫，因侧着耳朵细听。少顷，闻相帮的把门开了，那部包车也推了进来，停在上首天井中间。知道必是少牧无疑，急忙使个将机就计之法，不等少牧进房，预先开了房门，抢步出外，高声问相帮的道："进来可是杜二少爷？"相帮的道正是，如玉自言自语的道："我说这时候除了二少爷断没有别的客人，果然是他，却也不枉了我守这半夜工夫，眼睛都没闭过。"少牧初听得如玉声音，知他未睡，心中已是暗喜，又听他说不枉守了半夜没有睡觉，这话甜迷迷的，耳朵里听了进去，真令人心花多开，料想他既然守这半夜，那白天里吵嘴的事必已有些懊悔，幸亏今夜仍旧到来，不然岂不要累他一夜无眠，怎能过意得去，故在屏门外接口答道："果真是我，如何你这时候还没有睡？"如玉把门帘一起，放出些些亮光道："你进来罢，这时候我还不睡，为了怎的？你与我自己去想。"

少牧移步进房，先叫如玉不要叫唤娘姨、大姐，轻轻的闭上房门，然后牵着如玉的手走至里边，宽下马褂长衣，在靠窗口一张红木单靠椅上一坐。如玉见他只穿着一件法兰纱小马甲、一件雪青罗纺短衫，连忙开了衣橱，取出一件湖色熟罗的小夹袄来，替他披在身上，道："你心中很恼着我，偏是我却很疼着你！这样八月里深秋天气，怎么只穿这点子衣服，岂不要身子受凉？"少牧道："白天里的天气是很热的，我这衣服都是你替我放着，栈房里一件没有，叫我怎样穿法？"如玉道："本来谁叫你与我吵嘴，要到栈里头去？"少牧道："嘴是两个人一同吵的，也不是我一个人的不是。"如玉道："大凡体恤相好的客人，终是客人让些相好，不见得个个相好让了客人。我因中秋节过不过去，要问你借几百块洋钱，也是做妓女的常事，并不是来砍你斧头。你情情愿愿应许了我，果然不枉了相好一场；就是心上不愿，也不妨好好的回覆一声，待我再想别的念头。却不应该一天一天拖着日子，再说说反叫我向姓潘的借钱，难道你自己不晓得自己，姓潘的被你吃断，不许他来，连那菜钱、局钱尚是你认着代还？如今怎反说出这种话来，令人听了恼是不恼？怎么你还使着自是性儿，只怪别人，不怪自家？方才若不是阿素到来，不知尚要逼到我甚样地步。想起来我们做妓女的真是好苦！"说毕，把两眼连擦几擦，仿佛又要哭将出来。

少牧见了心里头很是不忍，连忙劝住他道："你不要哭，有话好说。今天闹了一天，身子觉得疲乏极了，快与我开盏烟灯，装筒烟罢。我还有话要对你说。"如玉皱眉道："你又要吃烟么？并不是我多嘴，这洋烟究竟不吃的好。你是个好人家子弟，吃上了废时失业，后来怎样？况且我有心嫁你，原为着你烟酒不闻，并非贪你貌美年轻、家资富足。倘然你竟把洋烟吃上，岂不辜负了我一片初心？但你今日既然身子甚乏，我也不便勉强着你，不许你吸。今夜且待我再装过几筒，以后总望你不吃为是。我的话须知句句好言，不要当做耳边风一般，东面耳朵里进去，西面耳朵里已经出来。那才像一个有志气人，日后真嫁了你，人家也说一声颜如玉并没瞎了眼睛。"少牧听了这几句话真有道理，点首不迭的道："你这话真是不错，还好的是这洋烟尚没上瘾。不过今天格外劳顿了些，故想再吃几口。明天一准不吸，有何不可？"如玉方放下笑脸道："如此才是，我与你可到榻床上去。"口说着话，替少牧把夹袄上的钮扣钮好，又在床底下拿出一双拖鞋，与少牧换了，双双走到湘妃榻边。

　　如玉取了个火点好烟灯，先在右边睡下去烧烟，少牧在左边睡下，隔着烟灯对如玉细瞧。见他妆已卸了，脸上边脂粉不施，那皮肤却仍吹弹得破的，煞是可爱。身上穿一件淡雪妃绉纱小袖紧身，下身湖色熟罗夹裤，元色排须裤带，小脚上穿一双蓝缎心子一墨绣蝴蝶头拖鞋，只套着一点子的鞋尖。一手拿着一只沙地起花白银烟匣，一手拿了一枝钢竿，兰花着三个指头把烟烧好，放下烟匣，拿起一支白银镶翡翠嘴的橄榄核烟枪，对准斗门装好一筒，递与少牧。此时少牧愈看愈好，接了烟枪，心满意足的一口气吃完一筒，交与如玉再装。真个鸦片烟的力量甚是利害，吃下去那消三五分钟，便觉得精神顿长。

　　等到如玉把第二筒装好，少牧接了烟枪在烟盘内一放，道："且自慢些，到底我并不是个老瘾，不妨停刻再吸。我说过的，尚还有话要与你讲。"如玉也把烟竿放下，道："你有甚话说与我听？"少牧道："你不是要问我借银子么？须知我本不是不肯的人，怎奈家中好久没有信来，连我自己过节开销，不瞒你说尚是不够，叫我怎样替你设法？今天因与贾逢辰们商量，还好多承他们信托，借了二千两银子与我。内中五百两是代阿素借的，尚有一千五百两，本想提出二百两来借给与你，谁知回到栈房一算，奇巧不巧，只够我自己用度，你这银子依旧落了个空。如今我且问你：下节你的心上究竟怎样意思？说明了我好想法。"如玉听罢，初时把脸一沉，后来仍旧满面添花的答道："这几句话你多真么？我想你既然借了这许多银子，就算内中有五百两是阿素的，不见得一千五百两只够你一人开销？到底还是不肯罢了。你要问我下节事情，我这一节尚还过不去，说他做甚！"少牧把头一摇道："你不信么？你目今也识得几个字了，现有各店家的发票并各家的局帐在此，我与你瞧，才晓得我并不撒谎。"说完，在身边摸出一大把帐来，给如玉看。如玉当真信不过少牧有这样大的用处，接过来在烟灯上略略一观，始知果然不错。折好了交还少牧，起两个玉尖尖的手指向少牧头上一指，道："我把你这不听好话的人！自从你在我处走动，我平时何等叮嘱，叫你不要吃烟、不要过于浪费，怎么你偏不肯听我？想来真是好气！照你这个样儿，以后我怎能指望着你！看起来我这一番好意，分明是枉用的了，不知怎样的命苦如此！"

少牧见他看了这帐着实发恨，好像花去他自己银钱一般，当做一片真心，因也自怨自艾的道："这原是我的不是，劝你也不要抱怨我了。只要过了这中秋节，倘然你真有意思，一同回至姑苏，那时我杜门不出，怕不每年省下一千二千银子，我终不负着你就是。"如玉道："本来人心是肉做的，人家这样待你，也要对得住人。但想节后的事情尚远，节前却叫我如何过去？"少牧道："我方才问你节后怎样主意，正是为了你的节前。你且老实说来，自然我有道理。"如玉想了一想，在烟盘内拿起烟枪，对少牧道："你再吃了装好的这一筒烟，不要吃罢，我好与你静心讲话。"少牧接枪在手，道："吸了这筒，不但今天不吸，明天也不吸了。有话你快讲来。"如玉道："你问我节后的主意么？我不是三心两意的人，只要能依得我三件大事，我自然一定嫁你。"少牧道："是那三件？"如玉道："第一件，我也是好人家女儿出身，虽然现堕烟花，出门时不能不凤冠霞佩、红裙披风、清音彩轿；第二件，日后见了你家里的人，只能姊妹称呼，断不能磕头见礼；那第三件，便容易了，就是我即刻说过的：娶我之后，再不许你嫖赌吸烟，但望你巴图上进。你倘能桩桩依我，我只有三千的债，你节前先付几百块洋钱，节后再替我设法还清，怕不做成个恩爱夫妻？力少牧听罢这一席话，一霎时踌躇不下，答不出来。正是：

> 偏是美人多巧计，从来男子最痴心。

要知少牧怎样回话、如玉问他借钱毕竟借得成否，且看下回分解。

第二十九回

杜少甫泛舟寻弟　李子靖下榻留宾

　　话说颜如玉要问少牧借银，见少牧不肯答应，却口口声声的问他节后怎样，料着少牧一心一意存下了个娶他的念头，看来娶不成时，这银子休想借得分毫，比了初到上海的时候，那手段辣了些儿。何不将机就计，竟与他约法三章，只说是一定嫁他，且骗他几百两银子到手，好与少安过节。等到后日当起真来，不妨就在这三章约法里头故意寻些不是，好令他无可奈何，自己知难而退。那时这银子讨回也讨不出来，真是个绝妙机会，因向少牧说出三件事来。少牧是个直爽的人，怎能料得到他如此用心。但想这三件之中，第一件进门时用红裙披风、清音彩轿，好在上海做事比不得苏州城里，亲戚见了定要责备，这件尚可应承；那第三件娶他过门之后不许嫖赌吸烟，这是一片好心，况且娶了一个，也不想第二个了，自然更好答应下去；独有那第二件，见了家里的人姊妹称呼，不肯磕头见礼，这事却有些些尴尬，除非娶在上海且慢回家，住过三年五载之后，但看他的造化，倘能生下三男二女，回去就有话说了，怕着家里的人怎的。故此踌躇半晌，方才开口答道："你说的话，我件件多能依你，但你日后也不可有甚悔心。"如玉道："我悔什么？大凡做妓女的，那一个愿吃这饭，那一个不想嫁人？只为嫁人有许多难处，因此一年年耽搁下的。你既然把这三桩事情一桩桩多依了我的主意，将来我进了门，不使我吃什么亏，我还有什么反悔？"少牧道："亏是决不使你吃的，不过我还要老实问你句话：你究竟要多少银子？家里究竟还有何人？你今夜索性说个明白，我好尽心做事。"如玉道："我家里头并没有人，平时与你说过的了。银子也不很甚多，只亏人家一千五百块洋钱的债，连另碎二千够了。你倘然真有此心，今夜可先付我五百块钱，明天待我先把房间里的利钱算了，顺便好交代他们。"少牧道："交代甚的？"如玉笑道："我要嫁人，不应该交代声么？堂子里的规矩，节前先要把节后的事预行定当。我交代过他们之后，好去再接别的生意，不交代，他节后怎样？"少牧皱眉道："原来如此。但我节前的钱，凭你怎样打算，付不出来，这却如何是好？"

如玉低头一想，含笑答道："你这呆子！你不是自己说今天借了二千两银子，除了阿素五百，尚有一千五百两么？俗语说，'头痛救头'，何不把别的开消扣下些儿？"少牧道："你这话虽然不错，但我开消的各帐里头，你瞧那一注钱可以少付得的？我是个最要场面的人。岂不怕被人耻笑。"如玉道："你又来了。帐钱自然注注要付，难道不会一注注少付些么？譬如一百几十块，付了他一百块，那几十块对他说缓日送来。中秋本来是个闲节，不见得丢什么脸。况且内中除了堂子、马车行、戏馆三注的钱，场面有关，不犯着拖欠他们；那绸缎庄、洋广货店、药房、酒馆，多是大来大往的帐目，少付些本是不妨。你又不是欠了他们存心不还的了，何必一定要一笔勾清，做那砖钱不买瓦的事儿？你与我子细去想。"少牧被他这几句话当时提醒，口虽不言，心中暗想：如玉这人果然有些机变，何不竟听从了他，提出五百块钱来，先付他作为定洋，我自己也有了个定盘心儿，只等中秋一过，十六七就马上动身，拼着与家中人费些口舌，把这人娶定了他，往后当真收起邪心，不再出来，岂不是桩美事。想有三四分钟，那枪上的这一筒烟也吃完了。放下烟枪，在身旁重把各帐取出子细一算，凡有可以减付的钱，那一注减去三十、那一注减去念块，竟有四百多元，尚少七八十元光景，见绸缎庄最是多些，扣住了五十两不付，也就够了。点点头儿，顿时欢喜起来。

如玉在旁察言观色，见他拿出帐来算帐，已估量着所说的话有些意思，及至将帐算完，笑容满面，料着他一定听信的了，真个心花怒开。侧转身躯，将烟盘器具推一推开，挨身睡至少牧一边，把头合睡在一个炕枕之上，口对口儿问道："我的说话可还有些道理？"少牧见如玉睡近身来，恨不得顷刻间把两个人团做一片，又听他娇声问话，那口里头喷出一股豆蔻香来，与着面颊上、嘴唇上的残脂剩粉之香，闻了时真令人魂消魄醉，不由不连连应道："你这话果然有理，我今听你就是。"如玉道："你早听了我的说话，这节上的费用也不至于这样大了。以后我们成了夫妻，不但今夜这话要听，别的话你也要留点儿心。"少牧戏道："从今往后，我自然句句听你的话，你却也要句句听我。"如玉抬起头来，把口附在少牧耳边说道："我有甚话不听了你？你且说来。"少牧道："你果然听我的话，我此刻不要睡在榻上，想与你到床上去睡，你可快去。"如玉啐了一声道："我与你讲正经话儿，你要到床上去睡，又不是没有睡过的人，却与我说这一句，亏你羞是不羞！"少牧笑道："你道这一句话我与你取笑么？你不瞧瞧窗子上面天光有些亮了，此时不到床上去睡，还待何时？"如玉闻言回转头，向玻璃窗上一看，果已天色微明，因即立起身来，道："怎么说天光亮得好快！莫非是月亮罢。"要移步到窗口边去开窗看个明白，少牧一把拖住他道："你呆了么？今天是八月初十，半夜后那有月亮，开什么窗？"如玉听了，格支一笑道："真个我连日子多忘记了，今夜尚只初十，半夜后那得有月？当真是天亮了。待我收拾收拾上床睡罢，你把那些帐目先藏好了，莫耍丢掉了他费事。"少牧道："帐目多在这里，不会丢的。你说的五百块钱，还是今日付你，还是明天再说？"如玉道："五百块你身边现在有么？"少牧道："说过是白天里借下来的，怎的没有？"如玉欲擒故纵，道："只要你的主意定了，银子放在你处，与放在我处一样，缓天且等你把各店帐开消过了给我也好。"少牧道："不是这样说的。各店帐开消不得，一开消就不够了。我看还是今天你先把五百块钱收了，免得我钱在手头用去了，不当稳便。"如玉故意想了一想，道："如此也好，你给我罢。"少牧遂把各帐目叠在一处，折好了揣入怀中，又在贴身那件法兰纱马甲衣袋内取出一大把钞票来，拣五张汇丰票子，每张一百块，一共五百，交与如玉，余下的依旧藏在袋中。

如玉接了票子，笑迷迷说："我拿了你这几张纸儿，就是你的人了。但是这一件事天知地知、你知我知，余外的人一概且慢说起，你须要留心在意。"少牧不知为了何故，急忙接口问道："这是什么意思？"如玉道："我不是还有一千四五百块钱的局帐没有收么？这几天正是最要紧的时候，倘然走漏了这个消息，那些客人们晓得我要嫁人，一个个乐得多不来开消，那可不是顽的。故此我想不但是客人面前要瞒，就是房间里也等到十五晚边说起的好，怕的是内中倘有个爱说爱话的人传扬出去，有甚差池，临了儿必定又是你来吃亏，你想是也不是？"少牧连连点首，道："这话一些不错，亏你想得很是周到。我看房间里人面前，也一准到了十五晚上说起的好，凡事总须小心为是。"如玉得意洋洋的道："自古说事不三思，必有后悔。我今天拿了你这五百块钱，倘然不替你思前想后，等到将来你吃了亏，我怎能够对得住你？"一头说话，一头开了一扇衣橱门儿，取出一只小小的广漆皮箱，把那五百块钱钞票藏在箱中。又把手上剩下的一副珠镯、指上三只嵌宝戒指、头上边一支珠押发、三支珠骑心簪、耳上边一副老山翠圈，一并也放在箱内，加好了锁，闭上橱门。回身把炕榻上的烟灯吹灭，再把烟匣盖好，烟枪挂在壁间，方与少牧上床双双安睡。

那里晓得睡不到两三点钟时候，房里的粗做娘姨与外面相帮吵闹起来。相帮的因车夫一早来寻少牧，说苏州来了三四个人，要娘姨叫二少爷起身。老娘姨却糊糊涂涂的回说，二少爷昨晚并没有来。相帮的诧异道："二少爷是我昨天半夜后开他进门的人，怎说没来？"车夫也是这样的说，那老娘姨也不到里边看看究竟来也不来，却一口咬定着不在房中，弄得车夫与相帮的甚是不懂。后来车夫定要进房，老娘姨拦住不许，隔着房门闹做一片，把少牧和如玉两人惊醒。如玉问老娘姨为甚胡闹，老娘姨还说："外面相帮的想在那里做梦，杜二少爷昨夜并没有来，他偏说昨天半夜后开他进门，如今有车夫在外找他说话，先生你想可是笑话？"如玉听罢，不由不与少牧在床上失声笑道："我把你这个骚货！真是老糊涂了，二少爷昨夜明明住在这里，怎说不来？"那老娘姨呆了一呆，道："怎么说，二少爷当真昨夜在这里么？我怎的没有开过房门？"少牧忍住了笑道："你不开门，难道就没有别人开我？你好发呆！"如玉道："二少爷是我开进来的，所以你没有知道。但你早上起来，想必扫过地了，别的不要说起，床面前二少爷的一双鞋子，为甚没瞧见他？"老娘姨道："鞋子是有一双的，我只认做是……"如玉听到这句，恐他说出不好听的话来，连忙把帐子一揭，露出半个面孔，把眼睛微微的向他一横道："你认做怎样？"老娘姨因昨夜将睡未睡的时候，如玉正与少安吵嘴，后来如玉见他打盹，叫他先睡，故此少牧的那一双鞋，错认是潘少安的，几乎脱出口来，幸亏被如玉喝住，急忙转口说道："我只认做是前几天放在这里的旧鞋，真是我老昏了。二少爷既经在此，待我去叫车夫进来。"少牧道："这时候几点钟了，车夫到此做甚？"老娘姨道："八点钟还没有到，听车夫说是苏州来了几个客人，故此一早来的。"少牧道："这又奇了，苏州有甚客人到此？你与我快把车夫唤来。"

老娘姨答应一声，传出话去，招呼车夫，连称："不要见气，少爷果然在内，唤你进房。我昨夜因早睡了些，进来时没知道他。"车夫道："我想半夜三更二少爷既然到此，今天又往那里去了？到底是你没有弄[清]楚。如今也不必说了，我只要寻到少爷就是。"说完举步进房，走至床前一站，叫了一声少爷。少牧在床上答应道："你来做甚？"车夫道："少爷还没知道：今天一早，栈房里头来了三个客人，多是苏州口音，要寻少爷讲话。我回说少爷已出去了，他们问是那里去的，几时回来。内中有一个人并问，昨夜可是在巫楚云家没回来。我因少爷楚云那边好久不去，这人还没晓得，料着必是久不见面的人初到上海，因问他姓甚名谁，寓在什么地方，可有什么要事，好等少爷回栈告知。那人说是姓谢，又指着一人说道，这是你主人家的兄长，多从苏州到此。尚有一人，并未说起是谁。我听他说有大少爷在内，不敢隐瞒，故此特来报知。"少牧闻说是少甫来了，那姓谢的必是幼安无疑，不知还有一人却是那个。这班人来到上海，必是要劝我回去，心中好不没趣。急忙坐起身来，分付老娘姨把左边的蚊帐挂起，叫车夫走近一步，附耳问道："大少爷当场可有什么说话？现今住在那里？你可快说。"车夫道："大少爷并没作声，只叫我开了房门，进房去略略坐了一回。幸亏房里头昨夜收拾过的，故也没有甚么。后来我叫茶房泡茶，那茶房认得这姓谢的，说是春里头与少爷同到上海住在一间房里、四月里动身回去。因问这回一共有几个人同来，行李可曾起岸。那姓谢的说共是三个人同来，行李尚在船中。茶房问他可要住栈，那船可是停在门首河边。姓谢的说住栈且慢再说，这船因今天潮水甚小，摇进洋泾浜很是不便，停在老闸桥那边的苏州河中。茶房又说这几天栈里头栈客不多，若要三个人同住一房，有宽大些的，可要同去瞧瞧。后来大少爷心中不愿，回说此刻我们要到集贤里去，住栈不住栈，停回再讲。遂三个人吃了杯茶，命我喊了三部东洋车子，车到集贤里去，现今住在那里，只怕尚还未定。"

少牧定一定心，暗想：他们到集贤里必是探望李子靖去，子靖晓得尚没借栈，定要留他们住在家中。这却比住在一栈还好，免得朝夕见面，必有许多不入耳的说话，不听也要你听。但内中尚有一人，想不出他是谁，莫要再弄一个比着幼安、少甫更是古执的人，这可讨厌得很。因又动问车夫："尚有一人，你看他有多少年纪？穿的是什么衣服？"车夫道："这人五十左右年纪，须发多已有些花了，身上着的深蓝洋布长衫、天青小呢对襟马褂，足穿厚底大云头元色布镶鞋，手中拿着一根毛竹旱烟管儿，衣裳的腰身袖口又长又大，下身又没穿套裤，秃着两只袜通管儿，好像是个乡人模样。"少牧诧异道："这是一个何等样人？"如玉听见车夫形容那人的打扮，在被窝中格支格支的笑做一堆，说："那一定是苏州来的乡下乡亲。"少牧道："乡亲里我想也没有这一个人，必须停刻见过了他方才明白。"遂分付车夫出去，道："你在外头把车子配好，等我起身就要出门。"车夫答应往外。

如玉问少牧到那里去，少牧说往集贤里李公馆去。如玉道："去了，可回来吃饭？"少牧道："说不定就在公馆吃饭，弟兄不见面有半年多了，见了必定有几句长脚话儿。"如玉道："晚上怎样？"少牧道："晚间且自再说。倘然他们住在栈中，我必得也要回栈，若是在公馆里住，我十二点钟以后一准仍旧到这里来。"如玉附耳答道："我目今是你的人了，你今夜就是不来，也断不许别的客人再在此间过夜，我总要替你争口气儿。我想既是你的哥哥到来，不论他住在栈里、住在别的地方，今天你总须与他亲热一回，尽尽手足之情。这里你竟不要来罢，免得你哥哥知道，说你迷恋烟花，连弟兄多冷淡了。你想是也不是？"少牧闻言，满心欢喜道："你的话果然有些见识，将来我娶你回去，聚首的日子长在后边。既是这么样说，我今天一定住在栈房里头，或也住在李公馆中，且等明天再来瞧你可好？"如玉道："如此最妙。"

二人一头讲话，一头披衣起床，老娘姨服伺少牧洗脸漱口已毕，如玉叫他差相帮到九华楼去买了一碗鸡面，与少牧吃了。车夫已把车子端整，少牧别了如玉到李子靖家而去。如玉那里是深明大义，这一夜要少牧去尽兄弟之情，叫他不要到院子里来？为的是把少牧设法开了，好叫潘少安来，给他洋钱，并使他安安逸逸的住上一夜。这是做妓女瞒哄客人的常技，识得穿、看得破的曾有几人？我且按下慢提。

再说少牧乘车到集贤里，跑进弄堂，见李子靖家将门大开，有几个挑夫挑了三四担的行李铺陈进去，料着少甫等一定不住栈房，心上安了几分。让那些挑夫先进了门，款步入内，恰好子靖在客堂中招呼物件，见是少牧来了，说声："牧弟来得正好，少甫大哥与幼安弟并一个钱家老叔多在这里，他们才从苏州上来，就住在公馆里。少甫大哥与安弟都曾到你栈里去过，没有会面，正要安顿好了行李再来寻你，现在楼上客房里头，你上去罢。"少牧道："那钱家老叔是谁？"子靖道："这姓钱的也是苏州口音，听说他名唤守愚，乃是大哥的好友，我却不认得他。"少牧道："钱守愚么？他是苏州木渎镇人，家中有数千亩良田，在各乡开有十数家油车行，苏州有一所布庄，两所花米六陈行。我家取下来的租米，多粜在他六陈行内，因此与我大哥认识。每年到了秋季必来苏州结算账目，上海却从未来过。这人一钱如命，与大哥并不十分知己，一同来到上海做甚？"子靖道："大哥也曾说起，他到上海并没有甚正经事情，不过是顽顽罢了。因此他要想另外借栈，不肯同在这里下榻，此刻尚还未定。"少牧笑道："他到上海来顽，难道不怕要花钱么？五十多岁的人，怎么忽然高兴起来，这倒是件奇事。"子靖也微笑道："这多是上海繁华太过的不好，地方一出了名，不论年老年少的人多想要来见识见识。更怪的是，凭你何等样人，一到上海，便把银钱当做粪土一般，甚至流连忘返。不晓得这钱家老叔将来把握如何？"少牧听子靖语出有因，明明说着自己，不由不涨红了脸，连声道是，因不敢往下再说，借着要看少甫、幼安，脱身上楼。

　　子靖见船上边的箱笼行李多挑完了，分付家人闭好了门，一件件搬上楼去，自己也跟了上来。少牧已与少甫、幼安、守愚会面，在那里诉说别后事情，无非是少甫、幼安动问少牧近日在申作何勾当，劝他早些回去，休再迷恋烟花，我们特来接你的话。少牧问问二人近事，并问少甫："杭州要开筑马路，这地皮怎么样了。"少甫说："我这回到上海来，一是要劝你早早回苏，二因杭州马路的事已经有了图样，筑是筑定的了，这地上我家有座远代祖坟，若照图上看来，必须掘掉，我想祖宗的尸骨怎忍他入土百年又要翻动？故想访问访问上海的租界章程，可能设法保留，且待缓天再说。少牧道："我到上海半年多了，租界上的事情略知一二。若照大哥说来，筑马路是西人公家的大事，这坟只怕有些难保。此事将来须问久居上海之人，商量办理方好。"少甫点头称是。弟兄二人说到这一席话，自然长谈起来。子靖不去惊动他们，与幼安两人指点底下人安放行李东西。

　　守愚独自一个把自己的物件提开，一定要借栈另住。子靖不便坚留，杜氏弟兄问他要借那一家栈，守愚说满庭芳街有个同乡开着一所旅安客栈，想到他那边去。少牧说："这栈不甚有名，谅来房屋甚小，饮食也不见得能够讲究，何不另换一家？"守愚道："栈房小些，可以省几个钱，一样住夜，何必要甚高大房廊？若说吃饭，我更随意惯的，要甚山珍海味？我可并不是个出钱的人，你晓得的。"少牧听罢，知他脾气这样，不再多言。少甫等也不说什么。守愚遂央子靖叫家丁李贵唤了两乘小车，端整把铺陈装好，别了众人，连人坐在车上，竟往满庭芳街而去。子靖要差人押车送他，守愚因怕破费酒资，执定不许，子靖等只得送出大门而回。正是：

　　　　方嗟游子回头晚，又见痴翁失足来。

要知少甫等来到上海劝得少牧回苏与否，钱守愚住在旅安栈中怎样，且看下回分解。

第三十回

田舍翁初次入花丛　　痴公子一心迷绮障

　　话说杜少甫因少牧久住上海迷恋烟花，又因杭州开了通商码头，西人要从拱宸桥起筑条马路，那路上边杜家有三十多亩祖遗地基，地上不但建有房屋，并且有祖坟一所，乃杜氏弟兄的从堂伯祖在外经商，病故杭州地面，子孙就把棺木埋葬在此，并未盘柩回苏。皆因这一块地方是他老人家买下的，子孙不忍卖去，况且杭州山明水秀，正好做个久居之处，故此杜氏原有一房住在杭城。后因发逆扰乱，这一房的子孙合家闭门殉难。那时江浙两省贼氛正炽，道路上消息不通，直到太平之后，少甫的祖上得知了这个音耗，痛哭一场。因已没有近支承继，只得亲自至杭把田产收管，所有春秋祭祀一切，就由本房承值。传至少甫弟兄，已经三代。如今这坟地适在马路里头，定要搬掘，那得不谋个保全之法？所以少甫从杭州去了一次回来，更要找寻少牧早早回家，共谋此事。当与谢幼安商议，一同到申。

　　恰好钱守愚在苏州结算帐目，闻得少甫要往上海，他想自己五十多岁的人，虽已儿孙满堂，生平却没有享一些福，听说上海很是好顽，何不与他们同去顽一回儿，也不枉了人生一世，因与少甫说知。少甫知他是个一钱如命的人，到上海去必要花钱，怎生舍得？先曾竭力劝阻于他，争奈他老兴勃发，阻挡不住，只得同他动身到了上海。少甫、幼安借住李子靖家，守愚因与子靖面不相识，不便住下，独自一个借在满庭芳街旅安小客栈内。

　　这小客栈只有两间房屋，却搭着十多张的客铺，莫说挤轧不堪，更兼时方八月，晚上边尚有臭虫，咬得人满身是块，不能安睡。守愚只要省钱，吃苦些没甚要紧，安心安意的住在那里。第一夜安顿好了行李，到天仙茶园看了一回夜戏，坐的乃是边厢，花了两角洋钱，二十个钱小帐，心中大为畅快。第二日侵早起来，因隔夜闻得人说四马路青莲阁去吃茶，野鸡最多，很是好看，心想去打一只儿乐他一乐。出门问了好几个信，方才寻到，就在第一层楼上泡了碗茶。自从八点多钟坐起，坐到十二点钟，人家多开饭了，不要说野鸡，连野鸭也没有一只，心上好不诧异，暗想难道是旁人骗我，还是我来得不巧？恐怕再坐下去，栈房里要吃过饭了。免不得会了茶钞，慢腾腾踱出茶寮，回到宝善街去。走至石路口转湾角上，遇见杜氏弟兄与谢幼安、李子靖四个人迎面而来。

原来少牧隔夜果然听了如玉的话，并没到久安里去，也在子靖家中住了一宵，与少甫、幼安讲了好些别后事情。少甫、幼安苦劝他早早回苏，他总吞吞吐吐，不肯答应，只问少甫带了多少银钱出来。少甫问要来何用，少牧仍说是与经营之合开书局。少甫道："开书局的这一桩事，连次有家信与你，叫你不要做这事情。如今已是半年多了，难道你这一条心至今还没有丢掉？若是你在上海缺些用度，我带有数百两银子在此，自然与你开消清楚了，一同回去。倘要资本做甚生意，我看这不是你我弟兄念书的人干得来的，还是不去干他的好。况且我当初看你的来信上边，曾说房屋已经借好，机器也定下了。洋场上的房子，比不得别的地方，借一天要一天的租金，那有这空房子包到如今，并没退租之事？就是机器当真托人定下，耽搁得日子久了，焉有不到之理？莫非多是说说罢了。并不是为兄的今夜埋怨着你，大凡血气未定的人，偶然逢场作戏，见识见识世界上的事情，本来也是有的，但究不可迷失本心，误走到魔道里去。入了魔道，一时自然跳不出来。我看你的意思，无非心上有了一个楚云，见这人既有些色，又有些才，遂动了一片怜惜之心，要在火坑里拔他出来。谁知这一个人为兄的虽没见过，安弟是见过的，听他说将起来，此人性情狡黠，举止轻浮，决不是个娶得的人。幸亏此事没有办成，倘办成了，将来这种人怎能够收得住他？你要再思再想。"

少牧听得少甫说破了他书局之事，起初脸上边红一阵、白一阵的好不难以为情，后来听得说到楚云这一段话，心想事已如此，何不索性与他说明要娶如玉回去，看他怎样？好得如玉不是楚云，这人高出几倍，或者少甫能答应了，省却多少心思，倒是一个绝妙机会。因把主意拿一拿定，开口答道："大哥说的句句多是金玉之言，想我焉敢不听。但是楚云那边，自从安哥动身之后，我已试出他一片假情，久已没有去了。如今却另有一人，这人若与楚云比较起来，似乎胜他几分，心地既甚温柔，举动更没有一些轻佻之态，我在他家已经两月余了。实不瞒大哥说，此人厌倦风尘，大有从一而终之意。大哥与安哥不到上海，我过了节也要想赶紧回家商议这一件事。倘能如了我两人之意，以后我自然收拾邪心，再不到外边来问柳寻花，以致流连忘返。不知大哥意下如何？"这几句话少甫不听犹可，听了时不由不煞是为难，将眼望着幼安，一时说不出甚话来。

好个谢幼安，他晓得杜氏弟兄本来手足甚好，少牧说出这娶妓的话，若是一口答应，那有此事；倘是不答应他，少牧一定心上不欢，又恐伤了弟兄和好，因急从旁说道："牧弟，你近来不到楚云家去，又做了个何等样人？不知此人我可认识，你且说来，我们从长计议。倘是你因爱生魔，这人实与楚云不相上下，自古道'当局者迷，旁观者清'，我们自当指点与你。若然果胜楚云，我想你娶妾之事也不是大哥作得主的，必须写信回家商量个上通下睦，岂是草率举办得来。你想是也不是？"少甫点头道："安弟这话不差，你且先把现在做的是什么人说与我合安弟听听，然后慢慢的替你做主。"少牧道："若问我现在做的这一个人，在久安里，姓颜名唤如玉。端节前潘少安先曾做过，不知安哥见过没有？"幼安想了一想，道："潘少安他是何人？好像我并没有会过，莫说如玉。"少牧道："潘少安是常州人氏，此人心地刁险，并不是我道中人。他到上海的时候，想来安哥已回苏州，故而没有会面。那如玉自然也不认得了，何妨明天我们同去瞧瞧，你才晓得这一个人比楚云大是不同，并非我说得他天花乱坠。"幼安听罢，对少甫道："既是如此，我们到了上海，本须耽搁几天，明日同到如玉那边坐坐，且看此人究竟比楚云何如，大家再作计较可好？"少甫道："安弟既有此意，我当同去便是。"少牧听二人这般定议，痴想如玉这人，少甫与幼安见了一定也说他是上品人物，这娶他回去的事必有几分把握。只要少甫应允下了，余外家里的人不愁他们不肯，况且妻子又是极贤德的，他要丈夫不嫖，只怕巴不得讨了一个，就好从此收心，正在那里求之不得。因此这晚心中十分快活。

一宵易过，早上起来吃过点心，少甫因想起钱守愚昨夜独自一人借栈，没有陪他同去，今日必须去看他一次，莫要被他说瞧不起人，故与幼安、少牧说知，一同出门。子靖问他们到那里头去，三人回说到旅安栈去看守愚，子靖在家无事，也要同去看他。四个人遂出了集贤里，坐车同往，至旅安栈门首下车。抬头向里一望，见只有一开间的门面，门口装着八扇半截玻璃窗儿，那玻璃已七零八落的破碎甚多，窗里边高高低低支着几张板铺，好像火轮船上的格子铺一般，窗口有张帐桌，桌旁坐着一个四十多岁年纪的人，搁起了一只大腿，左手拿着一只饭碗，右手擎着一双毛竹筷儿，钳了一大筷韭菜百叶在那里吃饭。四人看了，暗暗好笑，免不得走近一步，问昨夜苏州来的木渎人钱守愚可在这里？那人听了，把筷上的韭菜急忙送入口中塞了一嘴，连嚼连答的道："你们找钱守愚么？他一早起来出外去了，连吃饭也没有回来，不知道现在何处。"少甫道："宝栈里的中饭开过了么？"那人道："你不瞧我正在吃饭，怎说没有开过？"子靖听他语言生硬，气往上冲，要想发作几句，又想这班本来是个粗人，何苦与他一样见识，因向少甫把头一摇，大家走出门来。那人也没问得四人姓名，也不说声慢去，只顾两只眼睛盯住在韭菜碗上，一筷一筷的钳着吃饭。

少甫又是好气，又是好笑，对子靖等说道："世上那有这种但晓得吃饭的人。"子靖笑道："此种人真是饭桶，说他则甚。我却佩服那钱家老叔，有这脾胃去住此等栈房。幼安道："钱老先生他生平只要省钱，莫说此等所在，就是郑家木桥的叫花客寓，只怕他没有晓得，若晓得了，此人一定也会去住。"少牧点点头儿，忍笑答道："安哥讲得一些不差，省钱省到这一个人，世界上只怕再没有第二个了。"子靖道："世间俭朴的人，那个不想省钱？凡人能够节省，原是一件美事，但是省得太过分了，就弄到个不近人情。其实也不仔细想想，省下来的钱财，临了时那个带得到棺材里去？真是何苦。"四个人你言我语，走出了满庭芳街，因守愚没寻见他，想到四马路海国春大菜馆吃饭。

刚至石路转湾，恰遇守愚走来，急忙彼此招呼。守愚问四人从那里来，到那里去。四人回说方才到过满庭芳旅安栈里，现在想到海国春去，正好一同前往。守愚道："如此说来，倒失迎了。请问海国春是北京馆子，还是南京馆子？酒菜可好？"少牧道："海国春乃是番菜馆儿。"守愚道："番菜馆我听得人说牛羊肉的东西很多，恐我吃他不来，你们请自便罢。"子靖道："番菜馆里的菜，并不是味味多用牛羊肉的，你不喜欢吃牛肉羊肉，可以随意点几样菜，去去何妨？"少甫也是这样的说。争奈守愚决意不去，众人又不便当面撇他，只得问他既然不喜番菜，喜欢什么馆子？守愚道："我想天下的酒馆，京馆最是驰名，我们还是去吃京菜可好？"少甫道："京馆也好，聚丰园罢。"子靖道："聚丰园去，须吃原席方为合算。若是四五个人小酌，一来价钱太贵，二来也不见得有甚好处。我想不如到宝丰楼，或者雅叙园去。"少牧道："雅叙园的大鲫鱼汤、蟹粉三鲜，烧得很是有味，一准到雅叙园罢。"

众人计议已定，就从石路口兆贵里内直穿出去，到雅叙园拣个座儿坐了。值堂的请众人点菜, 子靖就点一尾大鲫鱼汤, 守愚点的是糟钵头。值堂的不懂, 问糟钵头是样怎么菜儿? 守愚道: "你枉做了酒馆里值堂的, 连糟钵头多不知道, 那是用猪脏糟的。" 值堂的微笑答道: "这菜乃是小饭店里卖的, 我们馆子里头没有。" 守愚晓得差了, 脸上一红道: "既然没有, 烧一买小炒肉罢。" 值堂的又微笑道: "可是炒肉片儿?" 少甫见守愚面红耳赤, 说出来的菜多不是酒馆里的, 恐他老羞变怒, 连忙代着答道: "正是炒肉片儿。" 幼安点了一只汤包肚, 少甫点的是醋溜鱼与炒三鲜, 另外叫拿几个碟子、打两壶酒来。众人吃毕, 少甫惠帐, 一共一千五百多钱, 甚是便宜。守愚尚是说他很贵, 并说: "这几样菜要了许多的钱, 若到聚丰园去, 不知更要多少?" 少牧道: "聚丰园去, 大约至少二千多钱。" 守愚把舌尖一伸道: "真了不得! 像我这样的人, 断断吃不起他。" 子靖笑道: "钱老叔, 你太谦了。你又不是个没钱的人, 不过不肯使用。但这回既经到了上海, 说不得将来总要破费些儿。" 守愚道: "既到上海, 自然终要花几个钱。但是五个人吃一次饭, 就要一吊两吊, 想来究竟太费。" 回头对少甫道: "今天真是太破钞了。" 少甫道: "钱老叔说那里话, 今日我很是不恭, 缓天尚要专诚请你叙叙。" 守愚连称不敢。

子靖问: "饭已吃了, 可到那处去顽?" 幼安要到愚园吃茶, 少甫嫌他路远, 这日又是天雨不便。少牧一条心在如玉身上, 要少甫、幼安去看看他, 以践昨夜之言, 因道: "今儿天气不好, 愚园缓日去罢。我们可到久安里去坐一回儿, 等天晚了, 我请钱老叔到丹桂听戏。今夜是夏月润、刘培山、冯志奎、三盏灯、何家声、林步青的第五本《左公平西》, 很是好看。" 守愚笑嘻嘻的问道: "你说久安里去, 那边是什么地方?" 子靖戏他道: "那边是最没有玩耍的区处, 去他则甚?" 守愚道: "李先生休来骗我, 虽然我没到过上海, 那久安里、百花里几条弄堂多是妓院, 在木渎常常有人说起, 怎说他最没顽耍?" 子靖笑道: "原来你老人家也晓得的。既知这弄里多是妓院, 可要同去顽顽?" 守愚道: "正要见识见识, 怎么不去?" 少牧道: "如此甚妙。" 众人遂下落扶梯, 出雅叙园, 就从兆贵里穿到久安里去。

少牧照例第一个先自进门上楼, 守愚怪他绝不推让, 心中有些不解, 忽听客堂里相帮的高喊一声: "二少上来!" 倒把他吓了一跳, 那两只脚站住不走。子靖见了甚是好笑, 说: "钱家老叔, 站着做甚?" 守愚尚六神无主的低低问道: "那人喊些什么?" 子靖道: "这是堂子里的规矩, 凡有客人到来, 须得高喊一声。这里头却更有个生客、熟客的分别: 若然是个生客, 只喊'客人上来', 楼下房间是'客人进来';

熟客不喊客人,也有呼某老的、也有呼某少的,少牧排行第二,故呼他做'二少'。但要相帮喊这一声'二少上来',不喊'客人',却也不很容易,至少须要花到几百块洋钱。"守愚道:"花了几百块洋钱,只买得他们叫声二少,值得甚?少牧不是发呆了么?"子靖道:"本来他若不发甚呆,也不至住在上海不想回苏州去了。"说罢又附耳道:"我们站在这里长谈,被相帮等见了不好看相,楼上坐罢。"遂一把拉了守愚移步上楼,幼安、少甫也在后面随着上来。

　　其时已是两点二刻多了,如玉方才起身,送了潘少安出去,头也未梳,脸也未洗,脚也未裹。起初听相帮的喊二少上来,暗喜冤家没有撞见,来得甚巧,又只认做少牧一人,没有梳洗的时候他见惯的,并不在意。后见来了一大群人,自己觉得这副形象不好意思,连忙往后房里一钻,少牧拉多他拉不住。岂知众人眼快,多瞧见他蓬松着一头乱发,脸上边还扑着些隔夜粉儿,只因天气尚热,出了些汗,弄得不清不楚,浓一块、淡一块的很是触目。身上穿着一件半新旧的湖色熟罗小夹袄儿,把颈上的钮扣松开,那胸口几乎全露出来,下身穿的一条白洋布睡裤,绉得个不像样儿,脚上边拖着一双湖色竹布拖鞋,说大不大,却也有五寸光景,踢踢跶跶的飞步进去。说什么如玉如花,分明是夜叉变相。

　　独有钱守愚进得房来,两只眼睛骨溜骨溜的东也张张、西也望望,看见了一房间红木器具,并妆台上台花、自鸣钟许多摆供,大床上白西纱蚊帐,全金绣的床沿,帐眉两边低挂着一对银帐钩儿,床里边五颜六色的三四条薄被,雪白的白洋布褥子,一对和合枕头。暗想:若在这么样的房里、这么样床上睡他一夜,真不枉人生一世,少牧虽然花了些钱,也是他几生修到,我那里能及得他来?不觉看出了神,别的多没瞧见。直至有个娘姨笑他,方才回转头来说:"好个房间,果然收拾得很是精致,但没有看见你家小姐那里去了?"那个娘姨答道:"你问我家的先生么?他在后房,马上就来。"守愚呆了一呆,道:"我问的是你家小姐,那个问你先生?"少牧见他缠不清楚,只得忍住了笑,告诉他道:"长三书寓里的妓女,上海多叫先生,难道你还没有知道?莫与他们胡闹。"守愚方知自己差了,亏他老着面皮,改口答道:"我也晓得这里多叫先生,与他们说说罢了。那先生现在那里?"

　　话尚未完,如玉已在后房洗好了脸,换好衣服,穿好绣鞋,移步出来。如今换了一个人了,脸上边把粉痕擦去,不过比不扑粉的时节黑些,究竟十八九岁的人,尚不至十分难看。头上边的鬓发也刷好了,身上穿一件元色熟罗中袖夹袄,下身元色绉纱裤子，足系元色缎子弓鞋，装了几分高底，不但见得小了许多，走路时更觉娉娉婷婷的，与方才大不相同。见了守愚，先问尊姓，然后拿了一盆瓜子，挨次敬过，并一个个动问姓名。结末敬到少甫面前，缩住了手，先问少牧："这位可是你说的苏州大少爷么？果然面貌与你很像。"少牧道："一些不差。"如玉遂叫了一声，又说声"请用些瓜子"。少甫撮了十数粒，放在桌上，举目向如玉细细一看，只见他面目虽不十分丑恶，无奈鼻梁太陷，额发过低，那双眼睛更一溜一溜的露着油光，一望而知是薄命之花，岂可娶得到家里头去？后来又听他与少牧并守愚讲话，十句倒有四五句不是打油，便是天花乱坠的毫无凭准，更觉他有口无心，少牧看上了这种人，真为情欲所迷，始把他当做天仙化人，竟似世间少有。必须慢慢的劝他回心，莫要执迷不悟。幼安、子靖看了，也是差不多的主意。

守愚却拿了一大把瓜子，一头咬着，一头问如玉："你叫甚芳名，那里人氏？今年已几岁了？杜二少爷待你恩爱如何？你待杜二少爷甚样？"絮絮叨叨讲个不了。如玉听问他的话，有几句不便回答，分明是初入花丛。又见他举止衣履多是乡气，说起话来掀着几根黄须，露出满口板牙，那牙黄一层一层的积了起来，肮脏到个极处。想起昨天包车夫来告诉的那个乡人，必是此人无疑，心中暗暗好笑，遂不当他是个客人，只当着个傻子看待，说话东一句、西一句的，故意与他取笑，弄得守愚缠个不清。少甫等见他太轻薄了，更是看不上眼。坐了一点多钟，如玉因众人不去，自到卧房吃饭。吃过了饭，叫娘姨拿梳具出来，对镜梳头。这个头足足梳了两点余钟，看看天要夜了，如玉尚拿着一面腰圆式的外国手镜，横照不是，竖照不是，没有梳好。众人看得有些不耐烦了，况且坐在这里没甚事情，子靖先是要走，少甫、幼安也要去了。少牧说："天已不早，我们尽可叫些菜来，就在此地吃了晚饭，大家到丹桂里去听戏。"守愚正看着如玉梳头，十分有趣，不愿出外，接口答道："既承你的美意，我竟不客气了。叫菜却可不必，就是他们自己吃的吃些也好。"少牧道："他们的菜那里能吃，待我写张条子，到聚丰园叫去。"遂写了炒虾球、小火方、红烧甲鱼、咸菜笋汤四样汤炒，差相帮马上去叫。幼安等见守愚坐着不走，不便先去，只得也耐心坐下。

直到天色乌黑，如玉方才梳好了头，扑好了粉，戴好花朵，又到后房里去换了一身杨妃色外国纱夹袄，湖色熟罗夹裤，走进房来，遂觉得容光照人，比了未梳洗的时候，又更不同。只看得守愚见在眼里，浑在心里，虽然不想去剪少牧的边，却想上海堂子里的妇女真是好看，一个人既然如此，谅来别个人也是一般，缓天必得也嫖上一嫖，始不负到上海一番。

谁知钱守愚不起此心尚可，一起此心，弄得少甫、幼安本来与他一同出来要劝少牧回去的人，不但少牧一心一意迷恋烟花，连守愚也闹出多少话柄。多少事情，做《繁华梦》的警梦痴仙不能不做第二集书，归结这一场绮梦。书中有钱守愚一再受愚，屠少霞始终不悟，郑志和求乞，游冶之患疮，贾逢辰受报，夏时行出丑，颜如玉落难，姚景桓破家，温生甫着魔，巫楚云误嫁，邓子通枪毙潘少安，谢幼安情娶桂天香，至杜少牧孽海回头为止，又是足足的三十回。满心要唤醒迷人同离绮障，庶不负了作者苦心。那初集书却就此煞尾了。正是：

> 新书莫恨偏中止，后事何妨看续编。
>
> 笔墨暂停休性急，终须一梦醒情天。

二　集

第一回

定归期谢幼安劝友　得头彩杜少牧央媒

情海茫茫太可怜，续将绮梦证花前。

者回须唤痴人醒，勘破繁华断孽缘。

《繁华梦》初集第三十回，记到杜少甫从姑苏与谢幼安、钱守愚一同至沪，要劝少牧还家。无奈少牧一片痴情钟在久安里颜如玉身上，满心要娶他回去，故与少甫、幼安、守愚同到如玉院中，使他们看看人品如何，缓日好与少甫商量，幼安、守愚从旁说句好话，谅可玉成其事。不料如玉这人，只有少牧入了魔道，听他说出来的说话句句是真，做出来的事情件件是好，落在旁人眼里却多看他不上，反把个没有见过世面的钱守愚引动邪心，生出无数事来。

这初集书写到此处忽然中止，看书的人自然个个欲看下文，就是著书的也断没有半途而废着这半部残书之理。但是近来坊刻各书小说里头，往往有初集未完再续二集，二集未完再续三集、四集，及至看到三集、四集，那书依旧没有收结，以后遂续出许多叠床架屋、不通不接的弊来，皆因书经数续，非出一人，遂把好好的一部原书，反弄了个有头无尾，大是恨事。警梦痴仙著《繁华梦》，本来不愿分其初集、二集，为的是六十回书篇幅长了，著书的人很费心思，看书的人却最性急，故此先把前三十回脱稿出来，再出后三十回，其实仍旧是一部书，并无正续。况这后三十回书中，要把全书一齐结住，不许后人胡思乱想，再做什么续集出来。喜欢著书的人，只好叫他去另著一部，这《繁华梦》是六十回后无从着笔的了。一来警梦痴仙了却这一部书，深望惊回绮梦，唤醒迷人；二则看书的也好完完全全看在眼内，记向心中，早悟情天，莫缠绮障，那就是《繁华梦》全部的宗旨了。正是：

> 莫言小说荒唐甚，欲唤痴人觉悟来。

痴仙既将著书的本旨宣明，言归正传。却说少牧等在如玉房中坐至天黑，少牧要请守愚到丹桂看戏，写了一张菜单，唤相帮的到聚丰园叫了几样夜饭菜，就在房中便饭。守愚那里晓得堂子里的许多避忌，见菜已叫来，要强拉着如玉坐下同吃。如玉怎肯听他，守愚收了一个没趣，暗怪瞧不起他，脸上有些不悦。少牧觉察，慌与他附耳说道："钱家老叔，你莫要错怪了人。上海堂子里的妓女，与客人一桌吃饭，不是极熟极要好的不肯，何况客人又有朋友在此，他怎能够同坐下来？那是你初到这里没有晓得，并不是如玉瞧不起人，不给你老人家个脸儿。"守愚心下方才明白。及至吃完夜饭，他因幼安等尚未吃好，说了一声"你们慢用"，把手中那一双银镶牙筷向饭碗上端端整整一搁。旁边娘姨见了，低声说："不要这样"，替他拿了下来。他却偏要客气，重新又放将上去。如玉看了，又是好笑，又是好恼。后来仍旧由少牧附耳说知："堂子里不必如此。并且将筷搁在碗上，最是犯忌。"守愚道："犯忌甚的？"少牧道："大约是饭碗不许搁他起来的意思，其实却也无甚交代。"守愚始点点头儿，把筷放平。

候众人一齐吃毕，娘姨绞上手巾，擦过了脸。守愚立起身来，要想同少牧等大家到丹桂里去。只因坐得久了，奔跑惯了的人反觉得有些腰酸腿软，故把两手一擎，伸了半个懒腰，被老娘姨一眼瞧见，将手拉住道："你老人家怎的这样？"守愚道："伸一个腰没有什么，为甚拉我？"少牧见了，笑对那老娘姨道："钱老爷是初到上海，随便什么多没知道。好在你们百无禁忌，由他伸个腰罢。"守愚不解，道："什么说话？难道伸伸腰儿堂子也忌讳么？"少牧道："怎的不是？堂子里的忌讳最多，不晓得的最易触犯。不但是不好伸甚懒腰，还有坐在凳上不好抱着膝儿，立在门首不好叉着手儿。逢着大小月底，他们多在房里化些锭帛，那化锭的时候，你更不好开句口儿呢。"守愚道："倘然伸腰、抱膝、叉手、开口，便什么样？你快说与我听，好学些乖。"少牧道："忌伸懒腰，说是怕客人们半节月头有甚俗语所说'腰箍爆'的事情，断了相好。忌抱膝，大约是不抱琵琶抱这空膝的意思，在堂子里甚是不祥。忌当门叉腰，说是怕把客人叉出门去。大小月底化锭时切忌开口，说是开了口怕有酒醉客人到来胡闹。这种鬼鬼祟祟的事情，偏偏他们最信，说起来真是好笑。"守愚把舌尖一拖道："原来有这许多讲究！你不说，我那里得知？如今我与你们同在一处，倒要留点心儿才好，讨嫌人是做不得的。"

说毕，又问少牧："我们此刻可要丹桂去罢？天不早了。"少牧道："我们本要去了。"分付老娘姨拿各人宽下的马褂过来，如玉照例说声"再请坐坐"，幼安等多说不消。如玉看众人穿好衣服，送出房来。守愚认做他尚要送下扶梯，因让少牧先走一步，自己回转身来，立在楼梯门口，端端整整的将手一拱道："你进去罢，不要送下来了。"谁知如玉走出外房，早已站住了脚，看见守愚那般恭敬，这是堂子里从来没有的事，忍不住大笑起来，娘姨们也多笑不可仰，说："钱老爷请下楼罢，我们先生不送你了。"少牧慌把守愚在衣襟上轻轻一扯，道："你与他客气甚的？他们送客人的规矩，楼下房间送到房门口止，楼上房间送到楼梯口就不下去了。我们快快走罢。"守愚始又晓得错了，涨红了一张黄脸，随着众人下楼。走到客堂里头，守愚要让少牧先行，少牧那里肯走？引得堂里的许多相帮又一齐发起笑来。少牧急又附耳说道："堂子里的俗例，这先生是那个客人做的，进去时这个客人在前，出来时一定在后。颜如玉并不是老叔做的相好，那有我先走的道理。"

二人一头说话，一头举步往外。守愚因与少牧讲话，两眼只顾看着少牧，不提防一只脚绊了门槛，一个倒栽葱，几乎跌出天井外去。幸亏如玉的带房间相帮阿小巧巧站在天井里头，急忙用手扶住，没有跌下。守愚不晓得搀扶他的是什么人，见他三十多岁年纪，身穿二蓝纺绸短衫、二蓝纺绸马裤，手上带着两只金戒指儿，认做是别个先生房里走出来的客人，因连说："谢谢老兄，对不起你。"倒把个阿小说得不好回言，众相帮一齐忍笑，幼安等也差不多要笑出声来。仍是少牧关照他说："这人乃是院子里的相帮，你怎与他称兄道弟？真是越闹越笑话了！"守愚听罢，又把阿小瞧了一眼，对少牧道："这一个人是相帮么？穿的衣服好阔！比了我们家里头相帮的人，真是天差地远，叫我那里认得出来？"子靖笑道："钱老叔的府上，那里有甚相帮？"守愚道："怎的没有？每年夏秋两季种稻收稻的时候，舍间相帮的人至少也有四五十个，就是平常日子也有四五个在家，却多是些贫苦之人，身上衣衫甚是蓝缕，不信一到上海，连相帮的也多大阔起来。"少牧笑道："钱家老叔，你又错了。府上用的相帮乃是些雇工人，自然多是乡间贫户。堂子里的相帮，俗名叫做乌龟，多是无耻男子做的。内中带房间的，必定掯些洋钱，手里头也有很宽转的。方才那个阿小，他只穿一身纺绸衫裤，你还没有瞧见春天里巫楚云家有个相帮，不出去抬轿请客的时候，穿元色绉纱羔皮褂哩。"守愚听罢，目瞪口呆，暗想今天真是个老大话柄，怎与妓院里的龟奴称兄道弟起来。虽说上海地方人品夹杂，究竟是自己过于粗心，怪不得旁人个个要笑。偷眼再要看阿小之时，早已一溜烟跑了进去，只得忍着懊恼，与众人走出妓院，同到丹桂戏园。一路上还自恨莽撞不已。

及至到得戏园，少牧要看包厢。守愚因隔夜在天仙看过一角洋钱板位，不甚清楚，包厢也在偏里，不过分个楼上、楼下，认做一样不清楚的，故此一定要看正桌。遂五个人坐了一桌，直看到散戏才回。少牧假称回栈，要想住在如玉那边。少甫、幼安同说，今天有话商议，可仍住在子靖家中。子靖也因要劝少牧一番，坚留他一同回去。少牧不便推却，与众人送守愚到了满庭芳弄口，叫四部东洋车一同至集贤里去。子靖恐众人饥了，煮有稀饭，唤李贵买了几样粥菜，请众人吃毕，收去碗碟，其时尚只半点多钟。

少甫先对少牧说道："牧弟，我有句话今天要对你说：你须留心听我。好在此刻多是自己弟兄，随便什么多可讲得。你自从正月里来到上海，已经半年多了。虽说少年情性，喜欢顽耍的多，究竟也要自己收束。你想出来到今，花去多少钱了？我们弟兄是要好的，没有分家，并不是你多花了钱，我心上边有甚过不过去。但那花柳场中是无底的，这个月花了一百，下个月花二百、三百，他们决不见多，你的钱却渐渐少了。如今别的不说，只问你带出来的银子可是完了？不知还亏欠人家没有？倘然有甚亏欠，你老老实实的说，我晓得自然要替你设法归还，归清了却不可再去欠人。赶紧与我们早早回苏，免得家中悬望。若说要娶颜如玉，无论如玉，是野草闲花，断断不可娶回家去；况且家中弟妇虽甚贤淑，此事却须与他言明。叫我答应了你，将来怎样交代得他？你也替为兄的细细想想，莫要使我为难才是。"少牧听他说到此处，慌忙用话来截住道："大哥，这是什么说话！自古道'妻随夫转'，目今世上的人，只要境况略好，那一个人不想讨个偏房，享些艳福？床头人怎能阻挡得来？若讲分家一事，你我皆因弟兄要好，从没想到这条念头。倘真分起家来，差不多各人有三五万银子。这三五万银子里头，算我花去了三五千，也不过是十分之一。将来娶了如玉回去，你弟妇谅也没有什么。若有与我过不去的事情，我早已定下主意，决不与他吵闹，无非同如玉搬了出来，住在上海，看他怎样！大哥有甚为难？"这一席话尚未说完，旁边恼了子靖，向少牧开口责道："牧弟，你此言差了。你弟兄好好一家人家，为甚要五花四散起来？甫弟叫你莫娶如玉，是要你及早回心，并非因你多花了钱，与你分甚家事。就是弟妇那边，甫弟也真有为难之处。你说日后决不与他吵闹，好和如玉搬到上海来住，也不想撇下弟妇在苏，做大伯的叫他怎样安排？不是我今天说你，你向来是个读书明理之人，如何说出这种话来？"

少牧尚待强辩几句，幼安知他脾气，恐防伤了和气，忙止住道："李大哥的说话一些不差，牧弟你要仔细想想。何况如玉这一个人，我看他甚是娇薄。你当真要讨个偏房，收拾邪心，不妨留下心儿讨一个小家碧玉，少甫大哥谅无不允，弟妇也不至有甚醋心。独有堂子里的妓女，一则杨花水性，万万讨不得他；二则起居服用，在堂子里习惯自然，嫁了人如何熬苦得来；三则上海地方妓女更与别处不同，往往有欠债满身，不能过去，因借嫁人为名，替他还清宿债，不上一年半载，依旧重堕风尘，他们名为'忽浴'。别的不要说他，但看林黛玉、陆兰芬、张书玉、花翠琴等这几个人，那一个不是嫁了又嫁？若要守得住的，曾有几个？四则妓女常技，做了一个客人，只要这人有几个钱，要想他用在身上，不得不下些骗功，说个嫁字，骗得他心里热了，好把整千整百的银子弄他出来，其实是句有口无心的话，等你一朝金尽，他便反面无情，认得的乃是银子，不是客人。凡是略聪明些的人，岂可执迷不悟？五则巫楚云那一节事前车可鉴。我在上海回去的时节，你心上何等着魔？只认是一心嫁你了，为甚不多几日，听你说就闹出潘少安的事来？幸亏当初你银子不便，没有娶成，倘真娶了回去，必要弄到个不堪设想，岂不是桩话柄？如今别话休提，我与你正月里从苏州出来，原说一月半月就回去的，现在不知不觉已是半年多了。古人说：'凉亭虽好，终不是久居之地。'况乎住在上海，又没些正经事情。我想目下中秋已近，你必有些未了事情，这几天你好赶紧去，待到中秋一过，我们能十六早上动身最好，否则迟至十七开船，十八回家，巧巧出门了足七个月。以后你真要纳妾，就在苏地托人，不拘银子多少，选个绝色女子。倘仍喜欢出门游玩，杭州的事情未了，少甫大哥本来尚要前去，我也想到西湖顽顽，三个人再好结伴出来，岂不甚妙？"少甫、子靖听了，彼此点头称是。少牧却脸上红一阵、紫一阵的，大不为然。等到幼安讲完，冷笑一声，说道："若照安哥说来，堂子里的妓女难道竟没有人娶，也没有真要嫁人的了？这话我可不服。"幼安道："娶的人何尝没有？真要嫁人的妓女我也不能说并无其人，不过像颜如玉、巫楚云那般人品，我看一定娶他不得。"少牧道："楚云不必说了，那如玉有甚娶不得他？"幼安道："如玉我虽初次见面，只看他与钱家老叔讲几句话何等轻薄，与我们讲几句话何等用心，与你讲几句话却又何等装腔做势！当着四个人的面前，已分出三般举动，平日间的做人不问可知。若还真正娶得真要嫁人的人，我们也不阻你了, 你心下须明白些儿。"少牧听幼安说坏如玉, 更气得脸色通红, 半晌没有说出话来。子靖又在旁顺着幼安的意, 劝他十六一准动身, 即使将来还想到申, 不妨回去一次再说。少甫也与子靖、幼安一样说话, 要他答应回家。直说到四点多钟, 少牧一个人讲不过三个人理直, 只得说:"天要明了, 我们睡罢。娶与不娶, 回去不回去, 缓天再说。"始各上床安睡。

少牧睡了下去, 那里能睡得熟? 翻来覆去一回, 已见天光大亮。想起如玉那边两夜没到, 第一夜是晓得的, 昨夜却不知怎样盼望, 恨不得生了双翅, 立时飞到久安里去, 睡在一床。又想: 娶他的这条念头, 看来软做是做不成了, 除非预先在上海借所房子, 等到中秋一过, 先把他娶了出来, 那时生米煮成熟饭, 如玉已姓了杜, 怕少甫不许他日后入门? 更怕幼安、子靖拦阻什么! 但恨这件事一齐做净, 至少须要有二三千银子在手, 方可干得, 这银子却从那里头来? 想到此处, 更觉得十分焦燥, 在床上坐了起来, 微微的叹一口气, 把眉头连皱数皱。忽然想了个拆空心思的主意出来: 皆因这二三千银子为数大了, 少甫不肯拿他出来, 别的地方没甚设法, 只有去买张吕宋票儿, 倘然侥幸中了头彩, 那时莫说一个如玉, 就是再讨三个、两个, 三万两银子却还绰绰有余, 岂不是个绝妙念头! 不觉又自己欢喜起来, 仿佛已经中了头彩一般, 在床门前闲走了几步, 洋洋得意。

少停, 听楼底下扫地声响, 知李贵已经起身, 索性不要睡了, 轻轻的踱出房门, 步下楼来。叫李贵倒脸水, 洗过了脸, 顿时要买吕宋票去。李贵说:"二少爷起来好早, 有甚事情?"少牧只说:"今早约个朋友在大马路一壶春茶馆里头有句要话, 故此立刻要去。你老爷和杜大少爷、谢大少爷停刻起来, 同他说声: 今天晚上没甚事情, 我不来了。倘然有事, 明后天来也说不定。"李贵道:"可要用些早膳?"少牧道:"不消得了。我到一壶春, 有最好的出笼馒头。"说毕, 起身就走。李贵送出大门, 上好了闩回身进内, 伺候主人与少甫、幼安起身, 照着少牧的话说知。少甫皱眉道:"他那里有甚要事, 分明是昨夜我们劝了一夜, 不但忠言逆耳, 反有些与我们远避的意思。这却如何是好?"子靖、幼安也甚担心, 暂且按下慢表。

再说少牧出了李公馆, 叫了部东洋车到棋盘街下车, 一心去买彩票。但见那彩票店连一接二的开得如鱼贯一般, 足足不下百十来家。招牌上的店名, 一家家讨着谶语, 多是必得、必中、必定中、必得财、必得彩、同发财、鸿福来、鸿运通、鸿运来、同得利、大有利、万倍利等字样, 不知买了那一家好, 没了主意。后想彩票乃是横财，见鸿运来的店门口挂着一块纸糊招牌，那牌上写着"头彩尚在，请发横财"八个大字，这"财"字故意横写，笔墨又大又粗，少牧看了触动念头，暗道：就是这里买罢。走上阶去，店中柜台上坐着一个四十多岁的人，笑迷迷口尊："老板，可要发财？明天马上要开彩了。买全张还是半张？"少牧本来要买几张全号，做个指望，谁知开彩近了，全张多已被人裁散买去，剩下的十数张原张，那号数多是一百多号，或数十号，心上不甚合意。又看半张里头也没张对意号头，遂想不如随手买了几张条头，再到别处买罢，因一共买了念条，也有一号一条的，也有两号一条的，最多是四号一条的，付了十二块洋钱。店家收了，问明姓氏住处，连票子上号数一并写在帐簿上面，预备将来得彩好去报喜。少牧得意洋洋的拿了这二十条彩票回身向外，又到斜对门必定中里头买了两个全张，一共二十四块洋钱。将票叠做一处，藏在身畔。看那店里头自鸣钟上已是八点半了，一夜没有睡觉，此刻未免有些疲倦。要想到如玉那边去睡。只因疼惜如玉此时没有起来，惊醒他心上不安，况怕睡到饭后，少甫等众人来寻，说起来太觉着魔，未免人言可畏。不如竟回栈里去睡，他们来说得响些。主意已定，当下决计回栈。

　　车夫见主人回来，好得床铺已收拾过了，只把被头略略摊过，伏侍他上床便睡。这一觉甚是酣畅，直到少甫、子靖、幼安三人吃过午饭同到如玉院中寻他不见，找至栈中，方由车夫唤醒。少甫问早间究到那里去的，这般要紧。少牧仍说往一壶春寻友，并没提起别的事情。少甫不信，再三盘问。方说因吕宋票开彩在即，到棋盘街买了几张票子，倘然侥幸中了大彩，一来好把花去的钱拿他回来，二则我还有用处。少甫笑道："牧弟，你真是呆了！吕宋票月月开彩，买得到大彩的能有几个？你花了几千块钱，为兄的并没抱怨，不过要劝你从此以后早早收心，何苦去买甚彩票，想这镜子里的钱财？但不知你买了多少。"少牧道："买得不多，只有两号全张，二十条散票，大哥请看。"说毕，在身畔把票子取将出来，双手递与少甫。拆开观看，见内中有一万数千号的，也有一千数百号的，也有数百数十号的。子靖道："本月分的彩票乃是双张，不要花三十六块钱么？"少牧道："一些不差。"幼安道："双张与单张有甚分别？"子靖道："吕宋票一年有两次双张，乃是西历六月与十二月，每张可得双彩。譬如头彩得洋三万元的，双张乃是六万。这回牧弟买的是九月票，闻得吕宋国君因各国在上海通商今年五十年了，大家要在九月里起个盛会庆贺，故此这吕宋票放做双张，那是难得的事。"少牧道："原来各国在上海通商今年五十年了，怪不得人家多说下个月上海有个胜会，很是热闹。"众人谈谈说说，天已薄暮，子靖邀到万年春去夜膳，少甫把彩票折好，递与少牧收起，大家到万年春。少牧因这夜一心要住在如玉那边，不愿意再和少甫等到李公馆去，故在席面上有意多吃了几杯皮酒，假说醉了，先自回栈。挨至十二点钟，少甫等一个不来，估量着多回去了，独自一人溜至如玉院中睡觉。

一宵易过，明日午后起身，正与如玉在房吃饭，忽见车夫跑进房来说："二少爷果然在此！鸿运来彩票店里有人在栈内报喜，说昨天买的彩票今天中了彩了，快请少爷回去。"少牧闻言，这一喜真喜得心花怒开，把手中的饭碗一放，直立起来。正是：

　　横财何幸交鸿运，好梦从教递蝶痴。

要知杜少牧中了彩票可能讨娶如玉，且看下回分解。

第二回

送节盘厚犒俏娘姨　吃司菜急伤骚大姐

　　话说少牧住在如玉房中，午后起身，正与如玉一同吃饭，车夫报称鸿运来彩票店内有人到栈，据说昨天买的彩票中了大彩，不由不心中大喜，把饭碗一放，立起身来，急忙问道："你可知道是第几彩、那个号头？"车夫道："听说第一千七百号，乃是头彩。"少牧道："一千七百号么？"向怀中把彩票取来仔细一查，果然有这号数，可惜只得一条，三千块钱。暗想：这条票子本来原是半张，因嫌他一千七百号太觉得直截了当，不像会中大彩，先时并没有买，幸亏那卖票的再三说合，方才在半张上裁了一条。早知道是个头彩，半张一齐买了，岂不是三万洋钱，稳稳今天到手？又想这多是一饮一啄，莫非前定，譬如这一条票昨天一定不买，今天开彩之后岂不更要懊恼？况且有了三千块钱，讨娶如玉差不多了，何必贪心不足？因此笑迷迷的重新坐了下来，且等吃完了饭，与车夫一同回栈。如玉起初听少牧中了大彩，也觉欢喜非凡，后来晓得只有一条，不甚在意。

　　少牧把饭吃毕，擦过了脸，喝了杯茶，叫车夫将车子推来，兴匆匆回至栈中。鸿运来里的人尚还候着，见了少牧，叫声"恭喜"，把电报递与少牧看过，说："已经覆电到吕宋对过。这是杜老板的鸿运，小店里的彩头，请把红票取来兑洋。"少牧道："红票现在身旁，不知你算多少升头？"那人道："五厘升罢，三千一百五十块钱，你把票子与我，好到广惠和汇去。"少牧道："吕宋票加一升头，那个不知？怎说五厘？"那人笑嘻嘻的说道："杜老板，你又来了。这一条票，昨天不是我多一句口，不知卖与那一个了。这升头小店里要好看些些，请你老人家再分付一声。"少牧道："既这样说，八厘升是少不得了。"那人仍满脸堆着笑道："再要请老板说声。"后来讲了半天，算做六厘。少牧把票子交与车夫，叫他跟着那人到广惠和去取洋。那人说："贵价倘忙，不消同去，票子放在尊处，待我先送洋钱过来也好。"少牧道："如此最妙。"那人遂把原票在车夫手中接来看了一看，号数不差，也没油污挖补扯破一切，依旧交与少牧收好，说声："杜老板请暂坐一刻，待我去去就来。"回身向外便走。那消半刻钟时，果然送来三千一百八十块钱，一半乃是钞票，一半现洋。少牧点过了数，逐一收下，把票子交与那人。那人尚要讨些喜金，说："升水是老板的，我们伙计没有好处。"少牧又给了他二十块钱，那人笑逐颜开，千多万谢而去。

少牧有了这三千一百多块洋钱，盘算用处，讨如玉已经够了，不过将来要在上海过日，手头没有余钱，须俟日后再作计较。又想上海地方的事千变万化，拿不定的，如玉虽然一心嫁我，不知本家与娘姨、相帮可还有甚纠葛？况且堂子里讨一个人，身价之外，除牌子有除牌喜封，出门口有堂里喜封，娘姨、大姐、相帮等不送过门便罢，送过门还有到门喜封，以及本家备酒、相帮送礼、厨房煤炉，种种（总总）开消，差不多些的人那个弄得清他？必须请一个人，托他经办才好。此事非经营之、贾逢辰二人不可。况且营之是四月里要讨楚云托过他的，没有成功，如今要讨如玉，正好请他出场，将来身价等洋由他过付，就算他是个媒人，谅无意外之虞。逢辰不妨央他开发一切，这事自然万妥万当。主意已定，立刻写了两张字条，叫车夫分头去请二人，约他们晚间十点钟后在如玉房中叙话。车夫答应自去。

少牧坐在栈中等他回来，并把鸿运来送来的钞票洋钱一卷一卷、一封一封放到箱子里去。刚正锁好，忽听得房门外一阵笑声，进来了两个娘姨，乃是巫楚云家的阿巧与阿娥姐，后面跟着一个相帮，肩上挑着一只火腿、一篮月饼、六枝鲜藕、一蒲包彩蛋，来送节盘，阿娥姐把礼物取来一放，身边摸出一张楚云的名片，乃"巫雨"两个大字，写得书法甚好，双手递与少牧，说："二少爷，你为甚好久不来？这点薄意，是我家先生差我们送过来的。"少牧见巫楚云送礼前来，想起当初要讨娶他的事情说得已七八分了，多为他与潘少安暗地要好，才把好事拆开。如今将要讨娶如玉，正好使楚云晓得，气他一气。因笑微微的答道："我何尝不要前来？只为你先生有了姓潘的照应，还要我来做甚？今天尚要劳你们送甚节盘？我还记得这一节上只有端午夜间吃过台酒，以后在如玉台面上边叫了个局，何必再把我当做一户客人？"阿娥姐道："二少休得这样的说。我们只要一节上叫了一个堂唱，开了堂簿，就算是户客人。何况二少是上节做起来的，也好算是老客人了，那有到了节上节盘都不送一副的道理？若说潘大少，近来也不甚来了，你莫要冤枉人家。"少牧冷笑道："潘少安怎会不来？此话你哄那个？"阿巧道："当真阿潘有好几天不曾来过。听说他又姘了一个大姐，不知住在什么地方。阿娥姐因他在先生那边吃了十一台酒、叫有七十多局，一个钱没有开销，很替先生担着心事。昨天亲去寻过一次，方晓得那大姐的住处，并且还打听了许多笑话出来。二少你问他罢。"少牧道："有甚笑话，阿娥姐可肯说与我听？"阿娥姐含笑答道："这话说起来却也甚长。你且把节盘收了，好等相帮先自回去，我与阿巧再在这里坐一回儿，告诉你听。"少牧道："节盘你叫相帮挑了回去，算我已经收了。局酒洋钱明天我差车夫送来，盘洋你们带了去罢。"阿娥姐道："二少几个局钱，有甚要紧？我们不是讨钱来的。"少牧道："你们今天不来，明天我也要差车夫来了。外边有些局帐、店帐，这两天内一定多要开销干净，下节起我决不出来。"

阿巧道："二少可是过了中秋要回府么？若然仍在上海，那得没有应酬？"少牧道："苏州并不回去，过节我要在上海借屋。"阿娥姐道："一个人借甚房子？想来要讨一位二夫人了？不知那高升的，可是如玉先生，还是另有别人？"少牧笑微微的答道："如玉也说不定。"阿娥姐道："这多是我家楚云先生不好，不知他为甚做起潘少安来，不然嫁了你二少爷，岂不福气！"少牧道："那也是注定下的。倘然没有姓潘的这一节事，我那有另娶别人之理？如今叫他趁早嫁了姓潘的罢，要好须得要好到底。"阿娥姐道："姓潘的嫁得成么？他是一部垃圾马车，怎比得二少有情，做了那个先生，这一条心就在那个先生身上，十分、十二分的待他。况且姓潘的，看他并没有钱。"少牧道："阿娥姐，你又来了。客人喜欢先生是没用的，先生喜欢客人，才能成得来事。少安虽然没钱，你先生也不见得要他的钱。"阿娥道："二少，你这一句话，说得太觉重了。我家先生吃的是什么饭？怎说不要客人的钱？就算他是个恩客，先生心里愿了，我们房间里人多少掮些洋钱，只怕还不能够答应着他。"少牧点头道："就为你们房间里人碍手，所以楚云还没跟他，不然我看早已走了。"阿巧道："二少说得可要像些，我家先生谅还不是这样的人。"少牧道："只恐你谅不就。"

他口里头与二人讲话，那手向衣袋内摸出一个锁匙，开了箱子，拿出二十块洋钱，给二人道："这里头四块盘洋，余下的算手巾钱罢。"阿娥姐与阿巧两个满面是笑，道："二少，不太多了么？你这一节茶围多没来打过，怎拿你手巾洋钱？"少牧道："十几块钱算得什么！"二人谢过一声，方才收下。又把送来的礼物要叫少牧收受些些。少牧一定不肯，阿娥姐替他拿了一篮月饼，阿巧拿了六枝鲜藕，放在桌上，余下的彩蛋、火腿，叫相帮先挑了回去。少牧尚要叫相帮的一齐挑去，阿娥姐、阿巧不许，说要二少给个脸儿，少牧不便再说，也就收了。

阿娥姐道："二少要听阿潘姘大姐的事么？如今待我来说与你听。"少牧道："正要问你姘的是谁？"阿娥姐道："说起来这个大姐你也认得，就是城里头屠少霞做的萃秀里叶媚春家阿珍。"少牧道："阿珍不是与少霞两个很好，借小房子在仁寿里么，如何又姘起潘少安来？"阿娥姐笑道："内中有个缘故你不知道：少霞自从在花小兰家与花子龙、柏幼湘等赌钱，输得多了，央贾逢辰向阿素姐借了五百银子。他往城里一钻，再不到城外头来，仁寿里就此也绝迹不去。阿珍慌了，几次差人到城里去请，门房里不许进去，多没见面。阿珍自己进城，也是一样。看看中秋到了，少霞是媚春房间里天字第一号客人，差不多吃了五十台酒，叫了一百六七十局，节上边人影不见，叫阿珍怎样弄得下去？幸亏少霞有几件贵重东西放在阿珍那边，内中有只翡翠班指，是玻璃绿的，听说足值七八百两银子。阿珍没法，前日把他抵与一个客人，抵了五百块钱，勉强替把局帐开销清楚，并没赔钱。不过屠少霞的名气闹得大了，晓得阿珍姘他，那一个人再肯在阿珍身上花钱？媚春他是个小先生，有甚心腹客人？这几天中秋已到，弄得房间里冷清清的，莫说碰和、吃酒，连打茶围的多没上门。前天是院子里吃司菜的日子，阿珍要找个客人绷这场面，谁知张三不到、李四不来，足足跑了一天，跑得腿多酸了，竟没个人答应，心中恼恨万分。后来在棋盘街同芳居门口经过，路上遇见了潘少安，问他匆匆忙忙到那里去。阿珍正在无极奈何，遂把此事告知。少安插趣说道："你为甚不来请我？"阿珍本见少安品貌超群，早已有了他的意思，为的是少霞碍眼。如今听了这一句话，顿时心花怒开，认真起来，说："此话可算得数么？若是算得数的，我就请你同去，才认得你是潘少安。"少安见阿珍激他，猜到他的心里，回说："同去何妨？但我并不是个仙人，今天出门，预先晓得要吃司菜，身边没带洋钱，这却如何是好？"阿珍笑道："洋钱乃是小事，只要你当真去吃，我借给你。"少安道："借我多少？"阿珍道："吃司菜六块洋钱，不见得借了五块九角。"少安遂涎脸答道："既然这样，我竟马上同你便去。"两个人果到媚春院中，请少安把司菜吃了。阿珍借了六块洋钱与他，当下少安要做场面，索性再问他借了四块洋钱下脚，吃了台酒，直闹得到半夜方散。好个阿珍，倒贴了十块现钱，就从这一夜起，竟与少安同到小房子去，一连留了三日三夜，至今还没出来。他自己生意上边也三天没有去了，院子里上上下下的人，那个不晓得这一桩事？多说阿珍，不信他这样烂污。二少你想可是笑话？"

少牧听他说完，叹口气道："潘少安他不过生得面孔好些，别的也不见得有甚好处，为甚堂子里的妇女个个多喜欢着他？可见得在妓院里顽耍的人，到底是面孔第一，不知要占多少面子。"阿巧道："那也是昏天黑地的人干的，像我们阿娥姐，有好几个年纪很轻、面貌很好的人看上了他，终没有成过事儿。撞到了他一种人，标致面孔也没用哩。"阿娥姐听阿巧取笑，说："我们是二三十岁的人了，有甚客人看想？不比你十七八岁。我劝你不要拿我开怀。"阿巧道："我拿你开怀怎的？难道你当真也喜欢标致面孔？"阿娥姐尚要回言，只听得房门口脚步声响，少牧的车夫回来，说经、贾两处条子多送去了，准定晚上十点钟在如玉先生那边会面。少牧道："我知道了。你端整车子去罢，我要到集贤里李公馆看大少爷去。"阿娥姐道："大少爷在苏州出来了么？怪不道过了节要娶如玉先生回去，原来府上边已说妥下了。"少牧点头道是。阿巧对阿娥姐道："二少既要出去，我们也回去罢。请二少得便的时候，还到我们那边坐坐。我们下节仍旧在久安里，并没调头。二少这久安里谅是走顺的了，将来如玉先生高升之后，倘然有甚应酬，还是照应照应我们先生。走熟的路，进出便些。"阿娥姐道："二少是吃情的，他看我们二人分上一定要来。况且潘少安姘了阿珍，下节决不见得来了，过了节我们再来请二少过去。"二人你言我语，说得少牧回答不来，又因时候已不早了，赶紧要看少甫、幼安、子靖，把得彩与讨娶如玉的事再与他们商量，故此含糊答应数句，好使二人有个落场回去。二人得了些风，也就走了。

少牧等二人已去，锁好箱子，带上房门，交代茶房也下了锁，说房中现有银洋，须要小心在意。茶房诺诺连声，回称："小栈不比别处，整千整万银钱放在房内，但请宽心，断没有甚意外事情。"少牧方才下楼，将房门上锁匙交与车夫收好，登车到集贤里李公馆去，要找众人。不料李贵回说："他们多到辛园游玩去了，说不定几时回来。"少牧问："辛园在甚地方？"李贵说："在王家厍过去。"少牧因出路太远，懒去寻他，只得说明日再来。

退出公馆，分付车夫到久安里去，与如玉闲谈一回，开消了二十块钱手巾洋钱、四块洋钱盘洋。如玉说："他们节盘还没有送，怎的先给盘洋？"少牧道："本来不必客气，就算了罢。"张家妹接了洋钱，叫相帮拿了四色礼物进来，要少牧拣收几色，少牧决计不肯。后来如玉做主，说是团团圆圆，拿了八匣月饼，叫张家妹交与车夫放在车上，停刻带回栈去。少牧听他说团圆两字，口谶甚好，不便推却，遂命车夫收下。如玉见天色已晚，叫了几样菜来，就留少牧夜饭。只因中秋已到，堂子里不但打茶围客人稀少，就是叫局的，也比不得六七月里如玉一夜必有二三十个堂唱，黄昏出去半夜未回。这日与少牧吃过夜膳，并没人来叫局，少牧遂安心安意的坐在房中，等候经、贾二人说话。

到得十点钟时，逢辰先到，少牧把要讨娶如玉，托他诸事帮忙的话附耳说知，逢辰极力怂恿，并愿除去身价洋钱由经营之过付之外，其余喜封、赏洋等一切开消多可归他一人承值，且要拣个日子发张知单，邀齐朋友做个公分贺局。少牧大喜，专等营之到来，央他与如玉谈定，满意当夜先付定洋，过了中秋，选日过门。岂知营之直到十一点半始来，说因过节近了，各处号里有些帐目必得亲自过算过算，故而来得甚迟。少牧口中虽说不妨，心里却十分着急，巴不得把这一桩事立刻成功，因在炕榻上低低的把大意告知，央他马上说去。营之先问身价洋钱端整没有，防的是事成之后开销不够，或要问他借钱。就是他今天有意迟来，也怕中秋已到，有甚挪移，预备着少牧开口，只说某处号中尚有要事，好含含糊糊的敷衍几句卸身出门。这是有钱人的作用，往往如此，世上边也不是营之一人。少牧听营之问他身价银洋，想起端午节要娶楚云，托他帮同在幼安面前诓开书局之事，因说："这回已整备下了，只要老哥向如玉说声，将来就由老哥经付，免得有甚意外事情。"逢辰道："营翁经手，真是万无一失。堂子里人枪花虽大，他是个老作家，自己也娶过两三个了，那个敢在他的面前播弄什么？少翁托他去说，真是眼力不差。"少牧道："原来营翁娶过如夫人了，不知是几时娶的？"营之道："第一个是前年春间鼎丰里的，第二个去年秋里在苏州灯船上所娶，第三个是今年正月十六进门，乃是清和坊住家出身。"少牧连称艳福不置。营之道："有甚艳福？无非是花几个钱罢了。像少翁娶了如玉，人才出众，那才真正是几生修到，比了春间要娶楚云，依我看来差得多了。待我马上与你去说，包管你一说一成，预备吃你喜酒。"只乐得少牧心花怒开，满口说："诸事费心，耳听好音。"营之笑微微点了点头，把手向如玉招招，立起身来，同到外房间去讲了半点多钟说话，又唤张家妹出去也讲了半点钟，方才同进房来。

少牧等不得他开口，一见便问。营之轻轻答道："这里不是讲话之所，我们换一家去坐坐可好？"少牧呆了一呆，说："这是什么意思？"逢辰晓得内中必有缘故，接口说道："营翁既说换一家去，就到他贵相好兆富里金玉香家坐坐何妨？"少牧疑团满腹，只得也跟着他们向外。正是：

落花未必随流水，流水如何恋落花？

要知三人到金玉香家说些什么，少牧娶得成如玉与否，再看下回分解。

第三回

赏中秋回灯开宴　饮长夜击鼓催花

话说少牧托经营之向如玉与张家妹谈论讨娶如玉之事，并过门时一切排场。谈至一点多钟，营之回房，叫少牧换一家去坐坐。少牧不解，逢辰晓得内有缘故，立起身来说："我们到营翁的相好那边走走也好。"三个人遂出了久安里，到兆富里金玉香家。玉香堂唱未回，房里头的娘姨、大姐装烟倒茶，应酬得甚是周到。营之将身在湘妃榻右边一坐，叫少牧坐在左边，逢辰坐在榻前那张方杌之上，开口说道："杜少翁，你这件事可曾先与如玉说妥没有？"少牧道："先曾说过的了，他与营翁怎讲？"营之摇摇头道："这事有些不对。"少牧道："怎的不对？"营之道："我把你要娶他的意思说了，先问他房里头亏空多少债项，外边可还有甚未完；次问他进门口的时候怎样排场，将来可肯回到苏州，还是永远住在上海。他听了我的说话，起初说此话可真，后来问府上边家计如何，可是这回买中了吕宋票头彩，故要娶他。那买中吕宋票头彩的事，我还没有知道，因说府上是苏州有名乡宦，堂子里的妓女嫁了这种人家，也算是数一数二的了。今回定要娶你，一来与你有言在先，二来少甫到了，已与他把此事说明，故此今夜要讲个定妥，一过中秋便可行事，与吕宋票头彩并没相干。那知如玉听了此言，竟满肚皮疑起心来，说你先前虽有娶他的话，不过随口讲讲罢了，做妓女的听得客人要娶，那一个不说愿嫁，究竟也要子细打听打听，莫像巫楚云上一节你要娶他，后来没有成功，反落了一场话柄，那可不是顽。我听他说话不对，忙说楚云是楚云的事，如今你是你的事了，楚云倘没潘少安往来，怎得此事不成？你难道与楚云一样，也与少安要好，防二少讲定了话，日后不肯娶你不成？你老老实实的与我说知，共要多少洋钱还债，出门时怎样举动，进了门如何栖止，我好替你与二少作主。他方才叫张家妹进房，咬着耳朵商量了半刻多钟，回覆我道：他房中共少二千块钱旧债，六百块钱新债，本家那边三百洋钱带当，外面银楼、裁缝店、洋货店，傢生店，卖花人等一切零碎，大约又是三百块钱，总共三千二百块钱，下脚喜封另外。至于在堂子里出门口的时节，第一要旗锣伞扇、彩轿清音，热闹些儿，虽说是妓女从良，究竟人生在世只此一遭，比不得林黛玉、陆兰芬等嫁了又嫁，没甚要紧；第二是红裙披风少不来的；第三是见了府上的人，将来平等称呼，并且只能有人到上海来，他不肯与你回苏州去。这三件事答应得下，不妨先付三、五百块洋钱定洋，过节做事；倘然答应不来，只好缓天再说。我听了这一席话，不敢说了，故而叫你换一家坐，好与你商议覆他。你心上到底怎样？"

少牧听罢，好如兜头灌了冷水，暗想：如玉今天说话为甚与平日间大不相同？真好诧异！半晌答不出句话来。逢辰估量着这是少牧受了如玉牢笼，一个真心要娶，一个却无心嫁他。但想少牧中了头彩，不论是全张半张，手头此刻必定有钱，何不献个策儿，把如玉娶成，一定有些看想。因假作愤愤不平的道："这是那里说起！少翁待情如玉，也算十分、十二分了。如玉要嫁少翁，当初有这句话，就算他此时翻悔，也翻不到这样的速，我看内里头张家妹弄甚鬼罢。堂子里娘姨、大姐最是杀不可恕，跟了生意好些的先生，巴不得他一生一世为娼，听见说要嫁人，必定千方百计的阻挡着他。如玉莫要听了此人唆弄，才说出那片话来。倘然真是张家妹在那里弄鬼，我却有三个主意在此：第一个，少翁暂把此事搁起，只说三千多块洋钱事小，旗锣彩轿、红裙披风、平等称呼事大，不能答应，只好作为罢论。且等过了中秋，我在敝寓里做一个东，请酒叫局，把如玉叫到寓里头来，局票上写明要张家妹跟局。等他二人来了，如玉把他留在上房，我们与张家妹说话，给他一、二千块洋钱了结这事。他如答应便罢，倘有半个不字，我来给些颜色他看，怕甚此事不成？这是最堂皇、最冠冕的办法，我们并不是不肯出钱，却也不受堂子里的勒索。若是第二个主意，此刻且把这事含糊答应下了，预付他几百块钱过节，央个有些势力的人去寻如玉本家，或吃住在张家妹身上，找他一、二千块洋钱，他们谅也倔强不来。再不然用第三个主意，待我唤几个人，不论在大菜馆、酒馆里头，写张局票把如玉叫来，预备下一部马车，等他一到，只说台面已散，约他坐马车到张园里去，把娘姨、相帮设法开了，只要他上了马车，随便拣个地方安顿，弄他个无影无踪，将来往苏州一走。这事可以一钱不花，不过手段太辣些些，我看杜少翁不犯着出此下策。可与经营翁商酌商酌，该走那条路儿。"

营之踌躇道:"第一条叫局叫到你的府上,虽然有事出来不怕,究竟不便。第三条迹近拔妓,岂是租界上干得的事?还是第二条或者可行,此刻付些定洋,将来本家与张家妹没有什么便罢,有甚留难,只说他霸阻从良,可向当官告他一状,却是一条大路。不过我看如玉的意思,起初并没与张家妹会面,就有讨巫楚云没有成功、并问可是中了头彩要想娶他的那一番话,不知到底与杜少翁交情若何?这事须得少翁心上明白,不要勉强做成,反多后悔为是。"少牧沉吟半晌道:"这人只要进得我门,谅来没有别的事情,但请放心。至于他盘问的那番说话,想因巫楚云前车可鉴,或者有之,我们也可不必疑他。不知营翁与老逢看来怎样?"营之见他执意要讨,不再多说。贾逢辰更望他立刻成功,好于中图利,当下就要叫少牧央营之去付定洋,准定照第二条主意办事。营之问:"先付多少?"少牧说:"先付一千。"逢辰道:"一千太多,五百也罢。"营之道:"五百也还不消,据我想来他一共要三千二百块钱,先付他二百定洋,其余缓日再算。定洋付得少了,将来正数见得多些,容易做事。"少牧佩服他道:"足见营翁办事老到,竟付他二百块罢。但我尚有局帐并没开消,不知可要一块付去,还是分做两起?"逢辰道:"你又来了,如玉既然你要讨他,一过节连人多一概是你的,局帐开消则甚?那是娶妓女的十个人有九个这样,你莫要做甚瘟生。"少牧道:"原来如此。"逢辰道:"那个自然。"

营之道:"今天十三,付他定洋;明天十四,不必说了。十五中秋那夜,少翁可要请客,仍在如玉那边,还是另有别的地方?"少牧道:"酒是一定有的,除了如玉,此刻并没第二个人那里去吃。"营之道:"本来如玉那边最妙,我想这一日的台面一定多的,你这台酒最好格外晏些,大家应酬完了,结末到久安里去,便好在席面上当众开谈,叫相帮的先把牌子除下。他们听了说话,不必再去央甚旁人,若是不听再说。你想这样可好?"逢辰道:"若能不请旁人,那是再妙没有,本来请人要花钱的。但我看将起来,不请人只怕要弄不下去。"营之道:"且到弄不下去的时候,再请未迟。"逢辰道:"弄僵了再去请谁?我看不如这么样罢:明天我先去托好一个挺硬的人,若然我们自己做得成功,日后只要谢他十块、二十块钱,不成就好叫他出场。这才万无一失。"少牧道:"如此更妙。"三人谈谈说说,玉香回来时候,已是两点多了。少牧尚要把洋钱交与营之,央他当夜就去。营之接了洋钱:"此刻已半夜多了,明天一准与你早上送去,决不误事,今夜不及。"逢辰道:"隔一夜有甚要紧?准定明天去罢。"少牧不好再说,只得与逢辰起身辞别。营之这夜并不回去,逢辰回到阿素那边。少牧因未付定洋,如玉院中不便去住,没奈何回栈睡觉,那天竟与少甫等没见过面。

到了明日,一早起身赶到玉香那边,问营之到久安里去过没有?营之说才去才回。少牧问:"如玉可曾说些什么?"营之道:"并没说甚,已收下了。乃是我交与本家并张家妹手里头的,将来有事可去寻他二人说话。"少牧感激万分,正要起身到久安里去,如玉已差张家妹到栈房里寻他不见,晓得必在营之那边,故此跑到兆富里来,要请少牧快去,说如玉有句要话与他商量,并请他去吃归帐菜。少牧别过营之,匆匆就走。谁知见了如玉,问的并非别话,乃是少牧这一节的局帐,与当初吃断潘少安答应他代还的那笔局钱怎样?少牧把逢辰说局帐就在将来总数里头的话告知,又说:"潘少安的洋钱为数有限,既然讲出了口,自然应该付你。"遂给了他五十块钱。如玉接来,交代张家妹叫他拿到帐房里去,就留少牧在房吃饭。吃过了饭,随口讲些节后事情,不知不觉的又是一天并没出门。这天少甫、幼安到栈房里看了两次,总没会面,到久安里也是两次,如玉预先关照娘姨,也说并没有来。幼安虽然疑心他或在内房,无奈有门帘遮着,堂子里的规矩不能乱闯房间,闯进去倘然不是,岂不笑话,因此没有法想。那夜少牧自然仍旧住在如玉房中,怎肯回栈。

明日已是中秋到了,如玉午前起来,梳洗已毕,吃过中饭,叫张家妹叫了一部马车,去到张家花园游玩,问少牧可要同去。少牧因今天经营之约在兆富里二点钟吃第一台酒,接下去冶之、志和、大拉斯、康伯度、邓子通、温生甫个个都有台面,与过端午的那天一样热闹,结末是自己吃酒,没有工夫同往,只叫他去去就回,马上要来叫局。如玉答应,登车自去。少牧等兆富里的请客票一到,立刻就走。说是两点钟入席的,只因那些客仍到三点多钟才齐,坐席已将四点钟了,等到发局票叫局之时,如玉已在张家花园兜了一个圈子回来,经过四马路石路,相帮迎上去知照一声,也不去甚轿子,就在兆富里门口下车进去,恰好台面上叫来的局多没有散。少牧等就从四点钟第一台酒吃起,吃到晚上十一点钟,已第六台,乃是邓子通的主人,在新清和坊金粟香家。

席间来了一个新认识的朋友,此人姓姚,单名一个光字,别号景桓,本城人氏,与屠少霞住得相离不远,年纪只有一十六岁,尚未娶亲。论他祖上传下来的家业,足足十万有余,多是上好的田房屋产。景桓不到十岁父亲故了,只剩寡母在堂料理家事，男权女掌，渐渐的不比当初。又因景桓是个独子，溺爱万分，平日里他要甚样依他甚样，虽然家中请了一个西席夫子教他的书，他却天天不到书房，时时跑出外面去顽。初时不过城隍庙里湖心亭、四美轩、春风得意楼等处吃一碗茶，鹤汀、柴行厅、猛将堂等处听一回书，听月楼、人和馆吃些酒饭。后来跑到城外去了，每天四五点钟出城，先到第一楼开只烟灯，华众会打盘弹子，高兴时叫部马车往张园、愚园兜兜，回来时或吃大菜，或看夜戏，闹到十二点钟过后方才进城。

人家出了败家子弟，家里的人起初不加管束，就有一班败家的朋友上门。景桓自从在第一楼开灯遇见了夏时行，不时混在一处，就每天打茶围、吃花酒起来，做了两个相好，一个叫花笑侬，一个叫花怜侬，乃是姊妹二人，住在同庆里，是夏时行做的媒人。那花笑侬年纪二十四五岁了，花怜侬差不多也有念岁，一般的极会奉承。景桓着了这个道儿，怎的不心迷意乱。笑侬更是一个老妓，见景桓是十五六岁的孩子，把他并不当做客人，当着个顽意儿，要长就长，要短就短，做了一个多月，有了相好。景桓在他身上花了一千多块洋钱，多是替他打的首饰、做的衣衫。怜侬看了眼红，略略放些手面，弄了几百块钱，也就有了交情。子通认得景桓，乃是夏时行在花莲香家吃酒台面上认得起的。这几天夏时行没有出来，姚景桓没人作伴，几次到花莲香家去问。谁知莲香也因时行不来，正在那里差娘姨、相帮四处找寻，为的是二百多块洋钱局帐一个钱并没开消，好不十分着急。景桓见找不到他，那晚要在花笑侬家吃酒，没处去请客人，想起子通必在新清和坊，特地往寻，要央他代请几个朋友。恰好子通正要坐席，遂拉景桓坐下，约定吃完了翻台过去，故此第七台是姚景桓的双台，已是一点钟了。

第八台是温生甫请，在花笑桃家，直吃到两点多钟方散。接着杜少牧请第九台，邀台面上众人同去，其时已是足三点钟。众人入席之后，不见如玉前来敬酒，张家妹说是堂唱去了，马上回来。少牧问："那个叫的，在甚地方？"张家妹说："今天堂唱甚多，一时记不清楚。"少牧也就不去再问。众人坐好了席，各把局票写好发将出去。席间志和说起：端午那天共吃十一台酒，内中冶之是两个台面，其余多是一人一台，这回八月半多了姚景翁同庆里台面，却一共只有九台，不知少了那两个人。冶之想了一想，道："端午节姚景翁没有同淘，康伯翁好像没有台面，却有十一台酒，除了我自己花小兰、花艳香每处一台，你们该有九台。今天我只有一台，多出姚景翁、康伯翁各人一台，若照端午算来，你们应该仍有九台，却少了荣锦衣、潘少安、夏时行那三个人。"少牧道："锦衣动身的时节，他说还要到上海来，为甚这几天信多没有？少安不像个人，我们大家不理他了。夏时行不知他为了何故，有一礼拜总没见面，你们可晓他那里去了？不见得住在家里，这样安静。"

邓子通"格支"笑道："你要问夏时行么？我昨天在百花里一个朋友做的小清倌人玉囡囡家碰和，囡囡与夏时行做的花莲香在一个堂子里头，说起跟莲香的大姐阿招因时行好久没有出来，莲香叫他到每天吃茶吃烟的升平楼看了几次，踪影毫无。好容易打听着了他的住处，在法兰西租界八仙桥相近一条小弄里头。十三饭后，莲香叫帐房抄了一篇局帐，另外备了一副节盘，叫相帮的与阿招一同前去，借着送盘为名向他催取局钱。岂知到得弄中，见多是些低小房屋，并没有家体面人家。后来东问西问，问到弄底，方才寻见。阿招与相帮的敲门进去，只有一幢房子，却住着三户人家，时行借的乃是楼上后房。阿招已知不妙，及至走上楼去，见时行赤着双足，穿了一条旧洋布裤，一件旧洋布短衫，在房里头一只小行灶上烧饭，台上放着一碗炒小白菜、一盆盐拌豆腐，旁边坐着一个二十岁不到的妇人，身穿旧竹布衫，肩上已打了补钉，旧竹布袴，那袴裆里也碎了一块，用蓝布补的。估量着必定是时行的家眷，免不得叫声奶奶。那妇人把阿招看了一眼，问是那里来的，阿招实说道：'我们是百花里来送节盘与夏大少的。'回头便向夏时行说道：'夏大少爷，你为甚做人家到这个样儿？这几天好久没有出来，我家先生有副薄礼叫我送来，还有一篇局帐带在这里，免得你叫车夫抄了。'说毕，叫相帮把礼拿进房来，又在身旁摸出一张花莲香的名片，一张梅红纸抄的局帐。夏时行不听见这几句话犹可，听了时只羞得颈涨面红，置身无地，一句话多说不出来。

"那妇人见丈夫这样变脸变色，顿时柳眉倒竖，杏眼圆睁，向阿招说道：'到底你来此做甚？可是借着送礼为名，上门来讨取嫖帐不成？你也瞧瞧我家少爷，他是个甚等样人，当初为甚相信着他？我实对你说明了罢，人家说吃的多在肚里，穿的多在身上，我们夫妻两口子却更掉了个头，弄得吃的多在身上，穿的多在肚里。好容易向人家借了十块八块洋钱，或是自己寻了三块五块，他就装起阔来，把这钱当做吃酒、碰和的下脚一齐送与你们。多是你们这一班瞎了眼睛的不好，看见拿得出下脚洋钱，认做真正是大少爷了，一天一天的迷住了他，如今弄到节上，自然弄不下去。却亏你还要走上门来，想起来真是好笑！且看你今天把他怎样？'阿招听那妇人说出一片穷凶极恶的话，不由不也发起火来，高声答道：'奶奶，你此言差了，我们吃堂子饭的，虽然是末等生意，却是头等规矩，比不得四马路上的野鸡，客人不来好去拉的。夏大少他自己要来才来，自己要吃酒、碰和才吃酒、碰和，怎能够怪得我们？若说看见他有了下脚就当他是个有钱的人，本来堂子里出出进进的客人，那一个不有几个钱？老实说像夏大少身边常没带十块八块钱的，我们本甚瞧不起他，做了他很担心事，所以也曾苦劝过他几次，叫他少吃台酒、少碰场和。无奈他不听好言，动不动反要把气话呕人，说我们吃堂子饭的敢是吃得不耐烦了，大少爷吃酒、碰和是给钱的，着什么慌。那一句肯听了我们？如今给钱的日子到了，我们吃了这饭，自然靠着客人们开消下来。若然多像奶奶这么说，我们堂子饭也不好了，真是岂有此理！'那妇人因阿招冲撞了他，愈加发恨，把手向台子上一拍道：'堂子里出来的娘姨、大姐，容得你这样放肆！'阿招道：'堂子里出来的，难道不是人么？少了钱自然要讨，有甚放肆？'又指着夏时行道：'夏家里，你可还记得吃酒、碰和时的威风十足么？菜是要聚丰园白壳碗的，酒是要言茂源的，碰和水果要装四盆，饭菜要到雅叙园，雅片烟是广诚信的，纸烟要锡包老牌，吕宋烟要美人牌，当时真像一个阔少。就是在台面上叫局，先生偶然来得慢些，一面孔就要发标，有几天住在院子里头，还要与客人拼命吃醋。你何不自己估量估量，今天却怎么样说？'夏时行硬着头皮，勉强答道：'阿招，你少说句罢。节盘也不要客气，少你们先生的钱，今天到八月半尚有三天，我一定设法送来。你莫要当真瞧不起人。'阿招尚未回言，那妇人对丈夫把面孔一翻道：'过三天你有钱么？你有了钱，为甚不把当去的棉夹衣服赎些出来？天快冷了，却还想去开消他们，我可不依！'夏时行道：'你也不要这样的说，终是我欠了他们的钱。'那妇人道：'谁叫你欠？既然欠了，日后就是有钱，我也不许你还！坍坍你的台儿也是好的。'顿时夫妻两个争闹起来。

　　"阿招见势头不好，叫相帮的收拾礼物，正要动身，口里头的说话不免粗鲁了些，说：'管家公要在床上管住了他，不放他到外头去的，如今管他的钱已是迟了。好一个少奶奶，不知可还要些面孔！'那妇人听见说他丑话，抢上一步道：'谁不要脸？我没有人来埋怨，临得到你堂子里的败货前来撒泼！'说毕就是一记耳光打去，阿招没有防备，竟被他打了一下，绯红的五个指印。那妇人更把收拾好的礼物两只手拿将起来，向楼窗外尽力一抛，只听得拍的一声，月饼跌做一团，生梨变做百碎，三枝藕断做九枝。相帮的见台上尚有一只火腿未动，伸手要拿，那妇人早抢在手中，当做军器一般兜头向阿招猛打。阿招此时怎肯让他，也把那妇人一把扭住，要想动手还打，闹动了前楼及楼底下住的邻舍，多来相劝，说：'大家放手便罢，不放手叫巡捕进来。'夏时行与相帮的也在旁边乱嚷乱劝，方才彼此释手。阿招已扭得头发团多散了，披着一肩乱发，红肿着半边面孔，与相帮的大骂出门而去。听说今天不去开消，晚上边莲香尚要带了许多相帮亲自去讨，否则等他再有一日往北，一定要剥他衣服。你们想可是笑话？"众人听他说完，一个个多笑个不了。

其时席面上的酒已冷了，张家妹叫小大姐换热酒来重新斟过。少牧见如玉仍未回来，对张家妹说："台面已经坐得久了，怎么如玉还没有来？我们吃过了酒，还要商量明天事情，你快快去催他回来。"张家妹道："不须二少分付，我们已去催了，谅必马上就回。"少牧始点头不语。只因叫来的局多已散去，丛惠众人再叫二排，行令猜拳，十分热闹。又吃了半点余钟，如玉依旧未回。少牧心中诧异，志和多吃了几杯酒，有些醉了，口中连叫："张家妹快再差人去催，到底转局转到那里去了？"手里头拿了一双牙筷，把少牧身旁的一只皮凳当做鼓敲，只敲得咚咚乱响，说是击鼓催花，须要把如玉催到台面，这鼓方才住手。引得众人纷纷大笑。敲到半刻多钟，觉得有些手酸，如玉还没回来。催局的来说，先生在仁寿里替客人碰和，停刻就回。志和见一催不转，二催不来，发动酒性，替少牧有些不很耐烦，把牙筷向上一摔道："我们再要吃什么酒？大家去罢！"立起身来，拉着冶之等要走。张家妹慌忙劝住，一面又叫相帮去催。

足足又是一刻多钟，如玉方始回来，向合席敬了杯酒，坐在志和当鼓敲的那只皮凳之上，与少牧讲了三四句话。那凳面还没坐热，忽又匆匆的向外便走。此时恼了志和，问张家妹道："如玉到外房去有甚事情？"张家妹道："连我也没有晓得。"又把头向外房一望，道："莫非有甚客人来了？"志和道："是什么人，待我去看。"张家妹想要阻挡，志和已立起身来，把手向冶之与少牧招招，一同跑至房门口去。谁知这一去，有分教：

忽将惜玉怜香意，变作焚琴煮鹤心。

要知志和等跑至房门口去闹出什么事来，且看下回分解。

第四回

打房间替抱不平　还局帐拆开好事

　　话说少牧中秋夜在颜如玉房中摆酒，如玉催了好几次方回，与少牧匆匆数语，忽又跑到外房间去。其时志和已醉，仗着酒兴，把手招招，冶之、少牧一同跑出房来，要看如玉出去可是有甚客人。张家妹拦阻不住，三个人早已三脚两步奔至房门，向外瞧去。岂知不瞧也罢，瞧了时不由不怒从心起。原来房中不是别人，正是少牧的对头潘少安。他在西荟芳巫楚云家吃酒吃得醉了，翻到仁寿里阿珍房中碰和，只因醉眼朦胧，故叫如玉代碰。不到二圈庄的时候，院中已有相帮来催，碰到第七圈上，那催局的一连来了两次，说是台面散了。少安犯了疑心，盘问何客请客，如玉随口答称是个姓张的过路客人。少安不信，说要跟着去看。如玉道：“你吃醉了，出去做甚？”少安偏不认醉，一定要他碰完了和跟着同去。如玉拗他不过，只得把八圈碰毕，自己坐了轿子，少安坐了车子，一同回至院中。如玉把少安先在外房安顿好了，方才走至台面上去，略略敷衍了几句说话。究竟怀着鬼胎，故此又往外面便走，心想把少安藏到第三间房内，使他早早先去睡觉，免得彼此见面不便，何况又是醉后。不料志和等三人掩着脚步跟了出来，冶之眼快，第一个先瞧见。他正要向少牧告知，志和也已看清楚了。少牧尚醉眼模糊的立在后面，没有瞧到。冶之回转身来，轻轻把少牧一推，道：“不要瞧了，我们还是喝酒去罢！”少牧道：“里头是谁？我可认得？你们站在前面把我遮住，我还瞧不〔清〕楚他。”志和道：“里头这人是你冤家，定要问他则甚？”少牧尚认做志和与他说笑，含笑答道：“那个冤家？今天是大八月半，休与我顽。”志和道：“潘少安不是冤家，难道你还要认他做亲家不成？谁与你顽！”

　　少牧听得“潘少安”三字，耳朵里觉着格外明亮，顿时无名火直冒起来，大声喝道："是潘少安这狗忘八么！他来做甚？"少安在外房正与如玉讲话，听见有人骂他，不知是谁，忙把如玉一推，立起身来，三两步路几乎抢进房门。如玉听得骂少安的乃是少牧声音，晓得此事败露，再难掩饰，只吓得魂不附体，急起右手把少安一扯，扯了回来。里房少牧又辱骂道："潘少安，我把你这不要脸耻的东西！这里今天那有你的坐位？还不与我滚了出去！"这一下少安始听出口音，知是少牧，怎肯相让，也还骂道："这里是什么所在？只许你来，不许我坐？你也想想如玉是那个做的，一面孔还要与人吃醋，好个不识羞的东西！"少牧道："如玉是你这狗忘八先做，我问你楚云怎样？"少安道："楚云与我要好，你敢来奈何了我？"少牧道："本来我正要寻你，恰好今天在此遇见，且拚个你死我活！"说毕，仗着酒力掇起房门口一张榈木骨牌杌，拍的一声掷出房来，幸亏少安躲避得快，并没掷着，如玉却脚骨边咂了一下，喊声"阿唷"，立足不牢，一交跌下地去。

里面营之等众人听得隔房喧闹，不知为着何事，一齐哄了出来。见少牧，志和等站在房门口与外房客人寻事，慌忙问个明白。众人因多有了酒意，一个个摩拳擦掌，替少牧代抱不平。院子里娘姨、大姐见如玉跌倒在地，扶的扶、劝的劝，闹做一团。

潘少安虽然只有一人，他的酒胆甚壮，看见里房间出来了许多客人，瞧一瞧认得的多，暗想：今夜必定有场大闹，断让他们不得。立定主意，在房门口一站，做个一夫当关之势，口中说："我把你们这一班杂种！谁敢进来？"旁边恼了外国人大拉斯，疑心"杂种"二字骂的是他，抢上一步，口操华语喝道："谁是杂种？"起右脚皮靴向少安就是一脚。少安看是洋人，不免心上一惊，急把身子一偏，没有还手。大拉斯就趁他偏开的地方擦身进去，举手向少安一掌。少安见来势汹涌，喊声"阿呀"，往外想逃，却被众人阻住去路。

正在进退两难，院子里的本家晓得楼上有客人闹祸，急忙叫齐合院相帮人等蜂拥上楼，争来解劝，顷刻间挤满一房。无奈动手的是个洋人，不敢近前，只远远的把双手乱摇，劝他休得如此。女本家更急得面无人色，口口声声只喊："众位爷们，休要动怒，有话好讲。"大拉斯与少牧等那里肯听，只有营之老练些儿，又因端午夜也是少牧的台面，在巫楚云家吃得大吐，大醉之后，卧床不起了好几天，立志戒酒，至今一节没有很醉，心地甚清，深怕少安一人倘被众人团团围住，打出事来，不是顽的。急向大拉斯起个手式，叫他放走少安。

大拉斯并没瞧见，康伯度却已看在眼里，暗想果然打死了人要偿命的，何不把大拉斯引了开来，好让少安逃走。却一时怎能够引得他开？眉头一皱，计上心来，独自一人奔至里房，起手把台面一掀，但听得"咯琅"一声，震得满房多响，菜盆菜碗碎了一地，碗里头的菜汤与酒壶里的残酒淌了满地，流到楼底下去。楼下房间里的娘姨、大姐，本来多已睡了，听得上头吵闹，纷纷起身。一个大姐正坐在榻床上昂起了头侧耳细听，奇巧流下来的汤汁从楼板缝里一泄如注，滴了一面，涎到口里头去。大姐掩吐不迭，顿时叫骂起来。楼上边因人多口杂，并没听见。经营之见康伯度把台面掀掉，估量他是个调虎离山之计，喊声："我们大家动手打他一个畅快！"领着头冲进房来。大拉斯本来还要追打少安，因见众人一哄进内，也就回转身奔将进去。少安方得抱头忍痛而逃，脸上已被大拉斯打了两掌，臀尖上被志和踹了一脚，尚亏没有受伤，那左脚上一只鞋子不知打到那里去了，身上一件湖色春纱长衫被众人你也一扯、我也一拉，钮头钮攀多已撕落，眼见得不能再穿。本家见这桩祸闹得大了，慌叫本家娘姨把少安陪到帐房里暂坐，一面差相帮的到马路上去快喊巡捕进来。

　　如玉起初坐在榻床上哭泣，后听得里房乒乓劈拍之声响个不住，也不知打得什么样了，究竟毁坏的是自己东西居多，有些心疼。立起身跑进来一瞧，但见郑志和掇着一面洋镜对准壁间的大着衣镜上一摔，咯当震响，那着衣镜碎做不知几片，一片片坠下地来，洋镜自然碎得个不像样儿不必说了。康伯度手里头拿着一根鸦片烟枪，在那里敲打烟盘里不甚值钱的东西，附着众人助兴。少牧把壁间挂的字画单条扯做粉碎。冶之提起一只红木单靠尽力向玻璃橱上掷去，震天价一声奇响，两扇玻璃橱门顷刻变成四扇，那单靠上的红木靠背也已断了。邓子通掷碎了妆台上一对台花、一只自鸣钟。温生甫却吓得缩做一堆，在那里劝子通不要再打。经营之站在一旁，看他们打到怎样才罢，并没动手。大拉斯手里头也拿着一枝鸦片烟枪，当做军器一般，台上边只要看见没有打掉的物件，他就把烟枪乱掠。姚景桓扯碎了一幅湖色西纱帐门，又把床上的一个外国枕头取来，对准梁上边挂的保险洋灯要想掷去，幸亏营之眼快，大喊："保险灯打他不得，打碎了要闹出事来！"急忙夹手抢住。

　　正闹到个落花流水，猛听得耳朵边一阵皮鞋声响，来了一个外国三道头西捕，后面又随着两个华捕，抢步进房，众人始多住手。那西捕向房内一看，见打得个不堪收拾，操着西语动问："那几个是动手之人？"众人多面面相窥，大拉斯挺身而出道："打是我们多有分的，内中却也有个缘故。"遂把少牧欲讨如玉，已付定洋，论理不能再接客人的话述了一遍。又说："我们打的乃是屋里头的器皿，并没闹到街上边去违章。房里的保险灯与台上洋灯、烟盘内点的烟灯多没有动，也断断没甚意外之事。至于打掉下的东西，自有我们理直，这事可以无须顾问。"那西捕听了这番言语，觉得还说来有理，回说："既然如此，我看你们多是些很体面人，如今不许闹了，休得闹出事来，自讨苦吃。"遂回头对随来的华捕说了声"买司开"，转身就走。那华捕见西捕不管此事，怎敢多嘴，答了一声"鳌威"，也移步下楼而去。

本家与如玉等见叫来的巡捕不管这事，又听不出大拉斯是怎样说的，心下愈慌。姚景桓看巡捕去了，又要动手撕床上被褥。大拉斯一把拉住，口中操着华语，说声且慢，又道："如今我们应先问本家，为甚他叫巡捕上来？"本家急勉强辩道："巡捕是在弄内走过，听见里面吵闹走进来的，我们怎敢叫他？如今打也打了，气也出了，众位大少还看如玉面上，饶他些罢。"大拉斯道："饶他却也不难，只要杜二少爷答应。"本家因向少牧恳道："二少，你与如玉先生一向很要好的，为甚今天吃了些酒，与他为难？劝你差不多些也好。若是不看他的面上，总算看在我的面上。须知道闹出事来，虽然二少气愤不过为的乃是先生，却总是我身背上的事情。"少牧道："那个要与你为难？这是如玉自己惹出来的，谁叫他答应嫁我，还与潘少安这不像人的往来？如今打掉了他的房间，只要他说得出有甚理信，自然红木东西坏了，我们赔他紫檀，若是说不出甚理来，我今夜怎能放得过他？更放不过潘少安这畜生！"本家道："潘少安他已经走了，二少再要与他讲理，往后的日子很长。只要不在我们院中，听凭二少怎样办他。今天总要求点儿情，不要打了，我来替如玉先生伏个礼罢。"好个知风识势，欺软怕硬的女本家，说完这话，就在楼板上跪将下去，叩了个头。古语说得好：柔能克刚，始把众人一团火性渐渐的平了下去。又因方才巡捕一来，把吃的酒多吓醒了，究竟上海妓院里房间不是容易打的，若没有大拉斯能言善辩，把巡捕退去，几乎带到捕房里去，想到这一点险处，那一个人再敢闯祸？故更心平气和了许多。

经营之见众人略略回心，只有少牧一人尚觉得怒气勃勃，因把他衣裳一扯，同到外房坐下，低低说道："今日你的仇恨已报过了，姓潘的吃了两记耳光、一脚鞋尖，不知去向。打坏房间里的物件，差不多有二三百块洋钱。这场祸闹得不小，尚亏姚景桓要打洋灯没有打碎，不然巡捕到来，本家就好说我们几乎闹出火烛的事来，那可不是顽的。这一场风月官司，包定你吃得个不亦乐乎。现在众人多已住手，你也不要再动火了，并须子细想想，闹下这场祸事，怎样散场？与如玉更是怎样结局？"少牧仍余怒未息道："打是打过的了，不见得当真打坏红木赔他紫檀。如玉这不成材的淫妓，他既然还与潘少安要好，不妨叫他去嫁少安，难道我再讨他不成？"营之微笑道："你这句话谈何容易？如玉虽然没有嫁你，定洋已经付过的了，听说你当初还借给他五百块钱。如今你要与他一个了断，除非舍得这七百块洋钱才好讲话，否则休想还你。就是房间里的物件，除了着衣镜、洋镜、台花、自鸣钟、烟盘器具、壁上对联、床上帐门，并台上边碗盏一切是自己的，其余台凳橱箱多向嫁妆店里租来，打掉了怎得不赔？台面上的菜碗菜碟是本家的，也未必能不发一言。若一齐多要如玉赔偿，他怎肯吃这大亏？只怕也在你的身上。"少牧还不服，道："你怎么说？这些东西多要赔么，我那里有这种闲钱？"营之道："打了房间不赔也是有的，第一，手势阔绰，堂子里没奈何他；第二，要先生与他恩爱，才肯吞声忍气的将就过去。你想自己人地生疏，有甚手势压伏他们？如玉又一心向着少安，怎能够与你十分、十二分恩爱？此事有得你这样便宜？"少牧道："若然据你说来，当得怎样？"营之道："此事据我意思，最好给他个漂亮做法：索性唤本家进来，叫他把打坏的东西与如玉说知，开一篇帐，应该赔他多少，照数赔他。不娶如玉的话，也应与如玉当面说明，看他怎样再讲。好得你给过他七百块钱，总在这七百块钱上算帐。你道好也不好？"少牧道："倘然不是这样办法，你瞧他们怎样？"营之道："不是这般办法，我瞧他们今天报过捕房，有过巡捕来的，到了明日，难保不开篇细帐再报捕房，或是告到公堂上去，说我们酗酒毁物，求请断赔。况且如玉还跌上一交，这种人保不定尚要装伤曚诉，那时你我去对簿公庭，成何体统？故此我在这里替你担愁。"

少牧被营之这一席话，始说得慢慢的懊悔起来，低着头想了半刻，才回答道："你我是极知己的朋友，你的见识谅来不错。但我方才翻过了脸，此刻再与他们讲话，很觉有些不便。"营之道："这倒不妨。你们方才胡闹的时节，我在旁边没有动手，早存着个事后解劝之心。只要你心上明白，句句多能听我的话，我自能与你收场，并不要你自己去说。"少牧叹口气道："如此也好，就烦你把这一件事调停下了，以后我也不想再在上海耽搁，一定拣个日子与家兄等回苏州去罢。"营之道："苏州去缓日再说，今天且把眼前的事讲明白了，免得明天再有口舌。你到里房去，再与众人略坐一坐，待我唤本家与如玉出来。"少牧答应，抬身进内。

营之把手向女本家一招，本家会意跑了出来，营之又叫张家妹喊出如玉，坐在一处。如玉没有做声，营之先对他发话道："今夜的事，不是我埋怨你：千不是，万不是，总是你的不是。潘少安与少牧有仇，你也不是不晓得的，为甚使他二人见面？如今闹得像甚样子？"又对女本家责道："你开堂子，谅来也不是一、二年了。杜二少他是个何等样人？发脾气打坏房间，乖些的人由他打去，等他脾气过了，明天不妨向他算帐，为甚要喊巡捕进来？如今他弄得个火上添油，看你们如何是了？"那本家尚说巡捕是在门外经过，自己进来，并没唤他。营之笑道："二少等打坏东西在房间里头，巡捕就在门口走过，不去唤他，怎得进来？更那里来的外国巡捕？分明你们看见有大拉斯在内，恐防中国巡捕吃他不住，才唤来的。在我面前说甚假话？现今我好容易说得二少不动手了，并且还能够赔你们钱，不知你们可懂好歹？"本家与如玉听说"赔钱"二字，忙多放下笑脸，问道："经大少叫二少怎样赔法？"营之道："只要你们懂得好歹，自然马上叫帐房里人上来把东西检点检点，拣打坏的开张单子，注明价目，交给与他，要多少钱我替说去。"女本家道："经大少这样帮我们忙，我们怎样谢你？"营之道："我念你们可怜，说甚谢字？你快去叫帐房上来。"女本家诺诺连声，立刻下楼去，同了一个人来，把打坏的东西查点明白，开出一张单子。

营之接来一看，上写着：

红木玻璃橱两口，碎去橱门三扇；红木妆台一只，抽斗尽碎，四角亦坏，踏脚已断；红木大着衣镜一面；红木单靠椅五把，脱去背脚；红木茶几三只，碎去大理石面；红木方台一只，碎去大理石面；椐木骨牌机三只，脚断档折；红木绣柜一只，内藏碗盏甚多，尽碎；红木大床上床匾一方，花篮花板左右两块；湖色春纱帐门一幅；西洋摆钟一架；西洋头号台花一对；红木洋镜一座，内粉缸梳篦等物；腰圆充牙手镜两面；高脚玻璃盆四只；洋磁果缸一对，碰和台用洋烛灯台四只；银水烟袋一支，对断，金豆蔻匣一只，踏成扁式；银小茶壶一个，跌瘪；琵琶一只，齐颈折断；京和、二和各一只，红木梗俱对断，泥金字屏四幅；泥金琴联两付；钱吉生画美女立轴一幅；金免痴画兰花斗方两幅；红木烟盘大小两只，内云白铜烟具水壶等物；银镶甘蔗老枪一只，已碎；橄榄核不知年老枪一只，已断；红木砚盘一只，内小端砚一方、碧玉水盂一个，又笔筒一个、熙窑印色匣一只；白洋磁茶杯七只；刻磁茶杯三只；刻磁茶壶一把；红木桶大锡茶壶一把，桶碎壶漏；宁式面汤台一只，四脚尽脱；白地金兰面盆一个；银练牙刷刮舌一付，不见；床后皮箱两只，四角绽裂；浴桶一只，脱箍缺边；脚桶一只，脱底；其余痰瓶及小照镜架等不值钱物不计，红木衣架一个俱挂客人衣服，未动。

结末又是一行小字，道：

> 另台面上白壳金边菜碗一桌，全碎；牙筷八双，断去五支；酒壶两把，俱
> 碎；折酒壶一把，跌瘪。

营之看完，问本家道："这些东西，大约买起来要多少洋钱？"本家道："买起来是不能说了，经大少，求你与二少说，叫他给了二百块钱也罢。"营之道："二百块钱买新的也差不多了，究竟打坏的多是硬伤，可以修的，据我看来，叫二少给你一百五十块钱可好？"如玉道："一百五十块钱，几块是房间里的东西，几块赔台面上的碎碗，须得分个明白，我好与本家阿姨算帐。"本家道："如玉先生说得不差，经大少的面上就是一百五十块钱也罢。不过内中必须分个明白，不要叫我吃亏。"营之道："一百三十块赔了房里东西，二十块赔了台面，也就够了。你们答应下了，我好与二少去讲。"回头又附耳对如玉说道："二少娶你的一桩事，今天一闹，看起来有些不很妥了。你的心上怎样？"

如玉沉吟半晌道："他不娶我，不见得我一世没人来娶，愁他则甚？不过嫁人是谣不得的，如今外面晓得的人已不少了，就烦你去与他说声，叫他给我一个下场。"营之道："怎样下场？"如玉把营之一瞧道："你是个久历花丛的人，难道怎样下场，还要我自己出口？我前天收过你交来的二百块钱定洋，以前尚借过他五百块钱，叫他怎样与我结算是了。"营之道："定洋既然不娶，自然白付，不必说了，那五百块钱，你心上还他不还？"如玉道："我与少牧人人多晓得是有相好的，借几百块洋钱当做小货，有甚说不过去？况他这一节的局帐，因一过中秋就要娶我，并没算给。算起来只怕也有四五百块洋钱。"营之道："你记错了。局帐那有这么的多？"如玉道："怎得记错？廿几台菜，八块钱一台，差不多二百块左右，一百多局，两块钱一个，又是二百多块，岂不要四五百块？"营之咋舌道："怎么他吃酒叫局这样的很？照此说来，那五百块钱只好对消的了。再要他给你一个下场，你可是还要问他说些什么。"如玉道："自然我还有话问他，却要你替我传言。"营之道："传言怎的？"如玉薄含怒意，轻启娇声，又向营之说出一番话来。正是：

> 前日岂知今日事，订盟容易背盟难。

要知如玉对营之说甚说话，与少牧怎样散场，且看下回分解。

第五回

庆通商盛举洋龙会　惊奇遇误走野鸡窠

话说少牧等打了颜如玉的房间，经营之向本家与如玉开帐，作主赔他，顺便探问如玉口风，少牧不娶他了，他的心中甚样？如玉说，借他的五百块钱只够抵作局帐开消，还有句话要央营之替少牧说。营之问他有甚言语？如玉道："我们堂子里从良的事不是顽的，嫁不嫁在于先生，娶不娶却在客人。我与少牧这一桩事，我已愿嫁，他已愿娶，人人知道的了，如今忽然半途里变了个卦，少牧没甚要紧，我颜如玉三字的金字牌儿却闹坏了。别的不要你去问他，只问他，节上边在我房间里走动的尚有几户客人，这多是听见我要嫁人，才一个个绝迹不来。目今此事不成，不但被人耻笑，只怕往后要他们重来做我，十分里有七八分拿不稳。他叫我怎样过得日子？但我颜如玉也不是个揦卖私盐的人，做事一刀两断。他不娶我，我也罢了，只要他把从前要娶我的这一句话叫他收了回来，万事全休。不然问他怎能对得住我？"

营之闻言暗暗想道：这话难了，世上说出了话，岂有收得回的道理？那明明是如玉与少牧一个难题，要在五百块洋钱局帐之外再想他几百块钱，却叫我向少牧怎样开口？好个经营之，眉头一皱，计上心来，对如玉道："你说的话，我知道了。但少牧听了这话，倘然依旧又要娶你，你便甚样？"如玉道："他要我，自然跟着他走，叫他明天马上付三千洋钱过来。本来我这里住的房子已经向本家退了，娘姨、大姐、相帮也个个晓得我将要嫁人，另外要寻生意去了。他当真仍旧娶我，那有我不跟着他的道理？"营之微笑道："你的话不是这么样说，世界上惟有委曲的事断做不得。少牧今天一闹，我看讨你的事断断做不成了，你也不要远湾转的向他说话，只须老老实实问他要几个钱，罚他前几天有口无心，累你虚担了一个嫁人名气。你想好是不好？若然你的心中原为着银钱起见，你便从实说来。若是另有别情，也须与我说知，我好与他讲去。"如玉低头不答，良久始道："内中有甚别情？"营之道："那就是了。我与你立刻去说，包管你有个下场。"遂拿了那张赔东西的单子走进里房，向少牧一飏。

少牧看见，懒洋洋抬起身来问营之："什么样了？"营之把本家与如玉的话述了一遍，又故意加上几句道："本家说，今天这事讲不下去，明天一定要告到公堂。如玉更说不要他却也不难，只须把五百块钱作为局帐之外，再给他一千块钱遮羞。好容易软说硬说讲了半天，现在我已答应他们，打坏的东西赔他二百洋钱，如玉另外给他三百块钱，了结这事。却要叫本家备个双台，如玉买对蜡烛，明夜请我们来吃酒点烛。暗里头他们得几个钱，明里头给还我们一个面子，服还我们的礼。不知你意下如何？"

少牧尚未回言，楼下相帮的喊声："客人上来！"暗想：这时候天快亮了，还有什么客人到此？留心听那跑扶梯的脚步声音，好像耳中很熟，又听跑道楼上，本家与如玉齐齐的叫一声："贾大少，你来了么？为甚不早一点来，也好瞧瞧热闹。"少牧听是逢辰，正好与他商量此事，心中大喜，与营之丢个眼风，步出外房。营之想，逢辰到了，这事欺不了他，必须与他如此如此，大家多好弄几个钱。逢辰却一心一意来替少牧讲除牌子喜封、下脚洋钱、娘姨大姐本家相帮送礼开消各事，因早来了，晓得今夜应酬甚多，一台酒叫一个局，差不多也要十个，有些陪不起人，故在阿素那边吃了夜饭，呼足了烟，等到将快天明才来。今见满房间打得如落花流水一般，不知为了甚事，心中好生不解。后来少牧出房，一五一十的把始末告知，又问他："照你看来，这件事可要赔钱，可要在五百块钱之外另给如玉些钱？正要与你商量。"逢辰一头与少牧讲话，一头看着营之与如玉及本家的面色举动，见营之把头点点，如玉暗把小脚钩钩，本家把眼睛闭闭，估量到内有缘故，回说："待我问过营之再说。"一把手将营之拉到楼梯口去问个明白。

营之说："这一桩事若在我们身上，不要说不赔他钱，连付过如玉的二百块定洋、五百块借款还要叫人去讨他回来。少牧却不能说了，一来他是个怕闹事的，二来听说他新近得了吕宋票头彩，很有几个钱在手头。不挑本家、如玉拿他几百块钱，我们难道帮着少牧与本家、如玉招这个怨？况且本家那边我已说明的了，赔他一百五十块钱，一百三十块是房里的东西，二十块是台面上碗盏。少牧这边说二百块，暗中多下五十块钱。如玉虽说给他三百，我想给一百已是便宜他了，再多下二百块钱，我二人落得拿他，你想是也不是？"逢辰闻言点首道："你的话说得不错。但这件事是你已经干好了的，我帮你说说也好，怎能再来分你的钱？"营之道："你说怎话？本来我单丝不能成线，话虽讲过几句，要少牧拿出钱来，却还很是费力。如今你来得凑巧，正好前去劝他，你的话他十句里有九句听的，比不得我十句里只听五句。"逢辰微笑道："说话是包管听的，拿下钱来哈夫，我贾逢辰断无此理。"营之道："哈夫不要，我就与你四六分罢。我们在上海的事情很多，往后说不定你有甚事，也好来招呼我的，只要我有力量帮得你忙，那件事不寻他一百、八十块钱？若是我专靠了生意买卖度日，今年的洋货不好，票号又没有什么进出，绸庄又是亏本，那可不得了了。老实说，我们还靠的是几个朋友帮着，大家弄几个钱。却只要别人看我不穿，少几个也是不妨，难道你还与我有甚客气不成？"逢辰始笑迷迷满口答应道："既然如此，待我与少牧说去。"遂回身走至房中，咬着少牧的耳朵，足足说了半点钟话。少牧叹了口气道："诸事随便你与营之去办，我明天只再拿五百块钱出来就是。"逢辰说他爽气，当场把话述与营之晓得，又向本家与如玉说知，叫他明天晚上备个双台，如玉房中点对蜡烛，做个两面圆全，了结这事。如玉闻说再给他一百块钱，已是感激万分。当下众人谈谈讲讲，不知不觉天已大明，纷纷散去。

少牧回至栈中，睡在床上，只气得眼也合不拢来，稍稍的养一养神，绝早起身，开箱子拿了一千八百五十块钱钞票出来，到阿素家去看逢辰。五百块是如玉那边用的，一千三百五十块算做一千两银子，连一个月利钱，还逢辰节前借款。内中屠少霞有五百两银子未还，就托逢辰、阿素两个于见面时向他代讨，自己决计再在上海耽搁几天，看过了五十年的通商盛会，与少甫等一定回苏，再不想到堂子里去走动，就是今夜本家与如玉服礼备下的酒也不吃了，叫逢辰与营之去代做主人。逢辰内中有二百五十块钱掉下元虚，巴不得他不去最好，因说："服礼的酒本来没甚趣味，当真不去也罢，诸事多有我与营之。"又说："这一千两银子放在你处有甚不好？何必这样要紧，并且要加甚（怎）利钱？"少牧道："早晚终要还的，况且我将要回苏，还了岂不干净？若说利钱，那是借契上写明白的，有甚客气？你且照数收了，把借契还给我罢。"逢辰道："如此说来，对不起了。"遂把钞票交与阿素点过，开箱藏好，就在箱中把借契检出，双手交还少牧。少牧接来，点一个火，当场焚掉，又与逢辰讲了如玉许多气话。少顷，到营之那边去了一次，闷昏昏向集贤里看杜少甫、谢幼安、李子靖去，按下慢表。

　　逢辰拿了这一千八百五十块钱，那一千三百五十块自然与阿素及花子龙、柏幼湘等照股均摊，五百块内提出二百五十块来，与营之四六分讫。尚有二百五十块，到了晚上送到如玉院中，交给本家与如玉收了，请了十数个客人，果然吃了一个双台。逢辰与营之两个，这一下不但各人多到手了一百多块洋钱，还吃了两台白酒。那多是二人的枪花，少牧的晦气，交朋友交到这种坏人，少牧若没有少甫、幼安到申，与李子靖，凤鸣岐、平戟三等几个正人君子在旁，将来几乎不与屠少霞、游冶之、郑志和等一样的破家荡产，想起来真是可怕。此是后话缓提。

　　再说少牧自从中秋之后，果然足迹不履青楼，一连有七八天，不是在子靖公馆里与少甫、幼安谈天，或是到戏馆里听听夜戏，再不然到麦家圈绮园烟馆，开一盏灯吸几筒烟消遣消遣。少甫等见他过节以后不但如玉事情并没说过，连堂子里去多不去，好生不解。后来打听出，为的是中秋那夜把此事闹翻。众人暗想，趁此机会正好劝他回苏，少牧也是死心塌地的自愿回去。

　　争奈钱守愚从到上海，着了风魔。他本是一钱如命的人，忽然手松起来，名虽住在旅安栈中，却一天天钻东钻西，凡是兰芳里跳老虫、一洞天背后打钉的事，无一事没有做到。更与洋泾浜一个烟妓名唤蓉仙十分要好，一个要讨，一个要嫁，与杜少牧、颜如玉节前的光景差不甚多。不过少牧误的是个"情"字，守愚误的是个"色"字。其实蓉仙年纪也有二十四五岁了，品貌又很是粗俗，故落在花烟馆中。守愚眼睛里看了他，却见得般般多俏、色色俱佳，做得竟如火一般热。少甫问他几时回苏，他一时那里肯走，回说尚要游玩几天。幼安恐日子多了，守愚不甚打紧，少牧又要惹草拈花，脱不得身，屡次劝少甫先去。守愚又说，一同出来的人，必须等着一同回去。幼安逼住他问几时起程，他说看过了五十年通商大会马上就走。遂一日日耽阁下来。

　　光阴如箭，乌兔频催，看看八月已过，九月到了，通商盛会倏已届期。预先四、五日之前，沿黄浦滩从白大桥起，至法兰西租界十六铺桥北止，由工部局打样，西人竖了无数灯杆，穿好铁线，到期挂上几万盏五色纸灯，又于每根灯杆上边高悬各国旗帜。跨街另穿铁线，线上满挂万国国旗。白大桥抛球场口、洋泾桥堍、法兰西新开河桥堍等处，扎了几座冬青柏叶的牌楼，那牌楼上挂的多是东洋纸灯，十色五光，异常动目。各国领事署并各银行、各大洋行、各国著名西商住宅门前，那一处不悬灯结彩，热闹非凡。浦江中停泊的各国轮船，也一艘艘高升旗号，遍挂明灯，隔水望去，愈觉得花团锦簇。到了点灯赛会的这夜，上海城南城北男女老幼，那个不要出来瞧瞧胜会？天光还没有很夜，路上边游人已如潮水一般。巡捕房恐人多肇事，派出通班探捕，沿途弹压，并于挂灯地面暂禁车辆往来。

少甫等这夜在子靖公馆里吃了夜饭，大家出外，一共是少甫弟兄、幼安、子靖、戟三、鸣岐六人，一路上观之不尽，玩之有余。走到抛球场口，遇见钱守愚独自一人在人丛中挤来挤去，众人叫应一声，问他要到那里头去？守愚立住了脚，说看洋龙会，不知几点钟出来，可从这里经过。子靖道："洋龙会九点钟起行，差不多了。经过的乃是沿黄浦滩并这里抛球场人马路口一带，我们也想去看，必须在〔黄〕浦滩上寻个熟识人家坐坐才好，否则路上人多，巡捕驱逐不便。"守愚道："我没甚熟识人家，好得也不要坐定，还是随意走去活动些儿，我们停回见罢。"这句话还没有说完，路旁边起一阵喧闹之声，钱守愚就从喧闹地方飞也似的跑了过去。瞧一瞧，并非别事，乃是十数个流氓挤着一个十七八岁的小家女子打围。起初不过轻嘴薄舌，后有一个前刘海发最长的流氓打个口号，你挤我，我挤你的，把这女子围在中间，任情调笑。这女子见进退无路，喊骂起来，各流氓反喝一声彩，拍手大笑。有立在这女子近身些的，胆敢动手抢他头上钗环，也有乘乱伸手向他身上乱摸的人。那女子大惊，极声哭喊，闹做一团。幸亏有个巡捕与三四个包探到来，把那些人立时驱散，又拉了两个动手抢物、近身调戏的人，捉到捕房里去重办。这女子方才得出重围，已吓得面无人色，头上边钗横鬓乱，身上一件淡湖色捷法布夹袄扯去了两个纽扣，一条淡雪妃捷法布袴子拧做如绉布一般。守愚瞪着双眼，向这女子目不转睛的瞧，被一个印度巡捕走过来驱赶闲人，几乎劈面吃了一掌，只吓得倒退数步，不敢再在这里驻足，一直走到黄浦滩去。

其时少甫等众人尚在前边，后来看他们到一家洋行里面去了，守愚回转身向北而行，想到白大桥去。耳听得一阵西乐之声，恰好洋龙会已来。冲前几个三道头西捕、两个骑马印捕，一路驱逐行人让道。后边接连着十数架龙车，那龙车上扎着无数绸绢灯彩，每一架有一班救火西人，一样服式，手里高擎洋油火把，照耀得街上通明。内中有部龙车，扎成一条彩龙，舞爪张牙，十分夺目。又有几部皮带车，装点着西字自来火灯，并有西人沿途施放炮竹取乐。后随着几部食物车，满载洋酒架菲茶等，预备会中人沿途取食，车上也扎有灯彩。真是热闹异常，一路从浦滩经过。那浦江中各国轮船纷纷施放花炮迎接，也有燃放雷光，照耀得半天澈亮的。水上岸上的人，一个个拍手欢呼。

钱守愚看出了神，因听得人说公家花园里头这夜还有跳戏，想来比洋龙会更要好看，故此等各洋龙走过之后，随在后边，心想跟着他到白大桥去。谁知各龙从抛球场大马路出来，乃往法兰西租界去的，守愚不知路径，跟了个空，直至走过了洋泾桥，方才晓得那边是法界了。没奈何回转身来，重新往北。其时那些看灯的人好如排山倒海一般，因洋龙会往南而行，那一个不尾随着往南走去，守愚偏要向北，几乎被众人挤住走不出来。

百忙中忽见迎面来了一个妇人，年约二十不到，上身穿一件元色绉纱夹袄，下身穿的裙裤，因被人多遮往瞧不出来，一张瘦骨脸儿生得尚还风韵，一手携着一个十四五岁的小大姐，也在众人中要挤往北去，只挤得气喘吁吁、汗珠点点。看见守愚也要往北，对他微微一笑，用尽平生（身）之力挨近身旁，想要一块出去。守愚不看见他笑面犹可，一见了好似半天里掉下一道钦召灵符，顿时把六魄三魂都召到这妇人身上边去。暗想：这人莫非有了我的意，不然为甚在人丛里这个样儿？听得人说上海妇人有什么吊膀子的诀窍，看他此种行为，分明是吊我膀子无疑。我自己年纪老了，身上边又穿得不甚体面，难得竟有人还看得上我，我何妨与他兜搭兜搭，看他如何？主意已定，也对他嘻开了嘴，露出寸厚牙黄，装成一个似笑非笑脸儿问他："可是要往北走去？我来带你同行。"那妇人见守愚与他说话，仍旧含笑答道："正是，我要往北，你肯带我同走，那是再好没有，免被人挤得气多透不出来。我今天真是懊悔，出外看什么会！"守愚听他回话，明明这人勾搭得上的，心中大喜，忙接口道："我本来也要往北，这又何难？你且随着我来，还你没人挤轧。"说毕，把两手用力一分，先让这妇人与小大姐走出垓心，方又把手招招，叫这妇人与小大姐一边一个牵住他的衣襟，突围而出。好容易突出一层，又是一层，足足走了半刻多钟，方才出外。看一看，又将近抛球场了。略略喘息喘息，又问这妇人："现在你要到那里去？"那妇人也定了定神，说："要到会香里去。多蒙你陪我出来，真是感恩不浅。这里离会香里不远，不知可要到我家中坐坐再走？。"守愚道："你府上在什么地方，我去得么？"那妇人低声道："就在弄内，虽然是个公馆，去去却也不妨，只要你不嫌污秽。"守愚道："那是句什么话！既然可以去得，我一样本是闲走，何妨到你那边略坐再说。"那妇人更笑容满面的道："如此我与你可到大马路叫东洋车去。"守愚洋洋得意道："当得叫车，我们转弯走罢。"三个人遂转了个弯，走过了抛球场，到得望平街口。街上边不挂灯了，就有车辆，三人叫了三部，不讲车钱，如飞的拉到会香里停车。守愚一共给了一个八开，三个车夫嫌少，那妇人又加了三十多个铜钱，打发去讫。叫那小大姐在前面引路，自己与守愚慢慢的走进弄中，到一所石库门屋内，小大姐起手向门上弹动，里边走出一个五十多岁的老娘姨来，动问是谁叩门？那妇人回称"是我"，老娘姨把门大开，让三人进内。

守愚抬头四面一瞧，见这所房屋只有一上一下，小小的一方天井。天井里就是客堂，客堂中放着八把洋榈木靠椅，四只洋榈木茶几，正中一只杂木方台，一张充红木天然几，几上供着一个东洋磁大花瓶，一面红木插镜，四壁挂着四幅写意花卉、两幅红对。因为不认得字，看不出对上写的什么联句。那妇人走进里面，把手招招，领着守愚一直往内。转过屏门，背后就是楼梯，登登登走上楼去。守愚见这种排场，好像是个人家模样，立住了脚，有些不敢乱闯。那妇人觉着，回身叫小大姐下楼，附耳说道："我家大小姐请你上去，只管放心，难道有甚不怀好意不成？你何苦在此犯疑？"守愚道："我且问你，家中可有主人没有？"小大姐道："主人是有一个的，今夜看灯去了，料定他决不回来，大小姐才敢请你到此，你要问他则甚？"守愚道："你主人是做什么的？倘然撞将回来，叫我怎样？"小大姐道："主人决定不得回来，你为甚这样胆小？若问他做何事业，我才进来不多几时，不甚清楚，你问大小姐去。"守愚尚呆呆立着，不敢上楼。那妇人见小大姐说不动他，亲自重又下来，手牵手儿，方把他拉上楼梯，搀进房去。看房中虽然多是些宁波木器具，摆设得却还齐整，中间一张宁波式踏步大床，床上白洋纱帐子、大红绉纱百子图帐沿、天蓝缎镶滚床围，床中叠着一条欧绸被头、一条花洋布被头、白洋布的睡褥，两个外国式大枕头、两个小小耳枕，床门前一张妆台，台上摆着一只木钟、一面洋镜、一盏保险洋灯、一把竹筒式白磁茶壶、四只白洋磁茶杯、两只高脚玻璃盆子，余无别物。两壁厢四张单靠、两只茶几，左壁角两只朱漆衣箱，右壁角一张面汤台，中间一张方台。靠窗口一张广东式籐床，床上铺一条五彩绒毯。那妇人走进房中，就向籐床上边一坐，叫守愚也坐了下来，又在身旁摸出一个铜钱，叫小大姐下楼去买开水泡茶。

守愚进得房中，只因怀着鬼胎，未免有些坐立不安。那妇人却很殷勤的问他姓甚名谁、何方人氏，几时到此，现住那里。守愚一一从实回答，还问他叫甚名字、究竟这里是个公馆还是住家。那妇人道："这里不是住家，真是公馆。主人姓王，是个衙门里的师爷，天天不很在家，今夜出外看灯，更决得定必不回来，但放宽心。自己并无名字，上上下下的人多唤做大小姐，从前原是好人家出身，不合受了媒人愚弄，嫁姓王的做了二房，家中尚有正妻，十分凶悍，底下人不许呼我做少奶奶，才有这个称呼。"守愚听了这番言语，认做他句句是真，暗想这妇人原来是个怨女，怪不道这样行为。也是我钱守愚的奇遇，今夜撞见了他，看来断没甚事。那胆子就大了好些，渐渐动手动脚，露出打野鸡、吃花烟的老骚兴来。正当十分得意，忽听得门环声响，有人移步上楼，这妇人尚谈笑自然，守愚只吓得面如土色。正是：

日间作事难安分，半夜敲门定吃惊。

毕竟不知上楼的是那一个，钱守愚有甚险事与否，且看下回分解。

第六回

计万全设计寻仇　钱守愚破钱免祸

话说钱守愚看洋龙会遇见了一个妇人，邀他到会香里内。守愚初时尚疑这个所在三分不像人家、七分不像公馆，后来问明他遇人不淑的缘故，暗想这是上海妇女常有的事，嫁得不甚合意，私下走个如意郎君，谅来没甚事情，放大了胆与那妇人在房里头调笑取乐。忽听得门环声响，走上一个人来，守愚大惊，立起身要想往外。那妇人笑嘻嘻的把手一拖，道："你慌什么？那是我家阿珠泡茶回来，干你甚事？"守愚方才明白，也觉自己好笑，重新又坐了下来。阿珠泡了两盏香茶，一盏送与守愚，一盏递与妇人。守愚接来，一口便吸，不防这茶盏乃是白瓜楞的，下有茶船，上有碗盖，他茶船并没有拿，初泡来的热茶只烫得手指绯红，痛不可耐，吃茶时又没有照顾碗盖，一口呷去，那张阔嘴伸得进些些，把碗盖往碗内一压，及至放口，扑的一声，这盖翻了个身，把茶溅了一面，连呼"阿唷"，揩抹不及，手中的碗放又不好、不放又是不好。那种形状，这妇人与阿珠看了忍不住放声大笑。尚亏阿珠乖觉，走过来接了茶碗，又拿块手巾与他抹干了脸，看他嘴唇上边已烫了几点红影。那妇人道："这茶是才泡的，本来很热，你要当点儿心，如今可烫痛么？"守愚涨红着脸，把嘴上一摸道："没甚要紧。"重新又拿起碗来，慢慢的呷了几口，放在桌上，却又没有看准，翻了一台。阿珠慌取抹布来抹，又瞧着他嘻嘻的笑。

守愚觉得有些难以为情，起身欲去，那妇人一把拉住他道："你今夜不要去罢，我还有话问你。"守愚道："问我甚话？不去只恐这里不便。"那妇人道："我们少爷决不回来，方才说过的了，有甚不便？你怎的这般胆小！今儿天气昏闷得很，你还穿着夹呢马褂，不瞧瞧额角上边汗出来了，阿珠还不与他脱衣！"阿珠听见，当真过来替他动手。守愚终是胆怯，尚想不脱，怎禁得那妇人不依，亲自走至身旁，与他把钮扣解开，叫阿珠在衣袖上一扯，扯了下来，挂在衣架上面，乘势索性把一件蓝绉纱夹衫也脱去了，只剩得一件蓝布短衫。坐了片时，觉着太凉，要向妇人取回夹衫，那妇人说："就要睡了，穿他做甚？"回头叫阿珠出去，带上房门，自己也把元色绉纱夹袄夹裤脱了，只穿一件淡洋妃捷法布小袖紧身、一条湖色捷法布衬裤，走至床前，伸手把被头抖开，叫守愚上床先睡。自己又到衣橱里拿出一只首饰匣来，把头上插的押发簪、骑心簪，耳上挂的珠圈，手上带的镀金手镯、嵌宝戒指除下，一齐放在匣内，收入橱中，锁好橱门。又将保险灯灭暗些，一手在台上拿支水烟袋，一手点了个火，走至床沿坐下，吸了几筒水烟。守愚这回睡在床上，子细把妇人一瞧，见他生得果然般般多好，只可惜面上有几点细白麻儿，粗看了却看不甚出，所以方才没有瞧清。自古说"十胡九骚，十麻九俏"，天下麻子妇女俏的最多。守愚看上了眼，愈觉妩媚非凡。等他吸好水烟，放下烟袋，脱去紧身，将身缩做一团，笑微微往被窝里头一钻。守愚此时欢喜得心花怒开，神魂飘荡。那晓得乐极悲生，顿时闹出祸来。

原来这妇人并非别个，正是初集书中杜少牧初至上海、在升平楼吃茶遇见的野鸡妓女王月仙，因要勾搭少牧，被方端人辱骂一场，由计万全出场劝开。万全因为少牧并没与他把茶钞会掉，也没有招呼一声，怀恨在心，打听得是苏州人氏，只认做欺哄得的，纠了刘梦潘等在第一楼开灯，向少牧拆梢。多亏熊聘飞、凤鸣岐众人解围，把万全等一班无赖惊走，至今不敢出头。这日也是守愚合当有事，若与少牧诸人一同在街上看灯，万全等虽见他有些土头土脑，那里敢与他寻事。却忽然落了个单，忽然又与月仙撞在一处，被月仙估定他是个乡愚，假意在人丛中托他伴带出去，骗到家中，留他住宿。其实月仙近来姘了万全，乃与万全一同出来的人。月仙与守愚所作所为，万全一一看在眼里。况且守愚自到上海，差不多也有二十天了，他是个走小路的，万全一党的人见了几次，想要转他念头，只因打听得与少牧众人有些瓜葛，未便下手。那夜见独自一人入了道儿，万全大喜，暗暗尾随月仙回去，将身隐在弄口，等守愚进去过了，跑至门前守候。小大姐出来泡茶，那是月仙使惯的美人计儿：有了客人到家，须叫小大姐寻万全商量，若是下得手的，由万全嘱付小大姐叫月仙如何布置，他出外去邀人捉奸；若是动不得的，等他坐一回儿，抄他三块五块洋钱小货，放他出去。倘然明日再来，只说这里当真是个公馆，不便进出，回绝了他也就完了。万全因这一下认定守愚是个户头，又想前次吃了少牧的亏没有报得，这人既与少牧同淘，不妨报在他的身上，出一口气。好的是奸所捉奸，拿住了不怕他是何等样人，出不得场。主意已定，因叫小大姐进去与月仙说知，叫他第一先把守愚的衣服骗脱，然后上床，灭灯、吸烟为号，好约众人叩门。小大姐一一牢记在心，泡茶回来，抽一个空向月仙把万全的说话告知。月仙会意，当下将守愚留住，如法泡制。等到守愚睡至床上，端整停回众人上楼有场大闹，故把衣饰一齐收拾妥当。又将灯火灭低，吸了筒烟，方才慢腾腾的解衣上床，钻入被窝。

守愚那里得知，正想挨近身旁，与他取乐，猛听得一阵扣门声响，登登登好如擂鼓一般，不觉心下大惊，慌问月仙是谁？月仙假意在被窝中伸出头来侧耳细听，顿时也像面色骤变，喊声"不好"，把守愚一推，要想起身。但听得后门口又喧声大作，高喊"老娘姨，快些开门"。守愚听是男子声音，知道这事不妙，恨的是一共一间房屋，藏又藏不过去，跑又跑不出来，只在床上乱抖，低低的连呼"阿呀"，要求妇人想个法儿，放他出门。好个王月仙，不但一谋不出，反把守愚双手用力抱住，口称："听这打门，果然有些诧异，倘是奇巧不巧，我家少爷回来，这便如何是好！"假意的也发起抖来。守愚愈觉着慌，大呼："快快放手，让我下床。"月仙只当没有听见，在这间不容发的时候，怎禁得挨误工夫？楼下边一声怪响，这后门本来是用活络闩的，敲门的人故意敲了一阵，把门闩一拔，冲进屋来，将门除动。往地下尽力一摔，楼上听了，分明是破门而入。守愚只急得上天无路、入地无门，那月仙却还抱住不放，假装急得没了主意，几乎滴下泪来。

守愚此时顾不得了，用手竭力把月仙拦开，正待下床，那晓得楼下已冲上一队人来。为首的身穿元色绉纱密门钮扣小袖夹袄、元色绉纱小脚夹裤、绣花鞋子，年约三十来岁，是个安庆流氓，姓安名清，本是月仙姘夫，这会香里房子是他借下来的，后因月仙与万全要好，安清外间妇女甚多，又与万全本是好友，遂把月仙让给万全，却每个月必定仍要来睡他几夜，万全不得不回避过他。倘然月仙有甚生意上门，安清也要拆几个钱。这夜万全因钱守愚虽然是个乡人，究竟怕他与少牧等众人来往，不要闹出祸来，有人帮他，故把安清寻来，又另外找了几个帮手。万全自己认做本夫，安清认做万全的亲戚，一个在前，一个在后，一同上楼，后边又跟着四五个不三不四的人。进得房门，安清抢行一步，走至床前，两手一托，大喊："奸夫往那里走！容得你来玷辱良家！"不由分说，叫万全到床上拿人。万全也假意咬牙切齿的道："什么人这般大胆，敢到我这里来撒野！你想往那里去！"口中说话，两手把帐子一掀，伸手进去，用力将守愚一把扭住头发，扯下地来，交与跟来的那一班人，七手八脚上前捉住。安清又问："大嫂子到那里去了？"万全道："也在床上，待我扯他出来，叫众位见见这不要脸的！"遂又轻轻一把从被头里拖出床来。月仙假意啼哭，左手对众人乱摇，右手向里床抓了一件小衫披在身上。万全揪住不许，安清做好做歹，叫万全放手，等他穿了，自己下床。万全指着守愚问月仙道："此人是谁？几时来的？我好好的清白人家，怎容得你这般乱搅，如今却教怎样为人，你自己说！"月仙睁眼把守愚瞧瞧，绝不做声。安清弯着舌头说道："这事不能问大嫂子，须问那亡八蛋是个什么东西，自从几时起到这里来的？若有半句虚言，看他愿死愿活！"众流氓齐齐的也附着说道："安大哥讲得不错，万大哥且请息怒。这事不干尊嫂，须要盘问奸夫，总是他引诱的不好。但他生得有怎大的胆，擅敢奸占人家妇女！今日犯在我们手内，也叫他晓得些些苦辣。"

守愚听众人七张八嘴，你也一句，我也一句，最苦是在床上捉下来的，说不出并没有玷污这妇人身体，却又不能不分辨几句，只得硬着头皮答道："你们不要这样，我是今夜在黄浦滩看灯遇见才进来的。"安清闻言喝定他道："住了，你既在黄浦滩看灯，怎得到这里头来？"守愚道："我又并不认得这里是什么所在，怎的进来？多是那妇人害我，你须去问那妇人。"这句话还没有说完，旁边挤出一个又长又大的天津人来，伸手向守愚左边脸上打了一记耳光，道："放你妈的狗屁！这里大嫂子是什么样人，你是个什么样人，难道他来吊你膀子？亏（蜂）你讲得出来，那一个人信你！"说罢，又是一掌右边脸上打来，守愚躲避不及，只打得两脸红肿，真州做有口难分。内中又有一个身材短小的人，年纪四十左右，身穿灰色洋布夹衫、元色绉纱小袖马褂，比众人略觉良善些些，走过来劝住天津人道："老张，你也不要生气，我们已替大哥拿住，慢慢的盘问是了，怕他飞上天去？何苦与他动恼！"那天津人还满脸横肉，睁圆着两只三角眼睛道："不是这样说的，他讲的话其实可恶，不说自己来想大嫂子，反说大嫂子想他！你也瞧瞧这三分不像人，七分不像鬼的乡下老头儿，黄须一茎茎的将要白了，身上是稀脏的，脸上是乌黑的，随便什么妇人，那个去看想他？何况大嫂子这么的人，听了他这种说话，那一个不要生气！我恨（跟）不得打死了他！"说着，擎起拳头，又要向胸口打来。守愚一见大惊，哀呼饶命。那穿灰色洋布夹衫的人慌把天津人用力一拦，道："老张你干什么？这不是相打的事，有话我们好说！我们来帮安大哥与计大哥办事，总要听两位大哥分付，他们心上甚样，依他甚样，你动不动打什么人？"

那天津人始缩住了手，问安清道："安大哥，到底你怎样意思？我是个爱爽快的，老实说这桩事只有三个办法：第一个，送他到新衙门去问他罪名，那是官办；第二个，把他饱打一顿，活活的打死了他，以出心头之气；第三个，把他的辫子齐根剪掉，叫他出去见不得人，当场写张伏辩，饶了他的性命，那是私办。大哥，你想怎样的好？"安清道："送官必须原告到堂，计老大的声名有关，往后怎样做人，断使不得。打死他乃是一桩人命重案，老大只怕也吃罪不起。咱看还是把他头发剪掉，叫他一准写张伏辩，放他出去最妙。不知老大心下如何？"万全假意踌躇不决，众人齐声答道："安大哥言之有理，不过太便宜这混帐东西！"问万全："可有剪刀，快快拿一把来。"万全回称："剪刀虽有，不知被这淫妇放在什么地方，一时那里去寻？"众人点点头道："你寻不到剪刀，我们带有快刀在此，何不替他把发辫割下，做出京班里的割发代首。"道言未了，一个个多在腰间或是套袴里头每人拔出一把刀来，也有一二尺长的，也有不到一尺打做刺刀式的，寒光闪闪，俱向楼板上面一插，把个守愚吓得魂飞天外、魄散九霄，口口声声只呼救命。众流氓恨他声张，多说："这是你自己癞虾蟆想吃天鹅肉想出来的事情，那一个来救你，神嗥鬼叫做甚？不许你开句口儿！"说毕一哄而上，捉头的走来捉头，捉脚的走来捉脚，揿手的走来揿手，那天津人更在面巾架上拿了一块手巾，向守愚嘴里一塞，堵住他的叫喊，几乎气多回不转来。安清在楼板上拔起一把二尺来长，一寸多阔的快刀，走近身旁，要想下手。

守愚此时眼看着众人行凶，只急得面无人色。仍亏那穿灰色洋布夹衫的人做好做歹，劝众人休得这般动怒，有话好说，又把万全手中的刀夺了下来，在守愚口里掏出手巾，附耳说道："你这不知死活的人，到这时候，为什么除了哭喊，一句话也没有？你心上要明白些些。"守愚透了口气，含泪答道："叫我怎样说话？你可替我想个法儿，救我出去，感你大恩。"那人冷笑一声，仍低语道："你这呆子，这种事除了破费些些银子，有甚别法？你不愿意拿出钱来，叫我怎样救你？"守愚道："要多少钱？你与我说，只要我马上出得门去。"那人道："你瞧楼上有多少人？一个人给他十块洋钱，差不多已要二百块了。姓计的妇人被你睡过，要他饶你过去，怕不要三百、四百块钱，我恐你拿不出来。"守愚听了，又喜又惊，喜的是只要他们要钱就好说话，惊的是为数甚大，怎能舍得？子细一想，这件事看来爱惜不得银钱的了，只得硬着头皮回说："要我拿出钱来，可怜我那里拿得出这许多？倘要一、二百块洋钱，那还可以设法，你与我替他们去求求，看是甚样？"那人道："一、二百块洋钱怎能说得下来？我看还是不讲的好,讲了只怕更要动气。"

二人说了好一回话,那天津人又暴躁起来,要把穿灰色布夹衫的人拉开,催万全快拿刀来动手。守愚又是一惊,实出无可奈何,应承了三百块钱,一百块酬谢众人,二百块给万全遮羞。那人方才答应去说,先到万全那边耳语片时,万全不答。又向安清与众人说知,安清说:"我们并不要钱,只要计老大怎样分付。"那人又去向万全再三相劝,万全始开口要守愚拿五百块钱出来,万事全休,倘有半个不字,断断不得过去。守愚见眼前亏是吃定的了,不加他们些钱无非多些苦吃,只得忍着心疼,又加了一百块钱,一共四百。身边只有廿块现钱,两只金戒指,作三十块钱,尚少三百五十块,写张票子,明日约个地方面取。众人似乎已经允了,独有万全定要现钱,不许隔夜,防的是有人出场,故要那人跟着去取。守愚见事已如此,早晚终是破钱,回称一准同到栈里拿去。万全始叫这人问明守愚名姓,先要立张伏辩,然后跟他同到栈取钱。守愚说写不来字,万全说叫人代写,自己印个指模。那人道:"代写也好,那一个能替他动笔?"安清道:"今天几个朋友里头,除了你与计老大写得来字,还有那个?计老大是不能写的,自然要你代写的了,快快与他写罢。"那人忖了一忖,叫万全寻纸笔出来,落笔写道:

　　立伏辩人钱守愚,不合调奸良家妇女,自知理屈,万分情愿罚洋四百元,
　求免送官究办,并无逼勒情事,合具伏辩是实。

　　　　　　　　　　　　　　　　　年　月　日　立伏辩钱守愚

写毕,交与万全看过,又读与大众听了一遍,叫守愚在"愚"字名下盖了一个指模,递给万全收了。问到栈里取钱,那几个人同去。万全就叫这人与安清一同前往,安清叫万全也要同去,万全应允,先令众人各散,停回再叙。又唤老娘姨与小大姐进来,叫他们看好月仙,假称不要使他寻死觅活,我们去去就来,押着守愚下楼。守愚要讨取衣服,安清把眉毛一竖道:"你干的是什么事情?还想有衣服穿么?"守愚不敢再说,硬着头皮,忍着寒冷,与众人出门。

到得街上,霜风阵阵,只吹得毛骨悚然,那身子抖个不住,尚亏他生长田间,自幼受惯风寒之苦,若然换了第二个人,怕不冻出一场病来。安清更催着他一路快走。及至一口气跑到满庭芳街,守(少)愚暗想身上边这种形状,怎能见得栈里的人?还好的是时候已经两点多钟,栈房门早已关了,可以少几个人瞧见。遂起手轻轻的在门上敲了几下,里面走出一个帐房先生,双手来开,灯光之下,一见大惊,正要动问为

甚这样，守愚慌忙把手摇摇，又向后边万全等众人指指，叫帐房不要声张。账房会意，让着众人进来。守愚急到自己铺上，拿出一只枕头式破小皮箱，又在贴身一只肚兜里面摸出个小钥匙来，把箱开了，一包一包的取出许多洋钱，放在铺前一张八仙桌上，叫众人过来点数。万全打开一数，也有五十块一包的，也有三四十块、二三十块一包的，那包纸上多班班点点的起了霉花，一共有十一个纸包。数来数去，只有三百三十块钱，尚少廿块，守愚说，这二十块当真没有的了，要众人看顾些些。万全等那里肯听，守愚无奈，又将床上的被头一抖，甩牙齿把封口的缝线咬断，伸手在被絮内摸了四张钞票出来。安清等见他把钞票放在败絮里面，一个个暗暗好笑。万全接来一看，见这票子每张多是五块，却一张是汇丰的、一张是通商银行、一张是华俄道胜银行、一张是麦加利，四张刚巧四样，分明逐日积聚下来，今日万不得已才舍得用掉他。安清因数目已齐，与万全丢个眼风。万全道："钱已齐了，今天不是看安大哥与众位朋友分上，我本要办他的人，谁要他拿出钱来！如今花了钱，不知道他可要心疼？"安清道："心疼也是这样，不心疼也是这样，既然他写了伏辩，难道还有什么翻悔不成？我们天不早了，大家快些回去，便宜了这忘八蛋罢！"道言未毕，众人替万全拿好洋钱钞票，回转身一哄而散，各到会香里去分赃，不必细表。

守愚见众人已去，坐在铺上，忍不住放声大哭起来。那栈里的帐房先生侯万全等出去之后，关好了门，回至里边，看见守愚啼哭，盘问他到底为了甚事？守愚含泪诉知。帐房点点头道："这是你踏了他们的仙人跳。会香里那有什么姓王的公馆？况且公馆既经姓王，那公馆主人为甚忽又姓起计来？那是你自己一时不察，花了许多洋钱。千不该，万不该，还要写张伏辩与他。若然没有什么笔迹落在他们手内，今天虽然吃了些亏，明天你还好请几个有势力的打他们一个翻庄，说不定这花去的钱拿得回来。现在事已成事，木已成舟，没有挽回的了。谅是你命里头注定破财，只好认个晦气也罢，哭他则甚？天光将要亮了，还是摊摊铺盖睡罢。"守愚听了帐房一番言语，提醒他当时失察，不合把姓计的当做王公馆主人，又不合只顾脱身，写下伏辩，弄得个赏夜图奸，千真万实，花了钱翻不得梢，更觉得越思越恼，越是哭个不了，直哭到帐房先生劝不住他，进去睡了。旁边铺上的人有几个被他搅醒，在铺上翻身，深怕他们动问，说出来甚是惶恐，方才勉强收住了泪，倒头睡去。

一觉醒来，天已大明，起身收拾床铺。向帐房先生借了一只引线，又要了些洋绵纱线，把被头缝好，一头缝，尚一头的眼泪汪汪。正是俗语说的："穷人性命，财主人银钱，"世界上最是爱惜。被头缝好之后，将引线交还帐房，又把破枕头箱看了又看，瞧了再瞧，不知叹了几十口气，暗中又落了几百点泪，方把这箱撩在一旁。另在身边取出衣箱上的锁匙，开了衣箱，拿出一件棕色绵绸夹衫、一件天青羽毛马褂穿了。将箱锁好，袋好钥匙，懒洋洋踱出栈房，到宝善街叫了一部车子，往集贤里寻杜少甫、谢幼安诸人，想把隔夜的事情告诉他们，不知可还有甚打算，呕还这四百块钱。

谁知少甫等众人听了，多说这一件事一大半是自己不好，随你那一个人没有法儿取他回来。守愚方始死心塌地，然从此要想发注大财，弥补这四百块钱。后来几乎闹到个性命交关，尚是这一次的祸根。此是后话慢提。

再说谢幼安见钱守愚遭了这场大骗，乘机又要劝少牧与守愚回苏，说上海本不是久居之地。少甫、子靖也说早些回去的好，若爱上海繁华，回了尽可再来。守愚有九分答应，少牧也有七八分了。

正在计议何日动身，忽然李贵传进一封梅红柬帖，双手递与子靖，说是长发栈来的。子靖展开一看，见上写着：

　　翌日申刻洗盏候

　光

　　　　　　　　　　　　　　　郑学元
　　　　　　　　　　　　　　　　　　同拜
　　　　　　　　　　　　　游　春

　　席设胡家宅观盛里新居，便章恕邀。

子靖看毕，问共是几副帖子，可知郑少爷与游少爷几时借的观盛里房子，明天可是入宅请酒？李贵道："共是四副帖子，谢少爷与杜家大少爷、二少爷多有。听说平老爷、凤老爷等也俱发过去了。观盛里的房屋是新借的，还没迁进去住。据发帖子的茶房说起，明天一来进宅，二来郑少爷和游少爷多选定这日娶姨太太进门，故此新公馆里头收拾得甚是齐整，并且预定下两班鼓手、两副灯担清音。"子靖道："原来如此，但不知娶的姨太太是那两个人？"李贵道："听说多是堂子里的，名字却没有清楚。"少牧听罢，对子靖道："志和、冶之多要纳妾，尚是节前说起的事，这两个人难道你想不出他？待我来告诉你听。我们还应该做个公分，热闹一番，他二人是要朋友、爱场面的。"正是：

　　　欲向良朋申贺悃，又教游子阻归期。

要知少牧说出志和、冶之娶的是谁，做甚公分贺他，且看下回分解。

第七回

娶名妓俶居观盛里　贺新郎大宴聚丰园

话说李子靖与谢幼安二人，因钱守愚受了计万全之骗，劝守愚早早回苏，带劝少牧一同回去。正欲拣个日子动身，忽然李贵传进几封喜帖，说是长发栈郑志和、游冶之在观盛里娶妾请酒。子靖问娶的可知是什么人，少牧回说："这件事郑、游二人尚是节前说起，那两个人我多知道，我们应该做个公分，大家热闹一番。"子靖道："志和这人虽尚风雅，冶之乃是个纨裤少年，结交他有甚益处？那公分不做也罢。况且他们娶的究竟是那两个人，你且说与我听。"少牧道："志和娶的是东荟芳花媚香，冶之是媚香的妹子艳香。他们四个人的交情，真是要好到十二分。六才子上说的愿天下有情人多成了眷属，真乃一桩心满意足的快事，我们怎能不贺他一贺。"子靖道："是东荟芳花家的两姊妹么？志和、冶之为甚要干起这件事来？我看他们做倌人很是有名，若要做良家妇女，只怕就难上加难，那里能收得住他邪心、吃得来甚苦处？不要今日里一时高兴，将来弄到个没有个下场。我们做朋友的遇到这种事情，正应该规劝二人，切不可再去助兴。牧弟，你莫要当他们是美满姻缘，且看我说的话日后是也不是。"少牧摇头道："大哥但知其一，不知其二：大凡做妓女的，那一个愿吃这饭，那一个不要从良？至于从良之后，尽有不多几时依旧重堕风尘的人，内中必有许多苦衷，或是大妇不容，或是嫁的人靠不甚住，进门后少吃无穿，或是嫁的人年纪老了，当初原是很勉强的，那才再抱琵琶，又操故业。这是出于万不得已。若像志和、冶之那两个人，媚香姊妹嫁了他时，在上海借下公馆，一没有大妇同居，二来手头甚是富足，三则年纪又轻，那一件称不得心？想来断不至有始无终，大哥休得错疑。我们正应贺贺才是，有甚说话规劝于他？"谢幼安从旁笑道："听你二人之言,李大哥是阅历之谈,牧弟却是就事论事。我想阅历是阅历不尽的,就事论事有时却恐论不定他。如今他们事已成事,明日就要过门,我们又动身在即,何必看他后来?不过既经下了喜帖,明儿大家送副礼去也就算了,公分一说,我看一定不必。"少牧道:"安哥你也来了,志和、冶之不但与我交情甚厚,就是待别的朋友很要好。这回他二人纳宠,我不做个领头的人打个公分,旁人必定另有其人,这人情何苦让人做去?我一样的要拿出公分钱来。我想不如这么样罢:待我此刻先到观盛里去瞧瞧,可有亲友在彼,问问他们甚样意思。若然大家不甚高兴,我们送一副礼,明天道过了喜,吃他二人一杯喜酒,后天一准动身回去。若是众人有些兴致,不能我一人失兴,这公分自然万不可少,一准我来领一个头。就是后天也好,闹过一天之后,我们赶紧回苏,不知安哥等意下如何?"钱守愚道:"你公分真在后天,不过再在上海耽阁一日,有甚要紧?我与姓郑、姓游的也曾会过,倘然真有公分,与我也放个名字在内,随着你们热闹一场,解解我的闷气,然后回乡,有何不可?你快到观盛里去看个动静,我在这里等你回话。"子靖、幼安本来尚要阻止,不料守愚忽又说出这番话来,不便往下再讲。少甫也因碍着守愚,难于启齿,只得任凭少牧所为。少牧听守愚也要搭入公分,心中大喜,立起身来,整整衣裳说:"既是这样,待我到观盛里去去再来。"

别过众人,坐东洋车到里口下车。正想走得匆忙,没有看过帖子上第几号门牌,免不得要找人问信,恰好进了弄堂,见有两个长随模样的人,一个拿着一张朱砂笺门条,一个一手端着张凳,一手拿着一碗面糊,把条黏在门上。少牧留心一看,见条上写的上面是"邗江"两个大字,下面左首是个"郑"字,右首是个"游"字,正是志和、冶之借的新屋,一共三开间两厢房五幢,甚是高敞。少牧问两人:"郑少爷、游少爷可在里头?"二人同声回说:"大少爷里面请坐,郑少爷即刻才来,游少爷到大马路买东西去了,马上就要来的。"少牧道:"郑少爷现在楼上,还在楼下?"二人道:"现在楼上新房里头,待小的上去通报。"少艘摇摇手道:"我们刻刻见面的人,通报什么?待我上去是了。"说罢移步进内,那两个人看少牧进去,虽然认不得他,晓得与主人家是知己朋友,遂在天井里报声:"郑少爷,有客人上楼!"

志和听得,迎出房来,一见少牧,满心欢喜,说:"怎的你今天会到这地方来?"少牧道:"你二人干得好事,怎么要讨花家姊妹,起初并没露句风儿,直到明天要进门了,才发喜帖请人?我今天特来认认新房,明天好来闹房吃酒。"志和道:"休得取笑，里面坐罢。"少牧道："里面可有别人？"志和道："冶之与贾逢辰到亨达利买着衣镜、自鸣钟去了，并没别人。"少牧道："逢辰他先晓得的么？"志和道："这件事是逢辰经手说合成的，怎的不知？"少牧道："原来逢辰是个月老，但不知一共花了多少洋钱？"志和道："姊妹两个一样，多是三千正数，另外每人三百下脚、一百块洋钱除牌子喜封。"二人一头讲话，一头举步进房。

少牧看好所房屋，那楼面一排三间，正中做了一间客座，上首是志和房间，下首是冶之的新房，好得这两间房子多有夹厢留作套房，陈设得一样的异常精致。正房里是一张红木大床，两张红木正副妆台，一对玻璃门红木衣橱，一张红木湘妃睡榻，八把红木靠椅，四只大理石面红木茶几，一只大理石面八仙桌。套房里一张外国铁床，四把外国交椅，一只大餐台子，台上铺的是白绒线台毯，摆些大餐台上应用之物。两壁厢钉了两个外国多宝橱，橱中供的多是小自鸣钟、小洋花瓶、刻牙人物等外国玩物，价颇不赀。地上边正房里是广漆地板，套房里铺的东洋地席，收拾得真是十分精洁。少牧看了一回，在志和的房中坐下，两个黏门条的二爷已把门条黏好，泡茶上楼。冶之与贾逢辰也回来了，买了两面七尺高的大着衣镜、两盏水月电灯，指挥底下人把镜挂在套房里进门就见的壁上，电灯装在大餐台正中。

逢辰一见少牧，说他来得甚好，正要商量明日新人过门之后，怎样做个公分热闹热闹。少牧道："我也正为此事而来，大家必须想个法儿。"志和道："明天我们自己有两班灯担清音，天井里挤不下了，怎能够再有公分？我看不要客气了罢。"逢辰道："说什么话！花家姊妹双嫁你们二人，那是难得的事，我们焉有不贺之理？既是明天地方局促，不妨想个不占地位的小顽意儿尽些兴致。另外我与少翁为首，再拣一个日子下张知单，索性多合些人闹他一闹，不知少翁意下如何？"少牧道："如此最妙。明天我们却先闹些什么？"逢辰道："林步青的滩簧局最闹热些，可惜天井里坐不下了，我想最是不占地位的顽意，可要关照步瀛散人，明夜出几套戏法，顽顽他的玻璃十八件，比众不同，并且到过法国，学得许多外国戏法，很是好瞧。"少牧道："戏法果然极好，我们两个人准定公送了罢。待我另外起个稿儿，写张知启，明日等众人前来贺喜，凡有愿意搭入公局的人，请他们书个知字，岂不很便？"逢辰道："这样办法甚好，但须盘算盘算，一共有多少人，收得多少分子，怎样排场。"少牧道："与阿和、阿冶常来往的朋友，差不多有二十多人，一人出两块洋钱，也有四五十块左右，可以做髦儿戏了。"冶之道："髦儿戏这里只怕天井太小，串不转来。"逢辰把楼窗一开，往下边估看一回，道："天井真嫌太小，正中搭了戏台，那戏房没有做处。"少牧道："公馆里既然不便，可以借地方的。张家花园、愚园、徐园，那一处不好做戏？倘嫌出路太远，聚丰园、泰和馆也好去借。"逢辰道："张园、愚园真太远了，徐园虽然近些，出进也不很便。不如一定借聚丰园正厅，可以连酒席一并包在里头。"少牧道："戏班不知那一家好？"逢辰道："戏班自然是谢家的了。"志和道："谢家班有几个有名角色？"逢辰道："数年前谢家班最出名的是谢湘娥，品貌又好，台步又稳，口白又清，串得好文武老生。他的《翠屏山》与《盗御马》两出，那一个能盖招得来？目今已嫁了人了，后辈里出不来。"冶之道："吴新宝、陆小宝、小如意、冯月娥、钱馥珍、朱赛芳、谢蕙英、谢桂香、周玉娥、徐瑞宝这几个人，他们可在班子里头？"逢辰道："蕙英、桂香也嫁人了，吴新宝等或在苏州，或在杭州，来去不定。徐瑞宝听说更被人包到外国去了，不知几时回来。"志和道："尚有几个唱梆子调的小兰英、张福宝，唱花旦的金月梅、白兰花，老生郭少娥，大面金处，正旦月月仙，武生陈长庚，武旦一阵风，武丑草上飞，并王家班王桂祥等许多著名武角，目今可多在胡家宅群仙戏园里头？"逢辰道："小兰英天津去了，张福宝与张贵廷、张香林一班姊妹现在海参威未回，金月梅不很串戏，王家班许多武角现在苏州。其余郭少娥、金处、陈长庚等多在群仙，要他们出来串出堂戏很不容易。"志和道："如此说来，那髦儿戏没有角色，有甚好看？"逢辰道："班子里常串的戏本甚平平，若要动目，必须另邀几个客串。"冶之道："客串是谁？"逢辰道："公阳里金小桃、宝树胡同金菊仙姊妹、清和坊花四宝，多会串戏，多可邀他们来。"冶之道："不错不错，我往常听得人说金小桃串的老生，花四宝是花旦，金菊仙老生、小丑、青衫多会串的。菊仙尚有一个姊姊，会串大面。并闻他姊妹两个尚能合演武戏，翻得斤斗，竖得蜻蜓，上得铁条，使得好一柄真刀，打得好一路花拳，菊仙更是一笔写算、一手针线，真是个难得人才。但恨我们朋友里头并没有做他的人，那一个能邀得他来？"少牧道："金菊仙么？谢幼安与他很尚投机。菊仙的姊姊是不在堂子里的，却只要菊仙来了，自然会邀着他一块儿来。金小桃可央温生甫去代邀，花四宝是邓子通的熟人，一定也可邀得到他。"冶之道："若然有了这四个人，那台戏就很好看了。但我不是贪心不足，听说会串戏的妓女尚有翁梅倩、林宝珠两个，不知可能邀他们一齐上台？"逢辰摇头道："翁梅倩嫁人久了，林宝珠新得喉症而亡，难道你还没有知道？"冶之、志和闻言太息道："小林宝珠故世么？好花不久，这人真个可惜得很！"少牧道：

"你们说了半天,可晓得还有个林家班中的头等花旦林雅琴,串得好《贵妃醉酒》、《打花鼓》与《絮阁》、《佳期》等昆戏,如今久已不见,不知可在上海?"逢辰道:"林雅琴也已嫁人,现在苏州居住。听说郎才女貌,嫁得甚是相宜。"

四个人谈谈说说,天色将晚,冶之分付把新买来的水月电灯点他起来,开了一张菜单,差人到一品香叫送四客大菜到来,就在房中夜膳。席间,少牧索取笔砚,起了一张知单底稿,又叫人买个梅红全柬,在灯下誊正,递与志和、冶之、逢辰同看,见上写着:

即日为

郑志和茂才、

游冶之上舍共赋小星,双圆璧月。真真好好,同时得嫁情郎;鲽鲽鹣鹣,几
世修来艳福。凡属知交,合当欣贺。谨择翌晚假座聚丰酒园,恭备彩
觞,藉娱佳兴。鸾箫叠奏,同赓得宝之歌,鸳盏频斟,快进合欢之酒。届
时惟冀

宠临,曷胜荣幸之至。

杜继勋
贾　谦　同订

下列诸人姓名,乃谢幼安、李子靖、平戟三、熊聘飞、凤鸣岐、康伯度、经营之、姚景桓、邓子通、温生甫、钱守愚、毓秀夫、杜少甫诸人。志和道:"毓秀夫是几时到的?现住那里?不知荣锦衣来了没有?"少牧道:"秀夫前天才到,住在天宝栈中。锦衣听说再缓两礼拜也要来了。"冶之道:"钱家老叔我们与他很是客气,怎的把他也写在上面?"少牧道:"那是他自己预先交代下的。"逢辰道:"钱家老叔既然有兴,公分里人多一个、热闹一个,我想潘少安、柏幼湘、施砺人、蓝肖岑与两个旗下人乌里阿苏、格达、并两个外国人大拉斯、白拉斯,何不也一同写在上头?他们的兴致个个很好。"少牧道:"潘少安要他前来则甚?柏幼湘可就是从前做翻戏的白湘吟化名?他是一个赌棍,不写也罢。这种人有甚体面?"逢辰自知失言,脸上一红,道:"不错不错,幼湘、少安除去了罢,砺人等请添写上去。"少牧点头答应,重新又添上六个名字。数一数,连自己与贾逢辰在内,一共是廿一个人。志和又叫少牧添了一个新结交的东洋朋友,名唤资雄花田郎。冶之又叫添上两个新结交的西帮朋友,一个叫宋桓吉,一个包龙光。凑成二十四人。少牧一一写好,把知单交与志和,放在帐房内帐箱

里头，明天有来道喜的人，叫他们当面签字，不来的等到下午差人去请。

端整已毕，大菜也吃好了。少牧辞回集贤里，去与少甫等说知：郑、游二人这一桩事干得甚是有兴，公分定在后天，乃是二人授意，逢辰为首，故此知单上逢辰也列有名字。且等过了这天，一定收拾动身。少甫等见事已如此，况且耽搁得日子不多，也就允了。

志和、冶之因选定明天入宅，当夜仍回长发栈去。逢辰却没有回家，就住在观盛里内，替二人把上上下下房屋里头足足布置了半夜工夫，那一处应该结彩，那一处应该挂灯，那一间应挂字画，多是他一人指拨。这本是帮闲的第一手段。直至安排到两点多钟，方才在志和房里的铁床上面过了烟瘾，矇矇眬眬略睡片时，天已亮了，赶紧起身。不多时，鼓手清音一齐多到。开过了乐，便有道喜的人到门。志和、冶之尚没有来，逢辰深恐二人失睡，差人到栈里连请两次，方才一同乘轿而来，连说"诸事费心"。逢辰见二人精神甚惫，晓得起身之后没有吸烟，催他们上楼过瘾，自己代替二人招呼亲友。

到得十点多钟，二人烟已吸好，换了衣帽下楼。志和晶顶花翎，冶之蓝顶，也是逢辰替他们预备下的。上海地方的顶戴有甚交代？二人虽然一个秀才、一个监生，却一个戴了五品、一个戴了四品，有什么人盘问？晓得二人底细的人，暗暗说他僭越；不晓得的，还只认（忍）做真有功名。二人也摇摇摆摆的装着幌子，好像果然是四五品职员一般。就是前来道喜的人，起码也多戴个水晶顶子，几乎找不出金顶子来。少甫、幼安等众人因二人究是娶妾，并不衣冠往贺，穿的多是便服。少牧比少甫等先到，逢辰要他换了衣帽陪宾，少牧恐少甫责备，捏称拘束不惯，决计不允。恰好乌里阿苏与格达来了，两个多是蓝顶花翎，装束得十分像样，逢辰就留他们应酬来往亲友。及至厨房开饭，共是四席正菜。逢辰候众人入座，叫少牧取出公分知单，关照各人签字。照着单子一点，只有平载三、凤鸣岐、熊聘飞、毓秀夫、资雄花田郎五人未来，其余多在席上。大拉斯与白拉斯虽然也没有到，康伯度代二人签过字了，说差马夫马上关会，旁晚必来。少牧把知单收回，吃过了饭差人再到平公馆等五处下帖，不必细表。

逢辰这天很是忙碌，知单打过之后，赶紧写张字条去邀步瀛散人，订定晚间七点钟来。一面端整两乘绿呢四轿、两副执事，同着鼓乐清音到东荟芳里迎新。自己坐了马车，向志和、冶之取了银洋，先到花家开消一切。等得轿子到门，早已诸事定妥,亲送艳香、媚香上好了轿,立刻登车,出个辔头,报知郑、游二人,说新人就要来了,分付底下人把满堂灯烛点好,烧起两盆旺盆炭来。不多时,只听得几阵金锣么喝与一片鼓乐之声,轿子到门。艳香在先,媚香在后,一般的满头珠翠,夺目辉煌,身上穿的多是天青披风,下系大红绉纱百裥挂廿四裙,到客堂中下轿,由跟来的娘姨、大姐搀扶至香案前红毡毯上,双双站定,请志和、冶之同拜天地。志和、冶之满面笑容,当真一同拜了四拜,两新人方才上楼进房。谢幼安等众人见了,暗笑这般娶妾,只有上海风俗可以如此,别的地方真是少见。

逢辰看新人已上了楼,天也黑了,分付厨房摆酒,楼下是五席客席,楼上两席待新,奈没有陪新人的女客。逢辰想个法儿,叫轿行里打了两乘请客轿子去请志和做的公阳里金翠香、百花里白素秋、尚仁里文雅仙、西荟芳巫岫云,冶之做的同安里孙锦云、东尚仁黄菊香、西尚仁花小兰并阿素到来。刚巧五人一席,两个新人坐了两把首位,八个陪客每席四个,凑成个十全十美。

客席上共有三十多人,酒过三巡,步瀛散人来了,出了两套双双报喜、代代荣华的小套戏法,又莲灯献彩、飞水无踪两套大套。那双双报喜是一个空铁丝鸟笼,散人手持小手枪一枝,向笼开放,枪声过处,笼中忽现喜鹊两头,真是神出鬼没。代代荣华是大红、淡红、明蓝、暗蓝、水晶、白石、金顶等各色顶子,不时变换,口谶甚好。莲灯献彩,初用外国帽子一顶,从帽顶内揉出许多五色纸来,堆了一地,后来忽在乱纸堆中献出两盏九节莲灯,点得烛光灿烂,真个好看。飞水无踪,是一大碗清水,这碗忽来忽去,碗中的水忽有忽无,结末忽然将碗碎去,散人假作惊慌失色,继将碎碗叮叮当当的响了一阵,把毯子一揭,依旧是一碗清水放在中间地上,那碎碗踪影俱无,不知道那里去了。看的人一齐喝采不迭,散人谦说一声"献丑",暂进彩房。

众人大家叫起局来,顿时叫了四十多个,席面上坐不下了,熟些的人多坐在新房里头,闹了半点钟时,方才散去。步瀛散人又出了四套大套戏法,逢辰、少牧致送酬仪,就留散人夜饭。散人比不得寻常的江湖术士,向来甚是洒脱,况见谢幼安在座,平时本有往还,这酬仪断不肯受,只收了四块洋钱担力,遂命挑担的人先把担子挑回,自己与幼安等入席饮酒。饮到半酣以后,姚景桓起意要上楼闹房,众人遂一哄上楼,直闹到两点多钟方才各散。临散时,少牧、逢辰嘱付众人明夜聚丰园大家早些,众人多诺诺连声而别。

逢辰这一夜仍没回家，住在楼下帐房里头，因为客散之后尚须料理诸事，明日并须结算帐目。这回郑、游二人一共花了七千多两银子，合有一万洋钱之数，逢辰内中赚了一千五六百块洋钱，一半是扣头上扣来的，一半开的虚帐。二人正在昏天黑地，那里得知。少牧当晚见众人已散，随着少甫等回集贤里去。明早起身，差车夫到聚丰园把正厅定下，又亲到观盛里，问逢辰髦儿戏班定了没有。逢辰回说早已定了，就留少牧在观盛里吃了午膳。等到四点多钟，二人先到聚丰园去，坚嘱志和、冶之稍缓即来。正是：

　　　　　华堂喜事重重见，歌馆新声细细听。

要知聚丰园公分如何热闹，金菊仙、金小桃、花四宝等外串如何好看，且俟下回分解。

第八回

羡艳福又动痴情　感旧盟复修前好

话说杜少牧与贾逢辰因志和、冶之双双娶妾，公具知单，邀友二十四人在聚丰园公贺。少牧、逢辰先到，堂倌泡上香茗，送过请客票来。少牧照着知单一一写好，交给堂倌分头往请。将近上灯时候，姚景桓第一个来，第二、第三个是经营之、康伯度，随后大拉斯、白拉斯、乌里阿苏、格达、蓝肖岑、施砺人、温生甫也多来了。生甫说邓子通在新清和金粟香院中，快快写条去请，少牧因又写了一张请客条去。不移时，少甫、幼安、子靖、鸣歧、聘飞、戟三、秀夫、守愚等一齐多到，又来了个大家多不认得的东洋人资雄花田郎，幸亏有大拉斯、白拉斯两个，去操着西语陪他。

逢辰见客已将次来齐，志和、冶之尚还未到，想差自己的车夫往请，听得堂倌喊声"客来"，见志和、冶之同着两个未曾见过的人手挽手儿进内。众人动问两人姓名，方知一个是宋桓吉，一个是包龙光。逢辰点一点公分里廿四个人已来了二十三个，只有子通未来，叫少牧再写催客票去催他，并在票上写明："客已到齐，专候入席。"又写："今晚尚须鼎力，烦贵相知花四宝演戏一出，务望早临，千乞千乞。"交代请客的人马上就去，果然把子通立刻催来。少牧分付烫酒入席，志和是首席首位，冶之坐了二席首位，三席是资雄花田郎，朋友里头最客气些，四席首位是大拉斯，五席白拉斯，其余众人随意坐下。逢辰叫髦儿戏开锣唱戏，管班的送上戏目，众人点了《打金枝》、《黄鹤楼》、《滚红灯》、《双摇会》四出，其余多是外串。那《滚〔红〕灯》、《双摇会》是姚景桓、康伯度点的，众人多说点得有趣，志和、冶之说二人有意取笑，多要伸手来拧，二人笑做一团。

逢辰看众人坐好了席，叫堂倌把预先写好的局票取来，当众检阅一过，一共连志和、冶之是十三个人双局、十一个人单局，杜少牧与钱守愚尚多未写。众人看那双局的是：

郑志和叫西荟芳巫岫云、又新做百花里雏妓花好好，游冶之叫同安里孙锦云、又新做迎春雏妓花含春，谢幼安叫萃秀里桂天香、宝树胡同金菊仙，邓子通叫新清和坊金粟香、观盛里花四宝，温生甫叫南兆贵里花小桃、公阳里金小桃，平戟三叫鼎丰里李飞云、东公和花小宝宝，李子靖叫公阳里梁小玉、东公和花小媛媛，资雄花田郎叫东合兴花寓、东荟芳柳寓，姚景桓叫小久安里花醉香、东尚仁里冠群芳，康伯度叫百花里花笑红、迎春一弄柳迎春，大拉斯叫西合兴杨小蛮、北西安坊杨媛媛，包龙光叫惠秀里花金宝、东公和万金花，宋桓吉叫兆富里金宝珍、小桃源花金珠。

那单局的是：

凤鸣岐叫百花里花小红，熊聘飞叫西荟芳巫岫云，毓秀夫叫百花里花笑香，乌里阿苏叫日新里花寓，格达叫迎春二弄卫莺倩，白拉斯叫西同芳赛银花，施砺人叫兆富里钱宝珍，蓝肖岑叫兆富里钱宝玲，经营之叫兆富里金玉香，杜少甫叫鼎丰里花想容，贾逢辰叫尚仁里花小兰。

众人看毕，志和、冶之同问温生甫："叫的花小桃，可就是节前在新清和坊、现今掉在南兆贵里的？"生甫说是。二人又问乌里阿苏："叫的日新里花寓是谁？好像没有见过。"乌里阿苏说："就是花彩蟾，因'彩蟾'两字声音像是惨然，很不吉利，故此改名花寓。"二人点头称是，又向毓秀夫、经营之说："你二人怎得只叫一个？我们一定不依。"又说："钱家老叔叫的是谁？少牧弟为甚一个不叫？"唤堂倌："快拿笔砚过来补写。"秀夫、营之被嬲不过，秀夫又添了一个祥和里花含红，营之又添了一个平安坊钱寓。

钱守愚因没有相好，冶之荐了一个大兴里许寓。守愚记得大兴里多是野鸡堂子，认做许寓也是野鸡，心中很不舒服，要叫冶之另荐一个。冶之问他为甚不要，守愚（逢辰）说："你们多叫书寓，我怎么去叫个野鸡？"冶之笑道："你因大兴里做了野鸡窠，认做许寓也是个野鸡妓女么？大兴里是林黛玉、金香林多少名妓多住过的，弄里头何尝多是野鸡？那许寓名唤行云，小名又叫双成，年纪二十多岁，品貌甚好，叫了来时，还比你蓉仙好上数倍。"守愚（逢辰）听他提起"蓉仙"两字，脸上一红，不言语了。众人听冶之说行云比蓉仙还好，动问守愚（逢辰）为甚不把蓉仙叫来比并比并？守愚（逢辰）嘻开着嘴，只顾摇头，连说："你们不要听他说谎，那里有什么芙仙、蓉仙。"冶之笑道："人是当真有一个的，如今就算没有也罢。但是牧弟究竟叫那一个，却是一件难事。"少牧道："我明后天定要回苏，今天不叫可好？"冶之道："今天我二人承蒙诸位不弃，乃是何等热闹局面，你怎能不叫个局尽尽兴致？我看还是叫了巫楚云罢！你与他本来没有破过面儿，比不得颜如玉打了房间，不便再叫。"少牧道："楚云叫他到台面上有甚趣味？"志和道："楚云那边有趣的时候，你也过过来了，切莫要这样的说。况且你们后天既要走了，若然叫个生局，也觉没甚交代，倒不如竟是楚云的好，我来替你写罢。"遂提起笔来把局票写好，重新点一点数，一共四十一张。冶之因是单数，尚要人再叫一个凑个成双。逢辰遂又叫了个新做的小清倌人花小玲，年纪只有七岁，住在公阳里后弄，乃是小花巧玲家阿秀新买来的。冶之方把局票交与堂倌，差人快快去叫。

其时席面上已上过鱼翅鸽蛋，戏台上跳过加官，串完《打金枝》，接串《滚〔红〕灯》，形容世上怕家婆的，真个令人看了好笑。《滚〔红〕灯》串完，是《黄鹤楼》，叫的局陆续来了。邓子通等花四宝一到，把要央他串戏的事说知，四宝推三做四了一回，只因子通是个很肯花钱的客人，不能够失他的兴，答应了一出《纺绵花》。温生甫叫的金小桃也已到来，众人看生甫附着他的耳朵说了好一回话，央他串戏。小桃不肯，直到《黄鹤楼》已经串完，花四宝进戏房扮戏去了，生甫发起极来，不知应许了一件什么首饰，小桃方才勉强答应，却推说别的戏没有配角，只能串一出《目莲救母》，还要生甫亲自送进戏房里去。花四宝的《纺绵花》已经出台，唱的几支天津小调，真是清脆异常，那台步也很从容不迫，看的人喝采不迭。《纺绵花》这一出戏不甚很长，那消片刻钟时已经演完。《目莲救母》上场，金小桃唱的几声摇板，果然音节苍老，顿挫得神，众人又喝起采来，虽然台步欠些，幸亏此戏没甚做工，何况究竟是个客串，不能责备于他。

《救母》将近唱完，班子里管班的问："可还再有外串？"杜少牧道："尚有金菊仙未来，可先唱《双摇会》罢。"贾逢辰道："金菊仙堂唱很多，须差催局的去催他一催。"冶之道："时候已不早了，催了来不知他可肯上台？"逢辰道："只要谢幼翁与他说声，包管一说一灵。他们二人的交情，听说与别个不同。"志和道："怎样不同？"逢辰道："这事须问幼翁自己。"幼安笑道："不过怜他有些才技，要好点儿罢了，有甚的比众不同。"志和道："谢幼翁是守身如玉的人，怎与菊仙要好？"逢辰道：

"你说谢幼翁么？他虽然守身如玉，要好的却不至菊仙一个。听得人说，与桂天香也甚恩爱。"志和闻言，半信半疑。众人在席上闲谈，花四宝、金小桃多已卸妆下台。戏台上演《双摇会》，调侃妻妾争风，真是一言难尽。演到将近半出，去催金菊仙的堂倌回来报说，菊仙在西安坊转局过来。少牧恐他来得过迟，戏要完了，装扮不及，因与逢辰商议，点了班子里一出《游龙戏凤》、一出《回龙阁》，叫他唱完《双摇会》先唱《游龙戏凤》。

这时候众人叫的堂唱先来的有一大半多已散去，只剩郑志和的巫岫云、游冶之的孙锦云、邓子通的金粟香、平戟三的李飞云、李子靖的梁小玉、贾逢辰的花小兰与谢幼安叫的桂天香，多有些些交情，尚还未去。桂天香与幼安在台面上有说有话，很是投机。志和看了，方信逢辰所言不谬。少牧叫的巫楚云，已差人去催过一次，尚没有来。见天香与幼安要好，心中十分艳羡。想起自己初到上海乃与冶之、志和、锦衣等一同顽起的人，锦衣现不在申，志和、冶之多已娶了一个，那是何等艳福。偏偏自己先做楚云、后做如玉，开手时多甚十分恩爱，如今弄得个断绝往来，反不如幼安难得应酬，却也做得个心上人儿。若然比较起来，真个令人可恨。又看少甫叫来的鼎丰里花想容，只因到得晚了，此刻也还未去，与少甫说说笑笑，面子上也甚光鲜。钱守愚叫的大兴里许寅，见守愚有些土头土脑，不时寻些话来与他打趣，弄得守愚坐立不安，合席的人个个发笑，少牧却偏笑不出来。

后听一阵钗摇钏动之声，外边进来了一朵名花，认做楚云到了，谁知是金菊仙，身穿元色外国缎夹袍、二蓝漳缎马褂，足上平底缎鞋，淡湖色缎子套裤，头上梳的是松三股辫子，元色长须头辫线，好一个男子装束，皎如临风玉树一般，笑微微走至幼安背后坐下。小大姐说声："今天转局过多，三小姐来得迟了，对不住谢大少。"幼安回称"好说"，遂把要烦串戏的话与菊仙说知，菊仙一口应许，不过说班子里配角甚少，必须差相帮到船上去接老二。志和见菊仙答应得甚是爽快，晓得是个豪爽人儿，又与谢幼安的交情非比等闲，但不知老二是谁，如何住在船上？动问幼安，方知就是菊仙的姊姊，因他不做生意，故住船中，又因没有名字，菊仙呼他老二，相帮人等多叫他做二小姐。志和问明就里，分付自己车夫快拖包车跟着相帮去接。不多时果然接了上来，一脚直进戏房，并不到台面招呼。菊仙瞧见，对幼安道："老二来了，唱什么戏？我好赶紧上台去扮。"幼安道："随你喜欢串什么戏，只拣好的串罢。你的戏不比别人，除了花旦不串，其余老生、小面、小生、正旦、老旦，色色多全，点了你什么戏好？"菊仙想了一想，道："串《天水关》可好？我起诸葛亮，老二开脸起姜伯约。"众人多说很好，菊仙遂抬身向外，说声"去去再来，"翩然与小大姐上台而去。众人个个说他爽利，逢辰说："这是谢幼翁的面子，别的人只恐办不到。"他这句话虽是贾逢辰拍马屁的口头言语，其实却也有些意思，皆因菊仙这人自己有些本领，差不多些的客人做不上他，莫说要叫他串戏，连在台面上唱支曲子也未必见得由着客人乱点。至于幼安、菊仙二人要好的缘故，因为一个敬重幼安的人品才华，一个可怜菊仙的风尘身世。菊仙周旋备至，幼安体贴异常，故此通部《繁华梦》书中这一回书摹写菊仙奏技，与下书摹写双富堂诗妓李苹香多才，及花好月圆天香下嫁一回摹写桂天香卓识多情，俱是实事，算是书中特笔，见得上海之大，也不能说花丛里头竟没个多才多艺多情的人。桂天香因书关正传，故用隐名。菊仙、苹香，一个多艺，一个多才，著书的人不肯使他湮没，故把真名实姓写在书中。却牵连出花四宝、金小桃及谢湘娥等各女伶，与通集书中林黛玉、陆兰芬、金小宝、张书玉等有些名望的妓女，凡是无关正传之人，也记些真实名字出来，点缀点缀本地风光，要使看书的人千百年后晓得上海出过这几个名妓，将来或与虎阜真娘、钱唐苏小并传，也算是各人的造化。这且不在话下。

再说菊仙上了戏台，与他姊姊一同扮戏，众人多在台下拭目而观。独有少牧因楚云依旧未来，无精打采的很没兴会。直至演完《游龙戏凤》，菊仙出台，楚云一连被志和差人催了两次催到台面，方才有些兴致出来。菊仙与他姊姊的戏，台步声容，串得真个并皆佳妙，看的人喝采连连，少牧也看出了神。自从楚云到后，绝不与他交谈。楚云认是来得晚了有些不甚舒服，低声与他说道："你好久不叫局了，本应一叫就来，只因在老旗昌有了几个转局，把身子耽住，来得迟了些儿，你莫生气。我从前本来没有待亏着你，就算不合做了少安，也是挂了牌子，没有法儿。你怎么与少安吃醋、使起性来，去做如玉？如今也可回得心了，到底如玉比我如何？你自己心上明白。"唧唧哝哝的说个不了，说得少牧又是恼恨如玉，又是懊悔自己，又是原谅楚云，一霎时那一条心好像热灶上的蚂蚁一般，不知怎样才是。后来想到初做楚云时许多好处，不觉又把爱颜如玉的心肠仍旧爱起巫楚云来，回说："以前的事你也不要讲了，如玉不是个人，我白白与他要好一番，万不料如此散场。如今我也顽得够了，明天就要动身回苏。将来再到上海，倘然到你院中走走，你却不要再像从前般的令我呕气才好。"楚云笑微微附耳答道："你说在我那边呕气么？这是你自己呕自己的气，其实并没有人得罪着你。潘少安在我处走动，回避你的，那像人家明日张胆，这才是真正呕气！何况如今少安也不来了，你真果有心照应着我，包管你没有气呕。并且我还有许多说话要告诉你，停回散了台面，你可与我一同回去坐一回儿。"少牧道："今夜散了台面，我要回栈房收拾行李，明天早上来罢。"楚云道："你栈中有多少行李？明天动身，明天回栈收拾不迟。今夜我一定与你一同回去，难道这点面子不给我么？"少牧道："并不是不肯给你面子，我在上海耽搁已久，明天再不回苏，实是说不过去。今夜不把行李收拾，明早断来不及。"楚云道："既然如此，我也不来勉强着你。不过今夜不与你一同回去，知道你几时再到上海？我与你要说的话，等到几时才说？牧哥，你当真还有爱我的意思，今夜不要丢我的脸，散了席必须与我同去，回栈不回栈随你的便，不知你心上怎样？"少牧被他轻言软语，渐渐的说到个体骨俱酥，再不能一口回绝于他，只得点点头儿应道："既是这样，且看散席时倘然不甚夜深，我来弯一弯罢。"楚云听了，把钮扣上挂的一只打簧金表一看，刚正十一点钟，说："金菊仙姊妹的《天水关》已串有一大半了，底下还有几出戏儿？"少牧道："还有一出班子里的《回龙阁》未唱。"楚云道："《回龙阁》并不很长，不到十二点钟这戏可以完了，散席怎得会迟？"

二人在席上交头接耳说得久了，幼安最是精细，深虑少牧又被情丝牵绊，脱不得身，急忙用话岔开，并要与少牧搳拳。无奈志和不许，说："这样好戏，看戏要紧，搳什么拳？且等串完《天水关》再说。"幼安只得与少甫递个眼色，叫他合少牧兜搭，莫使再与楚云叙话。谁知少甫此时也全神贯注在戏台上边，并没留心。幼安因走近身旁，轻轻在衣襟上边一扯，少甫方才回过头来，连说："菊仙果然串得好戏！"幼安微笑，暗把少牧与楚云亲热情形说知，恐他又堕情天，重缠绮障。少甫大悟，移步至少牧一旁坐下，满口称赞好戏不置，并与少牧讲究戏情，打断楚云词锋。也是二人的孽根未满，诓已迟了，他们讲够多时，早已入了道儿。幼安枉费心思，少甫也徒劳口舌。

及至《天水关》演毕，台上接演《回龙阁》，菊仙姊妹卸装下台，他姊姊依旧坐了志和的包车回去。菊仙重与小大姐至幼安身旁坐下，众人连称辛苦。菊仙说："好久没有上台，生疏得很，休得见笑。"众人齐称好说，逢辰叫堂倌泡上一碗茶来，亲自送与菊仙，说："幼安不善应酬，相好为你唱戏，下了台茶也不到一杯。"幼安微笑不答，菊仙立起身来谢了一声，叫小大姐将茶接过，问幼安可要喝茶。幼安回称不用，菊仙才微微呷了一口，叫小大姐放在台上，尚要与幼安讲话。他见相帮的拿了一大叠局票前来转局，不便耽搁，只得起身辞去。临行时对幼安说："不知你几时动身，可能再来谈句心儿？"幼安道："明天就要走了，你有什么说话，等我到了苏州写信来罢。"菊仙口称晓得，大大方方的飘然而去。众人又多说他绝不像个曲院中人，究竟这人是那里人氏，何等出身？问幼安可知底细。幼安说："此人孟河人氏，家世不便明言，是个书香子女，不幸流落烟花，红颜薄命罢了，我们说他怎的？众人始不复再问。

大家重新看戏，无如看过菊仙姊妹，此刻味同嚼蜡，全不在心。《回龙阁》唱未一半，众人搳拳闹起酒来，一片声喧，闹到戏已唱毕，拳还没有搳完，酒也没有吃好。台面上叫的出局，一个个多已散去，只有楚云一人，相帮也已催了数次，说某爷叫至某处，又说某处来催，台面将快散了，楚云却像没有听见一般，直至少牧亲口答应他散了席一准前来，不必在此久候，方把少牧腰带上挂的一只表袋连袋连表一齐取在手中，说声"停回你来拿罢"，含笑而去。少牧讨还不及，只能且自由他。幼安正与志和搳拳，少甫与冶之讲话，多没瞧见楚云拿甚东西，见他独自一人去了，并不逼着少牧同行，彼此多甚放心，要等席散之后，大家检点行装，并令守愚明早将行李挑至栈内一同下船，便当些儿。怎知道少牧断了如玉，忽又留恋楚云，依旧动不得身。正是：

　　孽债不曾清绮障，情缘那许断花天。

要知少牧怎样又留恋楚云，散席后到楚云院中去否，且看下回分解。

第九回

露命书有心笼络　滞归装无术挽回

　　话说聚丰园将次散席，巫楚云取了少牧腰间挂的表袋而去，幼安等并没觉察，只认做楚云走了，很是放心。等到台面已散，幼安、少甫要回集贤里收拾箱笼物件，端整明天发到长发栈去，一早下船，钱守愚也叫他回栈收拾，少牧嘱付他明天不可再如前次一般，潮水已平，人还没有回栈。并问他船只可曾叫好？少牧回说，船是栈房里帐房经手叫的，就停在栈门前水桥左边。幼安等遂各分手别去，众人也要散了，志和，冶之一一谢过，与各人一同出门，共回观盛里去，我且不表。

　　只说少牧因收下来的公分帐没有结算，与逢辰两个等众人去后算一算，每人四块洋钱，二十四个人一共九十六块，开消了髦儿戏，连点戏加官在内，二十二块洋钱。另加外串三出，赏给后场人等每出二元，一共二十八元。聚丰园正菜四席，每席八元，三十二元。代给马夫、车夫轿饭帐，每名两角，共洋四元有零。言茂源绍酒洋五元有零，堂倌堂彩连局茶洋五元有零。总共计洋七十五元左右，尚余洋二十一元。逢辰要留他起来，买些东西，分作三起，替志和、冶之赏给外串的金菊仙、花四宝、金小桃三人，其实暗地里欲图干没。少牧不肯，说："各人串戏，各人多有客人的交情，主人家不必送甚东西。何况廿一块钱买些什么？我倒有个主意在此：今天串戏的人，内中金菊仙的姊姊，他是不在生意上的，白烦他说不过去，不如把二十块钱明早叫车夫送到他的船上，给他买朵花戴，尚有一块给了跟来的大姐，岂不甚好？"逢辰见说得有理（礼），不敢再起私心，只得将洋如数交与少牧的车夫，叫他明天一准送去。一言叙过不提。

　　二人把公分算楚，逢辰今夜观盛里没有事了，自然回家睡觉。少牧出了聚丰园，又想回栈，又想到久安里去，心头无主。后来忽然想起，楚云取去的那只表袋袋里头有一篇行李细帐、两个衣箱上的钥匙、六块洋钱现洋、十数个角子小洋、二十多块钱钞票。洋钱钞票没甚要紧，倒是这篇行李细帐与衣箱上的钥匙，明天动起身来，断断少他不得，怎能不去取他？因此在聚丰园门口站了片时，看车夫拖过包车，坐将上去，分付他先到久安里，然后回栈。车夫不敢违拗，拖至久安里口停车，少牧叫把车子停在天仙戏园门首空地上边，自己走入弄中。他从东首进去，须先走过如玉门口，暗暗叹了口气，头也不回，一脚来到楚云院内。见房门口门帘低挂，晓得房中有客，站住了脚。那跟楚云的小大姐，就是夏天在晒台上与如玉身边小大姐相骂的阿巧，耳朵甚灵，脚步又快，听得相帮喊声客人，连忙奔出房来。见是少牧，一手将他拉住，说："二少，对不住你，后房去暂坐一坐。"少牧口中虽说"不要了罢"，那两只脚跟着阿巧往里就走。原来楚云这一节是两间正房、一个后房，那两间正房是一间堂楼、一间前后双夹厢的大楼，只因这楼面大了，开间又深，故把后夹厢拦了一间后房，这前房还宽舒得很。

少牧被阿巧一把拉到后房坐下，那前房里的客人听得后房又有客来，与楚云说："不要使你为难。"起身去了。少牧暗想：好一个体己人儿。只恨堂楼上尚有客人，照例应该请他到里房来坐，自己到堂楼上去。谁知里房的客人去后，堂楼上的楚云不去知会，却叫阿娥姐跑到后房中来说："请二少前房去坐。"少牧诧异道："堂楼上还有客人，为甚不先去请他，却来请我？"阿娥姐摇头道："你莫管他，里边去坐是了。堂楼上的由他坐在堂楼上边，要你费心怎的？"少牧暗喜：这是楚云另眼相看，当我是个上等客人，故把正房间让给与我，不请别人进来，到底是相交久了，有些意思。笑微微与阿娥、阿巧一同进去，见楚云在房含笑相迎道："二少，我想不到这个地方却还请得到你，今天你怎么当真会来？"少牧没话回他，只得随口答道："你说有甚闲话要告诉我，故我特地来的。"楚云把眼睛向少牧脸上子子细细一瞧，道："只怕不见得罢。倘然真为了这一句话，怎么五月里我差人请了你十四五次，自己又写过一封信来，你连回信也没有给我一个？莫说请到你人。"阿娥姐在旁笑道："这就叫做彼一时，此一时了。彼时二少另有了心上的人，自然想不到你。如今他心上人变了心了，自然又想起你来。"阿巧一手拿了一只茶杯，一手拿着一枝烟袋，站在床面前，也含笑说道："你们只顾说话，不叫二少坐下，难道不怕脚踝酸么？"楚云看少牧真个立在床前还没有坐，扑嗤一笑，轻轻把他衣服一拖道："就在床上坐一坐罢，这床你睡也睡过，并没有甚尖刀戳你，呆呆的站着做甚？"少牧被他一拖，那身体软绵绵的，当真就在床沿上坐了下去，楚云也在夹肩一坐。阿巧把茶杯放在床面前梳妆台上，递过水烟袋来装烟，阿娥姐到堂楼房间里去了。

　　楚云把阿巧的烟袋接过，自己替少牧来装，分付阿巧也到堂楼上去。少牧不要楚云装烟，伸手接来自吸。楚云不肯，一定要装，说："当初并不是没有装过，难道三个多月不来，连我的手都脏了，装筒烟也不中你的意儿？"少牧听他这样说话，不好再说，只得吸了两筒，回说不要吸了，叫把烟袋放下。楚云假意嗔道："人家装烟你吸，你吸好了，也不问人家一声可要吸烟，装还人家一筒、两筒，真不讲理！"少收听了，真个把烟袋接来，装与楚云吸烟。楚云也不推辞，一连吸了十一二筒，烧完了两个纸煤。少牧问他可还再要，楚云道："你心上愿意再给我吸，再装几筒，不愿意，不装也好。"少牧道："装几筒烟有甚愿意不愿意的？待我再装你吸就是。"楚云道："你说有甚愿意不愿意么？愿意的时候，莫说装烟，连要剜一个心多像肯的。不愿意起来，只怕叫你到房里来说一句话，也是勉强。想起来真是令人好气！"少牧道："我不愿意，今天也不来了。你有甚话，尽管与我说知，生什么气？"楚云道："我气的不是今天，乃是五月里的事情。我问你：为甚绝迹不来？若是换了别人，今天你再到这里，那一个再来睬你？"说了这句，微微叹口气道："我却不是这样的人，只要你真能够回心向我，那有不把真心待你的道理？却不可如风吹杨柳一般，今儿吹在这边，缓了三天五天又吹到那一边去，那可说不去了。"少牧道："你的话我多知道，说来说去，无非是怪我做了如玉，你这边没有来过。如玉这不是人的，叫你不要提他，你为甚偏要说起？况且我明天决定要回苏州去了，就算我是枝风吹杨柳，明天的风却也吹不到那一边去。"楚云听罢，把水烟筒一推，道："你明天真个就要去么？我这烟不要吸了，你回栈房收拾行李去罢，到这里来做甚？"少牧看他发恨，心上很不自然，把水烟袋放下，息了纸煤，附着他的耳朵说道："我出门了半年多了，自然终要回去，你要发恨怎的？"楚云道："那个叫你不要回去？不过你好久没来，今夜不来叫局，我也死心塌地的了。偏偏又叫起一个局来，弄得人心上边死去活来，指望着再聚几时，却又明天就要动身。你想令人恼是不恼？"少牧道："因我明天就要动身，犯不着开甚薄面去叫生局，故来叫你。你在台面上说有甚说话要告诉我，我才来的。明天虽然定要回苏，今天究竟还没有动身，你到底有什么说话，今夜尽可说与我听。"楚云道："叫你来自然有话，但我先要问你，今天可要回栈？若是要回栈去的，趁早快去，不要耽误了你工夫。若然明早动身，今夜可以不必回去，就在这里住宿，我才与你讲话。"

少牧踌躇半晌道："今夜不回栈去，也没有什么不可的事，但你方才拿来的那只表袋现在那里？袋里头有一篇行李细账、两个衣箱上的钥匙，你可取来，待我交与车夫，叫他先自回去收拾，明天一早我回栈房动身不迟。"楚云闻言笑道："你要那表袋么？就在这妆台内抽斗里头，你可自己拿去。"少牧点头答应，即在床沿上挽手过去，把妆台抽斗抽开，果见表袋放在口头。将袋取出细细一检，般般不少，只少了一篇行李清单，问楚云那里去了，楚云道："你又没有交代过我袋里头有这要紧东西，叫我那里得知？"少牧道："好妹妹，你休与我作耍。没有了这张单子，叫我明天行李下船，茫无头绪，如何是好？"楚云道，"谁与你（好）耍？真个我没有知道。或者你并不放在袋中，另在别的地方。"少牧道："别的地方怎得放去？一定在这袋内。你当真没有瞧见？谅是你拿回来的时候遗失掉了，这便怎处？"楚云道："失掉了可能再写一张？难道你自己的行李记不出么？"少牧道："再写一张有甚不可，怎奈我这单子上面不但是我一个人的东西，连少甫、幼安、守愚三人的物件多在上边，明天先要把三个人发到栈房里的行李照单检点过了，方才连我自己行李一同下船。如今失掉此单，只怕要受三个人的抱怨。"楚云格支笑道："怪不得你的行李甚多，原来是四个人并在一处，才写了这一大篇儿。"少牧听他露出口风，知道这单子必定被他匿起，千妹妹、万妹妹的央求他道："这单子你到底见过的了，究竟放在那里？你快拿来给我，好待我交代车夫回去，明天早上少甫等发行李来时替我料理一切，我好安心安意的住在这里，晚些回栈不妨，只要潮水没退。若把这单子失去，说不得要一早回去，迟了不便。"楚云道："给了你的单子，明天你可几点钟回栈？"少牧道："有了单子，十一二点钟回去未迟。"楚云始笑逐颜开的道："既然如此，近在眼前，你自己好好去寻，终在这房间里头，不见得到了别地方去。"少牧要楚云拿了出来，免得找寻，楚云执意不肯，只得就从抽斗里起子细搜寻。楚云只顾格支格支的笑。少牧把四个抽斗一齐寻到，多没有见，又问楚云，楚云仍笑个不住。少牧认做在他身畔，回身向他身上来搜。楚云笑道："我又不是个贼，偷了你的东西放在身上，你搜什么？"少牧不依，一定要搜，楚云一头含笑，一头自己把衣服解开，从罩衫起解至小衫，依旧没些踪影。少牧怕他受寒，反替他把钮扣钮好，连说："休得如此，不要冒了风寒。"口里头这样的说，那魂灵因解衣时几露酥胸，不因不由的又被楚云勾上身去，比了勾魂鬼使还快。

　　少牧替楚云钮好衣服，呆了片时，又问："单子究在那里？累人这样苦寻！"楚云仍说近在目前，少牧看妆台上放着一座红木洋镜，暗想不要在洋镜抽屉之中，妇女最喜欢把要紧东西放在这个里头，因又走至台旁，举手把洋镜上的红木抽丝笔梗门拉开，现出四只小小抽屉，两浅一深，一只大的。那大的藏放梳篦，不必寻他，先把浅的两只抽开，也没有见。又抽深的那只，只见一叠，有两张字纸，上面的正是行李清单，底下一张有银朱圈点，好像是张命书，因一齐取了出来。楚云看见，夹手要抢，奈已不及。少牧急唤车夫进房，把钥匙并单子交给与他，叫他拖了车子回去。又说："明天一早大少爷等行李到栈，可照单子上检点收下，等我回栈一同发下船去。如问我昨夜可在栈中，你说住在栈里，一早到街上去的，就要回来。千万不可说住在这里。"车夫怎敢多言？诺诺连声而去。少牧打发车夫走了，方把那张浓圈密点的东西拆开，细细观看，楚云尚要来抢，少牧把手格开。只见上写着：

　　　　右造二十岁三月初二酉时。

果然是张命书。因又看四柱是：

　　　　癸未　丙辰　壬午　己酉　五行藏木

次看行运是：

　　　　九岁丁巳　十九戊午　廿九己未　三十九庚申　四十九辛酉
　　　　五十九壬戌

再看评语是：

　　　　坤造壬午日元，禄马同乡，更兼月日拱贵，财旺生官，时上官星独透。书云：一官一贵，乌云两鬓拥金冠。以此推之，真贵造也。所惜年月相刑，难免早年清苦。初运丁癸正冲，财源被劫，恐防椿树早凋，须见重晦可解。十四岁交进巳火，正是拱贵填实。书又云：拱禄拱贵，填实则凶。是此五年之中，定卜桩萱菱谢，且种种否塞，有难以言语形容者。堕涧飘茵，职是故耳。刻交戊土，偏官逢财，财官双美，大有出水火而登衽席之象，当得贵人提拔，诗咏好逑。廿五岁交入午火，正财大运，一路滔滔，更有片帆遇顺风，身利不得泊之势。从此夫荣子贵，后福靡涯。寿元六十五有阻，延过再推。

少牧看毕暗赞：好个由苦得甘的贵命。又看底下边尚有两小行流年附批道：

　　　　本岁流年，比肩主事，解神月空吊，照龙德紫薇守限，诸事皆利，秋冬见喜最吉。早恐落花有意，流水无情也。

末后又有一行小字是：

　　长夏无聊，偶游楚云校书妆阁。校书知予善子平术，出八字索推。占此
以验后日，校书勉之，将来未可量也。

居易生并识

少牧看了又看，暗想原来是客人与他算的，并不是江湖术士。倘使八字果真，此人后贵难言。命书中的评语，未来事且慢说他，已往事可算得句句应验。况且流年内结句的"秋冬见喜最吉，早恐落花有意，流水无情"这三句，分明道着夏间他一意从良，奈我忽然中变的事，正是落花有意，流水无情。看来这算命客人真个有些灵验，但不知是何等样人？何妨问个明白？因询楚云："此人是谁？"楚云答道："此人浙江人氏，向在钦天监当差。今春请假出京修墓，路过上海，乃是个客人的朋友。不但算命甚灵，并能替人看相，真个是一见便明，善断吉凶祸福。六月里与客人到这里饮酒，他在席上看见了我，说我此时虽堕烟花，久后必嫁个如意郎君，一身富贵不小。又说嫁人即在目前春末夏初，喜星早应动过，不过是时候未到，不免落空。我因他说得有些意思，又被客人再三怂恿，说他算得好命，故把八字给他推算，他明天就送了这一张命书过来。我匆匆的看了一遍，就放在这洋镜抽斗里头，将来准与不准，也不在我的心上。今天不料被你瞧见，你可不能出去多说，说了我一定不依。"少牧道："这却为何？"楚云把眼睛一眇道："你不想想，人家多晓得我今年是几岁么？怎能说得出去？"少牧道："不错不错，我一直晓得你是十八岁，这命书怎的廿岁？"楚云道："皆因这个缘故，晓得我二十岁的向来并没人。自从算了这命，做我的那个客人与这算命的自然瞒不掉他。好得这两个多是过路客人，此刻多已外路去了，上海仍旧没人知道。如今被你看见命书，自然又瞒不得你，旁人面前却不许你多嘴多舌。人家说我年纪尚且要瞒，别的事信我不来。其实瞒年纪是做妓女最恶的恶习，也是一件无可奈何的难事。若然预先不瞒去三岁两岁，一到二十以外，倘没嫁人，遇了多嫌些的客人，就要说年纪大了。再过三年两年，一到廿四五岁，更要说是老蟹。所以这三两岁光阴男子不甚觉得，妇女却甚是要紧。"

少牧点头道："原来为此，你的话果然不错。但想做妓女的，在堂子里终不是件了局的事，与其在客人面前遮瞒年纪，预备着人老珠黄，何不早早嫁了个人，那时一过了门，莫说二十以外，就是到五六十岁，也不见得娶他回去的人嫌他年老，退了

出来。你们为甚想不到这个念头？"楚云闻言，冷笑答道："嫁人谈何容易？那是要两相情愿，一个肯嫁，一个肯娶，方才成得事来。譬如端午节里我已千愿万愿嫁你，你也要娶我的了，后来为我做了少安，你忽然又变了心肠，至今我还吃这碗饭没有出头，叫我怎能够逢人便问：你们那一个要娶我回去？我今年已二十岁了，急急的要趁早嫁人。须知道妓女里头究竟情愿从良的多，只是从良一事，真个是难上加难，你也怎的不替我子细想想！"

少牧听罢，正要再往下说，只见阿娥姐进房对楚云道："客堂房里的客人他要去了，你出去一次再进来罢。"楚云皱眉道："他要去，只管便去，本来坐在这里做甚？偏偏还要讨人的债，要人送他！"说完这几句话，在床沿上站起身来，对少牧道："你莫要去，我还有话问你，待我送了客人出去就来。"看他移动莲钩，步出外房而去，约有四五分钟声息全无。少牧正有些些怀疑，听得楚云呖呖莺声，说声"慢去"，又说："你明天再来？"那客人应了两声，余话一句没有，听他下楼去了。楚云回进房来，少牧问出去的是什么人，为甚好一刻大家没有说话？楚云道："休要提起！这客人乃是新近做的，吃过一个双台，叫过七八个局。好个痴心妄想的人，就想转人家的念头，你想我那有这样容易？今天他本来不去了，因你坐在里房，我好久没有出去陪他，激起气来，才说要去。我到外面送他，他又咬着我的耳朵问：'里房是谁？怎的这样要好，今天可是不去的了？'不由我听了生气，回说他里房是个恩客，今天当真不去，你便怎样？那人收了没趣，没有话了，好像天打木头人一般的，又坐了这一刻儿，方才滚了出去。说起来真个又是好气、又是好笑！"少牧道："这人这样出去，明天只恐不见得再来的了。我是个将快动身的人，何苦为了我赶断人家？"楚云道："他明天不来，我就饿死了么？靠了一个客人，就是一个月能花一万八千，也靠不了他一世，何况是个不肯花钱的人，从此不来也罢，怎在我的心上？"少牧道："近来我也好久没有花过钱了，你怎的还没有忘我？"楚云把粉脸向少牧脸上一偎，道："你怎能与这种人比并？就使你一百个月不来，我心坎上也总有个你！"

少牧此时神魂飘荡，瞧瞧自鸣钟，不知不觉一点多了，叫阿娥姐开了一盏烟灯，睡到烟炕上去，要楚云装烟。楚云一连装了五筒，问少牧："好久不来，这东西可是在如玉那边上了瘾了？"少牧道："随时吸他几口，还没上瘾。"楚云道："既还没有上瘾，那是很好的事，我不许你吸了。早些睡罢，明天你要动身。"少牧回称"使得"，阿娥姐遂把烟灯吹灭，又把保险灯也吹息了，闭上房门与阿巧并粗做娘姨一同出去。楚云、少牧解衣上床，正是初交不如久别，这一夜说不尽千般恩爱、万种绸缪。楚云又在枕上把立意嫁人、要叫少牧重践前言、娶他回去的话说了又说，只弄得少牧重缠绮障，又入迷途，莫说明天不想动身，反连少甫、幼安等几个正经些的朋友连面多不要见他起来。这一次比初做楚云更要留恋几分，那情魔深到一个极处，日后若不有些定识，几乎回不转头、跳不出这迷魂阵去。

当时却急坏了少甫、幼安二人，一个是同胞弟兄，情关手足，一个是要好朋友，谊重金兰。自从隔夜在聚丰园与少牧分手之后，回至李公馆中，认做这一番定要回去，连夜把行李端整。一到明朝早上，先差李贵叫了两部小车送至长发栈去，自己吃过早膳，别了子靖，赶紧动身。子靖一定要送二人下船，唤了三部东洋车子一同来到长发栈中。岂知进得栈房，少牧房里头静悄悄的，只有车夫在彼，行李堆了一地，多是集贤里车来的东西，少牧的还没有收拾，钱守愚的也没送来。少甫急问车夫：“二少爷到那里去了？钱老爷可曾来过？”车夫回说：“二少爷昨夜回栈，因身子困倦，上床便睡，今天一早起来，不知那里去的，谅必就要回来。钱老爷并没来过。”幼安呆了片时，附着少甫的耳朵说道：“二弟不要昨夜聚丰园出来之后，又到巫楚云家去了，没有回栈，这便如何是好？”少甫道：“车夫才说昨夜回来，早间出去，只恐未必在楚云那边。”幼安道：“车夫的话如何信得？他们只要主人天天在堂子里吃酒碰和，每天有轿饭帐到手，节上又有草鞋洋钱、开消局帐的脚钱，故此十个有十一个帮着主人向人撒谎。况且这个车夫，二弟一动身就不用他了，更巴不得他在上海多住一日、多吃一日的饭，断断信不得他。我看还叫他快到久安里寻去，趁早寻得人来，尚可动身，不然又要走不成了。”少甫听言之有理，因叫车夫立刻去寻。

车夫无奈，只得奔至久安里去。不料被阿娥姐在房门口一把拦住，说：“二少还没起身，不便惊动。”叫他在外边相等。约有一点多钟，少牧方才睡醒，唤他进房，问：“此刻有几点钟了？大少爷与谢大少爷、钱老爷可曾到栈？说些什么？”车夫道：“此刻差不多已有十一点。大少爷与谢大少爷十点钟已经到栈，问起二少爷那里去了，昨夜可曾回栈？我说昨天回栈，今早出去，大约立刻回来。大少爷并没疑心，谢大少爷看他有些不甚相信，与大少爷咬着耳朵说了许多的话，大少爷就叫我来寻。钱老爷还没有来，李老爷却在栈里送行。”少牧听了这番言语，在床上坐起来，道：“怎么已是十一点了？大少爷差你来寻，待我马上起来。”楚云在枕上说道：“你慌怎的？今天来不及动身，难道明天没有日子？他们如果今天要走，由他们今天走去，你与大少爷不过是个弟兄,姓谢的不过是个朋友罢了,又不是合穿裤子、合吃饭的。你昨天睡得这样夜深,这时候何苦起来?我看快叫车夫回去,只说没有寻见,由他们马上动身也罢,不动身也罢。他们当你是人,等得及自然等你,等不及,你一定要跟着他们做甚?"口说着话,伸手把少牧一扯,又将他扯下被去。少牧此时陷溺已深,听了楚云的话,自己做不得主,果然又伏伏贴贴的睡了下去。车夫在床前候了片时,楚云催他回栈,叫他一准说寻不见二少爷,不知那里去了。少牧拗不过楚云,也叫车夫回去照此回复他们。车夫始唯唯而去,将寻不见主人的话向少甫、幼安、子靖告知,并说不但久安里并没在彼,凡是不时常去的别处地方都曾找过,故此回来甚迟。三人听了,又是纳闷,又是诧异。

其时已是十二点了,船家上岸来催,平载三与凤鸣岐、熊聘飞多来送行。钱守愚却也不知何故,没有到来。幼安要叫车夫到满庭芳街旅安小客栈去催他,平载三忽失惊道:"钱家老叔不是昨天约的,今天一块儿回苏州么?不知为了什么事情,有人来说,昨夜被巡捕房关了进去,今天解到公堂审问去了。怎的你们没有知道?"少甫等闻言大骇,当下差人要到新衙门去打听下落。正是:

　　　　是非丛里招灾易,热闹场中撒手难。

要知钱守愚闹了甚事,少牧几时回来,少甫、幼安动得身否?再看下回分解。

第十回

姚景桓大闹东尚仁 温生甫被围南兆贵

话说少甫、幼安与少牧、守愚订期回苏，约定在长发栈动身下船，不料这日少牧不见，连守愚也不知那里去了。正要差车夫去寻，平戟三说起他隔夜聚丰园散席出来，不知为了何事关进捕房，今早解往公堂审讯。少甫、幼安听了大吃一惊，暗想：守愚虽然有些乡气，却不是个闹祸的人，为甚犯出案来？莫非又是会荟香里的余波未息，或者当夜多吃了酒？常言说得好：酒能乱性。又说：酒是色媒人。不要一个人东撞西撞，撞到人家公馆里去。上海地方是一时间看不出青红皂白的，他把公馆认做也是顽耍所在，故被公馆里人扭交巡捕，解送公堂，问他个贪夜入人家、非奸即盗的罪名，那可冤枉不小。必须差个人到新衙门去问个下落，应该怎样替他打干，保他出来才是。因与子靖说知，要央李贵到衙门前去问个信儿，他与公门中人熟悉些些。子靖满口答应，叫少牧的车夫到公馆里把李贵唤来，说明情节，叫他速去速来，不可耽搁。李贵诺诺连声而去。

不多一刻，只见他同了守愚回来。众人多说李贵办事能干，争问到底为了什么案情？原来守愚隔夜在聚丰园出来，因到满庭芳街并没多路，不坐车子，从麦家圈步行回栈。走到宝善街转弯，忽然内急起来，拣个没有店面的墙脚底下，站定身躯，撩衣小便。谁知工部局定章，凡是热闹街上，不论黄昏白昼，都不许人任意便溺。当时来了一个暗差巡捕，将守愚一把扭住，说他违章，要他到捕房里去。守愚不知租界章程，又因吃了些酒，有些酒意，不但不肯跟着他走，反口出恶言说："这个地方我不时在此小便，干你甚事？"致被巡捕扭住发辫，拘进捕房。守愚一路之上尚还自言自语，执定这墙脚底下为甚不许小便。及至到了捕房，捕头念他乡愚，把不准小便的向章说知。本来罚了三角洋钱就可出来的了，奈他这一夜又巧巧的身无半文，因在捕房里押了一宵，直到明早九点钟解送公堂，请会审官当堂讯断。守愚到得堂上，认做这官司闹得大了，不知怎样判法，只急得上天无路、入地无门，一句话也说不出来。幸亏中西官也见他是个乡愚，十分原谅，仍判罚洋三角，缴释了案。守愚好似得了恩赦一般，跟了差役下堂，苦的是身畔无钱，必须觅一个人寄信到栈房里去。恰好李贵到来问信，守愚恍如得见亲人，一把拉住李贵的手，把始末根由告知，央他到栈房取钱。李贵知案已断结，乃是一桩极小的小事，况又只罚得三角洋钱，自己身旁现有，何须栈房去取，即替守愚当场付给，并开消了几个差钱，遂带着他一同出来。因众人多在长发栈中，故而不回旅安栈去，同到长发栈见过众人，李贵好向主人面前消这个差。

少甫、幼安知道守愚为的是小便违章，并没大事，大家方始放心。少甫向李贵说声："辛苦你了，垫付的钱可与钱老爷同到栈房取去，顺便把行李发来下船。天已不早，船家催过第三次了。"守愚道："你们行李谅来多已舒齐，我却昨夜没有回去，一时间收拾起来，怎来得及？"又问少牧如何不见，幼安踌躇道："少牧不知那里去了，四处寻不到他。你的行李又没端整，潮水又将要落枯。看来今日怎样动身？我们还须计议计议。"少甫道："照你说来，难道今天不去不成？"幼安道："今天能去自然最妙，但你我二人倘动了身，留下钱家老叔与牧弟在此，知他们几时回来？我们此次到上海来，为的是要与牧弟一同回苏。如今牧弟仍没回去，反把钱家老叔留在上海，倘然再有甚荟香里等的意外事情，不是顽的，你我如何交代？我想急事慢行，今天真走不来，只得缓他一天，明天动身也罢。你我的行李既经发来，不必再回集贤里去，就在栈中暂宿一宵，等候牧弟回来。钱家老叔的行李，今天不必举动，仍在旅安栈再住一夜，明天再说。船家再来催时，认定包他船钱，叫他明日开船。你想好也不好？"少甫皱着眉头，想了片时，因幼安说得不错，只得听从他的主意，决定今天不走，且待来朝，船家说明包他船钱。守愚自回旅安栈去，送行的李子靖、平载三、凤鸣岐、熊聘飞见少甫等不动身了，坐了一回，分道而归。

少甫、幼安这夜住在长发栈中，守候少牧回来。那知候到晚上，音信毫无，二人心中好不诧异，盘问车夫，依旧是没甚口风。幼安决定疑心他在巫楚云家，故此吃过夜膳，与少甫一同到久安里去找寻。见里房外房的门帘一齐放下，分明有客在内，动问娘姨大姐："二少在那个房中？"娘姨、大姐异口同声的多说并没来过。二人不好闯进房去，只得退了出来。想少牧与冶之、志和、逢辰三个平日最是要好，冶之、志和新近娶了艳香、媚香，不见得每夜出来，逢辰谅在花小兰家，何不去寻见了他问下落，或者晓得也未可知。故而出了巫家，又到东尚仁里去寻找逢辰。谁知逢辰也不在彼，幼安见桌子上有一张姚景桓的请客票儿，请逢辰到冠群芳家吃酒，问阿素可知去是不去，阿素道："逢辰正到那里去的，局还没有来叫，谅来尚未坐席。"幼安恐少牧也在那里，又与少甫一同寻到冠群芳家。那冠群芳在东尚仁口，与花小兰只隔得半条弄堂，不多数步，早已到了。

　　二人移步进院，但听得楼上人声嘈杂，好像有人在那里斗口。幼安站住了脚，欲待不上楼去，岂知被相帮在楼梯下高喊了一声"客人上来"，不便重新退下，只得勉强上去。楼上共有三个房间，那些娘姨、大姐哄至楼梯口来，问到那一个房里去的，幼安说到冠群芳房里寻姚大少。内中有个娘姨说："两位大少来得正好，姚大少在房中大发脾气，难为你们二位快进去劝劝他罢。"少甫道："姚大少发甚脾气？"娘姨道："一言难尽，你们见了他自然晓得。"二人尚欲动问，那娘姨在隔房喊声："姚大少，有客人寻你。"姚景桓把门帘一启，迎出房来，见是幼安、少甫，一手一个拉进房去，说："你们二位请也请不到的，今天怎么会来？楼下可还有甚朋友，一齐请他上来。我今天要与隔房的那个杂种（并）上一并。"二人不知就里，问景桓隔房是谁，为了何事与他相并？景桓道："说也笑话，隔房的那个杂种，索性我们不认得的倒也罢了，偏偏却又是个熟人。他不该昨天在席上见了群芳，今天就来叫局吃酒，剪我的边，占住了一间正房不肯让人。我说要进去碰和，他也说要碰和；我说要摆双台请客，他更说要摆起双双台来，你想恼是不恼？"幼安道："他双双台可曾摆过？这人到底是那一个？"景桓道："双双台许他摆么？这人就是昨天聚丰园公分也在里头的包龙光。他本来做惠秀里花金宝、东公和里万金花的，与群芳并不相识，就在昨天的台面上见了一次。好个不要脸耻的人，今天在一品香叫了一局，就与做兆富里金宝珍、小姚源花金珠的宋桓吉，两个一同来打茶围。那时群芳转局去了没有回来，房间里人没见过这两个杂种，问他是谁？两个杂种说房间里不认得人，轻慢了他，发起标来，弯了舌头，闹个不了。直到群芳回来，好容易劝住了他，那时我也来了。听说两个杂种在房，多是认得的人，本想跑进去的，因见他们竖起着两张杀脸，好似凶煞一般，心上生了些气，没有进房，就在这里坐下，埋怨群芳：今天姓包的来叫局，不应该去贪他什么西帮客人。群芳说，姓包的第一个局去的时候，并不知道是他叫的。及至到了台面，见他与我认识，本想不坐下去，回答他一帮里不能做两户客人。包龙光瞧群芳站在门口不走进来，把手招招，诳说是我荐与他的，并说我也立刻要到台面上来。群芳才勉强进去坐下，后见我并没有到，唱了一支曲子就走。群芳走了，他们也就滚了过来，占住房间不让。想起来真个又是可笑可恨！"幼安道："群芳存心不做这姓包的，虽说第一个局不晓得是他所叫，但不知局票上写的姓甚？"景桓道："局票上写的包字，那却不能错怪群芳，因他本有一户姓包的客人，防不到是这杂种。"幼安微笑不言。少甫道："你在外房，包龙光在里房，他可晓得你在这里？"景桓道："起初没有知道，后来就晓得了。他也不请我到里房去坐，反在里头大言不惭，卖弄他在万金花那里怎样花钱，花金宝待他怎样要好。宋桓吉更帮着他说出许多大话，我听得有些不耐烦了，因与群芳说知，要邀客人碰和，想把这两个杂种赶掉。岂知群芳进去说了，他们与我过不过去，也要碰起和来。我才要摆双台，他们要摆双双台与我斗气。是我心下不平，隔房间说了几句：大家本是认识的人，何苦长洲不让吴县？那两个杂种反在房中大笑，说什么顽耍的地方，谁有钱谁做大哥，那一个肯让着人家。我才发起火来，他摆双双台，我想摆一个四双台，看他不肯让我？只苦客人不多，正在这里没法儿。"少甫笑道："四双台房间里怎摆得下？"景桓道："四双台共是八台，我想只要摆一台酒，邀了八个朋友，上菜时每人面前各上一碗，那就是八台菜了，有甚摆他不下？"幼安、少甫听了，知道景桓这种行为分明是与银钱斗气，糊涂到一个极处，犯不着与他再说什么，只好任凭于他。不过进来的原意，因为要寻少牧来的，少牧却仍不在这里，连逢辰也没有见他，何苦在此兜搭？因各打个暗号，动身要走。景桓那里肯放，问二人现欲何往？二人把来意告知，说要出去再寻少牧。景桓大喜道："少牧只怕就要来了，我因知道他昨天住在楚云那边，没有动身，此刻差相帮去请，没有请到，回称不在那里，故央逢辰亲自去了，不久便来。你们尽可在此等他。"幼安听见少牧昨夜果然住在楚云房中，此刻与少甫去寻，回说并没有来，相帮的拿请客票去，也说不在那里，明明是被楚云吃住，不许出门，那有不在房中的道理？除了逢辰去请，他们二人要好，楚云晓得，或者令他见面，放他出来，否则休想找得见他。只能在这里等候他来，大家劝他回去，不可失此机会。因与少甫耳语片时，答应景桓不去。景桓遂写催客票，叫相帮催康伯度、大拉斯、经营之、邓子通、温生甫诸人。冶之、志和晓得今天并没出外，并且与包、宋二人有些交情，来了不便，不去请他。

　　不多时，伯度、大拉斯、营之、子通到了，逢辰也随后进来，少牧依然不见。幼安、少甫急问："少牧为甚不来？"逢辰道："少牧与楚云、阿娥姐、阿巧四个人挖花，一时请不到他。说须挖完了两圈花才来。"二人听少牧被楚云迷到个寸步不离，心中好不纳闷。景桓见房中已有少甫、幼安、伯度、营之、子通、大拉斯、逢辰，连自己八个人了，只有生甫与少牧未来，催问群芳："里房怎样？我们客已到齐，就要摆台面了，快教他们出去。"群芳答应进内，少顷退了出来，皱着眉头说道："里房有了四个客人，说要摆十六台酒，房间断不肯让。我央恳了好一回儿，叫他们明天来照应我罢，他们执意不肯，这便怎样才好？"景桓跳起来道："他们摆十六台，我何妨摆三十二台？房间一定要他让我！"逢辰见愈闹愈不是了，因劝景桓息怒，道："包龙光是个西帮客人，西帮里吃酒叫局是开在公帐上、东家晦气的。今天你摆三十二台，他也不见得低你的头，说下去一定照样。不过西帮里有个规矩：不能在外面过夜，一到十二点钟必定就要归号。此刻已将快十一点了，我们何妨再耐片时，看他们摆过了十六台酒以后怎样？"景桓不依，道："我做的相好，容得那班野蛮来撒野么？管他十一点钟、十二点钟，我马上就要进房摆酒。他们当真不走，我们何妨冲将进去，怕他则甚？"逢辰看景桓怒气勃勃，不敢再言。

　　群芳见了这个形景，又惊又喜，惊的是里房西帮客人最是傲气，不肯让人，此事有些难以调排。喜的是做妓女的正要客人这样吃醋，才肯花钱。当下定一定神，对景桓道："你且再坐一坐，待我再进去说。"看他又走进房去，约有半刻多钟，里房大闹起来，说："外头摆三十二台，咱们难道摆不起三十二台？当场开消你们现钱，他要与咱们并包，也叫他打听打听：咱们在堂子里闹得不要闹了，那一次占了下风？他想今天要这房间，叫他休在那里做梦！还是早些回去搂着老婆睡觉！"只说得景桓在隔房中火星直冒，大喝一声："这还了得！"把门帘用手一擷，擷下地来，抢步进房，看见龙光，动手就打。龙光没有防备，吃了一惊，倒退数步，急忙躲过。恼了宋桓吉，动手来帮。贾逢辰与大拉斯听里房吵闹，三脚两步赶了进来。逢辰想与群芳把两造劝住，大拉斯却又放出在颜如玉家替少牧打房间的手段，要想打起人来，伸出巨灵掌一般的那只大手，照着宋桓吉脸上一掌。桓吉欲待还手，因看是个洋人，心上一慌，喊声"不好"，拉着龙光往外便跑。旁边还有两个客人，见已闹祸，也跟着龙光一溜烟逃出房去。景桓见大拉斯得手，心中大快，高喝："你们要逃到那里去！"追出房来。群芳与房间里的娘姨、大姐，深恐打出事来不妙，大呼："不要打人！"惊动了合院中的妓女、相帮、本家人等，一齐哄上楼来。宋桓吉已拉着龙光与两个客人奔下楼去。景桓不舍，追赶下楼，大拉斯也赶了下来，直至追出院门，方由康伯度、邓子通、经营之等令相帮竭力拦住，让龙光等抱头鼠窜而去。幼安、少甫并没下楼，只在房中楼窗上面，叫景桓休得这样，防的是打到街面上去，遇见巡捕，扭送捕房，彼此有关体面。况且这件事，二人心上大不为然。

景桓见龙光等四人已逃得个干干净净，心下好不舒服，重与大拉斯等上楼进房，好像在沙场上打了胜仗一般的，十分威武。那才分付房间里人快快摆酒。群芳问："当真共摆几台？"又说："今天把包、宋等人打走，明天他们倘来寻事，我们堂子里担不起甚风火，这便怎样？"景桓道："明天他们不来便罢，倘来寻事，自然有我姓姚的替你担当。酒已说过三十二台，摆三十二台是了。"群芳道："三十二台酒，莫说厨房里一时不及，就是到聚丰园、泰和馆去叫，此刻恐也没有，谅是说说罢了，到底共摆几台？"景桓想了一想，道："你现成的有几台摆几台罢，这酒钱我算三十二台也好。"群芳道："吃几台酒自然是几台的钱，那有多算你的规矩？我看今天先吃个双双台，余下的明后天再来吃罢。"景桓道："今夜摆双双台像甚样儿？你摆的尽管是双双台，我开消你三十二台酒钱就是！明后天再来摆酒，且待明后天再说。"群芳点点头儿，晓得景桓是个户头客人，花钱不在乎的，他说吃四台酒开消三十二台，一定不肯算三十一台，真是乐得的一个乐事，因此不再往下说了。房间里娘姨、大姐听见有三十二台下脚，这种客人那里去寻？一个个眉花眼笑，端台的端台，掇凳的掇凳，铺台面布的铺台面布，顷刻间摆好一个双台格式。相帮端了四桌围碟盆上来，台上边那里摆得下他？景桓分付只摆两桌盆子，以后的菜四碗一端，每桌两碗，吃个畅快。相帮答应，交代下去。

娘姨起过手巾，众人入席，大家叫局，也有叫两个的，也有叫三四个的，只有幼安、少甫每人只叫了桂天香、花想容一个。酒已半酣，少牧终不见他到来，温生甫也杳无消息。众人正疑少牧被楚云吃住，生甫为甚不见，忽然相帮的交上一张字条纸来。众人认做请客，接来一看，只见上写着：

飞赴东尚仁里冠群芳席上，速请

邓子通大老爷赶紧至南兆贵花小桃寓，有要话面谈。千祈速降，勿误勿迟，至嘱至嘱！

生甫手条

众人不解何事，动问子通。子通也莫明其妙，说方才他与生甫一同到小桃那边，小桃有些身子不快，故此坐不多时，看见景桓的请客票，马上过来。生甫他睡在烟炕上与小桃说话，我叫他一同到此。小桃的抚蓄娘小妹姐说，有句要紧话儿要问生甫，说过就来。我才独自一人来的。此刻有甚事情？想来不是吃酒，必定又是碰和，因怕我夜深不去，故意写这张不伦不类的字条。其实小桃已不像是小先生，生甫不晓得可有交情。这几天拚命花钱，莫不真有些儿瘟了？但他既然有心来请，稍停散了台面，我自然要去。”分付回覆请客的马上就来。那请客的在楼下说道："邓大少爷既在这里，我家少爷说的，请与大少爷一同前去。我在此等一等罢。"子通听请客的不是相帮，乃是生甫自己的车夫，心上一呆，叫他上来问道："你主人半夜三更为了甚事叫你来请？"车夫道："主人为了何事，我也没有明白。此刻他本要自己来的，被小妹姐与房间里娘姨、大姐圈住身子，不许出来，才写了这张字条，叫我前来。"子通更惊讶道："老鸨娘姨如何圈起客来？此中事有蹊跷，必须面问生甫，方能明白。"因唤车夫下去略等，自己催碗稀饭吃了，别过众人要走。众人也多散席，幼安、少甫明知少牧在巫楚云家，寻去必不见面，只得回栈，明天再说。康伯度、大拉斯、经营之各自回家。贾逢辰因要过瘾，假称替景桓装烟，吃了十几口烟方才回去。景桓费了三十二台菜钱，硬争来的这一间房，那夜自然不去的了。

只说邓子通出了冠群芳家，生甫的车夫照着灯笼，来到花小桃院中。其时院门已闭，听得里面人声嘈杂，闹做一团。子通敲了半天的门，里面没人听见，车夫伸起脚来踢了两下，方才有人来开。子通问相帮的多在那里，回说多在小桃先生房中。子通料定生甫出了什么事情，且不与龟奴多说，走进房去。只见生甫哭丧着脸，坐在湘妃榻上，小桃和衣睡在榻边，并没睡着，却一句口也不开。小桃的娘小妹姐指手画脚，不知说些什么，娘姨、大姐、相帮人等立了一房，多在那里听他。看见子通进房，始说一声，"邓大少来了"，各人纷纷散去。子通不知到底为了何事，心中好生不解。生甫见子通进内，在湘妃榻上立起身来，说："子通哥，你来了么？我被他们缠得够了，你与我说句公道话罢！"小桃也站了起来，叫了一声"大少"。阿小妹不等生甫说话，抢先告诉子通，言道："邓大少来得最好，你与温大少是最知己的朋友，可知他干得好事？如今我家小桃没有别话，一定要嫁与他了，你来做个媒罢！"子通听小妹姐这样说话，分明是生甫与小桃有过交情，下了种了。暗想这有何难，生甫不是拿不出一千、二千洋钱，家里头有甚父母阻挡的人，况且本还没有儿子，当真出了这事，何妨竟把小桃娶回，看他年纪还小，比不得久惯风尘的老妓，讨回去收服不住，不上一年半载，一定又要出来。因笑微微的向湘妃榻上一坐，道："我道为了何事，原来要把小桃嫁与大少，可是俗语说的，小桃肚子里有了馅了？这事尽可商量得来。"岂知这句话不打紧，却把生甫弄得个又气又恼，只将两手乱摇，脸上紫一阵、白一阵的，像有满肚子说话，一时说不出来。正是：

　　　　是非只为贪花起，烦恼皆因急色来。

要知生甫有甚说话，子通听了怎样，且看下回分解。

第十一回

解重围邓子通责妓　　施毒计贾逢辰陷人

话说温生甫在南兆贵里花小桃家，被小妹姐与娘姨、大姐、相帮人等团团围住，生甫急写字条差车夫去请子通。子通不知为了何事，到得院中，听小妹姐说出小桃一定要生甫讨他回去的话，谅因生甫与小桃有了交情，种下欢喜根苗，生甫不是不能娶妾的人，并且本来尚无子嗣，故此一口应许小妹姐可以商量。岂知生甫听了，只气得将手乱摇，连说："子通哥说……说什么话！你……你晓得小……小桃是小先生么？"子通见他气急败坏，话多说不上来，暗想："生甫真是一个无用之人，堂子里随你有甚天大事情，也犯不到这样着急。不知方才我没有到此的时候，可曾受过小妹姐等众人的亏，以致如此发极？"因先托他的胆道："小桃是《消闲报》上说的尖先生，《笑林报》上说的外国袜。我对你说过几次，当面也不时嘲笑过的。就算他当真是个小清倌人，做了妓女，不在十四、五岁上嫁人，到了十六、七岁，那梳拢是早晚不免的事。倘是客人与他私下要好，有了交情，也没甚犯法违条。你与他到底有甚事情？快快说与我听，我来替你定个了断！"

生甫闻言，叹口气道："小桃倘然是我梳拢的人，那是我自己不好，倒也罢了。不知他几时被人先已采了花去，却在我的面前卖清。不瞒你子通哥说，自从做他之后，一连吃了十几台酒，碰了十几场和，并没一些好处到手。我问问他及房间里的娘姨、大姐，多说年纪虽然十七岁了，还没破身。后来被小桃的娘小妹姐晓得了这个风声，要我替他点大蜡烛。是我一时高兴，答应了他。那天吃了个双双台，花了一百洋钱下脚，小妹姐给了他三百洋钱，另外与小桃打了一副八两重的金镯，三百二十两银子兑了一对金钢钻戒指，一百五十两银子一只打簧金表，一百三十多块洋钱一只金豆蔻匣子，当真替小桃点起大蜡烛来。谁知这朵花已开得不要开了！事后我才懊悔万分，盘问他从前点过大蜡烛的究竟是那个客人，如今第几次了，他终不肯实说。后来我本想告诉小妹姐与房间里人，并几个知己些的朋友，与他说句话儿。因平日间人人多呼我做'瘟生'，这事干得真个瘟了，说出来怕人笑话，故而一直没有发作。如今两个月了，小桃不知与那个客人有了身孕，这几天呕水呕食的胎气冲动。今天请了一个医生看视，那医生说他坐喜。小妹姐就一口咬起我来，说小桃只接了我一个客人，旁人从没接过，逼着我要娶他回去。否则将来肚子大了，必定有好几个月不能再做生意，那时开消一切须我承认，每月要我二百块钱。生下来的不论是男是女，倘要抱回，尚须另外贴钱。这几句话，你没有到尚仁里去吃酒的时候，小妹姐已与我说起的了。那时因你在此，并没高声。后来小妹姐叫你先到尚仁里去，他要与我商量句话，说我随后就来，你才先自出去。岂知你一去之后，这话更是一句不如一句，房间里的娘姨、大姐与带房间的相帮也多岔起嘴来，众口一词的说我既与小桃有孕，怎能不认？小妹姐更说小桃乃是押帐，他还有亲生父母，现在苏州，明天须寄信他来共议此事。我说小桃点大蜡烛的那夜已并不是处女的了，这胎知道他与那个有的？岂可推在我的身上！小妹姐反说点蜡烛的那夜，花了整千块洋钱，既然不是处女，明天为甚并没说起？世上那有此种好人！我叫他去问小桃，小桃那里肯说以前的事？也咬住是我与他有的身孕，竟叫我有口难分，才写票头请你过来。你想这事令人恼也不恼？好大哥，你与我出个主意，分辩分辩才是。"

生甫说完，小妹姐接口说道："温大少请邓大少来，那是再好没有的了。万事瞒不了邓大少，我家小桃点大蜡烛的这夜，邓大少也过来用酒，不过没有说明罢了。温大少当时真吃了亏，极知己的朋友面前，那有不说起的道理？我们吃堂子饭的，最怕是先生有喜，差不多有两节不能在生意上赚钱。故此我劝温大少把小桃娶了回去，不然叫他认了两节开消，借间小房另住，算是姓温的包了，等小桃生了下来，是男是女再说。这是客人与妓女有喜的通套办法，并没敲诈于他。不料他胡赖起来，冤枉小桃早早是朵残花，说这身孕并不是他有的，另外有甚客人。问他这客人姓张姓李，他又说不出来，叫我去问小桃。小桃又说除了温大少，没留过第二个客。邓大少，你想这事叫我怎样？小桃是有亲生父母的人，出了这样事情，我不去通信他父母出来，将来岂不抱怨？故与温大少争论几句，真是有的。如今邓大少替我们说一句公道话儿，怎样安放小桃？就是我要温大少常来照应照应的人，断不敢难为于他。"

　　子通听了二人说话，显见这事生甫当真做了瘟生，只因初时没有说破，小妹姐当他瘟到底。如今见小桃有孕，又要套到他身上去，不怕他不肯拿出钱来。但想此事小妹姐必与小桃串通，方能做弄生甫；否则小桃私下必定另有个心上人儿，先把身子破了，有了身孕，拿生甫来做个替身也未可知。此事须先盘问小桃，到底是私下有人先破了身，才令生甫点大蜡烛的，还是冠冠冕冕已点过大蜡烛了，欺生甫是个瘟生，令他点第二次的？若是私自有人破身，移在生甫身上，那是小桃的不是，只须向小桃说话；若是彰明较著的破过身了，又令生甫破身，这就小妹姐也太觉不像话了，那里容他敲诈？并且还应该追出他三百洋钱破身费来。

　　因而定一定心，且不与小妹姐说话，立起身来将小桃一把拉至里面的一个小房间内坐下，用言冒他一冒道："你这桩事，温大少早经与我说过的了，并说你另外有个恩客，这身子是被恩客私下破的，因怕小妹姐究问你，才有心做在生甫头上。生甫吃了暗亏，本来颇想发作，也怕小妹姐为难于你，心上不安，故至今没有说穿。那是他待你十分十二分的好处，你不应恩将仇报，如今有了身孕，又要硬吃住他。虽然生甫这人又是软心，又没脾气，你要弄他一千二千块钱，很是容易，不过要与他好好商量。决不可像小妹姐那般的，好像人多吃得下去，这却断断不肯拿出钱来。我想你何妨把生甫叫他进来，老老实实的将始末根由告诉于他，要他每月贴你一二百块洋钱，包你一节二节不走别人。我看这是不难的事。倘要他讨你回去，你也并不有心嫁他，他也并不真正与你有了身孕，此话休提。你虽年纪尚幼，乃是一个聪明绝顶的人，你想我的话是也不是？"小桃闻言，半晌不答。子通又道："你莫三心两意的没有主见，这事不是这么样办，生甫一定答应不来。况且此刻闹得急了，难保他不把你恩客是谁随口说将出来，那时小妹姐晓得，只怕你不得开交。我倒替你担着一桩心事。"小桃始低声答道："邓大少说的说话原是不错，但生甫自从有了相好，说我已经失过身了，不时盘我破身的人是那一个，我终咬定他点大蜡烛乃是初次，以前并没有人，如今叫我怎样说明？岂不是件难事？"子通听有了口风，索性加上一冒，道："我实对你说明了罢，俗语讲得好：'瓶口可瞒，人口难瞒。'你干的事，自己虽然瞒着生甫，房间里的娘姨、大姐怎能够一个个替你包瞒？生甫早已得了信了。你这破身的客人是……"小桃不待说完，心下一惊，急忙接口问道："是那一个？"子通道："是个年轻貌美之人。这姓名不说也罢，说出来我与生甫只怕多还有些认得。"

　　小桃听到这一句话，心头宛像有几百只小鹿在那里乱撞起来。原来替小桃破身的人并非别个，又是那先做如玉，后通楚云，私诱素娟，暗姘阿珍的潘少安。他自从到了上海，天天在堂子里头。因面貌生得好看，年纪又轻，身体又闲，那些倌人，莫说是做一个要好一个，就是没有做过的人，见了他也不晓得为甚缘故，多眉花眼笑的，很是亲近。少安见嫖得有些趣味，索性用些修饰功夫，一天修一次面，三天剃一次头，衣裳穿得花炮燀一般的，还要满身洒些香水，额发留得水钵头一般的，还要满头刷些刨花，钮扣上扎朵花球，喷香触鼻，帽子上钉个帽正，宝光照人。就是那一部包车，也收拾得异常精致，车轮是橡皮的，包铜是云白的，车垫是外国缎一墨绣的，踏脚布是五彩绒的，装的两盏车灯乃是水月电灯，走在路上照得人几乎眼睛多睁不开来，每天在张家花园、愚园一带车来车去。这些倌人见了，更一个个分外着眼，与他认得的人，巴不得他来做我，不认得的拼命吊他膀子，叫娘姨、大姐牵丝觅缝邀请他去，更有几个没廉（脸）耻的良家妇女，也多看想着他。花小桃虽然年纪尚轻，究已十七岁了，况且生长娼门，耳濡目染的多是些风月事儿，因也看上少安，私自瞒着生甫，叫他走动。少安因小桃是个中等妓女，面貌比不上如玉、楚云几倍，不甚愿意。小桃千方百计向别的客人弄了好几十块洋钱，私替少安做了件淡竹灰外国缎子薄棉袍子、一件蓝漳缎马褂送给与他，又贴出下脚洋钱叫他吃了一个双台。少安却不过情，方才走动起来，借了两三次干铺。无奈小妹姐与房间里人因小桃是个雏妓，见他做了少安，防备得十分严密，少安下不得手。小桃情急万分，又向别的客人弄些钱来，买通了房间里人，好容易完了心愿，只瞒着小妹姐一人。

　　房间里有个娘姨名宝珠姐，年纪约有四十岁了，是个从小吃起把势饭的，见小桃这一桩事做得不好，小妹姐倘有风声，大家脱累不来，看温生甫欢喜小桃，暗与小桃说知，叫他移祸江东。小桃因生甫虽然很是花钱，怎奈他年纪已是三十多了，酱鸭皮一般的面孔，嘴巴上又须根暴竖，触得人脸上多疼，身上更是垢腻不堪，只看他平日间的衣服可想而知，这种人怎愿他有甚相好？初时很不合意，后来宝珠再三相劝，说："这是把姓温的做一个挡身牌儿，叫他挂一个名罢了。只要他答应替你破身，堂堂皇皇的点过了大蜡烛，以后便是大先生了。你喜欢留那个客人，由你去留那个，岂不甚好？若只与姓潘的私下往来，不时偷局，将来日子多了，有甚风吹草动，我们房间里担不起重担。没有别的法儿，但能把姓潘的也割断了，且待有人破过了身再说。"小桃听了这一番话，觉得很是有理，又因自与少安有了交情，那月事已将近两个月没有来了，不要肚子里有了风流种子，那可不是顽的，才勉强答应宝珠。宝珠大喜，遂与小妹姐说温生甫在小桃身上如何花钱，如何看想小桃："我想小先生已十七岁了，落得说合姓温的替他破身，大家赚有一注钱。"小妹姐本来也恐小桃年长，尚未破身，莫要被人偷了包去，他是亲生父母的人，押契上写明得费均分，将来如何交代？故此巴不得有这现成客人，遂与宝珠两个竭力怂恿生甫干这桩事。生甫认定小桃当真尚是清的，一口应允。花了这许多洋钱，却做了个头等瘟生，凭你怎样盘问小桃与谁先已有过相好，小桃从未说起一字。

　　如今被邓子通兜头一冒，到底做贼人不免心虚，顿时发起慌来，只道房里人真有什么口齿不紧，落在生甫耳中，曾与子通说知。不由不脸涨通红，向着子通答道："邓大少，这几句话可是生甫与你讲的？"子通见他愈说愈急，点头答道："什么不是？俗语说得好：'若要人不知，除非己不为'，你既然干了这事，就该与生甫私下说明。他倒是个吃情的人，决不见得难为于你，岂可这样硬吃人家？现在你们弄坏的了。我想还是赶紧叫生甫进来，你把那个破身，那个有孕的话先自告知，免得被他当着众人说将出来，反不美。我在旁替你说些好话，须叫他看破些儿，包管你非但没事，并且还可得些好处；若是你不听我话，我也管不了这许多闲事，由你大家搅去，看你们有甚便宜！你要见机些些为是。"小桃听子通的话讲得利害分明，且甚入情入理，究竟自己年纪尚轻，不是什么老口偏人，当下中了子通之计，说："既然这样，待我去唤生甫进来，你须在旁帮我的忙。莫要被小妹姐得知其事，使我为难。"子通道："你肯听我说话，那有不帮你的道理？只管叫他进来是了。"小桃果然退至外房把手向生甫一招，招他进内。宝珠等不防小桃已被子通冒穿，没有跟着进去。小妹姐因小桃私干的事尚在睡里梦里，认做小桃招生甫进去，私与子通三人商量什么当真娶他的说话，或是借小房子，每月议贴多少洋钱，不能够不留着心儿，在门帘口听他一听。子通却知道此事与小妹姐无干，多坏在小桃身上，必须如此如此，替生甫出出闷气。看二人走至里边，先听小桃把被潘少安破身有孕的话一一向生甫告知，直说到要生甫格外看破，认这身孕是他有的，借小房子瞒小妹姐，不可说穿，免受打骂，子通才晓得那祸根又是少安。立起身往外就跑，口里头说："这些话我已听明白了，且叫大众多来听听：姓潘的与小桃破身有孕，却要姓温的来顶替，亏你们说得出来！"小桃不防子通翻脸，大吃一惊，急忙追将出来，要想把他的口掩住，莫被小妹姐听见。"

　　那知小妹姐已听得七明八白，骇诧异常，正想跑进房去盘问此话从何而起，恰与子通在门帘口撞个满怀。子通喝问："是谁？"小妹姐道："是我。"子通道："正要叫你来听新鲜话儿，你快进来！"因将门帘一揭，拉了小妹姐回至里房。小桃也又跟了进来，见小妹姐面带怒容，恍如青天里起了一个霹雳，知道这事分明受了子通的骗，被他诓出实情，如今瞒不得了，顿时脸罩浓霜，一句话也说不出来。生甫晓得替小桃破身有孕的人是潘少安，正如大梦方醒，在那里点头播脑的又气又恼，却也没甚说话开发小桃。小妹姐进得里房，三个人你瞧瞧我，我瞧瞧你，大家没句话儿。子通在旁又替生甫不平起来，提醒他道："你的事既已弄明白了，可与小妹姐说，该你把小桃娶他回去，还是借小房子，贴他的钱？怎么口多不开，难道你有甚虚心病儿讲不出来？"生甫始把小桃方才说的说话对小妹姐述了一遍，却仍前言不接后语的没句煞断。子通暗怜他真是一个无用之人。

小妹姐听了生甫一番言语，大怒小桃干得好事，房间里人通同作弊，把自己瞒在鼓里。顷刻放出做老鸨的很手段来，向小桃两个巴掌，骂不绝口，回头又叫宝珠姐等一齐进来，骂他们一个狗血喷头。宝珠姐等皆因这是自己做差的事，如今小桃既已漏泄，那一个敢还句口儿？不过心上边人人痛恨子通不应该欺小桃是个嫩口，骗出真情，为朋友这般出力，暗地里咬牙切齿咒骂于他。

子通并不是生甫一般的呆人，看见众人有怀恨之心，暗想何苦招尽冤家？况且这事原是小桃自己看上少安而起，因替众人向小妹姐劝解，只归罪在小桃一人身上，道："小妹姐，你也不要一个个埋怨他们了，他们虽然不该瞒你，多有不好之处，究竟少安是小桃自己看上的人，并非房间里人有甚牵线，也得原谅他们些儿。不过小桃年纪还小，不是我今天责备于他，怎么就有倒贴钱的恩客起来，反把着实花几个钱的客人一心要做弄着他？若照这个样儿，将来那一个人再肯在他身上花钱？这倒是桩不了的事，与我们虽没有相干，与你却很有关系。你还把小桃管教好了，以后莫要再听他的花言巧语，得罪别的客人。只恐找不出第二个好脾气的温生甫来。"小妹姐听了这种说话，当真愈恨小桃，又是两记巴掌向粉颊上打去。小桃掩面大哭。子通并不相劝，生甫甚觉过意不去，慌将小桃抱在怀中，替向小妹姐求饶。小妹姐怒气不息，说："温大少，你们且请外房去坐，方才有甚冲撞于你，都是我误听了小桃与宝珠等的放屁，切莫见怪。小桃这小东西，我却断断饶不得他！"说毕，又是一掌打来。

生甫尚待要劝，子通想事已刷清，小妹姐责打小桃，咎有应得，与平日虐妓不同，此时不走，更待何时？将头向生甫一摇，高说："我们可到外面去坐。"方才一同来至外房。宝珠姐等也多随了出来。子通瞧一瞧时辰，表已是一点半了，对生甫说："天已不早，我们何不大家回去，由他母女甚样。"生甫有些不忍小桃挨打，不肯就走。子通不答应他，叫车夫快快点灯，逼着一同出院。宝珠姐要叫小桃来送，子通回说不必。宝珠姐代送出门，私将生甫的衣襟一扯，咬耳朵说了两三句话，叫他明天一准要过来一次，看看小桃打得什么样儿，可怜他年纪还小，虽然做差了事，究竟要看破三分。生甫点头应允。

子通看在眼里，当时没有说穿，直至出了院门，才问："宝珠说些什么？"生甫说："没有别的，无非叫我明天再去罢了。"子通道："明天你去是不去？"生甫道："且待明天再说。"子通冷笑道："我料到你明天定去，但是这种妓女犯得着再去花钱？你须自己心上明白，不要再去钻甚圈儿。我却不来再管你的事了。"生甫诺诺连声的道："那个自然。今天真个多亏了你，不然我竟有口难分，小妹姐当真可恶得很！"子通道："你这人真是糊涂，可恶的是小妹姐么？第一个乃是小桃，第二个是宝珠，你此刻怎么还错怪人家？"生甫自知失言，点头不答。出了南兆贵里，向子通说声"诸事费心，明天再见"，坐上包车，如飞而去。子通看生甫去远，自己不坐车子，步行至新清和坊金粟香住宿，按下不提。

再说小妹姐在里房把小桃一连责打了十数记巴掌，口里头大喝大骂。房间里人不好去劝，后亏同院子的妓女听得小桃哀泣，多出讨情，小妹姐方才住手。却要小桃与房间里人找到少安，卖去这一笔帐，不许一天坐吃。小桃无奈，等小妹姐出房安睡之后，忍住了哭，只得仍与宝珠等商量明天怎样去寻少安说话。宝珠先责小桃不应被子通冒出真情，非但自己弄坏自己，并且带累众人，又说："明天去寻少安，他是个一毛不拔，专想倒贴的人，寻他有甚用处？我看此事还在生甫身上。明儿倘他再来，用条苦肉计儿，你说昨夜被小妹姐足足打了半夜，今晚尚不干休，求他发点善心救你，每月拿出百几十块钱来包你六、七个月开消，生下来的小孩不干他事。我看生甫这人甚是忠厚软心，或者真肯吃这杯酒也未可知。少安莫去寻他，石子里逼得出甚油来？"

小桃道："你的话我岂不知？但想生甫虽是好人，邓子通这短命的很是恶毒，今天不是他来骗我，怎能吐露实情？明儿有他在内，只要他三言两语，又被说破隐情。生甫是个毫无定见的人，听信了他，那肯再听我们？岂不依然枉费唇舌？必得想个法儿，先把子通离开，或者才能成事。"宝珠姐道："生甫与子通两个，看他们倒是个生死至交，怎能离得开来？"小桃道："真要离间二人，却也不难。我听生甫新近说起，贾逢辰要与子通借钱做甚生意，子通因逢辰靠不甚住，没有允他，逢辰怀恨在心。明天何不请他到来，把此事说知，央他想个法儿。此人足智多谋，必能收拾子通。若把子通收拾住了，生甫就可由着我们摆布，你想好也不好？"宝珠姐大喜道："姓贾的真与姓邓的暗中不睦，帮着我们，此人出起手来，莫说定能离间二人，就要使子通吃些儿亏，出出闷气，也管你有几分拿得住他。明天我准定一早起来，到花小兰家请去，倘然不在那里，向阿素姐问明了他公馆，随你远在天边，也要寻到了他。"房间里别的娘姨、大姐听二人这样商议，也说逢辰计策最多，定能算倒子通。大家又哝哝唧唧的讲一回，劝小桃早些安睡，明天再说，方才各自就枕。

到了明日九点多钟，宝珠第一个起来，洗好了脸，刷了刷头，到小桃床前说知到尚仁里去。小桃被他唤醒，坐起身来，也想下床，觉得脸上板痛，叫宝珠拿面秋千镜来，在枕上一照，原来两颊青肿，乃隔夜被小妹姐打的，不觉把镜子一放，重新哭泣起来。却不怪自己不好，也不怪小妹姐辣手，一心只怪子通使弄出来的事情，咬牙切齿的在床上边哭骂一场，催宝珠快去快回，巴不得立刻报仇。宝珠见小桃被小妹姐打得这个样儿，叫他此时不必起身，且等贾逢辰来了再说。小桃答应，因又睡了下去。宝珠唤醒了一个粗做娘姨，叫把房间赶紧揩扫，怕逢辰马上就来。

自己出了院门，走到花小兰家。见房门尚还关着，轻轻的敲了几下。里边阿素姐动问："是谁？"宝珠说："是南兆贵花小桃家来找贾大少的，可还没有起身？"阿素道："将起来了，我来开你。"宝珠听得逢辰在内，心中好不欢喜，立在房外，等阿素开好了门，说声惊动，走将进去。阿素道："我道是谁，原来宝珠姐，为甚这样好早？"宝珠道："因怕贾大少出去，故此来得早些。我家先生有句要紧话儿，要请贾大少说去。"逢辰在床上听见，问宝珠为甚事情，宝珠把昨夜的事约略说知。逢辰一头听他讲话，一头叫阿素拿烟具到床面前来装烟，连吸了一钱有余，方才有些精神，披衣起身。阿素问他可还再要吸了？逢辰说："就要出去，快叫粗做娘姨拿脸水来。"就由娘姨伏伺他洗好了脸，穿好长衣，往外要走。阿素问："可要吃些点心？"宝珠道："对不起，贾大少且到我们那边吃罢，小先生盼望得紧。"阿素不复再言。逢辰遂移步出房，同着宝珠到花小桃院中去，商量处置子通，做弄生甫的事情。有分教：

　　　　使到明枪容易躲，放来暗箭最难防。

要知逢辰此去，怎样与小桃设法算计二人，且看下回分解。

第十二回

攀冶叶险中狡谋　赏菊花独夸豪举

话说花小桃恨被邓子通话出潘少安事情，在温生甫面前说破，致受小妹姐毒打，一心要报此仇。因贾逢辰诡计多端，与房间里宝珠姐等商量，请他前来一同计议。逢辰到了小桃房中，小桃一五一十把隔夜的事细细告知，并叫宝珠姐分付相帮喊一碗虾仁面来，请逢辰吃了早膳，又开了一只烟灯，亲自起身替逢辰装烟。逢辰看他脸上打得青一块紫一块的，落得做个春风人情，把小桃抱在怀中，脸偎脸的温存了好一回儿，却并没半句怎样摆布子通与做弄生甫的话。小桃再三问计，逢辰始说："计是有一条在此，须得有一个人去做。此人非钱不行，说也无益。"小桃喜道："这人是谁？大约要多少钱他肯干了？你且说与我听。"逢辰道："说起来这一个人你也晓得，就是春间在胡家宅做过野鸡妓女的王月仙，后来姘了一个安庆人姓安的，住在会香里内。新近有个杜少牧的乡亲钱守愚，因通商大会看灯，在路上遇见，把他引到家中，设计捉奸，得了他好几百块洋钱。会香里不敢住了，恐防少牧与少牧的朋友谢幼安、李子靖、风鸣岐、熊聘飞、平戟三这一班人替他出头，不甚好惹，现今搬在梅春里内。他与从前跟萃秀里叶媚春的阿珍很是要好。阿珍住的这小房子，虽说是与屠少霞借的，少霞被他的娘管住，好久没有出来，遂私下走动了三、四户客人，潘少安、邓子通多在其内。两个人却从未会过面儿，故而没有闹过事情。月仙到了夜间，不时往阿珍那边坐坐，因此也与子通认识。最好叫他做个牵线，说梅芳里有个同居的姊妹，向来也在堂子里做大姐的，生得比阿珍还要高上几分，有个客人包着，那客人是在火轮船上做买办的，开了船要歇十天左右才来，因此也有走动的人，叫子通前去看他。子通不动这心便罢，若动了心，约个日子，等月仙另外找个美貌女子藏在家中，只要子通到家，月仙与他姘夫说了，叫他多约几个弟兄，选个出来装做这女子的包客，领着头进去捉奸。那时子通虽然乖觉，怕他不与钱守愚一样苦苦求饶？然后逼他写张伏辩，拿出三千二千块钱出出闷气。我想大凡越有声家，越是体面的人，这种事越是好做。你看此计如何？倘然你说果然使得，月仙我好替你去说，不过不先给他些钱，怎肯替人出力？况且另外找个女子，这女子只怕也先要拿些钱去，你想是也不是？"

小桃听了这一番话，好像子通已经被逢辰算计定了，断断逃不出这圈来，心中好不欢喜，连赞："果然好计！"宝珠姐等也说子通最喜欢的乃是大姐，他做新清和坊金粟香，一半也为了跟粟香的阿玲，看来此计甚好。逢辰听众人说他好计，一头吃烟，一头添上些十拿九稳的话，更说得天花乱坠。小桃私与宝珠等商量，生甫热天有只扇袋在此，袋上有一块汉玉扇坠，听他说起足值一百多块洋钱，昨夜又有一只金表没有带去，也值二百块钱左右，何不交与逢辰，叫他押几块钱给月仙前去办事，好报此仇？宝珠姐等多说甚好。小桃遂立起身来，到枕头边取了金表，又开了衣橱，在橱抽斗内拿出一只蓝缎子平金绣扇袋，解下扇坠，一齐交与逢辰，说："费心代押一、二百块洋钱使用，不知可已够了？"逢辰接来一看，那金表足值一百七、八十块洋钱，扇坠是个汉玉蟾蜍，雕刻甚工，玉上边斑斑点点，五色俱备，虽然是件小件，值价也在一百块钱之外。看了一遍，藏在身旁，回说："既然这样，待我办去，三天后给你回音。"小桃十分得意，连脸上边的痛楚也多忘了。逢辰叫他今天落得装伤，不要起来，一则使小妹姐晓得有些悔意，二则说不定生甫要来，就好央求他帮贴开消，看他怎样回覆，与我说知，再替你们想法。只要把子通做倒，生甫就不怕他逃出了我的手掌。小桃依言，因此头也不梳，脸也不擦，等到逢辰走了，重新上床睡去。

逢辰吃足了烟，别过小桃，当下就去找月仙，与他说知做弄子通的话。却把南兆贵的那一节事一字不提，只说打听子通真是一个厦门首富，故而特来设计，想要大家弄一注钱。到手了，四六分摊，月仙一边六分，自己四分；不到手，彼此白白费些心机。小桃那边拿来的扇坠、金表，他一个人先自上了袋了，月仙那里得知？听说子通有钱，他也平时记得阿珍讲起，姓邓的真是一户天字第一号客人。常言说得好："财帛动人心"，那有不愿做这勾当的道理？况且不多几时干了钱守愚那一桩事，何等容易，子通虽然不好弄些，照着逢辰想的念头用心做去，怕他不肯上钩？当下一口应许，包管三、四天内一定做到，这注钱唾手拿来。

　　逢辰大喜，到了明日回覆小桃，顺便打听生甫动静。小桃回说："生甫当日就来，不过瞒却子通，说是要好朋友，不可被他知道，难以为情。我们也没说子通半句坏话，只叫生甫依旧照应。生甫并没回绝，看来有些意思。"逢辰又暗暗欢喜，只等月仙一面下手。

　　且说月仙自从在逢辰面前答应了这一桩事，当晚就到仁寿里阿珍家去，岂知子通这夜没来，走了个空。到第二夜子通来了，阿珍在旁，不便开口。直至第三夜，子通方到，潘少安忽也到来。阿珍要瞒过子通，只说有一个屠少霞的朋友在外，要去打听打听少霞近日怎样，叫月仙陪着子通，自己卸身出外。月仙正中下怀，乘机把话去勾动他。果然，子通听了，入了道儿，盘问月仙这女子究有几分姿色，包客几时出门，出了门有人进出可还稳当。月仙随口答道："这女子小名三宝，向在苏州青阳地堂子里做跟局大姐，生得十分美貌，那皮色比阿珍更要白些。今年三月才到上海，就有一个火轮船上做买办的看上了他，与他借小房子。起初是在新马路的，后嫌进出不便，搬到我那边来。这包客一个月转来三次，每次不过耽阁两夜就要开船。开了船，家里头只有一个车夫，一个大姐，有甚客人进出，只要难为些儿小费，他们落得拿几个钱，怎来管甚闲事？我因这人住在家中名气不好，几次要赶他搬场，多因三宝很会做人，翻不起脸。近来走动的人少了，我才许他依旧住着。你倘要看看他时，今天包客在家，不便过去，明天恰好要开船了，晚上边一、两点钟，尽管放心到我家里头来，包你没有别的事情。不过你拿什么东西谢媒？"子通笑道："人还没有见过，怎要讲起媒人钱来？"月仙道："这人你不见则已，一见他包管合意。"子通含笑不答。

　　月仙想了一想，道："你明天晚上一定到我家里来一次罢，我还有别的说话要告诉你。"子通道："有甚别话，今天为甚不说？"月仙把眼睛向外一瞧，低低的道："今天不便。"子通晓得关碍阿珍，却偏要听他说些什么，走近一步，捱至月仙身旁，问月仙究有何话。月仙附耳问道："你在这里常走，每月花几个钱？"子通道："这里房屋本是屠少霞借下来的，如今少霞不来，我每月贴他一百块钱。"月仙道："可知他还走动别人？"子通道："据他自己说起，还有两、三户客人，却不知姓甚名谁。"月仙道："他走动的客人多哩。论理我们是要好姊妹，不应该说他短话，但他客人里头有个姓潘的恩客，不但不要他花一个钱，并且还肯去倒贴他，故而我替花钱的那班客人有些不伏。想与你另外找个地方走走，一样用几个钱，休要去做瘟生，惹人暗地好笑。"原来子通这人家资豪富，所以花几个钱不在心上，最忌的却是一个"瘟"

字，又与潘少安早早结下心病，听见月仙这几句话，顿时触起气来，忙问月仙那姓潘的可知道他叫甚名字，月仙道："名字不甚清楚，现在外边的就是，你去瞧瞧便晓得了。"子通听罢，三脚二步跑至房门，轻轻把门帘揭起，向外一张，但见正是少安与阿珍两个，肩并肩合坐在一张藤交椅上，有说有笑。细听听，正在那里说南兆贵温生甫的事情，只恨声音甚低，很不清楚。

子通不看犹可，看了时几乎发出性来。月仙慌忙一把拉他进内、低声说道："你吃醋也不是这样吃法，岂不要连累旁人？"子通方才忍住了气，却暗与潘少安又添上几分仇恨，牢记在心。月仙看子通发怒，知道必定恼着阿珍，正好乘势约定他明天家里头去，因又咬着耳朵说了好一回三宝的如何好看，阿珍的怎样私做恩客，当别的人多是瘟生。子通竟然被他说动了心，约定明夜一点钟一准到梅春里去。月仙好不喜欢。

等到二人计议已定，阿珍进房，子通板起面孔，像要与他说话。月仙暗暗把头一摇，说："天已不早，我要回家去了，你们早些睡罢。"子通见月仙要去，晓得自己性子不甚大好，住在这里难免闹出事来，因也立起身来说："果然天不早，今夜我也要回栈去睡，明天早上有些事情。"阿珍怎晓得内中缘故，巴不得子通去了，好等少安住下，故此假意款留几句，一面叫小大姐通信外房，令少安暂避，送二人出门。子通明知少安未去，也不提破于他，与月仙一同出外。阿珍送到门口，闭上了门，听他下好了闩，方才进去。

月仙又与子通说定明夜时刻，看子通上包车去了，自己叫部东洋车回至梅春里，端整明夜事情。先与一个从前在长裕里名唤花寓，做过野鸡，现在姘了一个马夫，住在德人里内，不做生意的姊妹说知，叫他认做三宝，早些到梅春里来。这人品貌还过得去，年纪也二十不到。又与安清并计万全等告知其事，叫他们多约些人，在前后门弄内守候，但看小大姐出来关门为号，大家一挤进内。万全就算是轮船买办，奋勇当先。众人商议定妥，只等明天子通到来，就可中计，好不十分得意。

到了明夜，子通当真不到阿珍家去，在群仙女戏园看金月梅的《纺棉花》，郭少娥的《黄金台》，陈长庚、一阵风的《花蝴蝶》，直到十一点半钟方散，坐了自己的马车往梅春里而来。月仙、花寓等得正觉有些心焦，忽听门上边有人叩动，月仙低问："是谁？"外间答称："是我。"又问："这里可是安家月仙？"答声："正是。"知是子通来了，亲自掌着灯火，叫小大姐一同下楼开门，并叫花寓到月仙对房一个客房间中坐下，等着子通进来。那知月仙与小大姐开门一看，叩门的不是子通，乃是一个马夫模样的人，不觉呆了一呆，说："半夜三更，谁叫你来打门，做甚？"那马夫低低的道："我们是邓子通邓大少爷的马车。大少爷现在弄外，叫我先来找寻门口，找到了他好进来。"月仙方才放下了心，回说："这里正是，叫他快些来罢。"那马夫答应一声，回身便走。少停，手中拿着一盏车灯，照了子通进来。

好个子通，甚是精细。进弄的时候，灯光里面照见弄口有三、四个不三不四的人在那里走来走去，后来进了弄堂，又见有两、三个人在黑影里走将出来。留心回头看时，见他们与弄口的那几个人合在一处，虽然走得已远，听不出他们说些什么，心上边不免有些犯疑，暗想这条小弄里头为甚有这许多的人？及至走到门口，又见弄底里尚有两三个人在那里指手画脚。子通更是吃惊，想到新近钱守愚的事情，莫要闹出祸来。因此进得门去，叫马夫在门口等着，不要跑开。月仙说："马夫何必在此，尽可叫他先回。"子通执意不肯。月仙不便再说，只得且自由他。

子通把马夫留下，算是一服定心丸儿。没有事情最好，有甚风吹草动，有个人在手头，究竟便当些些。始敢放大着胆，跟了月仙进内。见这房屋一共是两楼两底，楼底下乃是客座，收拾得俗气不堪，房间多在楼上。月仙叫小大姐掌着灯亮，要请子通上楼。子通站住了脚，说先在客堂里坐一刻儿，上去不迟。月仙说三宝在楼上不肯下来，子通道："为甚不肯？"月仙道："他与你没见过面，怎肯前来就你？"子通笑道："难道停回说得投机，睡上床去，他也不肯就我不成？你且去设法他下楼坐坐，我自有道理。"说完，一屁股在一张椐木交椅上坐下，不肯再走。月仙无奈，叫小大姐放下了灯，上楼去唤花寓下来。自己陪子通坐下，点了一个纸煤，拿支水烟袋与子通吸烟。不移时，听得楼梯声响，花寓下楼。月仙站起来，叫声："三宝姊，里面来坐。"花寓装做含羞见客的样儿，手中拿了一块白洋布手巾，向嘴唇上边一掩，低说一声"有坐"，扭扭捏捏走将进来。

子通在灯光下子细一看，这人好不面熟，满肚皮细细想去，好像在英大马路同安居或是易安居茶馆里头看见过的。不要是个野鸡妓女，在这里弄甚元虚？不觉呆了片时，并没说一句话。月仙见他沉吟不语，也怕他看出行藏，慌说："这就是三宝姊姊，谅来没有会过。"子通含糊答道："会虽没有会过，我前几时在易安吃茶，见过一个绝色女子，仿佛与他面貌一般，真是奇事。"花寓听了，脸上一红，道："好端端的妇女，怎么上茶馆吃起茶来？听这话可要发笑。"月仙闻子通开口第一句就道破隐情，虽然是个老口，也不免有些形色慌张，急忙替花寓辨白道："邓大少与你顽笑，你几时到易安吃过茶来？休要认真。这里客堂中夜间风大，吹得人冷飕飕的，我们大家上楼坐罢。"说完，叫小大姐张灯上楼。

花寓先要小大姐出去关门。子通看他二人怎样举动，绝不做声。后来小大姐听了花寓的话，当真到外边关门去了。子通愈看花寓，愈像是个野鸡倌人，就依品貌而论，也比阿珍差些，心中本来不甚着魔，后听小大姐在外关门，与马夫吵起嘴来。小大姐一定要关，马夫说，有我在此，不关也好。小大姐一定不许，要叫马夫出去，候在外边。马夫不允，两下里争闹起来。顿时门口边来了十几个人，你也一言，我也一句的抱怨马夫，并说是那一个人的马车，敢使马夫在弄内撒野。那马夫见势头不好，正想奔进来告诉子通，子通已听得清清楚楚，估量着事有蹊跷，不合听了月仙的话，身入重地，还好没有上楼，何妨趁此机会早早脱离虎穴，逃出龙潭。莫说这女子不甚合意，就是天仙化人，也断不可贪欢取祸。主意已定，假称吆喝马夫，走将出来，月仙、花寓跟在后面。子通走到门口，对马夫说："不许多嘴，本来我要走了，快些出去！"大踏步走至门边。月仙没有防备，拉又不好拉他，眼睁睁的只好看着他走，气得手足如冰。花寓更不必说，不好开口。

门外恼了万全，暗想："子通乖觉没有上钩，奸是捉不成了。何不趁他尚在门口，盘问他半夜里来此何事，看他怎样回答？倘然回答不来，就好寻他的事，免得劳师动众，白费心机。"因把两手在门口拦住，高喝："出来的人慢走，你晓得这里是什么地方？半夜里进来做甚？说明了放你出去。"子通见有人拦路，暗恨尚差三五步路未出大门，好照黈夜入人家，非奸即盗而论。又想这一条梅春里，并不多是些公馆宅堂，也有私窝住家在内，何不假称误访桃源，与他们赔个礼儿，便好脱身。正待开口说话，忽又缩住。皆因这句话说出来时，一则不甚大方，二则防里面月仙与那个妇人含血喷人，说他深夜敲门，诬良为贱，调戏妇女，那时有口难分，岂能洗刷干净？也是子通心灵智巧，且命里头不该破财，眉头一皱，情急计生。且不与他们讲话，只叫马夫快到街上去唤巡捕。马夫答应要走，子通又唤住，道："弄口瞧瞧，有集贤里李大老爷与熊大人的马车没有，倘在外边，请大人与李大老爷进来，说我有事找他。"那马夫也甚识势，回说："熊大人的马车就在东面，我去唤来。"子通把头一点，挥手叫他快去。

万全初听子通叫马夫去唤巡捕，知道他胸有成竹，已觉畏惧三分，尚想等马夫出去之后，索性把子通拥他进门，饱打一顿再作道理。打在门口里头，巡捕到来，子通也有不便。后听又叫车夫去找子靖、聘飞，子靖还不甚打紧，聘飞这人手头了得，日前刘梦潘尚惧怯于他，不要真个来了，那里打得过他？暗想这一块天鹅肉，今夜吃不成了，万事见机些些的好，不要闹甚大祸出来，连钱守愚的事情一齐发觉，反为不美。因此第一个把嘴唇吹响一声，往弄外卸身先走。安清尚还不知就里，暗诧万全如何走了，是甚意思？心中不服，挺一挺腰，迎至子通面前，想要动手打他。万全连把嘴唇吹响，暗叫他不可下手。子通见安清来势凶很，正在退又不是，避又不是，心急万分。忽见他又收住了手，并没打来，好不诧异。

　　里面月仙与花寓两个，看见门外众人一个个不敢动手，不知为了何故，暗差小大姐开后门出去动问万全。那知万全已一溜烟走得无影无踪，小大姐在黑暗里寻不到他。安清见万全不许下手，始估量着内有缘故，也慢慢的走了开来。众人见万全、安清多已去了，正是"蛇无头而不行"，那一个敢出头多事？停回巡捕来时，拉到捕房里去，吃些没趣，又见左邻右舍因听弄中喧闹，大家拿着灯火开出门来，故此也一哄而散。只剩子通一人尚站在门口边并没走动。月仙越看越是不解，却错认做计万全的意思，仍要把子通骗他进门，然后下手。故又笑微微的走至门边，对子通道："那班流氓，不知他们要来想些什么，倒把我吓了一跳。如今没有事了，你进来罢。"伸手来挽他进门。子通看门外并没个人，想到此时不走，更待何时？急把衣袖一拂，道："我还要进来何干？"洒开脚步，往外便跑。月仙挽了个空，几乎把身子直扑出去，幸亏花寓一把拉住。小大姐也在外头进来，扶定了他，已蹩得脚上边的高底生疼，骂声："姓邓的，你走得很好！"回头问小大姐："万全那里去了？"小大姐说："寻不见他。"月仙又气又恼，回身进得门去。

　　正待关门，斜刺里计万全走进门来，安清也跟着进内。月仙慌问："你们多到那里去了？"万全把头摇摇，道："你们里边来说。"遂与小大姐把门关好，大家走至里面。万全说："子通没有上楼，这人就显见不好弄他。走出门，众人向他寻事，他没有说话回答，只叫马夫去唤巡捕，更见得是个逼吓不倒的人。何况又叫马夫去找姓李的与姓熊的，那姓李的洋场上面熟人很多，甚有声势，姓熊的乃是个武科出身，练就一身武艺，十个八个人近不得他，我们约来的几个弟兄岂是对手？幸亏我晓得底细，方才没有交手。若是动起手来，姓熊的当真来了，岂不受他大亏？这事今天干不来了，只好放他暂时过去，且待缓缓的算计于他。你们那里知道？"安清方始明白。万全又把子通如何不肯上楼的话向月仙、花寓细问一遍，二人一一答知。万全说："可惜! 绝好的一条美人计, 算不倒这一个人, 这是那里说起? 好得此事乃是逢辰作荐来的, 明天好找逢辰说话, 等他再想别的法儿。"约来的人且自各散, 花寓叫他叫车回去, 白白的往返一场, 我且按下不表。

再说子通好容易逃出龙潭, 黑暗中七跌八撞(跣)的走至弄口, 见自己的马车还在, 急忙跳上车去, 问叫巡捕的马夫来了没有。车上边小马夫回说, 因弄口没有巡捕, 奔到前面马路上去叫了。子通连说: "赶他回来, 不必再叫。"小马夫说: "既然这样, 待我赶去。"子通又说: "快快开车迎将上去, 自然撞见, 不必去赶。"小马夫答应一声, 急把缰绳牵动, 加上一鞭, 如飞跑去。约有一、二十间门面, 看见那马夫独自一人在马路上高喊: "巡捕先生, 梅春里有流氓拆梢, 快些前去!"谁知这时候正值巡捕调差, 一时喊不到人。子通看见, 心中大喜, 急忙喝住了他, 叫他上车, 把众人多已散去的话述了一遍, 主仆方得定心, 慢慢的按辔而回。

子通这一下虽然没有受亏, 却也吃了一次大惊。从此私门地方不敢乱闯, 并连阿珍那边也一连五天没去。弄得阿珍疑起心来, 叫小大姐请了两次。到了第五天晚上, 又叫小大姐去请, 并说城里姚大少来过三、四次了, 写了一封书信留在家中, 说今天有甚要事, 写在信上, 快些去看。子通方又随着小大姐前去。阿珍见了, 盘问他为甚不来。子通把梅春里事告知, 却没提起与少安吃醋, 要冷眼里细看着他。阿珍听了子通那番的话, 说怪不得月仙这几天也没有来, 原来他不是个人。遂把月仙如何做过野鸡, 如何妍了流氓, 如何做弄守愚, 如何搬在梅春里去的前后事情细细说知。子通才知守愚受诈, 就在这一班人手内, 自己没有上钩, 真是万千之幸。

二人讲了一回, 子通问阿珍: "城里头姚大少今天有甚事情到此, 书信现在那里?"阿珍在梳妆台抽斗里面拿出一封信来, 说: "姚大少再三叮嘱, 叫你今天一定要去, 却不知为了何事。"子通拆书一看, 见上写着:

> 子通我哥如见: 屡访不遇, 怅怅。弟自尚仁里大闹后, 现已复修旧好。两次相请酒叙, 未奉驾临, 深以为歉。日来菊花盛开, 棋盘街双富堂堆扎花山, 甚堪娱目。今晚邀集知己为赏花之举, 在座系阁下与生甫、冶之、志和、锦衣、秀夫、伯度、营之、逢辰、幼安、少甫、少牧、守愚诸君子, 及大拉斯、白拉斯两西友, 资雄花田郎东友, 共酒十六台。务希宠临, 千万勿却是荷。专此, 留请治安

> 景桓弟姚光拜上

　　子通看罢，道："我说姚景桓有甚事情，原来是到双富堂去赏菊花山。"又道："这一封信笔下很是清妥，看来不是景桓自己写的，但不知在那一个相好房中，为甚没有名字？"阿珍道："这封信是杜二少一同到来，替他写的。既然到双富堂去吃酒，我听得有人说起双富堂新近到了一个诗妓，叫李金莲，又叫什么碧漪女史，大约必定就是此人。"子通点头道："这人我也听得有人说过。不过姚景桓不是喜欢此道的人，或者另有别的相好也未可知。"

　　二人正在猜想，忽门外有人叩响。小大姐要去开他，阿珍认是少安来了，恐被子通撞破，心上不免着慌，因与小大姐递个眼色，要想自己去开。子通见了有些疑心，夹脚跟也跟了出来。阿珍又不便出去，只得站在天井中高问："是谁叩门？"外边回称："是我。"阿珍听并非少安，方才放下了心，叫小大姐快去开他进来。正是：

　　　　只缘谎事天来大，故怕门声月下敲。

不知那小大姐开进来的是谁，有甚事情，且看下回分解。

第十三回

双富堂夏时行出丑 百福里花小桃打胎

话说邓子通在阿珍房中说话,听得有人叩门,阿珍疑是少安来了,要想自己去开。谁知子通跟了出来,因在天井里高问:"是谁叩门?"外面应声:"是我。"知道不是少安,才叫小大姐出去开他进内。原来是姚景桓与游冶之、郑志和、荣锦衣、毓秀夫五人。锦衣是新近到的,仍旧住在长发栈中,遇见秀夫,说起志和、冶之双双娶妾的事,现在不住栈内,在观盛里借公馆了,因补送了一分贺礼。这日与秀夫一同到观盛里去拜望,恰好姚景桓来约志和等到双富堂去,五个人遂同到仁寿里来,一则顺便看看子通在与不在,二则锦衣要看看阿珍。

子通见是景桓等众人,让至房中坐下。先与锦衣叙了几句寒暄话儿,次问景桓今天吃酒可是在李金莲那边,景桓道:"李金莲听说是个文绉绉的什么诗妓,少牧晓得了,很喜欢他,却也没有见过,今夜想去叫个本堂。我这酒乃是花也香的,不是金莲。"子通道:"花也香人品如何?"姚景桓道:"也香的人品,虽然比不上冠群芳等几个有名的书寓,若在么二里头,却也说得过去。他这堂子里共有花也红、花也芬、花也芳、花也娇、花也怜等十数个姊妹,与李金莲等四、五个伙妓,要算也香第一,停回你见了自知。"子通对阿珍道:"如何?我说他决不去做金莲,果然不是。"景桓道:"顽耍的地方,取的是品貌好看,举止风骚,要他斯文甚的?斯文人有甚趣味?我生平最不喜他。"锦衣、志和等听了,暗自好笑。

景桓一头说话,一头在身边摸出一只金时辰表,一看已是八点多了,催着众人要去。阿珍嘱咐子通,停回叫媚香的局。子通问他自己可跟,阿珍道:"别人叫局,我不跟了,你叫,自然要来。我马上到生意上去等你。"子通道:"你当真还肯跟局?以后我便天天来叫。"阿珍道："你真个天天来叫，我就次次自己来跟。"姚景桓对着子通把大指一伸，道："这是你邓大少的颜色。"子通是个最要面子的人，心下也觉十分欢喜，遂与众人一同出门，坐包车的包车，坐马车的马车，一窝蜂到棋盘街而去。阿珍果然到萃秀里媚春那边，等候子通叫局，不在话下。

再说姚景桓等六人到双富堂门口下车，景桓打头，领着众人进内。相帮见是熟客，喊声："也香小姐，客人进来。"并不喊"带开口"传呼各妓移茶。景桓进得也香房中。因这房间甚小，六个人坐了很挤，也香说："有个杜二少与一个姓谢的、一个姓钱的、一个也是姓杜的先来找过你了。因你还没有来，二少喊过移茶，现在李金莲房中，你们可要请几位过去坐坐？"景桓道："原来少牧先已到了，待我过去。"也香把他衣襟一扯，道："你今天是个主人，怎的出去？"锦衣、志和立起来道："也香说得不错，你是个主人家，不好走开。我们到那边去看看就来。"毓秀夫也要过去，只留冶之陪着景桓，先写请客票到各处请客，自己与锦衣、志和叫也香房里的娘姨引路，至金莲房中。

少牧等看见，站起身来。内中守愚与锦衣尚是初会，彼此问过姓名。幼安、少甫、少牧自从与锦衣别后，也没见过面儿，大家不免说些思慕的话。志和与少牧也好几天不见面了，又因幼安等屡次要想返苏，怎的还没有回去，动问细情，才知幼安叫定了船，找不到少牧、守愚，故未动身。后来少甫接了一封家信，因为杭州地皮的事情，一定要杜家迁坟。此事必须在上海请个律师下去，或可挽回，故把少甫耽阁住了，连日与律师商量办事。原意要请他一同到杭，怎奈律费太大，因央他先写了一封书信，寄到杭州，且等少牧回来商议。少牧隔了几天，涎着脸儿回栈，见过少甫、幼安，假说动身的那天忽然身体不好，发一个寒热，没有上船，真是荒唐。少甫、幼安一心但望他好好归去，并不十分埋怨于他，只略略的说了几句，叫他以后选定动身日子，切不可再是这样。少牧当场诺诺连声，暗想且到临行再说。至于钱守愚，因少甫等多不回去，他独自一人那里肯走？仍旧住在旅安小客栈中。不过在荟香里花了一大注钱，心中甚是气闷。这几天不时到蓉仙那边寻些快活，把几筒福寿膏朝呼暮吸的将快上了。少甫、幼安见他神色不好，几次婉言相劝。他终说没有吸烟，更说没有与蓉仙相好的事。二人无可如何，只得每天闲空的时候，找着他一同出来游玩、散心，免他再有什么意外之事。这日景桓请客，也有守愚在内，因与他一同到此。岂知来得早了，主人还没有来。少牧闻得双富堂新有一个妓女，年纪二十左右，写得好一手楷书，并能吟诗作对，姓李名唤金莲，正要访他，试试他真假如何，就是少甫、幼安，也因要访金莲而来。否则姚景桓的主人，二人不甚看得上他，怎肯同往？故此四人退出也香房中，到小本家房里移茶。

相帮照例喊声："四圆带开口"，各妓一拥进房，约有十个左右。少牧问："那个名唤金莲？"偏偏金莲堂唱去了，不在其内。守愚却看中了花也红，花了一块洋钱到他房里去。装了一挡干湿，又闹些笑话出来，口口声声叫："也红先生。"也红不答应他。守愚怪他冷淡，亏得少牧说知，么二里要叫"小姐"不叫"先生"，守愚方才明白。后来吸了一小匣子洋烟，守愚尚没过瘾，叫娘姨添钱烟来。娘姨不甚愿意，守愚说："这里的烟可是一百个钱一钱？停刻给你是了。"也红怪他当做是花烟间，气得面孔绯红。守愚又因不晓得移茶的时候，相帮喊"四圆开口"是一句什么隐语，动问也红。也红见他呆头呆脑，哄他说："'四圆'是四块洋钱，'带开口'是叫你开口吸烟"。守愚听罢，急把烟枪一放，坐起来道："你说什么？这里吸烟要四块洋钱一钱？这样昂贵？"也红笑道："真个贵些。"守愚因舍不得钱，吸完一筒就不吸了，引得众人个个发笑。幼安见他受哄，附耳告他说："既然添了烟来，你尽管再吸几筒。他们喊的'四圆带开口'那句话儿，'四圆'是四个客人，'带开口'叫带瓜子，就是移茶的切口。也红乃在那里哄你，不要听他。"守愚方又学了个乖，重新睡将下去，放胆再吸。

消磨了一刻多钟，李金莲堂唱回来。有娘姨进房通信，并问可要再喊移茶，少牧说："不必喊了，我们过去就是。"遂一同来至金莲房中。金莲迎进坐下，恰好秀夫等也陆续进来。众人举眼细看金莲，见他身穿天蓝缀夹袄，下身湖色绉纱夹裤，不长不短身材，三寸来往一双小脚。那面貌虽不十分娇媚，却也看得过去。最好的是一双玉手，指尖真如春笋一般。又细细听他的说话，一半像是嘉善人氏，却又一半有些松江口音。因是初入烟花，见了客人羞答答的，没甚交谈。各人甚是暗地怜他。幼安见壁间挂着一副七言琴联，写的是"云鬟罢梳还对镜，罗衣欲换更添香"两句唐诗，款落"碧漪女史"。问他可是自己所写，金莲答称正是。幼安赞他笔力端凝，金莲谦称"不堪污目"。少牧问他："可有诗稿，许否一观？"金莲回说："随手散弃，没有留稿。"少甫又问："可有近作？"金莲说："近作虽有几首，却俱见不得人。"少甫等一定要看，金莲推却不过，说："待我写首新做的《春草诗》与诸位指正。只是班门弄斧，深怕贻笑大方。"众人多说"休得过谦。"金莲遂浓磨麝墨，轻吮犀毫，端端整整写出一首诗来道：

杨花点水月横坡，暗数光阴捷似梭。

一望郊原情脉脉，不知南浦更如何。

少甫等读了两遍，多说："果然好诗！青楼中有此清才，真是万中选一。"幼安怜才最切，见了这一首诗，很怜他堕溷飘茵，因在金莲手中取过笔来，就在这余纸上面，依韵和诗一首，暗暗的规劝他道：

> 朝云须得侍东坡，俗客应投玉女梭。
>
> 已恨好花飞作絮，再教误胃奈花何。

写完，暗暗嗟叹不已。金莲看了，又在纸尾上面批了两句唐诗，双手递与幼安，乃"神女生涯原是梦，小姑居处本无郎"十四字。幼安见他甚是敏捷，点点头儿，也答还十四字道："愿卿着脚须教重，多少旁人冷眼看。"金莲点首者再。少牧见幼安与金莲笔谈甚有趣味，当下也提起笔来，成诗一首，赠金莲道：

> 玉人竟住奈何天，沦落风尘已几年。
>
> 我是伤春狂杜牧，春情一片为花怜。

金莲略一沉吟，接过笔来，次韵和道：

> 虚说娲皇力补天，情天莫补已经年。
>
> 敢将薄命题红叶，对镜无端黯自怜。

少牧把诗看了又看，击节赞道："上海有此诗妓，林黛玉、陆兰芬辈，人人称他四大金刚，如今看将起来，真使金刚扫地了。"金莲在旁听见，认做这"金刚扫地"四字叫他裁对，他就随口那把首诗上的第一句原意对道："娲皇补天。"少甫听了，说："扫地补天，对得甚好。但你说的'情天难补'，可对什么？"金莲想了一想，道："我就对了，可对：'缺月待圆。'"众人多说他吐属吉祥。荣锦衣道："我也有一句五言对儿，你可对来。"金莲请问上联，锦衣道："君子爱莲花。"金莲信口对道："美人吟柳絮。"

锦衣也甚赞赏。郑志和见他当真笔下来得，要想故意难他一难，因道："我也有一对，只怕你对不出来。"金莲道："江郎有时才尽，何况我不过略识之无，对不出，休要见笑。但不知是甚上联？"志和笑道："上联是：李金莲金莲三寸。"金莲听罢，不觉呆了一呆。众人也说这对很难，莫说金莲，就是我们，一时间也交卷不来。金莲想了片时，果然没有。只见也香房中的老娘姨走进来道："请众位大少下楼坐罢，客人多已到了。酒席摆在客堂天井中菊花山下。"钱守愚听了这话，好似半天里得了一道恩诏，说："你们在这里咬文嚼字，本来我气闷死了！快些下楼去罢。"众人听见，个个发笑。

大家走下楼去，见景桓等先已入席，摆的是双台面儿，却又是每人各菜，有一客算做一台。席面上一共是少甫弟兄、锦衣、秀夫、幼安、守愚、志和、冶之、大拉斯、康伯度、白拉斯、资雄花田郎、经营之、贾逢辰、邓子通、温生甫，连主人十六个人，另外又有一个老翁，年约六旬向外，须发如银，身穿枣红花缎夹袍，密色外国缎马褂，竹根青花缎，一字襟马甲，元色缎挖如意滚淡湖色绉纱马裤，蓝漳缎短双梁京鞋，打扮得如二十左右少年。众人动问名姓，知他姓苏，别号采香，乃是温生甫的朋友，与生甫一块来的。此人年纪虽老，那兴致却比后生的还好。

景桓见入座已定，便发局票叫局。采香一个人叫了四个，乃陆兰芬、胡宝玉、周桂林与本堂的花也娇，余人多是一人两局。内中少牧、守愚，每人只叫一个本堂。景桓自己除了也香台面局外，又叫了群芳、醉香两个外局。双富堂的天井不甚十分宽敞，叫了三十多个出局，只坐得挤多挤不下来。众人在席上边，也有猜拳行令的，也有听相好唱曲喝采的，也有与相好哝哝私语的。那苏采香却与兰芬、宝玉打情骂俏个不了。钱守愚看着天井上面的花山，一盆一盆的数，那菊花不下七、八百盆，底下用蓝纸扎成山石，甚是玲珑好看，抬起头颈，不觉看出了神。也红等暗暗好笑。少牧、少甫、幼安、锦衣等诸人，多与金莲谈诗论对，颇觉今天这一台酒吃得别有趣味。金莲见苏采香叫周桂林局，桂林到了席上，顿时触动灵机，对志和说："郑大少方才出的对联，如今我对就了。"志和问他怎样对法，金莲说："借重周桂林姊姊芳名，我对的是：周桂林桂林一枝。"这一对，凡是席上边懂得文墨的人，无一个不击节叫好，多说难为金莲想得出来。

正在赞不绝口，忽听得楼上边东面房间内有一阵喝骂之声，不知是什么人在那里吵嘴。少顷，愈骂愈是利害。守愚因在会香里吃了一次大亏，听不得人声喧闹，心下就要着惊，忙问"楼上边为甚事情这般吵闹？"姚景桓也听得有些不耐烦了，叫也香差人到楼上去问，且叫他们不要这样。也香答道："这事我多晓得，不能去说。"景桓道："却是为何？"也香道："讲起来真是一桩绝妙新闻，好上得《笑林报》的。这东边楼上是也怜姊姊的房间。也怜有户客人，听说姓夏，一直在长三书寓上走的，不知怎样看上也怜。中秋后，吃了一个双台，又碰了两场和。我们院子里的规矩，大小月底要结帐的，比不得书寓长三。那姓夏的碰和、吃酒多只付了下脚洋钱，听见说有一场和的下脚还向也怜借的。可怜也怜是个讨人，那里有钱？只得向房间里的老娘姨借来代付。姓夏的约在月底连菜钱一概交来。岂知到了月底，好似石沉大海，连影子多没有半个。本家向也怜发话，老娘姨也向也怜要钱。也怜发起急来，差人细细打听，才知这姓夏的在长三上漂了无数局帐，四马路不能走了，到棋盘街上来的。故此连日差了相帮、娘姨四处寻他。今日在同芳居茶馆里头寻见，请他前来。他还在茶馆里满口大话，说那个要短少嫖钱？就算当真少了，把我什么样儿？娘姨、相帮见他说话太硬，防着有些来历，不敢下手，只得退出茶馆，纠了好几个相帮，在东、西棋盘街两头守他。后来果见他大摇大摆的坐了东洋车从棋盘街口经过。各相帮一哄而上，喝住车子，叫他下来。他还高喊巡捕，说相帮向他拆梢。被一个本家相帮将他一把拖进弄堂，当着大众说明漂帐情由，动手要剥他衣裳，他才不敢倔强，跟了进来。现在楼上大闹，大约是仍旧拿不出钱的缘故。你们想，大少爷空心到这个样儿，岂不令人好笑！却教我怎样说去？"

众人听罢，个个多道："既然是这样客人，乃是他自作自受。只好且自由他，我们还吃我们的酒。"其时阿珍当真跟了叶媚春的堂唱，坐在子通身边，私问邓子通道："方才说的漂帐客人，听起来宛似做花莲香的夏时行。你猜可是？"子通尚未回言，这话早被也香听见，接口答道："那人的名字正叫时行。我们还与也怜取笑说，夏时行，只能在夏季里做做荷花大少，如今秋时就不行了。原来邓大少与他也认识的，今天可肯替他解一个围？不瞒邓大少说，我们也怜找了这一桩事，受了本家无数打骂，真是可怜。今天既把姓夏的寻到，有钱拿出钱来，没有钱一定要剥他衣服，坍坍他的台儿，出一口气。如今天气冷了，剥了衣服，岂不要冻个半死？"

众人听说是夏时行，子通、少牧、志和、冶之、生甫、营之、康伯度、大拉斯等多与他聚首过的，大家叹一口气，说这个人为甚弄到这样下场？不晓得他便罢，晓得了，岂有袖手旁观之理？多想资助于他。叫也香把时行请他下来，我们与他说话。也香答应，叫娘姨上楼关照。众人在席面上商量个怎样资助之法。贾逢辰忽发话说道："你们要想弄几个钱给小夏么？我想小夏当初碰和吃酒的时候，本来太荒唐了。他自己好像有几百万家私一样，劝也劝不理他。不是我贾逢辰今天多口，这种人正应该吃些苦楚，儆戒儆戒他后半世儿！若替他拿出钱来，不吃些苦，后来胆子大了，只管在外间漂帐，漂了有朋友替他了结，岂不反害了他一世？我一个钱不愿给他，你们只管与他设法。"逢辰这一席话，为的是自己不肯拿出钱来，却打动了营之、伯度等人，也多不愿起来。到底少牧厚道，说："逢辰的话，虽也有理，究竟我们相交一场，见有急难，怎好坐视，合了古人'酒肉朋友千个有，急难之中半个无'的俗语？"首先拿了十块洋钱一张钞票出来。志和遂与冶之合出了十块洋钱，子通、生甫也是每人五块，有了三十块钱。时行共欠两台酒，除去下脚，乃是十六块钱，两场和，除去一场下脚，十八块钱，共应三十四块，尚少四块洋钱凑不出来。逢辰要叫本家吃亏，幼安虽与时行无杯酒之交，却有些看不过去，也拿出了四块钱来，方能足数，放在台中，等候时行下楼给他。

众人正把洋钱凑好，时行与跟也香的娘姨一同来至席前，也怜及房中佣妇人等在后押着。时行身穿竹布长衫，二蓝旧宁绸夹马褂，辫窝里已打了一个补钉。三蓝旧绉纱夹马裤，那元色缎子镶滚已经碎了。脚上边一双竹灰宁绸面的三套云鞋子，套云飞了起来。两只外国丝袜，后跟碎得肉多露了。见了众人，自觉得衣衫蓝缕，难以为情，因把左手衣袖掩住了下半个面庞，只露出两只眼睛与众人照面交谈。口口声声尚说也怜看不起人，岂有此理。也怜气急败坏的走上一步，与他分辩。少牧喝住他道："不要说了！夏大少是一时不便，你们何苦这样？现在有三十四块洋钱在此，拿去是了，休得多言！"也怜见有了洋钱，方才缩住了口，并说各位大少照应了夏大少，就是照应了我，千多万谢的叫佣妇把洋钱收下。别过众人，又对时行冷笑数声，上楼自去。

一场大事调停得顷刻冰消，时行却弄得面无人色。少牧叫娘姨端张椅子请他坐下，与他谈了好一回天。知道他近来境况真是不堪，劝他以后休再如此，又在身旁取出十块钱钞票来，给他回家过活。时行老着面皮收了，暗想："这等雪中送炭的人真正难得。"再三道谢不置。少牧叫他吃些东西，时行回称吃不下了，起身告别。志和等也不留他，时行遂谢过众人，出门回去。

众人暗地里也有冷笑他的，也有可怜他的，少甫、幼安却见少牧这一件事干得很有些朋友意思，又可使他看看榜样，想到"酒阑花谢黄金尽，花不留人酒不赊"的时候，自己也能警觉些儿，故而满心大悦。姚景桓等此时被时行打断兴头，有些不甚高兴，又见台面上叫来的局只剩幼安的桂天香一个人了，端整叫二排局来，再闹一闹。温生甫因他叫的花小桃还没有到，要等他来了再叫，差相帮到新清和坊去催。忽见跟小桃的宝珠姐独自一人来至席间，咬着生甫耳朵说道："我们小先生到百福里小房子里去了。本家娘娘差我来交代一声，今天对不住温大少，停刻用完了酒，一同到百福里去罢。"生甫听了，心上一呆，忙问："好端端的到百福里去做甚？"宝珠姐把眼睛一眇，道："他到百福里去，你要问么？自然为的是肚子里那话儿。"生甫皱眉道："肚子里这话儿，不过三两个月，何必就进小房子去？"宝珠姐摇摇头，道："他到小房子去是生产么？真个你太糊涂了！娘娘叫他前去，为的乃是打胎，真是可怜得很。你可去看看他罢。这是性命交关的事，可有什么法儿想想？"生甫听罢此言，大惊失色。正是：

　　从来鸨妇心多毒，偏是瘟生胆易慌。

不知生甫听了小桃打胎，心下着惊，要想甚样，且看下回分解。

第十四回

花小桃死里逃生　屠少霞服中娶妾

话说温生甫在双富堂席上听宝珠姐来说，花小桃到百福里小房子去打胎，不出局了，叫他也到小房子去，不由不心上一惊，急忙附耳问道："百福里在什么地方？好端端的为甚打起胎来？"宝珠姐也附耳答道："百福里在新马路那边，是娘娘借的小房子，已经好几年了。小桃先生有了身孕，虽然你已答应他另外借屋，每月碰七、八场和，再贴五十块洋钱，包他几个月开消，生下来是男是女，日后再说；无奈娘娘的意思，堂子里先生最忌生产，一产须要好几个月不能出来，很好的生意把客脚冷了，只靠着一户两户熟客，怎能够照应许多？故而今天决计与小桃说知，要他打胎。小桃先生是个好人，你晓的，那里敢说半个不字？娘娘遂差相帮去请医生下药。谁知请来请去，没个人肯损这阴骘。后来请了一个老娘，年纪六十多了，倒是个无恶不作的人。讲明六块洋钱包打，马上替小桃先生在肚脐上贴了一张膏药，叫他晚上搬到小房子去。听说还要下甚药线，只要药性一到，包管孩胎下地。你看小桃这人，可能受得起这苦处？吃了酒快去看看他罢。"生甫听毕，叫宝珠姐略坐一坐，催也香拿干稀饭来。

姚景桓尚要众人叫二排局，一定不许，并问小桃为甚不来。宝珠姐怕生甫多言，在旁代他答道："小桃先生因今天害病，不能出局，故此差我前来，请温大少过去，有句话要与他商量。姚大少请多叫几个先生，多吃几杯酒罢，我们先要去了。"景桓尚还不许，幼安等也不愿意再叫二排，纷纷多叫也香上干稀饭。景桓没法，只得由着他们，吃饭的尽管吃饭，叫二排局的尽管叫局。内中苏采香最是高兴，一叫又是四个。大拉斯、康伯度、白拉斯每人两个，资雄花田郎三个，志和、冶之一人一个，贾逢辰也免不得再应酬一个。景桓自己叫了五个。其余众人先自吃饭，饭毕各散。

金莲尚要少牧到自己房中坐坐，少牧说夜已深了，缓日再来。也红也叫守愚到房里头去，守愚问幼安等怎样，幼安说可以不必，守愚遂也不进去。大家谢过景桓先去。幼安因桂天香临去的时候，叫小大姐阿金等着，说要请去谈谈，故与锦衣、少甫、秀夫一同到萃秀里去。少牧自然到楚云那边。守愚佯称回寓，其实到蓉仙花烟馆中住宿。一言表过不提。

单说温生甫吃好稀饭，谢别过景桓等众人，与宝珠姐叫了两部东洋车，同到百福里去。这百福里是条小弄，多是些一上一下的住房，弄里头乌赤黑的。宝珠姐叫生甫看子细些，生甫懊悔没坐包车，好叫车夫照灯。正在思想，脚下边"克察"一声，踏了一块活动石板，石缝里冒出一缝秽水，溅了左袜上一袜，喊声"不好"，身子往偏里一斜，那右脚又踏到墙边的阴沟里去，几乎横跌下来。虽亏宝珠姐在后扶住，那额角已在墙上边碰了一下，叫声"阿唷"，头上撞了一个栗暴起来。宝珠姐又是着惊，又是好笑，连说："温大少，你怎的不会走路？到把我吓了两个半跳！"生甫喘息道："这路真是难走，不知可要到了？"宝珠姐道："说到就到。本来这里是了，谁叫你跑到阴沟边去？"生甫站住了脚，道："到了就好，快快叫门。不知袜上边脏得什么样了。"宝珠姐道："袜上还好，头上可疼？"生甫道："头上也有些疼，且待进去再说。"

宝珠姐将门叩动，里边有个六十多岁的老娘姨听见来开。楼上又有一个妇人动问是谁，乃是本家小妹姐的口音。宝珠姐回称是我，让着生甫先进门去，自己跟在后边，关好了门，在老娘姨手里接过一盏洋油手照，剔一剔亮，照着生甫上楼。一共只有一间房屋，却把木板隔作两个半间。前面半间大些，是小妹姐的房间，后半间只有一垛壁脚阔狭，本来老娘姨住的，如今留与小桃暂睡。房中除了竹马阁的一只冷铺之外，靠壁放着两张骨牌凳子，一张上点着个瓦油盏儿，油盏头里的油多干了，好像鬼火一般，一张上放着一把破磁茶壶，其余一件东西没有。小桃拥着一条洋布被头，泪痕满面的睡在铺上，见了生甫口也不开，比在堂子里真是天上地下。生甫看了，不觉替小桃暗暗伤心。

里房小妹姐听得宝珠姐声音，知道生甫来了，拿了一盏洋灯走出房来，说："温大少，你有良心，来张张小桃。小房子里真是亵渎得很，外边又没有收拾收拾，请你到里面坐罢。"生甫看外房当真没有坐处，只得跟着小妹姐进去。见房中虽是些杂木器具，究竟还像是间房头，遂在靠窗口一张单靠椅上坐下。宝珠姐倒过了茶，拿上一支水烟袋来。小妹姐叫宝珠姐快唤小桃进房。宝珠姐出去了三五分钟，进来回道："小桃说下了药线，此刻肚子里头很疼，不能行走，请温大少外面去坐。"小妹姐道："他说什么？外面因没有坐处，故叫温大少里房来的。药线下不到一个时辰，肚子里怎的就会疼痛？那个信他！"生甫闻言，很觉过意不去，要想起身向外，被小妹姐拉住不许。宝珠姐道："你且略坐一坐，待我稍停再去唤他。"约越三、五分钟，看他又到外边，勉强把小桃搀扶入内。

生甫见他面如金纸，满眼泪痕，问他觉得身子甚样，小桃说了一句"肚子很疼"，连把眉尖攒动，站脚不住，就在小妹姐的床上坐了下去。生甫看他真很狼狈，对小妹姐道："我看小桃真个劳动不来，如今他已进来过了，可还让他到外房去睡，我也出去略坐一回。"小妹姐方说："难得你温大少这样体恤。外面坐坐也好，不过肮脏得很，糟了你的衣服，怎样对得住你？"生甫道："我方才进来的时节，踏了一脚阴沟，衣服本已脏了，再脏些却也不妨。"遂叫宝珠姐搀了小桃在前，自己在后，走出里房。

小桃在冷铺上倒身下去，低低的喊了几声"阿唷"，那眼泪止不住流将出来。生甫伸起簇新的紫酱色镜面呢夹袍衣袖，替他揩拭，并问："觉得肚子里究竟甚样？可要再去请那老娘到来？"小桃连连摇手，说："不要请了，贴了他的那张膏药，肚子里本已痛得不可收拾，如今下了药线，下身痛得像刀割一般，叫我怎样是好？还要请他前来则甚？"说罢，把被头一冒，在被里头哭个不住。生甫一见，把头也钻进被窝里去，附着他的耳朵细劝他："事已如此，且莫心焦，只要孩胎下地就好。这多是小妹姐不好，待讨人不该这样毒心。"小桃听了半天，并没回他一句。宝珠姐到房里倒了一杯茶来，请生甫吃茶，生甫方退出头来，喝了一口。又叫宝珠姐问小桃此时怎样，小桃说："腹中跳动，几乎要把肚肠多翻了转来。这种痛苦，今夜只怕有些难过。"生甫听了，那里放得下心，对小桃说："既是这样，今天我在这里陪你一夜，不回去了，你想可好？"小桃心中并不要生甫在此，回说："这里房屋很小，你睡到那里头去？还是早些回去的妙。"生甫说："没有睡处，一夜天是不要紧的，我坐也坐到天明再说。"小桃无奈，不再开口，由他坐在榻边。宝珠姐看生甫当真不回去了，关照老娘姨锁好了门，与小妹姐一床睡觉。

到得天明时候，只听得小桃连连呼痛。生甫跑进里房，叫小妹姐与宝珠姐快快起来，小桃有些神色不好。宝珠姐一咕噜扒起身来，走到榻前一看，小桃紧皱双眉，在被窝里伸出手来，向被内连指数指。宝珠姐会意，把被揭开，觉有一阵血腥气儿，见被单及褥子上面淌出几点血水，皱皱眉道："你怎的不早些叫我，弄得这个样儿，快些与我起来。"小桃把头连摇数摇，低低的说："浑身疼痛，扒不起身。"这时候小妹姐也起来了，看见小桃这个样子，也觉有些着慌，怕的是当真死了，不但倒了钱树，并恐小桃亲生父母纠葛。因到楼下去喊老娘姨起身，赶紧唤老娘到来作主。

不多时，老娘来了，叫宝珠姐与老娘姨勉强搀着小桃起床。因见生甫在旁不便，叫他且到里房坐坐，好与小桃下胎。生甫此时吓得六神无主，当下踱了进去，却不到一分钟的时候，早又踱了出来。见老娘伏伺小桃坐桶，足有两个时辰左右，方得胎离母腹。小桃狂叫数声，两眼向头顶一翻，在净桶晕了过去。生甫大惊，小妹姐等也很着慌，连连叫唤。老娘说不必叫他，喊老娘姨快到楼底下去，拿白天里买的醋来，倒在一柄铜勺里头，又叫他取个秤锤，在火炉上烧得通红，放到醋里头去。但听得"吱"的一声，冲上一股气来，吞得满房的人几乎咳嗽，小桃却渐渐醒转。老娘叫宝珠姐与老娘姨扶他上床，并把净桶端了下去。又叫老娘姨端盆水来，洗过了手，说："你们放心，不要紧了。就算这大小姐的身体亏些，停刻难保不又要血晕，只消仍把醋来喷醒，过一周时就没事了。"小妹姐说声"费心"，在身边摸出六块洋钱谢他。老娘接了，尚要讨些洗手钱儿，小妹姐又给了两角洋钱。

老娘谢了一声，下楼自去。不提防年纪大了，眼睛不甚清楚，走下去时候踏虚了一步楼梯，一个倒栽葱跌下地去，只震得楼梯怪响。小桃是个产后之人，吃这一惊，心上发浑，两眼往顶心直插，忽又血晕过去。小妹姐叫宝珠姐用醋来喷，一面叫老娘姨下楼看那老娘跌得甚样，谁知右手上的臂筋断了，虽不皮破血出，却疼得在地上乱滚。老娘姨慌忙搀他起来，到客堂里坐了一刻多钟，替他寻块布来把跌坏的臂膊络好，又叫了一部小车进来，方才勉强坐了回去。这是他替人打胎的报应，此次赚了六块二角洋钱，以后成了个残废之人，不能出外收生，竟至穷饿而死。可知打胎伤生害命，最干天地之和，本是断干不得的事。著书的虽一言表过，看书的若在花丛里头，如见此等事情，最好劝他们千万不要这样，真是阴功非小。

闲文少叙，再说小桃第二次用醋喷醒之后，生甫看他面如白纸，血色全无，气促如丝，一言不发，那性命尚觉有些难保，忙向小妹姐要副笔砚，写了一张字条，叫老娘姨请平戟三来看治。小妹姐说："不知要花多少医金？"生甫道："平大少不是医生，就是夏天看好久安里杜素娟伤寒症的，他何曾取过人家谢仪？我们请他看诊，乃是朋友交情，要你们花什么钱？连轿钱也不要费你半个，他坐包车来的。"小妹姐听不要他钱，心中大喜，忙叫老娘姨拿了字条，马上就去。不多片刻，果把戟三请来。小桃早又晕了两次，吓得生甫冷汗直淋，连问戟三可还有救？戟三诊过了脉，说："这是产后血冒，尚无大碍。"立了一张方子，分付先吃一帖，定了他的血晕，晚上再来覆诊。生甫方才略略宽心，在身边摸出一块钱来，交与老娘姨拿去购药。小妹姐也不客气，像是生甫应该的一般。戟三不知就里，认做小桃这胎是生甫与他有的，因说何苦打他下来，干这性命交关的险事。后来生甫说明，方晓得他甘做瘟生，然这一片热肠却也甚是难得，可见得人尚忠厚，与万事巴不得脱卸干净的不同。坐了一回，起身别去，订定旁晚再来。

生甫送他下楼，恰好老娘姨购药回来，生甫接过，照着方子将药拆开，交与老娘姨放在药罐里头，加好了水，上楼去煎。自己也重新上楼，坐在小桃榻上，目不转睛的瞧好着他。约有一点多钟，药煎好了，小妹姐要叫老娘姨搀起来吃，那里搀得起他？生甫因叫老娘姨略把小桃扶起些些，宝珠姐拿了药碗，生甫拿了一只汤匙，一匙一匙的送到小桃口中，方能将药吃完。老娘姨收拾药炉，下楼煮饭。移时煮好，搬将上来，乃是一木桶饭，一大碗青菜，一小碗肉丝豆付。小妹姐摆好筷子，请生甫先自吃饭。生甫看小菜不好，并且心中慌急，吃不下他。宝珠姐道："我们小妹姐当温大少是自己人，故此菜多不添，叫他那里吃得来这种苦饭？待我叫老娘姨再去叫些菜来。"生甫听宝珠姐说，小妹姐当他是自己人看待，因此并不添菜，不觉心花怒开，连说："不必去添，我吃是了，自己人本来有甚客气。"遂勉强吃了小半碗饭。宝珠姐倒面汤水，伏伺洗过了脸，与小妹姐、老娘姨等一同吃饭，每人足足吃了三碗，菜也完了，饭也没了。生甫佩服他们饭量，更佩服小妹姐与宝珠姐，看了小桃这样凶险，没些心事，饮食如常。幸亏小桃服药之后，血晕止了，面孔上有了些些血色，气息也平顺了些，略觉放心，等着晚间戟三转方。

忽听得有一阵鼓乐之声自远而近，又有鸣锣喝道的声音，甚是热闹，因问老娘姨："可是左近人家有甚喜事？"老娘姨道："正要告诉温大少听，方才我出去购药，走过昌寿里门口，见弄堂里有家人家悬灯结采，好看非凡。我想进去瞧瞧，争奈有巡捕守门，不许闲人入内。我因打听左邻右舍，这人家可是娶亲，这般显焕。邻舍回说不是娶亲，听见他们的底下人说，乃是娶姨太太。这姨太太却又并不是宅堂中的小姐，也不是堂子里的先生，乃仁寿里一个大姐，选定今天过门。那排场真比人家娶亲还阔！不但用五梅花、六执事、花轿、鼓乐，还有顶马、对马，并冲风弯号、马执事等。新人穿的朝衣朝裙、团衫红袄，听说是石路上生茂衣庄做的，足足三百多块洋钱。花轿是王永兴的红缎子全金绣轿衣，乃是第一次开杠。屋子里铺设的许多全金绣桌帏椅披，并客厅上挂的软彩，多是湖州茶担的东西。不知要多少开销！这大姐真是有些福气。不然，那里有做了人家偏房，进门时有这种局面的道理。我听了这一番话，心上有些不信，因又问道：'这家人家姓甚？可知他是那里人氏？谅来大太太是没有的了，才许他这般摆款。'那些邻舍又道：'这人家搬来才只数天，主人听说姓杜，年纪尚只二十左右，一口本地说话，不像是外路人氏。搬进来的时候，并没有女眷同来，不知他有无家眷，必须将来方能明白。'那时我尚欲再问，因小桃小姐服药要紧，恐防耽阁时候，就回来了。如今鼓乐喧天，谅是已把新人娶来。温大少可要去瞧？这里到昌寿里去，并没多路。"生甫听罢，答道："我不过听见热闹，问问罢了，要去看他则甚？上海滩上的事情，本来只要手头有钱，可以随你甚样做去，管甚人家闲事？"老娘姨尚要说合生甫去瞧，自己也好借此出去。谁知生甫没有心思，并因昨夜到今尚没睡过，身体乏了，看见小桃服药之后，好了许多，想在榻边略睡片时，养养精神。不料小桃不许，打发他到里房去睡，口中虽说睡在这里不能适意，且恐冒风，其实心上不要他陪，巴不得他离却眼前。可怜生甫一片热心看待小桃，小桃却偏这般冷淡，没点良心。生甫那里得知？尚认小桃叫他里房去睡，当真爱惜着他，心下十分得意对小桃与老娘姨说了无数当心的话，方到里房和衣而卧。

这一睡，直睡至上灯将近。平载三前来转方，小妹姐叫醒起来，陪载三诊过了脉，说包得定不要紧了，开了一张生化汤加减的药方。生甫又取出两块钱来，一块仍给老娘姨购药，一块叫他到消夜馆子里喊桌八生、二斤京庄，留载三夜饭。八生是八样生菜，乃生虾、生鸡子、生腰片、生鸡片、生鱼片之类。另外有个火锅，广东人叫做"扁炉"，就是吃鱼生片用的。有了这个扁炉，喜欢吃那一样菜，好把这样菜下锅去烧，很是便当。不过这扁炉宜于冬令，若像这十月里的天气，究竟早些。载三因此不敢多用，略略喝几杯酒，吃些腰片等类，并劝生甫不可常食火锅，太觉燥热，易生喉症。生甫说："大冷天吃这东西，很是有趣。目今天气尚暖，本来不甚相宜，皆因这里没处叫菜，故此勉强将就，真个有慢得很。"载三道声"好说"，二人一头用酒，彼此讲些闲谈。

生甫说起白天里老娘姨讲的昌寿里娶妾这事，问载三可从姓杜的门首经过，知他是个何等样人？戟三笑道："这件事真是笑话，你还不清楚么？那家人家并不姓杜，乃是姓屠，向来住在城里，你我多认得的。"生甫想了一想，道："城里头的姓屠？莫非是屠少霞？如此说来，大姐一定是阿珍了。我方才听见娘姨说，娶的新人是个大姐，在仁寿里，本就疑心是他。但少霞有好几个月不出来了，怎么忽然干起这桩事来？"戟三道："说也诧异。少霞自从老太太因他在外吃着嫖赌，终非了局，把他管住在家，不许出来。这本是极好的事，不料老太太上了几岁年纪，因见儿子不能习上，时时刻刻气闷在心。一日因少霞又硬要出门，与他争了几句说话，气逆起来，顿时得病，卧床不起，不上几天，竟亡故了。少霞发丧开吊，虽然尽些做儿子的应做的事，却毫无一点哀痛之心。五七还没有到，他已每夜到仁寿里去，反说如今没了管束，很觉得自由自在。并且数十万的家资归他一人掌管，要怎样就是怎样，那个人好说他一句？阿珍得了这个消息，就要嫁他。少霞答称本来有言在先，一口应许。但城里头服中不便，必须在城外借屋干事。阿珍正因少霞尚有正室，巴不得另外住开，遂说新马路僻静些，房屋又好。故由少霞看定了昌寿里五幢房子，回覆阿珍，择吉过门。阿珍忽又装起俏来，说嫁丈夫是人生在世只有一次，必须像个样儿。第一，要一千块洋钱聘金，将来存典生息，作为花粉之费，并要凤冠、霞帔、花轿、鼓乐全副执事，旁人问起，不说是小；第二，永不到城里去住，见了城里的人，不论男女，平等称呼；第三，迎亲的那日，必须有两个媒人领轿，邻舍人家见了，晓得我是明媒正娶。少霞一一应许。但这媒人无处去找，后来贾逢辰一力担承，他自己做了帐房，荐施砺人、蓝肖岑做了男女两媒，并替他请乌里阿苏、格达、白湘吟等一班不尴不尬的赌棍道喜吃酒。少霞欠逢辰经手的那注赌钱，少牧替他还过的了，听说少霞现在又还逢辰。少牧知道了这一桩事，曾向逢辰讨过几次。逢辰老着面皮，说这几天手头正窘，少霞还来的钱抵了别的急款去了，算他暂向少牧借用，缓日有钱再归。写了一张白头借契，叫施、蓝两人作中签字，交与少牧，少牧竟没奈何他。你想，贾逢辰掉的抢花大么？"生甫道："逢辰当真不是好人，我也被他借过好几次钱，从来没有还过。怎奈见了他，不好意思一定要讨，就是向他讨取，他偏能言善辩的，说得你板不起甚脸来。看来少牧这钱也就难了。"戟三笑道："逢辰这种人，我与幼安等不时谈起，本来少亲近些最好。少牧不听良言，致有此事。然而据我看将起来，不但是你与少牧吃过他亏，志和、冶之与先时的夏时行，此刻的姚景桓，也多钻过他的圈套。不过屠少霞有了一次赌局，更是大些，却仍执迷不悟，还要与他往来，不知要到怎样才住。"

两个人谈谈说说，酒已冷了。生甫叫老娘姨下楼去烫，随手带些炭来，加在火锅里头。又问："少霞既然今天娶妾，除了贾逢辰等之外，朋友们可有送礼的人？"戟三道："他是服中娶妾，把簇新鲜的母丧匿起，剃去七发，换穿吉服，无礼极了，人家还去送什么礼？听得我的车夫说起，偏有姚景桓送了一个红缎喜幛，并且还亲自前去道喜。那边正少一个顶马，遂拉景桓去做，明蓝顶子花翎、全金蟒衣，很是好看。对马是乌里阿苏、格达、柏幼湘，还有一个叫刁深渊，乃是逢辰请他来的。春天里，少牧在第一楼，计万全等要想拆梢，也有此人在内。衣服多一件没有，闻得向衣庄上租的。他们迎亲到门，仁寿里只有一幢房子，客堂又小，停了花轿，又有站堂、清音、礼乐六色人等，那顶马、对马老爷怎能够挤在一处？又不能站在天井里头，没摆布，纷纷上楼。我的车夫是个爱瞧热闹的人，且与阿珍的车夫认识，他也跟着上楼去瞧，看见阿珍居然头戴凤冠，身穿蟒袍，霞帔，腰系朝裙，一双六寸有余的脚装得小小儿的。其时喜嬷正在照例送鸡头饭，沪俗叫做'玉饭'，那遮面红还没有遮上。诧异的是两眼通红，泪痕满面，哭得比人家闺女出阁还要利害。"

生甫听到此句，也大诧道："阿珍为甚痛哭？撇不下谁？"房间里的小妹姐、宝珠姐、老娘姨等听戟三说得津津有味，忽闻阿珍哭泣，也诧问道："听说阿珍并没有父母的了，只有一个小兄弟与一个姊姊阿金一同住着。即使平时要好些儿，也犯不到这样大哭，这却为甚缘故？"戟三摇头笑道："他哭的何曾为着姊姊、兄弟，另外有一个人，待我说你们听。"正是：

狂郎枉耗千金费，荡妇难抛一片情。

要知戟三说出阿珍哭的为谁，且看下回分解。

第十五回

小房子阿珍泣别　天香院幼安谈禅

话说戟三与温生甫谈论屠少霞服中娶妾，讲到阿珍在仁寿里小房子将要上轿时十分哭泣，小妹姐、宝珠姐等多说阿珍父母双亡，只有一个姊姊阿金与一个十几岁的小兄弟一同住着，为甚这般大哭？生甫笑道："你们道他为着姊弟两个才痛哭么？内中却另有个人，待我说你们听。"小妹姐道："不要说了，一定是温大少的知己朋友邓子通，与他常常来往，花的钱好几千？阿珍天良发现，想起他的好处，哭个不住，也是有的。难为他还有些良心。"戟三对生甫一瞧，道："当真为了子通，却也罢了。谁知子通那边，起初连嫁人的口气也没露过，直到昨日才与他勉强说穿。子通很是不舍，还解了身上的一只金表，手上的一只玫瑰紫宝石戒指送给与他。阿珍受了，只说得'谢谢'两字，不要说眼泪没有半点，连好看话并没一句。那是他姊姊阿金说与我车夫听的，背后也说阿珍这人一点子没有交情。你们往后子通面前却千万不可讲起这话，防他惹气。"生甫道："不信阿珍这样薄情。子通前一定不说是了，但他哭的到底为谁？"

戟三道："他哭的并非别个，就是到处粘花惹草的潘少安！他生得面貌好些，没个妇女不喜欢他，阿珍更是十分要好。平时只要一天没去，就要叫人四下找寻。必须寻到家中，他才有说有笑的心头快活，倘然寻不到他，一定要与阿金及那个兄弟，或是用着的小大姐无是生非吵个不了，吵到他来了才休。却又并不要他花一个钱，差不多少安每日自己零用，尚自阿珍贴给他的，还要不时做些衣服，买些东西与他。这回要出嫁了，那里能分拆得开？自从与屠少霞谈起这话，见了少安就哭，说不然不愿嫁与少霞，为的是少霞有钱，嫁去可以想个法儿，以后做个下半世的计较，与少安并非无益。却两个人不能不暂断往来，因此足足哭了几夜。

"到了昨日，少安怕少霞那边有人要来，不敢进去，买了一床大红绉纱被面、一对丝光席法绸的外国枕头，差车夫送到仁寿里去。阿珍看了这两件东西，明知少安用意，被面是盖在身上的，譬如与少安夜夜同床；枕头是睡在头下的，譬如与少安宵宵交颈。想起了平日间许多恩爱，又止不住流下泪来。打发了四块洋钱力钱，问少安自己如何不来，叫车夫对他去说，晚间这里一定没人，还有几句要紧说话要嘱咐他，寄信他千万前来。只有今夜一夜可以会面畅谈，我在晚间等着，以后就不便多了。

"那车夫回去说知，果真晚上十点多钟，少安到来前门。不敢敲动，从旁面的后门进去。喜得真没有人，遂与阿珍上楼。防阿金与他兄弟进去，把房门闭上。巧巧阿金在楼底下自己房中，替阿珍做甚竹挽子儿，明天上轿时装高底用的，没了洋线，上楼去拿。看见房门闭了，不便进去，站在门外细听。初听得潘少安道：'姓屠的一千块钱拿来了，你放在典当里头，收取利钱，每月里的零用够了。但我以后不知怎样，今年说不定要回常州过年，且等明年再说。'阿珍答道：'我今夜正为这一件事叫你来的。你道我这一千块钱，真个自己要么？须知为的是你。今天贾逢辰已叫少霞送与施砺人、蓝肖岑两个媒人拿了来。另外又是二百洋钱门包，一百洋钱什么蒲仪、菊仪、扶几、卷轴、鸳糖、莺酒各样开消，多照着人家娶亲一式，那是逢辰做了帐房，替我干的。干得真好，将来我定要叫少霞重重谢他。如今拿来的一千三百块钱，二百块我想给与阿金，他这几天帮我做长做短，很是出力。虽然将来跟我过去，不怕没有钱用，究竟自己姊妹，给他积些私房也好。一百给与兄弟。尚有一千块，等你到来，交给与你，不拘放在什么地方。那存折上不要写我珍记名字，竟是你安记出名，等到过了三两个月，那时我还有道理。你切莫回到家里头去，难道以后事情不要干了？'说完了这几句话，后来尚有好几句言语，乃是咬着耳朵说的，听不出他。

"少顷，又听少安说道：'你的意思我多晓得你了。这钱我明天一早准定拿去寻个稳当地方存着，等你两、三个月之后再作区处。但你叫我不要回去，上海的开消很大，到得没钱使用的时候，这一千块钱上，倘然我借用了一、二百块，你可心疼？'阿珍道：'你又来了，折子上是你出名，要用自然你只管用去。不过能够省些，日后你的积蓄却就是我的积蓄。但这三两个月，你须安心守我，切不可有了钱到处浪用，反把我一片好心抛撇在九霄云外，那可断使不得。'少安道：'你说那里话来？虽然我潘少安要好的女子甚多，像你一般的人，第二个却也找不出来。倘然日后有甚变心，我可发个誓与你听: 将来我不得……' 阿珍听到此句, 忙把手来掩住他, 道: '不许往下说了, 我也晓得你与我要好, 才把你当做心上人儿, 要你发什么誓? 此刻天不早了, 我们睡罢。明天必须一早起身, 防着有人到来。' 只听少妥叹口气道: '往常听得小曲里头有两句: "今宵与你同罗帐, 明天与你两分离" 的曲子, 不料我今夜二人当真应了这两句话。虽说三两个月后头自有相会之日。那三两个月的日子谈何容易, 怕不令人望得眼都穿了? ' 阿珍听罢, 止不住一阵心酸, 呜呜咽咽的哭泣起来, 从十一点钟哭起, 直哭到十二点钟。

　　"阿金在外房立得腿疼, 并且也陪了几点眼泪。少安却口中说的虽是凄凉话儿, 偏偏不听见他有甚哭声。后来口口声声只劝阿珍上床, 阿珍始止住了哭, 勉强安睡。阿金因再听下去, 必定有不好听的来了, 线也没拿, 掩步下楼, 回房睡觉。今早天色黎明, 又到楼上房中取线。阿珍早已起身, 见他眼睛哭得红红儿的, 正在叫唤少安起来。也不顾阿金上楼, 把粉脸偎住了少安的脸, 却又哭个不住, 那是阿金亲眼见的。少停, 少安起身, 阿珍在衣橱抽斗里拿了一绞洋线交与阿金, 打发下楼。谅来就在这个时候, 把那一千块钱交给少安。故此少安出门的时节, 胸口头与两个衣袖管里好像很沉重的, 连走路也不甚便当, 大约放着几百洋钱。衣袋又凸起了一大块儿, 谅是袋着几百钞票。阿珍亲自送他出门, 还是泪汪汪的, 直至望不见他的踪影, 方才回进门来。果然叫阿金及他兄弟上楼, 分给二人三百块钱, 应了昨夜的话, 一句不差。这是阿金因阿珍给了潘少安一千块钱, 自己只有二百, 兄弟一百, 心上不平, 与身边的小大姐说起此事, 小大姐与我车夫说的。可知道阿珍哭的为着少安, 并不是为了家里的人。你们想, 这种人少霞讨到家中, 将来如何得了? 说起来真是替他担忧。"

　　生甫与小妹姐等听毕, 多道: "照此说来, 少霞当真上了阿珍的钩了。人家说 '痴心女子负心郎', 将来阿珍怕不要做个 '郎太痴心女负心' 么? " 载三道: "阿珍负心是负定的了, 不知少霞的痴心几时醒得回来。" 生甫道: "听说堂子里头, 若要一心去迷这客人, 有甚鬼戏, 倘把这客人的辫线私自拔下一根, 系在妓女指上, 叫做 '恩线', 可使这个客人时时想念此妓。又有把自己的月经布烧灰, 暗暗放在食物里面, 使客人吃了下去, 热血搭心的撇不开来。不知少霞可是着了这个道儿, 他才一心要娶阿珍, 看不出半些破绽? " 载三笑道: "堂子里许多鬼戏, 我也听见有人说过, 却不知道有无其事。总之, 这种地方少走最妙, 多走了, 就是他们没甚鬼戏, 也渐渐的自会着魔。何况少霞年纪甚轻，又是个随风倒舵，没些把握的人，阿珍要笼络他，比了旁人更是容易。"小妹姐道："平大少说得不错。堂子里人人多说有甚鬼戏迷惑客人，其实那有这事？譬如我开了十多年的妓院，除大小月底照例在门口与各妓房中化些锭帛之外，并没别的捣鬼法儿。若说'恩线'这一句话，那是先生与客人要好，故意拔根辫线系在手上，却是常有的事。我家小桃指上，现在只怕还有温大少的辫线须儿，难道也说他做甚鬼戏不成？"生甫道："我正为这个缘故想问小桃，这几日见他无名指上系着一根元色丝线，像我辫线上拔下来的。他说系在指上，因要戒食生冷东西，防碍胎气而起，却不知究竟为了怎的？"宝珠姐道："那是'戒线'，与'恩线'又是不同。'恩线'是系在指上，看了这一条线，譬如看见客人；'戒线'是见了这线，想到要戒什么东西，这手就缩住了。说什么'鬼戏'两字，若当他真是鬼戏，温大少你自己去想，小桃可曾假情假义的迷过你么？这孩子是个直捷痛快的人，那里懂得这许多勾当？"生甫道："他不时与我斗气，倒是常有的事，何尝迷过我来？我也不是受迷的人，不过说说罢了。"小妹姐道："是吓？温大少不是受迷的人，这话真是明亮口中说话。"伸手把戬三面前的酒杯一按，道："平大少的酒冷了，换一杯罢。"生甫道："不是你说，我倒忘了。"叫宝珠姐把冷酒倾去，举起酒壶来斟。戬三道："讲了半天的话，壶里只怕也已冷了，我们吃饭可好？"生甫尚要叫老娘姨下楼重烫，戬三决定不再吃了，方叫老娘姨拿上饭来，各人吃了一碗。余下的菜，老娘姨收拾下去，停刻再把火锅生旺，与宝珠姐、小妹姐等一同吃个干净，表过不提。

再说戬三吃过夜饭，用了杯茶，问生甫："今天可要回去？还是仍旧住在这里？"生甫想了一想，道："回去不甚放心，还在这里住一夜罢。"并问戬三："此刻出去，可到别的地方，还是就回公馆？若是回公馆去，此时天气尚早，不妨再坐片时。"戬三道："回去当真尚早。幼安今天差人约我九点钟后在萃秀里桂天香家。听说天香有些肝气病儿，谅来也要开纸药方。"生甫道："既然如此，不留你了。"叫老娘姨拿盏洋灯，一同送戬三下楼。戬三叮嘱小妹姐与宝珠姐道："你们留心小桃，不可使他冒风，多吃些苦草汤。等到一周时过了，把枕头垫得高些，不妨由他安睡片时，养养精神。明天饭后再来转方。"二人答称"晓得。"戬三又嘱付小桃，叫他千万静心调养，不可焦急生气，产后最是大忌。嘱付已毕，始唤楼底下车夫点好了灯，举步下楼。生甫与老娘姨照着灯亮，送下楼去，直至出了门口，关好门，方才入内。

戬三走出百福里小弄，坐上包车，如飞的往四马路萃秀里而去。到得里口下车，分付车子停在第一楼横街，自己走进弄中第一条。萃秀里多是些野鸡妓院，只有一家乃是书寓。幼安曾在天香那边请戟三吃过两次酒，碰过几场和的，故这地方走得很熟。跑至院内，因天香是楼下房间，看见房门上门帘下着，问相帮的"可是谢大少在内？"相帮回称"正是"，接口喊声"客人进来"！跟天香的小大姐小阿金迎至外房，把门帘一揭，认得戟三，说："平大少，里面去坐。谢大少等了你半点钟了。"

戟三点头进内，见幼安坐在靠窗一张椅上，一手拿了本书，一手被天香牵着，指在书上，像是问字的光景。戟三说声："好对雅人，你们在此看什么书？"幼安、天香听见有人进内，急忙将书放下，立起身来说："闷坐无事，故而在此借书消遣。"戟三道："原来天香也识字么？"天香笑道："自小没有读书，那能识字？"戟三道："不识字，看什么书？休来诓我。"幼安道："天香这人，从来不打诓语，这那却是句真话。但他近来很想识字，我不到这里便罢，一到就把字来问我，弄得不像相好，像了师生一般。难为他很有记心，如今也能识得千把字了。他喜欢的最是经典，一卷《多心经》上的字俱已识完，现在又要学《金刚经》，且要我一句句解说他听。"戟三道："禅机微妙，你二人参究着他，不做了东坡、琴操么？"天香道："琴操不敢比他，将来一卷《法华》，忏得我生前绮孽，也就好了。"戟三戏道："绮孽是那里来的？"天香道："欲知前世因，今生受者是；欲知后世因，今生作者是。我现在身罹绮劫，难出情天，难道还不是绮孽么？"戟三道："既坠入孽障，你想作何解脱呢？"天香道："情禅难破，近来正与安哥先想勘此一关。"戟三把头一点道："'情禅难破'四字正是千古钟情人说话。安哥也是个钟情的人，不知叫天香怎样勘法？"幼安道："天香缠绵绮障，解脱殊难。我谢幼安自从涉足花丛，虽不至如少牧、冶之、志和、少霞等昧却本来，却也一缕情丝，渐似春蚕自缚。这多是定识不坚，犯了佛家一个'痴'字。自己要略略勘破，尚是大难，何况再替天香说法？八月间我偶宿此处，这一夜月明如水，天香堂唱回来，不知在那里头折了一枝桂花，供在房中，满房馥郁。我们两个人在花底下谈了一回禅典，将至破晓始眠。真个是日有所思，夜有所梦，忽然得其一兆梦：与一老僧参禅。醒时历历如绘，因做了一篇《天香院谈禅记》，先想自己解脱自己。方才天香手里拿的这书，正是我的《小东山稿》，那《谈禅记》也在上面，可要一观？"戟三道："你二人这种闲情逸致，只恐热闹场中真是有一无二。快把稿子取来，正要请教。"天香听罢，即将手中的书翻开，检那篇《天香院谈禅记》来，双手呈与戟三，并说："这篇记上，我还有几个稍冷的字识不熟他，你可读给一遍我听，也好多记一回。"戟三道："照你这样识字，比颜如玉拜杜少牧做先生差得远了。如玉起初几天很是留心，如今少牧不去，识的字听说多已忘了。若像你这样随处留心，将来怕不成个通品，嫁人后不知有多少便宜。"天香道："将来我嫁那个？正不知花落谁家。"戟三对幼安一望，道："惜花有人，落花不愁无主，不过佛氏所谓缘法未至罢了。"天香默然，并不再说。

戟三接书在手，在洋灯下朗诵那篇《谈禅记》道：

　　小东山主人自识天香院主，因院主喜览内典诸书，恒谓《金刚经》"一切有为法，如梦幻泡影，如露亦如电，当作如是观"，与《多心经》"色即是空，空即是色"数语，禅机微妙，惟慧根乃许悟此，非时下袒半臂衣、募千家饭之和唱、和撞、和样、和障所可得其三昧。惜世无生公其人，与之共参妙谛，时涉遐想。一日，天香院木樨正开，主人于金粟丛中，玉蟾影里，焚静妙香，对花趺坐，凝神涤虑，拟忏绮障。漏五下，惝恍间见玉女一双，持幡前导，称："奉度恨尊者之命，召欲超情海人谈禅。"主人不觉随之而行。旋至一山，高可万仞，山下有泉，深不见底，波流横溢，势甚汹涌。二玉女嘱闭目而过。少顷，已历山顶。维时野花欲艳，啼鸟不鸣。松竹萧疏间，露一小庵，结茅为檐，编槿作牖。中坐一僧，年约百岁，膝蒲团而手念珠。见主人入，傲不为礼。二玉女趋前禀白，状若甚恭。老僧微开双目，曰："居士来乎，从何处来？"主人讶其简也，信口答之曰："从来处来。"老僧微笑曰："来处安在？"主人答曰："茫茫尘世驹光里，草草浮生蝶梦中。"老僧曰："既知尘世茫茫，浮生草草，何不早登觉岸？"主人曰："功名易悟浮云幻，霄汉难忘捧日心。"老僧曰："忠君爱国，未始非仙佛根基。然忠臣出于孝子之门，居士亦念及故去父母否？"主人曰："蓼莪未报深恩重，风木常留余恨多。"老僧曰："居士存心忠孝，令人可慕可钦。然三十年后之居心，亦如三十年前否？"主人曰："我心匪石安能转，此志如山岂许移？"老僧曰："然则居士近来绮障渐缠，亦虑本来欲昧否？"主人曰："未向云程期遇合，何妨香国订知交。"老僧曰："何谓知交？"主人曰："倚红偎翠三更梦，问暖嘘寒万种情。"老僧曰："情真情假？"主人曰："也道个人俱是假，偏于我辈似疑真。"老僧曰："只恐未必。"主人曰："水中捞月非无月，镜里看花自有花。"老僧点首："居士非钝根人，敢问将来作何解脱？"主人曰："妙莲千朵皆空色，丹桂一枝闻妙香。"老僧曰：

"居士欲参木樨乎？试问如何是定心法？"主人曰："一尘不染天空月，万象皆虚雾里花。"老僧又曰："如何是养性法？"主人曰："无我无人空色相，有花有酒乐闲身。"老僧曰："如何是定守法？"主人曰："须防误失情天足，及早长回孽海头。"老僧曰："情天孽海，居士知有其地否？"主人曰："人间一切惟心造，世界三千放眼看。"老僧合十而起，曰："善哉，善哉！能悟过去非，斯为大智慧；能定未来识，斯为大觉悟；能知一切惟心造，斯为大解脱。居士诚可与言禅矣。虽然，欲斩情魔，能无慧剑？欲离爱海，可乏慈航？"乃于破衲间出匕首一，寒光耀目，以授主人，谓宜常佩胸前，割除诸障。复下山至流泉深处，以念珠向空掷去。忽现大愿船一艘，手拽主人，翔步而登。饱扯风帆，如努箭离弦，瞬息即逝。逮至诞登彼岸，主人惊悸欲绝。老僧临行，复持戒棒而作偈曰："情海无边，回头是岸，一点灵根，莫教迷乱。咄！从今悟澈木樨禅，管他魔女天花散。"语次，将棒当头猛击一下，稽首而去。主人惊悟，追溯禅机，历历可忆。乃憬然者久之，作《谈禅记》以志其异，并拟易"小东山主人"号为"香禅僧"焉。

戟三读毕，赞不绝口，说："这一篇记做得真是有些禅理，何不送到《新闻》、《笑林》、《游戏》等报馆刻去，也好使人共证情禅，回头是岸。"幼安道："这篇记早在《新闻报》上刻过的了。不过是'花间儾侬'署名，并不是'小东山主人'。"天香道："安哥欲斩情魔，老僧把慧剑赠你，那慧剑至今可在？"幼安道："如何不在？若无慧剑，我谢幼安在万花如海中，早做了个好色登徒，那有这般清净？"天香又道："那念珠化的慈航呢？"戟三笑道："慈航应该问你，愿渡他还是不愿？"天香脸上一红，道："怎么平大少也与我说起笑来，我怎样算得慈航？"戟三道："只要你将来助着安哥勘破情禅，那便是爱海中的慈航宝筏。我倒也是一句禅语，并不与你顽。"天香道："安哥要勘情禅，我也想把这'情'字一关早早勘破，那有不愿助他的道理？"戟三道："既然愿助安哥，你这只船当在何时解缆？"天香道："我这条船无拘无束，那缆绳不论何时多可解得。不晓趁船的他可要早日开船？"幼安听天香答出的话，一句句妙语双关，因也含笑答道："倘然趁船的怕风波险恶，不敢开船，你便怎样？"天香道："因怕风波险恶，故要及早开船。那趁船的为甚不敢？"戟三闻言，击节道："好一个因怕风波险恶，故要及早开船！"目视幼安，看他再说什么。幼安道："俗语说的'船家不拿过河钱'，开船必须先付船资，不知共需多少？"天香想了一想，道："船身何尝要你分文，只要开消船家已足，谅来趁船的力尚可为。"幼安道："你这条船可能够随风开驶，自认是只小舟，遇大船不至有甚碰磕？"天香道："本是小船，自当随风开驶，渡出情河，见大船避让三分，何虞碰撞？"幼安微笑道："既然这样，且俟残年。度过那时，沙明水净，自有片帆风顺之时，你等得么？"天香道："随波一载有余，岂在残冬数月？"

二人正说得津津有味，戴三听出了神，房间里人却一句不懂，要想把话岔开。忽听客堂里相帮喊声"小金妹，客人进来！"天香不知是那一个，叫小阿金到外房去看。正是：

　　　　证到情禅方有味，忽来佳客又何人。

要知小阿金出房瞧见来的是谁，再看下回分解。

第十六回

宴徐园分咏九秋诗　游虹口误打三复宝

话说谢幼安在桂天香院中与天香戏语谈禅，平戡三从旁听得出神，忽闻相帮的喊声"客人进来"，天香叫小阿金出房去看是谁。小阿金出外一看，不是别人，乃与幼安不时同来的杜少牧。因说："二少里房坐罢，谢大少现在里边。"

少牧举步进房，天香一见，站起身来，幼安问少牧："从何处到此？可有事情？"少牧道："现从大哥那一边来，有件事情与你商量。就是杭州那块地皮，上海律师写了一封信去，目今已有回信来了。说筑马路乃是一律的事，不能独把我家这一方地留起不筑，如何通得路去？故此只能照例给价。叫我们带着地单，即日去领。方才大哥与我商议，我想这事请了律师，仍旧挽回不来，那是没有挽回的了。只好将来领了地价，另外拣个妥当地方，买一块地，把坟上的棺木迁葬，以妥幽灵。但想赴杭领价，我弟兄二人自恨没有习得洋文，一句洋话不懂，很是不便。既经请有律师，何不再烦律师写封信去，问明每地一亩多少价银，日后索性把地单交与律师，就请他将价代领，不知可好？"幼安想了一想，道："既然坟墓保他不来，这样办法也好。但不知大哥甚样意见？"少牧道："大哥也是这个意思。明日想去拜会律师再发信去。故叫我与你商量，定个主张。又因这事挽回不下，大哥今日心中很闷，与我讲了半天的话。讲起近日菊花盛开，听说老闸唐家弄徐家花园有个花神会儿，会中多是些艺菊之人，每人各出菊花数十盆，罗列园中，不下数百余种，任人进园游玩。真个是幽香冷艳，美不胜收。大哥明天想邀个知己友人在花园设筵散闷，并赏秋光。也叫我与你商议，共请那几个人，明天一早好发知单。大哥现在栈中候着。"

幼安听罢，道："大哥因心中烦闷，明日要往徐园赏菊，这真是雅人逸趣，与平常花酒番菜不同。必须请几个同志的人，俗客一个不要他们才好。但不知是一席酒，还是两席？花园里已经关照过了没有？"少牧道："花园里我有熟人，明天差人关照不迟。一席两席，大哥没有说起。"幼安道："人多了容易嘈杂，我想一席最妙。圆台面连主人好坐九人，恰好凑个九秋之数。少甫喜欢做诗，说不定席上边还好结个诗社，大家拈韵分题。在上海俗极的地方，干些雅事，却也未为不可。不知你意下如何？"戟三道："此举极妙！明天，我百忙必来。"少牧道："戟哥自然定要请到。还有何人？"幼安屈指数道："戟哥与我并你弟兄二人，已有了四个了。再请子靖、锦衣、鸣岐、聘飞，有了八个。还有一个，却去请谁？"少牧道："锦衣的朋友毓秀夫可好？"幼安道："秀夫人甚风雅，奈他不善做诗。"戟三道："郑志和虽然纨袴气深些，究竟比冶之还好，不如请了他罢。"幼安道："说起志和这人，若不与冶之作伴，何尝不是雅人？只因做伴的人坏了，遂成了个纨袴子弟，其实真是可惜。明天请他在内也好。只恐冶之晓得，他要见怪。"少牧道："这却不妨。明天知单上索性写明是个诗社，不请冶之，怪不来了。"幼安点头称是。天香问："明日可要叫局？"少牧道："明天是个雅集，倘然叫局，也须叫几个风雅些的。"戟三道："明天的局，最好多叫李金莲那般的人，只恨上海没有几个。"少牧道："这事且待明儿再说。今天已夜深了，大哥等在栈中，我要回去复他，顺便把知单写好，免得明天局促。"天香道："二少与平大少、安哥吃了稀饭回去，我已端整下了。"少牧道："不必了罢。"天香道："有甚客气。"幼安道："当真大家吃些稀饭，我好与你一同回栈。"少牧答应坐下。

戟三问天香："有甚身体不好，要想服药？"天香笑道："我倒忘了。不瞒平大少说，我因自幼没了父母，郁成了个肝气病儿，昨日忽然大发。安哥说起，夏季里素娟的病是平大少看好他的，故要请你前来开纸药方。今天却与安哥谈了一黄昏的禅典，不知不觉那肝气平了许多。不吃药不知可免得过么？"戟三道："肝气病本来散闷第一，你与安哥说话，散了你的闷怀，那病自然好些。但我既然来了，不妨开一张备而不用的药方。倘然不发，不去吃他；发时，煎服一、二帖也好。"幼安道："如此最妙。"遂把那《小东山稿》当做脉枕，请戟三将脉。诊过，看了舌苔，喜得无甚大病，开了一纸平肝理气的方子，付与天香收好。交代他若照今天这样，尽可不必吃药，只须忌食生冷面食，且看明后天如何，再作计较。天香谢过，将方收起。

小阿金端上稀饭，伏伺三人吃了。抹过了脸，戟三取时辰表一看，已是一点半了。叫小阿金差相帮到第一楼旁边街上，把车夫唤来。点好车灯，别过众人，上车回去。少牧的车夫也把车子预备好了，遂与幼安别了天香，一同出院。回至栈中，晤见少甫，谈了片时。少牧果然连夜写好知单，交与车夫，明天一早去发。单上写明准四点钟到园，五点入席。另外又写一张字条，叫车夫拿到徐园关照酒席。交代已毕，方才就寝。

一宵易过。明日起身，车夫回说知单多去过了，写的多是"到"字。徐园的酒也定下了，摆在鸿印轩大厅。少甫大喜，接那发过的知单看时，果然多写"到"字，晓得他们人人有兴。因此吃过午饭，就去拜会律师，干那杭州事情。央律师再发一封信去，问问每亩地价多少，且等覆信回来，好把单契交他领银。

律师那边出来，即与幼安、少牧坐了三部东洋车同到徐园。其时尚只三点半钟，请的客多还未到，正好往各处游玩。徐园有的景致，乃是"鸿印轩"、"桐韵仙馆"、"地远心偏斋"、"二难四美轩"、"惜阴书屋"、"鉴亭"、"泛宅"、"曲榭"、"十二楼"、"画桥南畔"及"又一村"等处。那"又一村"，上次幼安到上海时，尚在茅亭里品过惠泉茶味。泉水真从无锡惠山载来，异常清冽。无奈这方地址是园主租下来的，如今租期满了，少了这个幽静地方，甚是可惜。那"桐韵仙馆"、"画桥南畔"、"鉴亭"、"泛宅"、"曲榭"等处亭台层叠、花木参差，布置得十分幽雅。

三人先在"鸿印轩"内游玩一回。见满屋中供着菊花，那花盆上多黏有艺菊人的名条与菊花的许多名字。防的是花太多了，园丁将来送还各家，弄不清楚的缘故，与春末夏初邑庙船舫厅及内园兰花会盆上黏着字条一般。不过兰花只有"梅瓣水仙"、"荷瓣素心"等几种名目，菊更是多了，且有大同小异的花种，因此索性把花名黏在盆上，愈觉醒目，并且使看花的人也好晓得这一株花叫甚名字，不教辜负秋英。少甫等三人看花盆上写有花名，大家子细看去，见"鸿印轩"内供的是：

> 稼园主人的朱砂蝴蝶、金剪绒、姜黄乚字、月兔华；补拙轩主人的雪狮
> 子、醉西施、雪乚字；怡红轩主人的洋蝴蝶；浓阴草堂主人的满天星，城西
> 草堂主人的金宝相、雪蟹。

共是十一株细种。不但那花开得甚好，且一枝枝幽香含露，密叶披云，与寻常菊种不同。三人多说好花，因各看了一回，顺着脚步走至"桐韵仙馆"里去。见内面供着：

> 九果园主人的紫霞觞、金麒麟、海上金鳌、金百合、金毛刺、天红地白、
> 羽士衣、月下白、出炉银；瓜豆园主人的碧红霞；怡红轩主人的玉夔龙、粉
> 背朱砂、粉装栏杆；城西草庐主人的火爪金龙、洋蝴蝶；补拙轩主人的粉红
> 乚字、金带、月中桂、雄黄乚字、鸳鸯乚字；养云草庐主人的金荷花；寿晖园

　　主人的太真红、金□字、雪□字、金带；南亭亭长的月华锦、雪□字；稼园主

　人的金芍药、黄金缕、黄鹂鹨裘、碧玉带、柳汁青、双台紫芍药、水晶球、菡

　萏红、海棠娇、玉麒麟、胜金黄、木樨球、沉香钩、状元黄、黄金枪、大金荷

　花、佛顶莲、檀香球、泥金牡丹，九炼金、紫□字、韦陀甲、玉楼春、洋蝴蝶、

　碧玉盏、一捧雪；春晖草堂主人的硃砂□字；焦琴馆主人的紫牡丹、紫玫瑰

　砚斋银孔雀；香初书室的佛见笑；红薇馆主的黄鹤翎。

高高下下，约有五、六十盆。少牧道："那里来的这许多花？"少甫道："不但是这两
处有花，想来'地远心偏斋'、'画桥南畔'等处那些绝好的地方一定也有。我们再去
看来。"幼安道："当得去看。"三人因又移步至'地远心偏斋'。见供的是：

　　邀月轩主人的金带、金松、紫玉秋、紫荷花、肃霜裘、银孔雀、金麒麟；

　稼园主人的墨葵、碧玉带；补拙轩主人的粉红□字、雪青线；寿晖园主人的

　黑虎须、雪青带；红薇馆主〔人〕的黄肃霜裘；养云草庐的白龙须；焦琴馆主

　〔人〕的琥珀屑；香初书屋的银松；春晖草庐的金带。

又是二十株左右。少甫道："如何？我说这几处一定也有。"幼安道："大哥说得不
错，我们再走过去。"少牧道："再过去是'二难四美轩'及西书房了。"但见'二难四
美轩'里面供的是：

　　城西草庐的海天初旭、雪青牡丹、金盏银盘、赛洛阳、紫虎须、碧玉针、

　金洛阳；补拙轩主的金带、泥金洛阳、柳汁金、玉楼春；寿晖园主〔人〕的御

　袍黄、黑牡丹；稼园主人的状元黄、二乔、寿星袍、翠带、紫绶带、雪带；瓜豆

　园主人的醉杨妃粉；浓阴草堂的胭脂牡丹、大金松、姜黄□字；南亭亭长的

　风火轮、紫霞针。

西书房供的是：

　　瓜豆园主人的金□字、玉带；城西草庐的金盘托柱、雪青荷花；稼园主

　人的金缕衣；香初书屋的粉牡丹；寿晖园主人的绿荷塔、韦陀甲；邀月轩主

　人的银松；瓜豆园主人的墨葵、金蟹爪；补拙轩的紫□字、雷青线；春晖草

　庐的燕双飞；浓阴草堂的海上金鳌；南亭亭长的九炼金、锦洛阳。

　　三人看毕，正欲打从"画桥南畔"经过，走到"曲榭"里去，桥边来了戟三、子
靖、鸣岐、聘飞四人，说那边的花每间里俱只三五盆，多看过了。少甫道："我们尚还
没见，可肯陪着再去走走？"戟三等多说"有何不可"？遂又走进"曲榭"中去。但听

得笛声嘹亮，原来志和、锦衣也已来了。志和在那里吹笛，见众人进内，慌忙把笛放下，与锦衣一同立起身来。见过了礼，少牧问二人几时来的？二人说来得久了，因没有遇见众位，故在此吹笛消遣。少甫等看这"曲榭"里菊花是：

　　　　浓阴草堂的佛顶莲、雄黄球、银松；城西草庐的粉背朱砂。

共只四盆。因问戟三："可有那一处花比这曲榭多些？"戟三道："'惜阴书屋'多些，尚有'泛宅'、'鉴亭'及'画桥南畔'三处，一处五盆，两处也是四盆，记多记得出来。"少牧道："你记得是些什么花名？"戟三道："'泛宅'里五盆是养云草庐的金雀舌、莫厘山樵的金粉玎字、补拙轩的剪金球、九果园的水晶毬、金竹叶；'鉴亭'里四盆，是南亭亭长的黑牡丹、鸡毛刺、九果园的玉夔龙、金麒麟；'画桥南畔'四盆，是九果园的杨妃带、浓阴草堂的金夔龙、粉金盏、雪狮子。你们方才走过，谅也瞧见的了。"幼安等多佩服戟三记性。

少甫道："既然这几处是这几种花，此刻已四点多了，我们客已到齐，'惜阴书屋'也可慢去，且唤园丁在'鸿印轩'排席，吃了酒再到各处去顽，不知可好？"众人多说"使得。"遂俱转至"鸿印轩"来。唤园丁把酒排好，大家入席。

志和等起初原想叫局，后来少甫说："今天诗社题目尚还没有，不知那一位拟几个有趣些的，就在席上每人拈定，各做一首，岂不是一桩极趣的趣事？"志和怕叫了局来分心，遂第一个不要叫了。余人见志和不叫，多不提起。戟三听少甫要拟诗题，说："昨夜回去之后，见案头有本龙湫旧隐的《寄庵诗钞》，那诗钞上有九首《九秋诗》，题目甚好。今天刚是九人，可要就把这九个题目写了阄子，各做一首？"锦衣道："龙湫旧隐是谁？"聘飞道："此人是个上海孝廉，姓葛，榜名其龙，别号隐耕。他的诗才当得起'清逸'两字。"鸣岐道："那《九秋诗》是甚样的九个题目？"戟三道："可唤园丁拿笔砚来，写给众位同看。"少牧即唤园丁取过笔砚。戟三写将出来，乃是："秋意"、"秋思"、"秋影"、"秋痕"、"秋魂"、"秋梦"、"秋韵"、"秋味"、"秋容"九个。众人看了，多说好题。少甫就央戟三把这九个题目写在九方纸上，每纸折做一个小方胜儿，抖乱了，叫众人分拈一个，并问可要拈韵。鸣岐道："诗为韵限，最是可恶。不拈也罢，喜欢押那一个韵，就是那个，岂不爽快？"各人也说不必限韵。志和等遂想伸手来拈，少甫道声："且慢！做了诗，喝不来酒，且俟吃些酒菜再说。"因又各人饮酒用菜。锦衣行了一个飞花酒令，鸣岐、子靖合摆过五十杯里通，将至半酣，志和因尚有别的应酬，连催少甫快把题目分给，少甫始令众人拈取。大家拆开看时，志和拈的"秋梦"，锦衣"秋痕"，戟三"秋意"，聘飞"秋影"，鸣岐"秋味"，子靖"秋韵"，幼安"秋思"，少牧"秋魂"，少甫自己乃是"秋容"。鸣岐道："我看这九个题目，最难的是'秋意'、'秋思'两个，容易做成一题，分不出来。幸亏是戟弟、安弟拈了，谅来必有好句。倘然叫我拈了，只怕就做不好他。"戟三道："荣锦翁的'秋痕'恐也不易刻划。"幼安道："子靖大哥的'秋韵'含混些，就要变成'秋声'也是不容易的。"锦衣道："少甫大哥的'秋容'与'秋色'似是而非，如何下笔才好？"彼此在席上议论一回，各自凝神思想，到后渐渐有几个离席到别处做的。

内中戟三最是敏捷，不消片刻，先已好了。索过纸笔把《秋意诗》写出来道：

韶华如水复如烟，容易秋风又一年。诗意半消梧雨里，吟情渐近菊花天。

美人团扇吟孤院，商妇琵琶过别船。寂寞阑干风露冷，花西月落未曾眠。

第二个完卷乃是幼安。他的《秋思诗》道：

别梦依依别恨长，中庭地白月如霜。青衫憔悴仍羁旅，黄叶飘零自故乡。

杨柳楼台人冷落，梧桐庭院夜凄凉。愁来欲赋《蒹葭》句，何事烟波太渺茫？

写好了，也交与众人，没一个不说这两首诗真做得工力悉敌。并且一个是做的秋意，一个真是秋思，移易不来，多甚钦佩。二人谦逊不迭。鸣岐、子靖的诗虽然比不上戟三、幼安，出笔却也很快，此时也多完了，各人写将出来。鸣岐的《秋味〔诗〕》是：

菊酒莼羹次第过，秋来滋味辨如何？一灯旧影儿时忆，半榻新凉子夜歌。

雁唳含酸江上听，虫声吟苦砌边多。感时有客增惆怅，嚼蜡年华慨逝波。

子靖的《秋韵诗》是：

商音一片澈回廊，夜静声声引恨长。断续何尝谐律吕，低徊也似按宫商。

一枝蚓笛金风冷，半曲蝉琴玉露凉。独坐黄昏愁不寐，又听落叶响银床。

幼安等读了两遍，说鸣哥往常每说不会做诗，今天这《秋味诗》一起一收，秩然有序。颈联引用"青灯有味似儿时，惟有新秋一味凉"。可谓运古入化，不落呆诠。腹联的"雁唳含酸"、"虫声吟苦"，亏想得到。那"酸"字、"苦"字，正好诠发"味"字，令人佩服得很。子靖大哥的《秋韵》妙在"凉"字一联不脱不黏。颈联刻划"韵"字，与"声"字有别，足见作家。大家正在谈论，锦衣也交卷了。看他的《秋痕诗》是：

　　渡河人去水溶溶，往事如烟客思慵。纤影愁描新月淡，明妆远褪晓山浓。

　　莓苔已化霜阶迹，花木犹留雨后容。还冀明年春信早，暖风吹绿满群峰。

少甫看到结句，击节赞道："锦翁吐属，毕竟比众不同。《秋痕诗》收到明年春信，何等雍容华贵！笔下没一点萧索之气，甚是难得。"幼安道："起句劈空而来，颈联、腹联描写'痕'字也不易呢！"少甫道是。锦衣道："偶尔学步，何得如此谬赞，不像个知己了。熊聘翁做的《秋影诗》也已脱稿，在'地远心偏斋'内面誊写，如何不见到来？"少甫道："原来聘飞也做好了。我们何不到'地远心偏斋'去看他？"遂一同步至斋中。只见聘飞正在那里伏案疾书，将写完了。众人争先看时，见写的好一手八分书，那首诗是：

　　明明灭灭上阶来，叠叠重重扫不开。衰柳萧疏摇院落，寒江隐约倒楼台。

　　满庭凉月移还在，几点渔灯去复回。闲觅丹青写秋色，画工料亦费疑猜。

子靖道："颈联'秋影'二字跃然纸上，真是好诗！"载三道："腹联的诗境也甚幽静得很。若说他不是'秋影'，那里来的'凉月'、'渔灯'？这真是画家烘云托月之法。敢拜下风。"鸣岐道："我不过潦草塞责，不交白卷罢了！怎能算得是诗？休要过奖。但我在此久了，不知众位可多做好没有？待我一一拜读。"少甫道："连你已有了六首了，尚有志和、少牧与我自己没有脱稿。你且先把锦衣等的大著读去，我去瞧瞧少牧再来。"鸣岐道："牧弟与志和多在'惜阴书屋'里头。"幼安道："'惜阴书屋'方才我还没有到过，可与你一同前去。"二人遂步出"地远心偏斋"，到"惜阴书屋"，见少牧咏的《秋魂》已写好了，志和尚在那里握管推敲。二人不去惊他，且先看那书屋里供的菊花是：

补拙轩的大金荷花、雪狮；稼园主人的月下白、青莲居士；浓阴书屋的檀

香球；春晖草堂的赛洛阳、雪乩字；城西草庐的天官紫、金荷花；九果园主人

的黄肃霜裘；寿晖园主人的粉牡丹。

共是十一盆花，幽香满室。坐在这种地方做诗，也算是有些清福。少牧见少甫、幼安

进内。忙把誊（腾）好的诗呈上。幼安接过读道：

魂断秋风力不支，空庭细雨夜阑时。瓣香应许才人吊，寸缕偏惊倩女

离。

愁听佩环归月夜，怕看蜂蝶恋霜枝。潇湘底事招难返，剪烛何堪读楚

词。

幼安读毕，说他一收收得最好。少牧自己嫌这首诗因要衬托"魂"字，叠用了"倩女

离魂"、"环佩空归夜月魂"两典，不甚惬心，并且"怕看蜂蝶恋霜枝"这句乃借用

"蜂蝶如知合断魂"作意，却又造句不能醒豁，这多是好久没有做诗之故。少甫笑

道："谁教你久不做诗？我想世间陶情作耍的事，动得来笔墨的人，本来还是在笔墨

上陶情最妙。"少牧听他出语双关，脸上一红，不敢做声。恰好志和的《秋梦诗》也

做好了，写出来呈与少甫等同看。见写的字是十七体，十分潦草。那首诗是：

残灯如豆夜沉沉，砧杵敲残作客心。巫峡几回醒锦帐，阳台昨夜恋重

衾。

家山欲到憎蝉噪，身世何堪误蝶寻。为报高唐神女道，楚天凉雨湿花

阴。

少甫、幼安看了又看，不便说他不好，只说是收句最佳。却暗地里与少牧说，这一首

诗不但颈联的上句仿佛春梦，下句乃是冬梦，并且"巫峡"、"阳台"与结句的"高唐

神女"语语不离女色，那便是他一生的大误。腹联上句虽无语病，却有一种萧瑟之

气，与锦衣的《秋痕》笔墨大不相同。下句"身世何堪误蝶寻"七字吐语也甚不祥。

古人说"言为心声"，看来志和日后在上海的结局多恐有些不妙。少牧点头称是。少

甫见众人的诗多做好了，他自己早已起了一首腹稿，因为是个主人，不便先写，如今

见案上少牧、志和放有笔砚诗笺，遂在少牧坐的交椅上坐将下去，取过一幅薛涛笺

来，提笔写出那《秋容诗》道：

几度看花又到秋，兴来览景一登楼。林间枫叶红摇影，江上芦花白点

头。

　　　　水色远澄空渚净，山光黯锁暮烟浮。故园松菊何人赋，陶令归来三径

幽。

幼安、少牧、志和看他一头写，一头读，个个多说到底大哥，诗笔苍劲，我等如何及

得？少甫谦逊几句，说："自到上海，久未做诗，这诗也颇不甚惬意。"少牧收了笔

砚，说："天已夜了，众人的诗多已交卷。我们可到外面去坐，喝几杯酒，闹几个酒令

顽顽。"幼安、志和多称使得。

　　大家步出"惜阴书屋"，想到"鸿印轩"去。只见长发栈的茶房气喘嘘嘘跑进来

道："杜老班，谢老班在此饮酒，可晓得在旅安小客栈住的那位钱老班到虹口去游

玩，出了性命交关的事了！现在有人送到我们长发栈来，可请三位快些回去。"幼安

等听了大惊失色，忙问："出了怎事，这等慌张？"那茶房气急败坏，说出一番话来。

正是：

　　　　清吟方许联知己，闹祸偏惊有俗人。

毕竟不知姓钱的在虹口因甚闹事，如何有人送到长发栈去，且看下回分解。

第十七回

胡家桥钱守愚投水　久安里潘少安跳墙

　　话说杜少甫等在徐园赏菊吟诗，十分有兴。忽然长发栈的茶房来说，钱守愚在虹口游玩，闹出性命交关的大事情来，现在有人送至栈中，要请少甫等回去。

　　众人慌问，为了何事性命交关？那茶房道："各位老班有所不知。钱老班是天天到长发栈来，与杜老班，谢老班谈心惯的，就是有时一同出去，也不过吃一碗茶，看几出戏，喝几杯酒。谢老班不常说起，这钱老班乡气太重，自从在会香里被人拆梢之后，留心防着他独自一人再到外间闯祸？今天因杜老班、谢老班等多到这里来了，他吃过午饭到栈里来，瞧一瞧房门锁着，知道房里没人，问我们到那里去了。我们回他说在这里饮酒。他问可晓得请的是那些客人，共是几席？我们说知单是二少爷的车夫发的，听见说今天不但吃酒，还要做诗，请的只有七、八个人。他在房门口站了一回，说既然你们在此饮酒做诗，请的客谅来多是文绉绉的，自己莫说做诗，连字也认不得几个，故此不来找你们了。遂独自出了栈房，向北而去。谁知他信步而行，走过了抛球场，不知不觉竟向虹口跑去。虹口有的乃是赌台，那赌台上纠的人叫做'拉牌头'，满街皆有。只要纠得一人上台开手，开赌台的照例给他一百个钱。那班人一天纠了数个，便可酒醉饭饱，烟过瘾了，故而靠此营生的人甚多。当时被个吊眼皮人看见钱老班摇摇摆摆在路独行，却又土头土脑的东也张张，西也望望，认做一定是寻赌来的。走上一步，含笑问他：'可是要到台上去顽？我来领你同去。'钱老班不知就里，见这人走来搭话，也与他称兄道弟的盘问起来，说：'老兄问我可要到台上去，不知这台上是个什么地方？'那吊眼皮人搭讪着脸答道：'老班休得与我取笑。这里虹口老台新台，人人多晓，不知老班欢喜老台，还是新台？我多认得。'那时，钱老班还没有明白，问他老台甚讲，新台甚说？这个吊眼皮人才知道钱老班还是初次。故在路上一头行走，一头讲话，把老台、新台的赌规告知，说如何公平，如何挺硬，赢了钱，一个不赊，可以拿着就走；输了钱，若是一百八十块了，好向他们取回三四块利市钱来，就是输了三两块钱，也可拿两三角车钱回去，真个是老少无欺。只说得钱老班心上活了，跟着那人向前走去。

"过了胡家木桥，又约半箭之遥，有条小河，对河望去，多是赌台。也有搭着布篷的，也有在芦席棚底下的，也有席地设摊的。河里头有只小船，那是赌台上出资雇用、专运赌客往来，不取半个船钱。那个吊眼皮人同钱老班下得船去，摇到对岸登岸。

"钱老班忽然想起巡捕房里捉赌甚严，万一捉起赌来，如何得了！因此忽又不愿赌了，怎禁得那个吊眼皮人讲得天花乱坠的，道：'老班，你尽管放心前去发财。这里本来是虹口巡防局经管地界，怕甚捉赌？后来台子上的声名大了，巡捕房里照会巡局，一同捉拿。好得台上有人望风。只要有些风吹草动，马上得信散场。故而十次捉赌，每每九次落空。怕他甚的！'钱老班道：'你能保得住我没有事么？'吊眼皮人道：'不但保得你没事，并且保你赢了钱，有人送你同回，不烦你老人家担半点的心！'钱老班道：'赢了钱，可是你送我回去？'吊眼皮道：'不消我送，他们台子上有包送的人。恐防赌客赢得多了，单身不便携带，有人伴送回家，随意给些酒钱，包得住万无一失。'

"钱老班听了这许多好话，顿时胆大起来，遂与吊眼皮同进赌场。吊眼皮领至新台上面，钱老班打了三块洋钱龙穿，着了五元四角；又扑了一记白虎，着了十五元一角，心中大喜。以后便记记重打。谁知一连记记脱空，把赢的钱多输去了，还贴了十多块洋钱本钱，心上未免有些不甚自然。那吊眼皮人还没有去，说：'老班，这张台上不甚得手，可要换张台去？'钱老班答称'很好'，遂与他跑至一只老台上边。站在一旁，看了好半天的宝路。见'青龙'上好久没有开了，出手打了十块洋钱冷四的孤注。那晓得开出来，是个五点进门。钱老班心中不服，接连又是二十块钱，打的仍是冷四。开出来，十七点，又是进门。钱老班发起火来，把身边带出来的两张汇丰钞票（每张十块）、并十一块大洋、二十多角小洋一齐又打一记'青龙'，偏偏开出来又是一个九点进门，吃得精打磨光。钱老班顿时呆了！要想再打一记，奈已身无半文。要寻那吊眼皮人，照着方才的说话，拿回几角洋钱车钱，剥他几剥，尚可翻本，奈已不知去向。

　　"正在万分无奈的时候，猛听得一声号叫：'捉赌的巡捕来了！'赌台上手忙脚乱，收钱的收钱，端凳的端凳，夹着那些绞手巾、装水烟、卖食物人，挑担的挑着担子，空身的空着身子，四下乱逃。钱老班见势头不好，也夹在众人里头拼命狂奔。可怜他这个地方从未到过，心上一急，更辨不得南北东西，未知向那一处走才是从胡家桥来的原路，又不知捉赌是从那一面来的，好避着他。匆匆动问旁人，有几个胆小的自己还防躲避不及，谁有工夫睬他？几个老练些的，又早已走得一空，连个影也不见。后来幸亏那装水烟的叫他只看着没有洋伞撑起的地方跑去，他才往西北而逃。回头看那东南角时，远远见满田里来往的人，果然撑着洋伞的多，却又红日当空，并不下雨，心中好不诧异。后见那些撑洋伞的一把把多放了下来，后边来了无数巡捕、包探，有几个西捕、西探领着，蜂拥至赌棚那边。其时棚中的人已走光了，各探捕捉了个空，心中大怒，四下搜寻一回，并没个人，乃将场上赌棚一齐拆去，整队而回。钱老班彼时吓得筋骨酥麻，俯伏在稻田里头，不敢做声。直至巡捕去了，方始扒起身来。定一定神，想寻胡家桥回去。

　　"谁知道一波未平，一波又起。新台上散下来的赌棍内中，有几个人见钱老班这日赢过钱的，拦住了要问他借钱。钱老班说在老台上输光的了，众人不信，动手要抄。钱老班发起极来，大喊'救命'，众人见势不佳，起了个一不做、二不休的念头，竟把钱老班团团围住，拉手的拉手，掩口的掩口，剥衣的剥衣，浑身上下没有一处不曾抄到。当真并没个钱。众人大失所望，遂把他穿来的那一件天青色荷兰羽毛马褂、一件棕色绉纱半新旧夹衫抢了就走。钱老班尚想叫喊，怎奈是孤掌难鸣，只得眼巴巴看他们拿了衣衫，呼啸一声，一哄而去。自己站在田中，又气又急。看看天又黑下来了，田里头的野风不比街上，一阵阵吹得他身躯抖战起来。他呆呆的站了好一刻儿，思量还是回到栈房再作计较，遂一步懒一步的走将回来。谁知走到方才摆渡的那条小河，只叫得一个'苦'字！原来那只赌台上包雇的摆渡船儿摇到不知那里去了，并没有第二只船。若要抄过这条小河，却又认不得第二条路。此时正是进退两难、走头无路，因在河边号啕大哭了一场，立起身来，'扑通'一声，向着河中就跳……"

　　少甫等听到此句，一个个大惊失色，慌问："跳了下去怎样？这河水不知深浅如何，你可快讲！"那茶房道："这条小河虽然不甚很深，却也有四、五尺水头，三、四丈河面。钱老班投下水去……

少牧道："住了！你方才说钱老班跳下水去，如今又说投下水去，难道钱老班不是跳水蹅浜，乃是投河自尽么？"少甫道："你想，怎么不是自尽？他若是要蹅浜过去，那有不先把鞋袜脱掉的道理？"少牧愈加发急道："这便怎样？"那茶房道："幸亏钱老班命不该绝。巧巧有个乡人在河滩浸菜，预备浸好了水，等至明天到小菜场上去卖，可以斤两重些。忽听河中'扑通'一声，像是个人，又因起初先听得啼哭之声，一定有人在这里自寻短见，慌把菜篮撇在岸旁，寻到河边。果见钱老班背脊朝天，浮在水面。那个乡人大惊，高喊：'你这人有甚怨气，在此投河？俗语说，好死不如恶活，我来救你起来。'遂把手中挑菜的那根毛竹扁担放下水去，叫钱老班拉住一头，便可用力扯他上岸。无奈钱老班此时视死如归，不去理他。看看渐渐浮得离岸远了，那乡人焉有见死不救的道理！好得本来赤着双脚，并且住在近方，这一条小河那处深些，那处最浅，心中很是明白。遂拣最浅的地方把扁担一撑，跳至水中，等着钱老班顺流而下，用扁担头很力向他背弯里一勾，勾住左臂。浮近身边，那人一手把扁担向岸上一掷，一手把钱老班拖住，始得不慌不忙的将他水淋淋拖上岸滩，问他为甚在此自尽。这时，钱老班已吃了好几口水，不能言语的了。乡人摸他尚有气息，指甲内也还没甚烂泥，想到救人救澈，遂把他背到自己家中，招呼家人等一同施救。顿时也有揉捺他呕吐的，也有泡姜汤与他喝的，也有取旧衣服出来与他换的，也有烧火替他烘湿衣服的。约有半点多钟，方幸醒了回来。"

少牧道："这才还好，原来已遇了救了。"幼安道："以后怎样送至栈里？"茶房道："那乡人把钱老班救醒转来，问他姓甚名谁，因何自尽。钱老班一一告知，并说住在满庭芳街旅安小客栈中。那乡人见天已黑了，钱老班人地生疏，又是遇了不开怀事情的人，不要救了起来，出去依旧寻死恨活，索性好人做到底，令他家里的人到河滩边将菜篮、扁担取回，自己亲自陪送钱老班回栈，并把那烘得半干半湿的衣服替他带去。谁知钱老班究竟上了几岁年纪的人，赌输时生了些气，捉赌时受了些吓，投河时自然中了些寒，走到半路之上，忽又昏晕起来，口吐白沫，人事不知。乡人大惊，慌替他叫了一部东洋车子，把他勉强扶在车上，推到旅安栈去。那里晓得栈里的人见钱老班奄奄一息，并且浑身衣服多不对了，不知在外为了何事，恐防干连，栈主不肯收留，对那乡人回说：'钱老班既然患病，他有几个一同出来的乡亲，住在长发栈中，可快送到长发栈去，寻他乡亲，请医调治。这里不便再住。'乡人无奈，才把钱老班送到长发来。现在车钱是帐房先生开消的了。钱老班暂在外帐房客铺上睡着，依旧有些昏迷不醒。那乡下人也还没有回去。故请三位老班用好了酒，早些回栈，定个主意才是。"

少甫等听茶房说完，回说："既有这样的事，你先回去，我们席散就来。"茶房又说："最好请个医生同去，大家可在放心些儿。"幼安道："那个自然，我们同平老班马上就来是了。好得平老班现在这里，不必差人去请，耽阁工夫。"茶房道："如此最妙。"少甫道："那乡人难得他有此好心，你回去再把他留在栈中，我们尚要当面谢他。"茶房说声"晓得"，别过众人，先自转去。

众人回至"鸿印轩"内，无心饮酒，分付园丁上饭，大家吃了。少甫把九首《九秋诗》聚在一处，折好了，藏在身边，说："今天这个诗社可叫做'九秋社'，顽得倒还有些清趣，只是钱家老叔忽然闹出事来，未免败兴些。缓几天，我们倘在上海，尚好起个'消寒诗社'，再尽余兴。"幼安道："九九消寒，须在十一、二月。那时候，只怕不见得还在上海的了。"志和道："天下事情预先那能说得定他？莫讲是十一、二月，我们倘一同在上海过年，光阴如箭，也是极易的事。到了十一、二月里头，如果眼前的九个人多还住在上海，正好九九消寒。我来做个社主，请众位仍在这里重聚是了！"众人多称"使得"，彼此起身散席。园丁撤过残肴，泡上一道香茗。众人各自用了一杯，马车的马车，包车的包车，纷纷各散。平戟三是坐包车来的，因少甫等要请他去替守愚看病，分付与少牧的包车同行。少甫、幼安是坐了野鸡车来的，仍旧叫了两部野鸡车回去。多给他些车钱，跑得也与包车一般的快。

到得长发栈中，至外帐房看那钱守愚时，见他口开眼闭，气促如丝，嘴角边流出无数涎沫，甚是怕人。戟三急忙诊过了脉，知是惊怒之后，寒痰上升，好得已经呕吐，三焦并不闭塞，尚无大碍。立时开了一张平肝、镇心、化痰、泻寒的药方，交与茶房马上购来，生好炭火去煎。并安慰少甫等说："包得他决能无事。"少甫等始放下了心，向那送来的乡下人谢过他救命之恩。少甫拿出念块钱来，说是偿还他一身衣服，乡人说："一身粗布棉袄、裤子，那里要这许多洋钱？"少甫道："余下的送你买些酒来吃罢。"那乡人遂千欢万喜的谢了又谢，拿了洋钱。交代过守愚换下来的湿衣，说："天不早了，我们乡间人睡得甚早，恐防家里悬望，不得不早些回去。"幼安说："本来已感情不浅你了，此刻我们已到，你可放心请回。"那乡人始欢天喜地而去。

少停，茶房煎好了药，伏侍守愚吃下。约有一个钟头，听他腹中有些响动。戟三分付茶房端整便桶，防他醒来时就要泄泻。茶房向幼安取了房门上锁匙，开门进去，拿了一个便桶出来。当真守愚渐渐甦醒，心地上也明白了些。睁眼看少甫等多在身旁，心中大喜，说："这里是什么所在？我怎样到得此地？你们是怎样得信来的？今天真是急死我了！"少甫等见他开口说话，好似心上边掇去了一块大石，多说："钱家老叔，你醒了么？今天真个好险！怎的闹出这样事来？若没有乡下人来救你，叫我们将来回去，怎样交代得你府上众人？如今却是好了！这里是长发栈帐房，你且定着心神，静养片刻，到我们房里睡罢。"守愚诧异道："怎样我到长发来？那救我的乡下人那里去了？"少甫把在徐园吃酒，茶房来报，乡下人送你到旅安栈去，栈中见你有病不收，送到这里，并请平戬三诊脉、开方，乡下人已经谢他回去的话说了一遍。守愚点头称谢不已，又说："方才投水遇救以后，走到半途，不知怎样的心上边糊涂起来。乡下人把我怎的送到此间，一些不晓。如今觉得肚腹疼痛，像要泄泻，不知可有便桶？"茶房道："平老板已分付端整下了。待我扶你起来。"遂用力把他扶到净桶上面，撒了半净桶的溏便，顿觉腹中畅快。不过在净桶上站起来时，两只腿废麻无力，仍要茶房扶他一扶。戬三见守愚泄泻过了，住在帐房里头究竟不便，因与少甫说知，叫茶房在自己房中添设了一张客铺，就在栈内借付被褥，垫好了，分付茶房把守愚扶至里面，令他上床略睡，停回倘觉腹中饥饿，不妨进些薄粥，明天就没事了。少甫如言布置。那茶房伏伺了这半宵，少不得要给些酒钱偿他辛苦。我且不表。

再说戬三见守愚病势已减，其时已经一点钟了，起身告辞回去，说明日早上再来看他。少甫等要送他出外，少牧忽因这一日在徐园饮酒没有叫局，席散后匆匆忙忙一同回栈，也没有打过茶围，心上觉得有些不快，今见戬三回去，乘着送他之便，对少甫、幼安说："我来送罢，我本来还要出去。"少甫、幼安同声的道："这时候，你要到那里头去？"少牧推说："郑志和在徐家花园临别的时节，因钱家老叔得病，很不放心。约我十二点钟前后，倘然钱老叔好些，叫我到百花里白素秋家回他一声；若是不好，他有个头等名医要荐过来，替老叔看病。约着他同在素秋那边，不能不去覆他。"幼安道："真有这话，就叫车夫去覆声也好。"少牧道："这是志和一片好心，车夫去不甚郑重，还是我自己去去即来的好。"幼安见拗他不过，只得由他。少甫叮嘱他快去快回，少牧答应，与戬三一同出外。

戬三坐车回寓。少牧那里到百花里去？唤了部东洋车，叫他飞风的往石路久安里口停车。给过车钱，下车入内，只见弄堂里乌黑的，那些弄灯多已息了，分明各堂子多打了烊。少牧有兴而来，管他怎的？跑至巫楚云门首，举手敲门。里面值夜相帮尚还没睡，听见了马上来开，见是到楼上楚云房中去的，因喊声"阿娥姐，客人上来！"少牧移步上楼，只认做夜深人静，房里头没有别的客了，向着房中直闯进去。阿娥姐眼明脚快，看见少牧上楼，喊声："二少，外房坐坐，慢些进去。"少牧才知道房里有人，不觉呆了一呆，缩住脚步，跟着阿娥姐走至外房，动问里面是谁。阿娥姐回称："里房是个生客，坐坐就要去的。二少你莫性急。"少牧始定心坐下。不多时，见楚云出来，说："今天徐园为甚没有叫局？你到此时才来？"少牧道："徐园大家不叫，难道我独自叫你？但不知我们在徐园吃酒，你却怎样知道？"楚云笑道："我有无线德律风的，自然晓得。"少牧道："怎叫做'无线德律风'？"楚云笑道："'无线德律风'你不懂么？德律风是要在电线上讲话的，无线德律风却不必有甚电线，与外国新创的无线电报一般。"少牧道："原来你是句顽话，究竟是那个告诉你的？"楚云始道："是萃秀里桂天香与我说起，今天你在徐家花园请客。我只道你定来叫，谁知你音信杳无。不知可是又去叫了如玉这心上人？你此刻还来做甚？"少牧道："今天真个大家没叫，谁叫如玉？"楚云道："不叫局，不信这一席酒吃到此时才散。"少牧道："席散久了。只因内中出了一件事情，故到此刻出来。"遂把钱守愚投河遇救的事述了一遍。

正在说得高兴，里房的客人忽要去了。楚云进去送他，扭捏了半刻多钟，那客人方才出去。

楚云把少牧请至里房。阿娥姐说："半夜过了，二少可要与先生一同用些稀饭？我叫相帮去买。"少牧在徐家花园吃夜饭的时候，因听守愚性命交关，心中甚是不快，只吃了一小碗饭，此刻正觉有些饿了，因说："吃些也好。"阿娥姐遂唤相帮上楼，分付买稀饭与稀饭菜来，伏侍少牧与楚云同吃。少牧吃了两碗，楚云勉强吃了半碗，好像有甚心事在身，不似方才高兴。少牧吃完稀饭，睡到烟炕上去，开灯吸烟，吃了两筒。楚云坐在榻旁，敷衍一回。阿娥姐说："天已两点半了，二少不要回去，住在这里了罢。"少牧自复做楚云之后，如玉那边没有住过。今天本是有心来的，巴不得阿娥姐有此一句，因顺水推船的说道："怎么？不知不觉已经两点多了？回栈去恐防敲不开门。若说住在这里，不知你家先生可要留我？"阿娥姐道："二少说笑话了。你又不是这里没有住过的人，我家先生为甚不留？"少牧道："留我，自然不去。"阿娥姐道："既然如此，我们房里也可以打得烊了。"遂把保险灯、台灯、烟灯一齐吹

灭，点好酒盏。又替楚云把头上的首饰卸下，放在一只小皮箱中，锁在衣橱里边。诸
事已毕，阿娥姐带上房门，自到外房安睡。少牧满怀得意，不记前嫌，楚云却无精打
睬的，脸上边很不愿意。少牧只认他还与如玉吃醋，极意温存。谁知道流水有情，落
花无意，依旧热气换冷气的，口也懒开，身也懒抬。直至宽衣上床，仍是颜冰语铁。
少牧也觉有些不甚舒服起来，暗想："早知如此，不该再来。今天只好将就一宵，且等
天明回去。"因向里床翻一个身，朦胧便睡。

　　楚云睡在外床，却惺惺忪忪的再睡不着。看书的知道他究竟为了何事？原来少
牧才进来的时节，里房那个客人不是别个，又是仗着年轻貌美，到处剪边的潘少安！
他自从阿珍嫁了少霞，少了个常来常往地方，虽然有时打听得少霞真不在家，私自去
过数次，倒底很是虚心，不敢留恋。这几天故又在楚云那边走动。那夜少牧来了，本
想不肯把正房让他，后被阿娥姐说了无数好话，他才假称出去，私下却与楚云订定，
三点钟再来，一定叫他不要把少牧留下。楚云满口答应。不防阿娥姐因生意起见，留
少牧吃稀饭，住在这里。楚云真是说不出的苦处，那里有甚心思与少牧兜搭？却又
说不出不许他住。后听少牧鼾声微作，已入睡乡，心中大喜。在枕头上闭了眼睛，养
息片时。等到三点多钟，听楼底下有人碰门，知道是少安来了，在被窝中轻轻起身，
穿了小棉袄、裤子，掩着脚步，走至房门，"呀"的一声，将门开好。等他上楼，叫他就
在外房那张外国床上安睡，自己陪伴与他。少安知道少牧没去，〔心〕中愤愤，回身
要走。怎禁得楚云一把拉住，死也不放，附着耳朵说道："半夜三更，你还要到那里
头去？少牧不是我愿意留的，乃他自己胡赖在此，没法子赶他出门。如今我来陪你是
了，你还出去做甚？"

　　少安尚未回言。谁知少牧睡梦中听得房门响动，伸手向被中一摸，不见楚云在
床，心中好不疑惑。因即探起身来，向帐子外面望去。但见有个背影向外一掩，明明
是楚云无疑，想他出外则甚，侧着耳朵细听。觉得楼梯上有脚声走动，知道必定有人
上来，但不知是何等样人，何不到门缝中张他一张。想来这人定是恩客，故而楚云
今夜无心向着自己。主意一定，也轻轻的出了被窝，披好衣服，掩着脚步，一步步走
至房门，却不从楚云的对堂门出去，偏从后面一扇头门抄至外房。在门缝里往内一
张，见楚云与着一个美貌客人一同坐在外国床上，那客人仿佛少安。真个仇人相见，
分外眼明！少牧此时心中大怒，醋胆泼天，在房门口冒叫一声："潘少安！你这不是
人的又来了么？敢出来拼个你死我活！"

　　这一声不打紧，只吓得楚云如晴天起了一个霹雳，慌做一团。少安却毫不在心，在房内高声答道："正是你老人家在此，谅你也不敢进来！"少牧听了，愈加气忿，喊声："岂有此理！"举手把房门一推，已下了闩，推不开来。回身飞步入内，想从对堂门抄至外房。少安听少牧移步进内，料到他一定要开对堂门了。这门是里面闩的，外面挡不住他。进来了，恐他当真拚起命来，手无寸铁，有些不妙。因即站起身来，走至那外国床顶上一拍，拍下一根铁梗，拿在手中，当做军器，专等少牧进房，打他个先下手为强。

　　说时迟，这时快，少牧从对堂门抢步进内。少安喝声："慢来！"起手一铁梗，向少牧头上击去。楚云见了，连呼"阿呀"，劝少安不可动手。少安这一铁梗，已击至少牧顶门，幸亏少牧眼明，低头躲过，反被他抢进一步，把铁梗夺取在手，还击少安。若论二人的气力，多是年纪正轻，本应一个半斤，一个八两，怎奈少安相与得妇女多了，身体早已淘得空空儿的。被少牧夺取铁梗的时候，尽力一扯，两脚虚浮，一个倒栽葱跌下地去，只震得楼板怪响。惊动了合院妓女并相帮、佣妇人等，不知为了何事，一个个起来观看。

　　少牧夺了铁梗，乘少安跌在地下，向他脑后便击。楚云急得魂飞魄散，也拚着性命不要，很命把少牧一拖，拖出三五尺远，这铁梗也没有击着。楚云大呼："打死人是要偿命的！你们不要这样！"少牧恼他偏袒少安，扭转身与楚云为难。少安在地下扒起，看见势头不好，少牧今天吃醋，宛如附着邪鬼一般，比了前时如玉房中更是利害。莫要被他将铁梗击着一下，那还了得！因想：三十六着，走为上着，还是今天暂避凶锋、缓日再图报复的好。趁他迁怒在楚云身上，一溜烟开了房门，往外便跑。少牧瞥眼看见，舍了楚云，拿着铁梗，在后狂追。

　　少安走至楼梯，叫声"不好！"但见楼下许多相帮、佣妇人等正在拥上楼来，把楼梯挤轧住了，跑不下去。回头又看少牧追至，心中一急，忽想到楼梯对面是只月台，月台下有座矮墙，过墙就是颜如玉家的月台，何不且到那边暂避一避？看少牧可还再敢追来！没奈何，洒开脚步，走至月台口，把门一开，奔到月台上去，看准矮墙，向着那墙上便跳。正是：

　　　　难拒敌时休拒敌，得奔逃处且奔逃。

要知潘少安跳上了墙，少牧可还追过去否，再看下回分解。

第十八回

犯众怒共谋潘少安　发公论二乞颜如玉

话说潘少安在巫楚云房中与杜少牧两不相下，被少牧夺去手中铁梗，跌了一交。看看占了下风，扒起身往外就跑。少牧在后赶来。少安见楼底下来了无数娘姨、相帮，把楼梯挤住，开不得步，尚算他忙中有智，回身奔至对楼梯的月台上边，把月台门拽开，飞身而上。因贴隔壁就是颜如玉的妓院，只得一道短墙。他就看准墙头，轻轻的往下一跳，踏在墙上。回头看杜少牧时，早已手持铁梗，赶上月台，离墙只有一二尺远。少安喊声"不好"，索性往如玉那边的月台上一跳，方才脚踏实地，定了定神，看他可还追赶过来。果然，少牧追至墙边，见少安往隔壁逃去，立住了脚，不再赶了。少安方得放大了胆，站在隔壁的月台上，高声痛骂不已。少牧怒从心起，也想赶过墙去，奈被众相帮、佣妇哄上月台，纷纷劝住。楚云也披头散发的，在众人中一手拉住少牧，一手指天画地的不知说些什么。

那边少安在月台上骂了一回，惊动如玉院中上下人等。听屋顶上人声嘈杂，错认做不是贼来，便是火起。顿时拥上无数人来，为首一个相帮，乃是与如玉抬轿的阿大。见有个人在月台上，要想动手来拿，忽听声音甚熟，子细一看，乃是少安。心下大疑，急忙喝住众人，回身飞报如玉得知，说："潘大少不知为了何事，在月台上与隔壁客人相骂。"如玉其时已睡，听说少安在月台上与人口角，回说："潘大少今夜并没有来，你莫看错了人。"阿大道："一点不错。大约是从隔壁月台上跳过来的，真是笑话。隔壁那个客人，听他满口苏白，好像是杜二少，可要起来瞧瞧？"如玉听说从隔墙跳过来的，半夜三更出此奇事，一定是与少牧吃醋而起，何不起身去佯劝少安，帮着他把少牧、楚云羞辱一场？正好公报私仇，使二人气上一气，正是个绝妙机会。因急扒起身来，不穿外衣，只穿一件大红绉纱紧身小袄，一条旧湖色绉纱夹裤，把弓鞋紧上一紧，唤起随身伏伺的小大姐，睡眼朦胧，一同往月台上来。

如玉见正是少安伏在月台栏干上面数说少牧："初做楚云，后做如玉，何如两处多不见好，偏我少安到处逢迎？一样是个客人，说起来你应羞死，却还有甚颜面顶在人前与我作对！你若有些志气，我劝你从今以后，自己晓得嫖不过人，早早回苏，不要再在上海丢脸。倘再执迷不悟，今天我虽让过了你，明天看谁再让谁！"如玉听了片时，插口说道："半夜三更，我道是什么人在此胡闹，原来是你这不识气的。你想人家喜欢蹲旧尿坑，由他去蹲，干你甚事！你偏也要蹲起这个坑来，真是臭死人了！还要闹些甚的？"那边楚云听如玉轧出来帮着少安骂人，触起夏间阿巧在月台上相骂吃亏的旧事，心中大怒，也还口道："你也是只露天尿坑，说甚旧尿坑、新尿坑的？好个不要脸的东西！"如玉道："要了脸，不去吃还汤豆腐干了。如今这一块豆腐干已还了汤，偏偏又吃梗起来，看你吃得住他！"少牧听如玉骂他做"还汤豆腐干"，只气得手足如冰，喝声："我把你这贱妓！今夜姓潘的逃在你处，赶早叫他出来便罢，不出来，我定不与你干休！"如玉冷笑道："今夜姓潘的我私自叫他来么？既然他自己过来，自然去不去由他自己，你便怎样了我？"少牧道："听你之言，你敢把姓潘的留进去么？"如玉恨恨的道："留了他，有何妨碍？"说完了这一句话，听他又对少安讲道："你本来还站在月台上做甚？快些与我房里头去。"少安道："进去也好，只是对不住姓杜的，又要剪他恩相好的边了。看他再来与我吃醋，我才佩服着他。"如玉道："我只拚着一房间红木家伙，由他再去纠人来打。弦两个人一头说话，一头下落月台，移步入内。只听得"呀"得一声，已把月台门闭上，进房而去。

其时气坏了杜少牧，手持铁梗，连喊几声"可恶！弄了个没有下场。"尚亏阿娥姐看他气急败坏，再三相劝，始把他劝下月台。回至房中，把手里头的铁梗接来，依旧拍在外国床上，又劝他快与楚云早些安睡，天要亮了。少牧气忿不过，那里肯睡。楚云也老羞变怒，又恨心上人忽然落在切齿的颜如玉那边，正如就口馒头被人吃去，正是说不出的懊恼，那肯再向少牧温存，认一句自己不好，不该私自仍做少安。故此二人闷坐一回，大家一句话也不说。阿娥姐虽然是个老口，遇了这种事情，皆因曲在楚云，也觉得没法转圜。直至天将破晓，楚云倦了，倒在床上，和衣而卧。阿娥姐劝少牧也略睡片时，少牧不肯上床，就在炕塌上眠了下去。阿娥姐拿条老虎绒毯替他盖了，低低的在他耳旁把楚云抱怨一番，消消他心头之气，并劝他总看楚云年轻，不知世务，瞧破些儿。少牧始能把气略平，朦胧睡去。

　　及至一觉醒转，天已大明。楚云尚还酣睡未起，阿娥姐睡到外房去了，只有小大姐已经起来，在房中揩台、扫地。叫他倒盆脸水，洗过了脸，穿好衣服，往外便走。小大姐要叫唤楚云，少牧止住不许。小大姐因到后房把阿娥姐叫了起来，送少牧出房，说："二少千万不要生气，停回晚上仍来坐坐。我们等先生起身，也要好好的开导他一回，教他以后不可这样得罪客人。"少牧道："他心上既有了姓潘的，还要别的客人做甚？你们说也枉然。我们出来顽耍的人，有了钱，那处不好去用，偏要用在他的身上？停刻我还来怎的？"阿娥姐道："虽是这么样说，二少是老客人了，晓得我们先生性度。他与姓潘的要好，久后终恐受他的累，老客人正应规劝规劝与他。停回一定请你过来，我们大家来说教他，以后一准把姓潘的断去，我们万事全休。若有半个'不'字，我们是有带当洋钱在他处的，比不得如玉自己有钱。将来生意清了，却与那个算帐？我们要叫他把带当还我，莫要连累人家。二少，你想此话可说得么！"少牧听罢，沉吟半晌，暗想：这几句话只怕楚云断受不起，或者竟把少安吃断也未可知。但恨如玉昨夜公然容留少安，欺人太甚。今天本想约几个朋友到番菜馆去，先叫楚云的局，把他奚落一场，当场开消局帐。再叫如玉到来，问问他昨宵怎样得意处置于他。如今阿娥姐既是这样说法，莫若先去寻着如玉，再与楚云讲话。因此盘算一番，回答他道："你这说话倒还很有〔意〕思。既然如此，且等晚间大家再说，现在我要回栈去了。"阿娥姐道："回栈不妨，可要用些早点再去？"少牧道："此刻吃他不下，且到栈里头再吃不迟。"说毕，移步向外。阿娥姐跟着他，送出房门，同下楼梯，直至大门。又附着他的耳朵，说了无数晚上边一定要来的话。少牧始满口答应，出门而去。

　　阿娥姐回身进内，当真等楚云起身，板着面孔，埋怨他昨夜不应这样，把要讨还带当洋钱，不做生意的话对他说了又说。并言少牧已用甜言蜜语劝得他略有回心，今晚若是再来，千万不可再去开罪于他，须知他到底是个花钱的人。楚云听阿娥姐发话，想到这班人不比客人，不好惹的。倘然不听他们说话，真个翻起脸来，半节里那里有人接这生意？有甚钱来还与他们？只好权耐几时，且等有了后接手的大姐、娘姨，再与他们讲话，此时只能忍气些儿。没奈何答称："你们不要这样，稍停少牧来时，自有收拾住他的妙法。姓潘的，由他走走也好，不走也好。"阿娥姐方才有了笑脸，说："为人只要知过即改，那个人没些过处？你也不要因今天这几句说话恼着我们。我们跟了一个先生，终望先生的生意一日好似一日，无非是要好起见。"楚云勉强答道："我也晓得你们为好，谁来错怪你们？"口里虽然如此，心中却大不为然。阿娥姐是个何等样人，看在眼里，安有不记在心头的道理？不过他既自己认过，半节里究竟说不出定要把生意辞歇、带当索还，却从此看定楚云是个爱做恩客、决无出息的人，下节留心另眼别人，决不再在此间做事。我且按下慢题。

再说少牧负气回栈，其时天气尚早，少甫等还没起身，钱守愚也睡得鼾声如雷。动问茶房，说下半夜并没呕吐，知道他病已好了。遂叫车夫把车子拖出栈房，到昌寿里寻郑志和、游冶之二人，告诉他夜来之事，商量一个办法。

岂知二人也没起来，直等了一点多钟，志和先自下楼，问他如何来得甚早。少牧把隔夜的事从头至尾讲了一遍，志和道："少安这人到处剪边，真是容他不得。那颜如玉更过分了，上回我们打过一次房间，他该欹迹些些，怎么此回竟当着大众，公然把少安留进房去？他眼里头还有人么？"二人正在讲话，冶之也起身下楼。见志和愤愤不平，忙问为了何事。志和把少牧告诉他的说话仔细述了一番。冶之道："潘少安久留上海，终是祸根。莫说他与少牧这样，但看邓子通是他一帮里的朋友，为了大姐阿珍，也拚命去剪子通的边。如今阿珍嫁了少霞，听说子通与他藕断丝连，尚不过在大菜馆里或是戏馆里头见见面儿，谈几句心，少安却仍暗地往来，毫无忌惮。昌寿里内的左邻右舍，背后那个不说着他？只有少霞糊糊涂涂的没有知道。你们想，少安这人岂不是杀不可恕？故此你们怪如玉不应把少安留进房去，我却深怪少安不应晓得少牧住在楚云那边，半夜里跑去闹事。先该寻着少安才是。"少牧道："少安容他不得，如玉却也不可轻放过他。我们须得想个法儿，今天处置二人，稍出我心头之气！但不可使少甫大哥与安哥得知，他二人若晓得了，必定又要说我多事。"冶之道："少甫、幼安不与他说，还有可以替你出力，帮你些主意的人么？我们三个人只怕太少。"少牧道："本来我还要去看子通、营之、逢辰三个，大家商议。"志和道："子通、营之多与少安有嫌，自然肯尽力出场。逢辰他肯为了你的事情招这怨么？"少牧道："洋场上的事情，只有阿逢最是熟悉、最是灵变。他与我平日很好，这点事谅能托得他来。"冶之道："阿逢在洋场上真是有些手面，请他在内也好。你想几时前去看他？"少牧道："此刻就要去了。"志和道："此刻才只十点多钟，阿逢必定没有出来。他的住处我们问过几次，终是指东话西的不肯直说，不知为了何事？我看你还是在此吃过午饭，到升平楼或是阿素那边去看他罢，倒可包管你十拿九稳。"少牧道：

"我早膳尚还没吃，说甚中饭？去看逢辰既嫌太早，何不先去看子通、营之他们两个人？一吃了饭，找不到他。"冶之道："讲了半天的话，你早饭还没有吃么？我们今天厨房里做的拉面，将快好了，可要用些？"志和道："一夜天没有吃甚东西，不怕把身子饿乏？吃了些面，去看子通、营之不迟。"遂唤底下人关照厨房，拉面做好端三客到书房里来。底下人答应自去。少停，端上三中碗面、三碗汁浆，伏伺用过，绞过手巾，泡上茶来。三个人又谈了片时，少牧要想去了。志和、冶之因在家闲着无事，嘱他再坐片刻，唤底下人拿烟盘来，开了盏灯，每人吃了二钱多烟，过好了瘾，与少牧一同出外。

先看子通，次看营之，商量今夜怎样办法。营之主意多些，说："晚间可在一品香番菜馆聚齐，去叫如玉的局。叫来了，当场责备于他，看他甚样。若是低头服气便罢，否则，只说昨夜相打的时节，少牧有只打簧金表、一只金钢钻戒指打失不见，一定被少安抢去，藏在如玉房中。到巡捕房报他一报，搅他一个不得太平。那时，不但如玉不安，连少安也不能够逍遥自在。岂不是一举两便？"少牧嫌他这计太毒，不过除了这个想法，又没有别的法儿。子通却连说"好计"，并道："目今的时势，正合了古人说的'无毒不丈夫'那一句话。营之此计甚善，不必多疑，尽可照着做去。只要捕房肯准，包定二人此次吃定大亏。"少牧始答应下了，约定七点钟入席，别过众人暂散。冶之尚要与少牧一同去看逢辰，无奈志和因早起只吸得二钱多烟，此时走了些路，觉得呵欠连连，知道是瘾未过足的缘故，急欲回家补吸。冶之见他不去，遂也不陪少牧了。营之行中有事。子通有人请他在长乐意吃饭，坐了包车到长乐意去。

少牧因独自一人到升平楼。寻找逢辰没有寻见，复到尚仁里花小兰家，动问阿素："贾大少可曾来过？"阿素说："来过的了。现在有些事情，听见说到万华楼去，就要来的，可请略坐一坐。"少牧遂进房坐下。果然不到半点钟时，逢辰进来。少牧把隔夜少安无理、如玉欺人并今晚约在一品香报仇，要叫他竭力帮忙的话说了一回。逢辰满口应承，订定七点半钟必到，并大骂少安、如玉不已。

少牧满心欢喜，见诸事俱已定妥，方才回栈吃饭。遇见少甫、幼安，只说昨夜与志和叉了一夜麻雀，故此未回。二人知他又是诓言，幸得今已回来，并不似前番终日终夜的面多不见，住在堂子里头，故没说破于他。钱守愚病已十去六七，下半天戟三前来转方，说他这个病源乃由心中惊郁而起，必须镇惊散郁，不必忌口避风。幼安这晚因请他与戟三到泥城桥金隆外国大餐馆同吃番菜，散散胸怀，要与少甫、少牧同去。少牧推说子通在一品香请客，顶先订定，不便失约，因此出了栈房，各自分道而去。

不说幼安与守愚等到泥城桥大餐馆内，守愚尚是初次，免不得把外国盐当做白糖，加非茶认是药茶，闹出许多笑柄，尚亏他动刀时千万留神，没有割穿手指，划破嘴唇，算是大幸，少甫等多暗暗好笑。只说少牧到一品香，拣了座头坐下，分付侍者取请客票来写票请客。只见逢辰先已到了，说："我约七点半钟准来，如今尚只七点一刻，可算得言而有信。"少牧道："这样才是要好朋友，故而我事事要与你商量。"逢辰道："你与我商量甚事，只要我可以出得来力，有几分定须用足几分。就是今天这一桩事，不瞒你说，我已替你打算过了。经营之这一条计，真是万妥万当。停回把如玉叫到台面，倘他再敢倔强，我替你报巡捕房去。里面的人来得熟些，老实说，可以占些面子。"少牧大喜，连说："停回诸事费心。"逢辰回称："要好弟兄，当得如此。"

移时，只见子通、志和、冶之，营之陆续到来。少牧见客已齐了，各人开过菜单入席，随手发局票前去叫局。少牧本叫如玉一个，逢辰教他索性把楚云也叫到台面上来，看他如何。并说，去叫如玉那局票上不犯着写自己姓氏，恐他不来，何妨写个"潘"字，包你一叫便到，开开如玉的心。少牧抚掌道："不是你说，我偏想不到他。"遂将局票换过，并当真添了一张楚云，分付堂倌快去。

众人喝酒的喝酒，用菜的用菜。少牧本来不甚吃酒，今天因要与如玉翻脸，吃了些酒，可以借着酒醉多说他几句话儿，故也喝了一瓶香宾。那面孔吃得红红儿的，已有五、六分酒意。可巧如玉到来，踏进房，四下一瞧。跟来的小大姐说："潘大少坐在那里？"如玉把他轻轻一推，接口问道："可是杜二少叫的局？票上怎写姓潘？"少牧道："姓杜的叫，怕你不来，才借你恩客的贵姓一用。如今既已来了，不知肯坐坐么？"如玉闻言，含着笑脸答道："二少说什么话。做了两节多的相好，那次叫局没有来过？难道今夜写了'杜'字，我便不来？若说姓潘的是我恩客，难道二少没有与我恩过不成？"口说着话，那眼睛向座上众人一瞧，又道："不瞒诸位大少说，前几月夜夜住在我的房中不知是那一个？偏只姓潘的是我恩客，这话可要令人发笑。"说毕，叫小大姐端把交椅过来，在少牧的背后坐下。小大姐照例装烟，不发一言。

少牧听如玉说话软里带硬，眼看着逢辰、子通，要二人帮几句忙。子通会意，对如玉道："二少说你与姓潘的要好，这句话也有个讲究。别的不要说他，就是昨夜那一桩事，姓潘的从隔壁巫楚云家逃到你处，分明是与二少吃醋而起，你怎样留起他来？二少如何下得过去？"如玉尚未回言，贾逢辰道："二少说，姓潘的是你恩客，就是这个缘故，你与姓潘的究竟怎样要好？昨夜晓得自己差与不差？快些实说！莫使二少生气！"如玉听罢，依旧装着笑脸答道："我道进得房来，口也没开，二少如何就满面怒气，原来还为着隔夜的事。你们要问我怎样容留少安，我却要问二少，怎样把少安赶到我月台上来，半夜三更闹个不了？街上边有巡捕的，倘被他们知道，查究起来，为的乃是争风，两造没个理直的人。照了租界上不应吵闹违章的定例，说不定多要送到捕房去，那时彼此失了体面，我才大胆把少安留起来的。面子上虽然留了少安，暗里头实是顾着二少。怎么为好不见，反把我抱怨起来？真是冤天枉地的事情。你们须说句公道话儿，莫要帮着二少怨我不是。"

子通听他强辩得很是干净，反觉没有说话再去说他。少牧也不防他不刚不柔说出这番话来，怎样与他寻事？涨红着脸，也觉得没有话讲。志和却大不为然，开口问道："据你这么样说，留住少安，乃是你一片好心，要使两家免得闹到巡捕房去，顾全体面。但你为甚对二少说，再拚着一房间红木家伙不要，由他纠人来打。这不是呕二少爷的气么？别的话由你分辩，这句话，不但二少不肯受你，就是我们朋友，须知道也未必肯依。"如玉呆了一呆，免强赖道："昨天谁说再拚一房红木家伙，由二少纠人来打？我说的是从前二少在我处发性，一房间红木家伙被他打个干净。楚云也是红木房间，故问少安可曾被二少纠人打掉。二少怎样误听了话？怪不得说我呕气。但是二少虽然动怒，你们要好朋友正该劝解劝解他，不要闹出事来，那有火上添油的道理？郑大少休得如此言重。"

旁边冶之听如玉巧言善辩，反说志和出言太重，时已多吃了些勃兰地酒，不知不觉动起火来，把手在大菜台上一拍，睁着醉眼说道："你早知道郑大少说话太重，不该与他讲话，何不找你的心上人潘少安说去？"志和冷笑道："潘少安这不是人的，只恨不在这里，倘在这里，一定要哭诉他了！"营之与少牧齐声道："哭诉了，他敢把我们怎样！"志和道："潘少安这短命的，老实说，不犯在我的手里便罢，若有一日犯在我手，管教他终有个不得开交！"如玉听众人你也一言，我也一句痛骂少安，干笑说道："你们要与少安为难，干我甚事，要与我说？"冶之又把大菜台一拍，道："干你事才与你说，你敢再要强辩，我先给你一个脸儿！"说毕，伸起手来，像要掌颊的光景。如玉此时又惊又气，端整着把胆子一横，迎上前受他一掌，躺下地去，叫冶之要打须要今天打死，不妨撒泼一场。怎奈被贾逢辰一把拖住，低低的说："你要甚样？还不趁此快去？"如玉方才站住身子，叹了口气，叫小大姐袋了烟筒，耐着性儿对少牧与贾逢辰说声"我要走了"，往外便走。冶之尚要跑上前去拦他，又被逢辰竭力劝住，如玉方得脱身下楼。

原来这多是逢辰一人预先向如玉、少安漏了消息，叫如玉到一品香时，诸事只能逆来顺受，否则必有大祸临身。如玉故得十分忍耐。若讲逢辰讨好二人的缘故，皆因平日与少安要好。少安不时请他吃些白食，如玉不时托他做做媒人，倘有一户两户好些的客脚，花了一百八十块洋钱，逢辰必向如玉借钱，如玉没有一次回绝过他。每次三十、二十元不等，名虽借用，暗里头实是扣取二八提篮。今见二人有事，如何不尽力帮他？少牧却那里得知，尚认他帮着自己。初到一品香的时节，兜揽着去投报捕房，并叫他写"潘"字叫局，及至如玉到时，一般与志和等出言责备，那有一些破绽寻得出来？谁料他背地里掉下枪花？正如睡里梦里。今见如玉已去，他尚一心一意要叫逢辰照着营之的原意去报捕房，冶之等也是一样意思。

逢辰见如玉已去，才劝他道："多事不如省事的好。并不是替如玉讲情，我看他今天说的说话，虽然多是强辩，却也没有什么开罪地方。后来游冶翁要动手打他，他才起身避去，已是服了输了。若换了撒泼些的妓女，挨你几下，要死要活起来，说不定反被他先自下手，差人到捕房报去，说是客人吃醉了酒，殴打妓女，打失金珠首饰无数。捕房里派包探来查，当真见如玉被打，那是有凭有据的事，我们占的定是下风。这才恶毒到万分地步，尚亏他没有使到这条念头。如今我们终算说也说了，骂也骂了，何苦再去与他为难？不如抬抬手，放他过去了罢。若要再到捕房报失金表、钻戒，我想一则没有见证，二则昨夜为甚不报。虽是里面有几个相熟的人，这事只怕不能包准。你们须要三思而行。"冶之听了，跳起来道："据你说来，就是这样罢了不成！"逢辰道："老冶，你莫发恼。不是我逢辰说你，今天多是你多喝了酒，把他吓逃走的。不逃走，还好多说他几句，惹他发起火来，我们安排报捕事情。现在弄得上风转了下风，你还酒在口头，事在心头，要我去报捕房。到了明天，自然晓得我的说话果是不错，也不愿意多甚事了。老弟，我劝你把稳些儿的好。"冶之尚是满心怀怒，要令少牧自己去报。少牧没了主意，问营之、志和、子通三人："你们看来此事甚样？"营之道："这个主意是我出的，报了有些颜色固好，倘然真个不准，却也不能怪我。"志和、子通也没一定主见。

少牧正在为难，只见门口有人一张，进来了一个娘姨，说："二少，你们在此商量什么？"少牧一看，乃是跟楚云的阿娥姐，楚云自己却没有来，不由不满腔怒气，顿时迁到阿娥姐身上边去，说："我们商量事情，干你甚事？你家楚云可是被姓潘的吃住，不出局了，故此没有前来，却叫你来回我？快与我说，可是这样？"阿娥姐看少牧怒匆匆的风色不好，他堂子饭吃得久了，客人发标发恶的事见得甚多，除是昨夜相打时，两边的火多太大了，没法理劝，其余不外"柔能克刚"四字，终能把这发火的人弄到他一个火气全无，自然伏贴。因慌忙满面堆下笑来，走近少牧身旁，在方才如玉坐的那把外国藤交椅上一坐，附过脸来，咬着少牧耳朵说道："二少，你昨天的气还没消么？今早你出去的时候，我与你怎样说的？为甚还是这般火冒？此刻我有句话要告诉你。"正是：

　　饶君使尽千般气，看尔须回一片心。

要知阿娥姐与少牧说些什么，楚云为甚不来，且看下回分解。

第十九回

新马路颜如玉借屋　老旗昌荣锦衣开厅

话说杜少牧自如玉去后，商量要投报捕房，说昨夜打失金表、钻戒，贾逢辰竭力阻止，尚未定见。忽然阿娥姐到来，少牧因不见楚云，怒上加怒，遂向阿娥姐发话。好个阿娥姐，执定"柔能克刚"四字，在少牧背后一坐，含着笑脸，咬着耳朵，说他昨夜的气为甚今天还没消去，并说："此刻有一句话要告诉你。"少牧方才回过脸来，问他有甚说话，快些讲来。

阿娥姐道："你不是差人来叫局么？你猜先生为甚不来？"少牧道："我说过了，无非姓潘的现在房中吃住了他，不许出来。"阿娥姐道："猜得像么？姓潘的吃得住他，难道我们吃不住他？老实说，你是个花钱客人，姓潘的何尝花过几千几百吊钱，我们也帮着他不许先生出局？你弄错了。"少牧道："据你这么样说，楚云究竟为甚不来？"阿娥姐满面堆笑道："不来自然有个缘故。我与你说，还你听了欢喜。"少牧道："你且说来，怎见得我还欢喜着他？"

阿娥姐道："二少，你是个最明白、最体谅、最没脾气、最肯照应人家的人，昨天楚云太不是了，自然难怪你要生气，今天却又好了。自从你出去之后，被我们叫他起来，照着与你商量过要他归还带当、不做生意的话——说知，要与姓潘的断绝往来，又细细劝了一番。他初时没有句话回答我们，后来我们说得急了，他就啼哭起来。"少牧道："他哭甚的？可是舍不得与姓潘的分开？"阿娥姐道："我们也道他为了这个缘故，岂知他哭的不是为着姓潘这短命的，却怪自己不是，昨天不该干出此事，以致我们多要把生意辞歇，一时那里还得出许多洋钱。这一哭，足足哭了两点多钟，饭也没吃，口里自言自语的抱怨不了。我们会齐着不去劝他。到得二点多钟，他才收住了泪，对我们说，休要各散，情愿与姓潘的从今往后永断交情。又说，你到底没有待亏过他，昨夜你生了气，恐你以后不来，又恐你记恨在心，有什么意外之事，与我们子细商量。我们见他心已回了，始各异口同声的回复他道："只要你把姓潘的决计断了，用心在你二少与几户好些的客人身上，我们一样帮着人家。并不是半节里定要分手，依旧可以聚在一处。若说二少生气不来与怀恨报复的事，不来，我们可到栈房去请；报复，却不是二少这样的人，不必疑心。"少牧听到这几句话，点点头道："他便甚样？"阿娥姐道："他才放心欢喜起来，说既然如此，姓潘的他若再来，有法去割断于他，二少却在我们身上，一定仍要相请往来。我们一口担承，他始吃了一碗多饭，端整梳头。巧巧姓潘这短命的上楼来了。"

少牧正在听得入情，忽闻少安又来，把眼一睁，大声问道："他来做甚？"阿娥姐道："你听我说，不要发火。那短命的上得楼来，我们见了生气，招呼多没有招呼。他挨门进，自掇凳的在楚云身边一坐，问你今天什么时候去的。好个楚云！回答他道：'你在如玉那边几时出来？既然心爱如玉，还要到此则甚！'几句话，把姓潘的口垛住。姓潘的尚认是与如玉吃醋，涎着厚脸对楚云说：'休要这样。昨天住在如玉那边，乃是万不得已的事，今天不过去了。'好个楚云！假装着与如玉势不两立，说：'昨天既然住在那边，不但今天不该再来，往后且也不必来了。是我枉费了一番好意。昨天情愿把留着的客人瞒过，大着胆私来留你，偏你不争气的"长州不让吴县"争闹起来。你闹不过，滑脚逃走罢了，为甚放着楼梯不走，偏偏走到月台上去？不是明明想着如玉，要把你们两下的交情给与我看，呕我气么！后来你逃过了墙，与如玉这烂污货大家烂污去了，我却受了人家一夜的气。亏你全不在心，想起来真是令人可恨！今天你有甚意思再来见我？'说罢，恶很很的伸手在姓潘的左臂上边拧了一下，只拧得姓潘的连声呼痛，顿时臂上青肿，翻起脸来说：'楚云，你与我顽，还是当真恨我？'好个楚云！说：'谁与你顽？'伸手又是一把拧去。

"姓潘的见楚云当真怀恨他，也发起标来，将手在台上一碰，把楚云骂了一声。那时我们见楚云真心断他，那有袖手旁观之理？我就拿着他碰台子过处说：'近来我们的生意已被人弄得渐渐清了，台子上不要乱碰。'姓潘的听了这话，知道我们也憎嫌他，看他索性动起火来，说：'台子我已碰了，你们怎样？'好个楚云，高声答道：'台子是我们院子里的，临不到你乱碰。你敢再碰一声？'只因姓潘的自从与楚云要好以来，从没受过一两句话，见他一句紧似一句，知他真个已变了心，起了一个斗气念头，连把台子乱碰起来，口中并说：'我偏要碰！'好个楚云！见他吃斗，叫梳头的放下头发，披了一背，奔至姓潘的身边说：'你要与我不得过去，我也活得不耐烦了！不如舍着这条苦命，拼了你罢。'当时一个头拳，向着姓潘的怀中撞去。我们见了，大家发一声喊，说：'姓潘的！我们先生交托与你，他身上现有一千多块洋钱的债。'姓潘的听了这话，方把身子一偏，让了开去。楚云撞了个空，要撞第二次时，是我把姓潘的一扯，扯出房门，叫他下楼，他才哭丧着脸，向外走去。楚云尚在房中咒死觅活，并说：'姓潘的倘然再来，我这条命一定不要！'姓潘的说：'从今我也断不来了！再来，左脚先进，烂去左脚；右脚先进，烂去右脚。你也必得与我争定了气，莫要看我与如玉要好，又来气不过我！'好个楚云！隔房间答他道：'本来，你死也死在如玉烂污货那边，谁要你再死到这一边来！'一场大闹，竟把这姓潘的闹出大门。二少你想，快是不快？其时差不多天已黑了，楚云方又梳起头来，楼下就有人来叫局。听说姓潘，到一品香。他姓潘的，除了这短命鬼，并没第二个人，估量着必定是你二少弄巧，心上很想立刻就来，只恨蓬头散发的，一时间出不得门，故此特地叫我前来，先把吃断姓潘的这节细情与你说知，使你心中舒服，并请你吃完大菜，与我一同回去，他尚有许多说话要与你说。二少你想，楚云肯这样改过，你欢喜他不欢喜他？"

少牧听阿娥姐如小孩子背书一般的将话说完，沉吟半晌，开口问道："你的说话句句可真？"阿娥姐道："多是实言。停回你可亲问楚云，若有半句撒谎，凭你二少罚我。"少牧又暗暗的揣度一回。真是君子可欺以方，因阿娥姐所说的话甚是在理，不由不听信着他，渐渐的回嗔作喜起来。

那里晓得，楚云何曾与少安翻什么脸？不过饭后去过一次，楚云碍着阿娥姐等众人，私下把要讨还带当的话诉知，叫他暂时不可多来，且待过了一节再作计较。少安尚与楚云发标说，从此不来也罢。楚云那里撇得下他？唧唧哝哝了好一刻儿，说得少安回心转意，答应他每一礼拜至少一次，多则两次，早上边来，趁热被头，有客回避，无客进房，等过了节，换过娘姨，再商长久往来之策。楚云方得满面堆下笑来。阿娥姐等那个没有瞧见？那个猜不到他念头？后来，少安去了，楚云才端整梳头。忽有姓潘的局票叫局，楚云料定不是少安，故叫阿娥姐到一品香看个明白。阿娥姐看是少牧，真个是见人人话，见鬼鬼话，难为他顿时说出无数谎来，偏偏还道"句句实情，可与楚云对证"。少牧如何识得破他？被他骗得着实相信，把昨夜痛恨楚云的一片恶念换了个怜惜之心，巴不得吃完大菜，跟着便去。

席上众人见少牧与阿娥姐咬着耳朵说得久了，冶之有些很不耐烦，问："二人讲些什么？有这许多机密。"少牧始把阿娥姐讲的那一番话，当着众人说知，并问众人："楚云既然这样，还是应该催他到台面上来，还是吃完了菜我去？"内中逢辰猜得到这是阿娥姐的枪花，暗向阿娥姐瞧了两眼。阿娥姐回他两个眼风，暗叫他照应些儿。逢辰会意，乐得趁此机会，就好散场，因说："楚云既然自知其过，这也罢了，还要催他到来做甚？况且，他头还没有梳好，不是一刻半刻的事。照着我的意思，还是吃完了菜，你去的好。"阿娥姐听逢辰当真帮忙，接口说道："贾大少到底最是体恤我们，不要我家先生到来，省事些儿。但二少若然定要他来，马上待我回去催他，也是极易的事。不过要对不住各位大少，略等了等。"冶之道："再等等到几时？真个不来也罢。"阿娥姐知冶之这一句话原是气话，不比逢辰，他偏勉强凑上去道："游大少也体恤我家先生，真是难得。二少，你也不要三心两意，定要他来，一准吃完了菜，我与你一同去罢。"冶之暗想："阿娥姐果然好刁！"却又说不出他不是，向着他瞧了一眼，不说下去。阿娥姐见冶之不言，把大菜盆敲响数声，叫个侍者进来，问他："还有几道菜了？"侍者说："只有一道布丁未上。"阿娥姐分付赶快拿来。

少牧道："楚云就是这样罢了，如玉难道他就是这不成？这个人我断断饶不得他！"冶之道："莫说是你，那一个人饶得他来！"子通道："饶不过他，我想，吃完了菜，难道大家不好到他院子里去闹他一场？倘然姓潘的尚在那边，索性像前番一样的打他个落花流水。"营之道："这话倒也不错。巡捕房报不成他，院子里是闹得成的，怕他敢把我们甚样！"志和道："最好仍旧约了大拉斯，白拉斯一同前去，倘然闹出事来，有他二人，究竟好些。"子通道："大拉斯、白拉斯，今天资雄花田郎请二人在东荟芳里柳寓吃酒，我们立去寻他，可连花田郎也邀他在内，又有一个绝好帮手。"逢辰闻众人你言我语，暗中又替如玉担忧。阿娥姐听他们要到如玉那边寻事，怕的是闹出祸来，就在间壁，不要闹得高兴，延到自己这一边来。昨天这一桩事，两边多有不好，保不定只与如玉为难，故而连连目视逢辰，叫他相劝。

逢辰无奈，只得借阿娥姐来说道："你们商议出气的话，约了大拉斯等同去，果然见识不差。但是今夜他们三个人多没有请，况且阿娥姐候在这里，要与二少一同回院，合楚云两个讲和。我想，今天先把这和局成了，且到明天再议战局，可以只顾一边，并看大拉斯等有甚主意，我们依着他干，包定没有错事，不知你们意下如何？"众人见逢辰静了半时，忽然发出这番议论，多认他子细盘算出来的话，大家商酌一回，果觉有些意思。始令少牧明天仍在一品香请客，把大拉斯、白拉斯、资雄花田郎一齐请来，好向如玉说话，今夜且自各散。逢辰、阿娥姐两个方得放下了心。侍者上过布丁，伏侍吃毕，随手带上加非茶、吕宋烟并签字纸来。少牧签好了字，众人吸了枝烟，各自起身辞去。

少牧把客送完，果与阿娥姐同到楚云院中。只见楚云头已梳好，在那里对镜簪花。看见少牧进房，假装着笑容满面，点了点头，就叫阿娥姐替他插花。阿娥姐走至背后，一手执着花朵，一手拿了一支油刷，替楚云在发髻上东也一掠，西也一刷，乘便把大菜间里告诉少牧的话，与他低低的略述一遍。方才弃下油刷，戴好花朵，令楚云去陪少牧说话，自然句句多与阿娥姐所说相同。少牧看不出二人插花之时那番关节，认做楚云回心千真万确，一团火气顷刻冰消。这夜，自然住在院中，何须细说。

再表贾逢辰吃完番菜，别过少牧、众人，急忙奔至如玉院中找寻少安。想把众人在台面上算计的话告诉于他，并与如玉说知，叫他想个法儿暂避。岂知如玉自从在一品香受了众人糟蹋，回得院来，说与张家妹等听了。张家妹本嫌如玉与少安太热，不免趁此机会，冷言冷语的说上几句，叫如玉往后留点儿心。如玉心中恼恨，却又说不出一定要做恩客，因此口也不开，将身向炕榻上一靠，连叹了十数口气。有人来叫堂唱，自己回说转局过来，不肯出去。客人等他不及，叫人来催，说是台面将要散了。如玉回说："尚要转几个局方能转到，等不及，尽管散席。本来谁要他叫这断命堂唱！"张家妹与跟局小大姐等听得呆了，说："先生休要这样，恐防得罪客人。"如玉道："得罪了人，怕他砍了我的头去？无非不来做我罢了，我也不要他们来做。要苦，苦在命里，不见得饿死了我！"张家妹知道是方才讲的说话触怒了他，不愿出局。

正在无可奈何，恰好逢辰到来。张家妹想告诉逢辰，央他劝劝如玉。逢辰偏不与他说话，走至如玉身边，先问少安可曾来过。如玉见是逢辰，坐起来道："来过的了。现在与一个姓周的到西安坊去碰和，碰完和一定要来。你可有甚说话要与他说？"逢辰道："什么没有？他与姓周的同去碰和，这姓周的不知叫甚名字？与他是个至友，还是个客气的？可能写张请客票去请他？"如玉道："姓周的名唤策六，与他很是要好，尽可差人去请。"逢辰大喜，道："周策六么？此人乃是他的同乡，不知是几时到的？却是个无话不谈的好友。既然这样，马上可叫小大姐到西安坊去，请潘大少与周大少快来，说我在此等他。"如玉答应，立刻分付小大姐前去。

逢辰睡下烟炕，叫如玉烧了筒烟，一头过瘾，一头把众人设计明天要邀大拉斯、白拉斯、资雄花田郎同到院中寻事的话约略说知，并说："今天幸亏被我阻住，不然真是措手不及。明天我们好想个妥善之法抵挡着他，故要快请少安前来，与他商议。那周策六为人机警，很有偏才。既在上海，正好请他共议此事。"如玉听了，因前次打房间时，受过大拉斯的大亏，少安且被他打过两下，明天有他在内，又添了个资雄花田郎帮手，怎得不心下害怕？一时无甚主意，只恳逢辰照应，想个妥当法儿。逢辰回说："且等少安、策六来时再说。"如玉仍替逢辰烧烟。

吸到第六筒时，小大姐同着少安来了，说周策六尚有一圈半麻雀未完，不能脱身，碰好就到。逢辰把上项事与少安一一说知，叫他赶紧定个主意。少安听毕，想了片时，道："我一个人，不怕他们，明天避着一避，不来是了。不过，如玉避不开来，很是不妙。"逢辰道："为的原是如玉，须与他设个法儿。"少安道："堂子里的倌人，莫说大拉斯等可以欺侮，就是客人发起标来，吃着这碗百差饭儿，那处不吃些现亏？最好出了堂子，他们才不敢怎样，但是这一句话谈何容易！"如玉筹思半晌，道："不吃这饭，这也何难？明天，我收了场子，借间小房子儿暂住一住，有何不可？"逢辰道："半节里到小房子去，又不嫁人，做的局帐与院子里房饭钱、菜钱、娘姨、相帮的工钱，你向那一个人去算？"如玉道："局钱不过二百多个，乃是几户熟客，落了小房子，仍好请他们来走动，节上不怕短少。菜钱约有三十多台，房饭钱自然认还本家一节，娘姨、相帮小房子里也要用的。"逢辰道："照你这样打算，也要有了三、四百块洋钱，方好动身。"如玉向臂上一指，道："我这一副六两重的金镯，不值四百块钱么？明天兑去了他，怕甚不够开消？"逢辰道："本家处可有带当娘姨、相帮替你捎甚钱么？"如玉道："并没带当也没捎钱，故我可以自由自主，不比别人。"逢辰道："如此甚好。只是这小房子，一刻间那里便有？"少安皱眉道："洋场上的房子真是难借，今天有人迁出，早天已有人预定下了，一时怎有这样凑巧的事？"

三人正在商议，相帮喊声："张家妹，客人上来。"乃是周策六到了。逢辰起身与他招呼，说了几句寒暄话儿，接着又讲借房子的事情。策六听了片时，问如玉："要借房子，可是与少安同住？"如玉微微一笑，道："也说不定与他住在一处。"策六道："我到上海两礼拜了，起初住在客栈里头，现在托人在新马路借了一处房子，就在昌寿里内，共是两上两下。正嫌房租太大，况且一主一仆，家眷没有出来，本不消四间房子。若是少安要借，我愿转借与他。"如玉闻言大悦，道："周大少真有房子，就算少安替你借罢。借给我暂住几时，等你家眷来了让他。"策六踌躇道："你借有些不便，恐有客人进出，不像样儿。"如玉道："要我不走客人，只问少安他可收得定心，我就嫁他也好，不要他花一个钱。烦你二人做个媒人。"策六道："此话可真？"如玉道："一言既出，驷马难追。那有诓人的道理！"逢辰道："如此说来，杜老二与少安吃醋，倒是少安的好运来了。我们一准做媒。该先道个喜儿，明天好吃喜酒。"少安道："休要取笑。如玉有心嫁我，莫要是一时之见，日后懊悔。"如玉道："这不是父母之命，媒妁之言，乃是我自己愿的。只要你从今往后不出去东钻西走，有甚懊悔？"策六道："他府上还有大夫人呢，以后见面甚样？"如玉道："自然是姊妹称呼。倘要奶奶、太太的叫他，那可不能。"少安道："这事旁人很难，我潘少安却甚容易。好在我们夫妇本来不甚要好，如玉真嫁了我，住在上海，不回到家里头去，说不定一世不见他面也未可知。"如玉听罢，更是眉花眼笑的道："不回去自然最好。我的主见已拿定了，不知周大少的房屋到底如何？"周策六道："你们二人要借，那有不借之理？"少安道："人熟礼不熟，共要多少房租？"周策六道："借一幢算十块钱罢。"逢辰道："可要先付？"策六道："那可随便。"如玉道："自然应该先付。"说罢，开了衣橱，拿出一只小皮箱来，取了十块钱一张麦加利钞票，给与策六，叫他收了。策六道："为甚这般要紧？"如玉道："明天就要搬进来的，今天付你，岂不一样？说甚要紧。"回头又叫张家妹等过来，把明天要搬到昌寿里去的话说知，并分付带房间相帮，立刻把招牌除下，不要挂了。带房间的要想讨些喜封，如玉说："现在暂住小房子去，不是嫁人，有甚喜封？"张家妹等大家面面相窥了一回，皆因如玉并不欠债，房间里人没有权柄，拗不过他，只得由他作主，果把招牌除了下来。

如玉此时满心欢喜，又与逢辰、策六讲了一番租家生、办器皿并一切零碎事情，一齐托他二人去办，拿了一百块钱钞票与他。又唤张家妹请本家进房，说明就里，叫帐房把房饭酒菜钱开帐上来，明天好照帐给付。本家听说有人寻事，故要搬到小房子去，落得脱了风火，满口答应，并没句话。如玉见诸事已妥，就在手上把那副金镯除下，交与少安，叫他明日一早到银楼换钱。少安接来，藏在衣袋之中。策六看对时表已是两点多了，与逢辰辞别回去。

少安这夜堂堂皇皇的住在院中。到了明日，果把金镯到杨庆和去换好了钱，本家处开消清楚。吃过中饭，收拾一切，就叫相帮搬动起来。搬至旁晚，多已完了。如玉坐了轿子，带着张家妹等，少安坐了包车，一同进宅。看房间里已布置得齐齐整整，多是周、贾二人帮忙。如玉感激不浅。又看这房子也甚高爽，心中更是开怀。从此如玉暂出烟花，与少安住在昌寿里中，宛如夫妇一般。我且按下慢表。

再说少牧在楚云那边住了一夜，午后起来，写了一个知单，差车夫去请大拉斯、康伯度、白拉斯、资雄花田郎与贾逢辰、邓子通、郑志和、游冶之、经营之等，即晚七点钟在一品香夜膳。六点半时，少牧先去，请的人也陆续到来。志和恐这件事闹到个不得开交，难保不到新衙门去，故叫少牧去请锦衣，他是个官场中人，到处有些手面。少牧连称"不错"，写了张请客票去，说是"有事面谈，立候入座"。锦衣接着马上就来。少牧大喜。只有逢辰因从新马路来，到得最迟。说了几声"对不住，众位相等"，并催少牧入席起菜。席上边，少牧把如玉如何可恶，今天故欲仰仗众人，停回同到久安里去处置于他的话向大拉斯、白拉斯、资雄花田郎、荣锦衣四人说知。大拉斯等有听不出的说话，多是康伯度翻译。众人情愿替他出力。锦衣本甚安分守己，只因碍着朋情，故也随口答应几句，心想："看事做事，且等到了久安里时，劝得开，劝劝他们，大事化为小事最妙。堂子里是个顽耍地方，认什么真？"少牧听众人多肯帮他，不胜之喜。吃完了菜，一窝蜂多到久安里去。

少牧与大拉斯等在前，先走上得楼梯，直向如玉房中冲去。忽见房中乌黑，吃了一跳。本家听得有许多人到空屋里去，知是少牧等寻事来了，忙差一个能言舌辩些的娘姨进来，把如玉已于一早搬出，不做生意的话告知。少牧问他搬在那里，娘姨说："但晓得到新马路去，不知是新闸，还是南市，并没清楚。"少牧道："新马路上海有两条么？"娘姨道："是。"少牧只气得一团很劲无可发泄，等着逢辰、志和等上楼商量。逢辰说："人已搬去，只好大丈夫报仇，在三年以外的了。他如没有嫁人，终有一天撞在你手。"志和说："怎的立刻就会搬场？真是奇事！难道他晓得我们今天要来为难？"逢辰道："说不定有人通信他的。"冶之道："是那个呢？"逢辰道："昨天我们在大菜间里说话，保不住没人听见，传与他去。"大拉斯道："莫不是他并没搬场，暂避在别的倌人房内。我们何不搜他一搜？"营之摇头道："断没此事。况且别人房内，怎好搜去？"子通道："如此我们岂不白白的来了一场！"少牧道："当真不是白来了么？"

荣锦衣本想无事最好，今见如玉已经搬掉，众人怒气未息，深恐尚有余波，因想出一个解围的法子来，道："如玉既已搬了出去，我们慢慢寻他。此刻时候尚早，据我想来,可要到老旗昌去顽顽,替少翁解解闷怀?你们众位可有兴么?"少牧尚未回言,逢辰乘机答道:"老旗昌?杜老二还没到过,正好去见识见识。本来我们在此则甚。"邓子通道:"锦翁到老旗昌去,可是开厅?温生甫他几次对我说起,想去瞧瞧,可要请他同往?"锦衣道:"开厅是要预先定的,当日只怕厅房没空。好得现在老旗昌共有四家人家,我们这么样罢:大家到了那边,那一家厅上没酒,就在那一家开厅,不见得四家一齐有酒。温生翁既然有兴,不知现在那里,可能请他到来同行?"锦衣道:"今夜在富贵楼听书,我们出去,可以顺便邀他。"逢辰道:"既是这样,我们走罢。"本家、娘姨尚说:"各位大少,可要到别间房里坐坐?"锦衣回说:"不消",同着众人下楼。少牧尚想向本家发作几句,锦衣劝他说:"这事与本家不干。"方得一同出了大门。

因要寻找生甫,不坐车子,走到富贵楼门前。子通上楼去找见了他,说明邀他到老旗昌去,方才包车的包车,叫野鸡车的野鸡车,生甫与子通马车,共到老旗昌而去。锦衣到得堂子门口,分付各车停下,领着众人进内。一连走了两家,都有人在那里请客,没有空厅。走到第三家——乐花楼内,这夜巧巧没有酒席。锦衣等大家上楼,到个房间坐下,分付他们备办起来。旁边走过一个本家娘姨,粤人唤他做寮后婆,见姓荣的是个熟客,平日很肯花钱,故问:"荣小,可要收灯?"锦衣道:"收灯也好。"生甫莫明其妙,要想动问,只见这本家娘姨拿了一副笔砚过来,锦衣写了一张名单,第一个字乃是众人的姓氏,第二个多是一个"小"字。写好之后,与那娘姨说了好半天广东说话,又在单上添写下去,乃阿娇、亚红、阿仔、阿美等,每人一个。内中子通、冶之、志和、逢辰、伯度五人多曾来过,晓得广东堂子内的规例,余人俱没见过,看见锦衣写好,一个个多来问话。正是:

> 沪北繁华将写遍,粤东风景细传来。

要知锦衣何故写这名单,开厅怎样热闹,再看下回分解。

第二十回

悲切切玉殒深宵　恨茫茫花飞何处

话说荣锦衣在老旗昌堂子开厅，郑志和、游冶之、邓子通、贾逢辰、康伯度多曾到过，晓得广东堂子与苏派大不相同。温生甫与杜少牧等俱是初次，听见寮后婆叫锦衣"收灯"，又见锦衣开写名单，不知何故，多向询问。

锦衣道："这里有个收灯的规矩，收了灯，乃是一院子的妓女今夜已多被我们包着。写单子，是写明某人叫的某妓，停回他们好照单分坐。"少牧道："那单子上为甚每人多有一个'小字'？"锦衣道："这是广东人称呼我们。你姓杜的，是杜小，我姓荣的，就是荣小，没有这么大人、老爷。"生甫道："他们呼我多呼做小，我叫他们什么？"锦衣道："我们自然叫他名字。若像呼堂子里妓女的浑称，照着广东口音，乃是'老鬼'两字，当是老妓之讹。"生甫道："'老鬼'二字，难听得很。"锦衣笑道："你嫌我们呼他老鬼不中听么？他们呼起别处人来，叫'乌龟老'更惹气哩！"少牧等闻言大笑，并问锦衣："可是当真？"锦衣道："我从来不与人家说顽。想这'乌龟老'三字，大约因别处人嫖了一个妓女，做得要好些些，便想讨他回去。讨得不多几日，这妓女往往依旧出来接客，遂把先前娶他的人贴封了一个十三品衔。不比我们广东，不肯轻易娶妓，那妓女嫁了这个客人，死守也不肯再吃这饭。故此他们把别处人看得低了也未可知。"少牧等点头称是。

生甫看现坐的那间房间里头多是些椐木家伙，因问锦衣为甚不很考究？锦衣道："这里头的房间多是这样。听得人说，十数年前妓女睡的尚是板铺，如今有了大床，已经讲究多了。"生甫道："板铺你们广东人睡得来他，别处人不惯的多。难道以前没有大床，除了广东人住夜，并没别的客人住么？"锦衣道："老旗昌的夜厢，只留广东人居多。留了别的客人，姊妹们有句暗号，叫'花生油不吃吃豆油'，多要嘲笑于他。故而别处客人有相好的很少。"生甫道："你们广东人在此住夜，也有小货抄么？"锦衣道："什么没有？不过苏州堂子里叫'抄小货'，广东人叫做'白手'。"生甫道："白手求财，这两个字很有意思。"众人谈谈说说。少顷，只见那本家老娘姨来请道："席面端整好了，请荣小等厅上坐罢。"锦衣回声"晓得"，遂即领着众人同上第三层楼。

走入大厅，抬头见灯烛辉煌，宛如人家喜事一般。那桌椅多是红木嵌螺钿的，椅上披着平金绣大红缎子椅披、椅垫，十分华丽。中间一张极大圆台，可坐十三、四人。台上摆着酒席，极其丰盛。锦衣招呼众人坐下，那本家老娘姨遂唤亚娇、阿红等各妓照着单子，坐在众人背后。也有二十岁左右的，也有才十四、五岁的。锦衣、子通冶之、志和、逢辰、伯度看诸妓坐定之后，各人给些瓜子与他。少牧等又不懂起来，暗想："只有妓女敬客瓜子，那有客敬妓女的道理？"因见众人如此，遂与大拉斯等也照着样儿把瓜子盆子往后拿去，各妓女一个个含笑接受。只有生甫坐着不动。他身边坐的是个十一、二岁的雏妓，广东人呼做"琵琶仔"，年纪虽小，人甚促狭，起手在生甫臂上用力一拧，叫他拿瓜子来。生甫觉得被拧处异样疼痛，怪叫起来，引得众人哄堂大笑。锦衣自己做的那个妓女名唤阿红，二十多岁年纪，一张瓜子面孔，出落得白嫩非凡，身穿竹根青花缎珠皮小袄，蓝绉纱裤子，梳的头也半是苏式，不过脚是大的，穿着一双广东鞋子，说的话是广东口音。见锦衣等坐好了席，弦索手敲起锣鼓，唱了一折《狡妇窝鞋》的广东戏儿。少牧身边的阿娇唱了一折《香山得道》。生甫身边的那个琵琶仔亚凤唱了一折《黛玉葬花》。

锦衣问众人可叫外局，众人因背后坐着许多粤妓，言语不通，唱的曲手也听不出他，本甚没趣，巴不得叫几个苏州人来，每人写了一张局票。锦衣交代寮后婆发出去叫。生甫问："这里叫局，怎样开消？"锦衣道："叫来的苏州局，开消是一样的。若是本堂大先生，每局二元。琵琶仔，每局一元。"生甫道："若是叫他们到苏州堂子里去呢？"锦衣道："出局二元，轿钱一元，那却是要现开消的。有人想省轿钱，可以叫部马车来接。一部车可坐四人，这轿钱可不开发了。"少牧道："我们今天在此吃酒，若然不叫本堂，可使得么？"锦衣道："那可不能。"逢辰道："老旗昌开厅费大，就费在这个局上。若照酒席开消，一台菜也不过多至十元，少只八元，另加弦索手四元，犒赏厨房洋一、二元。那厨房里，刮皮些的客人也有不给他的，合起来与苏州堂子里吃台花酒没甚上落。这菜却比苏州堂子里好得多了。"生甫道："吃酒这个样儿多知道了，若是碰和怎样？"逢辰道："老旗昌没有碰和。倘是客人喜欢，逢着开厅的日子在厅上碰一、二场和，并没头钱，也没下脚，每场和只要开消值厅的人一块洋钱够了。所以我有几个朋友闲着没事，每每到此开厅。先碰两场麻雀，提出二十四块洋钱头来，给了值厅的两块，尚余二十二块吃酒，就差不多了。"生甫道："好个算盘，打到个这般精绝！"

资雄花田郎道："这里既然没有碰和，除了吃酒、开厅之外，可还再有别的顽法？"伯度道："还有的是消夜。譬如我们三、四个人进来，吃两块洋钱消夜，这菜乃是四个盆子，五、六个汤炒；三块钱，却有中碗鱼翅吃了，价钱很是便宜。只是也要叫本堂局的不好。"大拉斯道："这里的厅屋比了苏州堂子宽敞很多，有人在此请客，倘然叫班毛儿戏来唱唱，岂不很好？"逢辰道："这里有傀儡戏的，俗名叫做'大木人头戏'，做一台不到十块洋钱。"白拉斯道："可好看么？"伯度道："没有见过的人尚可看得，见过的就不过如此了。"大拉斯道："我们没有见过，今天主人家可肯唤一班来唱唱？"锦衣点头道："这有何难？"遂唤寮后婆关照值厅的人，去叫班傀儡戏来，就在厅上串演。

众人开怀畅饮，吃得甚是高兴。后来大拉斯与白拉斯有些醉了，手舞足蹈的乐不可支，与叫来的杨小蛮、赛银花闹个不了，并且不许他走。小蛮几乎在台面上哭将出来，幸亏康伯度把大拉斯拉他出席，去看木人头戏，自拉斯也跟了出来，二妓方得脱身而去。

座中本堂局虽还未散，苏州局也一大半渐渐去了，只有生甫叫的那花小桃尚没有来。正要差人去催，只见跟小桃的小妹姐走上楼来，见了生甫，问道："不是温大少叫小先生的局么？小先生今天有些身子不爽，不能来了，故叫我来回覆一声。请你用完了酒，与我一同回去。"生甫听了，心上一惊，道："昨天好端端的，今天得了什么病症？"小妹姐道："大约是受了些寒，得的是寒热病，热得甚是利害。"志和道："小桃不是做了一个小产，在百福里小房子里么？不知是几时出来的人？"小妹姐眼睛一瞟，道："那里是什么小产，前天也是发了几个寒热，因为近来天时不好，恐他犯的乃时喉症，要过人的，才送到小房子去静养。不到十九天，病就好了，马上出来。外边那些夹嘴夹舌的人遂说他是做了小产，其实那有此事。"

志和听他辩得干净，尚想说他几句，生甫已走出席来，将小妹姐一把拉至厅角边无人之处,子细问道:"到底小桃得何病症?此刻甚样?"小妹姐道:"这病来势凶险得很。你昨天不是十二点钟回去的么?这时候小桃已在发冷,不过没说出来。你去了,他就再耐不住,睡上床去。只道裹紧了被,睡上一夜,发得出热,或者好了。岂知再睡也睡不着,到得天色黎明,忽然身如火热,发起昏来,口里头胡言乱语。吓得我们房间里人一齐爬了起来,要想去请医生看病,怎奈天光尚未大亮,没奈何寻些纯阳正气丸与他吃了。大家陪着他,不敢再睡。那热势更一刻盛是一刻,初时神智还有时清爽,及至天亮以后,愈不是了,并且两只眼睛向着人一横一横的,很是可怕。"生甫道:"天明可以请医生了,不知请的是那一个?"小妹姐道:"本要请平大少的,因没有你的字条,恐怕请他不动,故而就近在昼锦里请了一个医生。又因他发癫发狂,必定有甚邪气缠绕,故又到大马路吴鉴光那里起了个课,山家园请了一个看香头的。那医生到来,诊过了脉,说是伤寒重病,今天晚上须要小心。吴鉴光也说很险,须要拜斗解星,才可保得无事。那看香头的了不得了,说小桃前世也是女身,夫妻不甚和睦,那丈夫是伤寒病死的,病里头没有替他调治,如今寻到了他,向他索命,领着十七个无祀孤魂捉缠着他。况且,前天夜里堂唱回来,天快亮了,又冲撞了七煞五鬼一切凶神,这病故而十分沉重。发冷时,是小桃的前世丈夫与一班无祀孤魂将冷水泼在他的身上;发热时,是七煞五鬼等用神火、鬼火烧他。内中最怕的是,还有一个带血阴人,满身血污狼藉,时时刻刻站在床前,故而他眼里头见神见鬼,必须发送去了,方能够逢凶化吉。我与宝珠姐等听了,只吓得磕头求拜,说我们只要他的病好,情愿发送。看香头的就断了许多经忏锭帛,那知小妹姐又不肯拿出钱来。大少,你想怎样才好?"生甫皱眉道:"照你这样讲来,小桃的病真是沉重极了。最好请平大少去瞧瞧,到底可能无碍?怎奈这时候已半夜多了,那便怎处?"小妹姐道:"要请平大少,也须明天天亮再说。此刻你同我回去看看他罢。房间里人不多,有了生病的人,况被看香头的说得人毛骨悚然,我出来了,他们在家,不知怎样发急!得你一同回去,究竟阳气重些。"生甫点点头道:"既然如此,我被你说了这一番话,东西也吃不下了,大家就此去罢。"小妹姐连声道好。

生甫遂谢过锦衣,说是小桃病重,故叫小妹姐来请他前去,别了众人要走。忽被志和、冶之两个拉住,子细盘问他小桃得的甚病,生甫说是伤寒,二人不信,疑是小妹姐的枪花。大约是老旗昌路远不来,假称有病,明欺生甫是个瘟生。那有在小房子里出来,昨天尚好好的,今天忽然大病起来?小妹姐觉得二人意思,说:"郑大少、游大少倘然不信，请与温大少同去看看他的病势，才知道是十分利害。"冶之道："我们局多散了，酒也够了，与其坐在这里看木人头戏，没甚趣味，出去走走也好。"志和道："当真你去？我也陪你。"小妹姐道："生病人的房里阳气越多越好。你们三个人同去很妙。"志和道："有甚阳气阴气！我生平最不信他。"生甫道："这是看香头人说的有多少阴魂缠着病人。"志和笑道："你相信么？"生甫道："阴阳自然有的，什么不信？"冶之道："你到底真是一个瘟生！怎的连看香头说话多听信起来？他说病人房里现在有多少阴魂，我们此刻大家去看，如果看得见他，我才信呢！"生甫道："这是要有净眼的人才瞧得见，你我多没净眼，怎能看见得来？"志和"扑嗤"一笑，尚要与他说时，小妹姐再三催促，遂一同出了乐花楼，三个人三部包车，小妹姐叫了部野鸡车，如飞赶到新清和去。

才到弄堂门口，鼻观间觉得有一阵布毛气儿，小妹姐说声："不好，莫要出了事了！"冶之道："就算他真是伤寒，昨夜方才得病，也没有这样的快。"志和道："我们进去再讲。"生甫此时心上好如几十条箭在那里穿肠乱搅一般，话也没有一句，跟着众人进弄。

到得院门，只见天井里烧了一堆锭灰，隐隐有一两件衣服在内，尚还余烬未息。小妹姐跌足道："完了！完了！"与生甫慌忙抢进房去。果见小桃睡的那张床上，帐子已拆掉了，被头也没有了，小桃躺得直僵僵的，动也不动，眼见得已是不活。那张小口却张得甚开，几乎把舌尖多露了出来。两只眼睛陷〔成〕两个大潭，却又睁开着，煞是怕人。眼眶中隐隐含着两点眼泪，尚没有干。生甫看了，吓了一跳，忙把眼珠一闭，跑了开去。小妹姐走到床背后去，哭了数声，寻宝珠（小妹）姐到后房说话。

志和、冶之见小桃当真死了，又看他死得形状可怜，盘究房间里人到底怎样死的。有个十二、三岁的小大姐说："因小桃自己不好，与潘少安有了身孕。到小房子去打胎，终夜被小妹姐要打要骂。一过十二朝，就逼他到生意上来。说房钱要几十块一月，米钱要多少洋钱一担，不做生意，怎样度活？小桃无奈，出来当晚，就出了一个堂唱。后来那些客人多晓得了，你也来叫，我也来叫，夹着有人半夜里吃酒、碰和，可怜他就没有一天安息的日子。本来人已乏了，内中有个生客姓郏，听说是个很有钱的，偏偏看上小桃，一连吃了两个双台，碰了三场的和，就想住在这里。小桃因产后尚未满月，不肯留他。宝珠姐与小妹姐等因这户客人是个好客，强着他一定要留，并说谁叫你与姓潘的要好，生这断命私孩！小桃万分无奈，只得把他留下。只住得一夜，天明早起来就喊肚疼，并说身上边有些似寒似热，趸不起身。这话被小妹姐听见，说他留了个把客人，装什么腔，将他骂了一顿，依旧逼他起来，梳头出局。直到昨天晚上，温大少住在院中，他才勉强安睡。岂知睡下去就病得个不像样了。天明时，见神见鬼，闹了一个早晨，以后就迷迷糊糊的没有开口。直至温大少来叫局，他回光返照的醒了一醒，见小妹姐等不在房中，呜呜咽咽的在床上哭了一场，说是前世不修，今世里做了一个婊子，弄到这样下场，尸骨多没人收领。是我劝他一回，叫他不要啼哭。宝珠姐听得声响，走进房来。小桃一见，便不哭了。约有三、四分钟时候，忽然连叫几声'亲爷，亲娘'，两只眼睛往头顶心上一插，晕了过去，两只手乱抖不已。小妹姐尚说他吓什么人，还是宝珠姐心软些儿，见他形色不好，走到床面前问了几声。小桃没答应他。宝珠姐拿盏洋灯，向他床上一照，谁知道已大不是了，遂顿时拎头发，掐人中的大喊大叫。凭你甚样叫喊，可怜他叫不回来。说起来真是凄惨，小桃这一条命，是姓潘的种下祸根，，姓邺的与小妹姐几个人送的。"志和等听了这一番话，一个个暗骂狎客急色，恶鸨忍心。叹息一回，只见宝珠姐与小妹姐从后房出来，装做着满面愁容，要与生甫讲话。

生甫问他何事，二人说小桃死得可怜，明天棺殓，一切尚还分文没有，因此要与你商量。生甫叹口气，道："难道他在生的日子，替你们做了几年生意，一个钱多没有余么？"小妹姐道："天在上头，他何尝有甚好生意做过？今年更瞒不过你。落小房子，养私孩子，歇了十数天工夫，莫说本来没钱，就是有钱，也用完了。"生甫道："衣服是应该有的。"小妹姐道："他有什么衣服？只有一件夹袄、一件棉袄，今天请看香头的到来，已当掉了。皮袄不能穿了下棺，纱衣裳是不值钱的。"宝珠姐道："小桃尚有亲生父母，收成得过分不像样了，又恐多句口舌，真是一件难事。除非温大少照应到底，别的有甚商量？"生甫听了二人的说话，心上甚是过意不去。想到譬如做了一桩好事，又想譬如小桃没死，在他身上多花了一百八十块钱，遂与志和、冶之商议，自愿拿出一百块钱衣衾棺木费来。志和道："此举甚好。不过最妙的是不给他钱，明天买好棺木、衣服，送到这里，死去的人方得实惠。若把洋钱给与他们，难保不又要掉甚枪花。"冶之也是这样的说。生甫道："他们在小桃身上虽说没有赚钱，究竟赚过的了。就是我一个人，做了他四、五个月，差不多已花了二千多钱，只因堂子里开消很大，积不起来。如今人已死了，这点子棺木钱，他们怎忍掉甚枪花？何况那个人有甚工夫替他去买衣衾、棺木？还是把钱给与他们，等他们去办罢。"冶之尚要说时，志和晓得生甫脾气，自以为信得过人，暗暗把头向他一摇，冶之方始缩住了口。生甫伸手向身边一摸，巧巧有九十块洋钱钞票、十数块现洋在身，遂凑齐了一百块钱交给宝珠、小妹姐二人，明天买口好些的棺木，余下的买件衣服，另外几块零钱给小妹姐，叫他买锡箔来烧。

交代已毕，想到小桃昨天尚还见面与平日要好的时节，止不住洒了几点眼泪。宝珠姐与小妹姐见了洋钱，却多眉花笑眼的道："小桃有你这好客人，不知他是几世修得来的。你今天花这一百块钱，真比他在生的日子花上一千更是有益。他在九泉之下，自然感激着你。"志和、冶之两人看着生甫的哭，暗想小桃在生，并没真心待他，都把肉麻当着有趣，算来不应该哭；宝珠与小妹姐的见钱含笑，小桃人已死了，如何还满心喜欢？不应该笑。故向三人看看，不发一言。

正想要起身回去，忽见自己公馆里的新来娘姨与厨子阿大跑得满头是汗，由包车夫领着进房。叫声："二位大少爷，为甚还没有回去？公馆里出了事了！我们寻得好苦。"

冶之、志和各吃一惊，道："家中何事，这样慌张？你们从那里来？"新来娘姨道："我们现从老旗昌来。公馆里的事情，这里不便说话，可请快些回去再讲。"志和道："奶奶与游客奶奶不在公馆里么？有甚事情，何不与他二人说去？"新来娘姨发急道："奶奶在公馆里，我也不到此地来了。"冶之闻言，跳起来道："你说什么？"志和看新来娘姨神色惊惶，语言尴尬，堂子里果然不是说话之所，况且小桃初死，人家正在乱抖抖的时光，慌与冶之把头一摇，说："本来天不早了，他们既来唤我，必定有甚要事，我们回去说罢。"冶之会意，只得忍住了急，与志和别过生甫，抢步向外。

走出大门，冶之抓住了新来娘姨，志和抓了阿大，问他到底出了甚事。新来娘姨低声与冶之说道："今天二位少爷不是上灯时出去的么？出去了，二位奶奶说要到宝善街去看戏，因包车已被少爷坐去，叫我唤了两部野鸡车来。我问他可要那个跟去，二位奶奶说，恐怕少爷回来有事差唤，不要跟了。我因二位奶奶不时出去惯的，故此并不在心，但嘱他早去早回，免得少爷回来挂念。岂知二位奶奶一去之后，音信杳无。我们到十二点钟，戏馆散了，不见回来，心上不免有些疑惑，尚认他在姊妹人家耽阁住了，并没寻他。后因客堂里的保险洋灯油已点完，火要息了，想起房里头有盏台灯，可以拿他下来。开进房去取灯，那知房里头不像样了。"冶之大惊，道："是那个奶奶房里？怎的不像样儿？"新来娘姨道："灯是到郑家奶奶房里拿的，见大少爷放洋钱、钞票的那只铁箱锁已开了，包洋钱与包钞票的纸头散了一地。倒把我吓了一跳，不知是那个大胆，敢趁无人在内，偷窃银洋，急忙点了台灯，奔至对过房内查看，不知怎样。但见洋箱关着……"冶之道："关着就没有事了！"新来娘姨道："我就用手一拉，谁知也是不锁着的，竟把这铁门拉了开来。见箱子里也空空洞洞的没甚东西，只有些破包纸儿，明明也把洋钱、钞票出了挡了！我才大惊大嚷起来。叫了阿大，一同到四马路找寻二位少爷。晓得到老旗昌去吃酒，赶到老旗昌去，遇见一班老爷们在乐花楼散将出来，说起现在这里，才得寻到此地。二位少爷，快请回去检点检点，少了多少东西，查查二位奶奶究竟那里去了，真是要紧得很。我们帮人家的，吃不起这风火。"

冶之听完这话，这一急几乎急得气多回不上来。志和听阿大告诉的话与新来娘姨句句一样，也如青天里起了一个霹雳，那里有甚主意！只喊车夫快快点灯，且等回到公馆再处。冶之见志和这样，他也坐了车子跟着就走。

出弄堂的时候，温生甫从小桃院中出来，问他可是回公馆去，冶之不但没有听得，并且当着生甫的面，好像瞧多没有瞧见一般。生甫不知他有甚大事，尚要挨身过去问时，车子已是飞也似的去得远了。生甫满心不解，只得独自一人回去，一心痴想小桃，足足哭了半夜。又想到小桃死后的面目可怕，凭你怎样花枝一般的人，死后终是个红粉骷髅，竟把那嫖妓之心从此渐渐淡了下去。我且慢表。

再说志和、冶之二人，同阿大与新来娘姨匆匆回至观盛里公馆，三脚两步走上楼梯，各人跑至自己房中，定睛一看，果见铁箱多已开了，衣箱上的铜锁是虚衔着的，衣橱上更连锁多没有。冶之急把衣橱门拉开一看，只叫得"阿呀"两字，一口气咽住喉咙，顿时晕了过去。正是：

　　悔将水性杨花女，当做知心着意人。

不知冶之性命如何，媚香、艳香究竟那里去了？且看下回分解。

晚清言情艳情小说

海上繁华梦

孙家振 ◎ 撰

「下」

百花洲文艺出版社

第二十一回

游冶之因忿感疾　谢幼安刻意怜香

话说郑志和与游冶之，因公馆里新来娘姨并厨子阿大寻到新清和坊，报称媚香、艳香开了洋箱，取去洋钱、钞票，出外看戏，一去不归，急忙回至公馆，上楼细细察看。冶之见自己房中不但洋箱里空空如也，衣箱上的铜锁也是虚锁着的，里面未知怎样。那衣橱上锁多没有，拉开橱门一看，橱里的那只首饰箱翻转放着，箱中首饰全无。一只在生意上用的金豆蔻匣子，本是冶之打与他的，后来嫁了冶之，没有到银楼里贴换别的东西，如今也不见了。银水烟袋上的金练条、翡翠件头更不必说。最要紧的是橱抽斗内有张艳香的婚书与一个八字帖子，也没有了，可见得是有意卷逃无疑。冶之怎得不气？叫得一声"阿呀"，顿时晕了过去。

新来娘姨见了大惊，高喊："大少爷，你什么样儿？"厨子阿大与车夫等听得叫唤，奔上楼来。志和本在隔房检点东西，也因不见了媚香的八字、婚书，心中焦燥。忽听新来娘姨大声叫喊，不知为了何事，慌忙奔将过来。但见冶之晕倒在地，新来娘姨等急做一团。志和想，好端端的人，怎会（曾）发晕？谅是气闭咽喉所致，忙叫车夫等搀他起来，扶在床上坐下。新来娘姨认做发痧，要车夫去敲药店门，买通关散。志和说："这不是痧，乃是气闭。幸亏前天媚香这忘恩负义的恶妇发甚肝气，叫我买了一块沉香，锉了些香末下来，装在鸦片烟里头吸。这块香现在还有许多，可到厨房里拿些开水，磨碗香汁，冲给他吃。谅来无事，休要着慌。"车夫问香在那里，志和道："在衣橱抽斗内，即刻还看见过他，没被恶妇带去，待我取来。"说毕，急至自己房中取香，给与车夫，磨了半小酒杯浓汁，用开水冲做半茶杯儿，撬开牙关灌将下去。稍停，只听得腹中微响，冶之长叹一声，果然回过气来。新来娘姨等方得放下了心。

　　志和问他怎的这样，冶之有气无力的道："休要提起，你我大家多是一般，说他怎的。"志和道："你休这样着恼，且把心儿略定一定，查查究竟失去多少东西，明天好报巡捕房去。将来捉得到人也未可知。"冶之又叹口气，道："值钱的多被他卷了去了，还要查看什么？"志和道："洋箱里、首饰箱里一些没剩，我那边也是一样，不必说了。不知衣箱里的衣服怎样，瞧过没有？"冶之道："没有瞧过。"志和道："你瞧不动，我来先与你瞧，再瞧我自己的，可好？"冶之道："替我先瞧，狠好。"志和遂唤车夫把衣箱一口口扛下地来。开箱一看，不但艳香四季衣衫好些的一件俱无，连冶之几件值钱衣服也多一卷而光。又到自己房里子细看时，真个毫而无二。箱子里只只都空，并连帐子上的银帐钩，绣柜抽斗里的四只银酒杯、四双银筷、一个小银茶壶一齐没了。志和呆呆的向榻床上一坐，要想开盏烟灯吸烟解闷，又见烟盘里两只银鸦片烟匣子、一支银镶甘蔗老枪也不见了，只留两只牛筋烟匣、一支毛竹枪在那里，心中更诧异道："这种东西也多拿去，走得好从容不迫！谅来断不是今天一天的事，早已存下此心。"又想东西多了，两个人怎能拿得尽他？内中必定还有个通连的人。难道与新来娘姨同做此事？但他来得不多数日，不见得就会这样，莫要错疑好人。

　　细细思想一回，想到七天前歇去一个大姐，那是媚香、艳香在荟芳里带过来的。此人名唤小巧，为人奸诈多端，本与媚香、艳香狠是合式，每天替二人梳头。那天媚香忽因他梳得不好，说了几句，小巧不服，还起口来。艳香帮着媚香说他，小巧又与艳香寻事。就此这么一闹，二人定要歇他生意，当夜算明工帐，立刻动身。出门口的时节，见他大包小裹，足足装了一小车子。当时虽曾照例叫主人家将包查看，并没看过这些衣服等物。大约一定在这个时候运去，落了他们圈套。如今要查二人下落，须查小巧，但不知他住在那里，明天好去投报捕房。遂唤自己的车夫进房，问他可知小巧住处，车夫道："小巧的小房子，从前借在中巷弄内，此刻不知搬了没有。"志和道："你去过么？"车夫道："曾替奶奶拉车去过一次。"志和道："他去做甚？里面共有多少房子？游家奶奶一同去么？"车夫道："游家奶奶也同去的。里面房子虽只一上一下，收拾得却甚精致。"志和道："可见里头有什么人？"车夫欲言不语。志和道："你只管说，不干你事。"车夫道："有两个年纪狠轻的人，仿佛是京班里戏子，住在楼上。"志和道："那天奶奶可曾上楼？"车夫道："这却我在门外，没有清楚。"志和道："平日我与游大少爷不在家中，可有别的男人进出？"车夫道："二位少爷出去，我们也拉着车子同出去了。有没有男人进出，须问阿大便知。"志和听他说得不错，令他又叫阿大进来盘问。阿大说："平常并没别的男人，今天却有两个唱戏模样的人在弄堂里走过几遍。我出去买夜饭菜时，他们两个人站到弄口去了。后来我买了回来，他们还在弄口站着。"志和道："那二人的面貌你可记得？像是那一家戏园里的？"阿大道："面貌尚还记得，像在那一家戏园子里，我与那班戏子向来多不认识，并且平日不甚看戏，说不定他。"志和又回头问车夫道："奶奶往常喜欢看戏，我晓得的，那一家戏馆去得最多，我却不在心上。你谅能记得出来？"车夫道："天福里头多些。"志和听罢，沉吟不语，分付车夫与阿大多到冶之房里去陪伴冶之。自己睡在榻上，吸了三四筒烟，细想此事须找逢辰商量。他洋场上人头最熟，必得托他找几个人四下缉访，并到巡捕房去报他一报。此外没有别的法儿。

　　想定主意，放下烟枪，细细开了一张失单。乃是：绞丝金镯一副、天圆地方金镯一副、铜钱式金镯一副、金豆蔻匣一只、打簧金表一只、金图书戒指两只、金钢钻戒指两只、外国金嵌宝戒指二只、金押发一支、金荷花瓣簪五支、珠花一对、珠凤一支、珠扎心一个、珠圈一对、金锁片圈一对、金挖耳一支、金练条二条、翡翠茉莉簪五支、翡翠押发一支、翡翠挖耳一支、翡翠兜蝠一对、珍珠三十六粒、精圆帽珠一大粒、珠嵌线两条、批霞帽珍、河水清帽珍各一粒，并银茶壶、银水烟袋、银帐钩、银烟匣、银镶甘蔗烟枪等各银器；又英洋一百五十元、钞票洋七百元、婚书一张、八字帖一个、借票洋二百五十元，乃贾逢辰向志和借的；又金矿股分单银二千两，此单系经营之经手，那矿没有开成，这银子已撩在水里的了。媚香不知，也把他卷了出去。其余衣服是：皮、棉、单、夹女衣三十五件、男衣十六件，内中有草上霜千尖马褂各一件，价值甚巨。凡是志和在扬州家里带出来的银钱衣物，算得是罄其所有，多被媚香一网打尽。开好单子，走至冶之房中，问他身体此刻可好？冶之坐在床上，哼声不绝的答道："胸脘间痛不可当，像是犯了肝气病儿。"志和问他可要吸烟，冶之道："吸筒最好。"志和遂把那块沉香锉些细末，掺在鸦片烟中，替冶之装了两筒。冶之吸了一筒，气喘，一定不要吸了。志和拿过烟具，取笔砚来，坐在床前，问明所失银洋物件，细细的也替他开了一张失单。金银珠翠、衣服一切，虽有参差，却与自己所失不相上下。洋钱是一百二十块，钞票只有四百十元，金矿股分单是一千五百两；贾逢辰也有一张借契，只一百元。写好之后，把他与自己的失单折在一处，对冶之道："人虽逃走，幸喜尚有踪迹可寻。"并把明天拟请逢辰到来，派人查访，一面投报捕房的话说知。冶之回称，任凭怎样办法，必须寻到这两个恶妇，并访出诱逃之人，方出得心头这口闷气。志和又向冶之勉强劝慰一回，叫他的车夫今夜在房伏伺，余人各去安睡。自己冷清清回至房中，和衣而卧。偏是天公作对，这时候又下起一阵雨来。点点滴滴的，听得人甚是凄凉。志和在床上边覆去翻来，怎睡得着？冶之身带重病，更不必说。

好容易捱到天明。阿大上楼，动问志和买甚饭菜。志和一夜没有睡得，扒起身来，回说："随便买些。快去快来，恐防有事差你。"阿大要火食钱，志和身边一摸，尚有两块洋钱，交他拿去。暗想："这两块钱，至多只够两日用度，以后手无寸铁，却待怎样？"心中好不昏闷异常。车夫在楼下，听主人起身，跑上楼来，说今天巡捕房里捐车照了，要拿三块洋钱捐钱。志和因已身无半文，说："今天我不出去了，明天捐罢。"车夫答应要走，志和唤住他道："你快去寻贾逢辰贾大少爷到来，有话商议。"车夫道："贾大少爷住在那里？"志和道："不是在虹口么？"车夫道："虹口地方狠大，知他是那一条街？"志和踌躇道："这却他从未说过，不知为何故。这么样罢，你到尚仁里花小兰那边去看罢，倘在那里最好，不在，你可问跟小兰的阿素，晓得住处。"车夫答应自去。志和又唤冶之的车夫，拿张名片请平载三到公馆看病。

分派已毕，阿大回来说，买了四百多钱的肉、二百多钱的鱼、一百多钱青菜、豆腐，只余一块钱了，齐巧没有豆油，买了七斤多豆油，两块钱多已用完，今天尚要买柴，必须再拿两三块钱。志和道："昨天我看煤炭店里有张发票，叫了两块洋钱松柴，什么又要买柴？"阿大笑道："松柴是要用稻柴引火的。没有稻柴，怎样烧得着他？今天买的乃是稻柴。"志和烦闷道："既有松柴，那有烧不来的道理？明天买罢，噜嗦怎的！"阿大尚要说时，志和踱到冶之房里去了。阿大暗想："看来今天东家拿不出钱，真是没法。只好做火油不着，停刻烧火时，浇些油在柴上，暂且过了一天再说。"

志和踱至冶之房中，看看他的病势，见他只呼胸口疼痛，几乎口多怕开，心中好不焦躁。在床前坐了片时，只见车夫来说，贾逢辰昨夜果然住在花小兰家，已请到了，现在楼下。志和急令请他上来，把媚香、艳香卷逃，要他弄几个人四下侦访，并到巡捕房投递失单请缉的话告知。

逢辰满口欷歔了一回，说："要人打听此事，这有何难？不过是非钱不行。须得先给他们几块零钱，并允将来寻到以后怎样重谢，方肯赤心办事。巡捕房里是不要钱的，我替你去报了。"志和道："先要多少洋钱？"逢辰道："有了二十块钱，可以赶紧多找几个人来。"志和道："实不相瞒，现钱多被这两个恶妇卷光的了，一时拿不出来。你我原是好友，替我暂垫一垫可好？"逢辰道："论理，我还借着你二人的钱，如今府上出了意外之事，莫说是垫，应该每人先还几十，表表我贾逢辰心迹。怎奈连日在康伯度总会里头，又了五场五十块底麻雀，一连输了一百五十多块洋钱，这几天也分文没有在身，真个惭愧！"志和道："这便怎样？"逢辰道："我们是要好朋友，你的事就如我的一般，那有不替设法之理？不过，好媳妇难为无米之炊，只却效力不来。"志和沉吟半晌，道："没有现钱，假如有件东西，你能替我弄得钱么？"逢辰道："只要是值钱的，无论跑到天边，总替你弄到钱来。"志和遂在臂上除下一只汉玉镯子，又在手指上除下一只外国金镶鱼胆青宝石爪戒，问逢辰："可能弄他一百块钱？"逢辰道："一百块恐弄不到，七八十块是稳稳的。但你要这许多何用？"志和道："这两件东西，记得多是你替我买下来的。汉玉镯子是一百二十块钱，爪戒是五十块，怎么如今一百块钱多弄不到？"逢辰道："俗语说得好：'千钱买一中'，当初你买这两件东西，乃是中意买下来的，自然值钱。如今硬要让给人家，难怪三钱不值两了。"志和叹口气道："多少由你，快去弄罢。只要今天拿得到钱，我这里等用得狠。"逢辰道："倘能弄到一百最妙，即使不到，限我一个钟头，一定取七八十块钱来。待我拿了东西马上就去。"志和道："不送你了，快去快来。"冶之在床上，听志和与逢辰说话，又见拿镯子、戒指与他，心中好不纳闷，只因自己也手内无钱，莫可如何。

　　逢辰才去之后，车夫又报戟三来了。志和大喜，亲自下楼，邀请至房。说明病原，子细诊过了脉，戟三说："此病乃由肝经而起，牵连胃气，防成反胃之症，茶水不能下咽。狠要当心。"当下拟了一张药方，叮嘱先吃一帖，明日覆诊。志和知道戟三尚未午膳，留他便饭，顺便求他出封书信到有司衙门，访查媚香、艳香并诱逃之人下落。戟三自到上海，从无片纸入过公门。此事因媚香、艳香太狠心了，况且近来上海嫁人的妓女，动不动就是卷逃，他们有句口号，叫做"滗浴"，这风气真是可恶，地方官倘能严办几个也是好事，故叫志和、冶之具张禀帖，自己附封书信，送到当官，请他严拿究办。志和不胜感激，遂起了一张禀底，给与戟三看过。戟三叫他誊出三张，乃是县里一张，英、法两公堂两张。志和写好，戟三藏在衣袋之中，端整回公馆后，写信分头送去。这倒狠是得力的事。后来媚香、艳香不敢公然复出为娼，免得志和、冶之眼见，二人重抱琵琶，又羞又恼。二人怕的乃是当官有过了案。那是后话慢题。

　　且说贾逢辰拿了志和的玉镯、爪戒，足足卖了一百三十块钱，只说卖得八十，兴匆匆奔至公馆，见志和正与戟三吃饭，他也坐下去。吃过了饭，将钱交与志和，说是跑了数家，只有这点数目，再多没人要了。虽然效力不周，尚亏当场带得钱来，足敷急用。志和道："到底只有八十块么？"逢辰道："这是一时三刻的事，又是捱卖与人，你不免明吃亏些。若能稍缓几天，觅到个心爱之人，说不定还可比你买进来的原价贵些。须知你买这两件东西，本来没有受亏。如今受亏在出于急用。"志和听他说得尚是有理，将钱收下，提出二十块来交给他，赶紧找人寻缉。余下的六十块，藏在身边，预备零用。谁知这日巧巧又是月底，房租到期，连着那些零碎店帐，付到晚上，已没有了。明天只有再把别的东西设法变卖。

　　逢辰这一次，尚要在他二人身上发些零财，直至水尽山穷方才绝迹不去。这种人，真是杀不可恕！至于交他的二十块钱，志和认做他实心办事，必定当下找几个人，给些烟酒之费，四下察访恶妇踪迹。岂知也装了起来，并没去干。就是巡捕房里，何尝把失单投报进去？不过是隔了一天，在二人面前掉个枪花，回说已经交进去了，交与那一个人手内，现在暗暗着人缉访，一有下落，便来报知，同去拿人。最怕的是他们已经离了上海，那就没有法儿。二人信以为真，彼此尚是千多万谢。只有中巷弄内小巧家中，他想寻得到时，狠可弄几个钱。故此当日在观盛里出来，与志和的包车夫去了一次。那知人已搬去，踏了个空。动问邻居几时搬的，可知搬往那里，邻居说昨日才搬，现住那里，并没知晓。逢辰见找不到他，打发车夫转去回覆二人，说是暂耐几天，且等四下里察访的人回话再说。二人无可奈何，只得听凭逢辰所为。暂且按下不表。

　　再说平戟三在志和公馆里吃了午饭，看冶之服过了药，觉他痛得平服些些，起身告辞。志和问他到那里去，戟三说，幼安请他到萃秀里桂天香家，也是看病。志和道："看的是谁？"戟三道："就是天香，他也是肝气病儿，从前看过一次。大凡妇女，十个里头有七八个犯这症候，不要紧的，吃几帖药就没事了。不过心境不好的人，急切不能断根。天香这病，也从心境来的。只要心境一好，其实不必吃药，也不至时时复发。"志和道："戟翁医道高明，真是令人钦佩。今天既然有事，不敢相留，明天尚望早来，再替冶之覆诊，仍在敝处用饭。"戟三道："这个自然。明天不必贵价来邀，十点钟准到。就是吃饭，却可不必，免得公馆里这几天乱糟糟的，还要搅扰不安。"志和道："那是便的，不须客气。"一头讲话，送下楼梯，同出大门，等戟三上了车子方回。

戟三分付车夫拉到萃秀里口下车入内。豫天香的大姐小阿金在天井里瞧见，说："平大少来得好早，谢大少也只才到。里面坐罢。"戟三道："谢大少也才来么？"小阿金道："正是。"里边幼安听小阿金与人说话，在门帘内向外一张，见是戟三，迎出房来，也说："来得甚早。"天香病容满面，乱头粗服的在床上勉强起身，敬了一遍瓜子。戟三叫他不必如此，只管安睡，休要劳动。天香回说"不妨"，在幼安身旁坐下，叫小阿金拿梳具来，约略梳了梳头。因见幼安发辫蓬松，有两三天没有梳了，替他解开辫线打辫。幼安恐他吃力不许，天香那里肯听？戟三见二人如此要好，暗想堂子里不料有这样钟情的人，真个难得。少顷，辫已梳好，天香气急汗流，坐立不住，就在榻床上睡将下去。幼安防他冒风，叫他床上去睡。天香说："平大少诊脉不便。"

戟三觉察，叫小阿金扶他上床。与幼安同至床前，切过了脉，看过舌苔，知是旧病，不过此次发得重些；谅是感了些气郁而起，不晓为着何事。动问幼安，幼安道："说也可怜。天香这人甚是傲气，本来不配吃这堂子饭儿。他有一户客人，姓金，别号子多，是个洋行里的买办，花钱也甚撒漫。无奈性度狠刚，动不动要与人寻事，并且台面上叫了堂唱，最喜欢嬲相好唱曲，一支不罢，两支不休。有天叫了天香的局，天香因身子不好，要想不唱。金子多一定不依，一连逼住他唱了三支。天香念他是户好客，勉强依从，泪从肚下。唱完了曲，实因再坐不住，起身走了。金子多道他去得太快，疑有住夜客人留下。后来翻台到别地方去，天快亮了，又来叫局。天香抱病起来，尚想出去，怎奈起身时冒了些寒，忽又呕吐起来，不得已叫小阿金前去回覆，说先生身体不爽，不能来了。不料金子多吃了些酒，听得天香不来，顿时大怒，将小阿金当场要打要骂，说了天香无数坏话。小阿金回院告知，天香十分郁闷。天明时，金子多又纠了四五个人翻台过来，要与天香生事。后见他房中并没客人，说不出话，只喊快些摆酒。天香睡在床上，说天已明了，院子里大司务等多已回去，我又起不得身，可否明天再摆。金子多说他生什么病，定要拖他起来，动手揭他被头。天香此时怒从心起，向他说了几句，无非叫他体恤人情，并不可动手轻薄的话。金子多受了没趣，当下向天香发作道：'叫你的局，吃你的酒，我这里给的是钱，体恤你做妓女的什么！若说轻薄两字，你为甚不去做闺阁千金，却住在堂子里头？几曾见做妓女的建过贞节牌坊？'把天香一场挫辱，几乎呕得人气都回不过来。天香睡在床中嘤嘤啜泣。金子多那里有点怜惜之心，仍呼快摆酒来。幸亏本家见机，晓得这个客人发了脾气，伏着钱多势大，堂子里人得罪不得，急忙唤起厨子，当真摆了台酒，金子多才没有说话。天香却到底没有起身。金子多说他有意慢客，吃完了酒，叫房间里人把局帐抄来，一定要马上开消。房间里人不肯。天香耐到个不能耐了，抵拼着断去这户客人，叫小阿金当真把局帐开出，由着他开消也罢，不开消也罢，此后凭他甚样，决计不做他了。金子多拿到局帐，又把天香奚落一回，方才回去。尚算他争一口气，明天照帐送了一百多块钱来。天香毫不在心，把这钱悉数充了山东赈济，说这种人的钱财，那个要他？却就从这一夜起，受了气恼。想起自己也是绝好出身，只因误堕烟花，以致受尽许多磨折，不知几时才得出头，足足哭了一日一夜，那肝气遂大发起来。戴翁你想，金子多那样的人，令人恼是不恼！天香这样的病，令人可怜不可怜他！"

　　戴三听罢，微微的叹息一声，道："世界上的妓女，那个多像天香？世界上狎客的脾气，却一半是金子多一流，只靠着自己有钱有势，竟把妓女不当是人。天香遇了这种恶客，那得不气？那得不病？"天香在床上听了戴三议论，点头答道："平大少说得不错。狎客花钱嫖妓，有几个把妓女瞧得起的？"戴三戏问道："谢大少待你如何？"天香道："大少何尝当我是个妓女？人非草木，焉有不知？但看我此次大病之后，平日间来往客人，除了大少之外，那里还有什么切己的人天天来瞧我一次，疼惜着我？"幼安道："这话你也莫说。难道除了我谢幼安，爱惜你的竟就没有第二个人？"天香道："我桂天香非比别人，从来不打诳语，那是你晓得的。若真有第二个疼我的人，这几天为甚多绝迹不来？"说完了这一句话，顿时呕吐起来。幼安要叫小阿金拿个痰罐与他，小阿金不知那里去了，只得自己把炕榻前的痰罐拿至床前。天香吐出许多痰涎，看小阿金仍没进房，摇摇头道："自己房里的用人，我有了病，他们毫不在心，那个肯在房中切心伏伺，何况客人？"幼安道："小阿金才出外去，老娘姨谅到后天井洗衣服了，你莫着恼，保重身体要紧。"并问："可要喝口热茶，顺顺气儿？"天香回称："不消。"幼安已在桌上斟了一杯茶来，天香接茶在手，向幼安谢过，呷了一口，将杯放在床前桌上。

　　幼安叫他静睡片时，替他盖好了被，放下帐子，与戴三步至窗口那张八仙桌边坐下。戴三子细开了一张药方，等小阿金进来，交代与他，分付相帮先购一帖，明日转方。幼安向戴三说声"费心"，并留他再坐谈谈。戴三把冶之得病，媚香、艳香卷逃的话一一告知。幼安听了，又代二人生气，又是替二人可怜，说："上海堂子里的妓女，为甚娶了回去，变心的人甚多？真是贱骨难医！如今志和、冶之怎生得了。"那话被天香在似睡非睡之中听见，坐起身来，要向二人问个明白。有分教：

　　　莫道狂花尽轻薄，须知香草自芳菲。

要知天香问明媚香姊妹卷逃之事怎样，且看下回分解。

第二十二回

托终身沥胆披肝　呕锦心猜谜作对

　　话说桂天香卧病在床，听戢三与幼安说起媚香、艳香卷逃之事，他在床上愤愤不平的问道："媚香、艳香嫁了郑大少、游大少，好好的为甚要逃走起来？"幼安道："这是他们生成贱骨，与你何干，要你不平做甚？何况目今上海妓女负心的多，岂独媚香姊妹这个样儿？"天香道："妓女无情，本是一句古话，但想媚香、艳香既然嫁人，便不是妓女了。郑大少与游大少讨娶他们进门的时候，何等抬举，何等热闹，我们多晓得的，说他二人真是有福。后来，住在观盛里内，呼奴使婢，比了人家正室还要自在些儿。并且听得每礼拜必定出来坐回马车，吃回番菜，看回夜戏，那些儿有甚不称心处，如今还要做出此事？他二人还像人么？"戢三笑道："本来上海的妓女与别处不同，客人讨了回去，有几个能安分度日、终身厮守的人？但看林黛玉、陆兰芬、张书玉、曹梦兰等，那一个不是嫁了三次四次？兰芬已经死了，黛玉等依旧为娼，说来真令人可笑可叹。"天香道："上海妓女，嫁人复出，习以为常，其病在一个'淫'字，一个'侈'字。然而十步之内，必有芳草，也不见得做妓女的尽是那一班人，不过被这班人搅得坏了。有些见识的人，不敢轻易讨娶，就因这个意思，反把那立志从良的妓女，弄得个清浊不分，想来真是可恨。"幼安道："妓女立志从良，乃是一桩好事，只要心坚似铁，自古道：'清者自清，浊者自浊'，怎能相混得来？你也太觉烦恼多了。"天香道："并不是我多甚烦恼。譬如我桂天香，现要嫁人，有人见了媚香、艳香的事，经不得说句前车可鉴，这人还敢讨么？"幼安道："取信在于平日。若是信得过你的人，知你与媚香、艳香品格不同，那有因咽废食之理。"

　　天香闻言，始欢喜道："旁人不去论他，若我天香立志嫁你，你便甚样？"幼安移步近床道："这话你已说过几次，我也覆过你了。我家中现有正妻，况更儿女成行，如何误你终身大事？"天香道："你的家事，我还不知道么？就是你的家计，也不过中人之产，你的年纪也三十多了。我如今要立志嫁你，为的待我不薄，将来进得门去，谅可终身有托，决不有什么意外之事，我才拿定下这个意儿。"幼安微笑道："要娶你的客人不少，也有比我家私大的，也有比我年纪轻、品貌好的，也有嫁了去是个填房，单夫只妻，狠可度日的。你到底为甚多不愿意？"天香道："此中自然有个缘故，待我细细讲与你听。我不愿嫁家私大的，大凡富贵人家子弟，那性子往往反覆无常。他若欢喜这人，巴不得擎上天去；若是不欢喜了，就看他像眼中钉一般，恨不立时拔去。这种人嫁他时，将来怎靠得住？若说年轻貌美之人，年轻的，大半举止轻浮；貌美的，每每仗着他自己貌好，在妇女面上妄作妄为，到后来造孽日多，那得毫无报应？更不是嫁得的人。至于单夫只妻，嫁作填房，那是再好没有的了。但想我们做妓女的，十个里有几个有福之人？讨妓女回去的客人，十个里有几个没有正室，娶回去做奶奶、太太？自古道'人心难测'，这人倘然打着谎话，只说家中没有正妻，及至嫁他以后，谁知上海没有，家乡却是有的，弄得个木已成舟，后悔不及。这种事，堂子里不以为奇，听也听得厌了，因此我也不去想这好日。只要拣个有些意思的人，情愿做个偏房，往后决不待亏着我，那就是我桂天香嫁人的宗旨，盘算过一千一万遍了。你与我子细想想，是也不是？"幼安闻言，笑道："嫁了个家有正室的人，你要低头伏小。我看你平素为人甚是傲气，这件事为甚又愿意起来？"天香道："那是俗语说的'做此官，行此礼'，我桂天香自知命薄，身堕烟花，既然不想做奶奶、太太，做了人家姨奶奶、姨太太，自应低头伏小些些。这是实命不犹所致，何能讲到'傲气'两字？"

　　戟三在窗口边，听了天香那番说话，点头暗赞："好个有见识、有情理的女子！且看幼安怎样回他。"只听得幼安又道："你情愿低头伏小，譬如当真嫁了我时，与苏州少奶奶怎样称呼？进门时怎样行礼？"天香道："嫁夫从夫，你叫我什么样儿，自然我多依你。"幼安道："譬如你叫他一声奶奶，行个全礼，你可愿么？"天香道："那是分所应当的事。况闻少奶奶甚是贤德，我就与他行个全礼，有甚不愿？"幼安诓他一诓道："少奶奶虽然贤德，但他是勤俭惯的，平日洗衣、煮饭、扫地、揩台，那件不是自己动手？你能熬得这样苦么？"天香道："居家本来勤俭第一。少奶奶他肯这样吃苦，何况是我？"幼安道："倘然二女同居，有什么口角呢？"天香道："这是做人自做起的，只要我没有得罪着少奶奶，谅他也决不来欺侮于我，虑他甚的？"

幼安听他口里头咬钉嚼铁，一定要嫁自己，心中暗想：这样的人娶回家去，谅不至如媚香、艳香一般，也不像楚云、如玉要嫁少牧，有口无心，不过自己夫妻和好，儿女满前，怎的忽又娶起妾来？这话回至家中，甚觉难于启（起）齿。又想天香满怀指望，怎样使他望了个空？虽说我姓谢的不娶，将来终有娶他之人，但他一片好心，岂不枉用在我的身上？况且年纪已是二十多了，再过数年，徐娘渐老，照着他的性度，一时间又怎能有什么如意郎君？不要把嫁人一事阁了起来，那时眼看他堕溷飘茵，终无了局。我谢幼安自问不是个薄幸之人，怎样忍心到这地步？一霎时，左思右想，满腹为难，呆呆的坐在床前，半晌没有作声。

戟三见了，知道二人今日必定尚有一番心腹话儿，坐在旁边不便，起身告辞。天香、幼安尚要留他，戟三推说尚还有事，明日再来转方。叫天香诸事放怀，不可过于烦恼，自然病体速痊。天香唯唯称谢。幼安送戟三至房门口方回。小阿金说赎来的药已煎好了。幼安叫他取来，递与天香吃下，要叫他再睡片时。

天香道："此刻与你讲了好一回话，觉得心胸里松爽了些，不要睡了。我且问你，方才所说的事到底你心上甚样？"幼安坐在床沿上，低低答道："你的好意我知道了。我并不是不要娶你，无奈内中有许多难处。"天香道："有甚难处？无非是家人面前不好开口罢了。我想，少奶奶不是个贤淑的人，此话本来休要提起；若真贤淑万分，做丈夫的娶个偏房，那有不肯应允之理？并且我又并不要你身价银两，难道你还答应不来？"幼安道："与你相交数月，我还没有问你，究竟你是那里人氏？父母在日作何生理？现在家中尚有何人？在堂子里已几年了？共亏多少债项？"天香道："说也惭愧，我父姓梁，名明，曾读儒书，行医度日，原籍吴淞人氏，不幸早亡。故随母亲至申。前年，母又逝世，流落无依，没奈何才落在烟花队中，屈指一年多了。如今尚有一个兄弟，手艺为生，人甚诚实。若说债项两字，幸喜还不算狠多。只欠房间里八百块钱，连零碎帐目在内，大约一千已足够了。"幼安道："你嫁了人，兄弟怎样？他可收你身价银两？"天香道："你又来了。我们本是清白出身，兄弟怎肯收我身价？将来嫁人之后，只要娶我的人有些意思，照应些儿了。"幼安道："他可肯断绝往来？"天香沉吟道："嫡亲姊弟，未免父母面上说不过去。"幼安点头，暗想道："这句话真从心里发出，比不得花言巧语，句句顺着他人，防他言甘必诈。看来，天香终身之托十分真切到十二分。但不知嫁人以后，那班堂子里娘姨、大姐与平日要好的那些妹姊，倘然住在上海，心上可要往来？何不索性试他一试？大凡嫁了人、收不得心的妓女，必定仍喜与这班人亲近。即如媚香、艳香今日卷逃，若没有小阿巧暗中牵线，怎能干出此事？如果邪心已断，那班人一定见多不要见他。"因借着小阿金探问他道："你在生意上一年有余，可多是这小阿金跟随着你？将来真个嫁人，可要把他带去做个贴身伏伺的人？"天香向床外一瞧，见房中并没第二个人，低低的道："你问小阿金么？那是房间里大金姐荐来跟局的人，带去做甚？况且，不但小阿金不必带他，就是大金姐那班无耻妇女，最好也不必他们上门。"幼安道："这却为何？"天香道："那班人败名丧节，有甚好事干得出来？"幼安道："你与他们相处年余，难道一个个舍得开么？"天香道："一年多聚在一处，那是古人说的，叫'明知不是伴，事急且相随'，他们跟了先生，想的无非是钱。先生嫁了客人，他们没钱想了，那个还有什么恋主之心？他们不恋着我，为甚我要恋起他来？"幼安道："平日要好的姊妹们呢？"天香道："姊妹们有几个是规规矩矩、可以来往的人？这话更可不必提他。"两个人一问一答，足足讲了一两点钟。

幼安听他语言真挚，心地光明，始渐渐有了娶他之心。假说资斧不够，问天香可肯下个辣手，等待病体好了，出局到那一个公馆里去，叫大阿金等也到公馆里来，说明嫁人，把他们的借款打些折头。或到新衙门动张从良呈子。天香道："这事岂是你我二人做的？打他们借款折头，虽说他们寻的是造孽钱，究竟也是干名犯义寻下来的。借了人家，应得如数还人，何可作此昧心之事？若说从良呈子，更不是我桂天香所为。弄得娘姨们分文无着，说不定还要吃场官事。那是必要有甚恶鸨霸阻从良，做妓女的无可奈何，才有此举，我桂天香何至这样？况且，妓女从良之后，须望从此出头，将来博一个夫荣妻贵、子孝孙贤。若像这样昧心做事，往后怎有好日？我想你也不是这般的人，休来试我。"幼安闻言，愈佩天香为人正大，当下议定幼安写信到苏，先与齐氏说知，一俟回信来时，看齐氏心中甚样，再行定夺。天香暂撇愁怀，在院养病，静等好音。

流光如驶，看看已是冬至到了。冶之的病，平载三看了数回，无奈乃是心症，急切不能轻减。志和却渐渐的把公馆中所有东西，托逢辰当尽卖绝，冶之也是一般。几次写家信回去，要想家中再寄钱来。岂知道祸不单行，志和的老太太因志和久住上海，不想回扬，屡次发信到申，催他早日归家，杳无消息。后来有从上海回去的人说起，知道二人在沪娶妾，现住观盛里中，不免将信将疑，亲到冶之家内，动问冶之的老太太可知这个信息。冶之的老太太回说并没得知，并言："不久曾有信来，未提此事，只说买的金矿股票，那矿开不成了，白白丢了一注本钱，甚是可惜，要我再寄些银子与他，另谋别业。正想与你商量此事。"志和的老太太听了，回说："金矿一事，我那边也有信来，所说的话也是一样。但他二人在上海日子多了，叫他回来，只是不肯，不知究竟干些什么，狠不放心。我想亲到上海一回。看他们倘然有些经纬，再给些银子与他，由他们做些事业；若是有甚不端，马上逼他回来。不知去的是，不去的是？"冶之的老太太正在思儿念切，巴不得有个人去。当时竭力怂恿，并恳恳切切的写了一封书信，交他代带上海。

志和的老太太遂于十一月底决计到申。只因老年人怕坐轮船，叫了一只民船，随带一个仆妇，一个下人动身。万不料在半路上忽然生起病来，十分沉重。船中不便请医服药，仆妇们要想开回扬州，老太太又决意不许。幸亏志和有个姑母嫁在通州，就在通州上岸暂住。这病一日重似一日，竟在通州耽阁住了。志和后来一连有两三封急信到家，他家里人初时只道老太太将到上海，没发回信，后来方才晓得病了，急忙飞信报知，要叫志和赶到通州，莫使老年人跋涉风波，倘有不测，怎样对得住生身之母？那银子却分文没有寄来。志和接了这信，只急得无法可施。要想立刻动身，又苦身无盘费，要与冶之商议，又见冶之病得这样，且也家里头不寄钱来。没奈何，只得把借的公馆先退了租，仆妇、厨司、车夫人多回掉了，依旧与冶之暂住长发栈内，再定行止。

一日，志和与幼安、少牧二人谈心，想要借些银两端整回扬，二人一口应许。其时茶房呈进一封书信、两副请酒帖。那书信是苏州来的，信上边齐氏说起天香的事，只要他真个有意从良，娶他回苏，有何不可？并有"后屏之选，日后正可助理家事，姜非妒妻，毋须疑虑"等语。幼安见了，点头暗喜。那两副请帖，一副是邓子通请少牧冬至夜在新清和金粟香家吃酒；一副是经营之的，也是冬至夜约少牧在兆富里金玉香家，并嘱他代请少甫、幼安、守愚三人，瞒过志和、冶之。少牧暗道："这又奇了！营之与志和、冶之交情狠深，为甚忽要遮瞒起来？难道他见二人近况不好，就起了个回避之心？天下那有这种势利的人！"但是这一天幼安预约在桂天香家请客，不便再到别处，遂当场写了两张回条，交与茶房，给付来人而去。

志和看见少牧写条，只道营之请客，自己也必有副帖儿，因心中这几日狠不开怀，并且手内无钱，花柳场中一切应酬不再想了。故问茶房，可有自己请帖，也想写个回条谢他。茶房回说没有。志和呆了一呆。少牧道："营之没有请你也罢。这天安哥在桂天香家有酒，请你在内。"志和叹口气道："营之请我，本来我也不去。不过朋友交情,不应该立时间这般冷淡。"幼安道:"营之本来是个市侩,气他怎的?那天你一准到桂天香家散散闷怀。过了冬至,早些与冶之回家,免得令堂老伯母病中悬望。"志和点头道是。

当日,幼安、少牧凑了一百块洋钱,交给志和,作为回里川资,志和感激万分。是晚与冶之计议,要等一过冬至,即日起身。为的是冬至节上,冶之倘然病体加增,在上海好请戟三诊治,若在途中,如何是好?因此志和有了盘川,虽是归心如箭,没奈何只能再住数天。那知冶之到了节边,果然病势更重,吃茶呕茶,吃药呕药,甚是凶险。幸亏戟三竭力调治,并替志和按着胆子说保得定他没事,志和才勉强放心。但看他这般病重,怎能动得来身?心中好不焦急。

幼安请酒这夜,志和自然无心再去。幼安也不强他,只与少甫、少牧、子靖、聘飞、鸣岐、戟三、锦衣等几个好友同往。真个是酒逢知己,那一夜的畅叙,与少甫在徐园开九秋社这日一般,台面上猜拳行令之外,少甫即席做了几条灯虎,写出来叫众人共猜。猜不着,罚酒一杯;猜着了,自己饮二大杯过令。众人看那写的灯虎是:

怎禁他临去秋波那一转	书名一
猋	四子二　不连
出	昆戏名二,京戏名一
梅花	京戏名一
某水某山我童子时所钓游也	药名一
颠狂柳絮随风舞	昆戏名一
荷花大少	四子一

一共乃是七条,每人各猜一条。戟三道:"这倒有趣得狠。我来猜'某水某山'的药名罢,可是熟地?"少甫道:"是。"举起酒壶,斟了二大杯酒,一吸而干,说:"这条谜,真个是古人说的面糊未干,被人揭去;容易得狠。"聘飞道:"会意格的谜面,本来最易着想,何况戟三素精医学,那得不一猜一着?我来猜第三条的'出'字,可是《上山》、《下山》、《二龙山》?"少甫道:"《上山》、《下山》不错,《二龙山》却不是,要罚酒了。"聘飞道:"不是《二龙山》,这谜一定必好。该罚!该罚!"遂满满的饮了一杯。锦衣道:"我猜这第一条'临去秋波那一转',可是《留青》?"少甫回称不是,锦衣也饮了一杯罚酒。少牧沉思半晌,道:"这第一条我来猜罢。可是《离骚》?"众人击节道:"这才是了!如何被你摹想出来?"幼安戏道:"牧弟是一个过来人,猜得

着不足为奇。少甫大哥却如何做得出这谜底来？"聘飞道："那是要问花想容的，他临去时转过了几次秋波？"其时，花想容叫了局来，尚还未去，听得说他，要想回答聘飞几句，无奈听不出说些什么。天香见少牧猜着了谜，叫幼安斟了两杯令酒，请少甫喝，少甫带笑喝干。天香道："我今天也要猜一条谜。那'颠狂柳絮随风舞'的昆戏，可是《花荡》？"少甫道："正是《花荡》，你怎的也猜得出来？"天香道："我何曾会（为）猜灯谜，不过前几天生病时候，每日与谢大少借着书卷消遣，看了一部《玉荷隐语》、一部《虎口余生虎》的灯谜书，略略知些门径。又因媚香、艳香逃走，每说他轻薄杨花，不知随风飘荡到那里去了，方才见了这条谜面，顿时触动灵机，才能猜得出来。"

少甫赞道："难为你有此慧心。这令酒我当喝个加倍。"说毕，足足喝了四大杯酒。唤小阿金取笔砚来，道："这谜是天香猜的，不在七人之中，我须再补一条。"略略想了一想，又写出一谜面来道：

单嫖	《书经》一句

少牧看了，道："可是'无有淫朋'？"少甫道："一些不错。不但我又要喝酒，并且这条谜被你猜去，依旧算不得数，我须再补一条。"锦衣道："猜谜狠觉耐人寻味，何不索性多做几条，我们大家来猜？不管那个猜得，令官只须饮一杯令酒。猜不着的，罚酒一杯。一来猜过的人仍可再猜，兴致好些；二来把做就的谜猜完就好过令，不要七个之中有一个百猜不得，这工夫耽阁多了，不能再换别令。不知你意下如何？"少甫道："如此再做数条也好。"见他凝神默想一回，提笔写道：

尖先生	《易经》二句
两点七分三十秒	六才一句
宝	昆戏四出
白	曲牌名一
九十月之交	曲牌名一
乐水乐山	京戏名二

写完，将笔一搁，道："还有两封信的长谜，一时没有做好。你们先把这几条猜想起来，我再写罢。"众人个个道好，大家尽心思索。

锦衣道："'姦'字的《四书》二句，可是'直在其中矣，狂也？'"少甫道："是。"众人击节，多说这条谜做的人心思狠好，猜的人也心思狠灵。少甫干了杯酒，说：

"如今的令酒，只要一杯，那是便宜我了。"锦衣道声"好说"。戟三道："那'臼'字的曲牌名，可是《一半儿》？'九十月之交'的曲牌名，可是《金菊对芙蓉》？"少甫道："两个多对。戟翁真个会猜。"遂又干了两杯令酒。聘飞道："'出'字的昆戏、京戏，可是《上山》、《下山》、《双锁山》？"少甫道："那才是了。"聘飞道："这《双锁山》真觉锁得住这个谜底，我该奉贺令官一杯。"少甫待说不必，聘飞已一吸而尽，少甫因于令杯之外，又陪了聘飞一杯。少牧道："那'尖先生'的《易经》二句，可是'其称名也小，其取类也大'？'荷花大少'的《四书》，可是'君子多乎哉？不多也'？"少甫回称："正是。"子靖道："牧弟今天猜的灯虎，一个个多从花柳内身体力行出来，成了个猜花柳诗谜的杜家了。"众人听了大笑。鸣岐道："'荷花大少'是夏时行的现相，如何少甫把他做了谜底？真是奇事。"众人更大笑不已。幼安道："说起夏时行，好久没见此人，不知什么样了。"少牧道："听说不狠光鲜，新近在四马路茶馆里头，不知被那一家的大姐剥过一次衣服。这种人，真弄到个不堪回首。"幼安道："花丛里面可以回首的，本来能有几人？所以必须格外留心。"少牧道："是。"一头讲话，一头替少甫斟了两杯热酒，防他今夜喝得多了，酒力不胜，自己尚能多喝几杯，遂替他一一喝干，算是过了令了。子靖道："我猜这'两点七分三十秒'的六才，可是'一时半刻'？"幼安道："我猜'實'字的昆戏四出，可是《脱帽》、《脱靴》、《剔目》、《认母》？"鸣岐道："我猜'乐水乐山'的京戏，可是《逍遥津》、《快活岭》？"少甫多道："不错！不错！"顿时有喝了两杯酒。少牧再替他喝了一杯。数一数十四条谜，已猜去了十三条，只有"梅花"那出京戏没有人猜。

少甫此时酒兴正浓，即席又提起笔来，写出一封信谜来，道：

　　不见我哥（昆戏名一），已三月矣（四子一句）。午后准二点钟晤谈衷曲（四子一句）。惟勿为家中大小所知是祷（六才二句）。情哥慧鉴，小妹检袿（六才一句）。阅后即付丙丁（昆戏名一，食品一）。

又是一封信谜道：

　　美娘察阅（昆戏名一）。白天不便出门，拟俟人静后趋前（《左传》一句），畅谈肺腑，并愿偕作高唐之游（词牌名一，《诗经》一）。良会非遥，相见时不知若何欣喜也（词牌名一，军火名一）。务希谨密，惟卿一人知之（四子一句）。阅后付丙（京戏名一）。

众人看他写完，多说做得狠是敏捷。鸣岐道："做的人有这捷才，猜的人只恐未必。

我们大家猜他几条，猜不齐，叫他连'梅花'京戏一齐揭个底罢。免得天香方才病好，要他十分熬夜。"少甫道："这两封信，虽然句句易猜，究竟谜底多了，一时必难猜尽。猜不出时，待我一准揭底是了，决不十二分阻阁工夫，好使天香早些养息身体。"天香连道："不妨。"少甫那里肯听，催着众人快猜。

　　众人思索一回，幼安猜了两出昆戏，一出京戏，乃"不见我哥"是《别兄》，"美娘察阅"是《女监》。锦衣猜了两句四子，乃"已三月矣"是"莫春者'，"午后准二点钟晤谈衷曲"是"未同而言"。聘飞猜了句"情哥慧鉴，小妹裣衽"的六才，是"才子佳人信有之"。戢三猜"阅后付丙"的京戏，是《焚信》。鸣岐猜"务希谨密，惟卿一人知之"那句四子，是"必慎其独也"。少牧猜"畅谈肺腑，并愿偕作高唐之游"，曲牌名是《诉衷情》，《诗经》是"甘与子同梦"。子靖猜"阅后即付丙丁"的昆戏，是《拆书》，食品是"火方"。其余各句，众人百思不得。少甫回说，除了锦衣猜的"午后准二点钟晤谈衷曲"乃是句"未见颜色而言"，不是"未同而言"，余多猜得不错。点一点，一共中了八条。斟了八杯令酒要喝，少牧急又代了三杯，再要替他代第四杯，少甫决计不许。众人见少甫干过了酒，要他把猜不出的谜底揭明，免人再去胡思乱想。少甫因揭出来道："勿为家中大小所知"的六才是"瞒过夫人，稳住侍妾"；"白天不便出门，拟俟人静后趋前"的《左传》是"昼伏而夜动"；"良会非遥，相见时不知若何欣喜也"，那词牌名是《好事近》，军火名是"对面笑"。聘飞道："什么叫'对面笑'？我怎的没有见过？"戢三道："那是小手枪的别名。因为拿着这小手枪，藏在衣袖之中，与人作对，断断瞧不出来，并且相见时，尚可笑容满面，所以有这美名。"聘飞道："真好一个有趣名字！那东西倒狠是没趣，碰着他就死多活少呢！"戢三道："这个自然。世人积怨在心，弄到后来，算计报复，尽有死在这'对面笑'上的。这东西，真是件防不胜防的凶器。"聘飞道："是。"幼安道："信谜的谜底都揭齐了，还有'梅花'那出京戏，到底是什么戏名？"少甫道："'梅花'是《背板凳》。当从骰子上面着想，你们因错了念头，一时才多想不出来。"幼安连赞"好谜"，举起酒杯，贺了杯酒，众人也说这谜果然做得匪夷所思，合席俱各贺了一杯。轮应少牧行令，少牧道："方才大哥灯虎里头有个《逍遥津》、《快活岭》两出京戏，真是一个绝对。我想，就照这个样儿，行一酒令，倒也甚是别致。"正是：

　　　　才斗灵心猜哑谜，又开妙想对奇联。

要知少牧行的怎令，这台酒吃到何时方散，且看下回分解。

第二十三回

吃年饭纵谈花事　开果盘各显神通

话说幼安因冬至节在萃秀里桂天香家饮酒，席间多是至好，传杯弄盏之余，少甫行了一个猜灯谜的酒令，消了许多的酒。接下应是少牧行令。少牧因方才灯虎里有两出《逍遥津》、《快活岭》的戏名绝对，故想就把戏名当做酒令，当台用笔写将出来，任人裁对，有一联，喝一杯酒；对不出的，罚酒三杯。幼安道："此令甚好。不过戏名对甚是宽泛，况且。缪莲仙的《文章游戏》上早曾有过，必须避掉才是。"少牧道："缪莲仙《文章游戏》上，刻的多是昆戏，我们今天多用京戏，就避掉了。"锦衣等连声道好。

少牧遂唤小阿金拿笔砚来，写了一出《黄鹤楼》。幼安对的是《乌龙院》，锦衣对了出《白雀寺》。少牧见幼安对的《乌龙院》，那"乌"字又是颜色，又是鸟名，谅来戏名里必定还有好对，因又写了出《乌龙院》。子靖对《白虎堂》。戟三对《翠凤楼》，少牧击节道："好！"随手又写了出《花蝴蝶》。少甫对的是《玉麒麟》，鸣岐对的是《玉芙蓉》。少牧问："《玉芙蓉》是出甚戏？"鸣岐道："是《双沙河》的别名。"少牧点了点头，又连写了一出《黑风帕》，一出《百草山》，一出《一匹布》，一出《拾玉镯》。幼安把《一匹布》对了出《九件衣》，少甫把《遗翠花》对了《拾玉镯》，聘飞把《失金钗》对了《拾玉镯》，戟三把《五花洞》对了《百草山》，鸣岐把《九花洞》对了《百草山》，只有《黑风帕》一时间众人都对不出来。后来戟三对了出《绿云衣》，少牧道："《绿云衣》这戏狠生。"戟三道："《绿云衣》一名《湘子得道》，乃韩湘子升仙古事，有韩文公雪拥蓝关马不前等戏情，真个好久没有演了，怪不得觉着这名字甚生。"

少牧看众人对得甚觉容易，暗想：必须再出几个难对些的，不然一个对喝一杯酒，只怕要喝不下了。故略略的凝想片时，又提笔写出七出戏来，是《入侯府》、《取三郡》、《铁龙山》、《新安驿》、《收关胜》、《青石山》、《双状元》。众人看过一遍，少甫道："《入侯府》可对《别皇宫》。"鸣歧道："《青石山》可对《黑沙洞》。"聘飞道："也可对《黑水国》。"子靖道："《铁龙山》可对《金鸡岭》。"幼安道："《取三郡》可对《反五关》，也好对《杀四门》。"锦衣道："《收关胜》可对《斩郑文》，又可对《借赵云》，《新安驿》可对《会稽城》。"幼安道："也好对《浔阳楼》。"戟三道："《双状元》可对《四进士》，也好对《三进士》。"不多片刻，又对完了。

少牧数一数，出了十四出（剧）戏，却对了二十三出出来，对不出的一个没有，心中有些不服，又写了一出《鸳鸯楼》，一出《迷人馆》，一出《三进士》，一出叠字的《笑笑笑》，叫众人再对几个。幼安道："《鸳鸯楼》可把《蜈蚣岭》做个绝对。"子靖道："《迷人馆》对《会仙楼》。"戟三道："《三进士》可以对得《两将军》，《笑笑笑》可以对得佛门点元的新戏《奇奇奇》与查潘斗胜的新戏《醒醒醒》。"少牧道："子靖大哥把《会仙楼》对《迷人馆》，记得《迷人馆》与《会仙楼》乃是一出戏儿，不太便么？戟哥的《两将军》又不知是出什么戏文，好像没有见过。"戟三道："《迷人馆》与《醉仙楼》乃是一出，那《大闹会仙楼》是《七侠五义》里的，你记错了。若问《两将军》，是《三国志》中的两张飞古事，京戏里又叫做《滚鼓山》，因并不是一出正戏，多在开锣时或日戏里做的，故你没有见过也未可知。"少牧道："你们的京戏好熟。今天我这酒令，岂不是吃了亏了。停回我要喝多少杯酒？"少甫道："对一出戏一杯，如今对了二十八出，已是二十八杯了。你如再出下去，说不定还要再喝三十廿杯，你可喝得下么？"少牧道："我且把这二十八杯喝完再说。"遂叫小阿金拿热酒与大酒杯来，一大杯作五小杯，一口气干了四大杯。少甫替他代还了一大杯，幼安叫天香代了一大杯，一共合成三十小杯。

少牧道："酒已喝了，尚有两小杯存着。我看三个字的戏名对起来果然太易，且出几个四字、五字的，谅就难了。待我来写与你们再对。"遂又提笔写出四出四字戏来，是《火烧赤壁》、《抱娃入府》、《罗通扫北》、《秋胡戏妻》。又是两出五字戏，是《花大汉别妻》、《刀劈王天化》。众人看了，多说这几出不容易了。戟三想了一想，道："《火烧赤壁》可对《水漫金山》，《罗通扫北》可对《左公平西》，那《花大汉别妻》最好对《窦老儿送女》，无奈是出昆戏，勉强些儿。"少甫道："五个字的戏名不多,也可以算得数了。"幼安道:"《抱娃入府》我对《状元谱》的《打侄上坟》,可能当得一个工字?"少牧道:"果然工稳。"锦衣道:"《秋胡戏妻》我对《春娥教子》何如?"众人也连赞好对。子靖道:"《刀劈王天化》我来对他个《枪挑小梁王》可好?"戟三微笑道:"这一下李子翁要罚酒了。"子靖尚还没有觉察,问为甚要罚?少牧道:"王天化有个'王'字,小梁王也有个'王'字,如何对得?",子靖始自己好笑起来,当真喝了一杯罚酒。鸣岐道:"李大哥对《枪挑小梁王》,罚了杯酒,我对《枪挑安殿宝》,谅可对得去么?"少牧微微一笑,道:"鸣哥也要罚了。王天化的'化'字是个仄声,安殿宝的'宝'字也是仄声,怎样好对?"鸣岐"呸"了一声,道:"我对昏了,怎连结末一个字的平仄多不讲起来!"因也满满的干了一杯。后来,少甫勉强对了出《箭射史文恭(公)》,觉得不狠自然,尚要另想别戏,少牧又写出一出七个字、一出八个字的长戏名来,是《濮阳城火烧曹操》、《独木关枪挑安殿宝》。众人一见,大家多呆了一呆,说:"这样长的戏名,戏单上能有几出?怎样对法?令官未免苦人所难了。"少牧也觉得无戏可对,放下了笔,子细默想。戟三道:"有了,有了!《濮阳城火烧曹操》可对《洞庭湖水战杨么》,《独木关枪挑安殿宝》可对《定军山刀劈夏侯渊》。"众人听罢,一齐叫好,少牧更连称佩服不已。

少甫点了点,共又对了八出戏名,少牧应饮八杯。除去二杯存酒尚有六杯当饮。又替他代去三小杯,尚有三小杯,叫少牧喝完收令。少牧举杯,一一饮干,道:"夜已深了,天香病体初好,大家散罢。"戟三道:"今日一叙,可还当得'文酒风流'四字,与寻常吃的花酒不同,真是畅快!"幼安道:"本来近日吃花酒的也太俗了,动不动是个双台、双双台,叫了局来,不是胡闹,便是肆酒,叫嚣嘈杂,意趣毫无。今日有此一举,真可使花丛中扑去俗尘三斗,自然不比往常。"鸣岐等也说果然今天兴致不浅。众人谈谈说说。天香叫小阿金关照端干稀饭来,用毕散席。戟三等各人多回公馆。

幼安与少甫、少牧、锦衣一同回栈,只见钱守愚吃得醉醺醺的,坐在幼安外房。因房门上锁没有开,并未进去。幼安问他从那里来,他说:"与一个人到一品香去吃番菜回来。偶不小心,划破嘴凹,出血不止。故到栈里差茶房去买了些七厘散来,现在血已止了。想你们将要回来,因还没去。"幼安等闻言笑道:"怎么吃番菜把嘴凹划碎起来?"守愚道:"说也笑话。吃的是块牛肉,我把刀来切了,误记手中拿的是双筷子,向着口内一哑,顿时就划出血来。"幼安等听罢,几乎狂笑出声。少甫问他同去的是一个什么人,守愚初说乡亲,少牧问道:"那个?"守愚答不出来。后被三人子细盘诘,才知乃是烟妓蓉仙,因这夜是冬至节,故要守愚请他吃饭。三人更暗暗好笑不置。守愚坐了片时,带醉而回。

少甫对少牧道:"钱家老叔这样与蓉仙要好,走的乃是一条小路,往后只恐有些不妙。我想明天去催律师,早把杭州事情了结,可以赶紧回苏度岁,钱家老叔也好回乡,不知你意内如何?"少牧脸上一红,道:"但凭大哥做主。"少甫道:"你我住在上海,除了杭州那一桩事,现托律师经办,急切动不得身以外,就没事了。你前说与经营之合开书局,无论是句虚话,就是真有其事,为兄的也断不放心使你独自住在上海。如今颜如玉、巫楚云两人的心迹你也见了,休再执迷不悟,耽阁在申,更累钱家老叔有甚意外,叫我怎样对得起他家里的人?"幼安道:"钱家老叔他肯与我一同走么?我想明天回苏一次,再到上海。倘然他肯同行,我可先自送他回去。"少甫诧异道:"你要回苏做甚?"幼安道:"一来年近岁逼,家内必须料理诸事;二来桂天香的事情,家中虽已应允,也须回去面说一番,顺便带些银两出来。"少牧道:"天香当真他要嫁你了么?这可真是奇怪。"少甫道:"奇怪甚的?"少牧道:"安哥的吃酒、叫局,我看是狠淡的,怎的会与天香要好,竟想娶他?我当初要讨娶楚云、如玉,终没成功,奇也不奇?"幼安闻言,道:"此事果然有些奇异。我谢幼安何尝要想娶妾?也是与天香夙世里有些缘分,才得起意娶他。"少甫道:"这事一来原是夙缘,二来堂子里像天香那般的人真是难得,怪不道你想把他拔出火坑,与楚云,如玉不同。三则天下事本来'有意种花花不发,无心插柳柳成荫'的甚多,故你初时不想讨娶天香,偏偏成就此事;牧弟要娶如玉、楚云,偏没有成。可知道客人要娶妓女,必须妓女先有真心,客人一些勉强不来。看了你与天香这事,别的事就可想而知了。"少牧听罢,低头不语。幼安道:"夜已深了,我们睡罢。明天可请钱家老叔到来,问问他可肯回苏,再作区处。"少甫、少牧点头称是,大家安睡。

到了明日,少甫果差茶房请守愚到栈,说幼安就要动身,可要与他一同回去?守愚因迷恋蓉仙,并且家中已寄银信来申,足敷度岁之用,怎肯立刻回乡?只说家下并没正事,想在上海过年,看看新年景致。并说,少甫弟兄杭州的事一时未必遽了,也不见得能够在年内回苏,最好彼此过年以后再定归期。少甫见守愚不愿回去,没有法儿,自己那桩杭州事情,年内真难遽了,惟有从这天起,不时到律师那边央缮译催他赶办。幼安只能任他一人回苏。幼安当下择定翌日动身,至多在苏耽搁半月,定到上海过年，一同出来的人，将来总须一同回去。少甫等多说在申候他。

光阴如箭，看看已将腊尽春回。幼安动身之后，少甫每天除到律师那里与缮译叙谈之外，有时到子靖、戟三、鸣歧、聘飞四个人公馆里坐坐，或与锦衣在栈内谈谈。少牧因见幼安要娶天香，一心仍想讨娶楚云，依旧与经营之、邓子通、贾逢辰、康伯度、大拉斯、白拉斯、资雄花田郎等和酒连绵，应酬不断。虽然少了志和、冶之两个，并温生甫自从小桃死后，不甚出来，却又添了个周策六、苏采香与从前手面狠阔的屠少霞，死了老母，娶了阿珍，重新又发狂起来，绝不像甚年关将近。资雄花田郎于西历元旦的那一日，在虹口武昌路三好馆内请了一次东洋夜饭。大拉斯、白拉斯这日也在外国妓院内请众人吃酒，多有少牧在内，甚是兴头。直到十二月二十三夜送灶之后，那些人始渐渐的不甚出来。

幼安却已早从苏州到沪。小除夕的那夜，天香差小阿金到栈内请他明夜吃年夜饭，幼安回他一定准来。楚云也差相帮请少牧吃年夜饭，少牧要去，幼安说："这种钱花他则甚？我因天香不久风尘，今岁只有一个年夜，不得不替他应酬过去。你与楚云何苦？"少牧始勉强不去。

及至除夕夜间，幼安因自己到天香那里去了，少甫、少牧在栈寂寞，邀他兄弟同去。二人也不推辞，一同来到院中。见院子里收拾得与平日不同，客堂内摆起两张台子，台上设着许多供品，系着一条红呢台帏，中间安置香炉、蜡竿，蜡竿上插一对堆花看烛，台脚两旁缚着两根六七尺长的甘蔗，用红绿纸封裹，好像棋杆一般。天香房内虽然不甚异样，那床面前也有一对甘蔗，高与床齐。炕榻上烟盘里头衬着一重红纸，妆台上插着一对红烛，放着大小两个果盘。那是小阿金照例布置下的，若照天香的意思，何尝要这般举动？

幼安等进得房中，天香起身相迎。幼安问："这甘蔗扎在床前，是甚用意？"小阿金道："那是我们生意上的口谶，叫'节节高'，望先生一节高似一节。"少牧指着烟盘问道："这红纸呢？"小阿金道："是'满堂红'。"少甫道："那果盘自然是新年里开果盘用的，妆台上插着两枝红烛，可有什么用处？"小阿金道："那是守岁烛呀！停回谢大少吃年夜饭就要点的。"幼安等点头微笑。天香问幼安，可还再有客来，幼安说没了。天香叫小阿金分付相帮烫好了酒，把年夜饭搬来。共是八个碟子，六碗正菜，正中一只火锅，乃是蛤蜊三鲜，有的是蛤蜊、鱼圆、肉圆、虾圆等物。小阿金伏伺众人坐下，替天香拿起筷来，钳些蛤蜊、鱼圆等敬客。那蛤蜊叫做"元宝"，鱼圆等叫做"团团圆圆"。天香说："阿金代敬，我不敬了。"少甫、少牧回称："本来不必客气。"小阿金又叫相帮点起守岁烛来，照耀得房里头十分明亮。

席间，幼安偶然问起天香，这节院子里生意如何，局帐收得什么样了，天香道："说也笑话。院子里的生意，算我最是清些，幸亏漂帐不多，菜钱、房饭钱多打清了，只有些轿钱并煤炉、司菜、赏堂等零碎开消还没有算。其余姊妹们，听说年底下的局帐狠收不起，也有只收六七成的，也有只收五六成的，若收到了一个八九成，已算再好没有的了。"少甫道："若然不是年节怎样？"天香道："不是年节，自然略略好些。大约多能收个七八成儿。"少牧道："年节本来日子长些，又是一年一个总结，难怪开消不转的人，比端午八月半多了。但你怎的没有漂帐，却也狠是不易。"天香道："我做的多是几户好客，靠不住的不去做他，故而向来少些。这节更不必说，差不多些的生客，更是一个没有。"少牧道："照你这么样说来，平日必是个极把细的，为甚安哥说起也要亏钱？"天香道："堂子里的生意，不瞒你二少说，必要丧尽廉耻，昧尽天良，心毒手辣的人，才能吃这饭儿。做了一户客人，恨不得把他家堂土地一齐请了出来。砍一记斧头，三百、五百不足为奇；敲几下竹杠，一百、八十不以为意。那才有整千整百的钱余得起来。若是靠着碰和、吃酒与每夜里出几个局，怎够开消？只要一节亏空了一二百块洋钱，三分钱借来弥补过去，下节经不得又亏了一二百块，加上利钱一算，不得了了！〔不〕消三节五节怕不积成做一千二千。但是会砍斧头、会敲竹杠的人，也不见得真正起家发福，有甚收稍，结果无非悖入悖出，贴贴戏子、马夫罢了。只看从前做的杜素娟，本来积了几千块钱，如今姘了戏子，多弄完了。堂子里存不得身，退在小房子里，苦到个不堪收拾，二少你晓得么？"少牧道；"什么？杜素娟已弄到这个样儿，我却没有知道。"天香道："素娟乃是他自作之孽，倒也罢了。听见说兆富里的钱宝玲，把白湘吟同伴的什么蓝肖岑当做好人，恩到万分。这几天，肖岑绝迹没有出来，空了四百多块局钱、菜钱，宝玲昨天吃了生鸦片烟。虽然救活转来，今夜这个年关，尚甚难过。这也是做妓女的下场，想起来真是可怜可怕得狠。"

幼安道："说起蓝肖岑，前天我在苏州出来，听说白湘吟又与乌里阿苏、格达、蓝肖岑、施砺人等到苏州局赌，被人当场察破。湘吟受了一顿毒打，吐血死了。乌里阿苏、格达尚想假官托势，要替湘吟伸冤，岂知被官府访闻，因二人冒官骗赌，捉拿到案，每人责打六百，监禁五年。施砺人、蓝肖岑幸亏得信甚早，逃了出来，不知现在何处。这种报应迅速，真令人听了畅快！"少牧道："白湘吟等也有今日，真个是天道好还。莫说当初做弄我与冶之、志和,后来屠少霞受他的亏,更是有口难分。可算得一个万刁巨恶!"幼安道:"你只知湘吟作恶,你可晓得贾逢辰么? 往后也必定有此一日。"少牧道:"逢辰虽然尖刻些儿,究竟不比湘吟恶毒。"幼安道:"且看日后便知,此时何必说他。"天香道:"不是做花小兰的贾逢辰么? 听说他明年要讨跟小兰的阿素回去,这几年有了几个造孽钱了。"少牧道:"你怎说他是造孽钱?"天香道:"贾逢辰的为人,留着心,怎的瞧不出他? 但看郑大少与游大少两个,自从媚香、艳香卷逃之后,日用艰难,姓贾的不但并没周济于他,反暗里头赚了他无数卖东西下来的钱。这种人怎算得是个好人?"少牧听了,默然不答。

少甫问幼安,可知志和、冶之二人动身没有,幼安道:"听说尚未动身,不知为了何故。昨天尚有公阳里金翠香、东尚仁里黄菊香家等许多娘姨、大姐寻到栈里,二人无颜见面,溜了出去。不知今天什么样了。"天香道:"堂子里做的客人,就是这种难处。譬如郑大少、游大少两户,金翠香等也多是老客人了,这节忽然开消不出起来,翠香等岂不受累?"幼安道:"老客人不开消的,岂但志和、冶之? 闻得陆兰芬做了苏采香七八年了,前日苏采香忽患伤寒病故世,兰芬漂了四五百块洋钱,节上狠弄不下。还有小桃源花金珠、兆富里金宝珍、惠秀里花金宝、东公和里万金花做的包龙光、宋桓吉两个客人,起初也是狠花钱的,这节听说弄得个当卖俱空,手无寸铁,也一个钱拿不出来。小久安里的花醉香、东尚仁里的冠群芳做姚景桓将近三节,平日间狠是阔气,这几日连影都不见。百花里花笑春做的屠少霞,就是讨叶媚春家阿珍、住在昌寿里的,起初何等有钱,如今也渐渐完了。昌寿里的房屋已退了租,搬在城里居住。阿珍终日吵闹,少霞没有法儿,听说已有放他出来的意思。那天笑春差娘姨到少霞家里去送盘,阿珍数说少霞怎样卖产,怎样借债,怎样无钱,年里头莫说堂子里开消不来,连各店家的节帐,也尚分文无着。娘姨受了一番没趣,诉知笑春。只急得无法可施,如今不知什么样了。"天香道:"苏采香年老狂嫖,怎得不死? 包龙光、宋桓吉薄薄家资,不知撙节,自然不够,三年五载,立见消亡。姚景桓是狠有钱的,却不道年轻性傲,好像今世里享用不完,所以不上数年,也弄到这个地步。屠少霞却是个素封之家,他老太太没有故世,听说有几十万家私,什么一故世,就消化完了? 真是可惜得狠。"

少牧道:"少霞自从老太太死了,讨了阿珍,听得人说,被族中人与城里头几个破落乡绅知道,说他不应该服中娶妾,在有司衙门告了一状。少霞大惊,不知花去多少银钱，才得安然无事。阿珍又每日里打首饰，做衣服，坐马车，吃大菜，看夜戏，叉麻雀，费用浩繁。不到两个月时候，银楼、珠宝店两处，已兑了四千多银子金饰、六千多银子珠宝，足足一万余金。绸缎铺里，因在服中剪的多是外国衣料，价值甚昂，差不多有四五百金。皮货行虽买了无数贵重皮货，不下二三千金左右。大菜馆、戏馆二百多金。叉麻雀是与那些嫁在公馆里的姨太太们叉的，动不动一百块底、二百块底，听说输了七千多块洋钱。少霞照这样儿，本来怎能搅得下去? 姚景桓也狠有家财，却花消得又与少霞不同。乃在他父母没有亡故之前，早早吃着嫖赌，无所不为。父母不给他钱，他出了'待父天年'的借票，三分钱、四分钱的到处去借。所以父母一死，那家财十分里已只剩得三四分了。如今难怪他立脚不来。只苦了做他的几个相好，这一节没有开消，若是个欠债的人，那债又要重上去了。"

天香道："群芳等那个不欠些债! 遇了这种三六九岁关的客人，真是出于无奈。"幼安道："怎叫做'三六九岁关'?"天香道："大凡寻花问柳之人，最怕是初出场，几年里头一用而光。倘能经过三年之久，阅历深了，自然好些。若到六年、九年以后，这客人还是这样，就可保得他没甚意外。但看姚景桓等那一班人，那一个顽过十年八年? 无非多只一二年罢了，这是三岁关里的人。做妓女的初做时，虽然有些甜头，比老客人容易服伺，容易弄钱，到得后来，终不免一漂了事，真个是防不胜防。"幼安等闻言之下，多说天香讲得狠有意思。小阿金见酒壶虽酒已冷了，要想拿下去重烫，少甫说："酒已够了，取饭来罢。"天香晓得杜氏弟兄性情直爽，与幼安差不多的，并不苦劝，分付拿上饭来。陪着三人用毕，撤去残肴。幼安连守岁烛在内，开消了十二块钱，小阿金等谢过收了。

天香令小阿金端梳具梳头，其时已是三点多钟。梳好头，将近天明。小阿金问："谢大少的果盘，明天来开，还是今天开了回去?"幼安道："今天开了也好。"小阿金遂传出话去，带房间相帮戴好红缨大帽进房，捧着果盘，向幼安行个半跪，说声："谢大少，元宝发财。"将盘放在台上。小阿金泡上三碗橄榄茶来，说："谢大少、杜大少、杜二少，用元宝茶。"又把果盘中的果品一碟碟拿些出来，照例说些好话，无非是长生果叫做"长生不老"，西瓜子叫"开口和合"，熏青豆叫"亲亲热热"，云片糕叫"高高兴兴"，冰糖叫"甜甜蜜蜜"，莲心叫"连连牵牵"，桂圆叫"团团圆圆"，南瓜子叫"交交南方运"之类。小阿金说一句，好笑一句，及至敬过几样之后，说声："三位大少，自己用罢"，不再敬了。天香见果盘开好，叫小阿金另外端个小果盘来，亲自揭开，请幼安众人用些。盘中装的乃是莲子糖、冬瓜糖、杏仁酥、玉带糕等许多糖点，甚是精致。幼安低问天香："这是怎的？"天香道："这叫做小果盘。从前客人另有开消，如今没有的了。"幼安道："为甚小果盘内的果品，比了大果盘反甚讲究？"天香道："那是房间里另外备的，自然考究些些。"语次，带房间的又搬了四碟子点心进房，乃是两碟春卷，两碟油煎年糕。小阿金端了三把交椅，请三人用些点心。幼安等略略吃些，分付搬去。幼安又开消了十二块钱。忽然开堂子本家的小孩子进房拜年，幼安又出了两块钱压岁钱。小阿金等也要拜年，天香因幼安伤费不许。

　　这时候，天已亮了。天香换了一身衣服，乃枣红花缎狐嵌中袖紧身，银红花缎裤子，大红绉纱百折裥裙，足上边红绣花鞋，打扮得如新嫁娘一般。少牧向他取笑说："不久要做谢家里的二嫂嫂了，故叫裁缝做这红裙、红袄？"天香微笑不言。陪着三人坐了片时，天已大明，只听得千门万户炮竹声喧，弄堂里来往（狂）的人燕语莺声，异常热闹。幼安道："这时候天甫黎明，怎有许多妇女声音在街上往来？"天香道："那是姊妹们出来走喜神方的，一年里只此一天，不论何等妓女，不坐轿子的，多出了门，兜个圈子就回去了。街上边狠有些儿好瞧。"幼安道："你出去么？"天香道："我去年也没出去，今年更不必说了。"少牧听各妓女多到街上走喜神方，要与幼安、少甫出去瞧瞧。幼安本想回栈去了，大家起身，别过天香，一同出院。走至四马路口一看，果见街上莺莺燕燕，结队闲行，却一个个浓抹艳妆，现出一番新年景象。少牧观之不尽，暗想："白天里要在洋场上看这些妓女出来，正是一年只此一日。比了逢节逢礼拜在张家花园坐马车的日子，真还好看。"三人出了萃秀里，幼安、少甫要往东而行，少牧却要往西兜个圈子，说："今年元旦喜神乃在西北，我们也随意走走。"幼安明晓少牧要一路瞧瞧，含笑应许。

　　走到西合兴里门口，遇见大拉斯从弄内出来。少牧与他握手为礼。大拉斯打着中国说话，与三人说了一声"恭喜"。少牧问他从那里来，为何不见营之？大拉斯说："在杨小蛮家开了果盘出来。营之昨天没有见面。"幼安问他开果盘花了多少洋钱，大拉斯说三十六块。幼安暗笑，这是开了一个洋盘，不是果盘。少牧又问他出来得如何很早，大拉斯说："昨天也顽了一夜，没有回去。"幼安又问现欲何往，大拉斯道："方才行里头出店来说，昨日外洋来了一个要紧电报，打给我的，不知为着何事，故要回行去了。"少牧道："这几天是中国新年，照例封关。行中谅来没事，停回可再出来么？"大拉斯道："停刻一定出来。倘然你要请开台酒，我扰你罢。"说罢，与三人握握手儿，沿途叫了部东洋车，上车自去。少牧等从四马路转弯，走至石路久安里口，遇见巫楚云家的阿巧，说少牧昨夜为甚不来吃年夜饭？今天定要他去开果盘。少牧问幼安甚样？幼安未及回言，阿巧将少牧一把拉住了，往弄内就走。幼安只得与少甫跟进弄去。正是：

> 说甚新年多乐趣，无非到处破游资。

不知少牧等到巫楚云处开了果盘之后尚有何事，再看下回分解。

第二十四回

丝清竹脆小玉称觞　花好月圆天香下嫁

话说谢幼安同少甫、少牧从萃秀里桂天香家开了果盘出来，走过石路久安里口，被巫楚云家的小阿巧瞧见，一手把少牧拉住，要他去开果盘，幼安、少甫只得跟了进去。楚云见了三人，说声"恭喜"，等候他们坐定，阿娥姐泡好了元宝茶，分付相帮将果盘端来，由阿娥姐逐样敬些。说的好话与天香院中仿佛，四碟点心也是一样。少牧开消了十六块钱。少甫问为甚比幼安多了四块？少牧道："果盘是没一定的，十块、八块起码，三十、二十块不足为奇，开消他们十六，尚算是中等客人。"少甫默然不答。少牧问楚云："已经有人开过不曾？"楚云回称："尚未。"阿娥姐要少牧点菜，吃一台开台酒。幼安想他已开果盘，吃酒可以不必，那知少牧并不推辞，提起笔来写了一张双台菜单，说："今天因昨夜未睡，现要回栈去了，明天晚上一定来吃。"阿娥姐眉花眼笑的拿了菜单交代出去。三人略坐片时，因少甫觉得身体困乏，催着回去，始俱起身回栈。

初二这日，少牧坐了一天马车，到得天将旁晚，果至楚云院中，写请客票分头请客饮酒。谁知正月半前的生意，各项多甚起色，堂子里却不比平时，一半是客人新年里酬宾贺节，没有工夫，一半是开果盘与开台酒的双下脚俱须破费现洋，差不多些的人年关才过，多想算省。所以少牧发了七八张客票，只请到戟三、子靖、锦衣、幼安、少甫五人，其余一个不见。少牧暗想："大拉斯为甚不在杨小蛮家？难道是到西安坊杨媛媛家去了？"再写客票去请，并托他转约伯度、营之。相帮回称，西安坊开了年没有去过，少牧好生不解。后来，只得六个人吃了两台。

直到台面将散，来了邓子通，说起经营之开的洋货、绸缎等庄，年底下一齐倒了，票号、钱庄也被牵动。刻下营之不知去向。听得人说，这几处亏倒的缘故，多被营之亏空所致，因此钱庄、票号里那些股东多要寻他说话，谅来这人从此以后出不得头。又说大拉斯大年夜来了一个电报，东洋因闻他爱嫖嗜酒，不惜声名，今年已另换了一个大班，那大拉斯叫他回国交帐。康伯度是他的买办，大拉斯没了生意，伯度也没有事了。听说今年坐在家中，没出过门。少牧听罢，因道："怪不得这几个人一齐请他不到，原来有此变故。但不知资雄花田郎、白拉斯、温生甫等多到那里去了？"子通道："温生甫自从小桃死后，没兴出外。去年二十后动身回家，大约已被他妻子管住，不放出来。白拉斯年底下骗了人家银子，被领事查知，因他是个假外国人，现闻已交该管地方官查办。资雄花田郎昨天尚见在东合兴花寓出来，据他自己说在花寓开了果盘，今天到东荟芳柳寓吃开台酒，兴致狠好。"楚云道："经营之也算得是个有些事业的人，怎么就一蹶不振？照此说来，兆富里金玉香那里，年底下不见得开消的了。"子通道："自然没有开消。大除夕的那夜，玉香几乎寻死。"少牧道："一共漂了玉香有多少钱？"子通道："差不多有三四百罢。其实，营之这人平日有钱的时候也不肯轻易使用，但看中秋节上的杜素娟，做了二百多块洋钱，他拿了素娟姘戏子的过处，至今一个钱没有开消。堂子里做了这种客人，本来没甚看想，何况自己立不住了，还想他拿出钱来？"幼安道："营之既然这样精刻，他自己岂料也有今日？"楚云道："正为他太精刻了，才有这样精刻的报应。且看他将来甚样。"子靖道："上海滩上的事情说不定的，尽有今年倒了人家银子，明年又重做出大事业来，何况营之不知是真倒假倒。若是假倒，有甚妨碍？包管不消一年半载，仍要出头。不过，这种伤天害理来的银钱，久后终无好日罢了。"幼安等点头称是。少牧又问："新年里可曾见过少霞、景桓？"子通说："都曾经见过一次，面子上狠不光鲜。花笑春与花醉香两处的局帐没有开消清楚，果盘却去开的，也算他们神通广大的了。"楚云道："弄甚神通？我想醉香、笑春两人，无非是因上节局帐没清，敷衍他们罢了。顽到这种地步，真是最没趣味。"

众人席上谈谈讲讲，不知不觉叫来的局多已散去，只剩公阳里梁小玉一人，因初五日是他二十岁生辰，在院子里备了灯担清音做寿，要子靖去吃个双台。子靖尚未答应，子通在旁怂恿，并唤娘姨取笔砚点菜。子靖却不过情，允了一台，小玉始去。众人也就散席。子靖遂订定初五日准七点钟入座，除席上七人之外，再请鸣岐、聘飞同来，圆台面一桌，恰恰九人。少牧等说这日一定多到，彼此始分道而回。少牧满想住在楚云院中，怎奈碍着少甫、幼安不便，只得一同回栈。

初三日，少牧又出去坐了一天马车，是晚没有回去，痴心与楚云商量，意欲娶他回苏。楚云吞吞吐吐的含糊着他，说了一夜天，没句实话，与端午节未曾赎身之前大不相同。初四晚上，各妓院迎接财神，少牧看他们磕头的时候锣鼓喧阗，神座前摆着一只火盆，妓女磕下头去，相帮的拿了一壶烧酒，泼在火盆里边，那火光直（真）冒起来，说是愈高愈好。少牧问楚云是甚讲究，楚云说，是取句吉谶，叫做"冒过人家的头"。少牧甚是好笑。到了初五那天，想起子靖约在梁小玉家吃酒，不能不去，旁晚时回到栈房，与少甫、幼安同往。二人问他前二夜可在久安里内，少牧此时并不隐瞒，并把要讨楚云的话告知，讨了他，准定一同回转苏州。幼安见少牧有些一相情愿，把楚云不比天香、不可独腹心思的话子细劝他。少牧反怪幼安独腹心思，自己能娶天香，别人不能够娶楚云？幼安见他这样着魔，只得任他搅去，且待看事做事。少甫因杭州事情据律师说不日就可了结，只等此事一了，无论怎样，拉了少牧回苏，此时且不说他。

三人在栈闲谈一回，大家起身，多到公阳里去。走过四马路上，见一个戏馆里的案目、一个书场上的堂倌扭着一人到巡捕房去。这人见了三人，急急将头一低，脸涨通红，如飞而去。少牧认得是姚景桓，动问旁人为了何事，旁人说是年底下戏馆里案目与书场上堂倌拉局，景桓在戏馆里定了两间包厢，一排正桌，书场上定了八只包台，点了三十出戏，分文不给。大年夜寻不到人，今天坐着马车出来，在万华楼茶馆门口下车，被案目与堂倌瞧见，向他讨取。他仍一文没有，故被扭进捕房。幼安与少甫听了，点头叹息，说："好人家的子弟，为甚要弄到这样！"少牧因与他同席饮过好几次酒，有些交情，狠觉得脸上无光。正在又是没趣，又是感叹的时候，路上遇见鸣蚊、聘飞，问起也到公阳里去，遂一同进了东荟芳，从三马路横穿出去。鸣歧也说起景桓的事，老大替他懊恨。聘飞更说："大年夜闻听夏时行因夏季里欠了马车行里的马车钱，被马夫寻见，剥去衣服打了一顿，算起来更是可叹。还有百花里花莲香家的阿招，他秋节送节盘的时候，时行家中曾去过的，大年夜半夜过后，又到他家里讨钱，辱骂得一个不可收拾，直至邻舍人家听得不耐烦了，才把他劝出门去，又在街上边大骂一场始回。真亏时行怎样消受，这种夏大少做他则甚！"鸣歧道："本来荡子下场不好的多，所以世界上有些识见的人终要放出定力，莫学那荡子行为，到得后来，回头已晚。"幼安、少甫连称不错。

　　语次，已至梁小玉家。只见院子里果然装着灯担清音，客堂里供着寿星王母，各房间吃酒、碰和的人异常热闹。少牧问一问，子靖在楼上房内，大家移步上楼。这一夜，小玉名下的酒一共有二十多台，并且正房里尚有一个客人替叫了一班髦儿戏来，另外邀了胡家宅群仙髦儿戏园的老生郭少娥、林宝琴，花旦金月梅、花四宝、白兰花，大面金处，武生陈长庚，武旦一阵风、武二花小黑灯、开口跳陈宝银等，想叫他们会串几出好戏。只因"群仙"不比别的戏园，夜间生意甚好，不能够全班出来，只到了金月梅、白兰花两人，合串了一出《拾玉镯》。那客人又设法去邀小兰英到来，串了一出《群臣宴》。尚要托人邀梆子青衫张福宝，老生张贵庭，并苏州王家班武角王桂祥等，因福宝等已赴海参崴，王家班苏州去了，没有邀得，然房间已闹得喧嚷异常。

　　子靖见幼安等一到，客已齐了，分付就在外房排席。房间里人说声："对不住李老，今夜只能有屈些了。"子靖道："我们只一台酒，本来何必正房？等他们双台、双双台的去闹是了。"房间里人摆好台面，子靖分付起手巾入席，随手写局票，叫相帮快去叫局，说："今夜既然台面甚多，最好早坐早散。"房间里人说："李老真是体恤我们。"小玉见台面坐了，敬过瓜子，斟好了酒，唱了一支昆曲。尚要再唱，子靖因他狠忙，执定不许，并叫他到别处招呼。小玉也甚感激。少牧在席间听隔房金月梅唱戏，连赞："群仙戏园的髦儿戏真是不错。可惜郭少娥等没来。"锦衣道："谢幼翁不是将近要纳宠了么？不知定了日子没有？到了那一天，我们尽好合个公分，待我到群仙里去商量，把郭少娥、陈长庚等邀来，热闹一场，岂不狠好？"幼安闻言道："多承美意，日子虽已定在正月十五，断不敢劳动亲友们赐贺。"戟三道："人月双圆，这日子果然定得狠好。但不知娶在栈内，还是另外借个公馆？"幼安道："栈中不便，已在归仁里赁下一所房屋，大约耽阁数天，便要动身回苏。"锦衣道："观盛里不是郑志翁、游冶翁从前住的那条弄么？"聘飞道："那是观盛里，就在四马路西首。归仁里乃老闸东唐家弄纶华湖丝栈对面，地方狠是幽静。"幼安道："一些不错。"众人正在闲谈，叫的局纷纷已到。少牧在台面上咬着楚云的耳朵，把桂天香定期十五在归仁里进宅的话告知，并问他定了主见没有。楚云依旧吞吞吐吐的没句实言。后来被少牧问得紧了，始说已经在祥和里看了一处房屋，过月半想搬出久安里去，自做住家。且等再做一节，拔轻些债，一定嫁你。少牧听他是句长脚话儿，心中好不烦闷。尚想劝他，既要从良，何须再做，楚云已立起身来，说："尚有转局，有话再说。"匆匆便去。少牧无可奈何。

　　天香却在席上与幼安商量十五那天各事。第一，不必排场，免多靡费；第二，只穿红裙，不用披风，以免越分之嫌；第三，在归仁里住满了月，一同回家，不必久羁沪渎。幼安听他自己说出这番言语，又是达礼，又是有心，十分敬佩。直说到将次散席，天香始动身先去，坚嘱幼安这晚必须再到萃秀里一行，尚有别话商议。众人看了，多说幼安艳福，真个是几世曾修。幼安也觉满心欢喜。

　　散了台面之后，果到天香那边去了一次。说定这日只用一肩官轿，迎接进门，公馆里也不必用甚吹打清音，事事只须省便。幼安反说照这样儿，不免太嫌节费，心上有些过意不去。天香说：“自知命薄（簿），才赋小星。何必排衙，反增惭愧。况且在堂子里头嫁人，比不得人家闺女，有甚风光？若像媚香、艳香当日一般，有些见识的人暗里头瞧了一定好笑，想我岂是这样的人？”幼安方才应允。又商定先一日把男女佣人的带挡洋钱一齐付清，一共是九百多块洋钱，不满千金之数。自己并没有人收甚身价银两，不过本家处并零碎开消尚要二百多块洋钱，一共约洋一千二百元左右，幼安已从回苏之日预备下了。当晚商议既定，幼安回栈。

　　初六日起，置备屋中器皿一切，并向嘉纶绸缎庄剪了一件枣红花缎袄料，一条局红绉纱裙料，交给裁缝，赶紧做成，十五一早应用。一到十二三日，幼安托人雇了一个车夫，一个佣妇，把新屋子先收拾好了。十四这日，别过少甫弟兄，迁出长发栈去。车夫叫了两部小车装载行李，至归仁里，一件一件安置室中。少甫、少牧到了旁晚，也往归仁里坐了一回，商量明日怎样贺喜。幼安竭力谢绝，说明天概不举动，不劳致贺。少甫、少牧那里肯听？并说不但我们二人，还有子靖、载三、鸣岐、聘飞、锦衣诸人一定要来。讲了半天，始议定了公备两席酒筵，一席公贺幼安，一席专贺天香。并请子靖的夫人端氏、载三的夫人庄氏、鸣岐的夫人鱼氏、聘飞的夫人水氏前来作陪。幼安再要辞时，二人决计不许。当下少牧就在公馆里写了一张知单，并另外修了请鸣岐等家眷陪伴新人的四封书信，立差车夫分头送去。幼安见二人这样安排，心中不胜欣喜。留他们吃了夜饭，等车夫各处送信回来，方才回栈。

　　一宵易过。十五天明，少甫、少牧一早便到。叫车夫在客堂内结了一道大红彩绸，并到李公馆借了一堂桌帏椅披，铺设好了，点好红烛。问幼安：“新人进门，可选吉时？”幼安道：“不择时辰，饭后发轿去抬。”少牧问：“轿子可曾端整？”幼安回称：“尚未。大约行口里头甚便。”少甫道：“何须行口？平公馆现有长班，一样开消轿钱、喜钱，公馆里的轿子狠新，何不差车夫前去关照一声？”少牧道：“不必关照。

载三的夫人要来，等他轿子到时，留下不迟。"幼安道："如此狠好。"

移时，车夫报称有客到门，乃是子靖、载三二人。道过了喜，少牧问："宝眷可将快来了？"并向载三说明借他轿子去抬新人的话。载三说："就要来了。叫他们去抬新人，那是狠便的事。安哥给些喜封够了，不必轿钱。"幼安口里头虽连称知道，心里头怎肯苛刻人家？停回抬到天香，端整给他们两块洋钱轿钱，一块洋钱喜封。载三问鸣岐、聘飞的家眷可来，少牧道："昨天多有信去，答应来的。"子靖道："凤家嫂子与熊家嫂子到了，有四个人陪伴新人，狠不寂寞。"幼安道："多承诸位美意，甚是感情。"子靖、载三同称"当得"。只见车夫又来报说，门口有两肩女客轿子来了。幼安因无人接待，忙唤新来佣妇出去迎接上楼。正是李公馆的端氏、平公馆的庄氏夫人，因两家住得甚近，约会着一同来的。载三见庄氏已来，传话轿夫不可走开，停刻到萃秀里去抬接新人。轿夫唯唯。少顷鸣岐与鱼氏到了，乃两个人坐着一部马车同来。聘飞的夫人是坐包车来的，聘飞自己步行。幼安说他算省，聘飞回称："现住垃圾桥浜慎余里内，出路甚近，何必要甚马车、轿子？"幼安道："原来聘哥就住在慎余里内，真是近便得狠。"少牧道："聘哥住在那里已几时了？目下弄中可有空屋？"聘飞道："三年多了。弄里头空屋不多，你要问他可是有人要借？"少牧顿了顿口道："并没人借，问问罢了。"幼安估量着少牧问这句话乃是痴心想讨楚云，其实那里成得事来？因把别话与聘飞岔了开去。

其时，天已过午，厨房里开过中饭，乃是向小乐意叫的。饭毕后，幼安分付车夫领着轿子去抬接新人。少甫叫自己车夫点了满堂灯烛，生了一个旺盆火儿。那消一点钟时，新人已经抬到。幼安命佣妇搀扶出轿，至客堂内行了个礼，送入房中。早有端、庄、鱼、水四位夫人出房迎接，天香一一见礼已毕，口称"太太"。四人说他太觉客气，对佣妇说知，叫他改口，始俱改称"嫂嫂"，却还一个个先告了个僭妄之罪。四位夫人说他狠是知礼。少牧见天香已经进宅，叫车夫到聚丰园去，催他把酒席送来，顺便邀请锦衣。这一日天气狠好，到得晚上，一轮明月朗照天心。及至酒席到了，少甫分付一席排在楼上，一席排在客堂里头。楼上的自然天香首椅，四位夫人陪坐。因见天香人品谦和，且甚幽娴贞静，绝不似青楼中出来的人，故俱敬酒敬菜的甚是重他。楼下幼安首椅，那二椅因锦衣未到，留待他来，余人挨次坐下。

少牧要想叫局，说是楚云前天说起要看新人。众人多说，今天的局本来要叫，大家热闹些儿。少牧唤车夫裁了几条红笺，正在落笔书写局票，恰好锦衣到来。先向幼安深深一揖，道了个喜，次与众人说："今天因元宵佳节，有些应酬，来得迟了，各事全劳诸位费心。"众人同称"好说"。少牧招呼入席，问他叫的可是美仁里金寓，锦衣道："金寓与久安里花素香，听说昨天从了良了。还是东荟芳花影娇罢。"少牧道："金寓嫁的是谁？花素香年纪尚只十五六岁，是被什么客人讨去？可知多少身价？"锦衣道："金寓嫁的是个官场，听得是第五房了，共出身价洋八千元。素香却是个过路客人讨了去的，不到三千。"少牧道："金寓听说他从前是嫁了人又出来的，怎么这回嫁人又要如许身价？"锦衣道："你不听见林黛玉么？嫁一次人，动不动就是几千。其实，此种妓女在堂子里应酬狎客，真是不可多得；若要娶他回去，只怕收他不住的多。金寓也是差不多的，前次嫁了人，重又出来，此次嫁人，安保他下次不风尘再堕？所以除是今天安哥娶的二嫂子那般人品，总以不娶妓女为妙。须知与二嫂子一般的人，我们花丛中见过几个？"幼安闻言，谦逊几句。子靖等点头称是。

少牧写好了花影娇的票儿，动问子靖等众人叫谁，子靖说是公阳里梁小玉，戟三是鼎丰里李飞云，鸣岐是百花里花小红，聘飞是西荟芳巫岫云，少甫是鼎丰里花想容，幼安是宝树胡同金菊仙，少牧自己自然楚云。锦衣尚要幼安再叫仁寿里天韵阁李苹香，即上节双富堂的诗妓李金莲，说："今夜人月双圆，座中不可无此韵妓。"戟三说："李苹香他真是个良家妇女，祖上边累代簪缨，不知如何被个姓潘的拐匪拐逃出来，落在烟花队中。如今已被父母知道，涉讼公庭，判交父母领回管束，不准为娼。这人不知那里去了，你们难道没有知晓？"幼安道："此事略知一二。看起来，苹香这人有才无行，真是可叹。"锦衣道："苹香既已不在上海，安哥今天不比平日，必得再叫一个，取个成双。"少牧道："安哥叫了公阳里盛月娥罢。此人能弹《平沙落雁》、《夕阳箫鼓》、《卸甲封王》并《龙船》等大套琵琶，也是青楼中的有数人物。"聘飞道："堂子里能弹小套琵琶的，兆贵里有个吴小卿尚还纯熟；弹大套的，除了前数年有个徐琴仙甚是擅长，并能开白说书，此外果少有了。"鸣岐道："安弟果叫月娥，我来叫东尚仁里的程渔卿。他能唱开白弹词，叫他到新房里唱回《三笑姻缘》，岂不狠好？"众人多说这倒有趣得狠。少牧遂又写了两张局票交代车夫去叫，并大家议定，停回月娥、渔卿两个叫他们新房里坐，一个弹套琵琶，一个说回《三笑》。戟三道："金菊仙也好使他在新房里唱支全本滩簧。"子靖道："我叫的梁小玉，他幼时曾经拜师变过戏法。停回也可叫他到新房里出几套儿顽顽。"少牧道："那是要玩具的。"因把局票收他回来，重新写了"随带玩具"四字，方嘱车夫快去。

唐家弄的出路不甚狠远,不消一点钟左右,叫的局陆续而来。菊仙、月娥、渔卿、小玉四个真个多到新房里去。月娥弹了一支《卸甲封王》、一支《龙船》,因有转局,匆匆即去。小玉出了一套“子孙荣贵”,就是“五色顶子”,又出了一套“福寿齐眉”,乃是一盆桃子,一盆荸荠,手法尚还干净;说声“献丑”。只因转局尚多,也就匆匆便去。菊仙唱了一支《赐福》、一支《昭君和番》。本来也有转局,要想去了,端、庄、鱼、水四位夫人见他人甚聪明伶俐,狠欢喜他,要他再坐片时,天香也殷殷留待。菊仙遂叫跟局娘姨先去(生)回覆那些叫局客人,说今天在公馆里头堂唱,不及来了,自己端整坐至席散方回。渔卿叫新房里娘姨端了一张书桌、一把交椅,在靠窗口打横放好,跟局娘姨取出一把纸扇,移过茶碗,放在桌中,渔卿坐将下去,弹动琵琶,唱过开篇,喝了口茶,摇动扇子,表白一番,唱了一回《点秋》。那白口、唱片、手式一切,真与男唱书的一般无二。楼下许多宾客此时多在新房里头,称赞菊仙、渔卿二人绝技。幼安问渔卿:“上海能够唱书的妓女,共有几人?”渔卿道:“前时有袁云仙、严丽贞、殷蕙卿等甚多,目今不听见说起了。只有徐琴仙会唱《双珠凤》,普庆里王霭卿会唱《果报录》。霭卿是从宁波来的,唱的书,宁波人叫做文书,与我们所唱不同。况且多已嫁了人了。”幼安道:“偌大洋场,竟少女说书先生,也是一桩憾事。”菊仙道:“女说书的无锡一带尚有。上海听说只有瞽目,唱一天书一块洋钱。从前虽闻还有个沈新宝,住在小东门康家弄内,一个江幼梅,住在大东门火腿弄内。他们二人并非妓女,所以没有客人往来,也不出局,人家叫他唱书,每天三块洋钱书钱,一元洋钱轿钱,另外加些喜封。如今老的老了,不出来的不出来了,真个不听见再有别人。”众人正在新房里讲得有兴,忽楼下车夫报称有客到来。幼安不知是谁,急忙下楼。正是:

> 桃叶迎来多喜气,萍踪再聚有良朋。

要知来者何人,有何事故,且看下回分解。

第二十五回

开盛筵醵资贺喜　定花榜走笔题春

话说谢幼安娶了桂天香，杜少牧等众人在归仁里公馆贺喜。新房中叫来金菊仙、程渔卿、盛月娥、梁小玉众妓，也有唱滩簧的；也有唱书的，也有弹琵琶、出戏法的，甚是热闹。等到渔卿唱完了书，将要各散，忽听车夫报说有客到来。幼安不知是谁，迎下楼梯一看，见是毓秀夫与钱守愚二人。秀夫吃得醉醺醺的，守愚也有了几分酒意，说是在虹口看了马戏，吃了几瓶外国酒，寻到此地。怪幼安今天讨娶天香，不给二人一个信儿，没有贺得，一定要拣日子起个公分，大家热闹一回。幼安力辞，二人执定不依。守愚并说："从前郑志和、游冶之娶媚香、艳香，我与二人没甚交情，公贺里尚还搭了一分，此次岂有不贺之理？"幼安见二人已醉，邀他们新房里坐回再说。二人大喜，移步上楼，见少牧等多在那里，好不兴头。

锦衣问秀夫如何到此，且怎与守愚同来，秀夫说："因虹口到了一班车利尼外国马戏，听说甚是好看，故到长发栈，想约锦衣、少牧等一同往观。岂知栈里头一人不见，只有守愚在彼，想寻少甫到张家花园看电光活动影戏，又想到徐家花园看焰火去。后来茶房说起今天多在归仁里内，问他可知有甚事情，他说是谢公馆今天娶姨太太。才与守愚一同出栈，请他看了马戏，寻到这里。一来贺喜，二来要想补个公分，你们众位可再有兴？"此时锦衣等也多余兴甚浓，说今天本来七八个人，不能算甚公贺，倘然缓天再有，一定算我们一人一分。幼安再要推辞，怎禁得众人你言我语，不由做主。后经秀夫议定，十八夜在徐家花园备酒三席，两席设在鸿印轩中，公贺幼安；一席设在曲榭里头，公贺天香。并拟唤班髦儿戏来演台堂戏。幼安见众人兴致过好，只得受了鸿印轩的两席，辞去天香一席与髦儿戏。众人说髦儿戏虽可不必，天香的那一席酒万不可少，若是徐园不便，不妨送到公馆里来。少甫道："竟是送到公馆的好。若然我们人数不多，也不必再借徐园，仍在公馆里，热闹些儿。"秀夫道："公馆里本来很好，只因做髦儿戏地方不便，如今不做戏了，就在公馆里头也好。"

少牧忽道："公馆里可能做影戏么？我们公分人多，何不做台影戏？这戏还没有见过的多。"守愚道："不是张家花园里做的那活动影戏么？我今天本想去看，后与秀翁先生看了马戏，没有去得。这马戏真是好瞧，做戏的外国人本领果然狠大，一只脚踏在滑背马上跑来跑去，还要钻圈子、跳木栏的。人家看了他，连眼睛多酸，他却狠是写意。就是那些虎、豹、狮、象，教得也灵动非凡。班子里小花面的翻觔斗、竖蜻蜓，这武功比了京班里的戏子，却也不相上下。但不知那影戏还要怎样好瞧？公馆里做得来最好，若嫌地方太小，做他不来，还是改在徐家花园的好。"子靖道："外国人做的戏术本来好的甚多。记得从前有个美国人叫卑士姆，有个俄国人叫柯萨克，他两人出得好一手戏法，真个是神出鬼没！曾在圆明园路外国戏馆与张家花园里做过，可惜现多回国去了。张家花园还做过大木人戏，招贴上叫'傀儡戏'，也甚好看。虹口马戏场隔壁，前年到过一班东洋戏，那拆梯子、走钢丝许多绝技，虽然中国竿妓也有这套工夫，却那里能及得他来？现在上海的那班影戏，一共有五十套照片，多是些外洋风景，最好的是'救火'、'洗浴'。那'救火'好像真是火烧一般，先有黑烟冒出，后见红光。'洗浴'乃在大海里头，那海水奔腾之势，与这些人从岸上跳到水里边去，真如身历其境。其余《普法战事》及《非律滨战事》各片，仿佛真有千军万马，骇魄惊心。又有跑马、跑脚踏车与工厂散工、火车到埠、匪人窃物、术士幻形、美女跳戏，美女出浴各种杂片，也颇令人发噱。钱家老叔既在上海，正可见识见识。"守愚道："十八那天公分里头真有此戏，我就瞧得见了。"回头对着天香说道："好嫂子，靠你的福，给我瞧瞧！"引得满房的人一齐好笑。少牧道："公馆里要做别的顽意，房屋果嫌不够。若做影戏，谅还可以将就得来。秀翁竟到张家花园定下了罢。"秀夫回称"晓得"。

守愚乐不可支，又要在新房里吃起酒来。幼安叫把楼下的酒菜搬移上楼，说声"不恭"，满满的替守愚斟了杯酒。守愚要与众人搳拳，摆了个庄，直吃到酩酊大醉方散。菊仙、渔卿别过天香与端、庄、鱼、水四位夫人并幼安等先回。四位夫人依旧轿子的轿子，马车的马车，包车的包车，各回公馆。天香送出房门，至楼梯口方回。

幼安送至堂前，差新来佣妇伴送出外，方命车夫闭了大门，收拾一切，入房安寝。天香自喜所适得人，十分满意。幼安也幸良缘非偶，心花怒开。从此一双两好，曲尽绸缪，不必絮表。

再说毓秀夫回去之后，明日定好影戏，发过知单。十八一早，备了一张众人公分的礼帖，送至幼安公馆。幼安接来一看，见上写着："谨具喜筵双席，影戏全部，恭贺纳宠之喜。荣归、李卫、平升、杜继美、杜继勋、凤朝阳、熊梦吉、钱士敏、毓春同顿首拜。"当下给了一张谢帖，心中暗想："锦衣等众人的公分多已有过的了，秀夫既要再纠公分，为甚不去另约些人，却仍旧是这班朋友，只添了一个守愚？"好生不解。又想："旁人不必提他，那贾逢辰每遇人家婚丧喜庆，最是高兴应酬，又与少牧狠好，礼单上为甚没有他的名字？难道晓得我不喜此人，故没知会于他？邓子通与资雄花田郎多是个极有兴的，自己虽与他们没甚交情，合少牧也甚要好，为怎多不在内？"正在思想，忽听车夫报称，门外有一乡下妇人，说是苏州木渎来的，要见少爷合二奶奶。幼安微想一想，道："本渎来的？难道是钱守愚的家眷严氏到了？他来上海则甚？"天香道："说不定因钱家老叔久住上海，不想回去，寻出来的。却怎的寻到这里？"幼安道："且莫管他，接他进来再说。"

天香正要出迎，那妇人已走了进来。见他五十多岁年纪，一张紫色脸儿，额角上已起了无数皱纹，头上戴着一只海螺兜儿，身上穿一件元色布老羊皮袄，下身大青布裙，脚上一双半尺来长的红布花鞋，走路时一塌一塌的，狠是有力。手臂上带着一副天圆地方银镯，两耳挂着一对金钢巾圈，头发已经有些花了，却戴着一头金押发、金荷花簪，鬓脚边更插着一朵大红山茶纸花。进门来，叫声"谢家叔叔"，一屁股在客堂内大椅子上一坐。幼安见正是严氏，叫了一声"钱家叔母"，天香叫声"钱家太太"。那严氏看见天香花枝一般的人，两只眼睛钉住了他，细细一看，动问幼安："他是何人？"幼安说："这是新近娶的小妾。"严氏道："世上那有这种好看的人，我们乡下没有见过。"说了这两句话，又将天香左看右看，反把天香看得有些难以为情。幼安见他坐在客堂里边，倘然有甚客来不便，叫天香陪到房里去坐。

严氏同着上楼，见这房间铺设得甚是整齐，中间一只外国铁床，楼板上铺着地席，二梁上挂着保险洋灯，妆台上摆着台花、自鸣钟等物，壁上一边挂着一面大着衣镜，一边是天香拍的放大小照。严氏多是见所未见，先问天香地席上怎样走法，天香说："尽管穿着鞋子进去，不过，吃水烟留心烟灰、纸煤罢了。"严氏方才移步入内，却像是怕踏脏了要他洗刷一般,十分留意。后来见着衣镜内映着对面的那个小照影子,认做天香站在壁边,连说:"二奶奶不要客气,大家请坐。"那知天香早已坐在靠窗口一只外国椅上,听他这样说话,怎得不暗暗好笑?说了一声"有坐",倒把严氏吓了一跳,认做窗口边一个天香,镜子里又是一个。直至定了定神,方才晓得镜子里的乃是照片,自己也觉好笑起来。天香命佣妇送过了茶。严氏在房中东也张张,西也望望,因见那张外国铁床褥子铺得甚高,走到床沿上去一坐,恰恰坐在弹簧上面,往下一软,往上一攻,心里着慌,几乎翻下床来。天香见了,忍住了笑,叫他大胆坐下,断没要紧。严氏摇摇头道:"这种床,亏你怎样睡法。"连忙扒起身来,跑至靠窗口一张外国摇椅上坐下。岂知那摇椅也甚欺生,没有坐过的人坐上去好像要跌将下来。严氏又吃了一惊,暗说怎的绝好一间房间,那家生都甚蹊跷模巧样。当时惊出一口寡水,向地席上边吐去,忽想这席狠是干净,怎好吐得?慌忙用脚去揩,那里晓得地席甚滑,一个脚写字,跌下地去。天香说声"子细",要去扶他,已是不及,只跌得楼板怪响,幸亏新来佣妇在旁,急忙搀他起来,并取抹布把地席抹净。天香见他真是冒失,只得请他在梳头的那只皮凳上边去坐,方才坐个结实。

幼安也已上楼,问他几时到的,住在那里,怎能寻到此处?他说:"昨天才到,也住在满庭芳街旅安栈内。昨夜与守愚呕了一夜的气,今天晓得你住在这里,特地前来。一则看看新人,二则要求你与杜家二位叔叔早劝守愚回家,不可再在上海耽阁,三则我还要问一句话。"幼安道:"问甚说话?"严氏道:"听说他要讨什么蓉仙,可有此事?那蓉仙住在那里?没有此事便罢,倘有此事,我与他几十年的夫妇,生男生女,那件不好?为甚忽要老变起来?我拼这老命不要,怎肯与他干休!只要访明了蓉仙的住处,一定打他个不得开交。好叔叔,谅你定知道,可告诉我。"幼安听了,微笑答应道:"蓉仙是个烟妓,那里讨得成他?你休放在心上,也犯不着与他寻事,只劝钱家老叔早些回去是了。"严氏道:"不把蓉仙做断,那老杀千刀怎肯回去?你既知蓉仙是个烟妓,必知道他住处,老实对我说了,我好前去寻他。"幼安道:"不瞒你说,花烟间我们从来没有去过,不知他究在那里,并不是不对你说。"严氏认做幼安有心隐讳,还要逼着问他,天香道:"花烟馆真个也从来不到,怎会得知?栈房里可有茶房?他们或者晓得也未可知。不过,这种人随便什么的事多能做得出来,随便什么的话多能说得出口,我想也不必前去,还是婉言相劝的好。"严氏道:"只要访得到这淫妇下落,你瞧我终有一天与他大闹。你们休来劝我。"天香见他执之一见，晓得此时说也无益，并不再言，寻些别话岔开。幼安留他在公馆便饭，并说晚上尚有公分影戏，守愚也要前来，叫他住在这里。严氏决计不肯，说与守愚见不得面，一见时定要吵闹，在公馆里说不过去，况且又有客人，又是喜事，更觉不安。要来明天再来。幼安深知严氏是个乡蛮，莫要停回当真闹出什么事来，不敢勉强，只留他吃了午膳。等到三点多钟，差包车夫送他回栈。

　　严氏方去，守愚已与秀夫前来。因他二人今天是公分里为首之人，故而到得其早。幼安见守愚与秀夫同来，不便把严氏到此的话说知，并没向他提起，且等停回再讲。秀夫带了一张《游戏报》来，说金菊仙已在《游戏报》上点了曲榜状元，取得真是不错。幼安听了，将报接来看过，也说游戏主人赏识不虚，并讲起近来各报馆里开花榜的许多陋处。最丑的是张《支那小报》，听说状元、榜眼、探花一个个多要花钱去买，做了个生财之道，真是斯文扫地。秀夫道："《支那小报》现还开么？"幼安道："这种报怎能够开得长久？早已关掉的了。若使他此刻还开，报界上不知削尽几多面色。"二人谈得有兴，锦衣、少甫、少牧三人来了。少牧也拿着张《游戏报》，说金菊仙点了状元，与幼安看。幼安回说："已经看过。我们正在这里说各报馆开花榜的有无弊病。锦衣道："这《游戏报》可还算得没有弊么？并不是恭维安哥的相好，上海地面上能唱到三四百支曲子的妓女，一时只恐没有第二个人。这状元再不是他是谁？少甫道："《游戏报》果然取得公允。今天偶在旧书摊上买得两本集评《海上群芳谱》，看来也是一张花榜。惜乎不晓他取得怎样？"秀夫道："《群芳谱》上的状元是谁？"少甫道："他并没有状元、榜眼等鼎甲字样，取的妓女却分着大小两类。大的第一名是鼎丰里谢湘娥，小的是美仁里金翠娟。"锦衣道："金翠娟我不知道，谢湘娥我们同寅中很有几个做他的人，听说歌曲很好，并能串戏，况更是个孝女，又能知书识字，如今久已嫁了人了。这人做个元选，谅也一定不愧。"秀夫道："这《群芳谱》买了，你带来么？此刻客还没齐，何不取他出来瞧瞧？"少甫道："现在这里，我与你看。"遂在衣袖中取将出来，放在桌上。

　　众人多来观看，先把序文略阅一过，次看全书。见第一页上开首乃是"清品"二字，并有十二句集《诗品》的引子道：

　　　　畸人乘真，花草精神。落落欲往，悠悠空尘。是有真宰，绝爱（受）缁磷。明漪绝底，明月前身。超以象外，泛彼无垠。薄言情晤，庶几斯人！

以下方是"清品"各花。每人一个花名，一句六才子的评语，一篇小传，四首集唐。那第一名是：

宝树轩主谢湘娥　白牡丹花　评曰：一个仕女班头。

传曰：词史名蘅，一字玉辉。原籍姑胥台畔人。本儒家女。幼识之无，能读《聊斋》、《三国》诸书，性颇蕴藉。面目端好，肤如凝脂，双翘瘦削，而娉婷善舞。度曲之外，尤工演剧。尝见其袍笏登场，演《黄鹤楼》、《盗御马》诸戏，儿女英雄，殊令人拍案叫绝。往来多显宦客，车马喧阗，门常如市，而姬晏如也。尤可重者，事母至孝，当病革时，姬躬侍汤药，衣不解带者累月。一切饰终之礼，无不从丰。求诸青楼，殊不多得。噫！评来月旦，秉论须公，品到花枝，全材不易。冠群芳者，非卿而谁？爰为列作花王，窃谓可无愧焉。

诗曰：活色生香第一流，逢花却欲替花羞。画屏见后常回首，倾国倾城胜莫愁。云想衣裳花想容，谢娥无力晓妆慵。开缄试读相思字，别有深情一万重。　　须尽笙歌此夕欢，我侬试舞尔侬看。画人画得从他画，一朵能行白牡丹。　　别梦依依到谢家，门前初下七香车。落花声底仙娥醉，深掩妆窗卧碧纱。

第二名是：

罗浮仙馆主李文仙　绿萼梅　评曰：貌堂堂，声朗朗。

传曰：词史名梅，本陈姓，原籍襄阳。父尝经商于沪，因受人愚，资本耗尽，贫乏无以自存。姬年十三，遂致名花堕溷。身长玉立，容光照人，眉目间英英露爽气。善度曲，声震金石。时沪上竞尚京腔，聆音者谓菊部中除昔年陈长庚外，得宫音者近惟汪桂芬一人。而词史亦换羽移宫，应弦合节，颇足与汪相埒。每一登场，合座为之击节。性尤清介，不轻言笑，而亦不苟取求。故枇杷花下客，恒有引为知己者，盖风尘中狷洁人也。

诗曰：名占蓬莱第几仙，风流合住紫薇天。承欢侍宴无闲眼，月过花西尚未眠。　　一曲笙歌绕翠梁，云璈风瑟自宫商。阳春唱后应无曲，此后相逢眼更狂。本来寒女是神仙，楚楚风姿剧可怜。好是红窗风月夜，殷勤为我唱花前。出众风流旧有名，楚腰纤细掌中轻。多情更有分明处，心与梅花一样清。

第三名是：

蕴珍楼主沈小宝　素心兰　评曰：宝鼎香温，绣帘风细，绿窗人静。

传曰：词史名芬，一字素如，琴川人，本周姓女。仙骨珊珊，貌殊秀丽。

性好静，缄默寡言，而秀外慧中，别有一种楚楚可怜之态。幼曾就傅读书，故稍知文墨，能诵五七言诗，琅琅上口。房中缥湘满架。有佳客至，茶余酒后，喜以奇字相问答，娓娓不倦。以此往来多风雅士。然因寡于言笑，致有讥其冷傲者。且不知开罪何人，甚至造言污蔑，谓曾私识优伶，惜其名花失品。词史闻之，嘤嘤啜泣，食不下咽者三日。后经花铃酒壶侠客等作传，以白其诬。盖空谷幽芳，非若妖卉之易于动目，无怪庸俗人罔知珍惜也！

诗曰：兰蕙芬芳见玉姿，妆成皓腕洗凝脂。含娇含态情非一，惟有妆楼明镜知。　玉楼珠箔但闲居，卷上珠帘总不如。尽日窗前更无事，低头羞问壁间书。　道是无情却有情，眉头心上两分明。向人虽道浑无语，此时无声胜有声。　笑倚东窗白玉床，小姑居处本无郎。只愁花底莺饶舌，往事何时不系肠？

第四名是：

玲珑仙馆主金宝玉　玉兰花　评曰：玉精神，花模样。

传曰：词史名瑶，原籍廿四桥边人。秾纤得中，修短合度。眼波流媚，笑靥生春。予尝于晨妆未竟时见之，虽乱头粗服，脂粉不施，而丽质天生，如玉琢粉搓，自然娇艳。性流动，天资亦颇聪颖。客有与谈文字者，问字殷勤，间亦颇能会悟。雅爱着浅色衣，冰绡雾縠，幽淡宜人。曾有某客欲以二千金脱籍，未果。不知一朵解语花，将来谁有此艳福消受也。

诗曰：紫玉身材碧玉年，倚风娇怯醉腰偏。婵娟花艳无人及，对影闻声已可怜。　一枝琼艳不胜娇，云鬓花颜金步摇。半恨半嗔回面处，黛眉慳破未曾描。　淡淡衫儿薄薄罗，绿云高髻绾婆娑。请君试看风流意，雨后花容淡处多。　铅华不御得天真，明媚鲜妍绝比伦。好是灯前偷失笑，敛眸微盼不胜春。

四名看完，以下乃是"丽品"二十人。每人一句评语，一首集唐。有林黛玉在内，那评语是："千般袅娜，万般旖旎。"《集唐》是："石家金谷旧歌人，宝帐迎回黯黯春。一笑自然生百媚，脸檀眉黛一时新。"还有个白酴醿花张纯卿，评语是："天生聪俊，打扮又素净。"《集唐》是："肌理细腻骨肉匀，铅华不御得天真。花飞莫遣随流水，便是莲花不染身。"众人多说措语甚有深意。"丽品"之后，又是"隽品"百人。却每人只有一个花名，一句评语，并没有诗。"隽品"之下，附录"逸品"五名。又是各人有篇小传，四首集唐，也另外有十二句《诗品》作个引子，道：

> 载歌幽人，犹之惠风。超以象外，脱然畦封。神出古异，蓄素守中。泛彼无垠，窅然空踪。如气之秋，神化攸同。识者已领，是谓存雄。

那五个"逸品"是：

水仙花程渔卿　评曰：你对人一言难尽。

传曰：词史名蕊，幼堕风尘。尝遨游江浙诸省，与客言能习各处土音。性豪爽，落落有丈夫气。善度曲，调高响逸，非时下校书所能望其项背。尤豪于饮，酒酣憨态可掬。然神女生涯，本非素愿，近以年华花信，更急欲委身于人。故将艳名隐去，而门外仅以"凌波仙馆"颜其居焉。

诗曰：春风一曲杜韦娘，酒泛金樽月未央。婉约娉婷工笑语，洛川依旧好风光。　微步凌波暗拂尘，巫山云雨洛川神。风流肯落他人后？声貌由来固绝伦。　晚帘疏处见分明，道是无情却有情。醉后爱呼娇姐姐，玉杯春暖许同倾。　落梅飘处响穿云，宫调一声雄出群。曲罢常教善才服，人间更得几回闻？

晚香玉王雪香　评曰：玉容寂寞梨花朵。

传曰：词史少有艳名。客岁沪滨花榜，本欲拔冠一军。以曾嫁伶人想九霄而止。然予谓所适非人，固属憾事，而其美则有不可没者。今自重来海上，卜筑香巢于恩庆里，惟二三熟客得以至门叙旧。盖虽琵琶重抱，已不愿艳帜高张，其品较超于昔日也。

诗曰：雪肌仍是玉琅玕，稳称菱花子细看。往事已随流水逝，转身应把泪珠弹。　深院无人独倚门，纱窗日落渐黄昏。不胜惆怅还惆怅，愁绝鲛绡裹泪痕。　想凭阑干敛翠蛾，枉将心事托微波。无端嫁得金龟婿，细念姻缘尽是魔。　再到天台访玉真，金钗半醉座添春。春心莫共花争发，肯似成都夜失身？

观音柳林可卿　评曰：雨零风细梦回时，多少伤心事。

传曰：词史本邑人。幼年香名噪甚，凡走马章台者，争以一睹玉容为幸。后为某客娶去。旋忽削发为尼，粥鼓斋鱼，冀忏来生绮障。卒以未空五蕴，故又重堕风尘。然亦仅与二三熟客，杯茗流连；若征歌侑酒，则以所蓄雏妓周二宝、三宝姊妹酬应焉。

诗曰：手把芙蓉朝玉京，一场春梦不分明。莺传旧语娇春日，悔不天生解薄情。　——莲花见佛身，忏奴多少法华因。此情可待成追忆，流水无情草自春。　旧事思量在眼前，孤灯挑尽未成眠。夜深忽梦少年事，只是当时已惘然。　粉屏香箔又重偎，争引秦娥下凤台。烟格月姿曾不改，且将团扇共徘徊。

汉宫秋王雅卿　评曰：大人家举止端详。

传曰：词史性沉静，貌秀逸，吐属名隽，举止大方。与王蓉卿、莲卿本姊妹行，同居中久安里。然不轻见客，见亦不苟言笑，望之几如闺阁名姝。近更厌倦风尘，不屑与俗粉庸脂争娇斗艳，故香巢深掩，非素识之客，几欲一亲芳泽而不可得。不知者或疑其声价自高，实则情性使然，盖青楼中之洁身自好者也。

诗曰：玉人何处教吹箫，深锁春风贮阿娇。咫尺画堂深似海，月窗风簟夜迢迢。　妆成皓腕洗凝脂，独坐纱窗刺绣迟。别恨转深何处写，此情惟有落花知。　凭着朱阑思浩然，青蛾皓齿在楼前。愁肠隔断珠帘外，莫向楼前坠马鞭。　绣衾香冷懒重薰，花榭留欢夜漏分。神女生涯原是梦，肯教容易见文君。

老少年胡宝玉　评曰：杜韦娘不似旧时。

传曰：词史善谈笑，工酬应。少年时貌颇娇艳，名噪香国。今虽徐娘已老，而星眸雾鬓，风韵犹存。尝游历大江南北，所至之处无不艳名崔起。今又自津门来，结巢恩庆里。然不欲再以声色悦人，故门掩梨花，不复如曩日之车马喧阗矣。

诗曰：南陌青楼十二重，当时一笑也难逢。朝朝暮暮阳台下，云想衣裳花想容。　瑟瑟罗裙金缕腰，佳人屡出董娇娆。妆成每被秋娘妒，不趁音声自趁娇。　丝竹声中醉玉人，踏花同惜少年春。蘼芜亦是王孙草，明媚鲜妍绝比伦。　巧匀粉黛约残妆，不信年华有断肠。暮去朝来颜色故，也曾愁煞楚襄王。

众人看毕，正欲再看下集，少甫已把书面展开，忽车夫来报："平大人与李大老爷、熊大老爷、凤大老爷到。"幼安慌忙出去迎接，各人也多跑了出来。

戟三等入门之后，子靖笑逐颜开，执着幼安、少牧的手，连说："天日甚近，这几天出了多少新闻，你们可知道么？"秀夫问："可是潘少安、邓子通、贾逢辰等的事情？"子靖道："怎么不是？"幼安、少牧同问潘少安等怎样，子靖已欲开言，戢三见桌上放着本《群芳谱》，笑道："此话狠长。这是本什么人做的花谱？我们何不看他几页，停回坐席之后，再谈少安，逢辰各事？倒可借他下酒。"子靖因又并没接说下去，与戢三等一同至桌上看书。幼安、少牧不便再说，也只得暂待片时，且等看完了书再去问他。正是：

才看艳谱题春色，又听长谈说异闻。

要知子靖等看完了《群芳谱》说些什么奇事，且看下回分解。

第二十六回

两洋枪结果冤家　一场火烧光恶棍

　　话说毓秀夫与钱守愚因幼安娶了天香，没有送得贺礼，拣定十八日重发知单，邀子靖等做个公分。不到旁晚，客已来齐。子靖因这两日得了无数新闻，要告诉幼安、少牧细情，平戟三见桌上放着一本《海上群芳谱》，没有见过，取来观看，叫子靖把这一番话停回坐席之后再讲，狠可借此下酒。子靖因暂且不言，与幼安等多来看书。见戟三手中取的正是下本，选的多是雏妓，分着"颖品"、"秀品"二种，多有十二句集《诗品》的引子。那"颖品"是：

　　奇花初胎，造化已奇。情性所至，真取勿羁。生气远出，妙机其微。是有真宰，终与俗违。雾余水（永）畔，明月雪时。可人如玉，如是得之。

"颖品"雏妓四人是：

　　环翠楼金翠娟　琪花　评曰：齐齐整整，袅袅婷婷。

　　传曰：眉史，四明人。貌丰厚，性机警。与客言，一知半解，辄能道人所不及道。心喜作时世妆，尝见其披浅碧衫，衣淡红裤，韧海之履，佩茉莉之花，望之几疑为画中人。而雏凤声清，其度曲如天籁发声，别饶清韵，聆音者咸击节叹赏，甚有许为异日即袁月仙、朱文兰一流者，盖雏妓中翘楚也！列之以为含葩领袖，质诸看花人，以为何如？

　　诗曰：雏凤清于老凤声，不妨高处便题名。若非群玉山头见，真是骖鸾到上清。　　一曲菱歌抵万金，一双红脸动春心。相逢何必曾相识，半醉狂心忍不禁。　　小头鞋履窄衣裳，金缕浓薰百和香。行过中庭数花朵，细环清珮响叮咚。　　静寻春谱认婵娟，解语花枝在眼前。早是消魂残烛影，深含媚靥袅朱弦。

宝蟾仙馆金宝仙　宝相花　评曰：可喜庞儿浅淡妆，穿一套缟素衣裳。

传曰：眉史名珍，原姓杨，邑之浦左人。圆姿替月，秀外慧中。善度曲，天资颖悟，一经指授，便琅琅上口、合节应弦。秉性率直，与人言胸无城府，其天真烂漫处，绝无时下恶习。目秀而媚，肤白而致，双趺亦颇瘦小，弯弯作弓月形。而举止不佻，于流丽中仍有端庄之度。娟娟此豸，是岂长堕风尘者？不数年莲出污泥，早离绮障，我知固意中事也。

诗曰：红粉女儿窗下羞，年初十五最风流。芳筵银烛一相见，合是愁时也不愁。　垂肩鬌袖太憨生，脸腻香薰似有情。最是向人柔弱处，漫回娇眼笑盈盈。　金屑琵琶为我弹，兴来今日尽君欢。只缘婀娜多情思，百遍相过意未阑。　前年曾见两鬟时，手把花枝唱《竹枝》。今日看君颜色好，芙蓉如面柳如眉。

彩云仙馆凌倩云　琼花　评曰：便是月殿嫦娥。

传曰：眉史，毗陵人。本姓朱，初名金秀芳。系已嫁名妓静芳之妹。自静芳适人后，其母倚之为活。年虽尚稚，而枇杷花下颇有艳名。眉目端好，姿态秀逸。回头一笑，百媚横生。莲钩更纤，不盈握，行时顾影生娇。精度曲，珠喉一串，清澈异常。虽云近日青楼，固多后起之秀，然色艺如眉史者，亦颇不可多得。允宜走马章台者，见之莫不交口赞美焉。

诗曰：脸横秋水髻盘鸦，却道新花胜旧花。两叶翠春蛾乍展，轻盈袅娜占年华。　小随阿姊学吹笙，指滑音柔万种情。今日分明花里见，雪肤冰骨步轻轻。　月照高楼一曲歌，琵琶鹦鹉语相和。此时若有人来听，十斛明珠酬未多。

懒对菱花晕晓妆，小姑新着好衣裳。乍啼罗袖娇遮面，不把双娥斗画长。

紫霞仙馆鲍缦云　曼陀罗花　评曰：似呖呖莺声花外转。

传曰：眉史，浙之四明人。莺舌初调，犀心独黠。虽年甫十二，而一种柔媚之态，恰如小鸟依人，恋恋左右，令人可怜可爱。身轻于燕，倘令盘旋作掌上舞，恐赵家姊妹亦不过。脸波春晕，客或偶与相谑，红潮两颊，有若不胜羞涩者，盖天真未漓也。曲多净面戏出，调高声朗，隔座听之，疑非十一、二女郎。时人谓其多清越音，良有以也。

　　诗曰：有个红儿赛洛川，酥凝背胛玉搓肩。酡颜一笑天桃绽，艳粉明脂映宝钿。　　相期共斗管弦来，争引秦娥下凤台。年纪未多犹在怯，不知香颈为谁回。　　只将羞涩当风流，觉转情深玉体柔。蓦上心来消未得，几回抬眼又低头。　　云髻葱笼紫凤寒，翠娥羞照恐惊鸾。两鬟百万谁论价，引向堂前子细看。

众人看完，又看那些"秀品"，是一共二十四人。每人一个花名，一句评语，一首集唐。中有男装妓王莲芳，评曰：潘安般貌。诗曰：乍入深闺玳瑁筵，未梳云鬓脸如莲。相逢不似东邻女，皎如玉树临风前。吕巧琳，评曰：清减了小腰围。诗曰：美人楼上斗腰支，云鬓慵梳玳瑁垂。玉骨瘦来无一把，此情惟有落花知。赛菊仙，诗曰：万里桥边女校书，娉娉袅袅十三余。自言本是京城女，每对青山忆旧居。冯桂宝，诗曰：才可容颜十五余，枇杷花里闭门居。画图省识春风面，卷上珠帘总不如。戟三等多说这几首集句一气呵成。吕巧琳那一首诗，当时应另有寓意。

　　尚要往下再看，车夫报称："酒席已端整好了。众位爷们可要坐席？"幼安道："客人到齐没有？"守愚道："多到齐了。"秀夫道："我们坐罢。"戟三始把《群芳谱》交与少甫收起，大家入席。今日乃是公分，自然幼安首座。楼上边另有女席，只有天香一人，不免寂寞。少牧想出一个法来，叫幼安写张局票，去唤金菊仙来作伴。守愚怕天香吃醋，不要闹出事来。少牧道："天香岂是这等样人？"幼安自己也说不妨，果真写了一张局票，去叫菊仙。少牧等也多每人叫了个局。酒过三巡，叫的局尚没有到。做影戏的已在天井中收拾一切，把正中间的洋布上面用水湿透，问众人可要开演。众人因影戏必须把灯烛灭去，此时不便，嘱令于席散后始演，做影戏的诺诺而去。

　　幼安在席上想起方才子靖之言，动问："潘少安，贾逢辰等究竟怎样事情？如今可畅谈了。"子靖呵呵笑道："这两桩事说也话长，待我细细讲给你们大家来听，也好晓得世界上滑头、蜜骗两种人的结果。那潘少安当初不是与屠少霞讨的阿珍有牵丝么？屠少霞在阿珍身上花了多少钱财，潘少安却在内中得了阿珍多少好处，这是他生得面孔好看，嫖界里占了第一个'潘'字，自然到处便宜。却不道占第三个'邓'字的人吃尽了少安无数的亏。"少牧道："可是邓子通么？他怎样吃起亏来？"子靖道："阿珍未嫁少霞，子通也做他的，别的不要说他，就是在书场上点一百出戏，便可想见他花钱的力量。后来少霞被老太太管住不许出来，小房子里一切开消，那一个钱不是出在子通身上？暗里头，却那一天不与少安混在一处？有时少安偶然不去，阿珍就要叫人四处寻他。子通也不是个呆汉，岂有瞧不出的道理？几次曾与阿珍吵嘴，要他断绝此人，娶他回去。不料，屠少霞的老太太死了，少霞依旧发起狂来，在重孝里娶他进门，借屋在新马路昌寿里内。子通失了指望，如何不懊恼异常？只因小房子是少霞替阿珍借下来的，他二人有言在先，不能把银钱去压势少霞，否则一万二万块钱，怕不买倒阿珍跟着姓邓的走？及至少霞把阿珍娶回，子通叹了几口冷气，这痴心也已死掉的了。偏偏阿珍与少安两个仍旧是藕断丝连，不但有时在花园里、大菜间里、戏馆里约着聚首，多是阿珍的姊姊阿金通信，有时趁少霞不在，并且跑到新马路家里头去。子通得了这个消息，暗笑少霞加了顶戴，暗妒少安太是便宜，又暗恼自己为甚无此艳福，遂又渐渐着起迷来。一天在花园里遇见阿珍，招他到僻静所在，问他嫁了少霞，近来甚样？阿珍诉说少霞许多不好，并道家里头的房产多已典尽卖绝的了，现钱更是一个没有，算是瞎了双眼，嫁着此人，将来决无了局，必得重要出来。子通听了这一番话，又问他：'既然日后要想分开，还是仍到堂子里去，还是有甚心上人儿，端整着再嫁一个？'好个阿珍，将机就计的说：'我嫁了姓屠的，不出来便罢，若果出来，堂子饭是吃怨的了，自然必得另嫁个人。'子通道：'你想再嫁那个，可能与我说知？'阿珍道：'为甚不与你说？将来改嫁的一定是你。但不知可还要我？'子通闻言暗喜，道：'只怕未必是真。倘然果有此心，那有我不要你的道理？'阿珍道：'此刻我住在屠家，尚是屠家的人，将来一出了姓，看我姓甚！'子通道：'你莫姓潘？'阿珍怒道：'潘少安你道我真与他很要好么？这人年纪很轻，嫁了他，怕不是第二个少霞？难道我这种苦楚吃得还不够么？况且，他已经娶过如玉，也住在昌寿里内……'"

少牧听到此句，跳起来道："那个如玉？"子靖道："不就是你做的颜如玉么！"少牧面上一青，道："如玉怎得嫁他？花了多少身价，少安拿得出来？"子靖道："你发呆了！如玉情愿嫁他，那要他拿出身价钱来？你问怎样嫁他，就是从前你约了许多朋友要寻如玉说话的那夜，如玉晓得自己犯着虚心病儿，与少安两个商议定了，借了所姓周的房屋，当日在堂子里搬了出去。你才寻觅不到。这事难道记不起了？"少牧道："怎样说就是这天嫁他的么？这是想不到的事情，真觉得岂有此理！"锦衣道："如玉要嫁少安，久有此心，旁人也看得出来。你没有留心罢了。"幼安道："也不是他没有留心，这叫做当局者昧，旁观者清。"少甫对少牧道："如玉有心要嫁少安，可知当初嫁你的话一派胡言。幸亏此事没有成功，做成了，岂不要像阿珍般的闹出些笑话来！如今你可醒悟些了。堂子里妓女的说话，本来十句里听不得一句二句，怎能够胡乱信他？"

少牧此时又气又恨，又恼又羞，急问子靖："可是阿珍因见少安娶了如玉，不愿嫁他，一心一意想嫁子通？"子靖道："你又来了。他对子通说话，口里头自然这样，心里头另有安排。子通却这一下着了道儿，便从那一天起，满心要等阿珍在少霞那边出来，好图一个地久天长之计。阿珍也从这一日起，回家与少霞屡屡寻事，吵得他上天无路，入地无门，没奈何，允了他'听凭自便'四字。阿珍遂差阿金与子通说知，叫他先拿一千块钱出来，好把债项料理清楚，马上嫁他。子通问欠的是些什么债户，他说多是银楼、绸缎庄、裁缝店等，既然人要出来，这钱不能再向少霞算取，须得出在他嫁的人身上，将来有衣饰带来，也不至吃什么亏。子通道：'银楼、绸缎庄那里有这样的大？莫非他尚有别用？'阿金道：'怎的没有？他尚要给少霞五百块钱。'子通诧异道：'少霞怎得要钱，难道贫得要卖妾么？'阿金道：'虽然他不肯出面卖妾，暗里头却比卖妾的更不是了。人家当真卖妾，卖去了，尚好多几个钱，他欠了人家一身的债，有几笔钱多是珍妹经手借的，如今珍妹既要嫁人，那钱岂不要逼着少霞归还？少霞拿不出来，少不得仍要出在珍妹身上。故这五百块钱，虽是给与少霞，其实替他还债尚是不够。将来珍妹一出了门，少霞只怕尚尽够受苦。'子通叹口气道：'少霞怎的弄到如此地步？既然这么样说，我竟给他一千块钱，交代他至多十天八天，待我寻到房屋，一准接他出来。少霞既经得了钱财，却须阿珍自己说明，要他一个了断，以后没甚说话。'阿金道：'这个自然，包你往后没话是了。'子通遂叫阿金回去，约定阿珍明日在大菜馆里会面，亲手交了他一千块钱钞票，并叮嘱了无数说话。阿珍接了票子，欢天喜地的叫子通快快寻觅房屋，可以赶紧出来。

"子通真个一连看了好几处房子，多没中意，后来在大马路借了一所五上五下洋房，乃是托人花了几百块钱挖费挖得来的。付过定洋，买好许多动用器皿，选定了一个好日，端整进宅，叫车夫到昌寿里去寻阿金说话。那里晓得，少霞借的房屋已退了租搬出去了。动问邻居几时搬的，搬在那里，多说搬去七八天了，听说现今住在城里老宅旁边小屋里头。车夫只得告诉子通，再到城里去寻。好容易被他寻到，只有两间破屋，看上去住不下许多的人，不敢敲门问信，站在门口边，想等屋里头有人出来，问个明白然后进去。岂知候了一点多钟，并没个人。后见少霞自己出来，这样大冷天气，身上只穿一件旧洋绸短棉袄，一条破绉纱夹裤，连长衣也多没穿，手里头拿了一只鸦片烟匣，像要出去挑烟。车夫怕他认得面貌，不好开口问甚说话，避在一边，看他走了出来可有人来关门，后见乃是个二十多岁年纪妇人出来关的。这妇人不是阿金，估量着必是少霞的妻室，心上呆了一呆，想到少霞既与家眷同住（往），阿珍、阿金必不在内。不再进去，赶速回诉子通。子通听罢，不由不暴躁起来，大骂阿珍不是个人，骗了人家一千洋钱，逃到那里去了。足足骂了半天，分付车夫再到外边打听，究竟他住在那里。

"车夫只得又到四下里去察访。后来遇见潘少安的车夫因车子上水月电灯坏了，拿着去修。车夫问他几时坏的，他说坏了三五天了。车夫说为甚不早些修理？这几夜车子出来用什么灯？他说，这几夜我家主人没有出来。车夫问住在那里，他说得远哩，在王家库过去租界外头一条小弄堂内。车夫诧道：'怎的住到那一边去？莫非你主人又有了什么不明不白的女人在彼？'他说自然有了个人才住得这样老远。车夫道：'这个人你可以对我说么？好住的地方甚多，为怎偏要住在人迹不到的区处？'他说：'内中有个讲究，待我来说与你听。我主人娶了如玉，住在昌寿里内，那是你晓得的。如今又娶了同弄里的阿珍……'车夫闻言，赶紧问道：'可是屠家里出来，从前在叶媚春家跟局的那阿珍么？'他说：'怎么不是？因为这阿珍与如玉向来认识，恐防如玉晓得此事不得开交，才住到租界外去。我却受了他的大累，每天两处奔跑，还要留心瞒着如玉。若是主人不回昌寿里去的日子，只说某老班请他吃酒，吃得醉了，坐不得车；某老班请他碰和碰得晚了，赶不回来。岂知一连几次，如玉动了疑心。有一天，主人坐车出来到王家库，他在后面叫了部野鸡车远远跟着。等到主人下车入内，他也跟了进来。说起来真是笑话，进门口便把主人一把衣服，问他这里是什么地方，来此做甚？主人没有防备，倒被他吓了一跳，急切间说不出话。阿珍在里头听得，抢步出来，见是如玉，起初放下笑脸，叫了他一声'阿姐'，说是我在这里。如玉没有理他，阿珍也就翻起脸来，说如玉不应上门寻事。如玉闻言大怒，逼着主人问阿珍为甚在此。阿珍的姊姊阿金在旁说道：'你问我家珍妹？他已嫁了少安，难道叫他不要住在这里？你有你的所在。说得好，我们是要好姊妹，不妨常来常往；说得不好，我们今天没请你来，亏你有脸上门！争汉子也不是这样争法！'这几句话，把个如玉只气得手足如冰。一言不发，用力把主人的衣服一扯，想要扯他出去，那里能扯得动他？却把一件簇簇新、阿珍替他才做好的灰鼠袍子开裆里撕了开来。主人此时大怒，把如玉尽力一推，跌下地去，顿时头发散了，高底脱了，扒起来要与阿珍拼命。阿珍岂肯让他？又有阿金在旁帮助，两个人如狼如虎的，索性把如玉千烂污、万烂污痛骂起来。如玉要赶上前去打他，一来有主人拦着，二来二人多是脚大力大，看起来不是对手，没奈何在客堂里放声大哭，只吵得邻舍人家多来相劝。直闹到晚上九点多钟，众邻劝他不要这样，且等缓天回家再说，他才勉强收了眼泪，捺下性子，散了个场，坐了我的车子回去。却把我狗血喷头的骂了一顿，也算我真是晦气！我主人却就从这一日起不到昌寿里去，如今已四五天了，一直住在王家库阿珍那边。今天，因想出来看戏，才叫我修水月电灯。此刻天已不早，我要去了，缓刻见罢。'车夫尚要问他门口的面南面北，他已如飞而去，不及再问，心中却喜打探得实在下落，急即报知子通。

"子通不听犹可，听得阿珍嫁了少安，顿时咬牙切齿的火往上冲。也是阿珍骗得子通太过分了，当下遂起了个势不两立的念头，一头听车夫讲话，一头肚子里盘算主意。等到车夫说完，问明了王家库过去的路径，打发车夫出外买物，自己开衣箱取出一枝防身手枪，乃是从厦门带出来的，只有一尺来长，纳在衣管之中，一些看不出来，那枪子却有六响，俗名就叫做'对面笑'，少甫曾把他做过灯虎。他将此物藏在袖中，看看天色已晚，唤了一部野鸡车子，拉到王家库停车，照着包车夫说的路径，一步步走到小弄里去。也是少安死期已至……"少牧道："怎么，说潘少安这一下要死了么？死得狠好！"子靖道："你听我讲。也是潘少安死期到了，巧巧坐着包车远远而来，后面乃是阿珍的车子，一样点着两盏水月电灯，耀得人眼睛多睁不开来。不提防冤家路狭，恰被子通瞧见。真个是仇人相遇，分外眼明。子通想正要寻他，不道他自来送死。看一看这一条路人影稀疏，并且又在租界以外，正好就此下手，以出心头之气。遂急将身闪在路旁，拿枪在手，拽起枪机，等到少安的车擦身经过，觑准了他，枪机一落。只听得'拍'的一声，少安叫得一声'阿呀'，一颗枪子正打在太阳穴里，顿时坐不住车，从车子扑下来来。车夫大惊，喊声'不好'，连人带车也是一交，跌倒在地。后边阿珍的车刚刚赶到，不知为了何事，阿珍正在车上动问，子通又是一枪，却是他命不该绝，打了个空，反被阿珍看见有人放枪，极喊一声，叫车夫停下车子，快去拿人。少安的车夫也从地下扒了起来，一齐来拿子通。子通看见势头不好，叹了口气，开枪向自己便放。耳听得枪声过处，路旁边倒下一个人来，阿珍与两个车夫只吓得魂不附体，大家不敢上前去瞧。还是少安的车夫胆子大些，略略定一定神，向阿珍车上除下一盏车灯，先把子通子细一看，见喉咙口中了一枪，血流满地，人已死了。连喊数声'怪事'，急忙观看少安，只见左太阳打了桂圆大一个窟窿，也死在血泊之中。慌与阿珍说知，此时只急得手足无措。渐渐的有路人经过，一人传两，两人传三,顿时哄动。无数闲人多来观看,少不得要报官请验。可怜他二人,一个家资百万,一个也算得才貌双全,只因争一阿珍,竟弄得这般结局。那阿珍与车夫人等,当场就有地保前来捉到衙门里去候讯。

"颜如玉得了这个消息,正想报仇雪恨,认做尸妻,向官衙中动了一张状子。那知少安本有正妻,枪毙之后,他的车夫连夜发信到常州去,找他出来当官,首告阿珍私通奸夫,谋害少安,又告如玉冒充尸妻。好个清如水明如镜的县官,把此案审过一堂,提起笔来判道:'讯得此案,阿珍未嫁潘少安以前,曾诓邓子通洋千元,声言将嫁子通。不谓事机中变,无怪邓子通含愤莫申,有狭路寻仇之事。今既同时殒命,应无庸议。邓子通远住厦门,现无尸亲来案。将来到案之日,应着具结领棺回葬。须知咎由自取,例无申雪之条。阿珍弃夫改嫁,水性杨花,并敢谎骗子通,以致酿成命案,实属法无可恕,鞭背五百,监禁三年,递解苏州,不准再来上海。其姊阿金及车夫等,无辜开释。潘少安既奸如玉于前,复占阿珍于后,置发妻于不顾,其荒淫无度,已可概见。况据如玉与阿珍等供诉,俱属不名一钱,人财两得,生前奸诈,可想而知。姑念已死,勿究前愆,应由尸妻领棺完案。颜如玉本系青楼下贱,私奸少安,显见因恋奸情热而起,故能不费分文。今潘氏族人不认,无可位置,应发善堂,另行择配。'判毕,将一干人当堂发落。阿珍鞭下了五百藤条,只打得皮开肉绽,鲜血直流,现在关禁女监,须等满期递解。潘少安的妻子已经领棺回去。听得人说,他在常州因少安日久不回,早已私下奸了个人,大约少安既死,将来定要改嫁,这也是好色的报应。颜如玉发在善堂里头,听说满身生了毒疮,不知是几时起的。堂里头不许他住,禀明本官,送到医院看治。据医生说,毒气攻心,恐难救药。从前花枝一般的人,如今已变做一株杨梅树了,那个人还要娶他? 这正是恶妓下场。"

众人听他一口讲完,多说这件事真有报应。少牧更说:"如玉生疮,岂不应了我要娶他时的重咒? 看来罚咒也不是轻容易的。"戟三道:"像邓子通那般有钱的人,旁人看将起来,嫖妓是没甚要紧的了,岂知也弄出这样事来。看来世界上无钱之人,断不可嫖,有钱的,也不嫖为是。"子靖道:"本来'色'字是巴上刀头,不论有钱无钱,总是不犯为妙。"众人点头称是。

幼安道:"邓子通、潘少安的事情已讲过了,还有那贾逢辰之事,可快说与我们听几句儿。"其时,子靖正拿了一大杯酒在那里喝酒,急忙干了一杯,将酒杯一放,拍手大快道:"你们要听那贾逢辰的事么? 讲起来更觉得大快人心!"幼安道:"怎样快心？"子靖道："贾逢辰住在什么地方，你们知道没有？"少甫道："逢辰与牧弟最是要好，谅必知道。"少牧道："我与他虽是要好些儿，他的住处却从没有告诉过人。莫说是我，连当初冶之、志和刻刻聚在一处的人也没知道，只有尚仁里花小兰家的阿素晓得。"子靖道："阿素今年还在尚仁里么？他已经嫁了逢辰，把小兰转包别人。"少牧道："阿素已嫁了贾逢辰么？他二人本来很是要好。这几天，我因安哥喜事，久没遇见逢辰，不知此事。"子靖笑道："逢辰这人，近日我听小兰说起，他本是骗子出身，年轻时无所不为，在别地方犯了许多案子，存不得身，逃到上海，算是改邪归正。结识几个有钱的人当做朋友，却把吃用一切都靠在几个有钱的身上。但看郑志和、游冶之等，那个不受他些累？并且有时还瞒着人，做些翻戏，弄几个钱。不上三年五载，手头竟被他弄了好几千银子。起初住在垃圾桥北面，只借得一个铺场，所以不肯给人晓得。后来有了些钱，在虹口胡家桥过去的租界外头借了一间平房，却屋子里没有什么东西，很不像个样儿，故仍瞒着人家，只有阿素一人知道。那是阿素因逢辰尚未娶过正妻，一心一意想要嫁他，逢辰才与他到家里去过几次，使他知道真没有人。此事干得成功，阿素当真立定主意，今年正月初，把小兰包了出去，并将诸事料理清楚，于十六晚上过门，仍住在胡家桥那边。这晚，施砺仁、蓝肖岑、计万全等多去贺他，女客是从前在会香里住过的王月仙——就是钱守愚钱家老叔踏过他仙人跳的，现在改名阿巧，在堂子里做打底娘姨，还有个前节新清和坊花小桃家的宝珠姐、小妹姐与公阳里小花巧玲家的阿秀。他们多是要好姊妹，齐去送礼吃酒。岂知闹到三更以后，忽然闹出一桩天大祸来。因蓝肖岑吃醉了酒，在房间里使手划脚，偶不小心，把台子上点的一盏洋灯泼下地去。奇巧不巧，烧在帐子上面，一霎时满房是火。众人扑救不及，连喊几声'不好'，大家冒烟突火而逃。逢辰此时慌了手脚，奔到天井中去，取了一大桶水，想去浇灭这火。谁知洋油是不怕水的，浇上去好如火上添油，只把没有洋油的地方浇起一股黑烟，将逢辰双目迷住。逢辰慌忙奔避，怎奈他心急足违，一脚踏在浇湿的地板上面，一个滑跶，跌倒在地。旁边的火往他身上一卷，烧着衣服，只急得在地上乱嚷乱滚。阿素看见，想去救他，又是一股黑烟卷起，近不得身……"幼安道："逢辰这下可曾烧死？"子靖道："你听我说，还有许多话在后头。"正是：

　　当世莫言无现报，为人何苦坏天良。

毕竟不知这一场火烧死逢辰与否，且看下回分解。

第二十七回

游冶之迷楼染毒疾　郑志和深巷唱吴歌

　　话说李子靖在席上讲那贾逢辰娶了阿素火烧之事，幼安问逢辰可曾烧死，子靖说："此话甚长，听我细讲。逢辰跌在火中，阿素想去救他，奈被黑烟冒住，不敢上去，只得倒退数步，要想抢些东西逃命。怎奈尚是第一天进门，地方不熟，又兼心上一急，没了主意，只在妆台上拿了一只蜡台，回转身夺路而逃。走至后披，那蜡台上烛还未灭，临风一晃，倒下许多蜡油，滴在手上。阿素呼痛，抛弃不迭，巧巧抛在柴堆上头，顷刻间又烧着起来。此时，前房后房一齐火发，只烧得红光烛天。邻舍人家见了，大家齐叫'救火'，多吓得魄散魂飞。阿素一个光身体，开了后门，哭喊狂奔。后又拥了一大群女人出来，乃是月仙、阿秀、小妹姐、宝珠姐等，也因无路可奔，多向后门逃命。此时惊动了地方保甲，立刻鸣锣报警，沸反盈天……"少甫道："你且慢说，我往日听得人讲，北市火烧是撞钟的，外虹口是一记，里虹口是两记，大马路一带是三记，四马路一带是四记，法兰西租界是五记，新放公共租界是六记。为甚要地方鸣起锣来？"子靖道："那是租界里头。逢辰住的地方，因并不是租界了，才要地保鸣锣。那消片刻钟时，早来了无数救火的人，太阳庙、圆通庵的两个巡防局员也多闻警到来。只可惜洋龙不多，街上又没有自来水，比不得租界上灌救便当。这一场火，直把贾逢辰烧得片瓦无存，连尸骨也都化为灰烬。又连累了隔壁一个乡邻，烧得一般无二，方才火灭烟消。"幼安道："这乡邻受了苦了，岂不是冤累好人？"子靖笑道："你说那乡邻是好人么？谁知不是别个，正是白湘吟拜的师务、著名赌棍花子龙。新从宁波搬了家眷出来，住在那里。这几天因卧病在床，逢辰讨娶阿素，没去贺他。万不料火烧起来，他在床上边只急得叫喊连连。眼看着火光逼至，一点东西拿不得他，只由家里人把他连床连人扛了出去，算是逃了一条性命，却因病中受了惊恐，不到半夜工夫，就死掉了。只落得寸草无存，由家眷到各处去募化棺木，草草入殓。这也是天网恢恢，疏而不漏。"幼安道："原来隔壁乃是花子龙这厮，真个烧得他皇天有眼。"

子靖道："你们还不晓得蓝肖岑、施砺仁、计万全那班人咧！肖岑泼翻火油灯，闻下大祸，看见扑不灭了，顺手在妆台上拿了一只镜箱，夺路而逃。施砺仁与刁深渊抢了一只衣箱，奔出门去，扛他不动。恰好刘梦潘与安清两个在虹口赌钱回来经过此地，深渊慌把衣箱交给二人，回身进去，再想抢第二只。计万全独自一人，背了一只衣箱出来，与深渊撞个满怀，匆忙中绊了门槛，'拍'的一交，跌损肋骨，那箱子压在深渊脚背之上，喊声'阿呀'，立足不[住]，也是一交跌倒在地。刘梦潘等看见，想要奔上去挽二人起来。说时迟，那时快，火已冒穿屋顶，烧到门边。街上哄动无数居邻，多想进门救火，顾不得地上有人，一顿践踏，只踏得深渊口吐白沫，人事不知，万全更是动弹不得。后被巡防局里局勇到来，将他二人拿去见官。又见梦潘、安清、砺仁三个拿着衣箱，蓝肖岑手持洋镜，彼此形迹慌张，知道多是抢火之人，一并拿住。直到火灭之后，带回巡局审问，审出肖岑起火抢物情由，安清、梦潘、深渊、万全等乘火抢物是实，把一干人移县究办。肖岑判责三百板，枷号二个月；万全等四人每人责二百板，枷号一月。因各人多是客民，期满一概递解回籍，不准再到上海。阿秀、小妹姐、宝珠姐与王月仙等插戴去的许多首饰，有一半逃命时失在火场里面，一半在火场上被人拔个干净。大家号啕大哭而归，也算得是悖入悖出的小小报应。月仙更因万全，安清被官拿去，上海站脚不住，听说回到苏州荡口去了。上船时身带重病，不知他死活如何。你们想，这天日近也不近？"钱守愚道："计万全、王月仙等也有今日，才出我会香里心头之气，他们当初诈得好人！"凤鸣岐道："温生甫不在上海，他若晓得小妹姐等失去了许多首饰，必定想到当初小桃死后，假意诈了他多少洋钱，说替小桃买棺成殓，那里晓得只弄了一口薄皮棺木，草草把小桃收殓，抛弃荒郊。幸亏金小宝等几个名妓，在徐家汇相近做了一个花冢，才把他尸骨掩埋，否则几无葬身之地。如今失掉许多东西，算起来，只怕尚得不偿失。"熊聘飞道："阿秀不是与白湘吟做了联党，很发过几个财么？这一下虽不至送尽弄绝，也不免吃了大亏。想起来，为人在世不论男女，何苦要暗算人家？倒底决无好日。"子靖道："那几个女眷里头，要算阿秀失物最多，听说有二副金镯，一只珠花，两只金钢钻戒指，三只嵌宝戒指，价值甚巨。做娘姨的挣到这许多饰物，真是不容易了。那晓得天不容他，致有此祸。”众人闻言，同声称是。

锦衣问：“这一件事，不知志和、冶之两人可曾晓得？如被他二人知道，也当大快胸怀！”少牧道：“他二人与逢辰很要好的，有甚冤仇，却望他这般结果？”锦衣道：“你还不明白逢辰算计他二人的意思么？他二人自从媚香，艳香逃去，金银衣服被卷一空，吃用一切靠的多是把屋子里东西变卖。逢辰若然稍有天良，人家到了这个时候，怎忍还去赚他钱财？他却卖了一百块钱，只交得三十、五十，真个是狗肺狼心！及至二人觉察，东西多已卖光，逢辰也不去了。偶在路上遇见，连招呼多没招呼一声，好像从前没有认识、当时没有瞧见一般。只气得二人手足如冰，深悔当日不应该结交这种朋友。那是他前几天住在栈房里头与我亲口说的，你怎的还没有清楚？”

少牧此刻方知逢辰这人果然不是好人，怪不得幼安等几次苦劝不要同淘，真是有些见识。今日没有受他的害，多亏幼安等几个益友的劝阻有方，不然但看冶之、志和，岂不是个榜样？不觉点头悔悟。当下又问起：“冶之、志和二人为甚近来不见，安哥等给了他动身盘费，听说尚还没有动身，如今流落何方？你们可有知他下落的人？”子靖道：“这事我却没有子细。”锦衣道：“冶之、志和的行藏，我还略知一二，可以说与你们得知。真个是荡子下场，很有些不堪回首。好得今天席上并没有那一辈人在座，我可畅说一番。”幼安道：“怎样不堪回首？不妨细细说来，也好使喜嫖的人增些阅历，提醒提醒于他。”锦衣道：“他二人自媚香、艳香逃走以后，从新住在栈房里头。志和听得老太太要到上海来寻，中途得病耽阁住了，先时心中很急，故向朋友处借了盘费，要想赶紧回扬，顺道在中途接母。那里晓得，偏偏冶之在栈害病，急切动不得身，遂把志和也耽阁住了，那是安哥等都晓得的。后因冶之的病一日重似一日，借来的几个盘费多用掉了，再要向人去借，一来人面高低，二来自己开不出口。看看长发栈开消很大，借一天要一天的钱，没奈何搬到小客栈去，可以略略省些。岂知不搬时冶之的病已是狼狈不堪，搬了个栈，那房屋异常潮湿，饮食又不甚精洁，这病更又增上几分。志和替他请医调治，医生起初说是心病，静养第一。后来身子被潮气一蒸，引动满身湿毒，发出一身杨梅疮来。这疮春间先曾发过，吃了黑心药店里轻粉升提的药，硬霸住了，其实没有断根，以致忽又大发，弄得手上脸上多是疮颗，渐渐的上及囟门，下至下体。栈房里人怕他传染，不许他住，叫他到医院去看，他又不肯。志和急得没有法儿，只得重借了个叫化客栈搬进去住。冶之终日终夜的浑身难过，喉咙里燥痛异常，鼻子内又不时或痛或痒，看来像是俗语说的要开天窗了，志和眼见他这般大病，心上如何过意得去？再要与他请医调治，无奈手里头已没有分文，虽然千方百计的替他觅了许多草头药方，吃的吃，敷的敷，也没效验，真弄到个焦头烂额。后亏有一个人说起，从前法兰西大马路上有一所中法药房，如今开到英界三马路去了，那药房里有两种药，一种吃的，叫'犀黄霜'，一种敷的，叫'万应化毒丹'，多是毒门圣药，百发百灵，并且治好了可以永无后患。志和问这两味药要多少钱，这人说'犀黄霜'每服英洋二元，'化毒丹'每服英洋一元，若照冶之的病，乃是热毒内陷，看来无须敷药，还是服'犀黄霜'最稳最妙。志和听了他的说话，好容易东借西凑，凑成两块洋钱，果到中法药房买了服'犀黄霜'。回到栈内，查看仿单，见上写着'每服五分，空心开水送下。专治杨梅结毒、遍体疮颗、红肿斑点，甚至周身溃烂，或毒气内陷、筋骨四支酸痛、步履艰难，或毒气上攻头面口鼻，以致烂喉透顶'。一切真与冶之对症发药。

"这一日，因是下半天了，不与他吃。等到明日一早，亲自替他到老虎灶上讨了一杯开水，把药如法服下。真觉得当下见功，那痛楚减了些儿。一连服了三次，毒势竟已减去大半，骨节里不潮痛了，喉咙里也觉滋润。冶之见此药果灵，要想多吃几服，把这病从此断根。谁知志和办到这三服的药，那钱多是向人家求恳来的，已是筋疲力尽，再要买上几服，那里能再去求人？况且，每日已吃用断绝，栈房里欠了好几天房钱，饭钱没有付他，栈主人催讨几次，翻了面皮，要赶二人动身，十分凶恶，怎得敷衍过去？听得冶之尚要买药，真个是难上加难。

"转了无数念头，被他转出一个法来。他想自己出身富家，从小上学读书，父母爱如珍宝，后来进了个学，从没吃过些苦，如今在上海落魄，若要觅甚生意，那里能吃人家的饭儿？若说笔下尚还来得，不妨写写扇子对联，暂为糊口之计，赶紧设法回到扬州。争奈上海是人才荟萃之地，能写好字的人甚多，一时间不易出名，恐怕无人过问，还是想个容易求钱的法儿。好得自小喜欢丝竹，随便你笙、箫、笛、板，无一不精；琵琶、胡琴，无般不熟，更能自己按谱制曲。上海甚于此道相宜，并喜熟人不多，倒不如向僻静些的所在唱他几支新曲。可以博几个钱使用，冶之买药的钱也不致无从设法。又想，上海地方居人，虽说有雅有俗，究竟风雅的人不多，若唱典雅的曲文，只怕不能动听，还是把自己身历的事编他几支吴歌，随口胡唱，必可哄动多人，

说不定每天狠可弄几个钱。主意已定，当真编了许多山歌，带了一只胡琴，除了白天
不便出去，一到晚上，便向各处小弄里挨动胡琴，沿门卖唱。果然引动许多听客，听
完时，也有给他几十个钱，一二角小洋钱的。有时有些住家女眷，听他唱得甚好，叫
到屋里去唱，一角洋钱三支，或是两角洋钱七支。起初只唱《吴歌》，后来带唱《剪
剪花》、《满江红》、《湘江浪》、《梳妆台》、《劈破玉》、《九连环》、《四季相思》、
《多多调》、《哈哈调》、《鲜花调》、《五更调》等，长的一角洋钱一支，短的一角洋
钱两支。也有不喜听此种小曲，喜听他自制新歌的人，仍要点他《吴歌》，情愿一角
洋钱只唱一支。那《吴歌》果真唱得甚好，有人把他抄了几支脚本出来。我这里有人
送了一本，现在身旁，你们可要瞧瞧？"少牧道："如此说来，志和不是几落在乞讨之
中，做了《绣襦记》里的郑元和了么？"锦衣道："怎么不是？不过郑元和遇了个李雅
仙，志和没有遇得；郑元和已经入了卑田院去，志和尚不至身入卑田，两样些儿。"少
牧听罢，甚替他愀然不乐，众人也多太息不置。

　　少甫要看他《吴歌》，向锦衣讨取脚本。锦衣在身旁衣袋之内取将出来，放在桌
上，大家出席观看。见一共钞写着五支《吴歌》，那第一支歌名叫《花间笑》，这歌句
是：

　　　　上有呀天堂，下有上洋。上洋真是个好地方，嗳唷实在真闹忙，嗳嗳唷，
　　嗳唷实在好风光。长三呀书寓无其数，幺二堂子野像样，嗳唷大家好去白相
　　相，嗳嗳唷，嗳唷大家要把场面装。碰和呀吃酒不算什么事，叫局只要得两
　　只羊，嗳唷大少喊得应天响，嗳嗳唷，嗳唷曲子唱得闹嚷嚷。趣呀真有趣，狂
　　呀实在仔狂，借借干铺倒说就想住夜厢，嗳唷算起来真便当，嗳嗳唷，嗳唷
　　快活煞少年郎。从此呀钻进迷魂阵，迷魂阵里度时光，嗳唷像煞子有话有商
　　量，嗳嗳唷，嗳唷勿想到后来啥收场。眼前呀欢乐容易过，往后日子长更长，
　　嗳唷说什么家花不比野花香，嗳嗳唷，嗳唷劝人勿要忒荒唐。

众人看完，多说这真是过来人的说话，有些意思。又看他第二支的歌名是《花间
梦》，那歌句道：

　　　　好一个上海城，好一个上海城，上海城里的景致，说也说不清。长山并
　　幺二，多少女堂名。堂名里的妓女呀，真是会逢迎。看见了那嫖客呀，个个多
　　要好，说说的笑笑呀，活像是真情。好一个大少爷，好一个大少爷，大少爷心
　　里，只想去贪花。攀了一个相好呀，入了繁华的梦。梦里头的作事呀，想想多

是差。不该应醒不转,不该应破了家,不该应听信了妓女的假说话,不该应碰和的吃酒呀乱如麻。不该应半夜的三更呀,还要发甚邪;不该应三朋的四友呀,日日乱喳喳;不该应蹧蹋银钱呀,串头绳儿仃倒拿;不该应把好好的身体呀,瘦得骨头(得)无一把。想起了那前情后果呀,禁不住珠泪双双儿下。为什么好人家的子弟呀,要去爱风华?须知道嫖到床头金尽呀,花不留人酒不赊。须知道嫖到床头金尽呀,花不留人酒不赊。

幼安道:"这一支做得比第一支沉着多了,且看他以后甚样。"锦衣道:"以后比这一支还要说得透切,你们且看。"众人因再瞧那第三支的《花间恨》道:

上海呀码头闹吵吵,不知多少美多娇。嗳哟看看真正好,嫖一嫖,嗳哟弄得浑淘淘,长三呀幺二多好跑。相帮看见客人到,嗳哟喉咙喊声高。娘姨见,嗳哟叫声某大少。倌人呀眉眼装得俏,对子客人笑几笑。嗳哟魂灵勾掉了,说几句,嗳哟声气来得骚。打合吓请客摆酒肴,写好局票把局叫,嗳哟叫子一大淘,好阔气,嗳哟全是恩相好。又又呀麻雀勿番淘,十块二四总算小,嗳哟乐得解心焦,连一场,嗳哟啥人肯叫饶。和酒呀花头做仔多多化,倌人此刻喜心苗。嗳哟做着子大好老,留留哩,嗳哟就此落相好。落了呀相好,倌人就放刁,煞死拿格竹杠敲。嗳哟伸手样样要,做衣裳,嗳哟还要兑珠宝。迷汤呀灌得实在好,像煞子一世勿开交,嗳哟情愿同到老,嫁子俚,嗳哟福气算奴高。大少呀听得迷迷笑,拼子家当把人讨,嗳哟身价真勿小,装场面,嗳哟还要坐花轿。讨子吓进门,个个真会吵,野马格笼头收勿牢,嗳哟碰碰气来淘。勿算数,嗳哟还要望外跑,今朝呀看戏又明朝,明朝马车坐一泡,嗳哟大菜吃个饱。用铜钱,嗳哟实在真无料,弄到呀后来难下稍,拆子烂污只好逃,嗳哟再寻寻勿到。出大门,嗳哟从此勿来了,看他呀再向堂子里跑。再做倌人真会捎,嗳哟面皮能啥老。格种人,嗳哟上海真勿少。奉劝吓世人回头早,及早回头休要嫖,嗳哟免把气来讨,想穿子,嗳哟大家该懊恼。

少牧等击节道:"这一支歌,虽然句语粗俗,难为他现身说法,说得甚是透澈!不过,媚香、艳香尚没有重堕风尘,结末几句,乃就大众的妓女落想罢了。"锦衣道:"媚香、艳香没有出来再做生意,听说还是平戟翁在衙门曾经写信访查的力量,不然只怕早出来了。难道他二人怕了志和、冶之不成?"戟三道:"上海的妓女说起来真是笑话,嫁嫁人,再出来做做生意,绝不为奇。若在别处地方,只怕就不能够了。"锦衣道:"像我们广东地方,怎容得他这样胡闹!"鸣岐道:"志和这一支吴歌,唤醒在上海堂子里讨小的人不少。不知他还有第四、第五支怎样用意?我们再看下去。"众人点头称是。因又看他第四支的《花间悔》道:

> 花底优游春复秋,看花饮酒几时休。

聘飞道:"这不是支《吴歌》,换了支《虞调》了。"锦衣道:"正是《虞调》。底下结末那支是《五更调》。"戟三道:"《虞调》要些词头,比不得吴歌可以随口乱唱,倒要看看他笔底究竟如何。我们做了将近一年的朋友,他笔墨却还没有见过。"子靖道:"看他起二句甚是松秀,底下必有可观。"遂随口念下去道:

> 怕只怕是,酒阑花谢黄金尽,钩起了花间无限愁。花面鸨儿多刻毒,花言妓女假温柔。到如今,花枝般样人何在?只落得,空向花前泪暗流。说什么,誓海盟山花下重;念什么,花容月貌世难求。这多是,前生少了花间债,才向花丛作浪游。一见名花怜堕溷,热肠一片替花谋。万不该,护花错把铃来系,折取狂花结好逑。谁知道,偏是野花难供养,花飞不见恨悠悠。弄得我,到头不尽花间悔,卖唱花街满面羞。耗尽金银花谢了,没奈何,花天落魄把丑来丢,做了郑元和高唱《莲花落》。不敢贪花再上钩,劝诸公花里早回头。

子靖念完,幼安道:"一气呵成,这开篇果然也还唱得过去。"锦衣道:"开篇也只平稳罢了。你们再瞧《五更调》罢,我最佩服的是这一支,不但他替自己写照,连冶之、少牧、少安、子通、钱家老叔、苏采香等多在里头。"少牧不信道:"一支《吴歌》,如何写得出这许多的人?"锦衣道:"你瞧一瞧就知道了。"少牧等遂往下细细瞧去,见上写着《花间叹》三个字的曲名,那曲文道:

> 一更一点月正明,荡子多情,呀呀得而喂,想娶小星。倌人原是格骗人精,假应承,吃热屁呀,寻煞开心。呀呀得而喂,倒底勿成。

少牧看完,面上一红道:"志和为甚做出这种歌来嘲笑世上娶不成妓女的人?算他自己娶得成么?"幼安道:"这种《吴歌》很可醒世,并不是有心嘲你,我们往下看去。"因又瞧那第二更道:

> 二更二点月溶溶,荡子争风,呀呀得而喂,声势汹汹。大家拼把命来送,醋心重,奸近杀呀,鲜血流红。呀呀得而喂,合算勿通。

戟三道:"这真是说子通、少安两个了。不知第三更说的是谁?"锦衣道:"第三更说的钱家老叔与苏采香。"守愚跳起来道:"他说我些什么?我不识字,你们念给我听可好？”少牧含笑道：“我来念与你听。”守愚当真侧着耳朵，子细听他念道：

三更三点月正高，笑煞老老，呀呀得而喂，也想发骚。走进堂子瞎和调，

学时髦，真老变呀，家当勿保，呀呀得而喂，性命勿牢。

守愚听罢，只气得他满嘴黄须一根根多竖了起来，连说“放屁！放屁！岂有此理！”
不许少牧往下再念。少甫笑道：“往下没有你了，你莫发躁。”守愚道：“没有我也就
罢了，不然，我把这本山歌撕碎了他，看你们再笑什么！”众人见他着实发怒，劝他
不可生气，走到天井里看做影戏的搭场子去。始再瞧那第四、第五更道：

四更四点月昏黄，大少心慌，呀呀得而喂，生子毒疮。看看只怕开天窗，

苦难当，悔当初呀，忒煞荒唐。吓吓得而喂，为啥发狂？五更五点月沉西，浪

子孤栖，吓吓得而喂，讨啥小妻？讨子逃走呒情义，真悔气，一卷光吓，拍拍

身体。吓吓得而喂，着啥痴迷？

众人从头至尾看完，除了守愚之外，无不太息称赏，就是少牧，此刻也并不怪他。幼
安道：“志和照此样儿，终非了局。我们不与他认识也罢，既然与他做了朋友，到了急
难之中，怎能够袖手旁观，不替他想个法儿，使与冶之早些回去？”锦衣道：“我听见
了二人落魄，也是这个主意，想替他们告一个帮。凡是与他素识的人，每人派他出十
块钱，怕不集成一百二百，够他二人回扬？幸喜二人昨日已经有了救星，今天差不多
想已动身，我们倒可放下了心。”少牧问是那个前来搭救，锦衣言无数句，众人齐称
这倒当真还好。正是：

方替故人悲失路，忽闻游子喜还家。

要知志和、冶之遇见何人，得归故土，且看下回分解。

第二十八回

负心妓如是下场　贪欢汉这般结局

话说锦衣在席面上细讲志和、冶之落魄情由，正要设法替他告帮，恰好来了救星。少牧问是那个，锦衣道："不是别人，乃是郑老太太。他在中途卧病，一连发了好几封信，不见志和前去接他，甚是诧异。后来病体好了些儿，见了志和一封回信，说在申江资斧乏绝，冶之又在栈卧病，万难动身。此皆当初不听慈训所致，悔之莫及。现悉大人来沪寻儿，途中感疾。儿之不孝，累及高堂，罪无可逭。惟苦川资无着，又不能迅归侍疾，最属思之疾首，言之疚心。为敢谨禀大人，务求给资若干，赶紧寄申，以便就道，勿再耽留。此次回家之后，定当奋志读书，勉图上进，决不溺情声色，暴弃自甘云云。老太太看毕之下，叹了口气说：'少年人血气未定，一朝失足，也是有的，却不应该到这地步。'顿时几乎晕了过去。后来想到事已如此，气恼也是无益，还不如仍旧寻到上海，遇见了他，逼着一同回扬，善言劝道，将来倘能败子回头，尚算是郑门有幸。否则，死也叫他死在扬州故土，岂可漂流异地？人家说起来，是郑氏祖先造孽，才出这不肖儿孙在外现世，日后九泉之下，有何面目见得那郑氏先灵？遂当时定下主意，扶病动身。好容易巴到上海，只道二人尚住在长发栈内，把行李起上栈去。直至栈里的人告诉他搬到小客栈内去了，始叫了部东洋车，赶到小客栈去，又说搬在郑家木桥叫化客栈里头。

"老太太只气得手足如冰，没奈何寻到叫化客栈。看见冶之卧病在床，面如金纸，骨似枯柴，肌肤里却疮斑隐现，显见得是毒染杨梅。又看他睡的是一张板铺，板铺上边只有一个枕头，一条破洋布棉被，把半条垫做褥子，半条盖做被头，那白被单已变做酱油色了。上身穿一件破蓝棉绸小袖紧身，钮子已多脱落，下身一条破蓝绉纱棉裤，裤裆里已只剩得满裆败絮。老太太伤心触目，不由不流下泪来，问志和睡的是那一张铺，此刻人到那里去了？冶之把手向隔肩一指，说这张就是，人到外头去了，不久就要回来。老太太不看还罢，看了时放声大哭起来。见这一张铺上，一样一条破被，一个枕头，却多放着一盏烟灯，一支烟枪，一个牛筋鸦片烟盒。知是志和吃上洋烟，想到人生犯了嫖、赌、吃、着四字，到得无钱的时候，尚可戒去，独有洋烟最是利害，凭你饭多没吃，这东西偏是少他不得一些，志和吃上了烟，岂不是误了一世？因此走至他的铺上一坐，呜呜咽咽的哭个不住。冶之劝他休得悲伤，如今老太太既已到申，我们可以一同回去，从此大家改邪归正，慢慢劝他戒烟，我自己也等病体一好，决计不再吃这苦楚。老太太带泪答道：'听你说来，莫非也已上了瘾么？'冶之道：'是。'

"老太太因是通家子侄，正要说他几句，只见志和回来，身上穿一件破蓝洋布长衫，好久没有洗了，弄得袖上裾上油秽不堪，脚上穿一双破外国袜，脚跟已露出肉来，一双短梁京鞋，脚指头露在外面；头上戴一顶瓜皮小帽，那帽顶帽边多已破掉的了，鬓上边的短发积有半寸多长，好久没剃，长发卷曲如乱丝一般，眼见得好久没有梳了；手中拿着一支胡琴，几角小洋。今日因山家园有个公馆，那公馆里的姨太太要听曲子，隔夜叫他午后二三点钟去唱，他才白昼出门。不提防老太太已到上海，寻至栈中。见面时，又悲又喜，老太太也顾不得在栈房里头，放声大哭一场，哭得街上边与栈里的人挤了一屋。志和羞惭无地，劝老太太收住了泪，讲些别后事情，自己抱怨不该应这样荒唐，叫老太太不可过于伤悲，如今赶紧动身回去，决不再做什么不肖之事。老太太气郁极了，当场并不埋怨于他，只问冶之的病到底怎样，可能勉强起身下船？冶之回说，病已十分里好了五分，只因没有川资，故与志和流落在沪。

"老太太长叹数声，唤志和叫栈房里的老班进来，算清了帐。又拿出二三十块钱来给与志和，叫他上街买了几件衣服，分给冶之换过，当下搬出了叫化客栈，住到船上边去。听说到了明朝，志和尚还上岸一次，替冶之买了中法药房许多的药，又买了好些中西药房的戒烟梅花参片，方才开船动身。如今差不多已到了家了。你们想二人到申的时候，怎样风光，却弄得这般回去。若没有郑老太太到此，说不定还要漂流下去，岂不是可怕得狠？"

众人齐齐的多说幸亏志和尚有老母在堂，不然与冶之竟要弄到个不堪设想。鸣岐更向少牧说道："只因花柳场中好好散场的人甚少，所以少甫大哥与安哥、子靖大哥等从前多要劝你早些回去。"说得少牧兔死狐悲，低头不语。

锦衣又道："志和、冶之的事情我已告诉完了，还有一件新鲜事儿，可要说与你们听听？"幼安道："尚有何事？"锦衣道："我们今天没叫局么？"少甫道："是。"锦衣道："今天没有叫局，此事谅还一定不知。这新闻却就是久安里的巫楚云。"少牧忙接口道："楚云怎样？"锦衣道："楚云不是几次三番是说过要嫁你么？"少牧道："是上一次这里公分，叫他到来，他见安哥讨了新人，还向我说了好些的话。前天晚上去过一次，他问我到底此事可成，要我一个了断。我还没有回他，如今有甚新闻？莫非出了些意外事么？"锦衣道："你猜有甚意外事情？"子靖道："堂子里的妓女有甚好事！嬲着客人要讨，客人没有定见，无非是吞烟上吊，诈死罢了，其实那里肯死！"锦衣道："吞烟上吊，那是他们笼络客人的常技，这一下却并不是这个道儿。他口里头要嫁少牧，心里头早已有了别人，昨天已经过了门了。"少牧听罢，顿时面上一青，立起来，走至锦衣身边问道："怎么说，他昨天已嫁了人么？嫁的不知乃是那个？如何我一些没有知道？"

锦衣道："嫁的人听说姓周，他怎肯使你知道？"少牧摇头道："这话我看未必甚确。他客人里没有什么姓周的人，那是我晓得的。"锦衣道："牧老先生，你又来了！他当初暗地里做着少安，你晓得么？那姓周的不是别人，说起来你也知他梗概，就是少安娶了如玉，与他同住在一所屋子里头的周策六。"少牧道："周策六是何等样人？我虽然晓得有这个人，从没会过面儿，楚云处也不听见他吃酒碰和，怎得做成此事？"子靖道："周策六是去年到上海的，听说此人既无恒产，又无恒业，乃是一个滑头光棍。楚云真嫁了他，够他一生受用！"锦衣道："楚云与策六两个，本来不认得的，只因少安带领着他去过几次，勾搭起来。岂知策六这人，在'潘'、'驴'、'邓'、'小'、'闲'五个字中，占了一个'小'字，一个'闲'字，就是那品貌，虽比不上少安好看，也还说得过去。他晓得楚云近来生意还好，并不欠债，手里头已积了些些私蓄，遂起意去勾骗于他，算计着人财两得。见了他百般献媚，万种取怜，果然楚云着了道儿。初因尚有少安碍眼，况且又是心上的人，与策六不敢十分亲热。前天少安死了，策六去报了个信，讲了少安无数坏话，说他不该讨娶如玉、阿珍两个，若使我是少安，早应娶你回家，一双两好的白头到老，岂非是美满姻缘？何至弄到把性命送掉，多是他自己生着眼睛没有识人的过处。

"楚云初听得少安死了，颇有几分悲痛他的意思，后闻策六这样的说，反也怪起他来，把平日与少安要好的心思顿时移到策六身上边去。好像策六比了少安，性情和顺，举止温柔，更是可取。这一夜，遂留住了他没有回去。策六不知下了多少骗工，竟把楚云迷惑住了，一心一意要想嫁他，觉得策六这人，比着少安有情，又并不曾娶过偏房，并且家里头的正妻听说已经死了，也没留下一男半女。此种人嫁了他时，岂不像个花烛夫妻，将来可以白头到老？遂当时立下主意，在枕上边盟山誓海，说合定了。到了明日，与房间里娘姨、大姐、相帮人等说知。房间里人听了，个个诧异，劝他这是终身大事，岂可如此造次？周策六是个生客，难保他说话不实，须得打听打听再作计较，莫要嫁过去有甚不快之处，懊悔嫌迟。虽然往后仍可出来，究竟不犯着落个'溚浴'的名气，况且，姓周的看他手头不很阔绰，你又不是欠了人家三千五千，不溚浴不能过去的人，要去想他什么好处！凡事终须三思而行。岂知楚云不听犹可，听了时，说他们何得霸阻从良，将众人一顿臭骂。当时吩咐带房间相帮把门口边的牌子收他下来，我嫁姓周的已经嫁定，将来之事与你们并没相干。房间里人没有法儿，只得听着他将牌子除下。就从这一日起，并不出外应局……"

少牧道："住了，这话乃是几时的事？为甚十五那晚，我在这里叫他的局，他在新房里坐了好久才去？"锦衣道："周策六住在楚云院中，正是十五晚上，不出局是十六起的，所以你还没有清楚。"少牧道："十六饭后，他还差小大姐到我栈房里来，说十八晚上要调头到平安坊去，本家处缺少菜钱，问我要借一百块钱，叫我自己送去。既然他不出局了，还要调什么头？我看这一件事，决定你缠错话了。"幼安道："他要问你借钱，你可曾借给与他？调到平安坊去。可是去年说起的话，还是十六才说？"少牧道："调头是去年就说起的。因与本家有些不睦，早在外头寻觅房屋，平安坊却是十六才定。这日，我听了大姐的话，晚间十点钟时，亲送一百块洋钱过去。楚云好好坐在房中，门口边的牌子果已除了下来。我曾问他为甚今天牌子没挂，难道打烊了么？他说，这块牌风吹雨打，金漆坏了，现在调头到新地方去不像样子，故在招牌店里覆漆，等他漆好了，挂到新房子里头去。想起来锦翁这话，必定是因他除了牌子，人家造出来的谣言，莫去听信于他。"锦衣又道："十六晚上，你既然把洋钱送去，他可有甚口风露与你？"少牧道："他既并无此事，那有什么口风？不过说今天、明天尚在这久安里内，后天倘然我去要到平安坊了，没有别的话儿。"锦衣听罢，因他说得咬钉嚼铁，也觉有些狐疑起来。满肚子沉吟一回，道："这又奇了。若照你的说话，楚云真还没有嫁人？难道我传来之言果然信他不得不成？"子靖道："这事极易明白。你们有甚疑心，只要问锦翁这话那里来的，便可信得准他。"锦衣道："我这话是栈里边茶房说的。茶房乃是楚云的带房间相帮亲口讲给他听，并说白白的跟了楚云一场，嫁人时一个钱没有寻得。楚云嫁了这姓周的，听得仿佛是个光棍，下半世尽够受用。"子靖道："如此说来，这话真了。牧弟始终受了楚云的骗，临嫁还骗了你一百块钱，这真是岂有此理！却为甚偏偏还去信他！"少牧尚不服，道："大哥且慢说我。今天乃是十八，昨天不是十七了么？说他当真嫁了策六，怎的昨天尚未过门？"幼安道："你怎见得？"少牧道："昨晚我没有去，十二点钟以后，又差一个小大姐来，向我借了一只打簧金表，说自己的表坏了法条，明天调头进去，必得早些起身，睡在床上恐防失晓，故要借去一用，明天叫我到平安坊新屋里取。这又何必？"幼安闻言，冷笑道："牧弟，你又送掉一只金表，作一百块洋钱上饶头货了！楚云这一个人，负心到这样儿，真觉欺人太甚！"少牧还要替他辩时，载三见他与锦衣各执一词，想出一个法来，令少牧写张局票，姑到平安坊去叫局，且看可有楚云。若是没有，一定嫁了，可叫那叫局的回至久安里，唤跟楚云的阿娥姐到这里来，问他一个皂白分明，有何不可？少牧大喜，果然立刻写了一张局票，叫自己的包车夫赶紧去叫。席上边仍与众人争说，谅无其事，几乎说得口燥舌干。

约有二刻多钟时候，包车夫拿了局票回来，说平安坊并没楚云，闻得已于今日两点钟时在久安里嫁人，现唤阿娥姐一同到来，有话请问。少牧听毕，这一气真气得手足如冰，脸上边红一回、白一回、青一回、紫一回的，顿时转了无数颜色，口里头一句话也说不出来。其时阿娥姐已走至筵前，叫了一声"二少"，少牧一把扯住了他，好如见了亲人一般，慌忙问道："你家先生干些甚事，你快说来！"阿娥姐道："二少，你莫生气，且听我说。这件事我家先生在你二少面上真是千万讲不过去。我们房间里人，那个没有说起二少待我家先生算是十分十二分了。我家先生待你，谁知他这样心肠？怪不得你今天着恼。"少牧道："闲话休提，我问他嫁的可是姓周，住在新马路昌寿里内？"阿娥姐道："怎么不是？"少牧道："此事怎样成功？你们难道没有消息，绝不给我一些风儿？"阿娥姐道："这事乃是三天里干成功的，也是他二人前世里的孽缘。我们初时真没知道，怎能给信与你？"少牧道："昨天晚上小大姐来诓取金表，怎说你们不知？"阿娥姐道："小大姐回来讲起，当时本想向你说的，说明了恐你不肯给他，消不得差，故没提起，也是做大姐的难处。"少牧道："姓周的他出了多少身价，多少下脚？你们想都寻得饱饱的了！"阿娥把嘴巴一抿，道："我们寻他一个钱么？楚云赎身之后，身体是自己的了，这回嫁姓周的，连身价也不叫他拿出钱来，还想什么下脚！我看那姓周的全本是个滑头样儿，不消三两个月，楚云一定还要出来，嫁了他决不了局。二少，你莫着恼，冷着眼睛看罢。"少牧叹了一口气，道："嫁了人，出来也罢，不出来也罢，与我什么相干？"阿娥姐道："二少，你要照应先生，上海地面上很多，像你二少这样有情有义的客人，除了没良心的楚云，那个不愿做你？包在我的身上，缓两天替你好好做个媒人，还你有个对意的人，比楚云终得有些意思。"少牧默然不答。

幼安、少甫等听楚云当真已嫁了人，正是少牧割断情丝，可以回头猛省之日，莫被阿娥姐再去引出别人，又要惹动是非，因叫他到楼上新房去坐。阿娥姐道："事已说明。我因楚云嫁人，现在没事，另想寻个先生跟他。今天姊妹们说起有个苏州新到的人，约在晚间十点钟后到小房子去看他，没有工夫，我要去了。且看这先生若好，缓天我到栈里请二少去照应照应，岂不甚好？"说完，并与少牧咬耳朵讲了几句不知什么话儿，又说声"各位大少，慢慢用酒"，别过众人自去。

众人此时多说楚云与如玉一样无情，少牧白白的做他二人一场，想起来风月场中，真个是恩爱多虚，味同嚼蜡。少牧无精打采的不发一言。众人猜不出他心中转些什么念头。忽车夫来报，钱家太太来了，要寻钱老爷说话。守愚听说严氏到此，心上边吃了一惊，慌问现在那里？车夫说，在门口东洋车上，没有下来。幼安道："何不请他楼上去坐？"车夫道："他说里头有客不便，要请钱老爷出去。"幼安道："那有此理？"遂与守愚一同走到大门口去。少牧正在气闷，也跟着二人出来。果见门口停着部东洋车，车中坐着严氏，板起了那张紫脸，像要与守愚寻事。又看那拉车子的，见门里边走出三个人来，一眼瞧见，急把脸儿回了过去，又将左手挡住车杠，右手起衣袖把脸面遮了，好像恨地下没有一个洞顿时钻了下去的光景。幼安最是细心，看见了甚是疑他，只因急要与严氏答话，不便细看。说："钱老伯母黑夜到此，请到里面说话。楼上并无客人。"少牧也叫了一声，请他下车。守愚哭丧着脸，不敢发话。严氏见幼安、少牧出来，又听得楼上没人，分付车夫把车停好，走下车来，在身旁摸出三四十个大钱给他。那车夫伸手接钱，露出面来。幼安在车灯下子细一看，不觉吃了一惊。原来这车夫不是别人，好似少霞。看他接了钱，数也不数，拉着车子要跑，忍不住冒叫一声，看他怎样，遂说："拉车的，你慢些儿走，我还有话问你。"那车夫头也不回，如飞竟去。幼安料定必是少霞，不信他落魄得这样的快，今天不见也罢，见了须得周济他些，以尽当初朋友之情。因唤自己车夫追他回来，只说尚有一个客人叫他车子。车夫答应，果把他追将转来。幼安先陪严氏上楼坐下，请守愚也到楼上，好等他夫妻叙话。自己与少牧重至门口边来，问他方才可见拉车子的是什么人，你可认识？少牧也说仿佛少霞，不过没有清楚。

幼安点点头儿，二人走出大门。幼安先叫一声，少牧也叫了声"少霞兄"，那拉车的看见机关已露，没奈何硬着头皮应声："谢、杜二位，我屠少霞早知今日，深悔当初，有甚颜面见人？二位还来睬我！"幼安道："少翁休得如此。自古说'泰极否来，否极泰来'，这也是人生常事。你可把车子拉进门来，略坐坐儿，我与你有话谈谈。"少霞踌躇道："此处是什么所在？进来便么？"少牧道："这里是安哥新借的房屋，坐坐何妨。"少霞道："原来幼翁如今住在此地。里边可有宝眷？今天灯烛辉煌的，有甚事情？"少牧把幼安讨娶天香、众人公贺的话略述一遍。少霞听了，不肯进去，说里面人多，有何面目？幼安道："无非是子靖、戟三等几个知己，你俱个个认得，并没外人。且进去见了他们，我有一个道理在此。"少霞尚还犹豫未决，幼安叫自己车夫替他把车子拉进门来，又脱去了车夫号衣，放下灯笼，幼安在前，少牧在后，硬挽进门。走到客堂里头，席上众人看见，大家多呆了一呆。正是：

> 尚有人情怜故旧，莫言世态尽炎凉。

要知少霞到得席间，幼安怎样周恤于他，且看下回分解。

第二十九回

谢幼安当筵解梦　杜少牧孽海回头

话说幼安、少牧挽着屠少霞走至席间，众人一见，彼此惊呆。想起少霞昔日豪情，没一个不欷歔太息，争问为甚潦倒到这般地步。少霞说："这多是浪费银钱的现报。前时吃花酒，一夜里三台五台，吃到后来，筷多不下，如今弄得每日里一碗半碗尚是难谋；前时四季里穿的衣服，只要式样不时，立刻唤成衣重做，如今弄得衣衫蓝缕，鞋袜不完；前时初吃洋烟广成信、广恒信的，只要烟好，不惜价昂，如今弄得吞些土皮也算已经过瘾；前时每日里坐马车坐包车的，到处游行，尚嫌没有顽耍所在，如今弄得自己替人拉着车子，昼夜奔跑；前时呼奴使婢的何等威风，如今弄得被人家呼来喝去的，何等气恼！想起来，最错的是不应该不听老母管束，把好端端一分家私一齐消掉，更不该听信阿珍惶惑，娶他进门，遂弄得个宅乱家翻，到如今人财两失。虽然城里头有几个好友，几家至亲，争奈我发狂的时候与他们多已疏了，此时落魄依人，不要说人面高低，就是我自己也羞见江东父老。没奈何，才靠着筋骨度活，每天虽挣得一百八十个钱，藉此养家糊口。却白天里怕人瞧见，不敢出门，必到上灯后，方向车寓里拉了车子出来，沿路上揽些车客。又因烟体羸弱，远路走不甚动，只在英、法两界上车来车去，最远的无非虹口左近，走一次却吃力万分。今天在英大马路遇见一个妇人，叫了我的车子，说要到这里来，我不晓得安哥住在此地，才把他拉着到此，却被瞧见，真使我置身无地，这是那里说起！"

众人听他讲完，问他可曾吃过夜饭，不妨这里随意用些。少霞自觉无颜，那里肯吃？站在席边，连坐也不肯坐下。众人看着过意不去，勉强叫他坐了，吩咐添上一副杯筷，定要少霞同吃，说："我们既然做过朋友，说甚'贫富'二字？若有嫌贫重富之心，幼安、少牧两个也不把你拉进来了。今天在此吃了夜饭，不要再出去拉甚车子，大家替你想个法儿，使你必得稍可度日，莫要去操这贱业，将来终身不得出头。"少霞叹口气道："朋友能这样照应，真是感深肺腑。但恨我少霞自幼骄奢，俗语说的'文难测字，武难卖拳'，除了拉车，如何活命？虽承诸位美意，怕的是想不出甚度日法儿。"幼安道："大丈夫生在世上，那有不能度日的人？何况你年纪尚轻，虽然吸上了几口洋烟，究竟精力尚还强壮。我想你第一须把洋烟戒去，这东西最是害人，瘾来时筋骨酸软，涕泪交加，随你什么事情多难干得。果能痛把洋烟戒去，莫说拉车贱业不必去做，就是小本经纪，我看也不是你做的事。最好寻个亲友，有甚行家店口，谋个吃饭地方，或是管管帐目，或是写写信札，这两件谅必你还来得。"少霞道："管帐我不会算盘，学起来岂不费事？还是写写信札，生意场中的笔墨，本来不甚讲究，还可勉强将就。只恨那一个人肯来荐我？"幼安道："不是这样说的，做人总在自己做起。你从前是个少爷，万不想吃人家饭，那个来荐你生意？此刻你落了魄了，只要改邪归正，从此不嫖不赌，不吃洋烟，托人家荐荐事情，人家焉有不肯之理？包你一两个月之后，必定有个吃饭地方。须知道你是上海土著，亲友多在上海，怕没个提你的人？比不得志和、冶之，远在扬州，举目无亲的，几几乎落在乞讨之中。不是老太太收领回去，将来竟要没有结局。你想是也不是？"少霞道："安哥讲的说话果也不错，但我目今家无鼠耗之粮，就算我找寻事业，除戒洋烟，这也不是三天两天的事，却叫我怎样枵腹过日？并且家里头还有妻子待哺，说也惭愧。"幼安道："这也不妨，我今天请你进来，原要替你想个法儿。自然给你些钱，好待你安心谋业。"少霞闻言，立起身来，深深一揖道："倘能如此，不但我屠少霞没齿不忘，就是故世先灵、合家大小也多感德不浅。将来不使我终身穷饿，多是安哥与诸位所赐也，不枉我交友一场，尚有几个雪中送炭的人。"说罢，止不住流下泪来。合席也多代为凄怆。

少牧问幼安如何周济于他，幼安说赠他三十块钱，另外给他几块钱买林文忠公加味戒烟丸，等他戒烟，此丸最是王道，不比别的药味，恐有烟灰、马非，靠不甚住。少牧道："安哥给他三十多块，我与他交情较深，分应多些，送他五十块钱可好？"幼安道："救人本须救澈，自然愈多愈妙。"二人商议定妥，幼安到楼上去取下八十六块钱来，双手交与少霞，说三十块钱是自己的，五十块是少牧的，另外六块交他买戒烟丸。赶紧明天为始，立志戒烟，往后必有好日。少霞谢了又谢，收入怀中。

众人见幼安、少牧如此，每人也愿送他十块洋钱。除了守愚不在席上，一共是锦衣、子靖、少甫、载三、鸣岐、聘飞、秀夫七人，合成七十块钱。有几个没有带得，暂央幼安垫给，明日送来。锦衣与少霞的交情因与少牧不相上下，另外又添送了三十两银子钞票。少霞不胜欢喜，约略吃些酒菜，起身告辞。少牧尚要留他看了影戏回去，少霞说一来没有心情，二来坐在席间，虽承众人并不见异，自己觉得不像样儿，一定要走。众人不再强留，送他出门。少霞因要把车子交班，意欲拉他回去。幼安不许，分付自己车夫替他把车子拉了，少霞拿了号衣、竹帽，跟到车行里去，交过了班，从此不再干这事儿。把幼安等给的洋钱、银子存在一个店铺里头，生些子金，将就度日。自己果真戒断了烟，寻个亲戚荐，就荐在存洋钱的店里写信，拿他五块洋钱一月辛工。混了一年有余，渐渐的灾退福临，做些小货生意，居然积起钱来。到后虽不能复还旧业，也还不失了个小康之家。可知人贵改过自新，不怕回头已晚也。亏了幼安等几个朋友，不然那得出头日子？愈见得交友不可不慎，我今结过不提。

再说谢幼安的车夫把车子替少霞拉至车行，回来交代过了。其时酒已半酣，自鸣钟已敲十点，做影戏的问可要开演？幼安说就此开演甚好，遂叫车夫把灯烛息灭，撤去残筵，又在布帏上面喷湿了水。演戏的把电光运动，照耀得满室生明，在布帏里一套一套搬演起来。起初几套影片，多是些外国景致，后来有几套打仗片子，真个是炮火连天，看了时令人心惊目炫。幼安等个个赞好。又有一张跑马片子，马蹄"得得"，仿佛有声。一张救火片子，火光熊熊，宛然在目。一张海水中西人洗浴片子，那大水奔腾之势，恍如身历其境一般，众人更拍手叫绝。末后有两张簇新鲜上海堂子里的影片，一张乃是摆酒，一张乃是碰和。一样撸拳叫局，抹牌数筹，娘姨装烟，相帮上菜，惟妙惟肖。幼安看了，点头说道："这真是电光石火，瞬息即逝。看了这两套影片，大可唤醒孽海痴迷。"少甫道："本来浮生若梦，为欢几何！你说他石火电光，比评得真是不错。"

幼安闻言，忽猛悟道："少甫大哥，不是说浮生若梦么？你不说这'梦'字也罢，说起时，我想到去年正月十五夜在家得的那梦，真觉得如响斯应。我与牧弟已做了一年梦里之人，不知牧弟如今这梦醒了没有？"少甫道："是何梦兆？可能说与大众一听？"幼安道："此梦非常奇应，今夜正合说知。"遂把去年元宵夜如何酒醉入梦，那梦里头看见少牧走到一条又暗又昏的斜路里去，一时唤他不出。自己立在路旁，忽见有桂花一枝，折取在怀。后见那条路上出来了无数的人，大半多是衣衫蓝缕，面目枯槁，身体羸瘠，神志昏迷。少牧顿时发起恨来，拿了把剑，当心就刺，放出灵光。众人一见，只照得幽径通明，一惊而醒的话子细述了一番。又说："那条又昏又暗的斜路，岂非应着少牧跑到堂子里去，身入狎斜，唤不出来？折取桂花一枝，岂非应着讨了桂天香进门？斜路上出来无数愁眉泪眼之人，岂非应在少霞、景桓、志和、冶之、营之、伯度、时行等诸人身上？不是破家，便是失业；不是患病几死，便是落魄不堪，那个人还有什么乐趣？不过牧弟拔出剑来，当心就刺这节，尚还没应。若使依梦详解，剑是一把慧剑，牧弟真能慧剑一挥，自然情魔立斩，那得不幽径生明？你们诸位剖解起来，不知可是这样解法？那梦不图这等灵验。牧弟莫怪，我当初再三不敢与你到申，如今你还记得起么？"少牧闻言，点头不语。

众人多说这梦果然奇验，并劝少牧及早收心，但看楚云、如玉两人那般情义，堂子里有甚顽头？还是赶紧运动慧剑，斩断情魔的好。少牧自从阿娥姐来至席上，说明楚云已嫁策六，心中早有八九分悔意，又闻郑志和、游冶之，并跟见屠少霞落魄至此，更有些兔死狐悲，物伤其类，想到从前花天酒地一般的何等风光，此刻弄得这样下场。自己若不是得了一条吕宋彩票，只怕五六月里到今也已不堪回首，真令人大可寒心。此时更听幼安解梦，众人劝他，到底少牧是个狠有凤慧的人，比不得真正破家子弟，滥嫖滥赌、滥吃滥穿的，直要除死方休，顿时不觉回转心来。正要与众人说话，那影戏已经演完。收了布帏，客堂里重新点上灯烛，满室光明。少（秀）甫送过戏钱，演影戏的收拾电灯、影片等物告辞自去。

少牧见无暇讲话，没有说得。后来楼上边新来娘姨下来说道："钱家太太要请杜大少爷、杜二少爷并自己少爷楼上去坐，有话商议。"众人知道是要他们劝守愚返苏，向锦衣等告一个便。锦衣等见幼安三人有事，纷纷起身辞别。幼安也不再留，送了各人出去，始与少甫弟兄上楼。见严氏坐在新房隔壁一间套房里头，天香陪着，守愚却在楼梯口走来走去，并没坐定。幼安问天香："为甚不请钱家太太里房去坐？"天香道："他因心中不快，不愿进去，故在这里。"少牧道："怎的不快？"新来娘姨微微一笑，低声答道："二少爷，你没瞧钱家太太脸上边么？青一块紫一块的，不知为了甚事，况且他自从上得楼来，与钱老爷只说了一句停回我一定要与你拼命的话，别的话一句没有。我们不便问他，知他因甚生气？"少牧听罢，向严氏在洋灯下细细一看，果见左额上起了一个绯红的栗块，右额下起了一条青影，鼻子上隐隐的尚有血迹未干。身上边穿的衣服，胸口一排钮扣脱去线脚甚多，一条半旧黑毛绸裙，那下裙像是碎了。再看他头上边戴着一只海螺兜儿，那毛片弄得一根根倒竖起来。两太阳做的鬓发，左面的散了开去，右面的拖了下来，梳的头更不必说，蓬松得不像样儿。若照他这副形状，一定是与什么人曾在那里打过一次，却因守愚一直坐在席上，不知是与那一个人相打，心中好生不解。少甫、幼安看了，也觉甚是疑心。

严氏见众人上楼，不等动问，先与幼安说道："谢大少爷，今天我在你公馆里头，论理惊吵不安，但我有几句话万万不能不说，故请众位上来。我们老夫妻是乡下出身，瞒不过的，自小耕田种地，熬了多少辛苦，才能够买了几百亩田，造了一所住屋，多了几个现钱，这是不容易的。如今大家多是五十多岁的人了，不要说儿女成行，孙儿女也七八岁了，可算得是个有福气人。难道在家享福不好，偏是照了什么星宿，今年要到上海来顽？他本是一钱不使的人，不知一到上海为甚就手阔起来？带出来一百块洋钱，不上一两个月，用得精打么光！这也罢了，写信来再要钱用。我想不给与他，看他怎样，多是我儿子不好，私下又不知寄了多少钱来，弄得他六神无主，闹出会香里、胡家桥性命交关的许多事情。我在木渎得信，心上怎放得下？几次叫人写信劝他，他却回信多没有一封，连过年也没转来。是我发了急了，没奈何亲自赶到上海，无非要叫他回去安分度日。谁知他老变得不像样了，奸了什么一个蓉仙，三分不像人七分不像鬼的，定要讨他回去。你们三位大少爷想想，这种烂污货岂是我乡下人家讨得的么？是我得了这个消息，今天寻到蓉仙花烟馆里，心想诉说一番，叫他休得错了念头，定要嫁他。那知蓉仙这烂污货狠不讲礼，一口咬定没有什么姓钱的客人，又说我不识羞耻，管汉子要在家里头管，为甚放他跑了出来，还有什么面孔寻他？那时我气恼起来，也略略的还骂几句。这烂污货竟说我无故骂他，要与我拼个死活，说房间里现在空着，那里有甚姓钱的人？从来说捉奸捉双，叫我房里寻去，寻得着，任我打骂；寻不着，休想过去！我就呕着气跑到房里去寻，岂知守愚正在此地，房里边空空如也。那烂污货翻转面孔，竟被他将我一把扭住……"

少牧道："你怎样晓得蓉仙住处？莫要寻错了人，他才这般发恶，不然那敢怎样。"严氏道："蓉仙现在不住在盆汤弄桥下塆的那条街上么？门口边挂着一盏玻璃小灯，进门去只有一幢房屋。他卧房做在楼上靠街房里边，一只蹩脚榻床，一张杉木台子，两只凳子，别的没有什么东西。那烂污货是个矮胖身材，一双大脚，若不是装着高底，看起来比我还大。面孔是焦黄的，一个鹰爪鼻子又大又尖，两只老虫眼睛骨溜溜的，甚是难看。一张嘴是扁阔的，吃起烫面饺来，可以横放进去。两只耳朵是有些招的。面颊上隐隐生着多少雀斑，东一点西一点，好像灰荬白一般，却把些粉来涂着，涂得像了只活狒屁股。二少爷，你们这人谅来见过，便知我寻得是也不是。"少牧听他说得不错，点头不答。少甫道："蓉仙住在盆汤弄桥，只有钱家老叔自己晓得，我们并没知道，你却怎的这般清楚？"严氏道："我起初问过谢大少爷，谢大少爷没对我说，后在旅安栈里问出来的信息。"守愚闻言大怒，道："栈里头是那一个人对你说的？"严氏道："若要不知，除非莫为。栈里头是帐房先生与我说的，你待怎样？"守愚气得黄须直竖，道："帐房先生干他鸟事，要他送信？我回去看他可得安逸！"严氏道："不怪自己发昏，却怪别人通信，亏你一把年纪，说得出来！"守愚始咽噜着嘴不再作声。

幼安又问严氏被蓉仙扭住甚样，严氏道："我被他一把扭住，好像动手要打，遂存了一个先下手为强的念头，起右手先向这烂污货一掌！正打在左颊上面。谁知那烂污货挨了一下，喊声'有人在此打人'，顿时楼下男男女女哄上无数人来，把我拉拉扯扯的拖下楼去，你也一拳，我也一脚的，要来打我。这时我发了极了，只得大喊'救命'，街上边惊动了四邻八舍，来往行人多来劝解。那烂污货更唤了一个巡捕到来，说我无故吵闹，要把我拉到捕房里去。幸亏这巡捕甚是公直，被我一五一十细诉一番，他才不管这事，不过说租界上的章程，吵闹是犯禁的，大家不许再闹，有事好到当官去告，叫我快快走开，莫再生事。我始跑到大马路上，叫了部东洋车拉到这里。众位不瞧瞧我额上脸上受了伤么？我与守愚夫妻一场，今天这事问问他，怎样对得住我？须得与我一个了断才是！"众人听他说完，方知严氏吃了蓉仙的亏，人人眼望守愚，看他如何说话，好劝他夫妻和睦，一同回乡。岂知守愚言无数句，拉着严氏往外便走。一场大闹，不是众人跟着他夫妇往劝，严氏几乎又吃大亏，断送了一条老命。正是：

只为痴心怜野鹜，遂教错意怪家鸡。

要知守愚怎样与严（钱）氏厮闹，众人怎样相劝回苏，且看下回分解。

第三十回

挥慧剑不作狎邪游　著奇文归结繁华梦

　　话说严氏在蓉仙的花烟间内吃了场亏，寻至幼安公馆里头，等席面上客人散了，邀请幼安、少甫、少牧三人上楼，一一说知，要守愚给他一个了断。幼安等目视守愚，看他如何回说。守愚听严氏说完，开口答道："如今你讲完了么？这里是谢大少爷的公馆，我与你不便说话，那有什么了断给你？有话同到旅安栈去再说。"严氏道："我也晓得在谢大少爷的公馆内惊吵不安，不过这桩事我气不舒服，说与谢大少爷合杜家二位少爷得知，也好使他们评个曲直。"守愚道："就算我是曲的，你便把我甚样？要讨蓉仙是讨定了！我因近来年纪渐大，没人伏侍，讨他回去，要他做个贴身伏侍的人，难道你一定不许不成？"严氏道："既然你自己晓得年纪大了，还要讨什么人？若说没人伏侍，我与你三十多年夫妻，那件没有伏侍过你？亏你说得出来！"守愚听了，火冒道："你伏侍我，可知不中我的意儿！"严氏尚要再说，被幼安叫天香劝了开去。估量着二人这场气恼，不是在这里三言两语说得下的，并防回栈去还有什么意外之事，因与少甫弟兄说知，大家送他夫妻回栈。二人异口同声的答道，这事必须如此才好。否则，一同出来的人，倘有三长两短，怎对得住？皆因妇人家听见讨小，气量浅薄的人居多，严氏与守愚又是乡下夫妻，向来一步不离的，甚是要好，如今忽然老变，要娶蓉仙，若然一个沉迷不醒，一个坚执不从，怎保不闹些话柄出来？少牧因先分付自己车夫点灯，又叫他替大少爷唤了一部野鸡车子，幼安也叫车夫把灯点好，替守愚夫妇叫了两部东洋车，到门口歇下。上楼与守愚说知，请他夫妻回栈，说并不是憎嫌你们，只因夜分深了，不如早些回去的好。严氏尚有些不愿动身，怕的是到了栈里，只有守愚一人，与他讲不出甚理性。幼安觉察，令天香告知严氏，有人送他同去，他才感激万分，别过天香，起身下楼。天香亲自送他下去。守愚已由少甫陪着先自出门登车。天香令新来娘姨伏伺严氏上了车子，方才回身进内。

幼安等见二人已去，纷纷跳上车子，跟着便走。到满庭芳旅安客栈门前下车，守愚夫妇进去，幼安三人也跟着进门。守愚初时并没知道，直至三人入内，方晓得送着同来，心中又是不安，又是着恼：不安的是，三更半夜搅得人不得安眠；着恼的是，回到栈中，本想给严氏一个下马威儿，要他答应讨娶蓉仙，如今有人同来，不便发作，心中好不纳闷。幼安最是心细，见守愚的面色不对，暗嘱少甫、少牧须要留神。守愚进得栈房，先问栈里那一个多嘴的人告诉蓉仙住处，累我们夫妇不和，把这人骂得狗血喷头，不肯住口。幸亏这人奇巧家中有事，打了烊跑回去了，这一夜没住在栈，故任守愚怎样痛骂，没有人回他一声。守愚骂够多时，幼安等一再劝他不可这样。此时守愚骂得火发，顾不得幼安众人在前，索性把严氏大骂起来，说道："妇人家不在乡间度日，来到上海怎的？世上有钱的人，那个没有三妻四妾？我姓钱的要讨个人，那个能阻挡得来？你休错了念头，要想在我面上撒泼！"严氏闻言，也大怒道："我与你数十年的夫妇，从来没有这样反目，怎么为了那烂污货，与我这等寻事？我老实对你说罢，若然我活在世上，休想把蓉仙娶他进门！"守愚道："娶了你待怎样？"严氏道："只要你有这胆量，我瞧着你！"守愚跳起来道："你认我没这胆么？这回我偏给你一个好瞧！"严氏道："你当真娶得成他，我决不再在世上做人！"守愚冷笑道："不做人，你做鬼么？"严氏大哭道："我做了鬼，你可快活！我白白的与你生男育女一场，你竟说得出这一句话！分明是多嫌着我，本来我还要活着做甚？倒不如今天把这老命拼了，等我闭了眼睛，可凭你自由自在，我也落得一个干净！"说罢立起身，一个头拳向着守愚当胸撞去。幼安看见大惊，因他虽已年老，究是妇女，不便用手去拖，急喊少甫弟兄快把守愚劝开。少牧正与守愚并坐在一条板凳上边，慌把守愚一扯扯了开来。严氏撞一个空，身子往前一磕，站不住脚，跌下地去。守愚尚怒气不息，要想动脚，向地上去踏，幼安喝声："钱家老叔，你要怎样？"少甫也眼睛甚快，把他往外一拉，拉开有二尺多远。严氏在地上出声哭喊起来，惊动了栈里头许多栈客，一个个多来观看。晓得是夫妻生气，闲人不便相劝，彼此不过袖手旁观，看他二人闹到怎样散场。

少牧见惊起了合栈客人，真闹得不像样儿，低低的叫严氏不要躺在地下，旁观不雅。严氏此时那里肯听，只管哭骂不休。不一刻，头发散了，鞋子褪了，尚口口声声定要与守愚拼命。幼安看严氏已像发了疯癫一般，守愚又绝不肯稍让一点，比不得在乡间的时候，夫妻有时寻气，总是守愚惧他三分。只得与杜氏弟兄使个眼风，叫他且把守愚劝了出去，在别地方略坐一坐，息一息气再作区处。只苦严氏无人陪伴，恰好栈中的主妇闻闹起身，入房劝慰。幼安大喜，遂叫他暂在房中好言劝解，自己也卸身出外，与少甫弟兄商量此事如何得了。少牧低低说道："此事须得钱家老叔回心，若要严氏答应讨娶蓉仙，只怕休想。"少甫摇头道："就是严氏允了，那蓉仙岂是钱家老叔讨得的人？将来好好一分人家，岂不要被他搅得七零八落？我们做朋友的，那得不阻止他。"幼安道："阻止他果然不错。这栈房里你瞧只有两间房屋，他们夫妻二人翻了面孔，不能够在一块儿熟话熟商，却向那里讲话才好？"少牧道："此刻已是半夜多了，茶馆烟间打烊已久，除非是堂子里头，尚好敲门进去。"幼安道："堂子里那家熟些？"少牧道："钱家老叔不做大兴里许行云么？何不到他院中坐去？我做的巫楚云已经走了。少甫大哥做的花想容是难得去的，半夜三更不便叫门。"少甫道："想容闻说昨天也已嫁了人了，嫁的是广东人，听得甚好。"少牧道："如此说来，除了大兴里，没有别的所在。"幼安遂与守愚说道："你们夫妇向来很要好的，今天为甚这般动火？千万不可。我们且到你贵相知许行云那边去略坐再来，大家把气分平些，再好讲话。"守愚尚要赶进房去与严氏寻闹，被杜氏弟兄一个拉了左手，一个拉着右手，往外便跑。幼安跟在后边，一同出了栈房，取道大兴里而去。

那一条大兴里，只有许行云一家乃是书寓，其余多是野鸡堂子。见四个人一同进弄来了，五六个野鸡妓女，你也一拖，我也一扯的，要拉四人进去。幼安看着他们可怜，只是暗笑。少甫绝不做声。少牧想起初到上海，在升平楼野鸡妓女拉他，被方端人撞见口角的事，暗叹光阴如驶，倏已一年。这一年中花去多少银钱，落了多少懊恼，心中好不纳闷，故此也不开口。只有守愚，因与严（钱）氏兜了一肚子气无处发泄，遂发泄在这些野鸡妓女身上，大嚷大喊的说他们好不要脸耻，快快滚开，让人走路。谁知那班雉妓不与他们开口最妙，开了口一哄而上，把守愚"老脚鱼"、"老蔬菜"骂不绝声。守愚怒上加怒，动手要打，少甫急忙相劝，那些人也大笑散去。少牧见已走到院门，站住了脚，举手敲了两下。里面相帮的听得来开，四个人一同进门。相帮抬起了头，喊声"楼上有客人上来"，随手把门关上。

守愚等移步上楼，只见楼梯口立着一个娘姨，说声"对不住，小房间里请坐。"守愚站住了脚，问大房间里可是有了住夜客人？那娘姨微笑回说："有个客人碰完了和,在里面吸烟。钱老你们四位到此,可是也来挑挑我们,碰一场和?"守愚道:"半夜里碰什么和?难道我们不许来打茶围么?"那娘姨依旧含着笑脸道:"巴不得众位爷们肯来,那有不许来的道理。因见你们刚巧四位,故问可是碰和。钱老肯照应我们先生,往后日子很长,明天后天来碰也好。请到里面坐罢。"遂把四人领至后面一个小房间内坐下。这房间只有一垛半壁脚阔狭,摆着一张炕榻,一张半桌,两把交椅,一只茶几。走了进去,连身体多回不转来。四个人将就坐下。娘姨叫冲开水上来,相帮回说煤炉息了,莫说是茶,连热手巾也多没有。娘姨说了声"对不住",跑到房里头去,拿了半盆瓜子出来,说:"先生正在与客人装烟,略坐即来。"四人初不在意,后来坐了一刻多钟,幼安等向守愚劝化了好多说话,依旧不见行云出外,那娘姨却站在门帘半边打盹。少牧见这种冷水茶围坐着没味,立起身催众人出去。行云始在里房开口说道:"你们慢些,待我来送。"却还口动身不动的,直至四人出了房门,行云方才缓步出外,说了一声"慢去,明天再请过来"。

少牧心中甚是不平,下落扶梯,出了院门,对守愚说:"这种顽耍地方,你瞧有甚意思?虽然你行云那边交情并不甚厚,究竟一节上至少也有三四场和,一二台酒,二三十局,不是不花钱的。今天难得去打个茶围,不该应人也不跑出来。更笑那老娘姨,只想打合碰和。想穿了真是没有意味,我们还是明后天赶紧回去的好。"幼安、少甫听少牧说出这话,知他今日已经悔悟,心中暗喜,一路上更把堂子里的许多坏处说了又说,一半提醒少牧,一半带劝守愚。此时守愚的气也已平了些些,听了这些言语,心里头也有些明白,只因蓉仙那边先曾有约,一时割断不来。四人谈谈讲讲,走过四马路四如春点心店,见还开着,守愚邀众人进去吃些点心。众人尚未回言,但见旅安栈中的一个学徒坐着部东洋车,神色慌张,如飞的向西而跑。这学徒看见众人,大喝停车,跳下来连声喊道:"钱老班,正要寻你,快些回去,栈里头出了事了!"幼安慌问出了何事,学徒道:"你们去后,老班娘娘陪着钱家太太坐了一回,劝了他无数说话,钱家太太并没做声。后来他说精神疲倦,要想睡了,打发老班娘娘出外,并讨了一壶热茶。不知他在那里头弄了一盒洋烟,用茶吞了下去,睡在床上声息全无。老班娘娘在自己房里睡了片时,因钱老班尚没回栈,心里头放心不下,重新又到客房里去看他。只见枕头边放着茶壶,一只牛筋的空洋烟盒,心上吃了一惊,又看他嘴凹里尚有许多烟渍流在外边,顿时大喊起来。我家老班从梦中惊醒,此时不能避甚嫌疑,走到客铺上边一看,果然是吞了生烟。这是性命交关的事,慌问他是几时吃的,那里来的洋烟,为甚要在此害人。他说吃不多时,洋烟是在钱老班枕头边搜出来的,死了有钱老班买棺盛殓,决不害人。我家老班娘娘听了他话,急做一团,因此叫我快寻钱老班回去施救,总要救得转他才好,不然死在我们栈里怎了!"守愚虽然一时之火恼着严氏,究竟数十年的夫妇,那里能硬得心肠?况且此时又被幼安等劝过一番,早有些回心转意,听了学徒这一席话,那得不急?幼安等也吓得面如土色,忙与守愚飞步回栈。

守愚进得房去,说了声:"你怎的这样?我们老夫老妻,有话好说。"不由不流下泪来。严氏也流泪道:"如今没得说了,我让了你们也罢,只苦我死在上海,自己亲生儿子养到二十多岁,送不得终。"说着,更放声大哭起来。守愚听他说出这伤心话儿,激动天良,想起一家好好的,多是为了蓉仙,弄到个夫妻断绝,母子分离,自己怎能对得住人?也伏倒在严氏睡的那张铺上,只是痛哭。幼安见了,连说:"钱家老叔,休得这样。想法救他要紧!迟了要误事的,只管啼哭无益。"守愚方才收住了泪,问须怎样救法?开栈房老班说:"最好扛到麦家圈仁济医馆或是虹口同仁医院里去。"老班娘娘说:"夜深了,没有人扛。还是敲开那一家药店的门,买些解药他吃。"学徒说:"听得人讲,吃了生鸦片烟,只要吃山羊血,吐了就好。何不到羊肉店里办去?"老班娘娘说:"吃山羊血,还是吃肥皂水便些,吃下去一样是吐。"少甫道:"大药房里有种木棉芦花,听说救生鸦片烟甚灵,还是吃木棉芦花最妙。"众人七张八嘴,没有个一定主见。后来少牧想到陈裕昌丝行当初有个陈竹平善士,能替人急救吞烟,并曾许下善愿,无论三更半夜,风雨大雪,一请即到,不须破费分文。如今善士虽已故世,后辈里也接下这个愿心,请了两三个司事,专办这救烟事情。只要救得赶紧,十个里有九个可活,除是时候多了,脏腑里入了烟毒,那才没有挽回。遂与众人说的,决计差学徒坐部快车到陈裕昌,请人施救。守愚问请他来要多少洋钱,少牧回说分文不要。守愚大喜,慌在腰间摸出一个八开洋钱给与学徒,叫他坐了车子快去快来。学徒答应,如飞而去。

不多一刻,果然同了一个人来。把严(钱)氏神色一瞧,见他面色未青,喉间尚无痰响,气息也尚和平,知他中毒未深,连说:"众人莫慌,尚还有救。"众人方略放心。那人又问:"这烟是酒吃的,是水吃的,是干吃的?"栈主妇说:"我曾问过,是茶吃的。"那人道:"茶吃不妨。最怕的是用高粱酒吃,救起来那才费事。"栈房老班说高粱没有吃过。那人遂解开药包,取了一个竹片,一包末药,叫学徒拿了一碗冷开水来，一手照了盏灯，又叫守愚把严（钱）氏的身体略略挽起，那人将竹片撬到严氏牙缝里去。严氏尚把头来乱摇几摇，不肯吃药。守愚看了，发极万分，慌说："夫妻口角也是常事，认什么真？休要这样执性。吃了药，将你救好，今后我们仍旧好好儿的，随便什么说话，我多句句听你。明天你身子好了，倘要回转苏州，一准大家回去。蓉仙那边，决定不再走动，骗了你叫我烂断腿骨。不知你这口气可能平得下了？"严氏尚不肯听。幼安等多到床前相劝，说愿保钱家老叔明后天准定还苏，不娶蓉仙回去，这药必须吃下。严氏方凭施救的人把牙关撬开，将药灌下。说也奇验，服药后，但听得肚子里如雷响般的搅了一回，严氏口呼难过，少停即呕吐起来。吐出来的多是黑水，烟气直冲，众人掩鼻不迭。栈主妇忙叫学徒到自己房间里取了一个痰罐进来，放在床前，顿时满满的吐了一罐。救烟的人说声"恭喜"，叫严氏略睡片时，又给他些药吃，说是不妨事了，卷好药包要去。守愚谢了又谢，说医金听说从来不受，车钱是必定要的，拿了几个角子给与这人。这人那里肯收，含笑回称"向无此例"，拱拱手，出门而去。

幼安等同说这种善事，真个是无量功德，此种人应祝他子孙昌盛，富贵连绵。严氏呕吐过了，也自深悔一时执性，吞了生烟，几乎把性命送掉，幸亏遇救得生，感激那施救的人与幼安等及栈里头人甚是不浅。这事闹了半夜，不知不觉的天已大明。幼安等要辞别守愚回去，守愚尚恐严氏余气未平，不放他走，后来严氏说："谢大少爷们闹了一夜，身体乏了，说不过去，让他们回去略睡。且等午后再请过来，大家商议回去日期。"守愚方始答应。亲送三人出去之后，又向严氏温存了好一回儿，这才收住邪心，不再想在上海耽阁，讨娶蓉仙。

幼安回至家中，把此事与天香说知，并说看来一同出外的人，仍须一同回去，明后天即当起身回苏，叫他收拾收拾。天香唯唯称是。

少甫弟兄回到长发栈内，略睡一回。少牧想起欢场里许多风浪，今天严氏这事，多为守愚迷恋烟花而起，屠少霞、姚景桓、郑志和、游冶之、夏时行、宋桓吉、包龙光等那些弃家荡产的人，大拉斯、康伯度、经营之那些费时失业的人，贾逢辰、白湘吟、白拉斯、花子龙、乌里阿苏、格达那些瞒心昧己的人，邓乎通、潘少安、苏采香那些送掉性命的人，那一个不是为了"色"字，才弄到个不堪闻问？子细思来，真是不该自己讨苦，何况妓女中像桂天香那一般人，曾有几个？像巫楚云、颜如玉、花媚香、花艳香的，一千个里只怕倒有九百九十九个，有甚意思去顽？何如从此斩断情根，明天催少甫到律师那边，把杭州地皮事情赶紧了结，赶紧起程回苏，免得失足渐深，回头莫及。主意一决，心地顿明，把那从前所作所为之事想了又想，思了又思。觉得自己好笑自己，又是自己可怜自己，在床上边翻来覆去一回，睡不成寐，索性起来，把那嫖堂子的许多懊恼，做了一篇《花间懊语》，写将出来，将来想好做个座右铭儿。写罢，低低读道：

洋场十里，尽多奔月姮娥；巫峡千寻，偏住行云神女。极李艳张娇之选，洞入迷香；听玉箫金管之声，城开不夜。则有坠鞭公子，走马王孙，着意怜红，任情倚翠。始也逢场作戏，俱说无妨；既而当局者迷，渐难自守。香闺乍履，手巾与茗椀偕来；绮榻横陈，果碟共烟盘并列。魂飞色授，喁喁私语之时；玉软香温，脉脉调情之际。底事欲归不得，心绪如麻；偏教将去还留，脚跟受缚。于是朝朝过往，暮暮留连。开到华筵，拇战响交螭之钏；邀来和局，手谈又麻雀之牌。时而题曲茶楼，乌师催去；时而聆音戏馆，鸦婢扶来。愚园远似张园，得意则轻车偕往；番菜优于京菜，并肩而美酒同斟。情日热今日亲，心益迷而益醉。雨余小住，是渐入佳境之时；月下频来，遂偕赴高唐之梦。从此春蚕作茧，不尽缠绵；遂如粉蝶粘花，难离左右。斧头砍处，任予取而予求；竹杠敲来，更再接而再厉。衣服爱入时之样，郎替裁来；钗环羡无价之珍，侬也兑去。甚或每逢三节，假意踌躇，因而装出千愁，婉言借贷。时则偶然不至，呼小婢到处相寻，倘教别有所欢，向同伴跟踪密访。甘言献媚，说来锦簇花团；苦志从良，直欲指天誓日。小照是相思之影，先赠郎看；绣罗乃纤手所挑，稍申妾敬。何尝谢客，偏言与客多疏，但望娶奴，便是阿奴有幸。凡此百般之诱惑，那禁一念之沉迷。然而飞蛾易鏖，最是欢场；精卫难填，莫如欲海。青衫有恨，空留荡子之名；红粉无情，欲蘸萧郎之面。应慨点金乏术，不遇仙传；枉教惜玉有心，几为情累。炎凉渐改，心上人不比初逢；恩爱都抛，花下客何能久住。听嗔人之鹦鹉，带讽含讥；笑独宿之鸳鸯，无情少绪。乍至而姗姗便去，兴逐冰消；相看则脉脉无言，面如水冷。尝来寡醋，生憎恩客绸缪；灌到迷汤，又向别人笼络。回忆频年相眷，竟属空花；何堪往事重提，已随流水。醒来春梦，怎禁耗尽金银；勘破情禅，应笑自投罗网。吁！可慨也，复何言哉！快临崖而勒马，早早收鞭；毋顺水以推舟，迟迟转舵。须晓殷勤迎合，只为钱神；既知挥霍空虚，谁怜措大？妓院非言情之地，何能视假作真；女闾以卖（买）笑为生，难怪迎新送旧。纵或修来艳福，金屋容藏，也防难断邪缘，青楼重堕。抑且情耽花柳，亲朋多转背之讥；更防毒染杨梅，妻子受终身之累。兴言及此，觉意趣之索然；回溯从前，问情痴其悟未？杜牧之扬州一梦，有感而言；党太尉花下千觞，无聊已极。勿谓嫣红姹紫，未免有情，须知握雨携云，无非是幻。彼固为画中爱宠，我应作镜里情郎。孽缘斩处，管他临别叮嘱，色相空时，还我本来面目。跳出茫茫孽海，及早抽身，莫教渺渺情天，自甘受劫。过来人现身说法，欲令同悟烟花；冶游者试味斯言，当不视为河汉。

一连读了数遍，又把少甫唤醒，给他同瞧。少甫看了，说这篇四六做得有些意思，何不另写一张，送到报馆里去，登在报上，也好使天下爱嫖的人大家看看。少牧点头称是，果然又誊了一张，停回送到《新闻报》去登报。

少甫见少牧做得出这一篇文，知他真已大澈大悟，心中好不欢喜，弟兄双双的在栈中吃过午饭，同到律师公馆里去见了缮译，央他催请律师，早把杭州事情了结，即日便要回苏。缮译回称，这件公事已于昨日接到杭州回信，幸喜办妥。坟地因在马路之上，必须迁去，地基照值给价，可于不日领银。少甫问："可能仍请律师发信往领？"缮译道："发信甚好，领银必须有个人去才妥。"少牧道："这么样罢，请贵律师再出封信，我们弟兄拿了去领。"缮译道："如此最妙。"遂请律师写好了信，交给杜氏弟兄。杜氏弟兄交清律费，起身告辞。并不回栈，同到归仁里见了幼安，说明杭州之事已经了妥，不论何日即可返苏。幼安选定二十四日一准起程，但不知钱家老叔如何。少甫道："钱家老叔昨天吃了这种惊吓，非同小可，只怕不回去也要回去的了。"少牧道："钱家老叔即使尚要再在上海耽阁，那位老叔母容得他么？我们何不去约他一声，倘然有意同行，尽好一船回去。"幼安连称"当得约他"，并说昨夜闹了这吞烟的事，正该去探望探望。

三个人因又同到旅安小客栈去，先闻严氏身体可安，严氏回称："身体尚好，只恨求死不得，活在世上甚是无味。"幼安劝道："休得如此。钱家老叔要讨蓉仙，无非说说罢了，认什么真？如今斩断邪心，正好料理回去。我们故来知照一声，二十四日想要动身，未知你老夫妇心下如何？"严氏道："你问守愚心下怎样。"守愚道："你说怎样是了，问我则甚？"严氏拗口道："你讨蓉仙来得及么？"少甫道："钱家老叔乃是句口头言语，如今断没这事，那有不一同回去之理？今天定了日期，大家收拾收拾,等到那天一早下船,岂不甚好?"守愚点头说:"一准二十四同行就是。"三人又向严氏说些闲话,因他难得到上海地面上来,这夜幼安请他老夫妇在一家春吃了一次番菜,明夜是少甫请在天仙茶园看了一本夜戏,后天是少牧请他老夫妇白天里坐了一次马车,晚上在聚丰园吃了席酒。

光阴易过,看看二十四到了,幼安隔日叫好了一号大船,停在老闸桥浜中。先令天香把台凳、衣箱等物叫人扛抬下船,一到二十四,又把细软东西收拾清楚,等候少甫弟兄并钱氏夫妇到来,一同登舟。九点钟时,少甫弟兄已到,说所有箱笼各物已由栈里茶房挑下船去。少牧又说:"即刻在路上边遇见资雄花田郎的朋友,讲起花田郎资财百万,不料因酒色过度,得了怯症。今年正月里又因与人碰圈的温外国牌,连次大输,生起气来,病势加增,要想回国来不及了,竟于前天故世,年只二十九岁。他家眷不在上海,说也可怜。"幼安道:"这真是贪花不满三十了。虽说修短有数,究竟也是自己不能爱惜精神,滥赌滥嫖之误。若照这样看来,世界上'嫖'、'赌'两字终须切戒才好。"少牧道:"安哥说得不错,我此刻也勘得到这层意思。想到在上海顽了一年,今天安然回去,跳出情场,尚是万千之幸,否则也恐不堪设想。从今回转苏州,莫说不想再到上海,就是苏州有甚名妓,见过了上海的世面,也不愿再在别处留恋的了。"幼安道:"这才是俗语说的,叫做'经一番,长一次儿',本来人生在世,无论什么地方,什么事情,皆须见识见识,只要见识过了,参得透他,撇得下去,有甚妨碍?参不透、撇不下,那才受害不浅。"少甫道:"世间有辈固执的人,提起嫖、赌二字,好像污了他耳朵一般,这种人你瞧甚样?"幼安道:"这种人世界上本也不少。莫说别个,就是像方端人方老伯父子两人,那个曾犯过'嫖'字'赌'字?但照我的意思看来,不喜欢赌的或者有人,不喜欢嫖的,除是手内无钱,或者年纪真是老了,那才紧守得住;若是少年与有钱的,一千个里只怕难觅一个。也有上半世被父母管束,并没有嫖,下半世嫖得不知所云的人,其实失足愈晚,回头愈难。还是少年时使他到处走走,晓得些人情世故的妙。"少甫抚掌道:"这话说得甚是有理。我想牧弟这番经历,好在少年醒得转来,若在四五十岁以外方才失足的人,要他花间梦醒,只怕难上加难!但看钱家老叔被妻子逼着回去,那是出于无奈,与牧弟自己醒悟不同,故而此刻还没有来。"幼安道:"钱家老叔种种反常,此番回去。不是咒他,恐怕必定有些不妙。"

三人闲谈未已,车夫来说钱老爷夫妇来了,有两小车子行李,多在门外。幼安分付领着落船,一面关照归仁里看巷门的到来,把房屋交代清楚,唤车夫车了天香,自已与少甫、少牧、守愚四人步行下船。严氏已押着东西，坐了小车子先自下去。幼安等到得船中，少牧的包车夫与长发栈茶房尚在船旁候着，把挑下来的行李铺陈一一交代明白，少甫弟兄给了二人几角洋钱，叫他上岸。那包车夫的工钱早已开消清楚的了，不必细叙。幼安的车夫只用了他一月，那车子是车夫的，连车租给了他十块洋钱，车夫不胜之喜，谢了又谢，上岸自去。船家问明客人已齐，拔跳开船。幼安见船里头的零碎物件，少牧最多，问他那里来这许多东西，少牧说："是屡次要想动身，买些零碎，不知不觉积得多了，回苏去尽好送亲友。"幼安微笑称是。天香与严氏在船谈些闲话，也不寂寞。

舟行一日一夜有余，到了苏州，仍旧泊在太子码头。幼安先差船家至家送信，早有家人谢义奉了齐氏之命，备着两肩轿子，带同小丫头阿翠至船迎接上岸。少甫弟兄与守愚夫妇也有家人到船来接。

幼安与天香进门之后，天香见了齐氏，谨执妾媵之礼。齐氏见他性情温厚，举止端庄，十分敬重。到了明日，备了八席喜筵，邀请各亲友至家会宴。亲友见了天香，多说不像是青楼出身，没一个不看重于他。幼安心中十分欢喜，后来谢氏内政一切，齐氏颇得天香臂助之力。可见风尘中也未尝无人，不过是不易遇见。那巫楚云却误嫁了周策六之后，不上三四个月，把手中所有吃尽卖光，无可奈何，逃了出来，改名依旧为娼。混了数年，人老珠黄，流为雉妓。又数年无人问鼎，衣食不周，竟至与乞丐为伍，穷饿终身，死于百花里口。这是做恶妓的下场，若与天香相较，真是天渊之隔了。

著书的做到此处，把全部繁华梦一笔结住，系以诗曰：

潦草欢场有几时？回头是岸莫情痴。

孽缘当断醒宜早，绮障深缠悔已迟。

水月镜花原是幻，兰因絮果枉生疑。

请君试读繁华梦，梦里繁华知不知？

附志《海上繁华梦后集》目录并出书缘起：

警梦痴仙著《海上繁华梦》脱稿之后，购者纷至。复印四次，销售一空。文字因缘，作者盖心窃喜之矣。然而海上风光日新月异，繁华递变，摹写难穷。因有致书痴仙以再作后集为请者，并谓原书结处太骤，若作后集适足补前书所未尽。痴仙兴之所至，笑而诺之。乃于乙巳岁起，又作后集四十回。丙午春仲，准可出书。其落墨处从前书紧接而入，故分言之为前后集，而合观之则成一书。想阅者当愿共窥全豹也。爰志缘起，并附目录如下：

卷之一

后　集

第一回

巫楚云入门悔嫁　潘小莲落院卖娼

> 漫道繁华梦易醒，重将残梦勘忪惺。
>
> 补苴细把前书续，结果须从此集听。
>
> 欲藉指迷成反照，不嫌影事记零星。
>
> 痴仙愿破痴人梦，再作登场柳敬亭。

古沪警梦痴仙著《海上繁华梦新书》初、二集，自谢幼安感梦游申起，至桂天香嫁谢幼安回苏止，凡六十回，已将新书作一总结。其间如杜少牧、游冶之、郑志和、屠少霞、夏时行、钱守愚、邓子通、潘少安、白湘吟、贾逢辰等，或已回头，或已落魄，或已陨命；巫楚云、颜如玉、花艳香、花媚香、花小桃、阿珍、阿素等，嫁的嫁了，跑的跑了，死的死了，多已归结清楚，那有后集可做？痴仙二集起笔之时，早经说过无从再续。不料此书出版之后，有许多爱看书的，多说这一部书看得恰得好处，著书的为甚要紧把他结了？况且海上繁华日新月异，花间影事层出不穷，何不再著一部后集出来大家看看，岂不甚好，并于世道更是有功？痴仙听了这话，因又技痒起来，想起全集书中巫楚云、颜如玉那一班人，虽然一个个多有下落，俱只虚虚几笔，仿佛做文章的做了一个虚冒题儿，就是谢幼安娶了桂天香回去，美满姻缘虽甚令人艳羡，却恨花难久好，月不常圆，娶得四载有余，那年苏沪地面时疫盛行，天香竟亦适丁其厄，以致幼安异常抱恨，被平戟三等几个好友劝他与杜氏弟兄重到上海闲游散闷，彼时得见楚云、如玉等人种种结果，正是天然的后集稿儿。故此不惜精神，又做起这四十回后集书来，即从第二集结末一页上说的巫楚云误嫁周策六，不上三四个月把手中所有吃尽卖光，无可奈何逃了出来，改名依旧为娼这几句话入手，先把巫楚云的事情、周策六的家世细细表他一表，接入前书，且请看来。正是：

欲将残梦重收结，引得痴仙又著书。

著后集的本旨叙明，言归正传。话说巫楚云刁钻半世，懵（懂）懂一时，不合误受周策六之骗，把他认做有情有义的好人，况且品貌也好，年纪甚轻，家里头又没有正妻，入门之后，正如花烛夫妇一般，何等不欢，那些不妙？因此上一心一意的嫁定了他。临了儿瞒着少牧，还说调头到平安坊去，骗了一百洋钱，一只打簧金表。起初住在昌寿里内，那房间正是颜如玉嫁潘少安，问策六借的，糊表得甚是清净。少安被邓子通枪毙，颜如玉冒认尸妻，发堂择配，生了毒疮送入医院，那房间遂空了下来。如今楚云住在里头，自己尚暗暗欣幸：当初虽与少安要好，没有嫁他，不然像颜如玉那般的闹出事来，这还了得！怎如今日嫁了策六，一双两好，地久天长。此乃是前世有缘，今生得合。谁知进了门两个多月，所有开门七件以及房租一切，策六并没拿出过一个钱来，多是用着楚云，并且每天还要取些零碎洋钱，三角五角的供他零用。

一日，策六在绸缎庄上剪了件元色外国缎袍料，一件银枪海虎绒马褂料，又向楚云取洋。楚云因手中的二百多块现洋，与少牧那边骗来的一百洋钱，不知不觉看看将要完了，未免有些疼惜起来，对策六道："不是我有钱不给你用，俗语说坐吃山空，靠着我一个人开消，我手里头有几许现蓄，你晓得的。自从进了你的门口，没有问你拿过半个钱儿。你想每月里房租多少，柴米多少，菜蔬多少；你用的包车夫、我用的梳头娘姨、粗做娘姨工钱多少，你每天零用多少，我与姊妹们往来看看夜戏，吃吃大菜，坐坐马车，开消多少！实不相瞒，这几天手头空了，你也得弄些洋钱出来使用使用，不可在我一人身上。"策六听罢，涎脸答道："我动身到上海的时节，没多带钱，所以你进得门来，一切费用多是你的。你说坐吃山空，这话果然不错，何况上海花消甚大。我想我们再住几天，还是回到常州家里头去，一则省些用度，二来你既然嫁我，常言说：'树高千丈，叶落归根'。住在上海也不是个了局。不知你意下如何？"楚云踌躇道："回常州有何不可？但我没细问过你，常州的住宅可是自己祖遗？房屋共有多少？家中既没正室，还有何人？"策六道："祖居的房屋甚大，共有五进。只因前年邻居失火，竟被烧毁，现下只剩空地出租与人，所以另借了一所住宅，共只三间房子。家中并没亲丁，但与一个远房族嫂同居。族兄出外贸易，不甚回家，故此狠是清静。"楚云点点头道："既是这样，我自然嫁鸡随鸡，跟着你回去也好。但你今天剪的绸缎，洋钱怎样设法？"策六道："你当真手头空了？绸缎是剪断折绉不退换的，没奈何只好问你要件东西，当他百十块钱，待我付去。并且我们要回常州，至少也须三四十块钱盘川，必得预先布置。你想可是？"楚云道："盘川那得不要，三四十块钱够么？"第六道："我们东西不多，谅已够了。"楚云道："我房间里一房红木器具，客堂里一堂红木桌椅，厢房里一厢房外国台凳，怎说不多？"第六道："这些物件，我还没有告诉过你，多是向店家租的。我们倘要动身，只消叫店家取去。房里头只有一张小榻、一床被褥、一条老虎绒毯、一只鞋篮与篮里的茶壶、烟袋等零碎物件乃是我的，其余厨房中碗盏一切，多是如玉进来时所买。如今少安已死，如玉发堂，要搬也好搬他回去。此外便是你的箱笼各物了。"楚云听罢，怔了一怔道："什么说你在上海只有这点子随身行李？"第六道："我在上海既无家眷，又没抵桩娶你，行李之外要甚别的东西？所以多在常州，并没取来。"楚云因他说得尚还近理，半疑半信的道："既然如此，盘川果可减省。我们竟拣个好日，动身回家去罢，免得在上海多住一日，多费一日。"说罢，勉强在内袋内摸出一只少牧处骗来的打簧金表，交与第六，叫他去当一百块钱，除付衣料之外，余下的留做盘川，决计一同回家。

　　第六收了金表，诺诺连声，出门而去。因典当里近来洋表、钻戒等物一概不当，故将此表卖于一个珠宝捐客，卖了一百二十块钱，除去开消绸缎庄帐目，交还楚云三十块钱，只说把表卖了七十洋钱，绸缎庄付了四十。楚云那知他暗中吞价，收了洋钱，当下叫他取本黄历，拣个吉日动身。第六拣了三月二十，楚云即令收拾一切，并将房屋退租。到了十九那天，叫嫁妆店与外国傢生店里的人将所租各物搬去，所欠租金少不得也要由楚云算给。家中车夫及梳头、粗做娘姨的工钱，也是楚云一一开发清楚，叫他们去另寻生意。那三十块钱早又完了，虽然小官箱里尚有二十多块从前用剩下的余钱，只恐途中不够，又在手上除下两只金戒指儿，令第六到银楼里去换了三十块钱。雇了一只小无锡快船，讲定船钱。二十日一早登船，搬下去的物件，第六只有一挑，连如玉买的碗盏厨具在内；楚云却有六只衣箱，一面大着衣镜，两盏保险挂灯，并保险台灯、台花、自鸣钟、洋镜，桶件一切，足足扛了四杠。小官箱由楚云自己拿下船去。第六满心欢喜，估量着这四杠物件倒还不甚值钱，那小官箱里有的是首饰插戴，至少也值千金，一到常州，便多是自己手中之物。楚云却还在睡里梦里，满心嫁了第六，回至常州终身有靠，巴不得立刻就到。

　　岂知不到还好，一到码头上岸，不但岸上没人迎接，只由第六叫船家唤了一乘半旧不新的轿子来抬。及至抬到家中下轿，只见出来一个二十多岁的妇人，满脸杀气，在客堂里一坐。楚云认做是策六的族嫂，正要上前叫他，那妇人又竖起身来，往内里便走。楚云收了一个没意思儿，心上好生不解。恰好策六已到，船家扛着箱笼物件跟随进门。策六分付扛到楼上边去，回头叫楚云一同上楼。楚云无奈，只得跟了上去。但见一共只有两间楼面，一间大些，已经做着一个卧房，方才看见出来的那个妇人正在房内；尚有一间甚小，只得两垛壁脚地位，排了张床，怎能够再放别的东西？那扛上来的衣箱等物，却多放在壁脚半边，堆了一地。楚云见了，始知有异，顿时面罩重霜，慌问策六："这些物件，为甚放在这里？"策六假作没有听见，并不答他。楚云又问，策六始有气无力的答道："这便是你的卧房，不放东西放甚？"楚云听更不是路，接口驳道："你在上海说道，借的房屋共有三间，如何只有两间楼面？里房住的是谁？你快与我说知！"策六尚未回言，房里边那个妇人提起了破竹喉咙，高声说道："我把你这瞎眼的烂污货！你喜欢汉子，跟着他走，也打听打听家里头有的是谁。今天方才问起，已经来不及了，难道要我把正房间让你不成？"楚云方知周策六家有正妻，分明是入了圈套。这一气直气得手足如冰，一句话多说不出来，只将策六一把衣襟紧紧扭住，口口声声的说他不该害人，定要与他拼命。好个周策六，眉头几皱，计上心来，高喝一声："你放了手，有话好讲！"又附着楚云的耳朵说道："你莫要闹，我告诉你：房里的虽然是我正室，只因向来夫妇不和，我已当他死掉的了，所以与你说没有正妻，并非骗你。如今既已到家，你与他自然势不两立，好歹住上几天，我们另找一所房屋搬出去住，岂不狠好？今天却只能委屈你些，不要闹罢。"楚云估量着他这几句话又是花言巧语，没听信他，依旧扭住衣襟不放，两眼中却止不住流下泪来。里房的妇人见了，又发话道："我们好好的一家人家，谁要你哭？莫惹动了我的性子，立时叫你滚出门去。"

楚云不听此话还可，听了时怨极生怒，那无名火也直冒起来，止住了泪，放下策六，举步要赶进房里头去拼一个你死我活。却被策六两手拦住，乘势把他劝下楼去，在客堂内说了无数好话。又上楼把妻子劝住，说此番娶楚云回来，为着他有几个钱，并不是爱他这人。我们将来夫妻仍旧是好夫妻儿，莫要与他寻闹，且看日后便知。真个是一张床上出不出两样人儿，周策六妻子的为人作事，真与他丈夫一般。听了这一番说话，又见扛上来的几口衣箱十分沉重，楚云自己尚拿着只小官箱儿没放过手，知道内中必是些贵重之物，遂当时微笑几笑，翻转脸来道："既然你有此缘故，为甚并不早说？但他有多少东西，三两个月里头一齐弄到了手，便不许他再住在家，必须设法出门，否则我可不依。"策六道："到了那时，不要设法，定然自去，你请放心。"说罢，喜洋洋重复下楼来劝楚云，再把暂住几天，另寻房屋的话讲了又讲，并说："若然我当真与妻子要好，哄骗着你，为甚今天进门，我不叫你与他行个礼儿，也不叫你称呼他一声少奶奶？可知我心里眼里早已没有这人，可恨的是花烛夫妻，不能走开罢了。如今你嫁了我，将来搬出另住，老屋里便可从此不去，你我就如花烛一般。为人须要有些耐性，难道你几天工夫多忍耐不住不成？"楚云起初只顾哭泣，并不理他，直听到不要他与妇人下礼，也不要叫应妇人，并往后定要另屋居住，与花烛无异，觉得尚还有些道理，始慢慢的收住了泪，回说："事已如此，但凭于你。若要我叫应妇人，与他下礼，本来是万万不能。"策六道："说过不必，何必多疑？既然你心下明白，且与我一同上楼，把箱笼收拾收拾，莫要丢掉东西。"楚云万分无奈，勉强随着策六上楼，略把衣箱安顿妥贴，在床底下摆了两只，床头上摆了两只，尚有两只暂放在窗口半边，当了一只台子，把台花、自鸣钟等一齐摆在上面。着衣镜、保险灯没有挂处，镜子戤在床后面板壁之上，保险灯卸去磁罩，放在床柜里头。

楚云见了这种局面，又止不住流起泪来，十分里懊悔到八九分儿，尚有一分，只因还痴望他另行借屋，或有出头之日，故而尚未死心塌地。那里晓得进门之后，一连住了一个多月，几次催策六找寻房屋，策六只说一时没有。那妇人却隔着房间，终日里指东骂西的吵个不了。每天的火食零用，策六依旧不破分文，逼着楚云拿出钱来。楚云回说没有，策六见物就取，非当即卖，楚云也不知费了多少口舌，落了多少眼泪。

一日，策六忽称有个朋友要卖去一处住宅，只要二千洋钱，共有房屋两进，上下八间，甚是幽静。若然买了下来，自己住了后进，那前进尚可借给人家，最为合算。只恨手内没钱，要叫楚云想法。楚云道："你又来了。莫说我并没有钱，就算有些衣饰，现被你拿着开消，若然买了房子，平日的用度甚样，你也须子细想想。"策六道："用度有甚难处，我已托朋友在无锡地方寻了一个纱厂生意，每月五十块洋钱薪水。只因没有把房屋寻好，放你在此心上不安，故此还没有接定。若然果把这房子买了，我马上就要到纱厂里去。常州离无锡不远，或是每月回家一次，或是寄钱与你使用，你想好也不好？"楚云冷笑道："你是个不做生意的人，怎的这般凑巧？一有生意，就是五十洋钱一月，谁来信你？"策六道："你不信么？现有一封无锡寄来的书信在此，你且看去。"说毕，果在衣袋内摸出一封信来。楚云接过一看，信里写的正是要叫策六早日动身,管理纱厂各事,薪资每月洋五十元。不过信面上并没有邮政局与信局图书,疑心策六自己所写,看了又看,一言不发。策六道:"你莫非因信面上没有邮寄图书,动甚疑么? 这信是纱厂里托个朋友在无锡代寄来的,我断不哄骗着你。骗了你,叫我一世不得做人。"楚云道:"那无锡朋友是谁? 现在那里? 策六道:"此人姓包,名唤灿光。他的哥哥名包龙光,曾在上海堂子里头花过大钱,狠有声名,谅你也还记得。灿光现到常州,住在东门里面,要卖的那所房子,也是他说起的。"楚云听包灿光是包龙光之弟,信是他寄,房屋也是他说合起来,倒觉有些意思,暗想策六或者真有其事,何不明天叫他请包灿光来,当面问他一问? 若使此事果真,拼着把插戴衣服一齐不要,讲定房价买了下来,策六好到无锡贸易,将来不至吃尽当光,一无结果;若是内中又有圈套,必有些马脚露出,决计不去听他。因踌躇了好一刻儿始说:"明天可能把包灿光请他到来? 我有话说。"策六道:"请他有何难处? 虽你是个女流,我与灿光情同骨肉,你与他见面何妨。但是请了他来,那房子不论买与不买,必得还一个价,也使我脸上有光,不叫灿光空走一回。"楚云道;"那个自然,你今天何不与他约去?"策六说声"晓得",心下暗暗欢喜,立刻离了家中,寻见包灿光,把楚云明天请他会面的话述了一遍。原来是策六定下暗计,串通灿光,好骗楚云拿出钱来,以待他两手空空赶紧走路,楚云那里得知。

到了明日一早,灿光打扮得十分气概,去寻策六,一见面便说:"无锡纱厂昨天又有信来,问你究竟去与不去? 厂中需人办事甚急。倘然你心中〔情〕愿,就最好先到无锡一走,迟了恐怕自己耽误。"策六道:"无锡那有不去之理? 但我要到无锡,必须先将房屋之事办妥,方可动身。所以今天请你到来,一则商量屋价,二则可有图样给敝眷一瞧。"灿光道:"图样现有,屋价却二千元不能减少,中费在外。"口说着话,举手在衣袖中取出一张图来递与策六。策六接过,交与楚云展开同看,见图上边画得甚是明白,一共两进房屋,每进四幢,天井也甚宽敞,后进并有高大晒台。楚云看了,甚是合意,不由不着了道儿,低低的叫策六还他一千六百块钱,中费在内。灿光回称:"效力不周,屋价须要足足二千,中费我们自己弟兄可以商议。"楚云因又加了二百,灿光尚要他加,楚云私对策六说道:"再加,我实在手头不够,你须贴补些儿。"策六始与灿光暗暗递个眼色,求他且与卖主商量。灿光会意答应下了,起身告辞。策六要留他午膳,灿光回称不必,且俟到卖主那边商定了价,午后再来。倘然卖主允了,须要先付几百块钱定洋,必得预备才好。策六连声称是,送了灿光出门,回身与楚云端整定洋。

楚云只因没有现钱，在手上除了两只金钢钻戒指下来，叫策六变得多少，先付多少。策六拿了出去，不多时取了二百块钱回来，说是向朋友处抵借来的。楚云怪他太少，策六道："常州不比上海，这东西没有人要。"二人正在讲话，灿光又来说："一千八百块钱，屋主已允下了，中费却不能在内。虽然我并没转手。中股中金可以不取，那失股是少不掉的。必须再加数十块钱，不知你意下如何？"策六道："数十块钱有限，索性费你的心，求卖主让掉了罢。我现有二百块定洋在此，烦你带去交与卖主，写张收据回来，十天内一准出屋交价。"灿光假意为难道："数十块钱虽小，不知我讲得下讲不下来。你我既（几）是至好，且待我竭力说去。只要他收了定洋，往后的出屋交价就好办了。"策六连说"诸事费心"，向楚云取了洋钱，交与灿光，央他今天就去，顺便再给一个回音。灿光道："就去不妨，再给一个回音，今天我尚有别事，只恐来不及了，写个字条来罢。"策六道："如此也好。"当下商论定妥，灿光携洋自去，策六在家守候回音。

到得旁晚时候，有人送了一封灿光的信来，说房屋之事已经谈妥，附呈收据一纸，又定期出屋据一纸，乞即察收，明后当图畅叙云云。策六接了这信，连收据及出屋据与楚云看过，又要预备付价银洋。楚云在枕头边取出那只小官箱来，内中共有一对珠花、一支珠押发、三支珠骑心、一支金押发、五支金骑心、两支金荷花瓣簪、一支翡翠押发、三支翡翠骑心、一对翡翠莲蓬簪、一副珠圈、一副翡翠小圈、一副金锁片圈。可惜那珠花上的珠子光彩老了，并且不甚圆正，翡翠押发的翠色甚是呆滞，看来不很值钱，连别的簪插等在内，大约只值一千左右。策六检点一过，道："你尚有一支珠兜，如何不见？"楚云道："珠兜上的珠子是租来的，所以我嫁你的时候还了人家，只戴了三粒帽珍的那只兜儿，难道你没有瞧见？"策六皱眉道："既是只有这点子物件，怎能变得一千七百块钱？"楚云向手上一指道："尚有这对八两重的手镯，与箱子里那些衣服，也可抵得几百块钱。"策六道："衣服你要穿的，论理不能变掉，目今头痛救头，且等我买好房屋，到了无锡寻出钱来再做新的，也是一样。但你这般贤德，不知我周策六是几世修下来的，将来倘有好日，决不忘了你今日之情。"说毕，叫楚云把小官箱依旧收好，大家安睡，又在枕头边说了无数甜言密语，骗得楚云十分情愿到十二分。

一宵易过，明日为始，策六把所有饰物拿出去逐件变卖，一连三日，通共变了一千二百多块洋钱，只有衣箱未动。第四日的早上，灿光来说无锡又到了一封要信，交与策六拆开观看。乃是厂中催他即日动身面订一切，若再不来，定当去请他友，免误厂务等语。策六看过，尚未开言，灿光便极口叫他依信快去，不可失此机会。策六道："机会自不可失，只恨敝眷尚未安顿，怎能一时起行？"灿光道："房屋已经买定，可算得安顿下了。我想你还是先到无锡一走，且俟把生意弄妥，回来交价入宅不迟。"策六假作犹豫不决，将话诉知楚云。楚云因这几日又深信策六，并念做生意是男子汉养命之源，既甚十分迫促，不能叫他不去，只问他去了几时可回。策六说："至多半月，少或十天，一定速回。那时所买之房定可出屋交价，你我搬迁进去，然后再往厂中办事。"楚云沉吟半响，道："既只十天半月，望你早去早回。但这屋价洋元，你出了门，放在我处，里房那个泼婆看了定要眼红，你看怎样才好？"策六道："亏你想得周到，屋价不妨先交灿光带去，万分稳妥。"楚云道："可要他代出一纸收条？"策六想了一想道："收条不能叫他代出，你不晓得我这纱厂生意正是他的荐保，千把洋钱的事怎能信不过他，要他立起字来。"楚云见说得有理，点了点头，又问："此洋几时交他？"策六道："你既许我动身，明天就要起程，今日交他最妙。"楚云遂在枕边将洋如数取出，点一点共是一千二百三十二元，留下三十二元作为零用，把一千二百元交与策六，分三次携下楼去，付与灿光，说："无锡去，明天一准动身。这是屋价洋元，暂存尊处，连前付过定洋二百，尚少找洋四百，且等无锡回来进屋之时付清。"灿光闻言，将洋收下，绝不推辞。只因为数多了，要叫策六送他一同回去，以便携带。策六满口答应，同他取洋出外，藏顿好了。回家假意收拾行李，依旧一个铺盖、一只鞋篮，别无他物。当晚尚向楚云温存了足足一夜，天明时赶紧起身。不知到那里去喊了一个挑夫，挑了行李，别了楚云，并到里房妇人那边低低的说了几句话儿，出门声称向无锡而去。

这一去，便杳如黄鹤，任凭楚云望穿双眼，不见回来。看看半月已过，仍是消息全无，此时始又渐渐疑起心来。因听策六说灿光住在东门大街，好容易央了一个邻居妇人，陪着同去寻访，要问问他有无音信。那知寻来寻去，大街上并无此人。直寻至昏黑才回，竟尔不知下落，心中好不纳闷。正疑一定又入了策六圈套，却从这一晚起，里房那个妇人借着他出外找寻灿光，说他往街上卖骚，千骚货万骚货的骂个不了。楚云回他一句两句，他更槌台拍凳的闹得不像样儿，几次要请策六的亲友到来评理。一日，楚云耐无可耐，索性与他挺了几句，那妇人竟动起火来，赶出房门，打了楚云两记耳光。楚云大哭一场，细算策六动身的日子，已是将近一个月了，不但人影不见，连信多没一个儿，包灿光也不知去向，不是又受了他的哄骗，还是怎的？最恨的更要受那妇人恶气，怎能忍受得下？越想越是懊恨，又想手中那些东西，多已变卖尽了，只剩衣箱未动。这是重笨货儿，眼看着不能拿动，可算得两手已空。似此嫁人一场，真是做了一个恶梦，还要住在此间做甚？倒不如趁着此刻尚有几块零碎洋钱在手，赶紧出门到无锡去找策六，找得着与他拼命，找不着另寻别路的好。盘算了一夜念头，眼多没有合过，天明定下主意，趁那妇人不曾起身，轻轻溜下扶梯，挨出大门，一心投奔无锡而去。

可怜他常州从未到过，出了门怎晓得西北东南？免不得逢人问信，问到了一只无锡航船，搭船到了无锡。寻了一天纱厂，谁知踪影全无。看看天色夜了，要寻一所客栈歇宿，偏偏无锡一家没有，不觉又惊又气、又恼又愁：惊的是今夜住宿何方？气的是策六不该欺人太过；恼的是自己失眼，嫁了这样的人；愁的是手头寸草全无，往后怎能度日？顿时千思万想，被他想出一个人来，乃是从前蓝肖岑做的恩相好钱宝玲，被肖岑漂得不亦乐乎，上海站不住脚，现在苏州阊门外棋盘街为娼。何不暂且寻见了他，有了住处再作计较？遂急匆匆寻问到苏州去的小轮船儿停在那里，岂知小轮已开过了。没奈何，又趁了一只苏州航船，腌腌臜臜的去到苏州。

寻至棋盘街上，只要看见是个院子，便问上海下来的钱宝玲可知住在那里。却见苏州局面与上海大是不同，棋盘街上的妓女直与上海雉妓一般，料想宝玲必不在内。后被他寻到一条弄堂，叫杨树弄，门口有块"潘小莲书寓"，又一块"上海回苏钱宝玲书寓"的牌子，暗喜这里是了。闯进门去，果见宝玲在房内梳头。彼此见面之下，宝玲见他神色悽惶，衣服也不甚整洁，心中好生不解，问他为甚弄到这般模样？楚云把不合误嫁策六，如何离沪，如何被骗，如何出门，如何赴锡，如何到苏之事略略述了一遍，要在苏州耽阁几时，求宝玲作主容留。并问院中共有几人，本家是谁？宝玲道，"此间乃是住家，并没本家拘束。你要暂住几日，只要姓周的不来寻事，我们要好姊妹，住住何妨？若问院中共有几人，乃是两分人家，楼下是我，楼上是潘小莲，此外没有人了。"楚云道："那潘小莲可是也从上海搬到此地来的？怎的我记不起这个名字，难道是有甚姊妹改名不成？"宝玲摇头道："他不是上海来的，向来也不吃堂子饭儿，此节尚是初次，故你不认得他。说起他的家世，你却一定晓得，并叫你诧异起来。"楚云道："诧异怎的？"宝玲道："待我来说与你听。"

正要附着耳朵细细告诉与他，楼上潘小莲听得宝玲到了一个姊妹，叙谈得甚是亲热，虽是苏州口音，说的却像是常州事情，并且从无锡下来，要见见他是个何等样人，下楼走进房来，恰与楚云打个照面。楚云连忙立起身来。宝玲道："这便是楼上的小莲姊姊。"楚云因把头一点，向着小莲微笑一笑，含含糊糊的叫了一声。小莲也含着笑，点了点头，说声"请坐"。楚云把他子细一看，只见二十多岁年纪，一张瓜子脸儿，面庞甚是娇嫩，眉目也甚秀媚，只嫌两颧太露了些；身上穿的衣裤，多甚十分素净，头上系一根白头绳儿，脚上穿着一双四寸大小的元色布鞋，分明是戴着孝服。不知他死了甚（怎）人，还是喜欢这般打扮，只因妓院里满身缟素本来不足为奇，故而不在心上。小莲也把楚云看了又看，私问宝玲："从前他可曾到过上海，叫甚名字？现在由无锡到此何事？"宝玲只回了一句："前在上海，名巫楚云。"小莲听了，顿时两颊通红，像要起身回避的光景。被宝玲一把扯住，道："你要避面怎的？如今是俗语说'一条跳板上的人'了。我有话替你二人同说，你且坐着。"正是：

　　莫言觌面非相识，替诉伤心共可怜。

要知潘小莲果是何人，为甚听见巫楚云名字要想避面，宝玲与二人说些什么，且看下回分解。

第二回

探消息有意辱残花　觅枝栖无心逢冶叶

　　话说巫楚云到了苏州，寻至钱宝玲家，说起楼上的潘小莲。恰好小莲下楼，彼此见面之下，小莲问起楚云来历。宝玲把名字说知，小莲听了，坐不住身，立起要跑，被宝玲一把拉住，说有话讲。原来潘小莲不是别人，正是二集书中被邓子通把洋枪打死的潘少安之妻金氏。自从少安死了，到上海领了棺木回去，又因颜如玉不合冒认尸亲，当堂告了一状，把他发入善堂。当时晓得少安除了阿珍之外，有两个最要好的妓女，一个如玉，一个就是楚云。虽然三处地方，处处俱不花钱，却被他们把少安缠住在申，以致临了儿性命不保，真是衔恨入骨。只因少安此案并没有楚云的事，所以寻不到他，只在心上记下这人。

　　后来扶柩回乡，年纪轻轻的人，怎耐得孤单况味？并且少安在日，因他每天在上海寻花宿柳，好久没有回家，私下早已结识了一个恶少。此人姓白，名唤慕义，面貌甚是俊俏，心肠却甚是狠毒，本是个著名水贩。他见金氏有些姿色，勾搭上了，早存下个不良之心，只因少安在申，不敢下手。及至闻他已死，此时胆大起来。等到金氏盘柩回来，用言语打动于他，叫他改嫁。金氏杨花水性，又喜上无翁姑拘束，下无儿女牵缠，正好自由自主，遂听了慕义之言，居然嫁与为妻。谁知慕义并不是爱他人才，其实欲图价卖。嫁了一个月不到，托称苏州有事，骗他同到苏州，卖与一个鸨妇，名唤阿宝，足足得了四百块钱，从此把他送入火坑。这真是潘少安的眼前现报！那阿宝买了金氏，因自己并没妓院，所以在杨树弄借了一所房屋，与钱宝玲同做住家。央客人替金氏取个名字，这客人晓得金氏来历，戏替他取了潘金莲三字，讽他是个淫妇。金氏却也不知，又说不出潘字犯了从前的夫姓，不许用他，只说金字犯了母姓,请客人改去一字,客人遂把金字改了小字,叫潘小莲。自从进院之后,生涯倒也不甚寂寞,与宝玲不相上下。宝玲起初也不知道小莲这段细情,因见他一举一动,先时多是良家模样,知道他是初入花丛,细细盘问于他,小莲尚泪汪汪的一时不肯实说。直至同住了一月有余,彼此甚是要好,始渐渐的吐露出来。于是潘小莲的去迹来踪,多在宝玲一人肚里。

此番楚云到苏,提起他的名字,看见小莲要走,想着少安当初在上海的那一节事,因把小莲扯住,说:"如今大家是一条跳板上的人了,我有句话替你二人同说。"小莲脱不得身,涨红了脸,依旧坐了下来。楚云却不知内中有甚缘故,急急动问宝玲。宝玲把小莲前后事情先细细的告诉一番,又把楚云近事也向小莲诉知,说:"你们二人真是一般的受人毒害,以致弄到如此地步。如今聚在一处,便是一家人了,不必再提前事,正好做一个患难相交,莫要稍存芥蒂才是。"小莲听了,并不作声。楚云听说小莲是少安的发妻,不觉呆了一呆,因曾与少安私下要好一场,未免见了小莲觉得有些难以为情。后闻宝玲相劝之言,乐得顺水推船,也向小莲安慰几句,并着实替他叹惜一回,把白慕义骂了一场,说他坏良心不应坏到这般模样。小莲听在耳中,甚是感激,渐把当初嗔恨他的意思消灭下了。怎禁得宝玲更在一旁善言解慰,二人竟你言我语的彼此亲热起来,讲了好一回话,直至旁晚方散。

楚云就从这一日起,耽阁在苏州宝玲院中。真个光阴如箭,一连住了半个多月。其时端阳已过,天气渐热,楚云身上的衣服没有更换,向宝玲借了一件夏衫。常州周策六那边,却不知怎样的并没点风声到苏。楚云自思眼前虽与宝玲要好,住在此间并无说话,究竟没有白吃他一年半载的道理,况且房间里尚有娘姨、大姐,看了不像样儿。想起小莲借的楼上房屋,共有三间正房,小莲只用了两间,空起西面的那一间没有用,他只摆着一幢箱子,一只小榻与些零碎东西,做了阿宝的卧房。何不与他商量,把这间房腾将出来,贴他几个房钱,让给自己做了房间?更托宝玲找个掮洋钱的,掮些洋钱,就在此间混他几时。混得手头有了些钱再作区处,岂不是个救急法儿?因此定下主意,先与宝玲商议此事。宝玲听了竭力怂恿,并说掮洋钱人定找得到,叫小莲通间房间,每月贴还他的房钱,也是容易的事。当下即与小莲说知,小莲告知阿宝,果然阿宝一口允许。并因楚云生得人才出众,问他要掮多少洋钱,若是一百二百已够,不必到外面寻人,手头现有,情愿借给他用,照例三分起息,另外拆些分头。倘要用个做手娘姨,也可代找,并且梳得好头。楚云听了大喜,当下就央宝玲做个居间，向阿宝借了二百洋钱，做些衣服，办些插戴，又央阿宝找了一个娘姨，把房间收拾起来。因苏州不比上海，没有出租木器的店铺，托他借了些台椅等物，买了一张榈木大床、一顶白洋纱蚊帐、以及蓝缎床帏，湖色绉纱帐眉一切，勉强铺成了一个房间，恰巧二百块钱正觉不多不少。

诸事端整已毕，自己取了一个名字，叫做云寓，令招牌店做了一方招牌，挂将起来，居然在苏地为娼。顿时哄动了苏州地面无数游人，多说他品貌既好，曲子又精，应酬更是圆到，苏州可算得一个头等妓女，那名气竟渐渐的红将起来，客人一日多似一日。楚云更有一个绝妙的招徕之法，每日到了二三点钟，不是坐部马车在青阳地兜兜圈子、出出风头，便是唤只灯船在山塘上游玩，有时更请宝玲、小莲同到杏花春吃餐番菜，德花楼吃次夜膳，并向大观、丽华等各戏园包间包厢看戏，藉此招蜂引蝶，卖弄他的风骚。果然这手法使得很有意思，每在这种地方，有些客人带着进门，拣好的巴结着他，不好的冷淡些儿，由他自去。只有青莲阁等书场不肯去上，说书场上的客人，上海还靠不甚住，何况苏州？宝玲与阿宝见了他这般手段，听了他这些议论，十分佩服到十二分。阿宝叫小莲留心跟着楚云，随处学些本领，长些见识。楚云因寄人篱下，要想讨好阿宝，不惜尽心教导，不多时竟把小莲也教成一个名妓，那生意日有起色。

一日，有个客人在天香园髦儿戏馆叫局，那局票上写的是个"二"字。小莲因从来没有此人，料想是个生客，到得戏馆一瞧，果然没有见过，因看他举止阔绰，品格轩昂，招呼一声，坐了下去，开口问了一声尊姓。那人含笑答称："我叫二少，就住在阊门里头。不必问我姓氏，往后自知。"小莲听他是本处人，一定有些来历，不再动问。那人却盘问小莲，到了苏州已几时了，同院共有几个姊妹，可有从上海下来的人？小莲一一说知。那人听毕，不问别的，只问楚寓的年岁面貌。小莲动了疑心，恐怕是常州有人到此探甚消息，不敢实说，因含含糊糊的敷衍了他几句。看了一出金桂英、金素英的《月华缘》，叫小大姐装过水烟，托称家中有酒，起身先去。临行说声："二少，停刻请来。"那人点了点头，仍旧看戏，不像便走。小莲出了戏园，回至院中，急与楚云说知此事，深怕此人散了戏馆尚要前来。楚云听了，起初也疑策六寻到此地，虽然讲的说话小莲说是苏州口音，他本来各处乡谈多能讲得几句，有心打着苏白也未可知。继问此人的面貌举止，策六断没有这样大方，又恐并不是他，心上好难猜测。后想既被策六害到这般模样，是他也罢，不是也罢，且等这人来到院中，看事做事，发付于他，有何不可? 故叫小莲放心, 想来断然没事, 又赞小莲见机, 不肯把实话告人, 这是做倌人的第一秘诀, 莫说有些关系的事, 就是没甚关系, 当着客人面前也是少说几句的妙。二人谈谈说说, 天已半夜多了。那人并没到来, 各自回房安睡。

次日午饭才过, 小莲在房梳头, 楚云甫经起身, 楼下相帮的喊声"客人上来", 听得有人在楼梯口问: "潘小莲的房间是那一间? "阿宝忙叫小大姐出房去看, 正是昨夜在天香园叫局的二少爷与一个四十左右年纪的客人, 因叫了一声: "二少, 里面请坐", 领着进房。楚云在房中听得甚是明白, 急在房门口向外一张, 不觉暗暗的吃了一惊。原来进去的并非别个, 乃杜少牧与谢幼安二人。自从幼安娶了桂天香, 与杜氏弟兄并钱守愚夫妇回转苏州, 天香性情和蔼, 举止端凝, 合家大小无不抬举着他, 说他不像妓女出身, 齐氏更把家事一切分半与他掌管, 天香部署得井井有条。幼安心中十分欢喜, 这几时常在家中消受闺房艳福, 并没出门去玩水游山。钱守愚却回家之后, 得了一场走头伤寒, 医药无效, 一命鸣呼, 果应了幼安之言。其子少愚, 父死之后, 不免用钱撒漫, 比不得守愚一生, 除在上海入了魔道, 很花些钱, 其余一钱不肯轻使。这也是守钱虏子孙的通病, 凡是祖上一钱如命的人, 出的子孙必定挥霍无度, 那些钱聚久必散, 有个盈虚消长之理。虽幸初时尚有其母严氏管束, 不能够十分畅意, 然到得不能管束的时候, 自然整千整百的浪用起来, 把守愚老夫妇半生心血几乎一齐送掉。这是后话, 我且慢提。那杜少牧却自上海回家, 已醒绮梦, 尽悟前非。莫说再不想到上海游玩, 就是苏州地面, 也不去问柳寻花, 评红谑翠。少甫回到苏州之后, 要往杭州料理坟地, 尚恐少牧邪心难绝, 绮障重缠, 故托幼安格外留心劝导。及至杭州事毕回来, 见他依旧毫无邪念, 始知沉迷悉破, 操守已坚, 渐懈防维, 默深欣喜。

一日, 少牧偶至留园闲玩, 在四面厅啜茗, 忽见假山石畔有个女子经过, 打扮得十分娇艳, 远远望去, 那面貌举动竟如楚云一般, 心上动了一动, 暗想: "他那得到此? "正要抄将过去看个清楚, 这女子早已走了。当下回转家中, 恰在路上遇见幼安从沧浪亭访友回来, 少牧把在留园好像看见楚云之事告知。幼安早有友人说起, 这节杨树弄到了一个妓女, 名唤云寓, 与上海来的钱宝玲、常州来的潘小莲同居, 怎样色艺双佳, 与他讲起上海事情十分熟悉, 也像是上海下来的一般, 疑心是楚云改名到苏, 他与钱宝玲本来相熟, 故而住在一处。今听少牧说起此话, 更疑一定是他, 只因深怕少牧又起情魔, 所以打断他道: "天下人面貌相同的甚多, 怎见得就是楚云?

即使当真是他，想你被他笼络够了，再要提起此人则甚？"少牧道："不是楚云也罢，若使果是此人，我并不是有甚留恋，只因他当日欺人太甚，故想羞辱他一场，使他置身无地，早离姑苏，岂不是件快事？"幼安道："留恋果然不可，羞辱他却也不必。这是你当初自愿受骗，不能够怪他一人，天下事已过即了，何苦与这班人闹甚是非？"着实的劝了一番而散。少牧却究有些少年意气，就从那日为始，留心定要探访楚云消息。

又一日，在德花楼饮酒出来，可巧楚云也在德花楼应局出外，因他走在前面，少牧仅见了个后背，愈看愈觉相似，要待转至前面看时，已经出了大门，街上去了。因此止住了步，动问柜台上经管叫局的人，此妓叫甚名字？柜台上人回称："这是杨树弄的云寓，目今苏州地面算他最是有名。二少爷近来不甚出外，所以认不得他。"少牧点头记下，出了德花楼，就往杨树弄兜了一个圈子，果见有家门首挂着块云寓招牌，并有钱宝玲、潘小莲两个牌子，暗想："钱宝玲在上海认识，潘小莲不知是谁，谅没见过。何不叫一个局，盘问盘问这云寓的根由底细，一定盘得出来。"故而昨天把小莲叫到天香园去，细细问他。小莲却误认做常州有人到此，不肯直说，竟然没甚口风露出，少牧依旧莫破疑团。是晚因天已夜深，看完了戏赶紧回家，小莲与楚云防着他去，他却并没有来。今天一早去寻幼安，把德花楼、天香园两处之事说知，定要同他到杨树弄一访下落。幼安初时不肯，后因少牧一定要去，并说倘然果是楚云，此种人放在苏地害人，何不赶紧叫他到别地方去，也好少害苏州几个子弟，知他心中果已透澈，决不像在上海的时候，一见了面便又着起迷来，始转口答应了他。留他在家吃过午膳，一同到此。因是初次，不认得小莲房间。故在楼梯口头动问，由小大姐接进房去。

楚云既在房门口看得甚是清楚，不由不心上着惊：为的是当日骗得少牧，自知太过，今日见面，用怎言语去敷衍于他？真觉难于启齿；何况幼安娶了天香，听说二人十分恩好，相形之下，更觉得自己所做的事见不得人，心上万分羞愧。回转身在靠窗的一张交椅上坐下，定了定神，忽然转了一个念头，暗想：做妓女的怎能够怕见客人？算我当初不合骗他，也是他自愿上钩，并不是强抢硬劫，犯下罪名。今既来到苏州，少牧、幼安俱是苏州人氏，早晚终有见面之日，既然他们今日到此，何不索性梳好了头，走到小莲房中与他二人见面，看他有甚话说。况且少牧这人最易受骗，凭着我巧言舌辩，再把他骗到个意乱心麻，倒可在此人身上很很的再弄几千块钱也未可知，怎的在此呆着？主意已决，忙唤娘姨赶紧梳头，恨不得立刻走了过去。谁知梳至一半，小莲进房说："方才来的两个客人，多说与你认识，叫你过去坐坐，看来并不是常州下来的人，像是在上海做过你的。他们上楼的时候，不知你见过没有？"楚云道："我已在房门口见过，一些不错，是上海做过我的。你且莫把真话与他们说，等我梳好了头马上过来。"小莲答应自去。

楚云不慌不忙将头梳毕，扑好了粉，画好眉毛，点好口脂，戴好花朵。其时是八月天气，中秋将到，残暑未消，身上穿了件粉红汗衫，外罩一件新做的湖色外国纱单衫，这纱甚是稀朗，衬出满身肉色，好似没穿里衣一般，更故意的把香颈松开，装做怕热样儿，下身只穿条白洋纱裤子，足上拖了一双湖色绉纱蝴蝶头小拖鞋，真觉得异常妖艳。装扮已毕，移步出房。先在小莲的房门口叫了一声"二少"，又叫了一声"谢大少爷"，方才扭扭捏捏的走进房去。在少牧身边一坐，脸偎脸的打了一个照面，微微叹一口气说："二少，想不到今日见面，我楚云盼望得你好苦。"说毕，将身倒在少牧怀中，像要流出泪来。

这一下是楚云使的金钟罩儿，要把少牧心肠先行罩软，方好见景生情，再用花言巧语去欺哄着他。若是从前的少牧，见了他这般妖态，听了他那般情话，少不得又要入他圈套，疼惜他怜爱他起来，如今却换了一个人了，看见楚云这样做作，急忙将他一推，立起身来说："有话好讲，何必如此？"楚云倒收了个没意思儿，一时没有话说。幼安却暗佩少牧真有定识，且看他往后如何。少牧见楚云半晌没话，反笑微微的动问他道："怎样你盼起我来？听说你已经嫁了策六，姓了周了，又到苏州做甚？你且说给我与谢大少听。"楚云因少牧的说话来得斩截，又见第一个金钟罩罩他不住，知他已经悔到极处，软话是不中用了，还是换几句硬话与他说去，顿时将脸往下一沉，说："二少，你这句话乃是那里来的？我被姓周的包了一节，把我带到常州，如今一节满了，姓周的没有力量再包，自然又要出来。因与楼下钱宝玲认识，故在苏州暂住，却并没嫁过策六。从来说'传来之言不可深信'，二少你莫去听他，并且以后休要这样的说，须知我声名要紧。若言怎样盼你，本来我晓得你住在苏州，自然一到苏地，就想差娘姨、相帮前来相请，争奈记不起你的住处，所以并没有来。你与我斗嘴怎的？难道我口是心非，半点子懂不得好歹，一些没想着你不成？"少牧让他一口气把话说完，佯笑答道："原来你被策六包了一节，并没嫁他。如今重堕风尘，真还记念着我，这却甚是难得。但包你与娶你不同，为甚动身之前，说要调头到平安坊去？"楚云道："那是怕你听见我被人包去，心中一定着恼，不得已暂瞒着你。明知后会有期，且待忍过一节，与你说明未迟。这正是一片苦衷，你也得体谅些儿。并非我当真嫁了策六，有心骗你，那才是我的不是，今日见面，受你说话，没有分辩。"少牧听罢，依旧佯笑答道："当初你怕我着恼，今日可知我心中甚样？总之周策六娶你也罢，包你也罢，与我姓杜的并没相干。只问你今日到苏，像我当日一般的人已经遇了几个？我想苏州地面比不得上海人多，只怕禁不起你大刀阔斧施展神通，心上也得放明白些。我姓杜的与你相识一场，古人说：'君子交绝不出恶声'，今日前来，并无别意。话已讲完，你且回房去罢，我们在此略坐，也要走了。"

楚云不提防少牧勘透痴情，讲出这一番话来，直如兜头浇了一桶冷水，从头顶冷至足心，那有说话答他？面孔却红了又白，白了又红，真觉得无地可容。小莲与房间里的娘姨、大姐见此情景，不知为了何事，也俱呆若木鸡。到底小莲的抚蓄娘阿宝吃这堂子饭已是久了，有些见识，听了少牧那番口风，看了楚云那般面色，明知内中必定楚云有万难对人之处，急须想个解围之法，因一溜烟跑至外房，叫粗做娘姨传下话去，令相帮假喊一声有客叫局。阿宝问："叫的是谁？"相帮回称："云寓。"阿宝又问："那个客人？叫到那里？"相帮答称："姓黄，乃是船局。"阿宝遂在房门口关照一声，楚云方得借此起身，对少牧、幼安说声"请坐"，向外便走。二人把头略点一点，回称"你去"。少牧在身畔取出四块洋钱，放在台上两块，说是昨夜在天香园叫的局钱，两块是今日算了一个堂唱，叫小莲收下。小莲尚不敢收取，阿宝知道这户客人下次是决计不来的了，急忙跑进来，口中虽说："二少爷，怎的这般要紧开消？"手里却把四块钱取了，一齐放入衣袋之内。少牧看着好笑，与幼安使个眼色，起身回去，按下慢表。

小莲、阿宝照例送二人至楼梯口方回，楚云却坐在房中，并没出来，呆呆的绝不作声。阿宝回至小莲房内，叫娘姨把楚云唤过房来，问他与姓杜的究竟为了何故，两下里意见不合。楚云把在上海当日之事略表一遍，讲了几句良心话儿，说："千不该万不该，是将嫁策六的隔夜，尚问他骗了一百洋钱、一只打簧金表，难怪姓杜的今天发恨。虽幸他脾气尚好，并没翻脸，但我住在苏地，从今有人知了底细，万一传扬出去，必说我心术不好，手段太辣，又是个嫁过了人重出来的，只要这样一谣，生意决难起色。虽有几户熟客拿得住他，可使他不听外面浮言，无奈为日未久，熟客不多，并没个花得三千二千银子的人，将来开消一切怎靠得住？因此我想过了中秋，另到别处再作计较。正要与你们大家商议，不知可是离开苏地为妙？"阿宝听了尚未回言，恰好钱宝玲因闻房间里人说起，楚云今日来了个尴尬客人，呕了一肚子气，不知是谁，上楼探问。楚云一见，便把方才那一番话一一诉知，要叫宝玲决个主意。

宝玲沉思半晌，道："若论姓杜的为人作事，平时甚是大方。今日虽然如是，往后不见得与你为难，住在苏州料然无事。若怕风声传播，俗语说人口难瞒，苏州地面又小，一句话传了出去，几于通国皆知，你料以后生意有碍，虑得不为无见。但你要往别地方去，不知是个什么地方？"楚云道："地方自然上海最好，既有熟客，又有阿娥姐等许多熟人，生意自然做得出来。只虑日子太近，第六那丧良心的不时在上海往来，倘然遇见了他，晓得我又在妓院为娼，他不说害到我这般地步，反说我当日为甚不别而行，拿住了这个题目与我为起难来，虽然并不惧他，究竟不甚安稳。若除了上海一埠，无非是天津，汉口两个通商码头尚可去得，又恨没有熟人依附，怎能前往？真是为难。"阿宝道："大小姐真要出码头去，我看天津很好。凡是上海去的，听说很有几个手头多了些钱。我有个结拜姊妹，名唤珠姐，在侯家后开着一个极大院子，上节几次有信到苏，叫我与小莲同去。我因路远没伴，回绝了他，心上却甚是愿去。过节倘要前往，我们很可结伴同行，不知你意下若何？"楚云听了，心中大喜，道："阿姨此话可真？更不知上海下去发财的人是那几个？"阿宝道："我到天津，久有此心，谁来哄你？若问发财的人，听说是杜素娟、花艳香、媚香几个，多在珠姐院中。"楚云道："素娟在上海姘了戏子，生意清得不像样儿，如何到了天津，竟又发起财来？艳香、媚香两个在上海嫁过扬州郑志和、游冶之二人，我晓得的，且与我甚是要好。后来听说有了不端之事，卷了许多银钱、首饰出外。郑、游二人托了个姓平的告过公堂，要拿办他，一向没有下落，如何也在天津？"阿宝道："正是二人因私识了两个戏子，跟着他们到津。不多时上海有行文到彼，查拿甚紧，两个戏子怕有祸事，吃不住了，把二人抛在天津，依旧出门唱戏。带出去的银钱、首饰多已浪费尽绝，二人无奈，改了名字，一个叫花惜惜，一个叫柳飞飞，多投在珠姐院中。起初一节的生意并不甚好，要想重到上海，又打听得官事未了，不敢出头。后来做得久了，渐渐的红将起来，如今已声名大噪，不想再到别处去了。听说手中多也没有，每人足足的俱有二三千金，算起来尚只一年不到，你瞧快么？"楚云羡慕道："原来如此。我们倘然真个同去，不知将来怎样？但须先给个信关照珠姐，叫他差人到苏州来接才好。"阿宝道："目今已是八月初了，寄信去等他来接，最快须要二十多天。那时中秋已过,下节的房屋怎样?我想当真若去,只要先写封信,咨照珠姐一声.叫他留起两个房间,这是最要紧的。我们中秋一过,立刻收拾动身,等到动身的前一两天,再发封信,叫珠姐算定船到之日,差人在码头上接,你想可好?"楚云闻言,连称妙极。阿宝说一定百定,马上就要叫帐房上来写信。

宝玲向楚云一指,道:"他一肚皮的字墨,写不来么?要甚帐房先生。但你们多到天津去了,留我一人在苏,冷清清的很不愿意,倒不如随着你们也到天津走走。不过像我这样的人,到了天津,不知生意可做得出来?"阿宝道:"你在苏州很好,想是说说罢了。像你这般的人,倘然真到天津,那生意虑他则甚?"宝玲道:"我倒并不是句顽话。你们瞧,苏州生意虽好,做了两节,无非每节做个开消罢了,并不曾多几个钱。再看苏州地方,虽是府城,却不是通商大埠,来的客人,有几个手面阔绰,用钱盈千累万的人?所以再做几年,只怕也没甚好处。若照这样想来,岂不是索性大家收了场子,退了房屋,同往天津混他几时的好?"阿宝听宝玲也要同去,那口风甚是决绝,急忙接口说道:"倘然你真肯同往,我们现要写信,何不就央大小姐写在信上,叫珠姐多留着一个房间。"楚云也怂恿他道:"索性大家同去最妙,我当真马上写封信去可好?"宝玲听二人多叫他去,略再思忖一过,道:"说去定去,你竟写信是了。"楚云点头答应,叫娘姨到纸店里去买了两张信纸、一个信封,取出现成笔砚,磨得墨浓,呮得笔饱,当下写了一封书信,念给阿宝与宝玲、小莲听了一遍。阿宝说他写得甚是周到,赞不绝口。楚云又问明住址,开了信面,封好了口,叫相帮的立刻寄到邮政局去。少时天已黑了,各人出局的出局,有客的有客,彼此散去。

阿宝暗暗关照房东,把房屋先退了租,却再三叮嘱院中男女相帮人等,叫把到天津去的事情一概不许走漏消息,只说下节仍在原处,并不调动,怕的是收帐为难。及至中秋一过,各人将局帐收清,楚云子细一算,这一节的生意,除了还去房间里借的洋钱并一切开消之外,多了几件衣服,一房杂木器具,一百多块钱的插戴,那现钱却一些没有。因把插戴留下,衣服器具携带不便,变了二百多块洋钱。收拾已毕,与宝玲、阿宝择定二十动身,把娘姨、相帮一齐辞掉。又先发信到津,届期阿宝到戴生昌轮船局去写了两张房舱票子,先到上海,共是楚云、阿宝、小莲、宝玲四人。大家俱只带了一副被褥、一只衣箱,没甚行李,两间房舱甚是宽敞。二十的旁晚开船,二十一早上已到上海,并不耽搁,当日换了招商局轮船,一径赴津。在途深幸并无风浪,三日后安抵津门,各搭客纷纷上岸。阿宝等望着有人来接,谁知望了半日,人影俱无。楚云心下犯疑，问阿宝这是什么缘故？阿宝也觉有些诧异，回称："莫非信局误事，发的信没有收到？"楚云道："难道两封多没有收〔到〕，那有此事？"阿宝踌躇道："收到了信，怎的不派个人来？其中定有别情。不免待我先自上岸，找到那边问个明白。"宝玲道："你天津到过没有？上岸去找得到么？"阿宝道："天津虽没到过，上岸去定找得到。否则我们住在船上怎的？"楚云道："既然如此，就烦你走一次罢。我们在船上等你。"阿宝遂整整衣衫，理理鬓发，上岸而去。

约有一点多钟，众人正等得有些心焦，只见他同了一个人来，宝玲并不认得，楚云、小莲一看，乃是阿珍的姊姊阿金。楚云他乡遇故，甚是欢喜。小莲与阿金认识，乃是少安死后，小莲到上海收领棺木，阿珍姊妹多在县署过堂，所以见过一面，暗诧他几时到此，只因想起前情，那面孔又不免红红儿的，一句话说不出口。楚云觉着，急与他使个眼色，暗叫他不可如此，一面与阿金讲话，问他怎样来到天津？阿金道："说也话长，自从我妹妹阿珍为了邓子通闹下大祸，连累我一同拘入县衙。阿珍问了监禁三年、期满递解的罪名，刻下尚在监中。我因此事并不干涉，当堂释放。只怜我姊妹遭了这场官事，阿珍出不得头，我也过不下了，没奈何找了一个熟人，来到天津度活，耽搁在侯家后珠姐院中，帮他照应照应院子里的事情。多亏珠姐待我甚好，住了好几个月，真似嫡亲姊妹一般。不料七月里，珠姐得了外症死了，男本家姓王名八，本要将这院子收掉，后见我人尚诚实，遂把院中各事一齐托我经管，所以至今住在天津。不知你怎样到此？"楚云一头与他讲话，一头看他耳上的那副珠圈，头上那支珠押发簪，粒粒多是精圆珠子，手上带着一对金镯，几只嵌宝戒指，估量着必定是珠姐死后，姘了男本家了，故而有此气概。既然姘了本家，那院子就是他开的一般，一定能作得主张，因把自己经历之事略述数语，接着问他，中秋前在苏州曾发过两封书信，见过没有？阿金道："书信多曾看过，房间却没有留定。只因珠姐死了，我与宝姐不熟，不晓得来的姊妹乃是何等人才，配住甚样房间，所以没有定下。今天也荒唐得紧，没人到码头来接，真是说不过去。直至方才宝姐上岸，与我说起信上写的云寓是你，真是我们院子里的好运到了。如今又见宝玲阿姐与小莲阿姐，多是人才出众。停回上岸之后，当叫他们让出六个最好的大房间来，每人两个，包得你们往后的生意定有起色。"楚云、宝玲同说一声："多仗你金姐照应。"阿宝也替小莲谢了一声。其时岸上歇着五部东洋车子，走下几个人来，乃是院中相帮唤车前来迎接众人。阿金先叫相帮把各人的衣箱铺盖挑上岸去，才亲自陪着楚云等登岸坐车而去。

　　楚云等进院之后，果然阿金替他们腾出六个大房间来，安顿住下。隔了一天，拣个好日，挂起牌来，三个人的名字多没有换，依旧是一个云寓，一个钱宝玲，一个潘小莲。那楚云的房间正在花艳香的左面，宝玲的房间在杜素娟对面，小莲的房间在花媚（艳）香前面。六个人同在一处，院子里的生意一日热闹一日。更算楚云最好，做至一年光景，竟多了千把洋钱，多是砍斧头砍下来的。到得将近三年，云寓的名气愈是大了，不但宝玲、小莲及不得他，连素娟与艳香姊妹也俱减他几分，手中着实多了四五千银子，比在上海嫁策六的时候更是有钱。自己想不到尚有今日。正在十分得势，忽一日阿金与男本家差人叫楚云等多到帐房里去，慌慌张张的说道："坏了，坏了！我们这饭吃不成了，今天故请你们商议商议，可要大家各自走路。"楚云等一听，不知为了何事，彼此大吃一惊。正是：

　　　　莫道异乡能久恋，不防平地起飞灾。

要知天津出了何事，阿金如此着急要叫各人星散，且看下回分解。

第三回

女总会楚云寻阿素　花烟间如玉访蓉仙

话说楚云等在天津侯家后阿金院子内为娼，屈指三年，生涯大好。一日，阿金忽与男本家王八在帐房内邀集院中诸妓，说天津不能再做生意，要叫大家各散。楚云等听了大惊，急问为了何事天津不能再住？阿金道："你们难道还不晓得么？北京近来出了拳匪，男的名义和团，女的名红灯照，说什么扶清灭洋，专与洋人作对，声势甚是汹涌。朝里头的官长不知如何听信了他，一处处设坛练拳，听得王府里头多有那班拳匪。说练会了拳，有鸿钧老祖、王禅老祖、二郎神、齐天大圣等许多神道附身护法，刀剑不能杀他，枪炮也不能伤他。闹得个京城里不像样儿，渐渐散布各处，烧毁教堂，杀伤教士，抢夺财帛，凶恶异常。天津的城厢内外，也那一处没有匪党踪迹？现在更与官兵通同一气，听说烧了芦沟桥、琉璃河、长辛店一带铁路。前日，更被一支官兵杀了一个驻京东洋钦差衙门里头的书记，生恼了京城里各国钦差，纷纷打了电报回国，顿时调集各国兵船，马上放到天津，今天听说已多到了大沽口了。大沽炮台上的统领不许他们进口，大约不日必有一场大闹。这是方才有个官场中客人来说起的，此信千真万确。你们想天津如何再能住得下去？岂非还是赶紧逃命的好？"

楚云等听完此话，彼此多吓得面无人色，战战兢兢，一些主意多拿不出来。有几个胆子小的，更吓得啼哭不住。楚云连忙止（指）住他们，道："这不是哭泣的事。金姐既是这样关照，那信息又是靠得住的，不是谣言，我们三十六着，走为上着。要走还是快走的好，莫要开起仗来，那时再想逃命，恐就难了。"宝玲道："你的话果然不错，但我们一时三刻，走到那一处去才好？"楚云筹思半晌，道："拳匪的事情闹得大了，凡是近处地方，现下各村各镇多有，我也早有客人说起，逃去真是自己送死。只有上海听说尚还没有,又是各国的战外公地,不许在那边交锋打仗,想来最是安乐。要逃自然逃到上海,不知你们心上甚样?"阿宝道:"上海去我没有熟人,还是仍到苏州,可好?"宝玲摇头道:"苏州也要从上海去的,既然到了上海,再到苏州做甚?若说你没有熟人,我与楚云多有,尽可同去不妨。"小莲对阿宝道:"他二人既肯同我母女前往,且等到了上海再处,岂不甚妙?"阿宝点头称是。

众人正在议论,猛听得半空里"轰"的一响,阿金叫声:"阿呀!莫非是大沽口今夜开了仗么?"正要叫相帮出外探听,又听得"轰轰轰"一连数响,阿金连喊:"完了,完了!这不是炮台在那里开炮,还是怎的?"霎时间各人慌做一团。楚云问:"大沽口离此有多少远近?"王八道:"离此一百二十余里。"楚云道:"既在一百里外,那炮声听得么?"阿金道:"夜静了,听得出来。"小莲浑身抖战道:"炮子可要打到此地?"阿宝安慰他道:"炮子决打不到,莫要这样着慌。"阿金道:"炮子虽然断打不到,只怕一开了仗,明天街上边乱纷纷的脱不得身,又恐铁路上停了火车,怎能到得大沽?"各人你言我语,这一夜那个敢睡?

闹至天色微明,楚云等赶紧回至房中,收拾衣箱行李,端整逃到上海,阿金与杜素娟也要跟着同去。艳香、媚香因上海出不得头,决计与院子里别个姊妹逃往德州。彼此商议已定,想要动身,但见有几个相帮从外面跑得满头臭汗的抢进院来,道:"你们的东西拿不得了,要走只好大家走个光身。我们在外边打听得明明白白,昨夜大沽口的炮台已经被各国洋兵攻破,如今洋兵进了口了,街上边乱得不可收拾。凡是拿着东西逃命的人,多被团匪纷纷抢夺,一个个性命难保。你们还要大包小裹的往那里去?"众人听了这一番话,真吓得魄散魂飞,谁敢再去顾惜物件?慌把箱笼等一齐弃下,只带些细软值钱之物,硬着头皮一拥出门。相帮又说:"铁路已经不通,河里头的小船也没有了,轿子、东洋车更不必说,逃出去只好听天由命。但愿到了大沽,才好指望生路。"众人一听,更觉得苦不堪言,又见街上边逃难的人,男男女女、老老小小不知其数,没一个不叫苦连天,骂着官府为甚要信用拳匪邪术,闹此奇祸。

艳香、媚香行至中途,因听人说上海尚有三个名妓,就是赛金花、林黛玉、花翠琴,也多往德州去的,撇了院子里的姊妹,拼命想赶着他们做个同伴,有些靠傍。那知赶了两天,赶不上他,却遇见了一大群的拳匪,竟把二人掳去,将身上的金珠首饰一齐抢掉,又把浑身衣服剥去,不能走。好容易向逃难妇女每人讨了一件破衫、一条破裤遮羞,方才随众前进,一路上乞讨度活。这一下比了郑志和、游冶之当日在上海沿街卖唱，更是羞苦万分，真个是现世恶报。后来到得德州地面，打听得赛金花等多已走了，可怜德州从未到过，举目无亲，又是乱离时世，那里有甚活命的所在可以投奔？竟流落在德州界上，双双穷饿而死。一言结过，往后不提。

再说楚云等出了院门，由王八在前引路，取道到大沽而去，一共是楚云、宝玲、小莲、素娟、阿金、阿宝，连王八乃是七人。一口气走了三四里路，楚云、小莲的两双脚缠得最是纤小，疼痛难行，又没有打尖地方，只得暂在路旁歇息。王八着急道："今天最好须要赶到杨村过夜，赶不到只怕路上不妥。大家只好熬些痛楚，上紧趱路，决不可这样慢腾腾的。倘有三长两短，这是性命交关的事，不是顽的。"楚云、小莲听了，彼此攒眉叫苦，略略喘息一回，没奈何起身再走。又行了二三里路，只走得脚尖肿胀，寸步难移，头上边的极汗一阵阵如雨点一般。阿金、阿宝看了过意不去，一人搀扶着一个，勉强又走了三里之遥。但见一片荒郊，人踪稀少，正到了个前不把村后不着店的地方，众人心中好不害怕。

猛听得一声呼啸，旷野里跑出十数个人来，一个个身系红带，手执刀枪，正是些闹祸拳匪！众人一见，只吓得魂不附体，大家喊声"不好"，要想夺路狂奔，各匪已一拥上前，好似鹰拿燕雀一般，把七个人一齐拿住。内中有个为首的人，各匪多称他大师兄，禀请将众人怎样发落，那大师兄说："姑念他们多像是逃难女子，搜搜他身上有甚违禁东西再说，且慢伤他性命。"众匪答应一声，把楚云等按倒在地，遍身搜索，搜出金珠首饰无算，一齐拿至大师兄面前。又指着楚云说道："这女子穿着一件粉红色外国汗衫，下衬白洋纱小裤"；指着小莲说："他系着个白洋布肚兜，也是白洋纱衬裤"；指着素娟说："他穿的是白洋纱衫"；指着阿宝、阿金说："他二人多是洋布小衫"；指着王八说："此人身上有洋烟一大盒，洋烟泡十数个"；更指着众人说："他们的袜子多是洋布所做。"那大师兄把双眉一竖道："有这许多违禁东西，与我一概洗剥下来。"众人听了这一句话，真个是头顶上失去三魂，足心下走了七魄，尚不知犯了何禁，一个个伏地求饶。各匪不容分说，先从王八动起手来，把他的烟盒、烟泡取去。王八没了洋烟，就是没了性命，那里肯放？略与各匪争夺，被一个三十多岁的匪徒踢了一脚，站立不住，向前一磕，面前正是一条田沟，"扑通"一声，一个倒栽葱跌入沟内。沟水虽不甚深，只因仃倒扑将下去，先吃了几口秽水，连救命多喊不出来，眼见他手足在水面上搨了一回，再搨不动，直僵僵的竟是死了。楚云等更吓得面无人色，见各匪来洗剥衣服，谁敢撑拒？由着他们任情摆布，剥个精光。那大师兄尚算大发慈悲，凡是洋货衣服，连着洋烟、烟泡一齐用火烧掉，不是洋货的，给还穿着，饶了各人性命，赶他们快快逃生。楚云等正如九天里得了恩赦一般，拿到衣服，不论是那一个的，急忙穿在身上。穿好了正想飞跑，忽有几个二十岁上下的拳匪，因见楚云等俱各有些姿色，动了邪心，不肯放他，一人拉了一个，不知要拉到那里头去。只听远远的有一阵马蹄声响，又听得枪声大作，那大师兄大声喊道："不要是洋鬼子来打我们了，我们人少，别再与女毛子胡缠，快些走罢。"各匪始相顾着惊，撇下众人四散逃去。

楚云等见拳匪去后，彼此放声大哭。阿金更因王八已死，哭得甚是哀惨。少停，果见有一大队洋兵到来，听得妇女泣声，勒住了马子细瞧看，知是遇了拳匪。虽然言语不通，有个洋兵向楚云等打个手式，问那班拳匪逃到那里去了，楚云会意，用手向逃去的地方乱指。各洋兵点点头儿，如飞拍马追去。隐隐听得放了几枪洋枪，估量着必是寻到各匪，在彼斗杀。阿金尚信各拳匪有枪炮不入的本领，深恐洋兵不是对手，此地不可久留，急与众人一步一跌的拼命奔逃。最苦的是各人被匪剥去袜套，赤着双足，更是难行。也是诸人命不该绝，奔了一程，遇见了一大群逃难良民，也望大沽去的。楚云等把被匪劫夺之事诉知，求他们挈带同行。那些良民怜他们多是妇女，答应下了，并有些乡下妇人给了几双大布的破袜套儿与各人穿，说拳匪最恨的乃是洋货东西，想你们多穿洋布袜套，故被剥掉，往后不可再穿。内有几个有些见识的人，说拳匪那里是恼甚洋货，无非借着这个名目可以浑身搜索，但着金珠宝贝不是洋货，他们为甚也要拿去？洋钱是外洋铸的，他们一到了手，为甚不肯抛掉？说得众人多称有理。

这日楚云等随着大众逃到杨村，露宿一宵，明日始到大沽，离却了虎穴龙潭。不过每人盘费全无，只剩了一双空手，怎能够搭得轮船到得上海？尚亏王八有个表叔姓汤，也在侯家后开堂子的，这日不先不后的也逃到大沽，路上没遇拳匪，手头甚是充足。阿金与他认识，说明了被难情由，问他借些路费。那汤叔说："你们借了盘川，可是到上海去？"阿金回称正是。汤叔一口应许道："我现在也到上海，替你们各人多写一张船票是了，但不知这几日可有轮船？"阿金道："我一路闻听人说，招商局轮船不开，其余没有停轮。既蒙允许，就烦你赶紧写去。"旁边逃难的人说道："此时此刻要去，只管下船，还要买甚船票？"阿金听言之有理，遂与汤叔等同到码头，问明白了往上海去的轮船，不管他人多人少，一齐挤下舱去。

　　但见船里头已坐得满满的了，连个铺场多找不出来。众人此时得了性命，顾不得船中挤轧，眼巴巴只望开船，直望至开出大沽，到了烟台，惊魂始定。楚云等商议，到得上海，先在那里暂住一住。依素娟的主见，要到久安里寻找旧日本家。宝玲道："我们去得人多，端阳已过，本家那有许多房间？找他也是无益。"楚云道："不但如此，我们多是一双空手的了，找到本家之后，一个个要问他拿取带挡，那有这等力量？我看上了岸，还是先借客栈，慢慢的大家分找熟人，找到了再定行止，才能够各有定处。"汤叔道："大小姐说得不错，上岸一准借栈的好。就是我到了上海，堂子是开不起了，一时也没有生意好做，须要寻找弟兄们设法。倘然有甚机会，那个大小姐肯挑我吃碗饱饭，我还可以捎得三百五百块钱，做个带房间的。只要你们能分头办事，不要几个人仍旧并在一处就好办了。"楚云等点头称是。因此船到上海，各人上岸之后，多借在洋泾浜客栈里头。所有船钱、栈钱，俱由汤叔暂出，言明一做生意，大家加利奉还。

　　楚云到了栈中，先央汤叔去寻从前跟过他的阿娥姐来，与他商量诸事。岂知阿娥姐现在买了一个讨人叫花月香，住在兆富里中，生意甚好；更因楚云当初嫁周策六的时候，劝他不听，平日里又爱做潘少安等恩客，见他有些怕了，倘然接了他的生意，深恐旧病复发；又恐在常州走散之时，有甚不明不白，莫要被姓周的知道，到上海寻起事来，故此楚云满心要投奔于他，他却冷冷的只说手头没钱，捎不起带挡洋钱，一口回绝，倒把楚云闹了一肚子闷气。只因事急依人，没奈何耐着性儿，脸上一些瞧不出来，只盘问他旧时姊妹与那些娘姨、大姐那个境况好些，阿娥姐道："你出去了三四年光景，他们嫁的也有，出码头的也有，嫁人又出来的也有，得法的却并没几个。只有包花小兰的阿素嫁了贾逢辰，一场大火烧得精光，逢辰竟被烧死。人人多说他为甚这般命苦，那知是他好运到了。自从逢辰死后，他又嫁了一个山西客人，此人姓甘，排行第四，人人呼他甘四，年纪六十多了，手头很有几千银子，乃是放印子钱积起来的。阿素嫁他，本来看着他几个钱儿，果然不到半年，甘四死了。他家眷不在上海，阿素把银钱私自运掉，发信到山西去叫他家属至上海收尸。可怜姓甘的家里虽然晓得甘四在日有些积蓄，无奈毫无凭据，那能向阿素发一句话？领了棺木回去。因见阿素年轻，说山西地方甚苦，叫他不必跟去，任凭改嫁。阿素巴不得有此一言，遂堂堂皇皇的出了甘姓。如今并不嫁人，姘了一个乌师，住在九江里内，有吃有穿的，好不逍遥快活。每天必到二马路一个女总会内叉叉麻雀，夜间或是看戏，或是听书，并没有人去管束于他。你想阿素这运交得可是好么？”楚云道："男人的总会，我在上海之时已经有了，女总会却没有听见，可是新近起的？”阿娥姐道："女总会乃是几个女眷合借了一两间房子，每日在那里叙叙，并不像男总会领有照会，乃是私的。”楚云道："总会里有的是什么人？”阿娥姐道："公馆里的奶奶、太太多有，凡是爱顽的人，只要有熟人牵引，多可进去。”楚云听了此言，暗暗记下，然后把别话岔开。

及至阿娥姐去后，看见天色尚早，急与汤叔商量，再借了二十块钱，叫他往衣庄上买了一身纱衫衫裤，余下的些角子洋钱零用。汤叔买了回来，楚云穿换好了，又兑了一角洋钱零钱，叫了一部东洋车子，到二马路女总会去寻阿素。路上问了好几个信，方才问到。见一共只有两幢房子，却收拾得甚是精洁，总会做在楼上。那时候并没碰和，不听见骨牌声响。楚云恐阿素不在，立住了脚不敢上去，恰好楼上走下两个人来，前面的二十多岁年纪，打扮得甚是娇艳，不认得他，后面一个正是阿素。楚云急忙上前，叫他一声"素姐"，道："我与你久不见了，一向你好？”阿素见是楚云，想不到他因甚到此，不觉诧异起来，也叫了一声"楚姐"，问他："几时到上海来的？怎样寻到此地？”楚云说了声一言难尽，又说："我今日特来与你谈心，不知楼上可便？”阿素道："楼上有甚不便？不过今天没有碰和，我要与金家奶奶坐马车去。倘然你没甚要事，一块儿同去可好？”说毕，向那二十多岁的妇人一指道："就是金家奶奶。”楚云听了，急向妇人笑微微的点了点头，口中不知叫了一声什么，那妇人也含笑相还。楚云瞧在眼里，知他也是同道出身，料着停回说起话来，没甚不便。又见门首果然停着一部马车，那马夫站在门口侯着，不便久羁，因说："才到上海，怎能就要搅扰你们，三个人坐在车上不适意么？”阿素道："自己姊妹，说甚客话，我们大家同去。”遂一手挽了楚云，一手挽着金家奶奶，登车往张家花园而去。路上边，楚云先把在天津遇见拳匪的事约略述了一遍，听得二人声声叫险。阿素等他说完，咬着耳朵问道："听说你嫁了个姓周的，同往常州，怎样的又到天津，遇此大难？”楚云也咬耳朵，把误嫁策六，如何先到苏州，如何后往天津的话诉知。

其时马车已到张园，三人下车，至安垲第洋房泡茶。楚云见洋房内游人如织，与四年前一般风景，绝不像北边有甚乱事，怪不得人人多说上海福地，真是不错。阿素到得张园，相熟的人很多，有与他讲话的，有与他说笑的，一半是些旧日客人，一半是堂子里的姊妹。楚云见他没有功夫，不便再说别话，只得陪他吃好了茶，天光将要夜了,方始起身回去。阿素尚要同至总会,楚云因有要话商量,恳他回家面诉一切。阿素道:"尚有金家奶奶怎样?"金家奶奶道:"今天乃是礼拜,我家少爷恐要回来,本想早些回去,你们何不送我到家,再回九江里去?马车很是便当。"楚云道:"金家奶奶府上那里?"金家奶奶道:"就在盆汤弄新桥北面德安里内。到了德安里,回到九江里去,不很路远。"阿素道:"回去是先要走过九江里的,但你一人寂寞,我们先送你回了公馆,再叫马车送我到家也好。"遂分付马车到德安里金公馆去。马夫答应,加上一鞭,如飞而去。

不多时,过了新桥,至德安里弄口停车。金家奶奶要邀二人进去略坐片时,阿素说:"天不早了,楚云姐尚有话讲,我们后天再来。"楚云也是这样的说。金家奶奶遂含笑下车,说声"再见",袅袅婷婷进弄而去。阿素叫小马夫送他进了公馆,方才拉转马头,仍过新桥,向南取道大马路,往九江里去。经过盆汤弄内,见有一家花烟馆,门口有个烟妓,倚在门边与一个二十来岁的女子讲话。那女子衣衫不甚整洁,面貌更是黄瘦,楚云一眼望去,仿佛是颜如玉,急问阿素看见没有?阿素道:"看见什么?"楚云回转头,将手一指道:"那花烟馆门口与烟妓讲话的女子,你可瞧见是谁?"阿素远远一望,道:"此人好似如玉,他在花烟馆门口做甚?"二人再要看时,马车走得如风驰电掣一般,早已一些踪影多瞧不出来。走完了盆汤弄,便是英大马路,向西转一个弯,已到九江里了。二人下车入内,马车钱是三节算的,马夫拉车自去,不必絮表。

楚云随阿素进弄,只走了两三间门面,阿素说:"这里便是。"举手敲门,里面有小大姐开门出来,阿素让楚云先进门去,但见房屋虽只一幢,器具一切多甚精良,收拾得也颇洁净。阿素请楚云楼上去坐,小大姐泡上茶来。见楼上又有个十五六岁的女子,生得十分美貌,见了阿素,操着苏白叫声"姆姆"。阿素点了点头,命他向楚云叫了一声阿姨。楚云问:"此女是谁?"阿素道:"这是今年正月里花了三百块钱托人在江西买来的,小名唤做阿怜。你瞧他生得可还好么?"楚云连声赞道:"生得品貌甚好,不知可曾与他学过曲子?为甚住在家里?"阿素道:"曲子已学了十数支了,因我心上有些怕烦,又没有托得下的姊妹,故而还没送他到生意上去。"楚云乘机说道:"我此回到了上海,倘然重做生意,你可托得我么?"阿素道:"托你再好没有,但你才到上海,此话只怕有些难信。"楚云道:"此话为甚难信?"遂把此次来申,资用乏绝,意欲投奔设法的话一一诉知。阿素踌躇半晌,道:"照你这般人品,这般本领，要做生意，那有不好做的道理？就算年纪长了些些，目今三十多岁的人，尚多吃着这碗饭儿，何况你廿四五岁？但恨端阳已过，各处调头多调定了，那一家挤得下去？只有宝善街桂馨里的后面，新近翻造了许多房屋，把桂馨里改名贵兴里，又添了一条群玉坊的弄堂，又有一条新广寒小弄。听得人说群玉坊尚有空屋，除非借他两幢做个住家，虽然开消大些，那生意谅还做得出来，但是至少须要几百块钱下本，这钱那里弄去？"楚云听他有了口风，急忙接口答道："只要你有心照应，果能借到房屋，我就与阿怜合住，开消各人一半。苦我没有现钱，只好问你暂借，每月照例三分起息，另外在生意上再给你一股干分，赚了钱三节拆帐，你想可好？"阿素假意推辞道："我们是要好姊妹，生意上那能拆你干分？这话不必说起。"楚云道："我借了别人的钱，也是一样，有甚客气？只要你真能够帮我一把，我已感恩不尽的了。"

　　阿素是个利欲薰心的人，又因阿怜正要使他出去赚几个钱，故此当下满口答应，叫楚云不必回栈，就在九江里住下。明天同到群玉坊去看屋，果然尚有两幢新造房子没有借掉。阿素与经租的议明租价，下了定洋，又与楚云言定，阿怜借了楼下一间，楚云借楼上两间，留出楼下一间客堂，停停轿子，坐坐相帮。那房租楚云须认七分，阿怜名下三分，楚云应允下了。阿素遂叫他亲笔写了一张借据，借给他三百块钱，除去还掉汤叔的船钱、栈钱并二十块买衣服钱之外，余下的办些应用东西，可以赶紧进场。

　　楚云这日才回到栈里头，与宝玲等说知，已经有了地方，并问众人甚样。宝玲道："素娟已与兆贵里本家晤面，恰好本节调头的时候，有个先生看定房间，忽然被客人娶去，没有调进，空了下来，今天已把他接了去了。小莲幸亏汤叔找到一个广福里新开堂子的本家，与他有些亲戚，堂里头恰还缺少先生，由汤叔荐了进去，取了一百洋钱带挡，又由汤叔捐了二百洋钱，明日也要与宝姐一同进院。我和阿金姐虽还没有定局，阿金姐听说永兴坊尚有空屋，此刻看屋去了，大约也想做个住家。"楚云道："广福里、永兴坊在什么地方？怎的我耳中不熟？"宝玲道："两处多是新弄，广福里在满庭芳街，永兴坊在清和坊西首对面。"楚云道："原来又是两条新弄堂儿，真个是桑田沧海。我离了上海没有几时，竟多出这几条弄来。但你要到永兴坊去做住家，至少必要几百块钱才能够开得门口，不知从那里弄去？"宝玲道："金姐说有人借他，只要我出张字据。"楚云道："那就是了。我们到了上海，人人多有定处，终算是徼幸极了。只要大家放些辣手，那消一年半载，天津失掉的财物，怕不在上海收转他来？"二人正在叙谈，阿金回来说："房子已经看定，洋钱也由姊妹们答应下了，先借三百块，不够再添，明后天就可进屋。"楚云佩服他办得快捷，足见当初在上海的时候有些手面。阿金道："这还是借着从前阿珍的力量，不然我那里有甚熟人借钱？况且他们这些洋钱认的是我，不认宝玲，要我出立借据。今天你既然在此，烦你替我一百洋钱一纸写上三纸，再替宝玲写三百洋钱一纸的借契与我，你瞧可是这样办法？"楚云道："一些不错。"遂叫汤叔去买了四个花古束来，楚云一一与他写好，签好名字，交与阿金收下。这日楚云因尚要与阿素商量用人等诸事，仍回九江里住宿。

隔了两日，诸事商妥。楚云用了两个相帮，一个跟局大姐，名唤小玲，一个梳头的王家姆，一个粗做娘姨。阿怜用了一个相帮，一个跟局娘姨阿秀，一个粗做。那梳头的因是男装，每日只消梳条辫子，不用他了。房间里的器具自然是全红木的，由阿素向家生店租赁。厨房里动用杂物，凡是阿素家内有的搬些出去，没有的多叫楚云出钱去买。各事定妥，拣个好日进宅。楚云的名字仍叫云寓，阿怜叫花小红，乃是楚云替他取的。挂牌那日，阿素拉了两户客人：一户就是金家奶奶的少爷，名唤子富，乃前集书中金子多的胞弟，手中很是有钱，替楚云吃了一个双台，碰了场和；一户客人姓夏，名叫尔梅，年纪六十多了，临老入花丛，那兴致却比后生的还好，做了无数相好，人家因称他"垃圾马车"，又叫什么"石灰布袋"，与阿素新近认识。这天央他替小红吃了台酒，托他往后照应照应，虽然是小先生，不妨后补。夏尔梅一口应许。自此，楚云在群玉坊与花小红合做住家，阿素不时到生意上引蝶招蜂，应酬狎客。素娟在广福里，宝玲、阿金在永兴坊，暂且按下慢提。

再说前天楚云、阿素从德安里金公馆回至九江里的时节，马车经过盆汤弄，见一家花烟馆门首有个貌似颜如玉的女子，在门口与烟妓讲话。楚云眼快，看得甚是清楚，关照阿素看时，马车已去得远了，没看子细。究竟是谁，书中也没有表明，谅来看书的人必定急要知他一个下落。原来此女非别，正是如玉。他自从潘少安被邓子通洋枪打死，冒认尸妻，案发之后，官判发堂择配，忽在堂中患了一身杨梅毒疮，没人娶他。堂内董事恐他传染，不许他住，禀明本官送往医院疗治，二集书上已经交代明白的了。至于送入医院以后，那毒疮怎样疗治，后来怎样结果，却还没有详细。如今须得在后集书内写他一番，看书的请慢慢看来。正是：

　　雨后落花狼藉甚，风前败柳折磨多。

要知如玉既在医院调治毒疮，怎的出来在盆汤弄花烟馆内，且看下回再解。

第四回

打野鸡出卖杨梅　叉麻雀何来竹笋

　　话说颜如玉既在医院中医治杨梅毒疮，那天如何跑到盆汤弄花烟馆去？内中有个缘故。他在医院内医了两三个月，一来是命不该绝，二来尚有许多孽报未了，所以那万医不好的恶症竟然收起功来，渐渐的疮口平服，行动如常。医生见他已愈，关照善堂送回，又住了两三个月。如玉是个荡妓，怎受得堂中拘束？几次要想乘隙脱逃，无奈有司看管，门丁逻守，脱不得身，因在董事前微露嫁人之意，求他有人要娶，早遂良缘。董事信他当真，适有一个姓经名季莼的，要在堂中娶个正妻，遂把如玉许配于他。照例问如玉心中可愿，如玉满口答应。那经季莼见如玉貌颇不恶，也觉满心欢喜，竟把他娶出善堂，一样发帖请酒，仿佛娶妇一般。

　　如玉到了经家，他那里要嫁甚老公，无非是借着这个名目可以骗脱樊笼，早存着个下堂求去的念头，况见经季莼家无担石，做的又是小本生意，不够养家，故此进门之后，终日里无是生非，与他吵个不了。经季莼因娶妻不易，初尚十分忍耐，后来如玉愈吵愈甚，不但家里头没有安静的日子，连邻舍多一家家闹得不亦乐乎。此时犯了众怒，俱说姓经的娶了这样老婆，如何度日？经季莼听了没法，略把如玉管教几句。如玉怎肯受他？两下里大闹一场，就此逼着季莼离异。季莼气愤极了，没理会他。如玉唠叨哭骂不休，足足骂了一日一夜，头也不梳，脚也不裹，饭也不吃。季莼说他可是疯了，他索性装起疯来，指天画地的哭笑无常，口中只说这样日子断过不得，要季莼给他一个了断。季莼看在眼里，气在心头，说了句："照此吵闹，真难度日，只好由你自便。"如玉好似得了令箭一般，马上要季莼写张离书，以防后患。季莼负气道："要走尽走，写甚离书！"如玉心中暗喜，当时告诉四邻说："季莼养不得家，要与我离异了，烦你们列位邻居做个干证。"众邻人因经季莼本来是个好人，自从娶了如玉，闹得家宅不安，如今走了开来，以后或有好日，那个去劝他们夫妻和睦？只说："这是你二人的家事，我们邻居怎能干涉？"一言回绝。如玉却算是来清去白，诉过乡邻之后，向季莼说了声："夫妻好似同林鸟，大限来时各自飞。"半痴不颠的又哭又笑，出门而去。经季莼只气得一言不发，手足如冰。多亏众邻见如玉去后，彼此进门解劝，俱说这样的妇女，要他在家何用？还是走了出去的好。往后不妨另娶一房，谅来比他一定好些，何苦生气。季莼始慢慢的想了回来，却娶了他两个多月，花掉了百多块钱，别人还是小事，经季莼终年辛苦，所入几何，已不免吃了一场大亏，只好自怨命苦，一言表过不提。

仍说颜如玉，吵得与季莼离异之后，出了经家，本想去寻从前跟过他的张家妹商量，叫他捐些洋钱，仍旧在四马路为娼。岂知张家妹已经死了，其余虽有几个认识的娘姨、大姐，听见他要做生意，起初多肯捐钱，及至见面之时，因他生了一场恶疮，骨瘦如柴，面貌大非昔比，并且头发脱落，二十多岁的人已像四五十岁一般，怎能髻挽乌云，鬓挑新月？故此不敢上手，多说没钱。如玉没了法儿，只得自愿移花作叶，托旧时姊妹们荐在小桃源雏妓叶题红处做个打底娘姨。混了一年有余，姘上题红的教曲子乌师，在六马路借了处小房子儿，双飞双宿俨如夫妇一般。谁知不到一年，这乌师又生起杨梅疮来，不知是如玉传染他的，还是从别人身上传染来的。如玉叫他到医院看治，医生说初起的时候服了倒提丸，没有救了。延了三个多月，竟然一命呜呼。如玉因病中伏侍着他，过了一身毒气，自己的杨梅疮忽又复发，卧床不起。赶紧再往医院调治，足足医了一百多天，方才保住性命。那身子却更是怯弱，面色更是黄瘦，自不必说。叶题红家不要他了，再想到别的妓院寻些事做，因杨梅疮是院子里最忌的毛病，那个要他？

那天楚云、阿素从德安里金公馆回来的时节，如玉正因无计可思，故想在德安里借所房子，做个野鸡住家。或者尚有客人上门，还可活命，否则怎样度日？岂知满弄堂寻了一回，德安里并没空屋，因此无精打采的过了盆汤弄新桥，更从盆汤弄一带寻去。走过一家花烟馆门首，有个烟妓倚在门上随口唱歌，如玉病后之人，跑得乏了，走上前用话与他兜搭，要到他里面去略坐再走。这烟妓并非别个，乃二集书中钱守愚夫妻大闹，意欲讨他回去的蓉仙。当时蓉仙见个黄瘦女子与他讲话，问他何事，如玉道："借问此间左近可有空屋出租？"并说明在德安里看屋出来，因是久病初愈，两足酸痛不能行走，可否暂在里面略歇片时。蓉仙道："坐坐有甚妨事。若问此间空屋，只怕一处没有。你要借他做甚？"如玉道："借来想做住家。"蓉仙摇头道："盆汤弄是条大街，你要想借住家，还是宝和里、长裕里一带寻去。"如玉点头称是。彼此又讲了几句闲话，见蓉仙有烟客到来，不便再坐，说声"惊扰"，起身出门。彼时正是楚云、阿素马车经过之时。

　　后来如玉出了花烟馆，听信蓉仙之言，叫了一部东洋车，先到长裕里寻屋。虽然寻到一个楼下房间，乃是与人合住，无奈房租太大，只怕开消不住，不敢借他。后至宝和里，恰好有家人家门上贴着转租字样，也有个楼下房间空着。敲门进去看时，虽是房屋旧些，也还住得。动问楼上房主，是个住家雉妓，姓吕，名字就唤吕寓，年纪二十光景，本是扬州人氏，操着一口强苏州白，算做苏帮。听得楼下有人看屋，叫如玉上楼去坐。如玉看他貌尚不恶，不过额角太高，鼻梁微塌，便觉得不甚好看。二人见面之下，彼此微笑一笑，攀谈起来。如玉问他要多少租价，吕寓说至少要十四块钱一月，四季捐每季外加，灶间、自来水公用。如玉还他十块，捐钱在内，吕寓不允，说来说去说定十二块钱一月。吕寓问几时进宅，如玉说明后天就要搬来，当下付了两块洋钱定租。因见天色将晚，房屋虽经借定，屋中器皿杂物一事无成，必须向姊妹们去设法，匆匆别了吕寓，仍唤东洋车到要好些的姊妹家中，东家借了三块，西家借了五块，借成数十块钱，怎够使用？翌日，又挨面求情的纠了一个平头会儿，每股十元，一共十股，又是一百洋钱，方能勉强敷衍。买了些房间中与灶间里必不可少之物，更做了些衣服被褥，兑了些镀金首饰。诸事办妥，又央人向宁波嫁妆店内租了一房宁波家生，托人寻了一个熟手娘姨，一个大姐，拣个好日搬将进去。仿着吕寓的名字，改名"平江梅寓"，在门上贴了一条红纸条儿。

　　日间并没客人上门。到了晚上，那娘姨站在门口，拉拉扯扯的拉了一个五十多岁的老头儿进来，装了一挡干湿，给了一块洋钱。半夜后，又由娘姨在街上边拉进一个客人，衣服甚是肮脏，年约四十左右，乃是一个缺嘴，右唇上露着半口黄牙，讲话时涎沫从牙边流出，见了令人作呕。如玉吃了这饭，无可奈何，只能与他约略周旋。谁知此人色心甚重，装过干湿，便想住夜，与娘姨讲起价来。如玉那里肯留？要想像在书寓里的时候，遇见此种客人，放个重差吓退了他，要他十块洋钱。娘姨说："野鸡堂子那有此种行情？不便开口。"竟替如玉说了三块。那人尚嫌太多，只肯一块，把个如玉气得赤昏，不去理他。那娘姨却甚是迁就，减做二块，缺嘴又加五角。娘姨问如玉怎样，如玉只顾暗暗摇头。缺嘴见如玉不允，在烟榻上坐了片时，向身边摸出三块六角钱来给与娘姨，说："一块开消干湿，两块夜厢，四角是下脚洋钱，二角是点心钱。如今依了你了，你收下罢。"如玉尚待不允，娘姨咬着耳朵说道："野鸡堂子里的客人不比长三书寓，出到两块洋钱住夜，已算是不小了。人家等到三四点钟，半块七八角的尚要将就，今天况是第一天进宅，怎能够得罪客人？莫说客人动气，楼上吕寓知道，更要暗中好笑。我劝你不可这个样儿。"叽哩咕噜的讲个不了，如玉真是万分没法，只得暗中连叹几声悔气，答应下了。那一夜，说不出的懊恼，真是自出母胎从来没有。

到得明天，客人去了，想起当初在书寓的时节何等锋芒，差不多些的客人休想近得身体，万不料今日弄到如此地步，真个是那里说起？暗中哭了一回。又想娘姨出外拉客，怎的不论青红皂白，连龌龊不堪的缺嘴多拉他进来，将来难保不拉鬎头烂腿。那些臭秽之人，只须腰中有了三两块钱，又要逼我同衾共枕，这样怎能过得日子？倒不如今日为始，自己老老面皮，与小大姐亲到街上边去做些客人，拣好接的接他几个，不好接的不去引他入门，这权柄便不在娘姨手里，免得后来讨气，岂不比叫娘姨出去好些？

主意已定，起来梳好了头，没有头发的头皮上面，剥几粒松子仁烧些烟煤，涂得浓浓儿的，粗看尚还看不出来；面色焦黄，无非是多拍些粉，见得白了。修饰已毕，将镜子照了又照，觉得人前尚还去得。等到上灯以后，分付娘姨在家内看门，自己与小大姐合叫了一部东洋车子，先到大马路同安广东茶馆兜了一回，竟被他兜了一个体面客人回去。后来又假做到烟纸店去买物，在路上又兜着了一个上等客人。他见此法有些意思，遂从此每夜里或是茶馆，或是街上，必兜几户生客回家。除是天公下雨，不想出门，索性在家静坐，拼着没有生意，也不叫娘姨出外。那娘姨也晓得第一夜这个缺嘴客人留得甚是委屈，故而用不着他，却喜生意不恶，每夜必有下脚钱到手，落得在家守门，岂不省力。如玉做了三两个月，那门口尚还开消得过。但他是株杨梅树儿，虽然两次多被医生医好，余毒尚深，一时未净。所以凡是与他有过相好的客人，身体健旺的还没有什么，怯弱的春风一度，疮毒潜移，真是害人不浅。野鸡窠儿变做杨梅市儿，在那里出卖杨梅，现钱交易。

一日，如玉晚上出门迟了些些，大马路同安、全安、易安的茶市已经散了，没有兜着客人，深喜天气甚晴，月光如画，遂与小大姐从大马路抄到四马路福安居去。四马路的茶馆夜市比大马路收得较迟，其时正是十点多钟，福安居尚茶客满楼，十分热闹。如玉走上楼梯，向四下里瞧了一眼，还没定到那一张茶桌上去，只见面前走过一人，将他细细一看，叫了一声如玉，问他到此做甚？如玉不觉呆了一呆，定睛向那人看时，原来不是别个，却是从前嫁潘少安时候借过他房子住的常州人周策六。暗想听得他同巫楚云到常州去了，难道又来上海游玩？回口叫了一声"大少"，并顺口说特地前来寻你。策六见如玉这般行径，明明已做了满街飞了，因说："寻我？可要吃茶？"如玉乘机兜搭道："怎的不要？"二人遂同走至窗口边，泡了碗茶。策六问如玉现住那里，如玉道："现住在宝和里内。"策六道："几时起的？"如玉道："住得还不到一节。"策六道："苏州的杜二少爷可还来么？"如玉道："杜少牧回苏州去了，没有来过。"策六道："你在宝和里，可是住家，还是有人包着？"如玉道："正是住家，并没包客。有人要去，尽可同去。"策六道："我有一句话要问你，这几天正恨寻你不到。今天既然在此遇着，可肯与我同到宝和里去？"如玉道："你肯同去再好没有，那有我反不肯的道理？"遂催堂倌收了茶钱，出了福安居，每人叫部东洋车，往宝和里去。

　　小大姐奔得脚快，二人到时也已到了，陪着进门，泡了壶茶。如玉知策六吸烟，叫小大姐挑了一盒烟来，开好烟灯，亲手装了一筒递与策六。策六软绵绵睡下榻去，一头吸烟，一头问如玉怎的落在此地？如玉将涉讼发堂，嫁与经季莼，不能养家以致出外之事约略说知，把两次身患毒疮并妍识乌师一节一齐隐去。策六听了，满口的甚是可怜着他。如玉问策六："几时来到上海？听说娶了楚云，可有此事？如今楚云可在常州？"策六道："我到上海十数天了。娶楚云的那一节事，说起来令人可恼，且我正因此事而来。"如玉道："为甚发恼？"策六撒谎道："楚云嫁了我一个多月就到常州，我家少奶奶是很和气的，真是天神般的抬举着他。我待他更不必说，要长便长，要短便短，何等受用。不知他有甚不合意处，住了不多几日，忽然寻起气来，终日里与我和少奶奶作吵。我二人耐着性子忍受着他，算得再好没有的了，他却满肚子终不称心。后来说也奇怪，竟然不别而行，至今毫无下落。我在常州是个极有体面的人，家中闹出此事，叫我脸上好羞，故此我与少奶奶现在搬往无锡住。无意中打听得楚云离了常州，曾到无锡，从无锡搭船到苏，故我曾往苏州寻过。有人说又到天津去了，天津千里迢迢，我遂置之度外。转眼三载有余，近来又听人说津地拳匪闹祸，于前月间逃到上海。有人亲眼见过，不知在那一家妓院为娼。我因特地到此，意欲寻找于他，依旧叫他回去。方才在福安居说有句话要问你，就是此事，不知你见过楚云没有？"如玉听他说完，把楚云大骂一回，说他嫁了策六有吃有穿，为甚还要出来？不比自己命苦，嫁着经季莼，真是没法。又说在上海没有见他，只要他真在此地，待我留心打听，包替你打听出来。策六说声"定要劳你"，在身畔摸出一只镀金表来，瞧一瞧已十一点钟多了，假意起身要走。如玉那里肯放，留他住下。

原来二人在新马路同住的时节，早已眉来眼去，彼此有心，只因碍着少安，没有上手，今天始了却数年心愿。策六临睡时，因见如玉额发甚稀，问他何故，如玉只说在经季莼家中出来，生过一场伤寒大病，九死一生，所以发落肌黄，这般憔悴。策六信他真有此事，竟被瞒过。一宵易度，翌日午后起身，策六对如玉说："昨夜来得匆忙，身旁没带现洋，停刻给你可好？"如玉道："只要你有心照应，着急甚的？"策六道："此回我到上海，要寻楚云，大约尚有几时耽阁，正苦没有熟人陪伴，往后一定天天要来。"旁边老娘姨道："周大少尽管天天请来坐坐，不过这里地方小些。"说着，又微笑不笑的道："最好停刻请些朋友替大小姐碰一场和。"策六道："碰和很好，但要问你句话，不知是多少头钱？老实说，这地方我从来没有碰过。"老娘姨道："周大少走的多是长三书寓，怪不得不晓得我们的向例。我们是不一定的，八块钱一场也有，十二块钱一场也有，随着客人的意儿。"策六道："也有十二块钱一场的么？自然碰十二块的。停回我邀朋友同来。"说毕，起身要走。如玉留他吃饭，策六因一个钱不曾开消，究竟不便，回说尚有别事，晚上再来，出门而去。

到得天光初黑，果然邀了三个客来。一个是蓝肖岑，从前与乌里阿苏、格达及花子龙、施砺仁等很要好的。乌、格二人犯案惩办，花子龙因贾逢辰家失火延烧，其时正患重病，受惊而死。他与砺仁等在火场上抢物，被巡防局勇拘局，移县讯得是夜之火乃由蓝肖岑酒醉泼翻烛台而起，复敢乘火肆抢，判责三百板，枷号二月，期满递籍。砺仁等减责二百板，枷号一月，一并递籍管束结案，这事已四年多了。肖岑、砺仁俱是无锡人氏，递籍后在无锡混了数时，双双的又来上海，各人改了一个名字，肖岑唤做啸吟，砺仁唤做俪臣，多在虹口居住。二人与策六本来认识，那天本要一同邀他，因砺仁有事，故只肖岑到来。如玉见了也甚相熟。尚有两人，一个就是包龙光的兄弟灿光，一个姓钱名唤时敏。四人进门之后，先写菜单，叫了一席碰和菜来吃了。肖岑、策六又各人过了烟瘾，方才扳位入局。灿光问碰多少底码，策六说二十块底幺二。肖岑尚嫌太小，要五十块二四。钱时敏再三不允，只肯碰十块底幺半。灿光（肖岑）道："你们三个人三样心思，依了那个的好？我看还是二十块二四罢，说大不大，说小不小。"钱时敏依旧不肯。肖岑想出一个法来，叫时敏掷把骰子，若是单点，只碰十块底幺二，双点一准二十块二四。时敏方才点了点头，把骰子拿在手中，却仍不肯掷下。灿光在旁笑道："钱时翁也太把细了，输赢是拿不定的，怎见得碰了二十块二四，一定你输？快些掷罢。"时敏始勉强掷将下去，是个六点。策六道："没有说了，二十块钱二四，我们赶紧碰罢。"时敏道："二十块二四也好，不过我有一句话预先说明，大家多碰现洋，不用筹码。"灿光道："筹码现洋岂非一样？我们这几个人输了钱，难道赖么？"时敏道："不是这样说的，兄弟凡遇碰和，最欢喜的乃是现碰。若然用了筹码，便有些不甚高兴，况且结起帐来，终有三角五角零头不算，赢家未免吃亏，你们想此话可是？"灿光（策六）道："大家多碰现洋甚好，大不了输了两底，也不过四十块钱。"肖岑、策六始俱不再开口，各人扳好坐位，掷好庄家，开碰起来。

前三圈没有大牌，输赢甚是平稳。到得第四圈上，时敏做庄，策六和了一副索子一色，中风碰出，一索暗杠，和的是五索嵌挡，四十八和起翻，两翻一百九十二和。那中风是灿光打出来的，其时一索已经杠出。时敏见中风又是一碰，连喊留心索子，不防肖岑跟手就是一张五索，竟被策六和出。时敏大呼岂有此理，要看肖岑手中剩的是那几张牌。肖岑已向乱牌里头一推，没有看到，反说时敏太煞疑心，看他怎的。时敏尚未回言，灿光道："时翁疑你，看看何妨？你究竟为甚要打五索？"说罢，把那推乱的牌重新要检将出来，那里检得清楚？肖岑道。"我不该应打五索，你为甚要打中风？"灿光把自己手中的牌摊下来道："我是万子清一色牌，已等三六九万和了，中风怎能不打？请你看去，不比你无私有弊的交代不来。"肖岑听他说出"无私有弊"四字，要与灿光翻脸，反是时敏把二人劝住，说："不必如此，往后打牌大家留心一点是了。"肖岑始咽咚着嘴，把应输的钱首先输与策六，共是七元六角八分，当作七元七角。灿光也解清楚了。时敏乃是庄家，加一倍算十五元三角六分，应输十五元四角，没奈何在身畔挖了五元一张的三张正金银行钞票出来，又找了四角洋钱。策六笑嘻嘻的收了，洗过了牌，重新再碰。

四圈已毕，扳过坐位碰后四圈。此时时敏因输了洋钱甚是疼惜，并觉得策六和那一副牌甚是蹊跷，瞪起着滴溜圆的两只眼睛，瞧着他们三个到底可有弊病，很是留心。策六等也觉他提防紧密，不敢下手。直到第八圈上，策六做庄，拿了一杠东风。时敏坐在他的上家，见他又出大牌，心中暗暗诧异，十分留神到十二分。后来对家打了一张九万,策六一碰,手中拿着张牌,口里喊声"一索",要想打将出来。时敏眼快,见他手凹里仿佛尚有张牌夹着,假意把洋蜡烛泼翻,伸手去抢,乘势在策六的手上一碰,当真跌下两张牌来,一张果是一索,一张乃是三万。时敏拿着赃证,急把那两只牌紧紧抢住,道:"周策六,你的牌为甚两张一打?"又向台上细细一瞧,始知这三万乃是方才蓝肖岑打出来的,策六要做万子一色,被他捞在里面,如今要等张了,三万没有用处,故与一索一齐发将出来。遂又大声嚷道:"肖岑打的那张三万那里去了?这牌还好打么?"策六被他一嚷,这是当场捉破的事,贼人心虚,顿时涨红了脸,半句话多分辩不来。肖岑、灿光见策六没有话说,也假意的把脸一翻道:"怪不得大牌多在你处,原来是捞浮尸捞进去的。算起来我们是要好朋友,不应该使这手段,如今没有话讲,不要碰罢。"双双的将牌一推,立起身来。钱时敏道:"和是自然不碰的了,输的钱难道就罢了不成?"肖岑道:"我输十二块钱。"灿光道:"我输九块五角。"时敏道:"我吃了一副重庄,共输二十四块有零。你们说句公道话罢,这钱可该还我?"

　　旁边颜如玉见闹出事来,早想上前劝解,无奈策六这个手法使得真是不灵,开不出口,只好呆呆的瞧着四人。今见钱时敏逼着策六还钱,始说:"钱大少不要生气,周大少这张三万或是衣袖管带进去的,并不是有心捞甚浮尸。你们是知己朋友,争论甚的?"策六被他一言提醒,也说:"这三万不知几时在我手中,自己也没有觉得,想是打牌时被衣袖带进,故而多出一张牌来。这是我的粗心太过,并不是有心弄甚神通,时翁也得原谅些儿。"钱时敏并不理他,只与如玉说道:"你晓得我与他是知己么?他向来不认得我,只因这几天我在绮园烟馆吸烟,彼此遇见。前天承他请我在九华楼吃了一次夜饭,今天邀我碰和。我见他是个有体面的,却不得情,故来应酬,岂知他顽出这出戏来,真是笑话!你想我这洋钱容得他不还么?"如玉听了此话,知是策六看错户头,也觉得哑口无言。肖岑、灿光你看着我,我瞧着你,也多没话。钱时敏见众人装聋做哑,将手在台上一拍,大闹起来,一手拿了一张三万、一张一索,一手要扭策六的发辫,叫他到外面去评理,急得策六大惊失色。正是:

　　　羞颜难掬湘江洗,笑柄无过沪海多。

要知钱时敏扭住策六怎样散场,再看下回分解。

第五回

因羞愤投师习赌　借事端殴客拆梢

　　话说周策六在宝和里颜如玉家，与蓝肖岑，包灿光纠同钱时敏碰和，误认时敏是个户头，做弄着他，谁知竟被当场看破，拿住了一张三万、一张一索，要周策六出外评理。策六急得面如土色，那里肯走？还亏如玉竭力将时敏拉开，又劝策六把赢进的钱给还了他，免得闹到外面声名不好。策六万分无奈，只得将赢他的三张钞票与大小现洋一齐还了出来，只扣了三块洋钱头钱。时敏将钞票及洋钱一点，说尚少三块，策六回称去了头钱，时敏道："碰这种黄河阵的麻雀要头钱么？两块钱换我一块，快拿原洋如数还我。"如玉见他恶很很的竖着面孔，提着喉咙，没些情面，连忙在头钱内取出三块洋钱给还了他，说："如今是一角钱都不少你了，莫要闹罢。"时敏取洋在手，始把两张牌向台上一丢，对策六说："还我原洋，终算是便宜了你。从今后劝你不要再在外边出丑，倘然犯在别人手内，叫你好看。"说罢袋好洋钱，抖抖衣服，出门而去。临行时连肖岑、灿光也没招呼一声，因已识破三个人通同一气之故。

　　三人受了大大的一场没趣，彼此互相埋怨。肖岑怪策六眼光不好，这钱时敏是一钱似命的人，怎能看想着他？灿光怪策六手法不灵，怎样打牌时过门不熟，出了竹笋。策六怪肖岑先一副牌打了五索，不该把余牌推乱，动了他的疑心，他才留神起来。肖岑不服道："我这五索是从六七索上拆下来的，要看底牌，怎能被他看得？"策六道："你不会把六七索预先在台上边换去一张么？你的手法比我好些，不见得也露了竹笋出来。"肖岑道："我不防他要看底牌。"灿光道："那就是你太写意了，这副牌上不是我也打了一张中风？恐他看出破绽，预把底牌掉成一副万子一色，所以策六和出之后，不等他看，摊了下来，使他说不出话。算来你也是老麻雀了，今天怎的这样大意？"肖岑尚要强辩，如玉见三人争论不已，对策六道："我有句话，讲出来时恐怕你们三位动恼。"策六道："我们不恼，有话尽说。"如玉对肖岑道："你还记得花子龙、白湘吟、乌里阿苏、格达那班人么？那一个不是通天手段？内中花子龙更是出色。听说白湘吟曾拜他为师，但他没有拜师的时节，打几张牌已经是神出鬼没。他是做公阳里小花巧玲的，有天在花巧玲家碰和，台面上有个客人叫我和局。这客人坐在湘吟的上家，我在台横一坐，两家的牌多看得见。若照每副的底牌，副副多是客人好些，湘吟手中并没大牌，和下来却中风、白板的多在湘吟那边。客人说他牌风好旺，我却暗中疑起心来，特地在他背后偷瞧一副，见他竖起来的十三张牌七不搭八的，一些没甚好处。不料碰了两三个圈子，已有了中风一克，发财一对，这牌不知是那里来的，我竟看不出他。后来不知不觉的又和了八十和牌，我失口说了他一声：'这副牌打得真是巧妙。'湘吟知是露了眼睛，向我咬了一句耳朵，央我千万不要多言。我因叫局的是个生客，落得在湘吟面上卖个人情，向他点了点头，始终没有说破。其实像他这般的手法利害，说破了也拿不住甚把柄出来。你们不要搅这顽意便罢，要搅必须寻个湘吟一般的人拜他为师，下些苦工练习几时方可出手。若碰一百二百块的底码，一场和怕不有三两底码子可赢？不就是三四百块钱么？十天虽倘然碰了三场两场，那赢钱算不得了，你们想是也不是？"肖岑道："你的话讲得一些不错，往后我们要搅，正该是这样搅法，切不可再似今天丢丑。"

　　策六听了欢喜起来，道："本来我久有此心，闻听人说，上海地方空手人的头等饭碗乃是翻戏，只要入了他们伙伴，一生可以吃着无忧。更好的是若然搅出事来被人捉破，同伙的人多肯暗地帮忙，替他花钱打算，所以做翻戏的从来没有办过几个。只恨我与这一班人不熟，白湘吟、花子龙手段高强，虽与肖岑认识，又多死了，提他也是枉然。若使二人尚在，我周策六一定拜他为师，求他传授秘诀，不但麻雀，连牌九、摇摊多要好好的学他一学，一来可以靠此营生，二则将来吃了这饭，何等逍遥自在。"肖岑道："你当真有这意思要拜师么？那班人我那个不熟？白湘吟、花子龙虽然已死，目今的好手尚多。我因眼睛有些近视，不能学习。你如真有此心，我就荐个名师与你，包你学些本领出来。"策六道："是那一个？现今可在上海？"肖岑道："现在上海，就是花子龙的儿子，名唤小龙，年只二十多岁，无论摇摊、牌九、麻雀、挖花，多是活手，乃花子龙亲自教的。他本是宁波人氏，向在宁波，有名的小辈英雄，差不多些的老辈那个比得上他？后来因子龙死了，他到上海盘枢，得便做了两次札局，被他弄了三四千块洋钱。他见上海局面阔大,比宁波容易下手,故此将枢盘回之后,仍到上海干事。如今住在新马路酱园弄内,借着五楼五底房屋,门口贴着公馆字条,墙门内停着轿子、包车,屋里头的台椅那件不是红木紫檀?另外尚有一间大菜房间,冬天生着煤炉,夏天装着拉风,坐在里面好不受用。大菜台上与房间里的摆供各物,足值好几千两银子,真是体面,遇到请客一切,多坐在这个房内。所以晓得他的,知道是花小龙的住宅,吃的饭与他父亲一般;不晓得的,只认做这家人家不是显宦,必是富商。他更见了官场中人,便称在某省候补,说些官话;见了生意场中的人,他也说是做生意的,讲些市面商情,因此人家极易受惑,真算得他翻帮里的头儿脑儿。你倘然要去见他,我明天一准可以同你前去。"这一席话,听得周策六津津有味,笑逐颜开。包灿光、颜如玉也艳羡不置,大家怂恿策六一定前去拜师。策六连称:"既经有此名师,那有不拜之理?明儿一准去拜。"

如玉道:"但不知怎样一个拜法,可要花些贽敬,递个门生帖儿?"肖岑笑道:"你发呆了,这是什么事情,要这许多礼数名目?虽是拜师,无非暗里头拜他为师罢了,面子上乃是轧个朋友,仍与他朋友称呼。只消每天跟着他,先习眼光,次练手法,逢到有札局的时节,在旁留心学他的举止规模。只要专心致意,那消三两个月,心灵手敏些的包管已能领会,再是三两个月,便能自己出手。不过牌九里要看牌筋,或看头花、背花,一切多靠眼光,必须看得烂熟方可,不容易些。等到牌筋、牌花一齐看得出来,已是满了师了。若然拜师时要用门生帖、贽见,难道满师时尚要谢师请酒不成?"如玉道:"照你说来,收了一个门生,有甚好处到他?他肯尽心传授?"肖岑道:"你更呆了,门生教会之后,便可替先生在外札局,帮着先生弄钱;或是门生自做,遇有大注生意,分几成孝敬先生,怎说没有好处?"如玉道:"原来如此。你怎的晓得到这样清楚?"策六道:"他与那些人相识久了,自然知道。如今别话休提,天已不早,我们可要吃些稀饭,大家散罢。明天约在何处会面,同到酱园弄去?"

如玉暗留策六住下,叫肖岑明天在此会面。策六把镀金表一看,假意诧道:"怎么不知不觉的,时光两点多了?老实说今夜我不回栈去,明儿仍在此处会晤可好?"肖岑道:"你有了恩相好,本来那里肯去。明儿一准我来候你,并且须要饭后才来,让你们多睡一觉。"如玉听了,伸手去拧,肖岑叫饶,如玉在他背上打了一下。肖岑对策六说:"你的贵相好在此打人。"策六对如玉道:"不要嬲罢,快叫娘姨把台面收拾,买稀饭来。"灿光见台上边只有九块洋钱,和钱尚少三块,问策六怎样摊派,策六伸手拿去一块，把八块钱给予如玉，叫他先自收下，尚少四块，明后天我再带来。如玉明知这是一句好看话儿，谢了一声，收了洋钱。娘姨收去了牌，买上稀饭，各人吃过，肖岑、灿光各自回去，策六又吸了一回洋烟方才睡觉。

明天午后起身，脸还没洗，肖岑已来。策六说他好早，肖岑道："你们两个人睡，自然不晓得天光早晚。我一个人起来久了，饭也吃了，你瞧瞧时辰表上是几点钟？"说罢，在策六的衣袋内摸出那只镀金表，一看已是一点二刻多了，催策六快些洗脸吃饭，迟了恐怕花小龙出去，没处寻他。策六依言，赶紧洗好了脸，过了烟瘾，与如玉吃过中饭，同着肖岑叫了两乘东洋车子，如飞的往酱园弄去。

到花小龙门口下车，只见靠门停着一部簇新的玻璃窗轿式马车，两个马夫身穿号衣，一个站在马前，一个坐在车辕上面，右手拿着一根拂尘，一拂一拂的驱赶那马背秋蝇。肖岑认得马夫也是小龙用的，对策六说："来得凑巧，小龙尚还没有出去。"策六问他怎样晓得，肖岑说："马车尚在门口。"策六道："原来他包车、轿子之外，尚常包着一部马车，真好场面。"肖岑道："马车何止一部，这轿车是拜客坐的，大约今天要到什么地方拜客。尚有一部亨斯美车，坐了专到张园、愚园等处游玩。公馆里停顿不下，多停在马房里头。"二人一路讲话，一路步进门去。只见有个长随模样的人，看了两人一眼，对肖岑点了点头，走了出去。策六问："此人是谁？"肖岑低低答道："这人也是道中，现在小龙那边充做长随。有人到来，倘是生客，他就接帖通报；若是熟人，便由你自己进去。他见我是进出惯的，所以不来招呼。"策六道："此人既是道中，为甚充做长随？"肖岑道："那是不一定的，越是道中，越是装神弄鬼的要人看不出来，所以做上客的也有，做长随的也有。况且长随是寸步不离的人，必须彼此道中方可，若用外人，万一被他看破行藏，那还了得？"策六点头称是时，已走至客堂。

肖岑先行一步，领着策六绕阶而过，穿到书房中去。花小龙正从书房出来，策六举眼看时，见他二十上下年纪，一张削骨脸，一双小爆眼睛，颧高鼻小，眉重发轻；身上穿一件蜜色外国纱长衫，二蓝外国纱单马褂，手中拿着全玳瑁骨小三十方的油单扇儿。见了肖岑，把手一招，回身复到书房内去。肖岑也向策六招招手儿，跟他进内。小龙请二人坐下，先问了策六的名姓乡贯，次问肖岑今日到此可有事情。肖岑附耳把策六特来从师之事说知，小龙将策六细细的估量一回，问他向来干甚事情，到过上海几次，认识的人多与不多。策六道："向在常州学过钱庄生意，失业已久。上海这次是第二次了，认识的人并不甚多。"小龙道："学过钱庄生意，市面上的事情谅来晓得一二。上海熟人不多，无人知你出身底细，与你交个朋友也好。我看你的品貌，很能充得个钱庄老板，往后竟说在常州、无锡、苏州一带开着几处钱庄。并须添制几套时式新衣，天天在茶楼、酒肆、妓院、烟间、戏馆、书场走动，逢礼拜六或礼拜日往张园、愚园游玩，到得晚间无事，常来我处坐坐，自当有益于你。"策六听了，诺诺连声，不胜欢喜。肖岑尚要与小龙讲话，小龙说："日来三洋泾桥新到了一个西帮空子，今天想去拜他一拜，迟了恐他出去不能会面，有话明日再谈。"肖岑知未便耽延，因与策六起身告辞，小龙说："我也要走了。"三个人同出大门，小龙拱一拱手，跳上马车，马夫拉动丝缰，如飞而去。肖岑、策六看他去远，每人方叫了部东洋车，仍回宝和里颜如玉家，讲了花小龙许多好处。

就从这一日的晚上，策六下些本钱，到衣庄上买了几身新衣，遂天天穿着起来，拣着热闹所在随意闲走。遇见体面的人，掇臀捧屁的巴结着他，要想抓些户头，这且不在话下。一至人静之后，便去寻找小龙求他传授赌诀。小龙先把麻雀里抽心、挖角、砌夹四、捞浮尸、仙鹤吃食等种种过门教会了他，次教牌九里的砌小头、双劈开、双别十、拍多张、抢过门、拗龙头、退龙稍种种手法。又教他同道中的许多切口，如牌叫叶子，带牌进门叫统叶子，骰子叫急统，又叫急头；见好户头赌客叫做空子，亦叫老大，又叫老贵、阿大、老空、阿贵，没有钱的叫干血痨；洋钱叫做稍版，又叫血路，洋钱的数目十元叫做一寸，百元一尺，千元一丈；拆份头叫做劈帐，拆份头与知风不在场之人叫提客帐，份头叫做宕头；晓得赌经的人叫进门槛，略晓得的叫勿进足，有人取巧跟打活门叫做趁船；道中人正在动手，忽遇同道叫双龙会，动手时偶然失眼输钱叫阵上失风，同道因等候空子未来，先自开场消遣叫做搭台，又叫扎场面；空子不多道中人凑数陪赌叫扮搭客，同道赢钱之后，不肯全数摊派，私自干没叫做揩油，又叫吃油饼；临场做上风叫做上盘，下风叫做下盘之类，不一而足。切口学会，又教他掷急统与掷急头的法儿：急头是把骰子挖空小半，中间暗藏铁屑或水银等物，掷出时重者向下，轻者向上；急统把骰心挖空，全嵌铁屑、水银，只留外面薄壳，掷在台上橐橐作声，故用时只能一粒，再配急头一粒，方可掩人耳目。然掷急统的手段必须练到十分纯熟，方能出得手去，所以策六学习了三个多月，才得略有把握。小龙又替他办了副牌，教他练习眼光，更不是一朝一夕之功。瞬息年关已到，小龙又授他摇摊、抓摊里许多秘诀，叫他尽心学习。新年后正是出生意的时候，大局面虽还不便上手，小局面不妨略试。

策六心中甚是高兴，无奈在小龙处混了半载有余，从巫楚云身上骗来的钱，带到上海花消尽了。虽然每天跟着小龙，遇有札局也曾几次扮过搭客，拆些份头，不过是十元八元，怎够使用？况且听着小龙的话，起居服用处处摆阔，事事需钱，更觉得不敷挥霍。看看岁除已届，各店家欠了许多店帐，没有钱还，甚是没法。要想问灿光、肖岑等移借，争奈他们也多吃的空心饭儿，自顾尚是不暇，焉能移借得来？

一日，因小龙到酒馆里请客去了，没叫他陪，闲着无事，闷昏昏的走到颜如玉家。其时如玉房中有个客人坐着，此人姓屈，排行第四，人人叫他屈四，手中很是有钱，却不肯到长三书寓内花去，欢喜花在野鸡地方，乃是如玉在同安茶馆做起来的，已走动了一个多月，拼命与策六吃醋。如玉因他年纪品貌不及策六，用钱又不甚撒漫，心中有些不耐烦他。这日坐在房中，策六忽又到来，如玉急忙跑至外边，叫他到后房坐下，故意讲了好一回话，没进房去，把屈四冷了半点多钟，要他自去。屈四动起气来，在房中连唤如玉："你在后边做甚？"如玉只当没有听见，不去理他。屈四再忍不住，跑至床背后去张望，被策六一眼瞧见，借着这个题目，立起身来喝声："你瞧什么？"屈四也不肯服气，回了声："瞧瞧有甚妨事？"策六因近已认识了几个游手好闲之人，洋场上略有些小手面，见屈四是个单客，又知道他有些寿头寿脑，暗想索性给他个一不做二不休，看他甚样，遂在后房骂声："狗忘八的，不准你瞧，快与我滚了开去。"偏是屈四绝不见机，在床背后还骂一声，想要冲将进去。如玉见闹出事来，假意从中相劝，把屈四暗暗一拉，竟被他拉进后房，与策六撞个满怀。策六动手就打，屈四不由不喊嚷起来，策六也大喊屈四不该冲进后房，还要打人。顿时闹做一团，惊动了楼上吕寓与娘姨、大姐人等，多来相劝。策六将屈四一把拉住，说他不合行凶，要扭他到巡捕房去。如玉也帮着策六说屈四不应打人，弄得屈四有口难分，又怕到了捕房，明天必要解送公堂，坍台不起，大喊："你们不要这样，有话好说。"后被吕寓做好做歹的将策六劝住。如玉假问策六被他打伤没有，策六会意，回称胁肋有些作痛，摸出两角洋钱叫小大姐快到带钩桥姜衍泽堂药店买加料宝珍膏去，却暗嘱小大姐不必去买，快寻肖岑、灿光等到来，好与屈四讲话。一面由如玉令娘姨将屈四轧住，不许他走。

少停肖岑、灿光俱到，并合了几个不三不四的人来。大家动问策六，姓屈的怎样行凶，被他殴打受伤？周策六假作呻吟，攒眉皱眼的说道，姓屈的与自己多与如玉相好，今天屈四先来，坐在前房，自己后到，坐在后房。谁知屈四吃起醋来，破口骂人，并没还骂于他，他竟冲进房来，动手就打，尚亏躲避得快，没被打中要害，只胁肋上受了两拳，后亏如玉与楼上吕寓竭力劝开。你们想天下那有这种不讲理性的人？真是岂有此理！屈四听策六讲完，也要申说几句，说是策六打他，并没还打一下，讲的乃是一派胡言。众人说："相打既在后房，你是个前房客人，倘然不打策六，为甚跑到后房中去？只此就是先动手的真凭确证，还有何辩？"逼着问他，如今打伤了人，还是见官，还是怎样？内中更有个自称探伙的人说："这一件事定须投报捕房发落，不能在外间私自了结。"立起身躯，叫二人快快跟着他走，免喊巡捕动手。策六当真跟了便行，屈四却那里肯去？虽然明知是各人串的圈套，没奈何避不出他，只得向大众央求，情愿给些伤费了事。策六尚睁着眼睛说道："你瞧瞧，我姓周的是何等样人？要你伤费做甚？亏你讲得出来，还是与你打官司去。"那个冒称探伙的人也说："一些不错，谁要伤费？还不快走！"屈四被众人逼得极了，又气又恼，回说："就使要去，也须与如玉同去，到底是姓周的打我，还是我打了姓周的，他是一个见证。"如玉冷笑答道："吃醋是你吃的，冲进后房，是你破口骂人，是你伸手打人，怎说并不是你？我这见证劝你不要拉去的好，去了你更没有便宜。"众人听如玉讲出此话，更一窝蜂拉拉扯扯的，几乎把屈四扯出房去。

幸亏肖岑见吓得姓屈的已经够了，做了一个好人，劝众人且慢如此，有话商量，将屈四一把拉至后房，先埋怨他既然胆小，不该闹祸，后说可怜你是个无用之人，一到了堂必吃大亏，现在愿出多少伤费，我替你解一个围，调停此事，看他们允是不允。屈四说，愿出十块洋钱，被肖岑"呸"了一声，说："十块钱他们怎要？最少须有一百块钱，方可与你说去，我自己却不要你半个钱谢意。"屈四踌躇不决，怎禁得外面策六捶台拍凳的大声催喝，始答应了五十块钱。肖岑尚不肯说，后来加到八十，才勉强一同出房，由肖岑卖个面情，叫策六看在他的分上，可否把屈四罚了几十块钱席费，饶恕了他。策六假意不允，肖岑再三央恳，策六说："饶他却也不难，每人须请花酒一席，连我连你在内一共有十个人在此，叫他快拿一百二十块钱出来，万事全休，不然莫想过去。"肖岑假装不便再说，又与屈四商议。屈四无可如何，加足了一百块钱，策六方才应允，要他当场尽付现洋，不许隔夜，并说从今以后姓屈的不许再到此地走动。屈四身旁那有这许多洋钱，要想先付十数块，其余写张字据，明天约个地方付清。众人恐他翻变，彼此不允。肖岑问他近处可有亲戚，写张字条叫人借去。屈四回称亲戚虽有，别人去借不动钱，只能自己前往。肖岑估量一回道："这么样罢，我同你一块儿去可好？"屈四道："你肯同去，包你有钱。"策六等尚恐肖岑有失，暗暗叫他莫去。肖岑料定姓屈的没甚事情干得出来，大着胆子一定前去，遂与屈四出了宝和里，到胡家宅一爿小钱庄上取钱。

这小钱庄是屈四与亲戚拼股开的。到得钱庄门口，屈四进内，肖岑问他："可要跟你一块进去？"屈四求他在外稍待，万勿声张，马上如数拿出钱来。肖岑估着屈四怕事，万无一失，说声"快去快来"，放下了心站在马路旁边闲望。只见灿光等也多来了，乃是策六恐防有变，差他们暗暗跟着，倘有三长两短，便好报信设法。肖岑虽怪策六胆小，究竟拆梢是件犯法的事，禁不得屈四是个有手面的，在宝和里众寡不敌，吃了现亏，一出门口告知朋友投诉捕房，顿时拿究起来，这还了得？所以心中甚服策六办事周到。众人在马路上逛了一回，屈四已经出来，向肖岑招招手儿，果然取出一封洋钱，向肖岑的衣袖间一塞。肖岑问："可是一百？"屈四道："点过数目。一块不少。"肖岑低低的道："此事幸亏遇见了我，算你便宜，你须要心上明白，感我的情。我们缓日见罢。"说毕，拿着洋钱扬长而去。屈四这一下正如哑吧子吃了黄连，有苦说不出来，并且花了钱财，卖断了一个相好，连宝和里那条弄堂也多不敢再去，皆因他人太屈死之故，一言表过不提。

再说肖岑拿到了钱，与灿光等打个暗号，因策六尚在如玉家中，大家兴匆匆的同回宝和里去，好分些过年盘川，路上共说屈四真是一个户头，这一百块钱拿得好不快活，好不容易。正在一路谈讲，走过新清和坊门口，弄堂里飞也似的冲出一肩洋蓝呢盘水钻轿子，前肩抬轿的人走得太急了些，那轿杠在肖岑的肩上一撞，疼痛难禁，几乎把手内拿的一百块钱落下地来，肖岑喊声"阿唷"，一手急忙捏住洋钱，一手把轿杠一拖，喝问抬轿的可有眼睛，这样横冲直撞。灿光等一班人多是要有事怕太平的，也俱一哄而上，把那轿子团团围住，高喝"还不停将下来"！胡家宅一带最多的乃是流氓，看见弄口有人围着一肩水钻轿子，晓得轿子里坐的定是倌人，大家发一声喊，和调起来，顿时把弄口挤得水泄不通。抬轿的三个龟奴吃了一惊，大叫巡捕先生快来。灿光在人丛中睁眼向轿内一望，暗暗喊声奇事，忙问龟奴："你们先生叫甚名字？住在那里？我好像与他认识，只要说得明白，我劝蓝大少大人不作小人之过，放你们马上便走，不必大惊小怪。"三个龟奴见有人动问姓名住址，两个抬轿的尚怕他寻到生意上去，不肯径说，一个照灯的甚是嘴快，当着众人直讲出来，正是：

天涯遍访无消息，蓦路相逢得姓名。

要知轿子内的倌人是谁，灿光怎的认识，再看下回分解。

第六回

周策六曲院寻妻　　平戟三宵合访友

话说蓝肖岑在小钱庄上把屈四的一百洋钱取到了手, 与包灿光等同回宝和里见周策六去, 走过新清和坊, 弄口冲出一顶倌 (棺) 人轿子, 在他肩上一撞, 疼痛难禁, 拉住轿杠与他为难, 哄动了无数闲人团团围裹, 龟奴高喊巡捕。灿光向轿内一望, 见轿中坐的倌人不是别个, 宛像嫁过周策六的楚云, 暗想这又是机会到了, 因向龟奴盘问他里居姓氏。两个抬轿的没有开口, 那照灯的老实说道:"我家先生名唤云寓, 住在宝善街群玉坊内。"话尚未完, 轿内楚云已经一眼瞧见灿光, 暗暗说声"不好", 深怪照灯的不该多嘴, 告诉真言, 连在轿中把小脚乱蹬, 高喝抬轿的还不快走, 与他们纠缠怎的? 他们不肯让路, 走几步就有巡捕, 大家到巡捕房去。肖岑听了这话, 好如火上添油, 正待动手发作, 想将轿子推翻, 索性闹他一闹, 灿光在他衣上一拉, 摇头劝道:"不可这样, 这是我朋友做的相好, 无心撞痛了你, 看我分上饶他去罢。"肖岑不知内中情节, 尚还不肯放手, 灿光用力将手指一擘, 喝声:"走罢!"恰好其时巡捕到来, 驱散闲人, 那肩轿子向东而去。肖岑满心不解, 动问灿光轿中坐的究竟是谁, 把他轻轻放过。灿光回称路上不是讲话之所, 且回宝和里再说。

肖岑不便再问, 因与众人一口气跑至如玉家中, 把洋钱在台上一放, 那面色尚怒匆匆的甚是不平。策六一见, 惊问可是闹甚事情? 灿光满面笑容的答道:"闹了事, 拿得到洋钱来么? 屈四那边平平稳稳的已经了结下了。如今有一桩事, 报个信息与你, 还你听了喜欢。"策六道:"还有甚事?"灿光道:"你先把一百块甚样分派, 分给好了, 我与你慢慢的说。"策六点头, 遂把一百块钱自己拿了五十, 尚有五十交给肖岑、灿光去分, 因冒充探伙等那一班人多是二人邀来。肖岑、灿光接洋在手, 各人取了十五块钱，剩下的二十块分与众人，也有五六块的，也有三四块的，彼此欢天喜地而去，灿光等众人去后，始把新清和坊无意中遇见楚云之事说知，并说已知改名云寓，现住在宝善街群玉坊内。策六听罢，跳起来道："天下怎有这样巧事？我寻了他五六个月，群玉坊也曾走过百十来次，没有一些踪影，不料今天被你撞到，这真是踏破铁鞋无觅处，得来全不费工夫了。但他既然真在上海，我们应该怎样寻他？须与你商量一个主意才好。"肖岑对灿光道："原来轿子里竟是楚云，怪不道你不许我与他为难。想我一生一世就吃了近视眼的亏处，算来我与楚云从前不知见过几十次了，怎的今天一些认不出来？"灿光道："若讲从前的楚云，如今大不是了。我在常州见他的时候，本是个鹅蛋脸儿，如今变做削骨脸了，皮色本甚白嫩，如今也像黄糙了些。莫说你近视眼看他不出，就是我眼光很好，一时间也认不出来。"

如玉在旁听三人讲的说话甚是清楚，他与楚云本有心病，乘机向策六挑唆道："周策六，你本来初到上海的时节，意欲寻到了他，同他依旧回去。如今照包大少说来，那面貌已今非昔比了，不知你还要他不要？要他的，快到群玉坊找他说话，劝他回乡；不要的，也须拿个念头，难道就罢了不成？"策六踌躇道："不瞒你说，这种人要他回去，再也收他不住，原是说说的了。但他仍在上海做这生意，不与他说一句话，真是太便宜他，所以要商量一个办法。"灿光想了一想道："此事我有两条主见，但不知你走那一条？"策六道："是怎样的两条主见？"灿光道："第一条是争气不争财，你不要他住在上海，马上投报捕房，办他个递解回籍，或是发堂择配，多甚干净。第二条是争财不争气，不论什么地方，你可写张局票把他叫来，先拿住了他做倌人的把柄，然后跟他到群玉坊去，假意不许他做这生意，闹一个鸡犬不宁，看他们怎样发付。倘然他们胆小，必定来央求于你，那时看事做事，落得弄几个钱；若是胆大，与你争长论短，你就假称赴官控告，到时我与肖岑出场两边劝解，谅来必定有个下场。你瞧这主见那一条好？"策六道："两条里自然是第一条来得冠冕，但把他办了递解，或是发堂，他虽从此不得出头，于我却也没甚益处。"肖岑抚掌道："你这话讲得不错。损人不利己的事情，干他什么？我想还是第二条有些意思。"策六道："第二条意思虽有，只怕闹下来名气不好。"肖岑道："楚云可是你正室么？人家真正老婆尚在堂子里卖娼，不见得羞死了人，何况逃走出来的小老婆？洋场上有体面人犯着这毛病的不知多少，并不是你周策六一个，虑甚名气？并且此事只要做得割切，楚云不讲出去，还可包着你外间没人知道。"策六道："怎见得楚云不讲？"肖岑道：

"只消用话吃住了他,怕他讲甚?这吃住他的几句说话,临时我能替你代说,你可放心。"策六被肖岑一番撺掇,又因本有此心,顿时决定了个争财不争气的念头,当夜就想到戏馆里去叫个戏局。灿光道:"戏局不好,况而时候也不及了。且等明天在番菜馆里叫个大菜局最好,房间幽静,叫来可以讲几句话,跟他同去。"策六道:"是那一家?"灿光道:"海国春罢。"肖岑道:"我们在那里会齐?"灿光道:"五点钟在大观楼会齐,走过去最是近便。"

三人商订已定,肖岑、灿光回去,策六就在如玉那边住下。这一夜,因盘算明日见了楚云究竟怎样去做弄于他,心中不知转了多少念头,竟然通宵未睡,在烟榻上吸了一夜洋烟,直到天色微明,方与如玉上床共寝,及至醒来,早已红日衔山,天光五点多了。策六慌忙起身洗了个脸,跑到大观楼去,肖岑、灿光已在那里开灯等候,吸过了二钱多烟。策六见开有烟灯,眠到烟铺上去,一口气也吃了二钱有余,过足了瘾,会过烟钞,同到海国春去拣了一个僻静些的房间。各人点好了菜,策六写了一张局票,巴不得马上去叫,被灿光将局票夹手夺去,扯得粉碎。策六不知为了何故,问他可是不要叫了,灿光道:"不叫他会来么?但你局票上面断断写不得个周字,写了怕他回避着你,或是托病不到,或遣娘姨先来探信,你怎样连这点子多想他不到?"策六闻言点头称是,因问不写姓周的叫,却写那个?肖岑道:"张、王、李、赵,俱是大姓,多好写得,否则一二三四等熟字他们也不至起甚疑心。"策六遂随手写了一个王字局票,交与侍者,叫他差人快去,一面吃些酒菜老等着他。

果然,楚云有好几户姓王的客人,见了那纸局票,不知是那个所叫,赶紧到来。方才踏进房门,看见策六坐着主位,两旁两个客人,一个是包灿光,一个也甚面熟,一时却想不起他名姓,不觉心上吃了一惊,要想退将出去,已被策六瞧见,喝住他道:"是我叫的,到那里去?快些进来,有话问你。"灿光也在旁说道:"楚云,你不要走罢,周大少到处寻你,寻得也已够了,还不快快进来。"楚云见事已如此,想起策六当日种种骗人,受他大害,今日见面有甚怕他?何不且自进去,索性与他硬挺,看他怎样。因与跟局小大姐走进房中,在策六的对面坐下,说声:"周策六,你从前骗得我好,今天亏你还有面目见人。"策六听他开口就剥痛疮,到底当初所做的事对他不住,不觉脸上边轰的一红,勉强回称:"从前那一件事骗过了你?"楚云冷笑答道:"你在常州买的房子是那一处?无锡去做纱厂生意是那一家?你告诉我!"策六道:"房子、纱厂怎的没有?谁叫你要紧跑走,今日问我则甚?"灿光也道:"房子是我的原中，生意是我的荐保，怎会没有？多是你跑得不好。如今前事休提，今天策六把你叫来，因他晓得你又在上海做这勾当，他是个有体面人，脸子上怎过得下？故此仍想同你回去，不知你心下甚样？"楚云鼻子中哼了一声，又将眼睛对灿光一斜，道："他还想再骗我到常州去么？老实说，我手中已没有钱了，叫他死了这条心罢。"灿光道："有钱无钱讲他做甚，从前你嫁过策六，乃是真的，俗语说'嫁鸡随鸡'，你不该在常州出来。现今叫你回去，怎能不听他话？"说到此句，又走近楚云身畔，低下头去凑着他的耳朵说道："万一你执意不听，倘然翻起脸来，怎样是好？"岂知楚云不闻此语犹可，闻了时把脸一沉，高声答道："他能与我翻得来脸，我不能与他翻脸么？我的许多金珠手饰，问他那里去了？算我当初嫁过与他，问他有甚凭据？况且我进了姓周的门，没有吃好用好，反把我手内东西骗个尽绝，家中一些不顾，假称到无锡谋事，不知跑到那里去了。抛我与黄脸婆子在家天天呕气，叫我怎能站得住脚？自然到无锡寻他，谁知连影踪也多没有，几把我流落异乡。好容易挨到今日，仍在上海，他还要与我寻什么事？真是岂有此理！"这几句话，喉咙愈说愈响。策六等恐被旁人听见，只顾睁眼向房外瞧看。幸亏这时候番菜馆正值上市，各房中人多口杂，夹着叫来的出局，东也唱曲，西也唱曲，琵琶、胡琴嚷成一片，所以并没有人听得。

蓝肖岑见楚云不肯服软，暗想此地终非讲话之所，与策六、灿光使个眼色，立起身来，将楚云一把拉至洋台半边，假意问他在常州的时节，策六怎样负心，怎样骗物，叫他轻轻的细说一番，也使我们朋友知道，劝他差不多些，不再与你生事。楚云果真一五一十的告诉着他，说了好一回话。相帮的因有转局，屡次来催，肖岑乘势说："照你讲来，当真多是策六不好。现在你既有转局，我看只管转去，不必在此耽阁。倘然策六有甚说话，有我担代。"楚云尚还不肯就走，肖岑手搀手的送他出去。策六假作拦阻，肖岑说他群玉坊现有院子，有话不妨院内说去，何必在此争执。策六始不去拦他，由他自去。肖岑既把楚云用软骗之法骗开了他，免致张扬，回身对策六、灿光说道："此事我有些不灵，停回必得同到院子里去，给些颜色他瞧，你们想是也不是？"灿光道："他既然这样吃硬，除了给些颜色，本来有甚别法？我们菜也完了，吃杯加非，大家去罢。"策六遂唤侍者快拿加非茶来，各人一饮而干，又取签字纸签好了帐。策六在先，灿光、肖岑随后，同到群玉坊去。

相帮的不晓得三个人是何等样人，喊声："客人进来。"三人因不知道楚云房间在楼上还是楼下，不便乱闯，立住了脚正要动问相帮，恰好楼梯上跑下个大姐来，见三人踟着不走，问他们到那个房中去的？灿光说是云寓，大姐道："云寓正是楼上。"三人遂放胆上楼。见房间里下着门帘，知道有客，只得在外房中坐下。房中王家姆出来招呼，见三个人多甚面生，一一动问姓氏，并问："那一位是做我家先生的？先生现在出堂唱去了，马上就要回来。"策六道："谁做你家先生？他既然在外未回，我们等他就是。"王家姆听口风不对，正是俗语说"丈二长的和尚，一时摸不到他头路"，不觉呆了一呆，口中说声"请坐"，回身走至里房，暗叫相帮的快催楚云回来。

相帮去不多时，楚云随后就到。他一进门就想给策六一个下马威儿，说声："你来了么？来得正好，我马上跟着你跑。"口中讲话，手内把头上戴的珠花、臂上带的金钏、指上带的许多戒指一齐拿将下来，交与小大姐取进内房，又把外罩衣衫脱去，像要与策六拼命。策六见他来势汹涌，倒有些没奈何他。灿光见策六没有主意发出，在旁提醒他道："楚云已愿跟你走了，你可要报过捕房，然后领他回去？免得将来有甚纠葛。"策六被他一提，猛然大悟道："捕房怎的不报？况且他出来了四载有余，怎能够要去就去，要回就回，这样便当！他当真跟了我走，我就同他到巡捕房去。"说毕，跳起身来，将楚云紧紧一把拉着便跑。里边惊动了王家姆与粗做娘姨，一齐奔至外房解劝，并问楚云到底为了何事，这三个客人是谁？楚云约略说知，王家姆等闻言大惊失色，一面用好言抚慰策六，一面把楚云拉至里房，说当初既然嫁过于他，不可这样使性，吃了他的现亏，并叫相（想）帮赶紧去寻阿素到来。一则楚云是他来根，二则他堂子饭吃得久了，有些见识，这事究应怎样办法，须得与他仔细商量。策六见楚云被众人圈进里房，不好进去，只能在外面发作。肖岑却在中间充做好人，用言婉劝于他。约有一刻多钟，楚云仍在里房，并没出来。

阿素已被相帮寻见，一部包车如飞的赶至院中，先到里房问明楚云一切，后在门帘内向外一张，见有肖岑在内，他与贾逢辰从前十分要好，阿素嫁逢辰的那日，肖岑尚往贺喜，吃醉了酒闹出一场火来，真是一个最熟的熟人，并晓得他惟利是图，有了钱不论什么事情多好打话。策六今天同着他来，谅必与他是一路之人，这来意不见得定要楚云回去，无非是彼此想几个钱，没有大事。因此定一定神，叫楚云不可声张，自己走至楼下小红房内，唤娘姨请肖岑下来，说有要话商量。肖岑问："那个请我下去？"娘姨说："是娘娘。"灿光问。"你家娘娘是谁？"娘姨答称："是阿素姐，从前包过花小兰的，与蓝大少向来认识。"肖岑听是阿素在此，点点头儿，向灿光附耳说道："此事大约须在这人身上了结，你们在此等我回话，待我去去便来。"说毕，跟着娘姨下楼。

阿素与肖岑见面之下，先说了些别久的话，渐渐接入楚云误嫁策六，说策六已弄到他这个地步，不该再来寻事，要肖岑设法劝他。肖岑道："我自从在大菜间中劝起，不知说过多少话了，无奈他执意不听，也是枉然，不信你问楼上边大姐、娘姨。"阿素道："你劝他尚还不听，再有那个去劝？不知他的心上究要甚样？"肖岑道："他口中要逼楚云收场，心中不知他可要楚云回去？我们虽是知己朋友，此事有关颜面，也没有细问过他。"阿素道："他如真要楚云收场，借我们的洋钱与一节的开消甚样？姓周的倘能拿得出来，我们怎好阻挡着？他拿不出，我们吃亏不起。若是他口不应心，口里头要逼他回去，心里头却不是这样，也要他有了题目，我们才好做这篇文章。蓝大少，你想是也不是？"肖岑道："楚云共借你们多少洋钱？"阿素道："借的钱尚还有限，目今已是年夜到了，节上的和酒局帐，收了场子，那个给钱？姓周的当真要他回去，这钱也须出在他的身上，我们拿下来好开消人家。"肖岑道："这一句话你讲错了，姓周的并不是讨娶楚云，怎好这样说法？倘被他耳中听见，说楚云自逃出来的，你们不该收留逃妾，大胆卖娼，告到当官，莫说节上的和酒局帐，连借你们的许多洋钱，一个钱不见得还，并且还要办你们一个罪名。我想此事有些不妙，最好的是他肯拿几个钱，叫他不要闹出事来，那才是个安静办法。但不知他允与不允？"阿素听肖岑说出此话，已把他们的来意拿准，一口许了一百洋钱，央肖岑马上与策六说去。肖岑道："姓周的虽然没甚身家，却不见得少了一百块钱，怎好开口？何不你自己去说。"阿素道："楚云如今手头没钱，一百块尚要问房间里人借凑，多了怎能拿得出来？"肖岑道："不是这么样说，打蛇要打在七寸里面，一百块钱休得再提。你们当真要我了这事情，我瞧没有四五百块洋钱，断断不能过去。"阿素把舌尖一拖道："肖岑，你与我说顽话了。洋钱不是萝葡片儿，怎讲得这样容易？"肖岑作色道："我说的并非顽话，你们拿不出钱，且看策六的手面。闻得他近因寻找楚云，在上海耽阁久了，结识了不知多少朋友，这回动起手来，暗中必有帮忙之人。那时你们弄到个人财两空，懊悔迟了。我这几天因年关将到，老实说心绪碌碌，本来没耐烦干这事儿，你们自己定个主意干罢。我要楼上去了，免得坐久了策六疑心。"

阿素听肖岑这一席话讲得斩钉截铁，虽然估定他一半是虚声恫喝，一半却恐弄假成真，到底做堂子的最怕是经官见府，衙门里的差役人等办到堂子案件，那一件不认做发财生意，整百整十的书差堂费敲个不了？往往官司还没有落地，洋钱已不知花去多少。所以转了几个念头，未便使肖岑丢手，差小大姐快到楼上去叫楚云下来，大家商议。

　　楚云初时因恨策六入骨，情愿与他拼命，不肯拿出钱来，说上海地方嫁了人又在堂子里做生意的不是我楚云一个，但看林黛玉、张书玉等，那个不是嫁过几次又出来的？并且他们每嫁一次，必定涴一次浴，至少卷人家几千银子，不听见有人寻到了他。后来阿素一再开导说："林黛玉等嫁的不是官场，便是富户，人人爱惜声名，自然无事。不比策六是个滑头，随便什么事情他多做得出来。"又说："你不肯花几个钱，受他的累还是小事，只怕定要连累房间里人，你心上怎能过意得去？"楚云沉思半晌，始勉勉强强的答应道："既然这样，你可替我拿个主意，只要估着我力量来得，我就看房间里人分上求个安静也罢。"阿素道："你的力量我岂不知？所以我说过一百块钱，求蓝大少了这事儿。蓝大少因为数太小，不便去说，故此叫你下来商量。"楚云对肖岑一瞧道："这就是蓝大少么？好不面熟。"阿素道："他从前与潘少安也是要好朋友，谅来见过。"肖岑对楚云道："四五年前果曾见过数次，谅你已经记不起了。今天这一桩事，一来我与阿素姐甚要好，二则可怜你误嫁策六，才有今日，故愿与你们解一个围。若说一百块钱，策六断打不倒，岂不是不说的好？"楚云道："依了策六，他要多少？"肖岑道："策六也还没说要钱，不过我与他是知己朋友，劝他几句尚能听我。但要他坏这名气拿你的钱，至少必须四五百块，不然他怎肯受领？"

　　三人正在楼下商议，忽听楼上边一片捶台拍凳之声，大闹起来。原来策六因等候肖岑已久，不见上楼，不知道是什么样了。其时里房的客人已去，灿光与他使个眼色，故在那里大肆咆哮。房中王家姆与大姐、小玲吓着了急，一齐奔下楼来，要叫楚云上去。楚云万分无奈，又向肖岑加允了一百块钱，说今夜拿不出来，明天晚上准有，央他暂劝策六回去。肖岑依旧不肯答应，直至阿素再三相恳，并说倘然策六决定不依，明天我们房间里再拼几十块钱给他，肖岑始收了风篷，说："你们再四央我，我的心肠最软，且待把策六劝他出去，与他熟商。但我一个人的说话尚恐不够，最妙央包大少也帮点子忙，添些好话，方可万妥万当。"说毕，起身上楼，与策六、灿光两个咬着耳朵说了好一回话。灿光果然帮着肖岑同劝策六暂且回去，有话明天再说。策六要二人做个保人，明儿定要楚云出院，二人含糊答应着他。策六尚还坐着不走，肖岑在先，灿光在后，拉拉扯扯的拥出房门，下落楼梯向外而去。

　　阿素等方才放下了心，与楚云回至房中。楚云叹了口气，痛恨策六更觉刺骨，只是无可奈何。阿素闻王家姆："房中的平大少几时去的？听说他本要碰和，分明被这班人一场混闹，碰不成了。"王家姆道："平大少去已多时，他说明天倘然没事，日间再来补碰。"阿素点头道："这人说一是一，很靠得住。他从前并没做过楚云，今天怎样忽要碰和？"王家姆道："平大少我们房间里人一个不认得他，昨儿晚上忽来打了一个茶围，楚云先生堂唱去了，没有见面。他盘问我从前叫甚名字，可是嫁了人又出来的？我没有告诉着他，只说以前之事并没子细，现在是从天津来的。平大少坐了片时也就去了。今天第二次来，偏偏先生又不在家，他要写请客票请客碰和。断命的周策六，那晓得他闹出事来。"阿素听罢，对着楚云笑道："原来他有心访你来的。"又与王家姆等说道："这人你们不认识他，我与楚云先生向来认得，姓平名唤戟三，与楚云先生从前做的杜二少爷甚是要好，多是天字第一号的客人。杜二少现在苏州没有出来，他晓得楚云先生改了名字又在上海，故来做他也未可知。此等客人只要能做得下去，每节用掉三百五百块钱算得甚事？看来周策六的那注洋钱定要出在此人身上。明天他来碰和，你们要格外应酬周到才是。"王家姆等诺诺连声，多称晓得。楚云却因戟三是个正人，凡是朋友做过的相好，向来并不剪边，为甚忽要在此碰起和来？况且在苏州的时候受过少牧一场奚落，站不住脚才赴天津，深恐戟三此来，或是少牧得了风声，有信到申叫他探访下落，不见得有甚好处。口内虽然不说，心中却怀着鬼胎，故而只与阿素随口敷衍，面上略无喜色。阿素却认做楚云皆因策六纠缠，担着心事，用言劝慰一番，直至两点钟后始回。当夜并无别话。

　　翌日，午饭才过，肖岑已与灿光同到院中寻楚云与阿素讲话。王家姆急差相帮把阿素唤来。肖岑先开口说："为了你们这一件事，我们两个人昨天足足劝了策六一夜。策六一定要人，并不要钱，直说到个舌敝唇焦，方才吐了句口，说要他安然无事，必须你们拿出一千块钱来。我与包大少因为数太大，楚云吃亏不起，着实求他看破，好容易说到四百块钱，休想再说。故此先来给一个信，不知你们心上甚样？"楚云道："昨天说是二百块钱，怎的四百？"肖岑道："阿素姐亲口说的，姓周的二百不肯，房间里再拼几十块钱，分明是三百左右了。"灿光道："我与蓝大少了这事儿，念你们是堂子里人，谢仪一些不要。不然也须一百八十块钱，岂不是四百了么？你们备齐了钱，马上就叫姓周的来拿，包你万事全休。备不齐，只怕今天不比昨日，必有些颜色出来。"楚云道："假如依他给了四百块钱，他可写张了断葛藤的笔据给我？"肖岑道：“这是什么事情，他肯写甚笔据？往后倘有翻变，只消凭着我二人是了。”楚云摇头不答，阿素也不敢应允。

忽听楼下相帮喊声：“客人上来。”楚云等疑是策六，大家跑至房外去瞧，谁知是平戟三约了三个朋友前来碰和，一个是凤鸣岐，一个是李子靖，一个是熊聘飞。楚云、阿素多认得他，急央肖岑、灿光让至外房，把正房间腾将出来，由四人扳位入局。楚云勉强在房应酬，看他们碰了一圈多庄。阿素来说：“蓝、包两人出外邀策六去了，看来此事只好这样求个安静。我家中现有二百块钱，待我拿来借你，尚少二百，你自己把首饰拼凑，不然我吃不起这个风火。”楚云见阿素如此怕事，不得不然，点头面允。阿素回去取洋，楚云把新近有个客人兑与他新年里用的一条珠勒扣儿当了二百洋钱。刚巧两处凑齐，策六等三人已到。肖岑、灿光催问洋钱可已措齐，策六竖起了一张瘦骨脸儿，一句口也不开。阿素把四百块钱交与蓝、包二人道：“洋钱四百如数凑足，往后再有甚事，必须你二位耽承。”二人接洋在手道：“自然多在我二人身上。”说毕，将洋交给策六。策六点过了数，将钞票纳入衣袋，现洋笼在袖中，指着楚云说道：“看在蓝大少、包大少分上，这事便宜了你。”回头对蓝、包二人说：“我们走罢。”立起身来，扬长而去。

楚云气得一句话也说不出来，看着三人出去之后，懊悔当初不应误嫁，忍不住流了一回眼泪。王家姆来说：“里房的和已碰完了，叫他们写张菜单叫夜饭菜，他们不写，马上要走，你快进去。”楚云抬身入内，照例说了几句“对不住”、“谢谢”的套话，要留四人吃了夜饭回去。戟三回称不消，把十二块洋钱和洋交讫，说声“我们缓日再来”，同着鸣岐等出院，邀他们到望平街口新开的又一村番菜馆去。鸣岐等正怪戟三为甚做了楚云，忽然替他碰起和来，要问问根由细底，彼此并不推辞，一同前往，拣了一个座头坐下，点好了菜。鸣岐最是性急，先问戟三今日何故与楚云碰和，楚云是从前少牧做的，你向来在花柳场中顽要，没剪过朋友的边，此举真是奇怪。戟三摇头道：“那个要做楚云？内中有个讲究，待我说你们听，并且我正月里还要到苏州去探望少牧、幼安。”正是：

起到风波知世险，订来金石见交深。

要知戟三因甚与楚云碰和，因甚要到苏州，且看下回分解。

第七回

求代死淑姬烈志　赋悼亡名士伤心

话说平戢三在楚云院中碰和出来,邀鸣岐、子靖、聘飞同至望平街新开又一村番菜馆饮酒谈心。鸣岐最是急性,席间盘问戢三为甚要剪少牧的边,做了楚云。戢三回称并无此意,并说还要到苏州一行。众人不解,争问既然不做楚云,因甚替他碰和?苏州去更有何事?

戢三道:"内中有个讲究。我自从幼安、少牧回了苏州,酒地花天不甚涉足,屈指已经四年多了。前天偶有一个朋友说起,群玉坊新到了一个出色妓女,名唤云寓,乃是从天津来的。房中尚有个半老青衣,风貌也甚去得。二人满口苏话,虽说从天津下来,好像先前曾在上海做过,并且多曾嫁过客人。我疑心是郑志和、游冶之娶过的媚香、艳香,听说他们本在天津,莫要近来又到上海?这两个人当初嫁了志和、冶之,不多几时席卷而逃。志和、冶之侦骑四出,影响毫无,曾央我在上海县、新衙门两处存下张案,不准再到沪地为娼,岂容他肆无忌惮?故此满意要去访他一访,若然不是便罢,倘使一花一叶当真是艳香、媚香,定须写信赴扬关照志和、冶之到申,控官重办。不料苏州少牧那边日前又有一封信来,提起有人从天津到苏,听说艳香、媚香与他从前做过的巫楚云春间多在津地,后来因团匪作乱,不知下落,刻下上海可有此三人踪迹?信中又说志和、冶之当日在申落魄,皆因艳香、媚香卷逃而起,倘使来申,不可不发信赴扬知会二人,到沪惩办,稍申二人当日气愤云云。我得了这一封信,前日故亲到群玉坊去访寻云寓,没有见面。昨天第二次又去,他又出外堂唱去了。没奈何想请客碰和,等他回来。正呼娘姨拿取笔砚,谁知外房闹出周策六的事来,因于今日补碰。倘然我早知道云寓即是楚云,那半老青衣是嫁过贾逢辰的阿素，并不是艳香、媚香，你们想这一场可肯碰么？至于到苏州去的缘故，一则与幼安、少牧阔别多年，二则我久慕吴中山水，从未到过，意欲去游玩一回，并没有别的事情。"众人道："原来如此，怪不得我们想不出你是甚意思。"鸣岐道："你到苏州，几时动身？"戟三道："明年正月元宵前后。"鸣岐道："元宵后我也闲着没事，与你同去可好？"戟三大喜道："当真你肯同去，我一准过了元宵动身。"四人谈谈说说，用完酒菜，各自散归。

光阴易过，瞬息新年。上海的年景虽然岁岁有些更变，却也大同小异。不过正月半前坐马车的倌人年盛一年，那首饰也越是讲究，尽有自己一些没得，出了重价向人租赁来装场面的。至于身上衣服，从前凡有稍有名望的倌人，这几天必穿百裥挂念四大红绉裙，如今却把这条裙子灭去，只穿浅色裤子，愈显得触目妖淫，令人有世风愈靡之感。戟三等到元宵一过，就想动身，忽然鸣岐感冒时邪，生起病来，患的乃是喉痧重症，急切不能全愈。戟三替他开方调治，吃了七八帖药，始得转危为安。无奈病后体气虚弱，尚须养息，不便出门。戟三又替他开了一张调理药方，嘱他在家调养，不必赴苏。自己拣个日子，到招商内河小轮船局包了一间房舱，收拾行李下船，向苏进发。午后四点半钟开船，翌日早上七点多钟已抵苏城。戟三上岸，在阊门外马路上就近借了所来安客栈，把行李安顿下了。先到青莲阁吃了碗茶，又到德花楼用些点心，方才进城问信，往桃花坞去，先找少牧，次访幼安。

那知这年苏地时疫流行，也与上海一般，患的多是喉痧，十人中有八九人不治，十分凶险。少牧一家数口，只有自己并未沾染，余俱先后卧床不起。延医诊治，功效毫无。闻听戟三到苏，知他医理精明，心中大喜，急忙迎入内堂，彼此略叙些阔别话儿，就央他替合家治病。戟三绝不推辞，每人诊过了脉，说内中只一三十多岁的佣妇，一二十多岁的厨丁病入膏肓，不可救治，早些送令回家，其余俱幸尚无大害。遂各人开了一张药方，叫少牧但放宽心，服药后自当日见轻可。少牧感谢不尽，问戟三现住何处，何不见行李到来？戟三回称已借在来安客栈，不必惊扰。少牧一定要差人去取，戟三说："府中有病不便，且俟缓日。"并问幼安的住处离此多少远近。少牧道："安哥就在前街，离此并不甚远。但闻他也在患病，不知近日如何？我因家中乏暇，尚未去探问过他。"戟三惊道："他得的可知是何病症？"少牧道："也是喉症，并且也不止自己一人。"戟三道："喉症本来最易传染，但像今岁这般利害，却也少有。幼安不知请过甚样医生？我很有些放心不下。此症今年有人说忌用凉药，然用竹叶石膏汤奏效的也有；白喉忌表，书上说忌用表药，然用麻黄取汗见功的甚多。总之必须察看病人体气若何，脉理若何，病势若何，再三审慎，才可开方。决不可胶执成见，致误性命。幼安患此险症，倘然服药有误，那还了得！我立刻当去看他一回，明日再行到府可好？"少牧听他要马上去探望幼安，不便相留，说声："既然如此，我替你唤乘轿子前去，免得沿途问信。去过之后，并可仍回舍间叙谈，一来稍叙阔衷，二来明晨好替合家覆诊，不知意下若何？"戟三点头，口称使得。少牧遂亲自出外，叫了两名轿夫到家。轿子家中现有，抬将出来，请戟三上轿，向谢幼安家中而去。

将到门首，只听得屋中有鸣锣喝道之声，门口竖着两盏姓谢的黑字高灯，墙门间内站着许多六局人等，乱纷纷的正在那里料理出殡事宜。戟三不知已到，并不在心，及见轿子停将下来，不觉吃了一惊，急问轿夫："可知谢家故了何人？几时死的？是何病症？"轿夫回称："听说故的是姨太太，昨天晚上喉症身死。"戟三在轿中暗暗跌足道："可怜，可怜！姨太太想是桂天香无疑。此人性情温厚，风度端凝，看来很是个载福之人，却不料这般没寿。但不知幼安病体甚样？急须动问明白。若使已经痊愈，不妨进去一吊；倘尚卧床未起，此刻不便入内，只得明日再来。"因差轿夫快去打听，轿夫答应一声去了。片时回至轿前，答称打听得谢老爷也患喉症，已经稍愈，不过尚未见客。戟三始略略的定下了心，分付轿夫不必进去，仍回桃花坞杜家，明天再说。轿夫抬上肩头，如飞回去。路上边见所备丧仪应有尽有，那灵柩已从门内出来。戟三暗想："天香人虽柔淑，究竟是个妾媵，幼安并不是僭分越礼之人，怎的替他如此排衙？内中当有缘故，明儿必须细问一番。"轿中一路思量，早已回至杜家。

少牧怪他去得太速，急问见过幼安没有？戟三将谢家故了姨太太，正在出殡之事诉知，并说姨太太未知可是天香，或者另有其人？少牧闻言，惊叹道："安哥家内只有一妻一妾，那有别人？不知天香得何急病，怎的先时我这里也没些信息，并且没有发丧？"戟三道："轿夫说起，也是喉症，谅来为日不多，故你并没知道。若说没有发丧的缘故，必因安哥病未大愈，无人料理所致。"少牧嗟叹不已。其时轿夫已将轿子在墙门内原处停好，由少牧给发轿钱去讫。戟三是夜住在少牧家中，与少牧抵掌谈心，讲了大半夜的说话。天明起身，替合家覆诊了脉，果然一个个药到春回，那病势俱减了好些。送回去的一个佣妇，一个厨丁，午饭以后有人来说多已死了。少牧更佩戟三指下高明，想起幼安病虽略痊，急需调理，自己家中的病人今日既俱略见轻可，不妨陪着戟三同到谢家一走。因与戟三说知，戟三答称同去最妙。二人遂步行出门，取道往谢家而去，我且按下慢提。

先说谢幼安自从娶了桂天香回家，天香的温柔淑慎，不但深得幼安之心，齐氏眉姑也因他性情和厚，举止大方，绝不似青楼出身，颇以青眼相待。前集书中早经表过，无俟赘言。转瞬四年有余，幼安的长子麒儿已长成了。天香因未曾生育，爱如己出。谁晓那年苏地忽然疫症盛行，麒儿也患起烂喉痧来。幼安夫妇大惊，急延医生诊治。天香也着急万分，每日在房陪伴，并料理汤药一切。看看麒儿日重一日，几致不救，幼安伤感异常，自己也发了一个寒热，隐隐喉间作痛，饮食不进。其时齐氏照顾麒儿尚自不暇，怎能再顾幼安？遂由天香一人衣不解带的尽心服侍，一连三日三夜，误服了医生三帖凉药，腹中内焰起来，口里狂言谵语，病势愈见沉重。天香只吓得魂不附体，自己虽然无病，那饮食也如幼安一般的水米不沾。到第四日的晚上，换了一个名医看治，认定此症必须用麻黄取汗，十分里方有二三分可救，因进了一帖表剂。第五日身上发了些似斑非斑似疹非疹的东西出来，那喉间却仍作痛不止，寒热也并没退凉。天香慌得无可如何。

大凡妇女遇到家人重病，最信的是禳星拜斗，叫喜看香，求签问卜，种种诬民惑世之事，吴中此风更盛。天香却因幼安不信，不敢私下去做，况且也知道他并无益处，徒费资财。惟念昔年在上海的时节，曾与幼安同至丹桂茶园看戏。见演的第六本《查潘斗胜》，查三大病，其妻割股救夫，竟得霍然而愈，遂起了个割股的念头，又念幼安患的乃是喉症，饮食不进，割股怎能医得？不觉分外担愁。待病到第六日的晚上，医生仍用麻黄表剂，幼安服药之后伏枕昏睡，汗出如浆。天香认做病势愈凶，更形忧急。等到人定之后，独在床前坐了一回，想起自从身入烟花，幸遇幼安娶为箕室，屈指四年有余，虽未生得一男半女，幼安夫妇何等抬举，如今麒儿病重，不知凶吉如何，幼安又这般危险，倘三长两短，怎报得谢氏深恩？眼中止不住流下泪来。细想幼安虽不信祷鬼求神，依了我们女流之见，究竟鬼神未必没有，何不趁此夜深人静之际，焚香叩告过往神祇，倘能默佑幼安病痊，自愿代他一死，否则亦誓不独生。当向神前盟誓，以冀挽回造化，立起沉疴，除此之外，叫我身为妇女，再无良法可思。因此定一定神，决了主意。其时幼安呼呼鼻息，睡得甚浓，遂轻轻的移步出房，取了三对香烛。一对点在当天，一对灶上，一对乃是家堂。点好之后，一处处虔诚默祷，不知磕了多少响头，那额上竟如栗暴一般的坟肿起来。天香不觉得一些疼痛，直祷到金鸡三唱，烛烬香消，天色微明，始防幼安醒来，悄悄回房察视。幸喜他安睡如故,身上的汗已觉退了些些,额上热度也比日间凉了许多,心中暗暗欢喜,深感神鬼有灵。第七日仍请原医覆诊,医生始说病有转机,嘱天香这几天内务要格外留心。天香唯唯,又问麒儿看来甚样?医生也说可保无妨,天香略略放了些心。是晚三鼓以后,依旧诚心叩祷,一连又是三天。幼安喉痛稍松,已能略进汤粥,麒儿也渐渐好了。天香喜不自胜,却已十日十夜的并没安睡,那精神疲乏已极。见幼安病有起色,这夜始在房中小榻之上和衣假寐片时。

说也奇怪,天香愿代幼安一死,出自至诚,果然天鉴其衷,幼安的病体将痊,天香却于是晚大病起来,睡梦中浑身焦热,喉间作痛异常,把他一惊而醒。暗暗喊声不好,起身走至妆台半边,拿了一面镜子,把自己细细一照,见面赤如火,咽喉红肿,竟与幼安起病时候一般无二。急忙将镜撤下,仍在榻上边眠将下去,自知这一场病应了连宵祷告之言,断断不起。却喜幼安已能无恙,正当视死如归,因此绝不声张,恐防惊动幼安,反为不美。在榻上翻来覆去,挨到天明,有娘姨进房扫地,始与他轻轻说知:"今天身子甚是不适,与少爷一样患了喉瘀。"娘姨听见大惊,连说:"如此怎好?必须关照大少奶奶,赶紧延请名医诊治。"天香慌忙摇手,叫他不可乱嚷,惊醒少爷。他是个病后之人,最好使他静养,不许大惊小怪。

那知幼安已醒,语语被他听得,急问天香怎样?天香尚想瞒他,回称没有甚事,你只安心养病。幼安道:"休瞒我,今天你也起了病了。因怕我闻知着急,不肯直说。但今年这个喉症最是险恶,这不是瞒得过我的事,怎好不去知照大少奶奶,上紧延医?"口中讲话,那身子要想挣扎起来看他。天香已在榻上觉察,忙叫娘姨止住,自己强打精神答道:"偶然有些寒热,并不打紧。停回你有医生到来,央他顺便开一药方是了,何必此刻去请?我只望你早日痊愈,休要烦心才好。"幼安道:"我的病十分中已去了三四分了,怎么你又传染起来?这多是服事得我太为劳顿所致,叫我心上难安。"天香听幼安说出此话,不觉暗中流下泪来,说:"服事你乃是我分内之事,何言劳顿二字?你休过意不去。"幼安道:"话虽如此,但愿你无甚大病最妙。"

二人正当讲话,恰好齐氏进房,说:"麒儿今日身热退凉,瘀子已经发透,喉间肿烂亦已稍痊,看来可保无虞,真是万千之幸。"幼安道:"麒儿病愈,当真万幸。可奈天香昨夜又得起病来,我正要叫娘姨告诉,着你快去请医。"齐氏惊道:"天香好端端得的甚病?"天香在榻上答道:"人有旦夕祸福,偶尔有些感冒,谅来没甚大病。"说毕,把手向齐氏一招,将他招至榻前,勉力挣起了上半个身子,附着齐氏的耳朵，将连日幼安病重，每夜焚香告天，立誓代死之话诉知，又说："今日我果然患了喉痧，自知此病一定不起。这是我求仁得仁，何必延医诊治？我死有何足惜，只要幼安早愈，报得他娶我之恩，九原自当瞑目。"说罢，泪如泉涌。齐氏听天香说出一番惨话，也不免泪痕盈睫，恐幼安瞧见犯疑，只得忍住，宽慰他道："人生生死乃是大数，那有代得的道理？何况你具此一片好心，鬼神有灵更当呵护。说甚无须延医服药，我即刻差人去请医生到来，望你还须自己保重为是。"

天香尚欲有言，齐氏佯称："出房已久，恐麒儿欲饮汤药，停刻再来看你。"卸身出外，取了幼安一张名帖，差人飞请看治幼安的医生到来。先与天香诊过了脉，问他病势若何？医生回说："比幼安初起更甚危险，务要格外当心。"也开了一纸麻黄取汗的表药，又取吹药吹过咽喉，并给一服异功散、一张膏药贴在喉间，等他起泡之后揭去。天香见医生开好药方，嘱他替幼安复诊，并问可能从此就痊？医生因又与幼安细细复诊一过，回说只要饮食留神，定可保得无事。天香闻言大喜，只苦的是"饮食留神"四字，此后不能自己细心侍奉，一阵心酸，又不免泪如雨下，幸亏面朝着内，没人看见。医生立方已毕，起身告辞。齐氏取方差人撮好了药，第一帖先煎与天香服下，第二帖煎与幼安。这日苦了齐氏一人，既要当心幼安，又要留意麒儿，更须照顾天香，心下好不着急，满望着天香服药之后，也如幼安药到病除，不至竟应了代死誓言。

谁知道"彩云易散，圆月不常"，天香的禄命已绝，一样喉症，幼安服了麻黄表剂，发汗见功；天香体焦无汗，反觉得病更增剧。翌日，医生加重原方，再进一帖，依然是功效毫无。幼安这天已能略在床上起坐，看见天香病重，想起因自己病中服侍而起，不觉心如刀绞，几次要走至榻畔看他，多被天香叫人止住，不许劳动。到了第三天午后，医生以连进表剂，邪不外达，症已不治，不肯开方，告知齐氏赶快另请高明。齐氏慌了主意，再四恳求，始勉勉强强的开了十数味药，那脉案却写了三百多字，无非是症成棘手，图卸肩担的老套话儿。齐氏一面差人出外照方撮药，一面微向幼安前露些口风，说天香病已垂危，倘有不测，休得过悲，自己保重病体要紧。幼安听了，情知不妙，倚枕呜咽不已。旁晚后药已服下，天香热势愈炽，卧不贴席。幼安再忍不住，起身走至榻边慰问一番。天香仍言并无大病，只劝幼安安睡，那喉音却已不甚清楚。幼安好不悲惨，伸手抚他额上，似有腻汗溢出，听他喉间气息，微微的起有喘声，料着今晚须分外留神，叮嘱娘姨等在房陪侍，自己也强打精神，不敢再睡。

果然延至天明时节，天香肝风大动，睁眼见幼安在侧，将手紧紧握住，说了声："你自己保重病躯。"言毕，将手一松，含泪而逝，时年二十有七。警梦痴仙著书至此，有诗悲之曰：

> 一现昙花太可怜，伤心紫玉竟成烟。

> 夜深泣写分钗痛，泪湿灯前百叠笺。

天香已死，幼安几忘自身尚病，大哭一场。幸亏齐氏进房苦苦劝住，并扶他到自己房中安息，并商量一切饰终之事。幼安因正室在前，诸事不便僭妄。齐氏以天香侍病劳心，甚至立誓代夫一死，此等妇女岂寻常侍妾可比，故请幼安破格，以次室之礼相待，所有丧仪除鸣炮外，准用执事、鼓乐、魂轿、容亭、顶马等类，甚是热闹。所以戟三瞧见，疑心幼安并非僭礼之人，何以如此排场？其中必定另有意思，要等见了幼安问个明白，正是这个缘故。幼安当天香入殓之时，一来病体未痊，二来齐氏恐他伤心，央几个要好亲友把他陪住在房，不令下楼。直至成殓已毕，灵柩出门停顿谢氏宗祠，方与幼安说知，劝他不可过悲，且等病愈之后择期安葬。幼安因齐氏此事调度有方，足光泉壤，天香已死，不能复生，并念天幸自己与麒儿得愈，只能略解悲怀。是日只以看书消遣，不问别事。看到晚上，齐氏与家人等深恐劳神太过，劝令服药之后早些安睡。那知不睡犹可，睡在枕上便想起天香生前许多贤淑，不由不悲从中来，覆去翻来，那能成寐？况兼这晚的天气又值风雨交作，潇潇飒飒彻夜不停，幼安听了更增凄惨，因倚枕成《望江南》悼亡词四阕，起来援笔写道：

> 多少恨，草草短缘惊。一死痴心甘替我，半生知意莫如卿，一忆一伤情。

> 多少恨，嫁我四年余。贞静未曾贻女玷，温柔试问有谁如？回首黯欷歔。

> 多少恨，恨汝太情痴。每为迟归常不寐，偶当小别便相思，心绪夜灯知。

> 多少恨，永诀泪如珠。双手握侬悲绝命，一言嘱我保微躯，肠断五更余。

写毕低诵一过，泪下汍澜，把齐氏从梦中惊醒，起身勉劝一回。幼安填了这四首词，伤心过甚，一时那能慰解得来？幸亏麒儿在床上再三劝父亲不可过悲，并故意寻些古书上的僻典动问，幼安始收住了泪与他答对，岔了开去。少顷见窗上边天色微明，那风雨也略略止了。齐氏因幼安父子俱是大病初愈，劝二人大家安睡。幼安将所填的《望江南》词折叠好了，移步至床，和衣而卧。齐氏替他盖了一条棉被，尚怕春寒砭骨，又加上一条五彩绒毯。这多是天香平日侍奉惯的，如今天香死了，不由不齐氏担心。所以齐氏想起天香若在，能为自己替力，也不免暗暗流了许多眼泪。幼安伤感了足足一宵，眼多没有合过，此时复睡，方才深入黑甜，鼾声微起。麒儿见父亲酣睡，也就朦胧睡熟，梦里头却还劝着父亲。这是父子天性，非不关痛痒之人可比。齐氏听麒儿梦中劝父，低低的唤醒了他，说："桂姨虽死，尔父有尔母伴侍，决不使他过于悲伤，尔可安心睡觉。"麒儿点了点头，始又翻身睡去。

齐氏向来起早，因见天已大明，起身梳洗过了，料理家事已毕，到天香的灵台上面，亲手点了枝香。因天香生前好洁，叫仆妇们将灵帏收拾洁净，瞥见帏内壁间挂着一张八寸长天香的古装照片，想起天香临终仓卒，没倩画师画得遗容，昨天出殡时容亭之内供的也是此照，必须请人画过才是。又想画家于传神一道，有几个十分里有三四分相像？何况从小照上摹拟下来。除非是西法写真，方能够丝毫不爽，何不停回告知幼安，寄到上海画去，岂不甚好？想罢一番，出了灵帏，回至房中看幼安父子曾否起来。其时日将亭午，幼安已起，闷坐窗前，麒儿半起半眠的陪着。齐氏问二人："今日身子可好？可曾进些早膳？"二人回说身子尚好，早膳为时已晏，不必进了。齐氏见幼安发辫蓬松，自从患病之后没有梳过，因在镜奁中取出梳具，亲替幼安梳了一条辫子。娘姨来报午饭已经端整，齐氏令先取粥来，服侍幼安父子用过，然后自己下楼吃饭。正要回至房中，把替天香到上海画一西法放大遗照之事告知幼安，只见谢义进内，报称："桃花坞杜二少爷与上海来的平戟三平大人闻主人有病，特来问候。现在书房里面，不知请主人下楼，还是请二少爷等上楼？"正是：

　　　深悲桃叶辞根去，恰幸金兰入室来。

要知戟三、少牧见了幼安，甚样解慰于他，幼安能略减悲怀与否，且看下回分解。

第八回

平戟三慰友劝游　杜少牧别兄访学

话说齐氏眉姑在楼下午膳已毕，正要回房与幼安商量，替天香画一西法放大遗照，谢义报称杜少牧与平戟三前来探望幼安。齐氏因少牧与幼安是通家至好，戟三虽是初次到此，既与少牧同来，何妨请他上楼，免得幼安大病初愈，不便下楼会客，故即分付谢义请二人楼上相见，自己暂在楼下略坐。谢义答应，自去引领二人登楼，并先进房报知主人起身相迎。

戟三与幼安见面之下，说不尽许多别绪。幼安把自己患病，几乎不见故人的话诉知，并问少牧："听说你家少甫等也沾染此症，不知近日可痊？何以好几天没有来了？"少牧道："正因家下诸人患病，故而多天未至。刻下俱赖戟哥到苏医治，可保无妨。戟哥今日前来，一则闻你有恙，故与我特来探访；二则意欲索取所服药方一视，替你悉心调理；三则闻桂姨身死，愿向你解慰一番。"幼安微叹道："再休提起桂姨，真是出人意料。至于我所服药方，正要请教戟翁。"遂唤仆妇把服过各方一齐取亲，双手呈与戟三逐纸看过。戟三说："先前误服凉剂，真是可险，用麻黄的两贴表药，下得果甚的当。近三天的调理药方，依我看来，却又不甚得力，可要另开一方，以期早日复原。"幼安大喜道："如此最妙。"并向麒儿一指说："小儿也是喉症初愈，亦须费心一诊。"戟三道："这是极便之事，何言费心二字。"遂替幼安诊过了脉，在桌上提起笔来，开方已讫，又与麒儿诊脉定方。幼安令取天香服过的三纸药方与戟三瞧看，说："同服麻黄表剂，为甚天香不救？"戟三摇头道："喉症似是而非者甚多，岂可执一而言？桂姨病中未曾诊视，何能悬揣？但古人说修短有数，此事只好付之达观，务须自己保重为是。"少牧道："桂姨得病共有几天？怎的我处一些不知？"

幼安将自己病重，天香求代，只三昼夜身热喉痛，便尔殒命的话一一告知，说罢眼中又欲流下泪来。戟三肃然起敬道："桂姨有此志节，真是可嘉。娶到这般侧室，甚为难得。你更该稍减悲伤，成全他一个求祷之心，方为不负，何得学儿女子态，可知他泉下难安。"少牧也极口赞叹天香不已。苦劝幼安稍释悲怀。幼安连声唯唯。三人谈了多时，戟三恐幼安过于劳乏，起身告辞，说明后仍与少牧再来。幼安问他在苏尚有几天耽阁，可曾游过虎邱山，沧浪亭等许多名胜？戟三说："自到苏州，只因少牧合家抱病，未曾出游。如今须再稍住几时，且俟大家病愈，游个畅快。"幼安道："果能多住数天，不论到何处游玩，倘我精神稍健，定当奉陪。"戟三笑道："得你与杜氏弟兄一同做个向导，再好没有。"说罢，与少牧握手出房。幼安要送二人下楼，二人执意不许，出了房门，一拱而别，幼安因呼谢义代送，不必絮表。

齐氏听少牧、戟三已去，并闻谢义说戟三开有两纸药方，上楼问幼安："今天你父子服那个的药？"幼安道："自然戟三医道高明，从前我在上海，见朋友中凡有疾病，必定请他看治，真能指到春回。我与天香多曾因病服过他药。立见奏效。今番若知早在苏州，请他到来，天香或者有救也未可知。"齐氏点头称是，将方交与佣妇，令他速唤谢义照方购药，并令生好风炉，以便药到即行煎服。幼安自与戟三、少牧讲了回话，知己相逢，觉得甚是神闲意适，身子并不疲乏。齐氏见他甚不怕烦，遂将欲替天香画照之事说知，问上海那个画家画得最好？幼安道："照片放大，上海共有三个法儿：一法是仍用照相器具照放，不论数十寸，多可放得；一法乃是油画；一法是铅笔写真，俱能丝毫不爽。铅笔的更是经久，一任年深月远，永不走色失神。若说何人画得最好，记得四马路大新街有个安徽人张桐山最擅此法，他润格上三十寸大的是六块洋钱。何不将照片寄到上海，请他赶紧一画，大约一礼拜可以寄回。"齐氏道："铅笔画的能着色么？"幼安道："一样可以着色，但是不着的妙，着了色不免有些俗气。"齐氏道："画半身的好看，还是画全身的？"幼安道："半身的觉得动目，竟画半身的好。"齐氏道："如此，你今天可能写信，马上将照片寄去？迟了恐神回之日不及悬挂。"幼安点头称是，遂当下写了一封便信，令齐氏将照片取来，用油纸包裹好了，写明信面住址，立唤谢义送到邮政局，双挂号寄往上海。信内写着："此系姬人遗照，务望拨冗速绘，以便寄苏悬挂。"果然不到一礼拜已经画就，连原照仍由邮政局寄至苏州。

幼安父子这几日因服了戟三的药，身体一日好似一日，幼安已能下楼。接到那张画照,急与齐氏、麒儿展开同看,见当真画得神情毕肖,态度如生,只叹他少了口气,几像个活的一般。齐氏、麒儿连赞画得真好。幼安看了又看,想起天香在生,又不免伤心不已,就在这照片上面题了两首七绝,援笔写道:

> 短缘草草四年宽,散尽天香绮梦残。
>
> 今日画中留倩影,痴心还当在生看。
>
> 似尔知心有几人,凄凉对镜唤真真。
>
> 怜卿一半还怜自,恨海何从着此身。

写毕,泪痕盈睫,几乎流湿笔尖。齐氏、麒儿见他又伤感太过,急忙将照收起,唤佣妇交与谢义,速至青阳地镜架店配面金边木镜,悬挂灵前。八寸原照收储箱内,不令幼安对镜思人。

　　光阴易逝,天香故世之后,神回已过,瞬息五七之期。众亲朋敬他为人,纷纷致唁。戟三、少牧是日也亲自往吊,见幼安病虽大愈,与他谈论之间,只要提起天香,便觉唏嘘欲绝,知他依然未能忘情。戟三因约明日同游天平山,与他消愁破闷,并观万笏朝天,谒范文正祠;后天游沧浪亭,谒五百名贤祠。少牧更约再后天在留园设席小饮。幼安知道二人用意,并念戟三到苏以来,自己卧病在家,尚未稍伸东道之情,故约第四日在灯船备酒,游虎邱山,请戟三便饭,少牧与少甫作陪。彼此订期而别。少甫此时病早复原,所以天平山、沧浪亭、留园等处亦俱同往。

　　第四日偕至虎邱,幼安叫的是最出名小陈家的大号灯船,肴馔备得甚是精洁。四个人下船之后,船家问可要带局?众人俱因曾经沧海,回称不必,分付将船缓缓开行,沿途浅酌低斟,藉看七里山塘风景。船至虎邱停棹(掉),四人上岸,经过新建的李公祠,进内游玩一回。戟三要到五人墓去,幼安说墓在普济堂对河,船已开过。戟三问:"真娘墓在虎邱何处?"少牧道:"就在山上,我们上山去罢。"四人遂款步上山。到得山顶,戟三见烟景苍凉,动问幼安,知是发匪时蹂躏所致,山侧有泉已难汲饮,山头有塔已不可拾级而登,只在平方无比的那块千人石上闲立一回,遥望狮子山正在面前作回视状,觉得吴谚有"狮子回头望虎邱"之语,真是不错,其余众山环列,一望在目。少甫弟兄指着此是何山,离此有多少远近,一一说与戟三得知。众人瞻眺多时,折至真娘墓侧。戟三见后人立着块"古真娘墓"的四字墓碑,甚易辨识,说古来名妓甚多,却除了西泠苏小,虎阜真娘,芳冢一抔,艳名千古,此外尚有何人?可知后世留名,人生真是不易。幼安等闻言点头感叹。时见满山云气迷濛,天将下雨,幼安急邀众人入寺烹茶。果然大雨如注,足足下了一点余钟。只见山光滴翠,岩影浮青,比了初上山时,又换却一番眼界。雨止后,天已薄暮,船家来请下船。深幸虎邱并不是高山峻岭,雨后难行,四人携手下山,尚还不甚艰险。登舟之后,幼安仍嘱船家缓行,并令重整杯盘,复开夜宴,以尽一日之欢。故此回到阊门,已是定更将近,那天游得最是畅适。

少甫见这数日玩水游山,众人迭为宾主,自己尚未作东,因约翌日游穹窿山,也是船去,他做主人。穹窿离城较远,途中必须耽阁一宵。在船剪烛清谈,有时至船唇望月,饱看四山夜景,更觉得心旷神怡。少牧游得高兴,穹窿回后,索性约游无锡惠泉山,仍坐灯船前往,不趁小轮。路上往来共是三日,又在惠泉山下停了一日。少牧令船家备了十几个大瓮,满注惠泉水,并买了许多的惠泉酒,回去馈送亲友。戟三也因惠泉是有冬的"天下第二泉",爱他清冽无比,向少牧要了两瓮,预备带回上海。四人自游天平山起,先后一连游了十日。幼安每天与知己徘徊,始把伤悼天香之意,不知不觉的十分中减去五分。

戟三因到苏日久,今见幼安悲怀渐释,已可放心,故从无锡返苏之后,告知杜氏弟兄便欲动身赴申。少甫尚要约他与幼安共游广福,戟三说留些胜地下次再游,决计后日定要起程。少牧知他素性,不便强留,因与少甫约他明日在聚丰园常熟酒馆置酒饯行,并与幼安说知。幼安闻戟三动身,甚是惜别,又因杜氏弟兄明日已在聚丰园定下饯行酒席,自己要饯只能后天,不知戟三可能够多住一日。那天故在聚丰园席上当面约他,明晚在德花楼叙别。戟三因轮船开放必在日间三四点钟,再四力辞。幼安道:"人生难得乃是知己,此次我们分袂之后,不知何时再晤,明儿务必一叙。"戟三不便过却,想出个两全之法,请幼安将夜酒改为午酒,饮毕后便可下船。幼安大喜,当下点了一张菜单,差谢义到德花楼定好了菜,整备明日午叙。那知这夜幼安在聚丰园良朋角饮,吃得不免过醉了些,酒能为人合欢,亦能触人离绪,饮到半酣之后,想起天香在日,每逢小醉归家,彼必起身慰问,并具茶果醒酒,夜半后更为煮粥充饥,如今扶醉而回,齐氏谅已安睡,虽有仆妇可唤,那能着意知心,顿觉愀然不乐,将杯向席上一放,几乎泪涌如泉,因恐戟三等众人瞧见,托称酒已过量,不能再饮,伏桌假寐。戟三何等精细,知他又触动悲怀,暗与杜氏兄弟说知,就此大家散席,并送幼安回去,一路用言劝慰于他。

幼安回至家中,急切不能成寐。方才朦胧睡去,便从梦中哭唤天香。齐氏闻听大惊，高声唤醒了他，问他今夜因甚如此悲感？幼安答称醉后不能自主。齐氏想：天香死已逾月，丈夫尚这样伤心，莫再闹出什么病来，心下甚是不安。最妙有人陪他出外去游玩一两个月，把悲悼天香之心冷他一冷，然后回家，方可渐渐的淡将下来。闻得谢义说，平戟三明天要赴上海，何不劝他也到上海一游？听他时常说起上海尚有凤鸣岐、熊聘飞等一班好友，此去尽可解得闷怀，岂不甚妙？打点了半夜主意，直等幼安鼾声微作，已入甜乡，方始放心熟睡。明早起来，正欲用言婉劝，佣妇报称楼下谢义说，上海来的平大人与桃花坞杜二少爷一同到此辞行，请少爷下去。

幼安怪二人来得好早，急忙梳洗下楼。戟三一见，先问昨夜回来身子可好，次说今天我与少牧有一句话要与你说，不知你听与不听？幼安道："昨夜回家，贱体尚好。今日有甚见谕，当听的怎敢不听？"戟三道："并非别事，我因来苏日久，今天必欲赴申，却要你与少牧送我一程，同往上海。少牧已经应允，不知你心下若何？"幼安听说话来得奇怪，尚没答他，少牧道："安哥当真肯去，我一定也陪着同行，不信请问戟翁，行李已经收拾。"幼安诧异道："你昨天没说起要到上海，怎的忽然有此一举？"少牧微笑道："上回我到上海，是你怕我荒唐，陪我回去，接我同回。此次戟哥邀你到申，是我怕你在申寂寞，故愿陪你回去。"幼安尚疑他是句顽话，因与他也作耍道："再休提起，前次赴申，一去住了一年有余，累我与府上诸人担了多少心事，如今不去也罢。"戟三笑道："从前是从前的少牧，如今可知已换了一个人了。莫说一年断住不到，并且此去尚还有桩正事，只要你答应肯去，我告诉你。"幼安道："是甚正事，何不先与我说？"少牧道："我实对你讲明了罢，昨晚你在聚丰园饮得有些酒意，心中可又感念桂姨？戟哥与我放心不下，故而送你回来，后来，戟哥住在我家，说起你的身体虽已渐次复原，究竟大病之后，不可过于伤感，要想同你到上海耽阁几时，藉散闷怀。又恐将来回苏之日，途中没人作伴，问我可肯同去？我听见了戟哥这话，便与少甫大哥商量，一来陪你做个游伴，二则目今有志之士，喜见新学盛行，科举将废，没一个不跃跃欲试，愿习人间有用之学，愿读世间有用之书，上海为人才荟萃之地，最多新学中人，意欲访个有本领的拜他为师，研究新学，虽不求功名显达，或不至谫陋贻讥，真是一举两得之事。只虑少甫大哥性情有些古执，不许我易辙改途，那知大哥也因新学风气大开，且见近来各府州县设立学堂，俱课实学，吾辈正该锐意维新，不但并未阻我，且谓我此次赴申，当有名师可访，嘱我决计动身。我因定下主意，今日特与戟哥到此约你一同起行。如今话已说明，你快答应了罢。"

　　幼安闻言，沉吟有顷，道："上海为人才荟萃之地，此话不差。若说新学中人上海最多，只怕精通声光化电以及天文、舆地、格致、制造、测算等一切真正新学之人，西人中不乏此等名师，华人中一时不易寻访，岂不负了你一番跋涉？至于因陪我出游起见，上海是个繁华世界，你知道我不甚欢喜，何必勉强？"少牧摇头道："古人负笈从师，千里不辞劳苦，何况上海苏州往来甚便，怎畏跋涉？即使竟无名师访到，譬如我上次一无所事，也在上海游了一年。若说你不欢喜繁华世界，我岂不知？但子靖大哥与鸣岐、聘飞等几个好友多在上海，阔别有年，正该去探望探望。并闻京中自团匪扰乱之后，内府里许多供奉名伶，近日多在上海，小叫天的文武老生、孙菊仙的须生、金秀山的大面、朱素云的小生、孙怡云的青衫旦，俱是有一无二。你平日最喜听戏，此时不到上海去听他几夜，岂不错过？再要他们那班名角聚在一处，恐就难了。"载三也道："上海近日的戏，果然各家唱得甚好，不但小叫天、孙菊仙等个个出色，就是须生周春奎、时慧宝，大面刘永春辈也俱是黄钟大吕之音，不同凡响。更新出了一个武生名赵如泉，排了一出《三门街》好戏，连台多至三十二本。又有一个小武名盖叫天，年只十三四岁，演的戏真是出神入化。并且石路的天仙戏园新近创了一个小金台班，共有六十多个童伶，内中有两个串花旦的，一名小水上飘、一名小瑞仙，两个文武老生，一名赛月楼、一名玉娃娃，一个武生小春来，一个开口跳云中飞，一个武旦小飞来凤，一个小生小活吕布，一个小丑小庆贵，也俱是后来之秀，每天在园串演日戏。果然你肯到申，真可徘徊数日。古人说：'声音之道与性情通'，借此排遣闷怀，真是一个妙法。你莫三心两意，准定今天与我们一同去罢。"

　　幼安尚犹豫不决，谢义走进书房附耳说："即刻信局里由上海寄了一封信来，少奶奶已经拆开看过（遍），请少爷上楼有话面说。"幼安不知是上海那个有信到来，只得向载三、少牧告一个便，起身上楼。正是：

　　　　事逢拂意胸须达，交到知心语最深。

要知上海何人寄信到苏，信中说些什么，再看下回分解。

第九回

贾维新飞扬跋扈　甄敏士道学风流

话说平戟三、杜少牧因幼安伤悼天香，劝他到上海去游玩散闷。幼安正在犹豫，谢义报称上海到了一封书信，少奶奶请少爷上楼说话。幼安不知这信是上海那一个朋友寄的，信中写着何事，因与平、杜二人告了个便，移步至楼，向齐氏索书观看。原来是李子靖、凤鸣岐、熊聘飞、荣锦衣四人公信，另外并有四分奠仪。他们因平戟三从苏州有信到沪，说起天香病故，幼安伤悼逾恒。故特发函至苏慰唁，并劝幼安即日赴申，稍破闷怀，共图畅叙。写得情词甚为恳切，此外并无别事。幼安看了甚是感激，惟想此信不甚紧要，齐氏何必请我上楼，内中当别有缘故。因问齐氏道："信中之言你既看过，谅来晓得他们一个个劝我到上海游玩，原是一番好意，但我没有这个兴致，也是枉然。未知你叫谢义请我上来做甚？"齐氏微笑道："也因你伤念桂姨过甚，要劝你出门游玩几时。上海李家大伯等既有信来，不知你可要前去？今天正是平家大伯动身，倘去尽可做个同伴，故叫谢义请你上楼。"幼安道："不但平家大伯今日动身，杜家二叔也要前往。他二人正在劝我同去，可巧上海又有信来。这几个知己朋友真可谓所见略同。"齐氏闻言喜道："平家大伯、杜家二叔也多劝你到上海去么？古人说：'三人占，从二人之言'。如今人人劝你出门，怎可这般乏兴？趁此时光尚早，待我唤谢义与你收拾行囊可好？"幼安意犹未定，齐氏再三婉劝，并说桂姨已死，不能复生，然像桂姨那般人品，上海或者还有，此去不妨再娶一人。幼安叹息答道："青楼中有几个像天香一般的人？此事谈何容易，往后休提。"说罢，又要流出泪来。齐氏急以他语岔开，惟坚劝他决计出门数时，藉慰岑寂。幼安始唯唯答应。齐氏遂唤谢义上楼整理行装，并叫他跟随赴沪。幼安取了子靖等寄来的那封公信下楼，与载三、少牧看过，并将齐氏也劝他出门散闷的话告知，说现在已令谢义收拾衣箱行李，准定停回在德花楼用了午膳一同动身。平、杜二人满心欢喜。因载三尚要到元妙观前稻香村茶食店内买些瓜子茶点到上海送人，故与少牧辞了幼安，同到元妙观去。幼安约二人转邀少甫稍停在德花楼叙晤，二人诺诺而别。

幼安送出大门，回至楼中，见齐氏已令谢义将衣服铺陈一切料理定妥，先叫他挑至少牧家中，会齐平、杜二人行李，少时一同下船。幼安甚感齐氏用情，在房中叮嘱了些别后家内备事，又须劳你留神，此去多或一月，少或十天半月即回的话。齐氏道："出门之人，行期难定，纵在上海多住几时，只要你心中快乐，家事有我料理，不须记念。并且麒儿、麟儿近来俱渐长成，更可不必挂怀。"幼安点头称是，夫妻二人讲了好一回语。谢义已挑送行李回来，说报时钟已十一点了，少爷可要到德花楼去早些用膳，早些下船。幼安遂别过齐氏，又分付了麒儿、麟儿几句上紧攻书，凡事必须听母管教的训言，起身下楼。齐氏送至楼下，谆嘱他途中保重，麒儿、麟儿送出大门方回。

幼安径到德花楼去，命谢义到桃花坞邀平、杜诸人。那知甫至德花楼门首，载三与杜氏弟兄也已不先不后的到了。四人遂相将入座，不请别客。堂倌照了幼安隔日所点菜单，逐一上菜。酒至半酣，少甫道："今天这一席酒，本是安哥替载哥饯行而设，谁知安哥今日也要动身，论理应该我做主人，为二君饯行。"要呼堂倌写帐，幼安因定菜在先，执意不肯。酒毕用饭，谢义来报行李已与杜府仆人挑下码头，船票先由杜二少爷写好，乃是大东公司轮船。幼安命他先下船去看守物件，自己因天光还早，出了德花楼在马路上散步一回。少牧问："谢义此次可是带他同到上海？"幼安道："本想不必带去，因我病体初愈，家中恐我无人服侍，不甚放心，故而带他同往。"载三道："谢义到过上海没有？"幼安道："未曾到过，尚是初次。"载三道："幸亏他不甚呆蠢，带他去不至费事。"幼安道："因虑到了上海费事，上回我与牧弟到沪，故此没带下人。"四人一路讲话，不知不觉的已近胥门，始在路上唤了一部马车到盘门轮船码头。时已四点多钟，轮船将次开行。少甫送他们下船之后，附着少牧的耳朵叮嘱了几句此次到申，必须自己随处留神，不可再似前番沉溺之言；又说倘然访到名师，写封信来，说不定我也要到上海一行。少牧连连点首。只听小轮上"呜"的放了一声汽管，少甫起身与载三、幼安话别。幼安告谢义送他上岸。少顷轮机鼓动，船已开行，少甫回家，不必絮述。

谢义于开船后，进舱替主人与戟三、少牧把行李打开，铺好被褥，小心伺奉一切。及至翌日，船到上海，收拾各物俱由他一人当心，比上次谢、杜二人到申，觉得万分便适。

轮船既抵沪埠，幼安、少牧仍欲借住在长发栈内，免得搅扰人家。戟三那肯依他，亲自上岸叫了三部小车，令谢义将行李发到岸上，装载好了，又唤了三部东洋车，不由分说，与谢、杜二人坐着，径往英大马路集贤里公馆而去。到得里口下车，戟三陪二人进内，唤家丁平吉帮同谢义将小车上行李一齐起入，并令他到李公馆去请子靖速来，更往状元楼叫了一席菜，王宝和叫了十斤京庄，整备洗尘。幼安、少牧进得公馆，见戟三虽然出门日久，收拾得甚是精雅，几案之上绝无尘迹，壁间挂的书画琳琅满目，美不胜收，书房内两壁厢粘着无数名人的倡和诗词，真个是篇篇锦绣，字字珠玑。内中有薛涛笺写的十数首《申江妓习竹枝词》，那书法如龙蛇飞舞一般，尤甚挺秀。二人正要凝神细看，忽听得门铃声响，戟三知是子靖到了，出外相迎，二人也跟了出来。知己久违，彼此见面之余，自然说不尽许多阔别。谈了一点多钟，子靖要幼安、少牧把行李搬到他公馆里住，戟三笑道："上次安哥与少甫大哥到申，住在你处，此回是我邀他们出来的人，怎能被你留去？休得作此妄想。何况你处我处，总在这集贤里内，朝夕俱可过往，岂不一样？"子靖未及回言，幼安道："承蒙戟哥盛情，把我们留在公馆，且俟稍住几日，缓天再行造府不迟。"子靖道："如此当以半月为限，半月之后，一准住在敝处，畅叙几时可好？"戟三又微笑道："半月一月是说不定的，谁叫你上回把安哥留住，没令他到别的朋友家中住过？那是你自己不好。"各人谈谈说说，状元楼叫的酒席已来。戟三分付摆在客堂里面，又令平吉去请了鸣岐、锦衣、聘飞三人。他三人听得幼安、少牧至申，一个个欢喜无量，先后到来。

戟三见客已齐集，就请众人入席。幼安坐了首位，少牧第二，余人挨次坐下。席间众人说起天香身死之事，大家赞叹一回，共劝幼安此事只可付之达观，不宜过于感悼。幼安闻众人提起天香，又不免触动悲怀，略露郁闷之色。戟三见了，急请他猜拳行令，不令搅起愁肠。幼安遂打了一个通关，次及少牧，因方才在书房里见桌上边有一副《西厢》酒筹，令平吉取来行一次。鸣岐说："戟三尚有副《西游记》酒筹，一共二十多枝，乃是唐三藏、孙悟空、猪悟能、沙悟净并牛魔王、罗刹女、红孩儿等许多妖怪名字。那个掣到了孙悟空，须在席上寻取唐僧，寻到了方能完令，寻不到须要再寻。最怕的是误寻了牛魔王等妖怪，那妖怪要与孙悟空赌拳赌酒，悟空不能回避，却只要寻到了猪八戒、沙和尚便可做个帮手代酒代拳。此令甚是有趣，今天何不顽他一顽？"少牧道："二十多支酒筹，今天席上连主人只有七人，怎样行法？"载三道："这却不妨，妖怪能多能少，可以抽掉数根，只用唐僧师徒四支，并牛魔王、罗刹女、红孩儿是了。"遂唤平吉马上取来，当场检出七支，纳入筹筒之内，搅和一回，请众人随手掣取，余筹一概不用。少牧巧巧掣了支孙悟空，喊声："完了，完了！不知那一个是我师父，叫我怎样找寻？"众人闻言，相顾微笑。载三更狂笑道："谁叫你要到上海访学寻师，如今你快寻去。"鸣岐等不解此语何来，大家动问载三，始知少牧此来，一半陪着幼安散闷，一半要访求新学名师，多说这酒筹掣得真个好巧。少牧向众人默视一回，见子靖拿着酒筹，满脸含笑，疑他或是唐僧，就说声："可是师父在此？"子靖将酒筹一幌，说："你寻错了，可知俺牛魔王的本领？且与我搳十拳，放你过去。"少牧笑称："不好，第一个就寻到魔王。"只得与他搳了十拳，互有胜负。少牧又指着锦衣，问他可是师父？锦衣掣的是沙悟净，筹上注明寻到沙僧，对饮会面酒一杯，帮同寻觅唐僧。少牧道："原来寻着了一个帮手，这到还好。"二人照令饮了杯酒，共指着鸣岐说道："师父在这里了。"鸣岐把酒筹向桌上一放，大笑答道："谁是师父？来来来，与你们打一百拳再说。"少牧取筹看时，是红孩儿。锦衣说他返老还童，鸣岐叫平吉快取酒来，满满的斟了好几大杯，要与二人搳拳。二人俱因量窄，要他换斟小杯。鸣岐说："小杯也好，一拳两杯，一百拳共是二百杯酒。"二人那里答应，说来说去，减做一拳一杯。打到五十多拳，锦衣已不胜酒力，由少牧一人打完，口口声声的只说："师父究在那里？弟子的酒实在已吃不得了。"引得席上诸人齐声大笑。还好唐僧的那一支筹，乃由幼安掣得，见少牧果已大醉，微微以目示意。少牧始寻到了他，饮了杯圆满酒完令。载三尚要与聘飞合摆五十杯里通，众人不能再饮，大家用饭散席。

　　少牧因这寻师的令吃了苦头，饭毕之后，笑说寻师不信这样艰苦，不知我此次到申，将来可有名师寻到？并问鸣岐平日交友之中，有无新学中出色人才。鸣岐笑而不答。少牧又问众人，锦衣道："讲求新学皮毛的人，上海真是车载斗量，若试他真实学问，却除了'平等'、'自由'、'革命'、'流血'几句新名词咄咄逼人之外，有几个抱负不凡，真能有益民生国计之人？譬如前数天，我在新广寒赛月娥家饮酒，席上遇了个满口侈谈新学的人，那人姓贾，本名昧辛，改名维新，年约三十左右，并没到过外洋，也没识过西字，习过西语，却把发辫剪了，充做洋人模样。是晚席面之上，几乎只容他一人说话，说什么目今老大帝国的国民，一个个天生的奴隶性质，眼帘里实在瞧不得他。有人问：'这些国民可有个挽救的法儿？'他就说：'除非建独立旗，撞自由钟，以革命为宗旨，以流血为义务，不惜牺牲一身，力行民族主义，方可。'人问：'从前凡讲新学的人，说的乃是保皇，为甚现在忽讲革命？'他说：'从前是从前的党派，现在是现在的时代。你们的脑气筋里真是模糊得很，晓得什么？'这一席话飞扬跋扈，说得席上的人大家不敢开口。刚巧有人叫从前大拉斯做过的西合兴杨小蛮出局，贾维新欠过小蛮局钱，小蛮懂几句外国话的，与他操着西语讨钱。贾维新一句听不出来，咬着耳朵问他。小蛮暗暗好笑，附耳与他说了，他忽暴跳起来道：'我们研究国民界问题的人，不甚研究生计界问题，少了你们几个局钱，你敢把我甚样？'反把小蛮闹得个不亦乐乎。幸亏小蛮有些耐性，并因所欠不多，并不与他斗口，当场冷笑数声而去。贾维新扬言尚要打掉他的房间，与些颜色他瞧。我们这一席酒，实在吃得乏味极了，彼此不欢而散。贾维新席散之后，尚衔着半橛雪茄烟儿，演手演脚的卖弄他许多学问。旁人听得真不耐烦，只得溜他一个干净。杜少翁，你想这一辈子的人，我们与他搅得来么？"少牧听罢，诧异道："怎的新学中有这样不成器人？"子靖叹道："正因有了不成器的，才把新学搅得坏了，此辈真是新学中的极大罪人。即如我们今天几个知己，那一个欢喜守旧，不愿维新？无奈遇见了那一班人，令人胀得头脑都疼，实是不敢亲近他们。牧弟，你这从师念头，我看弃掉了罢，要从还是从个有名望的西人，不论声光化电、格致制造一切，习一个专门之学，并习些语言文字，将来却是大有用处。"幼安点头道："此话正与我在苏州动身的时候一般用意，真可谓所见略同。"少牧一团高兴，被众人你言我语，减去了一大半儿，从此并不十分在意。

锦衣、鸣岐、聘飞三人畅谈良久，因各人尚有正事，起身告辞。子靖住得甚近，这天又没甚事情，戟三留住了他不许遽去，复至书房中，与幼安、少牧谈心。少牧想起方才壁间见的那《竹枝词》没有细看，不知是何人所作，问起戟三。戟三道："此人姓甄，别号敏士，也是吴中人氏，只因自幼作客在外，所以吴人不知道他。为人内方外圆，足当得'道学风流'四字，却又西学湛深，各国的语言文字，多能译读得来。与我尚是初交，我甚钦佩着他，可惜今日午间没有提起此人，否则尽可请他一会。"幼安道："这人现住何处？我们明日可去访他。"戟三道："他因避器，住在西门外斜桥落乡，马车、东洋车可以到得门前。明天我们访去。"少牧道："此人的书法甚好，我与安哥已经见过。那《竹枝词》正要看时，子靖大哥来了，没有读得。此刻天已昏黑，惜乎瞧不出来。"戟三道："你要看《竹枝词》么？这又何难。"遂唤平吉点上一枝洋蜡烛来，照在壁间，请幼安、少牧观看。二人同声吟道：

　　申江妓习日堪嗤，听我新词唱竹枝。第一令人心好笑，先生大小尽由之。　　不抱琵琶唱恼公，岂真个个哑喉咙。分明自己装身分，推说连宵伤了风。　　蓝呢轿子快如梭，抬轿龟奴吆喝多。官眷算来无此阔，横冲直撞满街过。　　橡皮车子悄无声，独坐偏偏假撇清。郎自出钱休要去，同车不许坐瘟生。　　裤子何须裥许多，再加飘带四围拖。明明巧裙红裙束，尖字人儿混得过。　　岂竟宵宵不脱空，人人弄得脸儿红。红颜莫说增娇媚，几与猴猻两股同。　　八字眉儿两把刀，算他新样学时髦。令人一见心惊怕，娘子军容杀气高。　　雏姬覆额发鬅鬙，老大年华便不堪。底事一般长寸许，帽檐露出影氈氈。　　并非娇小掌中身，肩胛搧来人上人。不顾旁观齐失笑，这般丑态甚横陈。　　片言不合便争强，可畏胭脂虎太狂。似此花丛多恶习，何堪涉足到欢场。　　胡家宅似大围场，过往行人打猎忙。赢得滑头新切口，洋钱别号叫洋枪。　　厚粉浓脂样入时，沿途仆仆走西施。算来也是行方便，方便街头急色儿。　　满街夹道强遮留，不管行人愿与不。减价招徕迁就甚，一元二角有虚头。　　讲到成功夜已深。居然就此赋同衾。鱿鱼虾米潮州面，买得归来做点心。

幼安吟罢，笑不可抑说："他这几首诗，首首多是本地风光，难为他描写得来，"少牧道："此人的风流两字不消说了，戟哥却道他道学风流。我想风流人断难道学，道学的断难风流，这话不免令人疑信参半。"戟三笑道："你看了这几首《妓习竹枝词》，觉得他笔端轻薄么？他从前做过鼎丰里宝蟾仙馆的，有《宝蟾仙馆感事诗》四首，看到他第四首结句，便知道学风流四字，此人真是兼而有之，更有十六首《静安寺消夏竹枝词》，后半寓意也是他真性流露之处。《感事诗》的稿子我处并没留存，却还句句记得，《消夏竹枝词》可惜已记不起了，不然我可一首首背与你听。"子靖道："《感事诗》你能背么？《消夏竹枝词》乃是他前数年的旧作，新近替我写了一把扇子，今日恰巧带在身旁，可以给你们瞧。"少牧闻言，就要索他扇子来看。子靖因也要听他的《感事诗》，先叫戟三背诗。戟三遂微微的想了一想，随口背将出来道：

　　记得相逢三载前，重阳时节菊花天。乍窥娇样双涡晕，试听歌喉一串圆。岂是有心寻燕燕，偏教无意遇娟娟。情丝从此缠绵住，浅笑低鬟总可怜。　　几度琼筵花底开，纤纤亲捧夜光杯。酒因量窄常防醉，谜为心灵索共猜。私语喁喁留意诉，闲愁脉脉上心来。痴郎莫说情禅忏，留得情根未易灰。　　有时同驾七香车，踏月名园笑语哗。露冷替侬披锦袷，风尖呼婢障轻纱。荷兰水洁消烦渴，冻雪汤凉沁齿牙。待听晓钟归去也，绿杨夹道一鞭斜。　　暮雨潇潇不肯停，夜深薄醉倚银屏。坐嫌宵冷何妨睡，归怕途泞况未醒。莫道无情春寂寂，最难相惜意惺惺。大家守着身如玉，翻笑牵牛织女星。

戢三把四诗一口背完，子靖说他记性真好。少牧听到"大家守着身如玉，翻笑牵牛织女星"那两句结句，说："天下难道又有第二个坐怀不乱的鲁男子？只恐未必。"子靖道："别人我也信不过他，甄敏士却有些意思。因他住在相好那边，并不隐讳，并且一样开消下脚，一样也有小货，只是同床各梦，不曾拨雨撩云。我曾问过他几个相好，俱是一般声口，真是天生奇性。"幼安道："妓院里头住夜，想穿了本是同床各梦的最好，一免遗留骨血在外，二免沾染隐疾毒疮，三则妓女一有相好，往〔往〕竹杠乱敲，斧头任砍，欲娶不得，欲断不能。甄敏士的洁身自好，大约即此用意。然在情欲关头，能勒得住心猿意马，此人真是不凡，足当得'风流道学'四字，浊世上甚是难得。"少牧始点头称是，暗暗钦佩敏士为人。

戢三因感事诗已经背完，向子靖索取扇子，给幼安、少牧看《消夏竹枝词》。二人将扇展开细视，见书画多是敏士一人手笔，书的是双行小楷，画的是《荷净纳凉图》，笔致甚是秀逸，始知他不但能书能咏，并还能画，有郑虔三绝之才。少牧就灯下与幼安共诵他写的《静安寺消夏竹枝词》道：

暮钟几杵夕阳低，如织游人一线齐。车水马龙飞也去，鞭丝摇曳过花西。　　轻装越显好丰姿，雕扇凉鞋样入时。为爱透风兼写意，新裁衫裤白生丝。　　墨晶眼镜戴平光，口内香烟扑鼻香。坐相学来时派好，半偎半倚软郎当。　　同车有女貌如花，一路温存笑语哗。树隙偶然斜日漏，轻移小扇替郎遮。　　几阵香来香水香，荡人心魄醉人肠。此身如在群芳国，纵不风凉也道凉。　　白洋纱裤不穿裙，外国纱衫薄似云。犹畏炎歊故嘘气，脂香一阵送郎君。　　别有男妆耀眼光，翩翩绝似少年郎。梳条松股天津辫，坐爱通风睡爱凉。　　出门先到味莼园，祛尽炎威涤尽烦。顺道一游难久待，笑他北辙又南辕。　　去去愚园结构新，亭台花木净无尘。湖山石畔多凉爽，小坐移时最可人。　　　或品茶经或酒经，茶嫌味苦酒难醒。阿侬最喜荷兰水，笑向檀郎乞一瓶。　　　回廊曲折画阑斜，照相清幽景足夸。为愿长留春色在，泥郎倩影写名花。　　　冷落申园热闹场，十年境地感沧桑。始知热客多趋热，虽说乘凉岂为凉。　　　少焉新月印苍苔，连骑扬镳得意回。有兴即来阑便去，兴浓夜半更重来。　　　得得蹄声耳畔过，橡皮车去快如梭。今宵如此复明宵，精力银钱暗暗消。那得父兄严管束，替官申禁夜游条。　　　勘破繁华心地凉，车尘马足笑人忙。不如高卧南窗下，梦醒藜床暑尽忘。

二人朗吟一过，爱不释手。少牧是过来人，读了这几首诗，更如对景挂画一般，暗想当初夜夜出游，真是何苦！本欲做几首悟痴词唤醒游人，不料此人先得我心，况且那一枝笔既善写景，又善言情，在于自己之上，此后这悟痴词可以阁笔。幼安赏识他通体绘影绘声，风世处能得风人之旨，非率尔操觚之作，足足看了三四遍。平吉请用夜膳，方将扇子交还子靖，坚约明日必往斜桥一同访他。子靖满口答应。大家用过夜膳，子靖回去。戟三又与幼安、少牧讲了回话，方才彼此安睡。

翌早子靖已来时，只七点多钟。幼安、戟三起身未久，少牧尚未起来，因怪他来得好早。子靖道："昨夜不是说到斜桥去么？我已套了两部马车同来，要去早些的妙，太晏了恐敏士出去，岂不白走一回？"说罢，催少牧起身，洗过了脸，平吉进过早点，四人同出大门，登车而去。子靖与幼安一车，戟三与少牧一车。少牧想起前次到申，曾在斜桥看过高昌庙的赛会，甚是热闹，途中因问戟三："近来此会可还出赛？"戟三道："上海的赛会踵事增华，莫说高昌庙比前更是年盛一年，新闸的金龙四大王庙又有个大王会，也与高昌会不相上下。民间以有用之钱作无益之事，不知是何取义？说来真是可叹。"少牧道："大王会今年赛过没有？"戟三道："大王会也在清明举赛，如今已四月初了。你要瞧上海热闹，这几日西人正在跑马，明后天我们瞧去。"一路谈谈说说，马车已到甄敏士门首停车。正是：

半村半郭骚人宅，宜雅宜风处士庐。

要知敏士在家与否，幼安、少牧见了怎样投契，且看下回分解。

第十回

斗繁华药业赛灯　轧热闹梨园串戏

话说少牧等马车到了甄敏士门首停下，戟三车上带着平吉，幼安车上带着谢义，先命二人下车叩门。里面有人开门出来，平吉问："甄大少爷可在家么？我家主人与三位客人来拜。"那开门的是个小厮，回说："少爷现在书房，待我通报。"少停，只见敏士出来，谢义呈上谢景石、杜继勋的两张名片。敏士接来一看，并不认得。平吉代说："这二位是苏州到此，特来拜望大少爷的。"敏士说声"不敢"，急忙抢步出迎。

少牧等已走将进来，彼此见面之下，作了个揖，让至客堂坐下。小厮送上茶来。幼安，少牧说了几句"仰慕清才，特来趋访"的话，敏士谦逊不迭，并向戟三、子靖说："小弟有何学术，敢蒙谢、杜二兄错爱？"少牧举眼细看敏士，见他生得一表人才，异常潇洒。幼安看敏士的那所住宅，房子只有三上三下，那天井却甚是轩敞，种着几本芭蕉，并有个紫藤棚儿。屋后更有一方天井，种着几竿修竹，映得窗牖上绿沉沉的，别有一种幽静之致。可见他天怀雅淡，自与流俗之人不同。敏士虽未见过谢、杜二人，却因戟三从前提起少甫起的九秋诗社，有二人在内，并曾读过幼安的《龙华塔题壁》诗，心中甚是企慕着他，所以一见如故，颇觉十分契合，要留四人在家午膳。少牧因初次识面，未免客气，托故力辞。戟三因斜桥乃是乡僻地方，叫菜不便，也说要叙且俟缓日，敏士始不复强留。

子靖闲谈之间说起："西人今年跑马，难得天气畅晴，今天已是第四天了，饭后我们可要到华商跑马会去看个热闹，顺道往张家花园游玩一回？"少牧道："华商跑马会在什么地方？上次我们到申，好像还没有这个名目。"子靖道："就在马立师路跑马厅旁，本来是近三年起的。每年春秋两赛，任人入内游玩，却须按日先买游票方可进去。"少牧道："就在跑马厅旁，看得谅来清楚的了。我上回在马车上看过，但见人头攒动，灰土飞扬，跑的马却远远望去瞧不出来，真觉得甚是乏味。如今有了这个所在，看跑马的有兴多了。"敏士笑道："少翁等要去看跑马么？华商跑马会果然甚好，我却还有个极便地方，也可去得。"戟三问他何处？敏士说是观盛里口吴门林寓，他楼上的那座洋台正在跑马场边，凭栏俯眺，一览无遗，要去岂不甚便？并且正好去用台午酒，畅叙一番，使我略伸东道之情，真是一举两得。戟三尚未回言，子靖连呼此举甚好，叫幼安等不必推辞。敏士闻言大喜。子靖遂唤马夫进来，关照他们配好了车，拉敏士与幼安三人一同坐了，少牧仍与戟三同坐，径往吴门林寓而去。敏士这日的意思，请少牧等观赛是宾，叙欢是主，所以一到林寓，便写请客票，请了锦衣、鸣岐、聘飞到来，团团一席，直饮至红日西斜方散。席间幼安、少牧二人与敏士谈今论古，果然敏士胸罗经史，学贯中西，不特少牧惊为当世奇才，幼安亦异常折服，暗与少牧说："此等人师事有余，不可仅当他一个朋友。"少牧连声唯唯。所以此次重游上海，少牧将来不知增了许多学问，长了许多识见，俱由敏士处薰育而来，暂且慢题。

　　再说幼安自到上海，与少牧住在戟三公馆之中，每日里有子靖等一班好友到来，不是出外去游园观剧，便在公馆里以诗酒陶情，有时更下局围棋，碰场麻雀，消遣闷怀。因此住了二十余天，果把幼安悲悼天香之意淡了好些。惟花丛中不甚涉足，一则因幼安自天香死后属意无人，二则少牧虽已悔悟，究防他邪心重起之故。何况戟三与二人在苏州动身之时，原说到了上海看内府名伶孙菊仙、小叫天等的好戏，并《三门街》等全部新戏，这几天一连看了小叫天数夜，孙菊仙数夜，玉仙戏园赵如泉、三麻子排的全本《三门街》，恰好从第一本起，每夜连台接演，共有三十二本之多，看全他便须三十二夜。所以晚上边别处不去，只由众人轮请在玉仙观剧。看看端阳已近，幼安意欲回苏，当与少牧说知，定期五月初一动身，共向戟三告别。戟三那里肯放，说《三门街》甫经看至一半，怎的便要回去？留他过节后返苏不迟。及至端阳已过，《三门街》新戏演完，子靖忽要幼安践初到之言，到他公馆里再住几时，看春仙戏园汪笑侬排的《党人碑》、《瓜种兰因》、《桃花扇》，邱凤翔、夜来香排的《笑笑笑》各戏。幼安却情不过，好的是苏州叠接家信，家中甚是平安，并无别事牵挂，故与少牧从五月中旬起住在子靖公馆里头，又是一个多月。更被鸣岐接去看丹桂夏月润、夏月珊、小子和、林步青新排的全部《女君子》，与孙菊仙、七盏灯、小子和、小保成的《儿女英雄传》，竟致动不得身。

光阴荏苒，已至中元，各行号并各处公所举行盂兰胜会，香烟缭绕，钟鼓叮当，甚形热闹。南市的各药材行除建醮外，更有赛灯之举，扎齐各种绸绢灯彩，并向宁波都天会中赁来无数香亭、龙船、台阁等物，定期在沪南里外马路、里外咸瓜街及城厢一带游行，哄动了合上海的红男绿女争先快睹，举国若狂。其时荣锦衣已将家眷接到上海，住在小东门内天官牌坊，打听得此次赛灯共分二日，第一天遍游城外，第二天旁晚入城，须从公馆门首经过，届期因请幼安、少牧进城观灯。幼安因上海每逢胜会，无论何处人多嘈杂，何况城中街道窄小，更是不堪驻足，要想不去，无奈少牧甚是高兴，只得勉强陪他。锦衣又约了子靖、戟三等一班好友，并命荣升到听月楼酒馆唤了一席丰盛酒筵，预备众人看过了灯即在公馆夜膳。

是日，城中游人杂沓，天光尚未昏黑，大小东门的两处城门已挤得几乎水泄不通，虽有守城兵与巡局里派出来的团防局勇手执藤条沿途弹压，不许行人驻足，并驱逐游手好闲之人故在人丛挤轧肇事，争奈人多勇少，怎能驱散得来？所以幼安、少牧甫进城门，已觉浑身是汗，及至走过了察院场，更觉人山人海，一步路多跨不开来。正在进退维谷，只见正中忽然分出一条路来，原来指手画脚的来了两个西人，也因进城看灯走至此处，街上的人不敢挤他，让开条路由他走去。幼安、少牧始得借着这个机会走至四叉路口转弯，向天官牌坊而去，恰好遇见戟三、子靖，遂同至荣公馆款门进内。锦衣延入客厅，只见鸣岐、敏士、聘飞三人先已到了，都说今天路上真是难走。幼安把在察院场西首被人挤住，幸亏遇见西人始得让开的话说知，深慨中国的百姓只知欺侮同类，一遇外人便俱气沮，真是敝俗。子靖道："你们幸遇西人开路，我今天若没戟三，怎能挤到此地？"鸣岐、敏士同声说道："我们也幸与聘哥同行，否则在城门口的时候，正有一个扒手被人扭住殴打，看的人挤在一处，莫想进得城来。"少牧听罢，戏问平、熊二人究有多少气力，又说："戟哥，听得有人讲，你能把数十个钱叠起，以两指捏住两头，那两头的两个钱儿碎做几片，中间的钱一个不碎，可有此事？聘哥，犹记前番在第一楼遇见刘梦潘之时，一枝象牙烟管禁不起你三个指头捏做粉碎，想起真是令人佩服。"二人微笑答道："古人尚德不尚力，讲他做甚？"少牧笑道："古人尚德不尚力，今人却有些尚力不尚德了。若讲'尚德'二字，方才便应行人让道，那有这般的挤轧呢？"说得众人一齐好笑。

平吉来报，灯已来了，请各位爷出外观灯。各人遂步至门前，定睛瞧看，但见鱼龙曼衍，说不尽极目繁华。烛光万道之中，照得街衢雪亮，浑如白昼一般。那灯一队队、一对对的过个不了，内中以凉伞灯为最多，也有是纸剪的，也有是纱扎的，穷功极巧，夺目鲜明。其次九连灯，也有是红木玻璃的，也有是绸绢糊成的，夹着许多龙船凤船，笙箫迭奏，锣鼓齐鸣。又有许多纸扎台阁，扎着《金山寺》、《新安驿》、《回荆州》、《芭蕉扇》、《泗州城》、《割发代首》、《盗仙草》、《戏牡丹》、《黄鹤楼》等种种戏剧，更有一座和尚打野鸡、一座吃花酒最是令人发噱。台阁以外，并有九节黄龙灯一条，七节青龙灯一条，丝竹数班，香亭数座，看马、顶马数匹，以及人扮的鹿、鹤、狮、象各一头，测字、算命、相面、医生等数人，俱甚形容尽致。并有纸糊的大力鬼王，各种鬼卒，殿以地藏王纸像而止。各灯俱有社名，乃协胜社、大兴社、普安社、平安社、秋云社、庆云社、升平社、老文化同庆社、广安社、得胜社、太平社等，每社的药材行乃是元丰、恒泰、同泰、来仪、大茂、泰记、万茂、裕和、慎成、益元、慎大、义成、立成、正昌、义隆、同丰、振嘉、广生、合利、乾泰、永泰、永丰等二十余家，足足过了一点余钟方才过毕。少牧看得最是有兴，幼安、敏士却有些不甚耐烦，看到一半先已回至客厅，在那里静坐清谈。及至众人看毕进内，少牧问二人几时来到客厅，幼安回称将有半点钟了。少牧知道二人情性一般爱静，今天街上太闹，怪不得跑了进来。

　　锦衣见众人俱已入内，分付平吉摆好酒筵，即请入座。席间少牧说起灯景，动问锦衣："不知此举前数年可曾有过？为甚上次到申没人提起？"锦衣道："此举听说已有十数年了，后因市面不佳，各行不甚起兴，故而中止。近数年药业生意甚是获利，因又重举起来。但向年只在城外游行，进城却是今年初次。"少牧道："每年除了药材行赛灯之外，尚有别的灯么？"子靖道："正月虽尚有营兵赛的龙灯，却甚粗俗。从前闻得久居上海的人说起，大关上每年有凉伞灯出赛，最为精巧，如今已二三十年没有了。"少牧道："今夜的灯不是也有凉伞灯在内么？果然最是好瞧。"戟三道："凉伞灯硖石镇制得最好，前年正月里张家花园到过十数盏，多是纸的，足当得'嵌空玲珑'四字，尚有牌坊一座，盆花灯三十多盆，大小花篮灯数盏，俱极神工鬼斧之奇。可惜那时你不在上海，没有瞧到。"少牧道："这些灯现在那里去了？可还再到上海？"戟三道："据说是到美国圣鲁伊斯赛会去的，大约上海未必再来。"众人谈谈说说，酒过数巡，幼安因恐夜深城门将闭，欲与少牧起身告辞。锦衣笑道："上海的城门你怕关了不好开么？只要花了一角洋钱，随便你什么时候，有多少人俱可进出，何况我公馆里包着三节照会，更是便当。不然我近来陪着你们夜夜在城外听戏，怎样进得城来？你们只管开怀畅饮。倘恐夜深之后城中黑暗，街道难行，我叫荣升相送出城，有何不可？"子靖等也说："上海门禁甚宽，晏些不妨。"二人始重复坐下。

幼安道："锦翁方才说起听戏，我们接连的不知有几十夜了。记得这回到了上海，几乎夜夜在戏馆里头，旁人见了宛似入了魔道一般，算得兴致真好。"戟三道："我人陶写性情，本来无过丝竹，何况难得孙、谭等许多内廷供奉名伶俱在上海，又有《三门街》、《儿女英雄传》、《笑笑笑》那些好戏，怎能不看？"敏士笑道："你们爱看孙菊仙、谭鑫培并新排的新戏么？明儿我偏请你们换个眼光，你们可要去瞧？"少牧道："可是圆明园路的外国戏，满庭芳的广东戏么？外国戏必得敏哥做个翻译，方能晓得他的戏情。广东戏听说有两个女伶合串，一个叫做奇仔，一个叫作美玉，广东人甚是赏识，我们南边人只恐有些看他不来。"敏士道："并不看外国戏，也不是广东戏。"鸣岐道："想是什么地方新到了东洋戏，或是电光戏了。"敏士也说不是。锦衣道："一定是泥城桥马戏场的马戏，这却甚是好瞧，不但马匹甚多，各伶人的马上功夫很好，并有虎、豹、狮、象、羊、犬等兽，多能做戏。又有一出水戏，男女各伶纷纷下水，真是好顽。"敏士仍说亦非马戏，众人一时想不出来。鸣岐大笑说道："这也不是，那也不是，难道是法兰西马路茶馆里头唱的宁波戏么？此戏与从前禁的花鼓戏彷彿，亏你请人瞧去。"敏士道："那有此事？你们俱想错了。我请看的是胡家宅群仙髦儿戏园的髦儿戏，明天有几个妓女上台客串，故请你们同去瞧瞧。"

幼安道："髦儿戏多是女伶，若讲声容台步，怎及男伶老到？但群仙的那个女班却非别家可比，前回我曾见过须生郭少娥演的《打严嵩》、《节义廉明》、《天雷报》、《铁莲花》，大面周处、金处的《双包案》，花旦金月梅的《纺棉花》，林凤仙的《红梅阁》，花四宝的《翠屏山》，武生陈长庚的《白水滩》，还有开口跳七龄女童的《三上吊》等戏，真是超群轶类，与寻常各女伶大不相同。此次到了上海，只因看了孙、谭等并连台新戏，群仙尚未去过，明天一准同往。"敏士道："你说的几个女伶，可惜有两个不唱戏了。"幼安问他是那两个，敏士道："一个是花旦金月梅，已在烟台嫁人；一个是武生陈长庚，在杭州逃走，不知下落。"幼安道："月梅嫁人，名花有主，只要姻缘美满，嫁的是一个如意郎君，乃是梨园中女伶的极好结果。陈长庚却如何逃走起来？女班少此武生，真是可惜。"少牧道："月梅、长庚不在群仙之后，如今花旦、武生是谁?"敏士道:"花旦中月梅虽去,尚有林凤仙、花四宝、小蕊仙诸人,武生大约必须添聘王家班到申方可。"少牧道:"不是王桂祥、王庆祥、王福祥那班人么?我在苏州也曾见过他们的《八蜡庙》、《花蝴蝶》各戏,果然串得甚好,可见女伶中也大有人才。"敏士点头称是。少牧又问:"方才说的明天有妓女客串,不知道是那几个人?可是初次登台,还是先曾串过?"敏士道:"登台的也有,初出台的也有。登过台的是林黛玉、翁梅倩、胡翡云三人,明天黛玉串的是《海潮珠》,梅倩是《目莲救母》,翡云是《李陵碑》;没有登台的乃群玉坊一个十六七岁的雏妓,名字唤花好好,串的是《富春楼》,大约唱梆子花旦。"戟三道:"黛玉等我们多曾见过,那花好好不知色艺如何?"敏士道:"花好好我有朋友叫他见过几次,若论他的品貌,固在中人以上,若问他有甚绝技,平时不听得有人说起,所以我们明天瞧去。"众人闻言齐称使得。

锦衣因敏士等只顾讲话,席上的酒多已冷了,唤荣升换过热酒,要幼安等大家行令猜拳,饮个尽兴。幼安等这一夜的兴致却也不浅,直饮到时交三鼓方才散席。锦衣命荣升点了一盏灯笼送众人出城。此刻城中已路鲜行人,与日间进城时大不相同,沿途虽有几盏天灯点着,却半明半灭的不甚大亮。灯光下有的是犬,东也一条,西也一条,见有人来摇身乱吠,煞是可恶。众人幸有荣升相送,否则此等夜路难得走的走不甚来,暗叹与租界上真有天渊之别。荣升送众人到了城门,喊声对牌,又说是荣公馆送客出城。那守城兵因他每夜跟着主人进出惯的,声音听得出来,并不再问,只高声向城垛里的委员报了声荣公馆,"拍"的一声扯开门上铁扭,便把城门大开,让众人出去。荣升尚要送至城外,替众人叫车,众人共称不必,始说了声"各位老爷慢些儿请",回身自去。幼安等缓步出城,那知城里头只有他们数人,城外趁城门进去的却不知其数,看见城门一开,一窝蜂的拥将进来。守门兵绝不拦阻,由着他们直撞横冲,倒把众人吓了一跳。戟三微叹说:"此种门禁设他做甚?中国虚应故事最是令人可笑可叹!"聘飞"扑嗤"微哂道:"你还没瞧见城头上与城垛里几个铁锈炮咧,没一个不是土花斑剥,那些守门弁兵绝不去揩擦揩擦,却每日把自己吸烟的枪、烟灯擦得很洁净的,这才令人真是可笑,真是可叹呢!"各人一路谈讲,出了城门。一过吊桥,便见地火通明,电灯朗照,真觉别是一个世界。路上边往来车辆,虽已夜深,尚还络绎不绝,每人遂唤了部东洋车各自回去。鸣岐因敏士住在斜桥路远,是晚留他与幼安、少牧一同在公馆住下,不令回南。

　　翌日，敏士想起静安寺西首曹家渡地方有个花园名水云乡，虽然地址不甚宽大，却喜滨临黄浦，风景绝佳，午后因央凤公馆家丁唤了两乘马车，请谢、杜二人与鸣岐同往游玩。果然水天一色，颇堪洗涤尘襟，可算得热闹场中一角清凉世界，与别的花园不同。四人随处徘徊，直至夕阳欲下，方才缓辔而归。马夫问到那里停车，敏士回称到胡家宅。鸣岐诧道："我们尚未夜膳，便去听戏不成？"敏士笑道："胡家宅有髦儿戏馆，难道就没有酒馆了么？从前长乐的旧址，如今开了一枝香番菜馆，乃是一品香分出来的。我们尚未到过，今天何妨试他一试。"鸣岐道："原来到一枝香去，这番菜馆开得还不多几日，怪不得我一时想不起来。"二人在车中闲讲。马夫因天将薄暮，车上边没有带得灯烛，赶紧加上数鞭，如飞的到一枝香门首停车。敏士给过车资，分付马夫自去。其时天已昏黑，一枝香正当上市之时，四人入内随意拣了一个座头，每人用些酒菜。

　　敏士因没向群仙预先定座，恐防去得晏了没有坐处，匆匆的签过了帐，与幼安等共到戏馆。果然包厢已一间间被人包去的了，正桌的前三排也俱定个干净。鸣岐问案目道："你们园子里的生意这样很好？"案目道："不瞒爷们说，今天客串上台，林黛玉、胡翡云、花好好每人包了几个包厢，又定了十数张桌子，遂觉得挤不开来。"敏士道："如此说来；四排上的正桌可还有两张么？"案目踌躇道："爷们若只要一张，尚还设法得来，倘要两张，对不住，只能在五排上了。"敏士见案目当真没有法儿，只得令他在第五排的正中腾出两张空桌子来，请幼安等将就入坐，又写了四张请客票去请戟三、子靖、聘飞、锦衣。那知四人已到，正在包厢里寻找敏士，被敏士眼快瞧见，急忙招呼他们下楼就坐。

　　那时，戏台上演的是周处、徐处、洪兰芳《二进宫》，尚只第二出戏，以下是郭凤仙、赛胜奎的《泗州城》，花四宝、小连奎的《遗翠花》，郭少娥、金处《打鼓骂曹》，林凤仙、小蕊仙《拾玉镯》，到第七出起才是客串。众人一出出看将下去，究竟郭少娥、金处的戏最为杰出，林凤仙、花四宝两个花旦，凤仙婀娜多姿，四宝飞扬荡逸，此中自判高下。及看到客串上台，场上跳过加官，先串的是《李陵碑》。胡翡云扮杨令公，出台便有许多做翡云的客人大声喝采，争掷赏洋。那戏也还串得不即不离，恰到好处，因他向来并不唱戏，终算是难能可贵的了。后来林黛玉串《海潮珠》，班中老生左莜云陪串崔武子。这一出戏，黛玉的唱工、跷工色色俱佳，台下边赏洋如雨一封封的掷将上去，喝采声更如八面春雷不绝于耳。少牧说他有此技艺，不愧名妓二字。《海潮珠》演毕之后，是花好好的《富春楼》。众人只道这一出戏排在结末，必定异常出色，像孙菊仙、小叫天一般的可以压得住台。岂知才出戏房走的那几步路，已一僵一僵的令人见了好笑，虽然一样也有客人连声叫好，纷掷赏洋，却比翡云、黛玉减色多了。后听他开口说了两句说白，又轻又嫩，甚是怯场。台下看客止不住哗噪起来，有几个一哄散去，只有末包厢一个年纪二十多岁，生得獐头鼠目的人，与西面包厢内一个六十岁左右、须发皆苍的老头儿尚在那里叫好不迭。少牧看这年老的不认得他，那年轻的甚是面熟，一时却想不起是谁，因与幼安说知，正要细看此人，忽然人丛里挤进一个小大姐来，与少牧装烟，嬲他转局，正是：

　　　　鸦声不绝真堪诧，蝶使何来试漫猜。

要知包厢喝采之人是谁，那装烟的小大姐跟着那个佾人，要嬲少牧转局？再看下回分解。

第十一回

柳纤纤邀吃留头酒　　花好好误垫下脚钱

话说少牧等在群仙髦儿戏园看林黛玉、胡翡云、花好好等串戏，花好好一出台便觉怯场，万万比不上胡翡云，与林黛玉更有天渊之别。各看客纷纷散去，只有末包里一个滑头滑脑的少年与西包里一个寿头寿脑的老头儿还在那里连连喝采。少牧看这少年虽甚面熟，一时却想不起姓甚名谁。因与幼安说知，正要子细看他，忽然人丛里挤进一个十三四岁的小大姐来，手中拿着一支金水烟袋，向少牧嘻的笑了一笑，叫了一声"二少"，便取烟袋装烟，要他转局。

原来少牧此次到申，虽然比不得上次迷恋花丛，却也并没将"嫖"字戒绝，遇有花酒应酬，一样随众叫局。不过大先生做得悔了，不敢再去请教他们，因做了一个新清和坊的雏妓，名字唤柳纤纤，年只十四五岁，天性甚是聪明，面貌也甚齐整。叫过五六次局，却并未到他院子里去过一次，乃守着戒嫖戒走的一句俗语。那夜纤纤因有客人叫他戏局，坐的是东面包厢，来得还不到二三分钟，看见少牧也在楼下看戏，故叫小大姐下楼装烟。少牧却还没瞧见他，问小大姐："你家小先生现在那里？"小大姐将手向东面楼上一指道："就在这包厢里面。"少牧抬头一看，果见纤纤与个四十多岁的客人一同坐着，那纤纤的隔肩尚有一个倌人，好似巫楚云一般，不觉心中暗暗诧异。因与小大姐点了点头，叫他与纤纤说去，一准转局下来。小大姐欢喜自去。幼安听少牧忽要转纤纤的戏局，心中大不为然，向他附耳说道："牧弟，你这一个局真是何苦？莫说近来你不甚叫局，戏局大可免得，何况戏都完了，还要转他做甚？"少牧听罢，将手向楼上一指道："你瞧得出纤纤隔肩坐的那个人么？我并不要转甚戏局，要叫他下来问这个人。"幼安顺着少牧指的那间包厢子细瞧去，但见纤纤的贴隔肩果真坐着一人，面庞宛似楚云，比前已瘦削多了，远远望去，一时间认不准他。

那纤纤却因小大姐上楼说知少牧转局，见戏台上将要完戏，向客人微笑起身，急匆匆转下楼来。少牧让他坐定，不去问他别话，只问隔肩坐的是什么人。纤纤笑道："隔肩坐的自然客人，问他则甚？"少牧道："客人坐在你的右边，我问的是你左边那个泡绿茶碗的倌人，你可与他认识？"纤纤又笑道："你可是看上他么？我偏不与你说。"弄得少牧也好笑起来，说："并不是看上了他，因我从前做过一个相好，仿佛是他，如今已三四年没有见了，所以问你一声。可知他叫甚名字？"纤纤摇头道："既是三四年前的相好，为甚不叫娘姨装烟？可知是你看错无疑。若要问他叫甚名字，他从前名唤云寓，现在改做花笑桃了，客人叫他阿云的也有，叫他花笑桃的也有。如今话已说明，你可放得心了。"少牧听得"云寓"二字，已知定是楚云改名，那花笑桃三字不知是那个客人替他戏改，隐寓着桃花依旧笑春风之意。但纤纤说的"既是多年相好，为甚不叫娘姨装烟"那句话甚是有理，想起做他的时候，在他身上也不知花过多少银钱，今夜怎如陌路一般？未免气往上冲，又恼又悔。正要再问纤纤，那花笑桃可有客人叫他，还是自己独看戏，台上《富春楼》已经演完，散戏馆了。花好好进戏房之时，末包厢那个喝采的人尚如怪鸟般的喝了声采，其音锐而且长，引得满戏馆人一个个看着这人好笑。纤纤也向他微微的瞧了一瞧，回头叫小大姐拿金水烟袋交与相帮，别了少牧要走。

少牧向外一望，道："今夜戏馆人多，门口这样拥挤，怎能走得出去？你且不要着忙，待他们散掉了些再走不迟。"纤纤撒娇道："本来谁叫你到戏馆散了才来转局！有心请我看戏，下回早些来叫。今天没有话说，你须陪我一同出门，到我院子里去坐一刻儿，我还有句话要与你商量。"少牧道："有甚说话，此刻好说。夜已深了，明日来罢。"纤纤微想一想，道："就是要告诉你花笑桃那一席话，不是两三句说得完的，此刻怎叫我说？"少牧微哂道："要告诉我花笑桃的事情，用不着商量二字。小孩子家这样口滑！"纤纤转口道："告诉了花笑桃的下落，自然尚有别话商量。我的口一些不滑，停回你晓得了。"幼安见纤纤缠着少牧定要他去，虽然是个雏妓，究竟十四五岁的人了，少牧天性钟情，莫要又在这孩子身上着起魔来，因与他一连使了两个眼色，叫他莫去。那知少牧一心要探听楚云踪迹，俗语说"心无二用"，竟然没有瞧见，反问戟三等可肯同去略坐一回。纤纤道："只要你肯去了，朋友为甚不去？快些走罢。"说毕，手携手的向外便行。又令小大姐招呼幼安等众人一同前往，众人只得跟了出来。少牧叫纤纤坐轿先去，纤纤道："此地到新清和坊只有一些的路，坐甚轿子？陪着你们走走，岂不甚好？"少牧见纤纤年虽幼稚，却喜他齿牙伶俐，情意缠绵，暗动了怜惜之心，要趁他天真未漓，用话去打动于他，不使名花终悲堕溷。此乃少牧情禅澈透，故能邪念冰消，有后文半夕话唤醒柳纤纤之事。旁人当日那里得知？所以幼安等这晚虽然又替少牧捏着把汗，少牧却甚处之泰然。

到了新清和坊之后，大家进得院去，只见院里头灯烛辉煌，庭心中更设列着一班灯担清音。少牧站住了脚，问纤纤；"可是烧打唱路头，还是院中有人生日？"纤纤笑而不言，只挽着他往内走去。小大姐代答道："不是烧响路头，也不是有人生日，今天乃小先生受发吉期，故而这般热闹。请二少与各位大少房内去坐。"少牧对纤纤道："原来今日是你留头，何不早说？"纤纤涎脸答道："早说了怕你不肯进来用酒。如今既已进门，谅来这一台酒无可推辞的了。请你点菜下去，好叫厨房端整。"少牧笑道："你方才说要与我商量句话，可就是这一句么？"纤纤也含笑点头道："正是这句。我是个小先生，没有别话商量。倘你要想商量别的，用过了酒还请你找花笑桃去。"敏士听他说话活泼泼地，说他真是可儿，又问少牧从前究竟做过花笑桃没有？少牧道："说也话长，待我叫他们摆好酒了，大家坐下细讲。"遂叫小大姐分付相帮快摆台面，菜单不必点了，只拣清爽些的便好。小大姐答应，自去与相帮料理。那消三两分钟，酒已摆好，请众人入座。

纤纤循例向各人敬了杯酒。清音呈进戏目，请少牧点戏。少牧赏了两块洋钱，叫他们在外面随意唱去，不必进来。纤纤见众人尚没叫局，令小大姐送上笔砚局票，由少牧从首位甄敏士起逐一书写。敏士叫的是新广寒桂枝香，子靖是百花里颜小红，鸣岐是西荟芳沁春阁，聘飞是群玉坊解语楼，锦衣是兆贵里花婷婷，戟三是西安坊醉月轩，幼安是同安里金菊仙。少牧写完看了一遍，见只有幼安叫的金菊仙，前次到申见过数次，其余多不认识。虽曾问过众人，从前做的那些相好一个个嫁的嫁了，收场的收了场了，才做了一班新的，但那沁春阁、解语楼、醉月轩这些名字都是新名词，所谓特别商标，并不是倌人名姓，可见四五年间青楼中的风气又是一变。看完又数了一数，共是七张，交与小大姐交代出去。纤纤故问："花笑桃叫了没有？你把局票点清楚了。"少牧微笑道："正要问你花笑桃的下文，他现今住在那里？"纤纤道："住在群玉坊内。"少牧道："可知他云寓之前叫甚名字？"纤纤道："你与他既是相好，云寓以前的名字，该要问你的了，怎样问起我来？"少牧道："你方才在戏馆中说的，晓得他来踪去迹，那有不晓他原名的道理？"纤纤"格支"一笑，道："你上了我的当了！这是我要哄你来吃一台酒，没有这一句话，恐你不来，故说晓得他的底细。其实我知道什么？你心上当真有这个人，用完了酒可到群玉坊去罢，不要盘诘我了。"少牧闻言，大失所望，反笑自己果为纤纤所愚。

席间，敏士不知少牧与巫楚云的前情，细问少牧苦苦访问那花笑桃为了何故？少牧将前次到申如何做他为始，直说到后在苏州曾与他抢白一场，"听说到天津去了，刻下又在上海。今夜在戏馆见了，可恶他连水烟都没有装，真是岂有此理！"说着恨恨不已。敏士听毕笑道："照你说来，那楚云是个无情无义、又刁又滑的人了，这种人本来要他亲近甚的？断掉了岂不干净？何况金尽交疏，乃是青楼故智。你的金虽没有尽，却在苏州与他抢白过了，可知再不肯在他身上花钱，这交情焉有不疏之理？我辈风月场中，视之当如行云流水，不可粘滞。你既是个过来之人，往后楚云这节事情，不打听他也罢，何苦再要去自寻烦恼呢？"这几句话把少牧一番恼恨说得瓦解冰消，暗想：这才是当局者昧，旁观者清。既与楚云断却情丝，还要探访他的下落则甚？更不合因他没有装烟生起气来，真是何苦！遂不知不觉的把这一条心撇了开去，是晚席上竟不再提楚云只字。幼安等深佩敏士善于措词，能使少牧片言觉悟。

纤纤却因后房又有吃酒的客人到来，跑了出去，这些话没有听完。及在后房坐了片时，重至席间，各人叫来的局已经到了大半，正在那里唱曲搳拳，十分热闹，遂也不说起了，只坐在少牧身旁，问他可要代酒。少牧见他到后房去了许久，因问可是又有吃酒客人来了？纤纤初说没有，后言酒却尚有一台，朋友先已到了，主人尚在别处翻台过来，你们尽管从从容容的饮几杯儿。少牧既知果然有酒，怎肯留连？等到局齐，便即散席。幼安叫的金菊仙来得迟了些儿，连曲子多没有唱。敏士与菊仙向来认识，知他串得好戏，因说今天为甚不到群仙去串一出儿，当比花好好强他十倍。少牧笑道："花好好的串戏真是甚勉强，却怪尚还有人喝采，实是奇事！若使菊仙上台，那些喝采的人只怕喝得喉咙多要破了。"菊仙微笑不言。纤纤却笑答道："你们晓得花好好串戏的原委、与包厢内两个喝采之人的来历么？那花好好是群玉坊院子里的讨人，他抚蓄娘名唤阿珍，听说从前是个大姐，嫁了客人，在新马路闹出一场人命，递解过的。如今日子久了，又到上海姘了个人，在群玉坊开着这所院子。不知从那里去买了个花好好来，今年十七岁了，每日里非打即骂，管教得他甚可怜。近来阿珍又姘了一个乌师，遂教好好串起戏来。今天闻得林黛玉、胡翡云上台，那乌师与戏馆说知，把好好也去轧个热闹。排的戏本在翡云之后、黛玉之前，幸亏戏馆中知道好好的戏压不住人，不能排在这个地方，始把他改做送客，唱了结末一出。那两个喝采的人，西包厢年纪老的这人，姓夏名唤尔梅，很有家财，乃是做花好好的客人，很肯花几个钱，不过他犯了俗语里'人老心不老'的那一句话，相好做得太多。好好尚算是小先生，平时不甚走动，背后每说很想与他梳栊。阿珍得着了这个风，故意奇货可居，每逢夏尔梅到院一次，必令好好敲他一次竹扛，身体却不许他稍碰一碰。今夜因好好登台串戏，怂恿夏尔梅包了一间包厢，装个场面，又叫他多掷几封赏洋，喝几声采助助锋芒。夏尔梅惟命是听，才在那里极声叫喊，并不知赏了多少洋钱，真是冤桶！末包厢那个年轻的人，听说姓周，有些无锡口音，不知叫甚名字，乃是一个滑头，每天在戏馆、酒馆、妓馆、大菜馆厮混度日，遇见了美貌些的女子，便试他吊膀子手段，吊上了想人倒贴。今天在那里怪声喝采，想是好好登台的时节，被他瞧见满头珠翠甚是值钱，故而转他念头。却没子细好好是个讨人，身上多阿珍的东西；阿珍甚是凶狠，休想动得分毫。真是野鸟想吃天鹅肉呢！你们想好笑不好笑？"

少牧听他一口气将话讲完，诧道："你说阿珍三四年前犯过人命，办过递解，这人从前可知他跟过的先生是谁？那个姓周的无锡人，可是常在上海，还是新近来的？你怎样晓得他是个滑头？"纤纤道："阿珍从前包过一个小清倌人叫叶媚春，因我与好好二人甚是要好，是他说的。那无锡人去年没有见过，大约是今年才到上海。若问为甚晓得他是个滑头，因他也曾叫过我几个堂唱，有人说起这人是吃空心饭的，吊膀子很有名气，叫我不要做他，所以知道。"少牧听罢，对幼安道："这样说来，阿珍递解复来，仍在上海造孽，不消说了。那姓周的，我方才在戏馆中见他面貌很熟，想不起他姓名；如今说起姓周，又是个无锡人，从前不在上海，今年才到，定是周策六了。怪不得在大庭广众之间奇形怪状的做得出来，真是个无耻之徒！"幼安也说："定是策六无疑。但想此人来在上海，一定又要像贾逢辰、计万全一般的害人不浅，却比贾、计二人更是卑鄙龌龊。上海偏有这一班人混迹，所以弄得是非百出，变诈多端，真是地方上的恨事！"少牧点头称是。戟三等见他们话已说完，纷纷起身告辞。金菊仙其时尚没去，要邀幼安、少牧二人同到院中略坐。幼安答他夜深不便，叫他自回。敏士因时光已经两点钟了，那晚仍与谢、杜二人一同住在凤公馆中，明日回家，按下慢提。

再说群仙戏园末包厢那个喝采的人，柳纤纤说他姓周，少牧、幼安便俱想着他定是策六，果然想得一些不错。只因他自从去年与蓝肖岑、包灿光向楚云诈了四百洋钱之后，草草的将年关度过。正、二、三这三个月正是花小龙扎局的时候，跟了他扮过几场搭客，分到二百多块洋钱，颇可敷衍过去。四月起小龙有人邀他到汉口去了，策六便想自己上场。怎奈本领尚嫌不济，恐防弄巧成拙，像从前白湘吟一般的闹出祸来，不敢下手。只得跟着小龙的几个羽党东混一场西混一场，又混了数十多天，分的钱却比小龙在上海少了。莫说每天坐马车吃大菜不够，连吸洋烟，有时身无半文，只能拿几件衣裳向典当小押当押钱使用。看看终非了局，想与肖岑、灿光商议再去寻找楚云。无如楚云这两节的生意渐因人老珠黄不甚起色，听说已经欠了一身的债了，寻他也是无用，不见得再肯拿出钱来，心中好不煎急。

一日在烟间里头吸烟，独自一人睡在榻上，无精打采的呼过一筒又是一筒，吸了两个大匣。身边没有烟钱，叫堂倌记在帐上。堂倌勉强答应，脸上边很不自在。策六见了发不出话，只能忍受着他。忽见迎面来了个人，向来是做小马夫的，这天穿得满身罗绮，到烟馆中来寻人。策六晓得他新近吊上了百花里一个妓女的膀子，此妓很是有钱，那人遂有这般写意，因动了个"嫖能倒贴，世间乐事无双"的念头。暗想自己年纪尚轻，面孔也甚白净，当初所以能骗得楚云，难道今日不能再骗别个？何不下些苦工，寻几个有钱的倌人试他一试？只要邪缘凑合，便可吃着无愁，比赌钱更是容易。在烟馆里每日延挨日子怎的？故此就从那一天起，所有身上衣衫穿得更是华丽，并洒着满身香水，胸前衣钮之上香喷喷的插一朵钮子花儿，头上那几根刘海发留得长长儿的，把伽罗香研得十分光亮，脸上边每逢洗面，必用香肥皂打了又打，发辫上每到出门，必用刨花水刷了又刷，足上向穿蒲面鞋子，换了一双绣花面两条梁的，口内常含着口香糖或是豆蔻，藉解洋烟气味。一天天除在赌局赌钱，烟间过瘾之外，必在酒楼、戏馆、妓院、花园卖弄他的俊俏风情。果然有一班淫荡妓女看中着他，非常要好。只恨财星不旺，没一个有钱的人可以每月贴他一百八十块钱尽着受用，仍虑不敷挥霍。

这日闻得林黛玉在群仙串戏，他想吊黛玉膀子去的，吊得上一定有些好处。故此到得甚早，坐在末包里头，等到黛玉出台，不知喝了几十声采，谁料黛玉不在心上，瞧多没有向他瞧过。策六受了个没意思儿，心中甚是懊恼。后来看见花好好上台，没知道他是阿珍的讨人，认做自己身体，遂把吊黛玉的念头移到好好身上边去，连连的喝采不迭；并因一定要他听得，故把声音逼得又锐又长的比众不同，令他易于入耳。真个好好在戏台上听见了那种异声，举眼向包厢里头一望，忍不住微笑一笑。其实好好是个讨人，阿珍何等凶狠，即使策六生得品貌甚好，男子中有一无二，也不敢动甚邪心。那策六却又错了念头，以为这一笑有了他的意思，不觉喜出望外。看他《富春楼》演完之后，等着戏馆散人，坐在包厢内动也不动，痴想好好可遣娘姨、〔小〕大姐上楼招呼。谁知等到人已散完，自来火电气灯一盏盏的息了，并没一个人来，始一步懒一步的走出戏园。尚恐好好因一时卸妆不及，不能差人至楼，须得在戏馆门口守他一守，且看他出来时有甚举动，故在群仙对门的阶沿石上假做瞧看明日戏牌，站着不去。足足站有半刻多钟，始见好好有戏馆里人送他出外，一共男女三人，第一个是教曲子乌师，第二个就是好好，第三是个三十岁左右的娘姨。走出了戏馆大门，乌师喊东洋车送他回去，好好立在门前，眼俱没斜一斜。策六只道站得远了瞧不见他，应该站近些儿，因急走上数步，相近好好身旁，又微微的咳了声嗽，有心打动于他。虽然好好觉着便是末包内喝采之人，却一些儿不在心上，依旧像没有瞧见一样。策六此时好如热灶上的蚂蚁一般，在好好身边旋来旋去的旋个不了，可恨乌师已将车子叫到，好好即与娘姨登车而去。

　　策六大失所望，在街上边呆了一呆。忽又想起这叫车子的乌师一定是教好好串戏的先生，他有先生在旁，那得不装些稳重出来？怎能与人兜搭？我不要错疑了他。何不索性也叫部车子，跟着他到院子里去，看他甚样，岂不甚妙？难道在戏馆里白白的喝了回采，在街上边白白的等了他一番不成？主意已定，立刻叫了部东洋车，不讲价钱，只叫他跟着前边的两部车子跑去。车夫答应，脚里边紧上一紧，果然被他追上，同至宝善街群玉坊口停车。好好由娘姨给了车钱，双双进弄而去。策六因没带零钱，又舍不得给车夫一个八开，只得向小钱庄兑了八十个钱，给了车夫三十。急匆匆跟进弄堂，好好已经走至院子门口要进去了，策六忍不住抢行数步，跑至好好背后，举手轻轻的在他肩窝内一捏，开口说道："你今天串得好戏。"好好没防备着，倒被他吓了一跳，急忙回头看时，策六已拨转身来，二人恰恰打个照面。策六搭讪着那张削骨脸儿，口中连称"是我"。好好定一定神，见又是末包厢那个喝采之人，因他衣服华丽，不敢怠慢，微笑问道："既然是你，因甚吓我？"策六道："我与你顽笑罢了，谁来吓你？且问你可是住在此处？"好好回称"正是"。策六道："我与你一同进去坐一刻儿，可使得么？"好好未及回言，那娘姨天花满面的道："大少真要坐坐，进去何妨？待我引道。"说毕，领着二人入内。

相帮见了，喝声"客人"，房间里又走了两三个娘姨、大姐出来，各人向策六一瞧，不认得他，说了一声："里面请坐。"问领进来的娘姨："这位大少尊姓？"娘姨含笑答道："这位大少是在戏馆里听小先生唱得好戏，特地来访小先生的，连我也未曾问过姓甚。须得小先生去问他，停回做了堂唱，好上堂簿。"好好听了，忙问策六姓氏，策六回称姓周。好好又问："府上那里？"策六道："家住无锡，公馆在上海新马路。"好好道："周大少今夜在群仙看戏，共是几位？"策六道："是我请客，一共五六个人。他们多回去了，我因爱你梆子唱得很好，特地前来访你。下回遇有应酬，想来叫几局，不知你来与不来？"娘姨在旁答道："大少照应叫局，那有不来之理？既然爱听小先生的曲子，今天谅须唱个堂唱，开页簿面。小先生还不快唱！待我去唤拉胡琴先生进来。"策六听娘姨要他替好好做个堂唱，这是要难为两块现洋钱的，看好好进得房来，一些没有主权，诸事俱听娘姨调度，像是个讨人身体，没甚看想，不要好事不成，反白白的送掉两块堂唱洋钱，这是何苦？因即止住他道："堂唱不必唱了，这是你们做真正客帮客人的法儿，像我们常在上海的人，并不是算小，这两块洋钱觉他花得没有趣味。今天我想请几个朋友叙叙，就在这里吃一台酒，岂不比堂唱好么？"好好听得策六摆酒，认做他是个花钱的客人，连说如此甚妙，便与房间里人说知，要他们喊将下去。房间里几个娘姨一个个多是老手，见策六举止浮滑，没一个人肯担风火，俱异口同声的答道："周大少替小先生吃酒，再好没有。只恨今天夜已深了，厨房里没有现成酒席，备办不及。明日如何？"

策六不防众娘姨回出这句话来，又见好好呆在一旁，一句口多不敢乱开，十分里猜到他九分九定是讨人，往后断没念头可转。今天既已说出吃酒，焉有空回白转，连一台酒都诓他不成的道理？况且不知他的抚蓄娘是谁，住在小房子内，还是住在生意上头？若使住在院中，何不叫他出来，看是个何等样人。只要吊得上他，但看好好那些插戴，此人手中一定有钱，岂可当面错过？因微微的冷笑一笑，对好好道："我本来是个生客，一进门便要摆酒，难怪你们不甚放心。且把你家娘娘唤他出来，我有话说。"好好道："我娘住在小房子内，大少认得他么？"策六暗喜套出口风，便又冒他一冒，道："怎么不认得他？他的小名从前叫做阿……阿"好好道："是阿珍姐。"策六道："正是阿珍！我一时呼不起来。"好好道："周大少怎样与他认识？"策六道："我们无锡帮中有人与他很是要好，这话已好几年了。"好好道："无锡帮中的人可是姓潘？"策六被他提醒，知道是嫁过潘少安的阿珍，便说："正是姓潘，名唤少安，我与他情同骨肉，你问阿珍便知。如今你可信得过我？这一台酒不要担甚心事了么，快些与我唤将下去。"好好听他果与阿珍认识，又与房间里人商量。房间里仍旧不肯做主，说娘娘不在这里，知道姓周的说话真与不真？好好弄得没有法儿，答应了恐怕菜钱有甚差池，阿珍定要责打；不答应又恐姓周的真是好客，阿珍又要说他做生意不带眼睛，这一顿打也是不饶。左思右想的盘算一回，想到一样是打，不答应得罪了姓周的，眼前恐防尚有祸事；答应了，倘然姓周的是个好客，说不定尚有后望可图，还是答应的好。故此放大了胆，亲自叫带房间相帮进房，说："周大少在此用酒，快去备台菜来。"一面请策六写请客票请客。策六随意请了些狐群狗党，坐了足足一席，直吃到钟鸣三下始散。

相帮进来收拾台面，策六假意伸手在衣袋内一摸，又"扑嗤"的笑了一笑，将手向好好一招，对他附耳说道："今天真是笑话，出门时我带了二十四块洋钱，方才在戏馆内赏了你十二块，又是胡翡云四块，林黛玉八块，俱叫案目把红纸封了，掷到戏台上来的，不知不觉这几块钱已经完了，我自己还没有晓得。如今吃了这一台酒，虽然酒钱可以并算，那下脚是要现开消的。我的公馆又远，长随车夫又一个多没有带来，请来的朋友又俱散了，这四块钱没有别法，只有与你商量，可替我暂垫一垫，明晚一准送来，不知你意下如何？"好好听策六口中说得天花乱坠，腰里头连下脚钱俱拿不出来，不由不心上大惊，一时没话回他。又恐被房间里人看破，必要向阿珍前搬动是非，这事真是愈闹愈坏，因思酒已被他吃了，这下脚钱当真没有，怎样过去？幸亏日间曾向夏尔梅说，今天到戏馆串戏，必须开消后场，问他要了五块钱一张钞票，乃是私的，房间里人多没知道，何不索性替他垫上一垫，只要关切他明日自己送来还我，不可交与别人，姓周的难道竟会一去不来？断不见得。因而呆想片时，在贴身的小衣袋内摸了那张钞票出来，向策六衣袖中间一塞。策六会意，收了票子，将手装做在自己（在）衣袋内摸出，放在台上，看是五块，叫带房间相帮到帐房里去找一块钱。带房间相帮不知就里，谢了一声，取票自去，找出洋钱交与策六收了。起身要行，好好因尚有说话嘱他，咬着他的耳朵讲了好一刻儿，方才送他出门。正是：

> 未必姐儿真爱俏，奈何恶鸨错生疑。

要知策六去后，五块洋钱明日可还，阿珍怎样晓得此事，疑心好好，毒肆打骂，且看下回分解。

第十二回

打讨人恶鸨狠心　觅空子赌龟毒眼

话说周策六在群玉坊花好好院中饮酒，向好好借垫下脚洋钱。恰好那天早上，好好推说开消戏馆后场，向夏尔梅讨了五块钱的一张钞票藏在身旁，遂把此票借与策六开消过去。临动身的时节，好好怕他明日差人送洋到院，故与他咬了几句耳朵，叫他千万自己拿来，不可大意。策六满口应承而去。好好自以为这五块钱借得神鬼不知，只望他明日亲自来还，将来那台菜钱也可以放心得下，堂簿上多做一个花头，多了一户客人，这是做先生的场面。那里晓得，天下事若要不知，除非莫为。好好向夏尔梅抄的五块洋钱小货，起初房间里人果然一点不晓，只因借与策六，露了眼睛，不觉翻江倒海的闹出一场祸来。

原来房中那些老手娘姨，自从策六进门，见他生得油头滑脸，定不是个好人，所以大家留着倍心，不肯给他酒吃。后见好好被他冒出阿珍名字，说起嫁过潘少安的事来，少安是无锡人，姓周的也住无锡，自然晓得此事，何足为奇？好好不应听他，把他当做与阿珍向来认识，入了圈套。内中更有个黄家姆，年纪四十多了，从前也曾开过堂子，买过讨人。只因儿子不好，自幼好赌，把几个造孽钱赌得精光，堂子开不起了，讨人一齐卖掉。阿珍把他雇在院中，托他管理各事。此人晓得潘少安在日有个姓周的朋友，名唤策六，为人甚是刁钻。后来少安死了，把巫楚云骗往无锡，不知卷掉了多少东西；现今楚云又到上海，听得人说尚被他诈了许多钱去。虽然没见过姓周的面貌，深恐就是此人。正要暗地关照，凭他说得甚样，莫去理他，曾向好好使了几个眼风，叫他到外房去与他说这缘由，却怪好好没有瞧见，反自由自主的叫相帮进房喊菜下去，心中大不为然。及见策六吃完了酒，并没下脚拿出，只与好好咬耳讲话，估量着必定与他借垫，暗笑策六看错了人，一个讨人身体的先生，那里有钱？且看他甚样散场。谁知好好暗暗向自己身边一挖，好像挖出一张纸来，塞在策六袖中。策六遂过了个门，假意在自己衣袋之内取了五块钱一张钞票出来。黄家姆惊奇不已，急忙溜至外房，与众娘姨共议此事，说明天必得告诉阿珍，一则将来这台菜钱我们不担过失，二则好追究好好这五块钱是那个客人给与他的，三来杜绝好好私做恩客，这是我们房间里人的干系。众人商议既定，回身复至房中，只见好好还在那里咬着姓周的耳朵，不知讲些什么；姓周的只顾点头答应，袋好了一块找头洋钱，眉花眼笑而去，黄家姆更是犯疑。当晚一句没话。到了明日，黄家姆抽一个空，到阿珍借的法兰西马路宝丰里小房子内告诉此事。

原来阿珍自从邓子通枪毙，潘少安闹成命案，拘到当官，奉判递解回籍，不准再到上海。起初的一二年风声甚紧，不敢出头。后来日子多了，私自到过上海数次，寻找他姊姊阿金设法，仍想住在上海。谁知阿金到天津去了，没有会面。直至天津团匪闹事，阿金逃回上海，替钱宝玲在永兴坊借了房子，做了住家，方才姊妹相逢。阿珍说知仍要在上海度日，托阿金寻所房子，摆只碰和台子，招接几户客人。阿金因租界上耳目甚多，办过递解的人诸多不便，没答应他，只问他眼前的景况甚样。阿珍说："递解时已弄得身无半文，现今住在苏州，开着个私门头儿，尚可过度。无奈上客不多，一个月做不到百把块钱的生意，除去开消，所余无几，故想重到上海，才能活动些儿。"阿金道："既在苏州开着门口，必有客人来往。我倒有个主意在此，何不向客人告一个帮，借他几百块洋钱，买个十四五岁的讨人，带着他同到上海，也与我一般的做个住家？一定有些指望。你自己不便在生意上住，尽可到法兰西地界，另外借所小房子儿，结识一两个靠得住些的人，不愁不能度日。说不定一年半载之后，很能多几个钱。不知你意下甚样？"

阿珍听了阿金的话，因他讲得甚是有理，立刻回到苏州，向平时走动的几户客人东也借些，西也借些，凑成了三百块。托了一个著名蚁贩，就是把潘少安之妻金氏诱骗到苏、卖与鸨妇阿宝、改名潘小莲为娼的白慕义，在苏州西乡买来一个女子。此女父亲姓秦，名唤桧孙，早年故世，母亲王氏，只此一女，乳名阿媚，甚是钟爱。不料王氏患了痨症，也亡故了。阿媚年方十六，尚未适人，出落得姿态苗条，肌肤更是白皙。遂被一个族房中不成材的叔父，觊觎他人材好看，父母又薄薄的有分家事遗下，假称与他择婿，骗至苏州，由白慕义为媒，卖与阿珍，一共花了二百五十洋钱。阿珍看阿媚眉目如画,脸上更有两个笑靥,身躯不瘦不肥,双足甚是纤小,将来的是一株摇钱树儿,不觉大喜过望。遂在苏州收拾动身,来到上海,先托阿金在法界宝兴里内借了一所房屋,以作存身之处。阿媚寄在阿金院中,使他学习酬应,并请了一个天津乌师教他留心学曲。不到半年左右,阿媚居然学会了十数支京调。阿金遂与阿珍拼凑了三百多块洋钱,在公阳里借了一个房间,取名花好好,做了住家。言明赚下银钱三七开拆,阿珍七分,阿金三分。只因阿金群玉坊有事,兼顾不来,阿珍又不便在院,所有院中诸事,故托黄家姆代为照管。上半节的生意,究竟是个雏妓,不甚起色。下半节遇到一个山西客人,看上了眼,狠肯花钱。黄家姆打合,阿珍姊妹把好好做了大先生,得了二百洋钱,一副五两重的金镯。这事张扬开去,凡是转好好念头的客人,知道他已经大了,那一个不碰和吃酒的极力报效。黄家姆指挥好好,有钱的不论妍媸老少,一概留他,抄到小货,交与黄家姆,转交阿珍、阿金分拆,一个钱不许隐瞒,没钱的冷落着他,不要他来走动。

　　从此好好交起桂花运来,这下半节一共留了十几户的客人。节上算一算,除净开消,多了七百多块洋钱现钱,五百多块洋钱的金珠首饰。阿珍、阿金分好了帐,大喜过望,黄家姆因他督率有方,另外提给他一分谢洋,以示鼓励。只因房间只有一个,客人日多一日,渐渐的腾不转来。黄家姆关照阿金必须赶紧调头,阿金与阿珍说知。恰好阿珍新近妍了个天津乌师,此人向在妓院教戏,手头也有几百块钱现蓄,说起群玉坊有所妓院,就在阿金院子的东面,那男本家生病死了,女本家开不起来,要想盘顶与人,何不把他盘了,好好替他在楼上留去三个房间,足敷应用,余多的楼下房间,包与他人,或者招上两个伙妓,试他一节,这群玉坊地址甚好,不可错过。阿珍因与阿金商量,竟把他盘了下来,共是一千五百块钱下本,阿珍名下七百,阿金三百,尚有五百,乃由阿金向乌师商借。好好果真住了楼上三间,楼下的包与两个北妓,一个叫杨柳青,唱得好大鼓儿,同一个叫盖桂芬,唱得好须生,多是那乌师招接来的,曲子也是他一人所教。

　　好好既开妓院之后,诸事仍托黄家姆留心照应。黄家姆见乌师教得好曲,又知他并会串戏,因此怂恿阿珍令好好也拜他为师,学习演戏。倘能登台客串,必可哄动客人。阿珍听了他的说话,遂叫好好拜师习戏,才有昨夜在群仙上台之事。黄家姆约了多少熟客前去看戏,知道他们必有赏洋,心中好不得意,所以跟着好好同到戏馆。谁知好好所串的戏不能动目,出扬未几,各看客纷纷散去,赏洋也不见甚多。黄家姆一场扫兴，坐在戏馆里头觉得脸上无光，遂等不得他串完，先自溜回院中，假称有些头痛，在小房间内烟炕上面睡觉。周策六与好好回来，他还睡在房中未起，没有知道。直至策六摆酒，众娘姨关照了他，方才跑进房来。见策六断靠不住，暗地里连使眼风阻挡好好，怪他粗心没见。后来吃完了酒，反借给姓周的五块钱一张钞票，不知这票子是那里来的，心中疑上加疑，背地里与房间里人说了一回。好好前当晚并没话说，怕他做了准备。

　　这日到了阿珍的小房子内，自然从头至尾把此事细诉一番，要阿珍到院中去管教好好，第一禁止他以后无论何事，不许自做主张，第二盘诘他这纸钞票是那个客人所给，为甚没有交代出来，第三究问他借给姓周下脚，可是贪图姓周的年轻貌好？小小年纪私做恩客，问他下次可敢？叫阿珍必得放些辣手出来，切不可姑息了事。那知阿珍不晓此事便罢，晓得了不必黄家姆教他管教，这一顿打也断不能饶过好好。无奈事有凑巧，这天阿珍因感冒风寒，四肢无力，起不得身，听了这一席话，只在床上咬牙切齿的将好好骂个不了，叫黄家姆快把好好叫到小房子来，我自有法管他。黄家姆道："话虽如此，今天你既然起床不得，叫他到来做甚？且等病体好了，明后天责问不迟。"阿珍道："这小早死的如此大胆，怎能容到明后？你且把他叫到，更与我唤阿金前来。我虽没有气力打他，阿金他是阿姨，况且生意上有三股拆帐，难道打他不得？"黄家姆喜道："阿金姐我见他因花小红不肯尽心学曲，打过一次，乃在床上边把衣服剥去，打的果然有些辣手。此事尽可托他代你之劳，也不枉我报信一场。但愿管得他好好儿的，将来生意生多几个钱，大家多有益处。待我立刻去把二人唤来，你在床上静养片时。"阿珍点头称是。

　　黄家姆遂先至花小红院中唤了阿金，说明来意，邀了个功；次到好好院中，只说阿珍有病，叫他回去有话。好好不敢迟延，急与黄家姆坐了部东洋车赶到宝兴里内。一进门即见阿金板着面孔，横着眼珠坐在房中，不觉暗吃一惊，不知为着何事，只得进房去，战战兢兢的叫了一声"阿姨"，阿金应多没有应他。好好又走至阿珍床前，叫了一声"姆姆"。其时阿珍睡在床中，听见好好到来，伸手就是一记耳光，喝声："你昨夜干得好事！"打得好好倒退数步，心上边乱跳一阵，半句话多不敢回他，眼眶里的眼泪已水汪汪的盘将出来，却又不敢滴下。只得忍了进去。阿珍打了一记耳光之后，阿金便接口道："你今天身子不好，莫要动火，待我问他。"遂把好好叫至面前，将如何在戏馆中遇见姓周的客人，如何一同至院，如何擅做主张由他吃酒的话，先自盘问一遍。次问他姓周的没有下脚洋钱，为甚要你借钞票与他，这钞票你是那里来的，为甚没有交代与黄家姆？

好好听他问出此话，恍如大冷天兜头灌了一杓冷水，那身体顿时寒战起来，抖个不住。明知无可隐瞒，只有将实话答他，说钞票是夏尔梅给的，借与姓周的出下脚洋钱，并不敢私做恩客，他说今夜一定送来。阿金叱道："夏尔梅给你钞票共是几张？除了借给姓周的五块，可还有么？姓周的要吃酒，房间里人不答应他，你怎敢大胆答应？眼睛里还有人么？"好好道："夏尔梅给我钞票只此一张。姓周的要吃酒，房间里人没有答应，我本来也不敢做主，只因他提起与姆姆认识，并晓得嫁过一个姓潘的客人，故而不敢回他。不信问黄家姆便知。"阿珍闻言，在床上诧道："怎么姓周的他晓得我嫁过姓潘的客人？"黄家姆冷笑答道："这是小先生口齿不紧，被他一句句冒出来的，问我则甚？"阿珍咬牙切齿的恨道："我因在潘少安身上闹出事来，才不敢住在生意上头，处处瞒着旁人，怎么你这小早死的被人三言两语一齐冒了出来，可恶到这个地步，怎能容你！金姐快替我着实打他几下，儆儆他的下次，并问他夏尔梅那张钞票是甚样给的，恐怕不止一张。"阿金连称真是该打，便伸手去剥他衣服。好好慌做一团，哀求饶恕。阿金那里听他，叫黄家姆相帮，把身上衣衫脱个尽绝，下身那条绉纱裤子也剥掉了，只剩一条洋布衬裤，叫他跪在地板上面。阿金寻了一个鸡毛掸帚，仃倒拿在手中。那帚柄是藤条的，遂把他当做刑具，从上身揪至下身，不知揪了几十藤条，只打得好好浑身青一条红一条的疼痛难禁，口中连呼"饶命"不绝。阿珍怪他叫喊，恐被惊动四邻，令黄家姆把口掩住再打，接连又是二三十下。好好此时声息都无，只在地上乱滚。阿金觉得手酸了方才住手，把藤条在他肩上一按，逼问下次可还再敢胡乱做客，并与客人要好，提起阿珍前事？好好泣称再也不敢。阿金又问，"钞票究竟几张？夏尔梅怎肯给你？"好好道："钞票实只一张，打死再没有第二纸，乃向夏尔梅诳称开销戏馆后场，问他要的，以后也断不敢了。"阿金听罢，哼了一声道："谅你还敢，怕不要了你的小命！但你既向夏尔梅取过洋钱，别的客人不见得没有取过，这钱多到那里去了？"说毕，拿起藤条又要打将下来。好好慌道："别人实是没有取过，这回乃是第一遭儿。阿姨可怜，我再打不起，饶了我罢。"阿金心中尚还不肯恕他，因究是阿珍的讨人，问他可要再打。

恰好来了一个救星，乃夏尔梅，隔夜许过花好好，坐马车到张园游玩。午后夏尔梅套好了车，来到院中，不见好好，问起房间里人，说在此地，因差相帮的到来唤他快去。阿珍因夏尔梅是一户有钱客人，不便拂了他的兴致，始令暂时免打，以后再有此等事情，定当处死不饶。阿金方将鸡毛帚抛在桌上，说声"便宜了你"，叫黄家姆与他穿好衣裤，洗了个脸，擦去泪痕，重施脂粉，妆扮得仍如花枝一般，一点看不出遭过一场毒打，仍叫黄家姆陪回院去。临出门的时候，阿珍、阿金更一同禁住他不许在客人面前提及受打之事，并叮嘱黄家姆说："停回姓周的倘然来还五块洋钱，逼他把菜钱一齐交出最妙，否则问明他住在新马路那条里内，多少号数，差相帮暗暗跟他一跟，以后可以上门索取。倘这五块洋钱今日不还，那一台菜一定编入漂字号里去了。只有随处留心，只要遇得着他，或见他昨夜同台面的朋友，也可设法讨去。"黄家姆诺诺连声，陪着好好出门。阿金见好好两眼红肿，眶中隐隐又有泪点溢出，重复叫他坐下，把白洋巾将泪抹干，不许再出。叮嘱他停刻夏尔梅倘问两眼因甚红肿，只说昨夜串戏回来，有客碰和，一夜没睡，今天因探母病，路上吹了些风，以致迎风流泪，切不可露出责打口风，露了一句半句，决定不依。好好含悲答应。阿珍又教他装出满面笑容，始令与阿金及黄家姆一同出外。阿金回到自己院中。好好由相帮的捐着，与黄家姆回院，同夏尔梅乘马车到张园而去。

只因这一下打得怕了，难为他出了宝兴里后勉强敛悲为喜，见了夏尔梅，一些破绽没露出来，深恐黄家姆看见，再要搬动是非，难免又遭毒手。这是做讨人的万分苦处，也算是好好见机。心上却因为了姓周的吃下这场苦楚，满望晚上边还了借洋，收了菜洋，完却此事，不致日后或恐再受打骂。那知从张园回来望起，直望到二点多钟，连踪影也多没有。黄家姆与房间里人絮絮叨叨的抱怨了无数说话，好好只有逆来顺受，不敢稍回半句。等到人定之后，睡在床上，抚着日间被打之处，自怨命苦，暗暗饮泣，一夜睡不成寐，深恨姓周的真是害人不浅，不知这台菜钱将来甚样过去，暂且慢提。

若说那姓周的，却从那晚吃酒之后，晓得好好是个讨人，没有念头可转。虽然他抚蓄娘阿珍嫁过少安，知他有几个钱，吃了一场官司，已经完结的了。近又买着一个讨人，谅必又甚得法，但恨自己并没少安般的俊俏，不易上钩，况又不住在生意上头，吊他更是费力。因将邪念息下，只在好好身上骗了一台酒吃，到手了一块洋钱，终算那晚不曾白走。心上却虑似此一天天的混将过去，吊膀子没吊着个有钱户头，赌钱又没有空子找到，尽扮搭客，每天怎够开消？前数日，家中妻子更有信来催寄家用，甚是紧急，怎样复他？又想起花小龙自到汉口，久无消息，不知他几时回来，必得此人到了上海，方可求他想个法儿。这几天久没到他家中探信，明儿何不去问他一问。

因此挨过一宵，翌早即到新马路去访问小龙。

恰好小龙甫于昨夜回申，策六见了大喜。问他汉口去了好久，甚样得意？小龙含笑说："做了五千多洋钱生意，除去开消，净余三千左右，尚算有些出息。"问策六上海近来甚样，策六摇头道："上海自从你去之后，并没大宗生意做过，大家只能敷衍罢了，所以人人盼着你来。"小龙向策六浑身一看，道："你近日可有什么空子觅到？为甚这样打扮？"策六道："空子没有遇见，身上穿的衣服乃是借钱做的，可是做得太时道些？"小龙皱眉道："我们翻帮里人串官场的也有，串富绅的也有，串宦家子弟的也有，串大商巨贾的也有，串一点一划，貌似诚实之人，引人相信的也有，却从没有串过滑头。像你这般服色，头上这一头前刘海发，脚上这一双京式花鞋，全是滑头样儿，只可以吊得膀子，怎能够觅得空子？难怪我去了许久，一个空子多没遇见。即使当场遇见那空子，若是规矩些的，见了你也远而避之了，怎想引他上得来[钩]，下得来水？不是我今日说你，倘你喜欢女色，注意在倒贴上面，你尽管这般打扮；若是有心去觅空子，大家弄些稍板，必须即日改过才是。虽然空子里也有年纪甚轻，欢喜这样打扮的人，不妨迎合着他。究竟这班年轻之人，大半有父兄师长在前，钱财上掌不来权，寻到这种血路，那尺寸也是看得见的，说不定做进了尚要呕吧，这是何苦去枉费心思呢？"策六被小龙这一席话，正是对症发药，说得他恍然大悟。暗思怪不道近来遇见有场面人，满意去巴结着他，偏偏这人不易巴结，原来有这缘故，为甚自己想不到他？因满口连称，明天定当改过衣装，情愿寻觅空子不已。小龙道："你肯将衣装改过，我看你的面貌很充得个富家子弟，但须将真名隐过，另外起个别号，并且莫说出原籍地方。深喜你口才来得，能操各处方言，以后觅到空子，不说与他同城，须说与他同省，引几个省中有名的人认做本家，先使他深信不疑。然后花些本钱，请他吃酒游园，或是送些礼物，天天去亲热着他，等到亲热上了，那时你来告诉我，再有别话嘱你。怕不弄他一千八百块钱，真是易如反掌。你须努力干去。"策六听了，一句句牢记在心。小龙又道："我在汉口，已将小龙名字改做筱农，此回重到上海，拟再改做笑侬。以后有人提起筱农、笑侬，是我一人。那小龙却只同道之人晓得，外人面前不可乱呼，你须记着。今儿我第一天回来，须往外间拜几个客，使他们知道已回。你回去端整改装，明日来罢。"

策六诺诺连声而出，当下即到石路衣庄上去赊了一套宽腰大袖些的衣袍，又到宝善街鞋子店买了一双旗圆式素缎面鞋子。回至寓中叫了个剃发匠，把刘海发剪去，只剩半寸不到留在顶上，不用刨花水刷他下来，一条松三股辫子打得紧紧儿的，又把辫线上长须头儿剪短了些。料理已毕，换好衣衫，向栈家借面镜子一照，果然俗语说："装龙像龙，装虎像虎"，比前换了个人。栈家见他忽然改做这样打扮，问他何故？他说："今天乡间到了一个至亲，这人甚是固执，见我衣服入时，说好人家的子弟不可这般打扮，令人见了瞧不起来，逼着我立刻改去。我因他是个尊长，又自小受过他的教训，不敢违他，只得权且听从。其实穿了这长大衣服真是难看，额上没了一圈长刘海发，觉得光秃秃的很不像个样儿。你们看是也不是？"栈家那个去管甚闲帐，顺着他讲了几句现成话儿，说这亲戚真个太觉古方，怎把此事放在心上。

策六这一天却因改装之后，人家见了打样，并没出门。翌日一早起身，又到新马路去见小龙。小龙喜他当真改过装束，留在家中吃了一餐午膳，并借给他五十块钱，当做觅空子的资本，说不够不妨再借，将来做到了钱一并算还。策六不胜之喜，便从那一天起，一心一意的寻觅空子。好得有了五十块钱，除寄了几块家用之外，余下的足敷茶楼、酒肆、戏园、烟馆并车钱等一切零用开消。无奈足足觅了一月有余，虽曾觅到三四个人告知小龙，不是资斧有限没甚想头，便是久在上海想头不动的人，心中好不纳闷。

一日，从宝善街广福里经过，见弄口停着一部簇新的橡皮轮马车，驾车的是匹金山大马，又高又肥，甚是气概。车上坐着两个马夫，一般的身穿蓝羽毛号衣，头戴红缨凉帽，一个说今天不知可到张园？一个说张园今天不去，听说要到愚园去了。二人正在说话，弄堂里走出一男一女两个人来，男的年纪三十左右，身穿蜜色外国缎夹袍，竹根青外国缎马褂，女的乃是一个倌人，面貌甚是熟悉，一时却想不起是谁。看他们同上马车，马夫挥动鞭辔如飞而去。策六看了片时，记起这部马车天天停在张家花园，闻说坐车的人姓金，甚是有钱。但看他今天与倌人坐在一部车上，没个娘姨、大姐陪去，那资格甚是不浅，不知花掉了多少钱哩。可能想个法儿与他兜搭一下，或有机会可图也未可知。因此进得弄去，先访那倌人名字，方可下手。谁知不访不知，访出此妓是无锡人，姓潘名唤小莲，因他面庞宛似潘少安的妻子，不觉呆了一呆。

当时定下主意，这晚到番菜馆去叫局，把小莲叫到席上，先盘问他的出身家世。虽然小莲半吞半吐，一时间盘不出来，策六却已晓得他是少安的妻室无疑。因他与楚云认识，不但并没说破，并且把自己的籍贯名字改掉，只说是浙江人氏，名唤竹一，把策字截去下半，六字截去两头。小莲虽晓得少安在日，有个周策六的朋友，在上海讨颜如玉，与他同住一处，只因没见过面，不认识他，见他举止一切尚属大方，不把他当做滑头看待。策六也绝不提及金姓客人之事。吃完大菜，小莲因有转局，说了声"对不住"，先自去了。临行时叫跟局娘姨与策六说，停回可到院中坐坐。策六点头答应，这夜却没有前往。次日又在戏馆里叫了一个戏局，到十二点钟之后方去打了一个茶围。正房间内先有客人在彼，正是那姓金的。策六假作不知，略坐片时便去。小莲千对不住，万对不住的叫他明日再来。策六说："明日我想邀几个朋友到此碰和，不知你房间可得空闲？"小莲连称得空，嘱他明日早来，直送至楼梯口始回。

　　策六遂连夜到新马路去，将此事告知小龙，问他明日这一场和可要去碰？怎样能与姓金的会面叙谈？小龙略想一想，道："既然有此空子，我有两个主意，要他会面不难。第一个明日前去碰和，他如不在房中便罢，若在房中，一定要他让出，引起他的火来，看他甚样发挥。小莲定要央求着你，你就访问此人来历，访明了马上自己收篷，只说此人很有声名，又是你院中佳客，我们不妨迁就些儿，就在外房碰罢。那时小莲必然感你，向姓金的说你好话。往后你再拣着姓金的在院，偏去吃酒碰和，花些下脚，本钱不够，问我来取。却须每次让姓金的占着正房，你在外房，要使小莲与房间里人心上边过意不去，你就对他们说：'照此姓金的天天在院，我又不时想来走走，房间十分不便，怎样是好？'他们见你和酒甚多，是个好客人，又和气，没点子与人吃醋，若然姓金的是个没甚脾气之人，必定设法你们会面，往后较为便当。彼时并了房间，天天聚在一处，岂不大妙？姓金的倘是个有脾气的，他们不敢出此主意，那就要用第二个拔草惊蛇之法了。"策六道："何为拔草惊蛇？"小龙道："你有天探着姓金的尚没到院，先去占了正房，留心等他到来，仍旧假意让他，却须走得匆忙，与他撞个满怀，故意在足上边轻轻的踏他一下，却不可使他动怒，赶紧赔个不是，把洋巾替他拂拭灰泥，问他可曾踏痛，并叫房间里娘姨、大姐快拿鞋刷出来。那时姓金的见你这样小心，又知道你平时避让着他，踏这一脚乃是无心之过，必定不来责你，反有几句安慰话儿。那时你就趁势与他交谈，渐渐的亲近上去，那有亲近不上之理？你想是么？"策六听罢，十分佩服到十二分，遂准定明日约了肖岑、灿光同去碰和，尚少一人。小龙那天没事，自愿凑数，顺便看看姓金的是个何等样人，可能下得来手。正是：

　　　　使到明枪犹易躲，射将暗箭最难防。

要知姓金的究竟是谁，策六等与他怎样会面，如何算计着他，且看下回分解。

第十三回

骗开矿天花乱坠　约游园焰火通明

话说周策六转着广福里潘小莲院中金姓客人的念头，约定在小莲处碰和，与花小龙商下妙计，拣着姓金的在院之时一同前往，要他让出正房，姓金的定然不肯，然后让他占个面子，并好笼络小莲，将来到了房间，可以彼此会面，否则须用拨草惊蛇之法，不怕姓金的不入圈套。策六大喜，邀了肖岑、灿光，当晚即去如法泡制。

果然不出小龙所料，姓金的坐在房中不让，听说外房有人碰和，他也请客碰起和来，并且一碰两场，甚是热闹。策六假意向小莲发话，怪他昨天怎样说房间空着，小莲赔了许多不是，说："这两场和乃是今天爆出来的，周大少有心照应，可否在外房委屈一下？"策六踌躇半晌，问他房内的碰和客人是谁？倘然是个熟客，我尚是第一次儿，不妨让他一下；若然一样生客，他碰两场，我难道碰不得四场？房间定须让我。小莲回称乃是熟客，策六问他姓甚？小莲老实答称"姓金"。策六用言冒上一冒，道："我久闻你有个姓金的客人，每节必有三四十个花头，可是此人？"小莲点头称是。策六向小龙等一望，道："不知此人叫甚名字，作何事业？我们可认识他？"小莲道："名唤子富，家中很有房产，不听见做甚生意。"小龙接口道："他可还有个老兄唤做金子多么？"小莲道："一些不错。"小龙道："这样说来，真是一个有名之人。你做到了这种上客，每节怕没有一千八百块钱生意，怎能不巴结他些？"小莲微笑道："一样客人，那有巴结着姓金的，不去巴结别人之理？花大少不要多疑。"小龙道："这倒不是疑心的话，我要劝周大少，今天这一场和就在外房碰罢，莫要与姓金的呕气，累你为难。"小莲道："周大少倘能体谅，自然最妙。"策六瞧着小莲道："我怎的不体谅你？只是简慢了请来的客人。"肖岑、灿光闻言，同声说道："里房外房一样碰和，说甚简慢。我们在外房碰也好，下回碰第二场，再到里房去不迟。"小莲说："下回一定里房，这回对不住些。"遂嘱策六答应下了，叫房间里人快把桌子摆开，点好洋烛，起过手巾，服伺各人入局。

小莲坐在策六身旁，看他碰了一圈多牌。策六放出满脸和气的样儿，一些不与姓金的作对。小莲方才放下了心，到里房去应酬子富，却甚感激策六没有脾气。及至外房四圈碰毕，重扳坐位，小莲又出去坐了片时。以后便有客人来叫堂唱，出门去了。直至策六等八圈已完，房中整顿稀饭，方始回来。问策六输赢甚样，策六道："输了一百五十块钱。"小莲骇道："你们碰的多少底码？"策六道："今天幸是一百块底，若碰二百块底，便要输三百了。"小莲道："原来碰得底码甚大，且俟下场翻本。"策六道："一百几十块钱算得什么？这几天我真是拾了输票，不到半个多月，麻雀里输了二千多块钱了。翻他怎的？"小龙道："这数日真个你输得狠了，必得翻一场本。明天仍在这里可好？"策六尚未答应，小莲道："明儿一准仍在这里，我替你碰，看可再输。"肖岑道："如此甚好，你与他先把房间留下。"小莲道："房间明天一准空着，你们瞧罢。"众人闲谈一回，吃过稀饭，各自散归。小莲叮嘱策六明日早些到此，策六诺诺而别。

出了广福里之后，赶至新马路寻小龙说话，问他方才说的金子多乃是何人？金子富可能下手？小龙道："金子多乃洋行买办，很有名望，很有资财。子多既是他的兄弟，闻得二人尚未分产，有钱是一定的了。但子多在洋行办事，此人颇有手面，并闻情性不好，下手时必须格外留心，不可闹出事来。所以明天又约你们碰和，探探他的动静如何，总得随机应变才好。"策六道："明天早去的好，还是依旧晚些？"小龙道："自然愈晚愈妙，让他占着正房。我已关照肖岑、灿光，叫他们夜间十一点钟到齐，碰的底码，面子上说每底二百，暗中仍旧只碰头钱，不做输赢。你须备张西贝的庄票在身，输了钱当场交出，使小莲与房间里人传到姓金的耳朵里头，晓得你很是有钱。这是骗空子的第一妙法，你须记着。"策六唯唯受教。时已天色将明，小龙遂留他住下，再授他些运动之术。

翌晚等到十一点钟已过，方才同至小莲院中。肖岑、灿光先已来了，仍在外房坐着，问策六为甚来得好迟？小龙道："我们先在尚仁里碰了场和，故此晚了。"策六道："你二人是几时来的？怎的不到里房去坐？"小莲代答道："蓝大少、包大少也只才来，我早间将里房空着，偏偏一个不到，认做你们不来的了。如今却又有了客人，真是好巧。"策六微笑一笑，对小龙道："我说房间决定不空，你瞧甚样？"小龙道："今天我们自己来迟，不能怪人，仍旧就在外房碰罢，并且夜已深了，最好只碰四圈，尚可回去睡觉。"策六大笑道："碰四圈不但我们好睡，小莲也可到里房去睡上一觉。我们体恤人家，本应体恤到底，竟碰四圈最妙。"小莲听了，把策六瞧了一眼，说："你讲什么？"心中却又感激着他。小龙遂叫房间里人快起手巾，匆匆入局，果然碰了四圈便住。策六足足输了一底，乃是小龙赢的，因取出三百块钱一张庄票交与小龙，问他要了十二块头钱，说尚余八十八块洋钱存在你处，明天再算。小莲见他这等有钱，愈当做是户好客。房间里的娘姨见四人和已碰完，端上稀饭、菜来。小龙与肖岑、灿光使个眼色，推说夜深不吃，先自回去。策六也要走了，小莲一定要他吃些，因复坐下喝了四五杯酒，一碗稀饭。和小莲说起姓金的天天在此，往后倘然我也天天到来，彼此甚是不便，必须想个法儿才好。小莲只说以后只管请来，有甚不便？没露些通融口风。策六遂不往下说，吃完稀饭起身便走。小莲尚要留他略坐，策六说明日再来。小莲送他出房之后，回至里房与娘姨们议论这姓周的怎样阔绰，怎样体贴，真是难得。金子富在旁听了，只喜他不与自己吃醋，余语并不放在心上，不过晓得姓周的也是一户有钱客人，不敢轻视着他。

　　策六自从碰过第二场和，每夜等十一点钟金子富到院之后，接连打了三个茶围，第四夜又吃了台酒，多在外房，没进里房一步。小莲甚是过意不去，只因姓金的性气不好，不敢恳他暂让，也不便使姓周的与他并了房间，免得每天回避。曾在策六面前着实抱歉，策六知道第一个法使到极处，不灵的了，必得依着小龙再使第二个妙诀。

　　一日因于十点钟时，独自一人溜至院中，此刻金子富尚还未到，小莲出外堂唱去了，遂在房中坐着。少顷小莲回来，见策六今天坐到房间，与他说说谈谈，十分欢洽。约有一个钟头，只听楼下相帮喊声："二少上来。"策六知是子富到了，向小莲托称有事，马上立起身来往外便走。小莲留他不及，跟着他送将出来。刚刚走至房门，子富自外进内，策六自内向外，撞了一个满怀。策六有意在子富的鞋尖之上轻轻踹了一脚，口中连呼"阿呀"，忙向袖内取出一条雪白的白丝巾来，俯身替他拂拭，并呼小莲快叫娘姨拿个鞋刷出来，又问子富可曾踏痛，自恨卤莽不已。子富虽与策六没会过面，每夜一个里房，一个外房，那面貌已看得熟了，知他平日没吃过醋，这一脚乃是无心误踹，又赔着这样小心，怎能与他翻得来脸？因把眉头微皱一皱，口说："不妨，不妨。"小莲已与娘姨取了鞋刷跑将来，来动问二人何事？策六自陈莽撞，在娘姨手内取过鞋刷，要替子富刷鞋。子富见了，道声"不敢"，叫娘姨把鞋刷接过里房去刷，并请策六进房略坐。策六此时好如奉了令箭一般，心中暗喜，脸上装做不应该闯祸样儿，跟进房来，重新赔了一个不是，亲替子富将鞋脱下，交与娘姨刷去灰泥，看他穿上，又问："此刻足上可疼？"子富回称："没甚要紧，但请放心。"策六此时放出笑脸，假做不知子富的名号、籍贯，细细问他。子富答明，还问策六，策六说："名唤竹一，原籍浙省，与子富同乡。"子富问他浙江何府？策六随口说是湖州，并引些湖州地面姓周的富家望族，问子富可曾会过面儿？子富说没有会过。策六遂把年长的认做伯叔，中年的认做弟兄，好似背了一本宗谱，说得甚是（时）热闹。子富听了，竟信他是个世家子弟，颇甚看重于他。

小莲见他们讲得投机，暗喜二人并了房间，从此每夜少了许多心事，因向策六插趣道："周大少，你天天回避二少，今天偏因回避着他，奇巧不巧的踏了一脚，避他不来，却结成了一个朋友，也是缘分。但你方才惊了二少，难道不替他压压惊么？"小莲这一句话，一半乃是戏言，一半要策六吃一台酒。策六正好乘机结识子富，焉有不听之理？遂含笑说："正要与他压惊，可马上替我喊个双台下去。"子富闻言，连称不必。策六连称叙叙何妨，立刻遂写请客票去请小龙、肖岑、灿光等那一班人作陪。移时人人俱到，只有小龙来了一张回条，说因事心领。策六不解何故，只得入席。子富自然坐了首位，余人挨次坐下。那台酒众人吃得甚是高兴，肖岑等更向子富献尽了多少殷勤。子富觉得策六这班朋友一个个蔼然可亲，心下更甚畅快。酒阑即便散席，子富、小莲要留策六稍坐，策六推说夜已深了，明日再叙，匆匆竟去。子富更喜他善体人情，没些酸意，真是一个花丛君子，此种人不可多得，不妨与他做个朋友，暗中已经着了道儿。

策六自从出了妓院，急寻小龙说知，已与子富晤面，并问他今夜怎的不来？小龙微笑道："今天我轻容易见得他么？你们尽管人人会面，我须留在后日再见，并要他先来拜我方可。"说罢，叫策六附耳过来，说了好一回话，令他从明天起如法办去。并叫他搬了一个上等客栈，借了一间官房，以便姓金的来往。策六依言，明日当真搬了个栈，晚间又到小莲院中与子富闲谈。子富那晚正要替小莲碰和，策六自愿坐了一股，恰碰了个没有输赢。和毕，子富与策六答席，策六固辞不获，也吃了一个双台，尽欢而散。自此策六每天与子富亲热，遇到碰和吃酒必在一处，知己万分。策六看他人殼多时，一日闲话之间说起，自己没有弟兄，万事少人扶助，要与子富换帖结个异姓金兰。子富满口允许，翌日竟先送了一个帖子过去，上写着如小兄金满堂名字，并三代履历。策六接到大喜，写了一个如小弟周节名字的假帖，连三代也是假的。又备了一件时花外国缎马褂料，一件漳缎袍料，两箱茶藏吕宋烟，一打三星勃兰地洋酒，连帖子一并送去。当晚又在小莲处请了一个双台，藉叙谱谊，喜得子富乐不可支，那交情又深了一层。

小龙见时候到了，关照策六举事。策六遂拣了一个日子，在番菜馆特请小龙赴宴，央子富前去作陪，说这位花笑翁是从奉天下来办矿务的。小龙这日故意装出许多架子，一到番菜馆，大模大样的便呼点菜，不甚去理会子富。吃完了只说有事，匆匆便去，也不与子富招呼。子富是个爱人奉承，怕人冷淡的人，心上未免有些不甚自然。策六觉得，与他说道："子富哥不可生气，这位花笑翁并不是奚落着你，因他天生的直爽脾气，见了人不会客套，其实却是一个好人，与我也是生死至交。此回奉天办矿乃是官督民办，姓花的是个巨商，下了三十多万银子，股本尚嫌不够，故至上海招股。亏他手面阔绰，不到一两个月，听说已招上十多万了。我也搭上五股，每股一千银子，已经交了三千，尚有二千，一时不便没有付去。今天故此请他到来，一则当面宽个日期，候我家下寄来；二则股本交齐之后，想托他就在局中谋个现成差使。蒙他一口应许，派了个驻沪采办事宜。你想此人爽也不爽？"子富沉思道："中国的矿务，无论官办民办，往往半途而废，利少害多。你是个很聪明的，为甚下这股本？"策六摇头道："古语说：'事在人为'，若不是姓花的靠托得住，我怎肯附本下去？况且你不知道，开采的这一个矿，非煤非铁非锡非铅非铜非银，乃是最好的一座金矿，周围二百多里，共有矿苗无数。姓花的曾与矿师一同往勘，带了几块矿石出来，一块块内含金质，见了真个令人诧异，将来那有不能起色的道理？虽蒙有心关会，这是你疑心错了。"子富始不复再言，当下各自散去。

隔了三日无话，第四日策六忽向子富说家中银款未来，要与他暂借二千银子筹解矿本，三日即还。子富正在犹豫，忽然来个长随模样的人，说是新马路花公馆来的，手中拿着一张花秩的名片，说："主人今日接到奉天电报，有要事商量，请爷快去。"策六接了名片，回说立刻就来，竟把借银之事打断，别了子富便行。子富不知为了何事，且自由他。等到上灯将近，策六笑容可掬的又寻子富说道："今天我有一件巧事，特来找你商议。"子富问他何事，策六道："我早上不是因家信不到，要问你借二千两银子，后因花公馆来了个人叫我快去，没有说么？即刻家中已到了信了，并汇有五千两银子出来，足敷应用，不必再借。谁知花笑翁接到奉天电报，催他日内赶办矿工中应用各物，需银一万左右。笑翁因所招矿股俱已汇往奉天，手头并没存留，只有自己的四五千盘川在申，一时够不上数，故要与我商量。那时我这封家信尚未接到，只得免强敷衍，约他明日回话。如今有了银子，恰恰是五千之数，除将二千解去股本，尚有三千，何不由你出面暂借与他？一来可以取他拆息；二则将来开工之日，又可向他要个挂名差使，每月弄他一百八十块钱，一人一半作为零用，也不枉我二人结交一场，有福同享。不知你意下如何？"

子富是个向在上海的人，久闻上海有等翻戏借着开矿或设立公司、同创店业、代谋荐事一切诱人入阱，虽与策六换了盟帖，十分要好，究竟为日未多，并非老友，早间问他借银，不免暗地提防着他，所以一时未允。今闻策六有了银子，不要借了，并且尚有三千要他出面借与花姓，取他利钱，日后更可谋个差使，每月领取薪银，自己不必拿出一个钱来，这种举动觉得有利无害，断不是翻戏作为，故此一口应许。策六满心欢喜，约定明早同坐马车往拜小龙；并将五千两银子即期汇票亲手交与子富，央他到票号领银，分作三千一票，二千一票，二千的藏在自己身边交作股本，三千的由子富收下，交与小龙作为借款。子富见了汇票，心上愈信姓周的真是有钱，一句不打诓话，当下遂把此票收起。翌日当真向票号里划作三千一票、二千一票，等候策六到来，将二千的交代与他，三千的自己袋起，即呼马夫配好马车，一同前住。

到得公馆门首，策六叫马夫至门上通报。少顷开门迎接入内，却不见姓花的出来。子富暗想他架子好大。只见来了一个家丁，向策六弯了弯腰，说："主人现在客厅会客，请周少爷与金老爷书房稍坐。"策六道："会的是那个客人？"家丁道："是四川来的何大人，将快去了。"策六点头，遂令他在前引道，与子富步入书房。子富见屋中收拾得异常华丽，那书房更是精致。家丁伺候二人坐下，即有值茶的送上茶来。子富看了他这等排衙，暗诧差不多些的官场尚没这样阔绰，私问策六："姓花的如此有钱，可知他有甚功名没有？"策六笑道："目今有钱的人，那个不有些前程？何况笑翁办了矿务，天天与官场往来。他功名是浙江候补道，乃是我们的老公祖，不过没做现任罢了。"子富听他是个道台，心中愈觉钦敬着他。

不移时，隐隐听得喊过一声"送客"，小龙衣冠济楚的走将进来，头戴明蓝顶花翎大帽，身穿荐衣马褂，足登薄底时式京靴。一进书房向子富拱了拱手，策六点了点头，口中说声"放肆"，便呼家丁进内伺候。更过便衣，始又与子富将手略拱道："足下甚是面熟，记不起那里会过？"策六代答道："这就是金子翁，那天我番菜馆请客，有子翁在座，你怎一时想不起了？"小龙道："一些不错，曾在席上会过。恕我记性不佳，真是冒昧得很。不知今日枉驾，有何贵务见教？"策六附耳把来意说知，并将自己的二千银票先自付上，又叫子富把票子取出，双手递与小龙。小龙接票在手，说："股银自当收取，这三千两借款，方才四川有人到来，知道将有五万银子汇申，大约一礼拜内必到，这便怎样？"策六假意呆了一呆，又与他耳语数回，小龙方将银票收下，对子富道："承蒙子翁见信，只得暂存敝处。一俟四川银子到申，即当奉赵，不论十天八天，当奉一月子金。至于差使一节，局中人浮于事，实已无可位置。幸喜足下在申日久，各洋行中必有至亲好友，兄弟的愚见，往后倘有购办机件等物，拟托子翁经手，不支薪水只取佣金，不知子翁意下如何？"子富听要叫他购办机器各物，深喜胞兄子多现为洋行买办，最是合宜，不觉笑逐颜开，连称：如蒙委托，敢不效劳，甚是欢喜。策六从旁代谢栽培。小龙既将银子收下，亲手出了一纸借条，交与策六转交子富。策六说："何须如此？"小龙道："大丈夫银钱之上最要分明，收了银子，那有不出借条之理？将来四川汇款到申，还了原银，即将此条还我便了。"策六始依言收下，交与子富藏在身旁，便要起身告辞。小龙问二人："午后可得空闲？我们约个地方夜膳，晚上同到张园看放潮州焰火。听说这焰火制得甚好，我还没有见过。目今天已凉了，今夜放过之后，必须明年再放，可肯陪我瞧瞧？刀策六道："张园的焰火共有徽州、潮州、东莞、本地四种，内中以潮州，东莞两种最为出色。笑翁有兴往观，弟等当得奉陪，停刻在广福里潘小莲处恭候可好？"小龙立起身来道："如此最妙。"家丁们便喊送客，二人兴辞出外，小龙送至大门口方回。

策六与子富上了马车，途中问他："你瞧花笑侬这一个人究竟可好？"子富道："此人真甚光明磊落，再好没有。"策六笑道："你当初可是错疑了他。"子富道："实是疑心错的，只因上海地方良莠不齐，一时难别所致。"策六道："久闻上海有等做翻戏的，最会妆神弄鬼，人家一时瞧不出来。难怪你动了疑心，提醒着我，这才像个知己弟兄。以后你有甚犯疑之处，尽管与我说知，大家小心为妙。"子富道："那个自然，但花笑侬既是正人君子，此后可以不必防他。"二人沿途叙话。马夫问到那里停车，子富叫他到一品香，请策六吃了中饭。大家闲着无事，便到广福里去与小莲并娘姨宝姐叉小麻雀，等侯小龙。直等到八圈叉毕，红日已西，方才到来，坐也没有坐定，便请二人到新开番菜馆三台阁去。子富意欲就在小莲院中摆台花酒请他，小龙那里肯依。策六道："花笑翁素来说一是一，最是爽快。他既有心请着我们，真是恭敬不如从命。"遂一手拉了子富往外便走，并分付自己马夫与小龙的马夫，叫他们将车放到望平街去停着，并不乘坐，步行到三台阁用过夜膳，方始上车，风驰电掣的往张家花园而去。

见园门挂着几盏红灯，有人在空地上摆着两张桌子，招呼进去的人买票，并有巡捕看门。小龙叫家丁买了票子，马夫扬鞭进园，至安垲地门外停轮。三人下车入内，只见游人如鲫，多在草地上泡茶，洋房内甚是寥寥。三人也想在草地上拣张桌子，却已坐得满满的了。园丁见有人吃茶，在洋房内端了一张外国茶台，三把外国藤椅出来，放在太湖石畔。子富嫌他太远，园丁道；"看放焰火远些的好，近了怕有火星坠下。"小龙点头称是。三人遂坐将下去，园丁泡上茶来。策六见时候尚早，让花、金二人叙话，自己走至各处闲玩。见老洋房外荷花池畔草地之上，新近高高的搭起一座木架，架上有一条自行船，有人上船乘坐，收取小洋二角。那船转动机关，自高而下，恍如努箭离弦，直泻入荷花池内，溅得满池水沸，与当年飞龙岛一般迅速。不过飞龙岛乃在陆地，这船却在水边，胆小些的不敢试他，看的人却围着不少。策六闲立片时，绕过荷花池，到弹子房内看人打了几盘大弹，又到对面一个东洋茶篷里闲看一回。要想再往海天胜处看今晚可串髦儿戏没有，但听得耳边起阵花炮之声，知在那里放焰火了。急忙回至安垲地去，早已放去几个花筒，一套三星献瑞，一套水漫金山。子富问他那里去了这许多时候，策六说："遇见两个好友，在弹子房打了三盘弹子，输了一个大菜东道，故而耽阁久了。"小龙怪他打甚弹子，还是焰火好看，子富也说今夜的焰火果然甚好。其时架上放的是第三套唐玄宗游月宫。接下第四套是郭子仪上寿，火光里七子八婿，一对对的在那里拜跪，看的人齐声喝采。第五套非洲战事，兵船上炮火轰天，放的多是花筒月炮，更甚热闹。第六套是座宝塔，从平地起约有四五丈高，凡一十八层，一层层塔檐之上燃着无数明火，无数左旋右转的太极图，塔心更有红绿毫光放出，照耀得满园澈亮，真是大观。众人正在看得高兴，不防塔尖置着许多九龙，一条条射将出来，初时直入云霄，未几便火星乱迸，坠下地来。坐得近些的人怕他坠在身上，纷纷往后乱退。那时人丛中忽然挤出一个人来，与小龙招呼。小龙直立起来，叫了一声"煦翁"，请他下坐。子富、策六见了也多立起身来。有分教：

　　漫天布下迷龙阵，蓦地相逢缚虎人。

欲知来者是谁，见了小龙何事，再看下回分解。

第十四回

大资本一块金砖　小输赢两张汇票

话说花小龙、周策六、金子富在张园安垲地洋房外草地之上看放潮州焰火，看到那座宝塔高矗云霄，乃是第末套了。塔尖之上放出无数九龙，一条条飞入半空，甚是好瞧。少顷纷纷坠下地来，看的人恐防落在身上，大家退避不迭。小龙等幸听园丁关照，坐得稍远，并没要紧。这时候却从人丛中挤出一个人来，与小龙招呼。小龙一见，叫了一声"煦翁"，站起身来，把自己的交椅让与他坐。周、金二人因也立了起来。金子富细看此人，年约五十上下，已有微须，身躯甚是肥胖，脸上戴着副又大又圆的茶晶眼镜，身上穿的衣服也甚宽腰阔袖，足登厚底镶鞋，像是个外路来的，那举止甚是傲慢。小龙将交椅让与他坐，他竟一屁股坐了下来，问小龙几人同来，小龙向周、金二人一指说："共是三人，这位是周竹翁，这位是金子翁。"那人向策六一望，说："贵姓是周？"又与子富说："贵姓是金？"二人答称正是，还问那人上姓。小龙代答道："这位就是四川来的何观察何煦仁翁，你们没有会过。"子富方知早上在花公馆拜客的那个何大人即是此人，且听他们说些什么。

只闻何煦仁问花小龙道："笑翁看了焰火，可是回公馆去，还是有甚应酬？"小龙道："今夜并没应酬，煦翁可有？"煦仁道："那就好了。我昨晚在兆富里闻樨香家点了台菜，尚没客人。笑翁既然得暇，可肯一同前去？"小龙道："承蒙煦翁见招，那有不去之理？但尚有两个敝友同行，可否缓刻即来？"煦仁道："就是这周、金二翁么？何不大家同去一叙。"周、金二人连声道谢。煦仁道：这台酒乃是逢场作戏，并非有心请二位的，有甚作客？只要有了四人，我们便可吃个方台，不请别客，岂不甚好？"子富尚要推辞，小龙在他衣袖之上轻轻的扯了一把，同至一株柳树底下，低低说道："这个何煦仁便是早间到公馆里来拜我的江苏候补道，原籍四川人氏，为人甚是豪爽，没点子官场脾气，择友却甚谨慎，从不肯轻易结交。今天请你二人饮酒，是他格外看重你们，不可失了兴致。况且此人现在谋着一件购办军装的差使，今天早上与我说起，已有七八分了。子翁结识了他，倘他差使到手，以后兜他二三十万银子的军装生意，那佣钱甚是可观，岂可当面错过？你想是也不是？"子富听煦仁谋着军装差使，子多行内向做军装，日后兜得到这宗生意，真是大有出息可图，更落得结识一个贵人，说不定尚有别事可为，故而当下满口允许。小龙大喜，遂与他回至草地，见了煦仁道："金子翁已愿奉陪你了，周竹翁是向来无可无不可的，大约也一定不致失兴。"策六道："笑翁、子翁既然同去，又承煦翁错爱，敢不遵命？"煦仁含笑起身道："本来吃台花酒，客气甚的？我们说去就去，大家走罢。"

此时园中焰火本已放毕，游人一哄散去。策六呼园丁付给茶资，小龙早已给讫的了。四人遂出了张园，同上马车到兆富里闻樨香家饮酒。煦仁当真不请别客，席上边谈谈讲讲。子富见他起初虽似高不可攀，后来甚是有说有笑，觉得与姓花的举止略同，俱是世故深沉，不肯遇了生人便觉一见如故，真乃有些身分，暗中甚是钦佩二人。因此这一台酒饮得甚为欢洽，直至二点多钟始散。翌日，策六在小莲院中备席，答请煦仁，仍请子富、小龙作陪。第三日子富答请，也在小莲院内。第四日是小龙的主人，在公馆中备了一席盛筵，特请煦仁、子富二人，邀策六、肖岑、灿光等作陪。一连数日徘徊，众人把金子富牢牢盘住，寸步不离，莫说别的朋友每天不令作伴，连嫡嫡亲亲的胞兄金子多也好几天没有会面。

子多有些诧异，一日乃是礼拜，亲到小莲院中寻见了他，问他这几天为甚事情，弟兄数日不见。子富说新近结识了两个朋友，一个是浙江候补道花笑侬，现办奉天矿务，一个是江苏候补道何煦仁，现在省中谋干军装差使，将次到手。他二人与我十分投契，说不定即日有购办机器，军装之事我经买，很可大大的赚注佣钱，故而没有工夫。子多微想一想道："他二人的公馆住在什么地方？与你怎样认识起的？"子富道："花笑侬的公馆在新马路，何煦仁在山家园，局面俱甚阔绰。若问与他怎样相识，何煦仁是花笑侬的好友，花笑侬是周竹一的好友，我与竹一新近换帖，故此认识。"子多道："那周竹一是何等样人？你与他换起帖来。"子富道："竹一是湖州人，颇有家私，为人最是和霭，也做潘小莲的，天天常在这里。不信你问小莲。"子多道："不是我再三盘你，只因上海坏人甚多，交友一道稍涉大意，最易入人圈套，故愿你凡事谨慎为是。"子富笑道:"你的说话我明白了,无非防着他们或是翻戏一流。起初我也甚是留心,现今却不疑他了。"遂把姓周的有银子三千,交代自己借与矿局,由姓花的出立借条之事说知,并言此条刻在我处,姓周的当我是正人君子,这样肝胆相托,我怎当他是个小人,疑什么心?子多本来也是个利欲薰心的人,听了这番言语,也觉照此想来,果与子富有益无损,况且子富兜到军装、机器,必在自己行中购买,正是个绝大发财机会,遂也满心快活起来。暗思子富得遇贵人,真是有幸,并不再去盘诘于他。

其时只听楼下相帮喊了一声:"客人上来!"子富料是姓周的到了,正好与子多会个面儿。谁知上来的乃是煦仁,一进房便问小莲:"周大少可在这里?"小莲说:"已经来过,现在出外去了。"煦仁道:"可知他是那里去的?"子富代答道:"他去找花笑翁说话的,马上就来。煦翁可要略坐等他?"煦仁道:"等他也好。"始在烟炕上坐将下去。看见子多在旁,动问子富:"此位是谁?"子富道:"这是家兄。"子富又向子多说:"这就是何观察何煦翁。"煦仁道:"原来就是令兄,恕我两目近视,进来时没有招呼。"金氏弟兄同称好说。煦仁又向子富问道:"令兄不是在那一家洋行里头做买办么?本来我正要同你前去会他。前天说的军装差使,昨儿已下了札了,有张军装单子要烦令兄议个价码。今天恰好会面,正是再巧没有。但不知这洋行是甚行名?"子多道:"敝洋东名唤麦南,行名也是麦南。何观察需甚军装,这单子今天可在身旁?可否取出一观?"煦仁道:"单子没有带来,军装尚还记得,乃后膛枪一千支,号衣裤一千套,并炮子、枪子、号旗、号鼓、号筒各物,未知贵行可能代办,价值可否比众便宜?"子多道:"倘蒙观察照顾,敝行定当格外克己。明天请将单子交与舍弟可好?"煦仁含笑道:"交与令弟很好,但将来买成之后,兄弟处怎样讲句话儿?"子多道:"观察有甚分付,可与舍弟说知,敝行自当遵办。"煦仁把头一点说:"明天一准把单子交来。"子多尚要问他此项军装办来何用,解到那里交纳,忽见娘姨宝姐送上一张请客票来,乃是花笑侬请子富到公阳里罗云秋家碰和,写明竹一已到,叫子富代邀煦仁,立候入局。煦仁道:"我正因忘了罗云秋的名字,才到这里寻竹一的。既然竹一先已去了,我们就此走罢。"子富道:"就去甚好。"子多见二人起身要行,不便讲话,只得向煦仁告辞说:"缓天当与舍弟至公馆拜访,细谈一切。"煦仁说了一声"请"字,三个人一同下楼,出了广福里。子多回去,子富、煦仁到公阳里与小龙、策六碰了场和。子富仍回广福里去,住在小莲院中。

　　煦仁与策六使个眼色，同至小龙家内，把方才在小莲处遇见子多之事告知，说："此人久在洋行，必定精明练达，不比子富是个纨袴。今日虽被我把购办军装之事诳住了他，只可诳得一时，倘再日子多了，恐怕有些不便，急宜下手为是，因此特与你们商议。"小龙闻言，含笑答道："本来这几天很可下得手了，只因金子富这个空子要想多弄他一二万银子，我们各人资本太小，弄不到他，所以定下一个障眼妙法，打造一件东西，一时没有打好，才被他缓了下来。今天这东西已经好了，明天便可动手，你们可要瞧瞧？"煦仁道："是甚东西，我们见过没有？"小龙道："你们谅还没有见过。"说罢，叫二人在书房暂坐，自己走至楼上卧房之内，拿下一只小铁匣来，约有一尺见方，放在桌上甚是沉重。打开匣盖，只见金光耀目，乃是八寸长三寸厚的一块千叶金砖，一层层多是金箔裹成，拿在手中约有三百两左右金子，算他每两易银三十五换，共值银一万余两。二人呆了一呆，道："此砖怎样使用？"小龙道："此砖表面看来纯是金叶，其实只有外层的二十多两乃是真金，里面却是铅质，那个看得出来？金子富是个有钱之人，寻常一千二千银子未必在他眼内，假票子假宝石等物又哄不得他，只有这件东西乃是见所未见，看了一定动心。一动心必下重注，才能引得他兴会起来。兴会一起之后，我与他合做上风，他仗着稍长胆大，那有不肯之理？彼时给他个斩关手段，怕他不倒箧倾囊？但我虽然有了这块金砖，又有二三千现银下本，你二人尚手无寸刃，怎样杀得来人？也须想个法儿才好。"

　　二人听罢，暗佩小龙真有心计，又被他提起自己不持寸铁，何能与姓金的对垒交锋？多要问小龙借本。小龙对煦仁道："你只要有了几百两银子已经够了，一则局面阔绰，姓金的信得过你；二则动手之时，扮的乃是赢客，何愁没有本钱？只有策六住在栈房里头，姓金的虽是知道有钱，那钱不在上海。前几天汇来的五千银子，二千解了股本，三千托姓金的借给我了，如今再有什么大票银子在手？必须装点得有些意思，方才没有破绽，否则姓金的岂不动疑？那疑心使他动得的么？"策六沉思半晌道："这却如何是好？"小龙将他瞧了一眼道："看你甚是聪明，这一点子过门怎的想不出来？你托姓金的借给我三千银子，我不能把这三千银子还与姓金的，转还你么？那时你有了银子，不但姓金的决不疑你，并且还深信我说一是一，借票上写着半月即还，果然并没过期。况且他更晓得这笔银子乃是四川汇下来的，先前说过共有五万，动手时必更看想着我。你想当初借银的法儿使得好么？"策六闻言，佩服得五体投地，煦仁也连赞妙算不已。小龙遂约定明晚举事，就借还姓金的三千两银子为由，叫策六请子富在三台阁番菜馆会面。还好银子，煦仁出面邀众人至兆富里闻樨香家饮酒入局，并邀肖岑、灿光同扮搭客。除去煦仁不必输钱，其余各人不论多寡，必得输掉些些。二人唯唯答应，当晚各自散归。

明日，小龙备了一个"即晚六句钟番酌候光，假座三台阁"的帖子，叫人下到子富那边。子富给了一张回片，说定晚间准到，却不知为了何事，急寻策六问他。策六说："不多时也有请帖到来，问过下帖之人，据说没有事情，请的况只你我二人，并无别客。大约为了矿局内机器之事，急须购买，故欲与我二人斟酌也未可知，否则那得没有别人？"子富点头道："此话有些意思，停回我们早些同去。"策六道："同去甚好，此刻闲着无事，何不先到山家园拜访煦仁，他不说今天有张军装单子交代你么？交代了好去寻找令兄商议价目，顺便问问他机器行情。停刻姓花的谈起之时，岂不有些把握？"子富赞他说得有理，遂唤马夫配好车子，双双上车同到何公馆去。谁知煦仁拜客去了，没有会面，走了个空。子富要先找子多，问他机器，策六说："没拿到军装单子，何苦寻他？我们还是广福里去坐一回儿。晚上见了笑侬，看他要买那些机器，明儿寻见煦仁，取到单子，再寻令兄不迟。"子富始分付马夫将车放到广福里去。二人在潘小莲房内谈了回心，天已黑了。策六叫子富先差马夫到三台阁去，看新马路花公馆内的花大人来了没有？少顷马夫回说："姓花的到已多时。"二人遂一同前往。

见了小龙，闲谈数语。点好了菜，策六便问："今日相招有何见谕？可是奉天又来电催办机器？"小龙道："奉天这几日并无电报，机器虽须购办，怎奈连日事冗，大约明后天必须有烦二位。今天因何观察在四川汇下来的五万银款已经到了，前承金子翁见信，借与敝局三千银子，本约半月即归，故邀二位到此，请将此款收回。"说罢，在衣袋内摸出一大卷钞票，一百两银子一张的也有，五十两银子一张的也有，共是三千零三十两银子，双手交与策六点过了数，转交子富，说："三千乃是本银，三十两乃是拆息。"子富目视策六，口中连说："笑翁为甚这样要紧？"策六暗暗使个眼色，道："花笑翁最是说一是一，他道半月即归，怎肯过期？富弟你收下罢。但这三十两银子拆息，笑翁未免太客气了。"小龙道："这是有言在先的事，有甚客气？不过我尚有一张借条，未知子翁可在身旁？"子富道："不知笑翁还银，没有带得，待我取去。"小龙止住他道："彼此多是君子，明日还我何妨？我们请用菜罢。"遂呼侍者起菜，每人吃了盆汤。

只见门外闯进一个人来，说："你们原来在此，累我叫马夫寻得够了。"小龙等见进来的乃是煦仁，大家起身招呼，问他从何至此，并呼侍者添了一副杯叉，请他点菜。煦仁笑道："菜可不必点了，我因今夜闻樨香那边又有台酒，要请你们吃去。只道你们在广福里，差马夫去请，据说已经出去了的，又差到公阳里罗秋云家寻找，秋云说今天你们没有去过。弄得我发躁起来，亲到广福里盘问小莲：究竟你们现在何处？才晓得多在这里。不知吃过几道菜了，吃完了我们同去如何？"小龙道："同去有何不可？你须先在此间随意点几骰菜，用毕大家同往。否则我们尚有三四道菜，怎等得及？"煦仁皱眉道："怎的，尚有这许多菜么？既然如此，我陪你们吃些也好。"遂点了一客杏仁茶，一客荷花雀，一客樱桃梨，多是些吃不饱的。席间策六说起："今天曾与子富到公馆拜候过你。"煦仁道声"失迎"，又说："今天因四川汇有银子到申，午后到花笑翁那边去了，故而不在公馆。不知二位到寓，可有事情？"子富道："一来与观察请安，二来请问观察那张军装单子。"煦仁道："你们要瞧这单子么？昨天原与金子翁说，此事拜托他的，今天省里头又来了一角公事，尚须添改一切，叫我将原单缴回，当俟添改好了一同购办。大约尚有数天耽搁，将来定须费心子翁昆仲，决不再向别家购买是了。"小龙道："托了子翁昆仲，本来狠靠得住，我也要托他们购办局中机器各物，真是万妥万当。"煦仁道："怎么说，你局中的机器至今尚未办么？这倒要赶紧些了，不要误事。"小龙连声道是。语次，煦仁连催侍者快些上菜，菜毕之后连加非茶多没有喝，促令小龙签好了字，大家一同出门，取道闻樨香家而去。

到得院中，见房间内门帘下着，煦仁认做有了客人，站住了脚，面色顿时改变起来。樨香笑道："房里的人难道你不认得么？还不快些进去，蓝大少、包大少等得你不耐烦了。人家请客吃酒，只有主人等客，那有客等主人的道理？"煦仁始知是肖岑、灿光，放下了心，与众人一拥入房。蓝、包二人见了煦仁，问他为甚此刻才来？煦仁把到三台阁找寻子富等三人之事说知，回头与樨香说："客已齐了。"樨香即呼相帮进房摆好台面，请众人入席。煦仁要各人多叫几个堂唱热闹些儿，遂每人叫的多是双局，小龙更叫了四个，煦仁自己也是四个。这一席酒吃得分外起兴，从十点钟入座，至十二点钟未散。

煦仁似乎有些酒意，要与小龙赌起钱来。小龙也像有些醉了，问他怎样赌法？煦仁说："摇摊最是爽快，可惜没有骰子、摇缸。"小龙道："摇摊没有骰子，推场牌九可好？骨牌谅必有的。"煦仁问房间里娘姨、大姐可有骨牌，一个老娘姨说："三十二张的没有，倘要挖花牌却是现成，拣他一副出来可好？"小龙道："拣出来岂不一样，待我来先做上风。"煦仁止住他道："挖花牌里拣出来的这牌，一定七大八小容易记认，怎做输赢？倒不如拿出几个钱来，我来顽场抓摊，你们随意猜打，不论一块、两块、三十、二十块钱，俱可下注，没有封门，你想好么？"小龙道："没封门，你端整着多少本钱？"煦仁微笑道："一千八百块钱谅还输得，不知够了没有？"小龙道："你有一千八百块钱可输，人家身旁没带现洋，这便怎样？"煦仁道："不带现洋，小些也好。"小龙在身畔一掏，掏出一个洋纸信封，内中袋着封信，两张苏州来的汇票，每张多是一千两银子，问煦仁："这可够么？"煦仁将票子一瞧，道："你说没带现银，这是那里来的？"小龙戏道："这是汇票，不是现银。"煦仁笑道："汇票现银有甚分别？可惜你这两张票子不拿出来便罢，拿出来要姓我的何了，休想袋着回去。"小龙也笑答道："那是说不定的，我与你何妨试上一试。"煦仁笑逐颜开的道："试试甚好。"立刻遂唤房间里把台面收去，摆开桌子，叫娘姨把跟去那个当差的唤上楼来，问他身畔可有现钱？那当差伸手在衣袋内一摸，摸出一把钱来，数一数只有十多个青钱，其余多是当十铜元。尚嫌不够，又问榇香取了几十个钱，一只茶杯，一只牙筷，更把烟盘内那只刻磁的小烟盘儿当做宝匣，将钱放在里面，用茶杯向上一罩，坐下做庄。小龙忽说两人对赌像甚样儿，要把煦仁放生。煦仁发起急来，叫策六与肖岑等也随意打些助助兴致。肖岑说身边只有几十块钱，并没多带。灿光也说只有二十多块现洋，三十块钱钞票。策六向子富一望，与他走至外房，在三千零三十两内问他取了三十两银子钞票，说余下的仍旧放在你处，倘然你也有兴，不妨多少打些，试试财气如何。子富口中唯唯，心中见他们忽然聚赌，虽是酒后高兴，究防着有甚圈套，故而跟着策六进房，站在他的背后闲看，不敢下注。煦仁见了，问他可要打几下顽顽，子富只说未带现洋。煦仁并不再问，当下开起手来。煦仁一连输了二百多块洋钱，这庄不要做了。因小龙赢得最多，叫他接下去做。小龙依言坐了下去，谁知也是瘟庄，那摊路被人摸得甚是清楚，不多时已输了三百多块。

策六暗暗埋怨子富："这样好打的庄风，为甚不肯出手？看着人家赢钱。不瞧我三十两银子本钱，已变成一百多了。"子富此时看他们果然一无弊病，又因喝了些酒，瞧着人家个个赢钱，不免有些眼红，渐渐心热起来，跟策六打了一记五十两银子的青龙单甩。小龙见子富动手，顿时欢喜道："金子翁本来说甚没钱，方才还你的三千两那里去了？直到此时下手。"煦仁道："怎么说？子翁把银子放在身畔不肯打么？虽然上海地面良莠不齐，逢到赌局小心为是，不要遇见什么翻戏，受人做弄。其实我们这几个人疑心甚的？这是你太把细了。"子富被二人你言我语，咬定他有三千银两在身，又说不出这是姓周的银子，只得微笑说："并非把细，实因输不甚起，故此不敢动手。"煦仁尚欲有言，小龙道："不要说了，大家来做记输赢。"说罢，把摊盆揭开，用牙筷将钱照例四文一数，共是二十文，恰是青龙，又是小龙输的。小龙摇了摇头，将银配过，重新再做，子富与众人再打。那消一刻多时，小龙的二千银子两张汇票输了一个罄尽。子富不知不觉竟赢了一千五百多两。煦仁除去做庄上输的翻转之外，也赢了八九百两。其余的人个个输钱，连策六也除掉赢钱，输去一百多两。皆因台面上子富、煦仁打得最大，余人俱只十两、八两，庄家每每吃小配大，以致只有二人赢钱。

小龙既将汇票输去，立起身来散局，口内自言自语，怪着这一场钱乃是酒后高兴出来的事，赌得没有交代。又对何煦仁道："你爱顽钱，我们缓天不妨再顽一场，索性大家多带些钱，做个输赢。"煦仁道："只要你约定地方，断无不来之理。"煦仁向着子富一望，道："当真再叙一场，不知子翁可到？"子富是个赢家，怎好回他不来？答称一定奉陪。小龙又问策六、肖岑、灿光三人，也说一准俱到。小龙大喜说："明后天择定地方，再当关照。"即呼房间里把赌具收去，当差拿出来的那几个钱交还当差，余下的自有娘姨收拾。煦仁开消了榠香一百洋钱头钱，这晚并不回家。小龙、肖岑、灿光先后辞别出外。策六乃与子富一部马车来的，自然一同回去。子富要把小龙交他的三千两银子付与策六，邀他到潘小莲家略坐。策六因夜已深了，说这银子何妨权寄一夜，明日来取。到得广福里之后，不肯进去，跳下马车独自回栈。子富无意中赢了这许多银两，虽然本是个有钱之人，究竟银子愈多愈妙，得着了这次甜头，那得不财迷心窍，上起那班赌棍的钩来。正是：

　　　　鱼已吞钩难摆尾，象因有齿致焚身。

要知金子富怎样受害，这班赌棍弄到了钱怎样结局，再看下回分解。

第十五回

金子富一败涂地　周策六满载还乡

话说花小龙与何煦仁、周策六等定下诱兵之计，在闻樨香家赌了一场抓摊，金子富赢了一千五百多两银子。散局之后，子富要邀策六到潘小莲处略坐，把小龙交下来的三千两钞票给他。策六推说夜深不便，明日再取，跳下马车不肯进内，独自回栈。子富只道他当真回去了，谁知他走到宝善街上，唤了部东洋车，如飞的往新马路去寻找小龙，商量第二次下手事情。

只见煦仁、肖岑、灿光等大家多在那边，看见策六进来，问他姓金的路上可有说话，策六道："一句没有，不过要把三千两钞票给我。我说夜深不便，寄在他处，明日再拿，故而没有取还。"小龙点头道："不取最好，使他明天自己送来，越见你信得过他，自然他更能信得过你。"策六道："疑心是看来没有的了，但不知你下一场几时动手？"小龙道："这是什么事情，怎能够拖得日子？明天就要动的。"策六道："可在公阳里罗秋云家？"小龙摇头道："若是一千八百块钱，堂子里尚还可以做得，输赢多了，只能在公馆聚局。一来外边太觉招摇，二则日后倘有不测，堂子里乃是局赌，公馆里可以算得书房赌的。局赌与书房赌不同，即使闹出事来，也觉立得够些。"众人齐声道是。策六又问："明儿怎样一个赌法？"小龙道："今天赌的抓摊，明儿自然仍旧，不必再换牌骰。但姓金的久居上海，并不是新到客帮，却须步步留神，不可被他看出破绽。本来我想把金砖与他看了，合他共做上风，拿得稳，没些痕迹露出。现想你们做下风的俱没巨资，如何下得重注？反觉少了敌手。所以我制下一副夹钱，等到动手的时候，要他与你合做上风，不是他得八成，你搭二成，便是他占七成，你得三成。那摊须他一人独做，我做下风重打。你只在旁帮花，于开宝时检点钱数，共是几文，喝报进出青白，依注收赔银子。瞧着我们外间愈打愈大，你该与他商量，叫他做记进宝或是出宝。等到揭开的时候，你把牙筷留心在夹钱合笋之处挑他一下，那钱顿时化作两文，变作非青即白。他怎晓得其中变化？还认做匆忙之际数错了钱，一定自己恨着自己，这银子却已输得不得了了。够赔由他尽赔，不够赔逼他出立借据，我来借银与他。那时你再把他抱怨一场，就此散局送他回去，我们等你回来劈帐。劈好了帐尚有说话嘱你，且等临时再讲，怕他输掉了钱寻到那个。”

策六道：“夹钱怎样挑得他开？即刻樨香那边可有此钱在内？”小龙道：“樨香那边乃是煦仁使的飞钱，内有几个钱极薄，可以用手法飞得开来。所以我二人做庄，只拣打着重注的人一定使他赢钱，乃是暗中飞动之故。这手法甚是不易，并非一朝一夕之功，只有我与煦仁可以使得。夹钱虽然也要手法，却比飞钱容易，待我今夜教你。”说罢，起身走至一个红木书橱半边，开了橱门，伸手向抽斗内取出一包钱来，一共五十多文，顺治、康熙、乾隆、嘉庆、道光、咸丰、同治、光绪多有，夹着元通、宽永等几个光背黑钱，对策六说：“你先瞧瞧，那几个乃是夹的，可能瞧得出来？”策六一个个拿在手中，看了又看，一些看他不出。小龙又在抽斗内取出一只银镶筷来，轻轻的在一个宽永钱上一挑，果然又化出了一个钱来。策六等俱呼奇怪。肖岑认做光背的多是夹钱，向小龙手中取了筷儿逐个去挑，那能挑得开来？小龙含笑说道：“天下那有这样刻板文字，只拣光背的制着夹钱？”接过他的筷子，又挑了一个康熙钱出来。策六讶道：“怎样的乃是夹钱？如何一挑便挑得开来？”小龙道：“薄的乃是夹钱，最易认识。若问怎样挑得开来？两钱粘合的背面，微用铁屑粘成，这支银镶筷内镶有磁石，所以一挑便开。借着磁石的吸力，说穿了其实没甚奥妙。但恐挑动时手法不灵，说不定连下一钱也翻动起来，人家看见岂不败事？这还有个遮眼法儿。至于也有人说可以不用铁屑，无须磁石，也能粘合，也能挑动的话，这却机变百出，问他们不肯实说，不知真否有这套钱，有这手法？或是欺人之谈，在可信不可信之间了。”策六道：“怎么叫做遮眼法儿？学他可还容易？”小龙道：“遮眼法一些不难，只消挑钱的时候，口中吸着一支香烟或雪茄烟，浓浓的喷他一口，自然氤氤氲氲的散布台面，一时间看不出来。”策六抚掌道：“此法甚妙。”遂在小龙手中接过银镶筷子，拣薄钱挑了几个，也有一挑便开来的，也有连下一钱果然一齐翻动的，也有连挑两挑没有开的。小龙说他筷子拿得太直，教他带斜些儿。策六依言，又挑数个，比前略觉灵动。煦仁嫌他究有破绽，动手时必得先用遮眼法最妙。策六唯唯受教。小龙将钱收起，当晚尚须粘合，明夜应用。煦仁深赞小龙真有心计，制出这副钱来，比子龙在日真是跨灶。小龙谦逊几句，因见夜分已深，嘱众人不必回去，就在新马路住宿。

翌早，备了一张"即日申刻洁尊候光"的知单，把昨晚在樨香处同台面的那一班人一齐写上，下书"席设新马路本公馆"，叫煦仁等在单上各人签了一个到字，或是陪字，然后差人去请子富。子富写了"谨知"两字。小龙因这两个字写得甚活，来也可不来也可，防他不要昨夜赢到了钱，暗中参透众人作事，或被旁人提醒，今夜托故不来，那时偷鸡不着反而折了把米，岂不是桩话柄？故遣策六赶紧回栈，看子富可曾到过栈中，倘然遇见了他，千万用心盘住，怂恿他晚上到来，并令多带现银，若然没到过栈，遇他不见，必须四处找寻，切不可使他与外人作伴，免致功败垂成。策六连称晓得，马上叫了部洋车赶到栈中。一问子富已经来过，并在帐房中留下一张字条，说在三台阁番菜馆吃饭，请他快去，有话面谈。策六大喜，把字条在怀里一揣，如飞的跑到三台阁看他。

子富已经吃好大菜，一个人坐在洋台上闲望，一见策六到来，问他可曾用饭？策六说："今早起来，到下海浦候了一个朋友，有些小事，此刻才回，老实说尚没吃饭。"子富叫他点菜，策六点了客来路牛尾汤、烧拳鸡、纸煨鸽子、吉利虾、波罗饭，分付侍者快做，又叫子富陪他喝杯啤（皮）酒，再吃些菜。子富添了一客牛茶、一客生梨攀，二人对酌谈心。策六问子富："今天花笑侬可来请客？"子富道："已有知单来过，约在公馆里头。"策六问他去与不去，子富道："昨晚有约在先，怎能失他兴致？况且他输得很了，今夜总想翻些。"策六微笑道："你说他昨夜输得很么？此人向来好赌，听说他在奉天的时节，一夜输过三万多两银子。昨夜这点小数，怎在他的心上？今夜动起手来必然甚泼，我瞧他风头不好，说不定比昨夜还要多输几倍。我们不去便罢，若去必须多带银两，一人赢他几千，不可当面错过。好得他家资豪富，输掉些尽管不妨。"子富咋舌道："他在奉天输过三万多么？但他既有大负的日子，难道没有大胜的时候？今夜莫要盈千累万的大胜起来，我们还是少带银两为是。"策六"格支"一笑，道："你说姓花的有大输必有大赢么？这话果然甚是有理，但你不晓得，姓花的赌钱只有输胆，愈输愈是撒泼，赢了便不敢出手，所以断断胜不得人。我与他交情久了，深知他赌钱的脾气，停回你可放大了胆，与他见个高下。最好你做上风，我来搭些股分。只要庄风好些，包你姓花的一千八百两打将下来，若是庄风一低，至多只打一百八十，不信你可瞧着。姓蓝的与姓包的输赢本不甚大，姓何的虽然大些，看他昨天做庄输了二百块钱，便要让与人家，后来姓花的是个烂庄，并没重打，最多只有一二百两银子输赢，可知也不是个泼赌的人，我们惧他怎的。"

子富见他这番说话说得也甚近理，听在耳朵里头，那心坎上不觉有些发热起来。吃完大菜，邀他到泥城桥自己家中，把昨天小龙交下的三千两钞票点过数目，交与策六收了，又将借条检出，袋在身旁，以便停刻交还小龙。策六收下这三千钞票，含笑说："今天我就把这三千银子要赢他九千回去，博一个利市三倍。你若有九千带去，包你有二三万银子带回。"子富道："九千不太多么？究竟我们偶然戏赌，不可输赢过巨。我想也带三千可好？"策六道："姓花沟是个有钱之人，不赢他却赢那个？依了我的主见，真是愈多愈妙。若是风头得利，尽管赢他过去；倘然稍有不顾，不妨赶紧停场，把银子仍旧带了回来。你想妥也不妥？"子富听到这句，暗想银子带在身旁，赌不赌果然由我，落得多带几千，见得手面阔些。遂在帐桌旁边的铁箱内取出几个钱庄家的往来折子，亲笔写了几张字条，唤个亲信家人到庄上去出了五千银子庄票回来，一共五张，每张一千，另外又带了三百多块洋钱、钞票，五十多块现洋。

整顿已毕，策六看自鸣钟上已经四点多了，怂恿子富出去。子富说为时太早，策六道："我们到山家园看看煦仁，昨天他也是赢的，问他今日去也不去？"子富道："他知单上写着一个到字，焉有不去之理？我们到了那边，与他同去也好。"遂唤马夫配好车子，先至山家园何公馆会见煦仁，谈了回天。煦仁讲了许多某督抚是他至亲，某藩臬是他换帖，某道宪是他患难故交，某京官微贱之时曾问他借过多少银子的话，好似背了一本履历，多甚有根有蒂。又说："这回的军装差使，乃是抚宪因亲亲之谊调剂我的，不然怎得到手？今天省中有人来说，那单子大后天一准可以发回来了，又添了一千枝后膛快枪，一千套号衣号裤，并且说不定还要定造几尊大炮，乃是各军营改习洋操所用，真是一个优差。不但我的出息不小，就是承办的行家，那生意却也有得做哩。"只把个子富笑逐颜开，满心欢喜。煦仁将那片大话讲完，见家人掌上灯来，天光早已夜了。策六问他："今夜花公馆请客，不知可去？"煦仁道："笑侬请我，怎的不去？但他今夜请客，谅因翻本起见。我瞧他赌里头不甚精明，怎能赢得人家？幸亏遇见了我们这几个人，大不了只有几千输赢，没甚要紧。停回赌过之后，我们多是知己朋友，倘然他赢了便罢，若再输掉了三千五千，大家须要好好的劝他一劝，叫他以后不可再赌。上海地方不比别处，不要赌出了名，被做翻戏的知道，翻他三万五万，这却不是顽的。你们想此话可是？"周、金二人连称不错。子富更暗中钦佩煦仁热心待友，有些意思，又因听了他这番说话，更见得笑侬赌钱里是个户头，愈加不去留什么心。第六见时候已差不多了，催着煦仁一同出门。煦仁说同去狠好，三个人遂出了公馆，各上马车，飞风的往新马路而来。途中巧遇肖岑、灿光，坐着两部包车也到花公馆去。煦仁等的马车较快，先到门前下车入内，肖岑、灿光随后也到。

　　小龙留众人在书房小坐，分付家丁在客厅上排起酒来，这菜乃厨房自办，甚是丰盛，席面上的碗碟杯箸多是银的。小龙请众人入席，子富见这副银台面十分精致，问小龙照式共有几席？小龙答称："共有四席，乃前数年在东省办的。"子富更认定他真是有钱。饮至半酣，煦仁说："酒已够了，花笑翁尚要翻本，我们早些入局，早些散场。明儿我有要事，必须一早起身，夜深了身子有些吃耐不住。"小龙笑道："说甚翻本，无非大家顽一下儿罢了。煦翁既然有兴，先请做庄。"煦仁道："客不占主，今夜那有我先做庄的道理？还是你来。"第六也叫小龙做庄。小龙遂与众人回至书房，叫家丁们排开桌子，随意取几十文钱来。煦仁问："可是仍旧抓摊？"小龙道："昨夜抓摊里头输的，今天自然仍须抓摊里翻他转来。"煦仁道："倘然今夜再输，你便怎样？"小龙道："再输了，下次我便不赌好否？"煦仁道："这句话你应得心么？本来我们正要劝你，因你赌得太泼，往后总宜少赌为是。"小龙点了点头，将身坐下，又唤家丁拿上一只洋漆圆盘，一只刻磁的大鸡缸杯，一只银镶筷子。

　　小龙抓了把钱在盘内一放，将茶杯盖好，放在当台，说："你们打罢，这里头一共有多少钱，连我自己也没有知道。"煦仁道："做的人尚还不知，难道我们打的反能猜得出来？且来胡乱试一记儿。"遂打了十两银子青龙，策六、子富合打了二十两进门，肖岑打了五两银子白虎，灿光道："出门上没人下注，可晓得俗语说：'出门有利'，我来打五两罢。"小龙见众人打好，喊了声："开！"将磁杯当众揭去，拿起那支银镶筷来，把盘内的钱细细一数，一共二十一文，进门上金、周二人的二十两银子，应赔他三十六两，吃了煦仁十两，肖岑、灿光十两，尚输十六两银子，摇摇头说："看来又是一个坏庄，一出手就要赔钱。"煦仁道："第一记看得出什么庄风，再开第二记罢。"小龙赔好银子，将钱收过，重新抓了一把放入盘中。等众人下了注，子细一看，只有金、周二人押的仍是进门，并且每人添了二十两银子，余人互有更调，为数仍只十两五两。及至揭开看时，进门上着了一记复宝，又是庄家输的。以后一连开了十摊，金、周二人愈打愈重，有时煦仁等也跟着他攻打一门，以致小龙结帐，共输了二千二百多两，起身将庄让与煦仁。煦仁也不推辞，一样开了十摊，众人没甚进出。小龙因打得最重，庄家每每拣吃重门，故又输了一千多两。此时假装发恨，向众人告了个便，到卧房内拿了那块金砖出来，打开铁匣放在台中，说："那个再做十摊，我做这块金砖不着，输掉了，从此立誓戒赌！"

　　策六一见，急与子富使个眼风，把他勾出书房，站在天井里头，附着耳朵说道："这一下姓花的赌出火性来了，今夜不赢他三万四万银子，还有那里可赢？我们可要合做十摊，取那金砖到手，至少有二三百两金子，你想可好？"子富此时赢得甚是高兴，且不出小龙所料，看见了那块金砖心中大动，因说："合做十摊甚好，不知多少银子下本？"策六道："少了赢不动他，必得一万才够。"子富道："可是每人五千？"策六道："我只带三千银子出来，你晓得的。虽然此刻赢了些，五千凑他不满，还是你本钱足些，分个二八成罢。"子富定要他搭个四六，策六答应了个三七。子富点点头儿，便要往外。策六扯住他道："你不要忙，我还有一句话要与你说。"子富问他何话，策六欲言又止，子富催他快说。策六道："这一句话不告诉你，恐你停回赢不来钱；告诉了你，又恐你口齿不紧，露出风声。你须当天发个重誓，才得放心实说。我也要发个誓与你听。"子富不解道："是甚说话，彼此俱要发誓？"策六道："这么样罢，今天这一场赌，我有个法儿在内，一定要赢下风三万二万银子。你得了这个法儿，不许去告诉第二个人，我也不与第二个人晓得，不论何人漏泄，俱得瘟病而亡。你想此誓发得可公？"子富愈加诧异，道："此誓发得果公，但内中究竟是甚法儿，快与我说。"策六道："花笑侬的赌钱，越吃他越是重打，已与你说过的了。停刻你动手之时，看他打到二三千数目了，你把摊钱抓得少些，暗暗的数明一下，告诉着我。倘然打得不对，不必说他，万一被他打中，我还有个手法，可以把盘内的钱飞去一个，旁人瞧不出来，岂不稳稳赢钱？这是你与我交情深了，才肯合你共做此事。若是别人，声名有关，怎肯下手？你想这样一桩事情，大家可要发个誓么？"子富听罢，又惊又喜：惊的是策六有此手法，并没做弄自己；喜的是今夜这场大赌，金砖定可赢他，一连说了几句："应得发誓，决不走漏。"

　　二人尚在讲话，小龙已差人寻至外边相请。策六对子富把嘴一斜，相将入内。小龙问："二人在外做甚？"策六笑道："我们见了你这块金砖，要想赢你，故在外边商议。"小龙道："可是你二人合做上风？不知拼着多少输赢？"策六道："一万银子够么？不够我们再添。"煦仁问他共做几摊，子富回说十摊。小龙问策六怎样股分，策六说子富七成，自己三成。小龙遂将铜钱并洋漆盘、磁杯三物交与子富，又把银镶筷交与策六，催子富快做。子富笑微微抓了把钱放在盘内，将碗罩好，看众人下注。小龙是五百两银子青龙，煦仁一百两进门，肖岑是三十两的进龙穿，灿光是十两进白穿。策六在旁喝了声："开！"把银镶筷将钱一数，共是十六个钱，应赔小龙、肖岑两个的钱，吃了煦仁、灿光。虽然吃小赔大，子富毫不在心，等策六赔毕之后，做第二摊。但见小龙只仍在青龙上打了一百两银子复宝，煦仁却在白虎上打了二百，灿光、肖岑每人打了十两出宝，那进门上没有人打。策六揭开宝盆一点，乃是二十一个大钱，恰恰中了个空，将银往内如数一掳，说声"很好"。子富见有些风头，觉得异常胆壮，再做第三摊输赢。这回各人多打得大了，姓花的是进宝上一千两，煦仁是白虎上三百两，肖岑、灿光是青龙上合一百两。巧巧又开了一个出宝，众人大噪起来。第四摊小龙将金砖仍在进宝上打了二千银子，煦仁跟着他打了五百，肖岑、灿光说我们大家打记齐心宝罢，也在进宝上每人打了一百银子。策六其时吸着一枝香烟，揭开时依着隔夜所说，微微的喷了一口，使个手法，果真开了一记进宝，应赔银七千五百六十两，除去第二第三摊赢进银一千七百多两，实输银五千八百余两。

　　策六目视子富，子富会意，第五摊上不慌不忙做了九个钱，仍是一记进宝，暗与策六将手指一弯，关照着他。策六把头微点一点，看小龙在进宝上依旧打了一千银子。煦仁反打了二千，向着小龙嘲道："花笑翁因方才庄家赔了一记，这回又不敢打了，所以你赢不得钱。不瞧瞧我，这一下打了多少？"小龙仿佛被他激起火来，说："你会重打，难道我偏不会？"遂向金砖一指，说："我打四千。"策六问他此话可真，小龙道："那有戏言！"策六又瞧肖岑、灿光这回也每人打了二百，多是进宝，回眼向子富一看道："这回下注大了，吃了不必说他，赔起来庄上不敷，我们怎样？"子富恃着策六会使手法，含笑说："不够自然添本。"策六道："添本也好。"因口内香烟将次吸完，浓浓的呼了几口，一手将香烟弃掉，一手揭起磁杯，把银镶筷将钱在盘中点动。子富眼见他挑了一个出来，那时口中喷出余烟不绝如缕，台面上人似被香烟蔽住眼光，一个没有觉察，心下十分大喜。谁知烟散之后，细数盘内的钱，仍是九个，并没缺少。小龙等始齐齐的喝一声："着！"子富只惊得目瞪口呆，手足无措，连喊了两声"阿呀！"策六也似面色骤变，将银镶筷在台上一掷，叹了口气，对子富说："阿呀，怎的照注赔钱。"算一算：小龙四千，该赔一万一千二百；煦仁二千，该赔五千二百；肖岑、灿光两共四百，该赔一千一百廿两，应共输银一万七千五百廿两。庄上只剩四千多两现本，尚少银一万三千余两，问子富身旁可有，子富此时一句口也开不出来。

小龙等催着快赔。策六怒容满面的把子富一把拉出书房，问他为甚这样自不小心，把十个钱数做九个，以致挑掉一个，奇巧不巧的恰是进宝！论理这钱该你一人独输，旁人不能认帐。说罢，将挑出的那一个钱向子富一掷，责他这样糊涂，真是岂有此理？子富竟被他说得无言可答，万想不到内有夹钱，眼见他挑掉一个，仍是九个，只认做真正自己粗心，误数了钱，连累姓周的白费心思，更要赔掉几千银子，理上真觉讲不过去，只得连说："这钱该我一人认赔，但恨今日手头没有，这便怎样？"策六道："一万七千多两银子，为数大了，只有四千多两赔人，如何过去？"子富向手上一指道："这三只金钢钻戒指，一只是一千二百两兑来的，一只是九百两，一只是八百两。"更向大指上除下一只玻璃绿翡翠班指，说："这是七百两兑下的。"又向胸口边解下一只打簧金表，一根赤金表练，两个金洋钱的表坠，说："这东西谅值银五百多两，可否一共抵银五千，明日取赎。"策六皱眉道："就算抵上五千，有了七千多两，尚少八千有余，如何设法？况且我们是书房赌，笑侬、煦仁怎样要你身上东西？我想此刻时候尚早，你又有马夫在此，何不写张字条，差他回至公馆，先取些现银到来。再少待我向花笑侬借上几千，缓日归还，笑侬谅无不肯之理。你想可好？"子富踌躇道："现银家内不多，只有三千左右，须向子多取去。倘到钱庄出票，晚上断出不来。你瞧，取了三千两银子到来够么？"策六道："钱庄晚上不能出票，那是说得出的，只要再拿到三千现银，见得你并不是家内无钱，不过一时不便，比了把钻戒等抵押体面许多。尚少一万银子，我一准替你向笑侬说去，倘然允了最妙，不允再想别法。"

子富万分无奈，只得回至书房，亲笔写了一张字条，叫马夫赶紧回家找寻子多取银，叮嘱他不许说在此赌钱，只说有人因急用要借。马夫答应自去。策六代子富向小龙等说明取银情节，并言晚上不能向庄家出票，倘然不敷过巨，只能向那位暂借若干，缓日归还。小龙等俱不做声。子富觉得甚是没趣，只望着马夫早回，取到银子再说。少顷，马夫回来，带上二千七百两银子钞票，三百两银子现洋，另外尚有一张子多的回条。子富接来一看，上写着："顷交马夫带上银三千两，深夜需此，不知何用？明日务望到行中一晤，有话面谈。千乞，千乞！"暗思这是子多起了疑心，故要明天问个底细。遂一手将条袋入衣袋之中，一手把钞票现洋一指交与策六，央他去怎样分赔。

　　策六接银在手,先把肖岑、灿光的一千一百二十两,煦仁的五千二百两如数赔去,只剩小龙一万一千二百两,台上仅有一千两现银不到。策六向小龙说道:"此事只能与你商量的了,金子翁并不是没有银子,怎奈今晚输得很了,一时间活动不来。可否先把零数付讫,暂借你一万银子,缓天加利奉还。"小龙面有难色道:"论理金子翁曾借给过我三千银子,今日焉有不肯? 无奈为数太大,况且又是赌款,不比别项银两,最好给些信物与我,只算向我暂抵,缓日赎归可好?"策六不便再说。子富听姓花的要信物作抵,此时只想脱身,急把钻戒、班指、金表等物一齐拿将出来,说:"这些物件可能作信?"小龙瞧了一眼,道:"信物不拘多少,虽然不值一万,料想子翁不多数日必要来取,暂请留下也好。"回头对策六说:"前天我给金子翁的那张三千两借条尚没收回,今天料必带在身旁,请子翁交还了我。另外给我一张一万两的借条,仍请你做个居间,约日还银。"策六闻言唯唯,问子富那张借条带来没有? 子富说带在身旁,即将此条检出,交与策六转交小龙,当场毁去。策六向小龙要了一张素纸,叫子富立好借据,约期一月还银,连钻戒等一齐交与小龙收了。策六又将台上现钱细细一点,只有九百多两,也叫小龙收下,尚少二百多两,说定明日再找。

　　诸事料理停妥,子富无精打采的便要回去。小龙劝他道:"胜负乃是兵家常事,子翁休得烦恼。明后天不妨重整旗鼓,再顽一场。"煦仁等也是一般解慰。策六更附耳说:"今天一共输了二万有零银子,我该拿出六千,将来花笑侬的一万两抵款之内,你只要还他七千,其余我来认帐。最好索性再弄几千现银,当真大家再弄一场。"子富也附耳答道:"你方才说第五摊上输的银子,归我一人独认,怎的还要你拿出钱来?"策六叹口气道:"这不过气极的时候说说罢了。那有两人合庄,一人独输之理? 何况你我要好弟兄。"子富听了这些言语,心中反甚对不得住他,满意缓两天设法弄到银子,还清小龙,大大的再做一场输赢,当晚别了众人回去。策六恐他途中昏闷,送他同回。小龙暗嘱策六:"把子富送到之后,速来劈帐,尚有要话。"不多时,策六果然坐了部东洋车如飞的赶了回来。

　　小龙已将赢帐劈好,是晚一共做进子富八千三百多两现银,除去隔夜输与他一千八百多两,净余银六千五百余两,作为四六分拆:小龙四成,策六三成,煦仁成半,肖岑、灿光合得成半。尚有钻戒等物,恐他或来赎取,一时不便表散。坚嘱策六:"此后每日必须仍与子富作伴,纠合他再图翻本,一则钻戒等可以赎去,又能弄些现银,二则盘住了他,免与外人讲起不便。且等过了一月半月,此事冷场,然后慢慢离他，方无后患。这是我们最要的秘诀，切不可银钱到手，便与他不甚见面，最易坏事，必得牢牢记下。"谁知策六口虽答应，心中却因干了这样桩大事，自己名下只分得一千九百多两银子，不甚高兴。怎奈钻戒各物又多在小龙手中，拿他不来，当时因起了个骗上加骗的坏念，端整把钻戒等诓到了手远走高飞，那时连银连物足值六七千银子，也不枉设计一场。故而喜形于色，小龙当场一点子看不出来。煦仁更赞他方才那个挑钱的法儿使得真是巧妙，第四摊不必说他，第五摊上不但把子富瞒过，连我们自己人见开的正是进宝，为其去挑开夹钱，变了出宝，暗吃一惊。后见将钱飞出盘外，才知你恐姓金的识破机关，故与他说明作弊缘由，使他个死心塌地。九个钱挑开来，飞掉一个，仍是九个，若做了八个钱，挑开两个，飞掉一个，也是九个，真是意想不到。曾与小龙说起，可算得青出于蓝。小龙也赞他这个手法使得不错。策六此时亦颇自负，当下拿了劈帐银子，与煦仁、肖岑、灿光等各自散归。

一连两日，虽与小龙等依旧每天晤面，小龙问起姓金的甚样，策六只说并无举动，其实子富那边并没去过。第三日的一早，忽寻小龙说："子富已向朋友处借了一万多两银子，明天要来翻本。今日先要赎回钻戒等物，叫我快快拿去。"小龙诧异道："钻戒等抵在我处，为甚他自己不来？"策六道："内有有个缘故，只因前天输了这许多银子，他弟兄没有分家，连日被子多查问花在那里。子富咬定借与朋友，并没说起赌字。子多要讨借契来看，是我替他写了一张搪塞过去。今天又查起他金表、金钢钻戒指，在家中大闹。子富故差马夫叫我前去，要把这几件东西赎回。我叫他自己同来，他说子多在家，不便出外，并且也不便取银，央我先把东西取了，等子多过一过目，待他到了洋行里去，马上便可拿出钱来。借契放在你处，少停还了银子再取。你想妥是不妥？"小龙踌躇道："空契要他何用？这东西只怕脱不得手。"策六道："我也是这个主意。但他银子真已借到，我晓得的。不把东西与他，明天怎再弄他的钱？这么样罢，你将戒指等交代与我，待我和他一同去见子多，好使子多过目，与他弟兄解围。等到过目之后，此时已是九点钟多了，子多一定要到洋行办事。我马上逼着子富同来，或带银子还银，或者叫他仍将各物留下。这事在我身上可好？"小龙沉思半晌，方才应允道："既然在你身上，你须速去速回，千万不可脱手才是。"策六道："自然立刻便来，那有平空脱手之理。"小龙遂将钻戒、金表，班指检出，一一交与策六，只把借契留下，约定策六午前回话。

策六接了各物，说声"去去就来"，急匆匆跑出大门，唤了部东洋车，飞也似的回到栈中收拾行李，满载而还，竟向无锡乡间而去。不想再去做弄子富，也不想闹下这骗局怎样收场。直要到恶贯满盈，将来三卖叶蓁蓁，方才重到上海，后书交代。此后却急坏了花小龙、何煦仁那一班人，恐防策六一去，金子富识破机关，当时告发，个个惊心。正是：

　　　　骗中有骗人心险，防不胜防赌害深。

要知周策六去后，怎样案发，办得花小龙、何煦仁等与否，再看下回分解。

第十六回

麦南出手欢赌徒　　富罗迎头打大姐

　　话说周策六与花小龙、何煦仁等翻了金子富八千多两现银，值价五千两之金钢钻戒指、金表、翡翠搬指等物，因分帐时策六只分得一千九百多两银子，心中很不满意，设计向花小龙骗取钻戒等物，一溜烟跑回无锡。这一跑，姓周的鸿飞冥冥，一时间那里寻他？却急坏了花小龙、何煦仁等那一班人。

　　原来做翻戏的翻了空子的银两，须看那空子是何等样人，倘然真是客帮，上海地方并无亲友帮助，一定干不出甚事来，翻了也就完了。若是有些亲友有些势力的人，防他事后有变，有两个绝妙的过门诀儿。一个是他们翻帮里本有包揽词讼，兴风作浪之人，叫他去寻那空子，说穿他着了翻戏的道儿，问做可要报官控告，包你拿回钱来。空子听见拿得回钱，一定欢喜，便把此事托他。那人隔了一天向空子回说，做翻戏的知我出场，伏了输了，现愿打个折头，还你多少银子，劝你不必涉讼，你瞧这样了结可好？空子允许便罢，不允，开导他道："老兄这银子是赌里输的，一定告到当官，究竟同赌同罪，未免体面有关。况且公堂对簿，不费九牛二虎之力，说不定一准替你追比原银。即使追了出来，衙门使费一切断断少不掉的，那时也十追九不足了。一样追不足钱，算来还是和平了事为妙，一来免得张扬开去，赌字的声名不好；二可实实惠惠的拿了这银子回去，并没人分用你的，比打官司似尚合算。你想是也不是？"那空子经了这番劝导，自然心和气平，落得收银了结，输了一千八百，拿还了三百四百，这银子算是拾回来的。从此化为无事，赌棍翻进的钱，除掉呕还了三折两折，其余可以安然分用，永无后患，这是万妥万灵的妙诀。尚有一法，便是小龙交代策六，一个半月之内仍须盘住那空子的身子，看他手头有钱，尚好翻他一次，若然已没有了，渐渐问他索取欠款，使他自己无颜远避，日后也可断然没事。如今策六变心，不听小龙说话，反骗了钻戒等物跑回无锡乡间。

小龙盼到日影西斜，不见策六回来，情知有异，急差同党四出侦寻，并至栈房访问，始知已于午前动身，不觉大惊失色。逆料策六既去，金子富必定动疑，东窗事发即在目前，忙邀煦仁、肖岑、灿光到来商议。煦仁等一筹莫展，惟有痛骂策六不应这样散场。小龙说："骂他有甚用处，他既走为上着，我们再在上海，难道是听吃官司？看来也是大家各散的好。且等避过一年半载，息了风头再作区处。"并因策六由肖岑引进，晓得根由细底，灿光更知道他住居地方，叫二人赶紧往无锡一带找寻，自己与煦仁两个，因除了上海码头，还是汉口容易立脚，连夜收抬动身往汉口而去。叮嘱肖岑倘然寻见策六，与他同到汉口，寻不见，眼前且自由他，日后慢慢与他算帐。暂且按下慢提。

再说金子富自从那夜大负回家，临行之时虽由策六等众人善言解慰，究竟输得多了，心上甚是懊恼。那晚睡在床上，一夜天眼多没合。翌早起身，只望策六到来，与他商量翻本。那知候了一日并没有来。晚上到小莲院中寻他，小莲也说没有去过，认做他或是病了。第二日亲自到栈探病，顺便与他叙谈，谁知又没在栈，不晓得是那里去的，心中好生不解。等到第三日的午后，再到栈中访他，栈家回说已于早上算清房饭〔钱〕，动身走了，不免有些诧异起来。细问栈家可知他动身何往，几时回来？栈家道："起初说是天津去的。后来又说烟台，不知究往何处，也没说几时回来。"子富当下愈觉疑心，一步懒似一步的走出栈房，想到广福里问潘小莲可知他动身之事。这日恰是礼拜，路上遇见子多与洋东麦南，坐了一部亨斯美马车到张家花园而去。子多在车上看见子富垂头丧气的那副样儿甚是不好，又因前夜差马夫拿字条取去三千两银子之后，虽然住在一家，没见过面。听得家中人说，这几天有些失张失智，不知为了何事，故呼马夫将缰绳暂扣一扣，在车中把手一招，问他："今天可到张园？有句话要问你。"子富见是子多，走至车旁回说："张园今天不去，有话晚上叙谈可好？"子多道："你此刻有甚事情，一个人意欲何往？"子富嗫嚅道："我要去找竹一，与他三天没有见了，今日定要寻他。"子多听周竹一三天没有见面，恰好取银的那夜也是隔了三天，料着有甚变故，暗替子富担惊。路上不便细言，只说："既然如此，你去寻见竹一，晚间在家等我也好。寻不见，千万到张园一行，我在园中候你。"子富点头答应。马夫见二人话已讲完，扬鞭自去。

子富急匆匆跑至小莲院中，要寻小莲问话，那晓也到张园去了，走了个空。房间里的娘姨、大姐，问他姓周的下落，他们不甚底细。没奈何回至家中，坐了马车赶到张园，一则子多本来约着，二则小莲也在那边，正是一举两得。进园门即见小莲从安垲地出来，像要上车回去。急忙拦住了他，问他去得为甚好早？小莲说："今天来寻个客人，听说这客人现在愚园，故要走了，并不是就要回去。"子富道："寻的可是竹一？"小莲道："寻的不是竹一，乃是个过路客人。竹一有三天不到我那边。正要问你这几日可曾见他，为怎不来？"子富闻言，明知事有蹊跷，心上边"品"的一跳，口中回说："这三天也没见面，听说已经动了身了，不知是到那里去的，方才故到院中问你，知你在此，特地寻来。谁料你也不晓得他，真是奇事。"小莲笑道："怎么说，周竹一动了身了？为甚动身前没些口风露出？这话我却有些不信。"子富道："我今日曾到他栈中去过，乃是栈房里人说的，怎的信不得他？并且走得指东话西的没有地方，更是古怪。你猜他究竟是那里去的？"小莲始着惊道："如此说来当真去了。别的并不打紧，我那里尚有十台菜钱，五十多个堂唱，一个钱没有开消，节上边可要累死人了。听说他是湖州人氏，要跑一定跑回湖州，不见得到别地方去。但我为了这几个菜钱局钱，将来寻到湖州不成？"子富见他发急，安慰他说："漂掉你的局帐，看来竹一尚不是那一辈人。你且不要焦闷，待我慢慢寻访于他。"小莲不语，在马车边呆呆的立了半晌。子富催他："要到愚园寻客，何不快去，天光已不很早了。"始勉强上车而去。

子富进安垲地寻找子多，寻不见他，只道已经走了。从后面抄将出来，恰遇麦南的马夫在草地上溜马，说买办现与洋东并密司得富罗在老洋房酒间里饮酒，尚没回去。子富遂寻至老洋房里，果见麦南和一个三十多岁年纪的外国人吃得醉醺醺的甚是高兴。子多在旁陪着，面孔也已红了。看见子富进内，问他可曾寻见竹一，这几天为甚没有出来？子富尚未回言，麦南见是金买办的兄弟，起身拉了拉手，满满的斟了一大玻璃杯汇司该递与子富，又把自己酒杯在杯口上碰了一碰，更指着那外国人说："这是密司得富罗。"也把酒杯与他碰了一下，请子富快饮。子富却不得情，干了半杯。富罗一定要他吸完。子富心中纳闷，喝他不下。被麦南看了出来，动问子多可知道他有甚心事，怎的十分不快？子多遂细细问他：究竟今天有甚事情，这样的垂头丧气？子富估量着瞒不过去，把与姓花姓何等众人怎样赌钱，怎样先赢后输，怎样开了一记进宝，怎样不够赔银叫马夫深夜来取，怎样把钻戒等抵银一万，怎样姓周的忽然不见，一句句讲将出来。子多连连顿足道："照此讲来，姓周的那一班人明是翻戏无疑。我先时也曾叮嘱着你，叫你随处留心，怎的闹出这场祸来？莫说你与我尚没分产，输了这许多银子，怎能对得过我？并且你怎样对得自己？这是那里说起！"语罢，气往上冲，那面色也顿时改变起来。

富罗听不出中国说话，不知弟兄二人讲些什么，但见子多面有怒色，认做子富与他口角，想做个和事老人，乘着酒兴呜呜的唱起歌来，震得二人耳朵欲聋，意欲打断他们说话。麦南在申日久，子富的话句句听得出来，知是受了赌棍所愚，此时略有几分酒意，心中大为不平，急呼富罗："不可唱歌，我们有话。"谁知富罗唱得高兴，手舞足蹈的那里肯停。麦南无奈，只得把弟兄二人将手一招，招至洋房外草地上面，操着中国说话对子富道："你方才讲的那一番话，我多听清楚了。分明你吃了大亏，那班赌棍真是可恶。我想姓周的虽然走了，姓花的与姓何、姓蓝、姓包的谅还多在上海，不知你可要办他一办？他们既是同党，只要捉到一个，必然晓得姓周的下落，怕他逃到那里头去？"子多闻洋东肯替兄弟出场办这桩事，真是求之不得，不觉喜出望外，连向麦南致谢道："倘然真得办倒他们，我等弟兄感恩非浅。"子富也握手道谢不已。麦南道："论理我是个外国人，不合多管闲事，可恨近来那班赌棍往往无法无天，当替地方上华人除害，重重的办他几个，使他们以后不敢。金先生休要着恼，明天我可替你写信告去，或在公堂动张禀单，一定要捉到姓周的那一班人始已，捉不到断不干休。金买办你想是么？"子多一口气说了五六句的"也斯"。子多尚要与麦南说话，听得酒间内"咯唧"几响。麦南撇了金氏弟兄，急忙跑进里边，但见富罗已吃得酩酊大醉，在那里独自一人掷杯为乐，已将台上酒杯碎个罄尽，又要抛弃酒瓶，园丁望着不敢拦阻。麦南见他醉了，深恐掷在旁人头上闹出事来，拍了拍手接过酒瓶，替他向窗外空地上一抛，说声"今天吃得有兴"，叫园丁连碎杯在内开了篇帐，给过了钱，挽着罗富出外，同坐马车送他回去。子多叫他坐在子富车上，有话明天再说。子多诺诺连声，看二人上了马车，自己也与子富上车回家。那晚弟兄二人多没出去，讲了半夜多的气话。子多把子富抱怨不了，从此起了一个分产念头。后书交待，此刻慢提。

一宵易过，次日子多到行办事。子富起身吃过早点，也到行中寻找麦南，央他依着昨日的话写信控告。麦南虽然昨天酒后答应了他，今天酒醒，甚悔多事。只因话已出口，子富又是子多的兄弟，子多在行办事有年，看在他的分上，更觉得不便回绝，只得勉强出了一封信交与子多，叫子富附了一张禀帖，当真代报当官，恳请从严究办。

官场见是洋人代禀的事情，当下急如风火，把禀单立刻批准签稿，并行标差拿究，牌面上乃是花笑侬、何煦仁、蓝啸吟、包灿光四个，限三日务获。周竹一因禀内说他是湖州人，已往湖州另外派差关提。上海的原差接到这桩公事，见是一万多银子的赌案，认做是大买卖到了，马上向原告访问被告住处，照例往值年领事公馆与巡捕房两处签过了字，便要动手拿人。因原告只晓得花笑侬住在新马路，何煦仁住在山家园，蓝、包二人没有清楚，只得从姓花的与姓何的下手。

　　寻至新马路，意欲先拿笑侬，那知乃是一所空屋，大门上贴着一张簇新的召租，分明已经搬开去了。原差吃了一惊，动问四邻几时搬的，可知搬到那里？四邻说："前日才搬，不知何往。看他们衣箱行李一件件编着号数，像是出远去的。曾问他底下人，说迁往奉天，未知是也不是？"原差无可奈何，复至山家园去拿煦仁，一般的也是空屋。盘问左右邻居，多说这何公馆甫手上月搬来，只有一主一仆，并无眷口，乡邻人家从未曾通过闻问。前天不知何故忽又搬去，真是可疑得很。原差见这所房屋乃中国人的产业，要想找寻房主，限在他身上交人。谁知业主虽是华人，经租也是洋商出面，断断寻不上他。在路上边呆了片时，觉得无计可施，回衙动了一张差禀，呈明花、何二人逃避，蓝、包二人急切不知踪迹情由，求请本官展限。一面密遣差伙暗暗打听众赌棍下落，并向原告诉知，叫他也差人四下侦访，以便一有消息立刻拘拿。金氏弟兄知道花笑侬等俱已逃走，海阔天空的一时怎能缉得到他？只盼着湖州去的差人或能把周竹一移解来申，就可在姓周的身上究追羽党。那知足足候了半个多月，动静毫无。不得已又托麦南写了封信催促本官。隔了一天，有回信到行说："湖州回文已转，并无周竹一其人。现已饬差广捕，一俟获案之日，定当重办，决不稍宽。"麦南将原信与金氏弟兄看过，各人叹了口气，无可如何。这件案遂一天天的阁了下来。

　　子多因连恳麦南出了两封书信，说不过去，一日在兆富里相好柳青青家设了席酒，特地请他。麦南虽是洋人，吃花酒甚是欢喜，问子多请的是那几个人，可有别的西人在内？子多道："请的华人是贾维新与子富两个，西人是密司得富罗，共只五人，清静些些。"麦南道："富罗的酒性不好，前天在张家花园大醉，回去时马车之上几乎跌将下来。沿途不但高声歌唱，并在马夫手中抢了一根马鞭，任意揪打路上的东洋车夫，把他也当做马匹，叫他快走以为笑乐，有时更鞭及坐车之人。幸被我夺了下来，并没肇祸，然已大受其累。这是酒能乱性的坏处，今天千万不可使他多饮，免致胡闹。"子多道："原来富罗酒量有限，酒德更是不佳，停回决不叫他多喝便了。"二人谈谈说说，时光已五点多了。行中没事，麦南因新近购了部电气车，同子多坐了先到大马路宝德，各人吃了一瓶洋酒，一客点心，又到黄浦滩兜了一个圈子，才往兆富里去。麦南关照车夫，晚上边电气车不要用了，叫马夫配马车到来，车夫答应自去。

二人进了弄堂，子多在前，麦南在后，同入柳青青家。青青见了个外国人，难为他晓得洋人规矩，立起身来握手为礼，麦南甚是称赞。子多叫娘姨拿请客票来，写了两张中国字的去请维新、子富，一张外国字的去请富罗。稍停，子富先到，谢了麦南两番出信之情。麦南说劳而无功，此案大约一时难破，不得不迁延时日。只要几个里捉到一个，那时我再发信华官，包你重办，并为地方除害，儆戒儆戒他们的后来。子富又称谢数言。但见门帘一揭，又进来了个年轻洋人。麦南见不是富罗，呆了一呆。子多起身招呼，并与麦南说道："就是方才讲起的贾维新，原籍本是中国，现已改了洋装，乃是个新学中人。"麦南听了甚是敬重，认做他既改西装，必谙西语，与他讲了几句套话。谁知贾维新只说了"请请"两字，其余一句答不出来。麦南暗暗诧异，再问他向在何国读书，习的是何专学？贾维新更半句不懂，瞠（膛）起了两只眼睛望着子多，央他繙将出来。子多只得繙了一遍。贾维新回说在中国学堂读书，没有到过外洋，习的是普通学，要叫子多译作西语。麦南已一句句听得甚是明白，也操着中国说话答道："不必繙了，我能听得出来。原来阁下没出过洋，向在中国读书。"贾维新听他能讲华语，自己反说了两声"也斯"，麦南听了甚是好笑，又打着外国话问他，现在改了西装，可要出洋游历？贾维新又答不上来，请麦南仍讲中国说话。麦南微笑，从此只操华语问答。

贾维新又满口自由、革命的滔滔不绝，麦南觉得有些厌闻，叫子多催请富罗到来入席。偏偏富罗自己在西安坊许行云家宴客，台面未散，一时脱不得身。等有两个钟头，贾维新只把麦南闹得头疼脑涨，暗想中国近来百度维新，若多像了贾维新那一班人，焉有用处？无怪守旧党瞧不起来，要拼命的施着阻力，阻止新机。子多见麦南与贾维新讲话，渐渐有一句无一句的不甚理会于他，知道心中厌恶此人，急把别话岔开，与麦南操着西语评谤了他几句。他仍一点子没有觉察，依旧满口胡柴，没有停过半句。

麦南真有些耐不住了，催子多快摆台面，不必再等富罗。子多只得叫房间里人排好了席，写好局票，又写了一张西字催客票到西安坊去催请富罗，一面先自入席。麦南坐了首座，空出第二座等候富罗到来，贾维新坐了第三，子多弟兄在主位相陪。柳青青斟过了酒，叫房间里娘姨把子多昨天马车上带来的汇司格开了两瓶，每人面前倒了一玻璃杯。贾维新见了汇司格，甚是喜饮，一连干了三杯，多是一口气喝的，顿时有些醉意，口里头说话愈多。奇巧不巧，麦南叫的出局又是西合兴杨小蛮，从前与荣锦衣等在新广寒赛月娥家饮酒，有人也叫小蛮，因贾维新漂过局帐，这天席上问他索讨，破过口的。贾维新扬言定要打毁他的房间，小蛮见机散去，贾维新说了一番大话，房间并没打掉。今天又在席间遇见，小蛮操着西语对麦南说："这人不是好人，漂人家的局钱，还要口出大言向人寻事，真不要脸。好笑他外国字多不识，外国话一句不懂，偏偏装着洋人吓中国人，真是削尽了真正洋人的脸色。大家莫去理会于他。"麦南也操着西语回说："此人真是一个败类，不知金子多怎样认识。明天我要劝他不可与此种人往来，坏了自己声名。"贾维新见小蛮和麦南两个口操西语，向自己指指点点的讲个不了，猜着小蛮没甚好话，脸上青一阵紫一阵的，要与小蛮寻衅，又怕麦南回护，不比在新广寒是中国客人叫的，没甚手面，见了假洋人有些惧怕，不敢帮他，只得假装不晓，满满的又斟了几大杯汇司格，嬲着金氏弟兄喝酒。

子富酒量较浅，喝不下了，贾维新拿着酒杯要灌。听得相帮的喊声："金大少朋友进来！"但见门帘揭动，七跌八跶的又来了一个洋人，一手拿着一根木棒，一手脱着一顶帽子，进房将木棒在台上"拍"的揿了一下，又把帽子向炕塌上一掷，口中大喊大嚷的高叫："密司得金，密司得麦南。"乃富罗在西安坊许行云家吃得大醉而来。麦南见他已经醉了，目视子多，各人拉了拉手，请他坐下。子多拿了支雪茄烟与他，并不请他喝酒。贾维新却把那杯要灌子富的汇司格携过来转敬富罗，富罗十分得意，接来一吸而干。贾维新又斟上一杯。麦南暗暗皱眉，恐怕富罗这样的喝将下去，定要闹祸，问子多一共拿来多少瓶酒？子多说是半打，已经开了四瓶，尚有二瓶未开。麦南叫他把这二瓶藏去，停回富罗与贾维新再要开时，只说已没有了，不可使二人再喝。子多点头，分付娘姨将余酒藏入后房。不料贾维新见富罗的第二杯酒又已喝完，高唤房间里人再添一瓶。娘姨回说酒已完了，贾维新把眼睛一竖，说："完了？快再添去！"娘姨道："外国酒这时候没有添处，不比绍兴。"贾维新道："番菜馆里少么？时候尚只十点钟不到，怎说没处去添？快叫金大少写张字条取去。"娘姨不敢再说，只得暗问子多怎样。子多假意写了一张字条，说："差相帮取去，停刻叫相帮的上楼回说番菜馆已经打烊，过个门儿也就完了。"娘姨依言交代下去。

富罗其时坐在席上，已醉得前仰后合的瞪起了两只羊白眼睛，提着那条破竹喉咙，不知喃喃的唱些什么。贾维新在旁只顾拍手。富罗得意起来，立起身，搀着维新要他一同跳舞。大凡酒醉之人，不论喝的是什么酒，静坐着没有要紧，一闹时涌上心来，本来只有七八分醉的，便醉到十分十二分，不是呕吐狼藉，便要寻是生非。富罗每逢狂醉，呕吐是不会的，专一与人闹祸。麦南见他和贾维新跳了一回，正要止住他不许再跳，刚巧许行云出局到来。跟行云的大姐阿彩甚是时髦，见了他这副醉态，有些看不上眼，鼻子里"嗤"的笑了一笑，口中操着苏白说了句："阿要狼形。"富罗不知他讲些什么，那面色却瞧得出来，见阿彩扑嗤冷笑，分明是瞧不上他，顿时酒性发作，火往上冲，不问情由伸起那巨灵般的手掌，劈面就是一掌。阿彩没有防备，躲避不及，只打得粉颊上五个指印，立时红肿起来，尚不知为了何事打他，将手掩着面孔大呼："外国人无故打人。"放声号哭。许行云也吓得呆了，立在一旁发怔，只央金子多快劝富罗，并问他为甚打人？子多见富罗大撒酒风，急与麦南上前劝阻。不防贾维新见富罗打人，帮着他也与阿彩寻事。阿彩见又是个酒醉洋人，不能与他讲甚理性，只吓得往外飞奔。霎时哄动了合院中与街上边的男男女女，俱一窝蜂拥在天井中间张望。

富罗见来得人多，心上迷迷糊糊的醉得更是不堪。在台上抢了方才放下的那根木棒，走至房门口将身一立，大有逢人便打之势。麦南、子多二人休想劝得住他。子富因贾维新也在帮着富罗胡闹，急忙将他拦住，不能兼劝富罗。抬许行云出局来的两个龟奴不知何事相打，因行云尚在房中，恐防有失，冲开众人抢步进房，被富罗一人一棒。二人彼此喊声"阿唷"，只得退了出去。杨小蛮的抬轿龟奴也因小蛮未去，认做是贾维新在房闹事，手中提着杨字灯笼也要抢进房来。被维新瞧见，正是酒在口头事在心头，暗想正好藉此出气，在台面上抢了一只玻璃杯向房外掷去。只望掷中二人，还好的是偏了些些，碰在门柱之上，咯琅一声碎做满地，把二龟奴吓得倒退数步。小蛮见贾维新渐渐寻事到他的身上，急扯麦南号救，几乎哭将出来。天井中闲看的人见富罗、贾维新二人好似疯一般，多说租界上的规矩，不论华人洋人不能酗酒滋事，难道洋人酒醉打死了人没有罪名？何不快报巡捕房去，乱哄哄的嚷成一片。麦南与金氏弟兄听了，俱因体面有关，相顾大惊失色。正是：

　　　焚琴煮鹤因何事，折柳摧花太不情。

要知富罗与贾维新这一闹怎样散场，且看下回分解。

第十七回

许行云耐心服礼　夏尔梅受气发标

话说金子多请麦南在兆富里柳青青院中饮酒，富罗与贾维新吃得酩酊大醉，任意殴人。旁观咸抱不平，声称报捕。麦南与金氏弟兄俱因体面有关，心中大窘。还是麦南有些主意，抢步至房门口，用尽平生之力将富罗一把扯进房中，捺他坐下，操着西语责备他道："今天金子多瞧得起你，请你到此饮酒，你为甚醉到这个样儿，与人寻起事来？这是子多做的相好地方，即使阿彩有甚开罪之处，也不该在此胡闹。如今阿彩与相帮的多已平白地被你打了，我劝你不要闹罢。再闹人家要投报捕房，那时看你怎样？我不愿意陪你削色，先要走了。往后你酒性不改，我一定与你绝交，免得眼见你酗酒滋事。你须子细想想。"富罗听了一句无言。麦南说罢，又操着中国说话，手指贾维新道："贾先生，你是华人。富罗酒醉闹事，打的也是华人，虽然是些下贱，却也是四万万中的同胞。你在旁边袖手不劝，已不能够尽你保全种族的义务了，怎的反帮助着他，借着外人势力有意欺残同胞？难道维新宗旨竟是这样的么？不是我今天说你，照你这种行为，幸在贵国，看了你剪辫改装的表面上，俱错认你是个志士；若在敝国，竟是下流社会中的下流，亏你羞也不羞？若再帮着富罗胡闹，我定与你个下不过去。"这几句话讲得声色俱厉，贾维新虽然酒后，也觉得无地可容，只因麦南是个西人，又见富罗受了他的说话尚还不敢还口，怎敢答他半句？只呆呆的两眼直视富罗，看他怎样下场。

麦南说完了那一番话，叫跟杨小蛮的娘姨先把小蛮搀扶出房，乘轿回去，然后叫柳青青唤许行云的相帮进来，问阿彩打得什么样了，现在可还在外？相帮说打了一记耳光，有些青肿，因怕再要打他，现已不知何往，大约逃回院中去了。麦南道：

晚清言情艳情小说

"去了也罢,你们快抬先生回去。"相帮唯唯答应。行云好如得了恩赦,向麦南谢了一声,跟着相帮向外。富罗见行云要去,立起身来追他,行云吓得往麦南身畔乱退。麦南问富罗追他则甚? 富罗立住了脚。行云见他不追,又与相帮往外,富罗又追了出来。麦南高叫:"行云莫怕,快些上轿。"行云无奈,飞也似的抢出房门。富罗也已追至房外,贾维新也跟了出来。行云匆匆上轿,富罗扳住轿杠不许抬动。两个相帮发极,尽力往前一冲。富罗酒后力弱,拉他不住,两手一松,那身子往前一磕,但闻"拍挞"一声,跌下地去。街上众人齐齐的发一声笑,贾维新急忙搀他起来,已跌得满身灰土。与他拍拭一下,看那许行云轿子,早已飞也似的去得远了。富罗将手一指,又向贾维新一招,一同追将上去。

里面麦南等听说富罗跌了,恐怕跌坏,大家出来看他,谁知已与贾维新跑得影多不见。子多很不放心,要想去赶他回来。麦南摇手止道:"酒醉的人愈闹愈醉,且自由他。我瞧富罗一人闹到酒意醒些,也就没有事了,奈有贾维新帮着,那可说他不来。且等他们闹得甚样,要去我们再去,并不是有意看甚冷破,此时去也枉然。倘然闹得个真没收场,院中叫了巡捕,我们同在一处,不晓得底细的人只认做也在其内,那时同列捕房,岂不声名丧尽? 还是保全名誉要紧。富罗、贾维新这两个人,以后渐渐与他疏远些儿是了。"子多听麦南叫他不必追赶,回身重新进院,开消过下脚洋钱,叫相帮把台面收去,又叫娘姨将房门口的碎玻璃杯扫净,略坐一坐,定了定神。麦南因方才富罗没写局票去叫行云,问子多怎的会来,闹下此祸? 子多道:"想是富罗在他院中吃好了酒,带局来的,局票果然未写。"麦南道:"早知有此一闹,我们何不早些散席。"子多道:"这多是贾维新不好。富罗一到台面,又叫他喝了两大杯酒,才有此事,算来他是个罪魁祸首。"柳青青道:"怎的不是? 此回他二人追到西安坊去,只怕尚要大闹一场。我替行云有些放心不下,可要差个相帮去打听打听? 没甚事情最好,有事还须你们去解劝解劝。"子多道:"差个人去打听一下也好,究竟是我请他们来吃酒而起。"青青遂叫带房间的阿小快去。

阿小不敢迟延,急即出外访问动静。沿路有人说起:见有两个酒醉洋人追着一乘轿子,那轿子抬得如风卷残云一般的速,两个洋人磕磕撞撞的,怎想追得上他? 却把路上行人悔气,倘被二人撞着,就是用力一推,不知推跌了好几个人,更在大新街的转弯角上撞倒了一个水果担子,一部空东洋车,多因二人俱是洋人,不敢发一句话。追至西安坊弄内,那乘轿子抬了进去,两个洋人也追进弄中,抬轿的到了门口停下轿子，想把大门关闭，不放二人入内。二人已经追到，休想关得住门，被他闯将进去，上了楼梯，闹得院子里人人躲避，个个惊惶。现在不知晓得怎么样了。阿小知道这一闹真个比在兆富里更是利害，因赶至西安坊，再去细细的探听。遇见许行云院内相帮，说行云今夜其实受了一场大惊，阿彩更是吃吓不起，自从富罗与一个会讲中国话的洋人上楼，他悄悄的溜下楼梯，出后门逃走去了。富罗到得楼上，举起手中那根木捧随处乱打乱揪，打碎了两块玻璃窗儿，三只茶杯，一对台花。那个会讲中国话的，口口声声定要找寻阿彩。行云大着胆子，问了句寻他做甚？这人立刻动蛮，便要殴打行云，幸被房间里人拦住，没有打到。这人就与房间里人为难。本家发着了急，进房跪在地上求饶。这人说我们外国人不喜叩头，要限在他的身上交出阿彩。本家说阿彩方才跟局出去，没有回来，凡事总求看在我的分上宽恕些儿。并请了一个懂得几句外国话的中国客人问富罗为甚生气，富罗却又说不出来。后来自己误踏了楼板上的碎玻璃片，滑了一交，割碎手指流血不止。那个会讲中国话的更是暴跳如雷，现尚在房喧闹不已。富罗却因碎了手指，撇下木捧静了一回，躺在楼板上面睡了，不知睡到几时才醒。那个会讲中国话的不知闹到几时才去，真是受累。阿小得了这个消息，回至院中诉知青青。麦南听了大不为然，只说由着他们吵去。金氏弟兄心中焦急，俱想到西安坊劝住他们。柳青青与许行云平素要好，也劝子多速去。

子多马上要走，无奈麦南未去，不便撇他在此，只得勉强陪着。又坐了半刻多钟，盼他动身之后，始与子富一同赶至许行云家。其时富罗依旧睡在楼板上面，尚未清醒。贾维新呕吐狼藉，口中喃喃不绝的，仍要本家交出阿彩。恼了那个会讲外国话的客人，退出房中与男本家说："外国人凡是守规矩的，莫说中国妓院不到，连外国妓院也俱不去。如今二人闹得这个样儿，真是洋人中的败类。况那会讲中国话的，看来尚不是真正洋人。何不索性报知捕房，派个外国包探到来，把二人撵他出去，或竟拘入捕房暂禁。明日把富罗解送该管领事，那假洋人到会审公堂，问他个假冒西人酗酒滋事之罪。你可大着胆子办去，包你没事。"男本家听了这话，胆壮起来，当真要出外报捕。恰好金氏弟兄进内，被子多喝住他道："打毁了房间里的东西，明天酒醒之后自然照数认赔，休得混帐。否则富罗与姓贾的倘有差池，定当惟你是问。"金子多在洋行里头久了，租界上有些手面。男本家见他出场，连忙缩住了脚，道："金大少怎样分付，怎敢不依？但姓贾的在房胡闹，必须大少、二少劝他回去才好。"子多道："那个自然。"遂与子富上楼，走至行云房内。

贾维新见金氏弟兄到此，认做也是寻事来的，连说："来得正好。阿彩被本家不知藏到那里去了，我在此问他要人，你们也来问他。"子富道："本家把阿彩藏着怎的？休要与他混闹。"贾维新把眼睛一瞪道："不是被本家藏着，这人却到那里去了？"子多见他醉极不堪，只得顺着他道："阿彩一定被本家藏着，你把这人交我，待我叫他寻去。"维新拍手道："这才不错，你一准要他交出人来。"子多遂将本家一把拉出外房，叫他快走。本家飞步下楼，子多回身复至房中，说："本家现寻阿彩去了，大约须两三刻钟可来，你何不在炕榻上略息片时。"贾维新道："歇息可以不必，我还要问行云为其把富罗绊跌一交，决不与他干休！"子富道："那是富罗攀住轿杠，自己跌的，不能怪他。"贾维新道："你瞧见么？我偏晓得是被行云绊跌他的。"子多把眼睛向子富一斜，道："富罗方才跌这一交，果是行云不好。维翁现要行云怎样，方能消你心头之气？"贾维新道："他敢藐视洋人，须知我万万容他不得，必要至诚诚替我服一个礼，或肯方可饶他。"子多道："你要行云服个礼么？服礼之后，是否并无别话？"贾维新道；"有无别话，且待他服过了礼再说。"子富道："这么样罢，叫行云与你磕了个头，便将此事消去可好？"贾维新道："照了外国规矩，服礼不必磕头，只要他与我揿几揿手，亲几个嘴也就完了。"子多道："这有何难，待我与行云说去。"遂将此话告知行云，令他快与姓贾的敷衍一下，免生事端。

那知行云因并没开罪于他，并且也没得罪富罗，执意不肯。子多劝了又劝，子富也说："这一下真是委曲你的，往后我们有好客人，一定替你做几个媒，补你的情。否则这两个酒鬼闹到何时才了？"行云始勉强答应。金氏弟兄大喜，将行云牵牵扯扯的走至贾维新面前。子多执了行云的手，子富执了贾维新的手，彼此揿了一揿。贾维新觉得乐不可言，伸过颈来与行云亲嘴。行云耐着心性由他怎样。那知贾维新早也不吐，晚也不吐，这时候忽喉间一阵作逆，那张酒臭直冲的臭口与行云脂香喷溢的香口刚巧凑在一处，顿时狂呕起来。行云回面不迭，竟吐了一头一脸。贾维新拍手大笑。行云急唤娘姨取水洗脸，连头发内多吐得肮肮脏脏的，急切洗不净他，衣裳上也被溅及。行云想到做倌人这种苦处，止不住流下泪来。

子富见贾维新吐的秽水淌了一地，富罗睡在地上尚如死人一般，渐渐流至身边，慌与子多将他唤醒，揿了起来。其时富罗略已清醒，见金氏弟兄唤他，擦了擦眼问二人："这时候有几下钟了？"又见贾维新呕吐狼藉，笑他酒量不佳，吃了如何会吐。子多问他可知道自己追打阿彩及在此卧地之事，富罗竟迷迷糊糊的一点不知。子多道：

"此刻已经一点钟了，可要回去？"富罗问贾维新吐了怎样？维新一吐之后，心下也觉稍清，对子多说了声："我们回去。"便与富罗脚步歪斜一同向外。金氏弟兄深怕二人再闹别事，跟着下楼，直至出了院门，替他们叫好车子，送上了车，方始放心各散。

行云见贾维新等已去，心中恨极，叫娘姨在他与富罗所坐的椅子上各烧了一张白纸，以为被除不祥。又叫把楼板上所吐秽水收拾洁净，闷昏昏的正思安睡，听得楼下相帮的喊声："行云先生，堂唱姓夏的叫到兆贵里花婷婷家。"行云恨道："人家要想睡了，偏来叫个断命堂唱，这是那里说起。"唤娘姨问阿彩可曾回来，娘姨道："阿彩方才逃了出去，没有回院，想是在小房子过夜的了，须得明日才来。叫小大姐跟局去罢。"行云道："小大姐呢？"娘姨道："小大姐已经睡了，待我唤他起来。"遂把小大姐唤醒，叫他拿了烟袋。小大姐又至壁间拿取胡琴，行云道："此刻是什么时候了，谁去唱给他听？胡琴不拿也罢。"小大姐重复放下，二人一同下楼。因三个抬轿龟奴，两个多已回去，只得由一人捎着而行。

行云做姓夏的客人共有两户，一户是夏尔梅，做得不多几时，却已有过相好；一户是尔梅的兄弟，名唤尔兰，向在洋行为式拉夫，此人心地诚实，性度和平，行云叫他吃酒碰和，必定满口答应，不比尔梅年纪虽老，动辄发标。他在行云那边走动已有一年多了，从来没住过夜。尔梅看上行云，也去叫他，尔兰知道并不着恼。弟兄两个同做一人，彼此各不回避。尔兰脾气较好，自然行云对些。这晚却不知道那个所叫。去至席间一看，见是尔梅，正因隔夜要他吃个双台没有答应，心中不甚自然，今夜又受了富罗、贾维新两个的闷气，余怒未泄，遂一齐发作在尔梅身上。在他的椅子背后一坐，不但没些笑脸，开口就直呼他的名姓道："夏尔梅，你今天怎么到了这个时候还来叫我的局？"尔梅诧异问道："此时才只一点多钟，并不曾过得夜深，难道你已经睡了么？难道打断了你睡兴不成？"行云道："睡倒还没有睡，但是我昨夜叫你吃酒，也是一点多钟，你说上了年纪的人，身子熬不得夜，怎的今夜已一点多钟，却又在此地吃起酒来？"尔梅道："今夜是朋友请的，纵然夜深些，也是不得不然，并不是我自作主人，好早自然早些的妙，弄到更深夜静真有些吃耐不住。你心上须得放明白些，莫怪我昨儿不应许你吃酒，今儿与我呕气。再隔不多几天，你院子里归帐路头的日子就要到了，那时我就替你吃两台酒，有甚大不了的事情？"行云冷笑答道："等到我院子里烧归帐路头你来吃酒，至少尚有半个多月。惶恐你不时在院中来去去，要你吃酒这样为难，这样推三阻四的不肯一口便允，亏你说得出来！况且烧路头的那天，算我生意甚清，不见得吃双台的客人除了你便一个多找不出来。我想这顿路头酒吃与不吃，由你便了。"夏尔梅不听此话则已，一听此话不觉发起怒来，睁着眼睛叱道："你说怎的？除了我不见得没人吃酒，难道我除了你就没有地方叫局了么？真是岂有此理！"行云道："我晓得你相好做得甚多，本来是个阔客人，今夜为甚不叫别个先生的局呢？"尔梅愈听愈气，嘴上边的几根白须一根根多竖了起来，好像银针儿一般的硬，口中连呼"放屁"，叫娘姨快拿局票，另要叫局。

花婷婷是荣锦衣做的，这台酒乃锦衣的主人，席闻有平戟三、凤鸣岐、熊聘飞、李了靖、杜少牧、甄敏士、毓秀夫诸人，怎容夏尔梅闹甚脾气？不过许行云似此的盛气凌人，觉得内中必定另有别故，因急劝住夏尔梅道："我们逢场作戏，不可如此认真。既经叫了行云，再叫别人做甚？"夏尔梅执意不允，一定要叫，被锦衣向娘姨手中将局票夺去。叮嘱行云不可多口，并问他今夜究因何事欲与尔梅寻气。行云并不说明富罗与贾维新之事，低头不语。锦衣见问他不出，也就罢了。少牧深恐二人再有口舌，急唤娘姨添上一壶熟酒，与夏尔梅揎拳，满心岔他开去。尔梅与少牧尚是初次见面，却不得情，只得勉勉强强的五魁八马乱喊，揎了二杯抢三，乃是少牧输的。尔梅揎好了拳，又欲与行云说话。锦衣见他气尚未平，也与他揎了三杯抢三，又是锦衣输的。接下去戟三、鸣歧、子靖、秀夫四（五）人也每人揎了三杯，夏尔梅一连输了四拳，三四十二杯酒，有些吃不下了。锦衣要叫婷婷与房间娘姨代饮，尔梅不许，自己勉强喝了六杯，尚有六杯并在一只鸡缸杯内，递与行云，要他代喝。

谁知行云接也不接，尔梅这一只手伸了出去，竟然伸不回来，脸上如何过得下去。此时无名火再耐不住，连说了几声"可恶"，将酒向行云脸上一泼，湿淋淋的泼了他一头一脸。行云喊声："夏尔梅，你待怎样？"把身子往后略退，起右手抢了尔梅手中的酒杯，要向尔梅劈头掷去。锦衣等见他撒泼过甚，大家愤愤不平。戟三夹手将杯夺住，端端整整的向桌上一放，说："谁敢拿他！"行云见动了众怒，方才住手，叫跟局娘姨取过洋巾，将脸上边的余酒抹去。那知颈骨内也泼了个淋漓尽致，不但胸口的里衣尽湿，连一个湖色西纱兜肚那上半截也如在酒中浸过一般，解又解他不下，换又换他不来。八月里的天气，冷冰冰的搭在胸前，真好难过，比了方才贾维新（富罗）所吐，又是不同。娘姨伸手进去，抹过了两方洋巾，怎想抹得乾他。行云将柳眉连皱，又要与夏尔梅不肯干休。他本是湖北妓女出身，性子非常蛮横，除了富罗是个洋人，略有三分惧怯，其余客人向来没一个在他心上。这回〔吃〕夏尔梅的大亏，全不想是自己不好，一心只怪尔梅不应这样欺人。酒杯虽被戟三夺去，不便再拿，见面前放着一大杯茶，乃是堂唱进来的时候，婷婷房中娘姨照例斟与行云喝的。行云并没有喝，放在席上，约有七八分浅满，已经冷透的了，拿起来照准尔梅的面门连杯掷去。尔梅并没防备，急将身子一侧，虽然茶杯落了个空，"咯嗒"一声碎于地上，尔梅因上了年纪，立起时脚重头轻，自己作不得主，衣服又被交椅兜住，不觉连人带椅跌了一交。

锦衣等大惊失色，急忙扶他起来，问他怎样？尔梅一时开不得口，将手只向行云乱指。戟三见他两足湿透，原来那一杯茶尽溅在他的足上，急呼房间里娘姨替他把鞋袜暂时脱去。婷婷恐尔梅必欲再与行云寻事，将嘴对他向外一邪，叫他快去。行云也想此时不走更待何时，立起身来一言不发，拉了跟局娘姨往外便去。尔梅见了心中大怒，要想赶他回来，责他怎得这样无礼，无奈足上边鞋袜尽去，寸步难移，气得只坐在交椅之上拍桌大骂。行云早已走出房门，去得远了。

锦衣众人与婷婷等多来劝慰，尔梅这一口气如何咽得下去？声言停刻必要到他院中，闹他个不得开交，稍泄心头之愤。戟三终疑行云另因别事而起，苦劝尔梅风月场中切不可焚琴煮鹤，杀甚风景；况且行云今夜说不定受了别个客人的气愤，在你面前借题发挥。虽是理上不该，究竟他是一个妓女，何妨看破些儿，不犯着与他一般见识。少牧知道尔梅做的相好甚多，并不是行云一个，说他既与行云不睦，往后不叫罢了，何必与他斗气，伤了自己精神。婷婷也说行云这人脾气本来不好，最易冲撞客人，方才看他进来的时节，脸上早已不甚自然，大人说得不错，不知他与那个客人先呕了气，才到这里，谅来并不是专与夏老爷过不去，饶过了他也罢。尔梅任凭众人曲劝，这气总觉平不下去，呼房间里娘姨快拿局票过来，叫二排局立刻跳槽，并想再叫行云到来，激气在他的身上。有分教：

平空又闹无名气，蓦地相逢倚势人。

要知夏尔梅这二排局叫得成否，怎的又生出事来，再看下回分解。

第十八回

忿跳槽夏尔梅卖老　怒翻台金子罗作威

　　话说夏尔梅在花婷婷席上饮酒，被许行云无端寻事，闹了一肚子的恶气，要叫二排局马上跳槽。锦衣诸人劝他不住，只得且自由他。尔梅提起笔来，一连写了五张局票，催娘姨快些发将下去，也不知叫的是谁，众人并没问他。

　　谁知内中有两个局叫得与杜少牧大有关系。一个是云寓改名的群玉坊花笑桃，正是楚云。夏尔梅向来并不做他，有一天在张园游玩，楚云也在张园，回去时尔梅的马车在前，楚云在后，尔梅并没留心。楚云却知道夏尔梅年纪虽老，乃有名的垃圾马车，堂子里很肯花钱，因有心勾搭着他，叮嘱马夫跟住同行。每到转湾的时候，远远在车上边向尔梅丢上几个眼风。尔梅是个见色迷心的人，虽然眼光已花，幸戴着副金丝边老光眼镜，看得甚是清楚，暗想"自己已是五六十岁的人了，难得尚有人这样钟情，真是一桩奇事。心下十分欢喜，但不知此妓叫甚名字，住在那里，必须访他一个明白才好。当下分付马夫到一品香停车，看他可也停将下来，若然当真停在一处，此妓一定有些意思，正好一同入内，问他一切，并看看他人品如何；倘然开了过去，分明是事出无心，也就罢了。因至一品香门口下车，但见楚云的马车也已停了，他脚尖紧上一步，不先不后恰与尔梅一同进门，彼此打了一个照面。楚云有心笑上一笑，只笑得夏尔梅神魂颠倒，体骨酥麻，开口说了一句："你可是也来吃大菜么？"把一双老花眼睛紧紧一挤，将楚云自上至下看了个一览无遗，暗赞他好副面貌，虽是徐娘半老，那风头尚如十八九岁一般。楚云见尔梅与他兜搭，故意把手中的白丝巾向口上一掩，催同去的小大姐叫他快走，半句话也没有回他。尔梅那肯放松，两只脚便轻飘飘的跟了进去。楚云拣个客座坐下，尔梅冲了进来。楚云又向尔梅笑了一笑，始开口问他进来做甚? 尔梅只当没有听见, 还问楚云:"可要叫侍者拿菜单点菜?"楚云微微的点了点头。尔梅大喜, 立呼侍者进内, 每人点了四客大菜, 开了一瓶红酒, 又替小大姐也点了客鸡丝鲍鱼汤、一客虾仁蛋炒饭。这才细问楚云姓氏里居, 楚云一一告诉了他。尔梅知道了他的出身底细, 晓得此人声名甚大, 客人做了这种倌人很有面子。又见他说话间交浅言深, 比平日间所做别的相好不同, 心中那得不着起魔来。吃过大菜之后, 当晚到群玉坊打了一个茶围。明日吃了台酒, 楚云就留他住下。尔梅觉他这样迁就, 过意不去, 给了二百洋钱小货, 明日又碰了场和, 从此便叫起他来。

　　尚有一人是个雏妓, 住在西安坊内, 名字唤叶小红, 年只十三四岁。夏尔梅去做他, 因看上了个打底娘姨, 俗语说:"醉翁之意不在于酒", 那娘姨并非别个, 却是当初盛名鼎鼎的颜如玉。他在宝和里了两节住家野鸡, 生意虽不甚好, 手头却又多了二三百块洋钱。想到做野鸡的苦处, 每夜客人甚多, 身子甚是受苦, 却绝没个上等之人, 用用盈千累万的, 赚钱既觉容易, 起居又甚自然, 因把这二三百块洋钱托人在江西地方买了一个女子出来, 在宝和里住了一节, 亲自教了几支曲子, 勉强唱得出口。这节遂在西安坊包了一个房间, 取名叶小红, 悬牌应局。自己在生意上做个打底娘姨, 又与先时在小桃源叶题红处一般。不过从前是帮着人家, 此刻是自己的讨人做客人, 自然比前巴结。尔梅本来也没叫过, 有个朋友与如玉有些牵丝, 前数天同台吃酒, 把小红叫来, 写明要如玉跟局, 如玉果然跟了同来。尔梅一见, 忽又看上了他, 当场转了个局, 又约人去碰了场和。如玉知他是好客人, 待他十分十二分的要好。尔梅因碰和时细看如玉, 见他脸皮黄瘦, 头发稀疏, 这种人妆扮好了虽尚有些姿色, 一卸了妆只怕断看不得, 心上不觉冷了好些, 以后没有去过。今天又叫他在内, 无非是凑个热闹, 并不有心跳到那一边去。

　　座上却惊动了遇事留心随处精细的平戟三, 他瞧见夏尔梅乱写局票, 在旁冷眼瞧着, 见有花笑桃、叶小红在内。等他发出之后, 暗向少牧衣襟之上轻轻一扯, 同至外房, 告诉他道:"今天真是巧事来了, 夏尔梅与许行云呕气跳槽, 发了五张局票, 竟把你两个从前的心上人多叫在内, 你想巧也不巧?"少牧闻言诧道:"戟哥怎的知道?"戟三道:"我看他亲手写的局票, 怎样不知?"少牧道:"楚云改了花笑桃的名字, 我也晓得久了, 不过到了上海没见过面。如玉听说做了野鸡, 如何尔梅叫起野鸡局来? 长三书寓内从来没有这个规矩, 只怕未必。"戟三道:"如玉在宝和里做住家野鸡, 乃是前两节的事情。这节已买了一个讨人, 住在西安坊了。这讨人名唤叶小红,年只十三四岁。我也新近有人讲起他这番踪迹，尚没与你说过，所以你一点不晓。"少牧微笑道："夏尔梅这样年纪，怎么东做西做的做了无数相好，岂不是自寻烦恼？"戟三也微笑道："如今你也觉得，欢乐场中多做一个相好，多寻几分烦恼了么？若像从前有人叫了如玉、楚云，只怕你就有些酸溜溜的，心上不很自然，怎有这样大方？"少牧道："这就叫做彼一时此一时了，不但我此刻没点醋意，停回你瞧，二人到了席上，我可还留恋他们？"

二人讲得正甚高兴，荣锦衣因他们离席已久，恐戟三天性好静，不要因尔梅一闹，坐不住身，纠着少牧走了，心上甚是不安，走至外房找寻。原来戟三等与尔梅俱是初次见面，只有锦衣曾在别处花酒席上遇过数次，彼此认识。尔梅先曾请过台酒，所以今日答请于他，不防与行云闹出气来。席中客不甚多，倘然平、杜二人走了，未免拆了冷台，姓夏的面上难以为情。本来二人与谢幼安最是要好，幼安倘在席间，此人心气和平，即使二人要走，也能劝得住他。怎奈前几天接到家信，齐氏因天香死后，幼安伤感异常，虽然现在上海游玩，藉散闷怀，日后归来恐他依旧郁郁不乐，故在苏地托人，要替他重觅个如花美妾。做媒的得了这个消息，每天有人赴府说亲。齐氏因写信到申，催幼安即日回苏商办此举。幼安见信之下，深感齐氏用心，但想娶姜一事谈何容易，有几个像桂天香一般的人，一时那里娶去？不过齐氏既有此意，不得不回苏一次，叫他慢慢留神，必得自己看上，不可听信媒婆，或致误事；倘或没有看得上的，尽可不必再娶。故此别了少牧诸人返苏去了，约定中秋之后再当到沪。苏州倘无合意之人，说不定仍在上海讨娶。乃是大前天动身去的，今天并不在座，只得亲自寻将出来。戟三见锦衣出外，笑说："可是疑我二人去了？我们今天尚要看两个人，怎得会去？"锦衣道："你们要看那两个人？"戟三把夏尔梅叫花笑桃、叶小红之事说知，锦衣也连称巧事，遂邀二人重新进内。

尔梅叫的这五个局，已有三个来了，并没楚云，如玉在内，认做两人多尚未到。后听尔梅唤着叶小红的名字，问他："你母亲怎的不来？"小红回说："有病在床，不能出外。不然夏老叫局，那有不来之理？"尔梅问："是何病症，几时起的？"小红道："昨日才起，头疼身热，大约是感冒风寒，没甚要紧。停回用好了酒，你去看看他罢。"尔梅道："既是感冒风寒，今夜没有工夫，明天我来瞧他。叫他自己保重些儿，瘦得一把骨头的人，怎再生得起病。"少牧始知如玉身子不好，今夜不来。又听尔梅说他瘦得一把骨头，暗思好端端一个如花似玉的女子，为甚憔悴到这般地步？真是他自作自受，合了"可怜不足惜"的一句俗语。就是楚云，前在群仙戏园瞧见，也比先时消瘦多了，近来不知怎样？待他来时，不妨细细的看他一回。心中正在默想，但听得一阵脚步之声，楚云进来，连名带姓的向尔梅叫了一声，在他身旁一坐，便去咬着耳朵，不知道说些什么。那种做客人的擒拿手段，仍如昔日一般，只可惜脸色焦黄，纵然脂粉浓施，全失当年风彩。并见两颧高耸，一双钩魂摄魄的媚眼，觉比从前大了许多，这是面庞过瘦的缘故。又看他伸手去接小大姐手中的银豆蔻匣，那双春葱一般的手指，已变做干姜一般。少牧暗暗嗟呀不已。

楚云却与尔梅密语正浓，尚没瞧见，直至小大姐上前打断了二人说话，方才回过头来，恰与少牧打个照面，不觉心中吃了一惊。一个台面之上，怎好佯推不见？只得勉强叫了一声"二少"，并问是几时到的？少牧带笑答道："到了好几天了。"楚云假作诧异道："到了好几天，怎的没有见你？"少牧道："林黛玉、花好好在群仙串戏的那夜，你可在包厢里头看戏？"楚云故意沉思道："那晚果在西包厢内，二少坐在那里？"少牧道："我在楼下正厅第四排桌上。"楚云道："怪不得没有瞧见，原来坐在楼下。这晚看戏的人甚多，恕我没有留心，真是失照你了。"少牧回了一声"好说"，以后遂没有别话。楚云叫大姐小玲拿水烟袋装烟，尔梅见少牧也做楚云，嬲着要他转局。楚云口中也说："二少可要转局过来？"那身子却坐着不动。少牧道："今天是夏老叫的，不必转了，过天我自己来叫。"装烟的小玲不知就里，尚说："二少为甚不转局？"楚云暗暗以目示意，小玲方才觉察，装了两筒水烟，拿着水烟袋跑回楚云身边，并不再说。夏尔梅见楚云与姓杜的不甚亲热，认做向来没甚交情，也不去勉强于他。

楚云既与少牧招呼过了，见他脸上边甚是和蔼，与在苏州见面之时不同，料着没事，放胆巴结尔梅，要他散席之后翻台过去。并见他赤着双足，问他为了何事，难道不怕受寒？尔梅把与行云呕气之事约略述了一遍，说本来正要翻台，再把行云叫到台面羞辱一场，藉泄心头之气，但不知此刻已有几点钟了？楚云回称尚只一点多钟。尔梅马上要走，因叫的五个后添局，尚有群玉坊花小红未到，叫相帮快去催他。楚云更唤小玲叫自己的相帮上楼，令他赶紧回院，问王家姆拿双丝袜，并取一双鞋子到来，与尔梅穿。尔梅问："那里来的现成鞋袜，这样凑巧？"楚云说："昨天有个客人，因天公下雨，穿了雨靴回去，把鞋子留在院中，正好借他一用，脚寸谅来没甚大小。丝袜乃是你自己前数天脱下，叫王家姆洗的，怎的你就忘了？"尔梅笑道："那是我做得地方太多的不好。这双袜脱在那家，一时竟然想不起来。"楚云道："本来你地方做得太觉多了，以后总得减去几个才是。譬如花小红与我住在一个院中，起初不晓得铺房间的那夜第一台酒是你吃的，你终算是老客人了，怎么近又叫起我来？小红的娘阿素姐知道此事，心上边与我很不过去，受过他好几次冷言冷语，说小红初出来的时节，托我照应他的，怎样反去夺了他的客人。你想这话受得来么？今天小红故意迟来，内中未必没有意思，要你自己晓得。为甚一个门口里头，既叫小红，又来叫我？怪不得他不巴结你。好得过节我要调到别处去了。倘你真个有心照应着我，花小红这一个局以后索性不叫也罢，叫了反累我与阿素姐伤了和气，你心上安也不安。"尔梅听罢，跳起来道："怎么样说？阿素与你过不去么？花小红小先生，谁要做他？不时叫几个局，尚是阿素面上，他与你过不过去，真是鸡子和石子斗了。我不晓得你们吃醋也罢，晓得了不但往后不叫，今天也可不必等他，我们马上散罢。"楚云假意止道："今天你不等他，显见得我在你的面前讲了话了。何况小红虽是个小先生，你与阿素姐不见得没有交情，切不可一时之火，这样决裂。"尔梅指天誓日的道："你冤枉我与阿素有过交情了么？阿素在小房子内，夜夜不在生意上住，我又没到小房子去过，怎样有甚交情？你莫错疑了人。"

　　楚云冷笑答道："你是出名的石灰布袋，与阿素姐没有交情，我相信么？"说罢，向台面上细细一瞧，见尔梅叫来的局俱已去了，因说："除非才去的叶小红尚是初做野鸡，肉或者没有吃过，那还信得过你。"尔梅不解道："叶小红小小年纪，打过野鸡的么？此话从何而起？"楚云道："那个说叶小红打过野鸡，他的抚蓄娘如玉，不是上节尚住在宝和里么？亏你好双法眼，看上了他。但他生过满身毒疮，至今时发时愈。我今天关照着你，杨梅鸡是没味道的，以后莫去吃他罢。"尔梅诧道："原来如玉在宝和里住过，怪不得问他上节在甚地方，他只说从前在西荟芳，叫颜如玉，后来误嫁了一个客人，弄得不堪收拾，如今那客人死了，这节又到上海，言语甚是支离。你说他生过毒疮，果然此人骨瘦如柴，体热如火，头上边头发稀疏，指缝中疤痕隐约，真个有些意思。本来我也很疑着他这种人怎样做得？明天起我也要断绝他了。"楚云道："怎么说？今夜我这几句话，你肯断掉两个小红，只怕未必。"尔梅道："你瞧着罢，再叫他们两个，我不姓夏。"说罢，立起身来便要散席，忘了脚上边没穿鞋袜，喊了一声："阿呀！"楚云大笑，众人也忍不住笑将起来。恰好楚云差去取鞋袜的相帮已经到了，双手把鞋袜呈上，楚云叫小玲伏伺尔梅穿好，那湿鞋袜叫相帮带回院中，交代王家姆去洗刷。

其时花小红依旧未来，夏尔梅再等不及，催着众人要到楚云家去翻台。锦衣等因夜已深了，这种酒吃得最是乏味，大家不约而同的劝他明日再去。尔梅那里肯听，楚云见众人俱不愿去，反说明日一样吃酒，何必一定今夜，也劝尔梅早些回去养息精神，明天再吃。尔梅见楚云也是这样的说，方才息了念头，约定众人明晚八九点钟入席，必须个个俱到。众人彼此勉强答应。尔梅便催楚云回去，自己起身也要走了。那知花小红到来，说："夏老对你不住，今天转局多些，来得迟了。"要他坐下。尔梅睬也没有睬他，那肯再坐。楚云见了，忙做个两面光鲜，道："夏老今天不是为你生气，为的是许行云岂有此理，停刻回去我与你说。你虽来迟了些，夏老怎便放在心上？不要勉强他坐，还是大家去罢。"小红听楚云这样的说，只得陪着笑脸向尔梅道："既然如此，夏老下次来叫，准定一叫即到便了。今天真有些说不过去，可要同到院中坐一刻儿？"尔梅本想与楚云一同回去，如今见小红来了，反觉不便，满心不甚自然，恶狠狠的答道："天已半夜多了，谁耐烦再到你家去坐。"说完，谢过锦衣，别了众人，出房便走。楚云见尔梅已去，向众人说声："明天早些请来。"又与少牧说："往后有甚应酬，仍来照应。"笑迷迷的伸手携着小红一同下楼而去。少牧听了他那［般］说话，见了他那般举止，觉得夏尔梅着魔的今日，就是自己当初，深怜尔梅年老，不比自己少年，尚能力勘情禅，醒回痴梦。暮年人不迷则已，一迷往往至死不悟，甚是可悯，因动了个现身说法，细细劝化一番的念头。明天楚云那边一台酒，当夜散席之时，众人本想不去，反是少牧怂恿同往，我且慢提。

再表夏尔梅那夜气愤回家，想着许行云待他的坏处，又转着花笑桃待他的好处，真个意乱如麻，睡在床上提了心火，一夜天眼多没合。直至日高三丈，方才深入黑甜，醒来时天已过午，略略吃些中膳，便欲出外，忽觉两足有些麻木，精神也甚困惫，谅是昨天受了些寒，又熬了一个深夜所致。因在房里头一张烟炕上养息片时，并开了一盏烟灯，吸了两筒洋烟。他的发妻梅氏素来妒心甚重，自从嫁了尔梅，不许偶然出外，恐防他问柳寻花。尔梅也甚惧内，所以五六十岁的人，难为他风月场中从未到过。今岁梅氏得了老病，淹缠床褥，管不得他，才嫖到个不可收拾。梅氏早有些风声到耳，这日病体略觉好些，见尔梅睡在炕上吸烟，唠叨咶咶的盘问他这几天究在那里，白天出去黑夜才回，身子弄得这样狼狈。尔梅听他说话有因，不觉心中暗暗吃惊，只得推称连日有事。梅氏问他何事，尔梅指东话西的说了一回，深恐露出马脚，当时捉一个空，趁着梅氏在床服药，一溜烟的溜了出去。梅氏再要问时，尔梅已出外久了，只把他气得发昏，顿时又加起病来。尔梅那里顾他，一口气跑出大门，叫了部东洋车如飞的赶至楚云院中。

相帮喊了一声"客人"，楚云至楼梯口相迎，见他走了一乘梯子有些气喘，问他可甚吃力？尔梅口中虽说没有要紧，那两只脚却软疲疲的巴不得进房就坐。偏偏里房的门帘下着，分明有客在内。尔梅无奈止步，问楚去："里面是谁，可能使他让我？"楚云道："你且在此略坐，待我说去。"尔梅只得在外房坐下。大姐小玲绞过手巾，倒了杯茶，尔梅问他里房的客人姓甚，可是打茶围来的？小玲答称："里房是金大少，也是来吃酒的。今天因是礼拜，他是个洋行买办，请的乃是早酒，台面已经散了，大约马上要去。"尔梅笑道："洋行里做生意的，谅来一定是户好客。"小玲道："客人尚还不错，不过脾气大些，伏伺他不很容易。"尔梅一头与小玲讲话，一头盼着楚云出来。那知盼了许久，楚云没有出外，只听里房有人高声说道："那一个要让房间？他既然要来请客，为甚不来得早些？我们吃过一台，难道翻不得第二台？谁给他赶我动身，真是笑话得很！"尔梅听里面客人发话，不觉呆了一呆，暗想这姓金的为甚平白地吃起醋来，此人真不讲理，且听楚云说些什么，说得明让我进去，说不明只能与他斗上一斗，吃个双台，再看他让也不让。但闻楚云悄声恳道："金大少是照应我的，外房吃酒的是个生客，昨天预先定下房间。大少再要用酒，明天再用可好？今天给我一个面子，不要使我为难，真是感情不浅。"尔梅隔房听着，深赞楚云真会讲话，姓金的不见得再不肯让。那里晓得姓金的不听犹可，一听此话愈加动起怒来，将手在台上一拍，说："外房不论是那个客人，要我让他，叫他休想。他要请客，外房请去。我这翻台是翻定了，休再多说，不要讨甚没趣！"楚云竟被他将话喝住，再讲也讲不出来。此时恼了尔梅，那无名火不知冒有多少丈高，说了声："好个阔客！"立起身来，狠命的抢个箭步，竟要冲进房去与姓金的拼个势不两立。小玲一见大惊，急忙将他拦住，高喊楚云快来。楚云知外房有变，急得也没了主意。恰好楼梯声响，上来了一个客人，力劝尔梅不可如此，尔梅方又将身坐下。正是：

> 莫道是非随处有，若能忍耐自然无。

要知劝尔梅的那人是谁，尔梅与姓金的怎样散场，再看下回分解。

第十九回

杜少牧苦劝夏尔梅　花笑桃痛骂周策六

话说夏尔梅在花笑桃外房，被姓金的在里房与他吃醋，不肯让他入内，并且出言不逊。尔梅大怒，意欲闯将进去。大姐小玲瞥见，一把拉住，慌叫："先生快来。"楚云一时间也没了主意。正在为难，恰来了一个救星。此人非别，正是要来现身说法，劝化尔梅的杜少牧。他隔夜在花婷婷席上定下这个主见，尔梅约他今日到楚云那边吃酒，暗想正好乘机进语，痛下针砭。那知约的是五六点钟入席，候到七点多钟，尚没有请客票前去，心中甚是诧异，故而独自一人特来寻找于他。若是尔梅没去，不喝酒了，且待缓天聚首之时再说。倘或尔梅被楚云所感，合了句"单嫖双赌"的俗谚，独自在彼饮酒，不请别客，与自己当日在楚云处跳槽到颜如玉那边一般，这种酒吃得最是情致缠绵，却最易昏迷不醒。夏尔梅虽是初交，看他人尚长厚，不忍使年将就木之人将来死于牡丹花下，何妨撞至席上，切切实实的提醒于他，也不枉晤面一番，稍尽良友（反）箴规之义，所以一片血心的来至院中。

相帮在楼下边喊了一声："客人上来！"楚云与小玲两个俱因一心在尔梅身上，并没听见。少牧上了楼梯，走至房门口，将身站住，听小玲口口声声的说，"夏老不可这样。"微（微）把门帘揭动，窥见房中正是尔梅，但不知因何喧嚷。又见楚云站在里房，将手叉住房门，也说："夏老，你待怎的？"少牧始点了点头，料着尔梅必定与里房的客人吃醋，连房间多没有坐到，怪不得未曾请客。但想堂子里头吃醋，第一要年轻貌美，第二要舍得花钱，第三要手势泼天，第四要资格深老。四件里至少必须占得一件，方能吃得过人。却年轻貌美的最占便宜，其余尚多赶不上来。夏尔梅如此年纪，满头羊灰鼠一般的头发，满口草上霜一般的髭须，满脸酱煨蛋一般的肤色，满额烧鸭皮一般的皱纹，莫说楚云见了不喜，别人也那个喜他？若说他的手势，无非结交得几个狎友罢了，并不是租界上数一数二的有名之人，旁人或者让他三分。至于资格两字，楚云尚是新近做起，更是一些没有。自然四件里只靠着第二件，舍得花钱。他用一百我用二百，他用一千我用二千，与银子斗气了。但闻他也不过是小康之家，怎能盈千累万的花得过人？这是如何使得。因在房门口说了一声："夏尔翁，因甚生气？"举手把门帘一揭，走进房来。

尔梅见是少牧到了，把小玲用力一推，推开了他，指手划脚的道："杜少翁来得正好，我告诉你。"小玲见进来的乃是昨夜台面上遇见那个姓杜的客人，叫了一声"二少"，请他坐下，央他劝尔梅息怒。楚云在里房瞧见，也出来叫了一声"二少"，笑微微的即在尔梅身畔一坐，说："夏老，如今你有朋友来了，不要这样气急败坏，且慢慢的讲与杜二少听，可知道这是里房的客人不是，并非我花笑桃待亏了你。倘看在我的分上，必得要原谅些些。"尔梅道："本来那个错怪了你？"楚云道："虽然你没有怪我，倘使方才闯进房去闹出事来，叫我怎能够两面对得住人，不是难为我么？不是我今天说你，上了年纪的人，凡事应得耐性些儿，怎么比年轻的更是性躁？真把我吓了一跳。"少牧听罢，问尔梅道："尔翁，究竟为了何故，这样发恼？"尔梅把姓金的占住里房不让之事述了一遍。少牧笑道："姓金的你认识他么？可知此人多少年纪，做花笑桃有几节了？"尔梅道："我与他没见过面，怎的知道？"楚云道："姓金的名唤子多，在麦南洋行做买办的，年纪三十左右。他有一个兄弟名唤子富，向来做我，老实说，从天津回到上海，铺了房间第一台酒是他吃的。后来子多也来叫我，子富做了广福里潘小莲，我这里不很来了，子多却做到如今。但他的相好甚多，除了碰和吃酒之外，打茶围并不甚来。今天白天里忽来吃一台酒，内中有个讲究。听说子富遇见了几个做翻戏的，翻掉了许多银两。子多知道此事，央他的洋东麦南出信官场，告了一状，风急火急的捉拿那班翻戏。虽然那班翻戏已经走了，不曾拿到一个，子多因烦了麦南，昨儿请他在兆富里柳青青家喝酒。不料另有一个洋人名唤富罗，与一个假外国人名字唤贾维新，喝醉了酒在席面上与西安坊许行云吵闹起来。麦南心上很不舒服，当晚不欢而散。今天恰是礼拜，子多因又补请于他，吃的乃是早酒台面，已经散了。麦南早要回行，子多因在炕上吸烟未去。刚巧夏老到来，令我进去催他。这一催不打紧，麦南却就立起身来走了。子多才动起火来，占住房间不让。二少，你想叫我怎样才好？"

少牧听他把话说完，又向尔梅问道："尔翁在此走动也有好久了么？"尔梅道："这里我尚是初做，吃过两三台酒，碰过四五场和，叫了二三十个堂唱。"少牧附耳说道："这就是你自己的不度德不量力了。姓金的年只三十上下，你比他加了一倍。姓金的从他兄弟做起，已经好几节了，你又偏是初做。姓金的做洋行生意，赚钱容易，你是个素封之家，不听见有人说起做甚生意赚钱。你想五六十岁的人怎与二三十岁的人吃醋？第一件先是够不上他。只吃过两三台酒，碰过三四起和，可知还没甚资格，怎与有资格客人斗气？若说堂子里头，那一个人不要争些场面？姓金的占着房间不让，拼得多花些钱，定与他势不两立。姓金的真在洋行执业，并非身无半文之人，你决不可发这呆气。况且俗语说得好：'家值千贯，不如日进分文。'你虽积资殷实，究竟用一文短少一文。他做生意赚下来的乃是活钱，譬如赚了一千，用了八百，尚有二百余将起来。你又怎能花得过他？凡事须要三思而行，切不可执之一见。我瞧今天还是让他三分的好。"尔梅听毕，尚不服道："若照少翁说来，今儿我这台酒当真摆在外房不成？往后教我有甚颜面再在此间来往？"少牧依旧笑微微的附耳答道："今天你这台酒难道不能不吃的么？若因约下锦衣众人，不妨另外改个地方，赶紧写请客票关照他们。若因花笑桃面上答应吃酒，不吃交代不过，也好改个日子缓天再来。不见得姓金的天天占住正房等候着你，为甚你一点子想不开来？"尔梅闻言，踌躇半晌，答不出话。

楚云见少牧与他耳语，不知说些什么，却又不便动问，只得呆呆的望着尔梅，看他怎样。里房金子多见楚云在外房坐了许久没有进去，连呼小玲入内，叫他快催先生进来，有话问他。小玲不敢耽延，出房与楚云说知。楚云无奈，进内问子多有甚说话？子多说没有别的，快摆台面。楚云因尔梅尚未劝住，不敢应允。子多忽又发起火来，道："话已出口，收不回去，一准先翻一个双台，叫姓夏的在外房瞧着。"楚云听子多这样声口，一定回不掉他，心中颇甚为难，又甚可诧：为难的是今夜这篇文字，怎能做到个两面之圆，可诧的是子多虽甚有钱，平时倘要他吃酒碰和，并不十分容易，今天怎的拼命花钱？内中或者另有缘故，须问他兄弟子富方知。因与子富使个眼风，叫他走近身旁，低问子多今天因甚这般动火？子富笑道："你不晓得有一个人在他面前说了话么？"楚云骇道："是那一个？"子富道："是许行云。"楚云道："正要问你，子多向来不做行云，方才怎的叫起他来？"子富道："行云本是外国人富罗做的，子多看上了他，暗地割了富罗的靴，有过相好。此话足有一个月了，面子上因不好意思, 瞒着众人, 从来没叫过局。台面上遇见之时, 约定不装水烟, 外人那里看得出来? 昨天富罗大醉, 再三与行云寻事。今天富罗不在席上, 子多特地把他叫来, 要慰问他几句话儿。外房那个姓夏的进来之时, 行云正因散席出外, 看见了他重又回将进来, 与子多咬了几句耳朵。大约姓夏的必定也做行云, 才被他挑起火来, 你想是也不是?" 楚云点了点头, 始悟子多与夏尔梅吃醋并非事出无因。尚要与子富讲话, 又被子多催摆台面, 岔了开去。

外房更听王家姆高声喊道: "先生快来, 夏老去了。" 楚云闻说尔梅要去, 明知必定受了少牧的劝, 暗想这种一把年纪的人, 本来还配与人吃醋? 走了算他见机, 不走也不见得有甚面子给他。大凡做妓女的做到客人, 虽然爱的是钱, 若遇一样有钱的人, 年纪品貌里头也得分个高下。金子多与夏尔梅比较, 怎能比较得来? 与其得罪了姓金的从此不来, 还是姓夏的且自由他, 要去听凭自去的妙。不过说话里必须讲得好些儿, 使他痴心不死。这回闹了一肚子的酸气, 往后依旧常来走动, 方显我们做妓女的擒拿手段, 遇到万分尴尬的时节, 仍能够操纵自如。因与子多说: "你且再坐一坐, 外房那老甲鱼晓得斗你不过, 他要走了。待我打发他出去再说。" 语毕, 抢步出房, 一把扯住夏尔梅道: "夏老, 你要到那里去? 我在里房与姓金的设法, 已有四五分肯把房间让给你了, 怎奈有几个朋友在那里和调, 姓金的一时间转不来口。究竟朋友是客气的, 由着他们怎样和调, 停回包你有房间坐到。你这样性急怎的? 还不与我安安静静的坐将下来。"

尔梅闻姓金的肯把房间让他, 不免信以为真, 私问少牧: "既然如此, 你瞧再等片时可好?" 少牧耳听楚云讲话, 两眼看着他的面色, 不像真心要留尔梅, 知道他最会花言巧语, 这几句分明是好看话儿, 吊吊尔梅的胃口, 使他今天出去之后, 不至于一去不来, 那姓金的占着房间, 必不肯让。故在尔梅的衣襟之上, 将手轻轻一扯, 说: "虽然姓金的真肯让你, 有朋友在彼和调, 决不是马上的事。我们果要在此饮酒, 也何妨去去再来, 等在外房则甚?" 尔梅尚在犹豫不决, 被少牧逼着要去。楚云问了句: "去了几点钟来?" 少牧越发拿定他心中憎着尔梅, 巴不得他立时便走, 微笑回说: "去了一点钟来可好?" 楚云道: "此刻才只八点半钟, 怎要一点钟来?" 尔梅道: "说甚一点两点, 从此不来也好。" 楚云伸手在他的皱颈之内拧了一把, 道: "你说什么? 我偏不许你去。" 少牧见了暗暗好笑, 对楚云道: "不要孱了, 当真我们去去再来。" 楚云始说: "看在杜二少的分上, 暂时放你出去, 停回倘敢不来, 一定给你一个好看。"口说着话，举手把夏尔梅头上戴的那顶夹纱瓜皮小帽除将下来，交代小玲，叫他放到房里头去。尔梅没了帽子，虽是八月初的天气，老年人怎禁得秋风砭骨？急忙一手抢住，气急败坏的道："你把帽子除去，不怕我头上寒冷，不是要我命么？"楚云道："且把帽子当个押头，但要你来，谁要你命？"尔梅道："头上没了帽子，不但不能再来，且也不能出去，一吹风就要头疼。"楚云道："不能出去最好，本来谁要你去？"少牧见楚云这般做作，夏尔梅已经够受的了，倘然再受下去，真怕将来要了老命。因叫楚云不必如此，快将帽子还他，不要把他闹出病来。楚云只当没有听见。其时小玲尚笑嘻嘻的拿着帽子立在楚云身旁，少牧见了，在他手中接将过来，交与尔梅戴好，方才转身出外。楚云做意尚要除时，尔梅已走至扶梯上了，楚云含笑说声："你二人去去即来。"回身走进里房，又去笼络子多，说姓夏的当真已去，敲他翻了一个双台，不必絮表。

只说少牧逼同尔梅出了院中，尔梅问他何往，少牧道："我们到又一村吃大菜去可好？"尔梅道："停回尚要吃酒，此时吃甚大菜？倘是肚子饿了，何妨到四如春吃些点心。"少牧道："今天你尚一定要吃酒么？我有几句说话要告诉你。四如春不是讲话之所，还是又一村去。"尔梅不便固却，只得一同前往。少牧并不另请别个，只有二人对酌。席间先把楚云的出身底细讲了一遍，又把昔年自己与他如何要好，后来他如何负心的话述个详细，苦劝尔梅引作前车之鉴，不可堕他彀中，真说到个舌燥口枯，异常剀切。尔梅听了不由不渐渐的感动起来，略有些回心转意，要想割断情丝。

正与少牧说得高兴，偶倚在洋台阑杆之上向街中一望，只见自己的包车夫阿大手中拿了一张名片，跑得满头是汗的向北而去，那形状甚是慌张。尔梅心下大疑，提起喉咙在洋台上叫了一声，把手向他招上一招。阿大听得，赶上楼来，见了尔梅连呼："老爷快些回去，太太发了晕了。"尔梅惊道："太太今天身子健些，我出来的时候尚是好端端的，怎会发晕？"阿大道："你出去不多一刻，他就问起，后来肝气大发，呕吐了一点多钟，一口气回不上来，顿即晕了过去。家中人没了主意，叫我出外寻你。曾到花笑桃家寻过，据说已经走了，不知是那里去的。累我一连跑了好几个地方，多说今天没去。无奈奔回家中，看看太太甚样，却仍昏迷不醒。因想必须要请个医生诊治，才至书房中拔了名片，现在要到浙江里请张先生去。打从此处走过，恰好遇见，真是巧事，快些叫部车子回家去罢。我去请了张先生，马上就来。"尔梅止住他道："张先生搬了家了，不在浙江里住，去也枉然，还是就近些另请一个的好。"阿大道：

"就近请那一个好？"尔梅想不出来。少牧听尔梅的妻子病了，急切没有医生，说："何不快请平戟翁去？"尔梅也知戟三医道甚是高明，惟不肯受人医金，门口并不悬牌，请他甚是不易，恐他天晚不来。少牧道："戟三岂是这样的人？此时料在公馆里头，快叫贵车夫立刻就去。你也不要在此耽阁，赶紧回府去罢。"尔梅道："那个自然。"遂唤阿大向少牧问明了平戟三的住处，叫他持片快去。

自己别了少牧，叫部东洋车飞也似的赶至家中，见梅氏果然倒卧床上，人事不知，喉中痰声微响，四肢冷汗浸淫，竟有些九死一生的光景。究竟数十年的结发夫妻，向他叫了数声，想起今天发病多半为了自己出外而起，天良发现，止不住流了几点眼泪。只望平戟三早来，或者有法医治，不然眼见得吉少凶多。谁知等候戟三到时，诊过了脉，说此病乃由年高气弱而起，今天一定又因何事触动肝郁，以致气闭痰涌，深入膏肓，不可救药，只劝尔梅预备后事，不肯开方。尔梅听了只急得面如土色。向戟三再四央恳，求他想一个救急之法，且把梅氏救醒，稍延时日，发信至常熟家乡，好待儿媳辈来申。戟三始勉强开了一张金匮顺气汤的陈方，说服下之后倘能神志转清，尚可迁延数日，否则天明前后即防有不测之虞。尔梅含泪将方交与阿大，马上到药店配药，一面差人关照兄弟尔兰到来，代为照管各事。戟三开方之后即便告辞回去，临出门的时节坚嘱："天明时必须格外小心。"真个梅氏命尽禄绝，服下药去恍如没吃一般。延至天色黎明，竟然一命呜呼，与夏尔梅夫妻一场，连遗言多一句没有。从此一任尔梅怎样放荡，那里再能压服得他？这是做悍妻的下场。著书的人深愿世间悍妇看了这一回书，用心想透些儿，遇到丈夫有甚邪心，只宜婉委劝化，把邪心收他回来，切不可用强硬手段挟制其夫。一朝挟制不住，自己生起气来，白白的如梅氏一般白送了性命，不但无益，反把丈夫弄到个临老入花丛，荡产倾家，死多活少。悍妇成了个大大罪人，亲戚邻里中有些识见的人那个不背地里说他不是，真觉万分失智。

书中闲话少提，仍表夏尔梅于梅氏故世以后，区租界章程人死不能逾二十四点钟之外停尸不殓，只得发丧亲友，翌日置备衣衾棺殓。及至儿媳从常熟来时，早已丧事办完。他儿子见母亲已死，要劝尔梅回乡。尔梅贪恋上海繁华，那里肯去？况且梅氏既死，无人管他，正好做一个下半世的信陵君，醇酒妇人消磨晚岁，把杜少牧前天在又一村劝他的那番言语又一句句忘个尽绝，辜负了少牧一片热心。况且楚云闻得尔梅死了正室，三朝之上亲自备了一分香烛纸锭，又央人诵了一千卷心经送到公馆里去吊唁，并叫王家姆劝慰尔梅，请到院内散心。尔梅三朝后去了一次，吃了台酒。楚云千般献媚，使他将日前金子多吃醋之事一笔勾消，心中渐又亲热起来。过了首七，打发儿媳将梅氏棺柩盘回常熟，自己仍在上海勾留，暂且按下慢提。

　　再说楚云自从重到上海做了这几节的生意，超初满望将周策六骗去的财物，在天津时丧掉的金珠，多仍在上海客人头上搜刮出来。谁知珠黄人老，桃花运大不如前，虽然生张熟魏，每节堂簿之上也有五六十户客人，吃到几十台酒，碰到几十场和，出到六七百个堂唱，那场面尚算过得去，无奈好客人并没做到，节上边开消下来，多是些硬酒硬局，要想寻个户头敲些竹杠砍记斧头，比着登天还难，要像从前杜少牧那般的人，竟然一个没有。更兼第一节被策六缠绕，诈去了四百洋钱，到得节边结帐，连这四百在内竟亏了六百有零。手头拿不出来，只得东移西借，吃的多是三分重利，自不必说。大凡做妓女的断断有不得债，有了便一时轻不起来。楚云初到群玉坊的时节，问阿素借了三百洋钱，周策六的四百块内有二百又是向阿素借的，节上又亏掉六百，那债重至一千多了。别的并不打紧，利钱每一个月须要三十多块洋钱，深恐这门口支持不住，那里敢再做住家。恰好阿素因花小红那节结帐也没余钱，下节要把房屋退租，到别家妓院去包个房间，风火轻些。楚云得了这个信息，也想改包房间，遂与阿素商量。阿素因他身上的债欠得重了，放他到别处去未免有些不甚放心，最好仍旧住在一处。刚巧隔壁萧和贵院内下节有两个先生调到别地方去，空下三个房间，阿素因与和贵说知，和贵心中大喜。每人付了十块洋钱定洋，说定过节准调，楚云依旧是两个房间，小红一个。调了进去之后，楚云又向本家取了二百洋钱带挡，添了些衣饰等物，这债又重了些了。

　　偏偏时运不济，那生意一节清似一节，愈做愈是不好。这节生意又因失眼，做了一个夏时行一般的荷花大少，被他吃了十数台菜，叫了七十多个堂唱。八月初一夜起了手巾，连手巾洋钱多没有开消，初二起便从此不来。楚云心上着慌，因他天天在万华楼吃茶，差小玲一连看了几次，影多没见。平时他说住在新马路上，叫相帮到新马路去挨家访问，那里有这一分人家，始知这人有些不妙。只因是书场上做来的客人，并没有熟客做媒，漂了更是无处声说，心中愈加愁急万分。看看中秋已经到了，本家处房饭钱，卖花人等种种节帐，堂里头煤炉司菜等种种零碎开消，至少须有一千二三百块洋钱方能过去。堂簿上的局帐只有一千左右可收，本来已要亏折，再禁得漂去十数台菜，七十多局？更有些十收九不足的零星小户，算算又少了三百洋钱，怎能掉拨得来？虽然新近做了个夏尔梅，看来甚是有钱，怎奈他做得相好甚多，不是个用情专一的人，开口上去未必三百五百的借得出来。要想再向阿素加借，却因做了尔梅为始，心中有了嫌隙，莫说不肯再加，连从前借的，几次说起下节自己要用，逼着要还。至于再向本家加取带挡，又因与阿素不和，过节要调出去了，已看定了西安坊的房屋，本家处没话好说。真个是愁肠万斛，无计可施。

　　到得八月十四那夜，同院中别个倌人收进的收进，付出的付出，俱已有七八分清楚，只有楚云千疮百孔，甚是为难。那夜打烊之后，呆呆的坐在床前一张红木单靠椅上，盘算念头，想起数年前何等生意，何等锋芒，每到节上收取局帐，除净开消之外，那一节不多几百块钱？所以自从赎身之后，手头积到许多现蓄。却不道受了周策六之愚，被他一齐骗去，临了儿尚诈去四百洋钱，以致雪上加霜，竟有今日之苦。真是不想犹可，想起时只恨策六不在眼前，巴不得寻到了他，活活将他咬死。暗暗的叹了几口冷气，和衣向床上一睡，闷昏昏的竟自睡去。梦里头忽把策六大骂起来，将小房间内睡的王家姆，炕榻上睡的大姐小玲双双惊醒。王家姆知是楚云梦魇，高声叫唤，更把双手将板壁拍响。小玲不知为了何事，在炕榻上直跳起来，眼睛也没有擦开，下榻便跑，绊了榻前临睡时自己脱下的那双鞋子，喊声"阿呀"，"拍"的跌了一交。楚云兀尚叫骂未醒。正是：

　　　　早知今日飘零苦，回想当年怨恨迟。

要知楚云痛骂策六，醒来怎样，且看下回分解。

第二十回

落帐房笑桃受逼　借干铺少牧担惊

话说楚云因中秋节到，债负重重，想起昔年受周策六骗诈之事，不禁怒从心起。和衣睡在床上，顿时做起梦来，梦中把策六咬牙切齿的骂个不住，竟然骂出了声，惊醒了王家姆与小玲二人。小玲睡眼朦胧，下榻时绊了鞋子，跌了一交，楚云尚还未醒。王家姆只得跑进房来，把小玲搀起，一同走至床前叫唤。楚云方才止住了骂，翻了个身，叹一口气，醒将转来。见二人立在床前，问他们缘何至此？王家姆把梦魇之事说了一遍，劝楚云事已如此，况且为日久了，不可这样发恼，伤了自己身子。楚云讶道："怎么说，我睡梦里骂起那没天良的人来？虽然是日有所思夜有所梦，不成了个笑话么？"王家姆道："大凡思郁过度的人，最易做梦，并且梦里头不知不觉的叫唤出来，有甚笑话？"楚云道："不是这样说的。今夜房间里幸亏并没客人，若有个客人在此，被他听破，像甚样儿？这多是我命运不好，当初误受了姓周的骗诈，才有今日。想来真是可恨！"王家姆又劝道："你怕被客人听破，往后还把此事丢开，千万少去想他。想了禁不得又这样起来，那才真正是笑话哩。"楚云闻言，默然不答。小玲立在床前，一句口也不开，只把两只手在膝盖上左右按捺。楚云见了，问他何故，小玲紧皱双眉，只说好疼。楚云不解，王家姆笑把他跌了一交之事说知。楚云怪他太自卤莽，叫把裤脚卷将起来，瞧瞧可曾跌坏。只见左膝上擦去了一块枯皮，有洋钱大小，右膝上磕得青了一块，尚幸多是硬伤，不甚要紧，别处并没有跌损。因令将裤脚放下，快些去睡。王家姆就叫他睡在床上做伴，谈谈说说，稍解心烦，免得停回睡熟之时，提足了郁火的人又要做梦。

好容易挨过一宵，这天是十五了。本家萧和贵连差帐房上楼，向楚云催了几次房饭钱、菜钱，说节上等着开消。楚云没法，将收下来的局帐凑了三百洋钱，先自叫他收下，余约晓间再找。帐房发话道："一共七十二台菜钱，八块洋钱一台，已要五百七十六块，加上房饭钱共该七百多块。此刻先付我三百块钱，虽是不妨，晚上边却要如数付清，须晓本家垫不起。"楚云听帐房说话不对，硬着头皮答道："晚间自然清，你着急怎的？"帐房道："不是我要着急，本家这样交代，不得不向你说声。莫要到了晚上付不清楚，我不能够回复本家。"说毕，拿了洋钱下楼自去。楚云双眉紧皱，转了好一回的念头：要想亲自去寻那漂帐客人，明知没有寻处；要想再向阿素加借，明知断断不肯；要想寻些衣饰去当，怎奈箱子内空空如也的当不出来；又想亲自下楼去，与本家商量，停回再付他一二百块洋钱，其余过节再付，只因下节不连，料着本家一定不允；又想向下节西安坊的本家先取几百洋钱带挡，怕的是场面有关，见了本家开不出口。一时间心如磨转，主意毫无。后被他想到，从前赎身的时节，杜少牧答应下四百洋钱，闹糟了事没有拿到，多亏向客人处四面移借，才能勉强成事。此番除非仍是这条路儿，或者有些指望。因与王家姆说知，意欲单身出外。

王家姆暗中受过本家与阿素嘱托，说楚云的债亏得大了，怕他节上边有甚不测，必须格外当心。今听楚云果欲出去，怎肯放他独自前往，只得情愿陪着同行。楚云知是不放心的缘故，没奈何换了一件寻常衣服，令王家姆叫了两部东洋车子，拣着平日稍有些交情的客人各处去走了一回。也有不在家没见面的，也有见了面说为时局促帮不来忙的，也有开口一百借了三十五十的，一连寻了五六个客人，凑不到二百块钱。夏尔梅处本想不去，只因王家姆说今夜乃是中秋，吃酒的客人尚还没有，最好顺便约定一台，免得冷清清的受人家笑话，虽然下节要调，究竟不好看相，故而老着面皮也去找他，一来晚间要他吃一台酒，二来硬头皮问他借些，看他怎样回复。尔梅听说要他吃酒，一口答应，又听得问他借钱，因楚云尚是初做，没有落过相好，心中不狠情愿，只送了三十洋钱花钱。楚云不好再说。

其时天已过午，王家姆催着回院吃饭，别的客人也没处找了。匆匆回至院中，吃过了饭，叫小玲唤帐房上来，又付了三百洋钱，尚有二百多块，央他过节再找。帐房作不得主，告知本家。本家那里肯依，说晚上一准要结算清楚，免到调头那日多一句话。楚云见一些儿通融不来，再把堂薄翻开细细的看了一看，见没有收到的菜局钱薄上尚还不少，因叫小玲同了一个相帮赶紧上街四处讨去。直讨到乌黑方回，奈欠钱的大半俱是滑头，一块钱多没讨到。回复楚云之后，楚云只气得手足如冰，一言不发。最急的是本家处没有弄楚，那些店家来收帐的又满满的坐了一房，内中有一家马车行的马夫等得时候久了，口里头讲出踉跄话来，对王家姆说：“你家先生既然没钱，坐怎马车？自己坐倒也罢了，还要装场面去请别人。”王家姆诧异道：“他请那个？”马夫冷笑道：“难道你还不晓得么？是长板坡里的赵子龙。那一次不是到了小房子内，与他同去，天亮才回。虽然瞒得过你，怎能瞒得小玲？”王家姆听他说出“长板坡赵子龙”六个字的隐语，始知楚云从六月里起夜间喜欢看戏，原来有此缘故。当面不便说他，背地里免不得有番议论渐渐传扬出去，倒尽声名。楚云听马夫与王家姆讲话，虽不能字字清楚，也有几句漏到耳中，奈因真有此事，不好发作，只当做并没听见，由着他们讲去。不过一个钱没有开消人家，那些收帐的人怎能散去？大是为难。看看天光已经夜了，别个房间里头摆酒〔的摆酒〕，碰和的碰和，异常热闹。自己房间里夏尔梅约着吃酒，恐他也要来了，看见了这一房间讨帐的人像甚样儿？左思右想一回，在手上除下两只嵌宝戒指，又叫小玲开衣箱拿了十几件衣服，打了个包到典当里头当去。这时候典当门已关得久了，只好当在小押铺中，三钱不值两的只当了五十多块洋钱，拿回向各店伙分酒的些，余约过节调头的那日一准付清。各店伙始勉强回去。

恰好夏尔梅到来，楚云钦愁为喜，敷衍他吃了台酒，本想这夜留他住下，着实灌些迷汤，等到调头之日再好问他开口借钱，三五百不见得肯，一二百却是稳的。偏偏席散之后，来了一张请客条子，乃是杜少牧请他往柳纤纤家吃酒。楚云叫他不要去了，尔梅说少牧难得请客，不可失了他的兴致，一定要去。楚云见阻挡不住，且自由他，只叮嘱他一坐台面即来叫局。尔梅满口答应，谁知到了那边，叫了别个。楚云等到十二点钟敲过，局差没来，估量着台面已散，叹了口气，暗恨好好的一个机会又被当面错过。本家萧和贵因楚云尚有二百多块洋钱没有交代帐房，院中打烊之后，又叫帐房先生上楼来催。楚云实苦身无半文，惟有软恳一法，说今夜真是没有的了，调头即在目前，多少到了那天找结，决不能少付一文。帐房仍旧不能做主，叫和贵亲自上楼。楚云又讲了好些软硬话儿，说本家照应得日子多了，索性照应到底，宽情这两三天儿，最迟十八九调头出去，那钱万无少欠之理。现今人在你门口里头，何苦这样追逼，难道我花笑桃二百多块洋钱不值？和贵倒被他说得没有口开，方才答应了过节再算，下楼自去。

　　楚云等他下楼之后，见自鸣钟已经两点过了，不见得再有客来，分付小玲把洋灯吹息，闷昏昏的闭门安睡。只因上了心事，翻来覆去了好一回儿，怎睡得着？在枕头上盘算调头的念头，天明最好把［西］安坊接生意的黄三姐喊来与他商议，央他多捐几百块钱，才能出得这群玉坊的门口，料来黄三姐万无不肯之理。当盘算定妥，十六一早起来，便叫小玲到会香里黄三姐借的小房子内寻他说话，叫他快来。那知黄三姐到秋月楼茶馆内去了，没有遇见。小玲寄了个信回复楚云，眼巴巴的望到十二点钟敲过，方见三姐到来。楚云大喜，请他坐下，正要开口与他讲话，三姐气愤愤的先对楚云说道："先生方才差人寻，可是为了调头的那节事儿？这事本来付过定洋，一定百定的了，但我一个人那里捐得起一千多块洋钱？内中尚有两个帮忙的人，一个姓何，一个姓陈，说定每人三百，一共九百洋钱。下场缺少，再向本家取些带挡，谅来足够的了。这是你晓得的。不料今天一早，姓何的与姓陈的在秋月楼叫我前去吃茶，姓何的说节前答应三百洋钱，因在久安里内有脚生意，捐的也是三百块钱。那先生一过了节要嫁人了，这钱便可如数起出，放到此地。谁知客人变了卦，没有嫁成，那钱遂一时间起不出来，要叫我另想法子。姓陈的本来有个讨人在百花里，上节因局帐收不甚起，短了二百多块洋钱，节前答应的三百块此刻也拿不出了，至多只有一二百块洋钱好凑。我听了这几句话，好似半空里起了两个霹雳，因为万万对不住你，与二人商量了好一回儿，说他们不应这样失信，叫人怎能办事，几乎破起面来。争奈二人真没有钱，破了面也是无益。在秋月楼闹了一场口舌，八点钟吃起的茶，直至此刻才散回家，后饭多没吃。听说你差人叫我，特来与你说知，这事真弄得搅不下了，你想怎样是好？"说完，把个楚云惊得如木雕泥塑一般，半晌开不出口。

　　黄三姐见他没话，反催他快些定个主意，或是仍在群玉坊接连下去，过年再调，或者再寻别个有力量的前来接手。楚云按定了神，将头摇上几摇，道："三姐你说出笑话来了，连下去谈何容易？本家已经接了别人，房间那得有空？若说另外寻个有力量的，节前付过定洋的人说话尚还作不得准，此刻叫我那里去寻？不是今天跌在你三姐身上，这事必须费你的心，与我一个了断。姓何姓陈的拿不出钱，再找个姓张姓李的，明天必得调头出外，否则叫我如何过去？岂不是要急死我么！"黄三姐道："姓张的姓李的找得出来，我也不来与你说了。正因后接手找不到人，我才没有法想。莫说你听了这话急得真个要死，我也急得尽够的了。"楚云听毕，不答应道："照你这样说来，难道我这事就罢了不成？那有这等容易。"黄三姐闻楚云说出硬话，他又转得软软的道："容易也晓得不容易的，无奈钱财两字，一些儿勉强不来。我黄三姐并不诳你，认定三百块钱，自然不少边毫。旁人散了场子，一人怎再搭起来？你也得原谅我些。"楚云道："旁人我不认得他，只认得你三姐，定洋也是你付下来的。倘然真把场子散了，且看你怎样交代得我？"黄三姐故作踌躇道："你的话果然不错，我黄三姐也不是做弄人家的人，最好商量个善全之策。不过姓何姓陈的那两个人已是没有商量的了，只好待我去再找别人。今天只怕回话不及，你且不要心焦，明天给你回信可好？"楚云道："明天是十七，可有了人，十八调头出去，尚还算不得迟。倘然没有人，岂不误事？"黄三姐略略想了一想道："没有人再想别法，你也得打点打点，看来不能靠在我一人身上。此刻我要去了。"楚云一把拉住他道："去了几时才来？"三姐道："说过明天，一准明天早上。"楚云道："今天晚上可能再来一次？"三姐道："今天断来不及。"楚云无奈，只得放他自去。

小玲见三姐去了，端上饭来。楚云怎吃得下，问王家姆："可知调进来的先生叫什么名字，几时进场？"王家姆道："听说是苏州新上来的，名字唤吴秀娟，现在住客栈里头，明后天就要进来。"楚云又吃一惊道："明后便要进来，叫我怎样来得及？"王家姆瞟了楚云一眼，并不接口。楚云真觉有苦难言，也不与王家姆再说什么，只盼明天黄三姐到来，但愿他觅到了接手的人最好，觅不到只好与三姐拼命，要他想个法儿。

谁知楚云虽尚盼着三姐回音，三姐那里是姓何的百花里生意上起不出钱，姓陈的讨人收不起局帐，皆因十五那天楚云开销不出各店家一切店帐及本家处房饭钱、菜钱，这事传扬开去，当夜被黄三姐听见。细细的打听一下，始知楚云生意虽还不错，只因他喜做年纪轻的滑头恩客，这一节漂了个不亦乐乎，又新近姘了一个戏子，夜间移樽就教，到他小房子去。这是做倌人最忌最坏的事，莫说楚云年纪已经大了，就是十七八岁锋芒十足的人，犯了做恩客、姘戏子两件毛病，那生意也断断做不出来。这种人如何接得？思来想去了一夜工夫，十六一早到秋月楼茶会，与那些吃堂子饭的商量。也是楚云的花运已倒，众人异口同风，都叫他这个人莫去接他，还是丢掉了几块洋钱定洋的好，三姐遂奔至西安坊，与本家计议。本家也叫他不要勉强，并说定下来的马上有人接租，不必放在心上。三姐始决定主意，捏出姓何姓陈的那番说话去复楚云，其实姓何姓陈的多听三姐作主，节前既经答应，那有到期拿不出钱的道理？皆因三姐不愿此事，故而忽然决裂。三姐姓黄，排行第三，与姓何姓陈的同做此事，恰合了灯虎中踏雪格的一句苏州俗语，叫做"黄三河阵"了。十六，三姐复过楚云，只因一时卸不干净，又许他十七再去。

十七一早，楚云便差大姐小玲去叫。三姐见他来得正好，索性一口回绝他道："铜钱银子乃是勉强不来的事，昨儿足足跑了半天半夜，实在找不到人。并不是我黄三姐不肯出力，这事只好对不住你家先生，要他自做主意的了。"小玲听了这话，要央三姐同去回复，三姐推说有事不肯。小玲只得独自回院将话一一诉知，急得楚云面如土色，马上拖了王家姆叫两部东洋车赶到会香里，亲自找寻三姐说话，已经出去的了。楚云与王家姆坐着老等，同居的邻舍来说："他是早出暮归惯的，九十点钟出去，必要晚间一两点钟才回。你们如何等得？"楚云只当没有听见，坐着不动。等到午牌已过，三姐真没回来，但见小玲跑得喘嘘嘘的进来说道："本家叫你们快快回去，有话商议。"楚云尚待不走，王家姆因肚中饥饿，不肯再等，趁着小玲来叫，逼住楚云回去。楚云到这时候真有些身不由主，任凭王家姆陪回院中。

只见房里头坐着几个娘姨，原来是接吴秀娟生意的那班做手。秀娟今天要调进来了，楚云还没有调出，故找本家说话。本家因此事须问楚云，始差小玲把他唤回。楚云见了那一班人，脸上边烘的一红，免不得向他们点了点头，却恨房中没有一个地洞，最好顿时钻了下去，免在人前出丑。那班娘姨见楚云进来，含含糊糊的招呼一声，却没一个与他讲话，只央小玲把本家唤来，当着楚云的面问他究竟今天调与不调。又说我们做娘姨的接了生意，巴不得早做一天，可以多寻些钱，况且秀娟住在栈里，诸事不便，不比在生意上调出来的，多耽阁一两天尚不妨事，夫家必得原谅些些。本家听定了话，把头点上几点，逼问楚云怎说？楚云平日虽甚机变，此时也觉一句话多答不出口。

夹忙中忽又阿素上来，要向楚云起还借洋。楚云见了阿素，明知他近与自己不甚投机，究竟相处得日子多了，人有见面之情，顿时事急智生，暗想还是向他求一个救急之策，或者有济。因即立起身来，叫了一声"素姐"，一把将他扯至后房，泪汪汪的把黄三姐临期变卦之事说知，要他今天救上一救。阿素微笑答道："我们姊妹是好姊妹，但你外间亏得大了，却教我如何救你？就是问我借的那几个钱，本来决不催逼你的，无奈小红这一节生意不好，你也晓得。目今自己要想用了，怎能够放在外边？你心上须得明白些。"楚云道："你的钱，实对你说倒还不急，只要有人捐了洋钱，自然不致落空。急的乃是本家处尚有二百多块洋钱未付与，那些零星店帐差不多也有二百块钱，一时付他不来，怎样调得出去？况且黄三姐连脚影多不见他了，调到西安坊的那一句话，十分中已有九分落空。要调叫我调到那里头去？吴秀娟的那班做手娘姨却又是这样要紧。素姐，你想不是活活的要逼死我么？可怜我要好姊妹，自从天津重到上海，除了你素姐，尚有那个？今天这一桩事只能拜托在你身上，我也没有别的说话，只与你叩一个头。"说毕，当真双膝跪下地去。阿素没防备着，拉也拉他不及，慌忙双手扶起。因见楚云这样哀恳，竟动了个不忍之心，暂把起洋钱的意思丢在一边，要先（光）替他想条出路。想了半刻多钟，这又不是，那又不通，只有寻个一捆的人把他捆了出去最是干圆洁净。但这人一时那里寻去？自然免不得楚云暂落帐房，方可慢慢的再替想法，否则断没第二条路。想罢，即与楚云说知，叫他赶紧回复本家，今夜便住在帐房里去：免到明天本家开口，更是没趣。

楚云闻阿素说出落帐房一法，这是做倌人调不出头最不好听的结果，心中初尚犹豫，后因除此竟无善策，暗暗叹了几口冷气，勉强答应。那本家处却因自己没面说去，要央阿素代言，并要阿素允定他落了帐房，一准寻到个一捆的人早些捆他出去。阿素想既然要做好人，索性做到底了，遂叫楚云在后房暂坐，亲自跑至前房与萧和贵讲明情节，说笑桃自愿暂落帐房，让后来的先生进场。和贵道："笑桃在帐房里住没有要紧，但他几时可以出去？必须有一人与我保个日子，并保他出门时将钱一概算清。"阿素道："自然是我作保，明后天准调出去。"和贵喜道："素姐你肯保他，那是再好没有的了。既然如此，快叫他端整起来。"阿素道："包在我的身上，马上出还房间，你且下去。"和贵向吴秀娟的那班做手娘姨说："你们听见没有？立刻让还你们房间。"那班娘姨答道："只要这样是了，我们大家去去再来。"遂与和贵一哄的下楼而去。阿素始叫楚云进内，把东西收抬收拾，自己的一齐拿到帐房里去，王家姆与小玲的各人携取回家。红木床与玻璃橱及台椅各物多向嫁妆店家租来，差相帮关照店家取去。那消两三点钟时候，把个房间竟出得一件东西没有。

楚云愁眉泪眼的退入帐房，那没趣真是从来未有。这一天自从早起到晚，一点子没吃东西。夜里头相帮的搬上半碟子黄豆芽，半碗冷的咸菜豆腐，一碗冰冰冷的冷饭，叫他吃些。楚云看在眼里，闷在心头，连筷也不曾动得一动，只顾眠在一张小榻上叹气，也没人去理会于他。直至院中打烊之后，阿素方才进来，说有姓夏的姓卓的姓潘的三个娘姨情愿包你出去，明天早上前来看你。楚云问："可知是那个地方？"阿素道："听见是棋盘街。"楚云闻说落到么二里去了，止不住又暗暗的流下泪来。阿素劝他："一样生意，分甚长三幺二？只好得过且过，将来只要做得起色，仍好调到长三上来。"楚云也知事急依人，气也无益，落了回泪，与阿素讲些这一节因收不起帐，才弄到这个地步的话。阿素说他时运不好，始有这许多漂帐客人，然一半也是自不小心所致，以后必须格外留神才是。楚云默然。阿素因夜已深了，辞回小房子去。楚云在帐中似睡非睡的过了一宵。

明天，果然阿素领了夏、卓、潘三个娘姨到来与楚云见面，讲了回话，当场说定一千四百洋钱捆他出去，饭后交洋。楚云算一算，开消已够，答应下了。三个娘姨看楚云虽然年纪大些，风头尚好，幺二里去一定可以做得出来，故而各人满心欢喜，回去取洋。午后凑齐了数，交与阿素，由阿素转交楚云，出了三张借据。楚云把借阿素的钱先自还去，借据收回，又将本家处应找的二百多块洋钱，也烦阿素交给本家，清了阿素的担保。然后把店家零星各帐一一算出，一家家多来取去，不过打了些些折头，店家未免有些坏话，楚云只当没听见他。一千四百块钱顿时开消完毕，楚云只剩了一双空手。夏、卓、潘三个娘姨见他已把诸款付清，问账房里可有自己的衣箱零物带到生意上去，楚云说只有两只箱子，与些保险灯、洋镜、水烟袋等零物。三个娘姨遂叫相帮到来，一并取去，又打上一肩旧黑布轿子，便叫楚云动身。楚云别了阿素，无精没采的登轿而去，从此堕落在幺二妓院，又兼身负重债，恍如做了讨人一般，半点子不由自己做主，受那脂粉地狱的罪，一日深似一日，后书再有交代，暂且按下慢提。

再说杜少牧，中秋那夜在新清和坊柳纤纤家吃酒，乃由甄敏士做的新广寒桂枝香席上翻过去的。纤纤尚是雏妓，近来生意甚清，那晚房中没酒，故在台面上要少牧翻台过去，做个场面。少牧起初不允，后因纤纤再三相恳，说："今天乃是节日，没有台酒，不但面子上说不过去，并且说不定抚蓄娘明天责我。"少牧可怜着他，方才勉强答应。只因在座客少，仅有戟三、子靖、鸣岐、聘飞、敏士五个，荣锦衣、毓秀夫等另有应酬，并没有来，谢幼安尚在苏州未到，故而翻去之后，写请客票到楚云处去请尔梅，暗破了楚云要迷夏尔梅的迷魂阵儿。尔梅到了席间，本来尚要去叫楚云，少牧劝他不必。尔梅遂叫了群玉坊花好好，后又想起许行云来，自从那天在花婷婷席上翻了面孔没有叫过，后来行云屡次差娘姨到公馆服礼，这事已算过结的了，今天何不叫他个后添局，看他来时怎样？因又提起笔来写了一张二排。少牧看见又想阻止，怎奈朋友间交情尚浅，不便多说，只好由他。那知许行云叫娘姨服礼，并不是心中改悔，为的乃是中秋已到，尔梅不去，若不差娘姨前往过一过门，恐他不开消局帐的缘故。尔梅却把他当做洗心革面，居然尽释前嫌，今夜又叫他来。

行云接到那张局票，冷笑一笑，暗想："夏尔梅真在那里讨死，前次这样得罪着他，今日如何又来叫我？既然他自愿寻些苦吃，何不给他个空心汤团，索性显些手段他看，怕他不整千整百的花几个钱？"主意已定，连轿子多没有坐，叫个相帮捎着，并令小大姐带了一只胡琴，马上来至席间。一见尔梅，便满面大花的叫了一声"夏老"，因见他身背后只有一张骨牌凳子，花好好先叫先来，已被他坐了去了，遂与尔梅合椅子坐将下去，要把尔梅推在一边。尔梅假意不让，行云趁势坐在怀中，伸手更在他的腿上暗暗拧了两把，只拧得夏尔梅连声"啊唷"，体骨俱酥。合席的人见了，没一个不暗中好笑。行云拧了一回，听尔梅气喘嘘嘘的讨了几个饶字，方才住手。少牧暗替尔梅叫苦，尔梅却甜津津的喘息略定，即与行云咬着耳朵唧唧讲话。行云先把前天花婷婷席上不该无礼的话说了一遍，推称那晚只因被个客人臊醉了酒才有此事，醒来甚是懊悔，叫尔梅千万不要放在心上，以后仍旧常来走动。尔梅此时已被行云的金钟罩兜头罩定，任凭行云怎样打诓，句句信以为真，回说："那天你原来喝醉了酒，不然我想那有此事。自古说酒能乱性，大凡吃醉的人，怎能作得来准？只要明白你是吃醉的缘故，那个再来怪你？往后自然依旧要来。"

行云见尔梅果然受哄，笑微微的点了点头，叫小大姐拿过胡琴，唱了一支《劈破玉》小曲，又唱了一支《十杯酒》。尔梅问他今天为甚一唱两支，行云道："一支是罚我前天未唱。"尔梅道："我要罚你多唱支曲子么？还是罚你多做出戏。"行云不等说完，假意伸手要打，尔梅又讨起饶来，引得房间里许多娘姨、大姐大笑。行云伸回了手，说："不打你了，我要罚你。今天是个节日，这里散了台面，快替我翻过去吃个双台，罚罚你几天不来。"尔梅向花好好一指道："吃台酒没甚要紧，怎奈先已答应他了，再翻只怕夜分太深，明天吃岂不一样？"行云把脸一沉道："不来了好几天，今夜这个双台，你想逃得去么？凭你翻到天亮也要你去。"尔梅见回不掉他，只能与好好商量，可否改为明日。好好虽然忠厚，这地方也不肯让人，只说已叫相帮的回到院中交代过了，今夜怎能不吃？尔梅没法，面约少牧等席上诸人先翻到花好好家略坐一坐，再去与行云做个场面。少牧等口中唯唯，心里头俱大不为然，深怪尔梅这等年纪的人，不应为行云所惑，不惜精神在花好好家翻了一台，还要翻到那一边去，分明须到天亮才休，不是吃什么酒，竟在那虽拼着老命。尔梅见众人多允同往，心中甚是欢喜，催行云先自回去，停回好好处台面一散，一定便来。好好留他与自己同行，立起身来要走。行云瞧好好是一个尖先生，品貌甚是妖媚，自己比不上他，莫要夏尔梅吃过了酒，被他吃住不许出来，因与尔梅说："你要叫我回去，我偏不去，难道你那一边去吃酒，不能带局去么？我跟着你一块儿走，免你停回再来叫局，岂不甚好？"众人见行云这样嬲着尔梅，明知尔梅在他身上将来必有不可收拾之日，与叫着楚云一般，恨不得立时提醒着他。无奈受迷的人，任你千呼万唤，一时也醒不回来，何况此时不便说话，惟有依着他，先到花好好处翻了一台。及至再要翻到许行云家，大家不约而同的俱说天已将明，一个不去，要尔梅自己觉悟，就此散局。那晓尔梅非常高兴，竟会独自前往，暂且按下慢提。

　　再表杜少牧与众人在花好好家出来之后，这几天因他住在荣锦衣公馆里头，锦衣那夜不在席间，少牧半夜三更进城去敲门打户，未免许多不便，又兼吃了些酒，觉得懒于行走，心想自己叫的柳纤纤是个雏妓，何妨借夜干铺，明天一早入城。因此步出了群玉坊，慢慢的走至新清和纤纤院中，叩门进内。纤纤早已睡了，相帮的在楼下喊了一声"客人上来"，他从梦中惊醒，不知来的是谁，侧着耳朵细听。后闻少牧叩动房门，知道是自己做的客人，连呼大姐阿小妹快快开门，却一时那里叫得醒他。只得在床上坐起身来，亲自走至门旁，将门闩拔去，轻嘴娇喉问了一声："那个？"少牧见房门已启，说声："是我。"踏进房去，恰与纤纤打个照面。满房月色中，照见他汗衫睡裤，媚态横生，虽然尚只十五六岁的人，薄睡醒来，别有一般撩人春色，不觉缩住了脚，心下担惊起来。正是：

　　　　花底已经醒蝶梦，酒边那敢肆蜂狂。

不知少牧既到纤纤房中，因甚担惊受怕，将脚缩住，且看下回分解。

第二十一回

半少话唤醒柳纤纤　　一场和跌倒花好好

　　话说杜少牧中秋那夜一连吃了三台花酒，结末从花好好家出来，因这数日住在城内荣锦衣公馆之中，锦衣那晚不在席间，独自一人入城不便，又因吃了些酒，懒于举步，想起到新清和坊柳纤纤家借夜干铺，明日进城未为不可。不料到得纤纤院中叩门上楼，房中的人俱已睡熟，纤纤听得，亲自起来开他进房。只因那夜虽已中秋，天气甚热，少牧见他上身穿一件粉红汗衫，下身系一条淡湖色席法纱睡裤，这身衣服甚是妖淫。头上又戴着一条茉莉花条，这花乃是媚夜淫葩，媣人妖草，开门时一阵花香扑鼻，夹着些脸上的脂香粉气，薰得人色授魂飞。虽说纤纤尚是雏妓，此时觉得别有一种撩人之态。少牧已是个过来之人，反觉打了一个寒噤，站住了脚，定一定神，方才跑进房去。纤纤那知他暗中留意，只是吃醉了，笑微微的叫了一声"二少"，让他进内，依旧闭好房门，与少牧一同坐下。要叫烟炕上睡的阿小妹起来，少牧止住了，不许他叫。并推说有些醉意，自将长衣宽下，要到床上睡去，叫纤纤睡在后房。纤纤初见他不许叫应小妹，认做少牧别有意思，后闻叫他到后房去睡，又误认做有意试他。古语说："近朱者赤，近墨者黑。"纤纤落在妓院之中，每日里与客人说趣调情，那情窦岂有不开之理？又见少牧人才出众，性格和平，年纪也还说大不大，那晚吃了些酒，脸上红喷喷的，越显得风度翩翩，竟有些情不自禁。等到他睡至床上，说声："可要我来陪你？"竟也软洋洋的眠了下来。少牧一见大惊，急忙坐起身来，把手摇上几摇，连呼："你来则甚？"纤纤尚道是有意与他作耍，索性将身子一侧，倒在少牧怀中，面对面的说："我当真来陪你睡一回儿。"幸亏是近数年的少牧，既有定识，又有定力，把世界上的妓女，一个个多看做如玉、楚云。见纤纤倒入怀中，急把他向里床尽力一推，自己跳下床去。想起从前初做如玉，乃在端午夜间，那种撩云拨雨的情态，也如今夜一般。那时偶然意动，不知花掉了多少银钱，受尽了多少气恼，如今怎敢稍涉大意，再罹绮劫，重困情魔？

纤纤却因少牧下床，始知方才叫他后房去睡，是句真话，自己不该这般轻贱，只羞得满脸通红，乘势向里床一睡，连头多不敢回将过来。少牧见了又是好笑，又是可怜。暗想："他本来人尚稳重，只缘落在烟花队中，才把性质改变，还好的是天真未漓，既然尚有羞恶之心，何妨乘机劝化一回，使他成一朵火内青莲？将来当有出头之日。"因含笑叫他起来，说："有几句话要与你讲。"谁知纤纤羞做一团，一言不答。少牧无奈，假意到衣架上拿取长衫，穿了要走。纤纤始发起急来，掉转身躯，将少牧一把扯住，问他到那里去。少牧道："要我不去，你快起来，我当真有话问你。"纤纤叫他仍把长衫脱下，方在床上坐起身来，那面庞尚如酒醉一般，红得异样。少牧叫他不必害羞，今夜之事，并没有第三个人知道，我以后决不向人说起。纤纤低低的道："今夜真是我一时之错，你肯不说出去最好，说起时，不但我做不得人，并怕抚蓄娘不得干休。"少牧道："可又来，莫说你是讨人身体，怎能干得此事；就是自己身体，做女子的，最妙是从一而终。青楼中虽然不比良家，建不得贞节牌坊，身子却也不可糟蹋，你想是也不是？"纤纤愈觉面红过颊，道："你说的是金玉之言，自当紧记。但我今日原是自己不好，往后只怕身在烟花，终不免有朝张暮李之日，即使自己要守身如玉，只怕客人未必能容。你想，世上有几个见色不乱，像你一般的人？"少牧道："见色不乱四字谈何容易？嫖界上那有此人？即如我今夜这番引避，也是强制之功。倘在三五年前，怎能强制得住？所以你们做妓女的，若存下个爱惜身的念头，得能早嫁一日，便是早好一日。但愿你拿定主意，放出眼光，觅到个当意客人，赶紧跳出火坑，最为上策。况且年华易逝，别人不要说他，但看我做的巫楚云、颜如玉两个，当初何等锋芒，此时人老珠黄，弄得渐形潦倒，这便是个榜样。你须要触目警心，休得忘了我今夜这番劝戒，那就身在花丛，终得头回彼岸，不致后悔嫌迟了。"

纤纤闻了这一席话，连连点首，顿觉心坎上大放光明。

因其时天将破晓，坐在床中，身上只穿一件汗衫，一条睡裤，未免太嫌单薄。况被少牧说了这些正话，觉得袒胸露足的不像样儿，因急下床，取了一件旧熟罗衫，一条旧纺绸裤子，从容穿好。见少牧坐在床前一张红木单靠椅上，他到壁边，端过一张骨牌杌来，在少牧右边坐下。问少牧身上可凉，可要添些衣服，少牧道："别的衣服没有，只有件长衫在此。"纤纤到衣架上取来，替他披上，二人重复坐下。纤纤忽然叹了口气，眼中几乎流下泪来。少牧不知为了何事，赶急问他。纤纤道："今夜你这番说话，怎不教人思前想后，触起身世之悲？我柳纤纤今年说大不大，也已十五岁了，不幸幼年父母双亡，寄养在恶叔家中，十三岁上，被他诱至上海游玩，卖入娼寮，屈指今年已将三载。虽幸抚蓄娘人尚慈善，并不十分凌虐，但一年的混将下去，到得十七八岁以后，你方才说做女子的，最好是从一而终，我说只怕狎客不容，如今想将起来，尚有抚蓄娘一关，到了这个时候，怎许我守贞立志？更禁得阿英姐等那一班做手娘姨，似虎如狼，异常凶狠？近来生意略形清淡，他们已在抚蓄娘面前，屡次说是没做过大生意的缘故，意欲拣一个有钱之人，逼我干那无耻勾当。二少，你想我往后的日子，尚能过得下么？若说嫁一个如意郎君，一时间又谁来要我？可怜我一个好人家儿女，将来不知道怎样收场。"说至此，泪波一涌，竟呜呜咽咽的哭将起来。

少牧叫他止住了哭，把自己手中的一条白丝巾，替他将眼泪拭平，婉委的又解劝他道："你看过京戏里的《玉玲珑》么？梁红玉也是个妓女出身，嫁了韩蕲王，名播千秋。昆戏里尚有一出《独占》，那王美娘何尝不是妓女？嫁了卖油郎秦钟，一双两好，今古艳称。这多是极易晓得的古事。可知做妓女的，只要从良志切，能如梁红玉般的夫荣妻贵，收成何等美满？即像了王美娘，嫁个经纪良人，也不失了倡随之乐。却切不可学那广东戏《琵琶行》中的花褪红徒伤老大，犹抱琵琶，惨忆前情，梦啼妆泪。你只须牢牢记着这几出戏，就可当做佛家的醒迷宝筏，渡苦慈航了。至于你说娘姨逼勒，鸨母贪残，阿英姐从前在颜如玉处，不知与那个娘姨做过替工，我故与他认识，由他几次在途中请我，说现在新清和坊跟你，故才叫起你来，晓得他是个极很极辣的人，不必再说。你的抚蓄娘不知是谁，何妨与我说知，将来到得万难自主的时候，倘有霸阻从良，一切，我还可以替你指点一个绝妙生机，决不使你无出头之日，你想好么？"纤纤摇首道："抚蓄娘是一个公馆里头的姨太太，不在生意上住，并且瞒着公馆主人，只有礼拜六或礼拜日私自到此片时，所以你从未见过。若问他叫甚名字，不说也罢。况且我讲过他人尚慈善，将来我真要嫁人，谅还没甚阻挡。目今院中各事多托着阿英姐等经管，倒是这一班人可恶，将来说不定多句话儿，那时你若在上海，再与你商议未迟。"少牧点头道："原来抚蓄娘待你还好，这也难得。你既然不肯说他名字，不说也罢。至于阿英姐等那班淫贱娘姨，本来堂子里最造孽的正是此辈，妓女一大半害在他们身上，客人却也有一大半害在他们手中，说起时真觉令人可恨。"纤纤向后面的小房间内瞧了一眼，道："轻口些儿，阿英姐睡在里面，莫要被他听见。"少牧道："阿英就睡在小房间内么？你怎的方才不说；我早知小房间有人睡着，累你没有睡处，我已去了。"纤纤道："当真要睡，难道不能与阿英姐在后房合铺，说甚没有睡处？如今天快明了，我们索性再坐片时，不要睡罢。"少牧此时薄醉已醒，本想不睡，听纤纤叫他坐到天明，正对了他的意思，彼此谈谈说说，甚是投机。少牧又半规半劝，寻些小说书上最易晓得的妓女嫁人典故，如《郭英嫖院》之类，说了一回，直讲到日高三丈，阿小妹已经起来，二人尚说得津津有味。

阿小妹见了少牧，甚为诧异，说："二少乃是几时来的？来得好早。"纤纤看了他，只顾好笑。少牧戏说："此刻才来。"阿小妹有些不信，忙到后房，想问阿英。阿英尚还酣睡未醒，因又跑出房来，盘问纤纤，究竟少牧何时上楼，怎的一些不晓，纤纤说："尚是昨夜到此。我曾连声叫你开门，你没听见。"阿小妹慌道："房门可是阿英姐起来开的？我今天又要受他的埋怨了。"纤纤道："房门是我开的。阿英姐也睡得正熟，并没听得，你莫着慌。"阿小妹始欢喜道："既然如此，停回阿英姐起来，好先生，莫说我夜间死睡，二少上楼叩门，是我开他进来，替我撒句谎话可好？"纤纤假意答道："睡了叫不起来，谁来与你撒谎？且等阿英姐说你几句，儆戒儆戒你的下次。"阿小妹听罢，呆了片时，不敢再说，在门角里拿起一把扫帚，自去扫地。

少牧听阿小妹要叫纤纤撒谎，想起夜间独自进来，不要起了阿英姐的疑心，与纤纤有些不利，正好将机就计，因对阿小妹道："你莫听小先生的说话，停回我替你周旋过去，竟说房门是你开的，那就是了。"阿小妹又快活起来道："好二少，你说了这一句话，照应得我真是不小。若被阿英姐晓得我夜间不醒，莫说必要埋怨，说不定还要告诉我娘，打几下哩。"少牧道："你娘可在此处？"阿小妹道："在棋盘街幺二里头，不在这里。"少牧见阿小妹这般惧怕阿英，知道他平日凶恶，暗替纤纤捏着把汗，可怜着他。好个柳纤纤，却从那夜少牧一番戒劝之后，拿定主意，不肯失身于人，要在孽海中做个完全女子，留心跳出火坑。此是后话慢提。

仍说少牧口中与阿小妹讲话，衣袋内摸出一只对时表来一看，不知不觉的已经七点半了，料着回到荣公馆去大门已开，当时立起身来要走。纤纤因他未用早膳，恐怕受饿，不放他去，叫阿小妹分付相帮到淮扬九华楼叫了一碗鸡丝面来，请他点饥。恰好阿英姐起身，听得房中有客人声音，披着衣裳，靸着拖鞋，跑进房来，见是少牧，叫了一声"二少"，怪阿小妹怎的不到后房关切一声，冷淡客人。少牧道："我因昨夜喝醉了酒，二点多钟来的。阿小妹开我进房之后，本要唤你，因你已睡，是我不许他大呼小叫，休要错怪了他。"阿英姐道："既然昨夜酒醉，今天怎的起得甚早，何不再睡片时？"纤纤笑道："二少他睡过觉么？虽然说是酒醉，与我讲了一夜的话，眼睛也没有闭过，连阿小妹多是一样。"阿英姐道："二少可是嫌小先生的床铺醒醒，故而没睡？"少牧道："你在那里说趣话了，小先生的床铺说他醒醒，难道倒是大先生的反干净么？那是我欢喜与他谈谈，因此没有睡得，累他与阿小妹却也坐了一夜，心上甚是过意不去。"阿英姐道："他们多是十四五岁的人，一夜半夜不睡，算得什么，说甚过意不去？二少当真欢喜纤纤，缓天替他碰一场和，了了你的心愿，纤纤感情不浅。"少牧闻阿英姐要他碰和，口内含糊答应，心中暗想："这真是妓院中的恶习，隔夜才来吃酒，打了一个茶围，便要打合碰和，怪不得纤纤生意日清，原来阿英姐敲剥太过所致。"纤纤见阿英姐要少牧碰和，免不得也说了声："二少果真几时来碰？少牧又听纤纤开口，知道他出于无奈，这和不能不碰的了。因说："昨夜一夜没睡，今天不必说他，明天晚上可好？"阿英姐满面堆下笑来道："只要二少得暇，随便什么日子多可，"少牧其时面已用完，对纤纤道："一准明天来碰，此刻我要去了。"纤纤不便再留，直送至楼梯口方回。少牧进城安睡。纤纤也因天气尚早，略睡片时，直到十点多钟，起身梳头，阿英姐说他贪睡，唠叨不已。纤纤那敢回答半句，只能忍受着他，慢慢打算后来的日子。

　　一天易过。明日，少牧约了锦衣、敏士、聘飞三人，旁晚时果到纤纤院内碰和。才碰得三四副牌，闯了三个客人进来，乃是戟三、鸣岐、子靖。因少牧此次到申，从未在妓院内邀人叉过麻雀，今天戟三进城去访锦衣，遇见荣升说主人与杜二少爷到新清和碰和去了。戟三想："新清和坊是柳纤纤，好不诧异！难道少牧又与纤纤要好，前天才吃过酒，今天故又碰起和来？俗语说：'戒嫖戒走。'似这般走得热了，莫要又蹈昔年故辙，做朋友的不可冷眼看他。"所以出城之后，约了子靖、鸣岐，寻到新清和去，瞧瞧这一场和少牧碰得可有意思。倘是偶然高兴，与纤纤并没有交粘，不妨邀个人来，索性再碰一场，助助他的兴致；若有迷恋之处，好趁他迷恋未深，大家劝他及早回头。故此三人进得院中。少牧起身相迎，并要把自己碰的地方，让他们不论何人接将下去，三人那里肯接？子靖只问："既在此地碰和，为甚早间不约我们？"少牧碰完了手中的那一副牌，附着子靖耳朵，聊表说这场和乃是勉强碰的，已经有了锦衣等三人集成一局，因而不再约人。子靖尚虑他口不应心，与戟三等坐在一旁，细看房间里与纤纤的举动。见阿英姐等应酬一切，并不十分在意，纤纤更落落大方，绝无一些狎呢之态，始知少牧果是实情，并无邪念。

看了一圈多庄，戟三问少牧："可要写张请客票，到级升栈请毓秀夫来，再碰一场？"少牧连称"使得"。阿英姐自从戟三等进来之后，他见七个人碰一场和，莫说停回吃夜饭时要费多少酒菜，就是纸烟瓜子等，也要多难为些，心中很不遂意，今听又要再碰一场，流水叫阿小妹送上请客票去，顿时眉花眼笑起来。戟三提笔将票写好，付与阿小妹，交代相帮请去。不多时，相帮回来，说："毓大人不在栈内。"戟三听了说："秀夫不在，再请那个？少牧道："可到许行云或是花好好家请夏尔梅，此人甚是高兴。"戟三遂又每处写了一张，分付相帮快去快回。相帮诺诺连声，如飞而去。少顷又回覆道："夏老自己在花好好家碰和，不能来了"。戟三等正想再请别人，只听相帮又喊了一声："客人上来"。并非别个，恰是秀夫。他在外间回栈，见了请客票，马上就来。众人说他来得正好，就此入局。只因少牧等已经扳过位了，第二场只碰四圈，免得参差过久。碰完之后，结好了帐，少牧当场付了二十四块洋钱头钱。阿英姐照例说了句："二少为甚这样要紧？"又说："对不住各位大少。"将洋收下。端整夜饭，请众用毕，各自散归。不必絮表。

如今且说夏尔梅在花好好家碰和，戟三写请客票去请他的时候，其实正在吃酒，尚没有碰。这一台酒，因中秋那夜尔梅在许行云处吃了双台，被阿珍知道，等他去打茶围时叫黄家姆敲出来的。说行云处吃的双台，为甚明欺好好？一定要他补吃一台。尔梅回称："行云是大先生，故吃双台；好好尚是个小先生，一台已是不待亏他。"黄家姆笑道："小的不会大起来么？你今夜当真补吃台酒，包你今夜就大。"尔梅是个见色便迷的人，况好好处做得日子久了，一直只晓得他是小先生，没有法想，今听黄家姆语出有因，嘻着张嘴答道："你这话算得数么？果然算得来数，这一台酒，我何妨马上就吃？"黄家姆道："言出如风，那有算不得数的道理？"夏尔梅道："既然如此，可拿请客票来。"黄家姆见他入港，不胜之喜，立刻催他写票请客。果真吃了台酒。

客人多已散了，夏尔梅坐着不去。黄家姆说："天色尚早，夏老何不再碰场和？"尔梅对妆台上自鸣钟一看，道："十点多了，碰什么和？"黄家姆道："好好这样一个先生，难道吃了台酒，就跌得倒他么？起码再替他碰一场和。"尔梅道："这是你方才自己说的，只要我补一台酒。"黄家姆道："那是与你顽笑罢了。么二里的先生有句俗语, 叫六倒, 跌尚要破费六块洋钱。好好是个书寓, 一台酒只花十二块钱, 便想把他跌倒, 怎样说得过去? ”尔梅听了, 心上有些不甚舒服, 说起醋话来道: “我在他的身上, 也不知吃过多少台酒, 碰过多少场和, 难道没有花钱? 本想占个头筹, 如今听你说来, 头筹已被［彼］他人占去, 不恼也就够了, 怎又这样为难? ”黄家姆含笑答道: “从前是从前的事, 今夜必得再碰场和。头筹虽被他人占去, 谁叫你这几天自己不来? 不能错怪人家。今天可知道尚是二筹, 你若不是个老客人, 只怕一和一酒, 还没有这样便宜事情。”尔梅道: “二筹只怕不见得么。”黄家姆道: “骗你不是个人。你一向信我说话老实, 怎的今天疑起我来? ”尔梅始瞧着好好, 回酸作喜道: “头筹也罢, 二筹也罢, 本来碰一场和有甚大不了事, 不过碰起来夜太深了, 况且请客费事。这么样罢, 你们把台子扯开, 大家挖两圈花, 算一场和可好? ”黄家姆道: “好好（纤纤）, 有人来叫堂唱怎样? ”尔梅道: “有人叫局, 我们就停。”黄家姆道: “输赢可算? ”尔梅道: “算几块钱输赢也好? ”黄家姆道: “一角洋钱一百道, 我来赢你几十块钱。”尔梅道: “倘然你输, 可有洋钱给我? ”黄家姆道: “怎么没有? ”尔梅道: “好好与阿招姐输得起么? ”黄家姆道: “他们两个那得有钱, 自然输赢多是你的。”尔梅道: “我三个人赢你一个, 难道怕你? ”黄家姆笑道: “这是拿不稳的。”说罢, 正要叫阿小妹把台子扯开, 平戟三忽来请客。相帮把请客票, 从楼窗口小篮子里吊将上来。阿小妹接与尔梅一看, 见是少牧在柳纤纤家碰和, 不好意思不去。要想自己去, 碰了两圈, 往后叫黄家姆代碰。黄家姆今夜那肯放尔梅出门; 所以一口替他回绝, 说尔梅自己在此碰和。尔梅没法, 由着黄家姆怎样做弄。

黄家姆见把台子扯好, 一样叫相帮起过手巾, 大家坐下去碰, 不过四角没点洋烛, 茶几上不装盆子。碰到十几付牌, 好好有堂唱来了, 黄家姆将牌一推, 马上就停。尔梅把筹码一结, 恰是黄家姆输了十几块钱, 故意伸手问他要拿。黄家姆笑了一笑, 榻的打了一记手掌道: “亏你说得出来! ”尔梅道: “你不把赢钱给我, 我在和钱上头划扣。”黄家姆道: “和钱是小先生的, 今天本来不问你要。”二人扭结固结, 好好堂唱去了。黄家姆叫粗做娘姨进来, 把台子排好, 收去牌码, 尔梅始在身畔拿了三十块洋钱钞票出来, 点一点数, 交与黄家姆道: “十二块钱乃是和钱, 余下的算做下脚, 你一起收下了罢。”黄家姆满脸面堆下笑来道: “怕你今天不拿出来! ”双手将钞票接过, 把二十五块袋在身边, 五块放在台上。夏尔梅道: “碰和下脚向例四块, 怎的多一块钱? 可是要叫人到钱庄上兑么? 我身边也有现洋, 不必兑去。”口说着话, 伸手又在衣袋之内，挖出几块钱来。黄家姆夹手拿了两块，说："替你把夜厢下脚凑齐了二十块罢，余多不要你的。若说碰和下脚，住家本是四块，包房间却要五块，内中多一块钱，乃是给带房间相帮的。我们前几节原是住家，上节起是包房间了，难道你还没有清楚？这钞票他们拿到帐房，自会去分，不必一定要给现洋。"尔梅道："原来如此，我真有些弄不清楚。"黄家姆笑了一笑，将五块钞票，叫粗做小大姐交代下去。两块现洋向自己身旁一袋，又叫尔梅把余洋袋好。

好好堂唱已回，尔梅说他好快。黄家姆道："今天是你与好好的吉日，他怎得不赶紧些些？"好好听了，假意不答应。黄家姆向他横了一个白眼。黄家姆道："你不要向我横甚眼睛，夏老端整着二百洋钱小货，你可问他要去。"讲完，又向尔梅说道："夏老可是有的？"尔梅不防他说出这句话来，一时没有回答。只得说："小货自然有些。"黄家姆道："如何？我说夏老至少二百块钱，再少也拿不出来。"尔梅听得为数太大，定一定心，对好好道："我明天给你五十块钱花钱，不要听黄家姆的胡说。"黄家姆道："五十块钱，他要你么？我说二百块钱小货，你占的尚是二筹，并不算多，怎样说我胡说？"尔梅说出句趣话来道："我每夜见老北门、新北门、小东门一带，挨城门进出的人，一个钱多不要花的，怎说要我二百块钱，五十块尚是不够？"黄家姆听尔梅与好好说趣，对着好好笑道："夏老把你当做城门，你还不要拧他几下？"好好果真跑至尔梅身畔，一连拧了数把，只拧得尔梅几根老骨寸节多酥，当时一口答应了一百块钱。黄家姆说："他敬酒不吃，喜吃罚酒。"叫好好用力再拧。尔梅又答应，替好好另外兑一只嵌宝戒指，方才放手。那时已是一点钟了，院中打烊，黄家姆叫粗做娘姨关了房门，息了自来火灯，阿招姐替好好卸了头上簪插一切，大家别过尔梅，多到后房安睡。

尔梅此时乐不可支，应了古人"一树梨花压海棠"的那一句诗。明天，却被许行云晓得。只因夏尔梅年纪虽老，甚肯花钱，不由不吃起醋来。正是：

> 多财能使红颜妒，夺命可怜白发催。

要知行云怎样吃醋？能将尔梅把好好处吃断与否？且看下回分解。

第二十二回

许行云央媒说嫁　钱少愚瞒母冶游

话说夏尔梅答应了花好好一百洋钱小货，一只嵌宝戒指，并花了二十洋钱下脚，在花好好处住夜。他做好好已好几节了，好好做大先生也非一日，怎的从前没有落过相好，这天方才下水？内中有许多缘故。一则夏尔梅是个瘟生，骗他好好是小先生，从来没疑过心；二来阿珍与黄家姆见尔梅做得相好甚多，好好人太忠厚，倘被尔梅占着身子，好好一定做不过人，还是推做没有梳栊，能把尔梅吊成火热；三则尔梅当梅氏未死之日，不能在外常常过夜，有相好的地方，走得并不十分亲热，好好并不十分冷淡，乐得瞒哄着他。如今却大不是了。梅氏一死之后，尔梅先与楚云鬼混，后来楚云调到幺二上去，许行云放出平生本领吃住了他，这几时镇日镇夜的住在行云那边，别的相好地方不许他去。阿珍、黄家姆消息甚灵，得着了这个风声，二人留心商议。黄家姆说："好好这一下不能再讲他是小先生了。依了我的主意，等到尔梅有日再来，不妨用些手法钩住了他，把他留上一夜，好歹拿他一百八十块钱，这是稳的。留得好，索性多留几日，自然尚有后望。倘然好好没有本领，一夜之后留不住他，由他去再做别人，第一夜的一百八十块钱，不是到手了么？"阿珍赞他："真好算计！"那天尔梅到院，黄家姆才如法泡制。

那知尔梅住得一夜，已被许行云打探出来。因他这几夜行云处去惯的了。那夜行云不见他来，甚是疑心，马上差人四下探听。并不是爱尔梅年老，爱的是他手内有钱。倘被别人做去，再要收他回来，便觉费事。况且自己晓得色技平常，外间比他胜几倍的倌人不知多少，怎得不格外留神？怕他做了别人，把自己丢在九霄云外。差出去那个打听的人，乃是一个能干娘姨，名唤阿月。此人甚是能言舌辩，随便什么事情，多能探得出来。乃是八月半节后新进来的。行云处捐着三百洋钱带挡，自然替行云办事，比众更觉切心。当夜，竟被他在好好的楼下房间内，打听出来，果然尔梅住在楼上花好好处。立刻回院，告知行云，大家商量一个办法。行云听夏尔梅在群玉坊花好好家，又惊又喜。惊的是，尔梅无缘无故，忽地跳槽；喜的是，花好好最是诚实，做不来客，尔梅一定走得回来。当夜并无别话。

次日，未过午，行云起来，唤醒阿月，叫他快到好好家去。阿月道："好好家去做甚？"行云道："你与夏尔梅说，常熟的大少爷到了，有句要话，现在我处等他，叫他快来。"阿月踌躇道："只怕去不得罢。虽然好好是个好人，他房里黄家姆何等利害，你晓得的。这一去，岂不被他冲到个鼻塌嘴歪？说寻客人，那有这样寻法？此事断使不得。"行云道："据你说来，难道任凭姓夏的住在那边，我们从此不要做他不成？"阿月道："不要做他，那有此事！必须想个善全之策，方可弄他回来。"行云道："怎样个善全之策？"阿月道："只要他踏出花好好的门口，这又何难？停回到大菜馆去吃饭，央人写张请客票去请他。名字只写一个'知'字，旁边再写'有话叙谈，立等入座'几个小字，并圈上几个密圈。他接了这张条子，那里想得到是我们的？一定疑心在朋友身上，包你立刻就会来。但他既到大菜馆之后，如何把他弄回院中，如何使他不去再做好好，那就狠费心思，狠费周折了。"行云点头道："到大菜馆去请他出来，真是一个妙法，比你自己前去，果然干净许多。若说他到了大菜馆中，怎样弄他回院？我想尔梅这人，向来他两只耳根好似棉花做的一般，只要说上几句，不怕他不跟了就走，至于往后使他不做好好，幸亏好好那般手段谅来我还够得上他。"阿月摇头道："不是这样说的，好好是阿珍的讨人，又有黄家姆在房指拨一切，你怎能够估得到他？若然依我看来，只有一个法儿，或可吃住尔梅，并可弄他两三千银子到手，但不知你心下甚样？"行云道："是甚法儿？"阿月道："尔梅不是正妻已死，口口声声想要讨一个人做填房么？你最好趁此机会，只说情愿嫁他，叫把债项还去，跟他到公馆里住上一月半月，怂一个浴，寻个机会走了出来，岂不是好？"行云听罢，顿时大悟，道："此计甚妙，我怎的想不出来，一准依计而行。快些收拾收拾，你我同到大菜馆去。"阿月道："你又来了，此刻才只十点多钟，尔梅向来睡惯晏朝，怎会起来？我们赶到大菜馆去做甚？况你要干这事，怕你说鬼话说不甚来，难免露出马脚，必须想个姓夏的亲信朋友，托他做个媒人。将来嫁去之时，更由我跟你同去，那才万妥万当。"行云道："将来你跟我过去，自不必说。此时要找个姓夏的朋友，那里找去？"

阿月低头想了片时,道:"有了,有了。要做媒人,除非托包大少。但恐此人非钱不行,必得向他许些愿心。"行云道:"是那个包大少?"阿月道:"前天夏尔梅在此碰和,不是有个姓包的来找他么?此人我晓得他的来历,乃是从前西公和万金花家客人包龙光的族房兄弟,名唤祖光。起初在龙光家中管理帐目,后来龙光倒了,他失了业,专替人买卖地皮,做中作保,寻几个钱将就度日。说话却甚来得,做事也甚光鲜,所以外人替他起一个混号,叫'包做光'。随便什么事情到了他的手中,可以包你做光大吉。不过为人心狠,见了钱如苍蝇见血一般,不肯轻易放过,此事若请他出力帮忙,许他事成重谢,包管一说一灵,万无不成之理。"行云道:"事成谢他多少?"阿月道:"起码给他个二八提篮。"行云道:"二八提篮,一千块钱他要拿去二百,不太多么?"阿月道:"羊毛出在羊身上头。譬如你要弄姓夏的一千,弄了他一千五百,也就够了。"行云点头,说他讲得不错。又问:"包祖光住在什么地方,怎样寻他讲去?"阿月道:"此人每日四点钟后,必在升平楼开灯,只要你主意定了,我会找他去说。"行云大喜,道:"但愿姓夏的肯来钻这圈套。我有甚主意不定?停回你且找寻姓包的去。"阿月含笑答应。二人商议已定,行云叫梳头娘姨取出梳具,梳好了头,时光已近十二点了,才与阿月到海国春大菜馆去。央侍者写了一张请客条子到花好好家去请尔梅。

这时候尔梅方才起来,因觉身子疲乏,在烟炕上吸了两口洋烟。黄家姆正要叫他随意点几样菜与好好一同吃饭,楼下相帮的从小篮里荡上一张请客票来。黄家姆要想把他捺起,回说不在这里,已被尔梅看见,问:"是那个请客?请的是谁?"夹手接来一看,见海国春有人请他,具名是个"知"字,旁边又写着"有事面谈,千万速来",暗想:"这是那一个人,晓得我昨夜住在这里?真是奇怪。"黄家姆见尔梅沉吟不语,问他去也不去?尔梅道:"票头上写着有事,不去只恐不好,回他马上就来是了。"黄家姆听说有事,不便阻挡,依言回复,请客之人去讫。

尔梅懒洋洋在烟炕上坐起身来,叫黄家姆取过马褂穿好,对好好说:"昨天许你的一百洋钱,一只戒指,晚上带来。"好好把头点上几点,别的不说什么,只说了句:"晚上一准要来。"尔梅含笑出房。黄家姆送他下楼,千叮万嘱他早些便来,迟了好好一定盼望。尔梅答应向外,黄家姆在他的小辫子上,暗暗拔一根辫线,拿回房去,交与好好,叫他缚在指上,将戒指罩在外面。说是缚了这一根线,能把客人的心思缚住,不向别人转甚念头,乃是妓院中魇胜之法。与俗传将秽布炙灰,渗在食物之内，使客人吃下肚去，可以热血搭心，把爱情用在一人身上，同一捣鬼，其实俱是一无交代的事，休要提他。

再说夏尔梅出了院门，从群玉坊到海国春只有半条尚仁里弄堂，并不坐甚车子，一步步踱将过去。刚到海国春的门口，听得洋台上有人叫了一声"夏老"，抬头一望，乃是阿月，暗想："难道行云在此？那有这样的早？一定是请客的那个朋友先往行云院中请过，没有请到，才想起好好那边，写条再请，却先把行云叫来，要使二人吃醋。"因急跑上楼去，要想看个明白，究竟是那一个人在此，弄这许多神通？

谁知上楼一看，只有行云与阿月两人，并无别个，不觉呆了一呆，问二人几时来的？行云板着面孔，一言不发。阿月道："我们来得久了，怕你昨夜辛苦，不敢早来请你。"尔梅听了此话，硬着头皮答道："昨天因碰了场和，夜太深了，在好好处借了一夜干铺，不要冤枉人家。"行云冷笑说道："借的因是干铺，此刻放你出来，若然是个湿铺，只怕像黄浦中起了大潮，不知把你冲到那里去了，还能够见你面么？"尔梅尚想强辩几句，阿月暗暗摇首示意，尔梅遂不复再言，只问二人吃甚酒菜。行云道："你昨夜快活，今天应该多吃些酒，多用些菜。我们肚子里头气也气得饱饱的了，还要吃甚东西？"尔梅听行云句句气话，只得央阿月劝他。阿月假意向行云说道："大菜间不是讲话之所，多说怎的？况你一早起来的人，点水也没有下肚，我真有些看不过去，多少吃几样菜，大家回去再说可好？"行云不答，不肯点菜。阿月替他说了几样，叫尔梅开好菜单，自己也点了一客鲍鱼鸡丝汤，一客虾仁蛋炒饭。尔梅再要他点，阿月说："吃不下了。"尔梅替他又代点了一客禾花雀，一客卷筒鱼，说："这是吃不饱的，无非吃些鲜味罢了。"说毕，将单交与侍者。侍者接来一看，见尔梅尚没有点，问他吃些什么？尔梅笑道："我真被他们缠昏了，菜多没点。这么样罢，照第一张菜单一样做罢。"侍者又问："用什么酒？"尔梅叫他拿三杯口里沙来。侍者答应，自去料理。尔梅席间寻些闲话，与行云兜搭，行云不去理他，尔梅甚觉乏趣。幸亏阿月在旁敷衍几句，尚不至没有落场。

草草吃完了菜，行云起身便走，尔梅取签字纸，签过了帐，跟着阿月下楼，情情愿愿的一同回至院中。行云这才发起泼来，把尔梅像晚娘埋怨晚儿子一般的，狠狠说了一番，将他藏在房中，不许出去。好笑尔梅若大年纪的一个人，妻子在日，管他不住，偏偏遇了行云，竟是服服贴贴的，不敢略强一强。那天足足在房内坐了一天，并向行云赔了许多不是。到得上灯以后，想起答应好好的一百块钱、一只戒指必须送去，要想向行云掉个抢花出外，行云那里许他？挨到八点多钟，行云堂唱去了，却留阿月在房陪着。

　　其时来了一个客人，在外房找夏尔梅。阿月差小大姐出房去问他姓甚，那人回说姓包。原来是包祖光。日间阿月到升平楼看他，与他讲明一切，约定此刻前来。阿月听是祖光到了，连忙接进里房。祖光见了尔梅，先说了几句套话，渐问他："近来晚上可是天天回府，尊夫人故世之后可曾另续良缘？"尔梅道："晚上有时回去，有时住在外。若说续娶一节，一时深苦没有当意的人，故而尚未。"祖光道："不是我兄弟多口，俗语说无妇不成家，何况老哥这样家计。虽然世兄大了，若没个夫人掌管，究竟诸事不便。但我不怕老哥发恼。老哥有了年纪的人，真要续娶，必得娶一个心上人儿，方可知心合意，鱼水和谐，不致有甚意外之事。切不可误听媒人，娶了个七蹩八跷，性情乖戾的女子，那时后悔莫及，你想此话是也不是？"尔梅点首道："正为这个缘故，因而尚未娶成。"阿月听了，便笑嘻嘻的插口说道："夏老要讨那一等的人才，譬如我家先生情愿嫁你，你可合意？"祖光也笑嘻嘻的答道："这话你不过说说罢了，先生真愿嫁与夏老，我来马上替他做媒，夏老那有不合意之理？"阿月道："包大少，你认我是说慌么？你不晓得先生与夏老的交情。别的不要说他，就是昨夜，夏老一夜没来，住在花好好家，先生足足的守了一夜，没有睡过。守到天色大明，想是决定不来的了，呜呜咽咽的哭了一回，怪夏老不该这样负心，后来叹了几口冷气，走到烟炕上面一坐，私自取了客人吃剩下的半盒洋烟，向口便吞。牵我在旁眼快，急忙夹手抢住，当时不但吓得个魂飞魄散，并劝到个舌敝唇焦，直至答应他今天一定寻到夏老，方才息下这个念头。包大少，你想先生若然不要嫁他，昨天那有此事，我要说谎怎的？"这一席话只说得尔梅信以为真，口呆目瞪，暗想："今天怪不得见面之后行云一句话俱没有，原来含着一肚子的郁气，真是对不住他。"祖光却眉飞色舞的道："阿月，你这些话可是句句实言？停刻行云回来，我要细细问他。若然真有此事，我一定来做个媒人，包使夏老娶了回去。"说罢，向着尔梅贺道："尔梅叔，难得你老人家好双法眼，做到这样相好，不娶岂不辜负了他，怎样说得过去？"尔梅闻言，嘻起了几根花白髭须，只顾点头含笑。祖光料着入彀的了，只等行云回院，与二人牵合拢来，便好于中取利，稳稳赚他几百洋钱。

　　等至十一点钟敲过，行云回来，却带着一个客人一同上楼。此人年纪二十向外，面色焦黄，连头发眼珠也是有些黄的。身上穿的是棕色绉纱夹衫，元色绉纱夹马甲儿，足登长双梁布鞋，看来甚觉土气，决不是本地客人。行云与他上楼之后，先叫他在外房坐定，然后自己进房，见了祖光，使个眼风，把他约至后房，又令阿月，叫夏尔梅也到后房去坐，始将外房那个客人统了进来，又把尔梅与包祖光两个，统到外房。尔梅不知为了何事，祖光也觉莫名其妙。行云将里房那个客人安顿好了，方才跑至外房与尔梅说："里房那人姓钱，乃是苏州新近来的，今天要来吃酒，故与你掉个房间，吃完了一定就去。不知你心上恼么？"尔梅道："说明了，我恼什么？。"行云道："我本来那一件事不与你说，不像人家，瞒过了我，在外住夜。"尔梅道："你又要说住夜了，这事包大少俱已知道，总是我的不是，不要说罢。"包祖光道："正要问你，昨夜夏老偶在花好好家住家，你怎的便要吞起烟来？"行云假把面孔一板，道："这话是那个说的，好端端吞什么烟？"祖光目视阿月，行云又假意要与阿月寻事，阿月往里房去了。祖光叫行云坐下，对他低低说道："这一件事我与夏老多已知道，不必隐瞒。夏老人非草木，更晓你是一片血心，现想把你拔出火炕，你心上到底甚样？"行云听罢，叹了口气道："此刻我里房尚有台酒，不是讲话之时，且等那姓钱的吃完断命羹饭，打发他出去了，慢慢再与你说可好？"祖光道："此事本非一两句话讲得完的，你且把姓钱的开发之后再说也好。我与夏老准在外房等你。"行云道："如此最妙，我暂时要到里房去了，夏老交代与你，千万不可放他再到花好好那一边去。"祖光道："那个自然，尽管放心。"行云遂移步进房而去。听他催那姓钱赶紧请客，等到客人一齐，马上入席。及至席散，尔梅只道那姓钱的就要去了，谁知声息全无，不知在房中干些什么，盘问阿月，只说姓钱的喝醉了酒，要吸洋烟，行云在炕上装烟，却又没有烟香闻到。约有半点多钟时候，方听行云送客出房。

原来房中姓钱的名唤少愚，不是别人，乃前集书中木渎人钱守愚之子。自从守愚死后，辛苦挣下一番家事，只有少愚一子，自然多在他掌握之中。他的母亲严氏年纪老了，管不得儿子许多，只好由他怎样。那少愚虽然生长乡间，只因自幼看见家中有几个钱，便很有些纨袴习气，与乃父大不相同。乃父一生撙节，少愚却一味浮袴，乃父布衣粗食，少愚却穿的是绸吃的是油，只恨乡间没有好衣，没有好菜。守愚在日曾到上海，除了被计万全骗诈过一次，虹口赌钱很输过一次，其余不肯花钱，住客栈是住的小客栈，看戏是看边厢，嫖妓是嫖的花烟间。虽然许行云彼时也曾去过几次，却舍不得吃酒碰和，无非叫几个局，打几个茶围，已算是大阔的了。少愚却满心要到上海做个阔少。自从父死之后，便起下这条心思，把每年收的租米到苏州去粜与行家，换了洋钱，托人换了许多钞票，私自积蓄起来，竟积了一两千块。这年瞒着老母，仍把到苏州去籴米为由，叫一只小船，装了百来石租米，先至苏州籴去，便一溜烟坐了小火轮船，到得上海之后，住在鼎升栈中，遂把那些钞票来尽情使用。今天马车，明天大菜，后天看戏，再后天听书，凡是洋场好顽的顽意，无一没有顽到。只恨缺少一班和调的朋友，遂天天在茶馆烟间里吃茶开灯，认识几个。

内中有一个姓方的，是前集书中方端人之子，名唤又端。他父是个道学先生，在也是园看见少牧穿了一件汗衫，尚说他不该这样打扮。如今端人死了，又端却大反所为，一味的在吃喝嫖赌四个字上昼夜考究。手中没有现钱，靠了他老人家的方正牌子，到处划策哄骗。被他划策哄骗的人，多认做端人在日管教得儿子甚好，断乎不至荒唐，所以相信着他。那知世人管教子弟，与其自幼束缚，还是使他略些放荡，尝尝世味，见见世情的好。方端人只因管得又端太严，从小没些阅历，遂致他父死之后，弄得不可收拾起来。钱少愚在烟馆之中遇见了他，彼此觌面恨晚，竟成了个生死之交，每天必在一处。

少愚到了上海，本来要想嫖妓，正苦没人做个向导，自从结识又端，遂由他领至许行云家，做了行云。那知从前是老人家做的，行云并没说穿，少愚也只当没有晓得。前天吃了一个双台，已经有过相好。这天又去吃了台酒，自然又想住在那边。行云见他吃酒时开消下脚，向身边挖出一大包钞票，捡了一张，估量着甚是有钱。第一夜错认他与老子一般算小，只抄了三块洋钱小货，真是便宜了他，今夜怎肯轻轻放过？又因外房约着尔梅讲话，不便再留少愚，遂与阿月商量了一个两全之策。席散后，先把少愚调得火热，留他睡了一回，要了他一百洋钱钞票，然后说："外房那个客人，就是方才把大房间让与你的。他有一个朋友明天要天津去，天亮开船，故要摆一台酒替他饯行，要你把大房间让还与他，不知你心中可愿？"少愚嫖字里头本还不甚在行，只道客人既要在房摆酒，应得让来让去，因说："我来让他很好。"行云见少愚如此好说。猜到他不是内家，索性再与他商量道："我瞧他们这一台酒必须吃到天亮上船，你在外房岂不寂寞？我想你还是回栈安睡，免得陪着别人熬夜，明夜早些再来可好？"少愚听要叫他回去，沉吟不答。阿月道："钱大少住在后房也好，何必叫他回栈？"行云道："你不晓得，他们吃酒很闹，大少住在后房怎睡得稳？我因爱惜他的身体，故要叫他回栈将息，明夜再来。我有一肚子的说话要和他说，今夜不是讲话的时候，岂不白白的磨灭这一夜工夫？"少愚道："你有甚话要说，此刻可与我略说数句。"行云附耳答道："我心中有着你这一个人，明夜有话与你细说，不是一两句讲得完的，此刻你回去睡罢，坐在这里熬夜，我真有些替你心疼。"少愚听他说出这些肉麻（么）话来，只觉得心花大开，那有不肯依从之理，因此点首不迭，口中连说"我去我去"，立起身来要走。行云却偏又扯他坐下，唤小大姐倒了一杯热茶，亲手递至少愚唇边，到他吃下，笑了一笑道："包你出去没事，你去罢，明天晚上一准早些便来。"少愚嘻开着嘴，心满意足的出房下楼而去。

　　房间里人伏了行云，说他真会打发这曲辫子客人。阿月笑道："曲辫子的客人只有这样办法。只要摸准他的性度，随便什么枪花，多好向他掉得。莫说姓钱的尚是初到上海，就是常在上海的人，打发他也甚容易。"行云也微笑道："本来曲辫子客最是好做，如今他已去了，我们莫讲闲话，快把房间收拾收拾，叫外房那两个来罢，只恐夏尔梅心多焦了。"阿月道："怎么不是？他一连问了我好几次你在里房做甚，我只说客人喝醉了酒，你在炕上装烟。"行云道他回得甚好。看小大姐已将房中揩扫洁净，遂亲自跑至外房门口，把手向尔梅一招，道："你进来罢，那厌物已经去了。"尔梅好似奉了将令一般，把左手将祖光一扯，跑至房门，起右手牵了行云，三个人并做一连串儿向里房便走。只因得意极了，忘却进房时尚有一个门槛。尔梅绊了一脚，口中喊声"阿呀"，一个倒栽葱跌下地去，把行云、祖光一齐带了一个半跪。行云也喊了一声"阿呀"，蹲在地上，立不起来。阿月与小大姐看见，急忙同至门口搀扶。阿月问："夏老可曾跌痛？"小大姐问："先生可是碰痛了什么地方？"大家闹做一团。正是：

　　　　只为兴浓难自检，遂教乐极易生悲。

不知尔梅这一交跌得甚样，行云为甚蹲在地上立不起身，且看下回分解。

第二十三回

夏尔梅做一月老公　　金子富借三分重债

话说许行云打发钱少愚后，亲至外房招呼夏尔梅进内。尔梅得意极了，左手挽了包祖光，右手牵了行云一同进房来，没有跨得门槛，脚尖上绊了一绊，一交跌下地去，把行云、祖光也多带了一个半跪。祖光不打紧，并没跪痛，行云却蹲在地上喊疼。阿月与小大姐一见，急忙出房搀扶。阿月先把尔梅扶起，好笑他头上那顶帽子滚在行云裤裆边，被他坐住，右脚上那只鞋子压在祖光身下，分明跌了三段，幸亏人尚没有跌坏。慌替他把帽子拾起，略略拂拭一过，带在头上，已瘪得不像样儿，鞋子也拾来给他穿了，然后再扶着他慢慢进房，向烟炕上边坐定。尔梅只喘得上气不接下气，甚是吃力。小大姐蹲到地下，先扶行云。行云只顾叫疼，立不起身。小大姐问他疼在什么地方，行云又说不出来。阿月甚是诧异，相帮小大姐来搀他，才把他勉强搀起，依旧立不住脚。原来左足上蹩脱了一只高底，右足上也有半只蹩了出来，莫怪他寸步难移。阿月慌叫小大姐端一张骨牌杌来，等他坐下，顾不得被夏尔梅与祖光看见，只好脱开鞋子重新装过，方能走动。这真是装小脚的苦处，若然真正小脚，或者索性是天然足，便没有这一下了。

尔梅因行云一跪是累及他的，心中甚是不安，带喘问他："疼得甚样？"行云攒眉答道："我这双烧灰脚，不知怎的，一蹩就疼。"尔梅伸手要替他抚摩，行云急忙一缩，道："你算了罢，不要来假意疼惜着我。"尔梅笑嘻嘻把手伸回道："我假意么？天在上头。"行云格致一笑道："天来管你这些事么？我们闲话休提，且与你讲几句话儿。你家中正妻死后，可当真没有续娶？"尔梅道："那是不能瞒人家的，不信你可问包大少。"包祖光道："夏老真个没娶垫房。若然有人嫁他，真是这人的福分。家中财产既多，人又和气，虽然年纪大些，究竟比他再大的人还多着哩。你今问起此话，可是有终身相托之意？方才阿月姐已经说过，因你们堂子里要嫁人，乃是句口头言语，夏老与我不很相信，莫要哄着他老人家。"行云听罢，将脸一沉道："你见我哄过多少人？堂子里要嫁人是句口头言语，这话说得不错，也须瞧瞧那嫁人的是个何等样人，难道一个真的多没有么？本来阿月多口，与人说甚嫁人不嫁人的话儿。"祖光见他假意发火，也假意赔小心道："行云，你莫着恼，夏老与我无非试试你的心迹罢了。你果然有这意思，夏老现在这里，我料他一定合意，何不老实说将出来，并且有我在此，还可替你们做个媒人。"说完，又与尔梅说道："尔梅叔，你心上可也喜欢行云干成这一桩事儿？"尔梅只顾微笑点头。行云看他这一杯酒已经情愿吃定的了，遂放着胆子答道："包大少，我老实对你说，大凡做妓女的，那一个不想嫁人？十个里却有九个难嫁。第一为的是没有对意客人，第二为的是客人虽然对意，又怕拿不出钱。譬如我与夏老终算对意的了，夏老也不是拿不出钱的人，这事已有七八分可以成功，却恨我欠债太多，只恐夏老心上不愿，说也枉然。否则我这一条心已经有了好几时了，怎么夏老面前并没提起，直至今天阿月才说？"祖光道："你欠人家多少债项，估量着夏老不肯？"行云叹口气道："至少须得三千块钱，方能勉强开销。"祖光道："零碎店帐多在内么？"行云道："零碎没有在内，不过三五百块洋钱已够，这却尚好商量。"祖光道："你还有什么人，要你的身价么？"行云摇头道："还得清债是了，那个要我身价？我是一个光身体儿，父母不幸早亡，才落在烟花队中，又没有兄弟姊妹，说起来真是可怜。"祖光向尔梅瞧了几眼，见他脸上并无吝色。始开口道："如此说来，三千多块洋钱说小果然不小，没有收你身价，连零碎一应在内，只要三千四五百块洋钱，却又算不得大。上海长三书寓里的妓女近来四五千的也有，六七千、七八千也有，夏老也晓得的。只要你真有此心，怕甚不肯拿出钱来？譬如夏老一口答应了你，不知你可有什么翻悔？"行云又将脸一沉道："我没有这一条心，今夜这番说话也不说了，你怎的口口声声疑我？若然夏老真肯答应，虽然我是一个妓女，向来言出如山，决无翻悔之理，夏老却也不许改变，你能够保得他么？"祖光听毕，连赞"好个决烈女子"，回头将尔梅一把扯往后房。

尔梅不知何故，问他："乌黑的，进来做甚？"祖光附耳说道："尔梅叔，行云要想嫁你，知他可是真心？"尔梅道："正要问你，若照你的眼力看去，到底是真是假？"祖光道："依了我的眼光，决定他千真万真，不知你前世敲碎了多少木鱼才修到这段良缘，岂能当面错过？我当真想替你们做个媒人，未知你意下如何？"尔梅沉吟道："行云果是真心，娶他回去也好。无奈三千多块洋钱为数太觉大了。问他可能想个法儿减些？"祖光道："夏老叔，你真被行云猜到底了。他说你舍不得拿出三千多块钱来，果然一点不错。但像老叔这般家事，据我想将起来，乐得用掉些些，算小怎的？况且花了三千多块洋钱把行云娶到府上，那时有了个如花美眷，晚上可以不必出来。每夜省几个局，一个月便是几十块钱，每月省几台酒，省几场和，一节便是几百块钱，那消一年半载，这三千多块洋钱，怎怕省不出来？老叔，你想是也不是？"尔梅道："话虽如此，究竟三千多块洋钱讨个倡人，不但有些拿手不起，并且儿子大了，将来被他晓得，也有些说不过去。"祖光道："夏老叔，你愚起来了。俗语说得好：'儿孙自有儿孙福，莫替儿孙作马牛。'你有了年纪的人，极应该看透些儿，顾着儿子做甚？行云要你三千多块洋钱，并没身价在内，多是欠人家的债项，你听见的。欠了债，终要还人，怎能减少得来？"尔梅嗫嚅道："听得人说，堂子里妓女的债项可以打些折头，不知可有此事？若然打个七折，三千多岂不只有二千多了么？"祖光道："那是不要脸的客人干的，莫说七折，连四五折的也有，两三折的多有。先把那妓女藏了起来，然后唤齐债户，与他们讲，那时生米已成熟饭，他们自然没有法儿，只好由你打发。但当面虽然不敢怎样，背后必定骂到个不可收拾，所以略要体面的人，这件事多不肯做。何况老叔名高望重，更不犯着打这小算盘儿。"尔梅道："如此说来，依你之见，要干这一桩事，必得在三千以外么？"祖光略想一想，道："三千果须出关，其实二千也只不到。"尔梅诧异道："既然三千尚要出头，怎说二千又不到起来？"祖光微笑道："老叔只算出去的钱，难道不算算进来的东西么？行云虽然欠债，头上手上有的是金珠首饰，箱子里有的是四季衣衫，至少也值一千几百块洋钱，将来嫁你之后，少不得多是你的，岂非花了三千多块洋钱，只有二千还不到么？"尔梅听到此话，不觉心花怒开，在祖光肩上拍了一下，道："亏你想出这一层来，真个有些意思。

二人尚在絮谈，阿月躲在门帘背后，听得甚是清楚，知道尔梅十分里已有八九分愿意的了，急与行云使个眼风，跑进后房，问二人："讲了半天的话，讲些什么？这里乌洞洞的，为甚不到房间里坐？"祖光答道："我在此与你做媒。夏老真要讨你回去做太太，看不出你真好福命。本要到亮光里细细的瞧你一瞧，我们房里去罢。"说毕，拉着夏尔梅向外，在自来火灯之下故意把行云看了几看，说："他真个有些福相。"行云呸了一声，道："包大少，别话好顽，这话却不是顽的，不要传扬出去，说我嫁人，明天登在新闻纸上，岂不是个话柄，你怎样对得住我？"祖光道："包能对得住你，马上就要高升，怕甚新闻纸上多说？"阿月道："先生真要高升，那是再好没有的了。"此刻过了中秋，尚只半月不到，堂簿上只吃了七八台菜，出了一百多个堂差，夏老真要讨先生回去，不是我多一句话，真是愈早愈好，免得做到半节里头，那就算不上了。祖光道："此刻夏老讨先生回去，除了这数台菜钱之外，只确本家处认他一节的房饭钱，算来真个尚轻。"阿月道："夏老倘然明挑我们，房间里一节工帐谅必也要认的，那不过几十块钱够了。"祖光道："这个自然，还有堂里头的煤炉、司菜、总桌、丢堂一切开消，与带房间的除牌子喜封，夏老那肯少给他们？"两个人一吹一唱，只说得尔梅嘻着张嘴，乐不可支，问祖光："煤炉、司菜等，一共要多少洋钱？"祖光道："只要四五十块洋钱多已够了，岂不是为数甚少？"尔梅点了点头，并不再问。祖光又附着尔梅的耳朵说道："此事已十分十二分成就的了，但不知你几时办事，明后天可要先付几百洋钱定洋？"尔梅道："阿月说得不错，耽阁的日子多了，多吃了菜要我会钞，自然极应赶紧些儿，就在这三五天内拣个日子可好？"祖光抚掌道："办事正应该这样起燥！"回头对行云道："你听见么？如今要恭（公）喜你了，再歇三五天，稳稳的一位夏家太太，我这媒人不是竟然做定了么？"行云微笑不笑的道："那到费了你的心了，叫我怎样谢你？"祖光道："谢媒有规矩的，起码送我一副袍套。"行云道："你想穿么？可问夏老要去，我没有央你做媒。"祖光道："你怎么说，人还没有过门，便要赖我的媒礼了，看来媒人真是难做。"众人说说笑笑，不知不觉的天已大明。行云叫尔梅到床上去睡一回儿，养养精神。祖光暂时回去，约定晚上再来，商量付定洋拣日子的事情。

尔梅果在床中睡了一觉，及至醒来，天已过午。行云不在房内，动问阿月"那里去了"，阿月道："昨夜吃酒的那个土地码子一早又来打茶围了。先生现在外房陪着。"尔梅未免发起酸来，叫阿月快去唤他进内，说他不应该再到外房陪客。行云说："挂了牌子，不能够得罪客人。最好停回付过定洋，索性先把牌子除下，那才免得有人胡闹。"尔梅听言之有理，当下并不与他多说，只叫他坐在房中，不必出去。与他商议出院时甚样布置，进门时甚样排场。行云说："出院没有什么布置，只要拿到洋钱，开消清楚，马上好走，至于进门时的排场，既然把我当做填房，该用花轿鼓乐、执事站堂，像个填房的体面。"尔梅因嫌太觉招摇，要把彩轿改做蓝呢大轿，不用执事，只用鼓乐。行云不允，彼此争执了好一回儿。外房钱少愚，坐有半点多钟，不见行云出来，只有小大姐陪着，甚是乏味，起来走了。行云要出房送他，尔梅不许，由他自去。少愚也不晓得青楼中向例，客人进出，妓女不应该这样看待，模模糊糊的毫不在心，尚想晚上再来。

尔梅见少愚已去，叫小大姐下楼端上饭来，与行云一同吃了。回至家中，在铁箱里拿了五百洋钱钞票，又向家人要了一本黄历，拣了个九月初一，正是黄道吉日，端整娶行云过门，把此事与家人说知。他家中此刻只有些仆妇下人，听得主人续娶，大家想赚喜封，也不问长问短。只有夏尔兰在申，必须差人去关照于他。叫他那日到来招（照）呼一切。尔兰是个无乎不可的人，自然也没有甚说话。只叫他常熟儿子那边写了一封信去，使他晓得这事，到期出来也好，不出来也是由他。尔梅听说得不错，果真写了一封信去。诸事料理定妥，才至行云院中。只见祖光已到了，开口说："尔梅叔来得怎的好迟，想是在府上商议此事？"尔梅道："并没商议什么，只写了一封家信，选了一个日子。"祖光道："写信谅是关照令郎，叫他出来相帮办事，是应得的。日子不知选的是那一天？"尔梅道："家信正是关照小儿，日子选的九月初一。"祖光屈指算道："今天是二十七了，八月是个大建，尚有三天，收拾收拾，尽来得及。"尔梅道："今天我付五百洋钱定洋，想把牌子先自除了，免得有人再来吃酒叫局，你想可好？"祖光道："正应这样办法。方才行云也曾说过，今天除了牌子，便好不去出局，打茶围的客人自然也不来了。"尔梅道："如此甚妙。"遂在身旁取出钞票点一点数，放在当台。祖光令行云收下，又令他唤带房间相帮上楼，说明缘故，叫把招牌除了下来。相帮要讨喜封，祖光答应他二十块钱，缓天给你。相帮答应，立刻下楼，把门首一块二尺来长五寸多阔，金地起花三个"许行云"大字的招牌除将下来，送至房中，向尔梅打了个千，说声"恭（公）喜夏老"，又向行云说："恭（公）喜大小姐高升。"从此，堂子里人遂不呼行云先生，俱呼他大小姐。

尔梅见招牌已经除下，心中大喜。令阿月拿张便纸，点几样菜，叫相帮到馆子里去叫来，与祖光、行云同吃夜饭。祖光说："如今是夏府上的新太太了，怎好同席吃饭？"尔梅叫他不必避嫌，尽管坐下，我们还有许多话讲。祖光才坐了下来。大家谈谈说说，甚是得意，渐渐讲到进门甚样排场。祖光探着行云口风，一定要彩轿执事，尔梅也就允了，行云更是欢喜。用完夜饭之后，祖光向来吸几口烟，睡在炕上吸烟。只听外房脚步声响，来了一个客人。心中甚是奇怪，忙叫阿月去看是那一个。原来不是别人，又是少愚。他进门时没看招牌［不］挂，一径闯将进来。相帮的不认得他，只道是别个房间里的客人，所以也没有阻止。少愚进得房门，幸亏阿月脚快，急忙把他一拦，拦至楼梯半边，将行云已经嫁人的话略略告诉一遍。少愚听了甚是诧异，尚想要见行云一面。阿月说："娶他的人现在房中，万万不便。"少愚始收了一场没趣，下楼而去，尚恐行云欺负着他，把事告诉了方又端，探听嫁人虚实。不在话下。

仍说阿月见少愚已去，回至房中，将少愚尚想与行云见面的话向祖光等说知，好笑他真是一个曲辫子客人，曲到这般田地。行云道："如今莫说是曲辫子，就是一等的滑头到来，要见我面，也不能了。"祖光赞他："真有志气，像是个夏家太太。"尔梅甚是得意。祖光在烟炕上过完了瘾，起身告辞，约定初一早上再来。尔梅从那天起，住在行云房内，只有白天出去一两点钟，料料理理初一的事，晚上并不回家。一来防有客人再与行云私下往来，二则既经付了定洋，乐得在堂子里再做几夜特殊大少。

真个流光如驶，转瞬已是初一。到了那天一早，祖光到来。尔梅尚与行云酣卧未醒，祖光叫二人起身，道："今天乃是吉期，这时候已九点钟了，新贵人怎的尚未升帐？"尔梅方倦眼朦胧的踅了起来。祖光问他："府上边迎新等事布置得什么样了？"尔梅回说："舍间诸事，俱托尔兰调度，谅来当已齐备。"祖光道："原来府上有兰叔费心，怪不得你这般写意。本来（未）做小侄的一早便想到府帮忙，因料老叔昨晚一定在此，恐有什么事情差遣，故而先到此地。"尔梅道："来得正好，我那三千块钱尚没有付，你可与我一同取去。取钱之后，这里我不来了，费心代替开消一切，不知可使得么？"祖光一听，正中下怀，满面天花的答道："承蒙信托，当得效劳。此间诸事一概在我。停回花轿到门，俟新人登好了轿，我来吃喜酒罢。"尔梅听了不胜欢喜。遂叫小大姐拿脸水来洗了个脸，点心也没有吃，兴匆匆同祖光回家。只见家中结彩悬灯，甚是热闹。祖光深赞尔兰办事能干。尔梅到房中开了铁箱，取出每张一千块钱的三张即期庄票交与祖光，说："这票昨天已打好了。"又取出一百块零碎洋钱，央祖光消除牌子与煤炉、司菜及一应喜封零用。祖光问："娘姨大姐来送礼打抽风，开消过了没有？"尔梅道："开消过几个了。一人四块洋钱，乃是行云说的。今天再有送来，也是一样。"祖光诺诺而去，先到钱庄，将庄票换了钞票，把自己的七百洋钱扣头留起，叫了部东洋车，飞也似的赶回行云院中。行云还在那里洗脸刷牙，尚是初起来的样儿，看见祖光进房，即问："洋钱拿到没有？"祖光笑道："在这里了。"遂把二千三百块钱钞票，一齐放在桌上。行云与阿月见了，笑得眼睛没缝。其实行云身上，只欠阿月与本家等一千多块洋钱，一齐开消[清]楚了，把借据收回毁讫，又叫带房间相帮把各店家唤来，将店帐算清，一共尚余一千三百多块洋钱。行云因这主意阿月出的，把零碎谢了阿月，一千块钱自己收下。这一个浴涩得真是干净，并且尚有后望可图。祖光见洋钱已经分好，一面催行云快些梳洗，花轿午后就来，一面开发除牌子喜封等一切零碎，共花了四十多块洋钱，余下的袋了起来。停刻向尔梅报消，只推在有人送礼身上，那里能查得清他? 诸事俱已定妥，催小大姐端上饭来，大家吃过了饭。夏宅已差喜嫔到来装新。少停花轿到门，居然旗锣伞扇，热闹异常。弄堂里看见的人，一大半甚是眼红，却有一大半暗地里说他作孽。祖光直至行云上轿，才兴匆匆的赶至尔梅家中报喜。尔梅说了声"诸事费心"。其时彩轿已经进门。一样的请新出堂，做足填房格式。参过天地之后，喜嫔将夏尔梅与搅宅精双双送入洞房。也有些拍马屁的亲友人等，前来闹房贺喜。尔梅的儿子媳妇只因接信迟了，不及赶到，尔梅心中很不舒服。行云也存了个瞧他不起的心肠，等到亲友散去之后，在尔梅面前讲了许多说话。第一天就斗嘴拌舌，尔梅这段孽缘怎能长久? 所以只有一个月的老公好做，暂且按下慢提。

　　书中要说那钱少愚，自从那晚在许行云房外，听阿月说行云已嫁了个姓夏的，不许进房会面，心中甚是诧异，暗想: 莫是行云掉甚抢花。隔夜有了相好，抄了一百洋钱小货，并没说起嫁人。早上也曾去过，仍没一点口风露出，此事甚是可疑。因要找寻方又端问他，偏偏一连找了三天，并没见面。第四天下午，在万华楼遇见了又端的一个朋友。此人就是被花小龙等局赌做弄的金子富，自从输掉了许多银子，满心终想寻到这班赌棍出一口气，四下里托人打听踪迹。又端与子富在花柳场中识面，听见了这个消息，也帮着他逢人访问。子富见又端待友热心，甚是感激，因此莫逆异常。不料子多因子富近来荒唐太过，八月半的节上，把家中银钱一切收了起来，不许子富妄动，说我们弟兄使用的钱，只有一半是祖上传下来的，一半是他自己辛苦挣成，照此不分皂白的花去，将来怎样算帐? 子富听了，没有话说，只得东移西补的勉强过了个节。无奈外间亏负甚多，家中拿不出了银钱，怎能弥补得尽? 况且每日里开消又大，场面又一时倒不下来。没奈何，与又端商量，问他可有手头宽展的亲友，经手暂借一两千块洋钱，把各处未了扫一扫清，欠在一处，缓几天想邀齐亲族，索性与子多分产，分下来还了人家，岂不比欠了百脚债干净些儿? 果然又端靠着他从小的牌子老实，尚有人相信得过，南市有个有钱的人，一口愿借一千块钱，半年为期，三分利息。子富遂着力托他办去，不过要想减些利钱，至多出到二分。又端为了这事，天天替子富忙着，所以寻他不到。子富今闻少愚找他说话，问他为了甚事，可要转言。少愚不便告诉，只说要见了本人面谈。子富因道："既然如此，我今天约他在此开灯，谅必停刻准来，何不在此稍待？"少愚点了点头，因与子富只在花酒台面上见过一次，并不十分相熟，另外拣了一张烟铺，开了盏灯候他。

不移时，果见又端到来。彼此照呼过了，先与子富咬着耳朵，讲了好一回话，道："那财主此刻又见过面，他说空手借钱，比不得有东西抵押，利息三分起码，并且还要个的实保人，方好成事，否则不能从命。"子富听还要一个保人作保，脸色顿时呆上一呆，说："这一句话前几天怎的没有说起？"又端道："前几天他也没说，故我也不说了，不知怎样今天又多出这句话来。"子富道："此人平素谅来一定信得过你，依了他三分利息，就烦你做个保人可好？"又端道："平素甚是信我。这事方才曾说过，既做中人，不能作保，必得另外再寻个人。我猜他的意思，大凡有钱的人心思最易拘泥，处处防着人家不端，莫非他新近晓得我常在洋场上走动，疑心我有甚哄骗不成？倘若并没有这条心思还好，当真有了这一条心，只恐没有保人，这钱断借不成。那可不是我不肯出力，真叫做没有法想了。"子富听了，愁眉双锁，没话回答。又端叫他定一定心，细细想个保人出来，停刻大家再商〔量〕。这才跑过少愚烟炕上来，睡下去和少愚谈心。正是：

才与淫朋谈债务，又偕狎友讲嫖经。

要知少愚与又端说些什么，子富可能找到保人借这一千块钱否，且看下回分解。

第二十四回

卖田产弟兄反目　　施家教母子成仇

话说方又端与金子富讲了一回代替借债恐防不能成功的话，才至少愚烟炕上边横身睡将下去，说："这几日有些事情，三四天没见面了，不知近来兴致可好？"少愚将头摇了一摇道："说甚兴致，许行云已嫁了人，难道你还没有知道？连日我找你问话，正是为着此事。你瞧他是假是真？"又端听见行云嫁人，也甚诧异，盘问少愚，怎样知道他这个消息。少愚把那天晚上阿月不许进房的话一一说知。又问少愚："可知他嫁的客人是谁，墙上边许行云的牌子除了没有？"少愚道："嫁的人听说姓夏，墙上边挂的招牌，也曾留心看过向来本是四块，如今只剩得三块了。奈我并不识字，不知除掉的可是行云那一块儿。"又端道："这就一定嫁了人了，姓夏的，他本来有这客人，我也晓得，墙上又少了一块招牌，除了行云，还有那个？幸你做得日子不多，交情尚浅，不然真有些心上难过。"少愚道："你认我们交情尚浅，心上边不难过么？嫁人的上一天我在他家吃酒，他问我要了一百洋钱，约着明天晚上说话，不知有甚隐情，如今被姓夏的娶了回去，想来真是可恨。"又端听他说出呆话，扑嗤笑道："堂子里的事情，怎能认真得来？他约你明天讲话，乃是一句口头言语，你去想他做甚？明天既要嫁人，隔夜还问你抄了一百洋钱，他的居心已可见了，还要说甚'交情'二字。钱老哥，我劝你看透些罢。许行云虽然嫁掉，若要行云那般的人品，洋场上并不是找不出来，缓天我再荐你一个，包你称心。"少愚道："你荐那个，在甚地方？今夜有人请我吃酒，便好叫去。"又端想了一想道："一个是百花里闻妙香，一个是群玉坊花好好，二人多可叫得，由你自己选去。"少愚道："两个里那个更是好些？"又端道："品貌妙香较好，应酬却是好好圆融。他有个抚蓄娘阿珍，还有个阿姨阿金，不时也到生意上来。虽然有了些些年纪，人材真是出色，比行云高出数倍，你见了一定合意。我看还是叫好好罢。"少愚这几句话只听得满心欢喜，马上要拉又端先到群玉坊打个茶围。

又端因子富尚有正事，不肯同去。在烟炕上吸了筒烟，立起身来，回到子富那边，问他这保人想到没有？子富垂头丧气的道："保人想不出来，此事看来只好罢论。"又端呆了片时道："保人怎的这样难寻？"子富道："你不晓得，凡是有些面子、与我知己的人，我向他开不出口；不知己的，开口也是枉然，那就难了。如今我又想出了一条路来，不知你可能帮我？"又端道："是甚路儿？"子富道："虹口地方有三亩有零地基，那是祖上传下来的。每亩现在足值三四千两银子，方单虽由子多藏着，单上的区图保分、户名亩分，俱还记得。我想开一篇帐，托你兜个主顾卖掉。只要有了主顾，我就逼着子多取那方单。拿了出来便罢，倘然有甚支吾，我便请些亲友，与他索性分家，大大的闹他一场。你瞧这样可好？"又端想了一想道；"卖地只恐缓不济急，况且万一兜到买主，方单拿不出来，此事大为不便。我看卖地只管卖地，借钱还是只管借钱的好。"子富道："缓不济急我岂不知？但借钱定要保人，这人我实找他不来，所以把这条心就死下了。"又端又想了一想，附耳说道："你要卖地，你不会想个法子先把方单拿出来么？只要有了方单，任凭你或借或卖，俱可不用保人。"子富被他一语提醒，略一思索，便回答道："这话却甚有些意思。方单由子多放在房内铁箱里头，明日且等子多出去，我向嫂子诓去。只说子多又在虹口买了一块地皮，今日成交，一样也是方单未转道契，那单子似与家中的老单不同，恐防受骗，故要取出去比较一下，可以辨明真伪。嫂子是个无用之人，谅来一定信我。只消方单到手，那时便真有法想了。"又端抚掌道："只要这样办去，何愁借不来钱？借了钱，再打算卖地分产，这才是兵法上说的进有所攻，退有所守呢。"子富赞他："真好算计。"二人在烟铺上谈谈说说，不知不觉天已黑了。子富请又端到大菜馆吃夜饭去。

又端起身要走，见少愚也还没去，问他可是等什么人？少愚道："今夜有人请我吃酒，我说过的，约的是八点钟入席，此刻还早，故而未去。"又端道："请你的乃是那个？"少愚道："请我的是个洋人，讲得好一口中国说话，名字叫密司得贾，乃在升平楼吃茶认识起的。他要纠我股分开一个什么公司，据说可以稳稳赚钱，所以约我今天吃酒。"又端道："他的名字不是密司得贾，只恐是贾维新罢。"少愚道："也有人叫他维新，或者另外有个别号。"又端听了笑道："他要纠你股分，你答应了他没有？"少愚道："尚还没有答应，可是公司做不得么？"又端道："他那里是开甚公司，无非是借此招摇罢了。并且不是洋人，也是个中国人，你要结交他做甚？今天这一台酒，我看也不必去了，还是同我们吃大菜去。将来你有本钱，要想做甚生意，我来替你设法，老实说靠得住些。"少愚沉吟半晌，道："照你这样说来，吃花酒不去也好，但吃大菜静悄悄的，有甚趣味？你们只管请便，我要回栈去了。"又端听了笑道："你心上欢喜闹热，难道大菜馆不能叫局？正好把花好好叫来，我们也叫几个来陪你，岂不甚是有兴，一人回栈怎的？"少愚听大家多要叫局，始也高兴起来，唤堂倌付过烟钞，随着二人下楼，到一枝香拣了一个座头，点好了菜，央又端写一张局票，当真去叫好好。又端、子富也一人陪了一个。

移时，好好到来。少愚见他面貌比行云好看，心中甚是快意，但应酬却不比行云妖媚，未免有些美中不足。又端已窥透他的意思。吃完大菜之后，陪他去打了一个茶围。恰好那一夜阿珍正在院中，少愚一见之后，只喜得心花怒开，暗想世上那有这样风骚的妇女，虽然年纪已是二十四五岁了，看了他一双眼睛色迷迷的，钩得人意乱心麻，行云那里及得来他？就是说话一切，也比行云又活又圆，非常讨趣。当下因点了台菜，请二人明夜吃酒，二人满口答应。阿珍见少愚有些土头土脑，打了一个茶围，自己就要吃酒，不象个刮皮客人，所以异常巴结，留三人直坐到十二点钟，方才各自回去。

子富在枕头上，想了一半夜的心事。次日起来，吃过午膳，随着子多到洋行里坐了一回。看见子多办事正忙，料他断断脱身不来的时候，抽身回至家中，找见嫂子，把昨天在升平楼想下的几句谎话，对他说了，要取方单。果然嫂子绝不疑心，取钥匙把铁箱开了，因自己并不识字，叫子富向箱内取去。子富大喜，即在箱中查了出来，一共乃是三张，对嫂子说："在这里了，你把铁箱锁好了罢。"嫂子点了点头，亲自将箱关锁。子富不慌不忙，取着单子出房自去。这一喜真喜得如半天里掉下了一只金蝴蝶，被他一把捉住一般。一出房门之后，急忙飞步上街，叫了部东洋车，赶到升平楼去找又端。

又端已来得久了，见子富满面笑容，估量着已经到手。开口便问他："带来没有？前途我已约他在聚丰园等候你了。"子富道："一共被我拿了三张，多是虹口的地单，你瞧可拿那一张去？"又端道："怎样有三张单子？"子富道："两张一亩有零，一张只一亩不到，所以共有三张。"又端道："那边的地皮值价，只拿一亩不到的罢。其余两张留在身旁，包你两三天内就有主顾。"子富道："如此最妙。"遂在身畔取出单子，拣了一张交与又端。又端问他："可有粮串？"子富道："粮串没有取得，可还不要紧么?"又端道:"买卖方单为凭,没有粮串尚还不妨,但押契却要写一张的,不知你写了没有?"子富说:"也还没写。"又端道:"我来替你代写了罢,你只在契尾之上签个花字可好?"子富连称"很妙,很妙",又端遂央堂倌买了一个花古束来,就在烟炕上七横八竖的写了一张,叫子富签好了字,问他:"可要一同到聚丰去与前途会一会面?还是我代劳到底,你在此间等我,不必前往?"子富向他一揖道:"不去最妙,本来我有些难以为情。"又端道:"我猜不到你的心么?你把这事一齐交我,停刻拿钱就是。"说毕,下楼而去。

子富甚是感激着他,那里晓得又端顶了子富的名字加借了二百洋钱?子富面前只说一千,前途借的却是千二。所以子富昨天要想不借,又端暗暗发极,今天更巴不得他不去,私自做下一张借契,只等子富取到田单,到聚丰园当场填写区图亩分字样。说债主因怕面重,故把全权托他,叫他拿了洋钱回去。旁人那里疑心,子富更是睡在鼓里。约去了一刻多钟,果见又端拿了钱来,乃是八百块钱即期庄票,一百多块洋钱钞票。说内中除了中金图保等一切使费,中金本要加一,如今只算八厘,那二厘是他名下减下来的,自己的要好朋友,断不能收领中费。子富把票子瞧了一瞧,数也不点,糊糊涂涂的一齐袋下袋去。又端又说:"尚有两张田单,也向前途说过,不论要抵要卖多可使得,明天约他回话。你把主意打一打定。我想今夜不必回去,好得少愚在花好好家请客,我们大家去吃好了酒,同到潘小莲处商量。免得回至家中,子多晓得你取了方单,一定有场口舌。况你今天没有回去,明天一定差人四下找寻。那个寻到了你,你就找那个去与子多讲话,岂不是个绝好帮手?比了你去央人出场,真是天差地远。"子富此时把方又端当做智囊看待,语语依从。当下唤堂倌结好了帐,同至花好好家吃酒。及至席散之后,果真到潘小莲房中,商议了半夜的话。又端叫子富定主意,一准将地出卖。他想内中掉个抢花,卖了一千只交八百,二亩有零地基,怕卖不到六七千银子,足有一千八百两可以唾手拿来。这是洋场上地皮进出,做中人当掮客的常有之事。不过子富是个纨绔子弟,怎晓得苦辣甜酸?自然几乎上起钩来。

子多却隔日从行内回家,妻子与他说了子富取去田单的话,问他虹口买了多少新地?子多直跳起来,回说并没这事,才知受了子富之骗,深怪妻子不应把方单给他。夫妇二人免不得吵起嘴来,只望晚间子富回家,向他说话。那知候了一夜没有回来,子多好不着急,除差人到处侦访下落外,自己身体无暇,想起有个堂房兄弟,名唤子希,此人家道贫穷,平日受过接济,何不叫他帮寻子富,讨回方单?差人去对子希说了,子希一口应许。他料子富昨夜不归，必定住在堂子里头，亲自寻至小莲院中。恰好子富起身未久，又端已经到来，正在谈那卖地之事，说已有人还了每亩三千块钱。子希撞将进去，把二人说话岔断。子希开口便说："子富干得好事！"叫他快些回去。又端因他来势汹涌，不觉呆了一呆。后见他身上衣衫不甚鲜洁。暗向子富打个照会，把他招至外房，问："来人乃是何等称呼，向来做甚事业？"子富说："是堂房弟兄，从前也曾做过洋行生意，近来失业已久。"又端道："他的光景如何？"子富道："不甚光鲜。"又端喜道："那就是你的机会到了。此刻他来寻你，一定是子多差遣，何不将机就计，就央他做个说客，去说子多分产，许他事成酬谢，包你定有好音。"子富道："倘然子多不肯，那便怎样？"又端道："不肯，你便挺身回去与他吵闹，只说虹口的地乃是祖上传下来的，我已卖定与人。不见得祖宗遗产，小房里一些没分。那时子多定要与你反面，说遗产应得一人各半，不能一人独卖。你说正要你讲这一句话，地皮一人各半，别的也应照例均分，为甚多被长房措着？一口咬定他有意图吞，与他大闹起来，更说要当官告他，然后子希做好做歹，必使子多把产分了才罢。不分，只管闹将下去。子希贪图酬谢，那有不替你想法之理，你瞧是也不是？"子富听他说得句句有理，不胜欢喜，遂把子希将手招招，也叫他到外房坐下，把话去打动于他。

果然财可通神，子希渐渐的转了口风，说昨天骗取方单，虽然是子富不好，但子多坐拥厚资，不肯分拆，也怪不得人家发恨，干出这件事来，真叫做无可奈何。此事不妨说句公话，叫子多把家计分了，弟兄依旧弟兄，免得有伤和气，原是个极好办法。但要子富一同前去，觉得容易讲话。子富起初不肯，又端道："今天不比昨夜，有了子希帮你，正该挺身而出，怎要怕起他来？不过那方单无论如何决不可交代下去，一交代，便全功尽弃，你可牢牢记着。晚间我们仍在此地会面，并请子希一同过来。"子富始勉强答应，同着子希起身，一步懒一步的回家而去。又端仍到升平楼，开灯过瘾。暂且慢提。

接说子富回得家中，其时已将薄暮。子多早由洋行回转，一见兄弟进来，恶狠狠的便问他要索回方单，说他骗得好人，夹着嫂子在旁，也说了许多不好的话。子富依着又端所嘱，把田单乃是祖宗遗产，不能长房独得的话说了一遍。子多顿时翻起脸来，说："长房虽然不能独得，却也不能小房独卖，例当按股均分。"子富就说："正要分！你且把置产簿拿来检点。不拿来，我一定不依！"二人一句紧似一句，顷刻间闹做一团。子多性子较躁，几乎动手要打，幸由子希劝开，说："弟兄动蛮怎的，况且俗语说'有理不在声高'，这也不是相打的事，有话大家好讲。"子富见子希当真暗地帮他，遂说："老希不要来劝，他敢动手打人，我便出手告去。凭他怎样发恶，不但方单休想还他，并看他可能安享得去！"子多尚欲有言，子希搀着子富向外，令他在书房稍坐，自己重复进内，用话去婉劝子多，约有一点多钟时候方才踱了出来。其时子富独自一人，在书房内指桑骂槐，大肆发作。子希假意喝劝几句，叫他有话明日再说。子富会意，这才收下了篷。看看天已黑了，遂装着怒气不息的样儿，愤愤出门，向潘小莲家而去，满心想告诉又端，谁知子希先经赶到，又端也早来了。二人先已说得七明八白，不消子富开口。并且又端更晓得子多已经吐了口风，情愿约齐亲族分家。因子希再三数说子富不好，家中有了这样兄弟，若不彼此分开，将来难免受累的缘故。子多听信了他，遂叫他转约亲族，一准定期分产。子希将这话诉知又端。又端见他中计，心中正在欢喜，恰好子富进来，遂把这喜信与他说知，叫他今夜起依旧不必回去。明天更须请几个衙门里素识的人在酒馆饮酒。并非真要打甚官司，只消风声传到子多耳中，他怕你当真涉讼，心上一定发急，这事便可赶紧。虹口我叫买主前去踏地，他知道了也要着慌。这样两面夹攻，包管三两天内，稳稳家资到手。子希也是一般说法。彼此又议论了许多分产时对答的话，叫子富留心紧记而别。

次日，子富如法泡制，果然不出又端所料，子多甚是担惊。到第二天的晚上，便有亲戚寻至院中，约他次日回家。第三日一早，子希也送信到院叫他回去。凡是姓金的长亲本族，那天一个个多在金家，像讲人命一般的自朝至暮足足讲了一天，方能够诸事就绪，立下分家契据。凡祖上传下来的田房屋产，银钱衣物，一概均分。子多自己挣的，照例不在其内。子富平日用透的钱，也应照例除去。写好分据之后，弟兄签过了押，各亲戚也签了花字。子富名下一共分了一万多两银子现银，一万多两田产，一二千两衣服东西。那现银因平日透用多了，除去之外，只剩得五千不到。田产除了虹口地皮三亩有零，作银九千，另外尚有老闸地方一所房子，作银四千多两。子富得了这些产业，向各亲族道过了劳，私下酬了子希一千银子。从此金氏弟兄，既分了家，金子多渐渐金子不多，金子富渐渐金子不富，却便宜金子希到手了一千两酬劳，眼前的金子倒不希了。

闲话少提，方又端打听得金氏分家已毕，不胜之喜，晓得子富必要谢他，每夜在小莲房中等候。果然子富也谢他一千银子，又端面子上不肯收受，暗里头只说要翻造一所房子，问子富要借二千洋钱，子富怎能不借给他？四千多两现银，谢了子希一千，又被又端借去二千块钱，其余只够还些宿债，手头依旧并不宽舒。又端不知其中虚实，有意试探他道："前天押的一千块钱，如今有了银子，可要赎他回来？"子富回说："钱已用罄，只好俟虹口地皮卖成再说。"又端正中下怀，费了四五天的脚步口舌，竟把那二亩有零地基卖了，每亩三千五百两银子，一共有八千多两，只向子富交代了七千两，说是三千一百两一亩卖的。子富那里在心？只要有现银到手，便又宵宵摆酒，夜夜碰和，快乐非常，全不想后来日子。又端有了这些银子，也顿时阔绰起来，两个人每天总在一处，中间夹着个钱少愚，做得花好好甚是高兴，不时请二人吃酒碰和，更甚热闹。

原来阿珍已访明了少愚的出身底细，知他是守愚之子，家中很是有钱，所以巴结万分。因他身上穿的衣服甚觉土气，叫裁缝做了一件淡洋灰绉纱夹衫，一件品蓝摹本缎夹马褂送与少愚。少愚非常欢喜，曾问他要多少洋钱，阿珍笑而不答。少愚更是喜出望外，那得不竭力报效？所以做了好好半个月尚没有满，已吃过五台酒，碰过四场和了。阿珍的小房子里也曾去住过数夜，自然受过了特别利益。这叫做老蟹钳人，不被钳住便罢，钳住了，就是久历花丛的人，一时也撇不开来。何况少愚是个乡愚，更不必说，那一条心，每日里只在阿珍身上。

一日，阿珍又要少愚碰和，叫他凑满十个花头。少愚一口允许，约了子富、又端，订定晚上八点多钟入局。二人敲过了八点钟，一同前往。那知千等不来，万等不到，看看已是十点多了，依然音信杳然。这夜阿珍也在生意上头，深恐少愚满身土气，说他不要在外闹了什么笑话，被巡捕捉到捕房里去，不然，此刻怎还不来？又端笑道："那有此事？"阿珍把守愚从前在上海时，曾因沿路小便罚过洋钱，及会香里被计万全等拆梢，几乎闹到捕房的事说知，并言有其父必有其子，故此我很有些替他寒心。又端听了甚是好笑。子富道："既然你这样远虑，何妨差个人到马路上打听打听，倘然真有此事，我们好想法子保他出来。迟了只恐不及。"

阿珍因为把钱少愚当做财神看待，正要差相帮出去打探，只听得楼下喊了一声"客人"，少愚已满头是汗的跑上楼来。手内拿着一个大皮袋儿，看见子富、又端，把皮袋向桌上一放，口中连说："今天真对不起你们二位。"二人问他因甚来迟，阿珍亲替他把马褂宽下，也问他往那里去了，直到此刻才来。少愚道："再也不要提起，今天我的老娘从苏州赶到上海来了。也不知那个通了信息，寻到我栈房里，叽叽咕咕的说了一大篇话，逼着我就要回去，竟被把身子缠住。你们想，可要闷死人么?"又端道:"令堂老太太今年多少高寿?"少愚道:"今年六十多了。"又端笑道:"六十多岁的人,管教儿子怎的?儿子省下了钱,他也带不到棺材里去,为甚不看透些儿?"子富道:"世界上的妇女,那个能看透世情?莫说娘管儿子,还有妻子管丈夫的,管得也甚凶狠,那知有甚用处?"少愚道:"我的老娘上次到上海来,不是管过我老人家么?这回却又来管我。还说老人家被他管好,何况儿子?差不多竟要用家法打我。是我再耐不住,才拾了这个皮袋,一溜烟跑了出来。他还在后边追着,幸我向人丛中狠命一钻,才得瞧我不见,不知此刻那里去了。"阿珍笑道:"你一时间避过了他,难道不要回栈么?他既然到了上海,可知住在什么地方,莫要晓得你住在栈里,也把行李起进栈来,你怎能永远避他得过?"少愚道:"行李早已起进来了,正因我要避他,故才跑将出来。只要从此我不回栈去,看他怎再寻得到我?栈里头虽有些零碎东西,丢掉也没甚可惜。好得我新近买了这只皮袋,凡是要紧物件,多在这皮袋里头。"子富道:"你不到栈房里住,可是常住在好好这边么?"少愚尚未回言,又端抢口答道:"他怎得住在此地,必定在法兰西地方。"阿珍听又端说到此句,假意用手来拧。又端道:"法兰西地方甚多,你要拧我怎的?"阿珍道:"我偏不许你说。"子富连连点首道:"你不说罢,我知道了。"阿珍问:"知道什么?"子富道:"法兰西宝兴里内。"

阿珍又要伸手去拧子富,被又端将手拦住道:"不要拧罢,时候已十一点钟多了,要碰和还是快碰。这样耽阁下去,钱大少有地方好住,我们住在那里?"子富道:"碰和尚少一个搭子,可去请谁?"少愚道:"本来我在栈里约下一个朋友,因被老娘一闹,竟闹走了。费你们二位的心,可能代请一个?"又端道:"代请有何不可?但是时候晚了,只恐人家不来。"阿珍把少愚的手一扯道:"你坐两份,我来凑个数罢。输赢多是你的,省得再去请人。"少愚道:"你凑了数,我叫那个代碰,难道不晓得我不会的么?"阿珍把好好一指道:"他可代你。"少愚道:"如此最妙。"遂叫小大姐掇开桌子,点上洋灯,相帮上楼起过手巾,就此入局。子富因八圈庄太嫌夜深,讲明只碰四圈。碰到十二点半钟已毕,子富输了二十块钱,又端赢了八块,主人家没有进出。阿珍照例叫相帮端上稀饭,请三人用过,又端、子富各自回去。少愚略坐片时,等阿珍的包车夫点好了灯,送他到宝兴里。阿珍自己叫了部野鸡车,跟在后面同行。有分教:

愈教游子无归念,赚得痴人更入迷。

要知少愚与阿珍同到宝兴里后,阿珍怎样笼络少愚,再看下回分解。

第二十五回

牙疼咒少愚受魔　心虚病阿珍打鬼

话说钱少愚在花好好处碰完了和，坐了阿珍的包车，阿珍叫着野鸡车，同到法兰西宝兴里小房子去。到得弄口，停车入内。阿珍举手叩门，便有个老娘姨来开，手中拿着一只洋油手照，把二人照进里边。阿珍叫包车夫给过了自己坐的野鸡车钱，又把包车拉了进来，将门关好，方与少愚上楼。

房中有个十四五岁的大姐，名唤阿招，正在打盹，听见二人进房，擦一擦眼，立起身来，向阿珍叫了声"大小姐"，又向少愚叫了一声"大少"，斟上两杯茶来，随手拿了支水烟袋，点个纸煤装烟。只因睡眼朦胧，把纸煤仃倒点了，顿时烈轰轰的烧掉半个。阿珍怪他贪睡，拍的就是一记耳光，倒把少愚吓了一跳。阿招被阿珍一记打昏，手中那个纸煤打下地去，巧巧跌在自己脚上。他向来赤脚惯的，烫着皮肤痛不可当，一连叫了几声"阿唷"。阿珍怪他大惊小怪，夹手抢过烟袋，又没头没脸的打了几下，嫌他立在跟前讨气，叫到后房睡去。阿招哭丧着脸，一手摸着脚背，一手把地上的纸煤取起，递与阿珍，出房而去。

阿珍接过纸煤，吸了几筒水烟，叫少愚把房门关了。自己放下烟袋，喝了口茶，已经不甚很热。少愚要喝，止住不许，亲自把凉茶倒掉，换了一杯热的，递至唇边，一口一口的等他喝完。少愚觉得这一杯茶，自出娘胎从未喝过，那心花一瓣瓣的直放开来。阿珍见他爱喝，问他可还再要，少愚接过杯子说："不要了，我们睡罢。"阿珍道："你可是熬不来夜么？"少愚道："我在乡间早睡早起惯的。初至上海，一到夜间八九点钟，就有些疲倦不堪，一到早上六七点钟，便要起来，再睡不着。如今渐渐好了，夜间能坐到一两点钟，早上也可睡到十点多钟。"阿珍把妆台上的自鸣钟一指，道："你能坐到一两点钟，此刻两点钟还没有到，要紧怎的？明天早上，莫说睡到十点多钟，就是一两点钟，也可由你。今夜我尚有话说，慢些睡罢。"少愚诺诺连声的道："你要与我讲话，我就坐到天明不睡也是不妨。"阿珍笑道："那个要你坐到天明？难道我也不要睡么？只要讲完了话，自然陪你一同睡觉。"

少愚听了，更觉得乐不可支，就问他："有甚说话？"阿珍道："我且问你，方才你说老太太已到上海，你和他斗过了口，不要见面，跑出栈来住在我处。你想要住多少日子？"少愚道："只等我娘何日回去，我就何日回栈。"阿珍道："他倘然寻不到你，在上海住上一两个月，难道你也一两个月不出去么？虽然我决不赶你出门，究竟你是一个客人，旁人见了不好看相。所以我倒有个主意在此，不知你心下怎样？"少愚道："是甚主意？"阿珍道："别的没有法想，除非明天为始，你把宝兴里这个门口替我开消下去，我们认为夫妇，那时不论一月两月，那个人好说一句话？即使日后老太太晓得，寻上门来，我自有话对他。竟说你已经娶我，且看他怎样发放。否则，你老太太何等凶狠，从前为你老人家做了烟妓蓉仙，与他几乎拼命，那是上海人通晓得的。你是他的儿子，我又不比蓉仙来得，万一闹出事来，你怎样对得住我？"少愚闻言，欢喜过望，道："你这算计真个是再好没有，但不知这个门口要多少钱一月开消？我娘将来晓得，当真寻到这里，你算嫁与我了。倘要逼了你一同回去，你便怎样？"阿珍道："门口不大，一百块钱一月够了。你娘真要逼着回去，我们回去也好。"少愚踌躇道："不瞒你说，家中早已娶妻生子，只怕你回去不便。"阿珍冷笑答道："难道我不晓得么？我情愿做个偏房，回去料来没事。不信，我可发个咒给你听，叫我一辈子嫁不得人。"少愚闻言，急忙伸出蒲扇般的一只手来，向他口上一掩道："你要发什么咒，我有甚不相信你？一百洋钱一月开消，老实说我这皮袋里头够得上一年半载。将来我娘逼你回去，虽然你心上情愿，我想还是住在上海最好，且等住过今年再说，我娘料也没甚法子一定来硬做我们。"

阿珍道："正要问你：这只皮袋内中可是钞票？方才你拿着回来，看来一点子没有分两。"少愚笑道："本来袋中多是票子，有甚分两？你猜，共有多少数目？"阿珍道："一块钱也是一张，五块、十块、五十块、一百块也是一张，怎能估得出来？你在那里说呆话了。"少愚道："一块、五十块、一百块的一张没有，俱是十块、五块钱的，你可猜上一猜。"阿珍随口答道："可有一千块钱？"少愚道："一千尚要多些。"阿珍道："难道有二千么？"少愚道："二千虽然不到，却也差不多了。"阿珍假意不信道："这样小小一个皮袋，十块、五块一张的钞票，怎能放得许多？"少愚道："不信，我可开与你看。"遂在桌子上把皮袋取来，身旁拿出钥匙，当真打开与阿珍观看。只见一百洋钱一封，足有十六七封。另外尚有一个油纸小包，一个红纸封筒。那红纸的颜色，谅来日子过多，有些黄了。阿珍问他："这两包是什么东西？"少愚道："油纸里是几粒珠子，我们老人家在日，一个苏州的败落户，硬抵下的。红纸里是几根金条，乃老人家积钱换下，被我也带了出来。"阿珍听了色喜道："珠子有多少大小？金条有多少轻重？"少愚道："珠子只比黄豆大些。金条每条十两，共是四条。何妨你也瞧瞧。"口说着话，忙将两个纸包一齐拆开，分放在阿珍面前。

阿珍见珠子真比黄豆大些，不但光彩很新，粒粒俱甚圆正，一共三十二颗，恰好在女兜上做副勒口。金条乃是蒜金，心中更甚欢喜。对少愚道："你这两件东西价值甚是珍贵，不要放在皮袋里头，我替你收起来罢。但不知你可放心？"少愚道："你放在什么地方？"阿珍将手向床角边一只保险铁箱一指，道："这里头不稳当么？贼偷断偷不去，火烧也烧不掉他，你乡间谅来没有。"少愚道："乡间那有铁箱？我老人家把要紧东西多锁在床柜里头，已算是谨慎的了。既然你有这妥当东西，放在这里很好。就是这一袋子的钞票，最好连皮袋也锁在里头。我有甚不放心么？"阿珍微微笑道："本来从今以后，我与你是一个人了，你要不放心我，我怎的放心嫁你？老实说，先前有多少人看想着我，皆因这班人靠不甚住，那一个在我心上？偏与你一见了面，这条心就不知不觉的热将起来。这真是前世结下来的缘分，说也奇怪。"少愚道："我听得有人说起，从前你嫁一个姓邓的人，可是有的？"阿珍欺他先时并没到过上海，把此事向阿金身上一推，道："那是我姊姊阿金的事，并不是我，你缠错了。"少愚道："原来你还有个姊姊，现下可在上海？"阿珍道："怎么不在？因他另有生意，这几天我那边巧巧不来，所以你没有见过，往后终要见的。但见面时，切不可提起他嫁人之事，提起了一定着恼。"少愚听了甚是相信。阿珍见夜已深了，将珠子金条叫少愚依旧包好，自己在衣袋内取出铁箱上那个钥匙，唧玲玲一阵铃响，开了锁门。少愚诧做铁箱里头有八音琴，连说："这东西真是好顽。"阿珍笑而不答。锁门既已打开，就把珠子、金条一齐放入箱中。少愚真要把一皮袋钞票，也叫阿珍收拾起来。阿珍大喜，也与他藏放好了，举手把锁匙拮动，又是一阵铃响，将箱锁好，这才双双的解衣安睡。

可怜钱少愚，花了这一千七百几十块钱，与老子传下来的四十两金条，三十二颗精圆珠子，只博得这一夜尽情快乐。阿珍在枕上边盟山誓海，设尽牢笼，与前数夜大是不同。到得明日，忽然弄出一桩意外的事来。莫说少愚断想不到，就是阿珍自己也只望把少愚留上几天，慢慢的想个法儿，将他割断，受用铁箱里的珠子、金条、钞票由着他任情使用，并好多买几个讨人，多发些财，下半世尽可过度。那知道人有千算，天有一算。阿珍造孽太过，恶贯已盈，次朝，忽然生起病来。

　　少愚睡到十二点钟起身，觉得阿珍的身体热得浑如火烧一般，因是一个粗鲁之人，尚还不甚在意，把他推了几推，又一连叫了几声，问他可要起来。阿珍这寒热是天亮时候起的，此时怎睡得着，正在满心难过。听见少愚唤他，勉强开口答道："今天我身子有些不好，尚要再睡一回，你起来罢。"少愚始吃惊道："怎么昨天好端端的，今天害起病来？"阿珍拉他的手，在头上一摸道："不是我发寒热么？"少愚道："发寒热可要去请甚医生？"阿珍道："医生不必去请。你起来了，可唤老娘姨进房，叫他到大马路虹庙里去求服仙方，谅来一吃便好。"少愚道："如此我便起来。"遂无精打采的趄起身来，开了房门。早有阿招拿脸水进内，顺手带上牙刷、牙粉。少愚这一口牙齿，自幼没有刷过，只略略洗了个脸，牙刷等叫阿招拿去不用。阿招暗暗好笑，问他可要用些点心，少愚回说不消。只唤老娘姨进房，与他说知阿珍患病，快到虹庙求取仙方。老娘姨听说阿珍病了，慌到床前看视。只见他面赤如紫，额角上干焦焦的，一点汗都没有，那热势甚是利害。问他可要吃口茶水，阿珍把头摇摇，口都没开。老娘姨知道来势汹涌，必得去关照阿金，遂先到虹庙求了仙方，次至群玉坊与阿金说知。阿金因这天房间里有两场和，约定饭后来碰，白天跑不开来，只好晚上看他，催老娘姨快些回去，且把仙方煎与他吃。好了最妙，不好再议请医调治。老娘姨遂拿仙方，到药店里配好了药，回至宝兴里，错认少愚一定识字，把仙方交与他看，问："用的是什么药，你瞧大小姐可能吃了便好？"少愚道："仙方是菩萨赐的，吃下去那有不好之理？我又认不得字，问我怎的？你只管煎与他吃是了。"老娘姨始叫阿招拿药罐来，将药倾在罐中，加好了水，又在外房生了一个火炉，点了枝香，煎到香尽炭完，药已好了，倒在一只鸡缸杯内，送至床前。阿珍要想坐起身来接他，那知这身体竟有千斤之重，再也坐不起来。老娘姨叫阿招扒上床去，略把上身抱起，将药递到口边，吃毕，仍旧使他睡下，盖好了被，下了帐子，说："停刻发一身汗，谅必好了。"回身叫阿招将火炉息好，药罐里的药渣倾去，下楼端上饭来，伏伺少愚吃饭。

　　少愚这一日自昼至晚，连房门多没有出过，呆呆的在床前坐了一天，只恐他老子生病的时候，也没有这般发急。坐到上灯以后，忽听阿珍在床上边大叫起来，隐隐乃是"饶命"两字。少愚不觉大吃一惊，急忙揭帐看他，并叫老娘姨与阿招进来。但见阿珍面色如纸，两眼直插，额上边冷汗淋漓，两只手在被头里面发搐。老娘姨喊声："不好，这是有了邪了"。叫阿招快唤包车夫买些锭来，在天井里赶紧焚化。一面与少愚大声叫唤。约叫了一刻多钟，方才两手止住了搐，面上有些血色，神志略略安宁，见众人环绕床前，喊了一声"阿唷"。老娘姨念佛道："阿弥陀佛，菩萨保佑，如今好了。"问他："方才怎的这样？"阿珍将眼四顾一瞧，见少愚也在床前，有气无力的答道："我自己也不晓得为甚这样，看来我这场病真是不轻，这便如何是好？"老娘姨宽慰他道："这是年灾月晦，断断不要紧的，你自己不要担心。今天仙方已吃过了，明天我再到虹庙求去，更替你许一个愿，只要保佑病体早痊，将来你亲自去还。"阿珍在枕上点了点头，并不开口，那眼睛却不住的望着里床，好像有些十分害怕的光景。老娘姨不知他见些什么，觉得毛骨悚然。低低的对少愚说道："大少，你是一个男子，比我们阳气重些。大小姐这一场病，一定是阴人缠绕，你们有过相好的了，可到里床去陪一回儿，看他甚样。"少愚说："老娘姨言之有理。"当真扒至里床，睁着铜铃般的两只大眼看住阿珍，叫他心上不要发慌。阿珍没有睬他，那面孔却又侧向外床而睡，依旧眼光钉住床角，一瞪一瞪的，脸色甚是不正。

　老娘姨看病势这般凶险，正要差包车夫到群玉坊去催阿金快来，只听得门上边钟铃声响，阿金带了个小大姐一同到来。老娘姨问了声："进来的可是金小姐？"楼下车夫答称："正是。"老娘姨说："快些上楼。"阿金遂与小大姐奔上楼来。看见阿珍那般病状，阿金心上吃了一惊，说："发了一个寒热，怎的面相就有些些走形？"老娘姨咬着耳朵，把适才大呼饶命之事告知，说："此病看来必有阴气，我疑心他眼睛里必定瞧见什么，只因钱大少在床前，不便细问，如今你可问问他去。"阿金道："是那一个钱大少？"老娘姨将嘴一斜道："现在里床的那个便是。"阿金见了，不觉好笑起来，道："怪不得大小姐要生病了，怎的把个土地码子留在房中？"老娘姨道："大小姐先曾说过，这人虽然土气，手中很是有钱。昨天阿招睡在后房，听见他与大小姐看什么金条、珠子、钞票，后闻开动铁箱，大约多在铁箱里头，并听得大小姐有嫁他的意思，不知是真是假。"阿金道："原来如此。我想大小姐怎样发起昏来，去做这样一个客人。如今别事慢提，且待我问他，到底此病若何而起，眼中可曾见些什么，我们好想法子医治于他。"

遂轻轻的走至床前，先向少愚点了点头，笑了一笑，然后俯身到枕头上去，叫了一声"妹妹"，将嘴附在他的耳上，细细问他病情。阿珍见是阿金，此时恰好神识甚清，叫他凑过耳来，回说："昨夜四点多钟时候，与少愚一同睡在床上，早已睡熟的了，不知怎的身上边一阵寒冷，忽从梦中惊醒，顿时发起热来。只认是受了风寒，谅来没甚要紧，所以医生也没去请，只叫老娘姨到虹庙去，求了一服仙方。吃了仙方之后，只愿安心静睡，满想出一身汗定然好了，那知睡到将晚，身上边的热势觉得退了些，心儿里头更一阵不是一阵，好似里边火烧一般。那时偶然睁开两眼向外一瞧，不知天光黑了没有，忽见床前站着两个人影，一个乃是少安，一个乃是子通。彼此伤痕遍体，面带怒容，像要向我索命样儿，每人伸出一只手来，多要扼我咽喉。这时我发急极了，才喊起饶命来。后来就迷迷糊糊一点子不知人事，直至他们大声喊叫，方才清醒。此刻那两个冤鬼仍没有去，只要眼睛一开，多在我的面前。没奈何把眼睛闭了，他们好似又在我的枕边，一齐动手扼我。好姊姊，你怎样救我一救才好！"阿金听他说完，因闻是邓子通、潘少安阴魂索命，只吓得四肢冰冷，一句话多答不出来。后来稍稍定了定神，问老娘姨可曾烧过长锭没有，老娘姨道："怎的不烧，乃是我叫包车夫去买的，一共烧了一（三）千满金，方才回过气来。"

钱少愚坐在里床，起初不知阿珍与阿金讲些什么，后听阿珍说起烧锭的事，古语说吴人信鬼，少愚况是一个乡愚，不但信他，更是怕他，看见阿珍这般病势，心上也疑定有鬼祟缠绕，因接口道："原来方才只烧得一（三）千满金，停刻何不再烧二（三）千，保佑他好眠好睡。"阿金等闻少愚说出此话，错认他坐在里床，眼中也曾瞧见什么，正想动问。

其时，老娘姨因阿金来了，叫阿招在外房燉茶。阿招独自一个靠在火炉半边打盹，身子往前一磕，震天价一声猛响，在楼板上跌了一交，把里房那些心虚的人，一个个疑鬼疑神吓了一跳。阿金最是胆细，只惊得面如土色，两手牵住了老娘姨，战兢兢的说："外外房是是什么响？"少愚也在里床角，失张失智的连喊"奇怪"，直至阿招跌醒，觉得磕痛了膝盖骨，喊声"阿呀"，哭将出来，始知是跌了个人。大家定一定心，把他唤进房来，问他好端端的怎样会跌，阿招不敢开口。老娘姨知道他一定是打盹所致，着实埋怨了几句说话。阿金要打要骂，说："里房现有病人睡着，怎的不小心到这个地步？万一把病人吓坏，看你怎样担承！"阿招两手摸着膝盖，只顾呆呆的一言不发。老娘姨看阿珍睡在床中，幸亏他还没有什么，只额角上冒了一头冷汗，两眼瞧着阿招，好像很是恨他，又苦自己没有气力，不能像昨夜打他一顿的样儿。因叫阿招仍到外房燉茶，切不可再打磕睡。阿招始哭丧着脸向外而去。

阿金等他炖好了茶，叫把仙方煎个二煎与阿珍吃。阿招回说药渣已于早间倒去。阿金怪他不知伏伺病人，唤老娘姨把原方取来，交代车夫再到童精一药店赎去。"既然吃了仙方，身子热得好些，今夜何妨再吃一服? 定然好得快了。"老娘姨依言分付下去。少顷，车夫果又赎了一服回来，交与阿招去煎。老娘姨因夜已深了，下楼去烧好夜饭，端将上来，请少愚下床用过，收拾残肴，自与阿招吃去。等到煎好了药，仍旧阿招微微的扶起病人，由老娘姨徐徐灌下。阿金说服药之后，必须静睡。叫老娘姨替阿珍盖好被头，放下帐子，令他安安稳稳的睡一回儿。自己因新近呼上了几口洋烟，故在炕榻上开了盏灯，身边摸出一只三钱头的白银烟匣，把外面的湖色网线打开，将钢钎蘸了些烟，在灯上烧动。并叫老娘姨取过一支橄榄核老枪，通了一通，放在烟盘里面。

等那钎上的烟泡发好，装上枪去，正想要吸，看见少愚坐在一旁，问他可呼一口儿。少愚看阿金年纪虽比阿珍大些，那风头也还甚健。今天阿珍病了，乐得将他当个替身，与他兜搭一回，解解焦闷，有何不可? 因说："呼一口儿也好。"竟老老实实的睡下炕去吸了一筒。阿金见他别的并不在行，那洋烟却飕飕飕的很是会呼，因又再装一筒与他了，第三筒起方才自吸。少愚嘻着张嘴，睡在炕枕上，目不转睛的看着阿金烧烟，竟似从来没有见过一般。阿金看他土气十足，暗暗的甚是好笑。其时因老娘姨、阿招多到楼下收拾锅灶碗盏去了，阿珍睡在床上声息全无，像是已经睡熟。阿金口内吸烟，心中甚觉寂寞，姑与少愚讲些闲话，问他乃是几时到上海的，与阿珍怎样认识，现下住在什么地方，原籍苏州何处人氏。少愚一一对答，阿金始知他是守愚之子。守愚从前到上海时，闹得笑话甚多，声名甚大，都说他是个有钱不肯使用的人。如今出到这个儿子，把家中积聚的钱挥霍出来，怪不得老娘姨说昨夜阿招听见有珠子、金条、钞票，一切交代阿珍，看来真是有些意思。阿珍做到这户客人，正好狠狠的敲他一下，怎的生起病来? 又想还好这一场病生在东西到手之后，若是将来好了，自然多在阿珍手中，不必我替他费什么心;倘有三长两短，这铁箱怕不由我掌管，那东西岂不多是我的，少愚怎能拿得出去? 若然问起我时，我就给他个死无对证。好得他交代阿珍的时(得)候，并没有第二个人看见，吃没他甚是容易，料他一个乡愚，断断干不出甚事来。但他不把这贵重东西放在栈里，却要寄存此处，内中当有一个缘故，倒要问明了他，做个准备才是。因又用话去探他口风，说他这两夜可是因阿珍病了，不放心回到栈房里住，故而住在这里。少愚是一个何等老实之人，昨天告诉阿珍，说的俱是实话，今天阿金问他，他也一本直说，并没半句隐藏。阿金又知是母子不和，跑出来的，愈觉放心托胆。日后吃过了他，想来不但没人说话，并且他在家中还要自己瞒起这桩事儿。转到这个念头，不觉心花怒放，反把忧急阿珍生病的心思忘掉了些。

少愚却甚盼阿珍病好，与阿金讲了一回自己的话，渐渐又说到阿珍病原，一口咬住他定有邪气，明天最好请个师娘到家，替他看看香头，发送发送。或者请个起课的人起一个课，一来占占他禄命如何，二来叫他判断判断是甚邪祟缠绕。阿金点头答道："这话果然不错，本来我心上也是这样的想。且看他明天病势怎样，我们大家再作计较。倘然好了些些，只到虹庙去许个愿心，多烧些香，求保他早早平安；若与今天一样，或更加重了些，自然须要花几个钱。我们是同胞姊妹，那有不替他想法之理？但他此刻吃了仙方，睡得甚是安稳，或者菩萨有灵，就此渐渐的轻减下来，也未可知。"少愚道："但愿如此最妙。"

二人正在讲话，猛听得病人床上接连喊（减）了几声"阿呀！"那只床忽然摇动起来。阿金大惊失色，急忙撇下烟枪，立起身来拉住少愚，三脚两步的同到床前，高声叫唤，并令少愚把帐子揭开，且看他面色怎样。但见阿珍双眸直竖，人事不知，那手足却又发搐不止，震得这床格格的响。阿金、少愚竭力叫唤，好似一些没有听见。少愚发急极了，伸手去牵他的手。尚没牵到，阿珍忽又连叫几声："打鬼，打鬼！"将身子缩做一团，顿时抖战得不像样儿，只把少愚、阿金两个俱吓得魄散魂飞，大叫："老娘姨、阿招，快快上来，大小姐有些不好！"正是：

> 岂真鬼物将形现，只为人心作事虚。

要知阿珍这回尚能苏醒与否，老娘姨、阿招上楼可有什么法儿救他，且看下回分解。

第二十六回

空捣鬼返魂无术　畏见娘落魄有由

话说阿珍寒热大作，阿金前来探望，要他好得快些，叫老娘姨把早间到虹庙里求的仙方再煎一服与他吃了。自己和少愚睡在炕上吸烟，商量明天替他调治之法。阿金见他服药之后睡得甚是安静，认做仙方灵效，已有转机。那知阿珍得的乃是伤寒重病，仙方上用的药是竹叶、石膏、芦根等许多凉剂，所以第一次吃了下去，身上的热势觉得减退，心里头一阵不是一阵，皆因热邪被遏之故。热邪遏在里面，自然内焰起来，眼睛里看见子通、少安，口里大呼饶命，那里真有什么冤魂作祟？多是热入心胞所致，遂迷迷糊糊的见起鬼来。若说为甚不见别的鬼魂，见的偏是子通、少安，又因阿珍生平所做的事，这一桩最是心虚。俗语说"疑心生暗鬼"，平日阿珍不病的时候，睡梦里也不时看见二人向他索命，常常惊醒转来。如今病里头自不必说，只见二人站在床前。至于阿金进来之时，为何忽然神识甚清？却因服药已久，药性过了，心胞络内的热邪渐渐又透了些出来，始得神魂略定。不料阿金要好，又叫他吃了第二次药。这一服真是仙方，吃下去睡了片时，把五脏六腑内的热邪，从此一齐遏入心胞，休想再能透发，遂又顿时发起浑来。口中乱嚷乱叫，眼中只见子通、少安伸手扼他，因而慌做一团。嘴里头不住的只喊打鬼，把阿金、少愚两个吓得个胆落魂飞。没奈何，只唤老娘姨、阿招上来。

那老娘姨正与阿招在灶间内，收拾好了锅灶碗盏，叫阿招拿了少愚用的便壶，自己端了一个净桶，正想上楼，听得楼上大声叫唤，心上一慌，竟把净桶泼翻在地。幸亏是个空的，手忙脚乱的端了起来，尚还没甚要紧。那阿招却拿了便壶，先自飞奔上楼。走至床前，听见阿珍一连喊了两声"打鬼"，心头一吓，不觉手内一松，耳听得

"拍"的一声，便壶坠地，打做粉碎。阿金、少愚本来已是吓慌的了，万想不到阿招手内拿着这件东西，不知又是什么声响，大家直跳起来，俱向房外飞奔。恰好老娘姨跑上楼来，在房门口撞个满怀，彼此没有防备，又是大家一吓。老娘姨伸手拉住二人，问他们跑向外去做甚？阿金吓得口多开不出来，少愚连说："里房有鬼，进去不得。"老娘姨道："大小姐怎么样了？"少愚道："大小姐只喊打鬼，想是恼了这个鬼魂。方才床前拍的一响，好不怕人，故把我们吓了出来。"老娘姨听了，也吓得目瞪口呆的道："有有这等事？如如今没没有别法，只只好多烧些锭，保保佑放轻松他。"少愚道："长锭楼下可还有么？"老娘姨道："倘然没有，我叫车夫立刻买去。"阿金此时惊魂定住，合掌说道："只要保佑病人清醒，明天一准看香发送。不论什么鬼魂，不可难为于他。"老娘姨道："金小姐快些许愿，我到下边烧锭，烧好了再上楼来。"说完回转身下楼而去。

　　阿金见与少愚站在房门口头不是个事，只得放大着胆，硬了头皮重新回至房中。但见阿招拿了一把芦花扫帚在床前扫地，阿金怪他此时扫些什么，抢起扫帚柄要想打他。又见楼板上有许多水迹，壁角里碎了一个便壶，急问他是什么时碎的，阿招回说即刻才碎。阿金听了，始知方才那声响亮原来打碎了这个东西，又是好恼，又是好笑，拿起扫帚柄来夹背便打，说是打掉些晦气。那扫帚柄是青竹的，打在背上也甚疼痛，阿招几乎哭出声来。少愚瞧见，劝住他道："且慢动怒，我们看在病人面上饶了他罢。"阿金始将扫帚撇下，喝他连碎便壶一并收拾下去，停刻车夫买锭回来，叫他与老娘姨一同上楼，你在楼下看门。一则车夫阳气重些，二则免在房中闯祸。阿招闻言，那敢违拗，拿起扫帚，又取了一个畚箕进来，把便壶一块块的拾在里头，下楼而去。虽然碎的是个空壶，究竟不免有些臭气。只因阿金、少愚正急得昏天黑地，所以尚没觉察。后来老娘姨烧好了锭，与车夫上楼，始说房中怎的好臭，少愚约略说知。老娘姨叫车夫到灶下去拿些稻柴灰来，重新扫了一扫，始觉好些。

　　此时大家围在床前张看病人，只见他依旧人事不知，口里头胡言乱语的只喊打鬼。老娘姨道："白天烧了一千满金人就醒了，此时足足烧了两千，怎的还是这样？"阿金向着床上喃喃祝道："你们不要难为病人，但等天光一亮，我马上去请师娘到来，大鱼大肉的供献你们，再给你们些些盘川别地方去。"老娘姨接口说道："是吓，今天放松病人，明天你们上香头去，好等师娘判断。若是本命里有甚尴尬，或是冲撞了什么神道，明天我们央人起课。只要课上发动，自然照课行事，求保病体速痊。"

少愚更暗暗的说:"但愿病人病好,将来嫁我之后,我当各庙烧香,并替他到上万山做一坛水陆道场。"三个人祷神祷鬼,各各祷了一回,阿珍依然昏迷不醒,约闹到天明将近,方才口中停住了喊。看他略觉自然些些,各人也俱疲倦极了,炕上的炕上,椅上的椅上,大家把眼睛略闭一闭,养一回神。少愚忽然梦魇起来,在烟炕上大呼小叫,又把众人惊醒,每人急出了一身冷汗。

其时天已大明,遂商量请师娘起课的事情。老娘姨说:"山家园有一个黄仙人最灵,随便什么冤孽,香上边多能看得出来。五福弄还有个陆仙人,他附身的是杨老爷,一上了身,病人犯了什么毛病,几时起的,几时可好,都能断得定他。"包车夫道:"浦东洋泾镇不有个肚里仙么?他是袁家观音堂袁家娘娘的干女儿,眼睛里天生的双瞳人,不论是神是鬼,一见便明,听说也甚灵验。钦赐仰殿地方还有个走阴差张三,此人乃是男身,每夜在阴府当差,与牛头马面等称兄道弟,森罗殿走得最熟。病人有甚冤家缠绕,他可商通殿上冥役,驱逐得来,并能向掌案判官商量借寿,请他来也甚有用。"阿金又说到起课先生,老娘姨一口咬定大马路吴鉴光与宋复生两人最好。包车夫又说:"三马路客栈里有一个赛神仙,能知过去未来,起的文王神课最是周到。并且这人本是道士,更能替病家禳星拜斗,不比得吴鉴光等要去另请他人。否则,龙华西面还有个王道士,专代人家驱妖捉怪,并有一手烧替身的本领。倘使病人死了,他能捉生替死,竟然抢活转来。起的乃是大六壬课,比众不同,说一句应验一句,我瞧请他到来也好。"阿金被二人你言我语弄得没了主意。后来因浦东龙华一带出路太远,阿珍病势沉重,有些朝不保暮,恐防远水难救近火,故此决定就近些些。师娘请了老娘姨说的山家园黄仙人,起课请了包车夫说的三马路的赛神仙。当下向阿珍身畔摸出铁箱上的钥匙开了铁箱,拿出二三十块钱来预备使用。少愚见自己的钞票、珠子、金条俱在箱内,本想向阿金说明一声,只因阿金急匆匆的取了洋钱,随手便把铁箱锁上,因而没有说得。阿金也装做铁箱里面不晓得少愚有甚东西在内,预备将来吞赖,说他阿珍在日,何以并没提起此事?这且按下缓提。

再说包车夫等候阿金取出洋钱,拿了请封,立刻去请黄仙人与赛神仙。不多一刻,赛神仙同着先来,在客堂内点了香烛,摇动课筒,起了一课,摇了摇头说:"这卦象甚是凶险。"阿金问他起的何卦?赛神仙说:"是游魂卦。若照卦上看来,病人得病之后,一定神思恍惚,坐卧不安。"阿金道:"一些不错,不知卦中可有邪气?"赛神仙道:"怎么没有?乃是病人前天晚上触犯了伤司五圣所致。只恐有时胡言谵语。

并且他本命里星宿不好，腾蛇绕足，白虎当头，七煞临宫，丧门吊照，急须禳解禳解才好。"阿金道："这是要禳解的，不知怎样一个禳法？"赛神仙道："最好起个斗坛，替他拜一天斗，晚上边请位法师虔虔诚诚的发道天表，达一道百解星章，再做个水盆报应，占占他禄命可好，并把那伤司白虎等凶神凶宿一齐发送，或能日见痊可。"阿金踌躇道："倘然禄命里有甚尴尬，可还有救？"赛神仙道："禄命若有尴尬，水盆报应里显了出来，明天再替他发檄翻解。我们本来有这法事，不过差不多些的人家不肯轻做。"阿金道："只先与他拜一坛斗，晚上水盆报应，要多少钱？"赛神仙算了一算道："连香烛纸马一应包净在内，起码三十块钱。"阿金道："你住在栈房里，那斗坛设在什么地方？"赛神仙道："斗坛自然设在这里最是洁净。近来大马[路]、三马路一带起课先生替人家穰星拜斗，就把经坛设在自己家中。楼下有人拜忏，楼上住的人家不知干些什么，怎比得在病人家里的好？大小姐倘然照课禳解，这是风急火急的事，耽误不得。停刻我就请道众到来，你们别的不要难为，只预备些烟茶便了。"阿金点头称是。赛神仙收了课筒，告辞出外，恰好黄仙人进门。

那黄仙人五十多岁年纪，一张瘦骨脸儿，天然的一双大脚。一进门，便把眼睛向四下一瞧，连说屋子里阴气好重，阿金邀他至客堂坐下。黄仙人瞪着双眼，向壁角里吹了一吹，阿金问他吹些什么，黄仙人道："壁间有个阴兵站着，故把他吹将出去。你们看不见他，我是看得见的。不但是一个阴兵，从门口起直至客堂何止十个八个，不知病人的房间里头怎样？最好待我先去看看。"阿金只被他说得毛骨悚然，遂叫阿招下来看好了门，自己与黄仙人赶紧上楼去看病人。黄仙人进得房门，大声叱喝一回，方才坐下，说："房里头除了无数阴兵之外，并有两个带血阴人立在床前。如今被我喝出去了，你们快把香烛点好，我好下楼判断。"阿金听说有两个带血阴人，一个定是子通，一个定是少安，愈觉得胆战心寒，流水叫阿招点起香烛，陪着黄仙人一同下楼。黄仙人又叫老娘姨点了三枝散香，到病人床上祷告一回，说："房中若有一切阴魂，多附在香头上边跟着下去。"这三枝香也插在香炉里头。黄仙人遂在香案打横端上一只凳子坐将下去，交代阿金等道："附身的是三老爷，不比别的神道，上身时有些凶险，你们不必惊怕。"阿金等回称晓得。

黄仙人在凳上默坐了三四分钟，打了几个呵欠，忽然双眼一竖，发起威来，口中操着蓝青官话大声喝："你们请我神到来，可是为了楼上女子的病？那女子已病到九分九了，本来我神不能救他，念你们一片诚心，且代他向东岳府求去。若能过得三天，可保太平无事，但须多解钱粮。你们那个识字，我神告诉他抄写出来，方好办事。"阿金听说要个写字的人，忙叫阿招上楼去，唤少愚下来。老娘姨道："可是叫他写字？"阿金回称正是。老娘姨道："这人莫说抄写，连字都一个不识。昨天我在虹庙求了仙方回来给他看，他曾当面说过。"阿金道："这便怎样？"刀老娘姨道："还是车夫识字，各店家的招牌多能认得出来。"阿金急问他："可能抄写？"车夫回说"勉强尚能写得几个。"黄仙人在旁催道："你们那个快来抄写，我神不能耽阁。"阿金慌叫车夫到隔壁人家去借了一副笔砚，拿了两张纸来。黄仙人遂分付写道："檀香五觔、安息香廿炉、贡烛十觔、元宝五十串、长锭二百球、三牲五副、报恩忏二十部、受生经一千卷、三官经一千卷、高王经一千卷、灶君经一千卷。"车夫依言，七歪八欠的一一写毕。黄仙人又道："阴兵二十八个，须备草船两只、长锭五十六球、纸衣廿八套、羹饭一桌、今夜送西北方。"车夫写到那个"羹"字，正在写不出他，忽闻黄仙人将台一碰，高声喝道："我神判断那个不依，你们休想经忏，还不早早退去！"倒把众人吓了一跳。黄仙人见车夫停笔不写，问他写完没有，车夫定一定神，把"羹"字打了一个圈子，重新写将下去。黄仙人又道："带血阴人两个，另备羹饭一桌、心经二千卷、长锭二十球、纸船二只，送东南方。"说毕又向香头上看了一看，道："念你们死得凄惨，我神再断纸洋钱四百、纸箱二只、纸衣全套，不许多言。"车夫又如言写讫。黄仙人又向空中看了数看，道："再备羹饭一席，斋供祖先，他们多在空中保佑，锭帛不拘多少，自己随心焚化。"阿金点头道："那个自然，只要保佑病人速愈，定当多烧锭帛。"黄仙人道："内中有个老妇，要讨衣箱一只、女衣全套，他在阴司没有衣穿。"阿金对老娘姨道："那是我的娘了，死的时候果然没有什么衣服。"黄仙人道："正是你老娘，他为了女子生病向菩萨磕头求拜，可怜磕得头多肿了。"阿金听毕，几乎流出泪来。黄仙人又叫车夫另拿张纸，我神再给你个仙方与晚间在灶头上叫喜法儿。车夫听得要写仙方，对阿金说药名的字写他不来。阿金道："只要记个大略是了，写不来不妨做个暗记，或是音同字不同的，药店里谅能看得出来。"车夫始将开好的那篇单子交与阿金。另外拿一张纸，听黄仙人说出几样医不好病吃不坏人的药来，照着写道："桑叶三钱、杏仁三钱、防风一钱半、荆芥一钱、川贝母二钱、神面二钱、薄橘红一钱、麦芽三钱、阳春砂仁三粒、硃砂灯心三尺、竹卷心三钱、鲜佛手二片。"车夫依次写毕。黄仙人又道："病人起病之后，失落头喜在东北方，今夜鸡鸣丑时必须叫他回来。在灶头上点副香烛，烧些元宝、长锭，向佛马店买路引一张，云鹤四十九张、甲马四十九张、真茅山甲马三张。叫喜的人先将病人衣履置糠筛内，存放灶上，初叫四十九声，在灶上烧云鹤四十九张，再至大门口，也叫四十九声，烧化甲马。大门口叫毕之后，一人上房抱住烟囱再叫三声，烧化茅山甲马。一人在房下大声接应，然后取病人衣履回至床中，将衣披在他的身上，鞋子放在床前，自有役人送喜前来，你们不须惊恐。只要三天过后，保得平安。你们须许个心愿，到我神行辕还愿。我神念你们诚心求我，故替你这般判断，必须要件件依从，我神现当去也。"

说毕，看他把眼睛一闭，又打几个呵欠，慢慢的立起身来问阿金："方才三老爷说些什么？你们可都句句记着？"阿金始知他已经退神，把三老爷交代的话约略述了一遍。黄仙人咋舌道："原来病人这样凶险，幸亏早来请我。如今三老爷既已断定，你们照断办事，谅可转危为安，心上边休要惊慌。"阿金道："断的许多香烛、元宝，烧在什么地方？"黄仙人道："那是烧在我家里头，三老爷行辕里的，就是发送阴兵一切，我也可以替你代办，并可求三老爷押送他们，更是周到些儿。只有叫喜须在你们家内自做。"阿金道："叫喜用的茅山甲马，不知佛马店里有么？"黄仙人道："茅山甲马我处现有，你可着人同我取去，只要难为你一百个钱香金。"阿金道："一应托你代办，须要多少洋钱？"黄仙人约略算了一算，道："须要五十多块洋钱。内中经忏多了，已占去二三十块，尚亏高王经等都有念好了预备下的，否则更是不及。"阿金道："既然如此，今夜家中尚要设坛拜斗，本来没有地方，我竟五十块钱包与你罢，但望病人好了再到神前还愿。"黄仙人道："五十块钱尚还少个零数。这么样罢，我来暂垫一垫，将来病人好了再算。"阿金道："将来再算也好，请你略坐一坐，我拿洋钱与你。"说完上楼去开了铁箱，又取了五十块钱，叫老娘姨拿下楼去交给黄仙人，赶紧办事，并叫车夫跟他回去拿取茅山甲马，顺道赎了仙方回来，煎与病人快吃，虹庙里的仙方今天不必求了。老娘姨依言自去交代。

阿金忙了一朝，有些烟瘾发了，睡下烟炕吸烟，听阿珍依旧连声"打鬼"，比天明时又渐渐的不是起来。阿金一头吸烟一头说道："你们有甚冤孽，三老爷已允超度，切莫再与病人缠绕。"少愚坐在床前，也一样的暗暗祈祷。少顷，听楼下边铙钹钟磬一齐声响，赛神仙已领了一班道士到家，开过了场，车夫已取了甲马，赎了仙丹回来。阿金（珍）叫把甲马供在灶上，仙丹立刻唤阿招去煎，并令他药罐之上放把剪刀辟除邪气，煎好了送到床前。老娘姨仍想像昨天一般的阿招把病人扶起，灌与他吃。那知这身体已重了许多，休想扶得动他。阿金见少愚是个粗人，一定有些气力，叫他上床去把阿珍略略抱起，方才勉强灌了下去。其时神志愈觉昏迷，除了满口"打鬼"之外，别的话一句没有。饭后及晚上边也与日间一般无二。那正气却更是衰了，连"打鬼"二字也多说不出声。只睁开着两只眼睛，紧握一对拳头，拼命在床中使劲。

众人看他一刻不如一刻，想起自从得病之后吃了三服仙方，医生没有请过，何不请个医生到来诊诊他脉息如何，遂唤车夫连夜去请，送了八块洋钱拔号医金。那医生尚还有些把握，将病人诊过了脉，问昨天请过那个医生，服的是什么药？老娘姨把没有请医，只曾吃过仙方的话告知，又将仙方拿与他看。那医生瞧了一瞧，说了几声可恶，将方向台上一掷，叹口气道："这个病症乃是伤寒，怎能吃得凉药，与这不相干的药方？如今已是无可挽救，天明只怕就要去世。世人信服仙方，真是害人不浅！"少愚听医生说天明要死，急得几乎抖战起来，问他可能开帖扳药扳他一扳？医生摇头道："病到这般地步，叫我怎样扳他？你们还是端整后事，或是另请高明为妙。"说毕，竟连方子都没有开，向少愚拱了拱手，下楼扬长而去。

阿金等大家慌做一团。少愚始怪仙方误人，老娘姨尚连说："罪过，罪过，仙方断断吃不坏人，大约是大小姐命该如此。"阿金也说："出方从来不会误事。医生虽然这样说法，且看天明怎样，或者三老爷今夜自有法力救他，也未可知。况且赛神仙斗已拜完，少停水盆报应，看水盆内是凶是吉，那是极灵验的。"这话尚未说完，赛神仙叫车夫请阿金下去，说："水盆报应的句语甚好，病人一定无妨。"叫了一声"恭喜"。阿金始又放了些心。因见法事已完，把经资开消过了，上楼和众人说知，叫大家按定了神，莫听医生乱说，并端整叫喜的事。老娘姨声音响些，待他去叫，阿金接应，少愚、阿招在房作伴，车夫在楼下看门。各人分派已定，照着黄仙人的话说如法叫去。叫得老娘姨和阿金口枯舌燥，甚是吃力。少愚坐在房内，两眼望着病人，巴不得他叫过了喜渐有转机，应了黄仙人与赛神仙的说话，那医生算是放屁。好容易听老娘姨在灶上叫完，叫至门口，又从门口回至灶间，扒上屋去，抱了烟囱，叫了三声正喜。

他们已经叫毕，忽听阿珍在床上边喊了一声"少安"，因底下那个安字，舌音已不甚清楚，少愚认做叫他，慌忙跑至床前。又听他约略的叫了一声"子通"。顿时扮了一个鬼脸。少愚只吓得魂不附体，高叫老娘姨等快来。说时迟那时快，阿珍扮过鬼脸之后，喉咙便打起呃来。少愚接连喊了几声"阿呀"，阿金正拿了两支安息香，老娘姨端了一只糠筛，盛着病人的衣服、鞋子，步上楼来。听见少愚极喊，阿金急把安息香在房门的门缝内一插，叫老娘姨端着糠筛，飞步进房。但见阿珍双眸直竖，一息仅存，喉间呃逆微闻，口内的一口牙齿却咬得格格作响，霎时竟把舌尖咬破，流出满口血来。眼见他双足一挺，两手一摊，一命呜呼，再难复活。阿金暗暗咬定被邓子通、潘少安活捉而去，所以三老爷与禳星拜斗没有用处。老娘姨也觉他死得甚是可怕，内中必有冤孽，吓得心上跳个不住，手里头却还捧着那只糠筛未放。阿金见阿珍已死，到底是同胞姊妹，少不得哭叫一回，令老娘姨撇下糠筛，与阿招把床上的帐子拆掉，到楼下去化了许多长锭，烧了几套衣裳，只恨没有预备得竹丝灯轿子一切，口口声声说是对不住他。却不知道对不住的乃在误信看鬼起课，没有替他及早延医，真是愚到一个极处。老娘姨烧完衣锭之后，阿金看见天已亮了，便叫车夫到群玉坊领花好好回来，替阿珍披麻戴孝，扮做孝女。并与老娘姨商量棺殓等事，顺便查检阿珍生前的衣饰银钱。

少愚见他在那里收管物件，始把铁箱里寄放珠子金条钞票之事告知，要想阿金取出还他。好个阿金，听了此话只装从前没有晓得，问少愚这些东西乃是几时交代阿珍放在箱中，交代的时候可还有甚旁人看见。少愚道："前天晚上交与阿珍，其时老娘姨等都已睡了，并没旁人。"阿金道："阿珍的病也是前天晚上起的，你怎把东西交代于他，况且又没旁人瞧见？"少愚道："交代的时候尚还没有起病，虽没旁人瞧见，我亲见他锁在箱子里头第一只铁抽屉内。"阿珍假意诧道："第一只铁抽屉是他自己放钞票等要紧东西的，那有你的东西在内？"说完马上开了铁箱，叫少愚一同去瞧。只见抽屉内有的是三四十张钞票，几十块钱现洋，一副金镯并些戒指珠翠之类。少愚不觉吃了一惊，暗想难道是那夜记错，阿珍放在下面的第二只内？因说："上面没有，定在下面。"阿金不答，又把下面的那只抽屉开将出来。内中只有几十个四八开小洋与些不值钱首饰，那有金条、珠子、钞票的影儿？少愚此时惊得几如木偶一般，明知被阿金掉了枪花，乃是黄仙人看香的时候，第二次开箱拿钱，把金条等移藏别处。那时因精神疲倦，在烟炕上打了个盹，听得铁箱响动，急忙睁眼看时，见是阿金在彼下锁，心上并没疑他。不料他见财起意，存下歹心，如今怎样向他讨取？竟连话也说不出来。看着阿金不慌不忙将铁箱锁好，反说："抽屉里现在检点过了，没有你钱大少的东西，将来休要多句说话。俗语说死无对证，我阿金可担当不起。"少愚尚要与他争辩，车夫领着花好好进房。阿金叫他更换孝衣，料理丧务去了。接着，便有许多要好姊妹前来探丧送殓。也有挨着腔板在床前哭几声的；也有唠唠叨叨盘问死人病情说不了的，一个个背地里指着少愚，问他是什么人？少愚觉得坐在房中又是发急又是不便，没奈何跑下楼去，又有许多六色人等指指点点看他，心上气闷极了，索性走出大门。暗想只好俟阿珍入殓之后再来与阿金说话，遂无精打采的跑至街上，信步行去。

　　不知不觉过了郑家木桥，已至英界地面。本来一夜没睡，欲到栈房里去睡他一觉，养一回神，怎奈老娘定没回去，一见了他必有许多说话，甚是可怕，倒不如寻个烟馆开一盏灯，略息片时再作计较。遂在就近小烟馆内吃了钱烟，又至饭店里头吃了些饭。想起方又端这两天没有见面，此刻或在升平楼上，何妨寻见了他，将阿珍已死，阿金吞没金珠钞票之事告知。此人足智多谋，或者有法取他回来。因即跑至升平楼去寻了一回，没有寻见。动问堂倌，堂倌回说："尚未来过，可要泡茶等他？"少愚点了点头，在靠窗口泡茶老等。那知从饭后起等至黄昏，巧巧这天又端没来，只遇见金子富上楼吸烟，说起他在三马路庆余堂内碰和，此时谅来未散。少愚要他陪着去寻，子富因烟瘾未过，一口回绝。少愚只得会了茶钞，独自一人找到三马路去。

　　却因庆余堂从未到过，不知在三马路什么地方。沿途问了好几个信，方才走至宝和里口，差不多将要到了。其时宝和里一带的野鸡妓女正当满街翔集之时，见少愚东张西望，蹀躞街心，分明是个初到上海的户头，大家走近身旁，你也一牵，我也一扯，多想要拉他进去。少愚有事在心，并不去理会他们。忽来了个三十岁左右的雉妓，与一个老娘姨，一个大小姐一哄上前，将少愚团团围住，不许他走。少愚急了，喊了声"你们做甚"，那雉妓向四下一望，见并没有巡捕经过，大着胆子把少愚用力一推（堆），竟被他推进弄口。后面老娘姨、小大姐赶上一步，一个拉住了他的双手，一个在屁股上尽力一搠，竟如京戏里活擒史文恭一般的擒进弄去。弄口间闲看的人齐齐拍手喝采，这才合了两句古语道：

　　　　屋漏更遭连夜雨，船低又遇打头风。

要知少愚进得弄去，怎样出来，那个雉妓是谁，且看下回分解。

第二十七回

全骨肉谢幼安执言　看戏文屠少霞感旧

　　话说钱少愚因阿珍已死，阿金吞没金珠钞票，欲至万华楼寻方又端商量取他回来，遇见金子富，说起又端在庆余堂碰和，寻到三马路去，经过宝和里弄口，被个三十岁左右的雌妓抢进弄去。那个雌妓非别，正是上节西安坊叶小红的抚蓄娘，数年前大名鼎鼎的颜如玉。他本来在宝和里做过此项生意，后来手头又积了些造孽钱，买（卖）了个叶小红在西安坊为娼，自己遂也跟在生意上住。宝和里的房子已退掉了。那知小红年纪太小，品貌不甚好看，曲子又不甚好听，那里吃得住什么客人？如玉又年纪大了，生了杨梅恶疮，毒入骨髓，不时复发。一个月里倒有半个月卧床不起，不但讨不得客人欢喜，并且有几个知道他的恐防沾染，更是远避着他，所以做了一节，折了二百多块洋钱，第二节断断搅不得下去。没奈何，把小红转卖别人，收了场子，仍在宝和里借了一间房子，用了一个老娘姨，一个小大姐，仍操故业。

　　这夜，少愚在弄口经过，估量他是个乡愚，把他拉进弄去，满意放些手段，在他身上好好的弄几个钱。那知少愚手中所有皆已交代在阿珍铁箱里头，身旁只剩二块大洋，几个角子，几十文的铜钱，又没有金表、金戒指等值钱之物。如玉看失了眼，将他拉至屋中。先叫小大姐装了一挡干湿，又叫老娘姨打合他在此住夜。少愚一肚子都是心事，恨不得立刻出门寻见又端，与他商议，那里能坐得住身？只顾板起那张黄脸，把头乱摇，口中更是乱嚷乱叫，说他们不该这样拉客，真是岂有此理。如玉觉着诧异（畏）急忙脸偎脸的去灌迷汤，且把他灌住了口，顺便向他浑身摸索，摸到夹裤袋内圆丢丢的，像是洋钱，笑嘻嘻替他拿了出来，共是两块，说："大少，给了我罢，今天当真不要回去。"一头说一头又摸别的衣袋，一只只多是空的，未免大失所望。后摸到裤腰里头有只搭膊甚是饱满，心中大喜，伸手进去掏了一把，谁知俱是铜钱与几个小角子儿。只因气他不过，也一齐拿了出来给与老娘姨、小大姐，说是大少给你们买炒面吃的。少愚被囔不过，只能且自由他，等他搜摸已毕，听如玉鼻子里哼了一声，将手松开。少愚好如得了恩赦一般，转身往外就跑。老娘姨尚要拦住不许，如玉知道没有看想，与他递了一个眼风，由他自去。老娘姨始说了声"大少，停刻再来"，放他出门。少愚耳朵里也没有听见什么，一心只想去寻又端，急匆匆跑出弄堂，找到庆余堂去。

谁知碰和已经散了，偏偏却又跑了个空，此时真是说不出的苦处。退出了庆余堂门口，信步向三马路往东蹀去，暗想今夜那里去住？只见街上边又来了一群雏妓，恐防再被拉扯，身边已一个钱没有的了，慌忙转了个弯。定一定神，想到阿珍虽死，阿金今夜必定在家，何不仍回宝兴里去，且看他怎样说话。遂取道往西新桥而行。可怜一夜没睡，两足甚是酸软，欲待叫部车子，又苦囊内无钱，只得一步步慢慢走去。

及到宝兴里时，十二点钟已过，那门关得紧紧韵，声息全无。少愚将手敲了几下，里面老娘姨的声音问是那个？少愚回说："是我。"只听得呀的一声，天井里开了一扇楼窗，阿金在窗上答道："可是钱大少么？阿珍妹的棺木已葬在静安寺花冢上了。我们辛苦了一天一夜，此刻都要睡觉，请你也回去罢。"少愚听了几乎气得心上发昏。只因没处安歇，并且还要与他讲话，耐着气儿说道："我也晓得你们辛苦，都要睡了，且叫老娘姨下楼，开我进来，我有话说。"阿金道："有什么话？"少愚在门外不便明言，因嗫嚅道："我要拿件东西。"阿金道："你有甚东西交我？白天不是说过了么，你交代那一个的，可问那一个拿。隔了个手，胡闹什么？今夜门是不开的了。对不住，你请回去罢。"说完了这句话，呀的将窗一闭，从此任凭少愚怎样叫唤，总不答话。少愚心头火发，把那石库门敲得铮铮作响，惊动了邻舍人家。有几个不曾睡的，俱来动问。少愚没奈何，将实话诉知。众邻见他土头土脑，不像身边有珠子、金条、钞票的人，也疑是阿珍死了，有意胡赖阿金。那阿金听得邻舍开出门来，开了窗向众邻辨白，说得多是他的理性，少愚竟至有口难分。

正在七嘈八杂的时候，弄口走过一个夜差巡捕，见弄内有人喧闹，一手拿了盏诸葛灯，一手拿了根花播槌，蹀进弄来。少愚见是巡捕到了，错认阿金差人从后门出去叫他来的，心上边品的一惊，暗想不可吃了他眼前亏，有话还是明日再说，莫要再在这里哗闹，拉进巡捕房去。始仰着头，向屋内说道："我把你这欺心的恶妇，今夜死不开门，暂且不与你说，等待明天再讲。看你这两扇牢门，一辈子不要开他！"说毕，看巡捕从弄口进内，他从弄底抄将出去。众邻见少愚已走，认做一定情虚，大家背地里议论数句，一哄而散。那巡捕见众人散了，没甚事情，在弄内兜了一个圈子，也就去了。

阿金在楼上边，听弄中顿时寂静，只有皮鞋脚声走动，知道是巡捕到来，竟把少愚吓走，心中好不欢喜，暗想看来这许多财物，一定吞得过他。不过老娘姨与阿招两个必得分给些些。又想，阿珍死后，花好好从此也是他的讨人。这女孩子在生意上，节节赚钱，却是一株钱树。阿珍可谓人财两空，自己可人财两得，那是各人命运不同所致。谁知他有了这许多财物，又有了那花好好讨人，往后便一日不是一日的闹出事来，也要闹到个人财两空，并把性命送掉，不能尽情安享，后书自有交代。此时先表一笔，使看书的免说天道无知，偏是很恶的人，偏有这般受用。

如今仍说钱少愚出了宝兴里弄堂，那时天公忽然起了阵风，下了几点微雨。九月里的时候，只要一有风雨，便觉寒气逼人。少愚身上外面穿的是夹衫夹裤，里面没衬小袄，被那冷风一吹，打了几个寒噤。又因晚上边东奔西走，没有吃得夜饭，肚中甚是饥饿。虽然马路上边尚有几家炒面店开着，争奈身无半文，不能进去。要想脱件马褂，寻个押店押几个钱，方可充饥，余下的做了寓钱，一来禁不得这般寒冷，二则押店俱已关了，那里去寻？因在马路上阿昏昏的踱了片时，想起方才宝和里那个雏妓，被他抄去了两块多钱，野鸡堂子里住夜够了。何妨回转去，暂宿一宵，明日再说，也是一个事急依人之法，不见得他们推了出来。遂冒着风雨，忍着饥寒，复回宝和里去。

那知夜分已深，先已有了住夜客人，又白白的走个空。此时真弄到个进退无门，除非回到自己客栈里去，再没第二条路。也顾不得老母在彼，见面后必有口舌，但愿他老人家早经睡熟，这时候轻轻的挨了进去，天明时便轻轻的挨了出来，或者年迈龙钟的人避得过他，也未可知。总须明日寻见又端，再与阿金拼命。主意已定，始一步懒一步的跑回客栈去。

打开了门，先问老太太可在里面，曾否入睡。茶房回说："老太太现在房中，今天发了一天的肝气病，幸亏苏州到了个人，听说姓谢，与老太太认识，特到栈内看他。见他有病，请了一个医生，吃了帖药，此刻略略好些。好一刻不听见他呻唤，大约已睡熟了。"少愚听说已经睡熟，心下大喜，叫茶房不可惊动于他，静悄悄掩至房中，上床便睡，果然没有惊醒。明天一早起身，见娘的枕头底下压着一只小匣子儿，知道匣内有的是钱。心想偷他出去。蹑着脚步走至床前，正要动手去拿，恰看他翻了个身，少愚恐被瞧见，吓得缩手不迭，回转身往外飞奔。他娘睡梦中听得脚步声音，问了一声是谁，少愚已头也不回的跑了出去。

虽在栈中捱过一夜，出来时依旧不曾取得一点东西。最苦肚中狂饿，从隔夜起粒米未餐，如何再耐得住？只得把马褂脱下当了三块五角洋钱，至粥店内吃了一顿早粥，又到升平楼去找又端。这时候尚只八点钟未到，升平楼没有开门，在门口边立了一回。那天仍是风雨大作，身上边少穿了一件马褂，比了昨天晚上更觉得冷不可当。想到小烟间内暖些，慢腾腾走至石路上，寻了一所烟馆，开了盏灯。吸至午饭相近，又到升平楼去了一次。寻见堂倌问起又端。堂倌说每天必在上灯时才来。并见少愚这样暴寒天气，只穿着件秃夹衫儿，估量着问又端借钱来的，今天不甚理会于他，也不叫他泡茶相等，少愚心中好不纳闷。出了升平楼，重到街上去闲走一回。

在麦家圈的转弯角上，劈面来了四五个人。内中有个父辈至交，正是苏州的谢幼安。他在上海回苏的时候，原因齐氏见天香死后，丈夫郁郁寡欢，央媒物色人才，欲替他重娶一妾。故而写信到申，催他赶速回去，前书已曾交代。幼安返苏之后，果又娶了个华氏素心。此人乃是苏城的小家碧玉，出落得秀外慧中，甚合幼安之意，差足稍解闷怀，在苏州住了几时。这次因少甫到苏游玩，说起接到少牧的家信，在上海结识了一个新友，名唤甄敏士，胸罗经史，学贯中西，心中是甚钦佩，意欲到申访他。幼安也因少牧在申日久，虽比不得前次迷恋烟花，令人担惊受恐，却因良朋久别，心中渴念殊殷，遂与少甫一同至申。乃是前日到的。

二人因不欲再去搅扰亲友，俱住在长发栈中，遇见少牧之后，少甫访了一次敏士，真觉相见恨晚。少牧闲谈中，说起钱少愚也在上海，乃是瞒了老母来的。他与老人家大不相同，听说一到上海，便与方端人老叔的世兄又端并金子富等结为至友，每日花天酒地，浪费无度，也不知他带了多少银钱出来。现在他老太太已知道了，前天赶到上海。母子见面之后，不免责备了他几句，少愚忽不知去向，撇下老母住在栈中。上海地方的误人子弟，真是不浅。必得设法寻他回去才好。否则，比了自己当初的陷溺情形，看来只怕可险。幼安听完，因与钱氏世交，出了游荡子孙，心上甚是过意不去。况且钱老太太年纪大了，一个人住在栈内，不知怎样？因问少牧可知老太太住在什么栈内，少愚在外流连的是什么地方？少牧道："钱老太太住的是鼎升栈。少愚在什么地方，这却没有清楚，须问又端便知。又端做的相好听说是广福里潘小莲。"幼安道:"既然如此,我想先到鼎升栈去望望钱老太太。你可留心寻访少愚,同他回栈,劝他返苏。"少牧道:"安哥有此美意,我是个过来人,那有不愿寻到少愚劝他回去之理?就是那方又端,倘然见面,我也想用话去劝导于他。此人先前何等淳朴,自从端人老叔一死,忽然变了性情,这都是习俗移人所致。但他家计不丰,若像这样荒唐,怎能搅得下去?"幼安点头道:"做朋友的遇到这种地方,正应尽些忠告之言。你可赶紧找寻二人,我马上便到鼎升栈去。"

二人计议已定。幼安遂寻至栈中,见了钱老太太,先用好言安慰,说少愚皆因血气未定,偶动邪心,定能及早回头。劝他不必生气,无奈上一天老太太与少愚斗口之后,肝疾大发,卧在床上哼声不止。幼安见了甚是可怜。因马上写了一张字条,差茶房去请平戟三来替老太太开方医治,并劝他安心调养,三日内必把少愚寻回,端整母子返苏。钱老太太感激不已,当晚服过了药,觉着身子好些。那夜少愚回来已睡熟了,没有听见。早上,少愚要想偷他枕头下的那只皮匣,始从梦中惊醒。高声叫唤了几声,少愚已飞奔向外,也不知到底是谁,只得唤茶房进来查问,始知出去的正是那个孽子。不觉又是兜心一气,那肝疾复大发起来,比了隔天更是利害。幼安早饭时候又到栈中望他。钱老太太把少愚深夜回来侵晨出去,并要偷他床上东西的话,一一诉知。只说得上气不接下气的,甚是吃力。幼安听了,也觉少愚真是岂有此理,但作量到他回栈取物,手中必已无钱,照这样子看来,若不早寻见他,将来恐难免飘流之祸。心中更是暗暗发急,口里头却仍安慰数语,叫老太太只管放心。并告明他现在少牧在外访寻,谅来必能寻到的话。老太太咬牙切齿说:"若把这畜生寻着,我拚了老命不要,定须拚一个他死我活;若是寻不见他,病在上海怎样了局,明后天只好动身回苏。要死死在苏州地方,死后不见得饶过了他!"幼安听钱老太太说出这些气极的话,更怪少愚不应这样伤怄亲心,恨不得立时一把扭他进栈,使他在亲前甘心请罪,消消老太太那口郁气。因勉强坐了片时,想起杜氏弟兄,今天甄敏士请在江南村番菜馆吃饭,并有自己在内,何不去找少牧,问他昨日访了少愚一日,可有消息。就敷衍了几句,别过钱老太太。

出了鼎升栈,到江南村去看少牧,问他可曾访到少愚下落。少牧回说:"别的没有访到,只访明他做的相好是许行云,现已嫁了夏尔梅了。后来做的是花好好,花好好的抚蓄娘阿珍昨天病故在宝兴里小房子内。听说少愚也在那边,我们晚上须到花好好家寻去,或者寻得见他。"幼安问:"这些信息是那里来的?"少牧说:"是方又端的朋友讲的。又端昨天小莲那边巧巧没去，听说在庆余堂碰和，所以我去寻了个空，也没见他。"幼安喜道："有了花好好这个地方，就好找了，我们晚上一准同去。"众人吃完大菜，大家散席出来。谁知恰好在转角上，遇见了他。幼安最是眼快，立住了脚，叫了一声。

少愚听有人唤他，定睛一看，见是幼安，心中吃了一惊。急向人丛一闪，要想躲避过去。此时少牧也已瞧见，一把手将他拉住，问他匆匆忙忙，到那里去？少愚见逃避不及，只得将身立定，面红颈胀的答了一声："在街闲走，并不到那一处去。"幼安道："你老太太在栈患病，怎的你在街上闲游？"少愚勉强答道："这两天我没有回栈，所以并没知道。"幼安冷笑道："你是今天一早出来的人，怎说没有回栈？欺哄我们朋友不该，怎更欺哄你老太太，岂是为子之道？我们正在寻你，且一同到栈房里去。老太太只有你一个儿子，岂可使他这样伤心？"少愚听幼安道出底细，知道他一切事情都已晓得，不能回说不去，只好跟着他走。敏士等见幼安、少牧有事，拱了拱手，大家各散。

幼安、少牧陪了少愚，回至栈中。幼安令少愚向老太太问了个安。老太太见二人陪了儿子回来，又是感激二人，又是痛恨儿子。把少愚骂了一声孽障，又气急败坏的说道："我只认你死在外面的了，你还有甚颜面见我？"讲完了这两句话，扑簌簌眼中滚出泪来，在床上放声大哭。少愚虽然不敢作声，却也没甚畏惧，更没有些懊悔之色。幼安叫少牧向老太太婉劝，自己拉少愚坐下。先切责他不应背母冶游，更不应母亲寻到上海，非但不听教训，更置母病不顾，似此大失事亲之道；然后把日记故事中韩伯俞被笞而泣的那段典故向他宣讲一遍。少愚始渐渐的自知其过，心下有些感动。幼安又取宣城史凤闭门羹的那段事情痛说一番，开导他，妓院里爱的是钱，没有钱便闭门相向，千万不可迷恋烟花。少愚恰被他道着隐情，因感生愧，因愧生悔，因悔生悲，不觉也痛哭起来。

老太太睡在床上，听幼安劝化少愚，正在点头感叹难得世上尚有此种道义朋友，后闻少愚痛哭，知他已有悔心。到底母子天性，老太太不过要儿子回心改过，并不是不疼惜他。听见儿子一哭，自己反止住了泪，勉强在床上坐起身来。幼安便叫少愚快至床前向老太太力陈悔过。老太太尚假做怒气不息，要他对天盟誓，并待病体略好，一同即日回苏，不准逗留上海。少愚此时天良发现，语语遵依，果然当下发了个誓说："此后若再不端，必遭天谴。只等母病略愈，定当赶紧回乡。"老太太始渐渐的收了怒容。幼安、少牧心中大喜，叫少愚仍将昨日药方撮了一帖煎与老太太吃，好好伺奉他病体速痊，少愚唯唯。老太太盘问少愚，到了上海，外面可有什么未完之事，一共花掉了多少银钱？少愚回说没怎未完，不过花了一二百块洋钱左右。并不提起珠子、钞票、金条之事，恐防老太太直跳起来。其实这时候若使说明，幼安、少牧闻知，必能设法向阿金取回，比寻方又端强如数倍。奈他不敢吐露，旁人那里得知。后来连方又端也不去寻他，遂使阿金安安稳稳的发了这注横财，也是少愚命该破耗。至于老太太怎样瞒他得过？只因少愚当家日久，一切银钱皆伊掌管，所以一时不知其细。直到回苏之后，想起守愚在日曾有金条、珠子放在床柜里头，查问少愚那里去了？少愚已移东补西，另外兑好。老太太看不出来，始终没有知道。一言表过不提。当下老太太闻少愚只花了一二百块洋钱，并没未了之事，暗喜祖先保佑，没有花去大财。口里头却痛责少愚，一二百块洋钱积聚并非容易，何忍随手浪费？少愚只是连声知错，并称下次不敢。幼安闻少愚花掉的钱尚不过多，劝老太太看破些儿，往后只要小心俭用为是。老太太始叹了口气，不复言及。幼安、少牧又在栈中坐了片时，向少愚切嘱了许多说话，方才起身告别。

幼安因此次到了上海，尚没听过夜戏，问少牧近来戏馆那一家最是好些，可有什么新到角色？少牧道："新到角色好的甚少，只有大新街玉仙戏园，如今改了鹤仙，有个清客串贵俊卿，串得好全本《打棍出箱》、《桑园寄子》等戏，与小叫天不相上下。其余天仙里到了个小桂芬，春仙里到了个周春奎，从前上海俱曾唱过。周春奎年纪七十多了，好条嗓子，仍如大鸟鸣春，不参弱响。丹桂里依旧是孙菊仙，七盏灯等。"幼安道："今天那一家戏好些？"少牧道："这到没有留心，我们可买一张《笑林报》看，便知分晓。"二人遂在四马路烟纸店里。买了张报，见那夜各家并无新戏，只有丹桂孙菊仙与小子和串的是《三娘教子》、七盏灯串的是《紫霞宫》，夏月润串的是《花蝴蝶》、又与小子和、夏月珊、林步青带串《蹩脚大少》。幼安诧道："《蹩脚大少》是什么戏？"少牧笑道："此戏乃一个嫖客姓宋，名唤得光，为富不仁，一味贪花好酒。后来家中被火，落魄无聊，竟至拉东洋车度日。因偷拔坐车人的首饰，扭送公堂，枷责了案。虽是空中楼阁，但在上海演唱，颇能唤醒世人。"幼安道："此戏排在结末，只恐串他不完。"少牧道："丹桂的戏不比别家，排在单上，一定串完。因他开锣既早，并且唱至十点钟时，倘有正本戏在后未唱，管班的关照赶紧。戏房里常听得马前两字，所以，奉工部局谕'夜戏演至十二钟止'及'此戏未完，明夜续演'的两块粉牌，台上边从来少见。"幼安道："既是这样，我们今夜到丹桂去，明后天再往鹤仙看贵俊卿，春仙听周春奎，天仙听小桂芬，可好？"少牧道："安哥有兴，当得奉陪。本来我此次到沪之后，晚上边除了听戏，并没别的地方消遣。安哥回了苏州，我每夜拉着戟三、敏士出来，他二人也甚喜欢。"幼安道："今天敏士那里去了，可能邀他一同前往？"少牧道："敏士方才江南村出来之后，与少甫大哥一同走的，此刻或与少甫仍在一处也未可知。"幼安道："少甫他回长发栈去，难道敏士也在栈中？我们尚未夜膳，何不回栈一行？"少牧回称甚好。二人遂回至长发栈内，果见敏士正与少甫在房中淡论理、化新学，讲得津津有味。少甫因敏士通今博古，佩服非凡。看见二人进内，问他少愚回栈之后，见了钱老太太怎样。少牧约略告知，少甫也觉放心。幼安见天已黑了，便唤茶房开饭。并叫他添了些菜，就留敏士、少牧一同用过，邀至丹桂听戏。

　　案目因前三排的正桌俱已有人定去，领至第四排上。尚还没有坐下，外面来了个人，叫了一声"安哥"，又与杜氏弟兄握手施礼。此人非别，乃二集书中娶过阿珍，后来落魄不堪，多亏幼安、少牧等几个朋友资助银钱，戒掉洋烟，重谋生业的屠少霞。他自从幼安娶桂天香的那日，在归仁里席上得了众人一百五十六块洋钱，三十两银子之后，自己竭力把洋烟戒去，央人荐在一个亲戚店中管帐，就把这钱存在店中。每月取他五块洋钱薪水，一分钱的利息，混了数时。一来是败子回头，自己要好；二则他的灾星已退，后来做些小伙生意，渐渐的又有了些钱，遂在法兰西界上开了一所小洋货铺。如今那小洋货铺竟然有了二三千金资本，生意做得大了。少霞每日克勤克俭，早晨到店，深夜才回。英租界上只因当初自觉无颜，好几年没有到过。近来闻听人说阿珍已死，心下大快；又闻幼安与少牧到申，饮水思源，昔年若没有这几个朋友照应，那有今日？这天因特地到长发栈拜望二人。他也不晓得幼安住的是否此栈，少牧是否住在一处。午后寻至栈中，向帐房内问了个信，知道幼安、少甫俱住在内，少牧虽住城中，却也不时到栈，心上甚是欢喜。又问帐房此刻他们可在里面，帐房回说多到江南村午膳去了，不知道什么时候回栈。少霞暗想来得不巧，本要马上回去，且等明日再来，因好几时没到英界，见路上边已风景稍异。男子里多了许多剪辫西装的人，女子里却多了许多男装梳辫的人。橡皮车上没了车铃，颇觉得耳根清静。出局妓女人人坐轿，那轿子镂金错彩的，比前甚是好看。遂一步步闲走过去，竟走到四马路上，觉着有些脚酸，在青莲阁吃了碗茶。渐渐的天色向暮，又往杏花楼吃了夜膳。想到马路上数年不到，景物已殊，不知戏馆里头怎样，今夜闲着无事，何不到丹桂看戏，见识见识那繁华景象又是何如。故而独自一人跑至丹桂里来。

戏馆中那些案目、茶房人等已俱不认得他，所以没人接领，由着他踱进里边。恰与幼安等众人相值，良朋见面，其乐可知。幼安遂请他一同坐下，五个人刚巧一桌。虽然有甄敏士在座，尚是初见，不便与幼安等说甚肺腑感情之话，那感激不尽的意思，自然流露于辞色之间。幼安看少霞衣服朴素，举止朊纯，比前竟是换了个人。那面色也黑气全无，红光微现，显见得已把洋烟戒绝。可知人贵自新，只须立志能坚，莫恨回头已晚，心中甚是敬重于他，暗喜不枉当初看顾一场。当下周旋了数句套谈，无非动问起居及别来无恙等语。少霞一一回答。少牧更问他近日作何事业？少霞答称："幸托诸君福庇，在法界开了一所小洋货铺，生涯尚称不恶。"幼安知道他近况甚佳，心下更是欣慰。少霞谈了回天，偶然拿起戏单一看，见结末那出《蹩脚大少》的戏名，虽不知戏情若何，触动当初落魄时种种不堪，莫要在戏里头和盘托出，不觉脸上一红。幼安眼快瞧见，慌说："我们今天晚上尚有小事，看完了孙菊仙、小子和的《教子》便要回去；底下的戏不看也罢。"少霞一连说了两个是字，却暗暗关照少牧尽看不妨。一来戏中演的并非自己；二则看了时很可触目警心，千万不须拘泥。少牧点头答应。二人正在絮谈，猛听得楼上边一阵莺嗔燕叱之声，大闹起来。看戏的人不知为了何事，大家抬头观看，只见是一个似妓非妓的女子在那里指手划脚与人寻衅。正是：

　　　　恰当良友谈心曲，忽见淫姬起是非。

要知楼上因甚喧闹，那个女子是谁，且看下回分解。

第二十八回

坐花楼淫姬吊膀　开菊榜伶隐标名

　　话说屠少霞在丹桂戏园，巧遇幼安与杜氏弟兄，幼安请他同桌看戏。少霞正与少牧促坐絮谈，忽听得楼上边有妇女喧闹，被他岔断了话。大家抬头向楼上观看，只见一个二十多岁似妓非妓的女子在那里与人寻事。那女子身穿密色外国缎夹袄，雪妃外国缎裤子，头上边满头珠翠，胸口前系了一个茶杯大花球，一手牵着个十二三岁小大姐，一手却指东话西的指个不了。少霞看了一眼，道："这个女子面貌甚熟，好像从前在那里见过数次。"少牧道："这不是许行云么，听说他嫁了夏尔梅，至今未满十天，到戏馆里来看戏，怎的不与尔梅同来？"少霞道："正是先前在大兴里的许寓，怪不得眼中很熟。"少牧道："且听他闹些什么？"幼安道："乃是与茶房争个坐位，闹了好一刻了，你们二人正在讲话，没有听见。"少牧道："争的是那一间包厢？"幼安摇头道："茶房起先领他在三包里头。因他不要，口口声声的要坐花楼，茶房偏偏不领他坐，故在那里争闹。"少牧道："上海戏馆除了天仙、群仙没有花楼，其余都有。丹桂因花楼逼近戏台，女客坐在那里看戏，一来不便，二来易犯俗语说的'吊膀子'那一句话。故把他摆了几把外国藤椅，收拾做两间特别坐位，专备友朋小坐与外来的过路官绅，包厢里真没坐处，才领到花楼上去；交代茶房、案目，不准乱卖女座。那是园主人防微杜渐之意，为怎许行云偏要拣这座儿？"少霞笑道："他偏要拣这座儿，自然有他的意思，你我那里知道？"幼安听了，笑而不言。

　　少顷，只见有个案目急匆匆的走上楼去，向行云说了无数说话。虽然听不出讲些什么，谅来是招赔他不要生气与花楼近来不卖女座的话。谁知行云执定不依，竟与小大姐手牵手儿，走进花楼里去，高声说道："这间花楼今天我们夏公馆里包定他了，随你那个来说，一定不到别地方去。除非替我掉间末包，或还称我意儿。三包、四包里头，谁要去坐！"茶房站在旁边，尚要与他争辩，案目见行云这样动蛮，暗地眨了两个白眼，向茶房把手一摇，只得且自由他。另唤一个茶房泡上茶去。行云方才坐下看戏，不再开口。案目派好戏单，又装上四玻璃盆瓜子水果，料理已毕，下楼自去。

行云坐定之后，在小大姐手中接过一个千里镜来，四下照看一回，也不知照些什么。后来将千里镜交与小大姐藏好，叫他拿银水烟袋点火装烟，一头吸烟，一头看戏。其时戏台上正演七盏灯的《紫霞宫》。行云吸了几筒水烟，又叫小大姐在身畔拿香烟出来，取了一支，呼上数口，故意一失手跌下台去，喊了两声"阿呀"，满想引动戏台上人大家看他。谁知丹桂里的班规，后台最是严肃，无论在台上唱戏，或在戏房门口，向不准与看楼上人眉挑目语。所以值台的见花楼上落下一支香烟，烟上余火未息，鼻子里支的笑了一笑，轻轻的走过去踹息了火，拾将起来，撩下台去。行云收了一个没意思儿。少牧等看得甚是清楚，彼此暗暗好笑，又暗暗替夏尔梅叹息：老年人在堂子里娶什么妾？不知将来怎样下场。

不多时，七盏灯《紫霞宫》演完，便是夏月润的《花蝴蝶》了。这出戏夏月润比别人不同，多钻一个外国纸圈，多跳五张台子。那纸圈尚还容易，五张台子算他每张一足多阔，已有五六尺光景。夏月润不慌不忙，一跳便跳了过去，真非一朝一夕之功，看的人齐齐的喝了声采。幼安也说："月润这一套功夫真是亏他，第二个人没有见过。"敏士道："夏月润的武戏本来不错，先前《消闲报》上，开过一张文榜，一张武榜。月润是个武榜状元。那曲榜状元是汪笑侬。此报我处尚有，缓天待我翻他出来，大家瞧一回儿。榜上边有名各伶算得个名下无虚，甚为公允。并且尚有一张女榜，那状元是群仙里头的郭少娥，真是一个出色人才。"幼安道："这榜是那个定的？"敏士道："是个外号'病鸳'的所定，乃是安微歙县人氏。"少牧道："可就是《消闲报》主笔周病鸳么？"敏士道："一些不错。"幼安道："周病鸳屡有友人说起，多道他才华卓荦，吐属诙谐。既是此人手笔，缓天定要一瞧。可烦你把这几张报检他出来。"敏士点头称是。

少霞见花楼上许行云像似看戏看出了神，眉花眼笑的瞧着戏台上面，得意非凡，也不知他眼睛虽在花楼上看戏，心里另在那里想些什么。刚巧演至水战鸳鸯桥一场，夏月润初出戏房，"拍"的花楼上跌下一个香喷喷东西，恰从肩上卸过。乃行云钮扣上那个花球，不知怎样失落下的。大家没有留神，只有少霞亲见他先把花球摘下，在鼻边闻了数闻，假意一个失手，掉将下去，与方才那枝香烟一般用意。好个夏月润，只装做没有觉得，连头都没有向上一抬，莫说有甚眼风递到花楼上去，那花球却被他趁势一脚，不知踢到那里去了。行云又收了一场没趣。若是见机些些的人，也就收拾邪心，再不转甚别的念头。偏是他老着面皮，等到月润戏完之后，尚叫小大姐寻这花球，乘机想与月润兜搭。那知落花有意，流水无情，不但花球无影无踪，连夏月润也面多不见，反被旁人奚落了好些说话，这才坐不住身，孙菊仙、小子和的《三娘教子》出台，他竟站起身来，姗姗而去。临去时却尚向戏房内瞧了几瞧，故意骂了小大姐几句，说他寻个花球多不会寻。小大姐不敢回口，攮着他一步三回头的下楼，那浪态竟浪到一个极处。少霞直看他出了花楼瞧不见了，方与少牧说："多年不到戏馆，怎的愈出愈奇？大庭广众之中竟有这种不要脸耻的女子！从前我们看戏的时候，好像还没有这样恶状。"幼安道："从前高彩云、霍春祥之事，这多是戏子不好，勾引良家妇女。如今却变了，妇女去勾引戏子，真是世风日下，不知变到个怎样才住。"

众人谈谈说说，戏台上串的《教子》已完。孙菊仙、小子和二人工力悉敌，那小子和唱的青衫，更是一波三折，余音绕梁，幼安深赞他真是后起之秀。《教子》演完之后，便是全本《蹩脚大少》。幼安因投鼠忌器，决计要走。少霞取出时辰表一看，尚只十一点钟未到，那里容他便去？直看到宋得光拉东洋车子，仿佛替少霞当初画了一个小照。幼安心上甚觉不安，少霞却甚落落大方，附耳对少牧说："且看这宋得光怎样下场，只恐结交的人没有安哥与你们几位在内，断断不如我屠少霞尚有今日。看了这种戏文，令人回想当年，真是愈深感慨。"少牧也附耳答道："此戏我曾看过。宋得光要偷拔坐车妇人簪插，送至官衙枷责，方才了结。形容人贫志短，也亏排戏的想得出来。"少霞叹道："'人贫志短'四字，真个误人不浅。譬如我当日志气短了，今天尚有面目见人，再过得好日子么？若照这样想来，无论贫到什么地步，总是君子安贫的好。做戏原是醒世，这戏真可点醒世人，排得有些意思。"少牧点头称是。幼安见其时看戏的人渐渐散去，说声"我们也回去罢"，招呼众人一同出外。少霞自回法马路去，说明后天再到长发栈，拜访幼安与杜氏弟兄。敏士也告辞回去。

少牧这夜并不进城，与少甫、幼安同住长发栈内，商量等钱老太太病愈，叫船送他回苏。并找寻方又端，劝他及早回头。隔了三五天日子，钱老太太病体果愈。幼安替他唤了只船，与杜氏弟兄亲送少愚母子登舟，开回木渎。从此少愚回心转意，奉母天年，竟然不起邪心，再不想重到上海，并知爱惜银钱，比幼年大是不同。虽由他经历了一番世故，勘透繁华，却亏了谢幼安苦口良言，使母子和好如初，才能够马勒危崖，人归故里。可知人生世上，择友真是第一。此事表过不提。

再说甄敏士那夜在丹桂听戏，答应幼安把《消闲报》上开的菊榜检出与他观看。一日闲暇无事，把这几张报纸一张张检了出来，到长发栈去看幼安。恰好少牧、戟三也在那边。幼安见敏士拿着一个纸卷，问是什么东西，敏士答称："便是那天说的《消闲报》菊榜。庚子年共是三张，乃文榜、武榜、菊榜。辛丑年一张，乃是女榜。那文武榜与菊榜俱是周病鸳属百花祠主人评定。女榜乃病鸳自己手笔。"幼安听罢大喜，急忙接在手中展开，与少牧等一同观看。因武榜适在上面，先诵那榜上的序文道：

> 鼓鼙动地，北望惊心；烽火烛天，西巡惨目。千城乏选，九泥讵可封关？易地而观，药石未能医国。画粥枉忧天下，寂寂此时；题糕已过重阳，栖栖何事。睹柳营之技艺，等儿戏于棘门；叹菊部之范围，见英雄于草泽。淮阴未遇，终属胯夫；汾阳久沦，难安丑房。倘欲取彼福相，谁为燕颔虎头？若能成我功名，端藉狼腰猿臂。此百花祠主人所以有梨园武榜之订也。

少甫道："这一篇序起得好，大气盘旋。"幼安道："庚子年正是义和拳闹祸，国事亟亟的时候。序中所以由此落墨，深有感慨，非率尔操觚者比。我们再往下看。"因又同声读道：

> 时则霜满刀弓，风生剑铗；红毹乍展，白袷同临。剧场姑作校场，赌看健儿身手；忧国当思报国，活描我辈肝肠。燕市抛金，肯沽恩于骏骨；蟾宫泻玉，竟嗣响于鳌头。（注云：菊榜状元七盏灯及此届武榜状元夏月润均隶丹桂，故云。）美他慧眼偏忙，才别燕莺，更判黑虎；愧我文心未曲，枉教鸡鹜，滥杂鸳鸯。然而大戟长枪，斯世未容用武；窄衣短袖，吾曹难煞从戎。不妨纸上空谈，如茶如火；等是场中作剧，有色有声。教士十年，几辈能卧薪尝胆？养军千日，阿谁有成竹在胸？反不若优孟衣冠，可晋升平之颂；伶工剑佩，得增日月之光。尔乃鉴空衡平，譬诸选佛；量才较艺，迥不犹人。网铁一张，盈

得珊枝无算；泥金十幅，耀将银海都迷。待他年偃武修文，删除若辈；趁此日徵歌选舞，陶写中年。吾无间然，因此中大有人在；后之览者，见斯文必能感生。

众人读毕，多说好篇骈体文字。次看那所定伶人名次，乃：

一甲　状元　夏月润　原评：英。醉墨生加评：英气勃勃，有侠士风，洵金螯顶上人也。善演《花蝴蝶》、《独木关》、《剑峰山》、《左公平西》等戏。

榜眼　吕月樵　原评：雄。醉墨生加评：慷慨激昂，越显男儿身手。能歌能舞，余韵悠扬。若冠一军，亦足以服侪辈。善演《鸳鸯楼》、《翠屏山》、《伐子都》等剧。兼唱须生，十八扯；戏迷传最为脍炙人口。

探花　张顺来　原评：豪。醉墨生加评：超乎象外，得其环中，亦出类拔萃才也。善演《四杰村》、《落马湖》、《武当山》等戏。使三节棍为个中绝技，侪辈无能望其项背。

二甲　传胪　赵小廉。原评：杰。醉墨生加评：倜傥玲珑，如梁间燕子，颇得巧借之力。善演《佘塘关》、《九美夺夫》。翩翩美少年，似太原公子褐裘而来，人乐观之。

以下乃是夏月恒、牛松山、孟鸿荣、孟鸿群、李少棠等诸人。少牧道："庚子年赵如泉年纪尚幼，盖叫天犹未出台，高福安未到上海，不必说了。那李春来、沈韵秋，为甚榜上无名？"敏士道："彼时二人俱不在申，与文榜上谭叫天、孙菊仙、汪桂芬、贵俊卿等无名，菊榜余玉琴、想九霄、周凤林等无名，女榜上小兰英、金月梅等无名，同一憾事。这也是际遇使然，与应试士子不及赶考一般。"幼安笑道："应试士子一举成名，当时万口喧传，后来那道及？倒不如这班戏子，被文人开了这几张榜，或可流传后世，将来尚说起那个状元，那个榜眼、探花。看来这榜比题名录反是有用。"少甫也含笑道："你是个勘破科名的人，自然有这说话。莫要被科名中人听了，说你将他们看得半文不值。"戟三大笑道："我就是武科出身，自问日后倘一无表建，怎及这班戏子永远的菊部垂名？这话真也有些意思。"

幼安道："我们闲话少提，武榜已看完了，大家再看文榜。"遂把那第一张报折起，看第二张，却是菊榜。开首也有一篇序文，底下的鼎甲是：

一甲　状元　七盏灯。品花　珍珠花。原评：魁。加评：粉黛须眉，英雄儿女，皆超上乘，此如意珠也。赠诗：胡帝胡天思不群，名香日夕把伊熏。一朝扶上金鳌顶，仙乐嘈嘈散五云。

榜眼　小喜禄。品花　虞美人。原评：清。加评：真静幽娴，美人本色，发声处纯乎天籁。赠诗：天籁悠扬洗俗尘，浪持彩笔拟真真。等闲漫渍青衫泪，低首应输第一人。

探花　小万盏灯。品花　绣球。原评：灵。加评：风神绰约，似仙子凌波；扎束双钩，为个中独步。所谓绣球灯儿也。赠诗：小步珊珊上苑来，个侬生是不凡才。倚云红杏藏怀袖，端整官袍替剪裁。

二甲　传胪　小喜凤。品花　金钱。原评：艳。加评：皓齿流芳，纤眉入画，传神处全在阿堵。赠诗：娇喉嫩舌尽交倾，唱到胪声第一清。从此周郎来顾曲，红氍毹上几移情。

以下是三盏灯、东发亮、小德喜、小想九霄、四盏灯等，每人各有赠诗。少牧诧道："四盏灯技在三盏灯、小德喜之上，怎的榜中名次颠倒，这不是主司失眼了么？"敏士道："若依目前而论，四盏灯自然高出三盏灯、小德喜数倍，当时却大是不然。三盏灯，小德喜二人，正合了古人'小时了了，大未必佳'的话。凡是庚子年见过他们演戏的人，自知主司并没眼花。停回你看女榜上还有个探花白兰花，当时何等娇小玲珑，那知获第之后，一日不如一日，如今竟声名扫地了。就是这菊榜上的榜眼小喜禄、传胪小喜凤，目今喜禄倒了嗓音，喜凤所演各戏也觉声容台步渐不如前，大约是少年科第害了他们也未可知。"幼安点头称是，语次把第二张报折起。

看第三张，方是文榜。读过序文之后，见周病鸳有四首五古题词。幼安高声诵道：

世事原如戏，伊谁付达观？承平劳鼓吹，优孟幻衣冠。缥缈梨云堕，淋漓粉墨寒。剧场塞寰宇，我辈愧伶官。　　尽有凌云翮，翻飞在一鸣。能为多士式，才使主司惊。鹤立群中娇，龟年劫后情。愿渠持此意，更唱报升平。

衮衮看袍笏，悠悠听管弦。风情消子夜，哀乐杂中年。老眼金镜刮，新班玉笋联。何曲江宴，潇洒列群仙。　　何以遣闲情？梨园寄品评。龙门高可接，燕市价难平。菊部寒花茁，茅檐小草荣。不胜惆怅处，禾黍感神京。

幼安读毕，少甫道："这四首诗寄慨深远，含毫遒然，颇得风人之旨。不知榜中可有赠诗，可也是周病鸳的？"敏士道："方才菊榜赠诗，乃病鸳所作。故传胪小喜凤诗有'从此周郎来顾曲'一句。而首句'娇喉嫩舌'七字，因喜凤喉音欠脆，舌韵不清，正是褒中寓贬。读其诗如闻其声，想见运笔之巧。这文榜上也有赠诗，乃百花祠主人的。"幼安道："原来又是百花祠主人手撰。"大家遂从头看将下去，见上刊着：

一甲　状元　汪笑侬。原评：正。加评：得中正和平之旨，尽抑扬顿挫之长。一声羌笛，飞出秦关；万片天花，散落尘埃。冠兹多士，不负奇才。工唱须生，兼擅老旦，善演《取成都》、《骂阎罗》、《空城计》、《洪羊洞》、《取帅印》、《阴阳河》、《一捧雪》、《目莲救母》、《四郎探母》之佘太君等剧。胎息陈长庚，睥睨汪桂芬。至品度之高洁，才具之文明，尤足冠绝侪辈。盖由读书得来，非寻常伶官比也。赠诗：蕊榜宏开万目惊，梨园重见魏长生。文明预兆团云侣，一往潆洄潭水情。

幼安道："笑侬得一知己，可以无憾。"敏士道："笑侬自大魁后争自濯磨，近更善排新戏，如《党人碑》、《桃花扇》、《瓜种兰因》、《苦旅行》等剧，皆颇脍炙人口，当时尚未演唱，评语中故未道及。"幼安道是。少牧道："我们再瞧榜眼、探花、传胪是谁。"因又往下瞧去。只见：

榜眼　小连生。原评：韵。加评：骎骎之才，琼瑶之品，色色入妙，簌簌生新。一曲商声，不自觉其激楚。工唱文武老生，善演《定军山》、《阳平关》、《桑园寄子》、《割发代首》、《九更天》，兼善新戏《铁公鸡》等剧。演《翠屏山》石秀，一股英飒狠毒之气，真能毕肖拼命三郎。赠诗：九天缥缈系人思，仙乐悠扬入耳时。彩彻云渠因底事，上林花放茁双枝。

探花　小桃红。原评：奇。加评：歌缱白纻，曲唱黄河，桂窟之音，梨园竞爽。不图得之弱伶童子，特以上苑一枝花宠之。工唱净面，如《草桥关》、《打龙袍》、《双包案》、《黑风帕》等剧。与七盏灯、小喜禄合串《二进宫》，人称三绝，真为后起之秀。赠诗：歌缱白纻绕梁尘，曲唱黄河见性真。踞坐花前斟玉罍，偏衫侧帽试新声。

二甲　传胪　李长胜。原评：洪。加评：听一声声大江东去，如雷灌耳，足副实大声洪四字。惜鼻韵欠清，不足以膺元选。工唱净剧，如《铡包勉》、《铡美案》、《双包案》、《打銮驾》、《铡判官》、《断密涧》等，声音之宏，一时无两。

以下乃是冯志奎、刘培山、谢云奎、大子红、谢月亭、夏月珊等二甲十余人，程永隆、刘廷玉、孟菊奎、诸寿卿等三甲十余人。而刘廷玉原评是个"奋"字，加评云："嬉笑怒骂，似渔阳挝鼓之英才；叱咤喑呜，疑巨鹿拟金之西主。善唱副净，尤工武老生，演《下河东》之殴阳芳，《八义图》之赵盾，《溪皇庄》、《八蜡庙》之褚彪，如天半朱霞，缤纷舞彩。"幼安谓其"似系二甲人物，置之三甲，似乎抱屈"。敏士亦以为然。少牧道："当时金秀山、刘永春可也不在上海。否则传胪一席，李长胜定当拱手让人。"敏士道是。少甫道："探花小桃红，可知他现在何处？"敏士道："小桃红自从开榜以后，忽然背师潜逃，不知下落。上海有两个人逃得最是可惜：一个是小桃红，一个是须生刘宝奎，皆系出类拔萃之才，却俱神龙见首不见尾的，甚是奇怪。"众人议论一回，正想再看女榜，忽然来了个人，说："你们在此看甚东西，这样高兴？可也给我瞧一下儿。"正是：

欲睹女郎夸及第，忽来良友佐清谈。

要知来者是谁，此人可有什么事情，且看下回分解。

第二十九回

妓嫖妓摆酒闹奇闻　强遇强游园约鏖斗

话说幼安等众人正欲观看那周病鸳所定的梨园女榜，忽然来了个人，问："你们看些什么。可也给我瞧瞧？"众人见是锦衣，大家起身相迎。敏士笑道："我们在此看榜，锦翁来得正好，请看可有贵同年在内。"锦衣随手拿起一张报来，一看呵呵笑道："原来乃是菊榜。敏翁怎的拿我开怀？但我辈愧偏登场，功名本如儿戏，与他们认个同年，却也有何不可？"敏士又微笑道："菊榜同年你可认得？还有张女榜同年，你也能相认么？"少牧摇手道："他本是一个探花，若与女榜认做同年，岂不被他占尽便宜？此事我可不依。"说得众人狂笑不已。幼安止住了笑，看那女榜序文。众人也来同看。见序中有"两大生才，何限男女？中国重须眉而轻巾帼，致女教不立，女学不兴，四万万人民几费其半。而惟至微至贱之女乐，近数年来乃得大有进步"云云，俱为击节赞赏。次看那些获第女伶是：

一甲　状元　郭少娥。举止大方，姿态明秀，工唱须生，如《取成都》、《捉放曹》、《举鼎观画》、《文昭关》、《沙陀国》诸剧，俱擅胜场。至若《开山府》、《打鼓骂曹》、《洪羊洞》、《李陵碑》、《九更天》、《铁莲花》、《天雷报》等剧，尤极激昂悲感之致，能令老伶工一齐敛手。须眉巾帼，仅见此人。拔置状头，定符众论。评云：缑山之鹤，华顶之云，雍容华贵，卓尔不群。赠诗云：鞠部年来细品评，会逢此豸便移情。偶拈彩笔抢高下，为唱鸿胪第一声。　　冠冕群仙意气豪，蛮靴窄窄踏金鳌。官场儿戏多如此，似尔还能立品高。　　替他端正写泥金，体贴东皇一片心。夜草绿章三叩首，年年休待乞春阴。　　居然巾帼有须眉，谁道男儿胜女儿？黄鹤楼中留好句，阿谁振笔再题诗？

榜眼　张福宝。简洁精当，绝无瑕疵，工唱秦腔青衣旦，如《十万金》、《紫霞宫》、《汾河湾》、《九件衣》等，皆其得意之作。兼唱二簧，如《祭长江》、《玉堂春》诸剧，亦能出人头地。有时唱须生，老气横秋，不可一世，女梨园中不易为也。使无少娥珠玉在前，则拔冠全军亦所不愧。今以第二人屈之者，位置限之，非抑之也。评云：如并州剪，如哀家梨，撩人醉眼，沁入诗脾。赠诗云：个人品格比梅花，合住孤山处士家。坠溷飘茵缘底事，旅魂消尽在天涯。　　听到当场激楚音，一腔哀怨怆人心。我来顾曲银灯下，似把《离骚》细细吟。　　豪竹哀丝满剧场，此儿久把姓名扬。翩翩一鹤惊凡鸟，奋翮秋风独引吭。　　偶然短气似才人，斯世原难假笑颦。我有生花一枝笔，可能为汝脱风尘？

少牧道："这张福宝，上回冶之、志和讨娶媚香、艳香，在聚丰园公分演髦儿戏，彼时已不在申，此刻不知在什么地方？"敏士道："现闻在汉口演唱，甚为名重一时。"幼安道："可知人贵有才，何地不能自立。那与敏翁说的探花白兰花，差得远了。"少牧道："我们看白兰花，当时怎样评语？"于是重又看将下去，见：

探花　白兰花。娇小玲珑，憨态可掬，工唱花旦，如《桃山洞》、《胭脂虎》、《关王庙》、《拾玉镯》等，皆当行出色之作。描摹神态，惟妙惟肖，诚后来之秀也。畀以上林一枝，庶足鼓励后起，盖赏识于牝牡骊黄之外者。评云：大璞之玉，蕴椟之珠，莹洁可爱，圆转自如。赠诗云：娇鸟翩翩出上林，轻啼宛转引诗心。下风侥幸何人立，俗耳休来听好音。　　此豸娟娟信可人，宜颦宜笑更宜嗔。阿谁艳福深如海，消得真真画里身？　　东墙宋玉赋闲情，活色生香画不成。绮业未除工绮语，窥臣端只许卿卿。　　前身依约住瑶台，底事无端堕劫来？赢得群仙来顾曲，人人都说可怜才。

幼安道："照这榜上看来，开榜的人当时何等契重于他。那料他一第之后便尔不图上进，这真是深负栽培了。"敏士道："怎的不是？"少甫道："这张榜的评语、赠诗比菊榜等细腻熨贴。我们再往下看去。"又见：

二甲　传胪　金处。唱净面，声音宏亮，口齿清利，台步亦雍容娴雅，不疾不徐，一洗女伶习染。男伶中著名之李长胜且瞠乎其后。善演《捉放曹》、《沙陀国》、《御果园》、《草桥关》、《探阴山》、《黑风帕》诸剧。评云：熊熊旭日，朗朗天风，庸中之俊，雌中之雄。赠诗云：铜琶铁板大江东，粉黛登场便不同。几辈披襟来抱爽，问谁领略到雄风？　　响遏行云信有由，还教喝住大江流。一声长啸狂如虎，石破天惊我欲愁。　　震惊俗耳仗斯人，音绕雕梁绝点尘。毕竟曲高才和寡，不劳词客谱阳春。　　胪声隐隐上蓬莱，正是文人得意回。宴罢琼林歌一曲，九天阊阖五云开。

二名　张贵廷。唱须生，逼真男伶态度。善演《汴梁图》、《杀庙》、《三疑计》等戏，并唱二簧《打鼓骂曹》、《九更天》、《鱼藏剑》、《探母》诸剧。赠诗云：画眉家世说张郎，灵气偏钟窈窕娘。更莫临风消艳影，教人撩乱九回肠。

三名　周处。唱须生。工演《审头刺汤》《坐楼戏凤》诸剧，兼唱净面，如《除三害》《铡美案》《御果园》等，俱能生色。与金处合演《双包案》洵属珠联璧合。赠诗云：十年香国久蜚声，一上氍毹辈辈倾。听到斩蛟堪发噱，竟将周处自通名。

幼安读到此诗不禁狂笑，说："天下那有这样恰好的人，唱恰好的戏？遂题出恰好的诗来？真所谓巧不可阶！"众人也说："真个好巧。"再看周处以下诸人，乃陈长庚、一阵风等七人，又三甲陆小宝、冯月娥、王巧玉、小连奎等十七人，而以须生吴新宝为殿军。赠以诗云：欲把龙头属老成，那堪后辈尽蜚声。借君殿榜非无意，后劲从来要盛名。幼安说："他真是位置妥贴。"少甫道："陈长庚、一阵风为髦儿戏武伶中杰出之才，置在二甲，想因珠玉在前之故，这也罢了。小连奎如何在三甲之内，不与文榜中的刘廷玉同一名次颠倒么？"敏士道："陈长庚、一阵风彼时所演各戏尚不十分出众，小连奎当初也不过尔尔；如今却士别三日，便当刮目了。若使有人重开女榜，怕不高掇巍枝。这真是俗语说的'今非昔比'，不能责备主司。"少甫道："原来如此。"幼安道："这几张榜揭晓之后，一定是众论翕然，但不知可有题词一切？惜乎为日已久，不能将《消闲报》一一翻看。"敏士道："放榜后题词甚多，可惜这些报一时间检不出来。却还记得有一个人于文武两榜后，题了四首七绝，乃是集京戏名的，颇甚自然。"幼安道："这诗你可背得出么？"敏士想了一想，道："尚还背得出来。"遂念给幼安听道：

状元谱上认题名，也算风云会玉京。及第同夸金榜乐，绝胜买镰汴梁城。　　何必魁星现宝光，斗牛宫阙焕文章。傲他金马门前客，一样琼林宴

玉筋。　　　三百六十进士多，玉堂春满听鸣珂。何如鞠部群英会，双状元开

文武科。　　　指日京津战太平，回龙阁畔奏新声。何须更喜封侯贵，高夺秋

魁早得名。

敏士背毕，幼安道："这四首诗，集得真是天衣无缝，此人戏名好熟。"敏士道："此
人戏名甚熟，这几首诗不过略见一斑。闻他尚有一部戏迷传新书，形容官场如戏。
书中一名一物，皆集戏名而成，多至千数百出，连三十回的回目俱用戏名作对，真觉
别开生面。此书现将出版，待他印成之后，坊间有了售本，定当送一部来。"幼安道：
"这书谅来定有可观，将来出版之后务望赐我一部。"少牧也因先睹为快，嘱敏士多
购一部。敏士点头答应。

　　锦衣见众人语毕，微笑说道："你们菊榜已经看完，论诗也论毕了，我今天特地
前来奉约诸位晚间小酌，不知可俱有兴？"幼安道："锦哥今夜在那里请客？"锦衣
道："上次你们诸位到申，少甫大哥在徐园赏菊，结了一个诗社，甚是有趣。如今又值
菊花时节，无奈今年花不甚多，园中并未陈设。天乐窝、小广寒等几个书场与丹桂、群
仙等几家戏馆却因万寿将近，各家搭了几座花山，藉（示）词庆贺，甚是热闹。最奇怪
的是棋盘街幺二堂子，年年借着那菊花山招徕游客，共赏秋光，今年却踵事增华，也借
了庆贺万寿为名，在各日报刊登告白，说得天花乱坠。闻高升堂搭着最为精巧，菊花
有一千余株之多，并有绸绢人物灯彩一切点缀其间，甚是好瞧，所以今夜想请诸位同
去一叙。"少牧偶谑道："妓院庆贺万寿，真是千古创闻。虽说普天之下，莫非王土；率
土之滨，莫非王臣，但庆贺必须衣冠，难道那开妓院的龟奴也戴着顶子，拖着翎子，披
着褂子，钉着补子，穿着靴子，一样的三跪九叩首么？"这几句话，只说得众人哄堂大
笑。少牧笑了一回，取时辰表一看，已经四点三刻多了。十月里的天时甚短，屋子里将
次昏黑，因把《消闲报》折在一处，交与敏士收起，向着众人说道："既然锦哥有意，
我们怎敢失兴？不知此刻便去，还是另约一个时刻？"锦衣道："我们一同出去。闻得
鸣岐、聘飞、秀夫多在小花园总会碰和，不妨约他同往。"众人多说很好。遂出了长发
栈，同到小花园，寻见三人。恰好八圈庄刚才碰毕，正要出外。锦衣把到高升堂去吃酒
的话说知，三人也甚有兴。大家不坐车子，一路谈谈说说，不知不觉的已到了棋盘街
口。只见街上边车马喧阗，挤得几乎路多跑不进去。

　　好容易走入弄中，进了高升堂的大门，众人因这个所在俱不甚去，彼此没有相好
在内，照例应喊移茶，随意选他一个。那知移茶时出来了四五个人，内中有个半老的妓

女，将次进房，忽又飞也似的缩了回去。幼安最是眼快，见此人并非别个，乃是楚云，憔悴得比前更不是了，暗与少牧说知。少牧急忙举眼看时，楚云已脸涨通红，退至天井中间，躲向花山背后而去。少牧要问明名字，叫他出来。幼安不许，说："人家潦倒到这个地步，也甚可怜，何苦再去嘲笑于他？"始只向本家老娘姨问了一个名字，知他改唤做谢秋芳。那老娘姨不知就里，听见有人问起，只认是看上了他，连说："可要唤他进房？这大小姐是长三上调进来的，品貌又好，曲子又高，应酬工夫更是一等，不知那位大少带他？"幼安连连摇手，叫他不必去唤，并说："二少因见看他年纪大了尚在堂子里头，故而问你一声，并不是有甚别的意思。"那老娘姨始不再言。

其时锦衣已选中了一个柳小青，乃是十三四岁的雏妓，面貌尚还清秀。小青遂领着众人进房，装上一碟瓜子，一碟生梨。照例将瓜子敬过，一一动问客人姓氏。房间里人因见锦衣等衣服华丽，举止大方，知道多是好客，要打合主人家吃个双台。锦衣因逢场作戏乃是难得的事，当下一口应许。并与众人说起前年屠少霞在双富堂赏菊花山，吃了多少台酒，今年只有一个双台，比较起来，差得远了。幼安道："讲起少霞，竟然回头是岸，近来变了个人，真是难得。若然今天也在席上，只恐抚今思昔，不知他懊悔到个怎样。"少甫道："古人说'人生五十，当知四十九年之非'。何况少霞，怎得不悔？"少牧且不和众人讲话，只向小青盘问谢秋芳生意如何。小青道："秋芳虽是长三上调进来的，自从八月里起只吃了三五台酒，碰了三四场和，尚不满十个花头。堂簿上的堂差比姊妹们也最是少些，谅因花运不好之故。"少牧听了，暗暗的叹息不已。鸣岐因幺二妓院里的房间不比长三书寓宽敞，坐了一回觉得乏趣，催促锦衣入席。小青道："花山下现在尚有台酒，将快散了，对不住众位略坐一刻。"

鸣岐遂与聘飞两个出房闲步，偶伏在走马楼的阑干之上，向下一瞧，大呼奇事，回身跑进房中，告知锦衣等。众人一齐至走马楼，往下观看。只见楼下正是花山，花山下摆着台酒，那主人不是别个，乃福州路上有名妓女，人人俱认得他的翁梅倩。座中坐的西安坊沈宝玉等，有一大半俱是妓女，更夹着两三个似妓非妓的人。夏尔梅娶的许行云也在其内，一般的男装服色，在那里据案大嚼，却每人叫了两个出局，说说笑笑的甚是得情，自己几乎忘了是个女子。幼安等大家诧异道："上海真是无奇不有，若援龟嫖龟须罚三担灯草灰之例，不知妓嫖妓应该罚些什么？"少牧道："席上主人是翁梅倩，不必说了。第一椅上是许行云，第四椅上是沈宝玉，第五椅仿佛是杜素娟，第六椅是钱宝玲，第七椅是潘小莲，那第二、第三椅上的两个面生之人是谁？第八椅上这人虽甚面善，却也想不起来。"戟三道："第八椅上像是阿珍的姊姊阿金，因他改扮男装，一时间看不清楚。"幼安点头道："正是阿金。"聘飞道："第二、第三椅那两个人我多认得，一个是金子多娶的天津妓女柳枝青，一个是金子富娶的花蕊红。从前都在福州路挂过牌子，与阿珍姊妹最是要好，谅是阿金纠着他们来的。"

众人正在聚论，忽见许行云叫来的局因杜素娟与他调笑，顿时吃起醋来，言语间隐含讥刺。素娟怎肯相让，也用说话还答于他。起初彼此尚俱半真半假，后来一句紧似一句，竟在席上狂闹起来，说的多是妍戏子的丑话。原来行云在丹桂内吊了几次膀子没有吊上，后来换了一家戏馆，始吊到一个武生。那武生是素娟第一次在久安里时钩搭起的。有天与他坐夜马车，曾被潘少安看见，二集书中早有此事。后来素娟天津去了，那武生却仍在上海唱戏。如今素娟回来，少不得重续前欢，比了先时愈加密切。只因生意上往来不便，私下在德人里借了一间房子，素娟夜间没有客人，必在德人里内住宿。那武生的衣食用度一半是唱戏寻来，一半乃是素娟暗贴。所以这几节的债项又一节节重了许多，房间里人虽然规劝过他几次，奈他执意不听，与武生分不开来。忽然这几日武生又去妍了个人，打听得乃是行云。知道他嫁了夏尔梅，仗着手头有钱，引动得人，心中甚是懊恼。今天冤家路狭，偏被翁梅倩请来同席饮酒，正是说不出的恨处，如今恰好借着他先来冲撞的过处，把肚子里一肚子恶气一齐发泄出来，将行云说得怒气填膺。两个人巴不得你要了我的心肝，我要了你的脏腑。梅倩等急忙设法解劝，行云因叫来的局也已去了，始恶狠狠站起身来向素娟说："今天我看众姊妹的分上，暂不与你多讲，明日你敢到张家花园与我见个高下，我才佩服了！"素娟冷笑答道："随你什么地方，那个不去！明日我倘然畏避，断不在上海做人！"行云连称"好，好"，向梅倩等谢了一谢，怒匆匆向外便走。梅倩等也不欢而散。锦衣与少牧众人，伏在走马楼阑干之上听得甚是明白，俱说今夜这场大闹真比做戏更是好看，的确是海上奇闻。少牧道："他们明天约在张园，不知可要相打？"戟三道："这种人随便什么事情多可做得出来。明天本是礼拜，我们可到张园瞧去，看他个怎样散场。"少牧答称"使得"。聘飞等也愿同往。

那时天井中台面已散，早有相帮的将残肴撤去，仍在原处地方摆好了一个双台，由小青相请众人下楼入席。众人随意坐定，小青叫娘姨送上局票，请各人写票叫局。写至幼安面前，幼安回说从前叫的金菊仙已经嫁人，没有别个。少甫道："金菊仙嫁的是谁，你在苏州方至上海，怎知此事？"幼安道："菊仙嫁了个扫眉才子，算得是美满姻缘。此人与我素识，怎得不知？"少牧道："愿天下有情人多成了眷属。菊仙名花得所，大是可喜。我们因近来妓院里不狠走动，所以这消息不灵了。"

敏士道："菊仙既已适人，幼翁当真没有相好，我来荐本卷子与你，包管水乳交融。"少牧问荐的是那一个，敏士道"百花里内的闻妙香，年纪二十多岁，此人若下评语，乃'艳如桃李，凛若冰霜'八字。差不多些的客人不喜欢他，幼翁却一定赏识。"戟三点头道："闻妙香荐得有些意思。"遂当时提起笔来替幼安把局票写好，发将出去。少顷，却是第一个先来。幼安看他人甚沉静，面貌也颇秀丽，不过在席面上不言不笑，远不及桂天香之缠绵，金菊仙之流利。所以敏士有八字品评，更说他差不多些的客人，不甚合意，正是一些不错。幸喜他度得好一口昆曲，这夜唱了一支《八阳》，真个是穿云裂石之音，合席俱为击节。幼安当时也赞了几句。因相帮拿着局票到来转局，照例说了声对不住，起身便去。敏士等他已去之后，问幼安荐得可还合格，幼安回说："帘官的眼力不差，荐的果是本沙明水净之卷。"敏士笑道："大宗师批了沙明水净，那是必售无疑的了。他时赐宴琼林，我帘官必定能叨个末座。"说得合席之人个个多道："照此讲来，幼安缓天必得请一台酒。"幼安满口答应说："过几天一定相邀。"当下众人尽欢而散。

次日少牧因要看许行云与杜素娟在张园鏖战，午后约了敏士、锦衣同往，三个人一部马车，到张园停下。只因去得太早了些，两下多没有来，园中冷清清的，只有十来个人。少牧等往海天胜处及弹子房、老洋房散步一回，始至安垲地泡茶。但见安垲地外的草地上来了无数马夫，也有三个一群五个一队随意走来走去的，也有独自一人东张西望的，也有站在安垲地门口，见有马车进内喝采喽啺的。少牧私与锦衣说："今天那里来这许多不尴不尬的人？"道言未了，又见园门口拥进一大群戏子。也有鲜衣华服的，也有短衣窄袖的，也有把衣服披在身上，钮扣不钮，用条腰带系着的，也有帽子歪戴的，也有戴大毡帽或外国帽子的，多是戏园中打英雄的那一班人，并没个有名角色在内。少牧见了更是犯疑。敏士低低与荣、杜二人说道："今天行云与素娟两个真要闹出打架来了。你瞧那些马夫、戏子，必是他们约来的人。但不知那个约的戏子，那个约的马夫？"锦衣道："戏子谅是素娟一边的人，马夫一定是行云约来。"敏士问他何以见得？锦衣道："素娟向妍戏子，那个不知？行云嫁了尔梅，每日包着马车，与那些马夫朝夕厮混，今天故而用着他们。"锦衣点头称是。

少停，只见许行云一部马车先到，与小大姐跳下车来，并不进内泡茶，在草地上兜了一个圈子。那些马夫见了，有几个吹唇为号，各自散伏开来。行云满面欢喜，方才步进安垲地内泡了碗茶。恰好素娟也已到了，一共三部马车。一部是素娟与一个跟局姨娘阿英，一部是同来的阿金、阿素，一部是素娟的客人，姓姚名唤友士，与一个朋友叫孔泰平。六个人下落马车，一径直奔安垲地而进，与行云打个照面。行云向素娟瞟了两眼，并没做声。素娟也对行云眨了两个白眼，在他隔座的一张空台子上一屁股坐了下去。姚友士、孔泰平在前面拣个空座坐下，阿金、阿素因与行云向还要好，免不得招呼一声。行云始开口道："今天是什么风，把你二人吹到花园里来？"阿金道："今天好像是东南风。"素娟在隔座接口道："今儿只怕西北风罢，人家开出口来，所以这样冷气。"姚友士冷笑一声，对素娟道："东南也罢，西北也罢，你与人家争什么风？"素娟道："今天的风乃是人家与我要争，我杜素娟岂肯让他？"孔泰平道："与你争的是谁？"素娟答道："眼前自然有一个人。"姚友士假意对阿金谑道："阿金姐，可是你么？"阿金道："姚大少休得胡说。俗语说'河水不犯井水'，我与素娟妹子争些怎的？"孔泰平道："那就一定是阿素姐了。阿素姐我劝你差不多些也罢。"阿素道："孔大少，这真是笑话了。我与素娟妹子七八年的交情，怎么与他争起风来？可要令人听了呕气。"行云闻众人借着争风两字，你言我语，分明一人难敌众口。懊悔自己只带了许多马夫，没有约几个姊妹们来，只好忍着他们，且待出园时关照马夫，打他个落花流水。素娟见行云并不还口，估量他一人胆怯，索性借着阿素激怒他，道："阿素姐，你呕什么气？有话我们好当面说的，莫要像死人一般的，口多不开。那时气死了你，我只当做死了一只哑狗！"行云听素娟把他当作死人，又当哑狗，此时再耐不住，立起身来戟指骂道："杜素娟，你在里面说些什么？你可敢跟我出去？"素娟冷笑答道："我与阿素说话，干你怎事？若说跟你出去，你敢把我怎样？"说罢抽身跟着行云便走。阿英、阿金、阿素与姚友士、孔泰平等也俱跟了出来。行云暗喜素娟中计，这几个人撞在那班马夫手里，济得甚事？因此一出安垲地大门，向草地上各马夫丢个眼风，顿时蜂拥而来。好个杜素娟，不慌不忙在安垲地门外一站，指着许行云高声喊道："你可是纠了这无数的人前来打我？好好好，你们只管动手。"谁知一言未了，斜刺里挤出一班人来，大喝："谁敢打人？"又见园门外飞也似的来了一部马车，向园中直驰而内。行云见了那坐车的人，不觉吃了一惊。正是：

　　　　未见两军分胜负，何来一骑太匆忙。

要知斜刺里来的这班人是谁，马车里更是那个，且看下回分解。

第三十回

救吞烟手忙脚乱　鬻吃酒眼笑眉开

话说许行云把杜素娟激出了安垲地洋房，正想传个暗号下去，叫约来的许多马夫将他横拖倒拽至草地上饱打一顿。只见斜刺里来了一大群人，大呼："谁敢打人？"行云抬头一看，好像是些戏子，知道他有了整备，心中拍的一跳。又见园门外如飞的来了一部马车，直至安垲地门口停轮。车中坐着一个老者，车辕上坐着一个二爷，远看去不甚清楚，走近了，行云不觉大吃一惊。原来那老者是夏尔梅，二爷乃是夏福。

尔梅自从讨了行云，起初的三五天，尚装着新人身分，没有什么不安静的事情，到得七八天后，渐渐的作吵起来。今天要坐马车，明天要吃大菜，后天要看夜戏，尔梅一一依从。无奈行云嫌他年老，任凭他怎样讨好，心下很不自然，暗中惹草粘花。不但在戏园里吊着戏子的膀子，看见夏福年轻，也曾几次勾搭过他。幸亏夏福人尚老成，念着主人家豢育之恩，不敢肆行非礼。行云却因勾他不上，不时在尔梅前说些短话，意欲赶他出去，另外用一个年力精壮之人。尔梅已为所惑，这几天每每与夏福寻事。夏福知是行云搬了是非，遂也暗地里留下心思，要拿行云过处，告诉主人，使主人不致偏听。

那夜行云瞒着尔梅在高升堂男装饮酒，夏福得了这个消息，马上报知，只道主人一定发怒。那知尔梅说："这是逢场作戏之事，同去的既然多是女子，有甚妨碍？"夏福见他如此溺爱，叹了口气，没有别话。后又打听得席面上与素娟口角，今天约在张园大闹。这句话不敢轻信，私问跟行云的小大姐，可有此事，小大姐回说："怎么没有？今天奶奶叫我关照了许多马夫等在花园里头。"夏福听了，一惊一喜。惊的是恐防打出祸来，必在主人身上；喜的是这一桩事主人知道，不见得容着行云撒泼。倘能借着这个题目把他儆戒一番，约束约束他的后来，一与主人有益，稍尽报主之心；二则行云往后再向主人饶舌，主人知他是个选事之人，十句里或可少听几句。当下因急将情告知尔梅，并叫他快到花园解围。尔梅尚说："行云并非这样的人，那有此事？"直至夏福发了个誓，说："小人若有半句虚言，停刻听凭老爷驱逐出门，不敢抱怨。老爷不信小人的话，今日不到花园里去，若然闹出大事，小人不愿见老爷这样年纪受甚飞来横祸，情愿立刻出门。"尔梅始有几分相信，遂与他唤了一部马车，星飞的赶到张园而来。

尚算他来得正好，这打架还没有打成，那两造却已严阵而待。尔梅到了安垲地门口，见行云恶狠狠的站在外头，那面色甚是不正。忙问："你在这里做甚？"行云此时惊魂未定，怒气已升，恶声回说："我干的事，你来管我？"尔梅听他说话不对，举眼向四下一瞧，只见草地上果有无数马夫，洋房外列着无数戏子，知道夏福所说的话果然一句不虚。不由不也动起火来，只因大庭广众之间，不便讲话，伸手把行云一扯，喝声"你我一同回去"！行云起右手一拦，道："你走你的，我干我的，回去做甚？"这一拦不打紧，把个风中之烛的老尔梅，那身子幌了几幌，几乎把他拦跌下去，幸亏夏福扶住。那些马夫、戏子及闲杂人等齐发一声笑，顿时哗噪起来。尔梅又惊又怒，又气又急，狠命再将行云一把拉住了一只手，喘嘘嘘的说声："还不与我上车！"那时恰好有两个巡捕，听得园中喧闹，走得来查察。行云认做是尔梅叫夏福唤进来的。谚言"乖人不吃现亏"，不要落在素娟等眼内，始勉强由尔梅拉着登车，却恨恨的对着素娟詈道："今日便宜了你这骚妇，缓天再来与你算帐！"素娟狂笑答道："我把你这只骚狐，快快跟着老甲鱼去罢，还要多说怎的？缓天老甲鱼倘再放你出来，老实说，俺这里决不见得回避你！"尚有许多不入耳的说话，只因马车去得远了，听不甚出。行云坐在车中尚指手划脚的，向着素娟叫骂，直至出了花园转了个弯，方才勉强住口。

夏尔梅看见他这副行为，只气得一言不发。夏福分付马夫一径到家内停车，搀扶尔梅入内。行云与小大姐先已跳下车去，飞步上楼，叫夏福把尔梅也扶上楼梯，进房坐下。行云把外罩衣服一脱，竖起了两条眉毛，睁圆了两只眼睛，问尔梅道："今天我在张园乃是那个对你说的？要你赶来做甚？"尔梅平日一遇行云发火，他便不敢开口。这天皆因气愤极了，回答他道："古语说'若要不知，除非莫为'。你在外面干得好事,自然有人对我说起。"行云听罢,愈加发怒道:"算我在外不好,你便怎样了我?"尔梅道:"除非你不曾嫁我,或是已经出了我的门口,不姓夏了,那才由你在外胡行;否则,休道我万事不能管你。"行云闻他说出一个管字,索性撒起泼来,把手在台子上一碰道:"你能够管得么?我一个二十多岁的人,嫁了你六十多岁的,有甚好处?无非贪图个自由自在。怎么你想管起我来?老实说,我不是个服管的人,你休要错了念头!"说罢,一个拳头向着尔梅胸口撞去。口中带哭带骂的又道:"当真你要管我,我拼这性命不要,交给了你。"多亏夏福因二人吵嘴,尚没有出房,看见行云向主人身上撞来,急把尔梅用力一扯,让了开去,没有撞着。行云见夏福护着主人,便向他发作道:"我把你这恶奴,站在房中做甚,还不与我滚下楼去?"夏福此时本想还口,只因名分有关,又见主人气愤已极,不得不耐着性儿,只当做没有听见,劝主人下楼稍坐。尔梅看行云这般凶横,自恨年纪老了,骂他没有精神,打他又没有气力,再在房中坐着,真是一刻难挨。只得依着夏福相劝,勉强抬起身来,将手扶在夏福肩上,口中说了几声"好个泼妇",下楼而去。向书房内一张藤交椅上一坐,几如瘫痪一般。

　　行云见尔梅下去,吵不成了,又动了个一不做二不休的念头,暗想:"何不乘此机会,出了姓夏的门口,免得他再来拘管。屈指嫁他到今恰恰一个足月,手里头洋钱钞票与前妻的珠翠首饰足有二三千金,出去狠好度日。不过怎样把尔梅割断,须使他死心塌地自己出口才好,否则恐防后累。"因在房中大哭大骂,想把尔梅骂得火冒,使他上楼,方好寻事。果然尔梅忍耐不住,几次要奔将上来,俱被夏福阻住。闹至上灯以后,行云把喉咙多哭骂哑了,身体也觉甚是疲乏,尔梅仍未上来。

　　行云没有法儿,始想出了一条毒计,叫小大姐暗到药店里去买了三钱益母膏来,一齐吞下。妆台上有现成的白玫瑰酒,喝了几口,喝得面孔红红儿的,假装是吃了生烟。又因尔梅平日每逢交节气的前后必须吸几口烟,助助精神,舒舒筋骨,故房中本有烟具。遂把那只装烟的象牙匣子寻将出来,把洋烟倒在净桶里头,只剩匣底内有些烟脚,将他在枕头旁边一放。自己脱去衣服,睡到床上边去,装一个等死样儿,不再高声叫骂。诸事装点已妥,叮嘱小大姐报信下去,只说:"奶奶与老爷吵嘴之后,说有些肝气发作,差到药店里去买豆蔻。及至买了回来,看他面孔飞红,好似吃了杯酒。问他,却说不吃,不知为了何故。此刻似睡非睡的倒在床上,不知为了何故,老爷可上楼去瞧他一瞧。"

　　尔梅听行云忽然不骂，本已犯疑，又听小大姐这样说法，慌问夏福这是什么意思，夏福也不敢说甚，只说："奶奶既然火气退了，老爷不妨上去，免得不甚放心。"尔梅把头略点一点，仍叫夏福扶着上楼。走进房中一看，见行云蒙被卧着。那面色没有瞧到，先见枕头边一只象牙烟匣，不觉吃了一惊，忙问小大姐这是那里来的？小大姐道："这烟匣子向在烟盘里头，不知怎样忽在床上，想是奶奶拿过来的。"尔梅着急道："照此说来，莫非奶奶吃过了烟？"小大姐道："烟灯没有点过，那得吸烟？"尔梅慌把那烟匣子取起一看，见匣内的烟空空如也，又把被头略略揭开，见行云面红如火，口里头酒气直冲，估量他吃了烧酒、生烟。但烧酒是那里来的？喝问小大姐，可曾出外买过？小大姐道："白玫瑰瓶中现有，难道老爷忘了？"尔梅被他提醒，回头向妆台上的酒瓶一看，见瓶中的酒少了好些，急得顿足不迭，喘嘘嘘指着行云说道："你怎的干出此事？"行云假意装做有气无力的答道："死了觉得干净，免得人家管长管短。"尔梅吓得浑身抖战，道："我管你尚只初次，怎么你就志短起来？"行云没有回他，把被头往上一掀，依旧盖住了头，假装痛哭。尔梅伸手再去揭时，行云把被角压住，再也揭不开来。尔梅无奈，只得从下面揭将上去。那知上身没穿小衣，夏福在旁见了不便，因又盖了下来，急唤夏福出去。

　　夏福见主人这般发极，低低说道："奶奶当真吃了生烟，老爷看他也是无用，必须设法灌救才是。"尔梅听言之有理，忙问他怎样救法？夏福道："吃得倘然久了，别的救法不及，只好赶紧吃肥皂水下去，使他速吐。否则送到医院里去。"尔梅道："医院里去，这事定要张扬开来，可知我颜面有关，还是吃肥皂水好。赶快你去弄来。"夏福答应自去。尔梅始用尽平生之力将那条被头揭掉，叫小大姐寻件衣服替他穿上。行云尚装腔做势的不肯就穿，对着小大姐道："要穿须穿红绉纱寿衣寿裤，停回免得土工动手。"后被尔梅用力把臂膊捉住，始得穿了上去。夏福已将肥皂水取来，尔梅叫他快喝，行云那里肯听。尔梅气急败坏的讲了无数好话，说："方才不该出言过激，致你气忿不过，萌此短见，往后决不再来说你，诸事由你主意。"行云仍口口声声的道："这样日子断过不来，谁耐烦活在世上，不必再来救我。"尔梅真是没法，战兢兢在夏福手中接过肥皂水来，要想亲自灌他。那知刚巧拿至口边，被行云起手一推，咯嗒一声连碗连水推下地去，湿了尔梅一身。尔梅叫夏福再去取一碗来，仍是一样。一连三次，并没有半口喝过。

　　尔梅自知手中无力，休想灌他，要叫夏福动手。行云始说："我因活得没有趣味，故愿一死。苦苦救我则甚？若然真要我活，我有一句说话，不知你听与不听？讲明了再救不迟。"尔梅问他何话，行云道："倘你放得过我，真要我再活数年，除非从今以后你我各自分开，我马上自有地方救去。否则救活转来，往后仍是一个死字，还是此时不救的好。明天买口棺木，把我盛殓起来，做了夏氏鬼魂。将来你死之后，再到阴司管我，称了你的意儿，你瞧怎样的好？"尔梅听行云说出此话，真个又急又气，一时间回不出来。要想答应他从此分开，花了几千银子，只讨了一个月工夫，不但说不过去，并且人家知道此事，甚是丢脸。倘然不答应他，又恐他起了此心，眼前即使救活转来，以后性命依然不保，始终不是个久长之局，心中怎能委决得来？行云见他沉吟不语，暗想："召将不如激将，必得竭力激他一激，此事方得成功。"因又借着尔梅没有做声的过处，说他巴不得人家速死，那里是真心施救？又说："若照这样烂心烂肺，将来一定短寿促命，连子孙也没有好日。"把尔梅骂不住口。果真这老人家又被他激起火来，回说："照了你的意思，一准与你两下分开可好？"行云一闻此话，在床上边坐起来道："夏尔梅，你这句话可是当真？我就立刻出你大门，要死也死在别处。"尔梅此时真是气忿不过，答称："倘你真个要走，我姓夏的也不稀罕你一个妓女，难道日后不能再娶一个，必要留你在家呕气？"行云暗喜尔梅中计，急忙跨下床来，对尔梅说："你果然放我出去，我却一时不肯便死，还要看着人家娶一个好的。但你口说无凭，把当初的庚帖还我。"尔梅道："庚帖由你收着，任凭你带了出去，我姓夏的决无悔言。"行云更是欢喜不迭，马上取钥匙开了箱子取出那张梅红纸庚帖，当着尔梅的面点了个火，顿时烧掉。又在箱子内取出一件保险衣来。这衣乃是一件小袖紧身，衣上四周是袋。行云嫁了尔梅，叫他唤裁缝做下，说是慎防火烛，可以把贵重东西，多装在衣袋之内，万无一失，所以叫他做保险衣。其实豫先留下心思，把尔梅前妻的许多金珠首饰并洋钱钞票等物一齐袋在里头。此时向身上一穿，叫小大姐开了衣橱，又取出一件外罩衣服穿上，恶狠狠唤小大姐去叫顶轿子，立刻要行。小大姐问："轿子叫到那里？"并有粗做娘姨上楼，说夫妻淘气，乃是人家常有之事。劝他不可这样激切。夏福也怕主人家一时之火，由着行云出去，日后心上撇不掉他，一定怪到自己身上。今天这一桩事是我告诉主人起的，因也再三相劝。叫尔梅耐性些儿，千万不可放他出门。

尔梅本是个没主意的，又兼心爱行云，方才这几句话乃是逼激出来。今儿见行云烧了庚帖，一定要走，心已觉有些懊悔。本愿说他回来，仍旧劝他吃肥皂水，救烟要紧。怎奈行云满面杀气，连催小大姐快叫轿子，好出去赶紧灌救，迟了烟毒发作，只恐性命难保。若问轿子叫到那里，此刻我已不是姓夏的人，谁来管我，只要轿夫来了，待我交代于他，叫小大姐不必多问。并因这小大姐是院子里带进来的，今天必得带他出门，叫他收拾一切跟着同去。小大姐不敢违拗，顿时叫了一乘轿子到来。行云似笑不笑，似怒非怒的对尔梅说声："我要去了。愿你将来娶个胜似我的，只要我侥幸不死，待我睁开眼睛瞧着。"说毕扶在小大姐的肩上，移步下楼，竟然登轿而去。

尔梅气得几乎发晕，多亏夏福与老娘姨百般譬劝，说："奶奶因在气忿头上，故而如此。缓天回过心来，打听他住在什么地方，差人去请他回家，一定没有不回来的道理。"尔梅无可奈何，不知叹了几十口冷气，唤夏福去请尔兰到来告知此事，叫他在外留心打探行云出去之后究竟住在什么所在。后来打探得他姘了一个马夫，在跑马厅西面借了一所房子，俨如夫妇一般，小大姐依旧跟着。那马夫乃在尔梅家里的时候不时坐他马车，暗中姘起来的。从尔梅家中出去的那夜，据邻舍说，甚是欢天喜地，不像吃过什么生烟，也没有请人施救。尔梅才知他居心刁险，不但那晚中了他的恶计，娶他时先已存下个泛浴之心。不该失了眼睛，把坏人当做好人，真是后悔不及。暂且按下慢提。

再说少牧等在张园看行云纠人打架的那日，只因尔梅忽然赶到，与杜素娟没有打成。行云被尔梅逼着回去，索娟等笑骂一番，也就散了。姚友士、孔泰平保了素娟来的，自然同着素娟回去。邀来的那些戏子、马夫见两造已走个干净，大家也打个暗号，各自散去。少牧深恨行云，回家以后不知与尔梅可要生气，苦于无从探访。若使访了出来，行云欺哄尔梅太过，做朋友的不妨规劝规劝于他，使他略略警醒一二，免得将来受累。敏士估量行云数日内必当大起风波，说不定就要与尔梅两下分开。锦衣也是这样估他。彼此闲论一回，因见天气晚了，同回长发栈去寻幼安，把上头事约略述了一遍。幼安也说："照此看来，行云必有一场大闹，尔梅只怕吃不住他。"叫敏士等留心访问。果然隔了一日，便有行云吞烟，不肯救治，深夜出门的话传将出来。又隔了三四日，更有人说行云姘了马夫，住在跑马厅后面，并言夏尔梅被他气成一病，卧床不起，沸沸扬扬的，多把他当做新闻，讲个不住。幼安听了，深替尔梅恼恨不已，又闻他抱病在床，心中更是可怜。一日约了少牧弟兄同去探病，知他得的乃是肝疾，想起从前天香肝病大发，多亏戟三医愈，也叫他请戟三调治。并说了无数劝慰的话，尔梅甚是感激，留三人谈至薄暮始回。

途中遇见敏士，问他们从何处出来，现欲何往？幼安回称在尔梅家中望病，现欲回栈。敏士问："尔梅病体如何？"幼安道："老年人受不得气，此病乃由气郁而成，只要安心调理，谅还没甚妨碍。不过行云这样害人，真令旁观代抱不平。"敏士道："说起行云，闻他下月又要出来，房屋借在百花里内。倘使尔梅知道此信，不知更要气到怎样。"少牧道："行云妍了马夫，怎的又要出来，此话只恐不确。"幼安道："这种人有甚交代，嫁了人尚要出来，何况妍的。一有些心上不合，自然更守不住。但不知敏翁这一句话乃是那里来的？若然真有此事，最好有人与他说去，把许行云与许寓的名字改掉，免使尔梅过不过去。否则岂不要把他气死？"敏士道："这话乃是贵相知闻妙香说起。因行云借的房屋就在妙香间壁，故而甚是清楚。若说叫甚名字，这却还没有提起。"幼安沉思半响，道："闻妙香么，前天我答应在他院中请一台酒，这心愿还没有消掉。今天我们何不同去，请锦衣、戟三等前来饮酒。一则不使我有失信之诮，二则妙香倘与行云知己，便好叫他把改名之事过风过去，暗中替尔梅遮个面子，稍尽我们朋友之交。"敏士道："妙香是个沉静之人，向来诸事不涉，与行云没甚交情。他房中有个大姐名唤阿招，此人很与行云亲热，叫他过风甚好。"少甫道："行云嫁过尔梅，当真重入烟花，难道不能当官控告，却要叫他改姓更名，做这掩耳盗铃之事？"幼安摇头道："你不听见行云出门的那夜已把庚帖烧掉了么？他恃着尔梅手中没有凭据，才敢这样肆无忌惮。当初林黛玉、张书玉等嫁人复出，那一个怕人告发？行云也是一般手法，告他决然无益。"敏士点头称是。少甫始不再言。

幼安与众人一路讲话，不觉已到百花里内。踏进院门，闻妙香是楼下房间，便见房中门帘低挂，知道是有客在内，只得在后房略坐。妙香照例向众人招呼过了，在幼安的打横坐下，默不作声。阿招姐见了幼安，眉开眼笑的说道："谢大少，今天是第一次到此，真是难得。前天说要在先生处请客，今夜谅是用酒来的。前房那个客人就要去了，对不住众位大少，在此暂坐一坐。"

幼安听阿招开口便叫客人吃酒，这是妓院中最坏的恶习，心中有些不甚自然，假意回绝他道："今天原想吃酒来的，怎奈房中有客，明天再吃也好。"阿招姐不答应道："里房那个客人来了好半天了，谢大少真要请客，待我设法他马上让你。"幼安随口问道："里房的客人姓甚？"阿招答道："姓袁。"妙香向阿招看了一眼，少牧猜透其中就里，戏说："只怕此人姓方，并不姓袁。"阿招姐格支一笑，道："当真姓方。杜二少，你认得他么？"少牧索性戏他一戏道："不但我与他向来认识，谢大少也是好友。"阿招姐满面堆下笑来道："既然你们大家认识,越发好说话了,我便立刻与他说去。"幼安不知那姓方的是何等样人,慌忙止住他道："既然彼此认识,怎好叫他相让我们?"阿招缩住了脚,道："可是谢大少也请他吃酒,不要他让?"幼安尚未回言,只听里房有个小大姐喊道："招姐进来,方大少要与你说一句话。"阿招低低笑道："想是那姓方的听见你们在此,故要问我说话。"遂向众人说声"去去就来",回身向里房而去。众人好生不解,多问少牧那姓方的到底是谁,少牧甚是好笑,答称方才是句谑语,连我也不知道是那一个。众人听了,愈觉狐疑。正是:

      何来花下生张八,戏作筵前熟魏三。

要知里房那姓方的究竟与幼安等认识与否,幼安果否在妙香房中饮酒,且看下回分解。

第三十一回

谢幼安托讽蛀宏　金子富狂斗蟋蟀

话说谢幼安与敏士和杜氏弟兄来在百花里闻妙香家，欲请戟三、聘飞等前来饮酒。只因妙香房中有客，又因阿招姐开口太急，幼安假意回绝，少牧冒出房里的客人姓方。那客人恰巧把阿招叫进房去，众人不知姓方的究竟是谁，彼此猜摸不出。幼安盘问妙香，可知此人叫甚名字？妙香答道："这人但晓得他姓方，混名叫小鬼，乃是阿招姐引进来的客人，这里难得来的。名字没有清楚。"少牧道："此人多少年纪？那里人氏？叫他小鬼，可是吃洋行饭的？"妙香道："年纪尚只二十左右，所以人人叫他小鬼，并不在洋行做事，口音像是北人，却一大半已是上海说话。"众人正在叙谈，只见门帘揭动，阿招姐已拉了那个姓方的客人进来，原来并非别个，乃幼安、少牧屡次寻他没有寻见的方又端。

他自从夏尔梅娶许行云，做了一个媒人，又因金子富弟兄分产，手头弄了些钱，每日花天酒地，狂个不了。钱少愚受骗还乡之事，当初没有晓得，后来有人说起，深恨那几天没有与他遇面，错了个发财机会。后想少愚这户客人，乃是他荐与花好好的，阿金（珍）发了这许多财，饮水思源，不应把姓方的置诸脑后，遂去寻见阿金（珍），说了许多尴尬话儿。阿金（珍）知他来意，送了他二三百块洋钱，叫他外头不可多说。又端甚是得意，这几日所以东去吃酒，西去碰和，甚是阔绰。幼安、少牧几次寻他，想要用话劝化，不可堕了他老人家方端人的名誉，叫他及早回头，那里寻找得着？这日也是合当会面，又端没有和酒，一个人到一枝香番菜馆去吃夜饭，觉得甚是寂寞，叫了妙香的局。阿招把他拉进院来，坐得一刻钟还不满，恰值幼安等人到来。又端甚是眼尖，门帘里张将出去，知道四个人认识三个。本想招呼他们进房去坐，只因甄敏士没有会过，不要妙香恰是敏士做的，觉得有些不便，故而没有开口。后来听得阿招姐打合幼安吃酒，并听见少牧说他姓方，始知幼安做了妙香。更防少牧已经瞧见了他，遂把阿招叫进房去，与他说明，后房的客，多是熟人，既要在此吃酒，不妨请他进来。阿招恐防幼安不肯，央又端出房，自去会他。又端故与阿招一同跑至里房。

幼安等见是又端，日来正要寻他，不觉心中大喜。彼此招呼过了，又令与敏士作了个揖，大家问过姓名，幼安请他坐下。又端邀众人到房内去坐，并说："不知妙香是幼安做的，自己胡乱在此行走，真是岂有此理。"幼安道："俗称'妓女乃是客妻'，有甚拘忌？况我尚是初次至此，算不得一户客人。"阿招姐在旁插嘴道："客人多是初次起的。谢大少初做我家先生，甚是客气。方大少虽是老客人了，却也客气非凡。你们既然是要好朋友，往后大家照应照应最好。并且照了我的意思，今夜谢大少可与方大少合摆一个双台，吃杯喜相逢的酒儿。"又端听了此言，心下甚是高兴，当场答应下去。幼安那里肯依？关照阿招姐说："本来尚要请客，尽管摆个双台，堂薄上只许写在姓谢的一人名下。缓天方大少倘要请客，再来用酒。"阿招姐诺诺连声的对又端道："谢大少既是这样客气，方大少今夜扰了他的，缓天你再请还于他也好。"又端始不便再说，只问幼安再请些什么客人？幼安叫阿招姐拿请客票来，写了锦衣、鸣岐、聘飞、戟三、秀夫五张条子，差相帮马上请去。

不多时，锦衣、鸣岐等五人俱到，连主人共是十人。阿招姐摆好台面，众人入席，幼安替他们写票叫局。写至又端面前，阿招姐道："方大少自然本堂，不必再到外头叫去。"又端究因忌着幼安，要想另叫别人，阿招姐拗住不许。少牧要看看妙香与又端的交情，因问："妙香心上怎样？"妙香道："方大少做的相好甚多，知他喜欢那个，去叫那个？"阿招姐将眼梢向妙香一瞟，道："方大少不喜欢你，今天也不来了，那有不叫本堂之理？"捏住幼安要写。幼安早已一挥而就，交与阿招姐，发将出去。又端倒觉得踌躇不安，妙香照例敬过了酒，唱过一支《楼会》昆曲，对幼安说了声"对不住"，转局至又端椅后坐下。本来妙香虽甚沉静，又端自父死以后，大变性情，已落入飞扬浮躁一派，叫了局来，坐不定立不定的，甚是轻薄，今天却因幼安在座，正能克邪，不敢十分放纵。妙香觉他大异寻常，知是幼安感化所致，暗暗敬重幼安为人。坐有十数分钟时候，乌师吹动笛子，唱过了一支《赏荷》，见台面上叫来的局多已到齐，起身别过又端，仍到幼安背后坐下。这才有些说话，向幼安谈谈说说，渐见意气相投。又端只因这一班人一个个说不甚来，坐在席上乏味，吸了一支香烟，立起身来，问阿招姐几点钟了？幼安知他要走，与少牧使个眼风。少牧会意，问又端道："又端兄可是还要别地方去？近来的应酬好多。"又端勉强答道："没有什么应酬，只因天已不早，舍间住在城中，故想赶紧回去。"少牧取出时辰表一看，道："此刻尚只十点不到，怎说夜深？我们难得聚首，且再略坐一回，何必这样匆促？"又端始又坐了下去。

其时，台面上叫来的局俱已散去，只有少牧的柳纤纤尚没有走。锦衣偶说："纤纤真是愈长愈好看了。俗语说'一个女子十八变'，果然有些意思。"幼安借着这话，含笑说道："你们晓得一个女子有十八变，可知一个男子也有十八变么？"众人听他讲得蹊跷，争问怎样变法。幼安道："大凡男子至十六岁为成丁，未经成丁之前，不比女子，无所谓变。一成了丁，却就变化不测起来。读书的云程平步，霖雨宏施，变做了龙。讲武的八面生威，一方坐镇，变做了虎。高蹈的泉石忘机，山林终老，变做了豹。这三种人变得最是上乘。其次是升沉不定，荣辱无闻，变做鱼，便有随俗波靡之势。再次是萦情利禄，冈惜声名，变做了贪，便觉不齿人类。"又端道："贪是什么东西？"少牧道："那就是官衙照墙上画的走兽。人家误呼他做麒麟，其实此兽名'贪'。画在墙上，乃要官府进出，不时看见，使他触目警心的意思。如今那些官长，有几个留心在意？并且贪财爱贿的多，分明不是画了只贪，反似画了官府一个小照，说也真是可笑。"讲得众人大家发噱。敏士笑了一回，向幼安道："已经有了五变，尚有十三变呢？"幼安道。"尚有十三变，多在败子身上。贪花无度，好色自耽，变做了蝶；败坏家声，灭绝世泽，变做了鸮；剥削戚友，吞噬亲朋，变做了狼；好作帮闲，甘为蜜骗，变做走狗；诱人嫖赌，倾彼资财，变做毒蛇；欺哄大姐，笼络倌人，变做恶蜂；三节未到，一溜逃走，变做百脚；杜门难出，仰屋兴嗟，变做屈蠖；典鬻田产，出卖房屋，变做蛀虫。"说到此句，将口一顿，微向又端看了一眼，道："十八变中，最怕的是变做蛀虫。不变到这个地步还好，变了时，只恐人贫志短，东摸西偷，还要变鼠；否则，穷途落魄，潦倒终身，变做泥鳅；此时乡党鄙薄，妻子怨嫌，又变做蝇；见者无不生厌，卒之自戕其生，朝不保暮，必变至蜉蝣始。我辈须眉男子，纵不能变龙变虎，却不可自变蝶为始，变至蛀虫，再从蛀虫变到蜉蝣。虽说人生如寄，不妨随处为欢，究竟也要自己检束自己，莫到后悔嫌迟的好。你们想是也不是？"

众人听了这一席话，俱知幼安有为而言。又端自听他变蝶为始，明明句句说着自己，甚觉惶恐难堪。及闻到变做蛀虫，因端人南门内有所小小住屋，乃是他积了数十年教读束修，挣下来的，近由又端暗中典掉，外人没有知悉。今被幼安无意道着，心里头十分惊讶。那脸上红一阵白一阵的，比打骂他更是难受。至于后来的变鼠变鳅一切，虽还没有变到，只恐照此变将下去，真要应到幼安所言，不觉悔心一起，栗栗危惧起来。等到幼安说完，他一时间不知转了无数念头，却呆呆的两眼望着幼安，一言不发，竟然想出了神。少牧不知他为了何故，问他想些怎的？又端倒觉打了一个寒噤，回说："不想什么。我想幼安哥讲的这一番话，真觉有些意思。"少牧道："安哥是个独清独醒的人，讲出来的说话，自然深有意味。即如我上次到申，若没他提撕警觉，那能够唤回痴梦，跳出迷途？所以他不但是我的益友，更是我的畏友，就是这个缘故。"幼安道："益友二字谈何容易？譬如今夜，我们在花天酒地，益在那里？不过我谢幼安生平待友，遇到可以进言的时候，从不肯缄默不言罢了。"鸣岐太息道："朋友间能尽忠告之言的人，能有几个？即此便可当个益字。又端兄，你想是么？"又端连声道是，心中从此敬服幼安。幼安见他听了方才那番言语，不但并没见怪，反有悔悟之意，深幸此人尚可改过，遂于散席后，索性将他邀往栈中，又与杜氏弟兄竭力劝化一回。直至一点多钟，劝得他把从前所作所为，一一自己认错，立志痛改前非，方才放他回去。并叫他从此以后，家中闲着无事，不妨常至栈中坐坐。一要体察他是否真心感化，二要使平日的那班淫朋狎友渐渐疏远开来。

别人不甚打紧，只有那金子富，自从弟兄分产以后，他把又端当做心腹至交，每天必在升平楼开灯会面。一次，忽然数日不见，不觉心下诧异，逢人打听他这几天那里去了。旁人也说面多没见，子富好不乏兴。一日独自在升平楼吸烟出来，遇见一个短衣窄袖之人，一手携着一个五六寸长的竹管，一手拿着一个小铁扒儿，一个铁丝罩子，兴匆匆往西而行。子富估量他竹管里乃是蟋蟀。十月中旬的天气，正是斗蟋蟀的时候到了，赌里头的输赢，别的多曾顽过，这东西却还没有，何不买他数盆，到册场上斗他一斗？倘或有些财运，说不定也好赢他几百块钱。遂把那人叫住，问道："你这竹管里的蟋蟀乃是那里捉得来的？可肯给我瞧一瞧么？"那人听有人唤他，站住了脚，把子富仔细一看，笑嘻嘻的答道："这蟋蟀乃在徐家汇乡间才捉来的，足足守了他三个黄昏，今天才得到手，真是绝好的一只紫头黄蟋蟀。谱上有的：'紫黄常带三千口'。若到册场去斗，怕不是一只无敌将军？不过已经有了主了。老班倘然欢喜此道，那边乱砖里尚有一头，声音极好，明后天我可替你寻来。"子富不悦道："你说这蟋蟀,已经有了主人,那主人是那一个?怎的尚在你竹管里头?"那人道:"这主人说起来谅也晓得,就是一树梅花馆翁梅倩。他今年养了无数蟋蟀,这一头是他预定捉得来的,愿出我四块洋钱。"子富道:"翁梅倩养了蟋蟀,也到册场去斗么?"那人道:"斗不斗没有清楚,他只叫把好的捉去,真个是不惜重价。"子富含笑答道:"梅倩真是会顽。但他肯出重价买你,难道我不肯出价?你且随我上楼,把这蟋蟀与我看了,他出四块,我出五块六块也未可知。"那人踌躇半晌,道:"如此也好。"

子富遂回上升平楼去。那人也跟着上楼,把竹管拿将出来,递与子富细看。果见好头蟋蟀,身躯甚是雄伟,跳跃也甚矫捷。那人又在身畔取出一根草来,向竹管内拔了几拔。那蟋蟀张牙来啮,露出一口白牙。子富道:"我往常听得人说,蟋蟀的牙红的最好,怎样却是白的?"那人道:"这是淡青蟋蟀,不是紫头黄了。谱上有的:淡青生来牙要红。与紫头黄是两种的。"子富道:"紫头黄谱上怎说?"那人道:"谱上讲究,紫头黄,说他'头似樱朱项似金,浑身蜜蜡一般形。牙钳不论五颜色,斗尽三秋不肯停'。老班,我要卖你的钱,怎能骗你?将来想你要到册场去做输赢的,输了时岂不怪我?"子富被他说得天花乱坠,当下定要买他。给了五块洋钱一张钞票,那人不肯,决要六块,不然情愿卖与梅倩,免致失信于他。子富只得加足六块,并对他说:"明后天再有好的,尚要多买几头。"那人连称"晓得",又笑嘻嘻的说道:"没有请问老班贵姓,府上那里?缓天有了好的可以送来。"子富答称:"姓金,每天在此开灯,只要送到这里。"还问那人叫甚名字,那人回说:"名唤黄六,每年靠此为生。金老班买了我的蟋蟀,将来册场上可以陪你同去,随便什么场子,那个不认得我?老实说我到了场,他们那班牵草的人,包你不敢作弊。否则只恐你防不胜防。"子富闻言大喜。当下付清洋钱,拿了蟋蟀回转家中。叫车夫到缸甏店去敲开店门,买了十数个蟋蟀盆来。预备缓天再有好的,多养几盆。那黄六却暗笑子富是个户头,一只中等蟋蟀不过身子大些,却靠了说话来得,骗了他六块洋钱。莫说卖与别人不要,就是卖与梅倩,他也要识货些儿。有了这种主顾,不发些财,也是没有日子的了。隔了一天,又到升平楼卖了两头与他。一头说是粉底皂靴,又名天青地白,一头叫做白头银背,每头四块洋钱,算是格外便宜。再隔了三五日,黄六大大小小的更不知捉了多少,一齐卖与子富。凡是谱上有名的红麻头、白麻头、金丝颈、银丝颈、黄麻头之类,几于无一不备。只消那虫的头上微红,就说是红麻头,颈内微黄,就说是金丝颈,诸如此类,信口开河,骗了好几十块洋钱。后来又提到两头微怪的蟋蟀,一头颜色略青,身材甚小，一头浑身乌黑，两翼微圆，每头要卖二十块钱。子富诧他太贵，黄六道："青的名叫正青，谱上说：'正青头似菩提珠'。你看这蟋蟀的头，不是青而带圆，宛似菩提珠一样么？真是难得有的。黑的名铁弹子，也是奇种。这两个虫老实说拿到册场上去，包得住十斗九赢。翁梅倩也曾见过，还过我三十块钱，因我定要卖足四十，故而没有成功。"

子富其时已被黄六骗入魔道，当真出他四十块钱买了下来，问他："这几天，外间可有册场？我的蟋蟀已不少了，明后天可帮我斗去。"黄六道："册场那天没有？无奈这是犯禁的事，并没一定所在。明天是礼拜六，法华有个很大册场，输赢一百枝花起码，礼拜日改在龙华西首，这场上狠可去得。斗的人多是些乡绅子弟，不比西门内、南门外这些起码册场，斗到数十枝花，输的人已要发极，说不定闹出打架等一切事来。"子富道："法华、龙华出路好远。"黄六道："近处地方查得严紧，开不起来。前数天，山家园左近听说有人借了场子顽过一次，不知怎样漏了风声，几乎捉到巡捕房去。如今，租界上断不敢了。"子富道："山家园有过册场，翁梅倩可曾去过？"黄六随口答道："怎么不去？听得赢了几百枝花。"子富被他更说得心痒难熬，约定明天一准同到法华斗去。叫他吃过了饭，在此等候。黄六道："法华路远，吃了饭去，只恐不及。早些为妙。"子富道："那边可有马车？"黄六道："册场设在乡间，离法华尚有三五里路，必须换坐小车，甚是耽阁工夫。后天龙华去，也是一样。"子富道："既然如此，我便起个早起。九点钟你在此等我也好。"黄六诺诺连声而去。

子富这一夜回至家中，吸了半夜的烟，把养着的数十盆蟋蟀这盆看看，那盆瞧瞧，甚是高兴。却想先拿那几盆出门去斗，拣来拣去，拣了当日买的那头铁弹子，与第一次买的紫头黄。这两头最是心上爱些，初次与人开手，必得要发个利市。主意已定，遂把两盆蟋蟀放在一处，取块白丝巾包裹起来，以便易于携带。收拾已毕，方才上床略睡。一觉醒来，自鸣钟已敲九点，慌忙盥漱过了，随意吃些早膳，开箱子拿了三百洋钱钞票，叫包车夫备好车辆，取了蟋蟀，兴匆匆到升平楼找寻黄六。黄六早已等候多时。子富因马车不能直到册场，坐去甚是不便，替黄六唤了部野鸡车，自己坐了包车。赶紧发脚，奔到法华，日将正午。二人在镇上边拣个清净些的饭店，吃饱了饭。黄六叫把包车停在镇梢空地之上，要想叫部小车，那知再也没有，只得慢慢跑去。约行三里之遥，见有一所高大房廊，像是人家祠堂模样，黄六说："这册场就设在祠屋里头。"二人敲门入内，果见屋中聚了一大群人，放着无数蟋蟀，正在那里各做输赢。场主人见子富身上体面，手中携着两个蟋蟀盆儿，知是斗虫来的，敬烟敬茶的，甚是亲热。问子富："盆里两头宝虫，谅来多是无敌大将，不知是那里得的？"黄六插口道："那是我寻给他的。一头是铁弹子，一头是紫黄头，真是名件。"说着，把两个盆打将开来，给场主与大众来看。大家多说好虫，今天不知可有斗得上的，并不知要斗多少枝花？子富听了，满心欢喜，回说："少了不斗，起码一百枝花，每枝一块洋钱。"众人面面相窥，说每枝一块洋钱，未免太大，没人奉陪。场主人想了一想道："老班要斗大花，有个客人还没有来，且请略坐一坐。此人姓包，单名一个瀛字，最喜欢的乃是此道。他也有两个好虫，一个是蜈蚣变的，一个是水蜒蚰变的，也因斗得筹数太大，并且没遇好虫，尚没斗过。今天正是棋逢敌手，待我马上差人请去，包管一请便来。"子富闻蜈蚣、蜒蚰会变蟋蟀，甚是诧异，私问黄六："可有此事？"黄六道："怕他则甚？你这铁弹子是铁蝴蜂变的，紫黄头是灰蚱蜢变的，当初我只道你晓得来历，故而没告诉你。停刻那姓包的到了，只管放胆与他开斗。拿得定决不输钱。"子富异常胆壮。因姓包的尚没有来，站在旁边，看人家斗过几盆。那输赢多只三十五十块钱，不在眼内。

少顷，包瀛已到，当真携着两个蟋蟀盆儿，当众开看。那虫身俱不狠大，头项却甚肥圆，背脊比众稍短，而腿最长。颜色一头是青中带黑，一头黑内带青，这才真正蟋蟀谱上有的。原本说蟋蟀一名莎鸡，又名促织，又名蛰，有青黑黄紫各色。青黑为上，黄紫次之。头项肥，腿脚长，身阔背短者最佳。生于草上者软，砖石上者硬，浅草瘠土者性和，乱石深坑者性劣。包瀛那两头蟋蟀，若说他是蜈蚣变的，蜒蚰变的，这也不过讲讲罢了，不过的真从深坑乱石中搜捕出来，其性极劣。加之包瀛得了此虫，照谱饲养，每日吃的是鳗鱼、菱肉、芦根虫、扁担虫，熟粟子、黄米饭之类，调养得力足神完，比子富胡乱给些冷饭清水，真有天渊之判。况且子富这两个虫，虽是一青一黑，其实青的产在乡间浅草之中，黑的产在人家壁间瘠土之内，并不是什么异品，怎能斗得过人？只因误受黄六之骗，遂把他当做世间少有，天下无双，却将包瀛的蟋蟀，并不放在心上。

包瀛是个惯家，把自己的蟀蟋盆交代帐房编号收储之后，将子富的蟋蟀细看一遍，虽然明知他没有用处，却故意称赞一回，问他要斗多少枝花，子富说："斗一百枝，每枝一块洋钱。"包瀛笑道："册场上的定例，每枝花一角洋钱，怎说一块？你要输赢大些，可以多斗几枝，岂不一样？"子富呆了一呆，私问黄六怎样？黄六含笑对包瀛道："金老班与你说顽罢了，他到得册场上来，那有不晓得规矩之理？无非他养了两头好将军，不满一百块钱不斗的意思。"包瀛道："要一百块钱，不是一千枝花么？他这两头蟋蟀果然狠好，我的只恐斗他不过，不如减去四百枝花，斗六百枝可好？"子富闻包瀛这样说法，愈不肯减。包瀛沉吟半晌，问："那个可来帮几枝花？我就与他斗上一斗。"后来有两个人，每人帮了他二百枝花。帐房将二人的蟋蟀，照例用厘戥秤过分两。包瀛的每头多只四厘，子富的铁弹子重四厘二毫，紫黄头竟重至五厘光景。包瀛只愿与铁弹子斗，因紫头黄身体较重，口口声声的不是对手。子富说："先与铁弹子斗也好。"包瀛始叫帐房把自己黑的那一头蜈蚣变的，与铁弹子一齐捉入斗笼之中。

牵草的问明二人并无别话，把中间的竹栅剔开，捵进草去。铁弹子先自开牙猛啮，黄六说他好勇。蜈蚣变的也开了牙，彼此渐渐恶斗起来。铁弹子要啮蜈蚣变的颈项，没有啮到，却被蜈蚣变的在他腿上啮了一下。铁弹子吃耐不住，顿时竟变了个溜弹子，铩羽狂逃。包瀛与两个帮花的人，大家拍掌称好。子富心中不信，怕是牵草的有甚弊端，正要动问黄六，那牵草的重又将草牵动，把铁弹子牵近蜈蚣变的身旁。此时两个蟋蟀斗在一团，约有十数秒钟左右，铁弹子被蜈蚣变的啮住颈项，抛出一二寸远，蜈蚣变的振羽长鸣，铁弹子受伤已重，扒多扒不起来。牵草的尚恐子富不服；再牵第三次草，好笑铁弹子这回缩做一堆，动也不动，分明输定的了。牵草的将草一放，向包瀛称贺数句，把两头蟋蟀捉了出来，交与场东，各归盆内。

子富气得目瞪口呆，只问黄六："怎的铁弹子这样不济？"黄六没有话说，只叫他再把紫头黄出手翻本。子富遂在身边摸出三百块钱钞票，一齐交与场东说："一百块已经输掉，费心给与姓包的取去。尚有二百块，交与帐房，那个再敢斗紫头黄？这回须斗二千枝花。"场东诺诺连声，交代下去。

包瀛与两个帮花的收了洋钱，十分欢喜。彼此商议之下，情愿再把那蜒蚰变的，与紫头黄做个高下，准斗二千枝花，譬如初次没有赢过。子富心中大喜，帐房把这两头蟋蟀，照前捉入斗笼。若照大小看时，紫头黄气概非凡，蜒蚰变的岂是他的对手？那知道虚有其表。上回的铁弹子尚能与蜈蚣变的互啮数口方才咬败，这回的紫头黄见了蜒蚰变的，更如克星一般，只被蜒蚰变的浑身乱啮，连还口多没有还过，几乎啮到个半死方住。眼见得紫头黄输的众人多说："这才应了句'小鬼跌金刚'的俗语。"向包瀛称贺不迭。牵草的把蟋蟀向斗笼捉出，交给帐房归入原盆。场东送了包瀛两架纸扎的三马大花，连钞票、蟋蟀盆，叫人送他回府。对子富说："今天金老班财运不好，明天再在府上请几头无敌大将出来。我们册场移在龙华，仍与黄六同来，一定得彩。"

子富无精打采的与黄六回去，路上不免埋怨于他。黄六把斗败的两头蟋蟀尚替子富拿着，子富问他何用？黄六道："我要拿回去医治好了，再到册场上见个高低，试试我的眼力究竟甚样？"子富笑道："今天斗得这般大败，难道你将来还想他赢？况且蟋蟀是一个虫，有甚法儿医治？"黄六道："蟋蟀若病积食，把清水拌些红虫他吃，立刻就消；若是冷病嚼牙，要吃带血蚊虫；若是热病，要吃绿豆芽尖；若是斗后粪结，要吃粉青色小虾；若是斗伤，用自然铜浸水点他，浑身伤痕即愈；若是牙伤，用茶姜点牙；若是咬伤，用童便调蚯蚓粪点；若是气弱，要吃竹蝶；若是身瘦，要吃蜜蜂。这多是医治蟋蟀妙方，载在谱上，怎说他没有法儿？"子富听黄六说了这一大篇的医方，忽又着起魔来，接口问道："照你这样讲来，蟋蟀有病，医得好他？倘然没病，吃些什么东西可使他临斗有力？"黄六道："临斗该吃熟栗子、扁担虫之类，你昨天可曾给他吃过？"子富道："我不晓得这些方法，只给了些冷饭他吃，没有别的。"黄六跌足道："好好的两头蟋蟀，被你这样糟踏，怪不得要输与人家，这是那里说起？我懊悔没有把养蟋蟀的诀儿预先告诉着你，但你也不该这样大意，并不来问我一声。并且还有一件，我前天捉给你的几个油葫芦呢？子富笑道："油葫芦不会斗的，要他则甚？多已被我放他走了，一个也没有留得。"黄六不等讲完，连把眉头皱了几皱，又说出一番话来，埋怨子富不好，辩明今天铁弹子、紫黄头虽然斗输，并不是自己失眼，把坏虫当做好虫，要引动他把别的蟋蟀明天再到龙华斗去，暗中又好弄钱。正是：

　　　莫把人言轻取信，须知贪字易成贫。

要知黄六向子富说出何话，子富再到龙华去斗蟋蟀否，且看下回分解。

第三十二回

十合酒主人多似客　双下脚冬至大如年

话说黄六因金子富斗输了铁弹子、紫头黄，埋怨几句还是小事，深恐识破机关，从此不听他的说话，家电尚有无数蟋蟀，不敢再到册场上去做甚输赢。黄六与册场上是一鼻孔出气的人，子富多输一块洋钱，黄六多得一块钱的扣头，那是预先与场东和包瀛等说定下的，与做翻戏的差不甚多，怎肯使子富输了一场，轻轻的便将他放过？因拿了铁弹子、紫头黄陪他回去。

一路上谈谈说说，想要拿到他些过处，一齐推在他自己身上，一可使他怪不得人，二可使把他说热了心，再图翻本。听见子富说每日给蟋蟀吃的只有冷饭，遂捉住了这个错处，怪他调养不来。又问他："前天的油葫芦那里去了？"子富回说："多已放去。"黄六更攒眉恼恨不已。

子富因油葫芦并不会斗，问黄六恼恨怎的，黄六叹了口气，回答他道："我难道不晓得油葫芦不会斗么？但蟋蟀没有了油葫芦，怎样斗得过人？你今年初次顽这东西，原来一点子都没知道。大凡蟋蟀临斗的隔夜，必要先把油葫芦放在盆中，使他交合，名为贴灵。蟋蟀的性子最淫，隔夜贴灵之后，当天把油葫芦捉去，他一定发恨，趁着他发恨的时节，见了别的蟋蟀，只道油葫芦被他占了去了，遂马上狠斗起来。那时，奋不顾身。譬如与人争风的一般，往往连性命也多不要。如今好好的铁弹子、紫头黄，昨天你没有与他贴灵，怪不得今天进了斗笼，垂头丧气的让着人家，一点子威风没有。我捉了一半世的蟋蟀，老实说两个招子是狠亮的，本想怎会这样失风，原来有此缘故，那真是可惜极了。金老班，不是你今天财运不好，乃是那包瀛侥幸赢的。"这一番话，只说得子富懊悔不迭。暗想不信小小蟋蟀，也会得吃醋含酸，临斗时有这个过门。如今说也不及，只有第二次再斗的时候，不妨试他一试，看是怎样。但油葫芦家中没有，必须捉上几个才好。因与黄六说道："既然照你这样说法，明天再到龙华去斗，今夜不论是那盆蟋蟀，必得先要贴灵，你替我捉几个油葫芦来带回家去可好？"

黄六听他明天仍要去斗，心中暗暗欢喜。回说："捉几个油葫芦，这里乡间最多，有甚难处？可惜天光黑了，恐我招子不灵，你须帮我寻去。"子富道："什么招子？"黄六笑道："招子就是眼睛，乃是我们的切口。"子富道："你眼睛天黑看不甚清，我还看得出来。且到那里捉去？"黄六道："前面乌沉沉是座坟山，坟山左右想必有的。"二人遂移步过去。黄六立定了脚，听了一听，在身畔摸出一把铁扒，拣着有油葫芦声音的土内，扒将下去。那油葫芦便直跳出来，被子富看见，一手捉住，那知用力过重，一捏竟捏死了。黄六笑了一笑，又在身畔拿出个小铁丝罩，交代子富，叫他再见油葫芦跳出土来，用罩去罩。果然甚是便当，一连罩住三个。黄六说："已够了。"收拾好铁扒、铁罩，将捉住的油葫芦放在蟋蟀盆内，拿了便走。此时已是黄昏将近，二人走到市梢，子富跑得足力疲乏，寻到包车便坐，要叫车夫再替黄六叫部野鸡车来。只因天色已晚，一部没有。黄六站在车旁，回说："金老班只管回府，我还能够跑得几步，没有车子不妨。明日仍旧十点多钟在升平楼会面，同到龙华。那边的册场离镇近些，不比今天吃力。"子富点头答应而别。黄六看子富去后，重新回至册场分帐。我且不提。

只表金子富回至家中，当夜叫包车夫觅取童便，如法将铁弹子，紫黄头浑身点过，把捉来的三个油葫芦分将开来，一个放在淡青盆内，一个金丝颈盆内，一个银丝颈盆内，端整明天拿这三头去斗。又买了些熟栗子来，放在盆中，好等他吃了有力。那天虽然输了三百洋钱，痴望明天稳稳翻本，心中甚是得意。

一宵易过。次日起身，吃过早点，拼凑了六百洋钱钞票，依旧坐着包车到升平楼，寻见黄六，同往龙华。今天场上人多已认识的了，见他拿着三盆蟋蟀，知道他要大斗一场，仍由场东请到包瀛，也拿到三盆蟋蟀，一头名小铁口，一头名紫金牙，斗起来多甚了得。还有一头名独脚英雄，虽然脚只一支，却更勇猛非凡。子富先把金丝颈斗了一千枝花，是包瀛的小铁口赢的。又把银丝颈再与他斗，也是一千枝花，仍被包瀛的紫金牙赢去。子富渐渐发起火来，要找黄六说话，已一溜烟不知去向，心中始知被骗。没奈何，只拿那盆淡青做个孤（狐）注，要斗四千枝花。包瀛取出独脚英雄,一口允许。子富欺他独脚,暗喜这回必能取胜,那知淡青竟被他咬到一个半死方才放口。牵草的捉出笼来,竟已动弹不得。场东把他放入盆内,连金丝颈、银丝颈的那两个盆,照例一齐交与子富。此时子富气得发昏,将三个盆往地上一摔,碎做百片,三个蟋蟀眼见得也不能活了。他本来少爷脾气惯的,此时引动火性,伸手又要抢包瀛的蟋蟀盆儿也往地下摔去。包瀛大怒,夹手按住。场东见他闹事,忙用善言劝解。包瀛等那肯让他? 说他输不起钱,出来斗甚蟋蟀? 几乎动手要打。多亏场东做好做歹,将他劝出门去。心中恼怒黄六不已,恨不立时三刻寻见了他,饱殴一顿,出口气儿。争奈不晓得他住处,那里去寻? 因垂头丧气的坐上包车,独自一人回去。途中愈想愈恨,回家后,把养着的许多蟋蟀一齐摔个稀烂,从此死心塌地,再不妄想发财。只因分下来的家资有限,这回输了九百块钱,手中又不觉狂窘起来。每天常想去寻又端,商量个生财之法,再向子多说话,偏偏又寻不到他,真个是闷上加闷。

一日,记起又端不见的前数日,叫过百花里内闻妙(椂)香,莫非近被妙(椂)香缠住,不放出来? 遂寻到百花去。那天院子里正在宣卷,各房间吃酒碰和,甚是热闹,妙(椂)香房内也有台面。打听是姓谢的主人,又端也在席上,顿觉心中大喜,遂在外房站定,叫小大姐进房去唤他出来。又端见是子富,请他里面坐去。子富不肯,回说:"今天自己在潘小莲处请客,因好几天没有见你,故而特来相请,可否一同前去?"又端犹豫不决,子富不由分说,一把拉了便走。又端见强他不过,只得央他放手,说到里房穿件马褂,顺便谢过主人,大家同去不迟。子富把手一松,答称:"去去快来,我在外房等你。"又端因进房告知幼安与少甫弟兄,说:"子富今夜这个应酬,看来不能不去,只好略坐便走。"幼安回称"使得",并说:"倘然脱不得身,停刻我再写请客票差人请你,免得与这些没脑子的胡闹,久后终非了局。"又端诺诺连声,叫娘姨拿过马褂,穿好而别。子富果在外房等候着,看见又端出来,手挽手向下飞跑。又端此时已被幼安等众人变化气质,觉得这种样儿甚不雅观,下落扶梯之后,子富让他先走,自己在后边慢慢的同到小莲院中而去。

巧巧小莲这夜也在那里宣卷,正房间有个客人摆着个双双台,外房一个客人乃是双台。子富一到之后,要叫小莲快催里房散席。又端问子富的酒可是隔天定的,子富回说并没有定,又端道:"既没预定,何苦必要今夜吃他?"子富道:"你不晓得,我有一肚子说话要告诉你,寻了你十几天,总没有见,好容易今夜寻到,那有把你诓了出来,不请你吃酒之理? 这酒劝你不要阻我。"又端尚要说时,只听里房有人高叫子富的名字，请他进去，外房也有客人叫着又端。二人甚是诧异，各向房中一看，原来里房是洋人富罗与贾维新，外房是夏尔梅与他的兄弟尔兰。富罗初做小莲，摆足着空架子儿，见他院中今夜宣卷，喊了个双双台下去。本想多请几个人来吃酒，闹他一闹，无奈那些朋友听见是富罗请客，头多疼了。一来他脾气不好，动不动要乱撒酒风，二来他自从认得了贾维新，学了许多坏处，吃酒只花下脚，节上边没有酒钱，局帐更是不必说了，一齐多写入漂字号里。人家见他是个洋人，当面真是没奈何他，背后却咒骂得个不可收拾。这种人与他作伴，凡是略要些体面的，俱觉脸上无光，所以那夜请了半天的客，除了贾维新一请便到，其余竟没别人。夏尔梅自许行云出去之后，发了场病，如今已渐渐好了。心上气闷不过，每天在堂子里瞎跑，痴心还想再讨一个。新近做了小莲，有过相好的了，心中甚是合意。这夜与尔兰两个去打茶围，刚巧宣卷，小莲遂打合他撑个场面，摆一台酒，尔梅却答应了个双台。只因里房没空，故在外房入席，一共请了四五个客，此刻多已散了，只留弟兄二人未去。尔梅一见又端，想起他当初替许行云作媒的事来，因要与他讲几句话，在房门口叫住了他。又端正想进内，谁知被子富一把紧紧的拉进里房，与富罗和贾维新招呼过了，坐下席去，反叫小莲请外房的客人索性进来，我们今夜并个房间，吃一个十全十美。小莲不解，问："怎叫做十全十美？"子富道："他们一个双台，一个是双双台，不是已经吃了六台酒么？我再来摆一个双双台，凑成十台，岂不是十全十美？"小莲闻言大喜，忙唤娘姨把尔梅弟兄当真请将进来。

　　子富叫相帮的把席面上现有残肴撤去，重新摆好台面，就请富罗、贾维新与夏氏弟兄等饮酒。富罗坐了首位，维新第二，尔梅三位，尔兰四位，又端第五，自己在主位相陪，席上共是六人。子富虽说请客，其实除了夏尔兰真是客人，余人个个俱做小莲。尔梅、富罗不必说他，方又端上半年也曾叫过，并曾有过相好。贾维新做小莲在先，偷过两三次局，现在让与富罗，面子上不叫他了，暗地却仍甚要好。这是潘少安的孽报，生前见一妇女勾搭一个，如今死了，他妻子在妓院还债，做了一个客人，没一个没有相好，真是天日甚近。好笑那金子富，这样客少主人多的花酒请他则甚？他却嬲着人家叫局搳拳，十分高兴。这席酒直吃到十二点钟未散。小莲暗笑他不是在院中请客，分明在席上会亲。又端见子富这种混闹没甚趣味，几次要走，多被拦住，说有要话商量。问他是甚要话，又要散了台面再说，心中好不纳闷。尔梅却在席上咬了又端的耳朵，把许行云怎样不端，怎样出去的事一一诉知，又说："现在要想争一口气再娶一个，所以新近在此走动。你看此人比行云怎样？"又端此时已被谢、杜诸人将他心地变正，不肯再去做弄尔梅，听了他这番说话，先用好言劝慰一回，次说："虽要再娶一人，千万不可心急，必须放出眼光，拣个生意清些，性度安稳些些的人。若把小莲娶他回去，难保不又与行云一样，那时后悔嫌迟，一误岂容再误？"阻止到个不遗余力。尔梅始渐渐的淡了这心，再图别娶。幸亏小莲处做得日子尚浅，没有露过口风，所以小莲并不在心，否则，一定又要施出金钟罩来，把这老人家罩一个没头没脑，万万钻不出去，暂且按下慢提。

再说又端与尔梅讲了好一刻话，取出时辰表一看，差不多一点钟了，问子富究竟有甚说话，讲过了大家回去。子富尚在嬲着富罗与贾维新叫后添局。富罗已吃得前仰后合，醉不可当。贾维新也满口酒话，恼着又端要去，高声说："那个想滚，尽管先自滚蛋，在此絮聒做甚？"又端知他酒性不好，不便还口，只当做没有听见，暗与小莲递个眼风，叫他去催子富快散，若然再吃下去，说不定要闹出祸来。小莲会意，走至子富身边，正想开口说话，不防富罗取了台面上一支香蕉，剥去了皮，不偏不倚的送入小莲口中，塞了一嘴，讲不出来。贾维新拍手大笑，子富也笑个不住。小莲忙将香蕉吐去，在盆子里抢了一只橘子，抛掷富罗。富罗眼快，伸手一挡，那橘子抛在贾维新面前的酒杯之上，"咯当"一声，碎做数片，泼了一席的酒。维新把眼睛一弹，顿时翻起脸来，要与小莲为难。小莲吓得避了开去。子富慌向他陪了几个不是，方才没有发作。又端坐在席间，觉得再坐不住，恰好楼底下送上一张请客票来，乃是杜少牧请他到柳纤纤家饮酒，上写着"有话面谈，务乞速临。"遂借着他做个脱身之策，也顾不得子富有话未讲，谢了一声，别过人，匆匆的出院而去。

尔梅、尔兰也因夜深，俱要回家。子富方叫拿干稀饭来，吃了散席。富罗已醉得在台面上打盹，娘姨、大姐见他是个洋人，不敢叫唤，只央贾维新把他扶到榻床上睡。维新却也睡了下去，直僵僵的，如两个死人一般，一时休想得醒。子富见二人大醉睡熟，自己反而不便住下，只得含着一口酸气而回。此时始悔不该请二人饮酒，花了四台菜钱，糊糊涂涂的闹了一场，没有一些交代，反把要与又端商量的话一句也没有讲得，只好缓天再去寻他。并且，这几天两手空空，连十六块下脚洋钱也拿不出来，没奈何明天取些东西到典当里头当去。若不是没有脑子的人，怎肯荒唐到这般地步？自然一日不如一日，要弄到个家无担石，渐渐做不得人。虽是后话，预先表下一笔。以后书中再写子富，便要另换一副笔墨。描摹他变做了一个穷滥小人，与前书屠少霞、郑志和、游冶之、夏时行等落魄不同。也不是著书的笔端刻薄，皆因世界上尽有此一辈人，书中遂不得不写他个淋漓尽致。看书的暂莫性急，且看后文交代。

如今再表方又端，在金子富席上卸身出外，当真走至柳纤纤家去寻少牧。那夜少牧的请客票写的是请又端吃酒，其实乃在闻妙香家散台面时发的，当夜并不请客。明天乃是冬至，这夜纤纤出局到妙香席上，要央少牧吃一台酒。少牧答应下了，只因岁除将近，各人家中有事，那夜叙毕之后，俱想回家度岁，所以妙香处散了台面，少牧到纤纤处坐了片时，点了一张菜单。估量着又端必来，另外写下一张字条，约他明夜七点钟在此叙别，表明即日要动身回苏。又端到得纤纤院中，接来看毕，知道少牧已与幼安等一同回去，他也赶紧回城。

一宵易过，明日上灯，又端不敢爽约，便至纤纤院中。少牧恰与少甫、幼安到未多时，彼此见面之下，少牧问："昨天子富有甚说话？"又端把隔夜吃酒的事述了一遍，又说："临散时子富并没有半句正话。"幼安听了叹道："子富这样昏闹，将来看他怎样下场。"因又再三叮嘱又端，叫他此种人只宜少近，我们回苏之后，交友必须格外谨慎，不可再似从前鬼混。又端连声道是，却想留幼安等再在上海徘徊几时。幼安答称："年关已近，必须要回去一次，说不定明岁再来。"又端见他们归心已决，也不再言。少牧叫纤纤拿请客票来写票请客，仍是戟三、子靖、聘飞、鸣岐、锦衣、秀夫等几个知己，客齐即便入席。但见带房间相帮头上带着一支红缨大帽，手中捧了一盆鱼翅，端上台面，把身体往下略蹲一蹲，算是行了个半跪之礼，口中说声："杜二少爷，元宝发财。"少牧弄得莫名其妙，暗想："今天乃冬至夜，并不是元宵，以前吃开台酒，相帮的照例有此一举。"又见台面上放着一对双连蜡扦，那蜡扦上插着两支四两头红烛，两枚福橘，又在橘子上点着两支的安息香，分明与新年里的开台酒无异，心中好不诧异，低问幼安："这是什么新章？"幼安也没有清楚。因鸣岐久在上海，必知此事，大家问他，鸣岐笑道："这是近数年才起的新例。他们引着句'冬至大如年'的俗语，所以冬至酒也与开台酒一般起来。主人家要多费四块洋钱下脚。第一年只有迎春坊林宝珠家一家，后来便家家看样，成了个生财之道，如今想要永远遵守的了。"少牧道："'冬至大如年'，本是一句吴谚，不信他们竟会从此着想，拿人家双分下脚，也算得挖空心思。但不知近年以来，花丛中可还有别的新例？"鸣岐道："怎么没有？从前院子里要客人吃酒，除了烧路头、宣卷、打醮之外，只有端午、中秋、立夏、冬至、七月七、九月九等几个节日，必定要撑个场面，如今却连清明、七月半、夏至、十月朝,都有了。"少甫道:"清明等这几个节,乃人家祭祀祖先的节期,俗传叫做'鬼节',怎要客人吃起酒来? 难道把客人当做祖先看待不成?"聘飞狂笑道:"别的祖先可以做得,妓院里祖先,只恐没个客人肯做! 依我主意想来,这酒还是不吃的好。"说得众人哄堂大笑。

少牧又问道:"院子兴了这许多新例,那旧例可有减掉些的没有?"鸣岐想了一想,道:"旧例客人摆酒,小本家必定出来敬杯酒儿,本家娘姨,在合席上装次水烟,如今多已没有,那便是减掉的。还有客人到相好房中去打茶围,本来泡的是盖碗茶,所以昔人《浪游忏悔》文上有'鸭子进半沸之茶,那觉叶稀味淡'这两句话,如今泡茶的已没有了,只倒上一碗便算。还有台面上叫来的局,以前必向合席客人问讯,或是搭个通关,如今除了自己做的客人之外,大半不通闻问。总之(总)把衙院里的向例愈变愈坏,那是有的;改良,却恐没有。"少牧道:"出局到台面上,向合席攀话搭拳,此例想来灭去已久,故而我们上次到申早经没有。至于打茶围时泡盖碗茶,钱家老叔在如玉处烫痛嘴唇,正因盖碗茶的缘故,可知彼时尚有。小本家出来敬酒,本家娘姨合席装烟,仿佛宝树胡同谢家前数年尚有此举,照此讲将起来,真算得是前辈规模了。"众人在席间谈谈说说,甚是有兴。

只见幼安叫来的闻妙香与柳纤纤咬着耳朵,讲了好半刻的说话,纤纤似乎面带愁容,悄然不乐。幼安最是心细,暗想:"妙香与纤纤两个,闻他们素甚投机,不知今夜有什么密切关系,竟使纤纤失欢?"忍不住私问妙香。妙香回说:"此话甚长,席间不便絮谈,且俟散了台面,可与杜二少一同到百花里去细细商量。最好叫杜二少想个法儿,莫使这孩子落到虎口里去,真是可怜得很。"幼安听了,愈加不解。此时不便多问,只冷眼看着纤纤,可与少牧有甚话讲。却见他低头闷坐,默不一言。其时,少牧也已觉察,盘问纤纤因甚一时不快起来? 纤纤不肯直说,只低低的讲了一声"稍停但问妙姊便知",并央少牧散了台面之后,与幼安到妙香那边坐一刻儿,有事相商。少牧甚觉满心疑惑,因见席上酒已够了,分付上干稀饭,吃了些儿,大家散席。妙香尚坐着不去,幼安催他动身,妙香附耳,叫他穿了马褂同去,并关照少牧停刻便来。幼安情知有异,点了点头,穿好衣服,果与妙香一同下楼。少牧开消过八块洋钱下脚,又叫阿英姐抄一篇局帐,说不日即要动身,明后天便当把钱送来。阿英姐口中虽说:"二少为甚这样要紧"? 两只脚已走下楼去,向帐房里抄了一篇帐来,双手递与少牧收下。尚要留他再坐片时,少牧不肯,遂与锦衣、聘飞、子靖、鸣岐等,一同出院。

锦衣等各自回去，少牧遂往百花里闻妙香家去看幼安，要问纤纤方才很欢喜的，为了甚事顷刻间这般愁闷？正是：

才见名花迎客笑，忽惊娇鸟背人啼。

要知纤纤究竟因甚事情，妙香要与幼安少牧商量，且看下回分解。

第三十三回

颜如玉议捆柳纤纤　夏尔梅思娶花好好

话说杜少牧在柳纤纤家饮酒，幼安叫了百花里闻妙香，到得席上，与纤纤耳语，移时纤纤忽觉忧形于色。少牧问他为了何事，他说："稍停去问妙香便知。"妙香等众人散了台面，与幼安一同回院。少牧出了柳纤纤家，也到百花里去，要把此事问个明白。

原来纤纤的抚蓄娘本是公馆里头的姨太太，平日尚无虐待一切，纤纤曾向少牧说过，不过没有讲出这公馆在什么地方，主人姓甚。那是纤纤忠厚，要替他隐恶的缘故，少牧所以也并不再问。如今，这抚蓄娘忽然得病死了，患的乃是痨症，心上甚是清楚。到得病重之日，私自差人把阿英姐唤到公馆里去，将纤纤交代他道："我这场病看来九死一生的了，纤纤在院中为妓，向来瞒过我家老爷，一点子风声没有。万一我有甚不测，此事如何得了？故而唤你前来，商量一个办法。"阿英姐晓得，纤纤是二百洋钱身价买的，问他可肯转卖？那姨太太听了欢喜，要他四百洋钱。阿英姐回说："多了拿不出来，只能仍照原价。"当日没有议成，后来病势一日重似一日，没奈何收了他二百块钱，从此纤纤便做了阿英姐的讨人。每日里要打要骂，与前大不相同，不知受尽了多少冤毒，暗暗的自怨命苦。偏偏这几时生意不好，看看年节将到，结帐没有赚钱，阿英姐怪纤纤不会应酬客人，打骂得更是利害，口口声声要把他包帐出去，寻个有辣手的做手娘姨，使他狠狠的受些苦楚。纤纤已被阿英磨折够了，闻说再要寻一个凶狠些的娘姨包他出去，心中好不害怕，私下不知哭掉了无数眼泪，只望这个人寻不到他。

一日，忽来了个面庞瘦削，头发稀疏，年纪三十左右的妇人，与阿英姐咬耳朵足足说了两三点钟的话，又把纤纤左看右看看个不了。纤纤满腹疑心，不知此人是谁，又不好向阿英姐动问，只能急在心里。隔了两三天，那人又来一次，仿佛付了阿英姐几块洋钱，心中愈加着急，暗地向小大姐等缉听那妇人前来做甚，小大姐等都说不知。又问他是那一家院子里的，小大姐说："听得住在宝和里内。"纤纤晓得宝和里都是野鸡妓院与那些野鸡住家，若然果是此人包我，莫问他凶恶如何，将来怎有出头之日？心上跳个不住，几次想等少牧到来，向他暗暗诉知。因他从前说过，倘有万难自主之事，可以与他商量。谁知这数日不但不来，即使来了，房间里人多口杂，也不是讲话所在。昨夜在闻妙香家席上本想说的，怎奈阿英姐亲自跟局，那敢开一句口？真似哑子吃黄连一般，有苦不能伸诉，那肚子里担着一肚子的心事，好不难过。

这天，少牧前来吃酒，满意抽一个空，与他说上几句，可恨阿英姐寸步不离，休想有讲话的时候。正在满心纳闷，恰好谢幼安叫了闻妙香来，妙香与他素甚投机，在台面上关照他道："外间风闻有一个人叫如玉，下节要包你出去，你可晓得？"纤纤听了，急忙低低的接口问道："妙姊这个消息乃是那里来的？我正因这一桩事没处打听，没处商量，好姊姊，你既然知道，快快告诉了我，好等我想个主意。"妙香附耳答道："我这消息，乃是房间里阿招传出来的。阿招与颜如玉甚是要好，他说如玉从前也是一个名妓，只因年纪大了，身子又有了些病，生意做不起来，故在宝和里摆了一只碰和台子，招接几户客人。说得好听些，也算在家，不好听些，便是野鸡。近来因他的身子愈觉坏了，一点儿留不得客，故向姊妹行中纠了个会，要想包你出去。这话议了好几天了，听得前天已经付了定洋，谅必千真万确。好妹妹，你真要早些拿个主意才好，否则好端端的一个女子，落到了那地方去，岂不要活活肮死？"说罢，暗替纤纤唏嘘不已，只因恐被阿英姐瞧出破绽，那面色甚是留神，一些看不出来。纤纤听说颜如玉真是一个野鸡妓女，过节包他的正是此人，此时真如万箭攒心，连话都一句说不上来，两眼看定妙香，几乎下泪。妙香见了，又是不忍，又是吃惊，慌把他的手指轻轻捏了一下，依旧附耳说道："好妹妹，你怎可这样？不怕阿英姐见么？你要定个主意，倘你一时没有，不妨留在心上，寻个知己些的客人商议商议，或者有条生路也未可知。那不是哭泣的事。"纤纤点了点头，也咬着耳朵答道："知己些的客人，只有吃酒的杜二少，为人甚是大方。我久想把此事托他，怎奈房中不能讲话，也是枉然。"妙香想了一想，道："二少与你知己，我好替你想法。停回请他到我院子里去告诉于他，你看可好？"纤纤大喜道："好姊姊，你肯设法救我，真是莫大之恩，叫我将来怎样图报？但恨二少可以到你院子里去, 我不能够跟着同行, 这便怎处? " 妙香笑道: "二少好叫局的。只要阿英姐不跟, 便可讲几句话, 岂不甚妙? " 纤纤道: "阿英姐十二点后, 再有出局, 向来不跟。此刻已十一点多了, 二少只要叫得晏些, 包管他一定不来, 这事我便拜托着你。" 妙香把头微微一点, 故意寻些闲话, 慢慢的岔了开去, 防的是私语久了, 阿英姐等犯疑。果然, 阿英姐疑心甚重, 见他二人讲得机密, 已差小大姐暗地站在纤纤身畔, 窃听他们讲些什么。恰好二人话已说完, 一句没有听见。小大姐站了片时, 自去回覆阿英说: "他们不讲怎的, 想来多是闲话。" 阿英姐遂不放在心。

及至幼安、少牧到了闻妙香家, 妙香把纤纤之事一一诉知。少牧听颜如玉要把纤纤包他出去, 心中大不为然, 痛骂如玉造孽, 马上要写局票, 把纤纤叫来, 问他到底接了定洋没有。妙香阻住他道: "此刻且慢叫局, 只怕阿英姐跟着回来, 不能说话。要叫须到一点钟左右方可。" 并乘机探听少牧口风, 可要把纤纤娶回苏州, 免使飘茵堕溷。少牧摇头道: "这话若在四五年前与我说及, 本想娶一个人回去, 如今情关勘破, 再没有这个念头。虽说纤纤这人面慈心善, 照了他的为人作事, 将来嫁人之后, 断不至如许行云、花艳香、花媚香等的有始无终, 但我杜少牧近来野草闲花不思攀折, 何苦要娶他回去? 还是替他想个法儿拔出火坑, 等他将来嫁个如意郎君的好。古人说'护花恩比种花多'。我少牧今天就是那个意思。" 这一席话, 说得妙香暗暗叹服, 不信世上尚有这种热心侠骨的人, 并不要讨娶纤纤, 却肯替纤纤出力。幼安也暗佩少牧, 竟与初次到申之时变了个人。

三人谈谈说说, 不知不觉的报时钟已鸣一下。妙香取上笔砚, 叫少牧写了一张局票。因院子里的规矩, 除了碰和、吃酒, 狎客开消下脚, 照例差相帮叫局, 今夜并无和酒, 未便使唤他们, 因叫房间里一个粗做娘姨拿了去叫。犹恐阿英姐犯疑, 叮嘱粗做娘姨, 若然问起之时, 只说杜二少与谢大少爷在此碰和, 二少输了, 要叫纤纤来代碰几副, 只因院子里值夜相帮有人叫局, 抬轿去了, 故此差他前去; 若使没有问起, 不必多说。那粗做诺诺连声而去。妙香尚怕说了鬼话, 小大姐跟局以来, 房中并没碰和, 此事有些不妙, 故意把桌子摆开, 桌上边放了副牌, 只点了一枝洋烛, 像是已经碰完, 还没有收场的光景, 方好骗得过人, 没些破绽。幼安说他想得周到, 惟恐房间里的阿招多口, 又与如玉认得, 问妙香可要把他调拔开来? 妙香道: "阿招虽然说话多些, 我已叮嘱过他, 此人尚还受我约束, 料来没事, 但请放心。况且留在房中, 停回我尚有用他之处。" 幼安道: "如此甚妙。" 众人布置已毕, 叫局的粗做娘姨回转说: "纤纤马上就来。"少牧诘他阿英姐可曾问些什么？粗做娘姨答道："阿英姐已经睡了，并没问起。"妙香道："不问最好。自古说'言多必失'，何况粗做娘姨又不是个能言善辩之人，侥幸阿英姐已经睡觉，真是甚巧。停回跟局来的，必定是小大姐，我自有法调遣于他，由杜二少与纤纤二人细细讲话。"少牧道："但愿如此。"

房中语尚未完，纤纤已与小大姐上来。进得房门一看，纤纤也甚乖觉，便说："你们可是在此碰和？难道已碰完了么？二少为甚不早些来叫？我心上正想打几副牌，狠好替你碰几圈儿。"妙香接口道："二少本来早要叫的，只因值夜相帮抬轿去了，差不出人，等了好一刻儿，才差粗做娘姨前来。既你心上欢喜碰和，大麻雀虽已碰完，我们又几副小麻雀玩玩也好。谢大少、杜二少与你我两个，岂不恰好四人？"纤纤想了一想道："二少怎样？"少牧道："八圈庄方才碰完，身子甚是疲乏，我不碰了，你们来罢。"纤纤道："二少既不碰，我们碰他什么？"妙香微微的丢了一个眼风，向纤纤责备道："我听你要想碰和，有心助你的兴，你不该应拆我冷台。二少虽然不碰，我们阿招会的，难道成不得局？"纤纤听了会意，连忙转口说道："既然这样，好姊姊，你莫要生气，我来陪碰几副是了。"妙香又对着他笑了一笑道："一定要你陪碰，那也不必。我叫阿招代了二少，你好叫小大姐姊代的。大家只碰四圈。阿招与小大姐输了，多叫二少认帐。赢了，是他们的，不知二少可使得么？"少牧道："你们碰多少底码？"妙香道："小顽意儿，一块底二四也罢。"少牧道："一块底二四，至多二个人输了四五块钱，算是我的，狠好。"小大姐大喜，问少牧可是当真？妙香道："二少岂肯骗你？我们快些碰罢。"遂叫粗做娘姨在台角上又点起一支洋烛，与幼安、阿招并小大姐扳了坐位，坐下碰和。少牧假称乏力，睡在炕上，纤纤坐在少牧身边，始得畅谈一切。此时小大姐那一条心只在牌上巴望赢钱，怎管二人说话？妙香这条计策使得真甚妥贴，并且连自己房里的阿招，也把他身体缚住，幼安暗暗佩服。

纤纤与少牧讲话，先把颜如玉已付定洋之事述了一遍，渐渐说到愿嫁少牧，方得终身有托，永无飘泊之虞。少牧只推家规严肃，不能娶妾，一口回绝。并问他除了自己之外，可还有甚体己的人？不妨乘此机会，成就了美满姻缘。纤纤叹了口气，回说心中没有。又言平日阿英管得凶恶，无论什么客人，不能够做得亲热，怎能体己得来？万一嫁了个靠不住的，那时后悔嫌迟，怎生是好？少牧踌躇半晌道："既是嫁不得人，只有赎身一法，不知阿英姐要多少洋钱？我可帮你些儿。"纤纤万分感激道："你肯帮我赎身，此事似可干得，但恐阿英姐贪心不足，没有一千、八百块钱，休想赎得出来。况且赎出之后，没人娶我回去，仍不是个了局。古语说'救人救澈'，赎身只能救得眼前，若说赎了身，自立门户依旧卖娼，我本是好人家儿女，焉肯再作此无耻勾当？"说着，忍不住流下泪来。少牧恐怕有人看见，替把洋巾拭去，低嘱他不可如此，心上边甚是为难。又看妙香和众人碰和已经第三圈了，碰完了第四圈庄，夜分已深，谅不再碰，那时不便讲话，岂不白白把纤纤叫来？一则救不得他终身，二则枉费了闻妙香一番心力。

当下定一定神，子细筹算一回，觉得想来想去，只有一条生路好走。那路最是万妥万当，不但一定能脱离虎口，并且将来尚可放出眼力嫁一个人。嫁得好，一双两好，地久天长，尽有出头之日；即使嫁得低些，也不失了花烛夫妻，强如到富贵人家作妾，遇了悍泼的大妇，受他凌辱，求生不得，求死不能，甚是苦楚。不过阿英姐不免吃亏，起初所以不肯便说，现见纤纤十分事急，况阿英姐嫌他生意不好，非打即骂，已是不堪，还要把他转包出去，怎能再行顾得？因微微的把头摇了数摇，想到大丈夫为人作事，不可妇人之仁，始附着纤纤的耳朵，把这条路细细告知。叫他此时不必声张，缓日依路走去，包管没有错误。纤纤听了，这才吃了一服定心丸儿，连连的点头答应，牢记在心，惟恨少牧不日就要回去，想劝他再住几时，且等事毕动身。少牧回说："此事不必有人招呼，一切尽管放心。"纤纤尚要说时，妙香等四圈庄已经碰完，大家立起身来。少牧问："阿招与小大姐输赢怎样？"妙香道："小大姐输了两底，恰巧阿招赢了两底，只好算没有进出。"少牧道："阿招赢的，须要给他，怎说是没有输赢？"遂在身畔拿出两块钱来。阿招欢天喜地的谢了一声，竟然收下。小大姐自恨手气不好，赢不到钱，甚是可惜，拿水烟袋向少牧装了两筒水烟，便催纤纤回去。纤纤没奈何，别了少牧，又回身辞过幼安，更与妙香笑微微点了点头，珊珊而去。

妙香见他出去时，面色甚是欣喜，已知有了救星，一时不便动问，只因时候已经两点钟多了，留幼安，少牧不必回寓，大家在此歇宿。幼安叫妙香睡在外房，自己和少牧抵掌谈心。妙香答称"甚好"，遂唤阿招等收拾床铺，并把洋灯、洋烛一齐息灭，点上一只碗砂油盏，料理已毕，吩咐他们各自睡去，方问少牧替柳纤纤想了一个什么法儿。少牧问幼安，不知妙香可能识字？幼安道："略识几个。"少牧遂在妆桌上砚盘之内，提起笔来，向手掌中写了三个字儿，与幼安和妙香一看，即用舌尖舐去，并不作声。幼安见了，点头称善。妙香也点头不已，彼此心照不宣，没有开一句口，防的是属垣有耳，漏泄风声。少牧又提起笔来，寻了一张纸条，写上"纤纤年轻、恐无定识，我等动身之后，便中相遇，务劝他放胆干事，万无一失，不可游移"这几个字。又恐妙香虽然识字，文理不甚狠明，故将逐句点断，方才给与他看。妙香又点了点头，接过少牧的笔，写了"晓得"两字，把那字条绉掉。少牧见他也会写字，并且写得尚还齐整，甚是赞他。妙香回说："幼时本曾读过二三年书，如今可惜多已忘掉。"于是三人闲谈一会，直至东方将白，方始各就寝。妙香受了少牧字嘱，缓几天少不得与纤纤尚有许多说话，下回交代，暂且慢提。

书中仍表幼安、少牧住在院中，已刻起身，盥洗方毕，楼下相帮的送上一张请客字条。少牧接来一看，见是夏尔梅请幼安在群玉坊花好好家饯行，并写明柳纤纤处也有自己请条，乃是二人的专席，千万不可他却。幼安见了诧道："夏尔梅怎晓得我在这里，却不到栈里去请？"相帮接口答道："听得请客的说，长发栈也有一张条子，先经送去，因大少不在栈内，才到这里来的。"幼安与少牧商量去是不去，少牧道："他晓得我们将要动身，请的是饯行酒，不去未免说不过去。"幼安道："不知同席的是什么人？若是金子富、贾维新、富罗一班坐在席上，真是乏味，还是不去的妙。"少牧道："贾维新等，尔梅与他们也不甚投机，未必请在里头。今天有两个人，我料一定请的。"幼安道："是那两个？"少牧道："一个平平戟三，闻得尔梅近来请他治病，又知道与我们知己，那有不请他作陪之理？还有一个是方又端，我看他甚有交情。"幼安想了一想道："如此我们去去也好。"遂叫相帮下楼，回说马上就来。妙香因为时尚早，请二人用些早点然后出去。幼安、少敬也怪尔梅在妓院请酒，怎的这样过早？谅来入席需时，答应吃些早点再去。

原来尔梅自从许行云费气出门之后，心中气忿不过，必要在院子里再娶个人，好向行云争一口气。本已看上了潘小莲，那晓被方又端一番说话，咬定他断不可娶，回家后甚是乏兴。老年人触不得心境，心上一不自然，睡在床中，覆去翻来休想睡熟。听自鸣钟敲了一点，缓缓的又是两点，三点，好像那一夜的时刻，比平日间格外迟慢。又值节交冬至，天气甚是严寒，被窝里觉得愈睡愈冷，那种孤眠况味，越发忍耐不得。怨一回自己失眠，不该误娶行云；恨一回行云狠心，不合抛撇自己；又想一回世界上的妓女，行云虽然如此，小莲也娶他不得，难道竟无一个娶得的人？冥搜苦索了半夜，被他想起群玉坊的花好好来。此人性情和霭，举止温柔，容貌也比行云秀丽。未娶行云之日，曾在他院中住过一夜，许了一百洋钱小货，一只嵌宝戒指，后被行云知道，费了一场口舌，不但没有去过，连洋钱、戒指多没送他，直至节上开消局帐，交代了黄家姆一百块钱，那戒指至今未兑。何不明天叫局，把他唤至台面，试试他心上边可还记念着我? 若因我娶了行云, 好久不去, 已不把我当做老客人看待的了, 叫了个局, 缓儿天开消了他, 没有别的, 倘然见我叫局, 依旧格外殷勤, 可见此人甚是有情, 一准到珠宝店去, 兑只嵌宝戒指以为进身之阶, 晚上边去打茶围, 送给与他。一来不食前言, 了却一个心愿。二则乘机探探他的口风, 可是有从良之意。说不定天缘凑合, 竟把他娶了回来, 好使行云知道此事, 从前不许我和好好来往, 如今竟然嫁成了我, 岂不比娶别的倌人更要呕气? 当时那一条心宛似热灶上的蚂蚁一般, 愈加睡不成寐。

好容易挨到天色黎明, 窗子上已有了些些亮光, 方得朦胧入梦。那梦里头, 竟把好好叫至蕃菜馆去, 深喜他十分浃洽, 万种恩情, 一心竟有嫁他之意。正与阿金及黄家姆议论身价, 谁知被一个新来佣妇进房扫地, 把房门开得响了些儿, 竟将他一惊而醒, 心中好不恼恨, 只是说不出来。因把那佣妇狠狠的骂了几句, 懒洋洋披衣起身, 还想着这一个梦做得奇怪, 内中一定有些意思。那晚竟到番菜馆去叫局, 要实做那梦中之事。这真是一相情愿, 绝不想自己何等年纪, 怎样娶一个十六七岁的女子作妾, 无论愿与不愿, 终是造孽的事。

好好却是个柔弱之人, 又是讨人身体, 从前不论什么事情, 俱由阿珍作主, 如今阿珍死了, 悉听着阿金与黄家姆说话, 叫他甚样, 他便甚样, 不敢违拗。阿金本是狠心恶鸨, 黄家姆又是积世虔婆, 他二人一闻姓夏的又来叫局, 知道尔梅自从误娶行云, 收他不住, 闹气出来之后, 至今尚没做到要好的人, 当下叮嘱好好, 这回千万放些手段, 把他钩住, 不可又被别人做去, 那时饶你不得! 好好听了, 担着满肚子的心事, 到得番菜馆中, 自然分外巴结。只恨自己本事不济, 深恐缚不得人, 仍被走掉。因等他吃完了菜, 央着一同回去, 好等黄家姆帮同设法。

尔梅在番菜馆, 见好好十分亲热, 不像多时没叫的人, 心中已甚欢喜。后被他陪同回院, 更由黄家姆灌尽汤汤, 说他许久没叫好好, 院子里合院的人怎样想念着他, 不但是好好一个。又怪他当初不该误信行云, 娶了回去。一样娶一个人, 倘然娶了好好, 岂不大家有幸? 老实说好好这样的人, 做倌人本领不足, 做人家姨太太却甚合宜。别的不要说他, 但看他何等安静, 那有嫁人复出之事? 这几句话, 真是句句打入尔梅心坎里头, 听见了何等入耳! 并且黄家姆一面与尔梅讲话, 一面差相帮到小房子内把阿金寻来, 再顺上些花言巧语, 只骗得尔梅心花怒开, 觉着别的地方, 再没有这般体己。又喜黄家姆说的, 当初可惜不娶好好, 可知如今若要娶他, 断无不肯之理。不过此时不便遽说, 恐他们索价过奢, 转眼已是年节到了, 且等年节下有话再讲,诸事容易说些。当下满怀得意，在房内谈谈讲讲，直到十二点钟已过，方想回去。阿金、黄家姆怎肯放他？好好也竭力留他住下。尔梅因这一节没碰过和，没吃过酒，觉得有些不好意思。黄家姆猜到他的心底，含笑说道："夏老不要因近来不替小先生做甚场面，不肯在此过夜。你是老客人了，倘然有心照应，明后天吃酒碰和不迟。"方始点头答应，并想到幼安与杜氏弟兄将要动身回苏，落得做个人情，替他们设席饯行。因叫黄家姆拿笔砚来，点了一张菜单。黄家姆问："几时来用？"尔梅恐幼安等晚间有酒，定了早上十二点钟。黄家姆又问："可是双台？"阿金道："夏老不肯用酒便罢，肯用自然一定双台。"黄家姆始笑嘻嘻拿着菜单交代到帐房里去。

　　少顷上楼，又向尔梅提起从前许好好的嵌宝戒指，想是忘了，过几天可肯兑给与他？尔梅尚未回言，阿金便说："夏老岂是言而无信的人？他的事情狠多，所以一时没有兑得。过了几天，多兑一只也好。"黄家姆又接口道："夏老当真肯兑两只？今年的天气狠冷，我与新来的阿秀姐俱想做件羔皮马甲穿了过年。可肯买两件送给我们？"尔梅嘻着张嘴答道："两件皮马甲值得什么事情？明天我叫安吉衣庄上送几件来，你们挑选就是了。好好的嵌宝戒指，明天也一准与他兑去。"阿秀姐听了，满面堆下笑来，道："夏老果真给我们两件皮马甲穿么？真是谢你不尽。"阿金佯责道："未受先谢，好个老口！"阿秀道："送了东西先后终要谢的，夏老不是骗骗我们的人。"黄家姆同阿秀取笑道："夏老果然送了你的马甲，你可把什么送他？"阿金代答道："他马甲里面有两个馒头，可请夏老吃顿点心。"阿秀假意不依，伸手过去拧他。阿金急向尔梅身边一躲，阿秀的手恰拧在尔梅颈上。尔梅喊声"阿呀！"缩做一团，引得满房的人一齐发笑。阿金假替尔梅不平，牵了他这只干姜一般的手，定要拧还，阿秀上身没有拧，到在腿上拧了一把。闹了好一刻儿，阿金方回小房子去，众人各自安睡。

　　尔梅那夜比上一夜差得远了，盖的是暖烘烘的被儿，伴的是香喷喷的人儿，听的是娇滴滴的话儿，做的是甜迷迷的梦儿。昨夜是寂寞更长，这夜却欢娱漏短，睡得好似不多一会，早是午牌光景。急忙起身，盥洗过了，写了几张请客条子，交代相帮赶紧发去。请的乃是幼安、少甫、少牧、戟三、锦衣、鸣岐、聘飞、秀夫、敏士诸人与他的兄弟尔兰。这几个人除了尔兰与幼安等不甚叙晤，其余多是知己，并不另请别客，恐防与幼安等意气不孚，请了来甚为乏味。方又端本来也想请的，只因住在城中不便，故而写好之后，重新抽掉。相帮的接了条子，分头请去。尔梅吃了些些早点，好好也早起来，坐在窗口椅上，由阿秀替他梳头。尔梅在旁看了一回，见他虽然是乱头粗服的时候，那面色仍似水喷桃花一般，比行云未梳洗时肤色焦黄，竟有天渊之别，心中愈觉高兴起来。叫黄家姆拿马褂穿了，说到珠宝店去兑戒指，顺便叫衣庄上送皮马甲来。好好因请客票已经出去，恐有客来，叫他下半天再去不迟。尔梅那里等得？回说："一刻钟便可回来。倘有客人先到，不妨请他略坐一坐。"说完，竟自下楼而去。黄家姆暗地笑他老昏，好好甚为过意不去。

果然，不到一刻钟时，衣庄上先送马甲到来。黄家姆与阿秀每人拣了一件，俱是元色绉纱心子，黑缎子镶滚，上白胎皮统子，每件足值十五六块洋钱。稍停尔梅即回，好好的头也梳毕了，正在对镜扑粉。尔梅把他的右手一执，拿出一只石榴红嵌宝戒指，一只鱼胆青嵌宝戒指，向他无名指上一套，不大不小，恰巧凑手。好好翻手一看，见这两粒宝光莹夺目，问他花了多少洋钱，尔梅笑而不言。只问："衣庄上可有衣服送来？"黄家姆道："已送来了。"遂叫阿秀把皮马甲拿将出来，并令穿与尔梅观看，觉得甚是称身。阿秀姐正要脱下，黄家姆把他搀至尔梅身畔，要叫尔梅照着昨夜所说的话，吃他马甲里两个馒头。阿秀急把身子一扭，跑出房去。黄家姆尚要追他，尔梅大笑一回，对阿秀说："馒头晚间再吃不迟，此刻我们要吃酒了。请客的回来没有？可曾个个请到？"阿秀道："请客的已经回来。长发栈三个客人，只有杜大少昨夜住在栈内，谢大少、杜二少多没回栈。余人俱说一准就来。"尔梅听幼安、少牧不在栈中，始另外写了两张条子，叫相帮的到闻妙香、柳纤纤家去请，才把二人寻见。

到了十二点钟将近，诸客陆续到齐，幼安、少牧也已来了，只有少甫尚还没至。正要再去催他，楼下相帮的喊声"黄家姆，客人上来。"先头一个正是少甫，后面更同了一个人来，尔梅甚是欢喜。正是：

漫向镜中悲白发，且从席上醉红颜。

要知与少甫同来之人是谁，席间可有什么事情，再看下回分解。

第三十四回

柳纤纤求救济良所　花好好受辱迎春坊

话说夏尔梅痴心想娶花好好为妾，在他院中住了一夜，竭力报效。兑了两只嵌宝戒指与他，替黄家姆、阿秀姐买了两件羔皮马甲，又吩咐摆了一个双台。一来与好好争个场面，二则谢幼安与杜氏弟兄不日回苏，正好借此饯行。幼安等俱已来齐，只有少甫未到。正想差人催请，听得相帮的喊了一声"客人上来"。尔梅至房门口往外一看，但见楼梯上走上两个人来。前面的正是少甫，后边这人身材短小，一时望不清楚，直至走近梯口，才看得出是方又端。尔梅喜道："正恨没处请你，怎的你与少翁同来？"又端道："早间我到长发栈去，只有少甫哥在彼，恰好你来请客。大哥本想不来的了，因是请他与安哥、二哥的专席，不便扫兴，甚是为难。我想安哥昨夜不在栈内，或在闻妙香、柳纤纤家，故与大哥先到柳纤纤处寻了一回。知道安哥隔夜在妙香那边碰和，始又寻到妙香家中。谁知他们都已来了，故陪大哥一同来的。"尔梅道："来了最好。多一个人多些兴致。"遂请二人进房坐下，便叫黄家姆起手巾入席。

阿秀送上局票，照例请众人写票叫局。尔梅提起笔来，皱紧了两只眼睛，替每人写了一张，尚要嬲众人凑个成双，大家多叫双局。鸣岐道："夏尔翁，你体谅些罢。这时候十二点钟才过，有的先生只恐尚还没有起身，害他们手忙脚乱则甚？"载三也说："为时太早。倘去叫局，他们多要梳起头来，十分局促，无甚趣味。"尔梅始放下了笔，把局票交代阿秀，分付相帮叫去。席间，动问幼安几时起程？幼安道："大约再缓四五天定要回去，彼时恕不到府告辞。"尔梅连称"不敢"。又问："几时再到上海？"敏士代答道："明年元宵以后，我要赴外洋游学，元宵日想做个留别大会，彼时他们一定到申。"幼安与杜氏弟兄彼此点头称是。其时幼安叫的妙香，少牧叫的纤纤不先不后，一同到来。阿英姐因早堂差向来不跟，仍由小大姐跟局。纤纤得与少牧、妙香又进了无数说话，算得真是凑巧。及至酒阑局散，各人告辞。

尔梅留尔兰与又端略坐，有话谈心，把想讨娶好好之事与他二人商量。又端看好好人甚稳重，并非娶不得的，争奈尔梅年纪太大，此事若成，真是五百年的风流孽障！却又不便用话拦阻，只使了个缓兵之计，叫他留心察看，且待明岁新正再说。尔兰本是个唯唯诺诺的人，一点子没甚主意，听又端这样说法，他顺着口风，讲了些好事慢图的话。尔梅心下十分得意，竟从这一日起，把好好的房间当做公馆一般，三天有两天住在那边。好好与阿金、黄家姆、阿秀姐凡有所求，无不满口答应，也不知花掉了多少钱财。满望一过新年，便把好好娶回家。暂且按下慢提。

且说幼安与杜氏弟兄拣定十二月初一日动身回苏，月底那几天，鸣岐、聘飞、戟三、锦衣、秀夫、敏士、又端诸人无不纷纷置酒话别，甚是忙碌。初一这一日，众人送至船中，又有妙香、纤纤也来亲自送行，并送了几色路菜。妙香因重幼安为人，故而有〔此〕一举，与寻常送客及恩客不同。纤纤去送少牧，本有一肚子的说话，无奈有阿英姐在旁，半句不便开口，只向少牧说了声"明年再见"，心中却想到明年不知再能见面与否，竟如万箭攒心的一般。少牧答了声"后会有期"，急忙目视妙香，催他上岸。妙香会意，向幼安说了几句前途珍重的话，与纤纤手搀手，移步上岸，各自回家。甄敏士于临别时再三叮嘱，明年留别大会必须先期到申。幼安等唯唯答应，方叫船家打了扶手，送众人上去，解缆开船。

少牧在船中想纤纤之事颇不放心，与幼安、少甫商量，写下一封书信，托戟三、子靖二人暗中打听，若有为难之处，助他一臂。又另外写了一封浅近的信寄与妙香，叫他始终指引一切。俱于到苏之后，从邮政局寄申。戟三、子靖接了信，自然暗地留心。妙香于同台面的时候，又向纤纤关切了好多说话，并告诉他济良所在虹口师善里，有四扇长玻璃窗的便是。日后投所之时，不必到师善里，竟到四马路分所内去。所中有个女董，乃是西人，一个老年司事，乃是华人，不妨把因何（当）投所的缘故，告诉他们。他们自然好好收留，明天到了一次公堂，便发到总所里去学习女红并操作一切。一年期满，便可嫁人。嫁的并且是必定花烛夫妻，不准作妾。外间谣言，投所女子怎样受苦，怎样为难，那是龟鸨造出来恐吓的话，二少与我说过，叫你千万不可不信他。纤纤听了，一一紧记在心。

真个流光如驶，转瞬年关已过，倏值新正。院子里纷纷定局，夏尔梅要娶好好，阿金要他八千洋钱身价，先付一千定洋。尔梅问好好心中可愿，阿金说："好好由我作主，我既答应下了，他敢说半个不字？"尔梅只因身价太昂，一时磋磨未定。纤纤却由颜如玉付了洋钱，打听得马上就要他到宝和里去，此时只急得浑身抖战，除了到济良所求诉，并无别法。又因租界上新近颁了一个禁令：凡十岁以上妓女出局，俱须坐轿，不准相帮的捐着行走。坐在轿子之内，那身体只能由抬轿的作主，怎样到得济良所去？甚觉六神无主，眼巴巴盼至天色昏黑，要想等房间里脱人的时候私自溜将出去。房中怎得脱人？看看报时钟已是七点多钟了，这几天时值新正，叫局又甚稀少，并没有局票到来，只好呆呆的坐在房内，像了天打木头人一般。幸亏阿英姐因闲着没事，纠了群玉坊的阿金与黄家姆等在院子里叉小麻雀消遣，没向纤纤留神，大家俱未觉察。后来，黄家姆输得狠了，把麻雀牌忿气一推，立起身来，说："今天的牌这样不好，我不叉了，要顽还是推几方小牌九罢。我来做一个庄，五分洋钱起打，半块洋钱封门，你们可俱有兴？"阿金第一个最是爱赌，开口答道："推小牌九我先做庄，一角起码，一块封门，好算些儿。"黄家姆微想一想，道："你先做庄也好。"便叫粗做娘姨，把麻雀牌拿去了，换了三十二张骨牌，就此入局。起初是庄家赢的，后来一拿两个别十，转了庄风，渐渐的输将下去，竟把阿金输出火来，叫下风只管重打，改了个没有封门。众人听了，愈觉高兴。这时候无论赌的看的，那精神都贯注在赌台之上，怎还管及别的事情？纤纤暗喜："这真是天假之便，此时不走，更待何时？"因把胆子横上一横，轻轻的掩步出房。尚恐堂里头许多相帮见一个人独自出门，必要盘问，依旧走不出去，故在楼梯口，向下边听了一听，也闻得有骨牌声响。原来院里那些龟奴，也因新年里没有轿抬，没有客请，俱在那里赌钱。

　　纤纤这一喜，真觉喜出望外，急匆匆下落扶梯，往外直跑，竟然并没有人看见，被他十数步跑出院门。从新清和坊至四马路兆贵里口，那是一直的路，不须问信。并且为时尚早，路上边来往行人不绝如织，纤纤杂在人丛之中，向东行去。约共四五十家门面，早已是兆贵里了。在弄口站住了脚，向着对面望去，只见大观楼茶馆隔壁，果有一幢房屋。四扇头玻璃长窗，那窗一齐掩着，门栏上有四个大字，虽恨识他不得，大约是济良分所四字，想来不错的了。战兢兢走至门口，举手推门。这门儿原是虚掩着的，"呀"的一声推了开来，便有一个五十多岁年纪司事模样的人动问是谁，纤纤按定了神，喊了一声"冤枉"。那人把纤纤一看，问："是那里来的？"纤纤回说："是新清和坊。我的名字叫柳纤纤，因平日受恶鸨虐待，现在又欲转包与野鸡妓院，心中不愿，故此特地到来，求师老爷转禀女董事超豁。"那人点了点头，叫他到里面去。遂带他见过了女董事，又把投所情由子细诉述一番。女董事说声"可怜"，略略安慰了几句说话，令他安心住下，明日须俟到过公堂之后，请华官发所留养择配。纤纤这才放下了心。又见女董事性情和霭，言语温存，愈形胆大，遂在所中住下，只盼明日到堂。

阿英姐妓院里头，与阿金等推了二十多方牌九，阿金输了一百多块洋钱，现洋已罄尽了，要回自己院中，再拿钱来翻本，方才大家歇手。阿英姐赢了几十块钱，叫纤纤拿小官箱来，要想放入箱中。一连叫了数声，并没答应，认是走了开来，提起喉咙，连喊带骂的又叫了两声，依然没有声响，方问小大姐与粗做娘姨，纤纤那里去了？小大姐说："谅在别的先生房中，我去唤他。"登登登的跑至各房间内寻了一遍，寻他不见。尚恐他或在楼下，又往楼底下叫唤一回，多说没有见他下楼，这才诧异起来，回房报知阿英。阿英大惊失色，急将洋钱在身畔一放，亲自各处访问，人人回说上灯之后，没见过面。阿英情知有异，然想："他倘然逃走，难道出门口的时候，竟没相帮看见？急把众相帮细细盘问。相帮又一口咬定没见出门。阿英问："你们方才在堂里头做些什么？"粗做娘娘回说："他们也在赌钱。"阿英跌足喊道："完了，完了！我道你们坐在堂中，有人出去，自然看见。既然也在赌钱，不是被他逃走，还有怎的？这是那里说起？你们还不与我快快寻去？"众相帮听了此话，只吓得面面相窥。一个带房间的阿小，更觉万分着急，回转身往外飞跑，口中连说："我去打听。"其余各人也俱分头出外寻找。

约有一刻多钟，阿小回来说道："别的没有风闻，只听路上有人说起，济良所即刻有个倌人进去，年纪与纤纤相仿，不知是也不是？"少停，又有别的相帮来说，也与阿小一样。阿英第一个信尚还有些疑心，只道他没有这个胆量，或者跟着什么客人同去，一时打探不及，慢慢的必能根究出来。后来，听见人人都是这样的说，又想纤纤平日并无恩客，此事十分里头，竟有九分相像。遂叫人请了许多熟人到来，问他们可有法想？那班人异口同声的说："若是果在济良所内，明天必要解赴公堂。莫说想法子弄他出来，只恐尚要提抚蓄娘与本家究办！"乱哄哄闹了半夜，后来有个姓管名唤闲士的人答应阿英明早到公堂观审，且听堂上怎样断法再作计较。阿英遂拜托了他，约定午前准有回话而去。

阿英等那姓管的去后，把阿小与小大姐、粗做娘姨狠狠的骂了一顿。又自恨不该与阿金等赌牌，以至疏于防范，闹下此事。那一夜，睡在床中，怎想睡熟？天明时即扒起身来，先到阿金院中，把昨夜之事告知，问他可有法想？阿金也说没法，只答应他也叫个人到衙门口去打听，并当着好好的面，痛说纤纤不应该自投罗网，管教他尽够受苦。顿时造出无数谣言，为的好好也是讨人，要使他听在耳中，记在心上，日后可以不萌此念。阿英随口顺了几句，并咒纤纤照此行为，往后永无好日。到得午牌将过，阿金差去的人来，说："昨晚投所正是纤纤。公堂已经判断下来，把他发入济良所择配，如今已到师善里总所去了。"阿金尚要问他别话，阿小气急败坏的寻来，叫他回去，说昨天那个姓管的人，现在院中等着。阿英只得别了阿金，回至自己院中。

管闲士把公堂听审之事，一一诉知。前半与阿金差去的人大同小异，后半说公堂须提办阿英，马上恐要出牌拿捉，叫他赶紧定个主意。阿英只吓得胆战心寒，面无人色。先谢了他费心打听的话，次托他到衙门前设法一切，倘能无事最妙。管闲士原意要乘此机会弄几个钱，故来管这桩闲事的，应承他尽力办去，不过说这件案子乃是下风，虽然"天大官司，我这里有斗大银子"，但恐官长清廉，书差不敢舞弊，办不到也是有的。那时白白的花去了钱，不能怪人。阿英满口答称不怪，只问闲士要多少？闲士道："少了不够，须有二三百块洋钱方可勉强打话。"阿英没法，凑了二百洋钱与他。闲士接着，急匆匆声言向衙前而去，晚上必有回话。那知等到晚间，闲士自己不来，差了一个朋友覆道："衙中打点不通，牌票已经签出，早晚决要拿人。"叫阿英三十六着，走为上着，还是早些跑掉的好。阿英听了，吓得魂不附体，问："姓管的为甚不来？衙门既然打点不下，不知拿去的三百洋钱，究竟花去多少？难道一个钱没有剩回？"那人说："姓管的因另有要事，不能前来。洋钱并没说起，只能你自去问他。"阿英道："此刻我还出去得么？"那人把眉头一皱道："若是打算跑掉，须待深夜才兴，此时不免胆小。若要去寻闲士，夜深了，那里去寻？只好由你自定主意。"说完，往外便走。

阿英尚省不得受了管闲士之愚，呆呆的等到十二点钟敲过，掩至群玉坊，与阿金商量。阿金旁观者清，知道姓管的事有蹊跷，忙唤日间差他到公堂上探案的人细细问他，始知真有提办之事，案成铁铸，无可挽回。遂劝阿英快些远避，莫至铁索临身，悔之已晚。阿英想到人财两空，含着两眶眼泪，懊悔平时虐待纤纤，以致有此结果，却已迟了。阿金见他如此，劝他止住了泪，快快回至院中，收拾收拾早离上海。阿英本是苏州荡口人氏，上海立不住脚，只有回转家乡一法。果然当夜返院，瞒过本家与房间里人，略略取了些儿衣饰，黎明时先至亲戚人家暂躲，午后搭轮赴苏，从此不敢到沪。后在乡间住了数月，背肋上忽然生了两个碗口大的搭手恶症，脓血溃烂而亡。这才是做恶鸨的报应。新清和院子里头，自从阿英去后，便有衙役到院提人。本家受尽大累，不但纤纤一节的房饭钱与菜钱没有拿到，并且阿英走了，衙役吃住了他，要他交出人来。费了多少口舌，方才得保无事。那院子已是开不起了，只得盘顶与人，不必絮说。

颜如玉于纤纤之事，一到堂便有风闻，马上去寻阿英说话，阿英约他晚间回覆。那晚如玉又去，阿英适在阿金那边，没有会面。等到两点多钟，粗做娘姨劝他回去，明日再讲。那知明日来时，阿英早已不知去向，衙役正向本家要人，如玉深恐牵涉，不敢开口而回。后来打听得本家因这件事院子已闭，阿英毫无下落，粗做娘姨等俱已散伙，没处找人讲话，这一气真气得死去活来，渐渐的恼成一病，后文自有交代，此时按下慢提。

书中且说群玉坊花好好的抚蓄娘阿金，他见纤纤投所，阿英受了一场大祸之后，只因好好也是讨人，时时防他看样，管得他比平日间更是严紧。并叮嘱房间里黄家姆、阿秀人等格外留意，寸步不离。又因夏尔梅虽要娶他，出不到八千身价，甚是闷闷不乐。却并不怪自己心狠，只怪好好不会放些手段出来，把尔梅骗到个心服情愿，不知说了许多责备的话。一日，尔梅叫局到迎春坊柳絮春家碰和，絮春是贾维新做的。维新好几次约尔梅打牌，尔梅因他赌品不好，赢的是现，输的是欠，没有答应。这天维新讲了坏话，口口声声说尔梅失他的兴，分明看不起人，并愿碰现钱，输赢大家不欠，尔梅方才勉强依允，同到絮春院中。维新又去约富罗、子富两个。子富因这几日手内无钱，推说生病不来。富罗虽然一请便到，他会碰的是圈的温，那麻雀牌却弄不清楚，维新因叫絮春替碰，输赢由富罗算帐。只恨尚少一人，没有请处，三缺一最是乏味。尔梅又要动身走了，维新激起气来，叫房间里娘姨阿兰坐下去碰。尔梅问："输赢怎算？"维新说："自然我的。"尔梅问："碰多少底码？"维新说："五十块底。"尔梅因他一个人坐了双分，五十块输赢太大，输了怕他拿不出来，只肯碰二十块底。维新不允，尔梅没奈何他，只得坐下去碰。才只四圈未满，尔梅输了一底有零，多是阿兰替维新赢的。尔梅因要叫局代碰，写了一张局票，把好好立刻唤来。其时尔梅已输两底光景，看见好好一到，马上叫他换手。

好好坐将下去，说也凑巧，第一副就和了副八十和，万子一色，乃是贾维新的庄家,分明敲了一下。尔梅看了大喜,说他手气狠好。维新却大不为然。好好和出一副大牌之后,那牌风自然便转旺起来。轮到自己做庄,一连和了三副,到得第四副上,又拿了副索子一色的牌,上家坐的阿兰料定要吃,索子一张不打。维新坐在对家,也已估将出来,只有下家絮春只顾自己,不顾别人,最是软些。维新发极,连喊他莫打索子。偏偏絮春打了一张一索,被好好一碰,维新跌足抱[怨]。后由好好自摸嵌五索和了下来,三抬清一色十八和起翻,一共一百四十四和,把尔梅输去的许多洋钱钞票渐渐翻了转来。维新眼睁睁看着好好,恨不得立时喝住了他,不许他碰,口中却又说不出来。好好又连第五副平和,第六副又和了中风发财双台的八十八和,直至第七副方才脱庄。维新眼见他不但不输,反赢了几十块钱,心上愈加恼怒,只想拿个错处,叫他罢手,仍换尔梅自己来碰。古语说:"欲加之罪,何患无辞"?后有一副牌,维新打了一张五索,好好本要碰的,却因一时失眼,没有看见。阿兰五索不要,摸起一张一索想吃。好好方见五索在台,说声要碰,拿了过来,叫阿兰把一索放下。维新见了,借着这一个错,把脸一沉,喝道:"人家牌已起了,那有再碰之理? 你麻雀牌可曾又过,怎的一点没有牌规? 快与我滚了开去。"好好被他这样一说,涨红了脸,缩手不迭,回说既然如此,不碰也罢,叫阿兰拿一索快吃。维新把牌一按道:"一索吃不吃,由得阿兰,要你费什么心?"好好见维新有意寻事,分明恨的是赢了些钱,不能再碰,急忙立起身来,耐着一肚子气,对尔梅说:"我不碰了,自己来罢。"尔梅尚未回言,维新已一把抓他坐下。好好只得坐在尔梅身畔,不敢开口。

富罗见好好不碰和了,走至他的背后,动手动脚的与他尽情戏谑。好好正在气忿时候,未免有些受耐不住,把富罗说了几句。其时,尔梅恰又和了一副二百多和的大牌,维新怪好好在旁吵闹,致把牌风愈闹愈大,与他大不干休,差不多动手要打。富罗更从旁附和,好好又惊又恼,起身别了尔梅,要想回去。谁知尔梅狠不见机,偏还不许他走。好好实是再坐不住,不听尔梅的话,向外便跑。此时尔梅又生气起来,说好好发什么标? 维新见好好要走,伸手将他尽力一扯道:"夏老不许你去,你敢发标走么? 我今天给你一个好看!"说毕,一记耳光向好好打来。好好叫声"阿呀"! 退避不及,粉颊上着了一下。富罗见维新动手打人,也拿起蒲扇一般的大手,向好好要打。吓得夏尔梅与柳絮春并房间里人,一个个手足无措,急忙上前相劝。正是:

　　　　绝无惜玉怜香意,偏有摧花折柳心。

要知好好被维新打后,更被富罗打着与否,这一闹怎样散场,且看下回分解。

第三十五回

恶鸨二打花好好　赌龟三卖叶蓁蓁

话说花好好在柳絮春房中替尔梅碰和，因反赢了几十块钱，触怒贾维新，不许他碰。谁知尔梅又和了一副大牌，维新又怪好好在旁与富罗吵闹所致。好好本要起身走了，偏是尔梅不许，说了他一声"发标"。维新遂借题发挥，把好好拉他回来打了一掌，面子上帮着尔梅，暗里头原是恨着好好。富罗见维新动手打人，他也伸手要打，吓得尔梅与絮春并房间里人多来相劝。尔梅此时才觉不该把好好留住，惹出祸来。却因年纪老了，没有气力去拦阻富罗，在交椅上气急败坏的把两手乱摇，连说："莫打！莫打！"絮春也只起身遥喊，因怕富罗是个洋人，不敢近身。尚亏阿兰胆子大些，并且还有些力气，抢至富罗身边，将他两手一抱，觯个正住，口中说："富大少，不可这样。"回头叫好好快走。好好此时脸上又疼，心中又急，止不住放声大哭起来。跟局的那夜刚巧不是阿秀，乃是个苏州新到上海的小大姐。见维新打了好好，早吓得魂不附体，抖做一堆，不但不敢开一句口，连路多一步走他不动，一手搀了好好，一手拿了一个烟袋，不知怎样才好。絮春见阿兰觯住富罗，好好只管哭泣，并不趁势出去，深恐维新再打，忙把好好用力一推，将他推了十数步路。小大姐只才觉察，战兢兢的对好好说了声："我们快快走罢。"便拉着七跌八碰的往外飞跑。维新尚还不舍，要想追赶出房，幸被絮春拼命扯住，好好方始得脱重围，下楼而去。

阿兰一松手放了富罗，大家坐下。维新怒气不息，又把好好骂了一回。说他不受抬举，擅敢在客人面上发标，今天打他一次，警戒警戒他的后来，假意讨好尔梅。尔梅究竟也不是个呆子，岂有看不出维新发这脾气为着好好赢钱而起？这种人断断不可与他赌钱。只因这场和将要完了，又有个一无道理的富罗在旁，与他们多讲什么？

没奈何，耐住了性，反向维新劝了几句，叫他依旧坐下碰和。直至八圈碰毕，结好了帐，尔梅一共赢了五十多块洋钱，二十多块现洋，其余仍是欠帐，方才起身告别，暗想从此再不与他有和酒往还。维新却还老着面皮要留尔梅吃些稀饭。尔梅答称肚内不饥，叫车夫点了车灯，忍气出门。本想到花好好院中看一看他打得怎样，然后回去，那知老年人担不得惊，着不得恼，一惊一恼，那身子就要不甚自然。初时提起着全副精神，并不觉得，及至坐上车子，打了一个头疼，便天旋地转的再坐不住，象要跌出车去，因喊了一声"阿呀"，叫车夫慢些跑动。在车中闭着双眼，定一定神，又觉胸口边一泛一泛的要呕吐出来，暗暗说声"不好"，只得唤车夫拉着回家，好好处不便前去，且等明日再说。这原是尔梅的万不得已，并非恼恨好好故而没去。

　　好好却这一夜因尔梅不来，又受了一场屈气，被恶鸨打得无处伸冤。原来，好好自柳絮春家逃回院中，黄家姆见他面庞红肿，泪点淋漓，心中吃了一惊，不知闹下什么事情，急问他为甚这般模样？好好一五一十将上项事说了一遍。黄家姆只手里头拿了一支银簪，剔着牙齿，绝不作声。直至好好说完，尚还哭泣不止，他把银簪在头上一插，道："别的话我不来问你，只问你走的时候，夏老怎样动气？知道他碰完了和，今夜这里来也不来？"好好带哭答道："夏老因我要走，起先嘲住不许，后见维新、富罗多要打我。没说什么，大约并没生气，停刻一定要来。"黄家姆冷笑答道："小先生，你做生意不是第一节了，大凡客人与先生呕气，终要把客人的气骗平下去，方好散场。夏老要你多坐一会，新年里堂差不多，正好巴结些儿，怎的忽然要走？贾维新与富罗打你，倘然你没有差处，怎样与你寻事？夏老眼前是天字第一号的客人，难道你不晓得么？如今你崛起身来一走，若像这样脾气，那个客人受你？倘然姓夏的因此生下了气，经不得姓贾的与富罗从旁添上几句坏话，他竟从此不来，那时你便怎样？还不快些转个念头，把夏老赶紧请来，哭些怎的？不见得贾维新一记耳光，此刻脸上还疼！"好好被他这一席话说得哑口无言，只得止住了泪，要叫小大姐去请尔梅。小大姐怕维新与外国人再要打人，不肯去请。好好急得没了法儿，央黄家姆出个主意。黄家姆勉强叫阿秀前去，少顷回说："房阔里和已碰完，夏尔梅回去久了。"黄家姆向好好说了一声"如何"，埋怨到一个不可收拾，至夜半后方才住口。好好担着一肚子的心事，那一夜睡多没有睡熟，及至天明后朦胧入梦。

　　小大姐忽至床前叫他起来，说大小姐在小房子内唤他快去。好好在床上吃了一惊，只问小大姐："几点钟了？黄家姆可在房中？"小大姐道："九点过了。黄家姆已出去多时。"好好暗想:"这必是昨夜的事被黄家姆告诉阿金,故要叫到小房子去。"心上边跳个不住。阿秀又跑至床前,催他快些,说大小姐叫包车夫拉了车子在街上等着。好好无可奈何,在枕头上流了一回眼泪,踅起身来,略略梳洗一过,硬着头皮走出房门,便由带房间相帮陪至街上,坐上包车,如飞而去。阿金的小房子自从阿珍死后,就借在宝兴里内,不多时,早已到了。

好好进得门去,见阿金与黄家姆坐在一处,不知指指点点的讲些什么。看见好好进内,阿金将脸往下一沉,高声问道:"怎的你这个时候才来?可不要睡死么?"好好那敢回话,只在他身旁一站,低低的叫了一声。黄家姆道:"你可是才起身么?为甚来得好慢?怪不得大小姐等着生气。"好好仍吓得不敢开口。阿金又道:"我且问你,昨夜出堂差到迎春坊去,怎样客人生气打你,你就不管三七二十一的跑了回来?快与我说个明白。若有半句谎言,怕不要了你的小命。"好好始战兢兢把如何替尔梅碰和,如何赢钱,如何维新不许他碰,如何富罗肆意戏谑,如何尔梅自己和了大牌,如何维新迁怒于他,如何坐不住身,要与小大姐回院,如何尔梅不许他走,如何维新打他,如何富罗也要帮打,子子细细的讲了一遍。阿金听完,问道:"你替夏尔梅反赢了几十块钱,乃是一副大牌赢的,还是几副牌上赢的?"好好道:"因连了好几副庄,方得翻本出赢。"阿金把眼睛一竖道:"可又来!先生替客人碰和,只要得了些些风头,就该叫客人自己去碰,免得输钱的人憎嫌。偏你碰得高兴,一直替将下去,那怪贾维新在旁恨你,这是(真)你自取之祸。不然,怎会讨打?"黄家姆"嗤"的一笑道:"大小姐你不晓得,他近来的脾气真有些愈变愈坏。替碰和替出祸来,无非是不见机些罢了,最不该的是富罗与他戏谑,他竟胆敢与人顶嘴。没福命做闺阁千金,才落在烟花院中,偶然有人打趣,极应凑趣才是,怎的反去冲撞人家?夏尔梅不肯在他身上一千八百的花,也为他不善凑趣的缘故。我已说过几千几百回了,奈何没有听我半句。若像这样搅将下去,生意怎得会好?我受了大小姐的重托,不敢隐瞒。你今天既然叫他回来,必须使他把这副性格赶紧改去才好。否则将来一定吃苦。大小姐,你想是么?"

阿金不等说完,把头点上数点,一手在烟盘里拿起一根毛竹烟枪,一手把好好用力一扯,恶狠狠问他:"黄家姆的说话,平日为甚不听?以致这般大胆,昨夜闹出事来!今天若不打你一场,以后你这倔强性儿,还当了得!"说罢,飕的向好好左肩上打了一下,好好躲避不及,只打得疼痛难禁,泪如泉涌。黄家姆又夹手将烟枪夺下,假意劝道："大小姐，你可是呆了；手中拿了这重笨东西，岂可打人？万一有甚失手之处，这便怎好？"说罢，又咬着阿金的耳朵不知讲些什么。阿金立起身来，关上房门，加好了闩，把好好捉鸡也似的捉上床去。好好不知他怎样恶打，只急得面无人色。阿金一手把好好衣服剥开，一手在烟盘内抢了一支钢扦，走至床前，喝道："我把你这不学好的东西，今天叫你吃些痛苦，看你往后还敢使性？"照着好好的粉嫩肩窝，一扦刺去，足有三四分深。好好狂叫一声，疼得在床中乱滚。阿金说他装腔，索性叫黄家姆搂住身子，掩住了口，自己跨上床去，骑在他的腰内，把钢扦随手乱刺。亏他好一副狠毒手段，一连刺了十数下儿尚没罢手。好好的一件湖色卫生绒衫之上，前半襟斑斑点点，不知染了多少血迹。口中只喊得"饶命"两字，却又被黄家姆将口掩着，出不得声。这一下真痛得死去活来，可怜那有人来救他？阿金直刺到手中无力，方把钢扦向着他喉间一点，要限他三日内把夏尔梅请回。嗣后无论什么客人面前，不许再有使性之事。黄家姆的说话，一句不许违拗，否则下次刺你咽喉，休想活命！好好那时已哭得如泪人儿一般，除了满口答应之外，别的话也一句说不出来。

阿金气嘘嘘将钢扦向床外一掷，这才腾身下床，叫好好也起来穿衣。那知好好已被刺受伤，动弹不得。黄家姆只认他不肯起来，又说了声："见机些儿，不可再受没趣。"被阿金听见，在地上拾起钢扦，抢步床沿，重新要刺。好好吓得熬着痛楚，勉强起身。黄家姆替他把衣服钮好，叫他坐下，忽又叮嘱他道："大小姐今天管你，乃是要你学好。有了做客人的本领，可知你自己受用。将来不论那个客人，不许告诉此事，告诉了，一定不依。"这几句话，乃是黄家姆的金钟罩儿，想把好好罩住，使他不敢逢人乱说，原是做恶鸨的秘诀。却把阿金顿时提醒，竖着眉毛，喝道："他敢向客人说一句么？我再打个样子他看。"说毕，又向好好脸上一拳打去。好好急忙低头躲过，并没打到，却因阿金手上带着一副绞丝金镯，那镯子在眼梢半边砸了一下，顷刻间紫肿起来。黄家姆拦护不及，暗暗埋怨阿金："打讨人须要留心，不许伤他面部。上次你打了好好一记耳光，那时二小姐阿珍还在，我曾背后嘱付过他，叫他关照你以后留神，怎的今天又是这般大意？别地方随你重打多不要紧，伤了他的面部，你想如何出得堂差，做得生意？况且被人看见，必道是抚蓄娘怎样凶狠，打得这般模样，那可岂是顽的？"这席话讲得阿金自恨粗心，没话回答，却把一腔恶气，渐渐的消了许多。

黄家姆回视好好，见他右手掩着眼梢，左手在那里抚摩胸乳肩肋等处。那眼梢上的紫肿，已肿起了四五分阔，一寸来长，眼见得已经破相，不是三天五日便能平服得来，心中好不懊恼。低下头想了片时，忽被他想出一条计来，与阿金说何不如此如此？阿金大喜，当下开了房门，叫包车夫进来，把好好搀扶出去，送他回院，叫他尽管在床上睡着，今天不须起身。晚上有人叫局，也可无须出去，自有阿秀姐回覆客人。有人问起眼梢上怎样受伤，不许讲是此刻打的，只说昨夜被贾维新打坏，当时并不觉得，回院后红肿出来。倘然夏尔梅前来看你，更要装得万分相像，好待黄家姆与他讲话；若有些破绽露出，小心下次再打，只恐你性命难保。好好此时也顾不得他们鬼祟什么，只含悲带泪的满口答应，随着车夫回去。阿金尚要不许他哭，黄家姆把手摇摇说："有了这一条计，由他怎样哭去，断没要紧。"并且亲自送他出门，在门口边说了几句客人倚势横行，打得人这般狼狈，令人看着可怜，难怪他看见了娘，这样痛哭的话，遮瞒过邻舍耳目。回身又与阿金故（过）意高声说道："姓贾的客人既是这等无礼，我与你寻夏尔梅去。"阿金会意。也假意把贾维新高骂一回，与黄家姆一同出外到后马路，当真去寻尔梅。

在黄家姆的意思，原想移花接木，将眼梢上毁伤之事推在维新身上。维新是个滑头，与他寻不得事，夏尔梅却是一个好人，他晓得朋友打伤了人，那祸根是代他碰和而起，怎能过意得去？定须拿出养伤费来，狠可弄几个钱，并能使尔梅不请自去，不记好好隔夜之嫌。那知到得尔梅家中，尔梅的包车夫说："主人昨夜碰和回来，呕吐大作，卧床不起。今天早上至今饮食不进，甚是沉重。看来今天你们不便会面，只好俟明后天好些再来。"阿金与黄家姆大失所望，不觉呆了片时。后来，阿金定要进房去探望探望，车夫勉强领他进内。只见尔梅睡在床中，哼声不绝，身上盖了两条棉被，一条绒毯，床前生着一个围炉，那身子兀尚嫌冷，分明是呕吐之外，尚有寒热，病势非轻。阿金在床前叫了一声，尔梅把眼睛略略一睁，有气无力的点了点头，并没半句说话。阿金问他身子怎样？尔梅又摇摇头，并不开口。看他狠是厌烦着人，竟是一句不能讲话。阿金没有法想，在床前立了片时，只得说了些寻常保重的话，退出房来，将病情向黄家姆说知。黄家姆也无计可施，叫阿金回至院中，再作计较。

二人因没精打采的叫了两部东洋车子，同到群玉坊下车入内。阿秀姐迎着说道："大小姐与黄家姆来了。小先生回来就睡，没起过身，想是大小姐责打了他，故在那里使性。"阿金并不答话，与黄家姆走至床前张看。但见好好面如金纸，比早间煞似变了个人。阿金暗吃一惊，低问黄家姆这是怎的？黄家姆看好好睡在床上，盖着一条欧绸棉被，那身子尚在发抖，因伸手去摸他身上可在那里发热。好好在被窝中缩做一团，低呼浑身疼痛，触手不得。黄家姆遂在他额角上按了一下，觉得干焦焦的，寒热大作。皱了皱眉，叫阿秀姐替他加上一条红绉纱厚被，由他且睡。

回头与阿金递个眼风，招他同至炕榻上坐下。说："好好早间挨打之时，脱开衣服，今天的天气甚冷，想是受了寒了。现在身上狠热，晚间谅来不能起床，有人来叫堂差，你想怎样发付？"阿金道："好好当真发寒热么？今夜有人叫局，本来你说不要出去，且等明天再说。"黄家姆摇手道："本要哄骗尔梅，故叫他无须出局。如今尔梅病了，岂可这样？若把堂差冷场下去，岂不与生意大有关碍？我看必须央一个人暂代数天，外间仍说好好被维新打伤，卧床不起，且俟尔梅病好，与他算帐，最是上策。再不然，有个十三四岁的女子，情愿卖身，可要买上一个？一来这几天好替好好代局，二则尔梅病愈之后，倘然哀怜好好，果出八千洋钱娶回，便好接做下去，不知你心上怎样？"

阿金微微的想了一想，答道："你叫我买进一个，一时那有这样凑巧的人？况且一进门就要代局，必得是熟手才好，否则怎能出去？"黄家姆微微笑道："倘你当真要买，现在恰好有一个人，乃是无锡昨日到的。听说曾在苏州做过，年纪足十四岁，五百洋钱身价，故我特地问你。"阿金喜道："那有如此巧事？这女子要卖五百洋钱，谅必是个上等人才，不知你见过没有？"黄家姆道："人才尚没见过，听说是瓜子脸儿，皮色甚为白嫩，并且四寸不到的一双小脚，曲子唱的是小喉咙，更说得好一口苏州话儿。"阿金道："你晓得这样子细，来手的人是那一个？靠得住么？"黄家姆道："来手的人昨天本是找你来的，谅靠得住。"阿金讶道："是谁？"黄家姆道："这人名唤王三，当初二小姐在日，曾在王家库潘少安家拉过包车。"阿金道："是潘少安的包车夫江北王三么？少安被邓子通洋枪打死的那夜，正是他拉的车子。后来到衙门里去过堂，吃了半个多月官司，官府因他是案外之人，开释回去。好几年没到上海，怎么忽有这不明不白的女子出卖？你说他靠托得住，我看很有些情迹可疑！"黄家姆道："我也料到这层，昨天盘问过的，他说这女子乃是另外有人托他。我问此人姓甚？他只说是无锡人，现住在郑家木桥小客栈内。大小姐倘然要这女子，可先领他前来看过，将来由托他的人出立纸笔，他不过做个中人。"阿金道："王三可知现住在什么地方？"黄家姆道："王三现与这无锡人住在一个栈内。马上可以叫得到他。"阿金踌躇半晌道："据你说来，这女子果真买得他么？"黄家姆道："若照我的意思，倘然真要买他，须看出纸笔的究是何等样人，此时唤他前来看看，却也没有什么。"阿金始答应道："既然这样，你且把王三与那女子唤来，再商量买与不买。"黄家姆道："如此最好，待我立刻到郑家木桥唤去。"

原来王三隔天到院子里寻阿金的时候，阿金没有遇到，见黄家姆在房间里掌着大权，把此事向他说知，应允他卖成之后，前途情愿给个九扣，黄家姆故向阿金十分怂恿。又因妓院里买讨人最是不易，偶涉大意，便起出无数风波，那敢不格外小心？不要买一个根脚不清的人，弄出事来，第一自己脱卸不净，第二难对阿金。故又说买与不买，须看出纸笔的是谁，再定主意，那是黄家姆老到之处。谁知道这个女子，虽然年纪十四，却已被卖了第三次了。

那女子母家姓赵，父亲单名一个业，乃是无锡县中的刀笔秀才。生平没有儿子，只生这个女孩，夫妇甚是溺爱。不料那女子十三岁上，父亲故了，母亲又因吸了洋烟，每天睡至饭后起身，家事弄得不可收拾，绝不去管束于他，由着他每日里东游西荡。此女虽尚年幼，身材生得甚是长成，看去已如十六七岁一般，面貌更甚娇艳。只因在外游荡惯了，随便什么事他多晓得，渐渐招蜂引蝶，闹出些不好事来。他母亲依旧只顾吸烟，一些不觉。后来被个万恶不赦的周策六，在上海做翻戏翻了金子富许多银子，瞒过花小龙、蓝肖岑、包灿光等逃回无锡，看见了他，竟与他勾搭上了。一个瞒着母亲，一个瞒着妻子，私下里走得火一般热。其时策六手头有的乃是银子，暗中花了些钱，在一个做媒婆的王好婆家借做欢会之处，外间并没半点风声。约有一个多月光景，周策六的妻子刁氏，忽然生起病来，乃是后颈内一个茶杯大的对口疳儿。策六不知费了无数洋钱，替他请医调治，终没见效，眼看他淹淹缠缠的，竟是死了。刁氏并没生过儿女，策六妻死之后，成了个孑然一身。翻戏里翻进来的不义之财，俗语说"坐吃山空"，又值妻子病死，看看用到个一钱不剩。没奈何左思右想，又起了一条狠毒心肠，诱那女子一同逃走。到得苏州地面，借住在一个小客栈中，不上几天，资用乏绝。策六遂与女子商量，把他卖入青阳地妓院，约定两月之内，再行设法同逃，放他妓院中一次鹁鸪。那女子见事已成事，只好任其所为。策六遂托人卖了三百洋钱，将他送入火炕，取名叶蓁蓁，悬牌应客。

院中鸨妇人等，见他生得貌殊不恶，当做一株钱树子儿。自从进院之后，请了一个乌师，朝夜教他度曲，并令屏除乡白，专习苏地口声。难为他甚是伶俐，不消一个多月，竟学会了几支小曲，那苏白也已有了五六分儿，只恨院子里管束得甚是严密，策六约下同逃的话，不但无隙可乘，连消息也一些没有，蓁蓁心中以为绝望的了。那知又是数日，策六在官衙内花了些钱，动了一张呈子，把蓁蓁认做堂妹，控告龟鸨买良为娼。官府准了状词，把蓁蓁提案质讯。蓁蓁见原告乃是策六，竟然心照不宣，在堂上一口咬定是他兄长，说是被人诱拐出来，现愿跟随回去。承审官不加细察，竟将他当堂断领还，要严惩龟鸨，并追诱拐之人。那时龟鸨有口难分，虽有卖身文契呈堂，无奈并不是策六亲笔，也不是周姓出名写的，乃是赵姓。官府遂要他交出那个姓赵的人来，龟鸨供称当时有中保经手，须提中保究交。无奈俱已畏罪逃避，一个也没有提到。那官司遂吃重在龟鸨身上，好容易上下打点，不知花了多少银钱，方才做了一件塌案，并不根究下去，已弄得人财两失，受累不堪。暗骂策六设此圈套，丧尽天良不置。

策六却领了蓁蓁逃至杭州，见这桩事干得甚是得手，便想再做一次。却与上次不同，在杭州借了一所房屋，放出他倒脱靴的手段，勾引些有钱子弟到家赌博。故意很输一场，将蓁蓁认做苏州新娶的小老婆，卖与一个同赌的富户作妾，得了四百洋钱，由他当日领去。隔了几天再赌，把输去的翻了回来，又赢了几百块钱，要把蓁蓁赎回。富户面子有关，那里答应？策六遂又交通衙署，进了一张恃势诱赌，勒逼卖妾的状词。大凡有钱人，最怕涉讼，何况状纸上面这八个字，何等龌龊？那富户怎吃得住？只得央人出面，急将蓁蓁送还，并不取回半文身价，但要他把控案求消。策六〔含〕糊答应，当夜领了蓁蓁一溜烟离了杭城，再去消什么案？少不得难为富户又要在衙门口花掉些钱，方得没事。这真是他大大悔气，暗把策六咒骂得不亦乐乎。

策六与蓁蓁出了杭州之后，此时手中差不多有了千金左右，心下甚是欢喜，这才同到上海。满想再做些翻戏度日，却怕金子富的案子隔得日子未多，风波尚没大定。上岸后，因住在法兰西地界一个客栈里头，心想打听明白，再作计较。谁知策六造孽过甚，天地不容，借居的那个客栈早间住了进去，晚上边一场大火，只烧得片瓦无存。策六和蓁蓁两人俱逃了个光身体儿，一点东西没有取出。蓁蓁大哭不已，策六也没有法想，始同到郑家木桥小客栈去，商量再把蓁蓁卖掉。这一卖，却须又在妓院里头。算计下过了数时，叫他借着凌虐为名，当官控告，官府必定发堂择配，那时节仍可想法领回，重图欢聚，最是妙策。蓁蓁只听策六作主，任凭他东卖西卖，只要将来仍在一处，没甚不可。

策六遂想四下托人，恰好栈中遇见王三。因他从前替少安拉车，本来认识，近已多年没有见了。策六问他一直可在上海做事？王三说："自从少安死后，陪着少奶奶打了一场官司，回到江北摇船。近因生意不好，前天才到上海，仍想拉车度日。只因一时没有主人，故在栈中暂住。"还问策六几时到的，因甚住在小客栈中。策六假意叹了口气，低低答道："今年休要说起，无锡的少奶奶夏间生病死了，在苏州妓院里娶了个姨奶奶。年纪虽轻，人才甚是出色，一向住在无锡家中。近因到上海谋就，姨奶奶一人在家，不甚放心，故与他一同到申。并将家中一切东西，也都携带出来，想俟谋定了事，就在上海居住。那知到申之后，住在法兰西地方，遇了一场火灾，烧得寸草全无，事情却依旧没旧谋到，真是那里说起？"王三道："姨奶奶也在栈里头么？你吃了这场大亏，幸还过得下去，那是不容易了。"策六鼻子里哼了一声道："再是十天八天，只怕就有些支持不下，所以我……"说到这一句话，将眼睛向四下一看，叫王三附耳过来，始腼腼腆腆的说道："所以我实不相瞒，要想使姨奶奶走条生路，免得两口子一同流落。但恨一时没有地方。"王三惊道："怎么说，你要使姨奶奶寻路走么？姨奶奶的心里怎样？"策六道："姨奶奶嫁鸡随鸡，自然由我作主。况且年纪甚轻，他见眼前要衣食不给，那有不愿走开之理？我已与他说过的了，不论什么地方，只要有得吃饭穿衣，他都情愿前去。我想你从前替少安拉车，熟的乃是妓院，不知可有人要买讨人？姨奶奶本来是个妓女，若使他重操故业，也没有不可的事。虽然他嫁我一场，如今我也管不了他许多。若得事成之后，我酬谢一个八扣媒金。"王三听罢，利欲薰心，踌躇半晌，求把蓁蓁一见，并问要多少身价银两，策六将嘴向最里面的铺上一努，说："睡着的那个便是。身价最少五百。"王三把蓁蓁一看，见他虽是乱头粗服，那面貌生得甚是娇艳。微微的点了点头，回说："倘然真有这一条心，且待我向相熟人家问去，明后天当有回话。"策六闻言暗喜，当下重托了他。

王三遂访至（知）阿金妓院内去，向黄家姆说合。满想与黄家姆共派这八扣媒金，每人各得一成，却没有把周策六名字说出。所以阿金听了黄家姆之言，叫他［到］郑家木桥，要唤王三与蓁蓁前去。书中既将叶蓁蓁的来处表明，便好接写黄家姆找见王三与叶蓁蓁，同到群玉坊，和阿金会面的事情。有分教：

　　　荡女行踪难再隐，刁徒罪案忽推翻。

要知阿金见了叶蓁蓁可要盘问根底，这讨人买得成否？再看下回分解。

第三十六回

周策六两案并发　夏尔梅一病深缠

　　话说阿金叫黄家姆到郑家木桥小客栈内去唤王三与那女子到院。黄家姆走至栈中，见王三正在铺上打盹，黄家姆唤醒了他，把阿金叫他与女子同去的话说知。并问："女子叫甚名字？现在那里？卖他的是女子甚人？"王三把手向里面一指道："坐在壁间矮凳上的便是。在苏州做生意的时候，听说名字唤叶蓁蓁。卖他的人姓周，是他的小老婆儿。只因新近在法兰西遭了火灾，不得已出此下策，此人也是极好出身。你看他虽然落魄，不是尚穿着一件元色旧绉纱长袍子么？你在门外暂等一等，待我与他们说明了话，领这女子出来。"黄家姆点了点头，退至门外站着，却把眼睛向里面看去。

　　先见蓁蓁坐在凳上，好像在那里想甚心事，那面目果然生得不错，虽是不施脂粉，却显得妖冶非凡。再看那穿元色旧绉纱长袍的人，年纪甚轻，起初反剪着手，在这女子身边踱来踱去，也似担着满肚子的心事。后与王三答话，那副声音笑貌，好像甚是熟识，必在那里见过。细细的想了一想，因王三说过姓周，记起春间在好好房中骗取下脚洋钱吃酒的周策六来，不要竟是此人？只因穿得衣服破旧，并且面庞瘦削了些，故而一时看不准他，不觉吃了一惊。暗想："若然果是策六，这女子定有些来路不明，怎好买得？此事须要留意才好。"正在狐疑满腹，见王三已与女子走出门来。王三把嘴唇略略一欠，黄家姆心中会意，起身便走。王三与女子跟了上来。郑家木桥到群玉坊不甚路远，那女子也并没坐车，只与王三慢慢行走。黄家姆一路之上盘问王三，那姓周的可曾到过上海，王三回说到过，黄家姆这才咬住他定是策六。心下懊悔多此一行，这女子万不能买。王三却不晓得内中底细，尚还称赞姓周的从前在无锡如何有钱，如何规矩。后来也在上海住过，借的房子在新马路，主人潘少安娶颜如玉，与他同住一处，因此认识。万不料时运不济，有此一日，说来正是可叹。与黄家姆唠唠叨叨，讲个不了。黄家姆只含糊答应着他，说话间已到了群玉坊。黄家姆领着进内。

阿金见那女子来了，先把他浑身一看，果然是身材袅娜，相貌娉婷。次问他年岁籍贯，听他说的是七分苏白，三分有些无锡口音，觉得也甚入耳。再试他在苏州做生意时，学的是什么曲子，听他一一回答，伶俐异常。暗喜："此人若果买成，日后必定有出息，不比花好好过于忠厚，没有巴望。"再兼王三在旁怂恿，说得满口天花乱坠，阿金竟要一口价还他四百洋钱，几乎说将出来。黄家姆察言观色，知道阿金看上了眼，急在他衣襟之上，暗暗的扯了一把。阿金方才缩住了嘴，对王三说："你们略坐一坐，我与黄家姆讲一句话。"遂跑至外房间去，黄家姆也跟了出来。阿金连说："好个女子！"黄家姆低声答道："女子虽好，只是买不买要你自己主见，我不敢说。"阿金闻言诧道："这是什么意思？"黄家姆道："自然有个讲究，我与你说。"遂附耳将叶蓁蓁的如何来历，一一告知。阿金听他说毕，不觉呆了片时，才开口道："既是来跟不稳，这事如何做得？亏你缉听得十分周到，否则买成之后岂不受累？"黄家姆道："因恐后来受累，故我不敢相劝。如今可随意还他一个价钱，由王三领着回去的好，免得有甚意外之事。"阿金点头称是。二人计议已定，先后回至房中。

王三便问黄家姆道："大小姐看了怎样？"黄家姆摇头道："人才尚还合意，只是身价不对。"王三道："他肯出多少洋钱？我好回去与姓周的商量。"黄家姆道："差得远哩，我不好说，你去问他。"王三只得自问阿金，阿金还了二百洋钱。连一半尚还不到。王三大失所望，勉强装着笑脸答道："这样一个女子，怎的只值二百洋钱？真是说笑话了。大小姐心中要他好好增添上去，我叫姓周的减去些儿，方可成得来事。"阿金回说："不能再增。"王三想叫黄家姆再与阿金讲去。黄家姆答称："先在外房讲过好一刻了，看他断断不肯多花。这女子的饭缘谅来不在此地，我不能耽误着你，还是替他另寻别路。"王三见黄家姆这样回绝，没有法想，又在房中略坐一回，只得说："既然如此，过天再讲。"领着蓁蓁要走。阿金恐王三白跑一次，心中怀恨，给了女子一块洋钱的花粉钱，由王三与姓周的怎样去拆。王三接着，皮笑肉不笑的谢了一声，与蓁蓁出门而去。

阿金尚还可惜这个女子落在姓周的身边，不敢买他，不然竟是个头等人物。黄家姆究竟是老狐狸，觉得不赚这媒人钱，心中反为安乐，一些没有懊恼。只与阿金说："要买讨人，不在一时。将来倘有妥当之人，再买不迟，我与你留心寻访，包你有人。"阿金又说："周策六不知怎样弄到这个女子？这来路想来一定不正。"黄家姆说："管他正与不正，我们不买最好。买了便要担心。"

且不说二人在房叙话，再说王三领着叶蓁蓁出门，院子里那些相帮人等，早已一人传两，两人传三，多知道这个女子情愿卖入妓院为娼。便有要买讨人的人打听王三住处与那女子来历，很想买他。这是周策六恶贯已盈。那天把叶蓁蓁交与王三领出之时，只认是到小房子内看去，没问明乃是堂子。王三更没有说是群玉坊花好好家，所以毫不在意。谁知这地方最是人多口杂，阿金没有买成，并不打紧，那风声却顷刻间传播开来。传到一个有关系人的耳中，此人姓鲍，别号北平，阳湖人氏，寄居申江，为人一片热肠，甚是正直。与赵业有些戚谊，因见他作事不端，不时驰书规戒。无奈赵业不听，故而并不十分来往。后闻赵业死了，他妻子乌氏嗜吸洋烟，不理家务，好端端的女儿，忽然背母潜逃。暗叹天日甚近，这是赵业的一生孽报。那乌氏因失女之后，托人四处找寻，杳无踪影，想起北平住在上海，发了一封书信与他，央他在沪上留心察访。北平接到这信已好久了，也曾随处打探，怎奈没些下落。

那天巧巧在群玉坊弄内经过，听见一班龟奴在那里说长道短，称赞叶蓁蓁的相貌人才。并说无锡地方，不信竟有这样女子，那个买他下来，生意定能出色。北平偶然触到数句，觉得事有蹊跷，在院门外立住了脚，侧耳细听。又闻一个龟奴说道："这女子既是无锡人氏，为甚说的是苏州口音？"忽听又有一个龟奴答道："他在苏州做过生意，自然会讲苏州说话，这倒并不稀奇。最奇是那个姓周的，去年夏天娶得起他，怎么今天就要卖起他来？虽说住在法兰西遭了一场火灾，究竟有些家计有些骨气的人，也不至骤然间到这地步。况且姓周的听说也是个无锡人，无锡离上海不远，难道并没有亲友招留，竟住在郑家木桥小客栈中？那便是形迹可疑，怪不得人家不敢买了。"北平听到这几句话，愈觉得疑心满腹，暗想："赵家失女，正是去年夏间之事，姓周的既然也是无锡人氏，莫非竟是被他拐逃？但怎的又在苏州做过妓女？此事甚觉令人难解，必得见过此女之面，方知他究是何人。即使并非赵氏女儿，去年既经嫁过了人，分明已出火坑，如何又堕孽障？我鲍北平不知此事便罢，知道了何妨访他一访？若然此女遇人不淑，心中不愿再入娼门，尽可设法救他，随意资助些姓周的银两，叫他不必人贫志短，早些领女还乡，极是一桩好事。倘使真是赵业之女,赶紧打个电报,好叫乌氏出来,使他母女相会,根究此事底细,不负乌氏相托一番。"心中定下主意,遂也不去再听别话,依了龟奴所说的郑家木桥客栈,假做访寻朋友,一处处挨家问去。

问到桥下相近一栈内,见有一个女子与一个无锡男人讲话。那男子的脸相甚是刁薄,女子姿容秀丽,态度苗条。想到定是方才所说之人,定睛向他子细一瞧,那上半部的面貌,竟与赵业生前十分相像,不觉心头一喜一惊。喜的是此女有了踪迹,惊的是这无锡男子,虽然不认得他,估量着决非好人。要领此女,必费无数唇舌,因在门外将身站住,定一定神。暗想:"此时不必进去,且到电报局打个电报,快叫乌氏到来再处。但恐姓周的要卖这女子,说不定一两天内有人成交,须得栈中有一个人做线才好。卖不成,等着乌氏;卖成了,只好马上告知包探,投报捕房将他扣下。这人一时那里去找。"正在低头盘算,猛见自己的包车夫李四拉东洋车子走过,在那里寻找主人。北平暗说"有了,有了"。遂向李四将手一招,跳上车子,先到四马路外滩电报局去,打了个"令爱在沪,尊嫂速来"的急电。然后令李四将车子拖回公馆,不必伺候,并附耳叫他扮做借栈之人,从今夜起住在郑家木桥方才上车地方的小客栈内,暗中看住姓周的和那女子。有甚举动,速来报我,事毕之后,必有重赏,却不可稍漏风声。李四晓得主人情性,说赏定赏,心中甚是欢喜,自然依着吩咐留心干去。北平这才放下了心,只等乌氏来申。算定他当夜接到电报,明日趁小轮船到苏,再从苏州换轮,后天午前一准可到。

果然第三天的早上,乌氏已来。行李起在鼎升栈中,先在栈内吸足了烟,到得午后两点多钟,方至鲍家求见。此时北平正等得十分焦燥,只道他早间不来,隔天没有动身。虽然李四住在栈内,并没回来,大约此女尚无买主,究竟早些下手的好。深怪乌氏万不该这样大意。一闻他登门请见,急使妻子迎进内堂。乌氏说了些家门不幸,以致闹出这样丑事,连累亲友费心,承蒙发电关照的话。北平把怎样在群玉坊听见风声,怎样访至郑家木桥栈内看见,怎样现差车夫李四暗中看住他们,细细向乌氏述了一遍。乌氏道:"目今我已到申,该在栈内会面,还是出手告他?"北平道:"我已子细想过,你到栈中不便,恐防姓周的诡计多端,女流家制他不住。若说当官控告,一怕迁延时日,二怕事机不密,得信脱逃。最妙先赴捕房报知,立派探捕捉拿,方可万无一失。好得这是拐案,可以径由捕房拘人,明天解送公堂讯断。况且西人办事公正,一来不要使费,二来不肯耽延,三来不受嘱托,你可大胆报去,包你一告便准，一准便可提人。"乌氏听说是巡捕房，不免有些惧怕，一时委决不下。北平又向他开导一番，并说："事不宜迟，真是愈速愈妙。"乌氏始谢过北平夫妇，起身告辞，硬着头皮，竟赴捕房控诉。北平恐他初到上海，不识路径，特差一个妥当家丁，陪着同去。乌氏感之不尽。

到得捕房之后，一一禀诉实情。由门差捕缉做西语，告知捕头，将控词落过供簿。捕头因见案关拐卖，立派中西探捕，带同乌氏，到小客栈查明提究。乌氏不胜之喜，一同赶往栈中。恰好一男一女都在里面坐着。那女子见了乌氏，躲避不及，大吃一惊，顷刻面无人色。乌氏看见他正是亲女，抢进门去，叫了一声"阿囡"，说他怎的却在这里？一手扯住不放，眼中止不住流下泪来。周策六虽然灵变，看见进门的乃是乌氏，不知怎样寻来，这一惊也非同小可。明知事已败露，暗暗喊声"阿呀"，回转身想要往外奔逃。却被包探拦住，问他："这个女子是谁？"策六见势头不好，只得立定了脚，勉强答道："那是我的小妾，去年在苏州妓院娶来。你们问他则甚？"包探又指着乌氏说道："那个妇人你认识么？"策六尚硬说："不认得他。"乌氏与女子究是情关天性，已相持大哭不止。包探见此情形，估量策六拐卖情真，喝声："干得好事！"将一干人带回捕房，且待捕头发落。捕头在写字间略问口供，策六到此地步，任凭巧言善辩，怎禁得蓁蓁已与乌氏认为母女，那能强辩得来？捕头讯毕供词，喝将策六押下，明日解堂审办。蓁蓁照章须送公堂，暂交官媒。乌氏叫他明早到堂听断。

当下乌氏感激不尽，退出捕房，回至鲍家，将上项事细述一遍。北平早由李四及家丁回来告知梗概，并晓得车夫王三因见策六捉去，恐防累及，早已连夜脱逃。其实王三并非案内之人，只因图赚媒金，深虑牵涉之故。北平听了暗自好笑。今闻乌氏所说，与李四、家丁大略相同，更喜姓周的已经收押，心下甚是畅快，要留乌氏住下，明天早些到堂。乌氏因吸烟不便，决计不肯。北平叫李四拉着车子送他回栈，又因李四办事不错，赏了他两块钱。李四欢天喜地的整顿车辆，把乌氏送回栈去。北平再三叮嘱，明天必须早起，不可失晓，而别。

一宵易过。次日，捕房把周策六解堂，北平也到堂观审。遍寻乌氏不见，知他尚没有来，暗恨吸烟的人干不好事。幸亏堂上审的别案甚多，大约尚有一二刻钟耽搁，慌叫李四赶紧到栈中催去。李四跑得满头是汗，才把乌氏催来，恰好刚要提审此案。乌氏上得堂去，见堂上坐着两位官长，一位是中国的会审委员，一位是西国的副领事官。也不知他是英国的，是美国或德国的，战兢兢喊了一声："大老爷伸冤"。站在一旁。中西官先把巡捕房解去的案卷看了一下，问乌氏："这个女子可是亲生？唤甚名字？几时走失？"乌氏答称："正是小妇人亲生之女。乳名阿囡，去年夏季被周姓拐逃。小妇人只此一女，求请讯明给领，并将周姓重办。"中西官点了点头，喝传阿囡问供。阿囡此时吓得一句话也说不上来，只供了句"乌氏正是生母"。会审官听他开口有些苏白，问："被姓周的拐逃之后，可是一直住在苏州？"阿囡欲言不语。堂下差役人等连喝："快供！"始把被姓周的在苏州卖入娼寮，涉讼领出，同赴杭州，设计卖与某姓，后来赌钱翻本，仍从某姓索回。欲至上海居住，不料在法界被火，故而又欲出卖的话，一一直招，并不曾捏饰半句。会审官听了大怒，喝把女子带下，提讯策六口供。策六尚思狡赖，怎奈阿囡已供得七明八白，休想赖得分毫。会审委员想："这是华人案件，照例可以晚堂发落，但口供俱已问明，何妨就此定断，免多拖累？"遂与副领事会商之下，判周策六监禁西牢十年。赵阿囡背母私逃，更随奸夫串放鹁鸪，本应惩儆，姑念年幼受愚，其母只此一女，且新律免责，着乌氏具结，领回严加管束完案。

乌氏叩了个头，正要领女下堂，人丛中忽又有人大喊"伸冤"，乌氏不知是谁，向那人看了一眼，见他二十多岁年纪，衣服虽不华丽，也尚整齐。挤上堂来在策六身畔经过，低低说："他害得好人，不料也有今日！"旋至堂口站定，供称："姓金名唤子富。拐匪周策六又名竹一，向与花笑农、何煦仁等同做翻戏。春间被翻去银六千余两，并钻戒金表等物，更遭勒写借据，前曾报案未获。今幸到案，求请严惩，并拿同党究办！"道言未绝，又有一个差役模样，一个包探模样的人，同禀本官："周策六，正是赌棍周竹一。春间承缉此案未破，求请吊卷重办。"会审官听又是一案，且有原卷可查，与赵家母女无涉，一面分付乌氏："此案不干你事，赶紧领女回乡。"一面饬承吊卷，面谕金子富下堂听审，周策六仍旧带回捕房。乌氏才领了阿囡（囝），退下堂去，具了张结。寻见北平，同至鲍家，母女二人双双叩谢。北平叮嘱阿囡，以后不可放荡。又嘱乌氏："洋烟只宜少吸，男子且然，何况妇道？此次回去之后，宜与阿囡赶紧联姻，将来有靠。"乌氏诺诺连声，遂领阿囡（囝）回栈，耽阁一夜，明日搭轮还乡。我且不必细表。

再说周策六拐逃一案，已定了西牢十年，再禁得翻戏案发？此事前由金子多的洋东麦南写信出手，此刻策六到案，子富仍恳子多，求麦南出了封信，定要与地方除害，重惩策六，严办同党。中西官将策六审了一堂，究出各赌棍真实名字，把花小龙、何煦仁、蓝肖岑、包灿光一个个访拿到案。策六改定了西牢二十年重罪，自然是有死无生，足报他一生恶孽。其余也有是五年的，也有是三年的。因那班人多是烟鬼，一进西牢，休想苟活，少不得先后毙命，除了洋场上几个害人坏种。不过金子富输去的钱，一个也没有追得回来，无非是出口恶气罢了。在他这场官事，本来想不到周策六冤家路窄，那天忽在堂上见面。因近来手头紧乏，子多不肯周济于他，故在衙门口与一班书差来往，要想做弄子多。却不道遇见策六，得报此仇。当时想追输钱，向子多转求麦南，出了封信。后来追不出钱，真是无可奈何，只得仍想与子多寻事，此是后话。暂且慢言。

书中又要说花好好，自从被阿金打伤，一连两日卧床不起，到第三天始能勉强行动。阿金那天到院，有人告诉了他周策六的事情，与黄家姆谈论一回，深喜这女子没有买成，未曾受累。又幸好好伤痕渐愈。虽然眼梢上那块紫肿尚未退尽，已好出外应局。有人问起怎样伤的，仍说被贾维新所打，外人那里得知？黄家姆更说："夏尔梅这两天杳无消息，不知他病体怎样？好好既能出去，今天可去看他一次。若是病势好些，便可照着从前的定计，乘便进言。倘然依旧不好，只算是好好牵挂着他，特地前去探病，以表平时相好之情，有何不可？"阿金连说："正合我意。"遂叫阿秀姐快与好好梳头，由黄家姆陪着同去。好好那敢违拗，等阿秀梳好了头，换好衣服，只得与黄家姆一同出门。可怜他走路之时，两腿尚是摇摆无力，遍体尚觉疼痛难禁。阿金怎去顾他？只叫包车夫拉了好好，黄家姆叫了部野鸡车，快去快回。二人唯唯而去。

到得公馆门口，只见门外停着两乘轿子，一部马车。门房里堆着许多行李杂物，乱嘈嘈的像是到了什么外来之人。黄家姆因不时进出惯的，跳下车子，给过车钱，领着好好往内便走，并没向人问话。走到客堂之内，见东首书房中走出一个二三十岁的人来，问他是那里来的，有甚事情？黄家姆把那人一看，并不认得。见他衣服华丽，举止大方，估量着必是夏尔梅的亲戚，当时放下笑脸，叫了一声"大少"，又说："我们是群玉坊的。知道夏老有病，小先生狠不放心，故此特来探望。不知夏老这几天可已好些？"那人摇手道："夏老病体十分沉重，你们不必上楼了罢，他老人家怕烦得狠。"黄家姆仍带笑说道："请问大少贵姓？夏老是府上何人？既然病势甚重，医生怎样调治？可说他没有要紧？"那人道："我也姓夏，今天才从常熟到申。夏老是我的老太爷，因他病得凶险，昨天打了一个电报，故与少奶奶一同出来。医生说他年高气弱，令我们分外当心，使他静养第一，故叫你们不要上楼。"黄家姆点了点头又道:"不知夏老请的那个医生? 倘然本领不济,必须赶紧另延才好。否则,倘有邪祟或是本领不好,大马路宋复生的起课极灵,可替他去起一个课,判断判断。"那人将手向内一指,道:"不是一个医生恐他不济,所以请了两个在那里会议药方么? 至于起课发送,少奶奶和老妈子们也曾说过,停刻定要办去。"

黄家姆尚欲有言,忽听楼上边一片声喧,高喊"少爷快来",像是尔梅有甚不妙。那人答应一声,急匆匆上楼而去。书房里两个医生吓得搁下了笔,面面相窥。黄家姆见了这般模样,知道尔梅的病果甚凶险,在此守着则甚? 与好好递个眼色,只得无精打采的一同回去。正是:

　　可怜白发情钟客,将作黄粱梦醒人。

要知夏尔梅这一场病可便要死,尔梅死后花好好如何结局,再看下回分解。

第三十七回

平戟三治疾发箴言　夏尔梅临终授遗嘱

话说黄家姆与花好好到尔梅家中探病，正值尔梅病危，请了两个医生看治。楼上忽然大声叫喊，尔梅的儿子飞步上楼，两个医生在书房内急得彼此毫无主意。黄家姆与好好递个眼风，只好回去诉知阿金，说尔梅的病看来九死一生，不能进房讲话。阿金无可奈何，只怪好好先时不会骗他，拿他几千银子，如今已是不及，恼恨异常，免不得又把他抱怨一回。我且按下不提。

仍说尔梅那一场病，虽因在迎春坊柳絮春院中碰和，贾维新打了好好，受了气愤而起，其实他在许行云身上气成肝疾，此次乃是旧病复发。起初尚没要紧，那知回到家中，忽又寒热大作，这便变了病了，乃因平时吃酒碰和，必至一两点钟才回，暗中受尽风寒，同时发泄之故。更不好的是，自从在好好处有了交情，绝不顾自己这般年纪，尚要不时住在院中，把身体消乏得枯而又枯，这真是自速其死。合了"自作孽，不可活"的两句古语。此次一经得病，便觉一日重似一日，渐有些朝不保暮的光景。家中佣媪人等，因小主人不在上海，大家心中发急，遂马上打了一个电报，把他儿子、媳妇赶来。

那儿子名唤少梅，甚是孝顺，看见父亲病重，忧急非凡，当下请了两个医生到来。一个姓温，颇有时医名誉，请出门八块洋钱医金，拔号尚要加倍，轿钱两洋四百，其实一无本领。还有一个姓翁，就是从前替久安里杜素娟看伤寒病，胡乱开方的翁郎中，不知怎的尚没有死，还在世界上做那不操刀的刽子手儿。二人不先不后来到夏家，诊过了脉，会议开方。尚没写好，病人发厥起来。二人一听，大惊失色。一个说老年人气血两亏，万厥不得。一个说这一厥分明是上了痰了，宜赶紧用濛石滚痰丸，一个说濛石滚痰丸太霸，还是竹沥滚痰丸和平。一个又说滚痰丸我想不好，不如用金匮顺气汤稳妥，顿时七张八智的没些定意。约有三四分钟光景，喜听楼上声息渐平，少梅走了下来。说病人晕了一晕，幸而即时回过气来，求二人重新上楼诊脉。二人暗暗说声"好险"，没奈钶跟了少梅上去，覆诊了脉。只因这一下意见不合，下楼后将会议未成的那纸药方毁去，大家重行定案，各自开方。一个是滚痰为主，一个是顺气为君，那医案却一般的写得甚是凶险，要叫病家另请高明。少梅接来看过，见两方绝不相同，深恨自己不明医理，不知服了那一张好，颇觉踌躇不决。二人因方已开好，此时不走，更待何时？彼此起身告辞。少梅只得相送出门。

回来拿了两张方子，没做主意，与他的妻子商量。他妻子想出一个法来，令在灶头上点对香烛，写下两个医生的阄子，拈到那个医生，便服那个的药。少梅正要照办，此时尔梅神识甚清，叫佣妇把儿子唤至床前，问他医生怎样开方？少梅把二医用药不同，想向灶神取决的话说知。尔梅在枕上摇了摇头，说道："病到这般模样，药不对症定是枉然。捣鬼求神，更是无益。据了我的意思，还是差一个人快到平公馆去相请平戟三前来。此人指下精明，前数月我一场大病，多亏他用心治好。此次若还有救，央他另行开纸药方，或有一线生机。倘已病入膏肓，不可救药，得他决上一决，你们也可整备后事。"口说着话，跟中似欲流出泪来。少梅听了十分伤感。一面善言安慰，一面叫车夫拿了尔梅的名片，飞也似的把戟三请来，先在书房略坐。

少梅尚是初见，深深的打了一拱，叫了一声"老叔"。戟三知他是尔梅之子，还叫了一声"世兄"，问他几时到申，令尊之病从何而起，可曾请过那位医生？少梅道："小侄今日才到。家严的病，前三天在迎春坊碰和回来所得。初时呕逆气喘，后来寒热大作，今日竟至发晕。虽曾延医诊治，无奈服药无效，故请老叔到来，谅有妙方施救。"戟三听少梅口述病原，皱眉答道："病从呕逆起始，令尊本有肝疾，那夜碰和之时，或是与人呕了些气，触动旧疾也未可知。后忽转成寒热，乃是外邪乘虚发泄。老年人气体已亏，怎禁得内病外邪一时俱发？此症已殊可险，今日甚至晕厥，不知是热势内焰，还是寒痰上升，须俟诊过脉象，方可取决。"少梅连声道是，遂请戟三上楼。尔梅在床见戟三进房，点了点头，低低的说了声："戟翁费心"。戟三叫他不可劳动，尽管安睡。定睛先把他气色一望，只见目眶下陷，脸若淡金，鼻管扇动，额上皱纹甚形板滞，心中早已吃了一惊。及至细诊两脉，已起歇止恶象，暗思此病难救。但在病人面前，不可惊吓于他，只说："偶尔感冒，决无妨碍。但得服药静养，保可转危为安。"起身告辞下楼，与少梅至书房坐下。

少梅急问病势若何？戟三摇头道："此病已成油干灯尽之象。虽由触发肝家旧症而起，一转寒热已变时邪。今日发晕一次，皆因正气大亏，邪气上袭所致，俗语叫做'虚脱'，醒时必有一身腻汗，岂是草木所能奏效？并非我责备令尊，此乃高年不善养身，纵情酒色所误。大凡人至五十以外，精力日竭，万不能再以酒色自娱。譬如一株树木，去用双斧伐他，此树即使枝叶茂盛，尚有伐倒之日，何况老人是株枯树，旦旦伐之，焉有不倒之理？令尊自令先堂下世，不该娶许行云作妾，种下病根。行云下堂求去，彼时肝疾大发，我曾再三谆嘱，将来病愈之后，须知元气已伤，第一宜惩忿节欲，方能颐养天年。那知他老人家病体一瘥，依旧忘其所以，乃有今日不治之症。虽说修短有数，令尊年逾花甲，可算得顺受全归，究竟调摄得宜，安见人定不能胜天，必无可延之寿？世兄，你想是么？"少梅听父亲的病已难救药，扑簌簌泪流满面，求恳戟三道："老叔话虽如此，必得竭力救治，小侄父子铭感厚恩。"戟三叹道："世兄说那里话来？古言医家有割股之心，何况令尊与我素来交好，只要有药可投，那有不为施治之理？无奈人生至宝，乃精、气、神者三者，今令尊脉象已现歇止，精、气、神消磨俱尽，纵有奇方圣药，能益垂暮之人，却不能夺垂危之命，这叫我如何图救呢？"少梅尚不信道："家严虽然酒色自耽，但他中年以后常服参耆补品，怎的一经抱病，便尔百药难瘳？老叔还须细察，或有妙剂可施。"戟三浩叹道，"喜服参耆补品，何尝不有益于人？但害人亦复不浅。假如有贫富两人，富人常服补剂，贫人衣食难周，焉有余钱滋补？那知这贫人的筋骨偏比富人能耐，贫人的体气偏比富人强健，此岂补药毫无功效？只因富人错了念头，他自以为有药力调养，这身体比众不同，遂尔狂淫纵欲，无所不为，积日累月，不把身子淘虚不已。令尊今日正坐此病，世兄那里得知？"少梅听他说得有理，只急得目瞪口呆，眼中泪流不止。

戟三见了，虽喜尔梅有子，不负他为人忠厚之报，但恨不能替他治病，坐视少梅这般哭泣，也觉伤感异常。在书桌边凝神半晌，正想用话相劝，并勉强开张方子安慰于他，再叫他端整后事。只见尔梅的堂弟尔兰适来探病，看少梅哭得眼泡红肿，戟三默坐书房，知道凶多吉少。他们弟兄向甚要好，抢步进内，急问病情。戟三向尔兰看了一眼，见他也满面晦滞，深带病容，慌问："兰兄近来可好？"尔兰道："本来残躯尚适，只因家兄得病，舍侄未来，前数夜在此作伴，略略劳顿了些，今天甚觉四肢乏力。犬约上了些些年纪之故。"戟三道："兰兄今年高寿多少？"尔兰道："今年五十有九，比家兄只小二岁。"戟三知道他与尔梅犯的正是同病，兄弟二人一般年纪，一样风华。尔梅病已不救，尔兰倘能急于勇改，或者尚可多活数年。因用言箴劝他道："兰兄花甲未周，怎说偶尔劳神便觉尊躯委顿？此乃平日之间，与令兄同一不善保养所致。令兄的病可怜已将不起，兰兄忝在知己，莫怪小弟多言，此后尚宜格外珍摄为是。高年人七情六欲，须知皆合屏除，方为延龄秘诀。若使终日花天酒地，效那少年浪子所为，任凭你铁骨铜筋，只恐消耗也甚容易。何况贪花不满三十，古人曾为少年痛下针砭；少年尚且如此，老年不问可知。所以花柳场中必得看破些些才好。"尔兰闻言讶道："怎么，家兄的病竟是不起了么？除了戟三翁设法救他，尚有那个医生可救？至于我，近年以来虽与家兄俱喜冶游，自幸精力尚好。今日偶尔不快，谅来无甚大病。戟翁何出此言？"戟三请他坐下道："你且在此稍坐，待我先与令兄勉拟一方，再和阁下有话细谈。"少梅听戟三愿意开方，心中大喜，急忙在抽斗内取出一幅东洋笺纸，双手铺在桌上，又替戟三磨墨。戟三回说"不消"，当下用尽心思，开了一张扶中益气、敛肾培元、驱邪散郁、四面都到的方子，递与少梅，叮嘱他道："此方服下之后，今晚倘能安睡，尚有万一之喜；否则，心中且莫惶急，快替他预备身后事宜，恐三日内或有不测。"少梅接了药方，连声称是。立刻交代车夫快到抛球场蔡同德药店赎去，药料较众顶真。

尔兰看戟三开好方子，坐在一旁，觉得身体甚是疲惫，比了初进门的时候，竟有些一刻不如一刻，那背脊上更一阵阵寒冷非凡。暗想冷过以后必要发热，难道真有大病不成？因俟戟三放下了笔，与少梅讲完说话，便要求他诊脉，把此刻身子发冷的话告知。戟三点头道："兰兄，你可相信了么？你方才说并没有病，此刻忽而发冷，须知那病不是因服侍（自）令兄得的，乃是深更饮酒，澈夜碰和，平时积受风寒而起。一朝发泄出来，上了年纪的人，便比壮年不同，觉得分外吃力。但风寒乃是外邪，尚可施治，不比内疾难医。且诊脉象如何，便可略有把握。"少梅见尔兰忽又病了，虽说不关服侍尔梅所致，究竟心上不安。急忙在桌子上取一撞书当做脉枕，等戟三诊过了脉，验过舌苔，问他病势怎样？戟三道："病根虽与令尊无异，病势却幸与令尊不同。令尊如大厦将倾，支撑不易。令叔如小舟遇险，倘得急于傍岸，尚有挽救之方。此乃后天较强，真元未竭之故。但得服药静养，谅来可保无虞。"尔兰叔侄听了，始觉稍少放心。

少梅又取出一幅东洋笺纸，请戟三开方。戟三伏案凝神，开了一张方子，起身交与尔兰。又再三叮嘱他道："此后贵恙得痊，千万要记自己年尊，不可再学少年荡检，却也不必服甚补剂，只须服古人包承斋的独睡丸妙方。昔包承斋年已八十有八，精神矍铄，贾似道问他平时何补饵，承斋答称服了五十年独睡丸。可知老年人当以远色第一。所以俗语说'服药千朝，不如独眠一宵'。兰兄必须省得此义。"尔兰接方在手，连称"承教"。戟三又引司空图'昨日流莺今日蝉，起来又时夕阳天。六龙飞辔常相窘，更忍垂危自着鞭'的那一首诗念与他听，并因尔兰是生意人，文理不甚通畅，故又替他逐句解道："昨日流莺，是昨日乃是春天。今日蝉，言转眼忽便是秋天了。起来又是夕阳天，乃夕阳无限好，只是近黄昏的意思，言入暮境，倏而已到。六龙飞辔者，言光阴窘我，快得好如飞马一般。更忍垂危自着鞭，是流光既如奔马，那里再忍自己加鞭，自速其死之意。照了此诗看来，高年人宜若何猛省！"尔兰又唯唯称是。戟三一头与他讲话，一头观他神色。但见身体摇晃，坐立不安，知已寒热大作，叫少梅唤了一乘轿子，送他回家。自己乃是包车来的，依旧坐车回去。少梅不敢相留，送尔兰登轿出门，又送戟三上了车子。

回至楼头，那时车夫赎药已回。少梅亲自检过，交与佣妇煎好，送至床前，一口口伏伺尔梅服下。吩咐房间内侍病的人，大家不许声张，好待病人熟睡。谁知尔梅这一帖药，虽然对症，无奈病势已重，吃下去仍如未吃一样，心肾休想得交，自然休想得睡。不过气分略觉顺些，不似先前喘逆。额角上的虚汗也觉少了些儿，分明借着药力，硬扶了些正气上来。少梅坐在床边，见父亲覆来翻去不能成寐，明明应了戟三的话，心中好不着急。直至时交半夜，方见他朦胧合眼，有些似睡非睡的样儿。正喜或可略略安眠，忽听大声叫唤起来，说即刻得其一梦，见有无数狰狞恶鬼围着追他，故被一惊而醒。少梅知是神虚所致，少梅的妻子女流之见，深恐有甚鬼祟缠绕，许了明日起课发送。

尔梅见儿媳两人多在房中侍病，并有十岁孙儿梅孙也还没睡，微微的叹了口气。暗想："子孝媳贤孙顺，人生有何不足？极应于妻死之后早回常熟，乐叙天伦，奈何留恋繁华，独居上海？今日这般病势，欲思归正首邱，已嗟不及，真果是悔之恨晚。"因在被窝里头伸出一只手来，颤巍巍执住了少梅的手，现身说法，自诉生平，并嘱付他的将来一切道："我今天吃了戟三的药，不比前番见效，看来这一场病万分无效的了。我有几句说话交代于你。想我生在富厚之家，自幼住居常熟城中，衣食无愁，何等自在！只因你母性情太劣，以致琴瑟不甚调和，负气迁居上海。那知你母也寻了出来，仍与我不时滋闹，我遂寻花问柳，借此消遣闷怀。那知迷恋花丛，虽不致荡产倾家，却也数逾巨万。今年你母死了，愈觉漫无拘束，竟致妇人醇酒，现将断送残生，这多是夫妇失和而起。可知夫妇不和，大非家庭之福。"说到这一句话，把手将少梅一松，又斜睨着媳妇说道："今幸你们小夫妇甚是和睦，将来兴家立业，谅必大有可图。但愿始终爱好，勿致稍有乖离，大约这便是绝嫖秘诀，守业良方。你们必须千万紧记，切勿蹈我们老夫妇覆辙，我死自当瞑目。"言讫，又执住了少梅的手，唏嘘不已。

少梅夫妇听了，彼此唯唯受训，并劝他病中静养，不可过于劳神。尔梅点了点头。少顷，又向少梅嘱道："难得你少年老成，所以平时父母爱怜，亲朋钦敬。但我下世之后，急宜盘枢还乡，切不可在上海耽阁。上海花花世界，误尽多少青年？若在此处久居，以后倘有失足之处，令我死后不安，是为不孝。何况闲花野草，决无可取之材，但以许行云为前车之鉴，便知若辈手段之辣，心术之邪。我已后悔无及，你须常加猛省才是。"少梅听父亲提起行云，知他一定生气，急思用话岔时，但见他打了一个呃逆，早已气往上冲，几乎又发起厥来。少梅大惊，急忙擘开了父亲的手，伸至被窝内，替他在胸口抚摩，并叫仆妇倒上一杯霍石斛茶，携至枕边，慢慢的呷了几口，方得平了下去。

尔梅又要说话，少梅恐他再提心境，劝他养息片时，有话明日再说。尔梅那里肯听？趁着三寸气在，把所有遗产交代：常熟某处有田若干，有屋若干，某人欠钱若干，上海某处有存款若干，某店有股份若干，某人借钱若干，钱箱内共存现洋若干，钞票若干，大约尚有四、五万金产业，不失为小康之家。因尔梅虽是近来滥用，不时做些金子、火油等，买进卖出，老运尚佳，时有赢余之故。若换了不做生意尽用的人，只恐怕坐吃山空，不堪回首。然他的心地甚好，将各产交代少梅之后，复说："常熟、上海所有一切欠款，倘使欠钱的人境况有余，不妨向索；若是近况不好，休去逼勒，只算我少遗了这些银子。"并叫把极贫极苦的几张借票在铁箱内检将出来，付之一炬。即此甚是难得，宜乎他有孝子贤孙，报施不爽。尔梅嘱付已毕，窗棂上已天色微明。

少梅叫车夫起身，到平公馆再请戴三到来覆诊。少梅的妻子因见为时太早，叫他先寻起课先生，请他到家起课，然后再到平公馆去。车夫奉命，果然先请了一个起课的人，次到平公馆相请戴三。其时尚只八点多钟，戴三早已起身，与几个朋友坐着讲话，乃是谢幼安与杜氏弟兄。因动身时甄敏士订定元宵以后即须游学出洋，元宵日开留别大会，众人不可不到，故于这天早上来申。方才起岸，便至戟三处问候。戟三正把柳纤纤投所择配，夏尔梅病在垂危的话一一诉知。忽见车夫入内，忙问他："昨夜主人病势怎样？"车夫道："主人一夜没睡，故此小主人差我前来，要请平老爷速去转方。"戟三太息道："既然病到这样，转方也是无益。但念你家小主人一片孝心，准定立刻便来。你可先自回家。"车夫答应自去。戟三又把少梅天性纯孝之事与幼安和杜氏弟兄说知。幼安闻尔梅抱病，本要去探望于他，又闻少梅是个孝子，更思见他一见，故欲与戟三同去，杜氏弟兄也要前往，因此四人同至夏家。

戟三上楼诊脉，幼安等也至房中略坐。彼时尔梅尚能一一招呼，看他神气还好。戟三诊过了脉，同众人回至书房，这回决意不肯开方，说病人虽然神识犹清，气机似比昨日舒畅，无如脉息愈坏，此乃灯将灭而复明之象。俗语叫做"回光返照"，决无生理。叫少梅赶备后事，看来今夜难保无虞。少梅尚痴说道："即刻曾延星士起课，据说过了明天十二，便可稍痊。"戟三摇首道："星士之言，如何听得？世兄不该迷信。"幼安等也说星士起卦，无非哄骗世人，还是端整后事要紧。即使令尊或能痊愈，不妨备而不用。少梅听万分无救，当下哭得如泪人一般。众人看着，个个凄然，大家闷坐片时，起身告别。少梅尚哀求戟三，必要立张方子。戟三无奈，只得聊尽人事，将原方加减数味，分付煎服一剂。却估定着这一帖药断无效验。少梅接方，仍叫车夫赶快赎去，一面相送众人出门。

果然戟三指下高明，说定尔梅晚间有变，到得夜半以后，竟然一命呜呼，抛弃合家长逝。少梅大哭一场，翌日发丧大殓。所有饰终典礼，备极丰盛。只因身居客地，亲友不多，尔兰又大病在床，不能帮办诸事，多亏戟三及幼安、杜氏兄弟等俱来送殓，顺便代为料理一切。少梅谨遵故父遗嘱，择定神回之后，便要扶柩还乡。这数日，戟三等敬重少梅为人，每日必至夏家一次。一来劝少梅节哀慎变，二则商量举襄事宜。到得三朝那日，戟三等正在书房与少梅叙话，只见隐隐约约，天井中有两个妇女在那里张头探脑，要想进内，又像是不要进内。幼安眼快，将手一指，问少梅外面何人？少梅向外一看，因玻璃好几天没有拭擦，模模糊糊的看不清楚。问声"外边是谁"？一个妇人应了一声"是我"，移步向内。有分教：

　　　　玉笼劈破雏莺喜，铁索飞来恶鹞惊。

要知来的两个妇女何人，与少梅有何话说，再看下回分解。

第三十八回

一封书维姬脱籍　三尺法恶鸨游街

话说幼安等与少梅在书房叙话，忽见天井内进来了两个妇女。向外望去，不甚清楚，少梅问了一声"是谁"，一个女子应声而入。众人看时，乃是群玉坊花好好家的黄家姆，尚有一个正是好好。因问二人来此做甚？黄家姆把手向好好一招，叫他也至书房，见过众人。开口答道："我们有两三天不到公馆来了，小先生记挂夏老身子不好，特地前来探望。怎的客堂内这样排衙？大少又穿着一身素服？难道夏老极好的一个好人，有甚变故不成？"少梅道："正是他老人家已归了神了。"黄家姆装着满面惨容道："可惜，可惜！夏老正好享福，怎么竟一病不起，这是那里说起？我家小先生好不命苦。"少梅诧道："夏老故世，与小先生什么相干？不知何出此言？"黄家姆向好好一指，道："夏大少，你那里晓得？夏老在生之日，早要把小先生娶回公馆，小先生所以一心一意嫁定夏老。别的不要说他，但看他脸上伤痕，便为帮着夏老碰和，被夏老的朋友贾维新所打。小先生看在夏老分上，万般忍耐，并没与姓贾的说过半句说话，只望他身子好将起来，与他细诉衷肠，早成眷属。如今却竟望了个空，还不是他命苦是甚？"

少梅听罢此言，向好好的脸上一看，果见眉梢边现出一大块紫肿。暗想。"姓贾的怎样下此毒手？"心中甚是不忍。又见好好人甚驯良，颇信黄家姆之言不似无端捏造。黄家姆见少梅看了好好，沉吟不语，暗揣他已经受哄，接下说道："夏大少，你是狠明白，夏老当初既要把小先生娶回，小先生的生意，自然不问可知的了。但不知夏老病中，可曾提起什么？"少梅摇头道："病中并没提起。"黄家姆假意踌躇道："既然没有提及，小先生一片真心，可怜付于流水，此刻说也枉然。不过，夏老有些局帐，体贴小先生是个讨人，缓日可能算上一算？这话今天本不该说，因夏老有了娶小先生的意思，去年年底虽然付过些钱，没有结算，大约连今年尚差二百多块洋钱。院中大小姐将来必要追究小先生之故，望夏大少必须原谅我们。"少梅不知此话虚实，只能含糊答应着。他怎知黄家姆的来意，原是与阿金商量下的，若是尔梅病体稍愈，叫好好移祸江东，向他索取伤费银洋；倘有三长两短，便与他儿子冒算局帐。俗语说"死无对证"，不怕不拿他一百二百块钱。估计得甚是稳妥，只怪的是好好忠厚，脸上边装不出哀怨之色，口里头打不来荒诞之言。

虽然少梅被黄家姆所朦，幼安等旁观者清，已俱看出破绽。幼安更是心细，见好好眉梢上那块伤痕，紫血凝滞，好像是竹木所伤。又见车夫倒了一杯茶来，好好伸手去接，看他先将衣袖往下一扯，像是怕人看见两臂的光景。暗思："莫非臂上也有受伤之处？"甚觉情有可疑。因此假与他握手戏谑，轻轻把衣袖褪上寸许。好好缩手不迭，露出几点血痕，已被幼安看见。问他："这是什么？"好好盈盈欲泪，向黄家姆邪视一眼，只说："患了身天泡疮，新近痊愈。"幼安明知不是疮疤，因黄家姆在旁，不便再问，将他衣袖放好，并无别话。却与少牧递个跟色，故意寻些正话，和少梅叙谈，使黄家姆坐不住身，与好好告辞回院。

幼安等他出去之后，始把适才种种可疑之处一一说知。叫少梅下次黄家姆再来，大可不必睬他。好好却须暗访他究竟因何受伤，切勿认为贾维新所打。戟三也说："尔梅在日，各处局帐节节开清。那有拖欠好好之事？此话莫去信他。"少牧闻幼安说花好好不但眼角有伤，臂间也有血痕狼藉，他素知阿金生性狠毒，莫非被恶鸨虐待所致？把从前搭救柳纤纤的一片热肠，又移至好好身上，定要想一个侦探人员探明此事始末，把好好拔出火坑。幼安笑道："倘要侦探此事，你我与好好不甚相熟，必得尔兰前去方好。"少牧道："兰叔为人诚实，怎能充得侦探人员？"幼安道："正因兰叔诚实，阿金方才不防备他，别人休想去得。况且，好好也是个诚实女子，遇见了诚实的兰叔，必能倾心吐露。若在他人面前，谅还不敢直说。"戟三点头道："安哥此话甚是有理。但恨兰翁卧病在床，不能前往。"少梅听了道："家叔连日服了戟三老叔的药，病已稍愈。昨天到过此间，寒热已经退净，不过身子乏力，大约不妨事了。"戟三喜道："令叔昨日来过了么？他感的乃是外邪，只要寒热一退，身体便能日见健旺，决不妨事。但不知他今日可来？"少梅道："昨天曾说要求戟叔转方，大约今日必来。诸位在此略坐，我叫车夫请去。"少牧道："如此甚好，快差车夫请他速来,说我们有话面谈。并可烦戟哥顺便转方,真是一举两得。"少梅连声答应。

正要差车夫去请,恰好尔兰已来。与众人见过了礼,深谢戟三救治之恩。戟三先替他诊过脉象,验过舌苔,转了一张调理药方,嘱付他再服三帖,不必多服,此后只以保身第一,定可百病不侵。尔兰唯唯受教。少牧见戟三方已开好,遂把花好好和黄家姆即刻到来之事说知,央他到院探访一切。尔兰道:"梅哥要娶好好,当时果有此言。年终未算局帐,想来万无此事。至于被贾维新殴打一节,当日我也略有所闻,但眼梢上算是维新打的,臂上伤痕从何而起?此事真个大有可疑,待我马上留心访去。"戟三道:"兰翁去访此事,怎样一个访法?"尔兰道:"自然老实去问好好。"戟三笑道:"怎样进门?"尔兰道:"只算是打个茶围,就进去了。"戟三道:"好好向来你做他么?"尔兰道:"好好是家兄做的,我没做过。"戟三道:"既没做他,平白地打甚茶围?阿金等岂不犯疑?此事必须借着结算令兄的局帐为由,只说少梅重孝在身,不便出外,托你去的。算一算共有多少局钱,可以开消他们,他们才能不动疑心,得向好好乘机问话。你想是么?"幼安道:"戟哥讲得不错。兰叔照着干去,必能访出真情。但花好好最是胆细,盘问他说话的时候,须先好言安慰,只说告诉之后,决不转诉别人。他信兰叔诚实,必能吐露出来。倘然并没口风,你说他没有真话,梅叔这笔局帐,知道是有是无?将来不能开消,只恐难免阿金责备。他怕阿金为难,自然据实直陈,必无隐讳,兰叔此去,一定有功。"尔兰听了大喜,当下辞过众人,就要群玉坊去。众人说:"尚嫌太早,必得晚间十点钟后。"尔兰始又坐了下来,大家讲了一番闲话。幼安等至天黑告别,约定明日午后仍在此间会晤。尔兰就在少梅处吃了夜饭,又叫车夫拿了药方,到蔡同德赎好了药,先自回家。自已候至十点已过,坐了部野鸡车,到好好院中而去。

其时好好堂唱未回,阿金,黄家姆俱在房内,见了尔兰,甚是巴结,与他讲了回尔梅的病情,渐渐说到局帐。尔兰道:"今日正因此事而来。夏大少因白昼好好与黄家姆到公馆去过,晓得他老人家尚有局帐未清,但不知共有多少洋钱?自己因重孝在身,不便到此,故此央我前来问个实数,明后天好照数开消。"阿金听罢,笑逐颜开的道:"夏大少这样体恤我们,真是难得。又要二老费心到此,更是不安。夏老所有局帐并不狠多,是大约二百洋钱左右,待我叫帐房里抄篇帐来,便知明白。"语罢,叫黄家姆到帐房抄帐。不多时拿将上来,帐上写着:去年结少洋一百三十元,本年菜钱四台,局三十五个,另外在迎春坊柳絮春家碰和借洋五十元,共计二百有零,三百不到。其实四台菜钱，与三十个局，乃是真的，以外多是混帐。尔兰接来看过，假意说声"为数不多"，向衣袋里头一袋。

正恨好好怎尚未回，只听得楼下相帮喊一声"客人上来"。那楼梯上前面走的是皮鞋声音，后面又是一阵木底声音，皮鞋声是个客人，木底声正是好好，乃在台面上一同翻台过来，要在好好房中摆酒。所以那个客人上楼之后，见房间内门帘下着，便问："可是房内有人？"尔兰闻有客人进来，因自己不做好好，不便占着，只好让他。阿金口中虽说："二老尽管请坐。"眼梢却向黄家姆一斜，暗叫他把尔兰掉到外房去坐。黄家姆何等在行？笑迷迷将尔兰一把拉至外房坐下，说了一声："对不住你。"要他千万坐坐再去。尔兰因尚要与好好讲话，见里房有了客人，估量着阿金、黄家姆必至里房应酬，正是绝好机会，因遂软绵绵坐了下来。黄家姆在旁敷衍一会，听里房那个客人坐定之后，便喊拿请客票来请客，黄家姆说："好好自从夏老要想娶他，弄得生意甚清。今天难得二老到来，偏偏有人摆酒，这是二老脚气好的缘故，以后但愿你长来走走。夏老既已故世，你老人家来叫叫小先生也好。"尔兰听着，含糊答应。少顷，好好至房，匆匆的向尔兰叫了一声，回身即去，不便讲话。直至房中坐好台面，好好第二次出来，黄家姆到席面上应酬去了，阿金烟瘾发作，睡在里房后面的小房间内吸烟，尔兰方才捉到个空，细细盘问于他。

好好虽信尔兰老实，因畏阿金凶恶，初尚半吞半吐，不肯尽说。尔兰照了戟三嘱付之言，向好好恐吓数语，方始一五一十的细诉出来，并将身上伤痕，略略揭与尔兰观看，却叫他在别人面前不许提及半字。只劝少梅将洋付下，算是前世少欠着的，免得抄了局帐不来开消，阿金将来定要难为，非打即骂，抱怨我不会弄钱。尔兰听了这番说话，并见了身上伤痕，心中又是气忿，又是可怜。尚要再盘他阿金毒打之时，除了黄家姆，可有别人在旁，恰被黄家姆进房冲住。尔兰因已缉出真情，对好好说："里房有客，快去应酬。"自己起身回去。黄家姆尚要留他再坐片时，尔兰不肯。回答："缓日再来。"黄家姆遂与好好送至楼梯口头，并招呼阿金出房，向他咬耳朵说了几句，拜托把局帐交与少梅，请他付洋的话。尔兰一口应许，下楼回家而去。

一宿易过，明日起来，觉得隔夜又服了戟三的药，身子格外舒适。吃过午饭之后，便到少梅家中，等候谢、杜诸人到来，把探明好好被虐之事从头至尾细细告知，并将那篇局帐交与少梅，说："内中只有四台菜钱，三十多局真是有的，其余俱是谎帐。"少牧听了大怒，说："世上那有这样恶鸨？自己打得讨人这样，还想移祸旁人！”要央尔兰再往院中开导好好，叫他如柳纤纤一般的到济良所鸣冤。幼安止住他道：“此事无论兰叔不便再去。好好非纤纤可比，阿金更不似阿英姐疏于防范，能容好好一人出门。只恐画虎不成，一定翻受其害。”少牧道：“安哥这样说来，难道是罢了不成？”幼安道：“据了我的意思，这事须要仰仗戟哥，向新衙门出一封信，提案究办，方为稳妥。”戟三沉思片晌道：“出信未尝不可。但新衙门没有原告，不能凭着一纸空函，提人究问，此系定章如是。不如先向济良所写封信去，先把虐妓之事告知，使所中据函查究，然后面谒新署谳员，务请他按律重惩，才得万无一失。”少甫道：“济良所中，不知戟哥可有熟人？”戟三道：“所中办事，一秉至公。虽然并无熟友，既有公信前去，必定立时查办，决无置诸不理之事。”少牧闻言大喜，见书案上纸笔现成，随手浓磨香麝，轻吮文犀，写出一封信来，递与众人观看。见上写着：

盖闻啼烟泣雨，飘零莫惨于流莺；折柳摧花，狠毒惯施夫恶鸨。太息胭脂狼藉，薄命谁怜？可堪血肉模糊，伤心莫诉！此贵所所以有济良之举，严虐妓之惩也。脱万花于惨劫，彼美蒙庥；懔三木之刑章，恶人知畏。望风矫首，恩重护花，祝露倾心，感深锄莠。兹有群玉坊妓花好好者：年华瓜字，碧玉出自小家；踪迹萍飘，飞琼谪来天上。只以双亲早逝，误堕火坑，遂教百苦备尝，难离绮障。屏间记曲，屡遭赤棒之施；帐底留欢，频强红丝之系。生涯略淡，呵斥交加，酬应偶乖，鞭笞立至。受假母阿金姐之虐，爻筵剥肤；遭佣妇黄家媾之谗，语堪毁骨。迩以莫须有之过误，竟受不忍言之摧残！钢扦乱刺，可怜遍体鳞伤；烟枪猛挥，不顾当头肉绽。惊得鹃魂几碎，躲避无从；致令鸡骨难支，凄凉垂毙！仆等寻春海上，偶为拾翠之游；选胜花间，得悉愁红之事。相敢为花请命，代乞余生；不教飞絮伤春，竟摧弱质。怜香心切，谨陈借箸之书；临颖神驰，不尽系铃之望。专肃布达，祇候钧裁，诸惟

慈鉴不宣。

众人看毕，俱说这一封信写得甚好，共议在书尾签名。戟三居首，其次尔兰，以下乃锦衣、鸣岐、聘飞、子靖、秀夫、敏士。诸人虽然并未到场，这是公信，列名的人愈多愈妙，况是公德之事，不妨先行署上，缓日关照他们。结末方是幼安与杜氏弟兄。少梅因苦次不便，没有书上。少牧提起笔来，一手写毕，又向少梅要了一个信封，问戟三：“此信可要送到师善里总所内去，还是四马路分所？”戟三道：“送至分所便捷。那边有司事检查。”少牧点头称是。当下缮好信面，加好了封。问众人：“可叫那个

送去？"少梅道："待我叫车夫马上就送，不知可要请张回片？"戟三道："倘有回片，请他一张。没有却也不妨。"少梅遂叫车夫进内，将信交代与他，叫他速去速回。少牧道："所中接到此信，不知三日内可要发觉？"戟三道："只恐不消三日，明后天就要访查。"少牧等深喜阿金、黄家姆恶贯已盈，花好好灾星将退，心中大是畅快。少顷车夫回来，说："信已送去，交与一个老年司事之人。那人说不须回片，回覆老爷们收到便是。"众人晓得狠是妥当，俱甚放心，各自散归。

　　翌早杜氏弟兄起身，因闻三马路半斋总会的点心甚好，同往用些早点。路上边忽听有人说起群玉坊花好好家的鸨母阿金和佣妇黄家姆二人，因毒打好好，经济良所查知，昨夜被中西包探拘去，今早即须解堂讯问。少牧听了大喜，用过点心之后，与少甫至群玉坊左近打探一回，果有其事，赶紧回栈，告知幼安，约他同往新署观审。顺道至集贤里，将公信列名之事，向子靖说知，并央他转告锦衣等众人。幼安答应同往，三人先至李公馆，将事诉知鸣岐。鸣岐闻得惩办恶鸨，也愿同去观看。遂雇了四乘东洋车子，同赴新署。

　　这天各巡捕房解的案子甚多，好好那一件案尚未讯到。但见好好与阿金、黄家姆俱在堂下候审。好好战兢兢的，看他甚是担着心事。阿金、黄家姆面庞失色，分明是怀着鬼胎。忽见金子富也在堂口，身上边衣衫蓝缕，混在那些差役中间与人讲话。幼安见了诧异，对少牧道："子富怎的一寒至此？在那里与差人等讲些什么？"子靖低低的答道："金子富自从与子多分产之后，境况大不如前。听说近来万过不去，在新衙门告了子多一状，说他分产不匀。第一张禀单没有批准，进到第三张，方得勉强准词传讯，却还没有落地。大约与差役等商量的定是此事。"幼安与杜氏弟兄听了，暗暗叹息，俱说："本来狠好的一分人家，怎闹到这样收场？这多是子富狂嫖滥赌之误。将来这场官事，只恐不至两败俱伤不已，此种人真是不堪回首。"

　　各人正在谈论，只见堂上边已审到好好一案。先由济良所西董上堂禀明阿金、黄家姆虐妓情形，并把那封公信呈阅。中西官饬传好好讯问。好好上得堂去，因见阿金、黄家姆跪在旁边，吓得不敢吐供。会审委员传谕差役，叫他不必害怕，尽管直说。好好始说了一句："求大老爷伸冤。"会审委员见他眼梢上果有一块紫肿伤痕，问是什么打的，好好低低的说："是烟枪。"差役叫他高声些儿，好好始放胆说："毛竹烟枪所打。"会审委员命他走至案前，细细的看了一看。因新署向无官媒验伤，又叫他当堂把衣服略略解开，察视一过。见浑身针孔甚多，乃系铁器所刺，两臂两腰两胁两肋之旁多有，并有腐烂地方。会审委员大怒，立提阿金与黄家姆诘问。二人尚思抵赖，说："眼梢上乃磕睡跌伤，身上系患天泡毒疮所致，不敢凌虐。"中西官以伤痕凿凿，岂许狡供？彼此会商之下，判将花好好交西董带回，发济良所留养，照章俟一年期满择配。阿金、黄家姆交官媒管押，听候过堂覆讯重办。好好这才叩头谢恩，随同西董下堂，到虹口师善里总所而去。却还不知道是谁人写的公信救出火坑，直至到了总所之后，遇见柳纤纤也在所中，说起此事，纤纤替他打听出来，方晓得是少牧等众人所为。并知夏尔兰那天抄取局帐，乃是来打探实情，心中感激不置。暂且按下慢提。

再说幼安等见好好发所，阿金、黄家姆管押候办，各人大快。堂上尚有别案讯问，不去看他，大家出了新署，取道而回。少牧想起戟三未悉此事，故欲赶紧诉知，好待他拜会谳员，严办恶鸨，以为惩一儆百之举，使将来打讨人的，稍知儆畏，极是阴功浩大。因又雇车至平公馆去。岂知戟三早已外出，问他底下人是那里去的，回说："即刻荣锦衣荣大人到来，同至新署拜客。"原来方才锦衣到此，戟三谈起写花好好公信之事。恰好隔夜有人请锦衣在群玉坊饮酒，得知阿金被拘，今日一定解讯。既然公信列名，这是地方上公德的事，何妨与戟三偕赴新署拜会，请承审官执法严惩？故此马上雇了一乘马车，一同前往。少牧既悉是新署去的，深佩戟三言而有信，并仰锦衣同抱热肠，甚是难得。也不等二人回来，折回栈中，告知幼安、少甫，说："阿金、黄家姆这回必定重办。明后天看各家报上的公堂案，便知果然。"

锦衣、戟三拜会谳员。谳员也因恶鸨虐妓最为恶习，本欲办个榜样，庶几稍革浇风，又得二人禀白，立时传谕原差，将此案晚堂提审。新衙门的定例：早堂与西官会讯，概不用刑；晚堂华官独断，却与地方有司衙门一律。虽然刑部有改除刑讯新章，彼时尚未颁发到署，所以审案时仍动刑责。阿金、黄家姆自恃着口齿来得，任情狡赖。谳员判每人掌颊五十，打得面庞红肿，牙齿内出了无数鲜血，兀尚熬刑不吐。谳员恶他刁狡，喝各人鞭背一百。黄家姆是个乡妇，尚能勉强承受。阿金柔筋脆骨，打得杀猪般的在堂狂叫。始悔当初不该忍心害理，毒打讨人，今日自己受刑，真是报应。只得连称"情愿实招"，把怎样用钢扦乱刺，烟抢猛击之事一一承认。谳员恐他并非初次，追问以前有无别犯，阿金深怕再受极刑，索性把第一次责打，也招了个毫无遁饰。谳员又问黄家姆口供，黄家姆见阿金已招，不能再讳，也就一五一十的据实直承。谳员深怒二人残忍，当堂又喝："每人掌颊一百，判于明日为始，派差协捕押，令在福州路一带游街三日，满期递解回籍。应在公堂拍照存查，永远不准再到上海。"判毕，叫官媒把二人带下，退堂。

阿金、黄家姆见此案办得狠严，黄家姆无法可施，抱怨阿金不应一口遽认。阿金有的是钱，回到押所之后，费了九牛二虎之力，央人把现姘的姘夫寻来，将家中铁箱上钥匙交代与他，托他马上请个律师到堂翻案。律费不拘一千八百，明日必要他发信与官，免得游街出丑，稍迟即便不及。那姘夫接了钥匙，满口应许，赶紧办去。谁知这案情犯得不好，有些名望的律师人人不肯承办；没有名望的，请他出场，又恐无用。况且为时又甚局促，东跑西走了半夜，竟然请不到人。细想："明日若与阿金见面，无言可答，倒不如罄其所有，收拾出门，暂避数时。且等阿金起解以后，再回上海。这一铁箱的金银钞票、珠翠首饰，连钱少愚处硬吃光他的在内，大约一共有五、六千金，岂不多是我的？落得尽情受用。"遂拿定了这个主意，半夜后回至宝兴里内，与佣妇们只说替他打点官事，竟然席卷而逃。临行时叮嘱佣妇："倘然官事打点不好，阿金不能回家，你们只好各散。把屋中动用器具，变些钱钞，付给房金。余下的算做工钱，不必在家等候。"使他们也有些便宜可占，将来无人追究铁箱之事。况且这些重笨器具，不甚值钱，正好做个人情。这人那样算计，也算是精绝的了，却不道人有千算，天有一算。此人原籍天津，小名阿溜。本来是个乌师，如今得了这注横财，回至天津，想要拢副班子，买了好几个女子。后来竟因买良为贱案发，也吃了一场官司，把这些钱花得半文不剩，阿溜依旧是个阿溜，仍是一双空手，穷贱终身。一言表过，往后不提。

仍说阿金与黄家姆押在女所之内，满想着俗语说得好，"那怕天大官司，俺这里有斗大银子"，只要请到律师辩护，此案定能轻减，明天决不至照断游街，所以那一夜吃了个空心汤团，并不十分愁恐。那知次早忽来了四个差役，一个掮着块犯由牌，一个拿着一面金锣，一个执着两根铁链，一个捧着两面芦席小枷。进得所中，将铁链向二人颈上一套，牵着去见本官过堂，领取枷上封条，并在犯由牌上标朱。阿金一见，大惊失色。急问："早上可有什么律师写信到所，请翻此案？"差役回说："并无其事。"阿金始知所托非人，与黄家姆相顾大哭。差役岂容二人延挨时刻？催逼起行。二人无奈何，铁索琅珰，跟着原差见过本官，判下枷条，标好犯由牌，并由巡捕房派出两名华捕押同，至福州路一带游街。

一个差役鸣锣前导，一个差役高掮着犯由牌缓缓跟随，中间乃是阿金、黄家姆二人，最后是两个华捕弹压。所过之处，人山人海，万目来观。阿金因那天不防备竟要游街，身上尚穿着一件元色花缎羔皮紧身，二蓝绉纱薄绵小裤。看的人沿途喝采，俱说："好一个体面犯人！平时打得讨人恶毒，今日正是现世恶报！"阿金听了，粉颈低垂，愁蛾双蹙。从衙门内出来，行过了垃圾桥、大马路等处，将近石路四马路了。看的人愈聚愈多，并因黄家姆是个乡妇，年纪又老，没一个人爱去瞧他，那些眼光，多钉紧在阿金一人身上。阿金好不难受，只恨街上边没个地洞，顿时钻了下去。再三向差役相恳，才在洋货店内买了两方丝巾。一方兜在头上，一方围在颈中，略略有些遮掩。及至石路之上，偏又烟瘾发作起来，再难行动。又向原差哀恳，始吞了两个烟泡，勉强往前行去。到得四马路上，暂在济良所阶前略坐。此时哄动了无数游人，一层层围绕拢来，偌大一条马路，几乎不能行走。两个弹压巡捕，竭力弹压，方才放出一些路来。

此时幼安和杜氏弟兄也在栈中得信，同往观看，只因人多拥挤不上，在大观楼泡了碗茶，凭栏下视。只听那些闲看的人，多说阿金自作自受，正合了"可怜不足惜"的一句俗语。并赞官府把他办得狠好，足使虐妓的一班龟鸨，一个个触目惊心。只有那些妓院中人，看见了不发一言，俱有兔死狐悲、物伤其类之意。少牧正在眼观耳听，见差人等催促阿金、黄家姆起身，要往东首而去。第一个差人将金锣鸣响，巡捕喝叫："闲人站开！"忽然人丛中钻出一个披头散发的妇人，走至阿金面前，放声哭道："你怎知道也有今日？快快还我人来。"看的人见了，大家诧异。少牧定睛往下一瞧，也甚惊讶，撇了幼安、少甫，跑下楼去。正是：

　　　　才见狂花愁陌上，又惊败柳泣风前。

要知哪个妇女是谁？为甚向阿金索人，少牧下楼何故，再看下回分解。

第三十九回

颜如玉九曲桥发疯　巫楚云百花里绝命

　　话说少牧在大观楼洋台上面看阿金与黄家姆游街。正见差捕人等催促二人赶行，忽有个披头散发的妇女，在人丛中钻将出来，奔至阿金面前，向他啼哭索人，看的人俱甚诧异。少牧望了一眼，也觉十分惊讶，撇了幼安、少甫，独自跑下楼去，要想看个明白。原来这妇人并非别个，乃前为名妓，后做野鸡，中间曾充打底娘姨，现在住宝和里内的颜如玉。他自从议捆柳纤纤不成，纤纤投济良所择配，阿英姐等逃避无踪，白白的花了许多洋钱，弄了个人财两失。只因这钱是借债纠会来的，满望着捆了纤纤，替他整百整十的赚将进来，以免自己人老珠黄，又兼浑身暗疾，无人顾问。如今忽然望了个空，心上怎得不恼？不时咄咄书空，竟气成了个失心之症，见人不是说还我钱来，便说还我人来。虽曾勉强延医调治，无奈患的既是心病，没有心药怎能医得好他？起初尚还时发时愈，半醒半迷，近来愈发愈不是了，一发时指天画地，渐渐的尽昧本来，向人笑啼并作。他宝和里的屋内，只雇着一个佣妇，并非此人有些义气，见主人病了，没把生意辞掉，依旧陪伴着他，因一时没有人家，又见如玉虽然贫苦，究竟尚还有些衣饰，正好乘此机会慢慢的运个尽绝，然后各散不迟，所以尚还耐心厮守。却急坏了同居和邻妓人等，深怕因疯肇祸，多要他赶紧搬迁。幸亏那佣妇做好做歹，说有事多在他的身上，劝众人行些好事，由他在屋内闭门养病，决不出外肇事，故得至今并未迁出。

　　这一天，如玉又旧病大发。那佣妇因衣饰已俱运尽，再住下去没有看想，到荐头人家托荐生意去了，出来时没将房门关锁，如玉遂也跑出外来。一路上忽啼忽笑，从三马路折至四马路，走近济良分所门前，见环绕着一大堆人，说是恶鸨游街。挤进去向阿金一望，顿时触动心事，把他当做阿英，因而大哭向前。说他也有今日，要他快快还人。差役见有人罗唣，不知是个疯妇，认做另有别案发觉。一人向如玉喝问，一人诘阿金此妇是谁。阿金闻有妇女寻事，也觉吃了一惊。及听差役盘诘，微微的抬起头来，向来人看了一眼，始知乃是如玉，放下了心。回说："这是宝和里的疯妓，虽然与他认识，休去睬他。"那人尚还不信。听那盘问如玉的人盘他一个子细，果然前言不对后语，真是一个疯妇无疑，始将他驱逐开去，押着阿金，黄家姆起行。如玉尚还不舍，连说："不把人来还我，必须还我的钱。今天岂肯放你过去？"意欲上前拦阻，被两个弹压巡捕大声喝斥，方又退缩开来。

此时那些闲看的人，大家不看阿金，争来观看如玉。但见他头上边七长八短的几根头发，蓬得好如乱草一般，一半披在肩上，一半掩至眉心。身上穿一件元色绉纱旧羊皮紧身，外罩芝麻呢衫，下身芝麻呢的夹裤，虽然不甚破碎，浑身垢腻不堪。一只足上缠着条白洋布脚带，一只足上缠的乃是青布，那袜套头俱没有穿，脚底下的一双黑布鞋子后跟已经绽裂的了，亏他怎还跑得来路。两只手并不拿甚东西，只在那里东指西点。口里头因怪巡捕驱他，不知讲些什么，因为人多声杂，听不清楚。众人正在惊看，但见西面又来了一个走街巡捕。因租界上的定章：凡有疯子在街胡闹，不管他男妇老幼，俱须带入捕房，送至医院疗治，或传家属认领。一不使疯人失所。二不致扰害行人。那个走街巡捕本在福安居茶馆的转角嘴上站着，因闻有人说起大观楼门口来了一个疯妇，这是他地段上应管的事，故而走将过来。分开众人入内，要想动手拘拿。如玉虽已心地模糊，见又来了一个巡捕，好象有些惧怯，把眼睛邪了一邪，也不顾众人在前，七跌八磕的向着兆富里内一钻，竟被他钻进弄去。巡捕也即进弄追赶，他已转了个湾，抄至石路那边出弄，如飞而去。巡捕捉了空，本来还要追拿，无奈人多拥挤，开不来步。如玉所到之处，人人知他是个疯妇，避让着他，所以断赶不上，只好由他自去。且等宝善街一带，另有巡捕拿捉。

谁知如玉在兆贵里被巡捕一追，心下忽然略觉镇定。绕到了石路之上，沿途不言不语，一直向南走去，竟走过了郑家木桥。少牧在大观楼下来的时候，他正钻进了兆里去，没有看见。后来少牧跟着闲人进弄，又跟到宝善街上，与如玉相离甚远，依旧瞧不清他。直至跟过了郑家木桥，看的人渐渐稀少，方见他真是颜如玉，一点不错。不觉叹了口气。暗想："绝好的一个女子，怎弄到这样下场？这真是青楼孽报。世界上做恶鸨，做娘姨的，见了阿金、黄家姆可为前车之鉴；做妓女的，见了如玉，也当及早回头。"又想:"方才如玉对阿金哭泣,口内向他索人,分明误认做阿英姐,这病根由此而起。可知妓女老来图买讨人发财,也不是桩好事。倘使颜如玉当初并无纤纤之事,今日何至这般狼狈?一半乃是他自寻烦恼。然他倘能早日从良,此时还要讨人则甚?这样一想,妓女当以从良第一,切不可自恃色艺过人,蹉跎过去,久后终非了局。"心下一头思想,那身子信步行去,早已到了老北门城河浜上。看看将近要进城了,暗笑今日因甚事情,跟着这个疯妇,竟走了许多路程?不如早回大观楼去,免得幼安、少甫盼望。后来又想既到了老北门,离城隍庙已不远了。前次在上海过了一个新年,镇日价钻在妓院里头,别地方没有顽过,不知风景如何;今年到了上海,也没到城内去过,何不入城走走,再行回北不迟。何况自从大观楼出来之后,不知不觉时光已有半点钟了,幼安、少甫难说他们相等不及已经回栈,又何必急急赶回?因索性过了吊桥,竟向城中而去。

初时见如玉也在前面,仿佛先已入城,及至进了城门,只因行人杂遝,街道纷歧,如玉城脚边转了个湾,少牧是一直大街,到穿心街始转湾的,两下里各自走开,没有看见。少牧却也不在心上,且自由他。走完穿心街,便是北香花桥五老峰了。这是城隍庙的后背,俗名叫做"后园"。那天乃正月十三,正是上灯佳节,路上边游人如织,夹着许多妇女小孩,往往拥在一处,挤做一堆。此处街道本窄,已是不能行走,怎禁得街边弄口,又摆列着许多小本摊子,或是卖花灯的,或是卖花炮的,或是卖要货的,或是卖食物的,鳞次栉比,更觉得寸步难行。中间便有那些抢物的流氓、剪窃的贼徒,混在人丛故意哄闹,希图乘机下手。虽然地段上新近办了警察,时有巡士、巡长等沿路梭巡,无奈若辈终难绝迹,以致妇女遗簪失珥与小孩帽子被抢、手镯被捋之事时有所闻。少牧在这五老峰街上挤了好几分钟,因前面有一群烧香女子,被人挤住,那后园门休想进去。深悔早知似此热闹,不合前来。后幸有两三个巡士巡至,排开众人入内,把几个女子引领出围,路上方才松了些儿。少牧始得勉强进园,在鹤汀凝晖阁、桂花厅、回回楼等处兜了半个圈子,再走过去是文昌阁、星宿殿及城隍庙大殿。到了那边,闹哄哄多是香客,前去做甚?因从绿波廊取道内园,心想进园去游玩一回。那知墙上边园门紧闭,不能入内,只得过了园外的那条石桥,来到香雪堂门前。

此处稍觉行人稀少,见左首小桥塂下有所茶肆,满拟闹中取静,进去稍坐片时。谁知这茶肆,乃是个珠宝茶会,进去吃茶的人多是些卖珠宝的,与苏州周王庙一般,喧阗得得十分可厌,休想坐得住身。因又过了小桥,由回廊下绕至点春堂、萃秀堂等处。点春堂有些园亭景致，萃秀堂有座极大假山，堆叠得路转峰回，十分得势。上次到申之时，俱曾与幼安进去玩过，可惜今日多没开门，没奈何，在萃秀堂门外闲立片时。见空地上多是些卖洋景、卖拳棒、变戏法的，锣鼓齐鸣，闹得人头疼脑胀。左旁正是春风得意楼茶肆，那洋台上茶客甚多，几无容足之地。对面是九曲桥，正中是湖心亭茶肆，登亭可以遍览一园景色。无奈望将过去，也觉人多似蚁，那里有甚隙座？只有右偏有所亭子，名唤鹤亭，也是一个小小茶寮。这亭子仅容得四五张小桌，却一边傍岸，三面临流，颇有些儿画趣。亭外另有两间房屋，虽然也有茶客泡茶，比了别家，较为幽静。遂决计到亭子内暂坐一下，即使出城。一步步缓行过去。

　　进得亭中，但见窗欹板侧，原来这房屋久失修理，乃茶肆主不善经营所致。四壁厢只有五张茶桌，吃茶的不满十人。壁上边却挂着一幅墨水画的鹤亭图，虽已欸识模糊，的是名人手笔。旁边那副联语乃"四大皆空坐片刻无分尔我，两头是道吃一盏各奔（是）东西。"句意颇似禅机，书法也甚入化。少牧点头暗想："不信小小茶亭，倒有这幽雅笔墨。比了满壁朱笺金字，相去远了。"闲看一回之后，见靠湖心的一张桌子恰好空着，唤堂倌略把台凳拂拭，坐将下去，泡了碗茶，倒觉得别有闲趣。遥见隔水九曲桥上，来往的人绿女红男，不绝如织。桥边更有无数孩童在那里施放数寸长的丝线风筝，也有是人物的，也有蝴蝶、蜈蚣等虫豸的，居然直上青云，颇觉自得其乐。又有许多十五六岁的童子，在桥堍手拽风铃，呜呜作响，忽而抛至半空，不啻天籁发声，异常清越；少顷坠下地来，那童子将麻线从容接住，依旧拽得声韵悠扬，绝无间断，也算他狠会顽耍。

　　少牧正在临流闲眺，猛见桥旁又涌出一队小孩，笑声大作，中间簇拥着一个赤体妇人，和着那班孩子说话。这妇人不是别个，又是如玉。自从进城之后，不知怎样将衣服脱去，闹至城隍庙来。其时癫性大发，身上一丝不挂，两只手高高擎着，把大拇指与第二个指头，装做两个圆圈，从桥堍飞步上桥。那些桥上的人，男的哗噪异常，女的掩面不迭。少牧看了他那般狼狈，心上又着实哀怜。但想不出两手装着两个圆圈，这是什么意思，后见跟着的那班孩子也学着他，把两指装做圈子，口中大呼："洋钱，洋钱！"那阵喧闹声音，从风里头直刮至耳朵边来，始知人为财死，如玉到底气癫在财字之上。少顷，只见他走至半桥，相近湖心亭畔。其时恰有个似花非花、似叶非叶的女子，有人替他拿着一只香篮，仿佛在庙中烧过了香，欸步闲游，打从这桥上经过，正与如玉劈面相逢，躲避不及，被他拦腰一把抱住。只吓得那女子大呼"救命"。旁边游手好闲的人更齐齐的喝一声采，一拥而上，把这条九曲桥竟挤得个水泄不通。桥上顿时儿啼女哭，沸反起来。少牧在隔水看了，也替那烧香女子担惊。后来幸有两个巡士瞧见，拼命上前驱散闲人，一个将如玉拘住，一个将那女子硬拽开来，早已鬓乱钗横，面无人色。后边那个拿香篮的，连呼："大小姐不必惊恐，我们快些回去。"少牧子细望去，见那女子并非别人，好像从前嫁过贾逢辰的阿素。因呼堂倌至内，急忙付了茶钞，迎上去看过清楚，果见真是阿素不差。吓得瘫化在九曲桥堍下，两眼向人直视，恍如木偶一般，身子抖战不已，休想行动得来。那个拿香篮的没了主意，向人千央万恳，觅到一乘轿子，方把他扶入轿中，抬起出城而去。回看颜如玉时，已由巡士押过了桥，大约送往警察局去。因问旁人："城中获到疯妇，解局以后怎样安插？"有人说："局员略问数语，有家属的，令地甲招家属收管，不许再出肇事，罪坐家长。倘然没有家属，必送西门内普育善堂医治。医得好，方准出来；医不好，便死在堂内。"少牧听了，倒觉得甚是放心。惟念如玉这病万难医愈，当初相交一场，如今眼见他这般受报，虽然是自作之孽，究竟何处不做些好事？且俟出城之后，托人打听他真个发堂，不妨向堂中助些经费，请于病死之后，买口好些的棺木安葬，以尽从前相好之情。主意已定，遂从园门抄条近路，一直由新街至新北门出城。

　　回到长发栈内，见幼安、少甫多已回来。动问少牧："方才那里去了这好半天？"少牧把亲见如玉发疯及阿素被惊之事述了一遍。少甫说："这真是天日甚近。"幼安听了，甚替如玉可怜，并说："阿素今日这样一惊，难保不回去受病。"少牧道："我也因可怜如玉，故想倩人打听了发堂的下落，助些经费进去，你想这事托谁去办？至于阿素这一场病，真恐他万不能免，明后天必定有人说起。"幼安道："你肯助些经费，此举甚好，何妨托方又端去，他在城内熟些。此人勇于改过，近来作事一切，看他大异从前，不负端人老叔一生古道可风，子孙虽已变坏，依然变好回来。"少牧道："能托又端甚好。马上我便写信托去，叫他明日至普育堂打听。"幼安点头称是。少牧遂在行箧内取出纸墨笔砚，写了封信，贴了一分邮政局人头，交代茶房投入信箱，明早自然送去。

　　一宿无话。次日午后，方又端到栈说："那封信已接到了。曾至普育堂问过，昨天警察局内果有个疯妓发下，因无亲族认领，暂由堂内医生疗治。据医生说受病甚深，恐难救药。"少牧听罢，叹息不置，当下开箱子取了五十块洋钱，交与又端，叫他便中代助善堂，转嘱司事，将来作为如玉棺殓之资。又端接了，甚赞少牧此举情义兼至。又在栈中闲坐一回。幼安谈起甄敏士的留别大会订期明日元宵举行，本来设在张园，嗣因太觉嘈杂，改在老闸徐园。早间已有知单到此。又端问："单上共有多少人名字？"幼安道："除了你我之外，乃是锦衣、鸣岐、聘飞、载三、秀夫与杜氏弟兄等。凡是知己些的多在其内，大约共有两三席人。"又端道："你们什么时候同去？"少牧道："知单上是申刻，自然旁晚同去。"又端道。"知单上虽然申刻，我们不妨午后便去。闻得敏士新近把我们在上海游历之事编了好几出戏，生、旦、净、丑都有。我恨从前所作之事不甚大方，不要把我编做了个丑角，岂不笑话？"少牧道："不信敏士有此闲情逸致，竟把我们在上海的事编成了戏曲么？但不知他怎样编法？明天真须早些瞧去。"

众人正在叙谈，忽有茶房来报新闻，道是："宝善街的百花里口，听说昨夜有个妓女路毙在彼。此妓有人认识，从前名巫楚云，又唤做花笑桃，书寓里狠是有名。后因亏空了许多债项，掉到幺二上去。那知多了几岁年纪，生意甚是不好。他见没有出头之日，姘了一个客人，混名叫做毕三，去年九十月里借着叫局为名，双双私自逃走，杳无下落。近来这毕三不知他死活存亡，巫楚云又渐渐出现，尚想找班做手，捐些洋钱，再做生意。人家因他逃走过的，上手未清，那个敢接？多回说他没有洋钱。楚云急了，要想自立门户，摆只碰和台子。怎奈也要些些本钱置备台凳衣饰等物，这钱那里弄去？遂致流落洋场，白天不知隐藏在什么地方，到了晚上，手中拿着一支胡琴，在四马路一带弄堂内唱曲乞钱，已有好几天了。尚恐幺二堂子里本家知道，寻他说话，每夜必至一两点钟，各弄中打烊之后方敢出头，天明回去。昨夜不知怎样，竟死在百花里口。旁人说他因半夜后下了一阵春雪，天气严寒，受冻不住所致。却也是拟议之词，不可为据。今天一早，有巡捕瞧见，报知捕房，饬传地保到来，查问死尸。若是有人在沪，叫他马上备棺盛殓；倘然没有，便当把尸首舁至虹口斐伦路验尸所内，或是报官相验，或报善堂给棺殓埋。做了半世名妓，这样一个下场，你们想他惨也不惨？"少牧听他一口气把话说完，嗟叹一回，对幼安道："颜如玉那般孽报，我只道世界上已是有一无二的了，那知巫楚云又是这般结果？真是可叹！"那个茶房听少牧这样说话，又插口道："二老班，这等说来，那巫楚云认识他么？"旁边另有一老茶房笑道："二老班不但认识此人，当初在他身上也曾花过无数银钱，彼时你还没有进栈，所以不知。"那个茶房又道："既然二老班与他相识，不是我今天多口，倘他没有家属在申，何不做个好事，给他一口棺木，并把他葬到静安寺花冢上去？免得睡了善堂的施棺，必往义冢掩埋。那个死去的人，岂不感恩非浅？"少牧闻言，踌躇半晌道："买口棺木乃是小事，但叫何人去买？更叫何人抬往花冢埋葬？"那个茶房又道："二老班只要真肯发那善心，我便立时关照地保到来，对他说有个巫楚云从前做过的客人见他死得可怜，愿代买棺收殓。并叫他殓过之后，马上雇些人夫，把这棺木抬往花冢，这有何难？"少牧听毕，将头微点，回说："如此甚好。你可快把地保唤来，我给他钱。"那个茶房，难为他也甚好善，见少牧真愿拿出钱来，一连答应了几声"晓得"，回身奔出栈门，如飞找寻地保而去。

少顷，竟把他寻至栈内，说："巫楚云的尸身因无尸属认领，已照章载至斐伦路去。身上并无伤痕，的是路毙无疑。本来无须报官，可请善堂棺殓。如今二老班既愿大发慈悲，真是再好没有。"少牧问："楚云身上穿甚衣服？"地保道："这样寒天，可怜只穿件元色洋绸破旧夹袄，内衬一件破绒布衫，下身元色洋布破旧夹裤，内衬破白洋布小裤。昨夜这般下雪，怎能受耐得住？难怪不冻死街头。"少牧道："照你如此说来，这人竟是冻死的么？"地保道："此人死后骨瘦如柴，面白如纸，若非冻死，定是饿死。总之必因饥寒交迫所致，并非另有疾病。我们见得死尸甚多，倘说是病死的，那面色另有一般恶状，不似这个样儿。"少牧听了，想起他从前做妓女的时候，身厌罗绮，口厌膏粱。一件新衣服穿了不多几日，不是说他花样不好，便说身材做得不称，抛弃了另做别件。一碗好菜蔬，吃得不多几口，不是说他烹调不洁，便说滋味烧得不鲜，退下去再换别肴。如今弄到个衣食全无，冻饿而死，此乃暴珍天物之报。愈觉感叹不已。

当下叫地保略待一待，在箱子内取了一封洋钱，约有五六十块，要想交代与他。只见少甫丢了一个眼风，约他至房外，说道："你还记得温生甫助殓花小桃的事么？生甫给了一百块洋钱，多入了恶鸨的腰袋，临了还是草草收成。虽然地保非鸨母可比，但想世间吃那公门饭的，有几个真是好人，悟得到公门里面好修行的那一句话？不要把洋钱交给与他，也入了他的袋内，死去的人一点子没有实惠。你这几十块钱花得有甚交代？依我想将起来，必得派一个人同去监视才是。"少牧为难道："这样事情，那个前去？"少甫道："我瞧报信的这个茶房，为人一片热心，甚是诚实，何不把洋钱交他手内，叫他同往？并且另外给几个钱，酬谢他们，好使他们踊跃从事。"少牧始点首道："如此甚好。"遂复一同进房，把洋封打将开来，取了六十块钱，交与茶房和地保两人。叫把三十块钱买口棺木，三十块钱购些衣服被褥。另外义拿出十二块钱，五块酬给地保，五块赏给茶房，尚有二块，以为人夫扛材之费。地保拿了洋钱, 满面天花的连说: "二老班这桩好事, 做得当真不小。" 那茶房不肯接取, 说: "这是什么事情, 敢拿二老班的赏赐?" 直至少牧再三给与, 那人始说: "既然二老班这等有意, 不妨权且收下。停回代买些锭帛烧化, 但愿死去的人保佑二老班增福延年。" 少甫等暗赞: "世间莫说没有好人, 这个茶房可算得一介不取, 真是难得。" 少牧既将洋钱交讫, 催促二人快去。

二人领命, 到虹口寿器铺去当真三十洋钱买了口材。又到衣庄上买了一件半旧的毛绸夹袄, 一件半旧的绉纱棉袄。再到西方店内买了一床最起码的被褥衾枕, 一身红绫小棉袄裤, 以及红绫小靴之类, 一共花了三十三块洋钱。照了少牧给的原数, 已不够了。那茶房遂在这五块钱上, 贴了三块。尚余两块, 果然买了些纸锭, 把尸首入殓之后, 棺木抬至花冢埋讫, 将锭焚在冢上而回。二人办的竟是清公, 丝毫无染。地保事毕之后, 不再到栈, 由茶房拿了买东西一叠发票, 回去消差。少牧见他此事办得甚是清白, 非但没受谢洋, 并还赔了几个车钱, 心上过意不去, 又给了他两块洋钱, 说是偿还他的车费。那茶房仍不肯取, 说: "二老班有钱积些阴功, 我们没有钱的, 合该出气力, 修修自己后来。这赏赐决不敢领。" 少牧愈发敬他为人。暗想只能动身之日, 多给他些酒钱, 暗中贴补还他, 今日暂且不必, 因把那两块钱当场收了回来。

少甫问: "花冢之上, 近日葬有多少棺木?" 那茶房说: "这个花冢创于数年前, 一个名妓名字唤金小宝, 爷们多晓得的。如今小宝不在堂子里了, 冢上之事没人经管, 葬的棺木并不甚多。" 少甫道: "金小宝有此善举, 却也阴功非浅。" 幼安道: "小宝创办花冢的时候, 我们也在上海, 狠有几个客人、几家报馆竭力赞成, 这事真是办得不错。" 少牧道: "当初久安里的花小桃病故, 记得此冢已成, 不是也葬在那边么?" 那茶房道: "今天巫楚云的棺木, 正葬在小桃隔阡空地之上。小桃坟旁, 有个客人替他立了一块石碑。上镌着'花小桃墓'四字, 所以晓得。" 少甫笑道: "这一块碑必定又是温生甫的手笔, 倒叫小桃留名后世。" 众人谈谈说说, 那茶房回毕了话, 正要出去。只见老茶房进来唤他道: "外边到了两个客人, 快些去搬移行李。" 又对幼安与杜氏弟兄说: "这两个客人知道三位在此、马上便要进来拜会。" 幼安问: "那客人姓甚, 从何到此?" 茶房笑微微将手一指, 答称: "不必细问, 已进来了。" 众人急忙起身相迎。正是:

分襟有客将成别, 揽袂何人忽远来。

要知那两个客人是谁, 见了幼安和杜氏弟兄有甚事情, 再看下回分解。

第四十回

百回书总结繁华梦 一本戏演出过来人

话说梦警痴仙著《海上繁华梦》这一回书，已是后集结末第四十回，全集中的第一百回了。书中凡有未经收结的人俱应一一结住，那有闲情？上回忽说长发栈内又到了两个客人，难道痴仙故弄狡狯，临了儿还要引出什么人来，显得这一支笔尚觉游刃有余，或因全书结他不住，故要另外添上一两个人，结在他们身上，落那画蛇添足的恶套？其实痴仙做这部书，游刃有余并不见得，画蛇添足却也不至于此。若问那两人是谁：一个是郑志和，一个是游冶之，俱由扬州到此。从前初、二集的书上本来俱是要紧人物，后集内向没提起。并非著书的把他抛在一边，只因二人自从回转维扬，跳出情天，脱离绮障，书中无事可记的缘故。

后来志和折节读书，留心经济之学。见国家已经废了科举，各处设立学堂，将来人才蔚起，皆从学堂出身。自恨年将三十，未便随着那班少年子弟再去受业门墙，惟有自恃着博闻强识之功，随在看几部科学新书，以冀（翼）稍增智识。近忽想起了古人苏老泉，他到二十七岁方才发愤攻书，后人何尝不能效学？不过取法乎上，仅得其中。各处学堂初立，苦于难得师资，除非远涉重洋，方有名师可访。因遂起了个出洋游学的念头，几次与冶之商量，要往日本游历，叫冶之一同前去。冶之于学问一道荒弃久了，起初并无这个意思，后见有些来往东洋的亲戚做买做卖获利甚多，暗想当初与志和在上海失足，彼此花去了许多家业，几乎流落异乡。如今败子回头，志和既有求学上进之心，自己何不出洋去做些生意，或能够收回名利，稍盖前愆。故于家人面前微露此旨。家中见他近日行为大非昔比，一口允许。冶之大喜，告知志和。志和遂禀明了老太太，决计起行。惟念老太太年纪已高，因说："此去多或半年，少或三两个月，一定便回。"老太太见儿子有心向上，甚是欢悦。对志和说："男儿志在四方。趁此尚在青年，正应出外求些实学，将来博个耀祖荣宗。我虽年老，深幸近来身体尚健，不必挂怀。但此去东京，遥遥千里，勿与冶之再涉荒唐，是为不孝，切须紧记。"志和闻言，感惧交并。当下在老太太面前发了个誓，始与冶之择定正月十二动身，共到泰兴，趁招商局轮船抵沪。

一到码头之上，便有那些客栈里的接客伙计纷纷至轮兜揽什么全安栈、泰安栈、新鼎升、老鼎升、新桩记、老桩记、级升、晋升、祥升、公同、庆公、佛照楼、名利栈的闹个不了。二人因上次至申住的长发栈，此次仍拟在长发暂住。栈中或有熟人，诸事周到些儿。遂叫定了长发栈的接客，把行李一切交付与他，一同上岸。既进栈房之后，那老茶房认得二人，急忙上前招呼。暗想他们当初回去的时候听说弄得个十分狼狈，如今又到上海，依旧行装显赫，可见"回头是岸"四字，正是渡迷宝筏。二人问那茶房可有幽静些客房空着，茶房回说："第五号房今天才空。二位老班从前住过，谅必合意。并且邻号房内恰又是苏州谢老班和二位杜老班住着。故友相逢，狠不寂寞。真个好巧。"志和闻幼安与少甫、少牧也在上海，不胜之喜，问他们是几时来的，茶房答称前天才到。志和与冶之等不待（得）安顿行装，便一同进内拜访，茶房跟至房中通报。

幼安与杜氏弟兄见是扬州的郑、游二人到了，急忙起身相迎，让至里面坐下。方又端尚还未去，与二人乃是初见，不免说了几句套话。幼安看志和语言诚实，举止端方，竟比从前大是不同，冶之也觉彬彬尔雅，绝无浮躁气象，心中暗喜：纨袴子弟竟能这般勇于改过，也算难得。二人与幼安渐渐说到别后事情，问他："近来府上可好？桂姨可曾一同到申？"幼安听提起天香，不觉微微的叹息一声，把已于去年亡故之事说知。二人闻言，也甚代为嗟悼不置。少牧恐幼安伤感，忙把别话岔开。先将花艳香、花媚香姊妹因天津匪乱，已死在德州道上的那一节事述了一番，使二人闻言心头畅快。次把阿珍病故，阿金游街，如玉发疯，楚云路毙各事一一诉知。二人俱说："照此看来，世界上那班恶毒妇女白白的使尽心机，临了儿还是害人自害，真是何苦！"彼此讲够多时。茶房来报行李一切俱已铺设定妥，可要开夜饭上来？幼安因难得故友重逢，约二人至又一村番菜馆接风，请杜氏弟兄与又端相陪，不必在栈夜膳，二人也不推辞。大家出了栈房，至又一村找个座儿坐下。幼安写请客票，请戴三、子靖、鸣岐、聘飞到来，大家畅叙一番。锦衣因公馆住在城中，路远不便，没有去请。

众人在又一村直饮到月过花西, 方才各散。

席间, 郑、游二人说起此次到申, 一个要赴日本游学, 一个要到东京贸易。幼安深赞二人有志。少牧闻二人东渡, 把自己第二次至沪结识新友甄敏士, 才华经济、师事有余的话述了一番。又说:"此人日内也要动身赴东, 你们何不结伴同行? 沿途有此良友, 既不寂寞, 又可讨教一切。抵东后, 他说得好一口东语, 识得好满纸和文, 更能诸事便宜, 受益不浅。"二人闻言, 喜出望外, 便问:"此刻可能写张客票去请来一会, 或是明日特去拜他?"幼安道:"此人住在西城, 今夜请他不及, 明日一早可到公馆拜去。午后他在徐园开留别大会, 迟了恐要出外。"志和踌蹰道:"明早与冶之去拜, 彼此素昧平生, 不知他肯见么?"少牧道:"明天我弟兄陪你前往, 有何不可?"幼安道:"明儿我也一同前去。"二人始满心欣慰, 回到栈房之后, 又在幼安房中谈了片时, 方始回房安睡。

次日, 少牧叫茶房唤了两乘马车, 志和、冶之坐了一乘, 自己与少甫、幼安坐了一乘, 同到西门外拜访甄敏士去。一来是志和、冶之与姓甄的有些凤缘;二来学化气质, 志和已人极文明, 冶之也功深阅历, 敏士见了自然便看得上眼;三则敏士前听幼安等说起二人, 深惜他们美质未学, 以致堕身情障, 如今败子回头, 忽图振作, 乃是难得之事, 心中不但并不鄙薄, 并还钦敬着他。所以觌面之下, 甚觉十分投契, 便留众人在公馆午膳, 作伴东游之事, 一口应承。志和、冶之十分快意, 饭毕后, 二人告辞。敏士说:"今日在徐园开留别大会, 遍宴知交。二君既将同赴东瀛, 也是会上之人, 正合一同前往, 何言告辞二字?"二人知敏士襟怀豪爽, 不便推却, 遂不约而同的答了声"既蒙爱召, 当得奉陪"。少牧看时辰表已经两点多了, 对敏士道:"我们现有马车在此, 何不早些前去? 园中甚是幽静, 颇可煮茗清谈。"敏士道:"便去也好。我们今日大会, 正该叙个尽兴。所请诸客, 谅他们也不至迟来。"少牧遂唤马夫驾好了车, 自己仍与幼安、少甫同坐, 敏士与志和、冶之一车, 路上谈谈讲讲, 甚是有兴。不移时, 已抵徐园, 相将入内。

原来这天园内因值元宵佳节, 尚有个梅花会, 鸿印轩、桐韵仙馆各处摆列着无数梅花, 冷艳宜人, 幽香扑鼻。地远心偏斋、二难四美轩、惜阴书屋及曲榭等处更有些洋水仙花, 十色五光, 异常绚烂, 与中国水仙花不同。众人略略游玩一回, 因见鸿印轩内, 颇有些绅宦妇女在那里瀹茗赏花, 不便杂坐, 遂抄到二难四美轩去。只见里面也有一男一女在内看花, 男的年约三旬, 风神濯濯, 女的因背向着外, 没有瞧见面貌。众人正欲退将出去，那个女子恰巧回转头来，正与幼安打个照面，乃是百花里内的闻妙香。看他衣饰朴素，仪态大方，分明业已从良，与在妓院中为妓之时不同。幼安倒觉得呆了一呆，退出了二难四美轩之后，低闻少牧可知妙香嫁人之事。敏士附耳答道："闻妙香是这节才嫁，同着的那个男子便是娶他的客人。此人姓文名华，别号斐君，博学多才，性情潇洒，朋友中狠有认识他的。妙香立志嫁他，算得眼光不错。"幼安听罢大悦，道："如此说来，那闻妙香可称名花得所的了。"敏士点头道："怎么不是。"少牧道："本来妙香那般人品应该嫁一个如意郎君，方不致辱没了他。"少甫道："妙香在院子里的时候，听说本是自己身体，生意甚是不恶。这种人散荡惯了，不比得做讨人吃过苦的。你瞧他嫁人之后，做了笼羽槛花，不知守得住么？"少牧道："虽然上海妓女，凡有些名气的人，嫁人复出，习以为常，多困犯了'骄奢淫佚'四个字的大病；但十步之内，必有芳草，也不能一概抹煞。譬如安哥当初娶的桂姨，何尝有甚不安于室？妙香虽非桂姨可比，若说他再要出来，我看决无此事。"众人一路谈讲，已行到地远心偏斋内。

只见方又端独自一人在那里泡了碗茶，倚窗闲眺。敏士趋步进内，说："又端兄来得好早。"又端连忙立起身来，招呼众人入内，回说："来了好一刻了，因你们尚没有到，故而在此闲坐。"少牧见了又端，想起他昨天说的甄敏士把众人在上海游历之事编成新戏，深怕自己做了小丑，遗臭万年，故要早些前来，索他的脚本观看。因向敏士问起此事。敏士笑道："那不过文人游戏，把你们所做的事随意填了几套词曲，谱个戏名罢了，那有真正编成新戏之理？"幼安道："既有戏名词曲，难保不后来传入梨园，竟至登台演唱。虽说借警世人，未为不可，但有关系名誉所在，似宜删节为是。那脚本倘在身旁，何妨取出一观？"敏士道："脚本现在舍下，没有带来。其间半昆半京，并搀杂些梆子调儿，词句并不十分精警。现有张角色单子与这全本戏名，昨夜方才脱稿，今日尚在身畔，不妨大家一看。"说罢，笑微微在衣袋内取出两叠纸来。一叠的封面上写着"以文为戏"四字，一叠的封面上写着"现身说法"四字。众人先看"现身说法"的那叠稿儿，见写的正是许多戏中角色。第一个就是正生谢幼安，以下多是巾生，乃杜少牧、郑志和、游冶之、杜少甫、屠少霞、方又端、夏尔梅与敏士自己等人。又端见把他竟编在巾生里头，顿时放下了心，暗暗连呼"侥幸"。再往下看，是梆子小生温生甫、武生平戟三、须生荣锦衣、毓秀夫、净面李子靖、凤鸣岐、白面邓子通、经营之、金子富，副末方端人、夏尔兰、老外夏尔梅、苏采香，青衫桂天

海上繁华梦·后集·第四十回

香,梆子青衫花小桃,作旦闻妙香、花好好、柳纤纤,老旦郑老太太、屠老太太,丑旦钱老太太,烟妓蓉仙、黄家姆、张家妹、阿英姐、小妹姐、宝珠姐等。老丑钱守愚,小丑潘少安、周策六、贾维新、计万全、夏时行、宋桓吉、包龙光、包灿光、包祖光、蓝肖岑、施砺仁、花子龙父子、金子富、钱少愚、方又端。

又端一见大惊道:"巾生里已有了我了,怎么小丑里又有名字,可是错写的么?"敏士道:"又兄不可生气,因你生平所干的事,一半角色应是巾生,一半却应小丑。好得先是小丑,后是巾生,人贵改过自新,有甚不可?"又端不快道:"分明是一个人,先后用两等角色扮演,历来戏剧中有此例么?"少牧道:"怎么没有?昆戏《三国志》中的曹操,《连环记》内议剑献剑,尚是小面,《捉曹放曹》为始,便改做白面了。京戏《绿牡丹》中的余千,闹扬州、闹嘉兴等戏,俱武二花,《四杰村》一出,因他救主情殷,且是正戏,改做武生,又兄难道没看见过?总之这个小丑角色,后来既改巾生,便与你无伤盛德,可不必介怀。"又端终觉心中不快。敏士恐他怀恨,有碍朋情,只得呼园丁借支笔来,把小丑上的方又端三字涂掉。又端戏谢一声"笔下超生",始转愁为喜。和众人再看,下面许多花旦乃巫楚云、颜如玉、潘小莲、杜素娟、阿金、阿素诸人。那花媚香、花艳香、许行云、冠群芳却在武旦之内。阿珍、王月仙俱刺杀旦,颜如玉、阿素刺杀旦内也有名字。

少牧诧道:"武旦与刺杀旦可有别?况且媚香姊妹死在拳匪乱内,许行云有大闹张园一事,冠群芳有被姚景桓打房间一事,应用武旦扮演。阿珍、王月仙何以俱要刺杀旦扮,又有颜如玉、阿素在内?"敏士道:"武旦是京班角色,刺杀旦昆班与梆子班内俱有。昆班演的是《刺虎》、《劈棺》、《盗令》、《杀山》之类,梆子班演的是《大劈棺》、《烈女传》、《紫霞宫》、《红梅阁后本》之类,与武旦微有不同。阿珍有新马路潘少安行刺一场,王月仙有会香里内捉奸一场,应点缀几个觔斗,故用刺杀。颜如玉发疯一场,阿素火烧一场,俱须跌扑,亦非刺杀旦不可。因而这两个人须用两种旦角兼串,方能各尽其妙。"少牧道:"原来如此。"幼安笑道:"敏翁的心思狠好。因戟三是武探花出身,派了他一个武生,怎又引出许多武角色来,竟有武戏在内?"敏士也笑答道:"武角色尚还有哩,岂但这几个人?你们再往下瞧。"众人又见武二花刘梦潘、安清、富罗,开口跳白湘吟、姚景桓、潘少安,众武行义和团匪众、流氓等,杂角大拉斯、白拉斯、乌里阿苏、格达、麦南诸人,宫女旦么二妓、粤妓及女本家、娘姨、大姐等人,跑龙套男本家、相帮等人。少甫道:"白、姚二人似俱小丑身分,怎用开口跳串?"幼安道:"白湘吟被人打死,姚景桓重在大闹东尚仁一场,果然开口跳合宜。潘少安有久安里跳墙一场与被邓子通枪毙一场,故而先是小丑,后又是开口跳兼串,与颜如玉、阿珍后改刺杀旦同一用意。"敏士点头,答称"正是"。

众人正当看得高兴,平戟三、李子靖、凤鸣岐、荣锦衣、毓秀夫等先后到来。大家动问:"看些什么?"众人把话告知,彼此重看一过。又看那"以文为戏"的这叠稿子。见第一张上,是八分书的《花花世界全本》六个大字的总(众)目,以下乃是许多子目,俱用京戏名暗合。第一出是《梦游上海》,下注从入梦起,至游沪止。第二出《金兰会》,下注集贤里访友起,至丹桂茶园看戏止。第三出《大嫖院》,下注升平楼遇王月仙起,西荟芳吃花酒止。第四出《打茶坊》,下注此戏专演第一楼拆梢事。第五出《大跑马》。第六出《龙华寺》,多是本地风光。第七出《赶会》,乃观高昌庙赛会,遇白湘吟。冶之道:"这赶会可也是京戏名么?"幼安道:"此戏一名《凉亭赶会》,又名《刘二姐赶会》,正是京戏。"又看第八出,名《于中取事》,下注从白湘吟局赌起,至谢幼安还乡止。志和道:"《于中取事》这出戏名好生。"敏士道:"那就是全本《借东风》的化名。"众人复看,第九出《二美争风》,下注赏端阳夜宴起,颜如玉拜师止。第十出《游张园》,下注也是园议计起,张园吃醋止。第十一出《盂兰胜会》,下注广肇山庄打醮起,屠少霞吃双双台止。第十二出《胡然天地》,下注点戏一百出起,钱守愚初入花丛止。第十三出《大发财源》,下注杜少牧得中发财票起,大拉斯等打房间止。十四出《中外通商》,下注大马路看洋龙会起,会香里踏仙人跳止。聘飞道:"《胡然天地》、《中外通商》本来是什么戏?"少牧道:"这两出戏都曾见过。《胡然天地》丹桂打的滑头新戏,《中外通商》一名《中外和约》,乃杨家将宋辽联盟故事,恰好把他借用。"众人又看,第十五出《巧得双美》,下注花媚香姊妹嫁人起,杜少牧复修前好止。十六出《青梅宴》,下注此出专演大闹东尚仁事。十七出《美人计》,下注温生甫被围起,邓子通出险止。十八出《万花献瑞》。十九出《丑别窑》,一是双富堂赏菊花山,一是阿珍嫁屠少霞,与潘少安在小房子泣别。二十出《群英会》,杜少甫徐园开九秋社事。二十一出《淤泥河》,钱守愚虹口赌负投河事。二十二出《坐楼闹院》,下注潘少安跳墙起,颜如玉借屋止。二十三出《兰花院》,乃荣锦衣老旗昌开厅事。二十四出《冤冤冤》,乃花小桃打胎身死事。二十五出《小夜奔》,乃花媚香姊妹双逃事。志和道:"小夜奔那个小字,借得狠是贴切。原本这一出戏系林冲夜奔黄阿渡,不知戏园中何以要加个小字?"敏士道:"原本《夜奔》,乃武生正戏，童伶学串武生，先串此戏居多。戏目上加个小字，系标明童串之意，别无讲究。"志和点头。

随着大家又看：第二十五出《巧姻缘》，乃谢幼安娶桂天香事。二十六出《贪欢报》，下注邓子通枪毙潘少安起，杜少牧孽海回头止。二十七出《游虎邱》，下注巫楚云悔嫁起，与潘小莲赴津止。二十八出《林黛玉逃难》，下注团匪肇乱起，花媚香姊妹遇害，楚云等到申止。少牧大笑道："这出戏名真个是天造地设。但方才那张角色单纸上，黛玉何以并无名字？"敏士道："黛玉并非戏中正角，所以单上无名。"又端忽指二十九出《打野鸡》道："丹桂新戏《打野鸡》，敏翁把他拍合到颜如玉身上，岂不也再巧没有么？"少牧等俱说真是狠巧。复看到第三十出的戏名是《烈女传》，乃桂天香替夫告天，乞代身死事。幼安甚觉凄然。三十一出《观花灯》，乃药材行赛灯。三十二出《富春楼》，下注花好好群仙客串富春楼起，柳纤纤邀少牧吃酒止。三十三出《打扛子》，乃阿金初打花好好。三十四出《一本万利》，下注周策六遇金子富骗赌起，至满载还乡止。三十五出《不伏老》，下注夏尔梅发标起，至讨娶许行云止。聘飞道："不伏老的原本戏，可就是伐东吴中黄忠代箭？"敏士回称"正是"。众人又看三十六出《吵家分家》，乃金子多与子富分产事。三十七出《望儿楼》，下注钱少愚瞒母出游起，钱老太太客栈望儿止。三十八出《春香叫喜》，乃阿珍病死事。三十九出《大闹棋盘街》，乃长春堂许行云等嫖妓事。第四十出《女三战》，下注许行云张园决斗起，至吞烟出宅止。四十一出《京调大会审》，下注颜如玉议捆柳纤纤起，柳纤纤公堂发所止。鸣岐道："这《京调大会审》原本，可就是《六部审》？"敏士道："《大会审》乃是昆剧《钗钏记全本》。近日京班中翻做京戏，故加京调二字，并不是六部大审。"鸣岐又指着下面四十二出《斗牌打架》道："这出戏是什么化名？"敏士道："此戏幼年见小丑秃扁儿演过。原名竟是《斗牌打架》。"幼安等连称好巧。复看那戏名之下注着富罗斗牌打架起，阿金二打花好好止。四十三出《案中案》，乃周策六两案并发事。四十四出《叹骷髅》，夏尔梅病中自叹起，至归神止。四十五出《大快人心》，乃花好好脱籍，阿金、黄家姆游街，与颜如玉发疯，巫楚玉毙命。结末一出《顺风舟》，结到甄［敏］士开留别大会出洋，将一本戏收得干干净净。

众人俱说："这些戏名引用得巧不可阶。"又端问："内中《万花献瑞》与《叹骷髅》，原本是些甚戏？"敏士道："《万花献瑞》就是《富贵长春》。《叹骷髅》乃《全本蝴蝶梦》第一场梆子老生正戏,京班、昆班俱有。近来割去不唱,所以知道的人少了。"志和道:"敏翁把各事编成戏曲,我只道必有唱山歌一出,描写冶之与我当时落魄情形,真堪惭愧。怎的戏目上并无此事,可不侥幸?"敏士道:"本来有此一场,并有屠少霞蹩脚大少拉东洋车一戏,因嫌刻划过甚,故而一齐删去。"少牧道:"说起《蹩脚大少》,上次安哥与我到上海时,正与少霞看过此戏。羞得他面红过耳,坐立不安,如今删去最好。"各人正在谈论,园中又来了几个与敏士同伴东行的人。敏士因把稿纸收起,依旧藏在衣袋之中。见天已薄暮,花园游人渐散,分付园丁,在鸿印轩摆下酒筵,等候客齐入座。这一夜的宴会,真是酒逢知己,众人俱饮了一个大醉。席中幼安等祝颂敏士诸人此去学界与商业界各有进步。敏士祝少牧、志和、冶之诸人此后于花世界上永远勿为魔力所惑;祝幼安、少甫、鸣岐、聘飞等诗酒怡情,共享幸福;锦衣、戟三、秀夫等前程远大无量;颂祷大家尽欢而散。

因公司船次日放洋,敏士即与志和、冶之及诸同伴登轮就道。幼安等送上轮船,直至汽筒三放,方才握手言别,在马头上看那轮船鼓动轮机,如飞而去。见敏士等隐隐的犹在船头,举手示别。幼安诸人也俱举手相答。移时,轮船去远,幼安始与杜氏弟兄回栈,收拾行装,也于这日回苏。子靖、鸣岐、戟三、聘飞、锦衣、秀夫各人,在雅叙园设筵公钱,午后复至栈送行。幼安等算清栈资,少牧另外给了茶房四块洋钱酒资,便令他押送行李下船。和幼安、少甫别过众人,登舟返里。

后来,甄敏士与郑志和在东京学成回国,又一同游历欧洲三年。志和出仕为官,颇著政绩。其时郑老太太尚还康健,板舆迎养,欢喜非凡。敏士淡于仕进,回华后与谢幼安、杜氏弟兄、鸣岐、聘飞、子靖诸人往来苏沪,诗酒自娱,并以著书立说为事。所著新书风行四海,人皆谓其学有本原,非摭拾满纸新名词,其实一无取义者比,卓然为一代通儒。冶之在东京数载,大兴商业,满载回华,重振家声,复成巨富。锦衣、秀夫历任显宦,饶有政声。惟平戟三与幼安、敏士一般的不求闻达,晚年潜心医学,合了范文正"不为良相,便为良医"的这一句话。

至于花丛中那几个人,柳纤纤、花好好在济良所期满择配,俱嫁了个克实商人,花烛夫妻,白头偕老。潘少安的妻子潘小莲,在妓院中混了年数,替丈夫还清了风流孽债,得患瘵疾而亡。天津一同到申的钱宝珍,在上海生涯落寞,复赴天津,不知所终。许行云屡嫁屡出,且因爱姘戏子、马夫,竟以淫荡过度而死。杜素娟与许行云犯了同病,胡乱姘人,后患疮毒而亡。阿素(珍)自从在九曲桥被颜如玉一惊之后,回家竟也得了个失心之症，淹缠数月，把手头积蓄的造孽钱用罄，连讨人花小红养他不起，卖掉与人作妾，所得身〔价〕银两，一齐花个精光，方才一命呜呼，不再在世间造孽。警梦痴仙著书至此，有诗一律，总结这前后一部繁华梦道：

一百回书信手编，细将绮梦写花天。

甜酸世味尝难尽，险诈人心揭易穿。

是实是虚微影事，即空即色悟情禅。

繁华过眼都成幻，何必欢场浪掷钱？

〔本书初集、二集以光绪三十一年乙巳（1905）九月上海笑林报馆再版之校刊本为底本进行校点。后集以光绪三十二年丙午（1906）仲春上海笑林报馆校刊本（大开本）为底本进行校点。校点者：马美信、黄毅、朱邦薇、邵毅平、王文隽〕